HR

HUMAN RESOURCE
MANAGEMENT
人力资源管理译丛

人力资源管理
赢得竞争优势（第9版）

Human Resource Management
Gaining a Competitive Advantage

(Ninth Edition)

雷蒙德·诺伊（Raymond A. Noe）
约翰·霍伦贝克（John R. Hollenbeck）
巴里·格哈特（Barry Gerhart）
帕特里克·赖特（Patrick M. Wright）
著

刘 昕 柴茂昌 译

中国人民大学出版社
·北京·

Human Resource Management

总　序

自我和我的同事们于1993年在中国人民大学创办中国的第一个人力资源管理本科专业以来，已经过去了很多年，在这期间，无论是中国的人力资源管理教学与研究，还是中国的人力资源管理实践，都有了长足的发展。全国越来越多的高校开始开设人力资源管理方面的本科专业和研究生专业或方向，与此同时，与人力资源管理有关的各种译著、论著以及教材可以说层出不穷。此外，中国企业对于人力资源在企业中的重要性以及人力资源管理对于企业竞争力的影响也有了越来越深刻的认识。可以说，中国已经开始进入一个真正重视人的价值的时代。

1999年，鉴于当时国内的人力资源管理教学用书还比较匮乏，人力资源管理本身对于绝大多数中国人来说还是一个新生事物，甚至很多从事相关课程教学的学者也知之甚少，因此，在一批美国学者，特别是在美留学和工作的人力资源管理专业博士的帮助下，我们精心挑选了涉及人力资源管理各主要领域的比较成熟的图书，作为一套译丛介绍到中国来。在几位译者的辛勤努力下，这套丛书终于自2001年开始在国内陆续面世，成为国内第一套比较完整的、成体系的、原汁原味的人力资源管理教学用书。这套丛书对于从事人力资源管理教学、科研以及实践的中国读者系统地了解人力资源管理的概念、体系、框架以及理念、技术和工具等产生了很大的影响，获得了一致的好评，一再重印。在2005年前后，我们对这套丛书进行了第二次大规模的全面再版更新工作，得到了广大读者的认可。很多大学的本科生、硕士生甚至博士生，以及企业的人力资源管理从业人员，都将这套译丛作为学习人力资源管理知识的教学用书或参考书。

在这套丛书上一版出版时，大家广泛讨论的还是新经济、网络泡沫、“9·11”恐怖袭击以及中国加入WTO等重大事件，如今，以美国金融危机为起源的全球经济不景气以及由此引发的一系列政治、经济和社会问题，对于人力资源管理领域中的很多问题都产生了深远的影响，在这种情况下，本套丛书的原著大都重新修订，将这些新的内容和主题纳入新的版本之中。原著的新版本增加了人力资源管理领域中的一些新的理论、工具和方法，同时调整了原来的很多案例，从而使这些人力资源管理图书既保持了理论、框架、体系等的连贯性，又使得原本就来自实践的人力资源管理理论和教学体系，得以保持一种鲜活的时代特色。

我们在这些新版的重译过程中，一方面，立足于吸收中国学术界近年在人力资源管理领域的许多新认识以及中国人力资源管理实践的新发展，对原版本中的个别译法进行全面的修正；另一方面，将新版本所要传达的理念、方法和工具等忠实地传达给广大中国读者。

很多人对我们花费如此巨大的力量做这种翻译工作感到不理解，他们认为，中国已经跨过了知识引进阶段，完全可以创建自己的人力资源管理体系了。然而，我们却并不这样认为。人力资源管理作为一门科学，在西方国家已经有几十年的发展历史，而在中国，无论是人力资源管理研究还是人力资源管理实践，都还处于发展的初期阶段。我国企业中的很多人力资源管理者对于人力资源管理的理解都还不是很到位，尽管他们已经能够说出很多人力资源管理的概念、理论甚至工具和方法，但是在实际运用时，却由于对这些概念、理论、工具和方法的理解不深，结果导致无法达到西方很多企业的人力资源管理职能所能够达到的那种状态。因此，我们认为，在没有真正从根本上理解西方人力资源管理的理论起源、发展以及核心内涵之前，我们最好不要武断地说，西方的东西已经没有用了。就好比是一位没有任何武功基础的外国年轻人，仅仅看了两本少林寺的拳术图谱，跟着少林寺的和尚偷学了一招半式，便觉得自己可以创立美式或英式少林拳一样幼稚可笑。如果不进行反复的练习和长期的揣摩，没有扎实的基本功和一定程度的悟性，人们学到的任何武功都只能是花拳绣腿，中看不中用。同样道理，中国企业及其人力资源管理人员要想真正掌握人力资源管理的精髓，就必须继续加强自己的理论基础和综合修养，充分领悟人力资源管理的核心精神，从而在练就扎实基本功的基础上真正做到"形变而神不变"，只有这样，才能找到通过人力资源管理来帮助中国企业赢得竞争优势的机遇。在这一点上，我们非常欣赏深圳华为技术有限公司总裁任正非先生在引进西方管理系统和管理技术时所持的一种观点：要先僵化，再固化，最后再优化。也就是说，在没有真正学懂别人的管理系统和管理方法之前，先不要随意改动，否则会把人家有用的东西变成没用的东西，反过来还骂人家的东西没有用。总之，我们认为，对待西方的管理理论、管理思想、管理工具以及技术等应当坚持这样一个基本态度：既不妄自菲薄，也不盲目追随，但首先要做到充分理解，只有这样才能做到取舍有道，真正实现洋为中用。

翻译工作无疑是艰苦的，但也是充满乐趣的，我们愿意为中国人力资源管理事业的发展贡献我们的心血和汗水，同时也衷心地希望广大读者能够从中汲取对自己有用的知识，培养专业化的技能，从而使本套丛书能够为广大读者个人的职业发展以及中国企业人力资源管理水平的提高产生应有的作用。

最后，感谢广大读者长期以来对本套丛书的热情支持和厚爱，我们有信心让这套丛书成为一套人力资源管理领域中的经典译丛。如果您有什么样的要求和意见，请随时与我们联系。

我的联系方式：
中国人民大学公共管理学院
北京市海淀区中关村大街59号
100872
电子信箱：dongkeyong@mparuc. edu. cn

董克用
中国人民大学公共管理学院院长、教授、博士生导师
中国人民大学人力资源开发与管理中心主任

译者序

经过大半年时间的紧张工作，《人力资源管理：赢得竞争优势》（第9版）中文版的翻译和校阅全部完成，每到这个时候，心中总是有一种难得的轻松感。从读博士到今天的20多年时间里，有三本国外的教科书是我一直坚持跟踪最新版本不断再版翻译的，其中一本是伊兰伯格等编写的《现代劳动经济学：理论与公共政策》（第6版、第10版、第12版、第14版），另一本是加里·德斯勒教授的《人力资源管理》（第6版、第9版、第12版、第14版），还有一本就是雷蒙德·诺伊等人编写的这本《人力资源管理：赢得竞争优势》（第3版、第5版、第7版和第9版）。这三本教科书的每一版翻译出来都多达百万字以上，统统把中文版读一遍也是一个不小的工程，何况要一字一句地翻译出来，个中甘苦恐怕只有译者本人知道了。

外行可能不知道，翻译教科书虽然工作量巨大，但回报很低，而且不算学术成果，因此，翻译教科书可以说基本上是依靠译者的牺牲和奉献精神。而我之所以在手头工作非常繁重的情况下坚持十几年持续不断地翻译再版的英文教科书，主要有两个方面的原因：一方面是因为已经发生了经济学上所谓的沉没成本，从第一次翻译开始就付出了太多的心血，实在不忍心就此放弃；另一方面是因为受到很多读者的鼓励，很多人是通过这本书了解人力资源管理的，甚至从此进入人力资源管理专业领域，可以说，经过十几年的积累，这本书已经形成了很大的社会价值和影响力。

《人力资源管理：赢得竞争优势》的前三版中文版在出版之后得到很多大学商学院的认可，很多著名大学的MBA、EMBA项目都将这本书的中文版作为学生的正式教材，这使我有更大的动力持续翻译这本优秀教科书的最新版本。本书的四位作者都是美国人力资源管理领域的知名学者，他们的个人研究成果都非常丰富，而共同完成的这本教材内容完整，篇章结构分布合理，知识点很全面，能够理论联系实际，案例不断更新，同时写作风格又比较时尚，读起来令人非常愉悦。事实上，与国内一些教材相比，美国的此类人力资源管理教材往往更注重规范性和前沿性，凡是在教材中出现的理论、概念等，通常在理论或实践领域已经达成共识，被大家广泛接受，而不像国内有些人力资源管理教材，编著者往往把一些一家之言或者并不可靠的东西塞到教材之中。同时，美国的这类教材通常都会引用大量的实证研究成果作为支撑，所以每一章都有很多研究论文或书籍作为参考文献。

本书的第9版在保留其传统风格的同时，坚持围绕全球化、科技和可持续性三大竞争主题，依托大数据和互联网的大背景，讲述人力资源管理的环境特征以及战略性人力资源管理的主要内容，讨论了美国制造业的东山再起以及离岸经营企业开始把工作岗位重新转移回美国等新动向对人力资源管理的影响，在全球人力资源管理部分还列举了中国双汇集团收购美国史密斯菲尔德食品公司的案例，比较全面地反映了自上一版以来在人力资源管理理论方面的进展以及美国和全球企业的人力资源管理新动向。特别值得一提的是，在上一版增加循证人力资源管理、人才管理新专栏的基础上，这一版又新增了一个“实践中的诚信”专栏，特别强调对人力资源管理中的伦理道德问题的关注。

本书第9版翻译是由我和目前任教于国际关系学院的柴茂昌博士共同完成的，全书最后由我做了总校阅。尽管我们力图尽可能准确而严谨地再现原书的知识点，讲解清楚其中涵盖的各种人力资源管理理论、实践以及案例，但由于水平和时间所限，疏忽和纰漏在所难免。广大读者在使用过程中如果发现存在任何翻译不当或不容易理解之处，敬请与我们取得联系，我们会尽快做出完善和更正，力争为中国读者提供更为准确、优雅和可读的人力资源管理译著，为提高中国整体人力资源管理水平，帮助中国从人口大国向人力资源强国转变尽自己的绵薄之力。

我的联系方式：
单位：中国人民大学公共管理学院组织与人力资源研究所
地址：北京市海淀区中关村大街59号
办公电话：010－62519357
邮政编码：100872
电子信箱：lxin@ruc.edu.cn

刘　昕

Human Resource Management

前　言

充满动荡且处于缓慢恢复期的美国经济现实要求消费者和企业对自己的支出和投资慎之又慎。私营企业和公共部门都在召回在经济危机时期解雇的员工，如果能够预见到未来产品和服务的需求持续增长，它们还有可能雇用新的员工。在失业率高企、求职者众多的情况下，很多企业仍在努力寻找那些胜任工作、有才能且技能熟练的员工。同时，企业也在持续检查自己如何进一步降低成本、提升利润。这一切使得企业不仅要考虑购买新技术、升级设备，还要关注企业的管理实践和工作条件如何促进员工更加努力和聪明地工作。

企业在采取措施应对不利的经济形势的同时，应该更加重视采取可持续的企业实践，也就是说，企业应当以符合伦理道德的、保护环境的、更好地服务为企业提供财务、物质和人力资源的社区的方式提供产品和服务。消费者越来越强调负责任的企业行为：不能以违反道德、破坏环境、压榨发展中国家的工人的方式为股东创造利润！

无论企业的战略是裁员、重组、追求成长，还是兼并或收购，人力资源管理都为消费者、股东、员工和企业所在社区提供了“价值”。这里的价值不仅包括利润，还包括员工的成长和满意度、新就业岗位的创造、环境保护以及对社区发展所做的贡献。如果企业不能有效运用其财务资本、物质资本和人力资本来创造“价值”，那么它将在激烈的竞争中败下阵来。企业对待员工（包括那些将被解雇的员工）的方式将会影响企业的声誉、品牌以及作为一家负责任的企业吸引优秀人才的能力。例如，谷歌、SAS软件公司、REI公司和韦格曼斯食品超市等这样一些企业的人力资源管理实践帮助它们荣登《财富》杂志评选的“100家最佳雇主”榜单。这种社会认可能够为这些企业创造一个积极的氛围，帮助它们吸引有才能的新员工、激励和留住现有员工，并使它们的服务和产品让客户更加满意。

我们认为，人力资源管理的各个方面——包括企业与外部环境的互动；员工的获取、准备、开发以及员工报酬；职位设计和评价等——都有助于企业迎接竞争性挑战和创造价值。赢得这些挑战是创造价值、获取竞争优势的必要条件。

竞争性挑战

当今企业面临以下三大竞争性挑战：

● 可持续性的挑战。可持续性是指一家公司在动态的竞争环境下获取利润的能力。一家公司能否成功，主要取决于它是否能够满足那些乐于看到公司取得成功的利益相关者的需要。可持续性的挑战要求企业具备以下几个方面的能力：应对经济和社会变革的能力、履行环境责任的能力、参与负责且有道德的商业活动的能力、提供高质量产品和服务的能力，以及找到方法来评估企业是否满足了利益相关者需要的能力。企业会采取兼并和收购、追求成长或重组裁员的方式来赢得竞争。企业要依靠技能熟练的员工来高效地、富有创造性和创新性地为客户提供高质量的服务；企业对员工的工作要求变高了，但企业却不能保证工作安全。动荡的经济环境既提供了获得成功的机遇，也可能带来灾难，使得每一名员工都成为牺牲品，因此在这样的环境下企业面临的一个重要问题就是，如何吸引和保留那些员工承诺度和生产效率都比较高的劳动力队伍。高瞻远瞩的公司正在利用多元化的员工队伍所带来的优势。而安然公司、《世界新闻报》和雷曼兄弟公司则提供了鲜活的反面例证，那就是可持续性有赖于符合伦理道德和负责任的企业行为，其中就包括人力资源管理实践。另一个重要问题是企业如何通过同时满足客户和员工的需要来实现财务目标。为了应对可持续性的挑战，企业必须通过满足短期需求的人力资源管理实践来获得长期的成功。人力资源管理的开发与选择需要支撑企业的目标和战略。

符合伦理道德的行为在企业可持续性中扮演着重要的角色，我们在本书中有诸多探讨，并提供了“实践中的诚信”方面的现实案例。企业高层管理人员和管理者的行为向员工展现了他们对企业人力资源管理实践的认真程度。同样，员工通过观察他们的行为来判断他们是仅仅把伦理道德停留在口头上还是关心创造符合伦理道德的工作场所。因此，本书中新增了“实践中的诚信”专栏，该专栏展示了企业高管、领导人和管理者做出的“好”（或“坏”）的人力资源管理决策是如何强化（或破坏）诚信行为的重要性的。

- 全球化的挑战。企业必须做好和来自全球的企业进行竞争的准备。企业既要和外国企业竞争、稳固国内市场，还要开阔视野、进入全球市场。在企业寻求进入巴西、中国等新兴市场提供产品和服务的过程中，全球化是一个持续的挑战。

- 科技的挑战。采用计算机辅助技术、虚拟现实技术和社交媒体等新技术能够帮助企业获得优势。新技术使员工工作更加智能化，还能提高产品质量和客户服务效率。在那些从新技术中获得巨大收益的企业中，人力资源管理通过运用新技术创建了高绩效工作系统。职位、培训计划和报酬系统都需要进行调整来支持员工使用新技术。高绩效工作系统包括以下三个重要方面：(1) 人力资源及其能力；(2) 新技术及其带来的机会；(3) 高效的工作结构和政策从而允许员工和新技术相互作用。企业也使用社交媒体和在线人力资源管理（电子化人力资源管理）技术向员工赋予更多的雇佣关系自主权：员工能够更多地参与培训项目、改变福利项目、与同事和客户在线交流、和身处其他国家的同事进行“虚拟”合作。

我们认为所有企业都要有效地应对这些挑战，创造并维持价值。而迎接这些挑战的关键就是积极性高、训练有素和具有高承诺度的员工队伍。

人力资源管理职能扮演的角色的变化

人力资源管理专业和实践正在经历持续的变革和重新定义。很多学术和实践领域的论文对传统的人力资源管理职能提出了批评。然而，在很多企业中，人力资源管理并不能提供价值，而是被淹没于琐碎的行政事务中。事实上，人力资源部门受到新技术的深刻影响，很多人力资源管理工作可以外包给以更低价格提供更高质量服务的承包商。虽然这个建议听起来有些极端（威胁到人力资源管理实践者和讲授人力资源管理的老师），但它意味着企业迫切需要确保人力资源管理职能为企业创造价值。

企业应该把新科技运用到可以自动化的常规工作中，而管理者则应关注那些能够为企业带来持续价值的人力资源管理活动。以员工福利管理为例：新技术可以使流程自动化从而让员工参与到福利项目中，并详细记录福利的使用情况。采用这种技术解放了管理者，使他们将精力聚焦在为组织创造价值的活动上（例如，如何控制医疗保健成本、减少员工关于薪酬的投诉）。

尽管人力资源部门在某些方面的重要性引起了争论，但每个人都同意企业需要有效地管理人力资源以尽可能地提高企业竞争力。通过与管理者进行交谈和查阅有关人力资源管理实践的研究，我们提出以下观点：第一，在如今的企业中，直线管理者要对人力资源管理承担更多的责任，而且大部分人认为处理好与人有关的问题是获得成功的关键。第二，大多数管理者认为自己企业的人力资源管理部门没有受到足够的尊重，是因为其缺少胜任素质和商业意识，和运营部门沟通不足等。德勤咨询公司和经济学人智库联合进行的调查发现，只有23%的企业高管认为人力资源管理在企业战略和运营效果方面扮演了重要的角色。第三，很多管理者认为，人力资源管理实践要变得更加高效，就必须和企业的战略联系得更紧密一些。本书讨论了人力资源管理实践能够以及如何为实现企业目标、提升产品和服务质量及有效性做出贡献。贯穿本书的一个内容是强调通过利用“大数据”和循证人力资源管理来展现人力资源管理的价值。

我们的目的是为学生成为成功的人力资源管理从业人员提供背景知识，这些从业人员可以更有效地管理人力资源并成为人力资源管理产品的有见识的购买者。管理者只有了解什么是有效的人力资源管理实践，才能向咨询公司购买服务、与人力资源部门有效合作，并亲自设计和执行这些活动。本书始终强调管理者如何更有效地管理人力资源，并关注如今人力资源管理实践的重要问题。

我们认为，基于以下原因，本书提供了一个有价值的讲授人力资源管理的方法：

- 本书吸取了四位作者在人力资源管理研究、教学和咨询方面的经验。四位作者为本科生、全日制工商管理硕士讲授人力资源管理必修和选修课程，也曾为针对有工作经验的管理者和专业人员的在职工商管理硕士项目讲授人力资源管理。团队合作使得本书既有广度也有深度，这在其他教材中是非常罕见的。
- 人力资源管理被视为企业获得成功的关键。本书始终强调人力资源管理职能如何帮助企业赢得竞争优势。
- 本书讨论了很多新的话题，例如社交网络、人才管理、多元化、员工敬业度等。所有这些问题都对企业及其人力资源管理有重要的影响。
- 战略性人力资源管理的内容在本书一开始就被引入，而且贯穿全书。
- 本书各个章节都提供了如何运用新技术来提高效率和有效性的案例。
- 我们提供了企业如何评价人力资源管理价值的案例。
- 每章的开头、文中专栏和末尾素材都列出了一些思考题，可以让学生们充分讨论和应用人力资源管理概念。这些问题涉及的范围广，包括战略性人力资源管理、小企业的人力资源管理、伦理道德和人力资源管理在帮助企业获得可持续性能力方面的角色、引进和运用新技术、适应全球化、符合伦理道德地行动。这些内容能够让人力资源管理课堂更具互动性，加深学生对人力资源概念及其应用的理解。

本书的组织

本书包括一个导引性的章节（第1章）和五大篇。

第1章详细探讨了影响企业满足股东、客户、员工和其他利益相关者需要的全球化、新经济、利益相关者和工作系统等方面的挑战，讨论了人力资源管理如何帮助企业应对竞争性挑战。

第1篇讨论了试图有效利用人力资源的公司所面临的各种环境力量。这些环境力量包括企业战略、法律环境、完成工作的方式及职位设计等方面。

战略性人力资源管理章节强调了在不同的企业战略下，人员招募、绩效管理、培训与开发和薪酬管理所扮演的角色。法律章节强化了管理者对与性骚扰、积极反歧视行动、残疾员工保障相关的法律的理解，还讨论了歧视的类型和法院对歧视的解释。职位分析与设计章节则展示了工作系统如何通过缓解工作压力及提高员工的工作动机和工作满意度来提高企业的竞争力。

第2篇考察了人力资源的获取和准备，包括人力资源规划与招募、员工甄选和培训。人力资源规划章节讨论了制定人力资源规划的过程以及外包、使用临时工、裁员等措施的优势和不足。员工甄选章节考察了如何减少员工甄选和配置过程中的误差，提升企业的竞争地位。对信度和效度等这样一类甄选方法应当达到的标准，该章用一种简单易懂的方式进行了讨论。该章还讨论了包括面试和各种类型的测试（包括人格测试、诚实性测试和毒品测试）在内的员工甄选方法，并比较了它们的效度、信度、适用性与合法性。

员工培训章节介绍了有效的培训体系的特征，以及管理者在决定员工的培训准备度、创造积极的学习环境、确保培训应用到工作中等方面的角色。该章还讨论了各种不同的培训方法（例如电子化学习）的优缺点。

第3篇讨论了企业如何通过员工保留和开发战略来确定员工的价值、利用员工的才能。在员工绩效管理这一章中，我们考察了使用不同的评价标准、结果或行为的绩效管理方法的优缺点。员工开发章节则向学生们展示了如何运用评价、职位体验、正规课程以及导师指导关系等对员工进行开发。员工分流和保留章节则讨论了如何实现员工满意度和生产率的最大化，降低员工缺勤率和离职率，以及如何运用员工调查来监控影响员工满意度和员工保留的工作和组织方面的特征。

第4篇讨论了人力资源的薪酬和报酬问题，其中包括薪酬结构的设计、对绩效优秀者的认可以及员工福利的提供等方面的内容。在这里我们探讨了管理者如何综合考虑企业的薪酬战略和职位的价值，为不同的职位确定薪酬水平。我们还讨论了包括绩效加薪、收益分享以及股票期权等不同类型的奖励性薪酬计划的优缺点。员工福利章节则揭示了员工福利包所包括的内容、企业管理福利的方式，以及企业可以采取哪些措施使员工理解福利的价值，同时控制福利成本。同时，我们还对薪酬和福利进行了全球的比较。

第 5 篇讨论了劳资关系、全球性人力资源管理以及战略性人力资源管理职能等主题。集体谈判和劳资关系一章讨论了一些传统的劳资关系问题，包括工会结构和工会会员身份、工会的组建过程以及集体合同谈判等，同时还讨论了工会和资方如何共同努力，力争用对抗性更低、合作性更强的一些新途径来解决具有分歧的问题。在全球性人力资源管理一章中，我们讨论了社会和政治方面的变革，例如欧洲共同体引进欧元等。另外，本章还讨论了外派人员的甄选、准备和薪酬等问题。本书最后一章关注人力资源管理实践如何有效地整合从而帮助企业实现战略目标。该章还强调，为了变得更加高效，人力资源管理职能需要具有客户导向。

Human Resource Management

目　录

第 1 章　人力资源管理：赢得竞争优势 …… 1
1.1　本章介绍 …… 3
1.2　人力资源管理部门的职责与角色 …… 4
1.3　人力资源管理职能的战略角色 …… 6
1.4　影响人力资源管理的竞争性挑战 …… 12
1.5　通过人力资源管理实践迎接竞争性挑战 …… 49
1.6　本书的组织 …… 51

第 1 篇　人力资源环境

第 2 章　战略性人力资源管理 …… 61
2.1　本章介绍 …… 62
2.2　什么是商业模式 …… 62
2.3　什么是战略管理 …… 65
2.4　战略制定 …… 70
2.5　战略执行 …… 74
2.6　人力资源在提供战略竞争优势方面的角色 …… 86

第 3 章　法律环境：公平就业机会与安全 …… 94
3.1　本章介绍 …… 95
3.2　美国的法律制度 …… 96
3.3　公平就业机会 …… 98
3.4　公平就业机会法律的强制实施 …… 105
3.5　歧视的类型 …… 108
3.6　针对歧视调查参与者及歧视反对者的报复 …… 119
3.7　当前的劳动力队伍多元化与公平就业机会问题 …… 121
3.8　员工安全 …… 127

第4章 职位分析与职位设计 …… 141
4.1 本章介绍 …… 142
4.2 工作流分析与组织结构 …… 143
4.3 职位分析 …… 156
4.4 职位设计 …… 163

第2篇 人力资源的获取与准备

第5章 人力资源规划与招募 …… 179
5.1 本章介绍 …… 180
5.2 人力资源规划过程 …… 181
5.3 人力资源招募过程 …… 198

第6章 人员甄选与配置 …… 220
6.1 本章介绍 …… 221
6.2 甄选方法需要达到的标准 …… 222
6.3 甄选方法的类型 …… 238

第7章 员工培训 …… 257
7.1 本章介绍 …… 258
7.2 培训在持续学习和竞争优势方面的作用 …… 259
7.3 设计有效的正式培训活动 …… 261
7.4 关于培训方法选择的建议 …… 290
7.5 一些特殊的培训问题 …… 294
7.6 入职培训与社会化 …… 300

第3篇 人力资源管理的评价与开发

第8章 绩效管理 …… 309
8.1 本章介绍 …… 310
8.2 绩效管理实践 …… 312
8.3 绩效管理过程 …… 312
8.4 绩效管理的目的 …… 315
8.5 绩效评价的标准 …… 316
8.6 绩效评价的方法 …… 321
8.7 绩效评价信息来源的选择 …… 339
8.8 高科技在绩效管理中的运用 …… 344

8.9 绩效反馈 …… 349
8.10 管理者应如何诊断绩效问题和管理员工绩效 …… 352
8.11 按照法律指南设计和实施绩效评价系统 …… 354

第9章 员工开发 …… 361
9.1 本章介绍 …… 362
9.2 开发、培训与职业之间的关系 …… 363
9.3 职业开发规划系统 …… 365
9.4 员工开发的方法 …… 370
9.5 员工开发中的特殊问题 …… 389

第10章 员工分流与保留 …… 401
10.1 本章介绍 …… 402
10.2 管理非自愿流动 …… 403
10.3 管理员工自愿流动 …… 412

第4篇 人力资源的薪酬

第11章 薪酬结构决策 …… 439
11.1 本章介绍 …… 440
11.2 公平理论与公正 …… 443
11.3 确定薪酬水平 …… 444
11.4 过程的重要性：参与和沟通 …… 459
11.5 当前面临的薪酬挑战 …… 461
11.6 与员工薪酬有关的政府法律及规章 …… 467

第12章 用薪酬认可员工的贡献 …… 477
12.1 本章介绍 …… 478
12.2 薪酬如何影响员工个人 …… 479
12.3 薪酬如何影响员工队伍的构成 …… 482
12.4 绩效薪酬方案 …… 482
12.5 管理人员和高层管理人员的薪酬 …… 499
12.6 薪酬管理过程与背景问题 …… 504
12.7 企业战略与薪酬战略：匹配问题 …… 506

第13章 员工福利 …… 513
13.1 本章介绍 …… 514
13.2 福利开支增长的原因 …… 515

13.3 各种福利项目 …… 518
13.4 管理福利：企业的目标与战略 …… 531
13.5 一般法律法规问题 …… 543

第5篇 人力资源管理的特殊主题

第14章 集体谈判与劳资关系 …… 555
14.1 本章介绍 …… 556
14.2 劳资关系的总体框架 …… 556
14.3 目标与战略 …… 558
14.4 工会结构、工会管理和工会会员 …… 564
14.5 法律框架 …… 571
14.6 工会与资方的相互作用：工会组建 …… 574
14.7 工会与资方的相互作用：集体合同谈判 …… 580
14.8 工会与资方的相互作用：集体合同管理 …… 586
14.9 劳资关系运行结果 …… 592
14.10 工会的国际背景 …… 596
14.11 公共部门 …… 597
14.12 非工会代表系统 …… 598

第15章 全球性人力资源管理 …… 604
15.1 本章介绍 …… 605
15.2 当前的全球变革 …… 606
15.3 影响全球市场人力资源管理的因素 …… 608
15.4 在全球背景下管理员工 …… 617

第16章 战略性人力资源职能管理 …… 638
16.1 本章介绍 …… 639
16.2 人力资源管理的各种活动 …… 639
16.3 人力资源管理职能的战略管理 …… 641
16.4 制定人力资源战略 …… 643
16.5 人力资源管理有效性的衡量 …… 647
16.6 提高人力资源管理的有效性 …… 653
16.7 人力资源管理应用软件 …… 660
16.8 人力资源管理专业人员的未来 …… 666
16.9 首席人力资源官的角色 …… 667

术语表 …… 677

第1章 人力资源管理：赢得竞争优势

学习目标

在阅读完本章后，你应当能够：

1. 说明一家公司的人力资源管理职能扮演的角色和从事的主要活动。
2. 说明经济形势、劳动力队伍的构成以及道德规范对公司的可持续发展有何影响。
3. 说明人力资源管理如何对一家公司的平衡计分卡构成影响。
4. 说明准备在全球市场上开展竞争的企业应当做些什么。
5. 确定社交网络等新技术对人力资源管理实践会产生怎样的影响。
6. 说明支持高绩效工作系统的人力资源管理实践有哪些。
7. 为各种人力资源管理实践提供一份简要的描述。

进入企业世界

玛氏公司：人力资源管理实践帮助企业赢得“甜蜜”竞争

如果你吃过M&Ms巧克力豆、士力架（Snickers）、Lifesavers糖果、箭牌（Wrigley）的黄箭（Juicy Fruit）口香糖和班叔叔（Uncle Ben's）大米，就意味着你已经享用过玛氏公司（Mars Incorporated）的产品了。不过，你知道M&Ms中的“Ms”的含义是什么吗？“Ms”代表的是福里斯特·玛氏（Forrest Mars）和布鲁斯·默里（Bruce Murrie），而布鲁斯·默里正是玛氏公司的竞争对手——好时公司（Hershey's）总裁的儿子。在第二次世界大战期间，可可的供应量非常有限，而好时公司为玛氏公司供应了大量巧克力。玛氏是美国第三大私营企业，在美国和其他72个国家一共雇用了7.2万名员工。玛氏公司的业务共分为六大板块，包括食品、饮料、宠物护理、巧克力、口香糖和糖果以及系统生物科学（一种关注产品开发、基于高科技的健康与生物科学）。如今，玛氏公司拥有11个年收入超过10亿美元的品牌。这些巨大的成功和玛氏公司的产品质量以及顾客对其产品的庞大需求直接相关（谁不喜欢M&Ms巧克力豆呢?）。这在很大程度上要归功于玛氏公司采用的那些用来吸引、激励和保留高水平员工的人力资源管理实践。这些管理实践帮助玛氏公司进入《财富》杂志最新发布的“100家最佳雇主”榜单，排名第95位。

这一切都源于玛氏公司的五大基本原则——质量、责任、互惠、效率和自主。这五大基本原则是玛氏公司的企业文化和企业经营方式的基础。这五大基本原则被刻在玛氏公司在全球各地的办公室和工厂的墙壁上，将一代又一代来自不同业务板块、不同地区，使用不同语言的员工团结在一起。所有的员工都非常了解这五大基本原则，在日常工作中也深受其影响。玛氏公司认为，高质量的工作是形成高质量品牌的第一要素，也是企业赢得高标准、好声誉的源泉。所有的子公司都要对工作成果负责，发挥主动性，运用自己的判断力，根据需求做出决定。互惠指的是公司坚信衡量业务关系的准绳在于创造平等的互惠关系，公司不可以损害合作伙伴的经济利益或其他方面的利益。效率被视为公司的竞争优势，它使公司能够将自己的所有资产——有形资产、金融资产和人力资产——组织起来，实现最大生产率。它也有助于公司的产品与服务实现优质、低成本，并且消耗最少的资源。最后，玛氏公司非常珍视作为私营企业的自主性，这有利于公司避免根据短期收益报表制定决策，在财务上不受他人约束。它使管理者和员工能够实践自己的想法，为了长期收益而花一定的时间来培养人才。

玛氏公司的员工热爱自己的产品，同时也热爱帮助把五大基本原则转化为员工行动的公司人力资源管理实践。该公司非销售类员工的离职率仅为5%。为什么玛氏公司的离职率如此之低，并能在2012年实现330亿美元的全球收入？或许其中的原因之一就是玛氏公司形成的平等的工作环境。这里没有奢华的办公室，经理们也没有特殊津贴。玛氏公司员工的官方称呼是“合伙人”，不过，根据五大原则的价值观，员工常常称自己是火星人。绝大多数员工每天上班都要打卡，公司总裁也不例外。迟到的员工会被扣掉10%的工资。同样，根据责任原则，不仅是经理，所有的员工都有发言权，并要把自己放到消费者的位置。公司鼓励员工勇敢地表达自己的观点，而不能提供糟糕的产品和服务。

玛氏公司既不提供股票期权和养老金，也不提供游戏室和私人厨房。公司提供自动售货机，向员工供应免费的糖果，并鼓励员工在开会时咀嚼箭牌口香糖。该公司能够实现低员工流动率和高收益的另一个原因或许是：无论是在现有的业务部门还是在新的业务部门，员工都有着巨大的职业发展空间和实现个人开发的机会。所有的新员工都要参加“玛氏公司的本质”培训项目，该项目向新员工介绍并强化五大基本原则。玛氏公司也有自己的企业大学（玛氏大学），这所大学为员工提供在线和课堂教学课程，内容涵盖各职能领域的主题以及领导技能等。玛氏公司40%的员工参加过玛氏大学开设的课程。很多员工都有自己的导师，即使高层管理者也可能会向年轻的员工学习社交媒体的有关知识。玛氏公司保证无论何种背景的员工都有获得成长和进步的机会。例如，根据最佳职场研究所（Great Place to Work®）对全球最佳工作场所的排名，玛氏公司凭借女性在中高层管理者中所占的较高比例，在2012年的“全球最佳跨国公司”榜单中排名第25位。

或许，玛氏公司能够实现低员工流动率和高收益的另一个原因是奖金。在玛氏公司，如果员工所在的团队绩效优秀，其奖金可达到薪资的10%～20%。清晰可得的绩效数据激发了员工赢得奖金的动机。大屏幕上显示着当前财务情况，包括销售额、收入、现金流和生产效率。玛氏公司还鼓励员工参与社区活动，从而使员工有机会增长见识、做出有意义的贡献。玛氏志愿者计划为员工提供带薪假期，让他们去清扫公园、讲授课程、帮助宠物回家、在医疗机构和植物园提供服务。2012年，玛氏公司的员工在志愿工作中一共投入了5万个小时。玛氏大使计划是一个竞争性项目，精心挑选出来的员工将花6周的时间到与玛氏公司有合作关系的其他国家的一些公司去工作。2012年底，7名玛氏饮料业务板块的员工从全球不同的地方出发，最终在肯尼亚会合。该计划的目标是了解咖啡豆种植过程以及玛氏公司的饮料部门是如何通过可持续管理服务（Sustainable Management Services，SMS）来支持和改进这一过程的。为期一周的旅行实现了这一目标，而这种宝贵的经历不仅仅是简单的学习过程。正如法国玛氏饮料业务板块的一名员工所说的那样："我认识到，在欧洲购买和销售咖啡对第三世界国家会产生重要的影响。"可持续性不仅是一种市场运营方式，更是一种生活方式，每个人都应该践行它。

资料来源：Based on D. Kaplan，"Inside Mars，" *Fortune*，February 4，2013，p. 82；www. mars. com，website for Mars Incorporated，accessed March 15，2013.

1.1　本章介绍

玛氏公司的案例描绘了人力资源管理在决定美国企业的生存发展、组织有效性以及竞争力方面发挥的关键作用。**竞争力**（competitiveness）是指一家企业在其所处的行业中维持和获得市场份额的能力。玛氏公司的人力资源管理实践正在帮助公司实现经营战略，同时向客户提供他们认可的服务。一种产品或服务的价值取决于其质量以及在多大程度上与客户的需要相匹配。

竞争力与企业的有效性是联系在一起的，而企业的有效性则取决于它是否满足利益相关者（即受到企业经营实践影响的各个群体）的需要。比较重要的利益相关者包括：希望自己对企业的投资能够得到回报的股东、希望获得高质量产品或服务的客户，以及希望得到一份自己感兴趣的工作，同时本人提供的服务能够得到合理回报的员工。此外，社区也是企业的重要利益相关者之一，它希望企业能够对自己的一些活动和项目做出贡献，同时希望企业将对环境的污染控制在最低水平。在与同行业中的其他企业进行竞争时，那些不能满足利益相关者需要的企业是不大可能获得竞争优势的。

人力资源管理（human resources management，HRM）是对员工的行为、态度以及绩效产生影响的各种政策、管理实践以及制度的总称。许多公司将人力资源管理视为一种"涉及人的管理实践"。图 1-1 指出了几种重要的人力资源管理实践。要想促使人力资源管理实践对企业绩效产生最大影响，就需要认真考虑隐藏在这些人力资源管理实践背后的企业战略。如图所示，这些人力资源管理实践包括：职位分析与设计、确定人力资源需要（人力资源规划）、吸引潜在的员工（招募）、挑选新员工（甄选）、教会员工如何完成工作以及如何为未来做好准备（培训与开发）、为员工提供报酬（薪酬管理）、对员工的工作绩效进行评价（绩效管理）以及营造一种积极的工作环境（员工关系）。在本章开篇部分讨论的玛氏公司的人力资源管理实践，为我们揭示了有效的人力资源管理实践是如何为企业的长期和短期目标提供支持的。换言之，有效的人力资源管理实践是战略性的！有效的人力资源管理实践必须能够对员工满意度和客户满意度、创新、生产率以及企业在社区中的良好声誉等做出自己的贡献，从而向人们展示它们对企业绩效的提升起到积极的作用。[1]* 不过，人力资源管理在改善企业绩效方面的潜在作用直到最近才被人们认识到。

我们首先来讨论一下对于任何一家希望具有竞争力的企业而言，其人力资源管理

* 本书的注释请登录人大出版社网站（www. rdjg. com. cn）查看。

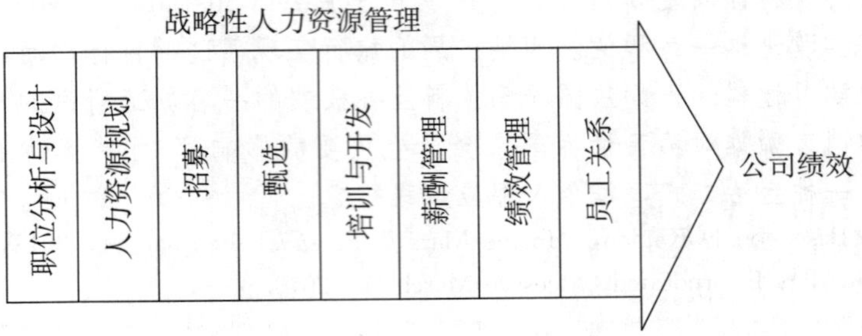

图1-1　各种人力资源管理实践

部门和（或）人力资源管理人员需要扮演何种角色以及需要具备哪些技能。本章的第二节将分析美国企业在当前面临的各种竞争性挑战——这些挑战会影响企业满足股东、客户、员工及其他利益相关者需要的能力。我们还将讨论这些竞争性挑战怎样影响企业的人力资源管理实践。本章在结束时将会对本书中讨论的各种人力资源管理实践以及它们帮助企业进行竞争的方式进行总体描述。

1.2　人力资源管理部门的职责与角色

直到最近，许多公司才把人力资源管理视为一种能够通过强化和支持企业运营，进而对企业的盈利、质量以及其他经营目标做出贡献的有效手段。

表1-1展示了人力资源管理部门承担的若干项主要职责。一家企业应该雇用多少人力资源管理人员？在高绩效的小型企业（员工人数少于100）中，大约每100名员工中有6名人力资源管理人员。不过，在超过5万人的高绩效的大型企业中，平均每100名员工中只有1名人力资源管理人员。[2]

表1-1　人力资源管理部门承担的主要职责

职能	职责
职位分析与职位设计	职位分析、工作分析、职位描述
招募与甄选	招募、发布职位描述、面试、测试、临时性用工协调
培训与开发	新员工上岗培训、技能培训、开发项目、职业生涯发展
绩效管理	绩效指标、绩效评价准备及实施、反馈和辅导、惩戒
薪酬福利	工资与薪金管理、奖励性薪酬、保险、带薪休假管理、退休计划、利润分享计划、身心健康修炼计划、股权计划
员工关系/劳资关系	员工态度调查、员工手册、劳工法律遵从、员工异地调动服务、被解雇员工的重新谋职服务
人事政策	政策制定、政策沟通
员工数据与信息系统	人事记录、人力资源管理信息系统、劳动力队伍分析、社交网络、内部网和互联网
法律遵从	确保行为合法的政策、安全检查、无障碍设施、隐私政策、道德规范
企业战略支持	人力资源规划和预测、人才管理、变革管理、组织开发

资料来源：Based on Bureau of Labor Statistics，U.S. Department of Labor，*Occupational Outlook Handbook*，2012-13 Edition，"Human Resources Specialists，" on the Internet at www.bls.gov/ooh/business-and-financial/human-resources-specialists.htm，visited March 26，2013；SHRM-BNA Survey no. 66，"Policy and Practice Forum：Human Resource Activities，Budgets，and Staffs，2000-2001，" *Bulletin to Management*，Bureau of National Affairs Policy and Practice Series（Washington，DC：Bureau of National Affairs，June 28，2001）.

人力资源管理部门单独负责的工作包括为被解雇员工提供重新谋职服务、劳工法律遵从、人事记录保持、甄选测试、失业保险及福利管理的某些方面。雇佣面试、绩效管理、员工奖惩以及改进质量和生产率等是最有可能由人力资源管理部门与企业其他职能部门合作完成的工作。大公司比小公司更有可能雇用人力资源管理专业人员，其中企业最普遍雇用的是福利管理方面的专业人员。其他一些比较普遍的由人力资源管理专业人员完成的工作领域包括招募、薪酬以及培训与开发。[3]

企业的人力资源管理部门可能会承担多种不同的职责和角色，这主要取决于公司规模、员工队伍的特征、行业特点及公司管理层的价值观。在有些公司中，人力资源管理部门可能会承担起全部的人力资源管理职责；而在另一些公司中，人力资源管理部门则需要与其他部门（比如财务部门、运营部门或者信息技术部门）的管理者共同分担人力资源管理职责。在有些公司中，人力资源管理部门可以向企业高层管理人员提出建议；而在另一些公司里，人力资源管理部门却只能在高层管理人员做出相关经营决策之后，才能进行人员配置、培训、薪酬等方面的决策。

在思考人力资源管理扮演的角色及其承担的主要职责时，方法之一是把人力资源管理视为企业内的一种业务，这种业务有三条产品线。图 1-2 展示了人力资源管理的这三条产品线。第一条产品线是行政服务与事务性工作，这是人力资源管理提供的传统产品。另外两条是人力资源管理的最新产品线，即业务伙伴服务以及战略伙伴，这两条产品线也是企业高层管理人员迫切期望人力资源管理提供的人力资源管理职能。

行政服务与事务性工作：	业务伙伴服务：	战略伙伴：
薪酬、雇佣与人员配置 • 重点：资源使用效率和服务质量	开发有效的人力资源管理系统，帮助执行各项经营计划，实施人才管理 • 重点：了解经营活动并施加影响——解决问题，设计有效的系统确保公司得到所需的各种胜任能力	基于人力资本、业务能力、准备度等方面的考虑为企业战略做出贡献，将人力资源管理实践作为区别于竞争对手的一种手段加以设计 • 重点：人力资源、经营、竞争、市场以及经营战略等方面的知识

图 1-2　人力资源管理：一种拥有三条产品线的业务

资料来源：Adapted from Figure 1, "HR Product Lines," in E. E. Lawler, "From Human Resource Management to Organizational Effectiveness," *Human Resource Management* 44 (2005), pp. 165-69.

例如，Move 是一家互联网房地产企业，员工人数达到 1 000 左右，其首席财务官和人力资源总监在年度企业规划和预算方面开展合作，包括共同做出绩效加薪幅度决策等。[4]人力资源管理人员使用数据来表明，企业不应当进行年度绩效加薪，不应因为过去采用了年度加薪的做法就必须每年进行绩效加薪。英格索兰公司（Ingersoll Rand）的员工人数达 2.5 万，在 60 多个国家开展经营。现在，该公司的人力资源管理人员从仅仅完成传统的招募、福利、培训和薪酬等工作的团队，转变为与经理们在一起工作，了解他们在管理公司的人力资本方面遇到的各种事务和问题的一个咨询顾问团队。[5]作为顾问，该公司人力资源部将关注点放在识别阻碍员工和管理者实现企业目标的那些分歧和障碍上，并采取相应措施来弥合这些分歧，同时制定并实施人才管理方案，包括采取问题聚焦的方式承担传统人力资源管理的职责等。人力资源部通过进行人员规划来确定组织在什么地点需要多少名管理者，从而满足对高素质管理人才的需求。人力资源部与管理人员一起识别高绩效管理者需要具备的胜任素质、技能和知识。胜任素质和技能会被应用在对来自企业外部的驻外经理岗位的求职者进行评价方面，以及对企业内有可能成为驻外经理的员工进行有计划的开发方面。

1.3　人力资源管理职能的战略角色

人力资源管理职能在行政管理类工作任务方面耗用的时间总量正在减少，而在战略经营伙伴、变革推动者以及员工激励者三个方面的角色却在逐步增强。[6] 人力资源管理者面临两个方面的重要挑战：一是把他们的工作重点从目前的操作层次向未来的战略层次转移[7]；二是为非人力资源管理者做好制定和执行人力资源管理实践的准备（回想一下我们在开篇故事中讲到的玛氏公司的人力资源管理在其经营成功中扮演的角色）。为了确保人力资源管理职能帮助企业赢得竞争优势，很多公司的人力资源管理都以共享服务模型为基础进行了重组。共享服务模型能够帮助削减企业的成本，同时提高人力资源管理实践业务之间的关联性和时效性。**共享服务模型**（shared service model）是一种人力资源管理职能的组织模式，包含专家中心、服务中心和业务合作伙伴。[8] 专家中心包括在全公司范围内提供服务的人事和培训等领域的人力资源管理专家。服务中心指的是提供诸如培训登记、员工福利变更等行政类或事务类工作的中心，管理者能够在线办理事务。业务合作伙伴指人力资源管理人员，他们和业务部门的经理合作解决一些战略性的问题，例如为高层管理者制定新的薪酬计划和开发项目。我们将在后面的章节更加详细地探讨共享服务模型。

随着各种技术在诸多行政管理领域中的运用——比如管理员工的各项人事记录，让员工获得关于培训、福利及其他各种人力资源管理项目的信息，并且到这些项目中去注册登记等，人力资源管理职能扮演的行政管理角色趋于淡化。在像互联网等这样一些新技术方面取得的进展使人力资源管理职能在维持各种人事记录以及为员工提供自助服务等方面扮演的角色大大弱化。[9] **自助服务**（self-service）是指让员工通过在线方式获得有关培训、福利、薪酬以及合同等人力资源管理事务方面的信息，同样通过在线注册的方式参与企业的一些计划以及得到一些相应的服务，同时还能在线完成各种员工态度调查。使用美国自动数据处理公司（ADP）服务的企业通过下载免费的手机软件，使员工很容易获得其报酬和福利信息。[10] 员工可以在该软件中填写工作记录，查询养老金计划的缴费及余额。企业还可以利用该软件向员工发布信息，通过联系信息提供指导。美国华生制药公司（Watson Pharmaceuticals）为企业大学开发了一个应用软件，公司的医药代表通过苹果手机就能获取培训视频和产品知识。[11]

很多企业和人力资源管理服务供应商合作，完成一些虽然重要但属于行政类的人力资源管理职能，如薪酬发放等，并在人员招募等战略性领域提供专业支持。**外包**（outsourcing）是指让其他公司（服务销售者、第三方服务提供者或咨询顾问）提供相关服务的做法。在各项人力资源管理职责中，最常见的外包项目包括福利管理（弹性消费账户管理、医疗健康计划的资格管理）、重新安置和薪资单管理等。企业选择外包的主要原因包括节约成本、提高招募和管理人才的能力、提高人力资源服务质量、通过使招募与甄选等人力资源管理流程标准化来避免法律诉讼。[12] ADP 公司、翰威特公司（Hewitt）、IBM、埃森哲公司（Accenture）都是顶级的外包服务供应商。

固特异轮胎和橡胶公司（Goodyear Tire and Rubber）通过将人员招募外包重新组织其人员招募和雇佣程序。[13]招募外包服务供应商和固特异公司开展合作，以充分了解公司的文化、历史和员工招募的经验。招募外包服务供应商对招募程序进行精简和优化，使负责雇佣的管理者可以通过在线方式创建职位需求、提供面试反馈、安排面试日程、定制工作邀请信（offer），并在招募过程中了解求职者的进度。固特异公司通过招募外包受益匪浅，提高了工作邀请信的时效性、新雇佣人员的多元性和质量，并降低了离职率。

传统上，人力资源管理部门（经常也称为“人事部”或“员工关系部”）主要扮演的是行政管理专家和员工激励者的角色。这个部门负责处理涉及员工的各种问题，确保员工能够得到正确的报酬，管理劳动合同，同时注意避免各种可能的法律问题。人力资源管理部门努力确保与员工相关的一些问题不会对企业的产品或服务的生产或销售产生干扰。这时的人力资源管理在很大程度上是被动反应的；也就是说，只有当人力资源管理问题直接影响到企业经营的时候，它才会受到关注。尽管这种情况在许多尚未认识到人力资源管理的竞争价值的公司中继续存在，其他一些公司却坚信，人力资源管理对于企业经营的成功是非常重要的，因此这些公司将人力资源管理的角色扩展到变革推动者和战略伙伴。

企业人力资源总监和学术思想领袖通过讨论发现，企业期待自己的人力资源管理者更多关注人才管理和绩效管理领域。[14]同样，人力资源管理部门应该在帮助企业吸引、开发和保留企业赢得竞争所需的来自全世界的人才队伍方面发挥主导作用。人力资源管理人员应该利用和分析数据为业务状况提供思路和问题解决方法。在很多企业中，人力资源总监直接向首席执行官、总裁或董事会汇报工作，并就人事战略是如何驱动企业价值实现的做出回应。例如，在雅虎公司，负责人员管理与开发的副总裁的任务是帮助公司实现转型。[15]她的一项工作是整合雅虎并购过来的那些中小企业的员工，从而为企业提供顶尖的工程人才和软件设计师。雅虎首席执行官玛丽莎·梅耶尔（Marissa Mayer）制定的复兴雅虎的计划之一就是并购小型创业公司并获取人才。另一项工作是调整雅虎的薪酬结构，因为以往的薪酬结构导致公司最优秀的员工跳槽到竞争公司。

让我们看看人力资源管理在威富公司（VF Corporation）中扮演的角色。[16]威富公司是一家全球性服装公司，旗下品牌包括 Nautica，Lee 和 Wrangler。该公司的首席执行官明白，公司需要强劲的财务、品牌和人才来驱动业务增长。人力资源部的角色是开发人才，特别是要关注 1 500 名高级管理者。企业每年进行两次高级人才评价，这些评价要求当事人与企业运营委员会、公司主管人力资源事务的副总裁、业务部门领导、各业务部门人力资源负责人见面。公司对每名高层管理者单独进行评价，考察他们的优势和劣势，提出应当如何加以改进以及他们未来取得职业进步的可能性。这对于公司为满足两大关键成长驱动因素——全球扩张和对其他企业的积极并购——的要求而提供必要的管理人才是非常关键的。同样，主管人力资源事务的公司副总裁在制定扩张时间进程以及为全球性职位提供管理人员方面发挥着非常关键的作用。除此之外，主管人力资源事务的副总裁还要帮助企业了解在并购公司中有哪些可利用的人才，然后采取措施留住他们；从各业务部门收集并整合与企业预期和增长计划有关的变革性信息，并就这些信息与首席执行官进行沟通。

管理者可以利用表1－2中列举的这些问题来判断，人力资源管理在企业中是否扮演着战略角色。如果企业从来没有考虑过这些问题，那么以下情况出现的可能性就很小：第一，企业已经做好了迎接竞争性挑战的准备；第二，人力资源管理被用来帮助企业赢得竞争优势。在评估人力资源管理与经营战略之间的关系时，一个必须考虑的问题是："为确保拥有正确技能的正确的人在那些对企业经营战略的执行非常重要的职位上做正确的事，企业的人力资源管理正在做些什么？"[17]我们将在第2章中更为详细地讨论战略性人力资源管理的问题。

表1－2　确定人力资源管理在企业中是否扮演战略角色的几个问题

1. 在向组织内部客户提供增值服务方面，人力资源管理正在做些什么？
2. 人力资源管理实践是否支持企业重点工作并与其保持一致？
3. 怎样衡量人力资源管理职能的有效性？
4. 我们怎样才能对员工进行再投资？
5. 我们应当运用何种人力资源战略才能使企业从A点到达B点？
6. 从人力资源管理的角度来看，还应该做些什么来改善我们的市场地位？
7. 为做好迎接未来的准备，我们能够进行的最优变革是什么？
8. 我们是否及时回应或者提前预见到业务问题？

资料来源：Based on A. Halcrow, "Survey Shows HR in Transition," *Workforce*, June 1988, p. 74; P. Wright, *Human Resource Strategy: Adapting to the Age of Globalization* (Alexandria, VA: Society for Human Resource Management Foundation, 2008); J. Mundy, "Be a Strategic Performance Consultant," *HR Magazine*, March 2013, pp. 44-46.

人力资源管理的角色为什么发生了变化？管理者将人力资源管理视为帮助企业在与国内外对手展开竞争时赢得竞争优势的最重要的利器。我们认为，这是因为人力资源管理实践与企业能否成功地迎接竞争性挑战直接相关。关于这些竞争性挑战及其对人力资源管理的潜在影响，我们会在下一章中进行讨论。

1.3.1　展现人力资源管理的战略价值：人力资源分析和循证人力资源管理

为了证实人力资源管理为企业目标做出贡献，一个越来越普遍的认识是，应当用数据来回答"哪些人力资源管理实践是有效的""哪些人力资源管理实践的性价比更高"等这样一些问题，同时，预测人力资源管理实践在员工的态度、行为以及企业的成本和收益方面变化产生的结果。这有助于证明投资人力资源管理项目的时间和经费是有价值的，人力资源管理对于企业的财务管理、市场营销和会计等都非常重要。**循证人力资源管理**（evidence-based HR）是指证明人力资源管理实践对公司盈利或者公司的关键利益相关者（员工、客户、社区、股东）产生了积极的作用。循证人力资源管理要求企业运用人力资源或劳动力队伍分析。**人力资源或劳动力队伍分析**（HR or workforce analytics）指采用定量和科学的方法对数据（有时称作大数据）进行分析，帮助企业做出循证人力资源管理决策，并且证明人力资源管理实践如何对企业的盈亏状况（包括利润和成本）产生了影响，这些数据来自企业的人力资源数据库、企业财务报表、员工调查结果以及其他一些数据来源。[18]比如，让我们来看一看卡特里斯特（Catalyst）信息技术服务公司是如何运用和分析大数据的。[19]卡特里斯特信息技术服务公司是一家从事高科技外包业务的公司，它需要为完成各种编程工作组建工作团队，该公司预计今年将面试1万名求职者。传统的招募方法花费时间太长，而且较为主观的雇佣决策往往使员工的技能和职位之间并不匹配，从而导致新员工由于绩效不佳或者对职位不满意而离职。现在，卡特里斯特公司要求求职者首先完成在线测评，从而收集他们的一些信息。比如，这种测评可能会出一道数学题让求职者回答，求职者回答的内容并不重要，相反，卡特里斯特公司对求职者回答问题所花费的时间（求职者是回答的速度很快、跳过了这道问题，还是过会儿再回答?）更感兴趣，认为这是反映他们如何应对挑战的有效指标。对数据的分析和评价能够帮助企业考察求职者是否具有某些特定情境需要的那些特质，例如，某个职位可能要求员工做事仔细、注重方法。在数据分析之后，卡特里斯特公司每年的员工离职率只有15%，而其美国竞争对手的员工离职率却高达30%。正是由于循证人力资源管理和人力资源分析证明了人力资源管理实践的价值及其对企业战略和目标达成的重要作用，因此，在本书的每一章中，我们将提供企业通过人力资源分析进行循证人力资源管理或评价人力资源管理实践的例子。

1.3.2 人力资源管理专业：岗位和职位

人力资源管理专业中有许多不同类型的职位。表1-3列出了各种人力资源管理职位以及它们的年薪水平。为了更好地了解人力资源管理专业人员都在做些什么，美国人力资源管理协会做了一项调查，结果发现，人力资源管理专业人员的主要工作是扮演人力资源综合管理人员的角色（即提供各种人力资源管理服务），而对其他方面的人力资源管理活动——比如公司高管层面的人力资源管理职能、培训和开发、人力资源管理咨询以及行政管理活动等——则较少涉及。[20] 据估计，2010—2020年间，与人力资源管理有关的职位雇用的人员数量增长了21%，远远超过各种职位的平均增长水平。[21]

表1-3　人力资源管理职位的年薪中值　　单位：美元

职位	年薪水平
高层人力资源负责人	170 784
开发管理经理	108 106
健康与安全经理	94 422
人力资源经理	87 781
员工福利经理	87 493
校园招聘专员	59 371
初级人力资源管理信息系统专员	49 605
人力资源综合管理人员	49 254
初级员工培训专员	46 504
薪酬分析员	55 001
中级劳资关系专员	70 035

资料来源：Based on data from Salary Wizard，www. salary. com，accessed March 26，2013.

人力资源管理专业人员的年薪高低因本人的受教育程度、工作经验以及行业类型等存在较大的差异。正如从表1-3中能够看到的那样，有些职位涉及人力资源管理领域中一些专业化水平较高的工作，比如招募、培训或者劳资关系。人力资源综合管理人员或人力资源管理多面手（HR generalist）的年薪通常在3.1万～8万美元之间，具体数额取决于他们的工作经验和受教育水平。人力资源综合管理人员通常需要完成人力资源管理领域中的各种工作活动，包括招募、甄选、培训、员工关系和福利管理。人力资源专项职能管理人员（HR specialist）则从事某一特定人力资源管理职能领域的工作，例如培训或薪酬管理。人力资源综合管理人员在小型企业里最为常见，很多大中型企业则在其工厂或下属企业层面雇用人力资源综合管理人员，在总部、产品和区域层面则雇用人力资源专项职能管理人员。大多数人力资源管理专业人员之所以选择人力资源管理作为自己的职业，要么是因为他们发现人力资源管理是一个很有吸引力的职业，他们愿意与人打交道，要么是因为他们很偶然地被组织要求去承担人力资源管理方面的工作任务和职责。[22]

1.3.3 教育和经验

绝大多数人力资源管理专业人员都有大学本科文凭，其中还有许多人完成了研究生课程的学习。虽然有些人力资源管理专业人员拿到的是社会科学（经济学或心理学）、人类学或法学的学位，但一般情况下，这些人在大学期间学习的都是商科（人力资源管理或劳资关系）。而那些完成了研究生课程学习的人力资源管理专业人员拿到的往往是人力资源管理、工商企业管理或类似学科领域中的硕士学位。这些学位对于在人力资源管理领域取得成功是非常重要的，这是因为，你需要掌握其他职能领域人员的话语体系。你必须具有作为一位企业领导者的信誉，这就意味着你必须能够理解财务，并且形成关于各种人力资源管理活动的商业案例。在人力资源管理领域，职业资格证书并不是很普遍，但大家通常都会成为某些人力资源管理协会的会员。全面良好的教育背景对于一个人胜任人力资源管理职位很有好处。正如一位人力资源管理专业人士指出的那样："对人力资源管理的最大误解之一就是，认为它的工作内容仅仅是与员工进行热情洋溢的沟通，或者认为它是一种创造性的工作，其主要目的是为员工营造一个更加适宜的工作氛围。然而事实上，尽管有时人力资源管理包括上述所有这些内容，但大多数时候，人力资源管理的工作是与一堆文件打交道，而要处理这些文件，你需要具备与'人'有关的各种技能。人力资源管理是法律、会计、哲学、逻辑、心理、灵性、宽容以及谦恭的合体。"[23]

1.3.4 胜任素质和行为

图1-3展示了人力资源管理专业人员需要具备的九种胜任素质。这些胜任素质是由美国人力资源管理协会（Society for Human Resource Management，SHRM）最新开发的。美国人力资源管理协会基于大量的文献研究开发出这些胜任素质，这些文献涵盖了1 200多名人力资源管理专家以及超过3.2万名被调查对象。[24]美国人力资源管理协会的网站（www.shrm.org）提供了胜任素质模型的全部内容，包括初级、中级、高级和总监级别的人力资源管理专业人员的所有胜任素质、行为及水平标准。如果能够展示出这些胜任素质，则有助于人力资源管理从业者向管理者表明，他们能够帮助组织的人力资源职能创造价值、对企业战略做出贡献以及塑造企业文化。它们也有助于人力资源管理高效率且有效地提供图1-2中展示的三条产品线。这些胜任素质及行为表明，虽然不同的职位级别需要的专业水平存在差异，但是所有的人力资

源管理从业人员都需要具备战略性企业管理、人力资源规划、培训与开发、薪酬和福利管理、风险管理（安全、质量等）、劳资关系、人力资源技术、循证决策制定和全球性人力资源管理的知识。人力资源管理从业人员还应该能够指导和影响员工和管理者，并通过保守机密和正直行为使得行为实践符合道德规范。

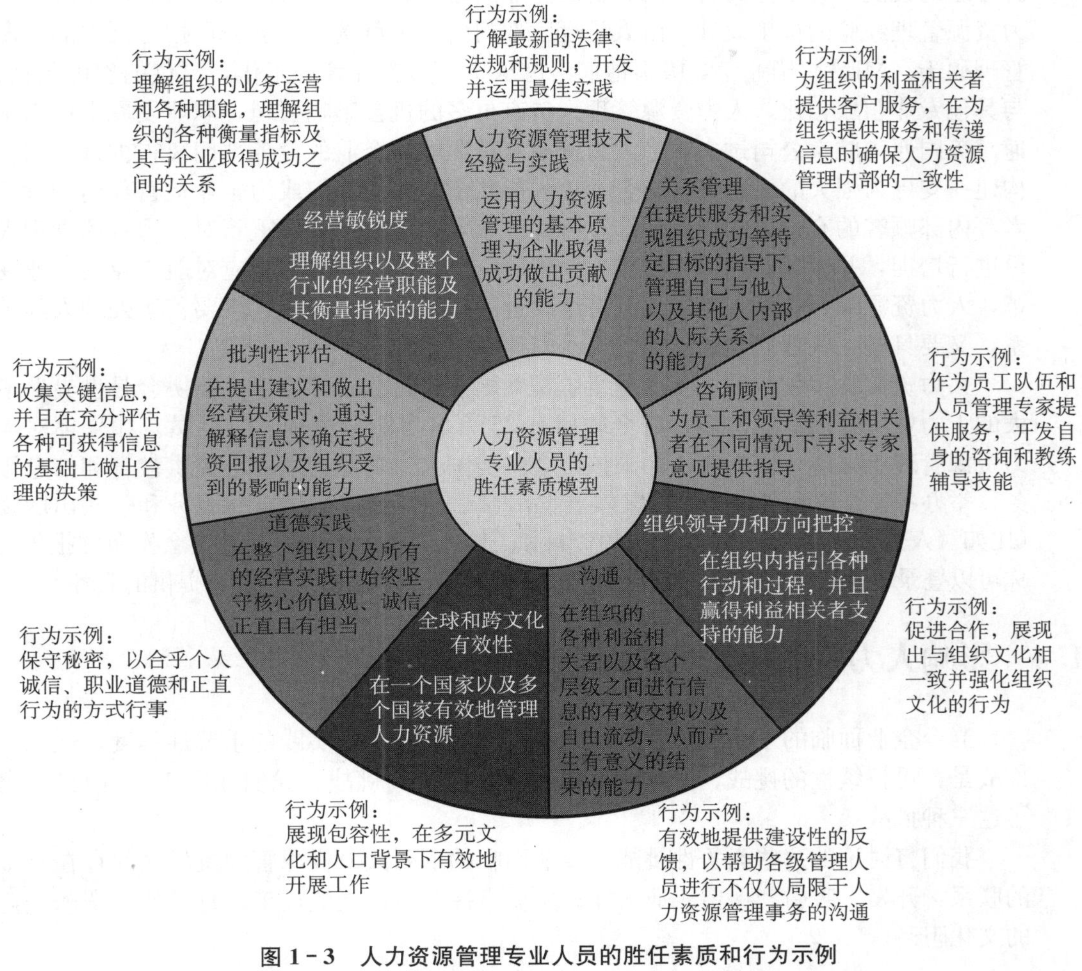

图1-3　人力资源管理专业人员的胜任素质和行为示例

资料来源：Based on SHRM Elements for HR Success，Society for Human Resource Management，2012，accessed from www.shrm.org，March 21，2013.

很多高层管理者和人力资源管理专业人员认为，要想开发在未来卓有成效的人力资源管理专业人员的胜任素质，最好的方式就是对他们进行培训，或者让他们积累经验。让我们看看谷歌和西南航空是如何开发人力资源管理技能组合以及积累人力资源管理对战略作出贡献的经验的。[25]在谷歌公司，大约1/3的人力资源管理人员具有人力资源管理的专业背景，精通雇佣法律、薪酬、福利等领域的专业技能。另外1/3的人力资源管理人员几乎没有人力资源管理经验，是从咨询公司或谷歌的工程或销售等部门招过来的。其他1/3的人力资源管理人员属于劳动力队伍分析师队伍，这些人拥有财务、统计或组织心理学的博士学位。每个群体都有自己的长处，例如，人力资源管理经验有限的人可能具有很强的解决问题的能力，清楚地了解企业人力资源管理之外的其他领域是如何运转的。为了充分利用这些不同群体在解决人力资源管理问题方面拥有的独特视角和技能，谷歌公司全球人员运营事务副总裁鼓励各种群体的团队成员相互交流、分享知识。谷歌还通过长达一年的培训项目来开发人力资源管理人员和关键的人员运用员工，培训内容包括人力资源管理专家培训、各种商业课程、与客户打交道的技能、与企业高管交流、解决企业问题等。该项目专门针对具有两年以上人力资源管理经验的员工设计，由人员运营部门的员工负责。谷歌公司招募顶尖的工商管理硕士（MBA）毕业生，吸引他们考虑从事人力资源管理工作，提供的理由包括：与其他专业领域相比，人力资源管理人员有更多的机会影响公司，职业发展也更为迅速。美国西南航空公司过去认为人力资源管理职能与企业的业务部门离得太远。为了构建一支更为强大的人力资源综合管理人员队伍，并使他们成为企业运营部门和管理者等内部顾客的有价值的合作伙伴和咨询专家，西南航空公司重新对人力资源管理人员进行培训，并做了新的工作安排。西南航空公司认识到，为了应对航空业的快速变革，人力资源综合管理人员需要有持续改进的理念和商业头脑，既要善于处理人际关系，又要具备一些战略性的能力。

人力资源管理领域的主要专业组织是美国人力资源管理协会，该协会是世界上最大的人力资源管理专业协会，在全球拥有 25 万名专业会员和学生会员。如果你对人力资源管理感兴趣，你就应该加入该协会。美国人力资源管理协会提供教育和信息服务，举办各类会议和研讨会，在媒体上发出自己的声音，提供在线服务和一些出版物（比如《人力资源杂志》、免费的视频资料和美国人力资源管理协会基金会发布的报告）。你可以登录美国人力资源管理协会的网站（www. shrm. org）来了解其提供的服务。

1.4 影响人力资源管理的竞争性挑战

当今企业面临的三大竞争性挑战会提高人力资源管理实践的重要性程度，这三大挑战是：可持续性的挑战、全球化的挑战以及科技的挑战。我们在图 1－4 中描绘出了这三种挑战。

我们将讨论的这些竞争性挑战与企业面临的下列人力资源管理挑战之间存在直接的联系：开发、吸引和保留企业人才；发掘掌握必备技能的员工；打破建立全球企业的文化阻碍。[26]

1.4.1 可持续性的挑战

传统上来看，可持续性被视为企业需要承担的社会责任之一，它与企业对环境的影响有关。[27]不过，我们是从一个更开阔的视角来看待可持续性问题的。**可持续性**（sustainability）是指一家公司在不牺牲员工资源、社区资源和环境资源的情况下获取利润的能力。[28]组织通过实施可持续性战略来追求三大根本目标：经济利益、社会责任和环境责任。一家公司能否取得成功，主要取决于它能否满足利益相关者的需要。企业的**利益相关者**（stakeholders）包括股东、社区、客户、员工以及其他乐于看到公司取得成功的群体。可持续性包括以下几个方面的能力：应对经济和社会变革的能力、履行环境责任的能力、参与负责且有道德的商业活动的能力、提供高质量产品和服务的能力，以及找到方法来评估企业是否满足利益相关者需要的能力。也就是说，人力资源管理系统能够创造组织实现三大根本目标和确保股东长期回报所需要的那些

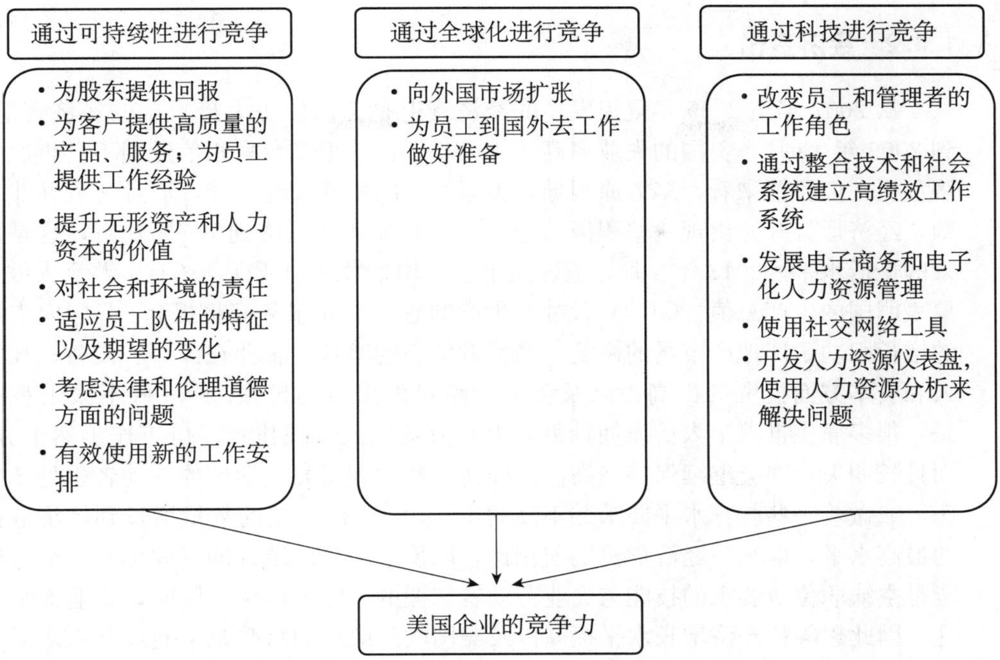

图 1-4　影响美国企业的三大竞争性挑战

技能、动机、价值观。

经济中出现的几个方面的变化对人力资源管理有着重要的影响。表 1-4 中是一些比较关键的关于经济和劳动力队伍状况的统计数据。这些数据涉及经济结构的转变、电子商务的发展以及专业技术类和服务类工作的数量增长等。这些类型工作的数量增长意味着职位对劳动者技能的要求发生了变化，知识变得越来越重要。实际上，不仅仅是工作对劳动者技能的要求发生了变化，要想在全球经济中保持竞争力，工时也需要满足更为苛刻的要求，同时还要改变传统的雇佣模式。新工作的创造、老龄员工离开劳动力队伍、人口的慢速增长以及能够胜任数量增长最快的那些工作的人员短缺，都意味着企业需要更加关注能够吸引和保留员工的人力资源管理实践。

表 1-4　关于 2010—2020 年就业预测的一些重要数据

- 美国的总雇用人数将从 2010 年的 1.431 亿人增长到 2020 年的 1.635 亿人。
- 预计医疗保健、个人护理、社区和社会服务类工作的增长速度最快。
- 如今，美国 92%的工作属于非农业，12.5%的工作属于工业制造业行业（矿业、建筑业和制造业），79.7%属于服务业。预计到 2020 年，行业间的工作分配将大体一致。
- 3 370 万职位空缺来自对永久离开劳动力市场的员工的替代，这为每个行业都创造了就业需求，即使那些预计就业数量在缩减或不会增长的行业也是如此。
- 如今，大约 43%的就业岗位至少需要高中学历，16%的就业岗位要求大学学历。
- 预计到 2020 年，美国的劳动力队伍年龄中值为 42.8 岁，达到历史上最高值。
- 预计到 2020 年，劳动力人口将增加 1 050 万，达到 1.644 亿。

资料来源：D. Sommers and J. Franklin, "Overview of Projections to 2020," *Monthly Labor Review*, January 2012, pp. 3-20; C. Lockard and M. Wolf, "Occupation Employment Projections to 2020," *Monthly Labor Review*, January 2012, pp. 84-108; M. Toossi, "Labor Force Projections to 2020: A More Slowly Growing Workforce," *Monthly Labor Review*, January 2012, pp. 43-64; R. Henderson, "Industry Employment and Output Projections to 2020," *Monthly Labor Review*, January 2012, pp. 65-83.

1.4.2 经济变化

从2007年至2009年夏天发生的经济衰退是美国历史上最严重的经济衰退之一。到2009年10月，美国的失业率高达10%。[29]虽然很多专家相信近期不会再次发生经济危机，但目前来看，多方原因导致美国经济的恢复较为缓慢，而且过程并非一帆风顺。经济形势开始出现一些积极的迹象，比如失业率下降到7.7%左右，这是近四年来的最低水平。2013年3月，道琼斯工业平均指数达到新高，还有一些令人鼓舞的迹象表明国内生产总值（GDP）及社会生产的总产品和服务都将提高。[30]国内生产总值的增长归功于房地产市场的恢复，消费者信心的增加，企业在工厂、设备、技术等工人和资本方面投资的提高，以及美国产品对外出口的扩张。[31]一些不太乐观的迹象是，很多雇主推迟了人员雇佣计划，上百万美国人发现找到一份工作仍然十分困难，而且长期失业率会继续保持在高位。即使一些拿到研究生学位的劳动者也处于失业状态，或做着一些教育水平要求并不高的工作。[32]职位空缺的数量增长到经济危机以来的最高水平，但是与经济危机之前相比，职位空缺等待填补的时间更长。部分原因可能是空缺职位所要求的技能与失业劳动者掌握的技能不匹配，同时，企业面临不确定性，因此想等待经济增长水平提高以及美国联邦政府的财政政策达成共识之后再去填补职位空缺。[33]例如，2013年1月，1 230万有求职意愿的美国劳动者没能找到工作。长期失业的比率在3%左右，依然是2001—2007年平均水平的三倍，而且连续30个月停止找工作的失业劳动者比找到工作的人要多。如果经济增长、美国摆脱经济衰退，那么长期失业率就可能降低。即使新的工作岗位能够创造出来，长期失业率也很难预测，这是因为在经济衰退期间，企业可能用自动化方式来取代劳动者，或采取职位合并的方式来减少一些工作岗位。

令人遗憾的是，目前看起来，经济复苏在一段时期内依旧较为缓慢，如果欧洲债务危机和美国庞大的财政赤字得不到解决，经济复苏很有可能彻底停止。

当前所处的经济时期对人力资源管理产生了一系列影响。尽管企业裁员的数量下降了，但是由于企业积极地寻找提高生产率和效益的方式而不增加人员，企业新雇用的人员数量依旧增长缓慢。企业也在等待产品和服务需求的增加，一旦需求增加，企业在雇用新员工之前首先会召回被裁员工，同时减少薪酬和包括带薪休假在内的福利。例如，霍尼韦尔国际公司（Honeywell International）是一家生产航空航天产品、汽车、住宅及商用热力系统的公司，它仅仅重新雇用了一半之前离开企业的员工。[34]霍尼韦尔公司计划在美国GDP增长率提高到接近3%之前保持缓慢的人员雇佣。和其他美国大企业一样，霍尼韦尔国际公司的利润增长速度已经超过其销售额增长速度，它通过削减成本、提高产品价格和减少员工人数来提高利润水平。同样，霍尼韦尔国际公司还计划扩大在经济增长速度更高的中东地区和中国等国际市场上的销售水平来提高利润。2009年以来，霍尼韦尔国际公司在全球新增了1万个工作岗位，但在美国本土却削减了2 000个工作岗位。

尽管人力资源预算被削减，但很多企业的人力资源管理正在帮助公司适应不景气的经济时期，并且针对将来企业环境改善后需要完成的各项工作做好准备。例如，美国第一资本投资国际集团（Capital One）就要求管理者核定当前的工作负荷以及人员需求。[35]该公司人力资源部基于这些信息能够预测员工队伍正在发生的变化。这使第一资本投资国际集团能够更加准确地预测劳动力需求，避免在雇用新员工之后再将他们解雇掉。

经济衰退期间，飞利浦电子公司虽然削减了培训预算，但仍然会为高潜质员工提供“充电”计划，该计划重点强调公司经营战略以及个人领导力方面的主题。[36] 飞利浦公司相信，在领导力开发方面进行投资将会帮助企业平安度过经济衰退期，为未来的经济复苏做好准备。

同时，企业正面临着通过提高员工的生产率来缓解高成本（比如高额医疗保健成本）的压力。[37] 为了控制美国医疗健康体系的成本并改善效果，奥巴马总统签署了《患者保护与合理医疗费用法》。然而，该法案最近才得以实施。企业不太确定该法案对企业的医疗保健成本会产生什么影响，因此继续寻求削减成本的方法，包括减少员工数量，削减在职员工和退休员工的医疗保健福利以及企业对员工养老金计划的缴费水平，同时提高员工在这些福利计划中的缴费比例。很多企业给员工发“红包”用于健康福利，包括西尔斯控股公司（Sears Holding Coporation）和拥有橄榄花园（Olive Garden）和红头虾（Red Lobster）餐厅品牌的达登餐饮集团（Darden Restaurants）。[38] 员工可以选择每月支付更多的费用来获得更昂贵的福利计划，也可以选择价格更为低廉的计划，后者对某些服务的免赔额更高，使得员工有可能需要支付更多的费用。很多员工希望选择价格低的计划，这样的计划可能要求员工支付医疗保险的费用更多一些。我们将在第 13 章中讨论企业为降低医疗保健成本和养老金成本采取了哪些措施。

各种人力资源管理项目以及人力资源管理职能正面临着与企业战略建立关联以及展示投资回报的压力。以客户为中心的需要贯穿于所有的人力资源管理实践之中。新技术和经济不确定性共同作用的结果，意味着行政管理类和事务类人力资源管理活动将会通过技术来完成，从而使企业对完成这些活动的人力资源管理人员的需求越来越少。劳动力队伍的老龄化与国家安全因素而导致的移民减少共同作用的结果是，企业必须更加关注如何留住员工，并且鼓励年龄较大的技术熟练员工延期退休或者从事一些兼职工作。[39]

表 1－4 展示了 2010—2020 年间的就业预测数据，该项预测以美国劳工统计局的数据为基础。[40] 人口是决定劳动力规模和构成最重要的因素。劳动力的规模将会扩大，但是低于过去十年有经验的劳动力的增长速度。中年劳动力在所有劳动力中占据的比重将达到最高值。人口多元化使得美国劳动力日益多元化。预计 2010—2020 年间，每年将有 150 万人移民到美国，因此 2010—2020 年间每个族裔的人口都会增加，而美国白人的比例将会降低（我们将在本章稍后的部分详细探讨劳动力的多元化和老龄化）。

考虑到行业与职业当前和未来预计的就业率，服务部门在美国经济中的重要地位凸显出来。大约 80％的工作岗位属于服务行业。当前，工作岗位最多的行业是医疗保健和社会支持、休闲住宿、州和地方政府、专业和商业服务以及零售业。预计 2010—2020 年间服务部门新增工作岗位最多，白领和蓝领工人的数量将从 1.127 亿增加到 1.307 亿。到 2020 年，医疗保障和社会支持部门、专业和商业服务部门新增的工作岗位将占据全部岗位的 1/3，就业人数将占到全体就业人数的 25％。

表 1－5 展示了 2010—2020 年间预计会快速增长的一些职业。总体来看，医疗保

健和个人护理、社区和社会服务、建筑和挖掘、计算机和数学类职业新增工作岗位最多。其中，增长最快的包括个人护理援助（例如提供做饭服务）、家庭健康援助（例如提供药物管理服务）、兽医技师和医生、软件开发工程师、婚姻和家庭咨询专家以及泥瓦匠。在增长最快的30个职业类别中，有10个来自医疗保健、技术或医疗保健支持部门。这些职业类别的快速增长有赖于美国人口老龄化导致的医疗保健需求的增加。而建筑和挖掘类职业的增长则有赖于经济危机中失去的工作岗位得以恢复以及新增的工作岗位。

表1-5　工作岗位数量增长最为迅速的职业举例

职业	就业人数变化 2010—2020年		大多数从业者的受教育程度或培训情况
	数量（千人）	比例（%）	
个人护理师	607	71	高中以下
家庭健康护理师	706	69	高中以下
生物医学工程师	10	62	本科学历
砌砖工、水泥工、石匠等的帮工	18	60	高中以下
木匠的帮工	26	56	高中以下
兽医	42	52	大专文凭
钢筋工	9	49	高中或同等学力
理疗师	31	46	大专文凭
管道安装工、管道工人的帮工	26	45	高中或同等学力
会议策划人员	31	44	本科学历

资料来源：Based on C. Lockard and M. Wolf, "Occupational Employment Projections to 2020," *Monthly Labor Review*, January 2012, pp. 84-108.

一些行业的职位数量预计会下降。农民、农场经营者、农业经营管理人员将会减少9.6万个工作岗位，比其他任何行业都要多。技术进步和食品业的融合导致所需要的劳动者数量减少。随着进口家具、鞋子和衣服的增加，纺织业、服装业和家具业也会出现职位数量减少的现象。由于美国邮政业持续削减成本，和邮政业有关的行业也会面临工作岗位数量降低的情况。

受教育程度在决定一个人能否达到职位或工作的要求方面以及员工的收入水平方面起着非常重要的作用。要求任职者具有高等教育学历的那些职位的就业增长速度相对更快。在所有这些职位中，要求具有硕士学位的职位的就业增长速度是最快的。在30种就业增长速度最快的职位中，有12种职位对绝大部分任职者要求具有学士及以上学位，5种职位要求具有大专学位，13种职位要求达到高中毕业或更低的受教育水平。但是，要求高中毕业的职位同时还要求劳动者具有额外的培训经历，例如建筑行业的砌砖工、石匠、钢筋工都要求一定的学徒期。现在，学历要求在高中以下的那些职位的年薪中值大约为2万美元，要求高中毕业的职位的年薪中值为3.4万美元，要求上过几年大学的职位的年薪中值为4.4万美元，要求有大专学历的职位的年薪中值为6.1万美元，要求有本科学历的职位的年薪中值为6.3万美元，要求有博士学位的职位的年薪中值为8.7万美元。

美国未来的劳动力市场将会处于知识经济和服务经济之中。[41]劳动力市场上将会出现很多对受教育程度要求较高的专业技术类和管理类工作，同时也会存在很多对受教育程度要求较低的服务类工作。高科技制造业工作要求掌握特定的技能，例如，对电子设备机械图纸的理解、设备修理、故障排除和操作，并清楚如何在一线提高质量和生产率。知识型工作和服务型工作之间的边界变得越来越模糊，这导致在两者之间产生一些将服务技术和软件应用结合在一起的所谓“技术服务类”工作。软件应用工程师、技术支持工程师、工程师以及科技咨询类工作将直接与客户打交道，同时，客户也能影响产品的设计过程。

尽管有很多可以利用的失业和未充分就业的劳动者和高中及大学毕业生，企业还是发现难以找到符合相应技能要求的员工。一些研究表明，企业正遭遇技能不足的情况。[42]商业圆桌会议（Business Roundtable）进行的一项研究发现，62%的受访企业认为它们在寻找合格的求职者填补职位空缺方面存在困难。超过一半的受访企业指出，企业中至少有16%的劳动者存在技能缺陷，对生产率产生了不利的影响。与此类似，美国人力资源管理协会、美国培训与开发协会、世界大型企业联合会（The Conference Board）、企业工薪家庭协会（Corporate Voices for Working Families）联合进行的研究发现，在不考虑受教育程度的情况下，只有一半的受访企业认为新员工为工作做了充分准备。企业最需要的基本技能包括阅读能力、写作能力和数学能力。很多企业感觉很难找到掌握了合适的“软技能”的员工，这些技能包括职业道德、团队合作和沟通能力，企业认为这些能力在员工工作成功方面甚至比看机械图纸和写作等“硬技能”更为重要。在服务业经济中，人际交往能力、学习能力、创造力和问题解决能力尤其重要，这是因为员工承担着提供最终产品和服务的职责。

技能短缺也是一种全球性现象。像比尔·盖茨这样的企业领导者也表示了这样一种担忧，即与韩国等国家相比，科学和工程领域中的美国学生数量目前偏少。[43]由于移民、教育体系质量不稳定或人口出生率下降等原因，印度、俄罗斯等发展中经济体和日本、西欧等国家和地区都较难找到有足够技能的贸易人员、销售人员、技术人员、工程师和管理人员。[44]

技能短缺并不限于某一行业、产业规模或某一工作。Broseh 和 Aegis Sciences 等公司不仅培训自己的员工，还与很多学校建立起伙伴关系，以帮助提高劳动者的技能。[45]Broseh 公司和其他 20 家制造商伙伴与塔兰特社区学院合作开设了为期九周的课程。该课程讲授读取工程图和计量器技能、数学技能、职业道德，并向使用机械制造金属零件的机械师教授计算机数控系统的知识。企业会捐赠机械设备，这样学生就能进行实操以积累经验。所有完成课程的机械师都会被企业录用。拥有 580 名员工的 Aegis Sciences 公司提供药物检测和医学鉴定服务。由于企业一直没能找到具有足够经验的员工，有些科学家和实验室技术员职位还处于空缺状态。因此，该公司开始录用和培训化学研究生，这些研究生缺乏在质量控制和稳定性要求很高的专业实验室工作的经历，他们要接受必备技能的培训，例如，如何从血液和尿液中提取样本并进行药物含量分析。

无形资产和人力资本的价值上升。如今，越来越多的企业开始关注如何运用无形资产和人力资本赢得竞争优势。一家公司的价值包括对该公司提供产品和服务至关重要的三种类型的资产：金融资产（现金和各类证券）、实物资产（财产、工厂和设备）和无形资产。表 1-6 提供了一些无形资产的例子。这些**无形资产**（intangible assets）包括人力资本、客户资本、社会资本以及智力资本。无形资产和金融资产、实物资产具有同等的重要性，甚至更为重要，因为它们更加难以复制或模仿。[46] 根据一项估计，一家企业 75%的价值来源于无形资产。[47]

表 1-6 无形资产举例

人力资本	客户资本
• 隐性知识 • 教育 • 工作相关知识 • 工作胜任素质	• 客户关系 • 品牌 • 客户忠诚度 • 分销渠道
社会资本	**智力资本**
• 企业文化 • 管理哲学 • 管理实践 • 非正式网络系统 • 辅导/指导关系	• 专利 • 版权 • 商业秘密 • 知识产权

资料来源：Based on L. Weatherly，*Human Capital*：*The Elusive Asset*（Alexandria，VA：2003 SHRM Research Quarterly）；E. Holton and S. Naquin，"New Metrics for Employee Development，" *Performance Improvement Quarterly* 17（2004），pp. 56-80；M. Huselid，B. Becker，and R. Beatty，*The Workforce Scorecard*（Boston：Harvard University Press，2005）.

无形资产已经被视为企业竞争优势的来源之一。像培训、甄选、绩效管理和薪酬管理等这样一些人力资源管理实践，都会通过影响客户服务、工作相关知识、胜任素质和工作关系对人力资本和社会资本直接产生影响。我们来看看梅西公司在开发人力资本、社会资本和客户资本方面的努力。[48] 几乎一半有关梅西百货公司的投诉都和销售助理有关。为了削减成本以渡过经济危机，梅西百货关闭了一些店面，并在技术方面进行了投资以提高效率，从而转移了对客户服务的注意力。但是如今，梅西百货正在加大对销售助理的培训，以向顾客提供更好的服务。新的培训计划要求刚上任的销售助理参加三小时的培训会、进修课程，并在销售区工作时接受管理人员的辅导。公司还设计了"魔术销售计划"（魔术代表的是见面和建立联系、询问问题并倾听、提供购买选择和建议、鼓励购买、庆祝顾客购买）来帮助销售助理和顾客进行更多的个人联系。销售助理与顾客的积极互动有助于增加顾客的购买数量，如果客户通过推特（Twitter）和脸书（Facebook）等社交网站分享购物经验的话，还能提高梅西百货的服务声誉。

无形资产与公司的盈利状况具有密切的联系。美国培训与开发协会针对 500 多家总部位于美国的上市公司进行的一项研究发现，与那些在培训与开发投资方面排名靠后半部分的企业相比，那些在培训与开发方面投资最多的企业实现的股东回报率要高出 86%，比市场的平均回报率高出 46%。[49]

企业增加无形资产的途径之一是吸引、开发和留住知识型员工。**知识型员工**（knowledge workers）是指那些利用自己掌握的客户知识或其他某类知识，而不是利用自己的体力来为企业做贡献的员工。企业不能简单地命令这些员工去完成工作任务；相反，这些人必须通过知识共享和相互协作才能找到解决问题的办法。知识型员工不能简单地被命令去完成某项任务，而必须通过分享知识和合作来找到解决方案。知识型员工往往能够为企业贡献他们的上级管理者所没有的某些特定知识，比如客户信息。因此，管理人员往往需要依赖他们来分享信息。知识型员工拥有许多工作机会，如果他们自己做出选择，则很有可能会离开一家公司，将自己的知识贡献给公司的竞争对手。目前，劳动力市场对知识型员工的需求很旺盛，这是因为很多企业需要他们的技能，而需要他们承担的那些职位数量也在不断增长（见表1-5）。

1.4.3 授权和持续学习

要想充分利用员工掌握的知识来帮助企业赢得竞争优势，就必须有一种重视员工开发以及鼓励向员工授权的管理风格。**授权**（empowering）意味着赋予员工做出与产品开发和客户服务有关的各方面决策的责任和权力。[50]这样，员工就需要对生产和服务负责；反过来，他们也必须分享经营取得的成果或者是分担经营的损失。为了确保授权取得成功，公司必须培训管理人员学会以下几件事情：第一，将员工与公司内外部的各种资源（人、网络等）联系在一起；第二，帮助员工与全公司的同级员工和管理者进行交流和互动；第三，确保员工及时了解一些重要问题的最新信息，同时在彼此之间开展合作。此外，公司必须对员工进行培训，让他们知道如何使用互联网、电子邮件以及其他一些能够用来交流、收集和共享信息的工具。

随着越来越多的公司成为知识型企业，对它们来说很重要的一点就是，必须在员工个人、团队以及整个公司层面推广和贯彻学习要求。**学习型组织**（learning organization）中都有一种终身学习文化，这种文化促使所有的员工持续不断地学习和分享知识。对产品和服务质量的改进不会在正式培训结束之后就停止。[51]员工需要得到资金、时间和内容资源（课程、工作经验和开发机会）来增长自己的知识。在挖掘员工的培训需求以及帮助员工把学到的知识运用到工作中等方面，管理者应当扮演更为积极的角色。同样，企业也应该积极鼓励员工发现问题、做出决策、进行试验并持续改进。

起司蛋糕坊（Cheesecake Factory）在美国经营着170家餐厅，它非常注重在顾客满意度、完美的食品、食品制作工艺等方面进行持续学习。[52]为了实现这样的目标，该公司正在创建交互式学习内容，员工在工作中能够获得这些内容。通过“咖啡馆视频”栏目，员工可以上传和分享包括招揽顾客、准备食物等主题在内的微视频。该公司计划开发交互式游戏，例如模拟制作完美的汉堡包等。管理者可以通过观察员工并向其提供辅导和反馈来帮助他们开发新技能，强化其在工作场所中的应用，从而为这种员工自发驱动的学习提供支持。

社会协作和社交网络技术也有利于学习型组织的发展。[53]CareSource公司利用网页内容由用户创建的维基网站、讨论板来鼓励员工参与批判性思考，并在分享如何应用在正式的培训项目中获得的技能的过程中相互学习。科威国际不动产经纪公司（Coldwell Banker）鼓励房地产专家在公司的视频门户中制作和分享销售技巧的视频。科威公司还创建了实践社区来鼓励员工分享最佳实践，提供对于如何最好地完成某些特定类型工作的理解和认识。inVentiv Health公司利用脸书上的工具来帮助销售人员分享信息、更新学习课程。

需要适应变革。变革指的是一家公司能够接受新的观念或行为。技术进步、劳动力队伍或政府管制的变化、全球化以及新的竞争对手等都是导致企业必须实施变革的原因。企业变革是不可避免的，因为产品、公司乃至整个行业都面临越来越短的生命周期。[54]很多企业之所以需要进行快速变革，是因为新技术、竞争对手以及客户的需求在重塑雇佣关系方面扮演着主要角色。[55]由于这些方面的原因导入的新经营战略或突变战略往往会导致企业去兼并和收购新公司，追求业务增长，或者相反，不得不进行裁员和重组，这一切都会带来雇佣关系的变化。很多公司都需要提供卓越的客户服务并达到较高的生产率水平。同时，它们要求员工在个人职业发展方面（从寻找培训机会到平衡家庭和工作之间的关系）承担起更多的责任。由于需要在没有就业保障的前提下达到高绩效以及工作更长的时间，因此，员工期望企业为自己提供更为灵活的工作时间安排、更为舒适的工作条件、完成工作任务时更大的自主性、培训和开发的机会以及基于公司绩效的经济奖励计划。由于员工已经意识到公司不可能提供就业保障，所以他们希望获得就业能力；也就是说，他们希望公司能够为自己提供一些培训机会，让他们获得一些工作经验，从而确保他们将来能够找到其他的工作。在这种情况下，人力资源管理面临的一个挑战就是，如何在这样一种动荡的经济条件下培养一支承诺度和生产率都很高的员工队伍，因为这种经济环境既有可能为企业提供获得财务成功的机会，同时也有可能使企业迅速走向衰败，从而导致每一位员工都成为牺牲品。

让我们看一下美国长住酒店（Extended Stay America）的首席执行官是如何适应变革来使企业受益的。[56]美国长住酒店是一家连锁酒店，面临倒闭的威胁，很多员工在恐惧中苦苦挣扎。他们没有做出那些可能浪费公司金钱的决策，例如维修设备或者是让感到不满的客人免费住一晚。相反，为了改变企业文化，公司新任首席执行官吉姆·唐纳德（Jim Donald）制作了“挣脱牢笼，解放自我”卡片分发给公司员工。当员工为了公司利益而承担较大风险时，可以得到这张卡片。这就鼓励员工勇于承担风险，从而产生有助于企业发展和创新的想法。例如，一名管理人员就获得了一张这样的卡片，因为她向一家在当地拍摄电影的公司主动打了推销电话，最终获得了总价值超过25万美元的客房订单！

关注员工敬业度。 **员工敬业度**（employee engagement）指一位员工投入工作的充分程度以及对所从事的工作和组织的承诺度。[57]全身心投入工作且对公司承诺度高的员工能够给企业带来竞争优势，包括更高的生产率、更好的客户服务以及更低的员工离职率。[58]那么，美国企业员工敬业度的现状如何？一项对来自不同企业的3.2万名员工进行的调查显示，大约有63%的员工没能达到较高水平的敬业度。[59]43%的员工称管理者没能有效地清除提升绩效的障碍，只有26%的员工相信管理者在制定相关政策的时候将其纳入进来。

很多努力从经济危机中恢复过来的企业在这些年并没有对员工敬业度给予太多关注。有调查显示，只有不到1/3的员工觉得自己全身心投入到工作之中。同时，也有一些企业系统地收集员工的反馈，分析员工的回复并实施变革，有效地维持并提高了员工敬业度水平。在这些企业中，员工敬业度被视为与顾客满意度和财务数据同等重要的指标。例如，在必能宝公司（Pitney Bowes），大约80%的员工每年都会参加公司的调查，从而有机会分享各自的感受、看法并帮助公司解决有关问题。[60]这项调查同样可以用于判断企业在员工实现职业生涯目标方面是否提供了足够的帮助。该公司正在基于调查结果开发一个项目，以帮助管理者提高倾听、管理变革和解决问题等方面的技能。必能宝公司的管理者承担了帮助员工获得职业生涯进步的责任，这个项目确保他们有足够的技能完成这样的任务。

理解敬业度的最佳方式也许就是考虑企业应当如何测量员工敬业度。企业通常使用员工态度或者意见调查的方式来测量员工敬业度（我们会在后面的章节详细探讨这方面的问题）。尽管每一家公司在员工敬业度调查中提的问题类型有所不同，但研究表明，这些调查通常都会涉及表1-7中列举的10类通用主题。浏览过表1-7中的内容之后你或许会发现，员工的敬业度受到管理者对待下属的方式以及各种人力资源管理实践，比如招募、甄选、培训与开发、绩效管理、职位设计、薪酬管理等的影响。比如说，企业应该招募和选拔那些能够胜任工作的、能够朝着实现组织战略方向努力工作的、能够对工作环境做出积极反应的员工。绩效管理体系应该为员工提供得到绩效反馈以及成就认可的机会。包括奖金、员工福利及工作场所日托或旅游优惠等非货币性待遇在内的薪酬也有助于培养员工的敬业度。培训与开发为员工提供了在公司内成长的机会。如果工作的设计方式让工作变得更加有意义，同时还能让员工运用多种技能，那么它也会与敬业度的几个方面（比如员工满意度、留任意愿、自豪感以及完成富有挑战性的工作的机会等）产生联系。

表1-7　员工敬业度调查中涉及的一些共同主题

- 为企业感到自豪
- 对企业的满意度
- 对工作的满意度
- 承担有挑战性的工作的机会
- 因做出贡献而得到认可和积极的反馈
- 上级管理者的个人支持
- 超出最低努力水平的程度
- 理解个人的工作与组织使命之间的联系
- 对企业未来增长前景的估计
- 继续留在企业中的意愿

资料来源：Based on R. Vance, *Employee Engagement and Commitment* (Alexandria, VA: Society for Human Resource Management, 2006).

人才管理。人才管理（talent management）是指企业为了吸引、留住、开发以及激励高技能的员工和管理者而采取的系统性的、有计划的战略性措施。也就是说，采取所有有内在联系并与组织需要一致的人力资源管理措施来帮助组织管理人才队伍从而实现组织目标。例如，总部位于圣迭戈的高通公司（Qualcomm）的人才管理工作就是围绕着其核心价值观来组织的，也就是强调招募聪明、积极主动的员工并创造有利于他们创新、完成工作、合作和实现领先的工作环境。[61]当高通公司想引入绩效管理流程技术时，人力资源管理专家和组织发展与信息技术专家展开合作，以确保员工基于绩效管理流程获得评价并将其与员工的薪酬和奖励挂钩。过去，人力资源管理者培训管理人员使用绩效管理系统，现在则是培训管理人员关注下属的技能差距，从中发现提高绩效的机会。

一些调查结果显示，对于员工敬业度以及员工对企业的组织承诺度而言，职业开发、学习、发展以及承担令人激动的和富有挑战性的工作等是最为重要的几个决定因素。[62]随着经济复苏，如果高绩效员工发现自己不可能晋升到能充分发挥其才能的岗位上去，他们可能就会离开企业。WD-40公司正在将其人才管理战略转变为创造允许所有员工充分发挥自身才能的文化。一直以来，WD-40公司拥有学习型文化，包括为那些希望成为领导者的员工提供支持。[63]员工可以加入领导力协会，该协会要求会员为其他员工授课和辅导两年时间。在这一项目中，员工可以和他们感兴趣的领域中的专家配对。在该公司一项名为“Food 4 Thought”的培训课程中，管理人员根据要求他们阅读的剧情来分析工作场所中存在的各种问题。管理者需要讨论并评估剧情，最终就如何解决问题达成一致。在这一过程中，管理者可以相互学习。所有的员工都有机会得到公司首席执行官这样的辅导。如果教练注意到员工基于同样的原因多次向自己求助的话，他就会把该情况告诉人力资源部，这样能够创建课程来解决这种问题或者提供有益的指导。

运用非常规工作安排。**非常规工作安排**（alternative work arrangements）包括独立承包商、随时待命员工、临时性员工以及派遣制员工等几种类型的用工形式。根据美国劳工统计局的估计，非常规工作安排用工已经占到全体就业者人数的11%以上。[64]其中，独立承包商大约有1 030万人，随时待命员工有250万人，临时就业服务机构的员工有120万人，派遣公司的员工有81.3万人。临时性员工，也就是那些并不认为自己的工作能持续太长时间或认为自己从事的只不过是暂时性工作的员工，在美国总就业人数中的比例为2%～4%。而那些提供临时性员工的公司——比如万宝盛华（Manpower）、凯利服务公司（Kelly Services）以及德科（Adecco）等报告称，如今企业对它们所提供的服务需求很大。[65]临时性员工使用率上升的原因之一是，很多公司在经济刚开始改善时会增加临时性员工，而在经济增长形势更加稳定和确定之前会暂缓增加新的永久性员工。另外，企业也想通过这种方式避免经济衰退时不得不采取的令人痛苦的裁员决策。

越来越多处于非传统雇佣关系之中的员工都选择了接受非常规工作安排。这种工作安排方式对于员工个人和企业都有一定的好处。越来越多的劳动者不愿意仅仅依附于任何一家公司，他们渴望获得工作的灵活性，即自己能够选择在什么时间工作以及在什么地方工作。他们可能希望缩短每天的工作时间，从而有效地平衡个人的工作和家庭责任。此外，一些在裁员中被精简下来的员工可能会在寻找全职工作的同时，选择接受一些非常规工作安排。从公司的角度来看，非常规工作安排方式使企业能够在需要更多员工时更容易使用临时性员工，而在不需要那么多员工时更容易终止雇佣关系。非全日制员工可以成为企业的一个技能宝库，这些技能可能是现有员工不具备的以及某些设置了完成期限的特定项目所需要的。非全日制员工可能比永久性员工成本更低，因为企业不需要为他们提供健康福利或让其参与养老金计划。通过雇用非全日制员工（比如实习生），企业能够确定这些员工是否达到绩效要求以及是否适合企业文化，如果答案是肯定的，则可以为这些员工提供永久性职位。举例来说，位于加利福尼亚州的半导体制造商惠瑞捷公司（Verigy）只雇用少部分永久性员工，并将那些非核心的工作都外包出去。当产品的市场需求增加时，就从人员派遣公司或独立承包商那里雇用工程师和高级技工。[66]不过，非常规工作安排也存在一些潜在弊端，比如导致对工作质量的担忧，不利于维持企业文化和团队工作环境，容易触发法律责任问题等。[67]

要求更苛刻但更灵活的工作。经济全球化以及电子商务的发展使每周工作40小时的概念显得过时了。事实上，企业需要保证每周7天、每天24小时都有人在工作。那些在制造企业以及服务呼叫中心上班的员工原来每天工作8个小时，现在企业却要求他们每天工作12个小时，或者是要求他们轮班工作。类似地，专业技术类员工现在也面临更长的工作时间，很多工作要求会挤占他们个人的生活时间。通过掌上电脑、手机等传递来的工作信息和工作要求对员工展开了狂轰滥炸。在汽车里、在度假地、在飞机上，甚至在浴室里，员工都有可能被来自公司的工作要求所袭扰。这些要求更加苛刻的工作给员工带来了更大的压力，导致员工的满意度降低、生产率下降、流动率增高，所有这些对企业来说都是成本高昂的。

一项研究发现，由于工作需要，75%的员工报告说他们没有足够的时间陪伴孩子，而61%的员工称他们陪伴自己爱人的时间根本不够。在美国，仅一半的员工完全同意他们拥有足够的灵活性来处理工作以及个人或家庭生活。[68]如今很多公司承认，通过提供灵活的工作时间安排、允许在家办公、保证员工的休息时间以及更有效率地利用员工的工作时间等，公司和员工都可从中受益。[69]这些好处包括：有助于吸引和保留有才能的员工，员工压力减少因而健康状况得到改善，那些精力充沛的员工能够更好地为公司贡献自己的技能。在美国，大约有9.5%或1 340万员工每周至少有一天是在家工作的。[70]在这些基本在家办公的员工中，有1/4从事管理、经营和金融等行业，有一半人是“给自己打工”。位于密歇根州法明顿山（Farmington Hills）的AmerisureMutual公司为了提高员工保留率和员工敬业度，创建了良好的工作环境，并设计了灵活的工作方案。[71]公司引入了一套电脑系统，员工更容易通过家里的电脑获取工作文件。员工还会与他们的经理会面讨论在公司之外工作的可行性以及相应的绩效评估办法。该公司还允许员工每年请几天假参加志愿工作，并给员工提供每年五天带薪假期用于履行家庭义务，比如照顾生病的祖父母或其他亲密的家庭成员。结果该公司的员工离职率从原先的18%下降到了10%，员工敬业度的得分也提高了。Fenwick & West LLP是位于加利福尼亚州旧金山市的一家拥有245名员工的律师事务所，该公司设置了一些被称为“工作流协调者”“工作时间平衡咨询员”的特殊职位，任职者承担的工作职责是定期对公司的工作时间安排进行审查，以确保那些在工作量减少的职位上工作的员工既不会因为承担一些关键性的工作任务而劳累过度，也不会被忽视。毕马威会计师事务所（KPMG）用“身心健康修炼计分卡”（Wellness Scorecards）来确定公司的顾问们是否工作过度或因工作而放弃假期。Salesforce.com公司则允许员工在家办公，员工通过一款名为Chatter的类似脸书的软件来协调各个项目。[72]管理人员利用该软件来监控在家工作的员工是否回答了工作要求的问题以及是否完成各种工作报告。

非常规工作安排和在家办公的广泛使用使得“联合办公地点”（co-working sites）——在这里，设计师、艺术家、自由作家、顾问以及其他独立承包商等多元化的工作者通过日付或月付的方式获得有保证的工作空间——得以发展。[73]联合办公地点有办公桌、无线网，有的还提供打印机、传真机和会议室等。联合办公地点为独立承包商以及那些在家办公的、旅行中的、使用电子通信设备工作的或喜欢独处工作的员工提供了便利——使这些工作者有了合作和互动的机会，为他们提供了一种比咖啡店更职业化的工作场所氛围，同时还有助于缓解交通和污染问题。

1.4.4　满足利益相关者即股东、客户、员工和社区需要的挑战

正如我们在前面提到过的，一家公司的有效性及其竞争力取决于它能否满足利益相关者的需要。利益相关者包括股东（他们希望自己的投资能够得到回报）、客户

（他们希望自己能够得到高质量的产品或服务）、员工（他们希望做自己感兴趣的工作，同时能够因自己提供的服务而得到合理的报酬）。此外，社区也是一个非常重要的利益相关者，它一方面希望企业能够对各种社区活动及项目做出贡献，另一方面希望企业能够将环境污染程度降到最低。

衡量在满足利益相关者需要方面的绩效：平衡计分卡。平衡计分卡（balanced scorecard）为管理人员提供了一种根据企业满足利益相关者需要的程度来对企业绩效进行评价的工具，它从内部和外部客户、员工及股东的视角对公司的整体绩效进行了描述。[74]平衡计分卡之所以重要，是因为它集中了企业为增强自身竞争力而必须具备的大多数特征。这些特征包括：以客户为中心、改善质量、强调团队合作、缩短新产品和新服务的开发周期，以及着眼于长期管理，等等。

与对企业绩效进行评价的传统衡量指标不同，平衡计分卡强调关键绩效指标的选择一定要建立在企业的经营战略和竞争需要基础之上。企业必须根据不同的市场状况、产品以及竞争环境来定制自己的平衡计分卡。

平衡计分卡可以应用于以下两个方面：第一，将人力资源管理活动与公司的经营战略联系在一起；第二，评价人力资源管理职能在多大程度上帮助企业实现各项战略目标。就平衡计分卡的内容与员工进行沟通，有助于他们建立起一个认识到以下几方面问题的整体性框架：第一，企业的长期目标和战略；第二，企业是怎样对这些目标和战略进行衡量的；第三，企业的目标和战略会对这些关键绩效指标产生怎样的影响。对人力资源管理实践进行评价的指标主要涉及生产率、人员以及流程等几个方面。[75]对生产率方面的衡量涉及确定员工的人均产出（比如员工的人均收益）；对人员的衡量主要包括对员工的行为、态度以及知识水平等的评价；对流程的衡量则主要集中于评价员工对组织内与人有关的各种管理系统的满意度。人员管理系统可以包括绩效管理系统、薪酬福利管理系统、人力资源开发系统等。为了表明人力资源管理活动能够帮助一家企业获取竞争优势，管理人员必须考虑表1－8中提出的这些问题，并且能够确认与人力资源管理活动相关的一些衡量指标。正如表1－8中最后一列展示的那样，人力资源管理实践的关键指标主要与人员、生产率和流程有关。

表1－8　　平衡计分卡

层面	需要回答的问题	关键业务指标举例	关键人力资源管理指标举例
客户	客户怎样看我们?	时间、质量、绩效、服务、成本	员工对人力资源管理部门提供的服务的满意度，员工把公司当成自家企业的程度
内部业务流程	我们必须在哪些方面追求卓越?	影响客户满意度的各种流程，与服务和（或）制造流程相关的信息的可获得性	员工人均培训成本、流动率、填补职位空缺的时间
创新与学习	我们能继续改善和创造价值吗?	提高运营效率、开发新产品、持续改善、员工授权、员工满意度	员工的技能或胜任素质水平、员工敬业度调查结果、变革管理能力
财务	股东怎样看我们?	盈利性、成长性、股东价值	员工人均薪酬福利、离职成本、员工人均利润、员工人均收入

资料来源：Based on B. Becker，M. Huselid，and D. Ulrich，*The HR Scorecard：Linking People，Strategy，and Performance*（Boston：Harvard Business School Press，2001）.

比如，泰乐公司（Tellabs）是一家在世界范围内提供通信服务产品（如可视网络系统）的企业，在该公司的平衡计分卡上追踪的关键结果指标包括：收入增长、客户满意度、新产品上市的时间以及员工满意度。[76]该公司的每一位员工都参加一种奖励计划，奖金的多少与通过平衡计分卡衡量出来的公司绩效是挂钩的。该公司的绩效评价流程在对员工绩效进行评价时，会将支持公司平衡计分卡的部门目标作为依据。在季度会议上，每位员工会被告知企业是如何根据平衡计分卡来对员工个人的绩效进行评价的，同时，员工也可以通过公司内部网获得这方面的信息。俄亥俄健康中心（一个医院系统）的一些员工的薪酬中有高达10%的部分是基于平衡计分卡确定的，他们的平衡计分卡包括质量、服务、财务绩效以及员工敬业度等内容。[77]

循证人力资源管理

凯撒娱乐公司试图弄明白员工如何使用医疗保健福利，从而在降低成本的同时为员工提供有效的医疗服务。[78]凯撒公司分析了员工及其家庭成员的医疗保险索赔数据。这些数据包括：员工如何使用急诊等医疗服务，他们是选择仿制药还是原厂药等。通过对保险索赔数据的分析，公司确定了哪些地方的员工会选择昂贵的急诊而不是那些不那么昂贵但却同样有效的紧急护理设备。人力资源部门则会提示这些使用昂贵急诊服务的员工，并为他们提供相对便宜的其他替代性紧急护理设备清单。自从开始数据追踪和分析之后，凯撒公司通过劝说使用急诊的员工转为使用紧急护理服务已经节约了400万美元！

社会责任。如今的企业越来越清楚地意识到，社会责任有助于提升企业在客户心目中的形象，有助于企业进入新的市场以及吸引和留住人才。正因为此，许多企业都在试图通过让自己变得更加具有社会性、遵守道德规范和对环境负责来满足股东以及普通公众的需求。例如，微软公司前首席执行官和创始人比尔·盖茨通过个人努力建立了一个慈善基金，致力于利用科学技术改进全球各地人们的生活，他的这一做法极大地提升了微软公司的社会声誉。可口可乐公司正在运用自己的产品开发专业知识和供应链、销售网，目的是为人们提供必需的营养。[79]可口可乐公司推出了一种即饮的加强版果汁产品，根据其全球商标名称“Nurisha”将该产品命名为“Nursha”，这种饮料有助于治疗哥伦比亚和加纳等地学生的微量元素缺乏症。该公司还致力于在经济上帮助女性。在菲律宾，售卖可口可乐公司产品的社区店铺有86%以上归女性所有或由女性经营。企业现在意识到，保护地球也可以为自己省钱。[80]国际纸业公司是一家国际性的纸业和包装企业，该公司开始重视在产品制造过程中节约使用水和能源。通过燃烧树枝及树木加工过程中的残留物，该公司在化石燃料采购上减少了21%。百事公司在加利福尼亚和得克萨斯等地引进全电动卡车。这种卡车每年为百事节省50万加仑*的柴油消耗，这将显著减少年均维护成本，通过减少温室气体排放有助于环境保护。

---

* 1加仑=3.79升。

通过可持续性进行竞争

志愿精神和绿色产品使员工、社区和环境获益

越来越多的企业把可持续发展作为公司战略的一个重要组成部分。通用电气公司的医疗卫生部门发现，印度的孕产妇和婴儿死亡率很高。例如，在印度这个拥有12亿人口的国家，每1 000个新生儿中有55个死亡。为了理解病人和医疗卫生需求，通用电气与一些非营利组织和医院展开合作。通用电气由此识别并获得了新产品的潜在市场。在印度，约有7亿人负担不起孕产服务费用。另外，产品进入市场还需要克服一系列障碍，包括：断电、资金不足、医院缺乏足够空间容纳大型且昂贵的医疗设备、尘埃和污染严重、通过政府官僚机构获得备用件的难度很大等。通用公司开发了一种名为“摇篮曲”的婴儿保暖器，专门为婴儿摇篮提供热量。这种产品是针对那些贫困的人群和社区设计的，非常容易使用：只需要操作按钮——配有图片用以指示功能——即可使用。

在通用磨坊公司（General Mills），志愿精神成为企业履行其价值观的方式之一。公司首席执行官和高层领导者都在非营利机构的董事会中任职，并且积极参与各项社区活动。

例如，该公司的员工志愿者帮助位于非洲马拉维共和国的一家工厂提高效率，该工厂主要生产一种营养含量高的花生酱，其目标顾客是全国的营养不良儿童。马拉维共有1 300万人口，大多数是挣扎在贫困线上的农民家庭。

诺华制药公司（Novartis）支持总部位于非洲的一家名为REPSSI的慈善机构，为那些感染艾滋病病毒的儿童提供情感和心理辅导。这个项目始于坦桑尼亚的一个地区，目前已经扩展到13个撒哈拉沙漠以南的国家。诺华制药公司的培训师还向该慈善机构的员工提供领导力开发培训。该慈善机构的管理人员需要得到沟通能力、提供反馈的能力、跨文化能力以及项目管理等方面的培训。诺华制药把本公司的培训项目转化为适合该慈善机构的培训项目。培训一般是通过辅导老师指导的课程或电子化学习渠道完成的。诺华制药与培训服务提供伙伴（其中包括一些大学的商学院）自筹经费把培训师送到非洲去。每一门课程完成之后，还会派指导老师跟踪回访。

吉尔班建筑公司（Gilbane Building Company）是一家总部位于美国罗德岛的建筑企业，该公司对可持续性有着强烈的追求。吉尔班公司的“高绩效建筑方案”是一项致力于帮助客户在某个项目中开发和实现能源效率和可持续性目标。材料浪费更少、能源消耗更低的建筑有助于保护环境，同时该方案为“绿色”环保建设和制热制冷成本的降低提供了税收减免。吉尔班公司由此实现了社会责任和盈利目标。

讨论题

可持续性活动是如何帮助一家公司吸引、保留和开发员工的？

资料来源：Based on M. Weinstein, “Charity Begins @ Work,” *Training*, May 2008, pp. 56-58; M. Laff, “Triple Bottom Line,” *T+D*, February 2009, pp. 34-39; M. Bahree, “GE Remodels Business in India,” *The Wall Street Journal*, April 26, 2011, p. B8; Welcome to Citizenship@Novartis from www. corporatecitizenship. novartis. com, April 26, 2011; General Mills Corporate Social Responsibility Report 2011, from www. generalmills. com, accessed April 26, 2011; “Commitment to Sustainability,” from www. gilbaneco. com, accessed March 22, 2013.

1.4.5 重视客户服务和质量

客户是一家企业的质量和绩效的最终评价者。要想在客户面前表现优秀，就必须关注产品和服务的特性以及与客户之间的互动。要在服务客户方面做到优秀，要求企业理解客户的需求并且预测他们的需要，减少缺陷和差错，满足特定的标准，同时减少客户的抱怨，等等。企业如何弥补缺陷和改正差错对于留住和吸引客户而言也是非常重要的。

由于获得知识越来越容易，再加上竞争越来越激烈，消费者的知识和经验都很丰富，他们期望得到优质的服务。这对那些需要与客户打交道的员工提出了挑战。公司的职员、销售人员、前台接待人员以及服务人员与客户之间的互动交流方式将会直接影响到公司的声誉和财务绩效。员工需要具备产品知识和服务技能，还需要清楚地知道自己在与客户打交道时能够做出哪些类型的决策。

要想在当今经济中竞争，无论是本地竞争还是全球竞争，企业都需要提供高质量的产品和服务。如果企业不能坚持达到质量标准，那么它向批发商、供应商或客户销售产品和服务的能力就会受到限制。一些国家甚至专门制定了在国内生产经营时必须达到的质量标准。**全面质量管理**（total quality management，TQM）是为在整个公司范围内持续不断地改善员工、机器以及系统完成工作的方式而开展的一系列活动。[81] 全面质量管理的核心价值观包括如下几点[82]：

- 设计各种方法和流程来满足内外部客户的需要。
- 公司每一位员工都要接受质量方面的培训。
- 质量问题在产品和服务设计阶段就得到考虑，从一开始就避免出错，而不是在差错发生之后再去检查和纠正。
- 企业倡导与批发商、供应商以及客户之间通过合作来改善质量和降低成本。
- 管理人员基于数据向员工反馈在质量改善方面取得的进步。

对质量的强调可以从**马尔科姆·波多里奇国家质量奖**（Malcolm Baldrige National Quality Award）的设立以及 **ISO 9000:2000 质量体系**（ISO 9000:2000）的质量标准的制定中看出来。马尔科姆·波多里奇质量奖是通过公法创立的一个奖项，也是美国企业能够获得的代表国家对其质量认可的最高奖项。要想获得申请马尔科姆·波多里奇国家质量奖的资格，企业必须填写一份包括公司基本信息在内的详细申请表，同时还要深入分析本公司是怎样强化与质量改善有关的那些特定标准的。[83] 表 1-9 描述了马尔科姆·波多里奇国家质量奖的评审项目及其分值。这个奖项并不是专门针对某些特定的产品或者服务的。马尔科姆·波多里奇国家质量奖可以授予以下行业的企业：制造业、服务业、小企业、教育业以及医疗健康业和非营利行业，奖项最多为 18 个。所有申请马尔科姆·波多里奇国家质量奖的企业都要接受 300～1 000 个小时的严格审查。所有的申请材料都要接受由主要来自私营部门的 400 位审查人员组成的独立委员会的评审。每家申请这一奖项的企业都能得到的一个主要好处就是，评审委员会会给它们提供一份报告，指出该公司在质量管理方面有哪些优点，同时还需要在哪些方面有所改进。[84]

表 1-9 马尔科姆·波多里奇国家质量奖的评审项目及其分值分布

领导力	**120**
企业的高层管理人员以何种方式创建和维护愿景、价值观和使命；鼓励合法和合乎道德的行为；促进企业的可持续发展，与员工进行沟通，提高员工敬业度。	
测量、分析和知识管理	**90**
企业选择、收集、分析、管理以及改进数据、信息和知识资产的方式。	
战略规划	**85**
企业怎样确定战略方向，怎样确定战略规划的要求，这些战略规划的要求与企业的绩效管理是怎样联系在一起的。	
员工队伍	**85**
企业在开发和利用员工队伍以实现高绩效方面的努力；企业如何管理和开发员工队伍的潜力以确保和组织目标相一致。	
流程管理	**85**
设计、管理和改进工作体系和业务流程从而更好地传递客户价值、实现组织目标及可持续发展。	
经营结果	**450**
企业的绩效以及在关键经营领域（产品、服务及供给质量；生产率；运营有效性以及相关财务指标；环境、法律和管制规范的遵从）取得的进步；道德和社会责任。	
客户导向	**85**
企业的客户知识、客户服务系统、客户关注的事项、客户的满意度和参与度。	
总分	**1 000**

资料来源：Based on "2013-2014 Criteria for Performance Excellence" from the website for the National Institute of Standards and Technology，www. nist. gov/baldrige.

波多里奇国家质量奖获得者通常都是在人力资源管理实践方面表现优秀的企业。我们可以看一看 2013 年的波多里奇国家质量奖得主洛克希德·马丁导弹与火控公司（Lockheed Martin Missiles and Fire Control，MFC）。[85] 该公司为美国及外国军队设计、开发、制造先进的导弹、火箭以及传感系统。该公司员工人数超过10 000，这些员工为公司与超过 60 个国家签订的合同生产和运输产品。MFC 公司总部位于美国得克萨斯州的达拉斯，在佛罗里达的奥兰多市设有另一个厂。从财务、生产率以及产品质量的角度来看，MFC 做得非常好。过去四年中，该公司在每个业务领域都占据领先的市场份额并持续增长。MFC 公司实施了一些改进生产程序和绩效的项目，这些项目缩短了生产时间，帮助公司每年节约了 2.25 亿美元的成本。公司的投资回报以 23%的复合年度增长率增加，比行业内最优秀的竞争对手（13.7%）增长更快。2006—2011 年，来自回头客的订单数增加了 32%，国际订单增加了近 400%。MFC 的人力资源实践为其质量追求提供了支持。为了确保全公司的道德行为，MFC 对所有员工进行了年度道德意识培训。员工调查结果显示，MFC 的员工相信他们已经做好了准备，知道应该如何处理可能违反公司道德行为标准的情形。MFC 公司将自己的员工以矩阵结构的方式组织起来，以完成公司目标和满足不断变化的顾客需求。跨功能团队贯穿公司每个产品的生命周期，对产品进行设计、开发、生产以及提供支持。MFC 针对高管人员的绩效评价系统以与战略计划相一致的目标、目的以及指标为基础。在绩效评价权重分配方面，"履行承诺" 占 70%，与公司使命、愿景和价值观相关的行为占 30%。约有 85%的员工称，他们为自己在 MFC 工作感到骄傲。MFC

将员工保留率作为员工敬业度的衡量指标之一，2012年员工保留率为94%。公司员工认识到要回报自己工作和生活的社区。在5年内，MFC的员工向本地社区慈善机构捐赠的款项超过1 100万美元。

国际标准化组织（International Organization for Standardization，ISO）是总部设在瑞士日内瓦的一家覆盖160多个国家的国际标准化机构，是全世界最大的开发并推广国际标准的组织。[86]国际标准化组织开发的标准涵盖管理、教育、音乐、船舶甚至保护儿童等领域。ISO标准是自愿遵循的，但是很多国家都接受了ISO标准，这样它就成为企业进行市场竞争的必备条件。ISO 9000是一系列标准的总称（ISO 9000，9001，9004，10011），其中包括在处理下列问题时需要达到哪些要求：如何制定质量标准？如何记录工作流程来帮助员工理解质量体系的要求？这些标准代表国际上对质量管理的共识。ISO 9000:2000质量标准被全球近100个国家采纳为自己的质量标准，这就意味着这些国家的企业需要遵守这些标准。ISO 9000的质量管理标准建立在八项质量管理原则基础上：关注客户、领导力、员工参与、过程方法、管理的系统方法、持续改进、基于事实做出决策、和供应商建立互惠关系。ISO 9001:2008是最为完整的一套质量管理体系标准，因为它覆盖了包括公共组织和私营组织在内的各类组织。全球176个国家的100多万个组织已经实施了ISO 9001:2008质量标准。ISO 9004质量标准实际上是为那些想改善质量的公司提供的一种指导。

那么，为什么说质量标准是有用的呢？客户可能想检查一下自己从一个供应商那里订购的产品是否达到了当初的要求，而进行这种检查的最有效方式之一就是要求这种产品的说明书按照国际标准来撰写。在这种情况下，即使供应商和客户处于不同的国家，它们也能够相互了解，因为它们使用的是同样的标准。当今的许多产品在被投放到很多市场之前，都需要检测产品是否与说明书上的内容相一致，或者它们是否遵守了安全或者其他方面的一些规定。即使是一些比较简单的产品，也会要求提供包括检测数据在内的一些支持性技术文件。由于很多贸易发生在不同的国家之间，因此，这些测试工作让供应商和客户来完成似乎不大合适，相反，由中立的第三方来做这件事情更妥当一些。另外，一些国家的立法也可能会要求这种测试由第三方完成，尤其是当产品对人的健康或环境会产生一定的影响时。ISO质量标准的一个例子可以在本书以及几乎所有图书的封底上找到。在图书的封底上印有一种ISBN数字，它所代表的含义是“国际标准书号”。图书出版商和销售商都很熟悉ISBN数字，因为它们正是通过这种方式订购图书的。你可以试一试在互联网上购买一本图书，你很快就会明白ISBN数字的价值——你想购买的图书拥有一个独一无二的书号！而这个书号就是建立在ISO质量标准基础之上的。

除了努力获得各种质量奖以及获得ISO质量认证，许多公司还采用六西格玛流程和精益思维。**六西格玛流程**（Six Sigma process）是指当各种流程进入狭窄的六西格玛质量误差或标准范围之内，对这些流程进行衡量、分析、改善以及控制的一个系统。六西格玛的目标是创建一个全面关注客户服务的企业；也就是说，在客户需要时提供他们真正想要的东西。例如，通用电气公司在引入六西格玛质量管理流程之前，整个公司的每百万次操作中会出现3.5万次失误（这是包括通用电气公司在内的大多数公司的平均水平），而在实施六西格玛质量管理流程之后，在通用电气的业务涉及的每个流程的每个单元中——无论是制造一个机车部件，还是提供信用卡账户服务，无论是处理一项抵押贷款申请，还是接听一个电话——每百万次操作出现的失误次数被控制在4次以下。[87]

培训是六西格玛质量管理流程中一个重要的组成部分。在六西格玛管理流程中包括一些受过严格训练的员工，这些员工就是所谓的“导师”“黑带大师”“黑带”“绿带”，他们会带领和指导员工团队去实施数量不断增加的质量改善计划。这些质量改善计划会在提高效率的同时，减少产品和服务中出现的误差。自六西格玛质量改善行动启动以来，它已经为通用电气带来了20亿美元以上的收益。**精益思维**（lean thinking）是指用更少的努力、时间、设备和空间来做更多的事情，同时仍然能够准确地满足客户需求的一种方法。精益思维的主要内容包括培训员工掌握新的技能，或者是培训员工以新的方法运用已掌握的技能，从而使员工能够快速承担新的职责或者运用新的技能来满足客户的要求。在过去的三年中，位于美国俄亥俄州克利夫兰市的卡迪诺法斯特纳专业公司（Cardinal Fastener & Speciality）面向风力涡轮机制造商的销售额增长了900%。[88]这家位于俄亥俄州克利夫兰市的公司十几年前就在公司创始人卡迪诺的领导下运用了“精益思维”，让全体员工都参与到他们所谓的“共促公司腾飞”的过程中来。公司的目标是在生产、管理和销售的整个运营过程中减少浪费。结果，该公司的交货时间从6周缩短到5天，生产率提高了50%，公司有一半的销售额来自那种当天就能完成生产并发运的订单。由于公司在快速生产特制紧固件方面的名声远播，公司最终得到了艾奥瓦州的一个风力涡轮机项目的订单。精益思维带来的效果是，企业对机器设备进行重新摆放，从而使操作者能够从头到尾完成一个螺栓或者固件的生产过程，最终使得完成一件完整产品的生产所需耗费的时间大大减少。与此同时，产品的质量却接近完美，库存也下降了54%。

除了开发产品、提供服务以满足客户的需要，另一种最为重要的提升客户满意度的方法是改善员工的工作体验。研究表明，感到满意的员工更有可能向客户提供更高质量的服务，而获得高质量服务的客户更容易成为回头客。正如表1-10展示的那样，那些被认为提供卓越客户服务的企业往往都会强调人力资源管理实践方面的艺术，比如严格的员工甄选、员工忠诚度、培训以及通过提供慷慨的福利保持员工满意度等。

表1-10　有助于改善客户服务的人力资源管理实践举例

韦格曼斯食品超市（Wegmans） 向1.9万名员工提供5 900万美元奖学金。高层管理人员与员工在公司呼叫中心相邻而坐，一起接听客户电话。
丽思卡尔顿酒店（Ritz Carlton） 尽管制定了20条服务标准，但前台员工仍有足够的灵活性给客户带来个性化的、不同寻常的以及令人难忘的入住体验。
四季酒店（Four Seasons Hotels） 任何员工都需要经过四轮面试才能被雇用。在新员工入职培训期间，每位员工都可以带一位客人和自己一起在酒店免费住一晚，还可以享用免费的晚餐。由于酒店雇用的大部分员工都没有在酒店住宿消费的能力，因此，这次免费入住有助于员工理解客人的感受。酒店对服务品质的要求包括提供客房服务的准确时间，以及前台接待员在接听电话之前允许电话响铃的次数，等等。
凯迪拉克汽车公司 公司会严密监控修理技师的工作表现，以确保他们在修理过程中不会出现重复性的错误。公司还会根据客户调查结果为客户服务质量等级较高的经销商提供现金奖励。

星巴克	
初级柜台服务员要接受 24 小时的培训，以学会在繁忙时段保持镇定以及对客户有耐心。	
大众超市（Publix Super Markets）	
员工根据所在单位的整体绩效得到并分享奖金。	
卡比拉公司（Cabela）	
求职者必须通过一项以考察他们的户外运动经验为目的的包含 150 道题的高难度测试。	

资料来源：Based on J. McGregor, "Customer Service Champs," *BusinessWeek*, March 5, 2007, pp. 52 - 64.

1.4.6　人口结构变化和劳动力队伍的多元化

在平衡计分卡上显示出来的公司绩效会受到员工队伍特点的影响。企业现有的员工队伍通常称为**内部劳动力**（internal labor force）；企业还可以通过招募和甄选过程从外部劳动力市场寻找并挑选新员工。**外部劳动力市场**（external labor market）包括那些积极寻求就业的人。因此，一家公司内部劳动力的技能和工作动机必然会受到可能的劳动力市场（外部劳动力市场）构成的影响。一家公司内部劳动力的技能和工作动机决定了企业的培训和开发需求，同时也决定了企业的薪酬及报酬系统的有效性。

在人口结构以及劳动力队伍多元化方面的三大变化是可以预期的：第一，劳动力队伍的平均年龄会上升。第二，劳动力队伍在性别和种族构成方面变得越来越多元化。第三，移民的进入会持续影响劳动力队伍的规模和多元化水平。

劳动力队伍的老龄化。美国的劳动力队伍将持续老龄化。预计到 2020 年，55 岁及以上的劳动力将会从 19%增长到 25%。这一数字相当于 1990 年的两倍。[89]图 1 - 5 比较了 2010 年和 2020 年的劳动力年龄的分布状况。55 岁及以上员工的劳动力参与情况有所增长主要有以下几个方面的原因：第一，现在年纪较大的员工比以前生活得更健康更长寿，因而有了工作更长时间的机会。第二，医疗保险成本很高，而医疗福利却下降了，这促使很多员工必须继续工作才能维持企业建立的医疗保险计划，或者是在退休以后重返工作岗位，以获得由企业提供的健康保险。第三，养老金计划的一个发展趋势是越来越强调员工的个人缴费而不是他们的服务年限，这就为年纪较大的员工提供了一种继续工作的激励。劳动力队伍的老龄化意味着企业可能会雇用比例更大的年纪较大的员工——这些员工很多都是第二次或者第三次出来工作。而很多年龄较大的劳动者本人也很愿意继续工作，他们中的许多人表示计划在退休以后继续工作。尽管有这样一种说法，员工的个人绩效以及学习能力会因为年龄的增长而受损，但事实却与这种观念相反。[90]大龄员工不仅愿意并且有能力学习新的技术。目前的一个发展趋势是，越来越多有能力的大龄劳动者要求通过从事非全日制工作或每次只工作几个月的方式逐渐过渡到完全退休状态。很多员工和公司正在重新界定退休的含义，将第二次就业、非全日制工作以及临时性工作安排等作为退休的内容考虑进来。面对一支老龄化的劳动力队伍，企业不得不越来越多地面对职业发展平台、退休规划以及通过对老员工进行再培训以避免他们的技能过时等各种人力资源管理问题。同时，企业还必须在控制福利和医疗保健成本上升方面做出巨大努力。此外，企业在雇用和留住大龄员工方面同样面临着竞争性挑战，因此，必须确保年纪较大的员工不会在雇用、培训和裁员计划中受到歧视。与此同时，很多企业也鼓励员工退休，并努力保证退休安排无论是在财务方面还是在心理上都可以被员工所接受。

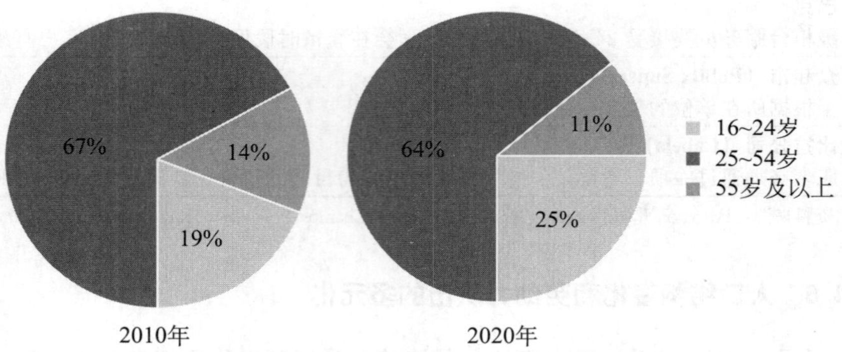

图 1-5　2010 年和 2020 年劳动力年龄的分布

资料来源：Based on M. Toossi, "Labor Force Projections to 2020: A More Slowly Growing Workforce," *Monthly Labor Review*, January 2012, pp. 43-64.

很多公司实施特殊项目以充分利用大龄员工的技能并满足其需求。[91] CVS 医药公司（CVS Pharmacy）在美国不同气候的地区都有店铺。该公司实行了一项"雪鸟计划"（Snowbirds Program），允许大龄员工根据自己喜好搬迁到不同的地方。这对那些习惯了在南方各州过冬而在北方各州过夏天的大龄员工来说极其重要。包括售货员、药剂师和管理人员在内的超过 1 000 名员工参与了该计划。

由于很多年龄较大的员工要么永久地离开劳动力队伍，要么仅仅从事一些非全日制的工作，所以很多企业面临的另一个挑战就是，如何才能充分利用他们所掌握的独特知识和专业经验，同时让他们与其他员工进行分享。考虑到很多有才能的员工很快就要退休，而他们所拥有的技能会随之失去或被遗忘，LyondellBasell 公司——一家位于艾奥瓦州柯林顿郡的聚合物制造商——让关键员工记录下他们在任职期间学到的东西，尤其是那些他们认为还没有被记录下来的知识。公司还对员工进行了访谈，以使他们更好地理解那些程序没有被正式记录的困难的任务。例如，对一位化学专家进行访谈的结果揭示了，某种化学物质达到什么样的液体状态和颜色时才说明可以使用。访谈的这部分内容会被录制下来，以便将来的员工对这种溶液的正确颜色有个参考。[92] Special People in Northeast 是一家为残疾人提供服务的非营利企业，它利用关键员工提供的电子化指南手册和流程图来确保公司当前的实践和程序对那些接替将退出组织的老员工的新手来说是可实现的。[93]

代际差异。由于员工的工作年限更长，美国的劳动力队伍中一共有五代人，每一代人的性格都各具特色，同时又有相似之处。表 1-11 显示了每一代员工的出生年份、绰号以及年龄。每一代员工都被认为具有某些特征。[94] 例如，千禧一代伴随着电脑在家庭和学校中的使用以及互联网长大。与属于婴儿潮一代的父母不同，他们在上学时就处在一个多元化的环境中，这种环境教导、表扬、鼓励他们积极参与。千禧一代的特征是乐观、乐意工作和学习、渴望取悦他人、熟悉技术、具有全球意识以及推崇多元化，同时，他们也被认为骄傲自大、极度自恋。在 X 一代成长的时代，离婚率加倍，在外工作的女性越来越多，个人电脑出现。他们放学后总是独自一人（所谓的"挂钥匙儿童"）。他们重视质疑精神、自由随性和实用性，追求工作与生活的平衡，不喜欢被严密监督。他们往往缺乏耐心，容易愤世嫉俗。这一代人经历了生活各个方面（比如父母、家庭和城市）的变化。婴儿潮一代，也就是“我一代”（Me generation），则是推进平等权利的建立和结束越战的一代。他们重视的是社会责任心和独立。他们富有竞争精神、工作努力，并且关注企业对所有员工的平等对待问题。这代人往往被认为是工作狂，并且严格遵守规则。传统主义者则成长于大萧条时期，生活在第二次世界大战期间。他们崇尚节俭，爱国，坚持原则，对雇主忠诚，为公司的利益承担责任并作出牺牲。

表 1-11　各个代际的劳动者

出生年份	绰号	年龄
1925—1945 年	传统主义者 沉默的一代	68～88 岁
1946—1964 年	婴儿潮一代	49～67 岁
1965—1980 年	X 一代	33～48 岁
1981—1995 年	千禧一代 Y 一代 回声潮一代	18～32 岁
1996 年至今	Z 一代 数字原住民	18 岁以下

每代人都有对其他一代人的错误观念，这在工作场所经常造成紧张和误解。[95]例如，千禧一代的员工可能会认为 X 一代的经理态度苛刻、缺乏激情、不近人情、对员工关心不够并且不值得信任。反过来，X 一代的管理人员则认为千禧一代的员工希望得到关注、欲求不满并且过度自信。千禧一代可能觉得婴儿潮时期出生的人们太死板，对公司章程过度遵守。他们认为老一代的员工掌握社交媒体工具太慢，强调资历重于知识和绩效。传统主义者和婴儿潮一代认为千禧一代的工作道德感不强，因为他们太关注工作与生活的平衡。同样，年轻一代的员工可能会对那些在退休、晋升受阻以及事业变动之前工作更久的婴儿潮一代和传统主义者产生反感。

值得注意的是，虽然代际差异可能存在，但是同一代人并不比同性别或同种族的人之间相同点更多。这就意味着，你在将员工行为和态度上的不同归因于代际差异或期望同一代员工具有相同的价值观时要慎重。研究发现，不同时代的员工之间既有差异也有相似性。[96]虽然在婴儿潮一代、X 一代和千禧一代员工之间存在的工作道德差异已经被证实，但在工作信仰、工作价值观和性别观念等方面，千禧一代和其他年代的人们之间的相同点多于不同点。大多数员工都将工作视为更加充分地利用技能和能力、满足自己的利益以及使自己过上想要的生活的一种手段。他们都很重视工作与生活的平衡，因此要求企业提供更为灵活的工作政策，即允许他们自行选择愿意承担的工时数量以及完成工作的具体地点。

劳动力队伍的性别和种族构成。如图 1-6 所示，到 2020 年，美国的劳动力队伍中估计将会有 79%的白人、12%的非裔、6%的亚裔及 3%的其他少数族裔劳动者，其中包括混血人种、美国印第安人、阿拉斯加和夏威夷土著以及其他太平洋岛屿土著。[97]到 2020 年，美国劳动力队伍的多元化趋势预计会愈发显著。由于生育率以及移民模式的差异，种族和族裔群体在劳动力增长上将显示出不同的发展趋势。2008—2018 年间，预计西班牙裔和亚裔在劳动力队伍中的增长速度（分别为 3.0%和 2.7%）

将会超过非裔美国人和其他群体。

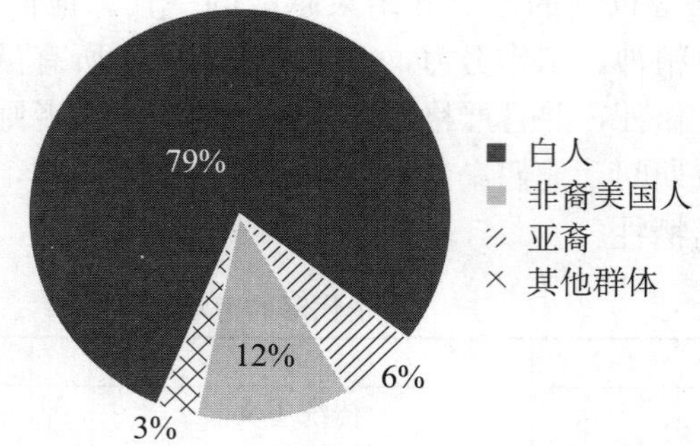

图 1-6　2020 年美国的劳动力

资料来源：Based on M. Toossi. "Labor Force Projections to 2020：A More Slowly Growing Workforce，" *Monthly Labor Review*，January 2012，pp. 43-64

美国的很多行业，包括肉类加工业、建筑业、农业和服务业都依靠来自墨西哥和其他国家的移民来完成一些短期的或劳动密集型的工作。移民对美国人口和劳动力队伍的多元化作出了贡献。据估计，美国有 4 000 万移民（占美国总人口的 13%）。美国的劳动力人口中有 16%是可以在美国合法工作的移民，还有 5%（即 800 万人）属于非法劳工。[98]美国的移民来自世界各国，但大部分来自亚洲、美洲以及中美洲。虽然有一种普遍的观点认为，移民缺乏工作技能，但如今具备高技能的移民所占比例已经超过了低技能移民的比例。在美国政府争论着如何解决非法移民问题的同时，如果被迫终止与非法移民之间的雇佣关系，那么很多企业将面临一场劳动力危机——虽然这些移民已在美国生活和工作多年，但他们并没有在该国合法工作所需的许可和签证。例如，一家位于马里兰的生蚝加工厂引进来自墨西哥的工人，让其从 10 月到次年 2 月完成给牡蛎去壳这种肮脏、难闻的工作。这个家族式企业也尝试过雇用美国本土工人，但收效甚微。即便开出每小时 12 美元的高工资也无济于事。[99]很多企业主认为，美国的年均签证上限太低，因为他们根本找不到足够的员工来填充公司的空缺职位。

劳动力市场的变化对人力资源管理的影响是非常深远的。对多元化的管理涉及许多不同的活动，包括创建一种看重多元化的组织文化；确保企业的人力资源管理系统没有偏见；为女性实现更高层次的职业发展提供便利；推广文化差异方面的知识，提高对文化差异的接受度；确保员工有机会参与企业内外部的各种多元化教育活动；处理好员工对多元化的抵触等。[100]表 1-12 展示了通过管理文化多元化为企业带来竞争优势的各种途径。如何对多元化问题进行管理对于创造性的发挥、各种问题的解决、优秀员工的保留、企业产品和服务市场的开发等都有着十分重要的影响。要想成功管理一支多元化的劳动力队伍，管理者必须培养和开发一整套新的技能，包括：

1. 与来自各种文化背景下的员工进行有效沟通的能力。

2. 对年龄、受教育程度、族裔、身体状况以及种族等不同的员工进行指导和开发的能力。

3. 根据客观的结果而不是对女性、少数族裔及残疾人有偏见的价值观来向员工提供绩效反馈的能力。

4. 培育一种能使来自不同背景的员工发挥创造性和创新力的舒适的工作环境的能力。

5. 认识并对代沟问题做出合理回应的能力。[101]

表 1-12　文化多元化管理如何为企业赢得竞争优势

1. 成本方面	随着很多企业的员工队伍日益多元化，因员工整合工作做得不到位而产生的成本将会进一步上升。而那些能够很好地处理这方面问题的企业就能获得一种相对于其他企业的成本优势。
2. 吸引和留住员工方面	企业如果能够成为女性和少数族裔劳动者心目中的理想雇主，它就能够获得有利的市场声誉。那些在管理多元化问题上获得最佳声誉的企业更有能力争夺最优秀的人才。随着劳动力供给的萎缩及其构成的变化，这种竞争优势越来越重要。
3. 市场营销方面	员工带到企业市场营销工作之中的独特洞察力以及文化敏感性，会帮助企业进入新的市场并开发针对不同人群的产品和服务。
4. 创造力方面	视角的多元化以及更不强调与过去规范的一致性将会提高企业的创造力水平。
5. 解决问题方面	决策以及解决问题的群体的异质性将会通过更为开阔的视野以及对问题进行更彻底的批判性分析而产生质量更高的决策。
6. 系统灵活性方面	流动性的上升会促进企业能够针对环境变化作出更为灵活的反应（比如，反应的速度更快，而成本却更低）。

资料来源：*Academy of Management Executive*，by T. H. Cox and S. Blake，1991；N. Lockwood，*Workplace Diversity*：*Leveraging the Power of Difference for Competitive Advantage*（Alexandria，VA：Society for Human Resource Management，2005）.

多元化对于激发所有员工的创造性、文化和沟通技能以及利用这些技能产生如表 1-12 所示的竞争优势来说十分重要。例如，菲多利公司（Frito-Lay）的拉丁裔员工网在多力多滋鳄梨味玉米脆片的开发过程中扮演了重要角色。[102]这种食品在上市第一年就获得了超过 5 亿美元的销售额，成为该公司有史以来最成功的产品之一。网站成员向公司提供了这种食品在口味和包装方面的反馈，以确保产品在拉丁裔社区的权威地位。残疾工人也是企业竞争优势的来源之一。Wiscraft 是一家位于密尔沃基市的企业，它主要通过与百力通公司（Briggs & Stratton）以及哈雷-戴维森等这样的企业合作，完成组装、装箱以及机械操作等方面的工作。[103] Wiscraft 公司至少有 75%的员工属于法律上认定的盲人。但企业不是慈善机构，它需要通过和其他企业进行竞争而获得订单。该公司并不能从地方政府、州政府或联邦政府获得任何补贴。员工每天不得不依靠公共交通工具、朋友或者亲戚才能到公司来上班。凯西·沃尔特斯（Kathy Walters）说她自己本来能够到其他企业去工作，是 Wiscraft 公司对残疾人的支持文化才让她选择了这家公司。沃尔特斯是一位盲人，她认为自己很难再找到一份既能够提供医疗健康福利，同时还能够支付这么高薪酬的工作。Wiscraft 公司已经获得了 ISO 9001:2000 认证，这是该公司能够提供高质量工作以及有能力在全球竞争的证据。

为了使员工能够了解代际差异以及如何与来自不同时代的员工进行沟通和交流，美国家庭人寿保险公司提供了一门名为“代际沟通”的培训课程。[104]该公司相信，如果各个年龄段的员工都能了解其他年龄段的员工完成工作的方式，他们的工作就会变得更加有效。这个课程考察了不同时代的员工在工作场所中表现出来的不同特征，描述了家庭和国际大事对每一代人产生的影响，分析了他们的工作风格和就业特征，也展示了可以跨越或弥补代沟的各种方式。

最根本的一点是，企业要想赢得竞争优势，就必须充分利用多元化员工队伍的力量。企业之所以采取这些人力资源管理实践，不仅是为了满足员工的需要，同时也是降低流动成本以及确保客户得到最佳服务的需要。关于劳动力队伍多元化会对人力资源管理实践产生何种影响，我们将会作为一个贯穿本书始终的问题来阐述。比如，从人员配置的角度来说，非常重要的一点就是，企业必须确保对员工进行甄选测试的工具对少数族裔求职者而言是没有偏见的；从职位设计的角度来说，员工需要更为灵活的工作时间安排，以满足他们的非工作活动需要；从培训的角度来说，很明显的一点就是，企业必须让所有的员工意识到刻板印象所带来的潜在有害影响；从薪酬的角度来说，为了适应多元化劳动力队伍的需要，应当将老人看护以及日托等新的福利项目纳入报酬系统之中。

1.4.7 法律问题

如今很有可能出现对新的雇佣法律及其规则的研究和讨论，同时，对现行法律和规定的具体方面的强制执行会引起更大关注。[105]对消除招募和雇佣过程中的歧视现象的强调会持续。雇佣前测试、犯罪背景调查以及揭示求职者年龄的在线搜索等会受到企业重视。另外，消除残疾、薪资水平、工作内容和骚扰等方面的歧视也会受到越来越多的关注。性别和种族歧视将面临更大的挑战，因为被歧视群体的成员可能会由于缺乏培训和发展机会而不能达到晋升到更高工资或更高级别职位的标准。消除针对复员军人以及残疾人士的歧视也是大势所趋，在联邦合同中更是如此。

在新的相关规章制度中，工作场所安全问题会越来越受到重视，这要求企业识别工作场所中的危险并决定是对其进行修复还是为员工提供保护。那些最危险行业中的企业将被要求满足一些额外的报告及检查要求。

医疗保障改革将会引发法律问题。从2015年开始，全日制员工人数达到50及以上的企业如果不为员工提供医疗保险，则必须为每名员工支付2 000美元的罚金。从维持内部竞争到给员工提供医疗保险——每一种个人保险计划将会使企业支出大约6 000美元——到底有何意义？企业将从人力资源管理方面寻求这一问题的答案。一些公司在医疗保险方面节省下来的成本很可能会成为这些公司不能吸引和保留人才的原因，这部分有才干的员工期望获得在联邦政府中享受不到的、公司资助的医疗保险福利。如果企业决定提供医疗保险福利，则其人力资源专家和管理者必须与法律顾问和福利专家展开合作，以了解新出台的医疗保障规章以及如果要提供医疗保障可以采用何种形式。

对那些雇用非法移民或滥用劳工的企业将会加大审查力度。如果被移民局或海关人员证实故意雇用非法移民，企业就会面临犯罪指控。在过去十几年中，由移民和海关执法局（ICE）进行的公司审计大大增加，由此开出的罚款超过1 000万美元。

维基解密（WikiLeaks）和华尔街的贸易调查内部人士披露了一些绝密文件，这导致企业不得不更加仔细地审查自己的数据安全，同时更加重视知识产权的保护。这极可能影响到与绩效管理相关的人力资源实践，比如电子监控的使用以及对知识型员工的监管。有时企业会出于员工违反数据安全、在社交媒体上讨论企业的雇佣实践、出于个人目的分享或盗窃智力资产等原因对员工实施解雇或惩戒，这些将导致越来越多的与员工隐私权和知识产权有关的诉讼出现。

1.4.8 道德问题

与人力资源管理有关的许多决策都具有不确定性。**道德规范**（ethics）可以被视为员工和企业互动时需要遵循的一些基本原则。[106]企业在进行经营决策以及与客户或顾客打交道时，必须考虑这些基本原则。从道德规范的角度来说，那些取得成功的企业一般都会遵循图1－7中四个方面的基本原则[107]：第一，在处理与顾客、分销商以及客户之间的关系时，这些公司通常都会强调互惠互利。第二，员工为企业行为承担责任。第三，这些公司都有员工珍视并且在日常工作中践行的使命或愿景。第四，这些公司都重视公平性，也就是说，它们将他人的利益看得与自己的利益一样重要。企业的人力资源和商业实践应该是合乎道德的，但事实并不总是如此。最近的一项员工调查发现，45％的员工曾在工作场所目睹过某种形式的不道德行为。这也许能够帮助解释盖洛普公司对21个职业进行的有关诚实和道德的民意调查的结果。调查结果显示，仅有18％的美国人对企业高管人员的诚实度和道德行为做出较高的评价，做出较低或极低评价的人数比例是前者的两倍。[108]道德行为并不是对错分明的，认识到这一点很重要。合规性的意思是企业没有违反法律规定。但是在一家企业里，合乎法规与有员工参与不道德活动可能同时存在。

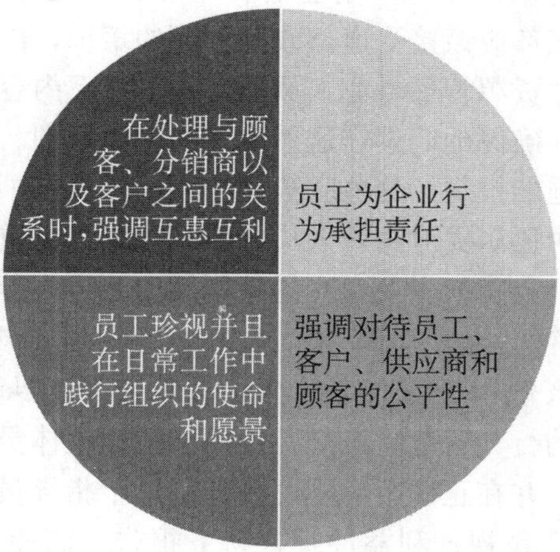

图1－7 企业道德行为的基本原则

2002年《萨班斯-奥克斯利法案》（Sarbanes-Oxley Act of 2002）对企业的行为制定了严格的规则，并且对不遵守该法律的行为设定了巨额罚款以及监禁等相关措施：很多企业每年都要花费数百万美元来确保自己遵守了《萨班斯-奥克斯利法案》的规定，这些规定包括对企业在公司监管和会计实践方面出现的过失，以及企业对举报自己违反美国证券交易委员会规定的告密者进行报复的行为处以巨额罚款。[109]由于《萨班斯-奥克斯利法案》和美国证券交易委员会最新制定的规则对企业高管人员的薪酬披露问题做了更加严格的规定，因此，董事会必须更加关注公司高管人员的薪酬以及像领导力开发和继任计划等这样一些问题。[110]这就导致越来越多的负责人力资源管理的高层管理人员以及其他人力资源专家必须按要求为董事会提供相关的薪酬数据和分析。比如，如果一家公司的首席执行官或者首席财务官报告的公司财务状况有误，则公司可能会面临最高100万美元的罚款以及（或者）高管最多长达10年的监禁。而对故意违法行为的罚款可能高达500万美元以及（或者）高管最多长达20年的监禁。法律要求公司首席执行官和首席财务官必须确保公司财务报告的真实性，禁止公司对高管人员和董事会成员发放个人贷款，并禁止在养老金交易管制期内进行内部交易。[111]所谓交易管制期，是指公司在超过连续三个交易日的一段时间内，临时禁止50%或更高比例的公司养老金计划参与者或受益者购买、出售或转移公司的任何有价证券。这项法案还要求企业必须保留所有与政府调查相关的文件材料。

这一法案中还有很多直接影响到企业与员工之间关系的条款。[112]比如，该法案禁止企业对向外界透露消息者（揭发企业或者企业的某位高管人员有违法行为）以及向政府告密者实施报复行为。要遵守这一法案的规定，每一家企业都必须制定新的政策。例如，该法案要求所有的上市公司制定针对高层财务管理人员的道德行为规范。[113]其他一些联邦机构发布的准则，比如《美国联邦政府采购规则》也作出要求或提供奖励，以鼓励所有企业遵守行为规范，对员工进行道德规范方面的培训，采取有效措施对道德和不道德行为进行审计和报告。这意味着，企业应该在人力资源管理部门的牵头下，制定相应行为规范，明确定义道德和职业责任。在帮助实施道德审计、制定道德行为规范以及应对违反道德的行为方面，人力资源管理专业人员和其他高层管理人员常常扮演着重要角色。企业需要为员工不道德行为的惩戒行动制定指导规则。管理人员和员工都应该接受道德政策方面的培训，以确保公司的经营过程和程序遵守道德政策。人力资源管理专业人员还必须对以下内容予以记录：员工已经了解这些政策，并且参加了确保他们遵守这些政策的相关培训。由于员工可能会受到通过歧视或性骚扰形式实施的报复，这些政策还应该确保员工不会因为发出抱怨或者出庭作证而遭到报复。公司还需要对高管人员的薪酬计划进行重新审核和修订，以确保高管人员的薪酬遵守无个人贷款以及在交易管制期内不出售养老金的规定。

让我们来看看企业为了确保符合工作场所的道德规范而采取的一些政策和实践。[114]位于美国俄亥俄州哥伦布市的全美保险公司（Nationwide Insurance）就制定和实施了一份详细的行为规范。该规范适用于公司全体员工，为报告违反道德规范行为的员工提供保护，并在正确行为不明确的情形下指导员工作出决策。行为规范包含对以下内容的规定：歧视、利益冲突、财务报告、商业记录、商务沟通过程的诚实性、公司财产处理以及给公共部门官员送礼等政治活动。全美保险公司还设立了一个道德和规范办公室，员工可以通过电子邮件、传真或电话向其报告。思科公司采取措施，力图使自己的道德及合规项目对员工来说更加有吸引力和有趣。思科公司与一家咨询公司开展合作，设计了模仿时下流行的真人秀节目《一夜成名》的四个情境培训模块。这些模块包括：关于分享前任雇主的私人信息的决策；选择新的供应商；招徕潜在顾客；接受来自供应商的礼物等。员工观看每个争辩方介绍不同的道德情境，并倾听三名评判者的观点。接着员工被要求就"三个人中谁最好地回应了每个情境"进行投票，很快就能看到他们的反应是否与之前参加过道德培训的其他思科员工的反应一致。在每段情境的结尾，思科的道德办公室会根据公司的道德与合规标准提供正确的反应方式。这个新的培训方案使得思科公司的道德办公室增加了知名度，同时有助于员工更好地认识在他们可能会遇到的不那么明确的道德困境下，什么才是正确答案。

要想确保企业的人力资源管理实践被外界认为是符合道德规范的，人力资源管理者必须确保本企业的人力资源管理实践达到以下三个基本要求[115]：第一，企业的人力资源管理实践必须为最多数人带来最大的好处。第二，企业的雇佣实践必须尊重隐私、正当程序、自愿以及言论自由等基本人权。第三，管理人员必须公平和公正地对待员工和客户。

为了提醒企业注意工作场所中的道德问题，我们将在全书各章提供“实践中的诚信”专栏，该专栏着重强调好的或坏的决策、由企业高层领导者和管理者作出的与道德有关的人力资源实践。这里的“实践中的诚信”专栏显示了Dynergy公司的首席执行官是如何对公司文化做出改变以及利用人力资源管理实践为正在走下坡路的公司重新注入活力的。

实践中的诚信

通过员工管理实践领导转型

很多公司的首席执行官言行并不一致，但Dynergy公司的首席执行官鲍勃·弗莱克森（Bob Flexon）是个例外。弗莱克森与公司总部的其他员工一样，都在一个小隔间里工作。这是弗莱克森在政策和实践方面做出的变革之一，其目的是激励员工并为濒临破产的公司注入生机。弗莱克森将公司的总部办公室转移到一个单独的开放式楼层，这为公司节省了500万美元的成本，并增加了他与员工之间的互动。弗莱克森还现身公司的发电厂，禁止员工在会议期间查看邮件或接听电话，同时恢复了绩效考核。公司的高层管理人员参加了一个为期两天的在办公场所之外召开的会议，会议内容包括一些建立信任的练习。但是一些管理人员抵制外部会议，还有很多人不愿意将自己的私人办公室转移到小隔间。弗莱克森为公司设计了一项新的目标陈述（“给你活力，给我们的社区以动力”），并对公司的六项核心价值观中的三项（安全性、责任性、灵活性）给予特别关注。公司最重视的其他几项价值观是责任、正直和合作。据Dynergy公司估计，到年底为止，对管理人员进行新文化培训的成本超过40万美元。弗莱克森和他的管理团队通过参观工厂将新文化传递给员工。为了强化这种新文化，公司将15名员工培训成为“文化先锋”，其职责是确保同事的行为符合新的政策和实践。新文化在绩效管理上也得到了强化。修改后的绩效管理过程的一部分包括管理者对员工的行为在何种程度上符合公司的核心价值观做出评价。

这位首席执行官的努力得到了什么样的结果？Dynergy公司员工的离职率从8%降到了5.8%。公司士气得到了提升，员工也意识到了安全问题的严肃性。虽然最根本的问题还没有得到解决（在2012年的前9个月，公司的损失超过10亿美元），不过弗莱克森相信，新文化以及员工管理实践会为公司利润做出贡献。

讨论题

你认为哪一项人力资源管理实践会对一家公司的转型努力产生最大的影响？哪一项影响最小？请对你的回答作出解释。

资料来源：Based on J. Lublin, “This CEO Used to Have an Office,” *Wall Street Journal*, March 13, 2013, pp. B1, B7; www.dynergy.com, accessed March 25, 2013.

1.4.9 全球化挑战

很多公司都发现，为了生存，它们一方面必须到国际市场上去进行竞争，另一方面要设法抵御外国竞争者来美国本土争夺市场。为了迎接这些挑战，美国企业必须开拓全球市场，运用人力资源管理实践强化自己的全球竞争力，同时更好地为员工接受全球外派工作做好准备。

每一家企业都必须做好应对全球经济的准备。技术进步使企业的全球扩张更加容易。互联网使数据和信息可以及时获得，并且能够随时发往世界各个角落。互联网、电子邮件和视频会议使相距千里的两家公司很容易完成交易。

全球化的影响不仅仅局限于经济中的某个特定部门、特定产品市场或某种特定规模的企业。[116]即使是那些没有开展国际经营的公司也可能会购买或使用国外生产的产品，雇用具有海外背景的员工，或者与在美国本土经营的外国公司展开竞争。

全世界的企业都在努力通过全球扩张（通常采取兼并和收购的方式）来提高自己的竞争力和价值。

1.4.10 进入国际市场

很多企业通过各种方式进入国际市场，比如向海外出口产品、在国外开设生产厂或服务中心、与其他国家的企业建立联盟、开展电子商务，等等。有人估计，68%的世界经济增长可归功于像金砖四国（巴西、俄罗斯、印度和中国）这样一些发展中经济体和新兴市场。[117]全球化的重要性从美国的一些大型跨国公司最近的招募模式中可见一斑，这些公司增加了对海外（尤其是亚洲）劳动力的雇佣力度。[118] 54%的通用电气公司员工都在海外工作，在巴西、中国以及印度的市场创造的业务占到该公司海外业务的60%。盖普公司计划2013年在日本再多开20家名为“老海军”的商店。[119] 2012年，老海军在东京开了北美之外的第一家分店。该品牌将在日本的核心区域（包括名古屋、神户、大阪以及横滨）设立分店。盖普公司相信，随着美国市场的成熟以及竞争者的增多，它需要进一步打开全球市场。肯德基和必胜客的母公司百胜集团在中国拥有超过3 700家分店，它们为其带来10亿美元的营业利润。每天都有不止一家分店在中国开张，而该公司的目标是2万家餐馆！[120]

全球性公司都在竭尽所能地去寻找并留住人才，尤其是在那些新兴市场上。很多企业都在向中国、印度、东欧、中东地区、东南亚地区以及拉丁美洲迁移，但是这样一来，对各类人才的需求就大大超过了供给。很多公司还把在美国本土工作很成功的管理人员派到其他国家去负责当地机构的运营，但这些管理者缺少吸引、激励和保留人才所必需的文化理解力。为了解决这些问题，很多企业采取行动，为自己的员工及其家属到海外去工作做更好的准备，同时确保这些全球员工能够获得培训与开发的机会。跨文化培训有助于员工及其家属更好地理解将要去工作的国家的文化和风俗习惯，同时也有助于他们在结束外派任务之后顺利回到母国。关于跨文化培训的具体内容，我们会在后面的章节中加以讨论。

IBM海外的营业收入占到总营收的2/3。为了在全球新兴市场上进行竞争，该公司努力培育组织中的团队领导力。IBM的公司服务项目共有大约600名员工，这些员工的时间和服务都贡献给了分布在土耳其、罗马尼亚、加纳、越南、菲律宾和坦桑尼亚等国家的各个项目。[121]这个公司服务项目的目标是通过建立一个领导力团队来了解这些国家的需要和文化，同时提供有价值的社区服务。例如，分别来自5个国家的8名IBM员工被派到罗马尼亚的蒂米什瓦拉市，每名员工被分配去帮助一家企业或非营利组织。绿森林公司（GreenForest）是当地一家主要生产办公室、酒店、学校和工业设备的企业，被分配到这家公司的一位IBM的软件开发经理帮助该公司实现了削减成本和提高效率的目标，他向该公司推荐了提高产量以及扩大对西欧出口所必需的一些计算机设备和相关系统。另一名IBM员工则被派去为一家面向残疾成年人提供服务的非营利组织工作。这些工作不仅对这些企业有益，员工发现，这些工作经历有助于他们理解文化差异、改进自己的沟通和团队工作能力，同时也使他们对全球市场营销以及战略有了更为深入的理解和认识。这里的“通过全球化进行竞争”专栏表明了文化差异（比如案例中的法国）导致的挫败如何削弱企业的全球业务扩张。

通过全球化进行竞争

怎样才更好：是批判还是适应一个国家的文化？

莫里斯·泰勒（Maurice Taylor）是泰登国际公司（Titan International）的董事长兼首席执行官，该公司正在考虑买下法国北部的一家轮胎工厂。泰勒以其不苟言笑的管理风格著称。泰登公司打算收购固特异轮胎及橡胶公司出售的一家并不盈利的工厂。然而当工会的员工不愿意为保住工作而加班时，泰登公司决定退出收购该公司的谈判。泰勒已经参观该工厂多次，并且提出两年内保留该厂约一半的员工，但是他的提议遭到工会的否决——工会员工希望自己的工作保障期限是七年。对于在收购该工厂过程中遭受的挫败，泰勒给要求自己继续谈判的法国工业部部长写了一封信。泰勒在信中严厉地批评了法国及其工会组织。他在信中写道，在任何一个国家，工人不劳而获都是荒谬的。例如，泰勒指出，法国的工人每天仅工作3个小时，却能得到高工资。工人们其他的时间都花在午餐、休息以及闲聊上。在信中，泰勒坚持认为，对于美国投资来说，法国并不是一个富有竞争力的国家。泰勒还提到，泰登公司将收购一家中国或印度轮胎厂，所付工资还不到每小时1欧元，并且可以用船装运全法国需要的所有轮胎而不需要雇用该国一名员工。

法国的劳工法相关规定使得企业解雇员工需付出高昂的成本。最近，考虑到雇佣法规对外国企业在本国经营造成的潜在阻碍，法国开始推动企业在更灵活的条件上与工会达成协议。法国总统弗朗索瓦·奥朗德制定的劳工改革计划包含以下内容：允许企业在经济困难时期减少员工的工作时间和工资；改变临时解雇方面的规定；限制员工对临时解雇决策的申诉时间。

法国会像泰勒所宣称的那样失去所有的工业企业吗？在给泰勒的回信中，法国工业部部长阿诺德·蒙特布尔（Arnaud Montebourg）写道，法国是企业投资的首选对象之一。他还指出，泰勒的评论极端、无礼，充分暴露了他对法国的无知。

讨论题

泰勒应该坚持让法国采用与美国一样的工作时间和规则吗？为什么？他可以做些什么

为自己的工厂争取到与美国更相似的工作政策和实践？

资料来源：G. Parussini，"U. S. CEO to France How Stupid Do You Think We Are?" *Wall Street Journal*，February 21，2013，p. B1；E. Jarry and C. Bremer，"U. S. Tire Executive Calls French Slackers，" *The Columbus Dispatch*，February 22，2013，p. A2.

1.4.11 离岸经营与回岸经营

离岸经营（offshoring）是指像美国这样一些发达国家把工作岗位向劳动力成本和其他成本相对较低的国家转移。这些离岸工作岗位转移的目标国家包括印度、加拿大、中国、俄罗斯、爱尔兰、墨西哥、巴西和菲律宾，等等。为什么要实行离岸经营?[122] 主要的原因是劳动力成本。与完成相同工作的美国劳动者相比，其他国家劳动者的工资只相当于美国劳动者工资的一小部分。比如，印度计算机程序员每小时的工资只有大约10美元，而美国程序员的小时工资则为60美元。其他一些原因包括在外国更容易得到技能水平较高同时工作动力充足的劳动者。印度和中国有大量的理工科大学毕业生。中国的理工科大学毕业生人数是美国的4倍，不过他们接受的培训水平不如美国的工程师。[123] 日本每年理工科毕业生人数是美国的2倍，韩国则和美国差不多。而印度每年也有200万能讲英语且掌握了一定的技术和能力的毕业生。[124] 同时，这些掌握相当技能的技术工人却较难获得美国的工作签证。现在，美国每年只有6.5个高科技和高技能的岗位能够获得H-1B签证。最后，全球通信的低成本使远在6 000英里*之外的一家企业的工程师能够帮助客户完成设计工作，并且可以像大家都在同一栋大楼里办公一样与其他地方的工程师进行交流。

H-1B签证发放最多的是与计算机相关的职位（43%）。总部位于美国的微软公司和思科公司都位居使用H-1B签证最多的十大公司之列，不过使用最多的还是诸如印孚瑟斯技术公司和威普罗公司之类的印度企业。[125]

虽然出于潜在的低劳动力成本等考虑，离岸经营对于很多企业来说具有一定吸引力，但如今**回岸经营**（reshoring）也变得越来越普遍。导致这种情况的原因有很多，包括：对海外经营企业的顾客服务水平的考虑，美国本土员工的士气受影响，离岸经营对企业公共形象的负面效应，员工在地理上接近业务伙伴的需要以及海外（比如中国）的工资水平提高，等等。[126] 例如，在因为顾客投诉而关闭了印度的一家呼叫中心之后，戴尔公司在美国爱达荷州的双瀑城重新开了一个呼叫中心。K'Nex公司将自己的塑料玩具生产从中国分包商处撤出，迁回到宾夕法尼亚州的哈特菲尔德。[127] K'Nex公司认为，使生产地靠近美国零售市场有助于公司迅速将流行的玩具投入市场，并有助于更好地控制质量和材料——这是很重要的安全问题。另外，中国的工资及交通成本都在增加，这就削弱了在中国生产的成本优势。

1.4.12 科技的挑战

技术重新塑造了我们玩游戏的方式、沟通的方式以及规划生活的方式，同时也影

---

* 1英里＝1.6千米。

响到我们在哪里完成工作。互联网创造了一种全新的商业模式——电子商务，在这里，商业交易和各种关系能够以电子化方式完成。互联网是一个将全球计算机连接在一起的网络，用户可以通过这个网络交换信息和数据。美国的互联网用户在最近五年里增加了一倍，48%的用户称他们每天上网超过一小时。60%的用户在工作日访问谷歌网站，43%的人拥有自己的脸书主页。[128]通过在苹果手机、黑莓手机或个人电脑上使用脸书、推特、领英（LinkedIn）以及其他社交网站，企业可以与职位候选人取得联系，员工可以与朋友、家人以及同事进行沟通。

1.4.13　社交网络

在复杂技术方面取得的进步以及技术成本的下降正在改变人力资源管理。电子技术和通信软件方面的进步带来了移动科技，比如掌上电脑（PDA）和 iPod（苹果音频播放器）等，同时通过社交网络的发展提升了互联网的性能。**社交网络**（social networking）是指像脸书、推特、领英、维基百科以及博客等为有相同兴趣的人们提供更便捷的互动的网站。表 1-13 显示了一些可以使用社交网络处理的潜在问题。[129]总而言之，社交网络促进了沟通、分散化决策以及合作。社交媒体不仅可以在联系客户方面派上用场，对那些没有时间与同事、管理人员每天面对面分享知识和想法的员工来说也有重要意义。有的员工（尤其是千禧一代或 Y 一代的年轻员工）已经学会在生活各个方面利用脸书等社交网络，对他们来说，这些社交工具在工作及生活中都十分重要。“通过科技进行竞争”专栏显示了企业是如何在招募、培训及开发、工作时间安排、员工态度测量等人力资源管理实践方面使用社交网络的。

表 1-13　　社交网络的潜在利用

问题	社交网络的使用
退休导致的专家知识流失	知识的分享、捕捉和存储
员工参与	收集员工意见
识别并提升员工专业知识	创建在线专家社区
提升创新和创造力	通过在线讨论鼓励参与
强化学习	分享最佳实践、应用程序、学习内容、要点以及文章和在线研讨会的链接
员工需要辅导和监控	与导师和教练互动
识别和联系潜在的职位候选人	发布职位空缺公告以及回答候选人的问题

资料来源：Based on P. Brotherson, “Social Networks Enhance Employee Learning,” *T+D*, April 2011, pp. 18-19; T. Bingham and M. Connor, *The New Social Learning* (Alexandria, VA: American Society for Training & Development, 2010); M. Derven, “Social Networking: A Frame for Development,” *T+D*, July 2009, pp. 58-63; M. Weinstein, “Are You Linked In?” *Training*, September/October, 2010, pp. 30-33.

通过科技进行竞争

关联性强化人力资源管理实践

像脸书和推特等这样一些社交网站满足了人们与朋友联系的需要。认识到关联性的重要性后，各种规模、产业的公司都在利用社交网络来改进不同的人力资源管理实践，比如招募、培训与开发、工作时间安排以及员工参与等。招募专员可以使用社交网络与职位候选人联系、沟通，可以建立网络社区帮助候选人了解本公司，还可以监控商铺倒闭或裁员等方面的信息（这些信息可以为公司提供新的员工来源）。梅西百货在推特上发布职位招募公告以及针对被其他濒临倒闭的店铺解雇的商品采购员的招募信息。CareerBuilder. com所使用的一款应用软件可以显示出在员工的脸书好友中适合本公司职位招募要求的人，并且鼓励员工发布公司的招募信息。位于曼哈顿的Del Frisco牛排餐厅可以在电脑或苹果手机上迅速创建一份工作时间安排表，并将其放到一个网站上，由该网站自动发送到所有员工的手机上。餐厅服务员可以自己修改工作时间表，但系统会对工作时间进行追踪，以确保服务员的加班时间没有超出规定范围。位于美国亚利桑那州图桑市的Long Reality公司创建了一个名为Long Connects的内部社交网站，帮助房地产经纪人在"如何与一家银行打交道以确保财务安全""当前房地产市场的发展趋势""如何处理以低于抵押贷款的价格售出的财产以避免卖空"等问题上寻求帮助或进行讨论。

威瑞森公司（Verizon）利用社交工具对员工进行新产品和新设备的培训。"设备博客""设备论坛""学习社区"等网站都可以用来确保员工在新产品和新设备投入市场时做好为顾客服务的准备，并有助于吸引各个年龄层的员工以及促进同级员工的相互学习。"设备博客"为员工提供有用的信息以及关于无线设备（比如摩托罗拉DROID手机）、常见问题、故障排除技巧等方面的最新消息。"设备论坛"使得售货员能够从同行以及产品制造商那里学习。在这里，员工可以相互提问题、分享观点、发布工作技巧、提供建议以及与产品专家取得联系。通过"设备博客"，员工可以进入"学习社区"，在这里找到视频播客、留言板、在线培训链接以及产品描述等内容。除了上述工具，企业还可以通过"我的网络"与同行开展合作、分享知识和记录、建立工作团队等。有的指导老师可以利用该工具对学习内容进行补充。

讨论题

对于企业的人力资源管理实践来说，使用社交网络或推特等这样的微博工具可能存在哪些潜在的弊端？

资料来源：Based on M. Rafter, "Goin' Mobile," *Workforce Management*, February 2011, pp. 26-27; L. Stevens, "Through the Looking Glass," *Human Resource Executive*, April 2011, pp. 26-29; M. Ciccarelli, "It's Personal," *Human Resource Executive*, September 16, 2010, pp. 1, 14-20; B. Roberts, "Mobile Workforce Management," *HR Magazine*, March 2011, pp. 67-69; G. Kranz, "More to Learn," *Workforce Management*, January 2011, pp. 27-30; S. Ladika, "Socially Evolved," *Workforce Management*, September 2010, pp. 19-22; B. Roberts, "Developing a Social Business Network," *HR Magazine*, October 2010, pp. 54-60; M. Weinstein, "Verizon Connects to Success," *Training*, January/February 2011, pp. 40-42.

虽然社交网络有这么多潜在优势，但依然有很多公司不确定是否应该迎合这种潮流。[130]这些公司担心，社交网络会导致员工浪费工作时间或冒犯、骚扰同事。还有一些公司认为，即便存在风险，将社交网络用于人力资源管理实践以及允许员工在工作中使用社交工具也是有价值的。它们相信员工可以有效地利用社交网络，并积极主动地制定相应政策，以规范员工出于个人目的使用社交网络的行为，对员工进行隐私设置以及社交网络使用规范等方面的培训。这部分企业意识到，员工很可能会查看自己的推特、脸书或领英账户，除非导致工作效率下降，否则企业一般并不在意这些情况。在某种程度上，对很多人而言，社交网络如今已经成为在办公桌上打瞌睡或到休息室与同事聊天的电子替代品。

机器人技术、追踪系统、射频识别和纳米科技正在改变人们的工作。[131]这些技术使得对环境条件和员工的监控、设备操作等变得更加容易。一家名为 Shinpuku Seika 的日本商业化农场就利用在田地里安装的监控仪器进行电脑读数，帮助农民获得温度、湿度等数据。[132]通过对这些数据进行分析，可以让农民知道种植开始时间或者识别每块地长势最好的庄稼种类。农场工作人员还可以用手机给可能遭受疾病或虫害的庄稼拍照，上传到计算机请专家诊断。工作人员的手机中装有全球定位系统，这样公司就可以知道员工是否以最有效的路径来往于田地之间以及是否在工作时间偷懒。为了确定员工之间的个人互动是否有不良影响，美国银行要求员工佩戴安装有传感器的徽章，这种徽章可以记录佩戴者的言行。[133]记录数据表明，最有工作成效的员工都属于高凝聚力的团队，并且这些员工经常与同事交流。为了促进员工之间的互动，银行专门为员工安排了小组休息时间。银行的生产率由此提高了 10%以上。

1.4.14　人力资源管理信息系统、云计算及人力资源管理仪表盘的使用

很多公司一直运用人力资源管理信息系统存储大量员工数据，包括个人信息、培训记录、技能状况、薪酬水平、缺勤记录、福利的使用情况及其成本，等等。**人力资源管理信息系统**（human resource information system，HRIS）是一种用来获取、存储、处理、分析、查找以及发布与一家公司的人力资源有关的各种信息的计算机系统。[134]人力资源管理信息系统可以支持组织的战略决策，使组织避免卷入法律纠纷，通过提供数据完成对各种项目或政策的评价，同时支持组织的各种日常人力资源管理决策。位于美国佛罗里达州朱诺海滩的佛罗里达电力照明公司（Florida Power & Light Company）就运用人力资源管理信息系统向员工传递信息，同时为管理者的决策提供支持。该公司分布在美国 20 个州的 1 万名员工都可以通过这个信息系统了解自己的福利情况。管理人员运用这个系统来跟踪员工的休假和病假情况，同时对员工的职位安排和薪酬等做出调整。管理人员可以要求人力资源管理信息系统自动出具一份人事报告，而不用再向人力资源部门索要这种报告了。[135]

今天大多数公司拥有自己的软件和硬件设备，用以使用和操作工作设施。但是，云计算技术使得公司可以出租软件及硬件，员工甚至不知道自己使用的计算机、数据库和应用软件的位置（这些都在“云”中）。**云计算**（cloud computing）是指这样一种计算机系统，它通过某个自助服务式的、可变的、按需模型中的网络来提供信息技术基础设施。[136]“云”既可以通过互联网按需传输（“公共云”），也可以仅限在某一家公司内部使用（“私有云”）。云计算技术为企业和员工提供了从手机和平板电脑中获取应用和信息的机会，而不是像过去那样只能通过个人电脑获得。该技术还使得群体可以新的方式合作，并且通过允许员工更加容易地分享记录及信息而使其工作更有成效，为人们访问大型公司数据库提供了更多机会。这意味着那些用离职率、缺勤率和绩效等方面的指标进行劳动力队伍分析的工具，以及像推特、博客、谷歌记录、YouTube 视频等社交媒体和协作工具更加容易访问和使用。另外，云计算使得员工更容易评价各种供应商及教育机构提供的培训项目。

更复杂的系统将管理应用软件的适用范围扩展到薪酬及绩效管理等领域的决策。按照系统指示提供必要信息并按步骤操作，管理者可以安排面试时间和进行绩效管理。[137]互联网技术最重要的应用之一是人力资源管理仪表盘的开发。**人力资源管理仪表盘**（HR dashboard）是一系列管理者和员工可以通过公司内部网或人力资源管理信息系统获得的指标。人力资源管理仪表盘能够为企业提供进行劳动力队伍分析所需的一些重要指标。人力资源管理仪表盘在确定人力资源管理实践的价值以及这些管理实践如何实现企业经营目标方面发挥着重要作用。因此，人力资源管理仪表盘的使用对于我们之前讨论过的循证人力资源管理来说十分重要。例如，思科公司将人才建设视作一种财产，将员工测量作为一项指标加到仪表盘中，以追踪人员流动情况及其原因。[138]这使得思科公司能够识别哪些部门在进行新的人才开发。

1.4.15 高绩效工作系统与虚拟团队

新技术改变了技能要求和工作角色，常常导致企业不得不进行工作结构再设计（比如运用工作团队）。[139]**高绩效工作系统**（high-performance work systems）最大限度地实现了企业的社会系统（员工）与技术系统之间的匹配。[140]例如，计算机集成化制造技术利用机器人和计算机实现了制造过程的自动化。计算机使得不同产品的生产仅仅通过重新编程就能完成。因此，工人、物料操作员、运营人员或装配工、维护人员等的工作可能会被合并到一个职位中去。计算机集成化制造要求员工监控设备并排除复杂设备的故障，还要求员工之间分享信息并理解制造过程中各个部分之间的关系。[141]请思考一下以虚拟打印机、电脑外围设备以及照相机等产品出名的佳能公司为了加快研发和生产过程所进行的变革。[142]佳能公司正在使用一个名为“并行工程”的运营程序，该程序要求产品工程师与设计师一同工作。这使得他们更加容易交流想法以改进产品或制造过程。佳能公司还让生产人员以“单元”形式完成工作，也就是让他们执行多种任务，生产过程因此更加容易改进。在此之前，佳能公司的这部分员工在由一个传送带控制的装配线上工作。这种新的单元式系统要求降低零件库存、减少生产空间，同时削减工厂运营和房地产成本。员工对这种工作形式感到满意，因为他们觉得自己的工作责任增加了。

除了改变企业生产产品和提供服务的方式，技术还能让一家企业与另一家或多家企业建立合作关系。**虚拟团队**（virtual teams）是指团队成员在时间、地理位置、文化以及（或）组织界限上被隔离开来，几乎完全依靠技术（电子邮件、互联网和视频会议）实现互动和共同完成项目的各种团队。可以在下属机构分散在全国乃至全世界各地的一家企业内部组建虚拟团队，也可以通过与供应商或竞争者建立起虚拟团队，集合所需的各种人才来完成某个项目或者是加快产品上市的速度。普华永道的学习与教育部门一共有190名员工，他们在位于不同城市的70个办公室工作。[143]这些员工以虚拟团队的方式一起工作，团队规模从5人到50人不等。共享数据库被用来提供背景信息以及完成开发工作，每个办公室都有视频会议设施，同时有软件追踪日历，通过个人电脑将员工与自己所属的虚拟团队联系在一起。

软件开发部门将全世界的员工集中到全球的三四个办公区，它们彼此之间分别有6～8小时的时差，这样就可以保证项目一天24小时都在运转。[144]这种安排的目的是让有才能的工程师在自己所在的时区和地点工作，而不必转移到其他国家或者在不方便的时间段工作，从而能够专注于项目，最终提高效率，同时缩短完成项目的时间。此外，分布在全球各地的项目能够吸引来自不同文化和背景且有着不同视角的员工，这有助于企业提供能更好地满足全球客户需要的产品和服务。企业在这方面面临的主要挑战在于，如何对工作加以组织以使分布在不同地区和不同工作班次的团队能够用最少的互动来分担工作任务。

支持高绩效工作系统的人力资源管理实践如表1-14所示。这些人力资源管理实践包括人员配置、绩效管理、培训、职位设计以及薪酬等。这些人力资源管理实践的设计目的是为员工提供技能、工作动力、知识以及自主权。有研究表明，高绩效工作实践通常与生产率提高以及长期财务绩效改善联系在一起。[145]研究还表明，与仅仅改善一两项相互独立的人力资源管理实践（比如薪酬体系或甄选体系）相比，将人力资源管理实践作为一个整体加以完善的做法更为有效。[146]尽管可能存在某种最优的人力资源管理系统，但无论一家公司怎样做，要想使人力资源管理系统能够对企业经营绩效产生积极的影响，它的各项人力资源管理实践之间都必须相互匹配，而且必须与总的人力资源管理系统保持一致。[147]我们将在后面的章节更为详细地讨论这种匹配性问题。

表1-14　　人力资源管理实践如何支持高绩效工作系统

人员配置	• 员工参与新员工的甄选，比如，同事面试。
职位设计	• 员工理解本人的职位对组织的最终产品或服务做出的贡献。 • 员工参与设备、工作布局以及工作方法的变革规划过程。 • 以团队的方式完成工作。 • 通过职位轮换来开发员工的技能。 • 在设备和工作流程的组织安排以及技术使用方面鼓励灵活性以及员工之间的互动。 • 职位设计方式允许员工运用多种不同的技能。 • 实施分权化决策，减少等级差别，共享信息。 • 增加安全性。
培训	• 强调培训的持续性及其回报。 • 开展财务及质量控制方法的培训。
薪酬	• 以团队为基础的绩效薪酬。 • 员工的部分薪酬与企业或部门的财务绩效挂钩。
绩效管理	• 员工能够获得绩效反馈并积极参与绩效改善过程。

资料来源：Based on K. Birdi，C. Clegy，M. Patterson，A. Robinson，C. Stride，T. Wall，and S. Wood，"The Impact of Human Resource and Operational Management Practices on Company Productivity：A Longitudinal Study，" *Personnel Psychology* 61（2008），pp. 467-501；A. Zacharatos，J. Barling，and R. Iverson，"High Performance Work Systems and Occupational Safety，" *Journal of Applied Psychology* 90（2005），pp. 77-93；S. Way，"High Performance Work Systems and Intermediate Indicators of Performance within the U. S. Small Business Sector，" *Journal of Management* 28（2002），pp. 765-85；M. A. Huselid，"The Impact of Human Resource Management Practices on Turnover，Productivity，and Corporate Financial Performance，" *Academy of Management Journal* 38（1995），pp. 635-72.

员工常常需要承担雇用和解雇团队成员的责任，并且能够做出影响利润的决策。因此，员工还必须接受与员工甄选、质量和客户服务的基本原则相关的培训。此外，他们需要理解财务信息，因为只有这样才能让他们看清楚自己的绩效和公司绩效之间的关系。

在高绩效工作系统中，在管理者和员工之间、员工和客户之间、员工和销售商之间以及企业内部各职能之间设定的边界正在被摒弃。员工、管理者、销售商、客户以及供应商通过协同工作来改善服务和产品质量，同时创造新的产品和服务。一线员工接受了承担不同岗位的工作所需的技能培训，他们与供应商和客户直接进行沟通，同时与工程师、质量管理专家以及企业内履行其他职能的员工频繁地互动。

位于美国南卡罗来纳州皮埃蒙特的通用电气公司格林维尔机翼制造厂（Greenville Airfoils Facility）有一个职位，其工作内容包括运用计算机控制的机器为喷射发动机加工3英尺*长的涡轮叶片上的冷却孔。[148]每个涡轮叶片上的大部分冷却孔的厚度还不如人的一根头发！员工要面试候选人，并且观察候选人在游戏（游戏内容包括以团队工作方式用一堆砖块造出一架直升机）中的表现。团队中的员工可以通过调整操作来排除障碍以及最大限度地提高生产力。工厂厂长还允许团队根据他们的推荐购买清洗涡轮叶片的设备。

下面我们来看一看人力资源管理实践是如何支撑全球发动机制造联盟公司（Global Engineering Manufacturing Alliance，GEMA）在美国密歇根州敦迪市的工厂中的高绩效工作系统的。[149]全球发动机制造联盟公司是克莱斯勒-菲亚特（Chrysler LLC/Fiat）的子公司。与其他发动机生产厂相比，这家工厂的自动化水平更高，雇用的员工更少，其他的发动机制造厂一般需要雇用600～2 000名员工，而这家工厂只雇用了275名员工。这家工厂的目标是成为全世界生产率最高的发动机制造厂。美国汽车工人联合会也认可这种高绩效工作场所，因为它意识到，只有使企业更加富有竞争力，才能避免产生失业。我们将在第14章讨论这种高绩效工作系统对劳资关系产生的影响。

这家工厂中的小时制工人实行职位轮换和轮班工作，这大大提高了公司的灵活性。工厂的组织文化强调解决问题的能力以及员工可以在任何时间、任何地点做任何事情。每个人都有相同的职位名称：团队成员或者团队领导。这家工厂希望通过职位轮换增强员工的工作动力，同时避免工伤事故的发生。团队领导和工程师并不是天天待在办公室里，而是要作为六人小组中的一员在车间一线工作。承包商也被视为团队的一个成员，他们与装配工以及工程师一起工作，甚至穿的制服都一样。大部分汽车生产厂有白班和夜班，资深员工通常选择白班。但是在全球发动机制造联盟公司，员工都是三人一组进行轮班，每人每天工作10小时，每星期工作4天，并且在白班和夜班之间轮换。每到轮班的第三个星期，他们就有5天的假期，除此之外还有其他休假时间。工厂为帮助员工适应这种轮班的时间安排提供了咨询服务。这种工作安排方式使得工厂每天可以运行21小时，每星期运行6天，每年运行294天。但是每一位员工每年仅仅需要工作196天。这种交替轮班的做法有助于员工相互认识和合作共事。

为了雇用到有能力在这种强调解决问题的能力和灵活性的团队环境中工作的员工，全球发动机制造联盟公司利用发行范围在敦迪市周围70英里以内的当地报纸进行招募，还和当地民权组织合作招募多元化的求职者。非豁免性员工的起薪是每小时21美元，在5年之内将提高到每小时30美元，但加薪的条件是员工必须有2年工科学历、一张技师卡或者5年高级机械操作经验。

求职者必须经历一系列高难度的筛选程序，整个过程总共需要花12小时。这个

---

* 1英尺=0.3米。

程序要求求职者参加各种测试，参与应对工厂面临的各种真实的挑战（如工厂的流程效率低下）的团队活动，还要接受运营经理和团队领导的面试。在工厂提前完成生产计划的情况下，员工会在教室和车间里接受培训，培训内容包括从如何组装发动机到数学技能等多个方面。

全球发动机制造联盟公司为员工提供接触技术的机会，帮助他们监控生产过程。悬挂在工厂天花板上的大型电子屏幕提醒员工哪些机器零件的使用寿命已到期，需要在出故障之前把这些零部件换掉。一个在个人电脑和显示屏上都能看到的绩效管理系统，会向那些生产速度落后或生产率出现停滞的员工提出警告。这和其他大多数发动机厂不同，在那些生产厂中，只有管理者才能得到这些信息。这些技术还授权所有的员工去解决问题，而不是只有管理者或者工程师才能解决问题。全球发动机制造联盟公司为那些开发出创造性的解决方案的员工提供报酬和奖金。

1.5　通过人力资源管理实践迎接竞争性挑战

到目前为止，我们已经讨论了美国企业所面临的全球化的挑战、满足利益相关者需要的挑战、新经济的挑战以及高绩效工作系统的挑战。我们也强调指出，人力资源管理在决定企业能否成功迎接这些挑战方面扮演着关键的角色。过去，企业并不认为人力资源管理实践能够为企业提供经济价值。那时的经济价值通常与设备、技术以及厂房设施等联系在一起。然而，人力资源管理实践已经向企业表明自己是有价值的。薪酬管理、人员配置、培训与开发、绩效管理以及其他人力资源管理实践实际上都是投资，而这些投资会直接影响员工在提供客户看重的产品和服务方面的动机以及能力。研究表明，那些试图通过投资新技术以及开展质量管理运动来增强自身竞争力的公司，往往也会在人员配置、培训以及薪酬管理实践等方面进行投资。[150]图 1－8 中列举了有助于企业迎接三种挑战的人力资源管理实践的例子。比如，为了应对可持续性的挑战，企业需要通过甄选过程发现哪些未来的员工重视客户关系并且具备与其他团队成员共事所需要的人际关系能力。为了迎接这三个方面的挑战，企业需要充分利用员工带到工作场所中的多元化价值观、能力以及各种观点。

有助于企业应对各种竞争性挑战的人力资源管理实践可以被划分为图 1－9 中的四大维度。这四大维度分别是：人力资源环境的管理、人力资源的获取与准备、人力资源的评价与开发以及人力资源的薪酬。此外，在有些企业中，还有一些与劳资关系、国际人力资源管理以及人力资源职能管理等有关的特定问题。

1.5.1　人力资源环境的管理

对人力资源的内部和外部环境进行管理有助于使员工为企业的生产率和竞争力提升做出最大贡献。为了塑造一个积极的人力资源管理环境，应当做到：

● 将人力资源管理实践与公司的经营目标联系在一起，也就是说，要实现战略性人力资源管理。

● 确保人力资源管理实践遵守美国联邦政府、州政府以及地方政府的法律法规。

● 以一种既能够激励员工、让员工满意，同时还能实现客户服务、质量和生产率最优化的方式对工作进行设计。

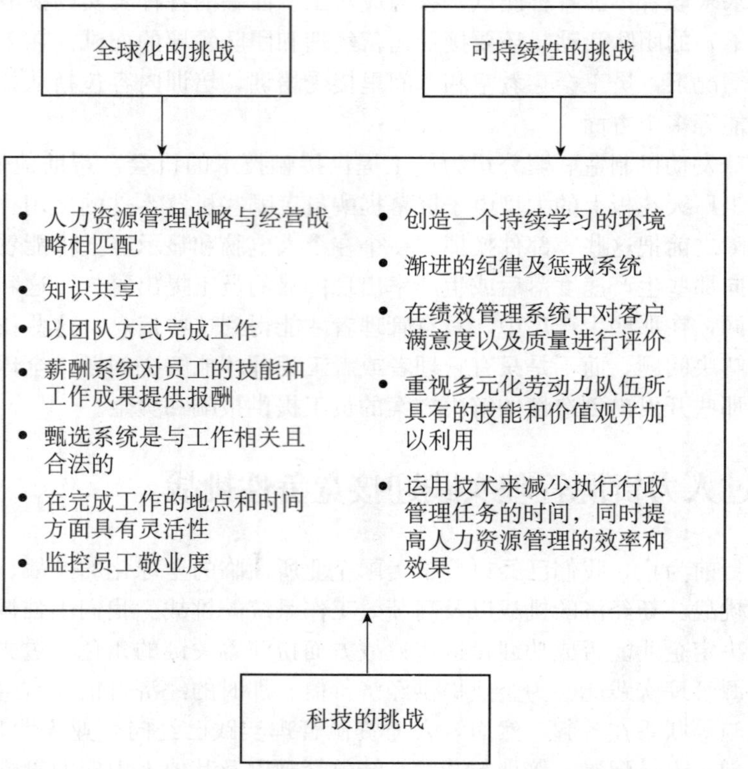

图 1-8　人力资源管理实践帮助企业迎接竞争性挑战的若干例子

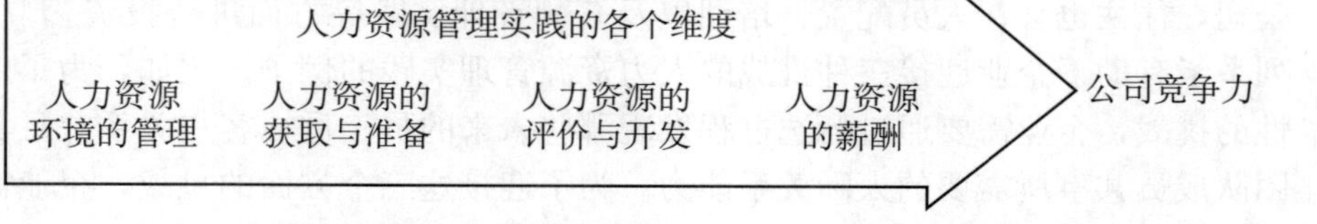

图 1-9　有助于提升公司竞争力的人力资源管理实践的主要维度

1.5.2　人力资源的获取与准备

客户对新产品或服务的需要会影响到企业为取得经营成功所需要雇用的员工人数以及员工类型。终止雇佣合同、晋升以及退休等情况也会影响企业的人力资源需求。因此，管理人员必须根据客户对产品和服务的需要来预测企业应当雇用的员工人数及类型。管理人员还必须辨识出在现有的以及潜在的员工当中，哪些人能够成功地为客户提供产品和服务。在这个领域中涉及的人力资源管理问题包括：

- 确定人力资源需要，也就是人力资源规划以及员工招募和甄选。
- 通过对员工进行培训使他们具有完成工作的必备技能。

1.5.3　人力资源的评价与开发

管理人员必须确保员工具有完成当前以及未来的工作必需的各种技能。正如我们在前面讨论过的那样，由于新技术以及质量管理运动的兴起，许多企业都在对工作进行重新设计，以使这些工作能够以团队的方式来完成。因此，管理人员和员工可能都需要开发成功地在团队环境中工作所必需的一些新技能。企业也需要塑造一种能够对员工的工作活动和非工作活动都产生支持作用的工作环境。人力资源管理的这一领域所强调的是：

- 对员工的工作绩效进行衡量。
- 帮助员工做好适应未来工作角色的准备，确认员工的工作兴趣、目标、价值观以及其他与职业有关的问题。
- 创造一种对企业和员工双方都有利的雇佣关系和工作环境。

1.5.4　人力资源的薪酬

除了有意义的工作，企业能够拿来与员工对组织的生产率、质量以及客户服务做出的贡献交换的最重要的激励因素莫过于薪酬福利。此外，薪酬福利还可以作为对员工留在企业中的一种报酬，它同时也是吸引新员工的一种手段。如果员工对薪酬福利水平感到不满，或者认为企业的薪酬福利分配不公平，那么新职位设计、新技术以及质量管理运动等对生产率的积极作用都有可能被破坏。人力资源管理的这一领域所包括的问题有：

- 创建薪酬体系。
- 对员工贡献提供报酬。
- 为员工提供福利。

1.5.5　人力资源管理中的特殊问题

在有些公司，员工是由工会来代表的。要在一个有工会的环境中从事人力资源管理，要求管理人员必须具备相关的法律、合同管理以及集体谈判过程等方面的特定知识。

目前，许多企业都在通过合资、兼并、收购以及建立新的机构等方式在全球范围内扩张。成功的全球扩张有赖于企业的人力资源管理实践与文化因素的一致程度，同时也取决于对派驻国外的员工进行有效管理的程度。人力资源管理实践必须对组织的有效性做出贡献。

直线管理人员和人力资源职能部门的人力资源管理实践必须保持一致，同时对企业战略目标的实现做出自己的贡献。本书的最后一章将探讨如何对各种人力资源管理实践进行有效的整合。

1.6　本书的组织

本书中的各主题都是根据人力资源管理的四大领域以及几个特殊的人力资源管理问题加以组织的。表 1 - 15 列举了本书各章的标题。

每章的内容都建立在学术研究以及有效的企业管理实践基础之上。我们在每章都举了一些例子来说明，在该章中讲述的那些人力资源管理实践是如何通过应对可持续性的挑战、全球化的挑战以及科技的挑战来帮助一家企业赢得竞争优势的。不仅如此，每章都有一个案例用来说明人力资源管理实践是如何给企业带来价值增值（循证人力资源管理）的。

表 1-15　本书各章涵盖的主题

	1　人力资源管理：赢得竞争优势
Ⅰ. 人力资源环境	
	2　战略性人力资源管理
	3　法律环境：公平就业机会与安全
	4　职位分析与职位设计
Ⅱ. 人力资源的获取与准备	
	5　人力资源规划与招募
	6　人员甄选与配置
	7　员工培训
Ⅲ. 人力资源管理的评价与开发	
	8　绩效管理
	9　员工开发
	10　员工分流与保留
Ⅳ. 人力资源的薪酬	
	11　薪酬结构决策
	12　用薪酬认可员工的贡献
	13　员工福利
Ⅴ. 人力资源管理的特殊主题	
	14　集体谈判与劳资关系
	15　全球性人力资源管理
	16　战略性人力资源职能管理

本章回顾

玛氏公司正在努力保持企业文化和提高产品收益，同时坚持员工参与。

思考题

1. 在你看来，玛氏公司要想保持众所周知的企业文化、产品质量和增长，哪些人力资源管理实践是最为关键的？

2. 如果没有采取当前的这些人力资源管理实践，玛氏公司还能继续取得成功吗？请解释你的答案。

3. 你认为玛氏公司的文化和人力资源管理实践是否同样能够帮助其他行业（比如医疗保健业、制造业或研发行业）的企业实现盈利？请解释原因。

4. 玛氏公司是一家私营公司和家族式企业。这对于制定比那些上市公司更加有效的人力资源实践来说，有哪些优势或劣势？

小　结

本章介绍了一家公司的人力资源管理职能扮演的角色以及开展的活动，并且强调了人力资源的有效管理有助于公司实现经营战略以及赢得竞争优势。人力资源管理可以被视为三条产品线：

行政服务与事务性工作、业务伙伴服务以及战略伙伴。一个人要想成功地管理人力资源，需要具有可信度，具备经营知识，了解公司经营战略，掌握相关技术知识，具备提供人力资源服务的能力。人力资源管理实践应该建立在循证基础之上，也就是说，人力资源管理实践应当建立在一些数据基础之上，这些数据能够表明人力资源管理实践和涉及公司的关键利益相关者（客户、股东、员工和社区）的组织结果之间的关系。除了帮助企业实现战略目标，人力资源管理实践对于帮助企业应对可持续性的挑战、全球化的挑战以及科技的挑战同样发挥着重要的作用。可持续性的挑战与经济、劳动力队伍的特征、对组织的期望、完成工作的地点和方式、无形资产和人力资本的价值、满足利益相关者的需要（包括对道德行为、高质量产品和服务、股东回报以及社会责任等的需要）高度相关。全球化的挑战包括进入国际市场、移民以及离岸经营等方面的内容。科技的挑战则包括使用新的技术支持灵活和虚拟的工作安排、高绩效工作系统、开发高效的电子化人力资源管理实践以及人力资源管理信息系统等方面的内容。

本章最后展示了本书的组织方式。本书一共包括四大主题：人力资源环境（战略性人力资源管理、法律、职位分析和设计）、人力资源的获取与准备（人力资源规划与招募、甄选、培训）、人力资源的评价与开发（绩效管理、开发、培训）、人力资源的薪酬（薪酬结构、用薪酬认可员工的贡献、福利）以及一些人力资源管理的特殊主题（集体谈判与劳资关系、全球性人力资源管理、战略性人力资源职能管理）。所有这些主题对于企业应对竞争性挑战和实现经营战略而言都是非常重要的。

讨论题

1. 过去，人力资源管理实践是由企业的人力资源部门负责开发和管理的。现在，直线管理人员在开发和实施人力资源管理实践方面也扮演重要的角色。在你看来，为什么越来越多的非人力资源管理人员正在介入人力资源管理实践的开发和实施过程？

2. 员工配置、培训、薪酬以及绩效管理等都是非常重要的人力资源管理职能。这些人力资源管理实践中的每一项职能怎样帮助企业面对全球化的挑战、新技术的挑战以及可持续性的挑战？

3. 什么是无形资产？人力资源管理实践会对无形资产产生什么影响？

4. 什么是循证人力资源管理？为什么有些企业的人力资源管理可以抵制人力资源管理的循证化？

5. 如果要了解一家企业离职率较高的原因，你会进行什么类型的劳动力队伍分析？

6. 哪些人力资源管理实践可以从使用推特和脸书这样的社交协作工具中获益？指出这些实践并说明社交工具可以为这些实践带来哪些益处。

7. “如果一家公司想盈利，就必须重视员工敬业度。”你赞同这种说法吗？请解释。

8. 本书涵盖了人力资源管理实践中的四大领域：人力资源环境、人力资源的获取与准备、人力资源的评价与开发以及人力资源的薪酬。你认为在这四大领域中，哪个领域对帮助一家公司赢得竞争优势起的作用最大？哪个领域对帮助企业赢得竞争优势起的作用最小？为什么？

9. 什么是平衡计分卡？平衡计分卡包括哪四个主要层面？人力资源管理实践会对这四个层面产生什么影响？

10. 人力资源管理实践是否变得越来越具有战略性？请解释你的回答。

11. 什么是可持续性？人力资源管理实践如何帮助一家公司变得更加关注对社会和环境承担的责任？

12. 请解释以下几方面的劳动力队伍发展趋势对人力资源管理产生的影响：（1）劳动力队伍的老龄化；（2）劳动力队伍的多元化；（3）劳动力队伍的技能缺陷。

13. 人力资源管理实践在企业做出向国际扩张的经营决策时扮演何种角色？

14. 从人力资源管理实践的角度来说，质量目标和高绩效工作系统之间存在哪些共同之处？

15. 人力资源管理实践的外包可能会导致哪些不利影响？从员工自助服务的角度来看呢？从管理人员越来越多地介入人力资源管理实践的设计和运用的角度来看呢？

16. 一家公司在进行离岸经营之前应当考虑哪些方面的因素？离岸经营的优点和弊端分别有哪些？

自评练习

你具备从事人力资源管理工作的条件吗？

指导语：阅读每一句话并圈出答案是“是”还是“否”。

是 否 1. 我通过过去的工作经验、课外活动、社区服务或其他非课程活动开发了自己的领导力和管理技能。

是 否 2. 我有出色的沟通能力、争议解决能力和人际沟通能力。

是 否 3. 我能够展示出自己对经营一家企业并实现盈利所必需的那些基本原则的理解力。

是 否 4. 我会使用电子表格和互联网，并熟悉信息系统方面的技术。

是 否 5. 我能够与来自不同文化背景的人一起工作。

是 否 6. 我在一个以上的人力资源管理领域具有专业经验。

计分：回答“是”的题目数量越多，说明你为从事人力资源管理工作所做的准备越充分。对那些你回答“否”的题目，你应该找机会通过上课以及获得一些经验来使自己的答案从“否”变为“是”——这样你就能为从事人力资源管理工作做好更为充分的准备！

资料来源：Based on B. E. Kaufman，“What Companies Want from HR Graduates，” *HR Magazine*，September 1994；SHRM Elements for HR Success Competency Model，2012，from www.shrm.org，March 21，2012.

战略练习

美捷步公司面临竞争性挑战

总部位于美国拉斯韦加斯的美捷步公司（Zappos）是一家在线零售商，这家公司最初的目标是通过提供各种品牌、风格、颜色、号码和宽窄的鞋子，努力成为一家最好的鞋类销售网站。后来，美捷步公司逐渐成长为一个在线销售鞋子、手袋、眼镜、手表以及其他相关物品的网站品牌。公司的愿景是在未来使网络销售额占到全美零售额的30%，同时成为一家服务最佳以及客户首选的网络公司。正因为如此，美捷步公司相信自己可以成为在线服务领域的领导者，能够吸引客户并且向其他产品领域扩张。美捷步公司认为，消费者单次网购的速度将决定他们下次是否还在这里消费，所以公司集中精力确保商品能够尽快地送到消费者手中。

2009年，美捷步公司被亚马逊收购，旗下有多家公司的亚马逊同样对客户服务有着极高的热情。2010年，美捷步公司的业务取得了大幅增长，这就要求对公司进行重组。最终，该公司被分拆为在美捷步的统一品牌之下的十家独立公司，其中包括美捷步网站（管理公司），这些公司分别主营零售、礼品卡、连锁店以及订单加工等业务。

美捷步公司的首席执行官谢家华（Tony Hsieh）围绕10条核心价值观塑造了公司的文化、品牌和经营战略。这10条核心价值观是：

- 通过服务创造惊喜
- 拥抱并推动变革
- 创造乐趣和一点点不可思议
- 勇于冒险、创新并保持开放的心态
- 追求成长与学习
- 建立开放、诚实的沟通关系

- 培养积极的团队和家族精神
- 少花钱多办事
- 热情而坚定
- 谦逊

“通过服务创造惊喜”是指呼叫中心的员工需要提供卓越的客户服务。呼叫中心的员工会鼓励打进电话的客户选购多个号码和颜色的产品，因为邮寄和退货都是免费的。公司还鼓励他们运用自己的想象力去满足客户的需求。

美捷步的企业文化和管理实践为自己赢得了很多奖项，其中包括 2013 年《财富》杂志评选的百家最佳雇主排行榜的第 31 位。该公司人力资源管理人员的工作不仅限于执行规章制度，他们的工作还包括保护公司的文化以及教育员工。他们通过与各级管理人员以及员工的沟通和互动来了解他们需要自己做些什么（公司人力资源管理人员甚至会被邀请参加一些工作小组的娱乐活动!）。美捷步公司的雇佣实践也有利于保持自己的企业文化。美捷步公司的有些管理人员认为，如果你想从公司得到一份工作，那么，你需要展示出来的最重要的一种品质就是“谦逊”，包括经常说“我们”而不是“我”。在面试中，公司会考察求职者与企业的文化匹配度以及改变自己和学习的意愿。比如，公司在面试阶段会注意观察求职者在吃午餐时是会跟其他人交流，还是只跟他们认为有权做出雇佣决策的人聊天。公司人力资源管理团队还会使用一些非传统的面试问题。

美捷步公司的雇佣实践有利于企业文化的保持。比如，该公司的人力资源管理团队使用一些非传统的面试问题——例如你这人有多古怪？你最喜欢的歌曲是什么？——来发现那些富有创造性和个性鲜明的员工。美捷步公司在其自助餐厅提供免费午餐（冷盘），为员工提供专职的生活教练（员工必须坐在红色丝绒椅子上对教练诉说自己的不满），还鼓励管理人员在工作之余与员工多交流，而且每一位员工都可以给其他绩效优良的员工奖励 50 美元。美捷步公司的大多数员工都是按小时数领取薪酬的。所有新入职的员工都要完成为期 4 周的培训，包括 2 周在呼叫中心接听电话的工作体验。如果新入职的员工在培训期间想离职，公司会向他们支付 2 000 美元，这样做的目的是鼓励那些觉得在这里工作不开心的员工离开。美捷步公司还为员工提供免费的早餐、午餐、小吃、咖啡、茶和自助售货机里的那些零食。美捷步的工作是极具特色的：不断变化、热闹且开放的办公环境、团队中的互动等。在美捷步，员工是“四处流动”的。例如，呼叫中心的员工可以要求每个月工作不同的班次。

为了强化企业 10 条核心价值观的重要性，美捷步的绩效管理系统要求管理者对员工的行为在多大程度上展现了谦逊或表达自己的个性等核心价值观进行评价。为了评价任务绩效，管理者必须定期向员工提供有关“与顾客通话花了多少时间”这类事情的现状报告。现状报告和核心价值观评价结果都能为公司提供很多信息，或者用于确定培训需求。美捷步公司还认为要帮助员工理解是什么启发了这样的企业文化。该公司因此创建了 Zappos. com 文库，专门提供有关创造对顾客服务、产品和当地社区的激情的书籍。这些书可以在美捷步办公室的前厅找到，供公司员工阅读和讨论。

企业文化并不仅仅是一组价值观，它是由人们彼此间互动产生的复杂网络来维持的。在美捷步，对包括博客和推特在内的社交媒体的自由使用促进了员工之间、员工与客户之间的联系。美捷步公司每个月都会对组织进行一次诊断，用一项“快乐调查”来检测公司文化是否健康。员工被要求就一些不太像问题的“问题”作出回答，比如：是否相信公司有比盈利更高的目标？自己在公司的角色是否有意义？能否感觉到对自己的职业发展路径具有控制力？是否将同事视作家人和朋友？是否对自己的工作感到开心？调查结果按照部门分解，发展机会根据调查结果确定。如果调查结果清楚地表明，某个部门偏离了公司目标并且孤立于组织其他部门，一个相应的项目就会制定出来，帮助该部门的员工更多地了解他们的工作是多么完整而不可分割。为了保持公司的活力，首席执行官谢家华花 3.5 亿美元在拉斯韦加斯市中心开发了一片社区，作为 Zappos. com 新总部员工的家。谢家华想为员工提供一个良好的工作、生活和社交的地方。

思考题

1. 美捷步公司似乎比其他企业更有竞争优势。第 1 章中讨论的哪些挑战对于美捷步公司维持和提高其竞争地位来说威胁最大？如何通过人力资源管理实践帮助该公司迎接这些挑战？

2. 你认为美捷步公司员工的敬业度很高吗？为什么？

3. 在美捷步公司的 10 条核心价值观中，你认为人力资源管理实践能够施加最大影响的是哪一条？影响最小的呢？为什么？请找出与每一条核心价值观相联系的人力资源管理实践。请说明你找出的每个人力资源管理实践是如何与核心价值观联系起来的。

资料来源：Based on website for Zappos, www.zappos.com; J. O'Brien, "Zappos Knows How to Kick It," *Fortune*, February 2, 2009, pp. 55-66; M. Moskowitz and R. Levering, "The 100 Best Companies to Work For," *Fortune*, February 4, 2013, pp. 85-96; D. Richard, "At Zappos, Culture Pays," *Strategy+Business*, August 2010, p. 60, www.strategybusiness.com, accessed March 25, 2013; K. Gurchiek, "Delivering HR at Zappos," *HR Magazine*, June 2011; and R. Pyrillis, "The Reviews Are In," "*Workforce Management*," May 2011, pp. 20-25.

人的管理

雅虎对在家工作说“不”

雅虎公司的首席执行官玛丽莎·梅耶尔（Marissa Mayer）决定，作为复兴公司计划的一部分，她需要结束公司过去制定的“在家工作”政策。在来自杰基·雷瑟斯（Jackie Reses）（雅虎公司负责人员与开发事务的高级副总裁）的一份公司内部备忘录中，指出让员工在办公室工作而不是在家工作是十分必要的，因为员工之间需要沟通和合作，同时这种方式也有助于防止员工的工作速度和质量降低。雅虎公司不再允许员工在家办公的决策引来了大量的反对意见，其中包括维京集团总裁、《职业母亲》杂志的总编理查德·布兰森（Richard Branson）所做的评论。一部分批评意见主要聚焦于不允许在家办公这一政策给员工传递了这样一个信号：管理者不相信你们能把工作做好。

现实情况是，在美国，在家工作越来越普遍。更多员工每周至少有一天在家工作。根据一项估计，有 2 000 万～3 000 万美国人每周至少有一天在家工作。不过在家工作的员工更可能受雇于私营企业而非公共部门。从事管理、经营和财务、服务以及销售等工作的员工最有可能在家办公。而医疗保健与护理、维修等职业的员工在家工作的可能性最低。

很多员工都想在家工作，因此企业将在家工作作为一项福利，以帮助自己招募和保留有才干的员工。一些研究表明，让员工在家工作有很多好处。思科公司发现，能在家远程办公的员工会体验到生活质量的提高。这是由于在家工作减少了出门上班交通上的麻烦，并且能更好地平衡工作与生活责任（比如照顾小孩、出差以及照顾生病的孩子、配偶或其他家庭成员）。另一项研究显示，当一家中国旅行社的员工被允许在家工作后，这些员工的工作效率更高，每人每年为公司节省了 2 000 美元的成本。还有一项研究发现，在家工作的公司职员每周工作 57 小时才会感到工作与生活不平衡，而在办公室上班的职员每周仅工作 38 小时就会感到工作与生活不平衡。

然而员工在家工作也有很大的弊端，包括员工会通过周五或周一不上班来延长周末时间。另外，与同事面对面互动有助于分享知识以及产生关于产品或服务问题的创造性解决方案，而在家办公的政策无法实现这些结果。今天，让员工在办公室工作尤其重要，因为很多工作都要求同事之间紧密合作或以项目团队形式工作。此外，办公室里未经计划的人际互动能够产生新的想法或更好的工作关系。对于在家工作的员工来说，最大的问题是克服其他员工以及管理者对自己的偏见，比如低估他们的工作效率，认为他们不够专注，以及由于露面时间太少而导致晋升机会减少等。

思考题

1. 你认为公司应该制定允许所有员工在家工作的政策吗？你如何确定哪些职位最适合在家工作？

2. 在允许员工在家工作方面，科技扮演着什么角色？你认为利用技术进行互动能否取代员工之间以及员工与管理者之间面对面的交流互动？

3. 人力资源部门应该扮演什么样的角色来帮

助公司领导者确定允许员工在家工作的政策是否适当？人力资源管理应该为这项决策提供什么信息？

资料来源：Based on B. Goldsmith，“Yahoo's Work-from-Home Ban Stirs Backlash，” *The Columbus Dispatch*，February 27，2013，p. A5；P. Marinova，“Who Works from Home and When，” February 28，2013，www. cnn. com，accessed February 28，2013；C. Suddath，“Work-from-Home Truths，Half-truths，and Myths，” *Bloomberg BusinessWeek*，March 4-10，2013，p. 75；R. Silverman and Q. Fottrell，“The Home Office in the Spotlight，” *Wall Street Journal*，February 27，2013，p. B6；N. Shah，“More Americans Working from Home Remotely，” *Wall Street Journal*，April 6，2013，p. A3.

小企业的人力资源管理

管理一家成长中的服务公司

苏珊·杜宾（Susan K. Dubin）将自己描述成这样的人：喜欢帮助别人，使自己的公司成为一个积极的工作场所。这些态度为她在人力资源管理方面的成功奠定了重要基础。在两家不同的公司，杜宾都负责薪酬、培训以及员工关系。在增加经验的同时，她与达能·辛普森（Danone Simpson）——一位保险代理人——建立了牢固的合作关系。

杜宾对辛普森的“客户服务承诺”印象深刻。因此当辛普森准备开办自己的保险服务公司时，杜宾十分感兴趣地签了约。如今杜宾当达能·辛普森保险服务公司的人力资源总监已经十几年了，这家公司在加利福尼亚州的伍兰冈开展业务。杜宾还会回答客户在公司人力资源热线中提出的问题。

杜宾认为自己为这家快速成长的公司所获得的成功做出了贡献。例如，为了给员工友好型工作场所的建立留出一部分预算，她力求将福利项目做到最好：月招待会、抽奖、休息室等。杜宾说，这是头等大事，因为“快乐工作”的员工也是“更有效率的员工，所以这对每个人来说都是好事”。辛普森从杜宾身上看到了人才培养和实践的平衡。据辛普森称，在执行标准上，杜宾既给予支持又坚定：“她不能容忍任何冒失……但会用一种很好的方式来解决。”

也许达能·辛普森网站上的“职业”网页最好地阐述了这一点。除了将这家公司描述为一个“诚实且努力的团队”，网页还简要地评价说，“请注意，我们的组织十分关心员工”。

思考题

1. 根据案例的描述，你认为苏珊·杜宾对人力资源管理范围的了解有多深？如果有的话，你是否还会鼓励她开发额外的人力资源专业人员所需的技能？

2. 用“人力资源”作为关键词在最新版本的劳工统计局的《职业展望手册》中查找对人力资源管理类职位的描述。该手册中的什么职位与本案例中杜宾的职位最匹配？

3. 你认为杜宾在一家小型服务企业中从事的工作与在一家大型制造类企业中从事的类似工作有何不同？

资料来源：Danone Simpson Insurance Services，corporate website，accessed June 1，2011；and Mark R. Madler，“Valley's Top Human Resources Professionals：Susan K. Dubin，” *San Fernando Valley Business Journal*，April 13，2009，Business & Company Resource Center，http：//galenet. galegroup. com.

第 1 篇　人力资源环境

第 2 章　战略性人力资源管理
第 3 章　法律环境：公平就业机会与安全
第 4 章　职位分析与职位设计

第2章 战略性人力资源管理

学习目标

在阅读完本章后，你应当能够：

1. 描述战略制定和战略执行之间的区别。
2. 列举战略管理过程的构成要素。
3. 讨论人力资源管理在战略制定过程中扮演的角色。
4. 描述人力资源管理和战略制定之间的联系。
5. 讨论较为常用的一些总体战略模型以及与之相配套的人力资源管理实践。
6. 描述与各种方向性战略相联系的人力资源管理问题及人力资源管理实践的差异。

进入企业世界

三星的崛起

美国排名第一的手机制造商是谁？或许你想到的是苹果公司，但实际上是三星公司。三星公司也是全球第一手机制造商以及全球第一智能手机制造商。

20 世纪 60 年代，三星公司因制造廉价电视和空调而闻名。有传言说 20 世纪 90 年代中期董事长李健熙发放了大量手机作为礼品，但却尴尬地得知这些手机无法使用。作为回应，李健熙和三星的其他领导启动了大规模转型，致力于让三星公司成为电子产业的质量和创新领导者。

三星公司实现转型的过程是其战略性人力资源管理的一个重要组成部分。在公司转型开始后的 20 多年中，三星公司聚焦于雇用不同类型的员工，而不是只满足低成本战略的需要。三星雇用聚焦开发创新产品的研发专家，吸引设计专家为这些新产品设计有吸引力的外观，最后引进市场专家制定战略来提高品牌认知度。除此之外，三星公司还通过实施新的人力资源管理系统更新企业文化，这种人力资源管理系统过去在传统的亚洲企业中是不受欢迎的：绩效薪酬，择优晋升，从国外吸引人才到韩国来发展，同时把韩国人派到海外去。

本章探索了企业是如何通过“战略性人力资源管理”的过程将自己的人力资源与战略联系在一起的。

2.1 本章介绍

正如三星公司的例子描绘的那样，商业组织都是在竞争环境中生存的。它们可以利用各种资源与其他公司进行竞争。这些资源既可以是物质资源（例如，厂房、设备、技术以及地理位置等）、组织资源（例如，结构、规划、控制、协调系统以及群体关系等），也可以是人力资源（例如，员工的经验、技能以及智力）。正是企业能够控制的这些资源为它们提供了竞争优势。[1]

一个组织的战略管理的目标是以一种能够为自己带来竞争优势的方式配置和使用这些资源。正如你看到的，在这三类资源中，有两类资源（组织资源和人力资源）与人力资源管理职能存在直接的紧密联系。正如我们在第1章中指出的，人力资源管理扮演的角色就是确保一家公司的人力资源为其带来竞争优势。我们在第1章中也指出了当今的企业面临的一些重要的竞争性挑战。这些挑战要求企业在市场上采取一种积极主动的战略性的应对方法。

人力资源管理职能要想实现最大限度的有效性，就必须全面参与企业的战略管理过程。[2]这就意味着人力资源管理人员应当：第一，参与到企业的战略规划制定过程之中，一方面在与人有关的一些问题上发挥作用，另一方面在判断企业的人力资源储备是否有能力执行某种特定战略上发挥作用。第二，掌握与组织的战略目标有关的一些具体知识。第三，知道哪些类型的员工技能、行为及态度对于支持组织的战略规划是必需的。第四，设计方案来确保公司员工具备这些技能、行为以及态度。

因此，在这一章中，我们从讨论商业模式和战略的概念以及描述战略管理过程进入主题。接下来，我们将讨论人力资源管理职能和战略管理过程在战略制定阶段中的整合水平。然后，我们会考察一些比较常见的战略模型，并且在这些战略模型的框架下讨论不同类型的员工技能、行为和态度以及人力资源管理实践帮助企业实施战略规划的各种方式。最后，我们还会讨论人力资源管理在创造竞争优势方面扮演的角色。

2.2 什么是商业模式

商业模式描述的是企业如何为客户创造价值，其中更为重要的是，企业如何实现盈利。我们经常会听到或读到关于很多公司通过某种方式“实现商业模式转型”的说法，但对其具体内容却并没有很清晰的理解。为了理解商业模式，我们需要了解几个基本的会计学概念。

第一，固定成本通常被认为是与所生产的产品数量无关的一笔成本。例如，如果你在工厂里生产一些小部件，你就必须支付工厂租金、机器折旧、公用设施、财产税等方面的费用。此外，你通常还会雇用一定数量的员工，这些员工需要完成既定时数的工作并且获得特定的薪酬福利待遇。尽管你可以在不同时期对这些内容加以调整，但在正常情况下，无论你的工厂实际开工率达到70%还是95%，你需要支付的这些总的劳动力成本却是相对固定的。

第二，你还会有一些变动成本，这些是会随着产出的数量而变化的变动成本。比如，生产一个小商品需要花费的各种原料成本是10美元，这意味着你每卖出一个小部件就必须至少把价格定在10美元，否则你就无法弥补变动生产成本。

第三个概念是“贡献毛利”或毛利。毛利是你确定的产品价格与变动生产成本之间的差额。之所以称为贡献毛利，是因为这一差额为你弥补固定成本的能力做出了贡献。例如，如果每个小部件你卖15美元，那么你的贡献毛利就是5美元（15－10）。

第四，总毛利是指你获得的所有毛利的总和，它等于你售出的所有产品数量乘以每件产品的毛利。如果你卖了100万件产品，那么你的总毛利就是500万美元。这时候你有利润吗？还不一定！利润是看你在支付了固定成本和变动成本之后还剩下什么。如果你的总毛利是500万美元，你的固定成本是600万美元，那么你实际上还亏损100万美元。

2.2.1 通用汽车的生存之战

让我们来观察一下商业模式是如何应对通用汽车公司所面临的挑战的。对通用汽车的批评涉及一个事实，这就是与外国竞争者相比，通用汽车的劳动力成本更高。这种说法固然是正确的，但却容易产生误导。通用汽车现有员工的平均小时工资率具有较为合理的竞争力。但其他两个方面的成本却使通用汽车失去了竞争力：一个是福利（特别是医疗保健福利）成本，另一个也是最为重要的成本，即公司付给遗留员工的成本。

所谓遗留员工，是指企业到现在仍然需要对其承担经济责任的那些曾经在公司工作过（现在不再为公司工作）的员工。多年前，通用汽车和美国汽车工人联合会通过谈判签订了一份合同，这份合同规定，通用汽车应当给为自己工作过的员工提供高额退休福利。更具体地说，已经退休的通用汽车公司员工有一项收益确定制福利计划，根据这一计划，只要退休员工没有去世，公司就必须按照员工退休前最后领取的薪资的一定百分比向他们支付退休金，与此同时，公司还要为他们提供健康保险。通用汽车签订的这份合同还特别规定，只要员工在公司工作满30年，就有资格在退休后拿到百分之百的退休金。

如果通用汽车的销售额和利润能够保持增长，这个方案似乎可以继续执行下去。但是，自20世纪70年代以来，国外竞争者不断蚕食通用汽车的市场份额，使该公司的市场占有率从原来的50%锐减到现在的20%。此外，在当前的经济危机时期，汽车市场本身也在萎缩，这就使通用汽车遭遇市场萎缩和市场份额下降的双重打击。举例来说，2005年12月，通用汽车占据全球汽车市场26%的份额；但到了2012年，通用汽车的市场份额缩减到17.9%。因此，除了需要给遗留员工支付相关费用，通用汽车还要养活若干家工厂中数千名实际上根本就不需要的员工，因为根据通用汽车的生产和销售数量，这些员工是多余的。[3,4]

请看图2-1，图中的实线代表的是通用汽车过去的商业模式，这种商业模式建立在这样一种基本假设的基础之上：公司可以在一个较为合理的高毛利水平下销售400万辆汽车，这样就能完全弥补其固定成本并获得较高的利润。然而，现实情况却是，通用汽车公司的产品并没有卖出那么高的价格，同时，为了达到400万辆的销售量，公司对汽车采取了打折销售的做法，这就降低了其毛利水平。当通用汽车公司最终仅仅销售出去350万辆汽车，而这些汽车的毛利水平又较低时，它就很难弥补其固定成本，结果致使公司在2008年出现90亿美元的亏损（如图中斜的虚线所示）。这样，当通用汽车公司说自己要"重新设计商业模式"时，它的意思是通过大幅削减固定成本（通过关闭工厂和裁员来实现）将公司的固定成本基数（水平的虚线）降到足够低的水平上，从而达到即使是以较低的毛利销售较少数量的汽车（斜的虚线）也同样能够实现盈利的目的。

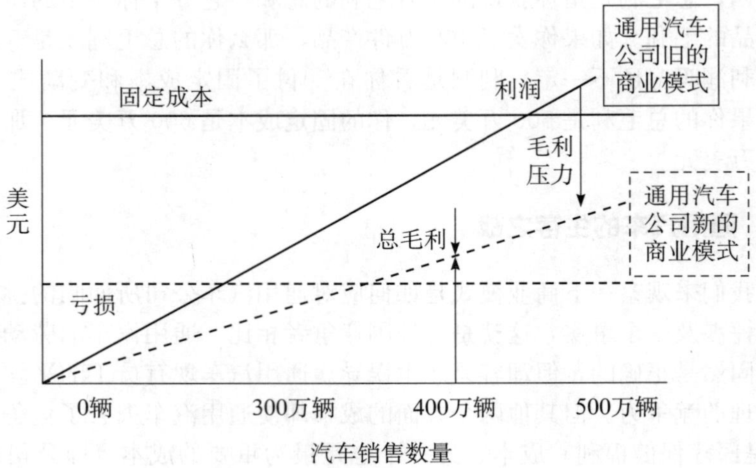

图2-1 通用汽车商业模式的说明

很容易看出来，由于劳动力成本是大多数公司的总成本中比重较大的部分，因此，关于商业模式的讨论几乎总是不可避免地会引发关于劳动力成本的讨论。这种较高的劳动力成本可能与北美或欧洲发达国家的员工加入工会有很大的关系，在某些情况下，这种较高的成本也会与遗留员工有关。举例来说，美国的三大汽车制造商都有大量的退休员工或被解雇员工，但公司仍然有义务向他们支付退休金和提供医疗健康福利。这些成本在这些汽车公司的固定成本中占了很大的比重，这样就使得它们很难去与那些退休员工人数较少或者由于政府提供养老和医疗健康保险从而没有相应成本压力的汽车制造商展开竞争。事实上，通用汽车公司的商业模式驱使它把更多的制造业务转移到美国以外的地区。"通过全球化进行竞争"专栏描述了通用汽车在中国增加投资的情况。

通过全球化进行竞争

通用汽车在中国

随着中国成为汽车的最大购买方，通用汽车增加了对中国市场的投资。通用汽车如今是中国最大的汽车制造商，它想一直保持这样的地位。目前，通用汽车在中国运营着两家组装厂以及价值2.52亿美元的试车跑道。

通用汽车及其中国合资伙伴将投资10亿美元在重庆建造第三个汽车厂，该汽车厂将在2015年运行，该工厂将帮助通用汽车实现到2015年每年生产200万辆汽车的目标。除了该工厂，通用汽车还将新增600个经销商以达到利用3 500个经销商销售通用品牌产品的目标。

为什么通用汽车在中国进行巨额投资？第一，通用汽车在中国的销售额超过了在美国的销售额。第二，中国轻型汽车销售量在 2013 年预计将增加至 2 100 万辆，而美国预期只有 1 500 万辆。这表明企业的全球化不仅意味着要寻找更低的劳动力成本，还要到消费者所在的地方。

讨论题

全球化对于一家企业员工的战略性管理来说有哪些方面的影响？

资料来源：J. Bennett，“GM Plans ＄1 Billion Investment in China,” *Wall Street Journal*，November 29，2012，p. B2.

2.3 什么是战略管理

许多人指出，在今天的竞争市场上，企业必须制定好战略规划才能生存和繁荣发展。“战略”（strategy）的概念来自希腊语中的“strategos”，这原本是一个军事术语，是指隐藏在一场战争或者战斗背后的宏大构想。实际上，《韦氏新美语大词典》将“战略”界定为：“各种策略的高超运用和协调”以及“巧妙规划和管理”。

战略管理是应对组织面临的各种竞争性挑战的过程和方法。战略需要管理的是“能够将组织的重要目标、政策以及行动顺序整合为一个有机整体的模式或规划”。[5] 这些战略既可以是总体的竞争方法，也可以是针对某种特定的情况做出的具体调整和相应行动。

首先，各种商业组织通常都会为自己制定可以划归到某些战略类型之中的总体战略。这种总体战略的例子之一是“低成本战略、差异化战略或集中战略”[6]，另一个例子是“防守者战略、分析者战略、探索者战略或反应者战略”。[7] 即使在同一个行业，不同的企业往往也会采取不同的总体战略。这些总体战略的类型实际上描述了企业将会以怎样的一贯方式来确定自己相对于竞争对手的位置。

然而，总体战略仅仅是战略管理过程中一个很小的部分。战略管理的第二个方面是企业根据当前的环境制定战略以实现各种目标的过程。因此，商业组织不仅需要制定总体战略，同时还需要在以下几方面作出选择：如何吓退竞争对手；如何使竞争对手处于弱势；如何对即将出台的法律作出反应以及施加自己的影响；如何与各种利益相关群体以及特殊利益群体打交道；如何降低生产成本；如何增加收益；应当采用何种技术；应当雇用多少数量以及何种类型的员工等。所有这些决策都代表了企业必须考虑的竞争性挑战。

战略管理并不仅仅是将各种类型的战略汇集在一起。实际上，它是一个需要完成以下任务的过程：分析一家企业的处境；确定企业的战略目标；设计出最有可能帮助企业实现这些目标的行动计划以及资源（人力资源、组织资源和物质资源）配置方式。这种战略管理方法在人力资源管理中也应当加以强调。人力资源管理者应当受到相关的培训，从而认识到企业在人力资源方面遇到的一些竞争性问题，并且能够战略性地考虑对这些问题作出反应。

战略性人力资源管理（strategic human resource management，SHRM）可以被

视为“为使一个组织实现其目标而确定的有计划的人力资源运用模式及其相关的各种管理活动”。[8]比如，许多企业为强化自己的竞争地位设计实施了集成制造系统，比如先进制造技术、零库存控制以及全面质量管理，等等。然而，这些系统仍然必须由人来操控。在这些情况下，战略性人力资源管理需要承担的任务主要包括两个方面：一是对员工具备的运行这些系统的技能水平进行评价；二是通过甄选和培训这样一些人力资源管理实践开发员工运行这些系统的技能。[9]要想用战略性的方法来实施人力资源管理，我们就必须首先理解人力资源管理在战略管理过程中扮演的角色。

2.3.1 战略管理过程的构成要素

战略管理过程具有两个相互区别但又相互依赖的阶段：战略制定阶段和战略执行阶段。在**战略制定**（strategy formulation）阶段，战略规划团队需要通过界定企业的使命和目标、外部的机会和威胁以及内部的优势和劣势来确定企业的战略方向。接下来，他们还需要发现各种可能的战略方案，并且根据这些战略在实现组织目标方面的能力进行比较。在**战略执行**（strategy implementation）阶段，组织的主要任务就是执行自己选择的那种战略。它包括设计组织结构、分配资源、确保组织获得高技能的员工、设计出能够使员工的行为与组织的战略目标保持一致的报酬系统。战略管理的这两个阶段都必须得到非常有效的实施。需要指出的非常重要的一点是，战略管理过程的这两个阶段并不总是按照“先制定战略，然后再执行战略”这样一种先后顺序发生的。正如我们在后面将要讨论的涌现战略一样，战略管理过程往往包含着在信息和决策之间的持续循环。图 2-2 是对战略管理过程的描绘。

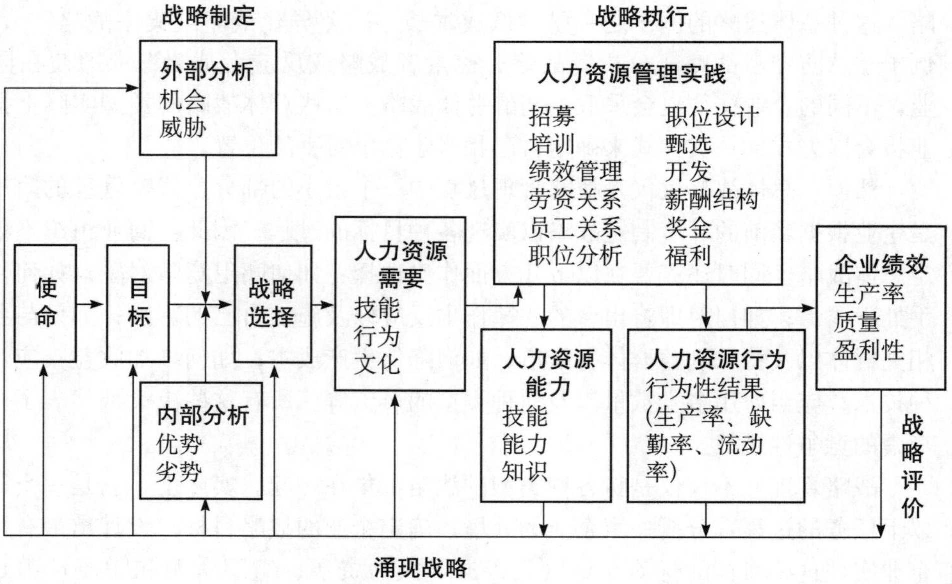

图 2-2 战略管理过程模型

近几年来，许多企业已经认识到，战略管理过程的成功与否在很大程度上取决于人力资源管理职能的参与程度。[10]

2.3.2 人力资源管理和战略管理过程之间的联系

在进行战略选择时，实际上需要回答与竞争有关的各种问题——也就是说，企业怎样通过竞争来达成自己的使命和目标。为回答这一问题需要做出的决策包括：到哪里进行竞争？如何进行竞争？依靠什么进行竞争？关于这些决策我们在图 2－3 中做了描述。

1. 到哪里进行竞争？
   我们将要到哪个或哪些市场（行业或产品市场等）上进行竞争？
2. 如何进行竞争？
   我们将依据何种标准或差异化特征进行竞争？是成本、质量、可靠性，还是产品或服务的提供？
3. 依靠什么进行竞争？
   哪些资源会帮助我们打败竞争对手？
   我们将如何获取、开发以及运用这些资源进行竞争？

图 2－3 战略——关于竞争的决策

尽管这些决策都非常重要，但是战略决策者却常常很少关注"依靠什么进行竞争"这一问题，这导致他们往往做出很糟糕的战略决策。例如，20 世纪 80 年代，百事公司为了扩大自己的顾客基础，收购了肯德基、塔可钟以及必胜客等这样一些快餐连锁企业（这是关于"到哪里进行竞争"的决策）。然而，该公司既没有充分认识到现有的员工队伍（大部分是专业技术人员）与快餐行业的员工队伍（大部分是技能水平比较低的人员以及高中生）之间的差别，也没有充分认识到公司是否具备管理好这样一支员工队伍的能力。这正是导致百事公司在 1998 年不得不重新将这些快餐连锁企业出售的原因之一。从本质上来说，百事公司恰恰是在没有充分理解要想在快餐市场上进行竞争必须具有何种资源的情况下就作出了"到哪里进行竞争"的决策。

波音公司的例子也很好地说明了一家企业如果不能很好地解决"依靠什么进行竞争"这一问题，在后面的"如何进行竞争"决策中就会遇到麻烦。当波音公司的消费者产品事业部同空中客车公司展开价格大战时，波音公司被迫放弃了自己过去一直坚持的客户服务战略，转而强调降低成本。[11]这种战略在销售方面取得了很大的成功，因为波音公司从许多航空公司——例如达美航空、大陆航空、西南航空以及新加坡航空等——得到了大量的订单。但是，波音公司最近一方面在进行大规模的裁员（这样它就没有足够的员工来完成这些订单了），另一方面又不具备提高生产率所必需的那些生产技术。正是由于波音公司在决定"如何进行竞争"时未能充分考虑到"依靠什么进行竞争"，所以该公司最后根本无法按期完成订单，结果不得不向客户支付大笔违约金。波音公司的这种失误带来的最终结果是，2003 年，空中客车公司的飞机销量在该行业中第一次超过了波音公司。幸运的是，波音公司后来还是跨过了这道坎，这在很大程度上是因为它的主要竞争对手空中客车面临比波音更多的麻烦。然而，在新的梦幻客机由于电力系统着火而迫降时，波音又遇到了难题。这里的"通过科技进行竞争"专栏提出了企业在科技创新方面面临的风险。

通过科技进行竞争

科技创新的风险

2004年，波音公司的管理层开始开发商业航空史上技术最为复杂的飞机，他们将这种机型视为“梦幻客机”。首席执行官哈里·斯通塞弗（Harry Stonecipher）将这种飞机描述为“产业和公共旅行的真正变革者”。用碳纤维强化塑料建造这种飞机使它更为轻盈，也更节省能源。这种飞机将具备最为复杂的电力系统，取代之前用传统的液压式和气动式发动机驱动的系统。这些创新之举将减少20%的能源消耗以及30%的运行成本。

这些创新是有风险的。像波音公司和欧洲宇航防务集团（European Aeronautic Defense and Space Company，EADS）这样的制造商每十年才开发一次新模型，这将花费数十亿美元。每架飞机的平均成本是1 000万美元，这就意味着需要卖出许多飞机来覆盖研发成本。波音公司已经收到848份新机型的订单。

然而，随着创新的推进，问题开始暴露出来。碳合成机翼很难安装到机身上。电力配备箱过热并在飞行中着火。另外，提供辅助动力的锂电池也着火了。新梦幻客机两次由于电力系统着火而迫降。在问题出现几周后，所有的梦幻客机都停飞，工程师们努力寻找着火的原因。

波音公司的主要竞争者EADS的首席执行官托马斯·恩德斯（Tom Enders）说道，“作为高科技公司的首席执行官，你对创新有着非常复杂的情感。”每次创新都带来风险，“但如果你过于厌恶风险，竞争将置你于死地。总之，你像在走钢丝”。

讨论题

考虑到创新可能会遇到的种种风险，企业值得去创新吗？为什么？

资料来源：D. Michaels，“Innovation is Messy Business,” *Wall Street Journal*，January 24，2013，pp. B1-2.

2.3.3 人力资源管理在战略制定过程中的作用

正如前面的那些例子描述的那样，“依靠什么进行竞争”这一问题常常为人力资源管理影响战略管理过程提供了一条理想途径。人力资源管理对战略管理过程的影响主要通过两条途径来实现：一是帮助企业缩小战略选择的范围；二是迫使企业高层团队考虑这样一个问题，即企业怎样才能获得或开发确保这种战略取得成功所必需的人力资源（人）以及做到这一点的成本是多少。例如，百事公司的高层人力资源管理者本来应该提前告知高层决策者，本公司并不具备管理快餐行业劳动力队伍所需的专业技能和经验。百事公司高层人力资源管理者在这里可以扮演的一个有限角色是：以缺乏这方面的资源为由，反对公司实施此次收购。此外，百事公司高层人力资源管理者对公司这一战略决策施加影响的方式还可以表现为，让百事公司高层决策者认识到，为获得具备管理这样一支劳动力队伍的必要技能的人员，公司需要付出多少成本（如招募、培训等方面的费用）。

一家企业的战略管理决策过程通常发生在它的高层，即一个由首席执行官、首席财务官、总裁以及各分管副总裁等组成的战略规划团队。然而，战略管理决策过程的每一个步骤都会涉及与人有关的商业问题，因此，人力资源管理职能需要参与到战略决策的每一个步骤之中。最近的一项研究考察了《财富》500强公司中的115个战略经营单位，结果发现，在49%～69%的公司中，企业的人力资源管理和战略规划过程之间存在某种联系。[12]不过，这种联系的紧密程度在不同的公司存在差异，而理解这些联系的不同紧密程度是非常重要的。

在人力资源管理职能和战略管理职能之间存在四种不同层次的整合程度：行政管理联系、单向联系、双向联系以及一体化联系。[13]我们将根据战略管理的不同构成要素对这些不同层次的联系分别加以讨论。图2-4描述了这些联系的情况。

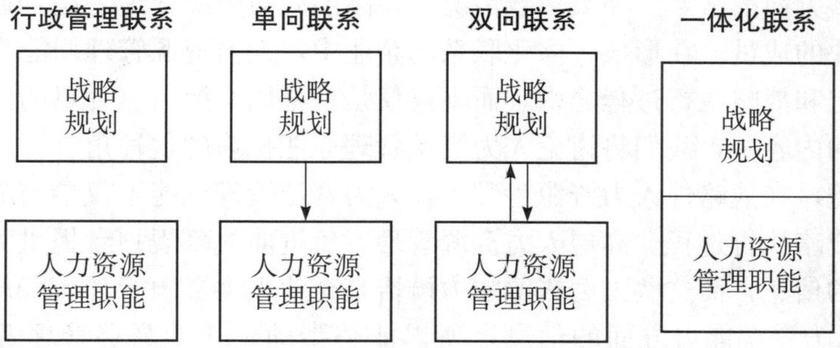

图2-4 战略规划与人力资源管理之间的联系

资料来源：Adapted from K. Golden and V. Ramanujam, "Between a Dream and a Nightmare: On the Integration of the Human Resource Function and the Strategic Business Planning Process," *Human Resource Management* 24 (1985), pp. 429-51.

■ 行政管理联系

在行政管理联系（最低层次的整合）这一层次上，人力资源管理职能的注意力集中在日常管理活动上。高层人力资源管理者没有时间或机会从战略的高度来考虑人力资源管理问题。人力资源管理部门完全不参与企业的战略经营规划职能。因此，在这种整合水平上，人力资源管理部门与企业战略管理过程是完全分离的，无论是在战略制定阶段还是在战略执行阶段，人力资源管理部门都不参与。人力资源管理部门从事的仅仅是与公司核心经营需要没有什么联系的日常行政事务工作。

■ 单向联系

在单向联系这一层次上，企业的战略经营规划职能部门会首先制定出战略规划，然后再将规划结果告知人力资源管理职能部门。许多人认为，这一层次的整合属于战略性人力资源管理——也就是说，人力资源管理职能在这种情况下扮演的角色就是设计实施战略规划的各种系统或者方案。尽管这种单向联系承认了人力资源在执行战略规划方面的重要性，但它在战略制定阶段却没有将人力资源问题考虑在内。仅仅停留在这一层次的整合上往往会导致企业制定出根本不可能成功执行的战略规划。

■ 双向联系

双向联系使企业在整个战略制定过程中都将人力资源问题考虑在内。这种整合按照以下三个有先后顺序的步骤发生：首先，战略规划团队把企业正在考虑的各种战略选择告知人力资源管理职能部门。其次，高层人力资源管理者分析各种战略对人力资源的不同要求，并把分析结果展示给战略规划团队。最后，战略决策一经做出，战略规划就会被传达给高层人力资源管理者，由他们来设计实施战略规划的具体方案。因此，在双向联系中，战略规划职能与人力资源管理职能之间是一种彼此相互依赖的关系。

■ 一体化联系

一体化联系建立在持续的而不是有既定先后顺序的互动的基础之上，它是一种动态的、多方面的联系。在大多数情况下，高层人力资源管理者是企业高层管理团队中不可或缺的成员。在形成一体化联系的企业中，人力资源管理职能直接扎根于企业的战略制定和战略执行过程之中，而不仅仅是一种以交换信息为目的的互动过程。在本章下面的内容中，我们将讨论人力资源管理职能扮演的这种角色。

因此，在战略性人力资源管理中，人力资源管理职能不仅参与战略制定过程，而且参与战略执行过程。高层人力资源管理者负责向战略规划者提供关于企业的人力资源能力的信息，而这些人力资源能力恰恰是企业人力资源管理实践产生的一个直接结果。[14]人力资源能力方面的信息之所以能够帮助企业的高层管理者作出最佳战略选择，是因为它们能够使高层管理者充分考虑到每一种战略选择最终得到执行的情况。一旦战略选择已经做出，人力资源管理的角色就转变为开发和协调企业的各项人力资源管理实践——这些管理实践能够为企业提供具备战略执行能力的员工。[15]此外，设计出来的这些人力资源管理实践还必须确保引导员工采取相应的行动。[16]在本章下面两节中，我们将会展示人力资源管理职能如何在战略管理过程中为企业提供竞争优势。

2.4 战略制定

战略管理过程的五个重要组成部分都与战略制定具有相关性。[17]战略管理过程的这五个重要组成部分在图 2-5 中描绘了出来。第一个重要的组成部分是组织的使命。使命是对组织存在的理由所做的一种陈述，它通常明确界定了组织所要服务的客户对

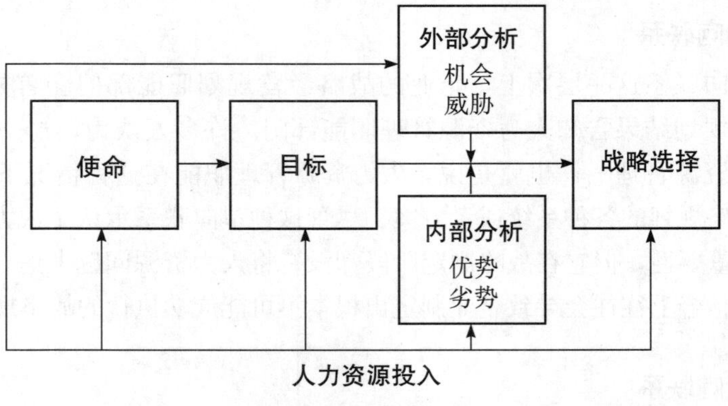

图 2-5 战略制定

资料来源：Adapted from K. Golden and V. Ramanujam, "Between a Dream and a Nightmare," *Human Resource Management* 24 (1985), pp. 429-51.

象、可以满足的客户需要以及（或）客户能够获得的价值，还包括企业使用的技术。通常情况下，对组织使命的描述会伴随着对组织的愿景以及（或）价值观的陈述。例如，表2-1就描绘了默克公司（Merck & Co.，Inc.）的使命和价值观。此外，“实践中的诚信”专栏描述了三星公司的“新管理”理念是如何表达和改变价值观的。

表2-1　　默克公司的使命和价值观

默克是一家研究驱动型的医药产品和服务领域的领袖级企业。默克公司通过发明、开发、生产以及销售各种类型的创新产品来增进人类以及动物的健康。默克-麦德科医疗管理事业部（Merck-Medco Managed Care Division）为4 000多万美国人管理医药福利，它鼓励人们适当使用药物并提供疾病管理方案。

我们的使命

默克公司的使命是为社会提供卓越的产品和服务——能够改善人们的生活质量以及满足客户需要的创新性产品以及解决方案；为员工提供有意义的工作和取得进步的机会；为投资者提供高回报率。

我们的价值观

1. 我们的事业就是维护和改善人类生活。衡量我们所有行为的标准是在达成这一目标方面取得的成就。我们最看重的是为因适当使用我们的产品和服务而受益的每个人提供服务的能力，这样我们就能够获得持续的客户满意。

2. 我们承诺遵守最高的道德和诚实标准。我们对自己的客户负责，对默克公司的员工及其家庭负责，对我们赖以生存的环境负责，同时也对我们在全球范围内服务的所有社区负责。我们在履行职责时不会采取在专业或者道德上走捷径的做法。我们与社会任何一个部分之间的相互作用都必须反映出我们所声称的最高标准。

3. 我们献身于最高水平的科学研究，并承诺用我们的研究改善人类和动物的健康及其生活质量。我们致力于发现客户最关键的需要；同时集中所有资源来满足客户的这些需要。

4. 我们希望获取利润，但只通过能够满足客户需要以及造福人类的工作来获得利润。我们承担责任的能力有赖于我们能否保持一种既能够对前沿研究进行投资，又能使研究结果得到有效利用的财务地位。

5. 我们认识到，实现卓越——在满足社会和客户需要方面具有最强竞争力——的能力有赖于员工的诚实、知识、想象力、技能、多元化以及团队工作，我们极为重视这些品质。在这方面，我们致力于创造一种互相尊重、互相鼓励以及团队合作的工作环境——这种工作环境对承诺以及绩效提供报酬，并且对员工及其家庭的需要做出及时的反应。

资料来源：Courtesy of Merck.

实践中的诚信

三星公司的雇佣机会平等

三星公司的改革包含由董事长李健熙引领的价值观改变。他提倡的重要价值观之一就是“人本”，即认可所有人的价值。曾有人引用过董事长李健熙的一段话，“当应当努力工作的人由于受到歧视而失去希望时，这对于公司和社会都是一大损失。如果公司的竞争力与人密切相关，那么公司的头等大事便是废除所有的歧视性政策。只有这样你才能与世界领先的公司展开竞争”。从李健熙的话中我们能明显看出，三星公司重视为所有员工提供公平、多样的职业机会。

这使得三星公司在1993年成为韩国第一家为女性提供平等工作机会的企业，三星公司为女性提供机会以施展她们的能力。这是对董事长李健熙改革的一种反映：“必须为女性提供与公司男性同样的工作和晋升机会。当发达国家的男性和女性共同努力奋斗时，韩国的男性却在孤军奋战。"随着公司1994年宣布启动人力资源改革计划，不仅雇佣中的性别歧视被彻底消除，相同的工资系统也覆盖到所有男性员工和女性员工，这在当时是突破性的进步。此外，主要部门的女员工被分配了重要任务，能力出众的女员工被提拔至管理层。

讨论题

你认为三星公司的开放雇佣政策是否为公司提供了竞争优势？为什么？

资料来源：Personal Communication，Samsung HR.

一个组织的中长期**目标**（goals）是指组织希望在中期或长期实现的成就，它们反映了组织的使命是如何履行的。在美国，大多数营利性企业的最高目标就是实现股东财富的最大化。但为了实现股东财富的最大化，企业还必须设定其他一些长期目标。

外部分析（external analysis）是指通过对组织的运营环境进行考察来分析企业的各种战略机会以及受到的各种战略威胁。战略机会的例子包括尚未开发的客户市场、对企业有帮助的技术进步、尚未挖掘利用的潜在劳动力资源，等等。而战略威胁的例子则包括潜在的劳动力短缺、进入市场的新竞争对手、可能会对公司产生负面影响的即将出台的法律法规、竞争对手的技术创新，等等。

内部分析（internal analysis）是一个分析组织自身的优势和劣势的过程。它集中考察组织可能获得的各种资源——财务、资本、技术以及人力资源——的数量和质量。企业需要诚实而精确地对自己的每一种资源进行评估，以确定这些资源对企业来说到底是一种优势还是一种劣势。

外部分析和内部分析组合在一起就构成了所谓的SWOT（优势、劣势、机会、威胁）分析。表2-2展示了谷歌公司的SWOT分析。在完成SWOT分析以后，战略规划团队就掌握了产生一系列战略选择所需要的所有信息。战略管理者会对各种战略选择实现企业战略目标的能力进行对比，然后作出企业的**战略选择**（strategic choice）。战略选择实际上也就是组织的战略，它描述了一个组织实现使命以及达成长期目标的方式。

表2-2　谷歌公司的SWOT分析

优势	劣势
扩张流动性高	与中国政府相关的问题
运营效率高	依赖广告部分
业务组合范围广	在YouTube上的损失
机会	**威胁**
在线视频需求上升	经济前景差
网络广告市场增长	无效点击多
外延式增长	微软和雅虎之间的交易

资料来源：GlobalData.

外部环境中的许多机会和威胁都与人有关。随着进入劳动力市场的高素质人才越来越少，企业不仅需要为争取客户展开竞争，同时也要为得到员工进行竞争。人力资源管理职能扮演的角色之一就是密切关注外部环境中与人力资源有关的各种机会和威胁，尤其是那些与人力资源管理职能直接有关的机会和威胁：潜在的劳动力短缺、竞争对手的薪酬水平；对雇用员工产生影响的政府法律法规，等等。例如，正像我们在第1章中讨论过的那样，许多美国公司发现，越来越多的高中毕业生缺乏从事工作所需的基本技能，这就是“人力资本短缺”的一个来源。[18]然而，由于没有意识到这种环境威胁的存在，许多企业还在鼓励年龄较大但技能水平较高的员工退出企业，同时雇用那些虽然年轻但是技能水平较低，因而需要接受最基本技能培训的员工。[19]

对一家公司内部的优势和劣势进行分析同样需要人力资源管理职能的参与。现如今，许多公司越来越清醒地意识到，人力资源是它们最为重要的资产之一。事实上，一项研究估计，1943—1990年间，美国国民生产总值的增长中超过1/3的部分都是人力资本增长的结果。如果一家公司未能考虑到自己的劳动力队伍具有的优势和劣势，那么这家企业很可能会选择自己本来没有能力实现的那些战略。[20]尽管如此，一些研究表明，能够在人力资源管理职能和战略管理过程之间达到上述这种联系水平的企业为数不多。[21]举例来说，一家企业选择了通过改进技术降低成本的战略。这家公司围绕计算机一体化制造系统建立了一家运用统计过程进行控制的工厂。尽管这种战略选择看上去非常好，但是这家公司很快就发现事实并非如此。它发现自己的员工根本就不会操作这些新设备，原因是在该公司的员工队伍中，25%的人基本上是文盲。[22]

因此，当一家企业的人力资源管理职能与战略管理职能具有一体化联系时，战略规划者在做出一项战略选择前会考虑到所有与人有关的经营问题。在根据企业的使命、目标、机会、威胁、优势和劣势等确定了这些与人有关的问题之后，就可以引导企业的战略规划团队作出更为明智的战略选择。尽管这一过程本身并不能确保企业的战略最终取得成功，但关注这些与人有关的问题却更有可能使得企业的选择最终获得成功。

最新的研究为高层人力资源管理者全面参与战略制定过程的必要性提供了支持。一项对美国石化冶炼行业进行的研究发现，人力资源管理职能参与战略制定的程度，与该行业中的管理人员对人力资源管理职能有效性进行评价的结果是正相关的。[23]另一项对一些制造企业进行的研究发现，当高层管理者把员工视为一种战略性资产的时候，人力资源管理职能参与战略制定过程的水平是最高的，并且这种情况与员工流动率的下降联系在一起。[24]然而，这两项研究都表明，人力资源管理职能参与战略制定的程度与经营单位的财务绩效并没有什么关系。

研究表明，能够真正将人力资源管理融入企业战略制定过程之中的企业为数不多。[25]正如我们在前面提到过的那样，许多企业已经开始认识到，在竞争激烈的环境中，战略性地管理人力资源能够为企业提供竞争优势。因此，那些人力资源管理和战略管理之间仍然处在行政管理联系这一层次上的企业只会有两个结果：一是将这种联系提高到一个更一体化的层次上来，另一个就是逐渐消亡。此外，如果企业想要从战略的高度来对人力资源进行管理，也必然会向人力资源管理与战略决策的一体化联系这一层次过渡。

在战略制定的过程中，将所有与人有关的经营问题都考虑在内是至关重要的。而这些与人有关的问题都在人力资源管理职能的范围之中。将人力资源管理职能融入战略制定过程之中的机制或结构可以帮助战略规划团队制定出最为有效的战略决策。一旦战略选择确定下来，人力资源管理就必须在战略执行过程中扮演积极的角色。关于这一角色，我们将在下一节中讨论。

2.5 战略执行

一旦组织选定了自己的战略，它就必须实施这种战略，即将这种战略落实到组织的各项日常工作中去。一家公司追求的战略决定了它必然会有某些特定的人力资源需要。这家公司如果想拥有良好的战略基础，它就必须通过完成某些特定的任务来实现组织目标，而组织中的个人也必须具备完成这些工作任务所必需的某些特定技能，同时，这些人还必须有足够的动力来有效地运用这些技能。

战略执行中隐含的一个基本前提是："一个组织在实施某种既定战略时，可以从多种不同的组织结构以及组织流程中做出选择"，而这些选择在经济方面会存在很大的差别。[26]一个组织的战略能否得到成功贯彻，主要取决于五个方面的重要变量：组织结构；工作任务设计；人员的甄选、培训与开发；报酬系统；信息的类型。

正如我们在图2-6中看到的那样，在战略执行的这五个重要变量之中，人力资源管理对其中的三个变量负有主要责任：工作任务、人员以及报酬系统。此外，人力资源管理还能够直接影响其他两个变量：结构和信息。首先，要想使战略得到成功执行，就必须以一种效率高且效果好的方式来设计工作任务，同时将这些工作任务组合为一个个职位。[27]在第4章中，我们将考察如何通过职位分析和职位设计过程来达到这一目的。其次，人力资源管理职能还必须确保组织有适当的人员配备，这些人必须具备在战略执行过程中为完成各自承担的工作所必需的知识、技能以及能力。这一目标主要是通过招募、甄选与配置、培训、开发以及职业管理——这些主题我们会在第5章、第6章、第7章以及第9章中讨论——等来实现的。此外，人力资源管理职能还必须设计组织的绩效管理系统以及报酬系统，以引导员工为战略规划的实现而努力工作并提供支持。关于绩效管理系统的具体类型，我们会在第8章中加以讨论，而围绕报酬系统构建产生的各种问题，我们会在第11至13章中讨论。换言之，人力资源管理职能扮演的角色就变成了下列两者之一：第一，确保企业获得适当数量的员工，同时这些员工具备战略规划要求的各种层次和类型的技能[28]；第二，建立起各种"控制"系统，确保这些员工的行为方式有利于推动战略规划中确定的那些目标的实现。[29]

从本质上说，这种情况就是所谓的人力资源管理与战略之间的"垂直一致性"。垂直一致性是指组织的人力资源管理实践和各种流程的设计目的就是满足企业经营中的一些战略需要。但战略和人力资源管理实践之间的联系主要还是通过人建立起来的。例如，随着IBM从个人电脑制造商转变成全方位的集成服务提供商，它所需要的员工类型发生了重大变化。IBM不再将成千上万的人安排到工厂中和流水线上，相反，它对人的需求越来越多地转移到能够撰写新的"中间层"程序的软件工程师以及能够帮助公司客户操作这些系统的大量咨询顾问上来。同时，由于IBM日益将自己作为一个提供"集成解决方案"的供应商（这意味着它能针对一家公司的整体信息技

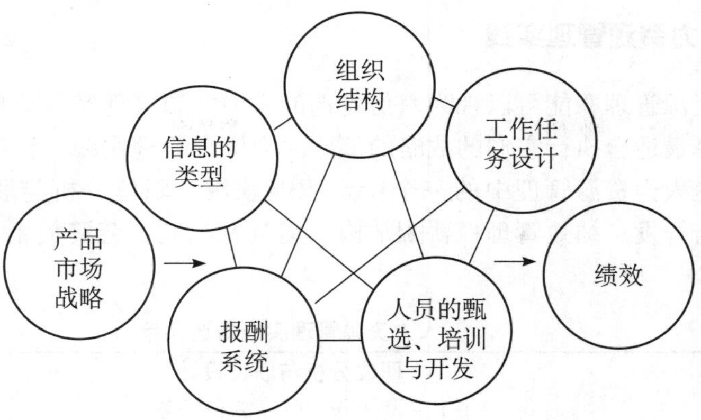

图 2－6　在战略执行过程中需要考虑的变量

术需求提供硬件、软件、咨询以及相关服务）并与其他企业区分开来，它的员工就需要有一种新的心态，即更为强调跨业务部门的合作，而不再是单打独斗。因此，企业战略一旦发生变化，它对技术、员工和行为的要求都会与过去有所不同。

那么，人力资源管理职能如何才能执行战略呢？如图 2－7 所示，它是通过管理这样一些人力资源管理实践做到的：职位分析与职位设计、招募、甄选系统、培训和开发计划、绩效管理系统、薪酬系统以及劳资关系管理计划，等等。这里的每一项人力资源管理实践的细节都是本书下面各章节讨论的主题。不过，在这里，非常重要的一点是，我们需要就人力资源管理实践及其在战略执行过程中扮演的角色做一个总体概览。然后我们接着讨论企业可能会选定的各种战略以及与这些战略相一致的不同类型的人力资源管理系统。下面，我们首先集中讨论各种类型的战略是如何付诸实施的，随后再来讨论与各种方向性战略相联系的人力资源管理实践。

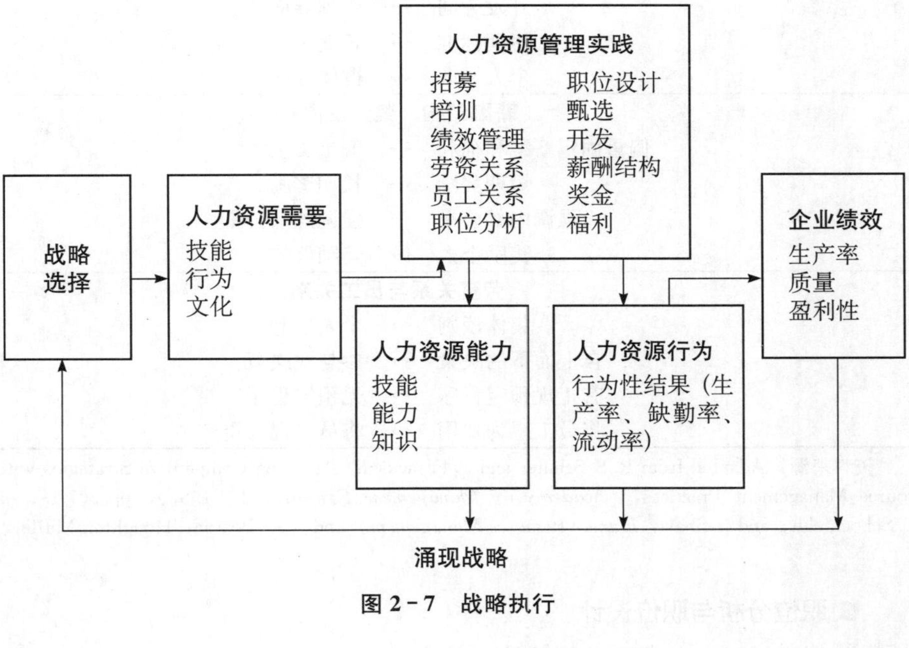

图 2－7　战略执行

2.5.1 人力资源管理实践

人力资源管理职能可以视为六份备选的人力资源管理实践菜单，企业可以从这些菜单中选择最适合执行它们的战略的那些人力资源管理实践。在这六份菜单中，每一份代表的是人力资源管理中的一个特定职能领域：职位分析与职位设计；招募与甄选；培训与开发；绩效管理；薪酬结构、奖金及福利；劳资关系与员工关系。[30]这些菜单如表2-3所示。

表2-3 人力资源管理实践备选菜单

职位分析与职位设计		
少量任务	↔	多种任务
简单任务	↔	复杂任务
要求少量技能	↔	要求较多技能
具体的职位描述	↔	笼统的职位描述
招募与甄选		
外部来源	↔	内部来源
有限社会化	↔	全面社会化
评价特定技能	↔	评价一般技能
狭窄的职业发展通道	↔	宽阔的职业发展通道
培训与开发		
集中在当前工作技能上	↔	集中在未来工作技能上
个人导向	↔	群体导向
培训少数员工	↔	培训全体员工
随机的、无计划的	↔	有计划的、系统的
绩效管理		
行为标准	↔	结果标准
开发导向	↔	管理导向
短期标准	↔	长期标准
个人导向	↔	群体导向
薪酬结构、奖金及福利		
偏重固定薪酬和福利	↔	偏重奖金
短期奖励	↔	长期奖励
强调内部公平	↔	强调外部公平
奖励个人	↔	奖励群体
劳资关系与员工关系		
集体谈判	↔	个人谈判
自上而下的决策	↔	参与式决策
有正规预定程序	↔	无预定程序
将员工视为费用	↔	将员工视为资产

资料来源：Adapted from R. S. Schuler and S. F. Jackson, "Linking Competitive Strategies with Human Resource Management Practices," *Academy of Management Executive* 1 (1987), pp. 207-19; and C. Fisher, L. Schoenfeldt, and B. Shaw, *Human Resource Management*, 2nd ed. (Boston: Houghton Mifflin, 1992).

■ 职位分析与职位设计

企业总是要生产或提供某种特定的产品或服务（或者是一系列产品或服务），而要生产这些产品或提供这些服务，就需要完成许多工作任务。将这些工作任务加以分类组合就可以形成不同的职位。**职位分析**（job analysis）就是一个获取关于职位的各种详细信息的过程。**职位设计**（job design）所要决定的则是哪些工作任务应当划归到某个特定的职位上去。职位设计的方式与一个组织的战略之间存在紧密的联系，这是因为，战略要么要求完成一些新的以及与过去不同的工作任务，要么要求以某种新的方式完成与过去相同的工作任务。此外，由于许多战略本身包含着引进新技术的要求，因此会对完成工作的方式产生影响。[31]

总的来说，在设计职位时，既可以让一个职位中只包括范围非常狭窄的一些工作任务（大多数任务都是非常简单的，并且完成这些工作任务只需要具备非常有限的技能），也可以让一个职位中包括范围比较大、内容比较复杂且要求完成者具有多种技能的工作任务。过去，企业常常利用工作任务范围狭窄的职位设计来提高效率，而工作任务范围较大的职位设计方式则往往与创新活动联系在一起。然而，随着全面质量管理方法以及像质量圈等这样一些不同类型的员工参与计划的引入，许多职位的设计都朝着工作任务范围扩大的方向发展。[32]

■ 员工招募与甄选

招募（recruitment）是指企业为了实现潜在的员工雇用而寻找求职者的过程。**甄选**（selection）是指企业试图确认哪些求职者具有能够帮助企业达到目标的那些必要的知识、技能、能力以及其他性格特征的过程。采取不同战略的企业需要不同类型和不同数量的员工。因此，一家企业选定的战略类型对于其需要招募和甄选的员工类型会有直接的影响。[33]

■ 员工培训与开发

企业可以通过培训和开发使员工获得大量技能。**培训**（training）是指企业为了给员工学习与工作有关的知识、技能以及行为提供便利而开展的一种有计划的活动。**开发**（development）则是指企业为了使员工能够应对各种现有职位或当前尚不存在的职位需要面对的各种挑战，帮助他们获得相应的知识、技能和行为的过程。由于战略的改变往往要求员工掌握技能的类型、水平及其组合随之发生变化，因此，获取与战略相关的技能就成为战略执行过程中的一个必备要素。例如，许多公司最近都在强调产品质量，并且开始实施全面质量管理计划，这些计划要求企业对全体员工进行有关全面质量管理理念、方法以及其他质量保证技能的培训。[34]

通过招募、甄选、培训和开发，企业可以获得一批能够实施某种既定战略的人力资源储备。[35]

■ 绩效管理

绩效管理（performance management）是一种用来确保员工的工作活动及其结果都与组织的目标保持一致的手段。它具体指出了哪些活动和结果能够使企业战略成功实施。例如，那些处于“稳定状态”（而没有采取多元化经营）的企业倾向于采用对管理人员的绩效进行主观评价的绩效评价系统。这种做法源于这样一个事实，即那些位居一线的各级管理人员对于应当如何完成工作有非常充分的了解。相反，那些采取多元化经营的企业在对管理人员的绩效进行评价时，更倾向于采用量化的绩效评价指标。这是因为，企业的高层管理者对于那些级别在其之下的管理人员应当如何完成工作并不是很清楚。[36]

类似地，当企业的高层管理人员非常了解什么样的行为会导致较高水平的绩效时，他们往往倾向于采用重点评价下属管理人员的行为的绩效管理系统。然而，当高层管理人员并不清楚哪些行为会导致有效的绩效时，他们往往更倾向于对下属管理人员的某些客观绩效结果进行评价。[37]

我们在图 2-8 中举例说明了绩效管理是怎样与战略相匹配的。这张图来自医疗保健行业中的一家公司，该公司的战略包括五个“战略要点”，或者说是需要努力达成的五个方面的目标。在这家公司中，每一位员工每年都必须确定自己的绩效目标，而且他们的每一项目标都至少与其中的一个战略要点相关。该公司的人力资源副总裁会利用公司的技术系统去检测每个业务单位或每个职能部门对这些战略要点的关注程度。图 2-8 描述了在这家公司的各个部门中，与各个战略要点相联系的业务目标在全部目标中所占的百分比。这些数据可以帮助企业判断整个公司范围内的目标组合以及每一个业务单位或职能部门内部的目标组合是否正确。

战略要点	A业务单位	B业务单位	国际部	投资部	财务部	法律部	信息技术部	人力资源部	企划部
达成卓越的医疗业绩	10.5%	12.5%	2.7%	7.6%	3.1%	2.7%	11.4%	2.1%	10.0%
有效服务我们的顾客	24.7%	27.2%	36.7%	12.2%	10.3%	27.2%	18.9%	19.5%	23.7%
创建更好的产品或服务	5.6%	6.1%	10.1%	9.8%	5.0%	10.1%	15.3%	8.9%	6.9%
创建一个获胜的环境	27.7%	29.7%	30.1%	29.9%	30.3%	33.7%	22.4%	39.4%	27.7%
形成成本优势	31.5%	24.5%	20.5%	40.5%	51.3%	26.3%	32%	30.0%	31.7%
合计	100%	100%	100%	100%	100%	100%	100%	100%	100%

图 2-8 个人绩效奖励计划中与每个战略要点保持一致的目标所占的百分比

■ 薪酬结构、奖金及福利

薪酬系统在战略执行方面扮演着非常重要的角色。首先，支付比竞争对手更高的薪酬以及（或）福利，通常能够确保公司吸引和留住高质量的员工，但这种做法会对企业的总体劳动力成本产生不利的影响。[38]其次，企业可以通过把薪酬与绩效挂钩来引导员工完成某些特定的活动以及达成一定的绩效水平。

在一项关于薪酬管理实践是如何与战略联系在一起的研究中，研究者对 33 家高科技企业和 72 家传统企业进行了考察。他们根据企业所处的成长阶段将这些企业划分为两类，一类是成长期企业（年销售额在经过通货膨胀调整后仍然能够达到 20%以上的企业），另一类是成熟期企业。研究者发现，处在成长期的高科技企业采用的薪酬系统特别偏重奖励性薪酬，而固定薪酬以及福利所占的比重很小；那些处于成熟期的企业（其中既有高科技企业，也有传统企业）采用的薪酬系统则倾向于将薪酬总额中的一个很小百分比分配给奖励性薪酬，而福利部分所占的比重却很大。[39]

■ 劳资关系与员工关系

无论企业是否已经工会化，它们与员工打交道的总体方式都会对企业赢得竞争优势的潜力产生强烈的影响。

企业既可以把员工视为需要利用各种资源对其进行投资的资产，也可以将他们视为必须努力控制在最低水平上的费用支出。[40]企业必须做出这样一个选择，即到底有多少员工可以而且应当参与决策；员工应当拥有哪些权利；企业对员工应当承担哪些责任。一家公司在进行这些决策时所采取的方法，要么会帮助企业成功地实现其短期和长期目标，要么会导致企业走向灭亡。

最近的一项研究开始考察，企业到底是如何设计出能够实现组织绩效和生产率最大化的成套人力资源管理实践的。比如，一项对全世界的汽车装配厂所做的研究发现，那些生产率和产品质量都很高的企业采用了“最佳人力资源管理实践”。比如，它们极为强调员工的招募和雇用；薪酬与绩效挂钩；较小的身份和地位差异；无论是对新员工还是对有一定工作经验的老员工都提供高水平的培训；通过工作团队以及问题解决小组等这样一些形式来实现员工参与等。[41]另一项研究发现，包括甄选测试、培训、浮动薪酬、绩效评价、员工态度调查、员工参与以及信息共享等内容在内的人力资源管理系统，往往会帮助企业达到较高的生产率水平和财务绩效，同时实现较低的员工流动率。[42]最后，最近的一项研究发现，那些被评为“最佳工作场所（或最佳雇主)”的公司比那些没能上榜的公司有更好的财务业绩。[43]类似的对比结果在其他很多研究中也有所体现。[44]

除了人力资源管理实践和业绩之间存在总体联系之外，在今天这种快速变化的环境中，企业还必须实现快速变革，而这要求员工的技能和行为必须随之发生变化。在一项研究中，研究者发现，人力资源管理实践、员工技能以及员工行为所具有的灵活性都与公司的财务业绩存在正相关关系，但只有员工技能的灵活性与企业在成本方面的效率相关。[45]尽管研究发现存在这些方面的关系，但是这些变量之间的因果关系却并没有得到证明。举例来说，虽然有效的人力资源管理实践有助于公司达成更好的绩效，但盈利水平高的公司在人力资源管理实践方面投入的资源更多也是一个不争的事实。[46]研究结果似乎表明，尽管在人力资源管理实践和组织绩效之间总是存在正相关关系，但我们也无法得出这样一种偏激的论断，即更多地采用人力资源管理实践就能自动实现企业盈利水平的提高。[47]

2.5.2 战略的类型

正如我们在前面讨论过的，可以根据企业采用的总体战略来对它们进行分类。需要指出的很重要的一点是，这些总体“战略”并不是我们所说的某一项战略规划。它们是若干家企业在某个行业中开展竞争时，在竞争方式上存在的相似性。我们在前面曾经提到多种类型的总体战略，不过在这里，我们将集中讨论波特提出的两种总战略：一是低成本战略；二是差异化战略。[48]

根据哈佛大学教授迈克尔·波特（Michael Porter）的理论，企业竞争优势的来源是一家公司在生产过程中创造价值的能力。价值可以通过以下两种方式创造出来：首先，企业可以通过降低成本创造价值；其次，企业可以通过使自己的某种产品或服务与其他企业的产品或服务有所不同，借此收取比竞争对手更高的价格，从而创造价值。这样就导致了两种不同的基本战略。根据波特的观点，低成本战略强调的是企业努力成为本行业中成本最低的生产者。实现这种战略的途径主要有以下几种：建设规模更大因而效率更高的工厂；利用经验曲线来降低成本；控制一般管理费用以及在研发、服务、销售队伍以及广告等方面的成本支出。这种战略能够给企业带来高于行业平均水平的收益，并且有助于阻止其他公司进入本行业，这是因为，采用这种战略的企业有能力将自己的产品或服务价格降到比竞争对手更低的水平上。

根据波特的观点，差异化战略的目的是给人们造成这样一种印象，即本企业的产品或服务与同行业中其他企业的产品或服务是不同的。这种感觉上的差别可以来自企业创造出的某个品牌形象，可以来自企业采用的技术，也可以来自企业的产品或服务的某些特性，还可以来自企业提供的独特的客户服务。如果一家企业成功地使自己的产品与其他公司的产品区分开来，那么它就能获得高于平均水平的收益，并且这种差别还会保护该企业不会受到价格敏感性的影响。例如，戴尔电脑公司曾经利用其供应链和直销模式赢得了成本最低的电脑供应商的声誉。然而，最近该公司的利润正在受到侵蚀，这是因为，尽管消费者市场在不断增加，但是惠普公司却通过零售店出售很多与众不同而且看起来更时尚的电脑，消费者在这些零售店里还可以直接接触和体验产品。此外，苹果公司也借助自主研发的操作系统将自己与其他同行区别开来，这些操作系统能够很好地与诸如苹果视频播放器和苹果手机等这样一些外围设备进行整合。在上面的两个例子中，惠普公司和苹果公司都可以获得比戴尔公司更高的溢价（相比之下，苹果公司的溢价更高一些）。[49]

2.5.3 各种不同战略类型的人力资源管理需要

尽管从一般意义上来讲，任何一种类型的战略都需要有能力的人来执行，但每一种战略所需要的员工类型，即对员工的行为和态度的要求是不同的。正如我们在前面指出的，不同的战略不仅对员工需要具备的特定技能有不同要求，同时还要求他们能表现出不同的“角色行为”。[50]所谓**角色行为**（role behaviors），就是指任职者在一个特定的社会工作环境中按照自己扮演的角色的要求表现出来的各种行为。这些角色行为在许多维度上都存在差异，并且不同的战略要求员工表现出不同的角色行为。举例来说，那些采取低成本战略的企业通常都要求员工高度关注数量和短期成果，乐于接受稳定的状况，同时对风险采取规避态度。企业期望这些员工表现出来的角色行为通常具有相对重复性，并且能够独立完成或自动完成。

追求低成本战略的公司由于把重点放在了高效率生产方面，它们通常倾向于明确地界定自己需要的那些员工技能，同时会在这些技能领域中对员工进行培训投资。此外，它们还非常依赖行为绩效管理系统，并且会将薪酬的很大一部分与绩效挂钩。这些公司往往采取内部晋升的做法，同时会设计和实施具有内部一致性的薪酬系统——在这种薪酬系统中，直接上级和下属人员之间的薪酬差距会比较大。这类公司往往通过员工参与以及听取员工提出的关于如何提高生产效率的意见来达到更高的效率。

从另一方面来看，那些在追求差异化战略的公司中工作的员工则需要具有较高的创造性和合作性，对数量只要适度关注就可以了，他们应当重视长期结果，对模糊性有一定的容忍度，愿意承担风险。这类企业期望员工表现出来的角色行为包括与他人合作、提出新的观点，以及采用能够在工作过程和工作结果之间适当保持平衡的工作方法，等等。

因此，那些追求差异化战略的公司通常会采用较为笼统的职位描述将职位内容界定得比较宽泛，以此获得员工更多的创造力。这些公司可能会更多地从外部招募员工，对新进的员工只进行有限的社会化，为员工提供更宽的职业发展通道。这类公司的培训和开发活动非常注重强化员工的合作能力，同时它们的薪酬系统更多地关注薪酬的外部公平性，因为这种公司的招募需求非常旺盛。最后，这种公司通常会建立基于结果的绩效管理系统，并且通过对部门以及整个公司的绩效进行评价来鼓励管理者勇于承担风险。[51]

2.5.4 方向性战略

正如我们在本章前面讨论过的，对战略类型的划分有助于区分不同的企业在同一行业中开展竞争的方式。然而，我们还有必要理解企业规模的扩大（成长）或缩小（精简）对人力资源管理职能产生的影响。例如，企业的高层管理团队可能会做出这样的决定：公司需要在产品开发方面加大投资，或将多元化经营作为实现增长的一种途径。企业战略的确定有助于人力资源管理职能帮助企业对各种备选方案的可行性进行评价，同时制定出能够支持这些战略选择的各种方案。

循证人力资源管理

一项专门以美国小型钢铁企业的人力资源管理实践作为对象的研究发现，采取不同战略的小型钢铁企业采用的人力资源管理系统也是不同的。那些希望成为成本领袖的钢铁厂更倾向于采用控制型人力资源管理系统，这种系统的主要特征是：高集权、低参与、少培训、低薪酬、低福利，并且浮动薪酬所占比重较大。而那些选择采用差异化战略的小型钢铁企业则采用承诺型人力资源管理系统，这种系统的主要特征在以上各个方面都与控制型人力资源管理系统完全相反。后来的一项以相同的样本作为对象的研究揭示出，与那些采用控制型人力资源管理系统的钢铁厂相比，采用承诺型人力资源管理系统的钢铁厂不仅生产率更高、缺陷率更低，而且员工流动率也更低。

资料来源：J. Arthur, "The Link between Business Strategy and Industrial Relations Systems in American Steel Mini-Mills," *Industrial and Labor Relations Review* 45 (1992), pp. 488-506.

企业通常采用以下五种可能的方向性战略来达到上述目的。[52]强调市场份额或者运营成本的战略称为集中战略。采用这种战略时，企业会重点关注在已经占有的市场上做到最好，这种做法可以称为“管好自己的事情”。而那种重点关注市场开发、产品开发、创新或者合资等内容的战略则称为内部成长战略。采用内部成长战略的企业往往会将其所有资源组织起来以强化现有的优势。而那些努力实现纵向一体化或横向一体化或者多元化经营的战略则属于**外部成长战略**（external growth strategy），这种战略常常是通过企业兼并付诸实施的。采用这种战略的企业一般会通过兼并或创建一家新的企业来拓展企业的资源或者是强化其市场地位。最后，还有一种剥离战略或精简战略。这种战略通常包括裁员、剥离或清算等。这种战略可以在那些由于面临严重经济困难而希望缩小一部分经营的企业中见到。上述这些战略对人力资源管理所产生的影响各不相同。

■ 集中战略

集中战略（concentration strategy）要求企业维持组织中目前已经具有的技能。这就要求企业的培训方案能够提供一种途径，使组织中的现有员工可以维持所掌握的技能，与此同时，企业的薪酬计划应当将重点集中在留住那些拥有这些技能的员工方面。实施这种战略时，企业的绩效评价往往更为重视员工的行为，因为这时候企业所处的环境较为确定，达成有效绩效所必需的那些行为建立在员工广泛的工作经验基础之上。

■ 内部成长战略

内部成长战略（internal growth strategy）在人员配备方面会遇到较为独特的难题。企业成长要求持续不断地雇用、调动以及晋升员工，而向不同市场进行扩张的结果又有可能会改变与此相关的员工所必须具备的技能。此外，采用这种战略的企业在绩效评价系统中常常会同时包括行为和结果两个方面的内容。其中，行为评价强调的重点取决于员工在某一特定产品市场上的哪些行为是有效的，而结果评价强调的则是实现增长目标。采用这种战略的企业在薪酬系统设计方面非常重视对增长目标的达成给予奖励，这类企业的培训需要则因企业寻求内部成长方式的不同而有所不同。比如，如果企业希望扩大市场，那么培训的重点就是关于每个特定市场的知识，尤其是当企业向国际市场扩张的时候。另一方面，当企业追求的是创新或者产品开发时，培训内容的技术性会更强一些，同时它也会强调像团队建设这样一些人际关系技能。合资成立的新企业往往需要在解决冲突的技能等方面对员工进行大量培训，这是因为在合资的情况下，企业面临的主要难题是如何将来自两种不同组织文化中的人员进行整合。

■ 兼并

今天，我们越来越多地看到在各个行业内部出现的企业合并以及跨行业兼并的情况。比如，英国石油公司最近同意收购阿莫科石油公司（Amoco Oil）就属于行业内部的企业合并，或者说是同一行业内部企业数量减少的情况。另一方面，花旗银行（Citicorp）和旅行者集团（Traveller's Group）通过合并组建花旗集团（Citigroup）则代表了来自不同行业（纯粹的金融服务业和保险业）的两家企业通过合并增强双方发展动力的一种努力。然而，无论兼并属于何种类型，有一件事是确定无疑的，这就是兼并案件的数量正在增长，而人力资源管理需要参与其中。[53] 此外，这些主动开展兼并活动的往往是一些全球性的超大型公司——尽管有些人警告说这样的兼并并不一定有效。

根据美国经济咨商会（Conference Board）提供的一份报告，"人的问题"是导致许多兼并活动不能取得预期成功的主要原因之一。当前，一些公司在实施兼并之前非常重视对企业文化的权衡。例如，美国快捷药方公司（Express Scripts）在兼并ValueRx公司之前，其高层管理人员就专门与作为兼并对象的ValueRx公司的中高层管理人员进行了会谈，以了解和感受该公司的文化。[54]然而，尽管如此，在接受调查的企业高层人力资源管理者中，只有不到1/3的人说他们对本公司的兼并方案制定产生了重要的影响，虽然他们中有80%的人都认为，在并购交易最终达成之后，人的问题会对并购的成功产生重大影响。[55]

人力资源管理除了应当在评价某一并购机会方面扮演重要角色，在某一并购计划的实际执行过程中同样应充当重要角色。当企业采用外部成长战略时，在解决冲突的技能方面进行培训就非常必要。外部成长战略中的各项选择都会涉及兼并其他企业或者创建新的企业，而这些企业往往与原来的企业有着不同的文化。因此，企业的许多人力资源管理方案都面临这样一个问题，即如何将一家公司内部各业务单位之间的人力资源管理实践进行整合和标准化处理。当然，在对不同业务单位之间的人力资源管理实践进行标准化处理时，企业还需要权衡一下在考虑以下两种情况之后这种标准化具有的相对价值：一是每个业务单位可能会面临自己独特的环境要求；二是两家企业之间的理想整合程度是怎样的。例如，从薪酬管理实践的角度来说，一家公司可能愿意采用一种具有内部一致性的薪酬结构，以维护员工在一个规模较大的组织中需要产生的公平感。在IBM最近新组建的一家公司中，员工就向公司施加压力，要求公司维持与IBM的主要业务单位相同的薪酬结构。然而，另一些企业所处的经营环境却决定了，它们的薪酬管理实践在相当大程度上应当是由市场力量驱动的。在这种情况下，如果要求这些企业也采取在其他经营环境中通行的一些薪酬管理实践，那么很可能会导致一种无效薪酬结构的出现。

■ 组织精简

在当今的竞争性环境中，人力资源管理对于一个组织的重要性还体现在它在组织**精简**（downsizing）（也称裁员）或“瘦身”的过程中所扮演的角色上。正在经历组织精简的企业数量出现大幅上升。从2008年的第三季度到第四季度，大规模裁员的数量几乎增加了一倍（见图2-9）。[56]事实上，这些裁员中一些是由于公司突然破产导致的，而公司破产仅仅是因为公司没有可持续的商业模型。在“通过可持续性进行竞争”专栏中描述了Solyndra公司是如何拥有可持续产品却没有可持续战略模型的。

人们可能很难忘记在20世纪90年代末，尤其是在著名的网络公司狂潮中产生的那场大规模的“人才战争”。那时，每家公司都在努力成为“最佳雇主”，建立“雇主品牌”，同时形成自己的“员工价值主张”，以此作为吸引并留住优秀人才的重要途径。

当前的经济危机意味着，许多公司面临的一个重要问题是：在公司解雇了相当大一部分员工的情况下，怎样才能享有“最佳雇主”的声誉，怎样才能使员工兢兢业业地去实现公司的目标？企业回答这一问题的方式将会决定它们怎样通过满足作为利益相关群体的员工的需要来进行竞争。

尽管组织精简的频率提高了，但有研究揭示出，许多组织精简计划远远没有达到在提高生产率以及增强企业盈利能力方面取得全面成功的目标。比如，表2-4中描述的美国管理学会（American Management Association）的这项调查结果显示，在完成组织精简的企业中，只有1/3的企业确实达到了提高生产率的目标。美国管理学会

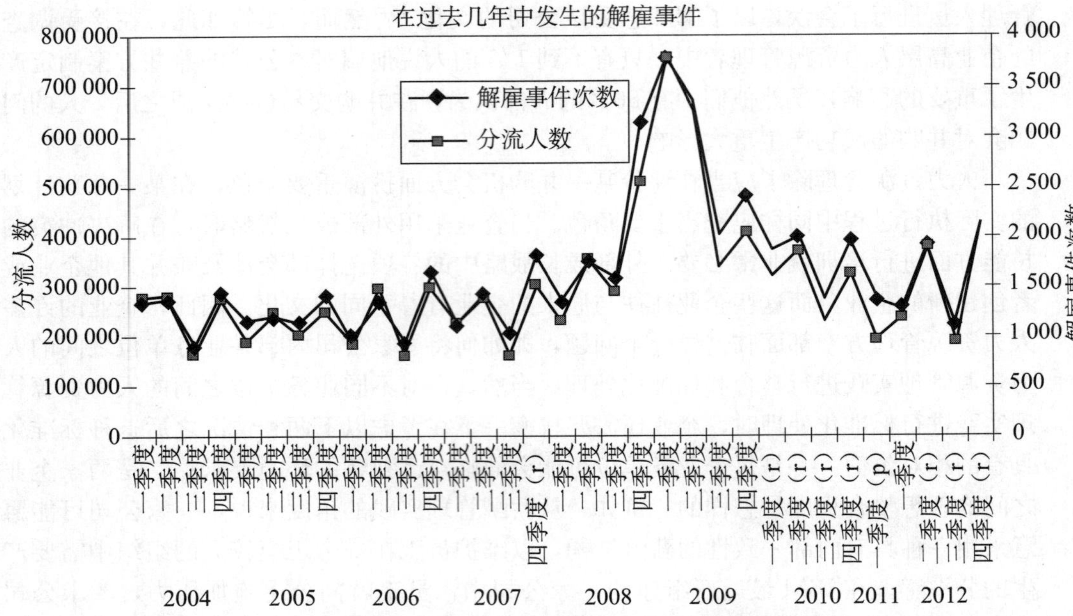

图 2-9　2004—2012 年间的解雇事件和人员分流数量

注：r 代表修正过的数据；p 代表原始数据。

资料来源：http：//www. bls. gov/news. release/mslo. nr0. htm.

通过可持续性进行竞争

可持续的目标，不可持续的商业模式

奥巴马政府曾经将 Solyndra 公司树立为公共部门与私人部门合作的榜样，直到 Solyndra 公司的破产导致共和党人批评绿色能源政策的荒谬。但是，了解商业模式可以帮助人们更好地理解 Solyndra 公司的状况，并揭示出可能是政府贷款导致该公司失败。

2005 年，Solyndra 公司以利用太阳能的高科技为基础而建立。该公司开发出利用多种长而薄的管子而不是太阳能平板来吸收太阳能的科技。因为这种产品更轻，安装更便捷便宜，公司从有影响力的赞助商那里获得了近 10 亿美元的资金。

2009 年，公司面临竞争愈发激烈的产业环境和下降的产品价格，公司的竞争者之一能够以低于 Solyndra 公司 1/4 的成本生产平板。事实上，2009 年，尽管 Solyndra 公司的收入达到 10 050 万美元，但是却亏损 17 250 万美元。这使得 Solyndra 公司面临这样的抉择，要么降低现有工厂的成本，要么建造新的工厂帮助公司实现规模效应。由于奥巴马政府对促进“绿色工作”有激励政策，Solyndra 公司能够获得 53 500 万美元的贷款，这使得首席执行官克里斯·格罗奈（Chris Gronet）决定冒险建立新工厂。

Solyndra 公司的一位管理者说道：“公司的管理思维是只要我们制造产品，就会有人买。”然而，新工厂却带来固定成本的上涨，包括工资（更多的员工）、租赁费用以及更高的设施费用。由于竞争更加激烈，Solyndra 公司的销售额和利润都在下降，导致公司收入下跌。到 2011 年后期，公司被迫申请破产并裁减 1 100 名员工。

总的来说，尽管 Solyndra 公司提供的是具有可持续性的产品，但更激烈的竞争在带来更多固定成本的同时，也影响了公司的销售额和利润。换句话说，尽管公司的目标是可持

续性，但它的商业模式却是不可持续的。

讨论题

企业如何在可持续性的环保角度和财务角度之间取得平衡？

资料来源：Y. Chernova, "Loan Was Solyndra's Undoing," *Wall Street Journal*, September 16, 2011, http://online.wsj.com/article/SB10001424053111904491704576572872256772948.html.

所做的另一项调查发现，2/3 以上的实施了组织精简计划的企业在一年之后又做了同样的事情。[57]另外，Mitchell & Company 的研究发现，那些在 20 世纪 80 年代实施过组织精简的公司在 1991 年的股票价格要低于行业的平均股票价格。[58]因此，很重要的一点就是要理解对组织的精简过程进行管理的最佳方式是什么，特别是要从人力资源管理的角度来认识这一问题。

表 2-4　组织精简达到理想效果的情况

期望达到的效果	达到理想效果的企业所占的百分比（%）
降低费用	46
增加利润	32
改善现金流	24
提高生产率	22
提高投资回报率	21
增强竞争优势	19
削弱官僚主义	17
改善决策质量	14
提高客户满意度	14
增加销售额	13
扩大市场份额	12
改善产品质量	9
实现技术进步	9
增强创新能力	7
避免公司被接管	6

资料来源：From *Wall Street Journal* by News Corporation; Dow Jones & Co, June 6, 1991. Reproduced with permission of Dow Jones & Company via Copyright Clearance Center.

组织精简既对人力资源管理提出了诸多挑战，同时也提供了许多机会。[59]从挑战的角度来说，人力资源管理职能必须通过裁掉那些绩效价值不大的员工来对公司的员工队伍实施"外科手术"式的精简。然而要做到这一点却十分困难，这是因为最优秀的员工一般都是最有能力（常常也是最愿意）去寻找其他就业机会的，因此他们很有可能在裁员开始之前就主动离开企业。比如，1992 年，通用汽车公司就与美国汽车工人联合会达成了一项提前退休计划协议，这项计划针对的是那些在通用汽车工作了 10 年或 10 年以上且年龄在 51～65 岁之间的工人。这项计划为那些同意退休的工人提供全额养老金福利，即使他们在退休之后到其他公司继续工作。此外，公司还给他们提供一笔用于购买一辆通用汽车的 1.3 万美元的奖励。[60]正如本章开篇中提到的那样，这是通用汽车公司面临的劳动力成本问题之一。

尽管提前退休计划是一种比较人道的做法，但它实质上却是一种采用"手榴弹"轰炸的方式来精简劳动力队伍的做法。这种组织精简方式对于绩效优秀的员工和绩效较差的员工不加区分，而是将某个员工群体整体精简掉了。事实上，最近的一项研究揭示出，那些借助提前退休计划精简劳动力队伍的企业，往往在一年之内又不得不重新雇用人员去替代那些被自己精简掉的人才。这类企业往往难以实现降低成本的目的，这是因为它们在招募和留住新员工方面所支出的成本常常达到那些被精简员工的薪酬总额的50%～150%。[61]

人力资源管理面临的另一个挑战是：如何提高那些在裁员之后仍然留在企业中的员工的士气。关于这一点，我们将在第5章中进行更为详细的讨论。一方面，这些裁员中的幸存者可能会有一种负疚感，因为他们的朋友被解雇了，而自己却保住了工作。另一方面，他们又有可能会羡慕那些拿着诱人的遣散费和养老金福利退休的朋友。他们对组织的满意度和忠诚度的下降可能会影响到他们的工作绩效。因此，人力资源管理部门必须通过与留下来的员工进行开诚布公的沟通来培养他们对企业的信任感和归属感，而不是对员工隐瞒信息。[62]企业应当告知全体员工实施组织精简的目的、需要削减的成本、组织精简的时间长短以及企业采用的战略。此外，那些裁员的企业往往还会构建将员工个人薪酬与组织成功度挂钩的薪酬系统。员工所有权计划常常也会在组织精简之后出现，事实上，像斯坎伦计划（Scanlon plan）这样的收益分享计划（我们将在第12章中讨论）最初就是在一些面临财务困难的企业中开始实行的。

尽管人力资源管理面临上述种种挑战，但组织精简也给人力资源管理提供了一些机会。首先，它使企业得以摆脱原来的不良习气，给企业带来新鲜的思想。其次，组织精简还能为企业改变组织文化提供难得的机会。在那些以劳资关系对立为特征的企业中，裁员可能会迫使双方学会合作，从而建立起一种新型的、积极的劳资关系。[63]最后，组织精简可以让企业的高层决策者明白人力资源对企业的最终成功具有的价值。人力资源管理扮演的角色之一，就是以一种不会使这种价值流失的方式对组织精简过程进行有效管理。我们将在第5章中讨论作为一种劳动力队伍管理战略的组织精简所具有的含义。

2.5.5 战略评价与控制

战略管理过程的最后一个组成部分是战略评价与控制。到目前为止，我们一直在集中讨论战略规划和战略执行问题。然而，对于企业来说，经常性地对战略本身以及战略执行过程的有效性进行监控也极为重要。这种监控有可能使企业找出存在问题的领域，然后对现有的组织结构和战略进行修正，或者重新设计新的组织结构和战略。在这一过程中，我们可以看到涌现战略的出现以及人力资源在获取竞争优势中的关键作用。

2.6 人力资源在提供战略竞争优势方面的角色

到目前为止，我们已经分步骤对战略管理过程做了一个完整的描述，指出了人力资源的问题在战略决策之前是如何提出来的，企业如何通过设计人力资源管理实践来执行战略。然而，在这里我们必须指出，人力资源还能够通过涌现战略以及增强企业竞争力这两条途径为企业提供战略竞争优势。

2.6.1 涌现战略

在讨论了战略管理过程之后，我们还必须区分预设战略和涌现战略。大多数人把战略看成是为了实现某些预定目标而采取的有目的的、积极的和理性的决策。我们到目前为止讨论的战略观实际上指的都是预设战略。预设战略（intended strategies）是指企业的高层管理人员在制定一项战略规划的时候，通过理性决策过程得出的结果。这与战略的如下定义是相符的："能够将组织的重要目标、政策及行动顺序整合为一个有机整体的模式或规划。"[64]关于涌现战略的思想，我们可以用图 2－2 中的反馈回路展现出来。

企业采用的大多数战略都属于预设战略。例如，当霍华德·舒尔茨（Howard Schultz）创立星巴克的时候，他的一个想法就是创建介于工作场所和家之间的第三种地方，让人们可以在这里享受到传统的意大利风味咖啡。他确信这种咖啡的味道及其更浓、更苦、更强烈的口感可以吸引一个新的顾客群，然后使这些顾客可以按照他设想的方式去享用这些咖啡。他的这种想法最终实现了。不过，随着星巴克经营规模的扩大，顾客开始提出星巴克能否在他们的拿铁咖啡中加入脱脂牛奶，或者他们能否在咖啡中放些自己喜欢的东西。舒尔茨认为往咖啡里添加其他东西的做法将从根本上影响咖啡的口味，因而予以拒绝。然而，各个门店的经理总是能听到顾客提出此类要求，于是向舒尔茨反复提出申请，舒尔茨最终还是做了妥协。[65]

另一方面，涌现战略（emergent strategies）则是一些从组织的基层演变而来的战略，它可以被视为企业实际执行的战略，而不是企业的预设战略。因此，战略也可以被视为"由一系列决策或行动最终形成的模式"。[66]例如，当本田汽车公司于 1959 年第一次将其 250cc 型和 305cc 型摩托车引入美国市场的时候，它认为公司生产的型号更小一些的 50cc 型摩托车在美国没有什么市场。然而，本田公司的大型摩托车在美国的销售额增长得十分缓慢，反倒是那些骑着本田 50cc 型摩托车在洛杉矶跑来跑去的日本高层管理人员吸引了众多的目光，也引起了西尔斯罗巴克公司（Sears Roebuck）一位采购员的关注。本田公司发现了一个原来没有发现的市场以及计划内没有的新分销渠道（百货零售店）。这种涌现战略使得本田公司到 1964 年为止占据了美国 50%的市场份额。[67]

预设战略和涌现战略之间的区别对于人力资源管理来说具有十分重要的意义。[68]由于战略性人力资源管理关注的重点是预设战略，因此，人力资源管理扮演的角色就是，在战略制定过程中确认并提醒高层管理人员可能存在的与人有关的一些经营问题，同时通过建立各种人力资源管理系统来帮助企业执行这种战略。

然而，大多数涌现战略都是由那些在组织较低级别上工作的员工首先认识到的。通常都是由普通员工向企业提出关于新市场、新产品以及新战略的设想。这时，人力资源管理在促进整个组织内的沟通方面就扮演着非常重要的角色，因为只有这种沟通才能使有效的涌现战略迅速传达到企业高层管理人员那里。例如，星巴克的星冰乐咖啡（Frappucino）就是由一位在加利福尼亚店上班的员工发明的饮品；而星巴克的领导者（包括舒尔茨在内）当时都认为这是一个糟糕的想法。他们开了多次会议争论这种咖啡，但是这位员工通过收集越来越多的信息来支持自己的想法，同时表明了顾客对这一饮品有多么喜爱。在这种情况下，公司的领导者才同意投产试试看。而星冰乐咖啡现在已经成为星巴克年销售额 10 亿美元的产品，该产品对星巴克的品牌做出了很大的贡献。[69]

2.6.2 增强企业竞争力

要想使人力资源成为企业竞争优势的一个来源，还可以通过另一种途径来实现，即通过建立一个人力资本库为企业提供一种适应不断变化的环境的独特能力。最近，很多管理人员对“学习型组织”的理念非常感兴趣，这种组织中的人总是在不断地提高自己达成理想结果的能力。[70]这就要求企业必须通过监控环境、收集信息、做出决策以及对组织进行灵活重组等持续学习，从而在所处环境中开展竞争。那些能够开发这种学习能力的企业往往具有某种竞争优势。尽管某些特定的组织信息处理系统能够为企业提供一定的帮助，但在一个学习型组织中，能够为企业提供最原始信息的最终还是组成企业的那些人（人力资本）。[71]

因此，人力资源在帮助企业赢得竞争优势方面会扮演越来越重要的角色，这是因为快速变化已经成为当今经营环境的显著特点之一。越来越清楚的一点是，虽然美国汽车制造商为了与日本企业进行竞争，提高了自己生产的汽车的质量，但它们的这些竞争对手又开发出了能够对客户需要作出更快反应的、具有较高灵活性和适应性的制造系统。[72]日本汽车制造公司的制造流程所具有的较大灵活性使它们的涌现战略可以直接来源于市场，它们可以准确地掌握客户的需要和期望并快速作出反应。然而，这又要求企业员工必须具有实现类似的快速调整的能力。[73]正如星巴克公司的创始人和董事会主席霍华德·舒尔茨所说的那样：“如果人们与他们所就职的公司紧密相连，如果他们与企业有一种亲密的情感联系，并且相信企业的梦想终究会实现，那么他们会全心全意地投入工作，从而把工作做得更好。当员工们有了自尊和自信，他们会为公司、为家庭乃至为整个世界作出更多的贡献。”[74]他的这句话充分彰显了人力资源在培育和维持企业竞争优势方面所具有的越来越突出的重要作用。[75]

本章回顾

三星的战略性人力资源管理

三星集团通过设计外观有吸引力的创新产品实施差异化战略，并把这些产品定位为比苹果更“酷”的产品。为了实施新战略，三星集团识别出哪些类型的职位（研发、设计、市场）需要得到世界顶级人才，并采取相关的人力资源举措来吸引、开发、激励、保留这些人才。三星集团的改革有多成功？正如我们在本章开头提及的，三星集团已经成为世界上最大和最成功的手机制造商。除了这些，三星集团在全球《财富》500 强中的排名上升至第 20 位，是公认的全球研发、设计和市场领导者，其品牌比耐克、百事、美国运通更具价值。如你所见，如果没有战略性人力资源管理，三星公司的改革不会获得如此大的成就。

思考题

1. 你认为是什么促使三星公司改革成功？

2. 你认为三星公司会在正向增长的轨道上持续多久？

3. 针对三星公司对其产品的直接挑衅，你认为苹果公司会做出什么样的回应？这种回应背后的人力资源管理含义是什么？

小　结

人力资源管理的战略性方法寻求通过企业最重要的资产，即它的人力资源，积极主动地为企业提供竞争优势。一方面，人力资源是最重要的资产；另一方面，它通常是在公司的商业模式中最大的一项可控成本。人力资源管理职能需要全面参与企业的战略制定过程，以帮助企业发现它所面临的与人有关的经营问题。一旦企业战略确定下来，人力资源管理就会对战略计划的执行产生重大影响，即它将负责制定和协调人力资源管理实践以确保公司能够得到具有必要技能且工作动力十足的员工。最后，人力资源管理职能在涌现战略中扮演的角色要求未来的人力资源管理专业人员努力开发自己的经营能力、专业技能、变革管理能力以及整合能力。大家在后面的章节中会更加清楚地看到，这种战略性人力资源管理方法要求的绝不仅仅是建立起一套有效的甄选程序，或者是某种最新的绩效管理系统。人力资源管理专业人员只有具备了这些方面的胜任能力，才有可能采用这种战略性人力资源管理方法。

讨论题

1. 请在你们大学中选出一支主要的体育运动队（比如足球队或篮球队），你认为这支队伍的总体战略有什么特点？这支队伍的团队成员构成（从规模、速度、能力等方面来考虑）与其战略之间存在何种联系？这个团队的优势与劣势分别是什么？它们的这种优势和劣势是怎样决定这支队伍的总体战略以及在某一场特定比赛中采取的战术的？

2. 在你看来，要想把人力资源管理与战略管理过程联系在一起，是在大企业中更容易做到，还是在小企业中更容易做到？为什么？

3. 请考虑一个你曾经为之工作的组织。请举一些例子来说明与这个组织的战略相一致的人力资源管理实践有哪些，与这个组织的战略不一致的人力资源管理实践又有哪些。

4. 人力资源管理部门内部的战略管理如何才能确保人力资源管理在企业战略管理过程中扮演有效角色？

5. 在你看来，人力资源管理专业人员需要掌握哪些类型的特定技能才能具备在未来所必需的那些经营能力、专业技能、变革管理能力以及整合能力？他们在哪里能够开发这些方面的技能？

6. 在你看来，在当今企业界，有哪些比较关键的环境变量正在发生变化？这些变化对企业的人力资源管理职能又会产生怎样的影响？

自评练习

考虑一家你曾经为之工作的公司，或者去查一查你希望为之工作的某一家公司的年度报告（很多公司都会将自己的年度报告放在公司网站上），然后回答下面的问题。

思考题

1. 这家公司如何受到我们在本章中讨论过的那些趋势的影响？

2. 这家公司是否运用了本章推荐的那些人力资源管理实践？

3. 为了应对在本章中讨论过的那些趋势引发的挑战，这家公司还应该采取哪些措施？

战略练习

达美航空公司的战略和人力资源管理

1994年，达美航空公司（Delta Air Lines）的高层管理者面临一个至关重要的战略决策。此前，达美航空公司曾经依靠高度忠诚的员工提供的最高品质的客户服务，在行业内赢得了至高无上的声誉。然而，在最近两年时间里，公司的每股股票价格却下跌了十几美元。达美航空公司之所以会陷入财务困境，很大程度上是因为它在1991年耗资4.91亿美元收购了泛美航空公司（Pan Am）。而在这场收购完成之后不久，就发生了海湾战争（导致燃油成本的上涨），随之而来的是20世纪90年代早期的经济衰退（导致人们乘飞机旅行的次数减少）。这些造成达美航空公司每一可用座位的每公里运输成本（即运载1名乘客飞行1公里的成本）达到9.26美分，成为民用航空业的最高成本。除此以外，该公司还受到许多成本比自己低得多的新竞争对手的机票打折的威胁——特别是与达美航空公司一样从亚特兰大飞行中心起飞航班的瓦卢杰航空公司（Valujet）的威胁。那么，在这种环境中，达美航空公司怎样才能生存下来并且发展壮大呢？显然，制定能够帮助公司达到这种目标的战略是其高层管理人员面临的一项重大挑战。

公司董事会主席和首席执行官罗恩·艾伦（Ron Allen）制定并开始实施“领导力7.5”战略（Leadership 7.5），这一战略的目标是把每一可用座位的每公里运输成本降到7.5美分，从而达到能够与西南航空公司相抗衡的水平。然而，要实施这项战略，公司就需要在未来的3年内进行大规模裁员，即从公司当时雇用的69 555名员工中（这实际上已经是该公司在两年前的员工人数基础上裁减8%之后的数字了）裁掉11 458人。许多经验丰富的客户服务代表被解雇，取代他们的是一些薪酬水平较低、没有什么工作经验的非全日制工人。飞机的清洁服务以及行李搬运工作都被外包出去了，从而导致许多为达美航空公司工作很长时间的员工遭到解雇。飞机保养维修人员和空中服务人员也大幅减少。

这种战略带来的结果是：一方面，公司的财务状况得到改善；另一方面，公司的运营绩效骤然下降。自公司开始削减成本，在短短的两年时间里，公司的股票价格就翻了一番，同时，公司的负债情况也有所好转。可是另一方面，抱怨飞机清洁度较差的顾客投诉从1993年的219次上升到了1994年358次，最后一直上升到1995年的634次。此外，由于达美航空公司航班的准点率如此之差，以至于乘客们拿公司开玩笑说，“Delta”这个名字实际上是“从来就不会离开机场”（Doesn’t Ever Leave The Airport）这句话的英文首字母缩写。在行李处理量最大的10家航空公司中，达美航空公司的排名从以前的第4位滑落到了第7位。员工的士气也跌入谷底，与此同时，一些工会开始努力把达美航空公司中的某些员工组织起来，试图成立工会。1996年，达美航空公司的首席执行官艾伦指出：“这对我们的员工确实是一个考验。员工士气方面的一些问题确实存在，但事情不过如此。只要你考虑到生存的问题，该做出什么样的决定就变得很清楚了。”

就在艾伦说完上述这番话后不久，达美航空公司的员工就开始在背地里对“不过如此”进行冷嘲热讽。公司董事会注意到这样一些情况：工会组织者正在煽动蓝领工人的不满情绪；员工士气遭到了严重破坏；公司在客户服务方面的声誉几近扫地；一些资深经理正在成批离开公司。不到一年，艾伦就被解雇了，尽管那时公司的财务状况已经得到了扭转。而他之所以被解雇，“并不是因为公司要破产了，而是因为公司的精神就要崩溃了”。

达美航空的“领导力7.5”战略摧毁了该公司的核心胜任能力，即一支经验丰富、技能高超、高度忠诚、能够为公司提供本行业中最高质量客户服务的员工队伍。人力资源管理本来能够通过指出这种战略可能会给公司带来何种负面影响而对公司的战略施加影响。在战略和竞争环境既定的情况下，达美航空公司本来可以通过不同的方式来实施这种成本压缩战略，既做到降低成本，同时还能保留那些为其提供不同于竞争对手的差异化服务的员工。

达美航空公司目前的状况为这些结论提供了进一步的支持。随着公司原有的那种家庭氛围的瓦解以及管理层和普通员工之间的亲密关系被打破，员工开始寻求其他方式来获得表达自己心声的机会以及安全保障。到2001年秋季，达美航空公司中出现两个工会的组建运动，这两家工会分别努力发展达美航空公司的飞机乘务员和机械维修人员成为工会会员。此外，由于工会活动的开展，达美航空公司的劳动力成本也大幅提高。飞行员和公司签署了一个可以使他们的薪酬达到同行业最高水平的为期五年的合同。另外，为了阻止工会的组建运动，机械师最近也获得了加薪，这使得他们的薪酬水平同样能够达到同行业最高水平。现在，达美航空公司的飞机乘务员也正在寻求获得同行业最高薪酬，虽然这些并不是工会活动的直接结果，但它显然起到了促进作用。[76]

达美航空公司的故事为我们提供了一个生动的案例，这个案例告诉我们，在制定战略和执行战略的过程中，企业如果没有充分考虑到人力资源的问题，就有可能陷入危险的境地。

思考题

1. 达美航空公司的经历实际上描述了这样一种情况，即公司在做出“如何竞争”和“用什么进行竞争”这两种决策的时候，没有将两者联系起来。请具体解释。

2. 如果你现在负责达美航空公司的人力资源管理工作，你需要优先考虑的重要任务是什么？

资料来源：M. Brannigan and E. De Lisser, “Cost Cutting at Delta Raises the Stock Price but Lowers the Service,” *The Wall Street Journal*, June 20, 1996, pp. A1, A8; M. Brannigan and J. White, “So Be It: Why Delta Air Lines Decided It Was Time for CEO to Take Off,” *The Wall Street Journal*, May 30, 1997, p. A1.

人的管理

迈克尔·戴尔还能为戴尔公司掌好舵吗？

他又回来重新掌权了——他可能要接手计算机行业中最麻烦的工作。欢迎回来，迈克尔，但别想太舒服哦。

戴尔公司的创始人迈克尔重新回到戴尔公司工作，他接替了离职的首席执行官凯文·罗林斯(Kevin Rollins)，而且可能会接手电脑行业中最棘手的一份工作。自2005年中期以来，这家个人电脑制造商就针对因直销模式带来的客户服务、质量和有效性等方面的问题打响了战斗。近来，戴尔公司的竞争对手惠普公司和苹果电脑公司开始一点点地赢得市场份额。1月31日，也就是罗林斯宣布离职的那一天，位于得克萨斯州的Round Rock公司就宣布，分析师预计戴尔公司第四季度的盈利和销售额都会大幅下降。而与此同时，戴尔公司还由于财务方面的不合规正在接受美国证券交易委员会和美国律师协会的调查。

就在11月的晚些时候，戴尔本人还向《商业周刊》声称，罗林斯的职位是稳定的。然而，在最近一次采访中，他又宣称罗林斯的离职是由他一手推动的。戴尔说：“我向董事会推荐由我来担任首席执行官。”多年以来，戴尔和罗林斯被看成是“两架马车”管理结构的典型例子，这种管理结构指的是两位管理者以同样的步调一起工作。比如，当罗林斯是董事会主席时，戴尔是首席执行官，当罗林斯在2004年担任戴尔公司首席执行官时，戴尔是董事会主席。但当公司的财务业绩变糟时，迈克尔·戴尔明显因为失望而变得不耐烦。就职于戴尔公司的最大利益相关机构之一的一位分析人士指出：“人们正在期待改变。”事实也确实如此，在戴尔公司的人事变动声明发出几小时之内，戴尔公司的股价就上涨了3.6%。

但是迈克尔·戴尔要怎样做才能改变公司的现状呢？从他承担运营管理的相关责任到现在已经有些年头了。从20世纪90年代早期开始，戴尔公司就一直牢牢占据第二的位置；在那时，公司的年销售额不到30亿美元，如今年销售额已达到600亿美元。戴尔本人表示他有一个清晰的计划。他相信公司的供应链和生产将会得到改善：“我想，你们将会看到一个战略更加清晰、更为精干的组织。”

但所有改善业绩的道路都不是轻而易举能走通的。戴尔虽然很想彻底改造其实用的产品和服务，却苦于没有苹果公司甚至惠普公司的那种创新基因。任何努力增加研发投入的做法都会导致利润下降。为了赢得更多的消费者以及实现市场份额的最快增长，戴尔可能需要将直销模式转变成零售模式。而采用这一办法的代价却是极其高昂的。戴尔表达了自己应该不会放弃直销模式的想法："这是公司非常重要的一个优势。"同时，他也不会选择去进行大规模的收购，因为他之前从未做过这种事情。

解决问题 然而，戴尔公司如果停步不前，风险似乎也很大。根据高盛公司（Goldman, Sachs & Co.）1月30日发表的一份研究报告，戴尔公司在商务智能终端领域的份额正在下降（惠普公司的市场份额也下降了，而联想公司和苹果公司的市场份额却上升了）。这份报告指出："戴尔公司的诸多麻烦似乎已经渗透到公司业务之中，而这一问题发展到今天变得有点根深蒂固了。"戴尔公司在世界个人电脑市场份额排行榜中已经失去了领先的位置。根据IDC的市场调查结果，到第四季度，惠普公司在国际市场上的份额上升到18.1%，而戴尔公司的市场份额却下降到14.7%。

戴尔公司还有几个高层领导职位需要补充，罗林斯仅仅是最近离职的几位高层管理人员中的一位。这么多年来，第一次要由这个于1984年在得克萨斯州立大学宿舍中创立戴尔公司的人来独自做出艰难的选择。"我不打算聘用首席运营官和首席执行官，"戴尔说，"在接下来的几年里，我会做首席执行官。"他又补充道："我们将修补好这家企业。"

思考题

1. 请根据到哪里进行竞争、如何进行竞争、依靠什么进行竞争几个方面的问题，对案例中描述的戴尔公司在这些年的战略转型进行分析。

2. 当迈克尔·戴尔重新执掌戴尔公司时，该公司面临的与人有关的主要问题是什么？

3. 人力资源管理部门怎样帮助戴尔公司应对这些与人有关的问题？

资料来源：From L. Lee and P. Burrows, "Is Dell Too Big for Michael Dell?" *BusinessWeek*, April 4, 2007. Used with permission of Bloomberg L. P.

小企业的人力资源管理

前进中的Radio Flyer公司

2000年中期对于Radio Flyer——一家因红色小货车而闻名的私人企业来说是困难的时期。在公司耗费上万美元开发它认为能够引爆市场的产品后，管理者意识到他们的想法不会成功，因而决定停止开发。同一年，管理层确定公司无法再在美国境内生产货车。

首先，研发过程失败了。产品研发副经理托马斯·施莱格尔（Thomas Schlegel）认为被称为"Fold 2 Go"的可折叠货车是个成功的想法，家长在去公园或远足时能折叠该产品并将其放进小型货车的后备厢，这将是个非常有趣的产品。问题在于，不管从功能还是安全角度来看，生产婴儿能使用的可折叠产品难度很大，成本也很高昂。

当施莱格尔终止项目时，他担心自己的声誉也会受损。但首席执行官罗伯特·帕森（Robert Pasin）向施莱格尔保证只要公司能从中学习，这次失败就是可以接受的。后来施莱格尔的团队吸取经验成功开发了新产品——Twist Trike和被称为Ultimate Family Wagon的货车。崇尚学习的价值观成为帕森获益的来源。此外，帕森将上次的经验变为学习的机会。他邀请新员工共进早餐，其间帕森回顾以前的事件，从而强化企业对创新和学习的承诺。

Radio Flyer公司外包制造业务的结局并不令人愉快。参考了相关数据后，管理层决定关闭芝加哥的工厂并解雇近一半的员工。制造业务被转移到中国的工厂，帕森称之为"极为困难的时期"。

公司保留美国员工的努力集中在提升士气上，包括创造帮助员工娱乐、追求激情的想法，比如在公司举办的运动会上，员工会进行比赛，如三轮车竞赛。另外，员工团队会处理他们所关注的话题。健康委员会集中现金福利，为参与健康相关活动（比如减肥咨询和跑步竞赛）的员工提供高达300美元的福利。另一个委员会把关心环境的员工聚集到一起，组织劝诫员工减少碳足迹的活动。

在关心美国员工的同时，Radio Flyer公司并没有忘记中国的员工。公司努力让中国办公室的48名员工有和美国员工相似的福利与敬业度。

思考题

1. 人力资源经理如何帮助Radio Flyer公司从案例描述的激励政策中获取最大收益？

2. 你认为对于Radio Flyer公司这样的小企业来说，外包会比大企业更困难吗？为什么？人力资源管理如何使这种转变过程更顺利？

3. 本章中还描述了哪些其他方法能帮助Radio Flyer公司强化学习与创新的价值？

资料来源：Radio Flyer corporate website, www.radioflyer.com, accessed June 1, 2011; Jessie Scanlon, "Radio Flyer Learns from a Crash," *Bloomberg BusinessWeek*, October 21, 2010, www.businessweek.com; and Kelly K. Spors, "Top Small Workplaces 2009," *The Wall Street Journal*, September 28, 2009, http://online.wsj.com.

第3章

法律环境：公平就业机会与安全

学习目标

在阅读完本章后，你应当能够：

1. 指出对人力资源管理的法律环境产生影响的三个美国政府机构的名称以及它们各自扮演的角色。
2. 列举出要求提供公平就业机会的主要联邦法律以及每一部法律给劳动者提供的保护的具体内容。
3. 探讨美国联邦机构在强制实施公平就业机会法案中扮演的角色、承担的责任以及提出的要求。
4. 指出美国《民权法案》第七章确定的三种歧视理论，并将这些理论应用到不同的歧视情形之中。
5. 讨论在一些偏向性方案中涉及的法律问题。
6. 说明可能会构成性骚扰的行为，列举一个组织可以采取哪些措施来消除可能出现的性骚扰，或者将其发生次数降到最低。
7. 说明1970年颁布的美国《职业安全与健康法》包括的主要条款以及该法赋予员工哪些权利。

进入企业世界

沃尔玛的法律问题

美国雇佣法律历史上最大的歧视案件正在通过法院进行诉讼。

沃尔玛已经成为世界上最大、最让人羡慕，同时也最令人厌恶的公司之一。它的“天天低价”口号和商业模式使其成为零售店遍布世界的全球最大的私营企业。这一成功使沃尔玛经常荣登《财富》杂志的“最受尊重的公司”榜单。然而，在过去几年里，它却因为管理员工的方式使自己的名声受到了严重破坏，至少在一定程度上是这样。

工会领导人对沃尔玛的低工资以及较差的医疗保险提出了批评。沃尔玛则辩解说，它所支付的薪酬与其他类似公司相比还算是有竞争力的。然而，无可争辩的是，沃尔玛在过去十年中所面临的大量歧视诉讼已经严重损害了该公司的形象。尽管沃尔玛一直否认自己采取了任何带有歧视性的管理实践，但就在最近，它才刚刚结束了一场因为雇用司机而引发的涉及种族歧视的集体诉讼，并且赔偿了 1 750 万美元。而在沃尔玛面临的所有诉讼中，最严重的一次是 200 万名沃尔玛前女性员工共同提起的一场集体诉讼。在这起被称为“杜克斯诉沃尔玛”的诉讼中，原告起诉沃尔玛打压女性店员向管理职位的晋升，而且沃尔玛对所有职位上的女员工支付的薪酬都要低于同类职位上的男性。原告律师还宣称，女性在沃尔玛的非管理类员工中占到了 63.4%，但是在管理类员工中却只占 33.6%。另外，他们还指出，这个数字远远低于沃尔玛的 20 家最大竞争对手的同一比例（56.5%），在这些企业中，女性管理者所占的比重高达 56.5%。

2011 年 6 月，最高法院认为这些涉及 170 个职位、3 400 家连锁店的受害人没有足够的共同特征，不具备作为一起简单的集体诉讼的资格，所以判决支持沃尔玛。但是作为回应，原告的律师已经得到来自 48 个州（除了蒙大拿州和佛蒙特州外的所有州）的 2 000 名女员工关于歧视诉讼的文件，并希望提起新的集体诉讼。沃尔玛真的歧视了 2 000 名女性员工吗？你是如何得知的？

资料来源：Bloomberg News，“Wal-Mart to Settle Bias Lawsuit，” *Los Angeles Times*，February 21，2009，p. C3；R. Parloff and S. Kaufman，“The War Over Unconscious Bias，” *Fortune*，October 15，2007，p. 90；www. huffingtonpost. com201206/06/walmart-sex-discriminationwomen- _ n _ 1575859. html.

3.1 本章介绍

在本书开篇第 1 章，我们讨论了人力资源管理职能所处的环境，并且指出有几方面的环境因素会对一个组织的人力资源管理职能产生影响。在这些环境因素中，法律环境——尤其是对人员管理产生影响的那些法律——就是其中之一。正如沃尔玛遇到的那些麻烦所表明的，法律问题对一家公司的成功乃至生存都有可能产生重大影响。在本章中，我们首先对美国的法律体系做一个概括性考察，介绍一下美国有哪些立法机构、监管机构以及司法机构决定着某些特定人力资源管理实践的合法性。然后，我们再讨论对人力资源管理实践产生影响的主要法律和政府政令。

一开始需要澄清的一点是，企业管理者常常希望得到一份“哪些可以做以及哪些不要做”的行为清单，从而使他们避免法律方面的麻烦。这些管理人员常常愿意依赖像“永远不要向一位女性求职者询问她是否已经结婚”等这样一些规则，而不愿意去了解隐含在这些规则背后的那个“为什么”的问题。很显然，有些特定的管理实践确实是违法的或者是不妥当的，因此，我们在本章中将提供一些有价值的技巧来帮助管理人员避免卷入这类歧视诉讼。但是，通过将这一类管理实践列举出来而形成的清单，与战略性人力资源管理的方法是不相匹配的，也不是一个帮助企业形成竞争优势的有效途径。它们只不过是对企业面临的问题所做出的一种机械式反应罢了。我们的目标是让管理者了解，美国的立法系统、监管系统以及司法系统是如何界定与公平就业机会有关的各项法律的。对此有了一定认识后，管理人员就能够在法律制度的限定范围内更好地对人进行管理。有效地做到这一点会是企业竞争优势的一个源泉。相反，在这方面的管理无效则会导致企业陷入竞争劣势。那些欢迎多样化的企业不是将法律体系视为一种约束，反而经常发现自己可以将人与人之间的差异作为一种有力的竞争工具。

3.2 美国的法律制度

美国法律体系的基础在美国宪法中已经阐明，它从两个方面对人力资源管理产生影响。首先，美国宪法详细阐述了赋予公民的且政府不能侵犯的那些权利。[1] 大多数人都知道《民权法案》——对美国宪法第一次提出的十条修正案——会对人力资源管理实践产生影响，但很多人可能并不清楚，美国宪法的其他一些修正案（比如第十四条修正案）也会对人力资源管理实践产生影响。美国宪法第十四条修正案——又称为平等保护条款——阐明了这样一个原则，即每个人都有权受到美国宪法和法律的平等保护。

其次，美国宪法建立了三大主要治理机构：立法机构、行政机构以及司法机构。宪法明确界定了这三大机构中的每一个机构扮演的角色以及承担的责任。每个机构都有自己的职权范围，但这些领域经常会相互交叉，因此这些机构之间的界限经常是比较模糊的。

3.2.1 立法机构

美国联邦政府的立法机构是由众议院和参议院构成的。这两大团体制定的很多法律都会对人力资源管理活动起到管辖作用。它们制定的大多数法律都源自感知到的社会需要。比如，20世纪60年代早期的民权运动期间，立法机构就通过采取行动、制定法律来确保少数族裔群体在生活的许多领域中都能获得平等的机会。就业就是这种领域之一，它主要体现在国会制定的《民权法案》第七章中。把感知到的社会需要形成法律的类似例子还包括很多劳工方面的立法，比如《职业安全与健康法》《员工退休收入保障法》《反就业年龄歧视法》，还有后来通过的一些法律，像1990年颁布的《美国残疾人法》以及1991年颁布的《民权法案》，等等。

3.2.2 行政机构

行政机构是由美国总统以及许多受总统监督的监管机构共同组成的。尽管法律是由立法机构通过的，但行政机构却能够通过多种方式影响这些法律。第一，总统可以向国会提出法案，如果获得通过，总统的建议便会成为法律。第二，总统有权否决国会通过的任何法律，这就确保只有很少的法律能够在未经总统批准的情况下获得通过——这就使总统能够对法律的制定施加自己的影响。

第三，在总统职权之下的一些监管机构承担着强制实施法律的责任。这样，在决定何种类型的违法行为应当受到追究方面，总统可以施加自己的影响。例如，许多与就业歧视有关的法律都是由司法部下的公平就业机会委员会负责强制实施的。在总统吉米·卡特（Jimmy Carter）执政期间，司法部就曾经对亚拉巴马州伯明翰市的政府消防局提起诉讼，理由是它没有雇用足够多的黑人消防队员。这一案件最终以当事人协议判决的方式告终，判决要求消防局必须在招募和晋升时给予黑人优先考虑。然而两年之后，在罗纳德·里根（Ronald Reagan）总统执政期间，在一个对伯明翰市政府提起诉讼的案件中，司法部又站在了白人消防队员的一边，它宣称，在原协议判决中要求的优先考虑黑人的规定实际上是对白人消防队员的一种歧视。[2]

第四，总统可以发布行政命令，而这些政令有时会对那些与美国联邦政府签订承包合同的组织的活动起到管制作用。例如，由林登·约翰逊（Lyndon Johnson）总统签署的11246号政令就要求，所有联邦政府合同承包商或二级承包商都必须实施积极的反歧视行动计划，这些计划的宗旨是促进这些组织对女性以及少数族裔的雇用以及他们在组织内部的晋升。第五，在某些方面，总统能够影响最高法院对法律的解释。当一些特别敏感的案件被提交到最高法院的时候，代表行政机构的总检察长就会努力争取获得他们希望看到的结果。例如，最近的一个法律案件涉及一位被解雇的白人女教师，学校为了留住一位在资历和绩效方面都与其相同的黑人教师，以实现员工队伍的"多元化"为由将其解雇。这名白人女教师向联邦法庭提起了诉讼，布什政府发布了一项简短的声明对其表示支持，声明指出：多元化不应该成为根据种族类型做出决策的合法理由。最后，这位女教师在联邦法庭上获胜，而其学校所在的学区却提起了申诉。就在这个时候，在竞选中获胜的克林顿执政当局却站在学区的立场上发布了一项简短的声明，声明指出：多元化可以成为一种合法的辩护理由。

最后，美国联邦政府司法体系中的所有法官都是由总统任命的，但是要经过立法机构的批准，这也会对许多法律的解释产生影响。

3.2.3 司法机构

司法机构是由联邦法院系统组成的，它一共划分为三个层次。第一个层次包括美国联邦法院的地方法院以及一些准司法性行政管理机构。联邦政府的地方法院受理的是违反联邦法律的案件。准司法性行政管理机构，比如，美国劳资关系委员会（这个委员会实际上是行政管理机构的一个延伸，但是履行司法职能），受理的是与特定管辖权有关的案件（比如，美国劳资关系委员会受理的都是与资方和工会之间争议有关的案件）。如果原告和被告中的任何一方对这一层次上的审理结果感到不满，他们都可以向美国联邦上诉法院提起上诉。联邦上诉法院最初设立的目的是减轻最高法院的案件负担，所以通常情况下，任何一项从联邦地方法院层次提起的上诉都必须首先由13个上诉法院中的一个做出审理，然后才有可能达到更高一层的审理机构，即联邦政府最高法院。最高法院在审理任何上诉案件之前，都必须首先发出诉讼案件移送命令。然而，最高法院通常不会轻易发出诉讼案件移送命令，除非两家上诉法院在同一个法律要点上作出了不同的裁决，或者是相关案件涉及对宪法的某种重要解释。

最高法院是终审法院。最高法院作出的裁决具有强制执行的法律约束力；最高法院的判决只能通过立法程序推翻。比如，如果国会对最高法院在某些特定案件中的判决结果感到不满，它就可以通过立法程序将其推翻。例如，美国国会就曾经通过1991年《民权法案》推翻了最高法院对"沃兹科夫包装公司诉阿托尼奥"（Wards Cove Packing v. Atonio）一案的原始判决结果。[3]

在描述了影响人力资源管理的这些法律制度之后，我们现在来考察一些对人力资源管理活动产生管制作用的主要法律，尤其是公平就业机会方面的法律。我们首先讨论美国的一些强制要求提供公平就业机会的重要法律。然后，我们将考察负责强制执行这些法律的相关政府机构。在这一部分中，我们会了解四种主要的歧视理论，同时讨论一些相关的法院判例。最后，我们将探讨当今的管理者面临的一些公平就业机会问题。

虽然通常法律是用来保护员工的，但有时员工并不需要这些保护。“通过全球化进行竞争”专栏阐释了在某些情况下，中国劳动法的实施是如何与员工期待更高工资的意愿相违背的。

通过全球化进行竞争

制造苹果产品的工作环境

苹果视频播放器（iPod）、苹果手机（iPhone）、苹果平板（iPad）以及其他数码产品普遍存在于现代社会中。在消费者对这些数码产品的需求持续增长的同时，一些人更关注生产这些产品的工作环境。

位于中国深圳的富士康（也叫作鸿海精密工业公司）是苹果的主要供应商之一。2011 年，14 名富士康员工跳楼自杀或自杀未遂。虽然这个自杀率没有超过范围更大的中国人口自杀率，但这些自杀被归咎于工作时间过长。富士康最初的反应是找到其他准备跳楼的人。

一名审计员在工作中发现，富士康旗下有三家工厂违反了中国的法律和苹果的政策规定，并且公司曾经尝试使其加班政策符合中国的法律要求，即每周加班时长不超过 9 个小时。虽然这听起来不错，但是实际上部分员工并不喜欢这个新的限制。

工厂里有部分员工希望每周加班时间超过 15 个小时。有位员工提到，一旦加班时间限制政策生效，“我认为很多经验丰富的员工会离开技术生产线”。

一方面，日益紧张的劳动力市场迫使一些公司支付更高的工资和提供更好的工作环境来吸引和留住员工。比如，鸿海公司提高工资，为员工开设专业的心理咨询室，增添休闲娱乐设施，并提供高中、本科课程的培训项目。另一方面，增加的成本削减了利润，迫使企业将工厂移到越南、墨西哥等低成本的国家。比如，鸿海的劳动力成本将增加 14 亿美元，但它的营业利润率却下降了。这些都凸显了全球化带来的挑战，公司需通过寻求降低劳动力成本的方法来进行竞争。

讨论题

美国公司应该在多大程度上把美国式的“可接受的工作条件”观点强加给那些没有认识到其重要性的国家和员工？

资料来源：P. Mozur，“Foxconn Workers Say，‘Keep Our Overtime，’” *Wall Street Journal*，December 12，2012，p. B1.

3.3 公平就业机会

公平就业机会（equal employment opportunity，EEO）指的是政府努力确保所有的人——无论其种族、肤色、宗教、性别、年龄、残疾状况以及原国家来源——都能获得同等的就业机会。为了实现这一目标，美国联邦政府运用了包括宪法修正案、法律、行政命令以及能够对这些法律提供解释的法庭判例等各种手段。（不过，公平就业方面的法律并非在所有国家都是相同的。）我们所要讨论的涉及公平就业的主要法律在表 3-1 中进行了总结。

表 3-1　美国的主要公平就业机会法律和相关规定

法律	要求	管辖范围	强制实施机构
宪法第十三条修正案	废除奴隶制	所有人	法院系统
宪法第十四条修正案	为全体公民提供同等保护，并且要求政府行为遵守正当法律程序	政府行为（比如政府组织的决策）	法院系统
1866 年和 1871 年《重建民权法案》	赋予全体公民以缔结、执行、修改、终止合同以及享有合同关系中规定的所有利益、待遇和条件的权利	所有人	法院系统
1963 年《公平薪酬法》	要求从事相同工作的男性和女性获得相同的工资	从事州际商业活动的雇主	公平就业机会委员会
《民权法案》第七章	禁止以种族、肤色、宗教信仰、性别或者原国家来源等为依据实行歧视	雇用人数在 15 人或以上，且员工每年的工作时间在 20 周或以上的雇主；工会；就业服务机构	公平就业机会委员会
1967 年《反就业年龄歧视法》	禁止对年龄在 40 岁或以上的劳动者实行歧视	雇用人数在 15 人或以上，且员工每年的工作时间在 20 周或以上的雇主；工会；就业服务机构；联邦政府	公平就业机会委员会
1973 年《职业康复法》	要求雇主在雇用残疾人方面采取积极的反歧视行动	政府机构；承包联邦政府合同的金额达到 2 500 美元以上的承包商和二级承包商	联邦合同执行程序办公室
1990 年《美国残疾人法》	禁止对残疾人实行歧视	雇用的员工人数达到 15 人以上的雇主	公平就业机会委员会
《反怀孕歧视法》	禁止对怀孕、生育或与怀孕有关的身体状况实行歧视	雇用人数在 15 人以上的雇主	公平就业机会委员会
11246 号政令	要求在雇用女性和少数族裔方面采取积极的反歧视行动	承包联邦政府合同的金额达到 10 000 美元以上的承包商和二级承包商	联邦合同执行程序办公室
1991 年《民权法案》	禁止歧视（同《民权法案》第七章）	同《民权法案》第七章，同时将第 1981 节的规定应用于就业歧视案件	公平就业机会委员会

3.3.1　宪法修正案

■ 宪法第十三条修正案

美国宪法第十三条修正案废除了美国的奴隶制度。尽管在今天的美国很难再找到一个可以引用的以种族为依据的奴隶制案例，但是，宪法第十三条修正案却一直应用于一些带有奴隶制“印迹”（信号）和代表奴隶制“事件”的歧视性案件。

■ 宪法第十四条修正案

美国宪法第十四条修正案禁止国家不通过正当法定程序剥夺人的生命、自由或者财产，禁止国家不给予所有人都应当获得的平等法律保护。这条宪法修正案是在美国南北战争结束之后立即获得通过的，它最初仅仅适用于对黑人的歧视行为，后来迅速扩大到对其他群体——比如外来者和亚裔美国人——的保护，最近，它又进一步扩展到对在逆向歧视诉讼中涉及的白人提供保护。在“巴基诉加利福尼亚管理委员会”（Bakke v. California Board of Regents）案件中，艾伦·巴基（Alan Bakke）宣称，在加利福尼亚大学戴维斯医学院的新生入学甄选过程中，他受到了歧视。[4]该大学在准备录取的100个学生名额中，为“处于不利地位”的属于少数族裔的申请者保留了16个名额。在这种配额制度下，巴基只能竞争其他的84个名额，而属于少数族裔的申请者却可以竞争全部的100个名额。法院最终判定巴基获胜，法院的判决是，这种配额制度侵犯了白人也应当获得平等法律保护的权利。

与宪法第十四条修正案有关的很重要的一点是，它只适用于“政府行为”。这就意味着，只有政府的决策或行为，或者是那些应当引起政府行为反应的私人团体决策或行为才有可能侵犯宪法第十四条修正案。这样一来，如果某个人遭到了州立大学（一种政府组织）的解雇，那么他就可以根据宪法第十四条修正案提起诉讼，但如果此人遭到了私营部门雇主的解雇，他就不可以根据宪法第十四条修正案提起诉讼。

3.3.2 国会立法

■《重建民权法案》（1866年和1871年）

宪法第十三条修正案废除了美国的奴隶制，而《重建民权法案》则试图将这一目标继续推行下去。1866年通过的《民权法案》后来被分解成两部法律。第1982节赋予所有人与白人相同的财产权。而第1981节则赋予公民其他一些权利，其中包括缔结契约以及要求强制执行契约的权利。法院对第1981节的解释认定，个人有权缔结以及要求强制执行雇佣合同。1871年颁布的《民权法案》则赋予所有公民这样一种权利，即如果他们感到自己的有效公民权利被剥夺了，他们有权向联邦法院提起诉讼。虽然这些法律规定看起来有些过时，但它们实际上是适用的，这是因为，这些法律使原告不仅能够获得补偿性损害赔偿，而且能够得到惩罚性损害赔偿。

事实上，在最高法院受理的“帕特森诉麦克林信用合作社”（Patterson v. McClean Credit Union）一案中，这些法律就被推到了最前沿。[5]在此案中，原告根据《重建民权法案》第1981节关于种族侵犯的规定，控诉被告对自己实行了歧视。在受雇于麦克林信用合作社之后，帕特森从来没有获得任何晋升和加薪。还有人告诉她：“黑人干起活来就是比白人慢。”这样，她就找到了能够证明自己受到歧视的理由，并且根据第1981节的规定提起了诉讼，声称她在缔结以及执行雇佣合同的过程中受到了歧视。但最高法院却判定，这种情况下不能援引第1981节的规定，因为这一节的法律规定并不涉及合同的缔结和执行问题。然而，1991年《民权法案》对这一法案进行了修正，将合同的缔结、执行、修正、终止以及在合同关系中规定的所有利益、特权、待遇以及条件等都包括在内。

■《公平薪酬法》(1963 年)

《公平薪酬法》是《公平劳工标准法》的修正案，它要求在同一组织中从事相同工作的男性和女性必须获得相同的薪酬。该法案是根据技能、努力程度、责任以及工作条件四个方面的内容来对“相同”进行界定的。不过，这项法案同时也允许从事相同工作的男性和女性可以由于某些原因获得不同的薪酬，即如果薪酬差别是由于这两类员工在年资、绩效、生产数量或质量以及其他非性别因素（比如是否轮班或是否参加了培训计划）方面的差异所导致的，那么，这种薪酬差别就是法律允许的。

■《民权法案》第七章（1964 年)

这一法案是美国对公平就业机会做出管制性规定的主要立法。它是像马丁·路德·金等这样一些人在 20 世纪 60 年代领导的民权运动产生的一个直接结果。金博士的哲学是：“不应当根据人们的肤色，而应当根据他们的特征来对他们做出判断。”为了确保就业机会建立在个人特征或能力的基础之上，而不是建立在种族基础之上，国会起草并通过了《民权法案》第七章，并由林登·约翰逊总统签署成为法律。

《民权法案》第七章声明，雇主的下列行为是违法的：“第一，由于一个人的种族、肤色、宗教、性别或原国家来源等原因而不雇用或拒绝雇用他们，或解雇他们，或在薪酬、就业待遇、工作条件、就业权利等方面采取歧视性行为。第二，由于一个人的种族、肤色、宗教、性别或原国家来源等原因，以任何一种方式对员工或求职者施加限制、进行隔离或者是分类，从而剥夺或有意剥夺他们的就业机会，或者是对他们的员工地位产生负面影响。”这项法案适用于雇用的员工人数达到 15 人或以上，并且这些员工每年的工作时间达到 20 周或以上的从事州际贸易的雇主，同时也适用于州政府和地方政府、就业服务机构以及劳工组织。

■《反就业年龄歧视法》

该法案于 1967 年获得通过，并于 1986 年得到修正，它禁止对年龄超过 40 岁的员工实行歧视。从该项法案的实质性条款以及案件诉讼需要遵循的程序来看，它几乎是《民权法案》第七章的翻版。[6] 与《民权法案》第七章的情况一样，该法案的强制实施也是由公平就业机会委员会来负责的。

《反就业年龄歧视法》的设计目的是，在一些公司通过临时解雇方式裁减人员时，为年纪较大的员工提供保护。企业往往可以通过解雇那些年纪较大的员工来大幅削减自己的劳动力成本，这是因为，这类员工的薪酬水平通常比较高。最近，许多公司常常向员工提供一些促使他们主动提前退休的激励计划，但这种做法可能违反了《反就业年龄歧视法》，因为这种计划针对的主要是年纪较大的员工。提前退休激励计划往往要求员工签署一项协议，即让他们承诺放弃按照《反就业年龄歧视法》的规定提起诉讼的权利。法院对于提前退休激励计划以及要求员工放弃起诉权利的做法持一种认可的态度，只要这份协议不是员工被迫签订的，协议书的内容以员工非常容易理解的方式提供给他们，同时员工有充分的时间来做出是否签订协议的决定。[7]

然而，在公平就业机会委员会接到的控诉中，关于就业年龄歧视的控诉却占了很大的比例，只要经济增长变得缓慢，这类控诉的数量就会持续上升。比如，正像我们在图3-1中看到的那样，20世纪90年代早期，这类控诉案件的数量在增长，因为当时的许多公司都开始缩小规模，而随着之后经济开始复苏，这类控诉的数量又开始下降。随着2000年经济发展速度再次放缓，这类控诉的数量又再次提高，在2008年经济衰退时同样如此。这种现象产生的主要根源是，那些正在裁员的公司往往会试图解雇年纪较大（从而薪酬水平较高）的员工。另外，这些案件的处理成本可能会很高。许多此类案件是通过庭外和解的方式解决的，很多公司在这些案件的处理过程中付出的成本往往高达每位员工5万～40万美元。[8] 在最近的一个案件中，谢林-普劳公司（Schering-Plough）解雇了一位名叫弗雷德·迈奥瑞诺（Fred Maiorino）的35岁的员工，此前，他已经先后两次拒绝公司向所有销售代表提出的提前退休计划。后来举行的听证会表明，迈奥瑞诺的老板为了解雇他，故意在他的档案中放入了一些对他不利的文件，而不是试图帮助他去改善工作绩效，因此，陪审员一致判定，他确实因自己的年龄受到了公司的歧视。因此，法院最终判定谢林-普劳公司必须支付给迈奥瑞诺43.5万美元的补偿性损害赔偿以及800万美元的惩罚性损害赔偿。[9]

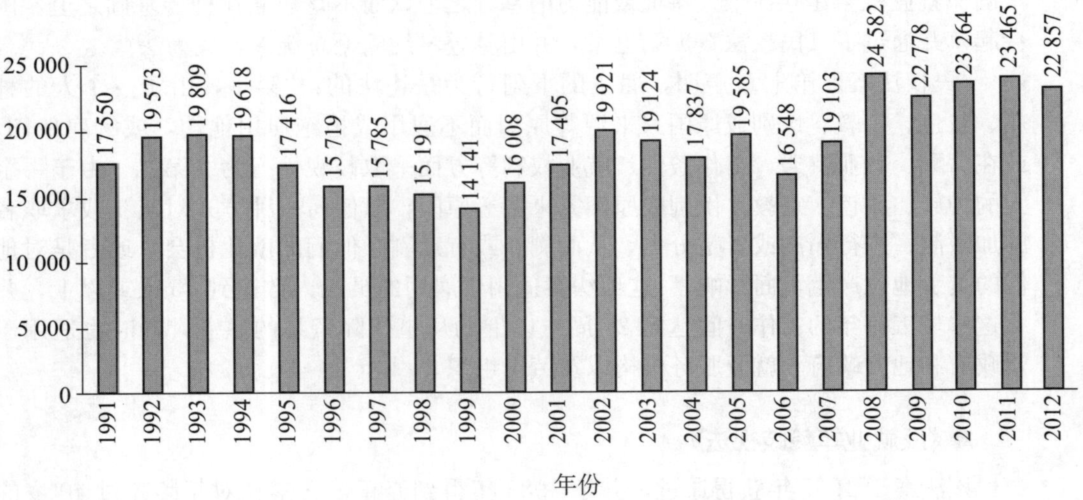

图3-1 就业年龄歧视方面的控诉案件数量，1991—2012年

资料来源：Equal Employment Opportunity Commission, at http://eeoc.gov/stats/adea.html.

■《职业康复法》（1973年）

这项法案涵盖了所有政府行政机构以及每年承包联邦政府合同的金额超过2 500美元的承包商和二级承包商。它要求这些机构或组织针对残疾人采取积极的反歧视行动。国会设计该项法律的目的是，鼓励雇主积极招募那些虽然身有残疾但是符合要求的劳动者，并且通过为他们提供一些合理的便利来使其成为劳动力市场上积极的一员。美国劳工部的就业标准管理局负责该项法律的强制实施。

■《越战老兵再调整法》（1974年）

这一法案与《职业康复法》类似，它要求联邦政府的承包商和二级承包商采取积极的反歧视行动，雇用那些越战老兵（即那些在1964年8月5日到1975年5月7日之间服役的人）。我们在本章后面将要谈到的联邦合同执行程序办公室负责该项法案的强制实施。

■《反怀孕歧视法》

《反怀孕歧视法》是对《民权法案》第七章的修正案。该法案将雇主针对员工怀孕、分娩和相关医疗条件下的非法歧视定义为违法性别歧视的一种形式。雇主不能因为怀孕、与怀孕有关的身体情况或者同事、客户或顾客的偏见而拒绝雇用孕期中的女性。比如，最近的一个案件就是公平就业机会委员会对费城的一家名为 Motherhood Maternity 的孕产妇服装零售店提起了怀孕歧视和报复的诉讼。公平就业机会委员会指控该公司拒绝合格女性求职者的工作要求，原因仅仅是她们怀孕了。最终，该店同意并接受了如下和解条件：根据一份三年有效的和解协议赔偿原告 37.5 万美元；制定并发布一项明确的禁止对孕妇进行歧视的反歧视政策；对其在佛罗里达州的员工进行新政策培训；张贴关于本次诉讼结果的通知；若出现任何一次孕妇投诉事件，每年必须两次向公平就业机会委员会提交报告。[10]

另外，考虑到孕妇怀孕和休产假，雇主不应该将与怀孕有关的条件纳入决定员工的工作能力的程序中，如果一位员工在怀孕期间暂时不能工作，雇主应该像对待其他暂时不能工作的员工一样对待她。该法案同时还要求企业的健康保险必须包含与怀孕相关的医疗费用，并且保险金额的基准与其他医疗情况相同。最后，怀孕的相关福利不能仅限于已婚员工，如果雇主为员工提供了任何休假福利，那么也必须为那些因怀孕正在休假的员工提供相同的福利。

最近，公平就业机会委员会起诉 HCS 医疗招聘有限责任公司涉嫌歧视怀孕的员工并且在员工休产假期间将其解雇。根据公平就业机会委员会的诉讼，雇主查尔斯·西森（Charles Sisson）对即将临产的会计员罗克西·莱杰尔（Roxy Leger）的负面评价与日俱增。他声称莱杰尔怀孕是个玩笑，将莱杰尔的产假称为“休假”，并坚持产假不能多于两天。西森最终在莱杰尔剖宫产后的第七天解雇了她，尽管莱杰尔在怀孕前的工作表现并无任何负面评价。[11]

■《民权法案》(1991年)

1991 年《民权法案》对 1964 年《民权法案》第七章、1866 年《民权法案》第 1981 节、《美国残疾人法》以及 1967 年《反就业年龄歧视法》进行了修正。根据 1991 年《民权法案》的规定，在公平就业机会法律中出现的一个主要变化是，在适用《民权法案》第七章和《美国残疾人法》的歧视案件中，增加了补偿性损害赔偿和惩罚性损害赔偿的规定。在 1991 年《民权法案》颁布以前，《民权法案》第七章将损害赔偿的范围限定在像欠薪补偿、福利损失返还、某些案件中的预付薪酬以及律师费和诉讼成本等这样一些项目上。而 1991 年《民权法案》则规定，一旦法院认定被告存在蓄意歧视或疏忽歧视的行为，则可以要求歧视者向被歧视者支付补偿性损害赔偿以及惩罚性损害赔偿。补偿性损害赔偿包括对未来的金钱损失、感情伤害、痛苦以及失去生活乐趣等做出的补偿。而惩罚性损害赔偿则要求采取歧视性行为的雇主向原告作出超过其实际受损数量的补偿，以此来打击雇主的歧视行为。

按照这种规定，一起或几起歧视案件就有可能会导致一个组织破产，而这可能会对许多无辜的员工产生不利影响，因此国会对于惩罚性损害赔偿的数量做出了限定。表3-2中描述的就是这些限定情况。从表中可以看出，惩罚性损害赔偿的范围是：每一例违反法律的歧视性行为会受到5万～30万美元的处罚，具体的罚金数额根据组织的规模大小而定。只有在雇主对原告进行了蓄意歧视，或者是雇主对员工享有的受联邦法律保护的权利实施了歧视，制造恶意或者明显的差别的情况下，才能对雇主处以惩罚性损害赔偿。在这些惩罚性损害赔偿中没有把非法雇佣活动包括在内，因为这种情况造成的影响是不同的。[12]

表3-2　　1991年《民权法案》确定的惩罚性损害赔偿的最高水平

组织的雇佣规模	惩罚性损害赔偿的限额
14～100名员工	5万美元
101～200名员工	10万美元
201～500名员工	20万美元
500名以上员工	30万美元

1991年《民权法案》中增加的这种损害性赔偿制度产生了两个方面的直接后果。首先，由于提高了提起歧视性诉讼的一方可能得到的潜在回报，它导致针对企业的歧视性诉讼案件的数量增加了。其次，企业现在更有可能赋予所有员工平等的就业机会，而无论他们的种族、性别、宗教和原国家来源是什么。许多企业已经感觉到，必须根据人口的构成来安排自己的劳动力队伍结构，从而避免卷入代价高昂的诉讼案件。显然，该项法案为雇主的这些活动提供了经济上的激励。

■《美国残疾人法》（1990年）

对人力资源管理影响最为深远的法案之一就是**《美国残疾人法》**（Americans with Disabilities Act，ADA）。这项法案保护那些身有残疾的人在工作场所中不会受到歧视。它除了禁止雇主在广告刊登、招募、工作年限、临时解雇、休假以及福利等方面对残疾人采取歧视性行为，还禁止雇主在任何雇佣实践中对残疾人实行歧视，这些雇佣实践包括求职程序、雇用、解雇、晋升、薪酬以及培训等方面。由于这项法案出台不久，所以我们下面将对其各项规定一一加以解释。

《美国残疾人法》把残疾定义为会对某人的一种或多种主要生活行为带来较大限制的身体或者精神上的障碍，曾经存在这种障碍，或者是被认为存在这种障碍。这个定义的第一部分专指那些有严重残疾的人，比如患有癫痫、失明、耳聋或者瘫痪的人等，这些严重的残疾对他们完成一些主要的生活行为——比如行走、看东西、做手工活、学习、照料自己以及工作等——的能力产生了较大的影响。定义的第二部分指的是有过残疾历史的人，比如患过癌症但是现在已经康复的人、有过精神病史以及心脏病史的人。定义的第三部分，“被认为存在这种障碍”指的是这样一种情况，比如某人有严重的身体畸形，因此雇主拒绝雇用他，原因是雇主害怕这会引起其他人做出负面的反应。[13]

因此，《美国残疾人法》一方面包括特定的生理残疾，比如外部畸形以及对神经、肌肉、传感、呼吸、心血管、生殖、消化、泌尿、遗传和淋巴系统产生影响的肌体损失。另一方面，它还包括精神和心理的紊乱，比如精神迟钝或脑组织综合征、情绪或精神疾病以及学习障碍等。然而，肥胖、吸毒、眼睛和皮肤的颜色以及左撇子等，都未包括在法案所规定的范围之内。[14]

此外，2009年1月1日实施的《美国残疾人法修正案》扩大了被称为残疾人的人员范围。该法案表明“残疾”应该是一个大致而宽泛的概念，而且“个人障碍是不是一个能够被《美国残疾人法》认可的残疾问题并不需要广泛地分析”。最高法院对“严重受限”的解释是：个人行为在主要的生活活动中受到了“显著约束”，但是《美国残疾人法修正案》认为这个标准太高了，于是指导公平就业机会委员会修改了规则，降低了相关标准。此外，关于“视为残疾”，最高法院认为只要前任雇主能证明员工的身体损伤并没有对其主要的生活活动产生明显的限制，该雇主就可以免责。然而《美国残疾人法修正案》表示，只要员工“实际上或感觉到身体或精神的损伤，无论这个损伤是否真正限制其主要的生活活动，还是仅仅感觉上有所限制”，都可以证明自己遭遇了非法行为。作为对《美国残疾人法修正案》的回应，公平就业机会委员会澄清了进而在某种意义上重新定义了“残疾”。根据它们最近的指南，残疾从三个“方面”被定义为：一种身体或者精神的伤残，这种伤残“显著”限制了一种或多种主要的生活活动，有这种伤残的历史记录；或者无论你有没有伤残，在雇用、解雇、降职中被雇主“视为”残疾。从实质上说，一个人被视作残疾不仅是因为他不能做一些事，还因为他的身体状况影响了他的活动。[15]

3.3.3 行政命令

行政命令是由总统单方面发布和修订的指示。这些政令不需要得到国会的批准，然而它们却具有法律效力。有两项行政命令对人力资源管理有着直接的影响。

■ 11246号政令

这项政令是由约翰逊总统发布的，它禁止以种族、肤色、宗教和原国家来源为依据实行歧视。与《民权法案》第七章有所不同，这项政令只适用于联邦政府的承包商和二级承包商。那些从联邦政府获得1万美元以上合同的雇主必须采取积极的反歧视行动，而那些获得联邦政府合同的金额超过5万美元的承包商，还必须在每份合同签署实施之后的120天之内，为自己的所有下属机构拟定出书面的积极的反歧视行动计划。联邦合同执行程序办公室负责该项政令的强制实施。

■ 11478号政令

该项政令是由理查德·尼克松（Richard M. Nixon）总统发布的，它要求联邦政府的所有雇佣政策应当建立在功绩和适应性基础之上，并且明确指出，种族、肤色、宗教和原国家来源等因素不应当被考虑在内。（美国联邦政府人事管理署负责该项政令的强制实施。）这项政令还将此规定扩展到获得联邦政府合同的金额达到1万美元以上的所有承包商和二级承包商。（有相关的政府机构负责确保承包商和二级承包商遵守这项政令。）

3.4 公平就业机会法律的强制实施

正如前面讨论的那样，联邦政府的行政机构承担着大多数由立法机构通过的所有公平就业机会法律强制执行的责任。此外，这些行政机构还必须强制执行由总统发布的行政命令。对这些法律和行政命令负有强制实施责任的两个机构分别是公平就业机会委员会和联邦合同执行程序办公室。

3.4.1 公平就业机会委员会

作为美国联邦政府的一个独立机构，**公平就业机会委员会**（Equal Employment Opportunity Commission，EEOC）负责大多数公平就业机会方面的法律的强制实施，例如《民权法案》第七章、《公平薪酬法》和《美国残疾人法》。公平就业机会委员会负有三项主要责任：调查和解决歧视案件、搜集信息以及发布指导性意见。

■ 歧视案件的调查与解决

那些认为自己受到歧视的个人必须在事件发生的180天之内向公平就业机会委员会或者州一级的类似机构提起诉讼。如果没有在180天之内提起诉讼，那么该案件就会自动取消，但是也有一些例外情况，比如，雇主出于故意歧视的目的建立某种资历体系的做法就不受这一条款的时间制约。例如，由奥巴马总统签署的《莉莉·莱德贝特公平薪酬法》就是对180天“空窗期”做出的直接反应。莱德贝特在1979—1998年间是位于亚拉巴马州的固特异轮胎和橡胶工厂的一名区域经理，在这19年间，她的加薪水平一直低于男同事。这一差异使她在职业生涯后期每年比男同事少赚6 700美元，因为退休金与退休时的薪酬挂钩，所以她的退休金也更低。当她提起诉讼后，最高法院裁定这一案件中的“非法行为”是加薪决策（已经远远超过180天的空窗期），莱德贝特为自己提供的辩护是，每当她收到比同事更低的退休金时，都可以视为经历了一次歧视。因此，国会通过法令对“非法行为”进行了专门的界定，认定当如下情况发生时，便产生了“非法行为”：(1) 企业制定了一项歧视性薪酬决定；(2) 员工会受到这个决定的影响；(3) 员工在这一决策的实施过程中受到了影响，包括在每次发放薪酬时都受到影响。

一旦提起诉讼，公平就业机会委员会就有责任对歧视案件展开调查。控诉者必须为公平就业机会委员会留出60天的时间进行调查。如果公平就业机会委员会认为控诉无效，或者没能在规定的时间内完成调查，那么控诉者就可以向联邦法院提起上诉。如果公平就业机会委员会认定确实存在歧视，那么它派出的代表就会提出一个在双方之间达成和解的方案，从而为联邦政府的法院体系减轻一些不必要的案件审理负担。有时候，公平就业机会委员会也会与有歧视行为的组织达成一项双方同意的判决。这种判决是公平就业机会委员会与这些组织之间达成的一项协议，在这项协议中，有歧视行为的组织被要求停止某种歧视性做法，并且还要采取一些积极的反歧视行动来纠正其过去的歧视历史。

如果公平就业机会委员会不能与这些组织达成一致，那么它有两种选择：第一种选择是，它可以给提起诉讼的歧视受害者发一份“可以直接上诉”的通知，这一通知可以证明公平就业机会委员会已经对案件进行了调查，并且发现受害者的控诉是成立的。第二种选择是，它可以帮助受害者直接向联邦法院提起诉讼——尽管这种情况发生的可能性很小。

■ 信息搜集

公平就业机会委员会还扮演着对各种组织的雇佣实践进行监控的角色。那些雇用人数达到 100 或以上的组织必须向公平就业机会委员会提供一份报告（EEO-1），说明在九种不同职位类别中雇用的女性员工和少数族裔员工的人数。公平就业机会委员会利用计算机对这些报告进行分析，以查出那些歧视性的雇佣模式，然后再通过集体诉讼的方式对这些歧视模式予以打击。

■ 指导性意见的发布

公平就业机会委员会的第三项责任是，通过发布指导性意见来帮助雇主们判断，自己的决策在什么时候有可能会违反公平就业机会委员会强制实施的那些法律。这些指导性意见本身并非法律，但是当法院对雇佣歧视案件进行审理时，却会对这些意见给予高度重视。

例如，《员工甄选程序规范化指南》是由公平就业机会委员会、美国劳工部、司法部以及美国公务员委员会共同发布的一个指导性意见。[16]这份文件在一个组织应当如何设计并管理自己的甄选系统，从而保证它不会违反《民权法案》第七章的有关规定方面提供了指导性意见。法院在判定一家公司是否存在歧视行为，或者某家公司的甄选系统中规定的程序是否合法有效时，往往会以这份《员工甄选程序规范化指南》作为参照。再举一个例子：在《美国残疾人法》通过以后，许多雇主对于该法案到底会对他们的甄选程序产生怎样的影响感到有点茫然。于是，公平就业机会委员会在《联邦公报》上发表了一些指导性意见，提供了一些非常详细的信息来说明在涉及残疾人的问题上，该机构会认为哪些雇佣实践是合法的，而哪些则是非法的。虽然公司最好遵守这些指导性文件的要求，但法庭对《美国残疾人法》的解释却有可能与公平就业机会委员会的解释有所出入。因此，通过发布这些指导性文件，公平就业机会委员会能够指引雇主做出不会与现有法律产生冲突的雇佣决策。

3.4.2　联邦合同执行程序办公室

联邦合同执行程序办公室（OFCCP）是负责强制实施行政命令的一个机构，它负责实施的是针对那些同联邦政府有商务往来的公司所发布的行政命令。那些从联邦政府获得合同金额超过 5 万美元的公司在雇用员工的过程中，不能因种族、肤色、宗教、原国家来源或者性别等对求职者实行歧视，并且还必须提交书面的积极的反歧视行动计划。

这些计划由三个基本部分构成。[17]首先，雇主要进行**利用分析**（utilization analysis），也就是说，把企业劳动力队伍的种族、性别和民族构成，与可能得到的劳动力供给中的同类构成加以比较。雇主必须搞清楚，在每个职位族中，具有某一特征的人（比如女性）在自己雇用的员工队伍中所占的比例，与具有这种特征的人在相关劳动力供给中的比例是否一致。如果在雇主的劳动力队伍中具有某种特征的人所占的百分比远远低于这类人在作为对比对象的群体中所占的百分比，那么，这些人就会被认定为“利用不足”。

其次，雇主还必须就如何实现这些特征的平衡制定具体的**目标和时间表**（goals

and timetables）（特别是那些存在“利用不足”问题的组织）。雇主在目标和时间表中必须说明，自己准备在每个职位族中雇用的女性和少数族裔员工所要达到的比例，同时还要说明到哪一日期为止达到这一比例。这种百分比并不被视为一种配额，因为配额制要求企业必须为受保护群体中的成员留出具体数量的职位。这种目标和时间表就灵活多了，它只要求雇主制定出具体的目标，并且能够采取步骤来达成这些目标。事实上，有人专门对一些公司进行了研究，这些公司都制定了提高黑人的雇佣数量这样一个目标。研究结果发现，实现这种目标的公司只有10%。尽管这个结果听起来让人有点沮丧，但需要指出的很重要的一点是，与那些没有制定这种目标的公司相比，这些公司确实增加了黑人的雇佣数量。[18]

最后，获得联邦政府合同的雇主还必须列出一张清单，说明为了达到改善“利用不足”这样一个目标，雇主准备采取哪些**行动步骤**（action steps）。公司首席执行官必须明确地告知整个组织，公司承诺改善利用不足的问题，并且组织中所有管理人员都必须参与到行动计划的制定过程中来。比如，企业可以通过以下途径使公司的职位空缺更多地向女性和少数族裔劳动者开放：公开发布公司的积极的反歧视行动政策；到女性或少数族裔占主导的学校中进行招募；参加一些以增加就业不充分群体的就业机会为目的的相关计划；扫除一些不必要的就业障碍等。企业还必须采取积极的反歧视性行动来雇用越南老兵以及残疾人。

联邦合同执行程序办公室每年都要对联邦政府合同承包商进行核查，以确保这些承包商确实为实现它们各自所制定计划中的那些目标付出了积极的努力。核查的内容包括：第一，审查公司的积极的反歧视行动计划；第二，实地参观访问，以考察作为个体的员工对公司的积极的反歧视行动计划持有的看法。如果联邦合同执行程序办公室发现承包商或二级承包商没有遵守相关行政命令的规定，那么它所派出的代表可能就会通报公平就业机会委员会（如果有证据表明雇主确实存在违反《民权法案》第七章的行为），建议司法部进入刑事诉讼程序，要求劳工部长取消或暂停执行任何现有的合同，同时进一步禁止该公司投标未来的联邦政府合同。其中最后一种惩罚手段称为“取消资格”，是联邦合同执行程序办公室所掌握的最有力的武器。

在讨论了对公平就业机会进行界定的主要法律以及负责实施这些法律的机构之后，接下来我们将要分析各种歧视的类型，以及法院在一系列案件当中对这些类型的歧视做出的解释。

3.5 歧视的类型

你如何才能知道自己确实受到了歧视？现在假定你申请了一份工作，但是没有被录用。那么，你怎么才能知道这家公司之所以决定不录用你，是因为你确实不合格，还是因为你比最终被录用的其他人要差一些，或者仅仅是因为负责做出雇佣决策的人“不喜欢你这种类型的人”呢？歧视是一个多方面的问题。要判断不公正的歧视对一位雇主的决策到底产生多大的影响常常是困难的。

法学家归纳出了三种类型的歧视理论：差别对待、差别影响以及合理的便利。此外，对于那些参与歧视案件审理过程的人以及参与反歧视行动的人，法律也提供了一些专门的保护措施。法律规定通常用一些比较宽泛的语句来对这些理论加以陈述，而法院系统却通过自己审理的案件对这些理论进行界定和详尽的描述。表 3－3 是对各种歧视理论所做的一个比较。

表 3－3　　各种歧视理论的比较

歧视类型	差别对待	差别影响	合理的便利
表面上看是故意的吗？	是	不是	是
初步判断成立的歧视案件	当事人属于受保护群体中的一员，符合工作需要，但求职申请遭到了拒绝，而该职位仍然处于空缺状态	一种表面上看起来属于中性的雇佣活动，但实际上存在统计上的差别	当事人有某种宗教信仰或者残疾，并且告知了雇主（要求雇主提供合理的便利），但却由于没有获得这种便利而受到不利影响
雇主的辩护	为自己的雇佣决策提供一种合法的、非歧视性的理由，或者是指出这种要求确实属于一种真实职业资格要求	证明自己的雇佣实践与员工的工作绩效确实是密切相关的	没有提供便利是出于与工作有关的原因或经营的需要，提供便利对于企业来说是极其困难的，或者会对员工的健康或安全产生直接的威胁
原告的反驳	被告提供的理由只不过是为自己的歧视行为所找的一种“托词”	存在一些既能够达成雇主的目标，同时又不会产生差别影响的其他雇佣程序	
金钱损害补偿	补偿性损害赔偿金或惩罚性损害赔偿金	衡平法的补偿方式（比如欠薪补偿）	补偿性损害赔偿金和惩罚性损害赔偿金（如果歧视是故意的，或者雇主没有诚心诚意地提供合理的便利）

3.5.1　差别对待

当处于类似情况下的个人受到的对待不一样，并且这种不同的对待是由于个人的种族、肤色、宗教、性别、原国家来源、年龄或残疾状况等方面的差异所导致的，我们就说这时存在**差别对待**（disparate treatment）。如果两个具有相同任职资格条件的人申请了同一职位，而雇主把其中一个人的种族作为做出雇佣决策的依据，那么那位没有被雇用的人就成了差别对待的牺牲品。在起诉雇主有差别对待行为的案件中，原告必须能够证明雇主存在歧视动机——也就是说，雇主是蓄意进行歧视的。

一旦某些人由于自己的种族、性别以及其他一些类似的原因而受到不同对待，就存在差别对待的问题。比如，如果一家公司没有雇用需要抚养学龄儿童的女性（该公司宣称这些女性可能会经常缺勤），但却雇用了需要抚养学龄儿童的男性，那么这两类求职者就因为性别差异而受到了不同对待。差别对待的另一个例子是，一名雇主核查了少数族裔求职者的背景资料并且调查了他们的犯罪记录，但是对白人求职者却没有这样做。为什么人们经常建议管理者不要去询问求职者的婚姻状况？这是因为，在大多数情况下，管理人员要么仅仅向女性求职者询问这种问题，要么虽然他们对男性和女性求职者都问了同样的问题，但却会对女性求职者做出与男性不同的假设。（比如在面对女性时，他们会猜测："如果她的丈夫在其他地方找到了工作，那么她必然会随之离开"，而对于男性，他们则会这样猜测："他会是相当稳定的。"）所有这些例子都说明了：第一，人们受到了不同的对待；第二，确实存在对人们进行差别对待的动机。[19]

举一个例子，铁姆肯公司（Timken）最近同意以12万美元在一桩性别和残疾歧视的诉讼中达成和解。2007年，卡门·哈洛伦（Carmen Halloran）应聘铁姆肯的全职工作，那时他已经在铁姆肯兼职工作了四年。公平就业机会委员会指控铁姆肯拒绝雇用哈洛伦，因为管理者认为哈洛伦有一个残疾的孩子因而无法同时做好全职工作和照顾残疾的孩子。同时，因为铁姆肯雇用了有残疾孩子的男性员工，公平就业机会委员会又指控公司的这个决定基于无根据的性别刻板印象，认为残疾孩子的母亲承担首要的照料孩子的责任。夏洛特地区办公室的律师利奈特·巴恩斯（Lynette A. Barnes）说："公平就业机会委员会旨在与工作中的歧视行为做斗争。雇主一定要小心，避免应用基于女性是主要看护者而认为女性是不可靠雇员的刻板印象。"[20]

为了说明法律是如何处理差别对待问题的，我们来看一个差别对待案件在法院中是如何一步步接受审理的。

■ 原告的责任

像任何一个法律案件一样，原告承担着证明被告确实存在违法行为的责任。这就是案件"初步判断成立"的理论。在一个差别对待案件中，原告通过提供下列四个方面的证据能够满足案件"初步判断成立"的要求：

1. 原告属于某个受保护群体。

2. 原告申请了一个职位并且确实是称职的。

3. 尽管具备胜任工作的资格，但原告还是遭到了拒绝。

4. 在原告遭到拒绝后，其申请的职位仍然处于空缺状态，雇主在继续寻找具备类似任职资格的求职者，或者该职位最终由与原告资格条件类似的其他人获得。

尽管这四个方面的情况看起来很容易证明，但需要指出的一点是，法院要做的往往是将那些最为明显的会使原告的起诉很容易被拒绝的理由排除掉（比如，原告并没有提出求职申请，或者原告并不具备任职资格，或者是该职位已经得到填补或者已经被取消了）。如果这些方面的理由都能够被排除掉，那么法院就可以假定，企业的雇佣决策确实是建立在歧视动机的基础之上。

■ 被告的反驳

一旦原告使歧视案件初步看上去成立，责任就转向被告一方。这时，被告承担的责任会因原告在"初步判断成立"的案件中提供的证据类型而有所不同，即这种证据到底是间接证据（并不存在像正式的歧视性政策等这样一些直接的歧视证据，而只有通过推断才能够发现存在蓄意歧视的动机）还是直接证据（雇主根据他们认为合法的某些理由而制定的正式的歧视性政策）。在原告提供推断性证据的情况下，被告只需要找到一个合法的、非歧视性的理由就可以为自己开脱了，比如，尽管原告本人确实也是称职的，但是公司后来雇用的其他人却比其更为称职。

然而，在存在直接证据的歧视案件中——比如，一家公司由于自己的服务对象主要是男性顾客，因此制定了一项只雇用女性从事招待和服务工作的正式政策——被告很有可能会提出另一套不同的辩护理由。这种辩护理由会声称，对于这种工作而言，种族、性别或宗教等诸如此类的因素确实是一种**真实职业资格要求**（bona fide occupational qualification，BFOQ）。比如，如果一家公司正准备雇用在女士衣帽间分发毛巾的人，那么女性这一性别要求可能就是一种真实职业资格要求。然而，只有在很少的案件中，种族或性别确实能够成为一种真实职业资格要求，并且即使在这些情况下，这些特征要求也一定是必需的，而不能仅仅说这种工作更需要某种任职者特征。

"美国汽车工人联合会诉约翰逊控制公司"（UAW v. Johnson Controls，Inc.）一案就说明了被告在运用真实职业资格要求为自己辩护时可能会遇到的一些困难。[21]约翰逊控制公司是一家车用电池制造商，它制定了一项"胎儿保护"政策，这一政策将育龄女性排除在大量有可能使人接触到铅的工作岗位之外，因为铅可能会导致婴儿在出生时就有缺陷。该公司声称，将性别作为一项必要的职业资格要求，是保证工作场所安全所必需的。但是最高法院并没有认可该公司的政策，它指出，真实职业资格要求仅仅适用于与劳动者完成工作的能力直接相关的那些政策。

有趣的是，其实有些因素在歧视这个问题上并没有明确的限定。比如，《纽约时报》最近对202位人事主管做了调查，几乎60%的人事主管表示符合要求但长相不吸引人的求职者更难被录取。还有2/3的人事主管在雇用符合要求却肥胖的候选人之前会感到犹豫。[22]

■ 原告的反驳

如果被告提供了一种合法的非歧视性理由来解释自己的雇佣决策，那么责任又返回到原告一方。原告现在必须能够表明，被告提出的理由实际上并不是他们做决定时的真实理由，只不过是被告为其歧视性决策提供的一种"托词"或者借口罢了。这可能就需要原告能够提供证据说明，与黑人具备类似任职资格的白人求职者经常得到雇用，而与这些白人求职者的任职资格条件非常类似的黑人求职者却全部遭到了拒绝。为了更为清楚地描述差别对待，让我们来看一看涉及差别对待的第一个比较重要的案件，这就是"麦道公司诉格林"案（McDonnell Douglas v. Green）。

"麦道公司诉格林"案。由最高法院审理的这个案件第一次详细描述了"初步判断成立"的歧视案件需要达到的四项标准。在1956—1964年间，格林一直是位于密苏里州圣路易斯市的一家制造企业麦道公司的一名员工，该公司雇用的员工人数大约有3万。1964年，格林在该公司的一场大规模裁员中被解雇。失业之后，他参加了一些无疑令公司感到恼火的事情：比如"关禁闭"，他和其他一些人给公司一幢大楼的门缠上铁链并锁住大门，以阻止在楼内工作的员工离开大楼；还有"围堵"，他和一大群员工把汽车停在工厂大门前，不让任何人进出停车场。在"关禁闭"事件发生大约三个星期以后，麦道公司刊登广告招募合格的机械师，由于这是格林的老本行，所以他就提出了申请。当公司拒绝他的求职申请之后，他就提起了诉讼，声称公司之所以没有录用他，是因为他的种族以及他一直在参加民权运动这一事实。

在使这个案件能够成为"初步判断成立"的歧视案件方面，格林可以毫无困难地表明自己属于受保护群体，并且他确实提出了求职申请，也确实具备任职资格（因为他已经在这种岗位上工作过），同时他还可以证明自己遭到了拒绝，而且公司也在继续登广告招募填补该职位的新员工。公司的辩护理由是，被告之所以没有得到雇用，是因为他参加了"关禁闭"和"围堵"活动。换言之，公司所做的只不过是拒绝雇用那些闹事的人罢了。

原告做出的反应则是，公司指出的这种不雇用他的原因，只不过是为它的歧视行为寻找的一种借口。他指出，那些参加了同样活动（关禁闭和围堵工厂大门）的白人员工被重新雇用，而他却没有。最后，法庭调查发现，原告的理由更充分一些。

这一案件很好地说明了条件类似的两个人（白人和黑人）可能会得到不同的对待（白人得到了重新雇用，而黑人却没有），并且这种差别对待建立在种族基础之上。正如我们在后面将要讨论的那样，大多数性骚扰案件中的原告都是根据这种歧视理论提起诉讼的，因为性骚扰正是一种因性别不同而受到差别对待的情况。

■ 混合动机案件

在混合动机案件中，被告会承认自己确实存在某些歧视动机，但他们同时又申辩说，即使没有这些歧视动机，他们也会做出相同的决定。在"霍普金斯诉普华永道"（Hopkins v. PriceWaterhouse）一案中，安·霍普金斯（Ann Hopkins）是一位会计师，她曾向所在这家咨询公司申请成为合伙人。尽管她给公司带来了大量的业务，同时也赢得了客户的高度赞扬，但她在两次申请成为合伙人时都遭到了拒绝。在上级对她进行绩效评价的过程中，她被告知要多使用一些男性化的服装和语言，并且还得到过许多暗示她应当按照男性的方式去塑造自己的建议。在法庭上，公司承认在组织内部确实存在一些性别上的陈规旧习，但它同时又指出，即使没有这些陈规旧习，它也会做出同样的决定（也就是说，不会将霍普金斯晋升为合伙人）。

这一案件引出的一个主要问题是，到底应当由谁来承担提供证据的责任？是应当由原告来证明：如果不存在歧视动机，公司就会做出不同的决定（也就是说，霍普金斯会被晋升为合伙人），还是应当由被告来证明：即使没有歧视动机，自己也会做出相同的决定？

根据1991年《民权法案》，如果原告能够证明，在任何一种雇佣实践中，种族、性别、肤色、宗教或原国家来源是一种动机性的因素，那么"初步判断成立"的标准就达到了，从而雇主方就有责任证明，即使不存在歧视动机，自己也会做出同样的决定。如果雇主能够做到这一点，原告就不能得到补偿性损害赔偿和惩罚性损害赔偿。但是，法庭可能会要求雇主在未来的雇佣决策中将歧视动机排除在外。

3.5.2 差别影响

第二种歧视类型称为**差别影响**（disparate impact）。差别影响发生在这样一种情况下：某些表面上看似乎属于中性的雇佣实践却将某个受保护群体成员不成比例地排除在雇佣机会之外。从表面上看属于中性的雇佣实践虽然缺乏较为明显的歧视性内容，但却会导致它对某一群体求职者产生的影响，比对其他群体求职者产生的影响更深。这种雇佣实践的一个例子是雇佣测试。尽管最高法院仅仅是在"格里格斯诉杜克电力公司"（Griggs v. Duke Power）一案中从《民权法案》第七章中推断出差别影响，但差别影响后来还是被补充进1991年《民权法案》。

在差别影响型歧视和差别对待型歧视之间存在明显的差别。在差别对待型歧视中，必须有蓄意的歧视行为发生。但是在差别影响型歧视中，却并不一定需要证明歧视是故意的。这种歧视是否成立的一个重要标准是：雇佣实践造成的结果是否带有歧视性。

比如，假定你出于某种实际需要，将身高作为雇佣决策的依据，那么尽管你可能并没有有意歧视任何人，但身高标准的使用却会对某些特定的受保护群体造成不对称影响。女性的身高通常比男性要矮，因而你的这种做法可能会导致只有很少的女性能够得到雇用。某些特定的种族人群——比如亚裔群体——通常会比欧裔群体要矮一些。因此，你所采用的这种表面上看起来属于中性的雇佣实践，却会对某些受保护群体造成差别影响。

这并不是说，仅仅因为某种甄选实践造成了差别影响，它就一定是非法的。有些特征（比如身高）在不同种族和性别的群体当中的分布情况是不一样的，但关键问题在于，这些特征与圆满完成工作是否有密切的关系。因此，这里的一个重要问题是，这种特征是否与劳动者在工作中的高绩效有关。为了帮助大家更好地理解差别影响的作用方式，我们来看一看法院对一个涉及差别影响的案件进行审理的过程。

■ 原告的责任

在差别影响案件中，要想达到初步判断成立的要求，原告必须能够提供充分的证据证明，雇主的雇佣实践对受保护群体产生的影响与它对多数群体产生的影响具有不对称性。为了说明这一原理，我们假定你是一名需要为填补 60 个职位空缺而招募员工的管理人员。在你的求职者中包括 80 名白人和 40 名黑人。你通过一种测试从求职者中挑选出了 48 名白人和 12 名黑人。那么，在这一过程中存在差别影响吗？通常可以采取两种定量分析方法来确定某种测试是否产生了不良影响。

五分之四法则（four-fifths rule）指出，如果某种测试导致少数族裔成员的雇佣率低于多数族裔成员雇佣率的五分之四（或 80%），那么这项测试就具有差别影响。如果将这种分析方法运用到前面的例子中，我们首先需要计算每个群体的雇佣率：

白人的雇佣率＝48/80＝60%

黑人的雇佣率＝12/40＝30%

接着，我们需要对少数族裔群体的雇佣率（30%）和多数族裔群体的雇佣率（60%）进行比较。根据五分之四法则，如果少数族裔群体的雇佣率低于多数族裔群体雇佣率的 80%，那么该测试就存在负面影响。在这里，由于两者之比低于 80%（也就是说，30%/60%＝50%，它低于 80%），所以我们可以断定，该测试确实存在负面影响。在确定某种雇佣实践是否存在负面影响时，五分之四法则是公平就业机会委员会做出判定的一个经验性法则。

标准差法则（standard deviation rule）运用实际的概率分布来决定是否存在负面影响。这种分析方法通过计算少数族裔群体的预期代表人数（或雇佣率）和实际代表人数（或雇佣率）之间的差异，来判断这个差异是否大于随机情况下可能出现的正常差异。因此，在我们的例子中，33%（120 人当中的 40 人）的求职者是黑人，所以人们就会预期在被雇用的人当中有 33%（60 人当中的 20 人）会是黑人。然而，实际上只有 12 名黑人得到了雇用。为了确定在预期代表人数和实际代表人数之间出现的这种差异是否比在随机情况下出现的正常差别要大，我们需要计算标准差（如果你能记起在统计课上所学到的知识，你就会知道，在一个二项式分布中，标准差的计算方法如下）：

$$\sqrt{\text{雇用人数}\times\frac{\text{少数族裔求职者人数}}{\text{求职者总人数}}\times\frac{\text{非少数族裔求职者人数}}{\text{求职者总人数}}}$$

在本例中，标准差等于：

$$\sqrt{60\times\frac{40}{120}\times\frac{80}{120}}=3.6$$

如果黑人的实际代表人数和期望代表人数之间的差异（在本例中为 20－12＝8）大于标准差的两倍（在本例中为 2×3.6＝7.2），我们就可以得出结论，这种测试对黑人产生了负面影响，因为如果这种测试对于黑人和白人具有同等的难度，那么上述这种结果出现的概率就会低于 5%（1/20）。

“沃兹科夫包装公司诉阿托尼奥”一案就涉及统计学方法的有趣应用。原告指出，这家公司下属的罐头食品厂中的职位（低薪酬的职位）主要是由少数族裔求职者填补的（在这个案件中是美籍因纽特人）。然而，该公司下属的非罐头食品厂中的那些职位（高薪酬的职位）却只有很小的比例是由非少数族裔员工填补的。原告指出，填补罐头工厂中的那些职位和填补非罐头工厂中的那些职位的人员，在种族构成方面出现的统计性差别就是一种歧视的证据。联邦政府的地区法院、上诉法院以及最高法院都认为被告并无违法现象，并且指出这种差别不能构成歧视的证据。

一旦原告证实了确实存在负面影响，他们所肩负的使歧视案件初步判断成立的任务就完成了。[23]

■ 被告的反驳

根据 1991 年《民权法案》，一旦原告使得案件初步判断成立，提供证据的责任就转移到了被告一方，被告必须证明自己的雇佣实践确实是“经营活动所需”。而要做到这一点，被告只需要证明自己的这些做法与企业的某些合法目标有关系就行了。就甄选求职者这一工作而言，要想证明存在这种关系，实际上也就是要证明测试本身与工作之间具有关联性，而这通常要求雇主提供关于测试的某种类型效度的研究结果，关于效度的问题我们将在第 6 章中讨论。现在，我们只要说雇主能够说明测试分数与工作绩效衡量指标之间存在显著的相关性就足够了。

在效度研究中使用的工作绩效衡量指标可以包括这样一些内容：客观的产量指标；主管人员对下属的工作绩效所做出的评价；员工在培训中取得的成绩等。[24]一般情况下，在效度研究中会用到绩效评价等级，但这些绩效评价等级必须是有效的，因为只有这样法庭才会承认效度研究的结果。比如，在“阿尔比马尔纸业公司诉穆迪”（Albermarle Paper v. Moody）一案中，雇主就试图证明，成套甄选测试工具对工作绩效（用主管人员对下属员工的总体绩效排序来表示）的预测作用仅仅在它使用的 13 种职位族的个别职位族中才有效。在这一案件中，法院对将主管人员的总体绩效排序结果作为衡量工作绩效的标准产生了质疑。法院指出：“我们无法清楚地知道这些主管人员考虑的工作绩效标准到底是什么。”[25]

■ 原告的反驳

如果雇主证明自己的雇佣实践确实是某种经营活动所需，那么原告最后可以诉诸的理由就是，还存在其他一些既能够充分实现雇主的目标，同时又不会造成负面影响的雇佣实践。这样的话，如果原告能够证明还存在与雇主使用的甄选测试不同的其他某种测试工具，而且这种甄选测试不仅不存在负面影响，并且它与工作绩效之间的关联度与雇主使用的测试与工作绩效之间的关联度相同，那么被告就可能会被判犯有歧视罪。由于许多歧视案件都涉及标准化的认知能力测试，因此，在同样实现雇主目标的情况下，考察其他一些具有较小负面影响的测试工具就变得很重要。然而，至少有两项独立研究发现，在面试、个人履历审查、评价中心以及工作样本测试等这样一些不同于标准化认知能力测试的甄选工具中，没有任何一种工具能够同时达到上述两个方面的要求。[26]因此，在原告起诉的雇佣实践中，如果雇主采用的是标准化认知能力测试，原告就很难有机会驳倒被告的辩护。

"格里格斯诉杜克电力公司"案。为了说明差别影响案件的诉讼过程是如何展开的，让我们来看一看"格里格斯诉杜克电力公司"一案。[27]在《民权法案》第七章通过后不久，杜克电力公司制定了一套新的甄选和晋升决策系统。这套系统要求求职者或准备获得晋升的员工要么拿到高中毕业文凭，要么在由专业组织开发的两项测试（冯·德里克人事测验和贝内特机械性理解能力测试）中达到及格分数。这些测试设定的及格分数等于全国所有参加这两项测验的高中毕业生的平均值。

但原告却提出了使案件初步判断成立的理由，他指出，无论是高中毕业文凭的要求还是这些测试，都会对黑人产生负面影响。根据1960年的人口普查，34%的白人男性有高中毕业文凭，与之相对应的是，仅有12%的黑人男性有高中毕业文凭。类似地，58%的白人男性能够通过这两项测试，而仅有6%的黑人男性能够通过这两项测试。

杜克电力公司无法为它采用的这种雇佣实践进行辩解。公司的一位副总裁作证说，公司并没有研究过这些雇佣实践与员工完成工作的能力之间是否存在关系。此外，那些在职员工中，有些人虽然没有高中毕业文凭，并且也从来没有参加过这项测试，但他们完成工作的状况却同样是令人满意的。这样，杜克电力公司就败诉了。

需要指出的很有趣的一点是，法院也承认了这家公司并没有故意的歧视企图，并且还提到，这家公司正在通过一种特殊的努力向受教育程度不足的员工提供帮助，即它为参加高中层次教育培训的员工提供2/3的学费资助。这就说明了，在差别影响理论下，确定是否存在歧视问题的时候，结果比动机更为重要。

3.5.3　歧视模式与歧视实践

在涉及集体行动模式和实践的诉讼中，原告需要表明三件事情。首先，他们要表明公司内部某些群体的构成与其他相关群体的构成存在统计上的差异。例如，本章的开篇案例中描述了原告律师是怎样提供两组对比性的统计数据作为歧视存在的证据的。第一组数据比较了女性员工在沃尔玛的非管理岗位（63.4%）和管理岗位（33.6%）上各占的比例。第二组数据比较了在沃尔玛管理岗位上的女性员工所占比例（33.6%）以及该公司的20个重要竞争对手的管理岗位上女性员工所占比例（56.5%）。他们还计算出了领取小时工资的女性员工的平均工资比男性员工的平均工资低1 100美元，同时，领取薪金的女性员工的薪酬要比同类男性员工低14 500美元。然而，沃尔玛却对这些作为对比对象的公司名单提出了质疑，它指出，如果能提供一个范围更广且能够真正与沃尔玛的广泛地理区域和多样化产品相匹配的对照组，那么它和这个对照组的数据是不会存在差异的。沃尔玛还声称，如果它和其他对比公司一样，在公平就业机会一号报告中把小时工资水平最高的主管人员也纳入“管理者”的范畴，那么这些数据之间存在的差异就会完全消失。此外，申请管理职位的员工中只有15%是女性，而在它们提拔的员工中，女性所占的比例高达18%。最后，在薪酬方面，沃尔玛的专家认为，原告提及的薪酬对比数据在几个关键因素方面缺乏考虑，如工作的时长、工作是否属于薪酬水平更高的夜班，等等。他们的分析还表明，如果是在决定薪酬水平的部门一级进行薪酬比较，那么，在所有门店中，92.8%的门店都不会显示出显著的薪酬统计差异。在剩下的门店中，有5.2%的薪酬分配偏向男性，另有2%偏向女性。

其次，原告试图表明存在故意实施歧视的个人行为，并且这种情况说明，统计差异的存在是更大范围内的文化所导致的。例如，在杜克斯的案例中，原告提到，在山姆会员店每周一早晨的高层例会上，女性店员统统被称为“珍妮Q”，即使一位女性管理者指出，她觉得这个称呼有贬低的意味时，这种称呼仍在继续使用。或许沃尔玛的高层管理人员只是觉得这个称呼很可爱，但旧金山的陪审团依然受理了这个案子，而且可能会判定它含有攻击和居高临下的意味。

最后，原告经常试图得出这样一个结论，即企业内的晋升以及（或）薪酬决定程序为管理者提供了太多的自主权，这就为他们的无意识偏见发挥作用提供了机会。在杜克斯的案例中，原告引入专家的证言来证实绩效管理程序是极其主观的，而且男性管理者在潜意识中偏向男性员工而不是女性员工。

3.5.4 合理的便利

合理的便利（reasonable accommodation）代表的是一种相对较新的歧视理论。它在一开始的时候只是专门针对宗教问题，但是随着《美国残疾人法》的通过，其应用范围进一步扩大，适用的情况也更为普遍。合理的便利理论与其他两种歧视理论的区别在于：它不是简单地要求雇主不采取某些行动，而是要求雇主承担某些特定的义务，采取积极的行动，从而为残疾员工或者有某种宗教信仰的员工提供工作上合理的便利。当一位合格的求职者身患残疾或者信仰某种宗教或需要从事某种宗教活动，并且他们向雇主提出应当为自己提供一些合理的便利，但雇主却没有这么做时，雇主就违背了这种合理的便利理论。

■ 宗教信仰与合理的便利

具有某种强烈宗教信仰的人常常会发现，他们的宗教戒律和宗教活动会与其工作职责发生直接冲突。比如，有些宗教禁止人们在安息日工作，而雇主却在这一天为他们安排了工作。还有一些宗教信仰禁止人们剃须，但这可能会与公司的着装规范发生冲突。尽管《民权法案》第七章禁止实行宗教歧视，就像禁止实行种族歧视或性别歧视一样，但它却要求对宗教信仰给予特殊对待，它要求雇主采取一些积极的行动以提供合理的便利，从而为员工个人的宗教信仰和宗教活动提供一定的便利。如图3-2所示，在过去的几年中，宗教歧视案件的数量一直在上升。

在涉及宗教歧视的案件中，员工的责任就是要证明自己具有某种合法的宗教信

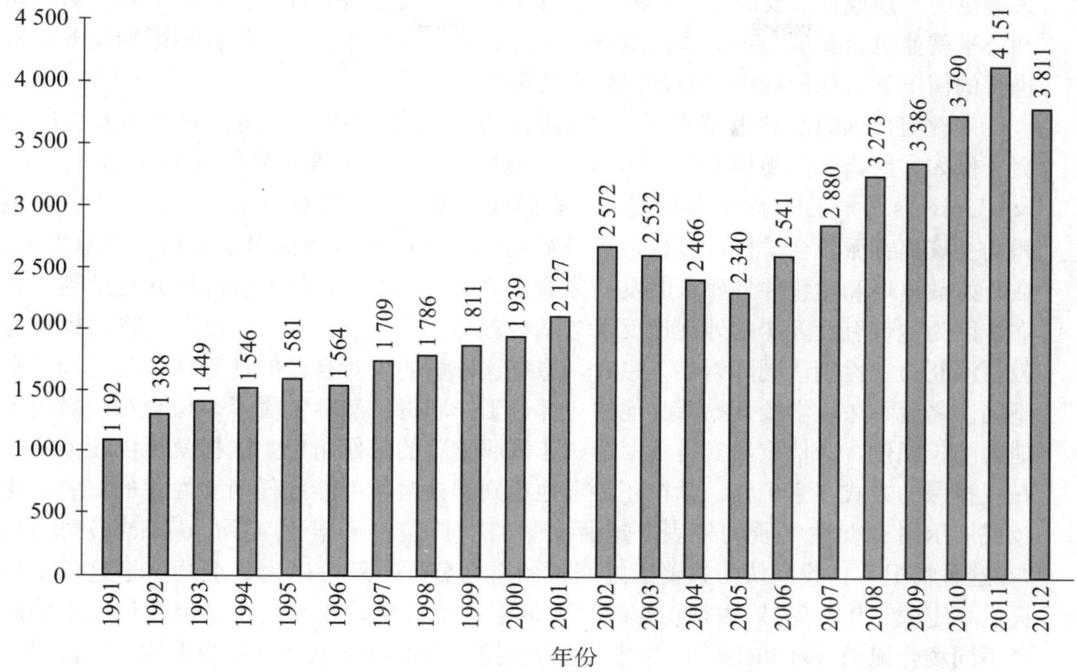

图 3-2 涉及宗教歧视的投诉案件数量，1991—2012 年

资料来源：www. eeoc. gov/stats/religion. html.

仰，并且已经告知雇主，请雇主为其宗教活动提供一定的便利，然而，由于雇主没有提供这种合理的便利，因此带来了一些负面的后果。在这些案件中，雇主的主要辩护方式是明确说明一点，即如果根据员工的状况提供合理的便利，会给企业经营带来极大的困难。

针对一个人的宗教信仰提供合理的便利的例子包括：重新设计工作时间表（最常见的是为那些在安息日不能工作的人提供某些便利）；为求职者安排其他测试日期；不要求求职者或员工有工会会员身份，以及（或者）不要求他们作出“慷慨捐助”（属于变相的工会会费）；改变某种特定的着装要求或穿戴要求等。需要指出的一点是，尽管法律要求雇主必须提供合理的便利，但这种合理的便利却不一定是员工提出的那种。[28]

在一个案件中，沃尔玛公司同意与一名过去的员工达成和解，这名员工声称，由于他拒绝在星期天工作，因此在 1993 年被迫辞职。沃尔玛同意支付给这位员工一笔数目不详的损害赔偿金，并且同意对自己的管理人员进行教育，以告诫他们公司员工有权要求雇主针对自己的宗教信仰状况提供合理的便利，此外还同意就员工的权利及他们的宗教信仰可能受到的侵犯等内容编制一本手册。[29]

“9·11”恐怖袭击事件之后，很多针对穆斯林的歧视事件凸显出来，尤其是在 2002 年，针对宗教歧视的投诉显著增长。在一个案例中，公平就业机会委员会和伊莱克斯公司解决了为来自索马里的穆斯林工人提供合理的便利的问题。由于伊斯兰教要求穆斯林每天必须进行五次祷告，其中两次还有严格的时间规定（清晨和日落时），所以穆斯林员工希望公司允许他们将工作中的一次非固定休息时间（通常是为一线工人提供的）换成在需要时才使用的休息时间，以完成他们的日落祷告。伊莱克斯公司和公平就业机会委员会对这些穆斯林员工的需求表示了尊重，并且在不影响业务正常进行的情况下为他们提供了做日落祷告的机会。[30]

宗教与合理的便利也带来了一些问题，这就是如何应对不同权利之间发生的冲突。例如，约翰·内梅切克（John Nemecek）是一位在斯普林爱伯大学（Spring Arbor University）工作了15年的受人尊敬的商科教授。斯普林爱伯大学是位于密歇根州的一家福音派教会学校，该校最近开始对约翰的一些行为提出了异议。约翰发现，在开始戴耳环和化妆并且要求朋友们称他为“茱莉”之后，他就被降职并且遭到了解雇，因为他带有女人味的外观违反了“基督教行为”。2004年，一位医生将内梅切克教授诊断为“性别认同障碍症”患者，患有这种病的人对自己的性别认知与生理性别不同。之后不久，学校开始减少他的一部分工作职责，然后签署了一份合约，撤销了他的院长职位，为他重新安排了一个“非教职类”的工作角色，这样就可以让他通过在线授课的方式在家工作。学校还要求他再到学校时，不能穿任何女性化的服装、化妆或展示出有女性气质的外表。这所大学的校长盖尔·毕比（Gayle Beebe）指出：“在这种情况下，我们认为只要通过职位的重新分配，就可以为其继续从事这份工作提供一定的工作空间。”内梅切克教授签署了这份合约，然而此后又因在校园里的四个不同场合佩戴耳环和化妆而违规。这位教授向公平就业机会委员会表达了自己的不满，而学校则拒绝重新续约。浸信教会还要求内梅切克教授离开他们的教会，内梅切克教授这样评价这所大学：“从本质上来讲，它认为自己可以界定谁是一个基督徒。我却不认为我们的生物特征决定我们的性别。”[31]

■ 残疾和合理的便利

正如前面讨论的那样，《美国残疾人法》使歧视残疾人成为非法的行为。不仅如此，这项法案还指出，雇主不仅承担着不对残疾人实行歧视的义务，而且还要采取积极的行动为那些受到该法案保护的人提供合理的便利。

在涉及残疾的歧视案件中，原告必须能够证明自己尽管身患残疾，但却是一名合格的求职者，并且被告确实采取了对自己产生负面影响的行为。雇主会为自己提出何种辩护理由，取决于雇主在做雇佣决策时，究竟有没有考虑求职者是残疾人这一情况。比如，如果雇主能够证明，原告确实不符合雇佣要求，他的任务就完成了，而合理的便利问题也就不存在了。

然而，如果雇佣决策是在考虑到求职者的残疾状况这一前提下做出的，事情就会进一步转化为这样一个问题：如果雇主提供了合理的便利，这个人是否能够圆满完成工作。从这一点出发，雇主又可以从三个潜在的方面为自己辩护。首先，雇主可以说明自己的雇佣决策确实是与工作有关或者是业务经营的需要，比如，它可以说自己使用了某种测试工具，能够评估求职者是否具备完成某种必要的工作职能所需的能力。不过，这样就产生了另一个问题，这就是，如果雇主提供了合理的便利，求职者是否能够履行这些必要的工作职能。其次，雇主可以宣称，为残疾员工提供合理的便利对自己而言是一件极其困难的事情。这实际上也就是说，为了提供必要的合理的便利，企业必须克服巨大的困难或者付出高昂的费用。最后，雇主还可以辩解说，患有残疾的员工可能会给他们自己或工作场所中的其他人的安全或健康带来直接威胁。这就要求对风险的持续时间、潜在危害的性质及其严重性、危害发生的概率以及潜在危害来临的紧迫性进行考察。举例来说，沃尔玛曾被一个由于罹患脑瘫而需要坐轮椅的试衣间服务员起诉。这位员工要求用爪钩和购物车帮助她提起和拿住衣服。但是，管理人员却禁止她使用这两种东西，并通过采取渐进式的惩戒程序最终将其解雇。[32]

为残疾人提供合理的便利的例子有哪些？第一，为方便残疾人进入工作场所，为他们提供坡道和电梯之类的便利设施。第二，对职位的重新设计可能包括取消一些不重要的任务，将这些任务交由其他员工去完成，重新设计工作程序，或者改变工作的时间表，等等。第三，雇主可以为残疾员工重新进行职位设计，从而使他们能够完成工作中的那些关键职能。第四，雇主可以为那些必须参加测试的残疾求职者提供一些合理的便利，其中包括采用其他测试形式、提供阅读器，或者延长测试时间，等等。第五，可以通过提供阅读器、翻译人员或其他一些技术手段来为残疾人提供阅读方面的帮助。第六，雇主可以允许员工为自己提供一些合理的便利，比如带导盲犬来上班。[33]需要指出的是，大多数合理的便利都无须什么费用。一项由西尔斯罗巴克公司进行的研究发现，69%的合理的便利无须耗费任何成本，29%的合理的便利需要支出的成本在1 000美元以下，而只有3%的合理的便利需要耗费的成本在1 000美元以上。[34]

循证人力资源管理

随着工作场所中信息技术的运用越来越普及，一些人开始探讨残疾人是否也可以加入工作。最近，康奈尔大学（Cornell University）就业与残疾研究所的研究者就利用“Bobby 3.2”——一种用来对引起信息接入问题的差错进行检查的软件——检查了10个网络职位公告栏和31家公司的电子化招募网站的可接入情况。结果发现职位公告栏全都不符合Bobby软件的标准，同时，在那些实施网络招聘的公司中，只有很小一部分公司的网站能够达到Bobby软件的标准。

在研究的第二阶段，他们调查了813位人力资源管理工作者，这些人都是美国人力资源管理协会（SHRM）的成员。在这些人力资源管理工作者中，16%～46%的人分别熟悉六种最常用的帮助残疾人适应计算机的辅助技术（屏幕放大器、语音识别软件、视频字幕、盲文阅读器/显示器、屏幕阅读器、网页设计引导）。另外，只有1/10的人说他们知道自己的公司站在残疾人的角度对招聘网站的无障碍接入性进行了评估。

这项研究表明，尽管公司可能并没有对残疾人实施有意的歧视，但快速扩张的信息技术，再加上（或）对无障碍介入问题的忽视或者是缺乏这方面的教育，很可能会导致企业在不知不觉中实施歧视行为。

资料来源：S. Bruyere，S. Erickson，and S. VanLooy，“Information Technology and the Workplace：Implications for Persons with Disabilities，” *Disability Studies Quarterly* 25，no. 2（Spring 2005），at www. dsq-sds. org.

3.6 针对歧视调查参与者及歧视反对者的报复

假定你偶尔在工作场所中听到你的一位上级主管跟某个人说：他之所以拒绝雇用

女性，是因为他知道她们并不是干工作的料。如果你确信这属于一种非法歧视行为，你就会面临一个两难选择。你应该直截了当地站出来向有关部门报告上级主管的这种说法吗？或者说，如果有其他人起诉公司实施了性别歧视，你会作为原告一方的证人出庭作证吗？如果你的雇主威胁说，你胆敢做任何此类事情他就会解雇你，你又该怎么办？

1964年《民权法案》第七章为你提供了某种保护。它指出，如果员工“反对”他们认为属于违法的某些雇佣实践，或者是“参与”了对被控的非法歧视性雇佣实践进行审理的“过程”，雇主不得因此而对他们实施报复。反对（opposition）指的是通过某种正当渠道向某人表达自己的这样一种观点：某种非法雇佣行为已经发生或者是正在发生。而参与（participation）则是指在对某一非法雇佣行为进行调查、听证或者法庭审理的过程中实际参与作证。很明显，这一条款的目的旨在为员工提供保护，避免雇主为制止员工将他们认为属于非法的雇佣活动公之于众而对员工进行威胁或恐吓。

公平就业机会委员会曾起诉一个大型连锁百货商店——迪拉德公司（Dillard's），因为该公司解雇了一个员工，作为对这个员工的反歧视行为的打击报复。2008年，肖特尔·梅菲尔德（Shontel Mayfield）向公平就业机会委员会起诉了迪拉德公司，因为迪拉德的管理制度歧视了她的种族。她从2001年7月在迪拉德工作，并于2006年晋升为雅诗兰黛的业务经理。然而，在2008年9月艾克飓风到来前，梅菲尔德遵从得克萨斯州杰弗逊县的强制性疏散命令，撤离了该地区，之后又遵从杰弗逊县的“灾害宣告”指令返回该县。当她重返工作岗位时被告知自己被解雇了，原因是旷工过多。在辞退文书上，她被指责“未能与商店经理或运营经理就缺席这个问题保持口头沟通”，尽管梅菲尔德的电话记录显示她在撤离期间多次拨打过迪拉德的“灾害重建”号码以及商店经理、运营经理的手机。[35]

这类案件对于公司来说往往是成本高昂的，因为它们实际上宣告了败诉的被告是蓄意进行歧视的，而原告则有资格获得惩罚性损害赔偿。例如，有一位41岁的女士过去是好事达公司（Allstate）的员工，她向法庭控诉说，公司的一位管理人员曾经告诉她，公司希望树立的是一种“更年轻和更可爱”的形象，最后，俄勒冈州陪审团做出的决定使这位员工获得了280万美元的损害赔偿金。陪审团得出的结论是，这位员工因为反对公司针对其他员工的年龄歧视而被迫离开了公司。[36]

在最近的一个案例中，塔吉特公司向一群黑人员工支付了77.5万美元的赔偿金。这些员工控告说，在一家门店中，公司一直通过针对种族的不适当评论和口头训斥纵容一种具有种族歧视性的工作环境出现。其中一名黑人员工还声称，当他拒绝接受这一对待时受到了打击报复，被迫辞职。[37]

但是这并不意味着员工拥有无限的权利去谈论他们的雇主是怎样一个种族主义者或者性别歧视者。法庭往往不太支持那些个人活动会对公司的公众形象造成破坏的员工，除非这些员工在将问题公之于众之前已经试图通过组织内部的渠道——告知上级管理人员、向人力资源管理部门反映等——来反映这一问题。

值得注意的是，断定员工什么时候犯错什么时候没犯错通常是比较难的，也不容易证明。在“实践中的诚信”专栏中详细说明了什么时候该对某些行为做出惩罚以及合理的调查。

实践中的诚信

不正当的关系导致百思买的首席执行官和董事长离职

百思买公司（Best Buy）的首席执行官和董事长都因和一名女性下属的不正当关系而被免职了。首席执行官布莱恩·邓恩（Brian Dunn）已婚并有三个孩子，他给了那个女员工很多演唱会和运动比赛的门票，无数次相约吃饭和去酒吧。在两次国外旅行中邓恩联系这位29岁的女员工多达224次。虽然邓恩和女员工都否认他们的关系是"暧昧或者不合适的"，但据递交给百思买董事会的调查报告所述，"……这段关系无论怎样都反映了首席执行官极低的判断力"。虽然不涉及滥用公司资源，但是邓恩仍因这段丑闻离职了。

创始人兼董事长理查德·舒尔茨（Richard Schulze）被卷入这个风暴中是因为他对一封正式投诉信所做的不当回应，这封投诉首席执行官与下属存在不正当关系的信是由一名员工写的。舒尔茨没有将投诉信交给公司的法律顾问、道德督查员或者人力资源主管进行进一步处理，而是直接将署名的信拿给邓恩看。这样就使写这封信的人和提及姓名的人面临被打击报复的危险。

这就提出两个问题：第一，如果邓恩没有骚扰那名员工，也没有利用任何公司的资源，他还应该被逐出公司吗？第二，当舒尔茨接到投诉时，他怎样做会更好？

资料来源：T. Webb，"Best Buy Chairman Schulze Out in CEO Scandal；Dunn to Get ＄6.6 million，" www.twincities.com/ci_20619263/best-buy-chairman-out-wakeceo-scandal，May 14，2012.

3.7　当前的劳动力队伍多元化与公平就业机会问题

由于最近的劳动力市场上发生的一些变化，大多数企业的劳动力队伍都变得越来越多元化。哈德森研究所（Hudson Institute）完成的一项研究估计，在今后10年中新进入美国劳动力市场的劳动者中，大约有85%的人会是女性和少数族裔。[38]把这些劳动力群体融入主要由白人构成的组织，将会导致许多重要的问题引起人们的关注，比如性骚扰问题、积极的反歧视行动问题以及为残疾员工提供合理的便利问题，等等。

3.7.1　性骚扰

最高法院于1991年为克拉伦斯·托马斯（Clarence Thomas）案件举办的听证会使性骚扰问题日益成为人们关注的一个焦点。安妮塔·希尔（Anita Hill）过去是托马斯手下的一名员工，她声称，在她为美国教育部以及公平就业机会委员会工作期间，托马斯曾经对她进行性骚扰。尽管这一控诉最终没有得到证实，但它却使更多人意识到，员工在工作场所中遭受性骚扰的情况多么常见，这种情况与其他一些事件结合在一起，导致公平就业机会委员会收到的性骚扰投诉案件数量大幅上升，这一点可以从图3-3中看出来。此外，在克林顿总统上任以后，他也面临着一起由葆拉·科尔宾·琼斯（Paula Corbin Jones）提出的性骚扰诉讼案，她指控克林顿在小石城一家旅馆的房间里对她进行了性骚扰，这一案件导致性骚扰诉讼案件的数量在1993—1994

年间又出现一次跳跃性的增长——这同样是由于性骚扰问题被大量曝光所引起的。然而自 2000 年以来，案件数量已经大幅下降。

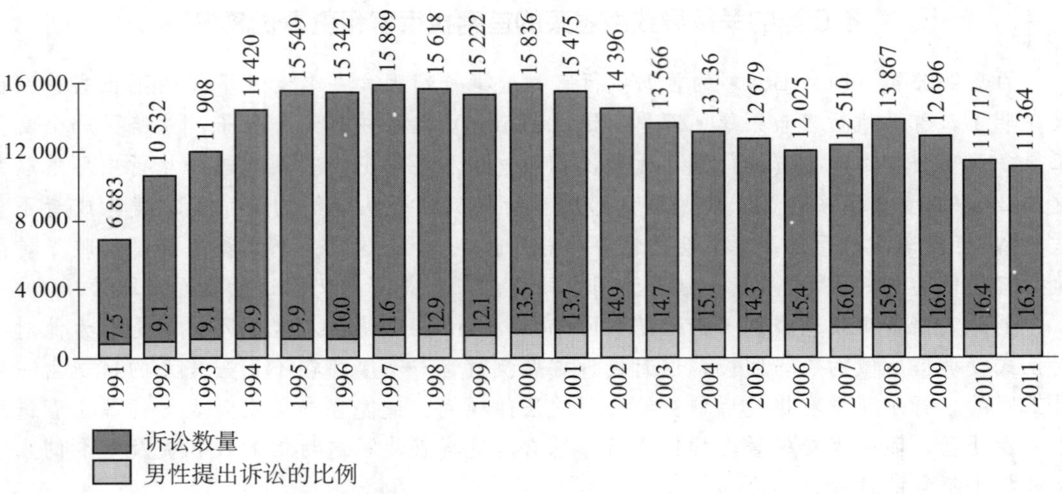

图 3－3　性骚扰诉讼案件的数量，1991—2011 年

资料来源：www. eeoc. gov/stats/harass. html.

性骚扰指的是不受欢迎的性要求（见表 3－4）。它可能会以两种基本方式发生。“交易性”（quid pro quo）性骚扰是指在下列前提下提出的性要求：告诫员工如果顺从（或不顺从）自己的性要求，那么员工将会得到一定的利益（或受到惩罚）。例如，一名男性主管人员告诉他的女秘书，如果答应同他发生性关系，他就会帮助她获得晋升，或者威胁这位秘书说，如果她拒绝合作就会遭到解雇。这些都是很明显的交易性性骚扰案件。

表 3－4　公平就业机会委员会对性骚扰的界定

不受欢迎的性要求、要求提供性好处、表达过其他带有性意味的言辞或有过此类身体接触的情况等都构成了性骚扰，其中包括： 1. 一个人之所以顺从这种行为，是因为这样做已经成为此人是否能够得到雇用的显在或潜在条件。 2. 一个人是顺从这种行为还是拒绝这种行为，会被作为决定此人能否得到雇用的决策依据之一。 3. 这些行为具有下列目的或产生了下列效果：对一个人的工作绩效产生了不合理的干涉，或者是在工作场所中制造了一种胁迫性、敌对性或者侵犯性的工作环境。

资料来源：公平就业机会委员会根据 1964 年《民权法案》第七章所发布的指导性意见。

“邦迪诉杰克逊”案（Bundy v. Jackson）可以描述交易性性骚扰的特征。[39] 桑德拉·邦迪（Sandra Bundy）是一位在哥伦比亚地区政府部门从事人事工作的职员。她不断地面临德尔伯特·杰克逊（Delbert Jackson）提出的性要求，当时他还只是她的一名同事（尽管后来他成为该机构的主管）。接着她又开始面临两位上司——阿瑟·伯顿（Arthur Burton）和詹姆斯·盖尼（James Gainey）——提出的性要求。而当她向这两人的上司劳伦斯·斯温（Lawrence Swain）报告这一情况之后，斯温却并没有理会她的控诉，反而告诉她：“任何一位头脑正常的男人都会产生强奸你的念头”，同时要求她与他发生性关系。当邦迪具备了晋升条件时，她却由于“工作业绩不佳”而被剥夺了晋升的机会，尽管在此之前从来没有人告诉她，说她的工作业绩难以令人满意。美国上诉法院发现，邦迪因为自己的性别而受到了歧视，然后又把这种性别歧视进一步认定为性骚扰。

一种更为微妙同时可能更为普遍的性骚扰却是“不友好的工作环境”。这种性骚扰会发生在这样一种情况下：某人在工作场所中的行为制造了一种使具有某种性别的人难以工作的环境。许多性骚扰案件中的原告都控诉说，那些男人用手指穿过她们的头发，对她们作出挑逗性的暗示，通过触摸她们的隐私部位对她们进行身体侵犯。另一些例子包括：在工作场所张贴女性裸体画；使用露骨的语言；在交谈中开淫秽的玩笑或进行性暗示等。[40]

需要指出的是，根据《民权法案》第七章的规定，这些行为都是可以被起诉的，因为它们是基于性别的不同对一个人进行的差别对待。此外，尽管在大多数性骚扰案件中涉及的都是男性对女性的性骚扰，但事实却是任何人都有可能会遭到性骚扰。例如，珍妮·克雷格公司（Jenny Craig）的一些男性员工就控诉说他们遭到了性骚扰。一个联邦政府陪审团最近还发现，一名男性员工遭到了他的男性老板的性骚扰。[41]

此外，位于得克萨斯州阿马里诺市的罗恩-克拉克-福特公司最近同意向六位男性原告支付14万美元的赔偿。这些原告声称，他们和其他人在一个具有性敌意的环境中工作，由于他们的性别而遭受到来自男性经理的差别对待。收集到的证据表明，这些男性员工遭受了猥亵和不恰当的性评价，并且在违背自己意愿的情形下被男性经理抓摸下体和臀部。被告则辩称该行为是“无害的嬉戏”。[42]

最后，Babies ‘R’ Us公司同意支付20.5万美元结束一场关于同性问题的诉讼。这个诉讼提到，安德烈斯·瓦斯克斯（Andres Vasquez）在一个具有性敌意的工作环境里工作，在那里，因为他的外形和举止不符合社会对男性外形和举止的一贯印象，他成了一个不受欢迎和被恶意贬损的对象，还有人故意模仿他的行为。

公平就业机会委员会负责处理的男性性骚扰案件在所有案件中所占的比重从1994年的10%上升到了2010年的16.4%。虽然公平就业机会委员会并没有对“同性诉讼”和“男性对男性的诉讼”进行区分，但有证据表明，大多数由男性提起的性骚扰指控针对的是其他男性。[43]

在这些案件中有三个关键问题。首先，原告不能“主动邀请或诱导”这种性要求的提出。经常发生的一种情况是，原告的性历史——她或他是否穿着性感的服装，是否参与过带有明显性意味的交谈等——往往会被用于证明或驳斥这种性要求是不受欢迎的。然而，在没有确凿的证据能够证明原告诱导了这种行为发生的情况下，法院常常倾向于假设性要求不应当在工作场所中提出，因而是不受欢迎的。在“迈瑞特储蓄银行诉文森”案（Meritor Savings Bank v. Vinson）中，米歇尔·文森（Michelle Vinson）宣称，在她为该银行工作的四年中，她不断地受到该银行副总裁的性骚扰，他不断地要求与她发生性关系（最终她同意了）并且对她进行了性侵犯。[44]最高法院的裁决指出，在性关系中，受害者是自愿参与的这一点并不是一个关键问题，案件的关键在于这名副总裁的性要求是不受欢迎的。

第二个关键问题是，这种性骚扰必须严重到改变员工就业的待遇、条件以及就业的权利。许多法院在决定性骚扰的严重性或者普遍性时，都运用了“理性女性”的标准——尽管法院在使用这种标准时并不总是前后一致。这种标准所要判断的是，一位理性的女性在面对相同处境的时候，是否会做出类似的反应。理性女性标准实际上承认了这样一种情况：在一位男性看来属于合适的行为（例如讲黄色笑话），在一位女性看来可能并不合适。

第三个关键问题是，法院必须判定组织对其员工的行为是否负有责任。在做出这方面判断的时候，法院通常会考察两件事情：一是雇主是否知道或者是否应当知道性骚扰行为的存在？二是雇主是否采取措施来制止这种行为？如果雇主知道了这种行为的存在并且这种行为没有停止，那么法院通常会认为，雇主没有采取适当的行动来阻止性骚扰行为的发生。

性骚扰诉讼对公司来说可能是一笔巨大的费用。比如，阿伦公司（Aaron's Inc）是一家家具出租公司，被一位女员工以性骚扰起诉，她声称经理乱摸她，在她面前脱光衣服并对她进行性侵犯。她拨打了公司的骚扰热线，但没有得到回应。她还说自己因为抱怨所遭受的侵害而在晋升中遭到拒绝。2011年陪审团判决企业赔偿该女员工9 500万美元，这是很大一笔钱，因为前一年阿伦公司的利润才1.18亿美元。[45]

为了保证在工作场所中不出现性骚扰，组织可以采取以下一些重要步骤：第一，组织可以通过制定政策来明确声明，对工作场所中出现的性骚扰是不能容忍的；第二，可以对所有员工——无论是新员工还是老员工——进行培训，使他们能够确认工作场所中的哪些行为是不恰当的；第三，组织还可以建立一种性骚扰举报机制，从而鼓励人们将问题讲出来；第四，管理层可以提前做好准备，对那些有性骚扰行为的人进行及时惩戒，同时采取适当的措施来为性骚扰的受害者提供保护。[46]

3.7.2　积极的反歧视行动与逆向歧视

如果所有人都具备胜任工作的必要资格条件，就很少会有人怀疑实现劳动力队伍在种族和性别方面的多元化是一个值得追求的目标。实际上，当今的许多组织都很关注多元化员工队伍的建立和管理问题。为了根除工作场所中的歧视，许多组织都制定了积极的反歧视行动计划来增加少数族裔员工的人数。积极的反歧视行动最初只是被当成一种为吸引和保留少数族裔员工而作出的特殊努力。这种行动主要是通过在大学校园里广泛招募少数族裔大学生、在面向少数族裔人口的出版物中刊登招募广告，以及向少数族裔成员提供教育和培训机会等手段来实现的。[47]然而，很多年以后，许多组织开始诉诸配额式的雇佣方式，以确保自己的员工队伍构成能够反映劳动力市场上的人口构成状况。有时候，这些组织是自愿采取行动的；而在另一些情况下，这些配额则是由法院或者公平就业机会委员会强行规定的。然而，无论这种雇佣实践的内在推动力到底是什么，许多白人和男性已经开始对这种雇佣实践做出反抗，他们宣称，这种做法实际上是一种逆向歧视。

强制性配额计划的一个例子发生在亚拉巴马州伯明翰市的消防部门。该市消防部门在承认过去有歧视黑人的行为之后，与公平就业机会委员会达成了一项双边协议，同意在本部门的各个工作层级上将50%的职位提供给少数族裔劳动者，尽管在相关劳动力市场上，少数族裔劳动者仅仅占到28%。其结果是，为了迁就一些在甄选测试中得分较低的黑人求职者，一些白人求职者失去了被雇用和得到晋升的机会。联邦法院发现，该市使用的这种缺乏弹性的雇佣方式，违反了联邦政府关于民权的法律规定以及宪法承诺的公民有受到平等保护的权利。上诉法院同意了联邦法院的意见，而高等法院拒绝听证此案，结果，联邦法院的裁定就成了最终的裁决。

“里奇诉德斯蒂法诺”案（Ricci v. DeStefano）是近期上诉到最高法院的一个具有代表性的案件，该案件起诉康涅狄格州纽海文市存在潜在的逆向歧视。在这个案件中，一家专业的咨询公司为消防员开发了一套测试工具，这套测试取消了对少数族裔成员有不利影响的一些题目（基于试点研究测试的结果）。然而，这套测试正式投入使用之后，该市却发现在晋升名单上没有黑人出现，于是干脆不理会这次测试，没有提拔任何人。于是本可以被提拔的白人和西班牙裔消防员提起了诉讼，认为不采用这次测试的结果导致了对他们的种族歧视。地区法院和上诉法院裁定的结果是，由于黑人也没有得到晋升（因为没有提拔任何人），所以在这件事情中并不存在歧视。

在未来几年里，积极的反歧视行动的全部问题都有可能会引起大量关注和争论。尽管大多数人支持多元化的观点，但却很少有人会赞同某种程度上因当前的这种法律环境所导致的配额式雇佣方式。实际上，最近的一项调查表明，只有16%的受访者赞成采用配额式雇佣这种积极的反歧视行动方式，46%的受访者不赞成采用配额式雇佣方式，28%的受访者反对采取任何积极的反歧视行动。另一项研究还发现，当积极的反歧视行动被具体化为招募、培训以及对任职资格的关注等问题时，人们往往赞成采取积极的反歧视行动，但是当其中包括歧视、配额式雇佣以及优先对待等内容时，人们就会对积极的反歧视行动持反对态度。[48]

3.7.3 《美国残疾人法》产生的后果

《美国残疾人法》所要实现的为真正残疾者提供就业机会的目标是值得称道的，因为在没有这一立法之前，这部分人很难就业。确实，有些残疾人正是由于该法案的通过才找到了工作。然而，正像许多法律在出台以后所发生的情况一样，《美国残疾人法》产生的某些后果并非它的初衷。首先，诉讼案件的数量增加了。公平就业机会委员会报告说，自该法案通过以来，提起的诉讼案件高达20万。而在这些案件中，大约50%的起诉后来被认定没有正当理由。例如，在一个案件中某公司解雇了一名员工，原因是他偷盗其他员工的财物并将装有子弹的枪支带进工作场所。这名遭到解雇的员工要求根据《美国残疾人法》复职，他声称自己是精神病患者，应当被当作残疾人看待。[49]

由此引起了第二个方面的难题：提起这类诉讼的人实际上并不是国会原本打算保护的那一类人。尽管通过这项法律的主要原因是，大家认为歧视残疾人的情况主要发生在雇佣阶段，但是在后来出现的此类诉讼案件中，52.2%的案件涉及的是解雇问题，28.9%的案件涉及的是雇主不能为残疾员工提供合理的便利问题，12.5%的案件涉及的是性骚扰问题，只有9.4%的案件涉及未被雇用以及未被重新雇用的问题。[50]此外，尽管法律主要是为了保护那些严重残疾者，像盲人、耳聋者、四肢残缺者，或瘫痪者，但是这些残疾人在提起诉讼的残疾人中却只占很小一部分。正如我们在表3-5中看到的那样，最大的一类残疾人是“其他类”，即尽管原告自称是残疾人，但他们却并不属于公平就业机会委员会起诉数据系统中列举的那35种主要残疾人类型。第二个最大的类型是“视为残疾”，占到所有诉讼数量的12.8%，再之后是“背部损伤”诉讼，占到9.7%。举例来说，最近有一名被解雇的员工起诉IBM违反《美国残疾人法》，并且索要500万美元的惩罚性损害赔偿。该员工因为在工作期间花几

表 3-5　　依据《美国残疾人法》提起的诉讼案件的类型

	1997年	1998年	1999年	2000年	2001年	2002年	2003年	2004年	2005年	2006年	2007年	2008年	2009年	2010年	2011年	2012年
诉讼案件数量*	18 108	17 806	17 007	15 864	16 470	15 964	15 377	15 576	14 893	15 575	17 734	19 453	21 451	25 165	25 742	26 379
与下列疾病有关的案件所占百分比（%）																
哮喘	1.5	1.9	1.8	2.0	1.6	1.6	1.6	1.5	1.6	1.7	1.0	1.7	1.6	1.7	1.9	1.6
背部损伤	14.9	12.9	12.2	10.2	9.3	9.5	8.6	8.0	8.4	8.1	8.3	9.3	9.9	9.7	8.2	8.9
癌症	2.5	2.6	2.3	2.7	2.8	2.9	2.9	2.8	2.7	3.2	3.3	3.6	2.7	3.9	4.4	4.4
糖尿病	3.7	3.7	4.0	4.1	4.3	4.7	4.8	4.7	4.5	4.8	5.1	5.6	5.5	5.4	4.6	4.2
听力损伤	2.8	2.9	2.9	3.1	2.9	3.2	3.1	3.4	3.2	3.3	3.0	3.3	3.3	3.1	3.2	3.4
视力损伤	2.4	2.4	2.5	2.3	2.3	2.6	2.6	2.5	2.3	2.3	2.5	2.6	2.2	2.3	2.5	2.4
心脏病	3.7	3.8	3.8	3.3	3.6	4.0	3.7	3.5	3.3	3.4	3.7	3.8	3.8	4.2	4.0	3.7
视为残疾	11.4	11.1	11.6	13.7	12.8	13.7	16.8	18.2	17.4	17.2	17.7	16.7	14.1	12.8	13.0	13.1
药物依赖	0.8	0.7	0.5	0.6	0.5	0.6	0.6	0.5	0.3	0.5	0.5	0.7	0.6	0.5	0.5	0.5
焦虑	2.5	3.0	3.0	3.4	3.4	4.1	3.5	2.4	2.2	2.2	2.8	4.5	5.3	5.3	4.5	5.1
抑郁	4.9	6.4	6.9	6.5	6.1	6.7	6.3	2.9	5.4	6.6	5.5	6.1	6.5	6.3	6.6	6.8
其他	20.0	20.2	21.4	22.2	22.3	23.7	18.1	12.3	14.7	15.7	16.4	20.2	24.4	26.3	29.8	30.3

*未包括所有诉讼。

资料来源：EEOC，www. eeoc. gov/stats/ada-receipts. html.

个小时用自己的电脑访问成人聊天室而被解雇。他辩称自己对性和互联网的成瘾来自一段创伤性的经历，即1969年在越南军队服役期间亲眼看见自己的朋友被射杀。[51]

最后，《美国残疾人法》似乎并没有对美国残疾人的就业产生预期的影响。根据美国残疾人组织的报告，美国的5 400万残疾人中仍有2 200万人处于失业状态。[52]

正是由于这些原因，美国国会目前正在探讨对该法案进行修正，从而对残疾的概念做出更为严格的界定。[53]关于《美国残疾人法》所产生的影响的争论还在继续。

3.8 员工安全

2005年3月，在得克萨斯州得克萨斯市的英国石油公司炼油厂，管理者已经意识到加工单元中的一些设备需要修理。然而在3月23日，他们在明知道一些关键警报器失灵的情况下还继续要求单元运行。结果导致了15年来最惨重的石化事故，造成15人死亡，超过170人受伤。[54]

员工安全已经成为全球服装行业关注的焦点。"通过可持续性进行竞争"专栏描述了这个问题和盖普公司做了哪些尝试去解决问题。

与公平就业机会一样，员工的安全问题同样受到美国联邦政府和州政府的相关规章制度的约束。然而，要想最大限度地保护工人的安全和健康，雇主不能仅仅停留在法律的字面含义上，而是要理解这些法律所体现的精神。基于这种思想，我们首先来看一看在联邦政府的各项立法中关于员工安全的一些保护性规定，然后再来讨论一下旨在强化这些安全标准的各种安全意识教育计划。

通过可持续性进行竞争

保护服装行业的工人

像Limited、盖普和Inditex等这样的全球性服装公司将它们的制造环节外包给第三世界国家，比如孟加拉国。那里工人的月薪通常只有37美元，这使得劳动密集型的制造流程的成本非常低。然而，这些运营工厂的第三方承包商似乎完全不关心工人以及他们的安全。

2013年1月，孟加拉国一家工厂的火灾夺去7个人的生命，而两个月前，Tazreen时尚成衣厂的一次火灾中有112名工人丧生。支持工人保护运动的人士称，2012年11月以来，孟加拉国还发生了18起未导致人员伤亡的工厂火灾。

在死亡人数飙升之前，盖普公司于2012年10月宣布推出一套全面的工厂建设和火灾防护的行动计划，这项计划覆盖了其在孟加拉国的工厂。行动计划包括：

1. 雇用一名首席火灾安全检查官进行火灾隐患的检查，并实施整改措施，对火灾负责。
2. 发起一项"工人支持计划"，提供200万美元，以确保那些长期合作、高产量的第三方制造商的工人在火灾整改离职期间仍可以拿到工资。
3. 向供应商提供多达2 000万美元的资金，用以提升劳动安全水平。
4. 继续与孟加拉国政府、美国政府和国际劳动组织（ILO）合作，以促进全面的变革。

"盖普公司对孟加拉国有很多投入。我们与其他利益相关方有同样的目标，尽可能地做出实实在在的变化。"全球责任高级副总裁鲍比·斯尔腾（Bobbi Silten）如是说，"我们相信采取行动的时刻到了，我们希望行业内其他公司也向前迈出一步，推出类似的计划以实质性地提高孟加拉国的服装行业的安全水平。”

讨论题

你认为盖普公司在改善孟加拉国工厂的劳动条件方面做得足够吗？为什么？

资料来源：“Gap Announces Comprehensive Building and Fire Safety Action Plan for Bangladesh Apparel Facilities,” Gap press release，October 2，2012；J. Manik and J. Yardley，“Bangladesh Factory，Site of Fire That Trapped and Killed 7，Made European Brands，” *New York Times*，www. nytimes. com/2013/01/28/world/asia/bangladeshfactory-site-of-fatal-fire-made-westernbrands. html，January 27，2013.

3.8.1 《职业安全与健康法》

尽管关注员工安全理所应当是一个普遍的社会目标，但事实却是，到20世纪70年代初期，1970年颁布的《职业安全与健康法》（Occupational Safety and Health Act，OSHA）——关于员工在工作中的安全性的综合性立法——才刚刚在美国问世。当时，美国每年有将近1.5万起与工作有关的死亡事故。

《职业安全与健康法》授权美国联邦政府针对所有从事州际贸易的就业场所制定和强制实施职业安全与健康标准。对雇主进行监督检查、实施这些标准以及课征罚金的责任，则落到了美国劳工部的身上。美国卫生部所承担的责任则是通过开展研究制定出适合某些具体操作或职业的安全健康标准，同时通过对雇主进行培训来告诉他们应当如何遵守这项法律的相关规定。美国卫生部承担的许多研究工作都是由美国国家职业安全与健康研究所（NIOSH）完成的。

■《职业安全与健康法》赋予员工的权利

《职业安全与健康法》的主要条款指出，任何一位雇主都有责任为员工提供一个安全的就业场所，即确保在这些工作场所中不存在已被认知的、会导致或可能导致员工出现死亡或严重身体伤害等后果的危害因素。这一规定被称为所谓的**总责条款**（general duty clause）。这一法律赋予员工的一些特定权利，我们列举在表3-6中。美国劳工部认定了许多具体的伤害类型，它要求雇主必须遵守由国家职业安全与健康研究所颁布的所有职业安全和健康标准。

表3-6 **《职业安全与健康法》赋予工人的权利**

员工有权：
1. 要求有关部门进行检查。
2. 派代表参与有关部门的检查。
3. 确认危险物质。
4. 被及时告知可能受到的危害，并且了解有关这些危害发生的精确记录。
5. 在工作场所公布雇主违反安全与健康规定的情况。

最近发生的这方面的一个例子是，国家专门针对接触像艾滋病病毒等这样一些血液病原体的职业制定了职业安全与健康标准。这些标准适用于24个受到影响的产业部门，其中包括50万个组织和机构以及560万名员工。这些规定中的要求之一就是，雇主必须制定一项接触控制计划。在接触控制计划中需要包括的内容有：哪些职位上的人有可能接触到血液；这些职位上的任职者在工作中可以采取哪些防护措施；员工在接触血液以后的方案计划；对意外发生的工作人员受感染事故进行评价的程序等。

尽管国家职业安全与健康研究所公布了大量的标准，但是很显然，这些规则制定者不可能预见到在工作场所中发生的所有伤害情况。因此，总责条款就要求雇主对工作场所中的潜在危险源保持长期一贯的警惕（正如理性的谨慎人标准界定的那样），并且随时予以修改。例如，在位于伊利诺伊州的阿莫科公司 Joliet 工厂，管理者意识到，多年来一些员工在工作中创造了许多不成文的捷径，并且把这些快捷工作方式应用到了易燃材料的处理过程中。这些改动看上去节省了劳动力成本，但是却带来了一个问题：员工在处理易燃产品时并没有采用某种统一的操作规程。这个问题之所以会成为一件非常紧急的事情，是因为许多经验丰富的工人到了快退休的年龄，工厂面临着失去关键性技术经验的危险。为了解决这一问题，该工厂制定了一项符合《职业安全与健康法》中所有规定的培训方案。这项培训方案的内容是，通过进行需求分析找出每位新员工都必须学习的工作任务，并且把这些流程编制成书面的工作指南。工厂会按照新的工作程序来对每位新员工进行实习培训，然后由他们的直接上级签字，向新员工发放允许他们从事工作的资格证书。该工厂还安装了一种计算机跟踪系统来监控到底是哪些人在处理易燃物质，该系统能够很快识别出哪些人没有得到资格认证。这家工厂已经达到了 ISO 9000 质量认证标准以及《职业安全与健康法》的标准，并且继续在工厂其他领域运用同样的安全培训模式。[55]

■《职业安全与健康法》的检查

《职业安全与健康法》所规定的那些日常检查工作是由劳工部指派的经过特殊培训的人员来执行的，这些人被称为执行官。这些检查通常是按照一种严格保密的“日程”进行的。典型情况是，一位执行官秘而不宣地出现在某一工作现场。由于显而易见的原因，《职业安全与健康法》禁止将所要进行的检查提前通知。执行官出示证件以后，会向雇主解释他们来进行检查的原因，同时说明他们实施检查的一般程序。

《职业安全与健康法》规定的检查由四个主要部分组成。第一，执行官会审查雇主雇用的员工的死亡、工伤以及疾病记录。《职业安全与健康法》要求雇用人数——包括全日制员工和非全日制员工——达到以及超过 11 人的所有公司都必须保留这些记录。第二，这名执行官通常会在一位雇主代表（可能还会有一名员工代表）的陪同下，在雇主的工作场所做一次巡查。在巡查过程中，这位官员会记录他认为雇主违反已颁布的某种具体标准的所有情况，或者是违反不那么具体的总责条款的情况。检查的第三项内容是员工访谈，这种访谈有可能发生在巡查的过程中。这时，任何了解雇主有违反《职业安全与健康法》规定的事实的员工都可以将情况告知这位官员。最后一个程序是在结束检查的时候召开一次会议。在会议上，执行官要就其在工作场所中发现的问题与雇主进行讨论，指出雇主的每一处违反法律规定的地方。执行官会给雇主一个合理的期限来纠正自己的违法问题。如果任何一种违法现象可能很快会造成危险（也就是说，在通过正规的强制程序消除危险因素之前，有可能造成严重的伤残或死亡事件），这位官员就会通过劳工部向地区法院申请，要求法院向雇主发布命令。这种命令将会迫使雇主立即采取措施以解决问题。

■ 传唤与处罚

如果执行官认为雇主违反了国家颁布的职业安全与健康方面的法律规定，他就会向雇主发出一份传唤书，详细说明雇主的哪些具体管理实践或者情况违反了安全与健康方面的法律规定。雇主必须将传唤书张贴在有过违法现象的工作地点附近的醒目位置——即使雇主准备提出申辩也要如此。每一起不严重的违法事件最高可能会被处以7 000美元的罚款，但是如果这位雇主过去没有违法记录，或者雇主已经诚心诚意地采取了措施来遵守该项法律的规定，那么罚金可以相应地调低。然而，如果是严重违反规定或者是蓄意违规、反复违规，则每一例违规行为可能会被处以最高达7万美元的罚款。员工本人永远不会因违反安全规定而受到罚款。这是因为该项法律假定，安全问题主要是雇主的责任，他们需要同员工一起来确保工作程序是安全的。

除了这些民事惩罚以外，法院可能对那些造成一名员工死亡的蓄意违规者做出刑事处罚。刑事处罚的罚金可能高达2万美元，并且雇主或者雇主的代理人还有可能被判入狱。那些蓄意篡改在职业安全与健康检查中需要核查的安全与健康记录的人，以及那些未经劳工部允许而把职业安全与健康检查的消息事先通知给雇主的人，都有可能面临刑事诉讼。

■《职业安全与健康法》的实施效果

《职业安全与健康法》在提高职业安全意识方面毫无疑问是成功的。表3-7列举了职业伤害和职业病的最新数据。然而，立法本身并不能解决工作场所中的所有问题。[56]许多工业事故都是不安全行为造成的后果，而不是由不安全的工作条件造成的。由于法律本身并没有对员工的行为做出直接的规定，因此如果员工自己意识不到这些安全和健康标准的重要性，那么他们的行为很难发生哪怕是微小的变化。[57]这一点已经被劳工领袖们认识到。比如，美国钢铁工人联合会主席林恩·威廉斯（Lynn Williams）就曾经指出："我们不能指望政府，我们也不能指望雇主，我们必须依靠自己来给我们带来安全和健康。"[58]

表3-7　美国劳工统计局关于职业病和职业伤害的部分最新统计数据

私营企业中的非致命伤害和疾病	与工作有关的致命伤害
全部有案可查的诉讼： 2011年2 986 500	总体致死人数（全部组织）： 2011年4 693
涉及非工作日受伤的诉讼： 2011年908 300	公路事故（全部组织）： 2011年1 103
离开工作天数的中位数： 2011年8	坠落、滑倒、绊倒（全部组织）： 2011年618
涉及扭伤、拉伤、撕裂的诉讼： 2011年340 870	凶杀（全部组织）： 2011年468
涉及背部损伤的诉讼： 2011年182 270	
涉及坠落、滑倒、绊倒的诉讼： 2011年225 550	

资料来源：www. bls. gov.

由于遵守法律本身并不一定能够保证安全，因此许多雇主在实践中的做法远远超出了法律条文的规定。在下一节中，我们将考察由雇主发起的各种安全教育计划，这些教育计划是按照《职业安全与健康法》的要求制定的，有时甚至超出了《职业安全与健康法》的要求。

3.8.2 安全意识教育计划

安全意识教育计划（safety awareness programs）是超出《职业安全与健康法》的要求而采取的一项措施，其目的是，在强调安全的组织中实现一种外在的、实质性的变化。这些计划通常要么是针对某些特定的工作或者工作要素制定的，要么是针对某些特定类型的工伤或致残事故制定的。一项安全意识教育计划通常包括三个基本要素：识别并通报伤害风险、强化安全实践以及在国际上推广安全工作。

■ 识别并通报伤害风险

员工、上级主管以及其他掌握着关于伤害风险知识的人，需要坐在一起共同讨论与安全有关的潜在问题。**工伤风险分析技术**（job hazard analysis technique）是完成这项工作的手段之一。[59]通过应用这种技术，人们将每种工作分解为一个个基本要素，然后根据每一个要素来确定其潜在的工伤风险等级。如果大家都认为某种工作要素具有较高的潜在工伤风险，那么这项要素就会被单独拿出来，大家共同考虑应当使用哪些技术或者是在员工的行为方面做出哪些改变，以避免工伤的出现。

另一种将不安全工作要素分离出来的方法是，对以往的事故记录进行研究。**操作复查技术**（technic of operations review，TOR）就是这样一种分析方法，它可以帮助管理者识别出到底哪些特定的工作要素是造成过去某一次事故的罪魁祸首。[60]操作复查技术进行分析的第一个步骤是，确定事故发生时的环境因素。为了完成这项工作，所有当时在事故现场的有关工作人员都要描述自己对当时所发生的事情的最初印象。这些工作人员必须通过集体讨论来共同认定，哪方面的系统性失灵是导致事故发生的最重要原因，导致事故发生的第二、第三要素又是什么。

例如，对汉堡王公司（Burger King）中的工作进行的一项分析发现，有些工作要求员工走过湿漉漉或者比较滑的路面，这导致很多人摔倒。于是，在对人们在哪些地方摔过跤以及在什么样的条件下会摔跤进行分析之后，公司采取了有针对性的纠正措施。目前，汉堡王公司已经在某些关键的地点铺了垫子，并且从总体上加强了对地板的维护。此外，公司还为从事某些特定类型工作的员工提供了专门的防滑鞋。[61]

可以采取多种形式就造成伤害的风险因素与员工进行沟通。主管人员与员工进行直接的口头交流，对于使问题凸显出来以及让员工及时意识到伤害风险非常有用。书面备忘录也非常重要，因为它们有助于建立一种历史性的“书面记录”，从而说明公司关注工伤风险。张贴海报，特别是在那些邻近工伤风险的地点张贴海报，可以起到不断提醒的作用，从而强化这些信息。

在就工伤风险与员工进行沟通时，对两类人多加注意是很重要的。有时候，公司需要特别注意有些年轻的员工或者经验较为缺乏的员工。美国国家安全委员会进行的研究发现，40%的事故发生在20～29岁这一年龄段的员工身上，48%的事故发生在刚刚工作一年的员工身上。[62]雇主对这一员工群体需要承担的主要责任是告诉他们工伤风险的存在。然而，雇主也千万不要忽略那些经验丰富的员工。雇主针对这些人要做的最关键的工作是不断地提醒他们。研究表明，员工由于长期面对某种特定的风险威胁，或者是已经习惯了这种威胁，往往会产生一种自负情绪。[63]因此，需要对经验丰富的员工进行再培训，以防他们对于工作中存在的真正危险不以为然。如果这种工伤风险对于年纪较大的员工产生的危害更大，这一点就显得尤为重要。例如，与年轻员工相比，从梯子上摔下来所造成的危害对于年纪较大的员工会更大一些。在55～65岁的工人中，20%以上的人在此类事故中导致自己受到致命伤害，而与他们相比，其他工人因摔下梯子而受到致命伤害的概率只有10%。[64]许多讨论都关注工作场所的安全，然而技术的进步使员工可以不受时间限制在家里工作。"通过科技进行竞争"专栏阐述了这种趋势带来的成本和便利。

通过科技进行竞争

在被窝里工作

全球化和技术持续改变着人们工作的时间、地点和方式。伴随移动设备成长起来的一代无时无刻不在使用这些移动设备。友好技术公司（Good Technology）开展的一项调查显示，大约一半的被调查者在床上阅读和回复邮件。一项关于英国工作者的研究发现，20%的工作者每天有2～10个小时在床上工作。

一些人这么做是为了及时处理邮件，这样他们不必在自己醒来时面对塞满的收件箱，其他人则是想在全球时区内保持实时沟通。

有些员工可能会被诱导相信公司喜欢员工展现对工作的承诺。然而，这种工作方式也存在一些弊端。首先，因为在晚上工作，员工很可能在工作中做私事，比如网上购物、浏览脸书或者计划即将来临的假期。其次，这种方式可能切断床和睡眠的联系，导致失眠。最后，还可能产生关掉设备后的负罪感。鉴于这些问题，越来越多的专家开始呼吁人们将卧室变成"无设备区域"。

另一方面，寝具制造业开始回应这种趋势。奢华寝具制造商E. S. Kluft现在提供一种长宽皆7英尺的大床，可以让一对夫妻平铺文件在床上工作。Reverie公司提供一种可调节的床，这种床能让一个人躺在床上睡觉，而另一边抬起以支撑另一个人工作。

虽然床上工作可能更高效，但员工应当更谨慎并注意"被窝里"工作潜在的成本。

讨论题

公司应该阻止员工在家工作吗？为什么？

资料来源：S. Shellenberger, "More Work Goes 'Undercover,'" *Wall Street Journal*, November 14, 2012, pp. D1, D5.

■ 强化安全实践

强化安全实践的一种最为常用的方法是实施安全奖励计划。这种计划的内容是对那些支持安全目标以及达到安全目标要求的人进行奖励。这些计划最初的设计目的仅仅是改善一个月或者一个季度的短期安全目标，或者是鼓励员工提出强化安全的建议。后来这些安全奖励计划又进一步扩展，所覆盖的目标包括一些范围更大的长期目标。这些计划通常会选择在公司集会的场合（如年会或某些其他重要场合）发放奖品。这些计划中发放的往往是奖品而不是现金，这是因为奖品代表一种永久性的成就。大量的证据表明，这种计划在减少工伤事故发生以及降低工伤成本方面是非常有效的。[65]

虽然人们常常认为安全意识教育计划主要以工作为中心，但有些安全意识教育计划却是以某些具体的伤害和伤残问题为对象实施的。例如，腰背伤残是一个给许多员工带来痛苦的大难题。因腰背伤残而导致的工作日损失占到公司年工作日损失的近25%，企业每年为此支付的成本高达300亿美元。[66]人力资源管理者可以采取许多措施来预防腰背伤残的发生，同时还可以为那些已经患上腰背伤残的员工提供合理的便利。眼部损伤是安全意识教育计划的另一个目标。国家预防失明委员会估计，在工作场所中平均每天发生1 000例眼部损伤事件。[67]表3-8中提供了减少眼部损伤事件的十个步骤。在从化学品灼伤到触电，再到锅炉等压力容器爆炸等一系列安全问题上，类似的指南都可以找到。[68]

表3-8　　减少眼部损伤的十个步骤

1. 进行一项眼部伤害职位分析。
2. 测试所有员工的视力以确定一条基准线。
3. 为某些特殊操作选择保护性眼罩。
4. 确定一项制度，要求员工百分之百地佩戴保护性眼罩。
5. 确保保护性眼罩是适合佩戴的。
6. 培训员工，使他们了解紧急问题处理程序。
7. 实施持续性的眼睛保护和护理教育计划。
8. 持续对事故预防战略进行审查。
9. 管理层提供支持。
10. 制定书面的政策规定，详细说明对某些具体结果的制裁和奖励办法。

资料来源：T. W. Turrif, "NSPB Suggests 10-Step Program to Prevent Eye Injury," *Occupational Health and Safety* 60 (1991), pp. 62-66. Copyright © Media Inc. Reprinted with permission.

■ 在国际上推广安全工作

鉴于国际化管理已经引起人们的日益关注，企业还需要考虑如何使无论在哪个国家完成操作任务的公司员工都能够处于安全的工作环境之中。文化差异可能会使这一目标更难以实现。比如，最近的一项研究就考察了一项标准化的、涵盖全公司范围的安全政策在三个不同国家（美国、法国和阿根廷）是如何对员工产生影响的。研究结果表明，由于文化的差异，不同国家的员工对于同一项政策的解释是不同的。美国文化强调个人主义，以控制为导向，因此它强调高层管理者应当以自上而下的方式确保安全。然而，这样一种计划在阿根廷却难以奏效，因为那里的集体主义文化使得员工感到，安全是每一个人都需要关心的问题，因此，安全计划应当是自下而上推行的。[69]

在本节一开始，我们提到了英国石油公司得克萨斯市炼油厂的一个可怕事故。在检查完爆炸的原因后，美国化学安全及灾害调查局要求英国石油公司成立一个独立调查小组，重点监督公司的安全程序有什么激进的变化。这个小组的任务是调查英国石油公司的安全文化以及检测设备的程序，并且将那些未遂的事故上报。该小组的宗旨是，不仅要监督英国石油公司的得克萨斯市炼油厂，还要去调查这些年来它收购的其他炼油厂的职业安全措施。[70]

本章回顾

沃尔玛公司歧视员工？

开篇案例讲述了沃尔玛如何赢得全国范围的集体诉讼，但仍面临多个地区的集体诉讼。通过对歧视模式及歧视实践的学习，你是否认为沃尔玛真的歧视了几千名（或许上万名）将成为这起集体诉讼一分子的女性员工？

抛开这场特殊诉讼的是非曲直，沃尔玛知道自己在这件事情上出了问题，并且做出了回应。比如，2006年，沃尔玛公司除了在阿肯色州本顿维尔市的总部增加了100位高管之外，还雇用了300位人力资源管理者从事该领域的工作。现在，公司的人力资源职能结构中一共包含5位事业部人力资源负责人，27位地区人力资源总监，342位现场人力资源经理。沃尔玛希望将更多的人力资源管理专业人员安置在商店经理的身边，从而为他们的相关劳动力决策提供更多的专业指导意见，同时确保公司更好地遵守各项法律规定。

思考题

1. 结合学习的知识，你认为沃尔玛公司在这场集体歧视诉讼中是赢还是输？

2. 假设你接管了沃尔玛公司的人力资源管理工作，你想确保公司的薪酬体系是公平的，于是你委托了一家薪酬研究机构做一项涉及男性和女性员工的薪酬差别的调查。如果你公开发布了这项调查的数据，并且努力去解决存在的问题，那么你实际上也就迫使公司必须对过去的歧视行为承担相应的责任。在这种情况下，你会怎么做？

3. 你觉得统计上的不相等是歧视的证据吗？如果歧视存在，是不是受保护的群体都能得到赔偿，即使他们个人没有遭到歧视？

资料来源：J. Marquez，"Wal-Mart Puts on a New Face，" *Workforce Management*，August 14，2006，p. 29；R. Parloff and S. Kaufman，"The War Over Unconscious Bias，" *Fortune*，October 15，2007，p. 90.

小　结

如果把员工看成是一个获得竞争优势的源泉，企业就会以一种合乎道德规范以及合法的方式来对待他们，同时还要为他们提供安全的工作场所。一个组织所处的法律环境——特别是与公平就业机会以及职业安全有关的法律——对组织的人力资源管理职能会产生巨大的影响。人力资源管理关注的是人的管理，而政府强调的则是对人的保护。因此，人力资源管理面临的一个重要挑战就是，如何在政府的法律约束范围之内履行自己的职能。由于违反公平就业机会方面的法律（以及违反无论人们的性别和种族如何都要平等对待这样一种道德方面的要求）以及《职业安全与健康法》所需要付出的代价和赔偿可能高达数百万美元，为了以一种良好的方式——无论是在财务方面，还是在道德方面——经营企业，人力资源管理者和直线管理人员都需要对法律要求以及法律禁止的行为有清楚的理解。一个能够有效地做到这一点的组织，无疑会有自己的竞争优势。

讨论题

1. 差别影响理论最初是由法院在审理格里格斯一案时创立的，此案发生20年之后，美国国会在1991年《民权法案》中将其认可为法律。根据美国的法律系统，歧视理论是从政府的哪一个机构中发展起来的？

2. 差别影响分析（五分之四法则、标准差法则分析）在就业歧视案件中得到了应用。由美国教育部完成的一项名为美国国家教育进步评价的研究发现，在21～25岁的年轻人中存在以下几个方面的情况：第一，60%的白人、40%的西班牙裔以及25%的黑人能够从一篇新闻文章或者年鉴中查询到有关信息；第二，25%的白人、7%的西班牙裔以及3%的黑人能够解释清楚公共汽车时刻表；第三，44%的白人、20%的西班牙裔以及8%的黑人能够正确地计算出自己从一家餐厅购买两份餐食之后应当找回的零钱。完成这些任务的要求本身（从一篇文章中查询信息、解释公共汽车时刻表以及算出应找的零钱）是否会有负面影响？其含义是什么？

3. 许多公司都有着装规范，通常要求男性穿西服，女性穿职业装。根据差别对待理论，这属于歧视吗？为什么？

4. 在雇用员工时，认知能力测试似乎是最为有效的一种甄选工具，然而这种测试却会对黑人和西班牙裔产生负面影响。考虑到效度以及负面影响问题，以及1991年《民权法案》认定种族观念是非法的，如果有人建议你在雇用员工时使用这种测试，你会怎么说？

5. 《美国残疾人法》要求的合理的便利会对像执法人员以及消防队员这样的劳动者产生怎样的影响？

6. 理性女性标准认为，女性在判断何种行为是合适的时候，会产生与男性不同的看法。这种区别的含义是什么？你认为进行这种区分是不是一个好的想法？

7. 雇主们对《美国残疾人法》的主要抱怨是，提供合理的便利所带来的高成本会使自己与其他那些没有面临这种要求的企业（尤其是外国公司）相比更缺乏竞争力。这是一种正当的理由吗？雇主和社会应当怎样权衡《美国残疾人法》带来的成本和收益？

8. 许多人指出，《职业安全与健康法》规定的惩罚太轻，并且还出现了误导（也就是说，惩罚是针对雇主的而不是针对员工的），因此对员工的安全不会产生太大的影响。你认为《职业安全与健康法》的制裁力度是否应当加强？请解释你的答案。

自评练习

请看下面的自我评估测验。请对每一个句子做出判断，如果认为是真的就圈T，如果认为是假的就圈F。

你了解性骚扰吗？

1. 一个男人是不会成为性骚扰的受害者的。 T F

2. 实施性骚扰的只能是比受害者级别更高的上级管理者或其他领域的管理者。 T F

3. 性骚扰诉讼只能由直接受到骚扰的本人提起。 T F

4. 抑制性骚扰的最好方式是制定不鼓励员工之间约会的政策。 T F

5. 性骚扰不是性别歧视的一种形式。 T F

6. 在接到一起关于性骚扰的投诉之后，雇主在对投诉进行调查之前应当先做一下冷处理。 T F

7. 只有当性骚扰的受害者被解雇或拿到更低的薪酬时，性骚扰才算是违法的。 T F

战略练习

家得宝公司通向公平的坎坷之路

家得宝（Home Depot）是美国最大的一家家庭日用品公司，主要出售人们自己动手进行家庭装修所需要的各种产品和设备。该公司自创立至今已有20多年，目前发展到拥有10万名员工和900多家仓储式商店的规模。公司的发展战略高度集中于完成一项任务，这就是开设更多的商店。事实上，家得宝公司的高层管理人员有一个未公开明确提出的目标，即让美国境内的任何一位顾客都可以在30分钟之内找到家得宝公司的一家商店，事实上，他们已经基本上达到了这一目标。此外，家得宝公司还在全力实施一种向顾客提供超一流服务的战略。公司一直为自己能够雇用到的员工感到骄傲，因为这些员工都有着非常丰富的家庭装修知识，因而能够指导顾客自己动手进行家庭装修。家得宝公司的这种战略，再加上在全国各地开设商店的做法，使该公司持续保持着相对于竞争对手的较大优势，这些竞争对手包括正走下坡路的Home Quarters公司和劳氏公司(Lowe's)。

然而，家得宝公司却遇到了一些法律方面的问题。在公司发展的过程中，出现了一个统计上的异常现象。这就是，大约70%的经销人员（指那些直接涉及木材、电动产品、五金器件等商品销售的人）都是男性，而大约70%的运营人员（收银员、会计、后台办公人员等）都是女性。由于这种差别的存在，家得宝公司在几年以前就遭到了起诉，该案件的原告代表的是1.7万名现任和前任员工，以及20万名曾经被拒绝的求职者。家得宝公司对这种差异的解释是：大多数女性求职者都有过当收银员的经历，所以她们就被安排到了收银员的岗位上，而大多数男性求职者都表示他们对木工和水管工等家居维修工作感兴趣或者有这方面的天资。但是律师却认为，家得宝公司恰恰是由于采用这种方式进行雇用，才造成对男性和女性能够从事的工作类型进行了不恰当的强化。

最近，五位家得宝公司以前雇用的员工又对公司提起了诉讼，控告公司在佛罗里达州东南部的两家商店中对非裔美国员工实施了歧视。这五个人指控说，他们的薪酬水平比白人员工低，在晋升时得不到考虑，并且还由于种族原因在绩效审查中得到了挑剔性的评价。“公司认为这些指控都属于例外情况，并且我们认为这些员工的绩效确实不佳。”家得宝公司的发言人杰里·希尔兹(Jerry Shields)这样指出。此外，家得宝公司还面临其他几起种族歧视诉讼，其中包括在密歇根州民权部归档的一起诉讼。

为了避免在将来会面对这样一些诉讼案件，家得宝公司可以采取根据配额做出雇佣和晋升决策的做法，从而确保各种职位类别中的男性和女性分布能够保持平衡——然而这正是公司想要竭力避免的，因为公司认为这样的做法会削弱公司的竞争优势。尽管如此，公司还是采取了一些步骤，通过在其正式书面政策中增加一些关于性别导向问题的明文规定，以扩大和加强公司的非歧视政策。另外，公司总裁兼首席执行官鲍勃·纳德利(Bob Nardelli)在2001年秋天还宣布，家得宝公司将采取一些特殊的措施来保护那些去军队服役的500多名员工的利益，这些措施已经启动并且将会持续下去。“如果我们的员工在军队服役时的薪水低于他们在家得宝公司工作时的薪水，那么我们会补偿两者之间的差额，”纳德利说道，“当他们退役回来的时候，他们原有的工作岗位以及橘黄色的工作服都在这里等着他们。”

家得宝公司为了结束这场诉讼，最终被迫同意向那些直接被分派到出纳岗位以及没有得到晋升的女性员工支付了6 500万美元的赔偿金。另外，该公司还承诺，对每一位求职者都会提供“公平的机会”，家得宝公司解决这一问题的方式使得它开始运用技术手段优化自己的雇佣政策，从而确保最大限度地实现公司劳动力队伍的多元化。

家得宝公司耗资1 000万美元在它的900家商店中安装了一套自动化的雇佣和晋升系统——“职位偏好程序”。公司专门建立了一些小亭子，潜在的求职者可以在这里登录计算机完成和提交求职申请，同时直接在电脑上接受一系列预先设定好的测试。这套测试程序可以筛选掉那些不合格的求职者。该系统会为管理人员打印出求职者的测试分数，同时还会附上一份结构化的面试问题，以及针对这些问题的比较好和不太好的回答举例，然后，管理人员就可以根据上述问题对通过预先测试的那些求职者进行面试。除此之外，家得宝公司的这套系统还被用于晋升决策。公司要求员工持续不断地更新自己的技能以及职业发展愿望，这样才能确保他们在附近的商店中有晋升机会时能够得到考虑。

这套系统获得了无可争议的成功。管理人员很喜欢它，因为他们不用再从大量的求职简历中进行筛选就能够获得高质量的求职者。另外，这套系统似乎也实现了它的主要目标。自从这套系统被引进以来，女性管理者的人数增加了30%，少数族裔管理者的数量增加了28%。事实上，正如在最初的诉讼案件中担任原告共同辩护律师的戴维·博根（David Borgen）所说的那样："没有人可以说这件事是做不到的，因为与我所知道的任何一家企业相比，家得宝公司把这件事情做得更大，同时也更好。"

思考题

1. 如果家得宝公司真的没有对员工实施过歧视，而只是简单地从求职者中招人以填补职位空缺（并且极少数女性会申请客户服务职位），那么通过对本章的阅读和学习，你认为该公司犯有歧视罪吗？如果有，你是基于什么理论做出判断的？

2. 这个案例如何说明了新技术的应用有助于解决以前从未与技术联系在一起的那些问题？你能想到在多元化、公平就业机会、积极的反歧视行动等问题上运用技术的其他一些途径吗？

资料来源："Home Depot Says Thanks to America's Military; Extends Associates/Reservists' Benefits, Announces Military Discount," company press release, October 9, 2001; S. Jaffe, "New Tricks in Home Depot's Toolbox?" *BusinessWeek* Online, June 5, 2001, at www. businessweek. com; "HRC Lauds Home Depot for Adding Sexual Orientation to Its Non-discrimination Policy," Human Rights Campaign, May 14, 2001, at www. hrc. org; "Former Home Depot Employees File Racial Discrimination Lawsuit," Diversity at Work, June 2000, at www. diversityatwork. com; "Michigan Officials File Discrimination Suit against Home Depot," Diversity at Work, February 2000, at www. diversityatwork. com; M. Boot, "For Plaintiffs' Lawyers, There's No Place Like Home Depot," *The Wall Street Journal*, interactive edition, February 12, 1997.

人的管理

布朗诉教育委员会：苦乐参半的生日

5月17日是"布朗诉教育委员会"案（Brown v. Board of Education）的50周年纪念日，这是一个里程碑式的案件，美国最高法院在该案中判定，那些以种族隔离形式建立起来的"隔离但公平"的学校是违宪的。这被视为美国最高法院在20世纪做出的最为重要的决定之一，但是这个50周年庆典却是苦乐参半。毫无疑问，自那时起，非裔美国人在经济、社会和教育方面都取得了巨大的进步。但从20世纪80年代后期开始，政治风波使种族平等方面的进展陷于停顿。从那时起，学校便开始慢慢地重新对种族进行隔离，白人和少数族裔学生之间的成绩差距再次拉大。美国能否实现消除种族隔离的伟大承诺？以下是一些关键问题。

1954年法院推翻了什么？在整个美国南方和位于边境上的美国各州，例如特拉华州，黑人和白人儿童被官方分配到了不同的学校中。在布朗案件提及的主要城市，位于堪萨斯州的托皮卡市，一共有18所白人小学，黑人小学却只有4所，这就迫使许多非裔美国人的孩子不得不长途跋涉去上学。关于白人学校和黑人学校都是"平等"的想法就像是一部残酷的小说，大多数黑人儿童接受的是严重低劣的教育。

从那时起我们确实已经走了很长的路吗？是的，尽管用了很长时间才得到改变。1963年，南方黑人儿童中超过99%仍然在种族隔离学校上学。20世纪60年代的民权运动最终带来了积极的联邦政策，比如校车政策、强迫对学校进行大力度整合的法院命令，等等。因此，1988年，南方有44%的黑人儿童进入了大多数是白人孩子的学校，这个比例远高于1964年的2%。"我们在1968—1990年间减少了将近一半的种族隔离学校。"纽约州立大学奥尔巴尼分校的刘易斯-芒福德城乡比较研究中心主任约翰·洛根（John Logan）如是说。

今天的情况如何？事到如今，我们得到了一些真正的收获。由于有了布朗案，能够从高中毕业的黑人比例几乎翻了两番，达到现在的88%，而那些25～29岁的年轻人上大学的比例也增加了6倍，达到18%。

另一个重要趋势是住房，它有助于确定学区的特点。种族混居的住宅格局实现改善的速度尽管如同冰山消融一样缓慢，但毕竟还是取得了进步。目前虽然在大城市中仍然有较高比例的种族住房隔离，但按照芒福德中心开发出来的指数，隔离的比例已经下降了4个百分点，达到65%。一些种族界限并不那么严格且快速发展的新城区，在这一问题上获得的成果最多。在几个大城市中情况也有了很大的改善。例如，在达拉斯市，黑人和白人的住宅隔离的情况已经从1980年的78%下降到了2000年的59%。

为什么学校没有继续消除种族隔离？种族混居情况的增加尚未大到足以抵消少数族裔学生的急剧增加。尽管上小学的白人孩子在1990—2000年间基本保持在1 530万人，黑人儿童的数量却由80万人猛增至460万人，拉美裔学生则从170万人猛增至430万人。其结果是公立学校中的少数族裔的孩子从1990年的32%上升到了40%。因为非白人人口有所增加，所以少数族裔占主导地位的街区与学校又开始出现了。

少数族裔学生已经失去阵地了吗？是的，从某些方面来看可以这样说。17岁的黑人学生在阅读和数学方面仍然落后同龄白人三年以上。大学毕业的白人是黑人的两倍。根据哈佛大学民权项目组进行的研究，从总体上看，美国学校重新回到隔离状态已经有15年左右的时间了。“我们其实是在所有学校的种族隔离越来越严重的状态下纪念和庆祝布朗案的。”该项目联合主任加里·奥菲尔德（Gary Orfield）说道。

反对种族融合的政治风波扮演了何种角色？法院和政治家们远离种族融合的目标已经有一阵子了。最高法院在1974年裁定，底特律市的大量黑人学校不必和周围的白人学校整合。20世纪80年代，反对校车接送和要求按种族分配学校的呼声越来越大，法院和政治家们并没有置之不理，反而尽最大的努力来迎合这些要求。

那么我们现在的目标是什么？解决问题的方法已经发生巨大变化。美国已经开始从强制整合种族走向均衡教育。在越来越多的州中，法院对实现少数族裔和低收入学校的资金投入均等化或“充足化”的诉讼都给予了支持。

《不让一个孩子掉队法》则走得更远。该法案表明，到2006年，所有美国孩子都将受到“高素质”教育，而到2014年，孩子们在数学和阅读能力方面将取得可喜的进展。该法案还明确要求各学校按种族分组完成这些目标。奇怪的是，它听起来像是又回到了“隔离但公平”的状态。要求资金投入均等化的诉讼以及《不让一个孩子掉队法》的目的都是提高所有学校的教学质量，而无论该校的种族构成是怎样的。消除种族隔离不再是一个明确的目标。

在不消除种族隔离的情况下，学校平等能实现吗？在某些情况下是可能的，但将美国作为一个整体或许就不可能了。来自华盛顿的一个名为“教育信托基金”的非营利组织调查了多所几乎全部是黑人学生的低收入学校，这些学校的测试成绩都十分优异。但这样的成功需要卓越的领导才能、优秀的教师以及对于高标准的承诺。

对于大多数拥有很多黑人和拉美裔穷孩子的城市学校来讲，要具备上述所有这些特点会困难得多。一般情况下，到这些学校上学的少数族裔学生中，2/3的人属于低收入家庭。相比之下，去学校就读的白人学生中只有30%来自低收入家庭。

黑人和白人的成绩差距与种族间的财富差距一样大吗？是的，这就是无论是否实现种族融合，都很难缩小成绩差距的原因。研究表明，中产阶级的学生往往有更高的期望，家长参与更为积极，教师也更好一些。相比之下，贫困儿童在校时经常存在很多个人问题，而且贫困学校更容易得到低劣的教师，比如，教师所讲授的课程其实并不是他的真正专业。许多贫困学校每年的教师流失率高达20%，而大多数中产阶级聚居区的学校有更为稳定的教学人员。“研究表明，当低收入家庭的学生进入中产阶级学校时，他们的学习生活就会得到大幅改善。”纽约市的一位公共政策思想家以及在世纪基金会担任高级研究员的理查德·卡伦伯格（Richard Kahlenberg）这样说道。

是否有可能进一步实现经济上的融合？的确有一些让人眼前一亮的例子，但这些例子中都包含着巨大的政治承诺。教育系统改革者喜欢强调的一个案例是位于北卡罗来纳州的维克郡，这是一个包括罗利市在内的拥有11万名学生的学区。2000年，该郡通过了一项计划，即确保来自低收入家庭的学生不超过任何一种学生群体的40%。该计划还说明在低年级学生中，这个比例是25%。此外，它还利用精英学校来提供专门的方案，比如针对天才儿童提供的教育方案，以此吸引那些来自中等收入家庭的孩子向低收入区域流动。

目前，有 91%的 3～8 年级的学生能够很好地完成相应级别的数学和阅读任务，这一比例高于 1999 年的 84%。更令人印象深刻的是，75%的来自低收入家庭的孩子能够达到相应级别的阅读水平，远高于 1999 年的 56%。同样，1999 年只有 61%的黑人孩子可以达到相应的阅读水平，而现在这一比例则达到 78%。沃尔特·谢林（Walter C. Sherlin）是一位 28 岁的维克郡退伍军人以及一家名为维克教育伙伴的非营利组织的董事，他说："在教学方面取得的这些成果是不可思议的。"

这种服务能否成为一种全国模式？要在很多城市都做到这一点，就必须把学校的学区和周围的郊区进行合并。维克郡之所以可以这样做，是因为这是 20 世纪 70 年代一项长期种族融合计划的一部分。与维克郡相反，在大波士顿城区，学生们被分散到几十个经济状况类似的小学区之中。结果是，70%的白人孩子进入的都是白人学生占 90%以上的学校，而且绝大多数学生都来自中产家庭。与此同时，在少数族裔学生超过 90%的学校中，有 97%的学生来自非常贫穷的家庭。大多数大城市都存在类似的模式，即使是最富裕的白人郊区，也不太可能接受像维克郡所做的这种变革。

各州内部经费投入的平等有多重要？这一点非常关键，特别是在基于收入和种族的隔离仍然存在的情况下。例如，自 1993 年以来，马萨诸塞州对州内学校提供的经费已经增长了近 3 倍，其中 90%的经费用在了最穷的乡镇。这使得马萨诸塞州在提高学习成绩方面成了各州的引领者。

不过，在全国范围内，在学校经费投入方面仍然存在巨大的不平等。即使低收入学生在教育支出上需要花费更多的钱，最穷的学区获得的资金支持往往也比最富的学区要少。修复这些不平等的成本太高了。即使在马萨诸塞州，地区法院的法官在 4 月 26 日仍然裁定相关系统亏待了最贫穷城镇中的学生。从全国范围来说，国家每年要拨出 500 亿美元以上的额外经费来修复这种不平等，才能满足不让一个孩子掉队的目标。这一数字来源于教育考试服务中心的副总裁安东尼·卡内瓦莱（Anthony P. Carnevale）。

如果美国可以进一步实现经济融合，种族融合还有必要吗？测试成绩不是唯一的目的。正如最高法院去年在做出对高等教育领域的积极反歧视行为具有里程碑意义的决定时所说的那样："要实现一个国家不可分割的梦想，所有种族和族裔的成员均有效参与到国家的公民生活之中是不可或缺的。"如果学生在一个种族严重隔离的学校里成长，那么，无论他对专业多么精通，要想为在一个日益多元化的国家里生活做好充分准备仍然是很困难的。从这个意义上来说，美国教育系统的整合仍然是一个非常必要但是又很难说清的目标。

思考题

1. 尽管公立学校中的种族隔离已经被宣布是非法的，但本文也指出，学校并不一定要"去种族隔离"（仍然会有一些少数族裔和非少数族裔学校）。如果学生将来要在劳动力日益多元化的环境中工作，目前的教育体系会导致他们失败吗？请阐明原因。

2. 黑人和白人学生在阅读、数学和毕业率上仍然存在差距。这对组织的甄选系统有何影响（比如差别影响）？

3. 由于对占比很大的黑人孩子缺乏多元化方面的教育经验，并且他们与同龄的白人学生之间存在差距，公司应该怎样做才能使员工队伍的多元化成为企业竞争优势的一个来源？

资料来源：From W. Symonds，"A Bitter-sweet Birthday，" *BusinessWeek*，May 17，2004. Used with permission of Bloomberg L. P. Copyright © 2013. All rights reserved.

小企业的人力资源管理

没有实现公平就业的公司

公司必须遵从联邦政府的法律以及州或地方政府颁布的法律。Professional Neurological Services

(PNS）是一家没有遵从地方法的公司，芝加哥人际关系委员会引证这个公司歧视一名作为母亲的员工。芝加哥是几个禁止这种歧视的城市之一。

从德娜·洛克伍德（Dena Lockwood）面试PNS公司的销售职位时困难就开始了。面试官注意到洛克伍德提及她的孩子，就问她作为一个母亲会不会导致她无法完成每周70个小时的工作。她说不会影响工作，但是从她得到的工作来看面试官存有疑虑。洛克伍德后面的诉状提到，一般有孩子的销售代表的工资为4.5万美元加10%的佣金，但她只有2.5万美元加10%的佣金。经过谈判，洛克伍德接受了工资为4.5万美金加5%的佣金，以及当她的销售额达到30万美元时，将佣金增加到10%的承诺。公司还提供给洛克伍德每年5天的假期，当她拒绝时，她被告知不用担心。

洛克伍德努力工作，最终达到销售目标。公司按照要求提高了佣金，但是后来情况变糟了。她的女儿有一天得了红眼病。洛克伍德打电话希望重新安排那天的一个会议，但是主管让她不必烦恼，因为她已经被解雇了。当洛克伍德问主管原因时，主管说："只是因为没有解决的办法。"

洛克伍德去芝加哥人际关系委员会寻求帮助。委员会调查发现没有绩效相关问题的证据能够解释她应该被解雇。相反，委员会发现她是该公司对有孩子的员工"明显"歧视的受害者，判决公司赔偿她21.3万美元外加律师费——对于不到50名员工的小公司来说这是一笔巨额费用。PNS表示会上诉。

思考题

1. 为什么你认为这个诉讼是基于"对身为父母的员工的歧视"而不是联邦保护的类别？你能阐明这是个基于性别的歧视案件吗？为什么？

2. PNS公司如何避免这个问题？

3. 假设这个公司让你帮忙缩减人力资源成本，像本案例一样的诉讼支出也包含在内，你有什么建议？公司如何在避免歧视的同时建立高效的员工队伍？

资料来源：Courtney Rubin，"Single Mother Wins ＄200,000 in Job Bias Case，" *Inc.*，January 25，2010，www.inc.com；and Ameet Sachdev，"She Took a Day Off to Care for Sick Child，Got Fired，" *Chicago Tribune*，January 24，2010，NewsBank，http：//infoweb.newsbank.com.

第4章 职位分析与职位设计

学习目标

在阅读完本章后，你应当能够：

1. 分析一个组织的结构与工作流，确认在一种产品或服务的生产或提供过程中分别有哪些产出、活动以及投入。
2. 理解职位分析在战略管理以及人力资源管理中的重要性。
3. 为各种人力资源管理活动选择恰当的职位分析技术。
4. 确定在承担某一既定职位时需要完成的任务以及要求任职者具备的技能。
5. 了解各种不同的职位设计方法。
6. 全面理解各种职位设计方法的优缺点。

进入企业世界

组织结构和工作流的变化推动通用汽车的复苏

“弗里茨，你们必须改变组织结构。”这是美国电话电报公司（AT&T）前首席执行官弗里茨·亨德森（Fritz Henderson）在2009年夏天成为通用汽车新的首席执行官后，收到新的董事长埃德·威塔克雷（Ed Whitacre）的第一条信息的部分内容。这发生在通用汽车破产后的几天内，很明显，如果公司要在国际汽车市场上再次变得有竞争力，就需要做出巨大的改变。当亨德森表现出无法完成这个任务时，他的职位被丹尼尔·阿斯克森（Daniel Askerson）取代，由其重新建构公司和设计工作流。

从组织结构来看，通用汽车主要的问题之一就是，这个庞大的公司是由许多单独的、分隔的业务单元组织起来的，如果没有竞争的话，这些业务单元运行起来就像一个个自治的组织。各个部门之间关于价格、市场、生产的分歧非常普遍，管理者的奖金绝大部分是基于自己部门而不是整个组织取得的成就。阿斯克森采取的首要举措之一就是重画组织结构图，去掉冗余的部分，并让每名员工都聚焦于通用汽车整体而不是他们各自业务单元的成功。这意味着要取消当时组成通用汽车的根据区域划分的四个部门——北美、南美、欧洲、国际运营，增强两个国际性品牌——雪佛兰和凯迪拉克——的采购、生产和市场职能的特色。由两个高层管理人员监管这些国际性品牌，每个国家的高层管理人员只能控制地方的销售和价格，所有地区都要向国际性品牌的领导汇报。

从与竞争相关的工作流来看，通用汽车过去创建了许多不同的、独特的汽车平台，每个平台都需要单独的零部件和工具系统。通用汽车在2010年有30个不同的平台，而福特汽车只有5个平台。简易和标准化生产的缺失阻碍了工作在业务单元间的转换，几乎消除了大规模生产带来的经济效益。通用汽车的高度差异化生产曾经使公司卖了更多的汽车，但是工作流的低效率却意味着高水平的销售业绩是以牺牲利润为代价来实现的。的确，福特汽车每销售一台汽车的利润比通用多出300美元以上。阿斯克森设定了目标：将通用汽车的平台减少到14个，将小轿车和卡车车型的数量由86个减少到49个。

组织结构和工作流改变的结果是，通用汽车在2010年的净收益接近50亿美元*，2011年的净收益为800万美元，预估在2012年达到1 000万美元。对于一个在2009年已经清算、准备倒闭，并且只能靠有争议的大规模政府救助维持运营的公司来说，这是一个惊人的逆转。这对公司的员工和全球经济来说也是一个重大胜利，因为它保留了20.8万个工作岗位，也就是说，如果公司倒闭，将有20.8万人失去工作。

资料来源：L. Cauley, "GM on the Brink," *Fortune Magazine*, February 4, 2013, pp. 117-122; S. Terlep, "GM's Chief Labors to Get Rebuilt Car Maker into Gear," *The Wall Street Journal Online*, June 11, 2012; S. Terlep, "Target at Post-Bailout GM: Earning $10 Billion a Year," *The Wall Street Journal Online*, February 6, 2012.

4.1 本章介绍

在第2章中，我们讨论了战略制定和战略执行过程。战略制定是公司决定如何在市场上进行竞争的过程，它常常是对企业所做的任何事情起到激励和指导作用的力量。战略执行是战略规划通过组织成员的活动得到贯彻和实施的过程。我们曾经指出，在战略制定过程的五个构成要素中，三个要素与人力资源管理职能有着直接的关系，我们在本章中要讨论的就是其中一个要素——工作任务或者职位。

战略制定过程中的很多核心方面都强调了工作的完成方式，其中包括如何设计单个职位以及将这些职位联系在一起，同时如何设计使组织作为一个整体出现的组织结构。一家企业的竞争方式对于职位设计方式以及各个职位通过组织结构联系在一起的方式都会产生深刻影响。反过来，一家公司的组织结构和环境之间的匹配性又会对公司在竞争中能否取得成功产生重要影响。

比如说，如果一家公司决定通过低成本战略来进行竞争，因此需要雇用低成本的海外劳动力，那么在设计职位时就必须确保几乎没有经过训练的、低技能的员工能胜任这些职位。这样，组织就需要一个集中的组织结构，从而使低层级的员工不需要做太多的决策，并且员工需要独立完成工作，以防止错误通过系统不断累积。相反，如果一家公司要靠产品差异化来开展竞争，因而需要雇用高薪员工，那它就必须有区别地进行职位设计。正如我们在开篇案例中讲到的，那些雇用美国的高薪员工的组织必须通过拓展职位描述和创建灵活的工作职责来更为有效地利用他们的高级技能。组织

* 数据疑有误，原文如此。——译者

结构也必须去中心化，从而使这些高技能的员工能够经常在互助型团队中紧密合作，并做出个人和团队的决策。[1]

我们将在本章中列举几个需要做出不同决策的例子，并且会提到在做决策时需要考虑如何设计组织结构和职位。你可以了解这些决策将如何对一系列结果产生影响——这一系列结果不仅是产品数量和质量，同时也包括诸如合作、创新、对员工的吸引力、员工激励和员工保留等内容。在很多情况下，做选择时需要权衡利弊，你对这种权衡了解得越多，做的决策就越好，也就能让团队或组织更有竞争力。

从本章一开始我们就清楚地看到，在职位设计和组织结构设计方面并不存在所谓的“唯一最佳途径”。企业需要在以下两个方面实现很好的匹配：一方面是它所处的环境以及它的竞争战略和经营理念；另一方面是它的职位设计以及组织设计。如果没有设计出有效的组织结构和职位，就会对企业的竞争力产生重大影响。多年前，有人认为美国汽车制造商和外国竞争者的差别可以归因于美国的工人。然而，当丰田和本田这样一些汽车公司来到美国，并且证明了它们用美国的工人生产出来的汽车也能盈利时，大家的关注点随之转移到流程和组织上来。显然，正如开篇案例所言，像通用汽车这样的美国汽车制造商也能有竞争力，但是必须通过改变组织结构和职位设计来释放潜能。

本章讨论的是对职位进行分析和设计的问题，在这一讨论过程中，我们会列举一些需要考虑到的有助于我们在创建职位以及将不同的职位联系在一起时做出明智决策的问题。本章一共分为三节，第一节讨论的是与工作流分析以及组织结构有关的宏观层次的问题。剩下的两节则分别讨论与职位分析和职位设计有关的更为详细的下一层次的问题。

职位分析和职位设计在内容上存在大量的交叉和重叠，尽管过去很多人一直将它们作为两个不同的概念区别对待。[2]职位分析主要集中在对现有的职位进行分析上，它的主要目的是为其他一些人力资源管理实践（比如甄选、培训、绩效评价以及薪酬管理等）收集信息。而职位设计则主要集中在对现有职位进行重新设计方面，其目的在于使这些现有职位的效率变得更高，或者能够对任职者产生更大的激励。因此，职位设计在改变职位方面有着更为积极的导向性，而职位分析则相对被动，它是以收集信息为导向的。

4.2 工作流分析与组织结构

工作流设计是指在将工作任务分配或委派给某一特定类型的职位或人之前，对为生产某种产品或服务必须完成的各项工作任务进行前期分析的过程。只有在对工作流设计有了充分理解之后，我们才能明智地决定应当如何把需要完成的各种工作任务落实到不同的职位上去，而每个职位都可以由一个人来单独承担。

组织结构是指构成组织的各职位之间存在的相对稳定的、正式的纵向和横向连接网络。只有当我们充分了解一个职位与位于其上的职位（直接上级）、位于其下的职位（下级）以及尽管处于不同职能领域（比如市场营销和生产）但却属于同一层面的其他职位之间到底是如何联系在一起的，才能明智地决定如何通过对职位进行再设计或改善来实现整个组织的利益最大化。

最后，对工作流设计以及组织结构的理解必须放在组织决定如何竞争这样一个大背景下。无论是工作流设计，还是组织结构设计，都必须能够帮助企业赢得竞争优势，但是一家企业如何做到这一点，则取决于公司的战略及其所处的竞争环境。

4.2.1 工作流分析

所有的组织都必须清楚地认识到工作的产出是什么，并对这些产出设立具体的质量和数量标准。同时，为使产出符合质量标准，组织还要对生产流程和必要的投入进行分析。工作流程的概念对于全面质量管理来说是非常有用的，这是因为，它为管理人员理解以下两个方面的问题提供了一种有效的方法：第一，为生产出高质量的产品，需要完成哪些任务；第二，为完成所有这些工作任务，工作者需要具备哪些技能。我们在图 4-1 中描绘了这种工作流的整个过程。

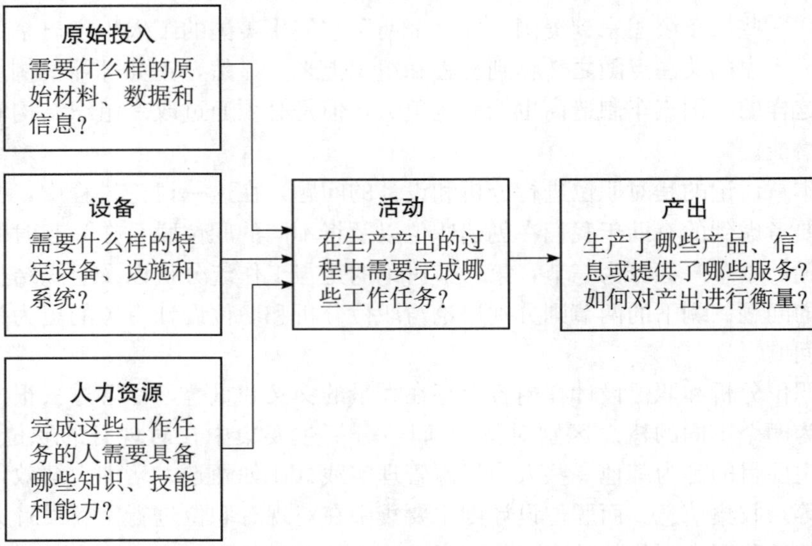

图 4-1 对一个工作单位的活动进行的分析

■ 工作产出分析

每个工作单位——无论是一个部门、一个团队，还是一个人——都在努力生产能被他人使用的某种产出。产出就是一个工作单位的产品。在制造业领域，产出通常是一种可以被辨认出来的东西，比如一个喷气发动机叶片、一辆铲车或者一件足球球衣。然而，产出也可以是一项服务，比如由航空公司提供的把你运送到某个目的地的交通服务，帮助你维持家庭整洁的房屋清洁服务，帮助你照看孩子的家政服务等。

由于我们通常仅仅根据一个组织生产出来的产品而对其加以描绘，因此往往只把产品看成产出。然而，仅仅确定组织的一种产出或者一整套产出还远远不够。一旦这些产出确定下来，还需要确定这些产出应当达到的数量或质量标准。例如，最近刚刚开发出来的一种生产率改善技术——生产率衡量与评价系统（ProMES）就不仅强调要确定工作单位的产出，同时要求必须明确界定与不同的组织有效性水平相对应的绩效水平。[3]在采用这种生产率衡量与评价系统的情况下，一个工作单位的成员首先需要确定本单位为各种不同的客户提供的每一种产品（产出）是什么。然后，他们还需要进一步评价这些产品在顾客心目中的有效性如何。有人综合考察了以应用生产率衡量与评价系统的那些公司为对象的80多项研究，结果发现，使用这种系统来改善工作流的做法不仅带来了大幅度的生产率改善，而且这种生产率改善的情况可以持续很多年。

■ 工作流程分析

一旦一个工作单位的产出确定下来，就有了对生产产出的工作流程进行考察的可能。工作流程是指一个工作单位的成员为了生产某种既定的产出而从事的各种活动。每个工作流程都包括了明确说明在产品形成的每个阶段，人们应当如何做事的各种操作程序。这些操作程序包括在生产产出的过程中必须完成的各项工作任务。而这些工作任务通常又会被分解为许多任务单元，这些任务单元是由工作单位的每个人分别承担的。当然，在许多情况下，需要完成的工作可能是非常复杂的，没有哪一个人能够完全具备完成工作所需的所有技能。在这种情况下，工作就可以设计成团队的形式，基于团队的职位设计在组织中越来越普及。除了能够提供更为宽泛的技能之外，团队成员还可以相互作为后援，在其他团队成员工作负担比较重时分担一部分工作，同时还能发现其他团队成员出现的错误。

当然，团队也不是一种万灵药，要想使团队真正有效，就必须使任务依存度（他们之间在多大程度上必须进行合作）与结果依存度（他们在多大程度上能够分享任务完成之后所获得的报酬）保持匹配。[4]也就是说，如果职位是以团队形式设计的，那么在制定薪酬方案时，占主导地位的就应当是如何增加团队奖金而不是提高个人薪酬。同时，团队还应当享有决策自主权，这样才能最大幅度地灵活运用成员们的技能和时间，从而推动团队问题的解决。[5]另外，由于有的团队成员可能会过于依赖团队中的其他人，这可能会导致两种情况出现：一是本人的技能没有得到发展，二是无法对自己的工作任务负责，所以，即使职位设计形式以团队为主，建立成员个人行为的问责制也至关重要。[6]

以路易威登公司（Louis Vuitton）为例。这家顶级旅行包和钱包制造商过去执行的是以个人为中心的职位设计流程。在旧体系下，每个工人都要完成高度专业化的工作（例如，切割皮革和帆布、缝合接缝、为背包加手柄等），一旦完成了自己负责的工序，工人就要按顺序将包交给流水线上的下一位工人。这样的流程使得一条典型的流水线需要20～30人才能完成工作。2006年，该公司调整了职位设计方案，从原有的以个人为中心的工作模式转变为以团队为基础的工作模式。每个团队由6～9人组成，他们在同一时间共同完成箱包的制造和组装。每位工人都在多个工作任务中进行交叉培训，这样他们就可以灵活地改变自己的生产角色，例如，当一个包已经变成“产成品”，而另一个包还是“半成品”的时候，可以很快从一个包的生产转移到另一个包的生产上来。和以前相比，生产同一种包所需的时间从8天降到1天。同时，从顾客的角度来说，他们以前总是要在等候名单上排队才能买到最流行的包，而现在则可以更快地拿到新产品。鉴于此类购买具有较强的情感性，因此上市速度在这样的市场上是至关重要的——毕竟，如果一个人准备花700美元去买一个手包，最好是别让这个人的决定出现延迟。[7]

学习工作流程有很大的价值，这一点在私募股权组织那里得到很好的印证，它们以很低的价格买入一个即将倒闭的公司，改进工作流程，然后再以很高的价格卖出这个公司。私募股权组织雇用效率专家来消除公司生产运营过程中的一点点浪费。当效率专家来到一家新的公司时，主要寻找三种不同类别的浪费：（1）无价值创造的行动；（2）工作量负载过大的个人和机器；（3）导致库存过多的生产不连续的情况。效率专家通常带着秒表、写字板和流程图，在工厂的生产现场来回搜寻大多数管理者注意不到的浪费。通常，这个过程会导致员工数量减少，因为改进的生产使操作精简。正如 Monomoy Capital Partners 的高层管理人员贾斯汀·希伦布兰德（Justin Hillenbrand）所说："你可能有世界上最好的首席执行官，但是对于制造商来说，利润只能来自生产现场。"[8]

组织通常通过精益生产技术来减少人员的臃肿。精益生产是一种首先在日本设计出来，随后被全世界广泛接受的流程，这种流程强调用最少的时间、材料、资金以及——最为重要的——最少的人来制造商品。精益生产试图利用技术，再加上数量虽少但灵活且训练有素的高技能人才，以更低的成本生产出更多的以客户为导向的产品。这与传统的"批量作业"方法形成了鲜明的对比——在批量作业中，大量的低技能员工长期重复生产大批量完全相同的产品，这些产品生产出来之后会放在仓库等待以后慢慢销售。而在精益生产体系中，从一开始就只需要少量的员工，但是这些员工的技能水平都很高，所以企业通过裁员降低成本的想法基本上不可行。

的确，在2008—2009年发生的经济衰退中出现一个悖论，这就是尽管生产水平出现剧烈的下滑，但制造部门裁减的人员却少得出奇。例如，自2000年发生的历时14个月的经济衰退中，生产规模缩减了2%，制造业的裁员比例高达9.5%。而在最近这次衰退持续到14个月的时候，产量下滑了12%，但制造业的裁员比率却依旧是9.5%。如果2009年保持2000年的裁员率和产出下降率之比，那么，2009年的制造业裁员率应当达到惊人的50%。很多人将最近这次经济衰退中出现的明显更低的裁员率和产出下降率之比归因于企业在职位再设计方面采取强调精益生产而非传统的方法。

比如，Parker Hannifan 公司在南加利福尼亚开设的一家塑料制造厂就使用了精益生产技术。精益生产技术把运营这家工厂所需的人数精简到非常小的规模，在这种情况下，企业把一位受过高水平训练的工人从生产线上抽出来不仅省不了多少钱，反而可能使生产无法维持。此外，该公司对工作进行了重新组织，减少了每个批次的产品产量，这就使库存量下降，因此，一旦出现经济衰退，公司便可以更快地注意到这种情况，然后逐步采取应对措施。而在以前，当公司发现经济衰退来临时，仓库里的库存已经非常多了，这样企业就不得不随即以较快的速度解雇员工，员工的失业时间也会更长一些。[9]

总之，正如"通过科技进行竞争"专栏中所阐述的，生产率和人员雇佣水平之间传统的关系正在发生改变。

■ 工作投入分析

工作流分析的最后一个步骤是确定在一个工作单位的产品生产过程中需要使用的投入。正如我们在图4-1中展示出来的那样，这些投入可以被分解为原材料、设备以及完成这些任务的人所需要具备的技能。原材料包括会被转化为一个工作单位的产出的各种材料。

通过科技进行竞争

机器人冲击奥肯定律

奥肯定律是以经济学家亚瑟·奥肯（Arthur Okun）的名字来命名的一条定律，它指的是在生产率和失业率之间存在一种稳定的关系。通常情况下，这一定律认为，生产率每增长3%，失业率就可以下降1%。虽然1947年到2005年的数据非常符合这一定律，但这一定律并不总能符合"大拇指法则"的标准。如果你将这个定律应用于2008—2012年这五年间，你就会预测出美国这五年的失业率为1%左右，而不是实际上接近9%的水平。

一些人认为，由于机器人在车间中的应用增加，经济增长和失业率之间的根本关系发生了变化。实际上，美国在2012年比在1999年多生产了25%的产品和服务，但是使用的工人人数却几乎相同。这种差异可以归因于劳动力被技术替代，尤其是被日益复杂的机器人替代。虽然传统的观点认为机器人只能做简单的工作，因此仅仅是解放了做简单工作的人，让人们去做更复杂的工作，但这却并非事实。

比如，英国石油公司的漏油事故导致11名员工死亡后，一家名为机器人钻井系统的公司设计了一系列机器人，由它们去做以前由甲板水手和管道操作者完成的工作。10英尺高的甲板水手机器人有能延伸10英尺的连接臂和大约12只可交换的、有三个手指的手，它们能捡起小到鸡蛋、大到一吨重的钻头之间的任何东西。机器人现在可以驾驶汽车、飞机，翻译文件或现场演说，寻找法律判例，甚至通过个人比赛成绩表来撰写比赛报告。劳动经济学家大卫·奥托（David Autor）提出：我们处在这样一个时代，可以实现自动化的工作范围在迅速扩大，而且延伸至那些我们过去以为自己特别擅长——需要思考的领域。

尽管如此，人们还是坚持认为机器人最终会是工作的创造者，而不是工作的摧毁者，因为新的技术孵化了很多以前不曾想到的工作和商业机会。比如，十年前谁会想到为智能手机开发APP是一个可行且专业化的工作？显然，技术进步带来的产量增长需要教育和培训项目来反哺，以使人工和复杂的自动化机械成为有价值的伙伴而不是直接的竞争者。

讨论题

你还能想到哪些是你的长辈在像你这么大时无法想象、现在却很普遍的工作？这些是高薪工作还是低薪工作？

资料来源：D. Lynch, "Did That Robot Take My Job?" *BusinessWeek*, January 9, 2012, pp. 15-16; D. Wethe, "Transformers on the Oil Patch," *BusinessWeek*, September 3, 2012, pp. 48-50; S. Grobart, "What Machines Can't Do," *BusinessWeek*, December 17, 2012, pp. 4-5.

尝试通过精益生产技术提升效率的组织通常采用"即时"库存控制程序来减少投入的库存。确实，在某些情况下，库存被完全消灭了，一些将精益生产做到极致的公司直到客户订货后才开始制造产品。比如，手术仪器制造商康美公司（Conmed）过去提前一两个月预测产品需求，当预测不准确时，要么流失了销量，要么增加了库存。现在，由于生产仪器的时间从6周缩短到48小时，公司不需要在交易达成之前生产产品。通过康美公司在纽约尤蒂卡的工厂就能看到这种影响，它消除了过去占据工厂3 300平方英尺空间、价值9.3万美元的存货。这让它能从中国的竞争者那里夺回失去的销量，尽管中国的制造商有更低的劳动力成本，但是它们面临更长的提前期、库存堆积、质量和运输成本等问题。正如康美公司的全球运营副总裁大卫·约翰逊（David Johnson）所说："如果更多的美国公司实施这种职位设计方法，我们就能与其他任何人竞争，同时保证我们劳动力的安全。"[10]

但是，"即时"库存管理实践也有不好的一面。具体来说，效率的提高是由于库存以周计变为以天计，这造成灵活性的缺失。比如，2011年日本北部发生地震，由于这一区域有很多供应商，它们不得不停止生产。这一中断影响到全球依赖于"即时"生产的企业，包括波音公司、通用汽车公司、迪尔公司（John Deere）、惠普公司、戴尔公司等，它们在耗尽原材料后只能中断生产线。正如一位分析师所说："在这种情形下，如果供应中断了，就无法获得任何原材料。"[11]

设备指把原材料转化为产品所必需的技术以及机器等。工作流程中的最后一项投入是完成这些任务所必需的人员技能及其付出的努力。显然，这种人员技能指的是对公司合适的工人的技能。一般来说，根据人员技能，工作被安排给能将工作做好又成本最低的员工，但是当过多强调缩减人员时，则不适用这一原则。比如，2009—2011年间的美国减少了近100万个行政部门和行政支持部门的工作，从某种层面来说，这似乎是一个合理的降低成本的方式。但是，让首席执行官自己预定行程，把日常文件打印成文，给复印机添加碳粉，每天看500封邮件（其中400封都是垃圾邮件），这样做真的有意义吗？对于一位年薪100万美元的高层管理人员来说，一位年薪8万美元的助理只需要帮助这位高管提高8%的绩效，公司就可以实现收支平衡。[12]为了赢得竞争，企业通常会为获得最好的原材料、设备和最有技术能力的人寻遍全球，然后将这些因素融合在工作流程中，最终实现无缝整合。正如我们看到的，IBM为了削减办公场所和冗余的管理层而走在将新技术设备与工作流程融合的前沿。它同时也为拥有最佳技能的人寻求更大的空间。在这方面具有象征性的一个例子是，IBM的2006年度投资者大会被安排在印度的班加罗尔举行。

由于印度拥有大量高技能、低成本的人才资源（尤其是在软件开发领域），因此印度对IBM的未来十分重要。然而，这只是IBM版图中的一部分。比如，IBM的某些部门需要在最接近美国顾客的条件下解决硬件问题的高技能员工，并且要求这些员工在当地工作，因此IBM在科罗拉多州博尔德市建立了一个新的中心；IBM还需要一些对自然科学研究得非常精深、专业技能特别强同时又具有博士学位的员工，所以又在纽约州约克城洼地新建了一个研究实验室；另外，IBM还需要其他地方的一些员工完成部分低技能的工作——这里的"其他地方"指的是中国、巴西或东欧，但一项工作具体在哪个地方完成，要视需求的发源地和客户讲何种语言而定。这个战略的关键点在于，企业不仅要寻找劳动力最廉价的地方，同时也要寻找能够在最优价位上获得最合适劳动力的地方。正如IBM高级副总裁罗伯特·莫法特（Robert Moffat）所说的那样："有人认为我们公司的中心在印度，其实这个想法有失偏颇。全球化的意义并不仅限于此。我们的客户需要得到在恰当的时间、恰当的地点通过恰当的技能提供的服务。"[13]

4.2.2 组织结构

如果说工作流设计对从投入到产出的动态转化关系做了一种纵向考察，那么组织结构则对参与产出创造过程的个人与工作单位之间的静态关系做了一种横向考察。组织结构通常是通过组织结构图的形式表现出来的，在组织结构图中既包括纵向工作报告关系，也包括横向职能性职责。

■ 组织结构的维度构成

在组织结构中，最关键的两个维度是集中化和部门化。**集中化**（centralization）是指一个组织的决策权集中于组织结构图顶层的程度，它与把决策权分配给组织结构图中各个较低层次的做法（也就是说，决策权分散化）是相反的。**部门化**（departmentalization）则是指工作单位在多大程度上是根据职能相似性或工作流程相似性来分类组织的。

举例来说，一个大学的商学院就可以围绕职能相似性来组织，如果这样做，它就会形成市场营销系、金融系以及会计系等不同的系，而隶属于这些专业化的各个系的教师则向各种学生讲授本专业领域中的知识。如果不这样设计的话，还可以通过工作流程的相似性来对商学院加以组织，这样就会形成本科部、研究生部以及高管人员开发部等不同的部门。这时，每一个工作单位都会有它们自己的市场营销学教授、金融学教授以及会计学教授，这些教授只为本部门的学生授课，而不会为其他部门的学生授课。

■ 组织结构的类型

尽管集中化和部门化的组合方式存在无数种可能，但组织结构的两种最常见类型却明显存在。第一种组织结构类型称为职能结构，如图 4－2 所示。职能结构——正如其名称所暗示的那样——采取的是一种决策集中化程度相对较高的职能部门化结构。决策的高度集中化与职能部门化通常是很自然地相互伴随的，这是因为，在这种组织结构中，每一个工作单位都如此专业化，以至于每一工作单位的成员对于组织的整体使命的认识往往都比较淡薄。因此，他们往往更认同自己所在的工作单位，所以不能总是依赖他们去做出对组织整体最有利的决策。此外，由于一个子部门完全不懂另一个子部门所做的，两者就会互相指责、产生矛盾，因此需要一个中央决策机制来处理可能出现的争论。[14]

另一种比较常见的组织结构类型是事业部结构，在图 4－3、图 4－4 和图 4－5 中，我们描绘了三种不同的事业部结构的例子。事业部结构是一种决策集中度相对较低的工作流部门化组织结构。这种组织结构中的各个工作单位在从事各种活动的时候，就好像彼此之间是相互分离、自给自足的准自治型组织。图 4－3 中显示的组织结构是围绕不同的产品组织起来的事业部；图 4－4 中显示的组织结构是围绕不同的地理区域组织起来的事业部；而图 4－5 中显示的组织结构则是根据不同的客户组织起来的事业部。

不管子部门是怎么组成的，许多组织都尽量使子部门的规模小一些，从而使每个成员都感觉到他们能给团队带来不同，并且和团队中的其他人联系在一起。人们如果在很大的子部门中工作，就会感到个体责任感和积极性的减弱，从而影响到组织的绩效。研究发现，一旦团队人数超过 150，这类问题就会出现，因此很多组织都尽量将子部门控制在这个特定的规模以下。例如，戈尔公司（W. L Gore and Associates）是

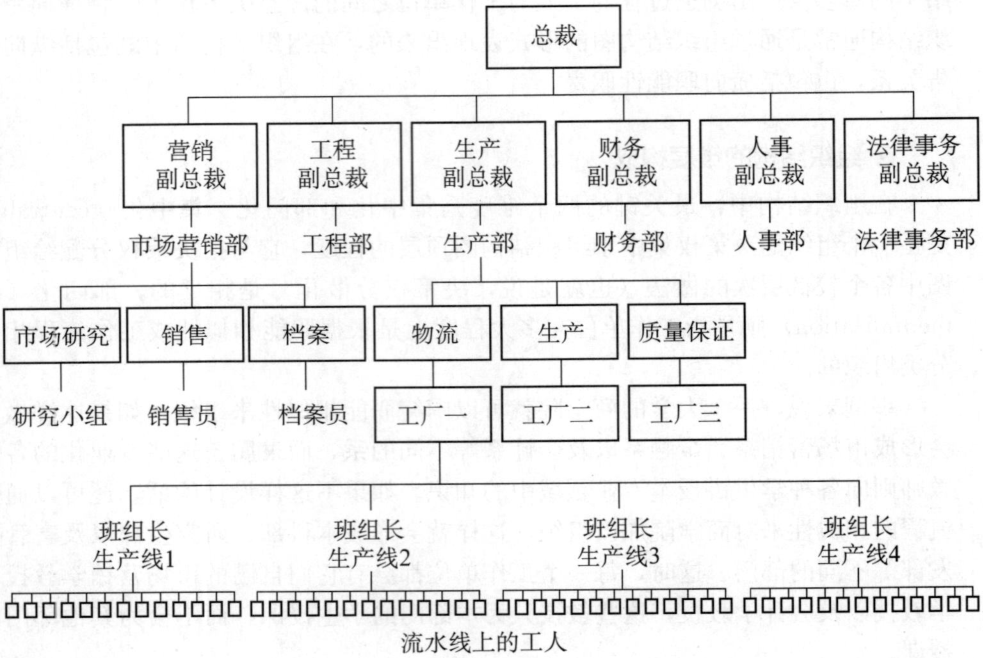

图 4-2　职能结构

资料来源：Adapted from J. A. Wagner and J. R. Hollenbeck, *Organizational Behavior*: *Securing Competitive Advantage*, 3rd ed. (New York: Prentice Hall, 1998).

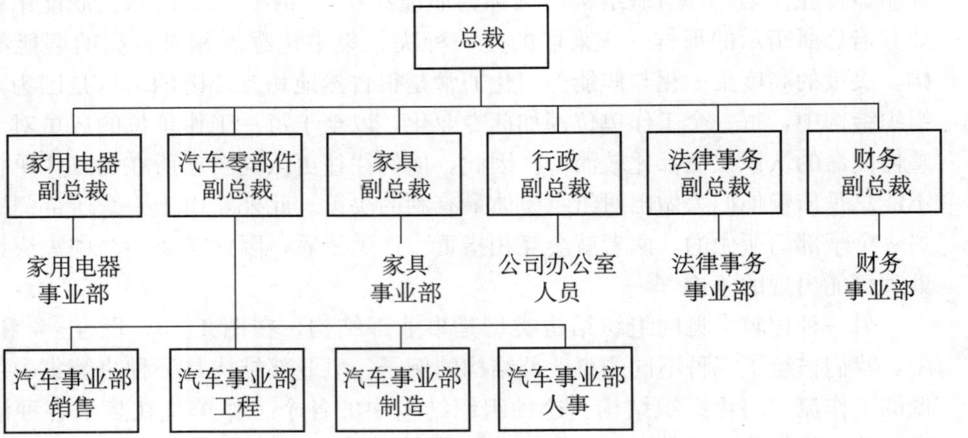

图 4-3　事业部结构：产品事业部

资料来源：Adapted from J. A. Wagner and J. R. Hollenbeck, *Organizational Behavior*: *Securing Competitive Advantage*, 3rd ed. (New York: Prentice Hall, 1998).

一家生产戈尔斯特和其他新型材料的公司，一旦有部门人数超过这个数目，戈尔公司就会将其划分为两个部门，并增加一个新的办公室。[15]

由于事业部结构工作流更为集中、准自治的性质和它们接近同类消费群的特点，事业部结构更为灵活并富有创新精神。它们能比中心化的职能结构组织更快地在各自的消费群中发现机会。实际上，正如这里“通过全球化进行竞争”专栏中所说的，当

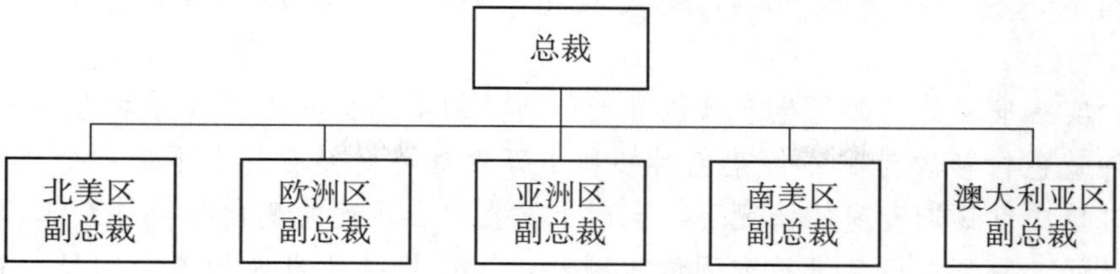

图 4-4　事业部结构：地区事业部

资料来源：Adapted from J. A. Wagner and J. R. Hollenbeck, *Organizational Behavior*: *Securing Competitive Advantage*, 3rd ed. (New York: Prentice Hall, 1998).

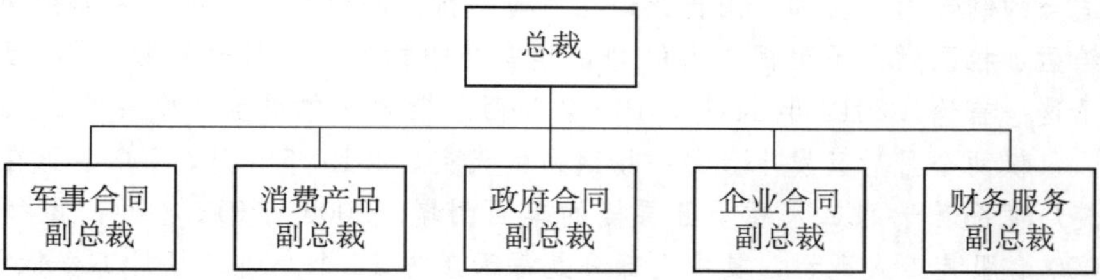

图 4-5　事业部结构：客户事业部

资料来源：Adapted from J. A. Wagner and J. R. Hollenbeck, *Organizational Behavior*: *Securing Competitive Advantage*, 3rd ed. (New York: Prentice Hall, 1998).

基于效率和控制成本建立起来的高度职能化部门试图借助速度和灵活性竞争时，一些严重的问题会接连发生。大部分员工都喜欢这种自主性，他们感觉在这种类型的组织中要比在集中决策的组织中受到更公平的对待。[16] 在一些极端的实例中，一些小的部门甚至没有正式的管理者进行监管，而是员工进行自我管理。例如，Valve Corporation 是位于美国华盛顿州贝尔维尤的一家电子游戏开发公司，它自诩是一家“没有老板”的公司，任何关于雇佣、解雇和薪酬的决定都是由组成团队的员工自己做出的。团队倾向于对大多数的决策进行投票表决，在某些情况下，一两个人会因为其经历和专业性成为某个特定项目的领导。通常这种领导关系是在团队的支持下出现的。正如一位员工所说的：“在一开始这显然是低效率的，但是一旦有这种组织作为依靠，决策和执行的速度就会很快。”[17]

通过全球化进行竞争

是时候该让快时尚慢下来了吗?

成本低、速度快、灵活性是生产经营保持竞争优势的最核心的三大要素，在快时尚行业也不例外。过去，零售商在每个季节开始时上新款，设计理念需要一年的时间才能从图纸变成商场里的成衣。虽然在最后时刻也能做出改变，但这通常是昂贵的，减少的利润抵消了做出改变带来的价值。但是，类似 H&M、Zara 等这样一些连锁店却改写了时尚行业的规则，作为推动“快时尚”的一部分，它们每个月都引入一些新款。正如美国服装与鞋类协会（American Apparel and Footwear Association）副主席内特·赫尔曼（Nate Herman）所说的：“美国人追求尽可能多的样式，而且他们的需求很急迫。”公司如果能够满足这一需求，利润将高达50%，与之相比，一年都保持同一种风格的公司的利润只有40%。

这种实践唯一的问题是生产只能靠剥削新兴的第三世界小国的劳动力。一笔大的订单从2万件蓝色衬衫改为1万件蓝色衬衫和1万件红色衬衫看起来不是一个很苛刻的要求，但是在订单交付日期没变的情况下，生产上发生这么迅速的变化将会导致工厂管理者压榨工人的时间，并且在设备维护方面偷工减料，而这将导致重大的安全问题。在2010年企业责任报告中，耐克公司提道："要求工厂生产太多的样式和中途改变生产计划是导致工厂加班和出现事故的主要原因之一。"

这个问题在孟加拉国逐渐显现出来。中国工人的工资上升以后，零售商开始寻找更便宜和更适合的制造商，孟加拉国自此走在快时尚行业的最前沿。虽然孟加拉国的商业部长宣称"给孟加拉国贴上不重视工人的利益和安全的标签是不符合实际的"，但是最近的事故反驳了这一言论。2012年11月，100名为西尔斯和沃尔玛生产服装的工人死于服装厂的火灾，仅仅两个月后又发生了另一场致命的火灾。2013年5月，500名正在拉纳广场的一家服装厂埋头苦干的工人死于五层楼的车间倒塌。2006—2013年间，孟加拉国总共有超过1 000名服装工人死亡，其中大部分是每天工作16个小时、每月工资低于40美元的年轻女性。

对这些伤亡除了责备还有其他更重要的事需要做，很多人指出，孟加拉国政府在财政收入上过于依赖4 500家服装厂，因而执法不严。还有人指出，要求成本低、速度快和灵活生产的零售商给未经专业培训的工厂管理者太大的压力，促使管理者将工人和设备压榨到极限。工人权利联盟主任斯科特·诺瓦（Scott Nova）提出："如果工厂仍不安全，零售商就该放弃每15分钟修改一次风格这种荒谬的做法。"

讨论题

1. 西方企业在外包业务给那些剥削工人的国家时，如何在遭到强烈反对和节约成本之间取得平衡？

2. 在失业率非常高的发展中国家，如何在给员工提供更好的工作条件和让他们失去这些工作机会之间取得平衡？

资料来源：R. Dudley，A. Devanth，and M. Townsend，"The Hidden Cost of Fast Fashion，" *BusinessWeek*，February 11，2013，pp. 15-17；J. A. Manik and J. Yardley，"Bangladesh Finds Gross Negligence in Factory Fire，" *The New York Times Online*，December 17，2012；K. Akter，"The Bloodshed Behind Our Cheap Clothes，" *CNN Online*，May 3，2013；B. Walsh，"Outsourcing and the Dhaka Disaster，" *Time Magazine*，May 13，2013，p. 10；K. Chu，"Apparel Retailers Confront Tough Options，" *The Wall Street Journal Online*，May 8，2013.

计算机行业近期的发展能体现两种结构之间的相互影响。过去，计算机行业的公司开始都采用大的事业部结构，如IBM，后来逐渐分裂为越来越小的职能型专业组织。技术公司通常会专攻硬件、软件、信息存储或信息技术顾问服务中的某一块，没有哪一家公司会提供所有这些服务。这样做是因为只有专业性才能提高效率和促进技术创新。确实，正如一位分析人士提到的："如今，一个典型的企业计算机系统可能是用易安信公司（EMC Corporation）的信息存储系统、惠普的计算机、英特尔的芯片，运行甲骨文（Oracle）的软件，最终由埃森哲（Accenture）的可编程逻辑控制器组装完成的。"

然而，甲骨文公司最近开始扭转这一趋势，它宣布并购太阳微系统公司（Sun Microsystems），从而使公司同时成为软件生产商和硬件制造商。甲骨文公司计划销售由芯片、计算机、存储设备和软件组成的整个系统，之所以强调这个具有竞争力的战略，是因为它发现自己的企业客户厌倦了组装和整合来自多方供应商的不同技术部件这种做法。惠普公司几个月前也采取了类似的举动——并购了电子数据系统公司（Electronic Data Systems），由此进入信息存储行业。苹果公司也宣称通过并购芯片制造商 P. A. Semi 进入半导体芯片业务。

这种"垂直整合"的诱惑非常大，因为事业部结构的优点之一是，任一部门都可以掌控整个业务的各个方面，从而使原来的供应商成为团队的一部分，而不是作为一个不可预测的要素出现在业务环境中。垂直整合也能形成大规模的公司，并带来一定的影响力，这是小的公司无法自然逐步形成的。甲骨文公司的首席执行官拉里·埃里森（Larry Ellison）直接借用了 20 世纪 60 年代 IBM 的旧模型，并说道："我们要做 T. J. Watson's* IBM，这是美国企业史上最伟大的公司，因为它的硬件和软件在大部分的公司里使用。"[18]时间会判断这个战略是否有效，时间也会告诉甲骨文公司事业部结构有其制约因素。

然而，事业部结构也存在自己的缺点。由于每个团队都有自己的职能专家，因此会产生冗员，从而使这种结构的效率不是很高。此外，如果一个事业部的所得就是另一个事业部的损失，那么，事业部结构就成了一种"自我蚕食"的结构。例如，金考公司（Kinko）的各家连锁店就采用了高度分权化的事业部结构。每个店的经理都可以自主定价，同时还拥有进行自主决策的权力。但这种方法的缺陷是缺少合作性，因为"每一家金考连锁店都将其他的金考连锁店视为竞争对手，它们互相抢夺对方的生意，彼此之间以价格作为武器进行竞争"。[19]同样的情况也出现在开篇所讲的通用汽车公司，公司各个独立的部门会为同一个客户激烈地竞争。

此外，分散的事业部结构还会导致公司内部缺乏协调性，对于那些没有多长历史或牢固文化的新兴企业来说，这个问题更加棘手。在这种情况下，集中化程度较高的、以职能为中心的职位设计反而更容易使企业中的所有人达成共识，同时使企业能够积累一些经验。[20]此外，在分权水平较高的事业部结构中，一旦各个独立的事业部开始制定明显风险过高，或者与整个组织的目标不一致的决策，同样会出现问题。例如，许多分析师都认为，花旗银行之所以在 2009 年濒临破产，主要原因就是有几个自主权很大的事业部在没有受到任何权力中心严格监督的情况下，做出了一些风险过高的决策。这种情况在债务抵押债券（CDO）事业部表现得尤为明显。许多保守的银行业分析师曾警告说，债务抵押债券和其他类似的衍生产品会使风险和不确定性在整个经济体中扩散得更广，并且不可能通过多样化大幅降低风险。这种看法在 2008 年的经济衰退中得到了验证，房地产市场在衰退中崩溃，成千上万的人无法偿还抵押贷款。[21]

另一个最近发生的例子是宝洁公司。宝洁公司内部的各个部门独立控制自己的研究与开发预算。在艰难的经济衰退期，每个部门为了控制预算和实现短期利润目标，

---

* T. J. Watson 是 IBM 下属的一个科研机构。——译者

开始减少研究与开发经费。所有这些短期的、独立的决定累积起来使整个宝洁公司在研发上投资不足，创新产品的缺乏损害了公司长远的竞争力。首席执行官鲍勃·麦克唐纳（Bob McDonald）亲自上阵将研发职能集中化，使大部分研发人员在一个团队中工作并向同一个上级乔治·梅斯基塔（Jorge Mesquita）汇报。公司希望利用各个部门的研发人才，将他们联合起来组成一个团队，聚焦于根本性的突破而不是渐进式的创新。[22]

与事业部结构相比，职能结构的效率优势就显示出来了，在这种组织结构中，不同职能单位之间的人员交叉和冗余现象很少，不同部门之间自相残杀的机会也很少。然而，尽管在集中型的结构中来自组织高层的监督有助于减少基层所犯的错误，但当这种体系中真的发生错误时，这种错误就会迅速传遍整个系统，从而使整个结构变得更加脆弱。此外，这些集中型的职能结构往往缺乏灵活性，对于不同产品、地区或客户之间的细微差别往往不够敏感。

职能型组织结构最适合稳定、可预测的环境，这种环境对资源的需求能够得到很好的预测，对不同职位间的工作活动进行协调的需要可以在长时间不断重复之后逐渐固化和标准化。这种类型的组织结构对于那些依靠低成本进行竞争的企业非常有帮助，因为提高效率是这种低成本战略取得成功的关键所在。而事业部结构则最适合不稳定、不可预见的环境，因为这种环境对资源的需求非常难以预测，同时，对不同职位间的工作活动进行协调的需要在不同时间也是不一样的。这种类型的组织结构对于那些依靠差别化或创新进行竞争的企业非常有用，这是因为，要想让这种战略取得成功，一个非常关键的因素就是反应灵活性。当然，设计组织结构并不是非此即彼的情景，一些研究认为选择结合职能结构和事业部结构要素的“中间道路”往往是最好的。例如，许多组织都采用“混合”的方法构造它们的人力资源管理职能。通常，组织会有一个高度集中的子部门——共享服务中心去处理主要的日常事务性工作，比如工资单的管理。组织也会有另一个集中的但是与共享服务中心分离的子部门，这个子部门汇集了培训和劳资关系专员。最后，还有第三个去中心化的子部门作为其他子部门领导在人才管理和继任计划上的业务伙伴。这种三管齐下的结构在面对日常工作时能体现效率性，在面对复杂任务时能体现专业性，在支持其他独立的业务单位时能体现灵活性。[23]

■ 组织结构与职位的性质

最后，我们从宏观层面的问题转向更为具体的下一层次的问题，即组织结构的类型对于职位设计也有很大影响。在职能型组织结构中，职位应界定得范围较窄且具有较高程度的专业化。处于这种组织结构中的员工（即使是中层管理人员）通常只有很少的决策权，或者是在管理自己与其他人的协作方面不承担什么责任。例如，纽柯钢铁公司就得益于扁平化事业部结构，旗下的30家小钢铁厂的产量几乎每两年就会翻一番，且利润率超过10%。在如何设计自己管辖的工厂内部的职位方面，纽柯公司每一家工厂的厂长都有很大的自主权。虽然纽柯公司的各家工厂之间有时也会相互竞争，但公司首席执行官会确保这种竞争是健康的，同时也确保好的生产实践能够在整个组织内快速扩散，从而避免任何一家工厂在长期中保持相对于其他工厂的可持续优势。此外，公司还有一项利润分享计划，这项以整个公司为单位的利润分享计划成为公司员工薪酬的最大一块来源，这项计划也促进了每一家工厂的厂长之间的合作，因为他们希望公司的每一家工厂都是经营成功的。因此，在首次收购了一家新的工厂之后，其他几乎每一家工厂厂长都会来电或亲自到访，他们都是来提供建议和协助的。正如一家新工厂的厂长所言："他们不是闲着无聊来表示一下礼貌。我对他们的建议很当回事。我的绩效会对他们的薪水产生影响。"[24]

纽柯公司只有4个管理层次，总部只有66个人。而它的竞争对手之一美国钢铁公司（U. S. Steel）的管理层次却多达20个，总部一共有1 200人。正是这一差别令纽柯公司拥有了长期的可持续竞争优势，这种优势实际上已经保持了将近15年。纽柯公司的销售额从2000年的45亿美元上涨到了2006年的130亿美元，而在同一时期，美国钢铁公司的产量却下降了6%。纽柯公司的成功也转化为投资者和员工们的成功：投资者在过去5年中得到的投资回报率几乎达到400%；纽柯公司工人的年薪则高达10万美元，与之相比，美国钢铁公司工人的年薪只有7万美元。正如一位行业分析师所说："从商业模型方面来说，纽柯公司已经获得了胜利。"而该公司的成功在很大程度上归结于它卓越的组织结构以及管理工作的流程。[25]

到底是选择职能型结构还是选择事业部结构，会对在两种不同组织结构下承担具体职位的人产生影响。比如，与职能型结构中的管理者相比，事业部结构中的管理者通常需要更有经验或者有更高的认知能力。[26]在相对集权的职能型结构中，由于职位的工作范围更小并且日常性质更为突出，因此，这些职位对于员工个体之间的差异不是那么敏感。两种结构的性质还会对关系产生影响，在集权的职能型结构中，人们往往倾向于根据规则和程序来考虑公平问题，而在分权的事业部结构中，人们往往根据结果以及别人如何对待他们来考虑公平问题。[27]

一个更加扁平的组织结构在道德和责任方面会对一个组织的文化产生影响。比如，在一桩广为人知的丑闻中，普特南投资公司（Putnam Investments）因为从事"选时交易"活动而被罚款1.1亿美元。所谓选时交易，就是利用市场失灵的机会，通过快速地进入和抛售基金而获利。这种做法在行业内被视为一种不道德的做法，因为它既增加了基金公司的成本，也损害了长期投资者的利益。丑闻发生之后，许多长期投资者离开了普特南投资公司，其中不乏曾经委托该公司管理8亿美元以上资产的大客户。

根据普特南投资公司内部人的消息，这家机构狭长的组织结构造成了这样一种情形，那些管理别人以及告诉别人应该怎样做才能得到晋升的人实在是太多了。由于在普特南公司中，想要赚钱的唯一办法就是沿着企业的阶梯往上爬，因此管理者和员工都承受着大幅提升短期绩效的极大压力，因为只有这样才足以吸引公司上层领导者的注意。这家公司的文化就是，人们见面通常会这样问："如果这么做，会被罚多少钱？"而不是"如果这么做的话，会对我的客户有帮助吗？"公司为此聘请了一位新的首席执行官埃德·霍尔德曼（Ed Haldeman）来解决上述种种问题，他一开始采取的步骤之一就是裁掉了数百名销售人员，并且让组织结构扁平化。他这么做的目的是希望吸引一些与过去的人员类型不同的员工，这些员工对短期收益以及别人给予的晋升不那么感兴趣，相反，让他们更感兴趣的是与客户之间建立长期人际关系以及与同事建立起更好的合作关系。用霍尔德曼的话来说就是："为了吸引并留住最优秀的人才，赋予他们自主权和独立做出决策的权力是很有必要的。"[28]

在本章下一节中，我们将会专门阐述职位分析和职位设计的具体方法。尽管所有这些方法都是可行的，但这里的每一种方法都只强调某个单一的、独立的职位。这些方法不一定考虑到了一个职位与组织的整体工作流或者结构之间的匹配度问题。普特南投资公司的案例展现了一个公司如何从职能型结构转换成事业部结构，而礼来公司（Eli Lilly）使其组织结构朝相反的方向改变，这些都强化了组织结构的一个普遍原则：并没有一个“最好的方式”。如果没有这种对全局的把握，企业很可能会重新设计出一种虽然看似适合自身，但是却脱离工作流、组织结构和组织战略的职位。在一个有效的结构化组织中，人们不仅知道自己的工作如何在组织中发挥作用，也了解别人的工作在组织中的作用。

由于药品专利权在一段特定时间后就会失效，像礼来这样的公司想要存活，只能在旧药专利保护失效这个定时炸弹引爆前发明新药。面临有近50亿美元收入的治疗精神分裂疾病的药物再普乐（Zyprexa）的专利即将失效，这家公司在职能方向重新构建了运营体系，以便更快、更有效率地开发新产品。例如，每个负责将化学分子转化为药物的员工都被带出原部门，统一安置在一个新的“卓越开发中心”。

这个高度聚焦的专家小组虽然是第一次共事，但最终发明了研发和测试新药的方法。这个小组采取以前的两步流程来确定一般药效，随之确定最佳用药量；之后把它转化为一步流程，将多种剂量水平的测试一齐进行并相互比较。这个流程将开发一款减肥新药的开发周期缩减了14个月，并推广到其他药物研发中。[29]

4.3 职位分析

职位分析是获取与职位有关的详细信息的过程。对于一个希望达到高质量绩效的组织来说，理解并努力实现职位要求与人之间的匹配非常重要。在当今竞争激烈的市场上，这一点显得尤为正确。

4.3.1 职位分析对人力资源管理者的重要性

职位分析对人力资源管理者是如此重要的一种活动，以至于它被称为人力资源管理者做的所有事情的基石。这种表述指出了这样一个事实，即几乎所有的人力资源管理实践——甄选、绩效评价、培训和开发、职位评价、职业生涯规划、职位再设计以及人力资源规划等——都需要运用职位分析获得的某些类型的信息。

职位再设计。正如前面讨论过的，职位分析和职位设计具有内在联系。通常情况下，一家公司总是想通过对职位的再设计来使其变得更富有效率或能够获得更多的成果。为了对职位进行再设计，必须首先获得与现有职位有关的详细信息。此外，对一个职位进行再设计实际上与分析一个尚不存在的职位很类似。

人力资源规划。在人力资源规划过程中，规划者首先需要分析一个组织在某一动态环境中的人力资源需求，然后再通过设计某些相应的活动来帮助组织适应这种变化。这种规划过程需要获得关于各职位所要求的技能水平的精确信息，只有这样才能保证在组织内部有足够的人手满足战略规划对于人力资源的需要。

甄选。人力资源甄选就是确认最符合要求的可以雇用的求职者。为了识别哪些求职者是最合适的，首先必须确定准备雇用这个人来做什么，以及如果想要这个人有效地承担起这份工作，他必须具备什么样的知识、技能以及能力，而这些信息都是通过职位分析获得的。

培训。几乎每一位被组织雇用的员工都需要接受培训。有些培训计划可能比另一些培训计划包括的内容更多一些。但无论是哪种培训计划，都会要求培训者能够明确认识到受训者需要完成哪些工作任务，这样才能保证培训帮助受训者做好有效完成工作的准备。

绩效评价。绩效评价所要做的是通过获取相关信息来判断每一位员工实际完成工作的情况，其目的是奖励那些绩效优秀的员工，促使那些工作有效性较差的员工改进绩效，或者是提供书面证据说明为何要惩戒那些绩效较差的员工。一个组织可以通过职位分析确认哪些行为和工作结果能够把高绩效员工和低绩效员工区分开来。

职业生涯规划。职业生涯规划的内容就是把个人的技能和愿望与组织内已经存在的或者将来会出现的机会匹配起来。这种匹配过程要求负责职业生涯规划的人了解每一个职位对于技能的要求。这样才能保证职业生涯规划者能够指导员工去从事他们能够胜任并且感到满意的职位的工作。

职位评价。职位评价就是通过评价每一个职位对于组织的相对货币价值，建立一个具有内部公平性的薪酬结构的过程。如果薪酬结构是不公平的，员工就会感到不满意，进而会辞职，或者他们看不到通过自己的努力获得晋升到底能够给自己带来什么好处。为了给不同的职位赋予不同的货币价值，有必要获取关于不同职位的信息，这样才能决定哪些职位值得企业给予比其他职位更高的薪酬。

4.3.2　职位分析对直线管理人员的重要性

职位分析对于人力资源管理部门的各项活动来说显然是非常重要的，但它对于直线管理人员来说为什么也是十分重要的，可能很多人就不那么清楚了。职位分析对于直线管理人员同样重要的原因有很多。首先，管理者要想了解工作流程，就必须掌握与自己所管理的工作群体中的所有职位有关的详细信息。其次，管理人员需要通过了解职位的要求来做出明智的雇佣决策。一个组织很少在没有直线管理人员参与的情况下，由人力资源管理部门单独完成人员雇佣工作。再次，直线管理人员还应当确保每一位员工都能够令人满意地（或更好地）完成工作。这就要求管理人员能够对每一个人完成工作的状况进行评价，同时向那些需要改进绩效的员工提供反馈。最后，管理人员还承担着确保工作以安全方式完成的责任，需要知道在哪里存在潜在的危险，同时还需要创造一种氛围，让员工感到在出现危险情况时他们可以随时决定中断生产流程。[30]比如，保罗·奥尼尔（Paul O'Neill）是美国铝业公司（Alcoa）新任的首席执行官，令人震惊的是，他在首次召开的股东大会上着重指出大楼里最近的安全出口在哪里。然而，正是奥尼尔对安全和工作流程的强调让他成为历史上最优秀的首席执行官之一。他在接管美国铝业公司后改变了报告的流程，一旦发生员工伤亡事故，部门主管就要写一个详细的计划，说明如何改变本部门的工作流程，以确保同样的事故不再发生。高层管理人员如果没有按照这个新的标准流程进行管理，就会被解雇。这项新的政策发布后，每个部门领导都需要非常熟悉工作流程，这一过程也使主管人员和低级别的员工有了交流，员工的好主意不仅保障了生产安全，也使工作流程更加合理化。最终，不仅安全问题得到改善，而且成本降低，质量提高，生产率也飙升了。[31]

然而，令人遗憾的是，如“实践中的诚信”专栏中所描述的，不是所有的首席执行官都注意到安全和效率之间的关系。

实践中的诚信

正确地运营煤炭企业

在导致29名员工死亡的Upper Big Branch煤矿爆炸之前，梅西能源公司（Massey Energy）就已经因将员工置于危险之中而声名狼藉。实际上，根据2011年的灾难调查报告，梅西能源公司是美国死亡记录最高的煤炭企业，在煤矿爆炸这个致命事故发生之前的五年中已经有50起死亡记录。

许多业内知情人士将如此高的死亡记录归因于：“在企业文化中，违法行为是可以接受的，违规行为很常见。”在首席执行官唐纳德·布兰肯希普（Donald Blankenship）的领导下，梅西公司无情地推进高生产率和低成本，对员工安全却视而不见。比如，政府的巡视员反复强调要关掉一大片矿井，该公司的一位员工却指出：“管理者从不解决这一问题，他们将矿井填充掩盖好，在欺骗了巡视员后重新开始装煤，这就是梅西公司的做法。”

事故发生一年后，梅西公司被阿尔法自然资源公司（Alpha Natural Resources）收购，新任首席执行官凯文·克拉奇菲尔德（Kevin Crutchfield）发誓要改变企业文化，并且做出规定：“我们要正确地运营这家企业，要以身作则。”克拉奇菲尔德的第一步就是发起并推动一个新的“正确运营计划”。这个计划的关键部分就是“观察卡”，它鼓励员工一旦发现矿井里和周围存在不安全的因素，就匿名向更高层管理者提交观察卡。这个计划由总部的18名员工来执行，他们每个月处理的观察卡数量超过15 000张，并由在现场的“员工参与小组”成员进行检查。

这个计划传递出的信息与在布兰肯希普的领导下是截然不同的。在一份臭名昭著的备忘录中，前首席执行官告诉所有员工：“如果你被集团总裁、监管者、工程师或者其他人叫去做采矿之外的任何事，你不用理睬，继续采矿就是了。这一点非常必要，因为我们看起来还没认识到工资是靠挖煤得来的，煤才是我们的衣食父母。”这条备忘录也是在一个失业率长期居高不下的地区，梅西公司的煤矿工人流动率仍然超过20%（而它的竞争者的流动率只是个位数）的原因，尽管有高中毕业文凭的工人在梅西公司每年能挣7万美元。克拉奇菲尔德发誓要将员工流动率降到5%，从而节约培训成本和提高生产率。在这个过程中，他强调：“我向你们保证：我不会发送任何类似的备忘录。”

讨论题

除了比平均水平高的员工流动率，还有什么会毁坏组织的道德声誉，进而损害组织的竞争优势？

资料来源：P. M. Barrett，“Cleaning America's Dirtiest Coal Company，” *BusinessWeek*，August 29，2011；J. Raby，“Ex-CEO Implicated in Massey Coal Mine Disaster，” *USA Today Online*，February 28，2013；H. Berkes，“Former Massey CEO Accused of Conspiracy in Court Hearing，” *NPR Online*，February 28，2013.

4.3.3 职位分析信息

■ 职位分析信息的性质

在职位分析中，有两类信息最为有用：职位描述和任职资格条件。**职位描述**（job description）是指将一个职位中包含的各种工作任务、责任以及职责（TDR）列举出来而形成的一份目录清单。工作任务、责任以及职责都是一些可以观察到的活动。例如，一位办公室文员承担的职位要求任职者能够完成打字工作。如果你在某个工作日对这一职位上的人进行观察，那么你一定会发现这个人在某些时候是在打字。当一位管理者准备对员工的工作绩效进行评价时，最为重要的一点是，他必须能够获得与该职位需要完成的工作任务有关的详细信息（也就是工作任务、责任以及职责）。这是因为，只有掌握了这些信息，管理者才能确定一位员工实际完成工作的情况在多大程度上达到了每一项工作的要求。在表 4-1 中展示的是一个职位描述的样本。一方面，职位描述要写得宽泛一点，因为过于约束性的描述很容易使员工将一些没有事先预见却很重要的任务断言为“不是我的工作”。另一方面，如果职位描述太不明确，又会导致人们关于工作基本任务的争论和矛盾。[32] 因此，在创建职位描述时，在广度和清晰度之间达到有效的平衡是非常关键的。

表 4-1　职位描述样本

职位名称：维修技师
职位总体描述：对在特定工作区域内运转的所有机器设备进行总体维护和修理，其中包括为公司车辆、车间设备以及在施工现场使用的机器设备提供养护服务。
1. 关键职责（40%）：设备维护 任务：做好机器设备保养维护的所有记录。根据维护时间要求更换零部件及添加润滑剂。定期检查机器设备上的量器和负荷指示器，以发现可能表明设备出现问题的不正常现象。根据要求完成非常规性的维护任务。还有可能承担对执行维护任务的操作工进行有限监督和培训的任务。
2. 关键职责（40%）：设备修理 任务：提出对设备进行检查的要求，并提出报废或修理某一零部件的建议。如要对设备进行修理，则需要采取任何必要的措施来使该零部件恢复正常工作。在这一过程中包括使用各种工具和设备对需要修理的零部件进行部分或全部重新组装。最主要的任务是内燃机和水压机的全面大修以及故障排除。
3. 关键职责（10%）：测试与批准 任务：确保按照设备生产商提供的说明书完成所有必要的维护和修理工作。批准或拒绝某种设备投入使用。
4. 关键职责（10%）：库存保持 任务：维持设备维护和修理所需要的各种零部件库存。以最低的成本采购令人满意的零部件。
非关键职能： 上级分配的其他职责。

任职资格条件（job specification）是列举一个人为完成某一特定职位上的工作而必须具备的知识、技能、能力以及其他特征（KSAO）的一份目录清单。知识是指为圆满完成某项工作任务而必须掌握的事实性或程序性的信息。技能是指一个人完成某项特定工作任务的熟练水平。能力是指一个人具备的比较通用且具有持久性的才能。最后，上述定义中所说的其他特征是指人格特征，比如一个人的成就动机或者持久

性。因此，这里所说的知识、技能、能力以及其他特征都是一些无法直接观察到的特点，只有当一个人实际承担职位上的工作任务、责任以及职责时，才有可能观察到这些特点。所以，如果有人来申请前面讨论过的那个办公室文员职位，你就不可能简单地看一眼这个人就确定她是否具备打字的技能。然而，如果你去对该求职者的实际打字活动进行观察，你就可以对其打字水平做出判断。当一位管理者准备找人填补某个职位空缺时，对于他来说，非常重要的一点是必须精确地掌握一位成功的任职者必须具备的特征，这就要求对每一位求职者的知识、技能、能力以及其他特征进行考察。

■ 职位分析信息的来源

在进行职位分析时，经常会产生的一个问题是，谁负责提供职位分析信息？无论你选择哪一种职位分析方法，职位分析过程都会涉及从对职位比较熟悉的人那里获取信息这样一项工作。我们把这些人称为主题专家，这是因为他们在对职位的了解方面确实是专家。

总的来说，从某个职位的任职者那里获取关于该职位正在做些什么的信息是一种十分有用的做法。在对某一职位上的人进行监督十分困难的情况下，这种做法的优点尤其明显。然而，多个做同样工作的任职者对职位的评估不一定相同，尤其当工作很复杂且不使用标准化的设备或者工作与客户联系紧密时更是如此。[33]因此，你还需要去询问对该职位比较熟悉的其他一些人，比如任职者的上级主管人员，让他们与你共同审查从任职者那里收集来的相关信息。这种做法还有助于检查任职者目前正在做的事情与企业要求他们做的工作是否一致。对这一问题进行研究后得出的结论是，任职者对于完成工作任务所需要的时间做出的评价或许是最准确的，但在对他们的工作职责的重要性进行评价时，他们的上级主管人员却是更准确的信息来源。同时，在评估工作的各个方面存在的与安全相关的风险因素时，任职者的反馈似乎更为准确。但总的来说，一个人在组织体系中晋升到的职位等级越高，他在风险评估方面的准确性就越低。[34]尽管任职者及其上级主管人员是最常使用的职位分析信息来源，但其他来源也可以很有帮助，比如，相对于服务类职位来说，客户就是一个特别有用的职位分析信息来源。最后，在对任职者需具备的技能水平进行分析时，那些曾经分析很多职位的经验丰富的外部职位分析师可能是最好的职位分析信息来源。[35]

4.3.4 职位分析方法

职位分析的方法有很多种，而且并没有“一种最好的方法”。在这一节中将讨论两种主要的职位分析方法：职位分析问卷法以及职位信息网络（O* NET）法。尽管大多数管理人员可能都没有时间精确地按照技术要求来使用这里的每一种职位分析技术，但是这两种方法却为管理者思考大范围的职位分析法、以任务为中心的职位分析法以及以人为中心的职位分析法提供了一个参考。

■ 职位分析问卷法

我们之所以将职位分析问卷法（PAQ）放在本节的开始，是因为它不仅是一种运用最为广泛，同时也是研究最为透彻的职位分析方法之一。此外，它对投入、流程、关系以及产出的强调与我们在本章开始讨论的工作流分析法（见图 4-1）是一致的。

职位分析问卷是一份包括194个问项的标准化职位分析问卷。[36]这些问项代表了能够从各种不同的职位中概括和提炼出来的各种工作行为、工作条件以及职位特征因素。这些问项可以被划分为六大块：

1. 信息投入——任职者从哪里获得以及如何获得完成工作所必需的那些信息。

2. 脑力运用——在执行工作任务时需要完成的推理、决策、计划以及信息处理活动。

3. 工作产出——任职者在执行工作任务时发生的身体活动以及使用的工具、设施等。

4. 与他人的关系——在执行工作任务时需要同其他人发生的工作关系。

5. 职位背景——执行工作任务时所处的物质以及社会环境或背景。

6. 其他特点——前面未描述的其他与该职位有关的各种活动、条件以及特征。

在进行职位分析时，职位分析人员首先要确定问卷中的上述每一个问项是否都适用于需要分析的职位。接下来，职位分析人员需要根据以下六个维度对职位在每一个问项上的情况做出评价：运用的程度、耗费的时间、对职位的重要性、发生的可能性、适用性以及特殊编码（在某一特定问项中所使用的评价尺度）。职位分析人员需要将上述这些评价结果提交到PAQ（职位分析问卷）公司总部，然后依靠那里的一种计算机程序得出一份报告，说明某个职位在各维度上的得分情况。

研究表明，职位分析问卷一共测量了一个职位的12个总体维度（见表4-2），一个职位在这些维度上得到的分数是十分有用的。PAQ公司强大的数据库把职位在某些既定维度上的得分与“通用能力测试问卷”（GATB）中一些子问卷的测试分数联系在了一起。因此，只要知道了某个职位在某一维度上的分数，我们就能够大体确定，为履行这一职位上的职责，任职者需要具备的能力类型是什么。很显然，通过这种职位分析技术得到的职位信息可以在不同的职位之间进行对比，而不管这些职位是否相似。职位分析问卷的另一个优点是，它不仅涵盖了工作的环境和背景因素，同时涵盖了投入、产出以及工作流程因素。

表4-2　职位分析问卷中包括的关于职位的若干总体维度

1. 决策、沟通及一般责任
2. 事务性及其相关活动
3. 技术性及其相关活动
4. 服务性及其相关活动
5. 常规工作时间表与其他工作时间表
6. 日常的重复性工作活动
7. 对环境的知觉
8. 一般身体活动
9. 对其他人的监督与协调
10. 与公众、客户或者其他人的接触活动
11. 令人不悦的、具有危害性的、高强度要求的环境
12. 非典型的工作时间表

对工作环境的认识是非常重要的，因为在某些情况下，可以根据工作周围环境的性质预测员工的出勤率和流动率，并且意识到在面临恶劣的环境时有些人比其他人更快恢复正常。另外，如果知道会遇到恶劣的工作条件，企业就会提供额外的同级支持

和上级支持来帮助员工处理问题。[37]相反，如果将工作环境设计得让人们感到愉悦，就能帮助员工克服工作中不太满意的部分。[38]

尽管职位分析问卷得到了广泛的运用，但它却并非没有任何问题。它的问题之一是，一位员工必须具备大学毕业生的阅读水平才能填写这份问卷，这就使得许多达不到这一要求的任职者无法使用职位分析问卷。事实上，使用该问卷时的一个建议是，最好让那些在如何使用这种职位分析问卷方面经过培训的专业职位分析人员填写这份问卷，而不是让任职者或其直接上级来填写。实际上，任职者对职位的相关特征所做的评价往往不如上级主管人员以及受过训练的职位分析人员所做的评价可靠。[39]职位分析问卷存在的问题之二是，它在对职位进行分析时采用的是一种通用的标准化格式，而这导致收集上来的职位特征的信息比较抽象。因此，它不能很好地描述在职位中实际包含的那些特定的具体工作任务和活动。这样，对于编写职位描述或者职位再设计来说，它就不是一种理想的工具。如果我们的目的恰恰在于这些方面，那么我们就需要采用对工作的这些细节比较关注的那些职位分析技术了。

■ 职位信息网络

《职位名称辞典》(Dictionary of Occupational Title，DOT）诞生于20世纪30年代，它在当时成为一个对新公共就业服务系统非常有帮助的工具，它能够把企业对技能的需求与美国劳动力队伍的技能供给联系在一起。尽管这套系统已经为美国提供了长达60年的良好服务，但美国劳工部的官员们却清楚地知道，新经济中的很多职位与《职位名称辞典》中的描述在本质上出现了差别，因而，《职位名称辞典》不能像过去那样达到其目的了。在工作性质方面出现的技术变革、全球竞争以及从稳定、固定的生产性职位向更为灵活、动态的服务型经济所发生的转变，很快使原来的这套职位系统变得过时了。[40]

出于上述所有这些方面的原因，美国劳工部在1998年摒弃了这套《职位名称辞典》，同时开发出了一套全新的职位分类系统：职位信息网络，或者叫做O* NET系统（Occupational Information Network）。这套系统不依靠固定的职位名称和范围狭窄的工作任务描述，而是运用一种从各种职位中提炼出的通用语言来描述各种职位需要的能力、工作风格、工作活动以及工作环境，这些职位的定义都非常宽泛（与《职位名称辞典》中的1.2万种职位不同，在O* NET系统中描述的职位实际上只有1 000种)。[41]尽管O* NET是用来分析美国市场中的职位的，但研究表明，这一方法往往也适用于其他国家。也就是说，如果保持职位名称不变（比如，班长、办公室文员、计算机程序员)，那么即使这个职位是在不同的国家，对这一职位的内容所做的评价也趋于一致。[42]

O* NET已经被很多企业和就业服务机构使用过。比如，当波音公司关闭了其位于西雅图的公司总部时，它就通过这套O* NET系统帮助因公司即将搬迁而不得不裁掉的那些员工寻找新的工作。[43]得克萨斯州政府也运用这套系统确认在州政府内部即将出现的一些新职位，这些职位所要求的知识、技能以及能力在现有的职位系统中没有得到充分的体现。这套系统提供的这些信息对于向得克萨斯居民提供培训，使他们为这些未来的职位做好准备是非常有用的。

尽管这些例子都表明了O* NET系统对于企业的价值，但设计这一系统的初衷之一却是对求职者提供帮助。例如，O* NET 似乎非常适合于描述不同的职位对求职者的文化水平要求。因此，那些想提高求职能力的人可以通过 O* NET 系统评定自己现有的文化水平，然后可以获得有关自己能够胜任的工作的精准信息。另外，如果想申请更复杂、看起来层次更高的工作，求职者还可以通过这个系统了解他们应如何提高自己的文化水平。[44]

4.3.5 职位分析的动态因素

尽管我们倾向于把职位看成是静态的和稳定的，但实际上，职位总是在不断变化，会随着时间流逝而不断演变。那些占据这些职位的人或者管理这些职位的人经常会对职位进行一些细微的、日积月累的调整，以使职位能够适应环境条件的变化，或者适应个人在工作完成方式方面的偏好。[45]事实上，尽管在职位分析的过程中导致误差出现的来源有许多[46]，但导致职位信息不精确的最大原因却是职位描述过时了。基于这种原因，职位分析过程除了要对职位进行静态的界定，还必须对职位性质的变化进行探究。

举例来说，在当今这个产品和市场快速变化的时代，有些人甚至已经开始怀疑，职位这一概念是否已经成为一种过时且不再有用的社会人造产品。事实上，许多研究者和实践者都指出，在很多组织中都出现了一种所谓“去职位化”（dejobbing）的趋势。这种趋势的主要内容就是把组织看成是需要完成的一个工作领域，而不是由个人占据的零零散散的职位所形成的集合。比如亚马逊公司的人力资源总监斯科特·皮塔斯基（Scott Pitasky）就曾经指出：“在我们这里，一个人可以占据某个‘职位’，但是三个月之后，他所做的工作与过去相比可能就完全不同了。”[47]这表明，亚马逊公司更为强调针对任职者的一种较为宽泛的任职资格条件要求（“创新性和以客户为导向”），而不是强调可能在一年之后就无法使用的详细的职位描述（如“C++编程”）。

此外，经济衰退往往促使企业缩减规模，因此从这个角度来说，职位也会随着经济形势的变化而变化。研究表明，如果企业能够成功地缩减规模，那么除了职位的数量减少之外，一些职位的性质也会产生变化。[48]的确，职位描述被拓宽到极限是最近的经济衰退中很多企业和员工面临的情形。如果未能考虑到在裁员之后创造出来的这些新职位的性质，那将是一件非常危险的事情，这是因为，如果没有人力资源职能的支持，这些裁员中的幸存者即使在经济恢复正常以后，对组织的承诺度往往也会比较低，流动率则会比较高。[49]

4.4 职位设计

到目前为止，我们一直是以一种消极的方式研究如何对职位进行管理的，因为我们所强调的仅仅是了解这个职位需要做什么、如何做以及做这些事情需要具备哪些技能。尽管了解这些信息非常必要，但它毕竟是一种静态的职位观，即它假定职位必须是已经存在的，并且这些职位已经按照一种最好的方式被搭建起来。然而，一位管理者常常会遇到这样一种情况：工作单位本身还不存在，因而要求管理人员从头开始对这一工作单位中的所有职位进行设计。有时候还会出现这样一些情况：某个工作单位中的工作负担增加了，或者尽管工作负担没有变化但是工作群体中的人员却减少了。最后，有时候，一个组织的工作完成方式并不是最有效的。在所有这些情况下，管理人员都有可能决定改变完成工作的方式，从而使该工作单位能够更加有效且效率更高地完成工作，这就要求对现有的职位进行重新设计。

职位设计（job design）是指界定工作完成方式以及某一特定职位要求任职者完成的各项工作任务的过程。而**职位再设计**（job redesign）则是指改变一个现有职位需要完成的工作任务或者完成工作的方式这样一个过程。为了有效地设计职位，设计者必须全面了解一个职位当前的状况（通过职位分析来了解），同时还要了解它在更大的工作单位内部的整个工作流程中所处的位置（通过工作流分析来把握）。在充分了解在一个工作单位中以及在特定职位上需要完成的工作任务的情况下，管理人员有多种可供选择的方式对职位进行设计。关于这一点，我们可以通过了解不同职位设计方法的利弊来加深理解。

研究表明，在各种学科中（比如心理学、管理学、工程学以及人体工程学）经常使用的涉及职位设计的基本方法一共有四种。[50]对所有的职位都可以运用这四种方法中的任意一种来进行设计，但不同的方法设计出来的职位在特征上会存在差异，因此，管理者就需要了解如何在不同的职位设计方法之间进行权衡。表4-3展示了每种职位设计方法设计出来的职位分别具有的特征，而职位设计问卷（Work Design Questionnaire，WDQ）则是一种能够可靠地对职位设计特征进行衡量的特定工具，如果一家公司希望全面地评估一下本组织中的职位在这些维度上的情况，那么完全可以使用这种工具。[51]

表4-3　各类职位设计方法的主要元素

机械型职位设计法
工作专门化
技能多样性
工作方法选择方面的自主权
激励型职位设计法
决策自主性
任务重要性
独立性
生物型职位设计法
生理需求
人体工程学
工作条件
知觉运动型职位设计法
职位复杂性
信息处理过程
工具的使用

资料来源：From Michael A. Campion and Paul W. Thayer, "Job Design: Approaches, Outcomes, and Trade-Offs," *Organizational Dynamics*, Winter 1987, Vol. 15, No. 3. Reprinted with permission from Elsevier.

4.4.1　机械型职位设计法

机械型职位设计法扎根于古典工业工程学之中。机械型职位设计方法强调的重点是要找到一种不仅能够使效率最大化，而且还是最简单的方式来对工作进行组合和建构。在大多数情况下，这通常包括降低工作的复杂程度以提高人力资源的效率——也就是说，让工作变得尽量简单，从而使任何人只要经过快速培训就能够很容易地完成工作。这种方法强调的重点是，围绕工作任务的专门化、技能的简单化以及重复性等这样一些概念进行职位设计。开篇案例中，通用汽车为了使工作流程的性质简单化，将汽车和卡车的平台从 30 个减少到 14 个，不过和福特汽车的 5 个不同的平台相比仍然相对复杂。

比如，在辣椒饭店（Chili's restaurant），厨师们过去要负责切菜、肉和其他原料作为工作的一部分。为了提高效率，饭店将这个工作分为两部分：一部分工作为“帮厨”，他们需要早上就到饭店，将所有食材切好；另一部分工作为“大厨”，他们将准备好的食材做成最后的食物。[52]

科学管理是一种出现最早，同时也最为著名的机械型职位设计方法。[53]根据这种方法的思想，通过在职位设计的过程中采用科学的方法，就能够实现生产率的最大化。科学管理首先寻求的是完成工作的“一种最优方法”，而这通常需要通过时间研究和动作研究找到劳动者在工作时可以采用的最有效的方式。一旦找到了完成工作的最有效方式，企业就应当根据求职者在完成工作方面的能力来对他们进行甄选，同时按照完成工作的“最优方式”来对员工进行培训。最后，企业还应当对员工提供货币刺激，激励他们在工作中发挥出自己的最大能力。

科学管理方法的地位在随后若干年中得到进一步确立，这导致了机械型职位设计方法的产生，这种职位设计方法要求将职位设计得越简单越好，因而使工作本身不再具有重要意义。如果按照这种方法来对职位进行设计，组织就能够减少它对能力水平较高的员工的需求，从而不再依赖单个员工。个人是很容易被替代的——也就是说，组织可以通过对新员工进行快速的、费用很低的培训来使他们胜任工作。

很多用这种方法设计的职位都存在于低技能和低成本的劳动力非常丰富的发展中国家。正如可以预料到的，这类职位涉及许多“低技术含量”的制造类和装配类职位，但是现在“数字工厂职位”也开始越来越多地被纳入这种职位之列。例如，历史报纸查询数据库（ProQuest Historical Newspaper）提供了这样一种服务：订购者只要输入作者姓名、关键词或一个图像，就可以查询到曾经在美国九大主要报纸上发表过的任何一篇文章的内容。你或许想知道，这些历史上的非数字信息和文本是怎样进入到这个数字信息库之中的？答案可以在西班牙的马德拉斯找到。在马德拉斯，工人们拿到相关资料之后，用手工的方式把文章的标题、作者、主要关键词以及文章的第一段输入到数据库中，然后再运行一个程序将一个可视文件附在文章的其余部分。这种粗活是由 850 名工人按照每天 3 班、每班 8 个小时的方式轮班进行的，因而工作实际上是每周 7 天、每天 24 小时运行。[54]要想在美国找到愿意做如此枯燥工作的工人，即使有可能，也会非常难。

在某些情况下，通过机械型方法设计出的职位会简单到连一个孩子都能完成，而这实际上也确实是一些不发达国家正在发生的事情。这种情况会导致那些利用不道德方式获利的公司遭到强烈的反对，事实上，越来越多的组织正在带头阻止此类做法。例如，当沃尔玛公司得知乌兹别克斯坦的棉花种植者雇用童工采摘棉花时，便利用自己的影响力迫使他们停止采取这种做法：沃尔玛公司与美国的其他一些大型零售商一起创建了第一个追踪棉花产地的系统，并发起了抵制乌兹别克斯坦棉花种植商的活动，乌兹别克斯坦的棉花种植商迫于这家企业巨头的压力，迅速做出妥协，让那些儿童重返校园。[55]而在那个时候，几乎所有人都认为沃尔玛是一个恶棍企业，对待员工、环境以及顾客的方式都很恶劣。李·斯科特在担任沃尔玛公司首席执行官期间，极大地扭转了外界对沃尔玛的这种看法。现在，沃尔玛经常被评为美国最具有可持续性以及最负责任的公司。[56]

4.4.2 激励型职位设计法

激励型职位设计方法在组织心理学和管理学文献中可以找到深厚的基础，从很多方面来说，它是作为对机械型职位设计方法做出的一种反应而产生的。这种职位设计方法强调的重点是会对任职者的心理意义以及激励潜力产生影响的那些工作特征；同时，把一些态度变量（比如满意度、内在激励、工作投入以及像出勤率、绩效等这样一些行为变量）视为职位设计的最重要的结果。激励型职位设计方法提出的职位设计方案往往强调通过职位扩大化、职位丰富化以及围绕社会技术系统对职位进行构建等干预措施来强化职位的意义。[57]

关于职位设计会怎样影响员工们的反应，一个比较完整的模型是“职位特征模型”。[58]根据这一模型，我们可以依据以下五个方面的特征对一个职位加以描述：第一是技能多样性，它是指职位要求任职者在执行工作任务时运用多种技能的程度；第二是任务完整性，它是指一个职位要求任职者从头到尾完成一项“完整的”工作的程度；第三是自主性，它是指一个职位允许任职者在工作完成方式方面自己做出决策的程度；第四是反馈性，它是指一个人能够通过工作本身获得与自己完成工作的有效性有关的清晰信息的程度；第五是任务重要性，它是指一个职位对于他人的生活产生重要影响的程度。尽管这五个特征都很重要，但对任务重要性的信念——即任职者在多大程度上相信，如果工作完成得好，就可以产生自己看重的工作结果——却可能是工作激励方面最关键的一个特征。[59]通常情况下，企业可以通过让员工清晰了解他们的工作是如何影响他人的（这里的他人可以是顾客、同事，也可以是整个社会）来强化任务重要性的概念。[60]

这五种职位特征通过影响三种关键的心理状态——“体会到的意义”、“责任”以及“对结果的了解”——决定了一个职位的激励潜能。根据这一模型的内容，当职位的核心特征（从而关键心理状态）非常显著时，个人就会受到较高水平的内在工作激励，而这种内在工作激励又会带来更多的工作数量和更高的工作质量，同时也会带来较高的工作满意度。[61]研究显示，在管理与工作相关的压力时，“体会到的意义”或许是这三种心理状态中最为重要的。[62]

强调激励型职位设计方法的职位设计干预技术倾向于关注强化职位的意义。很多涉及职位扩大化（扩大需要完成的工作任务的类型）、职位丰富化（赋予任职者更多的自主决策权）以及自我管理式工作团队的工作，都可以从激励型职位设计方法中找到根源。在工作内容变得丰富化的职位中，领导并不是某个人才可以享受的特权，相反，它是分散在团队之中的，研究表明，这种领导权分散的做法可以提升整个团队的绩效——尤其是在团队成员和客户之间需要直接产生大量人际互动的服务类职位之中。[63]并不是所有员工都会积极响应丰富化的职位设计，因为它要求员工在工作中对他人有一定程度的灵活性和回应，但是对于特定的员工来说，此类干预技术对员工激励有显著的影响。[64]确实，一些相对复杂的理论已经发展到将特定的个性特征与特定的工作特征联系起来，在一定程度上只有人岗匹配才能创造工作的意义。[65]

在有些情况下，即使是一些不怎么有趣的工作也可以变得很重要，具体做法就是让员工清楚地知道自己正在做的事情与他们的工作所达成的结果之间存在何种联系——这种联系可能一直沿着一个链条向前延伸。例如，在医疗领域里，血管内支架是一种可扩展的线管或穿孔软管，需要在心脏手术时插入到动脉里，帮助促进术后血液流动。实际的支架生产工作是在一条生产装配线上完成的，每一位工人做的都是不起眼的并且在有些人看来是非常枯燥的任务。然而，为了帮助工人们了解自己所从事的工作的意义，该公司赞助商每年都会举办一个交流会，让生产线上的工人与一些人见面——这些人的生命正是被那些在流水线上生产的支架挽救回来的。这对于工人和病人来说往往都是非常感人的体验，它有效地帮助工人们在一种无法自然发生的背景下看到了他们的工作带来的影响。[66]因此，尽管在某种程度上通过薪酬来激励员工是必要的，但让任职者了解到他们所从事的工作的意义更加重要。事实上，有效的变革型领导的一个秘密武器便是他们能够帮助员工看到自己的日常工作有怎样更为深远的意义。[67]

4.4.3 生物型职位设计法

生物型职位设计法主要来源于生理机械学（也就是对身体运动进行研究的科学）、工作心理学、职业医学，它通常被说成是人体工程学。**人体工程学**（ergonomics）关注的是个体心理特征与物理工作环境之间的接触面。这种方法的目标是围绕人体完成工作的方式构建物理工作环境，将劳动者的身体紧张程度降到最低水平。因此，它关注的结果是身体疲劳、各种疼痛以及员工关于健康的抱怨，等等。伤亡数目多的工作适合进行人体工程学的重新设计，正如“通过可持续性进行竞争”专栏所示，这通常会导致工作规章制度、设备和文化发生彻底的变化。

通过可持续性进行竞争

脑震荡威胁美国橄榄球机构的生存

“我觉得30年以后，职业橄榄球将不复存在。”这是巴尔的摩乌鸦队防守队员伯纳德·珀拉德（Bernard Pollard）谈及美国最流行的职业运动时所说的话。这句对全美橄榄球联赛悲观的断言，是由于珀拉德意识到新实施的橄榄球规则变化会阻碍激烈的对抗，从而让橄榄球成为一项越来越安全的运动，最终减少粉丝们对比赛的兴趣。规则修改包括：将射门点距球门的距离增加5码*，以减少返回次数；强制使用护膝板，以减少头部和膝盖间的碰撞；减少赛季前的全接触锻炼次数；同时禁止有疑似脑震荡症状的选手返回赛场，以及缺乏独立的神经医生陪同的训练活动。

然而，相比于最新有关慢性创伤性脑病（亦称CTE）的研究证据造成的威胁，这些

* 1码=0.9米。

新规则对橄榄球运动的影响根本不值得一提。慢性创伤性脑病会导致大脑内由于颅脑频繁接触形成异常的蛋白结团。尽管“撞击”在过去被认为是这项职业运动的一部分，但新的证据表明慢性创伤性脑病不仅可能由引发脑震荡的剧烈撞击导致，一次又一次的常规性头部碰撞——即这项运动的精髓——也是致病原因。众所周知，慢性创伤性脑病会导致头痛、健忘、愤怒以及自杀倾向。事实上，最近多起运动员的自杀，包括朱尼尔·萨乌(Junior Seau)、戴夫·杜尔森（Dave Duerson）、雷·伊斯特林（Ray Easterling）和安德烈·沃特斯（Andre Waters）等人，都归因于慢性创伤性脑病，而这种疾病只有在尸检时才能发现。

这些事件发生后，不出乎意料的是，基恩·洛克斯（Gene Locks）和一群共同原告以4 000名球员及其家属的名义，起诉全美橄榄球联盟（NFL）掩盖最近研究所揭示出来的脑震荡的危险。例如，追溯至1994年，全美橄榄球联盟就组建了轻度颅脑损伤委员会(MTBI）研究这个问题。委员会最终发布了一系列研究文章，淡化脑震荡的长期危害。洛克斯提交的诉讼如此陈述：“全美橄榄球联盟主动担当起研究橄榄球运动脑部撞击的责任，但虚假地隐瞒了它们的长期影响。”

起诉的运动员要求50亿美元的和解赔偿金，尽管这听起来是很大一笔数目，但如果在32支球队25年内分摊，每支球队的赔偿金额只有625万美元。考虑到一个球队活跃球员的薪金上限已经超过1.2亿美元，这些赔偿金只是维系一个价值90亿美元的生意所付的很小的代价。正如洛克斯提到的，“你能够创造一种商业模式，使联盟每年负担一定的成本，为患病的退役运动员争取一笔合理的赔偿金。”

讨论题

1. 如果慢性创伤性脑病真的是由多年“常规性头部碰撞”所致，那么除了职业橄榄球运动员以外还有哪些职业容易遭受长期疾病的困扰？

2. 对于这类职业，我们在人体工程学方面能做些什么来减少这类问题？

资料来源：P. M. Barrett，“Pain Point，” *BusinessWeek*，January 13，2013，pp. 53-57；M. Fainaru-Wada，J. Avila，and S. Fainaru，“Doctors：Junior Seau's Brain Had CTE，” *ESPN. com*，January 11，2013；J. Serna，“Study Finds Chronic Brian Damage in Former NFL Players，” *Los Angeles Times Online*，January 22，2013.

生物型职位设计法已经被运用到对体力要求较高的那些职位所使用的一些设备的再设计过程之中。这种再设计的目的通常是降低某些特定的职位对于体力的要求，从而使任何人都能够完成这些职位上的工作。此外，许多生物型职位设计法还非常关注机器和技术的再设计，比如通过调整计算机键盘的高度最大限度地减少职业病（比如腕管综合征等）。对于许多在办公室工作的员工来说，座椅和桌子的设计符合人体工作姿势的要求也是非常重要的，这也正是生物型方法在职位设计中运用的另一个例子。这些干预方式除了会对员工的总体福利产生直接影响之外，还会通过强调重视员工安全和健康的组织氛围对员工心理产生积极的影响。[68]

对工作进行重新设计，从而使它更有利于劳动者完成的做法，通常会促使工作效率的提高。例如，在国际卡车机车公司（International Truck and Engine Corporation)，卡车生产的最困难的一项工作任务就是把轮轴固定在车架上。传统的做法是把卡车的车架向下放在轮轴上，然后再由一个六人工作小组拿着特大号的铁锤和撬棍把车架卡在轮轴上。由于工人看不到那些他们必须拧紧的在车架下面的螺栓，所以这些螺栓通常都拧得不是很合适，不仅如此，很多工人在工作过程中还会把自己弄伤。在一次头脑风暴会议之后，工人和工程师们发现，如果把车架翻过来，把轮轴以自上而下的方式拧紧到车架上，而不是像过去那样自下而上去拧，就好干多了。这样做的结果是，用一半的工人就可以比以前快两倍的速度完成这项工作任务，同时，工作出现失误以及工人受伤的概率也都大幅下降了。[69]

4.4.4 知觉运动型职位设计法

知觉运动型职位设计法扎根于对人性因素进行阐述的文献之中。生物型职位设计法注重的是人的身体能力和身体局限，而知觉运动型职位设计法注重的则是人的心理能力和心理局限。这种职位设计方法的目标是：在对工作进行设计的时候，一定要确保工作要求不会超过人的心理能力和心理局限。这种职位设计方法通常是通过降低工作对于信息加工的要求来改善工作的可靠性、安全性以及使用者的反应。在进行职位设计时，职位设计者首先要看一看那些能力最差的工人的能力水平，然后再按照确保具有这种能力水平的人也能够完成工作的方式来确定职位要求。与机械型职位设计方法类似，这种方法一般也能够降低工作对于人的认知能力的要求。

比如，卡车左转弯虽然看起来无足轻重，但其实是一个危险的动作。单一的左转弯发生事故的概率非常小，但是对于那些员工或司机需要驾驶成千上万公里的公司来说，比如联合包裹速递服务公司（UPS），事故的概率就会随时间增加。所以 UPS 公司将编程的全球定位系统（GPS）放在卡车上来设计路线，以减少左转弯的次数。这个程序除了可以减少因为司机的错误而造成的事故和伤害，还节省了 140 万美元的油费。[70]

近期在技术能力方面的变革以减少工作对任职者的要求以及工作中的失误为目的，然而在某些情况下，这些变革实际上使问题变得更糟。人们创造了“缺席性出场”这一术语以指代这样一种情况，即人在同时与多种媒体打交道的时候可能会出现注意力下降的状态。例如，某人可能在开车时打手机，或在参加商务会议时上网浏览与会议无关的信息，或者在准备一个演讲报告的时候查收电子邮件。在所有这些例子中，新技术都让人们从本该完成的原始工作任务中分心，降低了工作绩效，增加了出错的概率。[71]需要特别强调的是，在这种情况下，干扰的来源是精神上的而不是身体上的。因此，旨在减少身体障碍的人体工程学的干预就不会非常有效。比如，在车辆拥挤的道路上驾驶时进行紧张的通话非常危险，而无论你是否使用免提设备。精神上的紧张而不是身体上的挑战让这个行为变得危险。[72]事实上，研究表明，人们在做复杂的工作时，即使是很短暂的打扰也会导致他们思路中断，并且降低他们的工作成效。因此最好关闭电子邮件到达提醒服务，因为如果任职者无法抗拒马上查收新邮件的欲望，这种提醒就会导致他们中断正在进行的工作。[73]

除了外部干扰以外，如果一项工作属于要将信息从一个人传递到另一个人的情况，信息被错误处理的概率也会增加。实际上，在医疗领域，人们最关注的便是由于工作交接所带来的问题。正如凯泽科罗拉多医院（Kaiser Colorado Hospital）负责病人安全的医生领导迈克·伦纳德（Mike Leonard）所说的：“几乎在所有本来可避免的病人受到严重伤害的事故中，沟通的缺失都是问题产生的一个主要原因。”这种未能有效传递信息的情况可能存在于护士、医生和药剂师之间（例如，最近一次的测试结果只交给了主治医生，却没有交给承担护理工作的护士），也可能存在于需要轮班的不同团队之间（例如，一个已经在上一班护士指导下吃过药的病人，在下一班护士的要求下又吃了一遍药）。轮班团队之间的问题极可能是在这种有压力的工作状态下，上一班员工在即将交班时产生疲劳和倦怠所导致的。[74]

现在，越来越多的医院开始运用“SBAR”法。“SBAR”最早在商业和军用航空体系里使用，用来帮助飞机在不同的领空中穿行。这种方法如今用来规范在医疗背景中进行工作交接时的沟通规程。SBAR代表的是情境（situation）、背景（background）、评估（assessment）和建议（recommendation），这四个词说明了每一次成功交接所需具备的四项重要元素，即在交接一个病人之后的几秒钟时间里，交出病人的负责人应当占据主动地位，让接收者集中注意力（情境）；然后传达足够的信息，说清楚目前的整体情形或问题（背景）；之后再对当前的状况做一个整体评价（评估）；最后，再就下阶段最好采取何种措施提供特定的建议（建议）。在一家引入了这种方法的医院里，不良事件的发生率（即意外地对病人造成伤害的医疗事故）减少了一半以上，以往受到意外伤害的病人的比例是90‰，目前只有40‰。[75]

职位设计越来越依赖团队来完成组织目标，学习管理工作中的交接和独立性的最佳方式变得非常重要。正如有标准的工具评定工作的性质一样，也有标准的框架评定团队的性质。三个描述团队的最关键的维度包括：(a）技能差异化，团队成员拥有专业知识或能力的程度决定其可替代性；(b）权力分化，决策责任授予个人和团队中的小组的程度；(c）时间的稳定性，团队成员期望长时间一起工作的程度。[76]

在多数情况下，对于战略和竞争优势来说，基于团队的职位设计是核心部分。实际上，甚至服装行业——美国制造业中被认为没有前景的行业——也因为基于团队的职位设计而重新复苏。比如，位于宾夕法尼亚州费城的运动衫、制服和夹克制造商——Boathouse Sports就依赖灵活的生产团队，它独特的竞争优势在于适应性地回应小订单，并以海外生产者无法匹敌的速度发送产品。虽然Boathouse的价格比中国制造商高10%～15%，但是对于大多数小订单，Boathouse能在四周内发货，而中国制造商却需要八周。因为最近激增的油价而高涨的运输费用扩大了价格的差距。因此，虽然有人认为全球化竞争使得工人对如何完成工作有话语权的高薪制造业工作不断消失，但是在某些地区，高薪和权力大的工人在以他们自己的方式挣钱。[77]

4.4.5 不同的职位设计方法之间的优缺点比较

最近的一系列研究都是以理解这些不同职位设计战略的优缺点以及它们的含义为目的的。[78]许多研究者都提出，应当运用激励性职位设计方法来进行职位设计，从而使工作变得更加具有心理上的意义。有一项研究对各种职位设计方法与各种工作结果之间的关系进行了考察。例如，根据这项研究，任职者对于在激励型职位设计法中得分较高的那些职位表达出较高的满意度。此外，在生物型职位设计法中得分较高的那些职位往往是任职者认为体力要求较低的职位。最后，激励型职位设计法和机械型职位设计法之间存在负相关关系，这表明，想要通过职位设计来实现效率的最大化，很有可能导致这些职位中包含的激励因素较少。

尽管激励型职位设计法和机械型职位设计法在某种程度上是相互对立的，但二者之间并没有特别严格的一对一的联系。因此，并不是所有让生产变得更有效率的改变一定会导致工作变得更加令人不满意，也不是所有用来提高员工满意度的改变都会带来不可避免的低效率。如果管理者可以同时仔细地关注职位设计的效率和满意度这两个方面的因素，有时是可以做到两全其美的。[79]比如，印第安纳波利斯的新印第安纳心脏医院（Indiana Heart Hospital）为了打造一个无纸化组织，大部分工作都是电子化的。全医院共有 600 多台电脑终端，医生和其他员工可以在需要时直接利用这些终端获取信息。医院用这种办法淘汰了护士站、图表架、医疗记录部门、文件储藏室和复印机，并削减了用纸量，提高了工作效率。同时，这个办法也通过削减官僚机构增加了员工的工作满意度，因为它让员工可以更快速地获取自己需要的信息。这个办法同样影响了病人的最短住院时间。与其他医院的心脏病患者最少要 5 天才能出院相比，印第安纳心脏医院的病人最短 3 天即可出院。这个办法让医院病床使用率比其竞争对手更高，为医院提供了一个很明显的竞争优势来源。[80]

本章回顾

循证人力资源管理

本章的开篇案例讲述了在美国员工工资比其他承接外包业务的国家的员工工资更高的不利情况下，通用汽车是如何东山再起的。该公司能够东山再起的关键在于组织结构和工作流设计的变化。这一章也介绍了组织如何有效地设计工作流、组织结构和个人的工作以保持竞争优势的许多方法和案例。

思考题

1. 传统来看，工作流设计的分析从流程的结尾——最终的产品和服务开始，然后确定生产它们的最好流程，再到合适的投入。如果一个员工致力于一种特定的投入，如高薪劳动力或者已有的设备或者容易获得一定的原材料，应该怎样进行工作流设计？结果会有什么不同？

2. 虽然不同的组织结构各有优缺点，为什么朝某个方向改变组织结构会比其他的改变更难？具体来说，为什么从集中的职能结构转变为去中心化的事业部结构给人力资源带来的挑战不同于相反方向的改变？

3. 通过这章我们学习了许多方法来减少完成工作所需要的成本。还可以怎么做使世界每个角落的劳动力市场都更加公正、公平、人性化和可持续？是否产品和劳动力市场的竞争性意味着“最好的员工总是最后完成工作”？

小　结

对于培育和维持一家企业的竞争优势而言，对职位进行分析和设计是最重要的因素之一。如果不对工作流分析、职位分析以及职位设计给予充分而全面的重视，那么，战略的执行实际上是不可能实现的。管理人员需要了解自己所在的部门中的全部工作流程，只有这样才能确保流程达到效率和有效性的最大化。为了理解这一流程，管理人员还必须掌握与本部门中所有职位相关的明确而详细的信息，而获得这方面信息的方式就是进行职位分析。在理解了工作流程和现有的职位之后，管理人员就可以对职位进行重新设计，以确保本部门的目标得到实现，同时部门中的每一位员工都能够在各种工作结果维度（比如激励性、满意度、安全、健康以及成就感，等等）上受益，这是获得竞争优势的关键之一。

讨论题

1. 假定你是一家快餐店的管理人员。你这个工作单位的产出是什么？为了生产这些产出，你们需要从事哪些工作活动？你们的投入是什么？

2. 在问题1的基础上考虑出纳这个职位。该职位的产出、活动以及投入分别是什么？

3. 现在考察大学生这样一个“职位”。对这一职位进行职位分析。在这一职位上需要完成的工作任务是什么？要想完成这些工作任务，任职者必须具备什么样的知识、技能和能力？什么样的环境发展趋势或者震荡因素（例如计算机）可能导致这一职位有所变化？这种变化又会导致职位对于任职者的技能要求发生何种变化？

4. 请讨论以下几个方面的趋势如何改变美国的管理类职位对于任职者的技能要求：（1）计算机的普及；（2）国际竞争的加剧；（3）工作和家庭生活冲突的加剧。

5. 为什么说具备职位分析的能力对于一位管理者来说非常重要？如果一位管理者不了解向自己汇报工作的下级职位的情况，可能会产生怎样的消极后果？

6. 各种不同的职位设计方法的优缺点各是什么？在进行职位设计时，你认为哪一种方法所占的分量最重？

7. 对于问题2中的出纳职位来说，在对这一职位进行设计时，哪一种方法产生的影响最大？如果就快餐店的整个工作流程来考虑，在对这一职位进行再设计的时候，你将如何进一步强调其他一些职位设计方法？

自评练习

本章描述了美国劳工部的职位信息网络（O* NET）是如何为企业提供帮助的。该系统实际上是为帮助求职者设计的。要想看一看你是否相信这套新的系统确实达到了促进“美国劳动者在有效的教育、培训、咨询以及就业需要方面”得到满足这样一个目标，请访问O* NET的网址：http：//online. onecenter. org。

看一看你目前的职位或理想中的职位。列举一下这一职位需要任职者具备的技能。分别针对每一种技能评估一下你自己的工作经验和能力，判断它们与该职位的要求相匹配的程度。

战略练习

为速度、灵活和创新服务

当提到计算机服务器时，市场份额很大的公司包括深受人们喜爱的惠普、IBM和戴尔。这些企业巨头销售的服务器是大规模生产的产物，这些标准化的产品用于满足大众消费者可预见的需求。大多数消费者之所以使用这些服务器，是因为它们有大容量信息存储和检索功能，并且服务于这些机器的英特尔芯片非常给力。惠普、IBM和戴尔试图在市场上进行价格战，并且为了保持价格的竞争性，它们把生产地选在劳动力廉价的亚洲国家。

然而，与偏爱传统大容量存储和检索系统不同的是，许多基于网络的公司有不同的需求。网络公司需要迅速地满足对小数量数据的需求，例如谷歌或脸书上的一张图片。它们对计算能力的需求和大银行或信用卡公司不一样。坐落在圣克拉拉的服务器厂商SeaMicro是最早认识到这种区别的公司之一，它很快用新服务器打进市场，这些服务器并非在中国而是在距离圣克拉拉半英里的地方生产。

尽管硅谷这个名字就等同于计算机，但事实上，当谈到硬件的时候，自20世纪80年代起就几乎没有生产活动发生在这里。SeaMicro公司做出的战略性决策——在加利福尼亚而非亚洲生产服务器——是基于它设计产品的方式和对处于科技革新前沿的需求，是为了能对技术发展变化做出最快的反应。例如，SeaMicro 公司成功的关键在于它靠生产较小的能源节约型芯片起家，然后以此为中心生产定制的硬件和软件，从而使很多较小的发动机像强大得多的发动机一样运作，并且只有标准服务器 25%的能耗量。

这种成功的革新要求 SeaMicro 公司的硬件、软件和制造工程师组成跨职能团队，持续对最新元件进行实验。这种类型的实验要求及时的、丰富的、面对面的交流，而这种交流需要肩并肩完成设计和生产工作。由于不需要从海外运输原料，从设计到生产的速度大大提高。尽管加利福尼亚高素质劳动力的成本很高，但 SeaMicro 公司能够通过可观的收入来源来抵消这些花费。为顾客建立的能耗节约体系一年内就能收回成本，每个业务部门都能够实现 60%的毛利率，这使得这家小公司在与更强大的对手竞争时有很强的竞争力。正如运营副总裁约翰·特克所说，"这并不在于我们变强大了，而在于我们如何保持灵活性。这正是那些大公司所没有的。"

思考题

1. 在这个行业，小规模如何变成有利因素？

2. 在这个行业，以顾客为本以什么方式成为有利资源？

3. 在这个行业，使用跨职能的小团队以什么方式成为强有力的竞争优势？

资料来源：L. Wood, "SeaMicro Breaks New Ground with Atom Server," *InformationWeek*, March 1, 2011, p. 23; C. Debaise, "The Top 10 Clean-tech Companies," *The Wall Street Journal*, March 4, 2011, p. B1; A. Vance, "Stars and Stripes and Servers Forever," *Bloomberg BusinessWeek*, pp. 33-35.

人的管理

拓展职位描述

从 2010 年报道的经济数据中能明显看出美国经济已经走出衰退。利润和生产率都接近历史纪录的水平，但是直到 2011 年春天，企业仍没有一点儿雇用新员工的迹象。虽然通常雇用新员工都会落后于复苏的步伐，但是这次落后的时间比以往都要长，一些人担心是否会有新的职位增加。这种担心被一些员工提供的信息进一步强化，比如一家小的珠宝制造商 Costume Specialists 的首席执行官温迪·戈尔茨坦（Wendy Goldstein）就说道："我裁掉的职位不会再恢复，因为现在业务更好了。"

企业之所以不情愿组织新的雇用，有一大堆理由。第一，许多企业对复苏持怀疑的态度，担心对产品新增的需求是短暂的。许多企业担心它们只是为客户一次性补充已消耗的库存，它们所看到的并不反映市场需求的真实增长。第二，国家关于医疗保健服务如何提供给员工的争论存在不确定性。因此，由于提议的联邦计划要求给新员工提供越来越高的保险费用，所以计算劳动力的费用变得非常困难。最后，也是最关键的一点是，一些企业在衰退期刚学会如何利用更少的员工完成更多的工作，并且它们喜欢这种工作方式。事实上，2011 年的一项调查显示，50%以上的员工提到，在过去的一年中，自己在薪资不变的情况下承担了新的责任。

确实，最近的经济复苏见证了大量的"工作重新分配"，一位分析家说道："职位描述就像在沙子里写字，风一吹就散了。"在一些情况下，工作被重新分配，没有被解雇的员工直接承担起周边的一些工作。比如，在吉他弦制造商 D'Addario & Co.，检查员这个职位被取消了，流水线上的工人学会了怎样检查他们自己的工作。在另一些情况下，工作被垂直地重新分配，高层管理人员和中层管理者需要承担离开的初级职员和流水线工人的工作。比如，市场主管卡罗·弗思（Carol Firth）发现她不仅做了更多的重复生产和编辑的工作，甚至承担了安全保卫的责任，还负责每天早上输入密码打开停车场的大门。

效率的提高得益于类似于这样的职位描述的范围拓展，同时也被一些事情所抵消。比如，对垂直的重新分配来说，像弗思这样的高层管理人员会担心“很难有时间见客户”。而水平重新分配计划则将员工放在不合适的角色中，可能与他们的技能组合不匹配。你虽然可以让一个有效率但是害羞的计算机程序员去做销售工作，但是最终可能使他变成糟糕的销售人员和低效的程序员。另外，在性质不同的任务中来回变换会带来精神成本，使工人感到疲劳并导致错误、事故和顺序的打乱。最终，企业需要对这种职位的拓展支付一定的代价，在某一时刻这种拓展还会造成工作脱节。

思考题

1. 如文中所述，拓展职位描述的做法以何种方式增强或削弱任职者的作用？

2. 如文中所述，拓展职位描述的做法以何种方式增强或削弱采取这种措施的企业的竞争地位？

3. 像这样拓展职位描述会给社会和宏观经济带来哪些负面影响？

资料来源：A. Kadet，“‘Superjobs’：Why You Work More，Enjoy It Less，” *The Wall Street Journal*，May 8，2011，pp. B1 and B7；T. Aeppel and C. Dougherty，“Employers Hold Off on Hiring，” *The Wall Street Journal*，October 20，2009，p. A3；S. E. Needleman，“Entrepreneurs Prefer to Keep Staffs Lean，” *The Wall Street Journal*，March 2，2010，p. B5.

小企业的人力资源管理

BraunAbility公司的产品和职位的包容性

拉尔夫·布劳恩（Ralph Braun）凭自身的创造力创办了公司来满足个人的需要。布劳恩在印第安纳州的农村长大，从小爬楼梯都很困难，医生诊断他为脊髓性肌萎缩。14岁时，布劳恩就需要靠轮椅来移动。虽然这让他感到很沮丧，但却开发了他在机械方面的天赋。他用磨刀石帮他叔叔修理摩托车和赛车，并给自己做了一辆由电池驱动的轮椅。他坐轮椅去汽车供应工厂找到了一份工作，同事让他做一些与他之前为家人和熟人所做的类似的工作。后来，他知道了如何改装道奇的厢式货车并增加了升降梯，这样他就能直接坐着轮椅进入车厢，去他想去的地方。人们看到了这厢式货车，就让他做类似的东西。最后，布劳恩用他制造轮椅和改装厢式货车挣的钱创办了“省一步”（Save-A-Step）工厂，并改名为“BraunAbility公司”，它后来成为世界最大的残疾人专用货车和轮椅升降梯制造商。

这家公司的激情和目的性都体现在其职位和工作的结构上。招募具有包容性，尤其对残疾人的潜能表示欣赏。该公司人力资源总监辛迪·加内特（Cindy Garnett）提出：残疾人一生都致力于创造性地解决便利性问题，所以他们很容易成为伟大的发明家。只要可能，工作的时间表可以根据员工的需要进行调整。许多员工都有灵活的时间表，可以从早上7点到下午6点之间选择工作8个小时。还有一些全职或者兼职员工可以选择远程办公。甚至是那些需要协调车厢生产任务的生产工人也可以从一个工作车间到另一个车间，并能灵活地将工作安排给一个团队。员工向公司反映，他们想在白天有两三次较短的休息，而不是只有一个较长时间的午休，这样他们便可以更早地离开公司。BraunAbility公司接受了这种想法。

正如你可以想象的，因为BraunAbility公司是由具有创造力的人创办起来的，所以这家公司的各个层级都很重视创新。典型的某一天的情景就是，拉尔夫·布劳恩坐着轮椅巡视车间，考察工作，与生产工人和员工进行交流。加内特说：“如果员工有想法，布劳恩就会倾听。”比如，一位员工建议与其按流程安全地处理掉剩余的油漆，还不如用油漆粉刷车辆地毯下的地板，给车辆增加一点额外的保护。公司很快就采纳了这个建议。

BraunAbility公司的员工除了觉得受到尊重之外，还认为他们的工作对社会意义重大。从加内特的话语中可以得知，公司生产的厢式货车让自由行进变得可能，所以员工认为他们用公司的产品改变了残疾人的生活。

思考题

1. BraunAbility公司的工作是怎样激励员工

的？该公司还能为激励工作的方法增加哪些特色？

2. 在像 BraunAbility 这样的公司中，有效的职位设计体现在什么地方？BraunAbility 公司在强调包容性和灵活性的同时，怎样提高工作的效率？

3. 假设你和 BraunAbility 公司的人力资源总监一起工作，她让你想一些方法让员工们更加强烈地认识到自己的工作会对其他人产生重要的积极影响。你会提出何种建议？

资料来源："Collaboration, Inclusion Help Create That 'Small-Town' Feeling," white paper, HR. BLR. com, January 18, 2010, http://hr. blr. com; "How I Did It: Ralph Braun of BraunAbility," *Inc.*, December 1, 2009, www. inc. com; and "BraunAbility Launches EntervanXT to Accommodate Needs of Taller Wheelchair and Scooter Users," *Marketing Weekly News*, October 10, 2009, Business & Company Resource Center, http://galenet. galegroup. com.

第 2 篇　人力资源的获取与准备

第 5 章　人力资源规划与招募
第 6 章　人员甄选与配置
第 7 章　员工培训

第5章 人力资源规划与招募

学习目标

在阅读完本章后，你应当能够：

1. 说明如何使人力资源规划与公司的战略方向保持一致。
2. 确定各种不同类型的职位对劳动力的需求。
3. 讨论用于消除劳动力冗余以及避免劳动力短缺的各种方法的优缺点。
4. 描述一个组织能够用来使其空缺职位更加具有吸引力的各种招募政策。
5. 列举组织能够获得求职者的各种招募来源，它们各自的优缺点是什么，可以用哪些方法对这些招募来源进行评价。
6. 说明招募者在招募过程中扮演的角色以及招募者面临的条件约束与各种可能的机会。

进入企业世界

美国制造：企业竞争优势的来源？

2010—2012 年间，美国的制造业部门创造了 50 多万个新的工作岗位，超过几乎所有的发达国家。例如，外包业务的先驱沃尔玛公司宣称，自己要在 2013 年转移 500 亿美元的订单给美国本土的供应商。一直以来在中国组装产品的苹果公司也宣称要在美国新建一条 Mac 电脑生产线。空中客车公司公开宣布，它将在亚拉巴马州生产提供给捷蓝航空公司的一批新飞机，Ashley 家具公司将拥有 8 000 万美元资产的新工厂的地址选在美国的北卡罗来纳州。正如资本经济研究公司首席经济学家保罗·阿什沃思（Paul Ashworth）所说："离岸经营的热潮似乎已经退去。"

很显然，一度被断定濒临破产的美国制造现在又卷土重来。尽管对大多数人来说，任何新的工作岗位都很好，但在制造业中创造新的工作岗位有其特殊的优点。制造业占国内生产总值的 30%，每 1 美元的生产活动会给整个国家的经济增加 1.48 美元的收入。此外，在私营部门，将资金用于研究与开发的 67% 的企业都是制造业公司。正如陶氏化学公司首席执行官利伟诚（Andrew Liveris）所说："创新并不专属于实验室中的研究人员，它同样产生于工厂之中，制造产品的过程能够帮助你体验和生产新的产品。

如果所有的东西都是中国制造的，那么中国人将逐渐获得创新的技能、知识与实践经验，而我们却会落后。”

诸多力量的结合促使曾经将制造业工作置于海外的公司重燃对在美国本土建厂的兴趣。一部分应归因于石油和天然气页岩的繁荣带来的低能源成本；人力资本的问题也很关键。与其他国家相比，美国工人的薪酬水平依旧较高，但在很多情况下，这个差距正在逐步缩小。随着中国的发展，工资水平以每年13%的速度递增。此外，由于美国工人更依赖技术进步，因而并不需要大规模的工人数量，较高的生产率也缩小了人工成本之间的差距。

除此之外，在一些欠发达国家，由于存在不安全、不道德的行为，一些企业所有者担心因依赖某些第三世界供货商或侵犯知识产权而损坏自己的声誉。而美国供应商的稳定性和严格管理则打消了这些方面的顾虑，而且，在坐了多年的冷板凳之后，美国工人带着一系列新技术以及灵活工作的意愿“卷土重来”，这些都是欧洲的竞争者无法匹敌的。事实上，这也正是总部设在德国的大众公司和总部设在法国的米其林公司选择在美国南部而非本国建厂的主要原因之一。由于上述以及其他方面的一些原因，通用电气首席执行官杰夫·伊梅尔特说道：“从全球范围来看，我们可能是最具竞争力的，这也是我们过去30年的状态。”

资料来源：R. Foroohar and B. Shaparito，“Made in the USA，” *Time Magazine*，April 11，2013，pp. 22-29；J. Bussey，“U. S. Manufacturing：Denying Naysayers，” *The Wall Street Journal Online*，April 19，2012；F. Zakaria，“The Case for Making It in the USA，” *Time Magazine*，February 6，2012，p. 19；and A. Ohnsman，“Surprise! Carmakers Are a Recovery Bright Spot，” *BusinessWeek*，November 7，2011，pp. 19-20.

5.1 本章介绍

人力资源经理处于全世界范围内为赢得市场竞争优势而开战的前沿。每个组织都需要通过最佳员工配置来满足战略目标的要求，吸引这些员工进入组织，并且让他们尽可能长时间地留在组织中，以此在他们身上获得投资回报。正如我们在开篇短文中所述，在很长一段时间里，很多企业都认为将工作放到国外要比放在美国本土更具竞争优势，因为海外拥有更低的小时工资、灵活的劳工法律以及数量更少并且允许公司以更低成本生产的工会。然而，时代在变化，最近，一些美国企业为了享受更低的能源价格、运输成本而将工作岗位重新转移回美国，与此同时，美国员工的技能和教育水平使他们能够掌握大幅提升产量的新技术。因此，不同员工各有利弊，成功存活下来并且繁荣发展的企业能够在它们需要的员工以及采用的市场竞争战略之间找到最恰当的匹配。

本章的目的是考察影响劳动力供给和劳动力需求的各种因素，并特别关注人力资源管理者怎样才能通过人力资源政策的规划和执行来帮助组织在一个动态的环境中赢得竞争优势。

各种社会发展趋势和社会事件会通过以下两个主要途径对企业产生影响：第一，通过对消费者市场的作用影响企业产品和服务的市场需求；第二，通过对劳动力市场的作用对生产产品和服务的人员供给产生影响。正如我们在开篇案例中看到的，在有些情况下，市场会出现劳动力短缺，但是在另一些情况下，市场也可能出现劳动力过剩。对于很多企业来说，要想平衡这种劳动力供求之间的差异是一项很大的挑战。它们对这一问题的处理方式会对企业的总体竞争力产生重要的影响。

要想有效地利用劳动力市场获得竞争优势，企业应注意以下三个方面的关键问题：第一，企业必须对自己现有的人力资源状况有一个清楚的认识，尤其是应当清楚自己的现有员工存量分别有哪些方面的优势和劣势；第二，企业必须知道未来的方向，并且认识到自己的人力资源现状与未来需要达到的人力资源状况之间是何种关系；第三，当目前的人力资源状况与未来需要达到的人力资源状况之间存在差距时，企业就需要制定计划来弥补这种差距。

本章所要介绍的就是能够帮助企业通过制定和实施一些有效的战略，把劳动力市场上所存在的一系列“难题”转化为获取竞争优势的机会的工具和技术。在本章的前半部分，我们将系统阐述制定和实施人力资源规划的一些步骤。在这一部分的每一节中，我们会重点讲述影响企业利润及其总体声誉的各种发展趋势以及管理实践（比如裁员、雇用临时工以及外包，等等）。在本章的后半部分，我们将向读者介绍个人寻找工作和选择工作的过程，以及招募者在接触求职者以及影响他们做出选择方面起到什么样的作用。

5.2 人力资源规划过程

关于人力资源规划过程的总体描述如图 5-1 所示。这一过程包括人力资源预测、人力资源目标制定与战略规划、人力资源规划执行与评价三大组成部分。在本章以下几节中，我们将对人力资源规划过程的这三个阶段分别进行讨论。

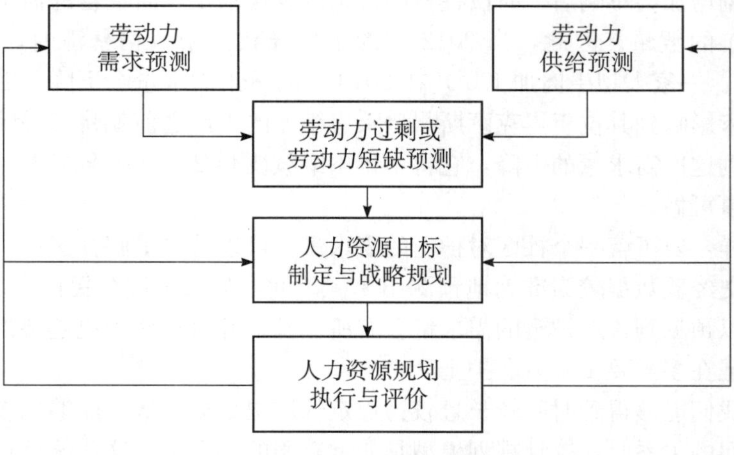

图 5-1 人力资源规划过程概览

5.2.1 人力资源预测

人力资源规划过程的第一步是人力资源**预测**（forecasting），这部分内容如图5-1中最上面部分所示。在进行人力资源预测时，人力资源管理专业人员所要做的就是判断各种不同类型人力资源的供给和需求状况。其基本目标是预测在组织的哪些领域中未来有可能出现劳动力短缺或劳动力过剩。

在对人力资源进行预测时，无论是预测人力资源供给，还是预测人力资源需求，既可以使用统计学方法，也可以使用主观判断法。统计学方法在准确描述一家企业的劳动力需求的历史发展趋势方面是非常有效的，并且在条件能够得到满足的情况下，它所得到的预测结果比运用人力资源预测者的主观判断得出的预测结果精确得多。然而，从另一方面来看，劳动力市场上发生的许多重大事件可能都是没有先例的，因此，通过历史趋势进行人力资源预测的统计学方法在这时就派不上什么用场。在这些情况下，企业必须依靠专家基于长期的经验积累做出的主观判断，这时，专家们的"最佳猜想"可能就是对未来做出预测的唯一途径了。通常情况下，正是由于这两种预测方法在优点和缺点方面恰恰具有互补性，因此，许多公司在进行人力资源规划时，会将统计学方法和主观判断法结合起来使用。

■ 确定劳动力需求

通常情况下，劳动力需求预测都是围绕某种具体的职位类型或技能领域来进行的，而这些职位类型或技能领域与组织在当前以及未来的某种经营需要有关。一旦确定了职位类型或技能类型，人力资源规划者就需要收集能够帮助自己做出下列预测的信息：组织在未来对具有某种特定技能的人或能够承担某种类型职位的人的需求是上升还是下降。在不同企业中，劳动力需求预测的复杂程度也各不相同。

在最为复杂的情况下，一家企业必须建立某些统计模型，然后基于对前些年的各种先导性指标所做的相对客观的统计，对企业来年的劳动力需求进行预测。**先导性指标**（leading indicator）是指能够准确预测未来劳动力需求的一些客观的衡量指标。比如，在家畜业中，玉米的价格与牛肉的成本有很强的关联性，因此，前一时段玉米价格的急剧增加会影响后一时段牲畜的价格以及需求量，而牲畜的需求会进一步影响屠宰场员工的数量。因此，当2012年的干旱导致玉米价格暴涨时，预示着嘉吉公司（Cargill，一家大型牛肉加工厂）在2013年的员工需求量会下降。因此，嘉吉公司在干旱尚未影响到其位于得克萨斯州普莱恩维尤的工厂之前就将其关闭了。如果公司没有预测到这次需求量的下降，它将不得不继续支付2 000多名工人的薪水，即使这些工人无事可做。[1]

同样，要了解一个社区对护士的需求量，可以首先了解社区人口的平均年龄，再结合历史经验数据较为准确地预测出来。因此，如果美国公民的平均年龄正在上升，那么可以预见到，对护士的需求量会有所上升。针对这些历史趋势的研究表明，2014年会比现在多需要120万名护士。[2]

当我们能够得到时间较长且较为稳定的历史数据，从而能够比较可靠地发现各种变量之间的关系时，统计规划模型是非常有用的。但是，这些统计预测模型几乎总是需要在该领域中有经验的专家做出的主观判断作为补充。在进行规划的过程中，我们总是会遇到一些也许是"一辈子只有一次"但却不得不考虑的变动因素，而这些变动因素无法在统计模型中准确地反映出来。例如，基于出口（以国内生产总值测量）和失业二者关系的历史数据，奥巴马政府曾经预测2010年的失业水平将达到8%左右，然而令人惊奇的是，实际的数据接近9.5%，原本用于预测实际就业水平的参考值是较为准确的，然而史无前例的事件导致预测的失败。白宫经济顾问委员会主席克里斯蒂娜·罗默（Christina Romer）指出，金融危机使此次经济衰退变得不同寻常，出于对未知的恐惧，企业可能要比往常反应得更为激烈一些，此外，贷款不足的公司可能要比正常年份裁掉更多的员工。[3]

■ 确定劳动力供给

一旦一家企业预测了劳动力需求，它就需要得到企业劳动力供给的相关指标。在确定企业内部的劳动力供给时，我们需要对目前分布于企业各种不同类型职位上（或具有某些特定技能）的人员数量进行详细的分析。然后，企业还要对分析结果加以修订，以反映公司在不久的将来由于退休、晋升、调动、自愿流动以及解雇等原因出现的一些变动。

与劳动力需求预测一样，劳动力供给预测同样可以运用历史统计模型和主观判断技术两种方法来完成。可以用于劳动力供给预测的统计程序之一是转移矩阵。**转移矩阵**（transitional matrix）能够显示出不同类型职位上的员工所占比例（或数量）在不同时间的变化情况。一般情况下，这些矩阵能够显示出一个组织中的人员在一年当中，是如何从一种状态（在企业之外）或一种职位类型转变为另一种状态或另一种职位类型的。

表 5 - 1 中描绘的就是我们假设的一家汽车零部件制造商的一个转移矩阵，在这个转移矩阵中，我们一共描述了 7 种不同类型的职位。尽管这些矩阵看上去可能很复杂，但你很快就会发现，通过阅读和使用这些矩阵来确定企业内部的劳动力供给实际上是一件非常容易的事情。我们可以采用两种方式来阅读这一矩阵。首先，我们可以通过阅读每一行来回答这样一个问题："2011 年在这一类型职位上工作的员工在 2014 年跑到哪里去了？"例如，2011 年在公司行政事务类职位上工作的人（第 7 行），在 2014 年还有 70%仍然留在原来的岗位上，其余的 30%则离开了企业。而 2011 年在生产操作类职位上工作的人（第 6 行），2014 年有 80%仍然留在原来的工作岗位上，在剩下的 20%当中，有一半的人（也就是此类人员总数的 10%）被提升到生产管理类职位上去，另一半的人（即此类人员总数的 10%）则离开了公司。最后，2011 年在生产管理类职位上工作的人当中，有 75%在 2014 年仍然留在原来的工作岗位上，还有 10%被提升为厂长助理，剩下的 15%则离开了公司。

表 5 - 1　　一家汽车零部件生产商的一个虚拟转移矩阵

2011 年		2014 年							
		(1)	(2)	(3)	(4)	(5)	(6)	(7)	(8)
(1)	销售经理	0.95							0.05
(2)	销售代表	0.05	0.60						0.35
(3)	见习销售员		0.20	0.50					0.30
(4)	厂长助理				0.90	0.05			0.05
(5)	生产管理				0.10	0.75			0.15
(6)	生产操作					0.10	0.80		0.10
(7)	行政事务							0.70	0.30
(8)	不在企业中	0.00	0.20	0.50	0.00	0.10	0.20	0.30	

沿着矩阵中横向的各行来阅读此矩阵，我们可以很清楚地看到，在这家公司内部存在着从生产操作类职位到生产管理类职位，再到厂长助理这样一条职业发展通道。尽管我们在上面没有讨论第1行、第2行和第3行中的情况，但在这里我们也可以指出，在从见习销售员到销售代表，再到销售经理这样一个发展方向上，也存在着一条类似的职业发展通道。在这家公司里，在行政事务类职位上工作的员工是没有任何晋升机会的，也就是说，这种职位类型上的人不可能流入表5-1中列举的其他任何一种职位类型之中。

另外，我们还可以自上而下地（也就是按照表中纵向的列）阅读矩阵，从而回答："2014年处在这种职位类型上的员工是从哪里来的（也就是说，2011年的时候他们在哪里）？"这里，我们再次以行政事务类职位（第7列）为例。2014年从事行政事务类工作的人当中，有70%在2011年就在公司从事此类工作，另外还有30%则是企业从外部雇用来的（也就是说，这部分人在2011年还没有到公司来工作）。在生产操作类职位（第6列）上，2014年在这类职位上任职的员工，有80%在2011年就在这些职位上工作了，其他20%则是公司从外部雇用来的。员工来源最为多元化的似乎是生产管理类职位（第5列），2014年在生产管理类职位上工作的人当中，有75%在2011年就在公司里从事同一类工作，有10%是从公司原来的生产操作工中提拔上来的，还有5%则是从厂长助理职位上调整下来的，最后10%则是2011年以后才被企业雇用进来的，2011年他们还不在公司里。

这种矩阵在描绘一家公司的历史劳动力供给趋势方面是非常有用的。更为重要的是，如果公司的各种条件在某种程度上比较稳定的话，这种矩阵还可以用来预测公司未来的劳动力供给状况。比如，如果我们认为生产操作类职位会在未来的三年中出现劳动力过剩现象，那么我们通过转移矩阵就能清楚地看到：只要从现在开始冻结生产操作工人的外部雇用就可以避免出现这一问题，因为这样做的结果是，这种职位上的人员数量会自动减少20%。类似地，如果我们认为公司的销售代表职位将会出现人员短缺现象，则这个转移矩阵会告诉我们，可以通过以下几个方面来解决问题：第一，降低这种职位上的人员自愿流动数量，因为在这种职位上工作的人当中，每三年就有35%的人离开公司；第二，加快对见习销售员的培训进度，使他们能够以比原来更快的速度获得晋升；第三，扩大从外部招募此类职位人员的范围，这是因为通过外部雇佣渠道获得的销售代表人数仅仅占到此类人员的20%，而这一比率并不能满足公司的未来需要。

与劳动力需求一样，劳动力供给的历史变化趋势并不总是能够作为预测未来劳动力供给的可靠指标。同样，一个非常典型的经验是，如果失业率很高，任何一个企业发布的职位空缺吸引来的求职者人数都会比失业率低时增加很多。然而，2010年，企业发现，很多发布的职位空缺实际吸引来的求职者人数都很少，这是由于允许领取失业保险的时间被延长到前所未有的期限（长达99周），此外，房市的崩溃使得很多人无法出售自己的房子，于是被迫留在原有的工作地而无法去应聘新的职位。[4]同样，在核能领域，2011年由地震和海啸引发的日本福岛三大核电站泄漏事件，很快影响到世界范围内的核能工程方向的招生情况，很多学生停止申请该方向，或是转到其他研究领域，这意味着未来几年从事该领域工作的年轻人将比现在少很多。[5]

■ 确定劳动力过剩或劳动力短缺

一旦完成了对劳动力供给和劳动力需求的预测，人力资源规划者就可以对两个方面的数据进行比较，从而确定在各种不同类型的职位中将会出现的是劳动力过剩还是劳动力短缺。这一点明确了，企业就可以确定应当采取何种措施来解决这些潜在问题。例如，在劳动力短缺方面，当 2014 年新的《平价医疗法》实施后，现有的 30 万无法享受医疗保健的人将突然间需要家庭医生。然而，这一点很难实现，因为即使是目前，美国的初级医生已经面临 1.5 万人左右的缺口，有人预计，这一缺口在 2025 年将达到 10 万人之多。[6] 相反，美国劳工统计局的统计数据显示，截止到 2020 年，美国能提供的律师职位大约只有 7 万个，然而，美国的法学院校一年就录取 2.5 万名大学生，这意味着会有 17.5 万名律师过剩。[7] 很明显，用于调节过剩或短缺的时间越长，调节越容易进行，因此，预测是一种关键的战略性人力资源活动。

5.2.2 目标制定与战略规划

如图 5－1 的中间部分所示，人力资源规划的第二步就是目标制定以及战略规划。制定具体的量化目标的目的在于将注意力集中在问题上，同时提供一个标杆来帮助企业判断为解决将来的劳动力剩余或短缺问题而设计的各种方案是否取得了成功。这种量化的目标应当直接来自对劳动力供给和劳动力需求的分析，并且，在目标中应当用一些具体的数字来说明在某一职位类别或技能领域中会发生什么样的变化，同时还要包括一个具体的时间表，以说明这些结果会在什么时候达成。

比如，我们曾经提到的那家汽车零部件制造商可能会制定这样一个目标：在今后 3 年中将从事生产操作类工作的员工人数裁减 50%。类似地，这家企业还有可能会制定这样一个目标：在今后 3 年中将销售代表的人数增加 25%。

这些目标一旦制定出来，这家企业还需要从能够解决劳动力过剩或者短缺问题的多种不同战略中做出选择。表 5－2 列举了人力资源规划者可以用来减少劳动力过剩的一些方法。而在表 5－3 中列举的则是相同的人力资源规划者可以用来避免出现劳动力短缺的一些方法。

表 5－2　减少未来出现劳动力过剩的方法

方法	速度	员工受伤害的程度
1. 裁员	快	高
2. 降薪	快	高
3. 降级	快	高
4. 职位调动	快	中等
5. 职位分享	快	中等
6. 冻结雇用	慢	低
7. 自然减员	慢	低
8. 提前退休	慢	低
9. 重新培训	慢	低

表 5-3　避免未来出现劳动力短缺的方法

方法	速度	可撤回程度
1. 加班加点	快	高
2. 雇用临时工	快	高
3. 外包	快	高
4. 再培训后换岗	慢	高
5. 降低流动率	慢	中等
6. 从外部雇用新人	慢	低
7. 技术创新	慢	低

这一阶段是非常关键的，这是因为，可供人力资源规划者选择的各种方案在成本、速度、有效性、受影响的人员数量以及可撤回程度等方面的差别可能非常大。例如，如果企业能够提前足够的时间预测到未来可能会出现的劳动力过剩，那么它就可以冻结人员雇用，然后通过自然减员缩小自己的劳动力规模。如果这种做法取得成功的话，一家企业就有可能做到不解雇员工，从而不让任何人失业。

然而，让很多劳动者感到遗憾的一点是，在过去的10年中，企业对于内部劳动力过剩做出的典型反应就是裁员，这种做法消除劳动力过剩的速度很快，但是却会导致劳动者遭受很大的痛苦。裁员既会带来短期的痛苦，也会造成长期的创伤。在短期中，薪酬、福利和有价值的职位的短缺会给员工个人的财务、生理和心理带来很多负面影响，由此引发破产、疾病和绝望。即使一个人能勉强应付这些突发状况，从长期来看，失业的扩散效应（如持续六个月以上）也会给个人的职业生涯染上污点，减少他们在未来找到工作的机会。尤其是那些在技术更新较快的职位上工作的员工，面临裁员时，为了保证职业生涯的连续性，他们宁可无偿工作，也要留在工作岗位上。[8]事实上，“成人实习生”这个词便是用来形容那些为打开新的职业领域而无偿工作的人。[9]而企业面对劳动力短缺所做出的反应通常是雇用临时工或者将业务外包出去，这种做法的反应速度很快，并且可撤回程度很高。鉴于这些做法很普遍，所以我们在本章中专门拿出一节对这几种做法进行分析。

■ 裁员

我们将**裁员**（downsizing）界定为：为了强化企业竞争力而进行的有计划的大量人员裁减。虽然人们往往认为裁员是企业在经济衰退时期采取的扭转局势的一种方法，就像我们在2008年和2009年看到的那样，但在2002—2007年间也有大量的企业裁员事件。事实上，在曾经发生裁员的这些企业中，80%的公司在裁员时仍然是有盈利的。

调查表明，企业进行裁员的主要原因有以下几个：第一，许多企业都在努力降低成本，由于劳动力成本在公司的总成本中往往占了很大一部分，因此它很自然地成为企业最先下手的地方。例如，2012年雅虎裁掉了2 000个工作岗位，占其所有工作岗位的15%，公司希望通过这次裁员每年节省3.75亿美元的支出，但由于该公司在这次裁员中一次性支付了1.45亿美元的遣散费，所以公司通过裁员获得的成本节约实际上打了折扣。[10]

第二，在有些企业中，关闭过时和落后的工厂或者在原有的工厂中引进新的技术等，都会导致企业对劳动力的需求减少。例如，通用电气在纽约斯克内克塔迪新建了电池制造厂，占地 20 万平方英尺的设备仅需要 370 名工人，其中只有 200 人在车间工作。有一位生产经理负责整个车间的运作，并通过将 iPad 与无线传感器相连接来控制灯光、温度、存货、订购和设备维护。正如工厂的总经理普莱斯考特·洛根（Prescott Logan）所说："这并不是人力成本的下降，而是高科技的作用，我们现在首先考虑的是电池能达到怎样的性能，然后才是将性能变为更多的收入。"[11]事实上，从 1990 年到 2010 年，整个经济领域在资本（工厂、设备和机器）方面投入的资金增加了 300%，这就意味着企业在全方位地用技术代替人力。[12]

裁员的第三个方面的原因是，许多公司由于经济方面的原因改变了经营地点。有的公司从美国国内的一个地区迁到了另一个地区——特别是从美国的东北部、中西部以及加利福尼亚地区迁往美国南部以及西部山区。在某些情况下，技术被用于推动那些人们认为或许不能移动的工作。例如，美国密歇根州的麦当劳连锁餐厅在驾车订餐窗口使用的员工是位于北达科他州法戈地区的低工资工人。那些看似标准的客户订餐对讲机实际上是与位于北达科他州的工人相连接的，驾车的顾客在密歇根州下的订单被远在北达科他州的工人接收，他们再将订单信息转给密歇根州麦当劳驾车订餐窗口的工作人员。[13]

尽管裁员在成本削减方面会产生立竿见影的效果，但大量的证据表明，它会对组织的长期有效性产生负面的影响，特别是对某些类型的企业而言。例如，如果那些研发密集型的公司进行裁员，就会降低企业的长期利润。[14]例如，2009—2013 年间，沃尔玛开张了 450 家新店，与此同时，员工总人数却下降了 2 万多。每个店面平均雇用的员工人数从 343 下降到 301，员工的分散导致顾客排队结账的时间变长，对顾客的支持减少，货架上的商品不能及时补充。沃尔玛的一位客户蒂姆·怀特（Tim White）指出："在你等了 20～25 分钟之后，却来了一个并不负责该区域的服务员。尽管漫长的付款时间确实令人生气，但使我放弃到沃尔玛购物的首要原因却是滞后的、可怕的、令人恼火的补货速度。"[15,16]此外，裁员的这种负面影响在员工与客户高度接触的服务业中会有所放大。再有，如果裁员的努力没有辅之以工作角色的性质所发生的变化，公司绩效也会受到损害。[17]在那些采用高参与工作实践（比如采用团队工作方式、实施绩效奖励计划等）的公司中，裁员对业绩的负面影响特别大。因此，公司越想通过人力资源赢得竞争，裁员对生产率产生的负面影响就越大。[18]

尽管如此，许多企业仍然会采取裁员的做法，这样，非常重要的一点就是，要了解哪些因素使得有些裁员活动是有效的，而有些裁员活动确实是无效的。至于大多数公司的裁员努力为什么没有达到强化公司绩效的预期效果，原因则是多方面的。首先，尽管在裁员初期产生的成本节约确实使公司能够在短期内获利，但一项管理不当的裁员活动却有可能产生长期的负面作用。裁员不仅导致人才流失，在很多情况下还破坏了激发员工创造性和灵活性所必需的一些社会网络。[19]其次，许多企业在裁员活动中放走的一些员工实际上属于企业根本无法替代的资产。事实上，一项调查表明，在 80%的情况下，裁员后的公司不得不重新花钱找人来替代被解雇的一些人。实际上，公司不得不把以前裁掉的员工重新请回来的情况如此普遍，以至于它们越来越多地开始使用过去主要用于追踪求职者的软件来跟踪被公司裁掉的员工。[20]

裁员常常面临失败的第三个原因是，那些在裁员中侥幸留下来的员工会变得心胸狭窄、以自我为中心和不愿冒险。由于员工对于未来在公司内部获得晋升——甚至是否还有未来——感到希望渺茫，员工的工作积极性会大幅下降。许多员工开始寻找其他的就业机会。[21]与裁员相联系的负面公众印象也会有损企业在劳动力市场上的形象，使它日后更难招募到员工。特别是在当今博客和短信普及的时代，过去属于隐秘的裁员活动变得越来越透明，任何在此过程中犯下的组织性错误都有可能被高度公开。[22]避免公司声誉受到这种破坏的关键在于为裁员的必要性提供一个合理的解释，并且保证裁员过程是公平的。尽管这些要求看上去只是一种常识，但很多企业实施裁员的方式会让事情变得更糟。例如，2006年9月，Radio Shack公司的人力资源经理通过电子邮件通知400名员工他们被解雇了。[23]这就使一个非人性化的事件变得更加非人性化，如果将来这家企业出现好转，从而需要重新雇用员工，那么这一决定所产生的负面效果必将会对公司未来的招募努力产生破坏。这种行为也增加了心怀不满的员工就工资损失问题提起诉讼的可能性。愤怒的员工往往会根据《员工调整与再培训通知法》对公司提起诉讼。该法案要求企业提前60天将裁员事项告知员工并支付遣散费。许多企业似乎并不了解这一法案，由于经济衰退的原因，2009年劳动者根据该法提起的法律诉讼数量出现了井喷式的增长。[24]

成功裁员的关键在于避免不加选择地任意实施全面裁员，而是采用手术式的战略裁员，这样不仅可以降低成本，还可以提高公司的竞争地位。例如，拉文公司（Raven Industries）是一家位于苏福尔斯的塑料产品制造商。虽然该公司也不得不裁减员工，但它采取的做法却有助于公司与来自中国的竞争对手抗衡。它把原来的10个事业部压缩到4个，减少了某些可以在中国生产的利润水平较低的产品的产量（如为小型皮卡配套的常用塑料件），转而将更多的资源投到利润水平更高的为各种农业机械配套的客户定制产品方面。在这个过程中，该公司的规模几乎缩减了一半（从1 500名员工减少到750名），总收益却只下降了不到20%。在这一战略性裁员实施两年之后，公司的股价从每股4.50美元升到30美元以上。[25]

■ 提前退休计划和买断

削减冗余劳动力的另一种常见手段是提前退休计划。如图5-2所示，美国劳动力队伍的平均年龄处于上升状态。尽管在“婴儿潮”时期出生的人日渐接近传统的退休年龄，但是一些迹象却表明，这些人并无意很快退休。[26]几个方面的因素共同导致了老年员工的职业生涯延长。首先，老年人的健康状况总体上有所改善，而许多工作对体力的要求又日益减少，这就使老年员工继续工作更长的时间成为可能。其次，这种选择之所以对许多劳动者有吸引力，是因为他们担心社会保障水平会下降，同时，一些员工即使能够享受到企业提供的微薄的补充养老金，也很难负担自己的生活开支。再次，反就业年龄歧视方面的立法以及强制退休年龄的非法化，都对企业单方面解决劳动力队伍老龄化问题的能力施加了某种限制。最后，越来越多的企业开始担心，在失去年纪较大的员工的同时也会失去他们在公司中长期积累起来的丰富经验。

对于企业来说，虽然年纪较大的员工队伍在工作经验方面比较丰富且稳定性较

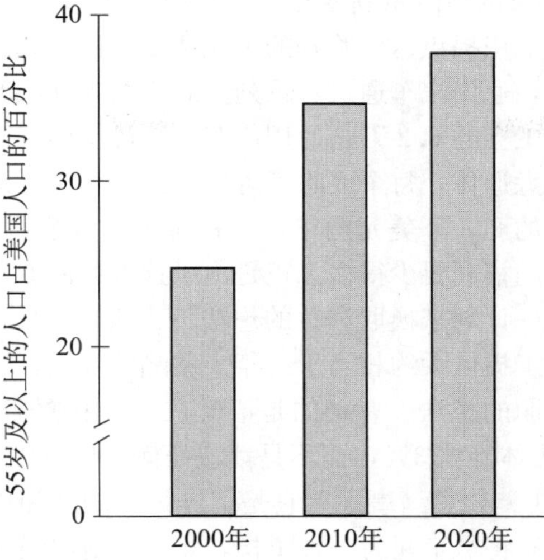

图 5-2　美国人口的老龄化，2000—2020 年

高，但同时也存在许多问题。首先，年纪较大的员工的成本有时比年轻员工要高，因为他们的资历较深，医疗成本较高，养老保险的缴费额度也较高。例如，在肯塔基州乔治城丰田汽车的工厂里，老员工的小时工资是 26 美元，而新员工的小时工资只有 16 美元。为了用低成本的劳动力取代高成本的劳动力，丰田公司为该工厂的 2 000 名员工提供了退休激励方案，每位员工能够得到一笔一次付清的费用，即按照员工的工作年限，每年支付员工两周的工资，最多可以拿到 25 年，外加 8 周的额外补偿。作为对买断的回报，员工需要按照固定的计划退休，以防止出现大批员工一起退休的情况。[27]当年纪较大的员工具有的经验价值能够抵消上述这些成本时，对于企业来说还没有太大的问题；但是如果他们的经验价值无法弥补成本，问题就比较大了，企业必须将成本转嫁给消费者。

其次，由于年纪较大的员工通常占据着薪酬水平最高的一些职位，所以他们有时会阻碍公司雇用年轻员工或者是阻碍他们获得晋升。这对年轻人来说无疑是一件令人沮丧的事情。另一方面，将来一旦老年员工决定退休，企业很可能陷入危险的境地。事实上，尽管经济不景气会使所有劳动者的前途受到影响，但对于缺乏经验和技能的年轻员工的影响无疑更甚。事实上，在经济不景气时期毕业会对一位劳动者产生持续的负面影响。例如，一项研究表明，与恰巧在较好的经济形势下就业的其他同类员工相比，失业率每上升一个百分点，那些在衰退期毕业的劳动者在工作的第一年要少拿 7%的薪酬，甚至在 15 年后少拿 3%的薪酬。[28]

面对这种人口压力，许多企业都试图通过提前退休激励计划来达到使老年员工自然减员的目的。提前退休计划的形式种类繁多。由于不同的提前退休计划对于老年员工而言是否有利可图存在很大差别，因此取得的结果往往也是千差万别的。尽管有些研究表明，此类提前退休计划确实起到了诱使低绩效的老年员工提前退休的作用，但这种计划到底能否取得成功，在很大程度上还取决于预测的准确性。例如，在日本，许多超过 60 岁法定退休年龄的员工仍在岗位上继续工作。幸运的是，虽然日本的私营企业能够按照自己的意愿强制员工在法定年龄退休，但员工通常会选择接受比原来水平更低的薪酬，从而留在企业中工作。因此，世界第二大建筑机械制造商小松集团就以相当于原来 40％的薪酬重新雇用了 90％的退休员工。而在美国，企业不能强制要求员工退休，只能用提供退休奖励的手段诱使员工退休。[29]

例如，在过去，通用汽车通过一系列买断方案来削减冗余的劳动力。在最近的一次买断中，在加入工会的 6.2 万名通用汽车公司员工中，有 2.2 万人可以参加这一计划，如果这些人愿意退休，每个人除了可以得到 2 万美元的补偿之外，还能得到一张用于购买通用汽车的 2.5 万美元购车券。相对于这家公司曾经宣布的买断计划而言，这项买断计划提供的福利要少得多。正是由于这方面的原因，许多局外人都认为，通用汽车公司通过这一计划来换取利益的想法不大现实。[30]《华盛顿邮报》也出台了类似的计划，它为员工提供大约相当于一年半薪酬的补偿，这种条件似乎更符合它希望自己的员工自愿离职的想法。有趣的是，就在《华盛顿邮报》削减员工数量的同时，《纽约时报》决定集体降薪 3％，而不是裁减任何一位员工，或者是对任何一位员工实施买断计划。《时代》杂志（事实上它是美国最大的新闻中心）执行主编比尔·凯勒（Bill Keller）却没有将员工视为一种负担，相反，他将员工视为杂志独特竞争优势的一个来源，他把杂志社现有的员工称为“我们取得长期成功的发动机”。[31]

由于退休金计划给企业带来繁重的负担，因此，近年来许多大型企业都在尝试摆脱这一义务。例如，2012 年，通用汽车和福特汽车尝试采用一次性付清 14 万名员工的退休金的做法。2011 年，这两家公司在分别盈利 90 亿美元和 200 亿美元后都拥有充裕的现金，因此均将此次大规模买断视为一次性减轻企业养老负担的大好机会。因为养老金投资于证券的收益并不确定，所以将其从资产负债表上移除通常是企业想要实现的目标之一。尽管有任职年限与薪酬方面的差异，但许多企业提供的一次性买断金基本都在 50 万～85 万美元之间，以此来代替原本按月发放的养老金。这种买断计划将企业的风险转嫁给了员工，员工必须现在就想清楚他们还能活多少年，以便决定是否接受这种买断计划。如果一名员工觉得自己不会活到预期的那么久，那么最好接受买断。然而，如果一个人觉得他会活很久，那些年头远非这种一次性买断计划所能覆盖，那么最好拒绝。在通用汽车，拒绝接受一次性买断的员工会被转移到由 Prudential 公司运作的年金项目上，所以从通用汽车的角度出发，它无论如何都将摆脱这一负担。[32]

■ 雇用临时员工

尽管裁员是企业为削减冗余劳动力而采取的一种普遍做法，但是雇用临时员工和实施外包也已经成为削减冗余劳动力的重要手段。美国的临时员工数从 1997 年的 450 万增加到今天的 860 万。许多专家认为，现行的《平价医疗法》会促使这一数目继续上涨，因为企业不再需要负担每周工作 30 小时以下员工的医疗保险费。[33]企业可以通过雇用临时员工来灵活高效地应对产品和服务需求的变化。事实上，临时员工的雇佣浪潮通常领先于长期雇佣，并且被视为经济扩张的先兆。然而这一预测并非总是正确，比如，从 2009 年 10 月到 2010 年 8 月，临时员工的雇佣数量逐月上涨，但固定工作的雇佣人数却并没有上涨。许多分析师认为，主要原因在于企业对经济复苏稳定性的担忧。然而，也有分析师认为，企业只是热衷于以灵活变化的劳动力供给来快速应对顾客需求的变化。正如一名首席执行官指出的：“你需要灵活控制人力成本，因为销量的波动性更大。”[34]

除了具有较高的灵活性，雇用临时员工的做法还有其他许多优点。

● 雇用临时员工使企业免除了与“保持雇主记录”相联系的许多管理任务以及财务负担。

● 一些没有能力制定甄选计划的小公司往往从提供临时就业服务的机构租用部分经过这些机构甄选的员工。

● 许多提供临时就业服务的机构在将临时员工选派到需要他们的企业之前，都会对他们进行培训，这种做法既降低了企业的培训成本，同时又使临时员工和公司之间的相互适应变得更为容易。

● 由于临时员工在雇用他们的公司中的工作经验非常少，所以他们对于组织中存在的问题以及工作程序等往往有比较客观的看法，而这种视角有时候是非常有价值的。此外，由于临时员工可能在其他企业中积累了丰富的工作经验，他们有时候甚至还能向雇用他们的企业提供一些解决问题的方案，因为这些问题在其他企业中可能也出现过。

最后，有点讽刺意味的情况是，许多企业会在雇用优秀的临时员工来完成全职工作一段时间后停止这种做法。这是因为，要想从临时就业服务机构中将这些员工长期“偷出来”，是需要支付费用的。但一些临时就业服务机构制定了“从临时到全职项目”，以帮助那些想要成为全职员工的劳动者实现自己的目标。在这种情况下，临时就业服务机构鼓励自己的客户在规定的期限内将临时员工转变为正式员工，如果双方之间的匹配情况良好的话。根据美国员工配置协会的统计，大约74%的临时员工之所以当初决定做一名临时员工，恰恰因为这是一种获得全职工作的方法。[35]

为了有效地利用临时员工这一劳动力供给来源，企业还必须注意克服因雇用临时员工而产生的某些不利之处。例如，在整个经济的服务部门中，由于临时员工对雇用他们的组织和客户的承诺水平较低，所以很可能会导致客户的流失以及对组织的忠诚度下降。[36]因此，很多组织并没有采取让临时员工大量取代长期员工的做法，而是将一小部分临时员工作为对核心员工的需求出现剧烈波动时的一种缓冲，这些临时员工更像是核心员工的助手，而非其替代者。例如，2009年，波音公司裁掉了某个事业部中的1 500名临时员工，而所有长期员工都被保留下来。该公司人力资源总监吉姆·普罗克斯（Jim Proulx）指出：“首要的是减少所有合同工和派遣员工的数量，这样才有可能保护我们的常规员工。”[37]

除此之外，在企业使用的临时员工和正式的全日制员工之间常常存在一种比较紧张的关系。调查显示，在从事全日制工作的员工中，33%的人认为临时员工的存在对于他们的职业保障来说是一种威胁。这种看法可能会导致双方之间的合作水平较低，在有些情况下，若管理不当，还很可能会导致破坏活动的发生。[38]

在处理这种问题时有几个关键点。首先，企业在招用临时员工之前，必须从曾经发生的裁员的阴影中走出来。对于那些在裁员之后仍然留在公司里的员工来说，感觉就像是家里刚刚有亲人去世一样。在这种情况下，企业就需要在裁员和招用临时员工这两项行动之间留出一段相当长的缓冲时间。如果没有这个时间间隔，员工必然会将裁员（这是一种威胁）和新进来的临时员工（这些人会被在裁员中幸存下来的部分员工看成是被企业用来替代他们原来同伴的外来者）联系在一起。在裁员事件发生之后出现的任何劳动力需求上升，都应当首先让这些核心的全日制员工通过加班加点来满足。如果这种旺盛的需求一直持续下去，大家就会认识到，这种劳动力需求的回升并不是暂时的，因此也就不必担心公司将来会裁员了。此外，不断的加班加点最终会导致这些全日制员工的负担加重，这时他们就会接受公司通过招用临时员工来减轻他们的工作负担的做法。

其次，如果企业注意到全日制员工对于临时员工做出的反应，它就有可能会想办法去雇用那些"无威胁的"临时员工。例如，尽管大多数的临时员工都希望自己的临时性工作安排能够最终转变成全日制的正式工作（在接受调查的人当中，有75%的人都有这种期望），但也不是所有的临时员工都会有这种愿望。有些人就非常喜欢临时性工作安排所具有的自由自在的特点。在全日制员工对临时员工充满恐惧的公司中，这些临时员工是最理想不过的。[39]

当然，企业还应当尽可能地让全日制员工感到他们是受重视的，企业不会用临时员工来替代他们，同时还要注意不能在企业内给人留下一种临时员工只不过是二等公民的印象。在雇用临时员工的情况下，企业的人力资源管理人员同样能够通过自己的努力，防止在企业中形成一种双层社会的现象，他们可以要求临时就业服务机构向公司雇用的这些临时员工提供一定水平的福利待遇，并且这种福利待遇的水平至少能够与这些员工在本公司中接触到的那些正式员工得到的最低福利水平相当。这不仅可以缩小全日制员工和临时员工之间的福利差距，而且有助于从一开始就吸引来最优秀的临时员工。

■ 外包、离岸经营和移民

尽管企业可以通过引进临时员工来处理某项单一工作，但在另一些情况下，企业可能对将范围更大的整块工作都委托给外部组织去完成更感兴趣，这种做法就是所谓的**外包**（outsourcing）。当企业既缺乏某一方面的特定技术经验，同时又不愿意投入时间和精力去进行开发的时候，外包是一种很自然的选择。例如，大量的公司正在越来越多地将很多人力资源管理任务外包给此类服务的外部供应商，这些供应商能够以更高的效率完成与人力资源管理职能有关的各种日常行政管理任务。图5-3显示了关于人力资源管理外包（HRO）的行业增长率预测数据。在这方面节约成本很容易，因为不用自己购买和维护专门的硬件和软件，也不用配备专门工作人员来支持这个系统，企业只要和专注于该领域的外包公司合作，共享设施和专业知识即可。

因此，对于一家中等规模的公司来说，原本可能需要一个15～30人的人力资源管理团队，现在只需要5～7人，因为他们可以与像埃森哲公司这样的外包服务供应商共享服务[40]，从而获得规模经济带来的好处。外包除了有利于控制企业的人力资源管理团队规模，还能够把人力资源经理解放出来，使他们能够把精力更多地集中在战略层面。正如卡特里娜（Catalina）餐饮集团人力资源副总裁塞缪尔·博格斯（Samuel Borgese）指出的那样："这使我们能够在得到外包服务供应商的战术支持下，将战略性的任务留在公司内部完成。如果人力资源副总裁总是在管理人力资源基础性工作，他就不可能成为战略层面的参与者。"[41]

在另一些情况下，外包的目的仅仅是通过雇用一些成本不那么高的劳动力来尽可能地降低成本。有时这就意味着要把工作转移到国外去完成。**离岸经营**（offshoring）是一种特殊的外包形式，即将工作岗位从一个国家转移到另一个国家。这种工作岗位

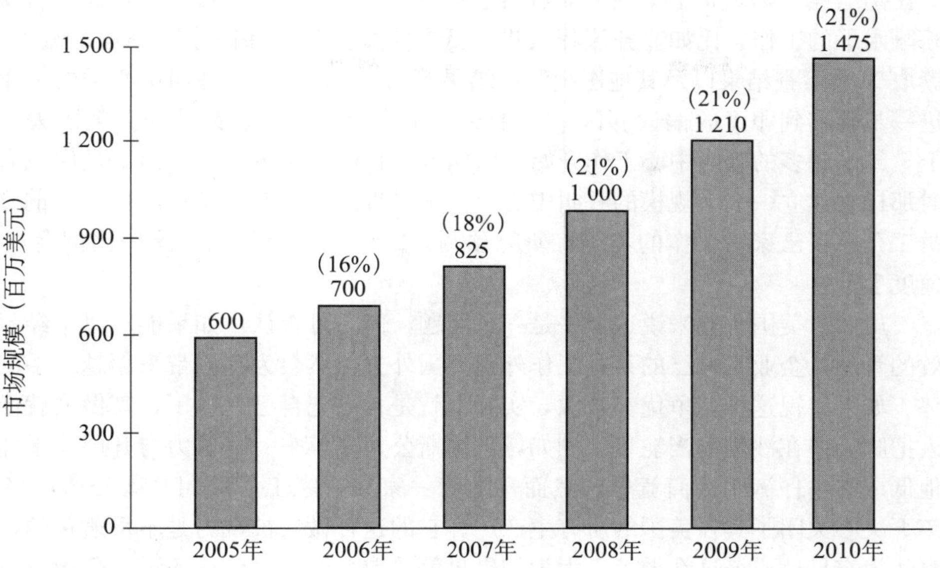

图 5-3 美国多流程人力资源外包的预测

根据 NelsonHall 的预测，到 2010 年，仅仅在中级市场上（即员工人数在 1 000～10 000之间的那些企业），多流程的人力资源管理外包业务的规模就有 14.75 亿美元。NelsonHall 将多流程人力资源管理外包定义为一家企业将两种或两种以上的主要人力资源管理工作外包给同一家供应商，因此这一市场的范围要比全面人力资源管理外包市场更为广阔。

注：百分比＝年复合增长率。

资料来源：NelsonHall，“Multiple HR Outsourcing in the U. S.：Market Assessment，” June 2006.

迁移的情况其实一直都有，只是技术的迅速变革使得这一领域的发展趋势最近达到历史上前所未有的水平。社会上对于离岸经营是存在争议的，因为在过去的 10 年里，大约 80 万个白领工作岗位从美国转移到印度、东欧、东南亚以及中国。这不仅限制了美国的工作岗位数量增长，同时也影响了美国劳动者的薪酬水平。因为过去在经济复苏时期，美国劳动者的薪酬平均增长率通常会达到 6%～8%，然而由于离岸经营形式的出现，在最近的经济复苏时期，美国劳动者的薪酬平均增长率实际上却是负数（−1%）。

最初被外包出去的大部分是工作范围很窄的简单工作，但现在被转移到海外去完成的却是很多高技能的工作。例如，杜邦公司将一项涉及 1 亿美元石棉诉讼案的相关法律服务交给一个在菲律宾工作的律师团队。在这项服务中有一部分属于典型的离岸经营项目中可能会包括的那种烦琐的文件复制工作（超过 200 万页），还有许多工作需要做出实际的法律判断（例如，确定文件与案件是否相关，或者是否需要保密等），而这些工作过去通常是由美国的律师来完成的。美国律师事务所中的律师助理提供服务的小时工资大约为 150 美元，而在菲律宾只有 30 美元，菲律宾律师的薪酬只是他们美国同行的 1/5。[42]

事实上，认为只有“呼叫中心”中的工作岗位才会被外包的刻板印象越来越脱离实际。比如，中国、印度和东欧等国家都在努力做到承担更高技能的工作。就拿印度来说，2000 年该国接受的离岸经营工作中有 85%是呼叫中心类的，但在 2006 年，这个比例已经下降到35%。现在，在外包到印度的工作中，不断增长的是那些支付较高薪酬水平的工作，比如业务流程改进、抵押贷款处理、保险索赔办理、监管工资单、读取X光检查结果以及其他医疗测试结果等。[43]许多简单的呼叫中心类的工作要么被进一步转移到印度的偏远郊区[44]，要么（很有讽刺意味）又转回到美国去了。事实上，越来越多的呼叫中心工作开始由美国人在自己的家里完成，而不是像在海外运营时那样去建立一个大规模的呼叫中心。美国最近的一项调查显示，有25%的呼叫中心员工是在自己家中工作的，还有研究预测，2006—2010年间，这一比例会以25%的速度上升。[45]

虽然对美国企业来说这似乎是一个问题，但不可否认，如果能对离岸经营进行有效的管理，企业将自己的某些工作外包到国外去仍然会为它们带来超越对手的竞争优势。如果忽视这种竞争优势来源，实际上就是自己把自己打败了，其做法就像是一个人把脑袋埋在沙堆里当鸵鸟。例如，李维斯公司多年来一直努力与开展离岸经营的其他低成本牛仔裤制造商竞争。然而，随着一家又一家工厂关闭，该公司最终在2003年下决心关闭了其在美国的所有生产厂。它的这种做法被视为是不可避免的，并且大家认为它早就应该这么做了，因为如果早就采取离岸经营做法的话，公司也就不至于遭受2 000多万美元的损失了。

在对某些产品或服务做出离岸经营的决定时，组织应考虑几个方面的关键因素。许多在加入离岸经营行列时没有考虑到这些因素的企业，往往会面临让它们感到失望的结果。因此，如我们在开篇案例中提到的，许多过去尝试离岸经营但结果并不满意的企业正在将工作转移回美国。由离岸经营带来的质量控制问题、违反安全保障问题以及糟糕的客户服务体验等，会在很大程度上抵消低工资和其他方面的原因带来的成本节约。例如，波音787梦幻客机在制造过程中问题百出，该项目比预期时间推迟了三年，并且几十亿超出预算的资金被花在不同规模和种类的离岸工作上。在外包的工作量方面，波音787的外包比重（30%）超过其他任何已制造出来的飞机（通常为5%），结果分布广泛的供应商制造的许多组件不能很好地组装在一起。考虑到飞机制造这一工作的特殊性，波音承担了最后的组装工作，但是这部分工作的附加值最小。[46]负责飞机制造的总监吉姆·阿尔博（Jim Albaugh）承认："我们把太多的工作交给没有相关经验的人，而且没有进行必要的监督。事后我们才意识到，如果许多核心的技术环节离波音的控制范围更近些，我们就不用花费那么多超出预想的资金。钟摆摆得太远了。"[47]

事实上，诸如此类的问题导致美国本土境内外包业务的复苏。例如，美国许多乡村地区的企业曾是制造业外包的受害者，现在它们努力重组以吸引实施外包的企业。这些企业提出自己的价值主张："我们比东西部沿海城市的企业成本低，并且比印度人更好打交道。"[48]具有讽刺意味的是，乡村地区外包的增长部分得益于在美国开设商店的印度企业。例如，许多大的印度外包公司如塔塔（Tata）信息咨询公司、威普罗和印孚瑟斯等，都在俄亥俄州的乡村地区开设商店并雇用美国工人。关于隐私方面的一些法律规定某些数据不能流向国外，因而，只有在美国本土经营才能让这些公司与美国政府和医疗服务提供者做生意。此外，本土的工人对语言和文化有更深入的了解，比起简单地写代码，他们能够解决更加复杂的现场业务问题。[49]

一家公司应该采取以下几个步骤来确保离岸经营战略取得成功：第一，在选择外包服务供应商时，通常机构的规模越大、历史越长越好。一些刚刚成立的小型海外公司往往会虚张声势，夸大自己的服务能力，并且会比那些规模较大、历史更长的承包商冒更大的风险。[50]第二，不要对那些有专利权或者需要严格的安全保障措施才能完成的工作实行离岸经营。一个软件开发商聘用一家印度公司对其程序进行调适，结果却发现这家印度公司复制了该软件，并且将软件作为自有品牌进行销售。[51]一般来说，需要外包出去的工作必须是“模块化的”，也就是说，这些工作应该是相对独立的，不需要发包公司透露任何本来需要保守的秘密。[52]第三，一般来说，外包最好先从小的工作入手，同时还要密切监督这些工作的完成情况，尤其是在刚刚开始的时候。通常情况下，如果确实存在问题，那么这些问题很快就会表现出来，并且会被那些实施密切监督的人发现。[53]

最后，很多企业不再将工作的离岸经营视为一种成本控制战略，它们开始越来越多地寻求有助于企业实现增长以及开辟新的收入增长渠道的“变革型离岸经营”。也就是说，外包公司的复杂性日益提高意味着它们能够更好地在平等的基础上与诸多企业合作开发创新的和独特的商业模式。这种发展方向促使一位首席执行官指出：“我认为，我们公司最终会与能够以更低的成本和更快的速度提供产品的多家公司合作，从而更好地与世界上任何对手展开竞争。”

如果某一雇主无法在海外雇用员工，但仍想利用更廉价的全球人才来解决劳动力短缺的问题，那么也许企业把外国员工带回国内就能解决这一问题。移民一直都是美国经济发展的重要组成部分，许多国外的劳动者很高兴离开自己的家乡到美国追求他们的美国梦。[54]然而，外国工人进入美国的通道由联邦政府把控，所以这一环节面临很大的限制。想要雇用外国员工的企业需要帮他们弄到工作签证，并且还要证明这些岗位无法雇用到合适的美国人。[55]事实上，保护本土劳动者的工作权益一直是引入移民劳动力的关键所在，正如这里“通过全球化进行竞争”专栏指出的，这一现象不只存在于美国。

通过全球化进行竞争

努力寻找一种适合意大利城镇的风俗

中世纪以来，托斯卡纳地区的普拉托市一直被认为是意大利高端时尚产业的中心。普拉托市至今仍占据意大利27%的纺织品出口额。然而，该产业的性质随着时间的推移发生了翻天覆地的变化，以至于25年前离开这一地区的居民已经辨认不出其原来的面貌。今天，普拉托市的居民中，有25%是中国人，并且中国人拥有4 000家服装制造企业。为了给新注入的移民提供住宿，这个城市经历了巨变，也正是这一巨变使得这座城市面临分裂的威胁。从大的环境来看，普拉托市的经历确实是伴随着移民寻求新机会（并且为企业创造新机会）而与本地劳动力产生冲突，进而导致文化冲突的一个典型代表。

这一切都源自1990年，一些意大利纺织品制造商为了降低成本，开始在中国建立血汗工厂。但是此后，它们带了一些廉价的劳动力回到意大利，其目的是缩短运营周期并降低运输成本。当普拉托市的移民据点逐渐建立起来之后，其他中国工人便通过旅行签证的方式涌入意大利，但事实上，他们并不打算离开这里。

富有上进心、勤劳且善于学习新技能的中国移民很快便买下意大利人的纺织企业，而纺织业面临的日益激烈的全球竞争促使这些意大利人很愿意卖掉企业。相对于意大利人而言，新的企业所有者开始以更快的速度、更便宜的价格生产服装，并且仍然能够享受到代表高水平技艺的“意大利制造”带来的好处。

本地的居民抱怨，新来的中国商人在从他们的历史中攫取利益的同时，破坏了他们的历史。市长罗伯特·圣尼（Robert Cenni）公开表达了他的愤恨，他指出：“在这些批评声中，我们本地的企业在经营过程中努力遵守法律并合法纳税，但它们却看到其他企业不是按这种规则来做生意的。我们面临着一个不平衡的城镇带来的风险，一面是劳累、愤怒的居民，另一面是为所欲为的社群。”在过去几年中，对中国企业的镇压大幅上升，中国人运营的企业中滥用员工的例子被当地媒体着重加以报道。

另一方面，以马尔科·王（Marco Wang）为代表的成功的中国企业家却声称：“太多的意大利人抱怨我们中国人抢走了他们的工作，但是如果中国人有机会公开发声的话，他们会说意大利人根本就没有参与竞争的意愿，当中国人发现商机时，他们会很快聚集到一起并利用这种机会。”虽然很难预料事态的发展，但不得不指出的具有讽刺意味的一件事是，2012年，意大利成为欧洲第一个接受中国政府紧急援助的国家。为了减轻意大利2万亿欧元的债务负担，中国购买了意大利4 000亿欧元的债券，由此进一步加深了具有两种截然不同的文化的国家之间的依赖程度。

讨论题

在从一个对于传统很重要但却难以存活的商业模式过渡到一个新的具有不确定性的商业模式的过程中，如何平衡劳动力市场新进入者与老企业之间的权利和义务关系？

资料来源：S. Smith，“The Italian Fashion Capital Being Led by the Chinese,” *BBC News Online*，February 11，2013；N. Burleigh，“The Italian Jobs,” *BusinessWeek*，November 7，2011，pp. 90-94；S. Meichtry，“Italian Police Raid Chinese Businesses,” *The Wall Street Journal Online*，June 22，2011.

尽管大多数企业对待移民劳动力的做法合乎伦理道德，但近年来，一些猎头公司以违反美国法律的手段剥削外籍劳动者的案例却层出不穷。这些违法的手段包括：(1) 对外来者的工作签证漫天要价；(2) 伪造简历、工作经历与教育背景；(3) 在外国工作者来到美国后仍不提供工作；(4) 从外国劳动者的薪酬中违法抽成。[56]通常在经济不景气造成美国人失业时，对那些雇佣中介以及录用外籍劳动者的企业所做的审查尤为严格。美国国土安全部下属的移民和海关执法局对企业审计的数据显示，此类案件在2009—2010年间增加了一倍。[57]对外来劳动力的限制给美国的高科技企业带来非常大的问题，美国国内数学和科学领域的高精尖人才远远满足不了这些公司发展的需要。因此，微软和甲骨文一直在积极地游说政府放松这方面的限制。[58]它们的努力取得了一定的效果，2013年，美国参议院司法委员会通过了一项新的移民法案。该法案规定，任何在美国工作且拥有数学、科学、工程和技术方面高学历的外籍劳动者均有机会拿到绿卡。绿卡能够保障一位非美国公民在美国永久居住和工作的权利。尽管有些人担心这会导致工作机会从美国人手里流到外国人那里，但该法案的主要支持者——议员奥林·哈奇（Orin Hatch）却指出，“注意，这些公司通过使美国员工和美国训练出来的外籍员工都获益的方式为美国经济做出了贡献”。[59]

■ 调整薪酬和工作时数

一些企业在面临劳动力短缺时，可能不愿意雇用新的全日制员工或非全日制员工。在这些情况下，这些企业可以有一种选择，这就是让现有的员工每天工作更长的时间。尽管企业必须向加班加点的员工支付相当于正常工作时间1.5倍的薪酬，但是企业仍然将加班加点看成比雇用和培训新员工更好的一种选择——尤其是当它们害怕当前的这种产品或服务需求不太可能持续太长时间的时候。此外，许多员工至少在短期内还是获得了薪酬增加的好处。然而，如果在很长一段时间里都需要加班加点的话，员工就会因这种工作方式使人过于劳累而感到压力增大、挫折感增强。美国的大多数企业有些时候不得不面对劳动力短缺和薪酬水平上涨的情况，它们不得不通过价格上涨将这种成本转嫁到消费者身上。

企业在面对劳动力冗余的时候，如果能够让员工接受降薪的决定，有时候是可以避免裁员的。例如，惠普公司在上一个衰退期将薪酬水平缩减了3%～20%，并且降低了对401（k）计划的投资，其他许多公司也常常采取类似的做法。[60]此外，企业还可以通过保持薪酬水平不变，但是减少全体员工的工作小时数来避免裁员。例如，在最近的经济衰退期，派拉门窗公司（Pella Windows）从原来的每周五天工作制调整为每周只工作四天，但却没有裁减一位员工。虽然该公司的大多数员工更喜欢一个星期五天都在工作，但他们中的大部分人都认为，比起公司整体裁员20%来说，这是一种更为人性化的减少劳动力冗余的方式。此外，该公司认为经济衰退是短期的，政府旨在改善国家基础设施的紧急援助资金最终会转化为公司产品——门窗的销售量增加。因为没有裁员，所以公司能够更迅速地扩大生产规模，并且能更好地抓住短期内需求出现上升的机会。[61]政府也越来越倾向于鼓励通过此类缩减工时的做法或其他避免永久性失业的特殊方案来应对冗员。例如，当2012年位于罗得岛布里斯托尔的塑料制造商Saint Gobain公司发展缓慢时，员工没有失业，但他们的工时却被压缩了40%。要不是由于州政府为鼓励该公司不裁员而补贴了70%的工资损失，Saint Gobain公司的员工将面临大幅降薪。州政府同时紧急投入另一笔数额大致相同的失业补贴来帮助企业留住有经验的员工，以等待经济形势好转。这种类型的“工作共享”（work share）方案在欧洲一直很流行，近年开始在美国出现。[62]

尽管这种劳动力供给和需求波动的情况在制造业历史上并不罕见，但2008—2009年的经济衰退却具有一个特征，这就是针对专业技术人员采取的减少劳动力冗余的做法与过去在制造业中采取的做法是类似的。“休假”是一种在短期内减少带薪工作日的做法，它针对的是领取薪金的员工，而不是“小时工人”。例如，在亚利桑那州立大学和马里兰大学，专业技术人员通过休假9～15天就为这些机构节约了2 500万美元。[63]过去，当企业需要保存现金或是保证现金流时，休假一直被认为是一种好的雇佣策略。但是，这种做法只能解决短期问题，休假的员工有办法使自己的工作难以被长期取代。[64]

休假这种做法也是有争议的，这是因为，与那些在生产线停止运转之后就回家的大多数小时工人不同，大多数白领专业技术人员即使离开办公室多休息几天，很多工作还是会堆在那里，等着他们回来接着做。事实上，在亚利桑那州立大学和马里兰大学，大部分专业技术人员实际上仍然是到学校来上班的，这就意味着休假仅仅达到了降薪的目的，而不是减少了工作时间。此外，对休假之所以存在争议，还因为这种方式对高薪员工的打击要比对低薪员工的打击更大，如果他们之间的薪酬差异是由于某种类型的绩效薪酬体系导致的，那么这意味着最优秀的员工受到的打击最大。相反，另一些人则认为，休假这种做法对于薪酬水平较高的人来说反而是有利的，因为那些薪酬水平比较低的员工实际上更需要挣钱来满足自己购买食品以及支付租金等方面的基本需要。

5.2.3 人力资源规划执行与评价

如图5-1底部所示，在人力资源规划过程的战略选择阶段制定的方案，最终还要在规划方案的执行阶段得到具体落实和实施。在人力资源规划方案的执行阶段需要解决的一个关键问题是：必须确保有具体的人来负责既定目标的达成，同时还要确保实施规划方案的人拥有达成这些目标所必需的一些权力和资源。还有一点也很重要，这就是要定期得到关于方案执行情况的进展报告，以确保所有的方案都能够在既定时间里执行到位，并且在这些方案执行的早期产生的一些收益与预测情况是一致的。

5.2.4 积极的反歧视行动计划的特殊情况

人力资源规划是一种非常重要的职能，它应当用于企业的整个员工队伍。此外，为企业中不同类型的子员工群体分别制定相应的人力资源规划也十分重要。例如，积极的反歧视行动计划的一个作用就是，预测和监控不同类型的受保护劳动力群体（比如女性劳动者和少数族裔劳动者）在企业的不同职位类型以及职业发展通道中所占的比例。我们可以将属于这些子群体的员工在公司中所占的比例与属于这些子群体的劳动者在相关劳动力市场上所占的比例进行比较。这种类型的比较称为**劳动力队伍利用率审查**（workforce utilization review）。企业可以通过这一过程来判断：某个子劳动力群体在企业的某种职位类型中所占的比例是否与这个劳动力群体在外部相关劳动力市场上所占的比例存在明显差异。

如果这种分析表明，在相关劳动力市场的某种职位类型中，某一劳动力群体（比如非裔美国人）所占的比例为35%，但是在一家企业中这种劳动力只占到同一种职位类型从业人员的5%，这就能够成为某种劳动力利用率不足的证据。而造成利用率不足的原因有可能是在甄选或者企业内部的员工流动方面出了问题，对于这种问题，我们可以通过在本章前面讨论过的转移矩阵看出来。

然而，这些积极的反歧视行动计划往往会引起争议，因为它们在很多非少数族裔公民眼中是不公平的。[65]事实上，即使是一些少数族裔成员也会感到这种方案极不公平地让大多数非常合格的少数族裔求职者蒙羞，因为这会让外人认为企业之所以雇用他们，并不是因为他们的技能和能力满足组织的要求。[66]然而，如果来自劳动力队伍利用率审查的证据显示，某一特定的少数族裔群体因为过去遭受的歧视，在历史上明显存在任职人数不足的情况，并且增加该少数族裔劳动者的任职人数有利于提高劳动力队伍的多元化和竞争力，这种方案就更容易让所有的参与者接受。[67]然而，企业需要认识到，积极的反歧视行动计划需要辅之以沟通方案，这种沟通方案能够清楚地说明企业为什么需要这种方案，这种方案能够给企业乃至整个社会带来哪些好处。[68]

5.3 人力资源招募过程

正如本章的前半部分谈到的，准确地预测出在某一特定年份中某一既定类型的职位需要雇用（如果确实需要的话）的员工人数确实是一件非常困难的事情。人力资源招募扮演的角色就是为组织提供潜在的新员工供给，从而在企业需要时提供新的员工。因此，**人力资源招募**（human resource recruitment）可以界定为：企业为了发现和吸引潜在的员工而采取的任何做法或活动。于是，人力资源招募实际上在人力资源规划和实际的新员工甄选之间架起了一座桥梁（员工甄选是我们在下一章要介绍的内容）。

招募的目的绝不是简单地吸引大批求职者。如果招募过程吸引了大量不合格的求职者，那么企业将不得不在人事甄选方面支出大量的成本，但真正找到的能填补职位空缺的人却为数不多。吸引来的求职者过多常常是由于企业采用像互联网这样一些可以广泛传播信息的技术向人们传递招募信息而造成的。例如，当趋势科技公司（Trend Micro）需要找人来填补一个管理职位空缺时，它同时在几个在线求职公告板上张贴了广告，结果一下子收到了近1 000封求职信。[69]

人事招募的目的也不在于从所有合格求职者当中进行谨慎的筛选。招募新员工和甄选新员工的过程都是十分复杂的，因此，即使是集中注意力去出色地完成其中一项任务也是十分困难的。所以，如果企业希望能够同时把两件事情一起完成的话，到头来很可能是一件也做不好。比如，研究表明，当招募人员抱着对求职者进行招募和甄选的双重目的来对求职者进行面试时，他们向求职者提供的公司方面的信息往往就比较少。[70]同样，当这种面试结束时，求职者记住的关于公司的信息也比较少。[71]

总的来说，如图5-4所示，所有的企业都必须在招募领域做出以下三个方面的决策：一是人事政策，它会影响到企业向求职者提供哪些类型的职位；二是用来获取求职者的招募来源，它会影响到吸引来的求职者类型；三是招募者的特征及其行为。这三个方面的决策一方面会对职位空缺的性质产生影响，另一方面又会通过影响求职者的工作选择直接影响到求职者的性质。

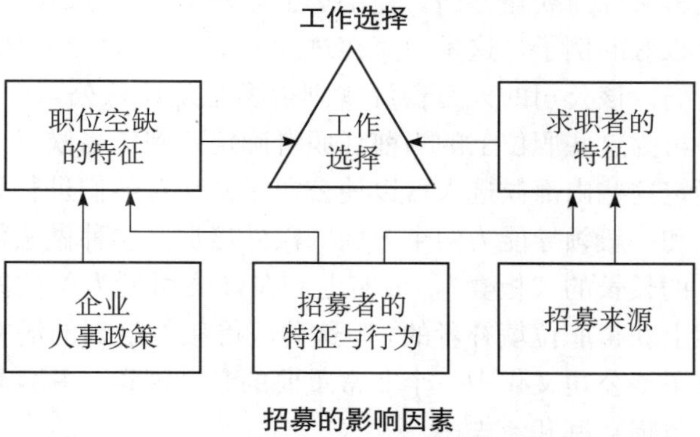

图5-4 个人工作选择与组织招募过程的关系图

5.3.1 人事政策

人事政策是指会对准备招募人员填补的那些职位空缺的性质产生影响的各种组织决策的总称。如果说关于招募问题的研究搞清楚了一件事情，那就是在预测求职者最终会做出何种工作选择时，职位空缺本身的特征比招募者以及招募来源都更为重要。

■ 内部招募还是外部招募：职业保障

一个职位空缺所具有的理想特征之一是，它能够为任职者提供充分的发展和晋升机会。而对职位空缺的这一特征产生影响的一项公司政策就是“内部晋升”——也就是说，一旦企业的高层职位出现空缺，企业会通过内部提拔的方式填补空出来的职位，而不是到外部去招募能够填补这一职位空缺的人。事实上，以工商管理硕士（MBA）为对象所做的一项调查发现，当他们对一家公司进行评价时，这种内部晋升政策是他们的首要考虑因素。[72]很显然，这一政策实际上向求职者表明企业内部存在个人发展机会。这种机会不仅来源于企业中出现的第一个职位空缺，还来源于企业内部的某位员工填补这一职位空缺后导致在其他职位上出现的空缺。

例如，思科公司通过“人才链接”（Talent Connection）计划来甄选组织内合适的申请者，而过去这些职位都是对外招募的。在思科公司的6.5万名员工中，大约有一半以上参与了这一项目并创建了档案，当新的空缺职位出现时，存储的档案能够被快速查找并进行匹配。思科公司的全球人力资源副总裁马克·汉伯林（Mark Hamberlin）指出：人才链接计划为公司“节省了数百万美元的猎头费用及其他招募费用，同时，员工意见调查显示他们对职业生涯发展的满意度提高了近20%”。博思艾伦公司（Booz Allen Hamilton）推出的一个类似计划被称为“内部优先”（Inside First）方案，这一方案使公司的内部招募比率从2008年的10%上升到2012年的30%。这些方案受到员工的欢迎与支持，因为它们增加了员工的职业安全感和晋升机会。唯一阻碍这一计划实施的是这些员工的经理，这是因为许多员工在他们原来的部门都是绩效优秀的，所以有些经理对这些优秀员工离开深表不满。[73]

同样，在经济衰退时期，内部招募倾向较明显的企业通常还会利用早已开发好的信息系统将可能会被裁减下来的员工重新安排到组织的其他职位上去。在因充分利用企业的内部招募来源而获益方面，爱德华生命科学公司（Edwards Lifesciences）为我们提供了一个很好的例子，这是一家在过去的10年中每年的平均增长率都达到7%的医疗设备制造商。该公司的人力资源规划模型是从确认公司中最为关键的75个职位开始的，然后再为这些职位上的当前任职者确定两到三名候选人作为潜在的优秀替代者。早早地确定这些内部候选人可以使公司慢慢地对他们进行投资，该公司为这些人提供包括技术和一般领导能力两个方面的额外培训。这种做法使得公司有了一条坐着很多备用人才的长长的“板凳”，事实上，在该公司最为关键的职位中，70%以上是从这条长板凳上获得职位填补者的。[74]这种获得额外培训的潜在可能性以及向上晋升的希望，构成了该公司文化中一个非常重要的激励因素，并且帮助公司实现了这一行业中的最低人员损耗率和流失率。

除了采用内部招募以及内部晋升的做法之外，员工对职业保障性的感知以及对组织的长期承诺也会通过实施“预定程序政策”得到促进。自由雇佣政策（employment-at-will policies）规定，雇佣关系双方中的任何一方都可以在任何时候以任何理由解除雇佣关系。而那些不实行自由雇佣政策的公司则往往会制定比较完整的预定程序政策。**预定程序政策**（due process policies）会正式明确地规定员工可以采取哪些步骤对企业做出的终止雇佣关系的决定提起申诉。如果企业在招募材料中强调预定程序、申诉的权利以及争议处理机制，实际上是向求职者传递这样一个信息，即本企业的这些职位具有很高的工作保障性；而自由雇佣政策则传递了相反的信息。研究表明，求职者普遍认为，那些制定了预定程序政策的企业比实行自由雇佣政策的企业更具有吸引力。[75]

■ 外在报酬和内在报酬

由于薪酬对于几乎所有的求职者来说都是一种非常重要的职位特征，因此那些采取市场领先型薪酬战略——即支付高于现有市场通行水平的薪酬——的企业在招募方面往往具有一种特殊的优势。

例如，马特·努恩（Matt Noon）是迅速扩张的努恩草坪护理公司的所有者，该公司雇用了50名员工，年收入达到400万美元，在他仅仅向员工支付2.5万美元年薪时，公司很难雇到有一定资历的电话营销人员。然而，当他把年薪提高到4.5万美元时，就很容易雇到四名高水平的营销人员，这四名营销人员不仅通过自身的业绩弥补了薪酬差值，而且给企业带来额外的收入。[76]薪酬还可以弥补职位本身具有的一些不那么令人满意的特征，比如，企业通常向那些必须在夜间轮班的员工支付较高的薪酬。关于由于班次导致的薪酬差异以及其他一些更为一般化的薪酬差异，我们会在后面讨论薪酬战略的章节中做更为详细的考察。在此我们只想指出一点，“领先型薪酬”政策可以让任何职位空缺对于求职者都变得富有吸引力。事实上，通过这里的“通过可持续性进行竞争”专栏我们可以发现，特定职位的劳动力供给不足通常可以追溯到工作环境与报酬的不匹配问题。

通过可持续性进行竞争

很少人选择被移民抛弃的工作

兰迪·罗兹（Randy Rhodes）是位于亚拉巴马州尤宁敦的一家食物加工厂Harvest Select的老板，他觉得自己最近经历了一场可怕的噩梦。一天，当他来到自己的工厂时，发现160名员工凭空消失了，这让他难以置信。而他的工厂还有待售的85万磅*鲶鱼需要剥皮、取出内脏及处理，如果不处理，这些鱼既不好看，也不好闻。不幸的是，这并不是一场梦，类似的经历不限于他的公司。在亚拉巴马州的工厂、田间、宾馆和餐厅，随着大批工人一夜间突然消失，鸡肉没人加工，西红柿没人采摘，宾馆的床没人整理，餐厅的碗碟没人清洗。

大批工人离开源于《亚拉巴马州众议院第56号法案》的通过，即警察可以询问任意一个疑似非法移民的人，并处罚雇用这些非法移民的企业。这项立法的目的在于为美国人腾出工作岗位，亚拉巴马州州长罗伯特·本利（Robert Bentley）称，非法移民者“偷走了经济危机期间受到重创的美国公民的工作机会”，Harvest Select公司所在的佩里县的失业率已经接近20%。遗憾的是，那些失业的本地人对这些工作丝毫不感兴趣。因而，新的法案严重摧毁了雇佣者，但却没有使失业率下降一丁点。事实上，亚拉巴马州的现状与美国其他地区的大规模调查结果是一致的，即移民劳工对本地的失业率和工资几乎没有影

* 1磅=0.45千克。

响。在大多数情况下，由于工作环境不够理想，只有极少数美国人愿意和移民去竞争这些工作岗位。

要了解为什么大多数美国人对 Harvest Select 公司的工作岗位不感兴趣很容易。这家工厂的工人在阴冷、潮湿的房间里从事重体力劳动，每天至少要花十小时去处理带腥味儿的鱼，收入只有每小时 7.25 美元，而且没有任何其他的福利。当然，一种反驳的观点是：为什么企业自己创造出这些如此可怕的、令人不满的工作岗位，却期待着能够获得无止境的廉价劳动力呢？例如，亚拉巴马州负责产业关系的主管汤姆·瑟蒂斯（Tom Surtees）对本地的一些企业回应说："不要告诉我因为天气炎热，亚拉巴马人就不能在田间采摘农产品。你们怎么不到轧钢厂去，到铸造厂去，到其他大量的行业去，告诉他们亚拉巴马人不会在炎热的环境中或需要体力劳动的地方干活。这里的区别就在于，铸造厂和轧钢厂提供的工作岗位使劳动者能够获得更好的薪酬和福利。"当我们考虑到这些产业几十年来固有的商业模式时，这场战争的赌注确实很高。瑟蒂斯指出："无论是一个农场主使用季节工，还是一家工厂雇用非法移民，它们已有的商业模式都必须改变。"

罗兹和其他本地企业声称，他们现在被已有的商业模式逼得进退维谷，因为一些国外竞争者甚至会支付给工人更低的报酬。"我很抱歉，但是我真的做不到在支付给那些孩子每小时 13 美元的报酬以后，还能以一种有竞争力的价格出售我的商品，这非常不现实。"罗兹反击道。尽管很难预料这场战争未来将如何发展，但有意思的是，这些企业在短期内为适应上述变化，开始从非洲等战争国家以及饱受自然灾害影响的海地引入难民。具有讽刺意味的是，国家允许难民们自他们抵达美国之日起便从事工作。因此，这种做法不会受到上述法案的影响。支持该法案的州议员斯科特·比森（Scott Beason）对近期的情况进展感到非常不满，却也无计可施。他说："我们更希望这些公司雇用亚拉巴马本地人"，但是并不清楚这一愿望是否能够实现。

讨论题

1. 本案例中谈到的无法雇到可从事本类型工作的工人这种情况，是否意味着一些行业的商业模式必须改变？

2. 为何一旦落实到劳动力市场上，关于劳动力供求的法律在这些产业中似乎就很难实施？

资料来源：N. Shah, "Do illegal Immigrants Depress Wages, Job Opportunities?" *The Wall Street Journal Online*, April 12, 2013; E. Dwoskin, "Do You Want this Job?" *BusinessWeek*, November 14, 2011, pp. 70-78; M. Newkirk and G. Doubon, "Legal Immigrants Wanted for Dirty Jobs," *BusinessWeek*, October 8, 2012, pp. 34-35.

然而对于某些职位来说，利用薪酬来吸引求职者的能力是有限的。例如，由于一直持续的伊拉克战争和阿富汗战争，尽管美国军队非常努力地去招募新兵，还为此提供了 2 万美元的签约奖金，同时将步兵的月基本薪酬上调了 400 美元，但仍然未能完成新兵招募目标。正如美军征兵负责人迈克尔·罗谢尔上将（Michael Rochelle）指出的："我们应该注意避免走上利用薪酬吸引人们参军这条下坡路，因为现实情况是，虽然我们的薪酬具有一定的竞争力，但却永远无法提供像私营部门那么丰厚的薪酬。"为了抵消外在财务报酬方面的劣势，美国军队开始更多地依靠与服兵役有关的爱国主义和个人成长机会等内在报酬来吸引人们参军。例如，罗谢尔指出："无论是今天还是明天，也无论你将来会做些什么，当兵的经历都会为你增添力量，这种说法才能让大家真正产生共鸣。”因此，这种说法是吸引有参军意向者入伍的另一种替代方式。[77]美国军队青年成功伙伴计划（The Army's Partnership for Youth Success Program）就利用这种想法将新兵与那些有意雇用退伍士兵的私营企业相互匹配，这些企业对士兵获得的部队提供的技能和经验很感兴趣。

美国军队还经常通过建立伙伴关系留住当前正在服役的士兵，其中的一项重点工作是针对士兵的配偶展开的。由于军事部署的短期性，随军配偶常常难以找到稳定的工作，有可能导致婚姻不和谐，因此，帮助士兵的配偶反过来也可以促使士兵留在军队中。美国军方与家得宝公司、Sprint 公司、CVS 公司、西尔斯公司以及戴尔公司等很多企业都建立了伙伴关系，这些公司的一个共同点是在很多地区都有分支机构。因此，如果一位士兵被从一个基地派到另一个基地，这些私营公司就可以在有职位空缺的情况下允许这些士兵的配偶从本公司在一个地区的分支机构调到另一个地区的某个分支机构。类似这样的伙伴关系一方面有助于支持士兵的发展，另一方面又不必然导致与私人企业之间产生薪酬方面的直接竞争。[78]

家得宝公司还与美国退休人员协会（AARP）等其他一些组织建立了类似的招募伙伴关系。美国退休人员协会将有兴趣继续工作的成员设置成某个数据库的一部分，然后与家得宝公司合作帮助此类成员寻找合适的工作。由于美国退休人员协会的许多成员都已经有退休金或社会保障金等外部收入，所以与需要养家糊口的年轻人相比，有竞争力的薪酬就不是一个非常重要的因素。此外，家得宝公司的研究清楚地表明，年纪较大的这些员工的流动率和缺勤率要低于他们的那些年轻同事。正如家得宝公司首席执行官指出的那样：“如果你看到美国退休人员协会成员的知识、职业经验和工作热情，你就会知道这是一个取之不尽的金矿，它有助于我们赢得竞争优势。”[79]

■ 公司形象宣传

很多企业常常会针对特定的职位空缺去做广告（我们将在下一节“招募来源”中加以讨论）。然而有时候，很多企业做广告的目的仅仅是推销自己，让大家认为这里是一个很好的工作场所而已。对于那些身处竞争非常激烈的劳动力市场之中，同时自认为在这个劳动力市场上的形象还差强人意的公司而言，做这种公司形象广告就显得尤为重要。事实上，研究表明，公司形象对求职者采取的行动带来的影响排名第二，仅次于工作本身的性质。[80]

一个反例是，在宾夕法尼亚州州立大学的桑达斯基性丑闻事件曝光之后，这所大学发现自己很难招到州外的学生。正如一位被录取的芝加哥的学生所说的那样：“宾州州立大学近来名誉受到重创。”而录取州外学生对宾州州立大学来说却意义重大，因为本州学生所缴纳的学费只占该校收入的 6%，州外学生每年最高需要缴纳 1.2 万美元的学费。当州外学生的录取比例从 36%下降到 24%时，学校受到重大打击。为了弥补因这一名誉损坏而造成的损失，宾州州立大学在紧要关头降低了录取标准，最终录取了 4 000 多名州外的学生，这大致相当于丑闻发生之前的水平。[81]

即使公司形象广告并没有提供关于特定职位的任何信息，它往往也是有效的，因为求职者可以对公司的总体声誉（比如品牌形象）产生一定的认知，这种认知会影响到求职者对企业的特定职位或职业的性质产生的期望。[82]研究表明，与一个组织的品牌形象有关的语言往往与一个人对另一个人的人格特质（如创新、胜任或真诚）所做的描述类似。[83]这些认知又会进一步影响到人们被这个组织吸引的程度，当求职者的特质与对一个组织进行描述的特征非常匹配时，这种吸引程度尤其高。[84]求职者似乎对这种公司形象广告中透露的涉及多元化和包容性的特征特别敏感，因此一个组织在宣传自己的形象时，必须确保广告中的演员能够反映出它努力去吸引的当地劳动力市场上的求职者所具有的广泛特征，比如种族、性别以及文化等。[85]

有无数种方法可以让公司设计自己的形象，但是越来越多的公司选择在自己的网站上做这件事。事实上，一项最新研究试图考察在公司网站上使用的不同媒介（图片或视频）以及媒介中出现的人的不同特性（同性恋或是多元化种族）是否会影响到求职者对公司做出的反应。在这项研究中，研究者随意分配了一大批水平较高的大学生作为样本，这些大学生从参与实验的四家公司的网站中选择一个来寻找工作。这四家公司的网站包括四种信息：一是关于现有的同性恋员工的照片和文字；二是关于现有的多元化种族员工的照片和文字；三是关于现有的同性恋员工的视频；四是关于现有的多元化种族员工的视频。研究者随后要求这些学生针对涉及这些公司形象认知的一些条目做出自己的回答。

这项研究的结果证实，那些看到视频资料的求职者对公司在创新性、风格多样及优势方面做出更高的评价，在成本控制与节约方面给出更低的评价。此外，对于少数族裔求职者来说，网站展示的现有员工的多元化状况导致他们对公司在创新性和风格多样方面给出更高的评价，在成本控制和节约方面给出更低的评价。因此，考虑到形象管理的目的，增加制作视频宣传资料的预算很有价值，尤其是对于想要招募多元化种族员工的公司而言。[86]

5.3.2 招募来源

对于一家企业来说，利用哪些来源去招募自己需要的潜在员工，是其总体招募战略中很重要的一个组成部分。总的劳动力市场范围非常广阔，任何一个组织只能从总劳动力市场的一个部分当中获取潜在员工。到一家企业来申请某个职位的求职者的规模及其性质在很大程度上取决于企业以何种方式（以及向谁）传递关于职位空缺的信息。那些有可能对在互联网上发布的招募广告做出反应的人，与会对在地方报纸分类广告栏中刊登的招募广告做出反应的人相比，在类型上很可能是不同的。在这一节中，我们就来考察企业可以利用哪些不同的招募来源来获得潜在的员工，并且对各种招募来源的优缺点做出评价。

■ 内部招募来源与外部招募来源

在本章开始时我们就已经讨论过关于内部招募来源和外部招募来源的问题，当时主要说明了从组织内部进行招募有利于让被招募者对本企业职位的特征产生比较积极的印象。现在我们重新就此展开讨论，不过在这里，我们分析的重点却是内部招募来源对组织获得的求职者类型产生的影响。

总的来说，依靠内部招募来源对于一家公司来说会有以下几个方面的好处：首先，它能使企业获得大量自己非常了解的求职者；其次，这些求职者对于公司现有职位空缺的性质相对来说比较了解，这就使他们对职位产生不切实际的过高期望的可能性最小化；最后，从总体上来说，内部招募是一种不仅成本较低，而且完成任务的速度较快的职位空缺填补方式。正如这里的“循证人力资源管理”专栏所展示的那样，当招募首席执行官时，内部申请者在多个不同的维度上都胜过外部申请者。

循证人力资源管理

在究竟是应当招募组织内部人员还是雇用外部人员担任企业高管方面，有非常清晰的证据显示，外来者通常很难适应他们的新角色。例如，在任期方面，从外部雇来的首席执行官的平均任期是四年，短于内部人员平均五年的任期。此外，在受排挤方面，35%的外来首席执行官在三年之内会被迫离职，相比之下，从组织内部上来的首席执行官在三年内被迫离职的概率只有19%。最后，从投资回报率来看，首席执行官是从内部提拔上来的公司要比从外部雇用首席执行官的公司高出4.4个百分点。

这些证据可以帮助我们解释为什么在80%的案例中，公司会雇用内部候选人来担任这一关键职位。专家们把这一差别归因于内部人员更熟悉关键人员，对组织文化有更细致入微的体验。比如，Booz Hamilton公司的欧洲总经理皮尔·欧拉·卡尔森（Per Ola Kalsson）指出：“想要了解一家公司是如何运作的需要花很长的时间，与外来人员相比，在如何在组织内部推动变革方面，内部人员的理解能力更强一些。”

资料来源：L. Kwow，“Chief Executives Hired Internally Outlast，Outperform Their Rivals，” *The Wall Street Journal Online*，May 30，2012.

你可能会问，既然内部招募有如此多的优点，很多企业为何还要采用外部招募的办法？事实上，一家企业决定到外部进行招募是有其正当理由的。首先，对于某些初级的入门职位，甚至是对于一些特定的高层职位来说，在公司内部可能没有可以招募的合适人选。其次，从外部招募人员有可能会给企业带来一些新的思想或者新的经营方式。仅仅采用内部招募的做法可能会导致企业中的所有人都具有相同的思维方式，从而无法适应创新的要求。例如，有近百年历史的零售商杰西潘尼公司（JCPenney）一直严格遵循内部晋升的做法。这就导致该公司形成了一种非常强烈的文化，这种文化在很多方面与潘尼本人在19世纪末期建立该公司时形成的文化具有很高的相关性。该公司的形象非常保守，员工行为和装束也都很正规。然而这种文化却难以吸引和留住年轻的员工，根据该公司会计部门的估计，公司每年因员工流动而产生的成本大约为4亿美元。为了扭转这种局面，杰西潘尼公司雇用外部人员迈克·厄尔曼（Mike Ullman）来担任公司新的首席执行官，而在这位首席执行官首先采取的几个步骤中就包括放松原有的文化，雇用更多的外部人员到公司的关键管理岗位上去工作。这是这位新任首席执行官的新竞争战略的核心所在，用厄尔曼自己的话来说就是：“在今天的零售业，你必须认识到，有太多的资产和太多的商品，唯独人才是最短缺的。如果有机会选择到底是活在过去的荣耀中而遭受失败，还是努力在推动变革中取得成功，我的选择一定是取得成功。”[87]

最后，外部招募是一个在强化自己公司的同时，还能弱化竞争对手的很好的方式。在经济形势很糟糕的情况下，这种战略显得尤其有效，“反周期性雇佣”政策为获取人才提供了一个千载难逢的机会。[88]例如，在最近的经济衰退中，许多业绩非常优秀的公司——由于业绩优秀，因而能够比竞争对手更好地应对经济衰退——都把这一形势视为到处于风雨飘摇之中的竞争对手那里获取绩效最佳员工的绝好机会。[89]因此，对于许多企业来说，危机和动荡的时代实际上是它们一方面利用现有人才，另一方面成功获取更多人才，从而在长期中获得更大成功的最好机会。[90]事实上，被其他公司“偷猎”走员工会造成毁灭性的打击，正如这里的“实践中的诚信”专栏所示，一些公司会竭尽全力，甚至是采用非法的或不道德的手段来阻止类似的事情发生。

实践中的诚信

反挖墙脚协议引发反垄断诉讼

在硅谷持续不断的人才争夺战中，从竞争对手那里挖来最好的程序员是十分普遍的事情，“突袭式电话”（cold calling）是实施这一策略的主要手段。突袭式电话是指一家公司给具备其所需技能的其他公司的员工打一通电话，劝说他们跳槽。因此，打突袭式电话的人所要搜寻的主要是那些已经有工作的人，而不是那些没有工作或正在寻找工作的人。很明显，要想说服一位对目前的工作基本满意的人离开工作岗位，需要花费一定的资金，这就有可能导致竞购战，从而进一步提高薪酬和企业的成本。

一种能够避免出现这种结果的有吸引力的做法就是公司之间达成协议，通过这种协议，双方都避免从对方公司雇用员工。例如，当Adobe公司（时任首席执行官为布鲁斯·奇岑（Bruce Chizen））的一名员工接到苹果公司招募人员打来的“突袭式电话”时，Adobe公司的一名人力资源经理就会给打突袭式电话的人发一封电子邮件，声称“布鲁斯和乔布斯已经达成了互不挖墙脚的协议”。在另一封邮件中，当谷歌公司首席执行官埃里克·施密特（Eric Schmidt）接到乔布斯打来的电话，声称谷歌公司给苹果员工打了突袭式电话时，施密特立即给公司人力资源部的员工发了一封邮件，指出，“我想我们制定了禁止从苹果招募员工的政策”，施密特要求人力资源部门“立即停止这一行为，并向他汇报为何会发生这样的事情”。

这样的协议看似很有吸引力，然而这样的“竞争行为”却被视为是“反竞争”的，而上述提到的这类邮件也被推上反垄断诉讼的风口浪尖，该诉讼针对苹果、谷歌、Adobe、英特尔、皮克斯、Intuit和卢卡斯影业等公司，指控它们相互勾结，限制员工自由流动，并且使他们的薪酬固化。很明显，一旦所有的“突袭式电话”都停止，员工获得新的更好的工作或是利用这一机会得到晋升的想法都会受到打压，这显然是不公平的。事实上，公司之间相互交流的这类邮件暗示，它们知道此类做法是有问题的。例如，英特尔公司的首席执行官保罗·欧德宁（Paul O'Tellini）在内部备忘录中提到与谷歌公司之间的协议，“我在这里澄清一下，我们什么协议也没有签，只是握手达成‘互不招募’的君子协定，我不希望这件事被更多的人知道”。

与此相反，当需要对此类提议作出回应时，另一些高管通常选择更合乎道德标准的做法。例如，Palm公司的首席执行官对乔布斯提出的一份协议这样回应：“你建议的我们双方互不招募对方公司员工的做法忽视了个人意愿，这不仅是错误的，而且似乎是不合法的。”最后，露西（Lucy Koh）法官终止了这次诉讼，指出这场诉讼涉及10万多名员工，范围太广。与此同时，她欢迎原告律师重新提起更有针对性的诉讼，并且指出“两年之内七名被告相互勾结，签订了六项双边保密协议，这表明这一事件绝非巧合，而是串谋的结果”。

讨论题

为何被竞争对手挖走最好的员工是一件如此具有毁灭性的事情？除了采用可能违反反垄断法的这种秘密勾结的做法之外，企业还可以采取哪些措施避免精英员工的流失？

资料来源：M. Wohsten，“Gentlemen's Agreements，” *Lansing State Journal*，January 29，2012，p. 13A；C. Albanesius，“Judge Refuses to Toss Anti-Poaching Case Against Apple and Google，” *PC Magazine Online*，April 20，2012；S. Lynch，“Google and Apple are Safe from Anti-Poaching Laws，But Not for Long，” *Silicon Valley Business Journal Online*，April 5，2013.

■ 直接求职者和被推荐者

直接求职者（direct applicants）是指那些在没有得到企业内部人员推荐的情况下直接到企业来求职的人。**被推荐者**（referrals）是指在得到企业内部人员推荐的情况下到企业来求职的人。这两种招募来源因为各有一些优点而成为比较好的招募来源。

首先，大多数直接求职者在某种程度上已经决定将自己“出售”给公司。因为他们中的大多数人都已经做好了到公司来工作的充分准备，并且确信自己与职位空缺之间具有足够的匹配度，所以才敢于提交求职申请。这一过程称为自我选择。而在求职者是企业内部人员推荐过来的情况下，求职者实际上同样是在得到帮助的情况下完成了一个自我选择的过程。很多求职者在找工作时都会求助于自己的朋友、亲戚和熟人，而求职者启动这些社会关系网络的做法，在很大程度上会为求职者和企业双方之间的相互搜寻过程提供巨大的帮助。企业现有的员工（他对于职位空缺的情况以及他推荐来的人员情况都非常了解）会帮助企业事先做一些筛选工作，因为只有当他确信在其推荐的人和职位空缺之间存在匹配性时，他才会将此人推荐到某一职位空缺上去。事实上，研究表明，在实际进入公司之前，那些至少利用一种非正式信息来源了解公司的新员工，往往比那些完全依靠正式招募来源获得公司信息的新员工对公司有更深入的了解。这些来自可靠来源的“口口相传”的信息在招募过程的初期似乎能产生强烈的作用，因为在这个时候人们的求职方向还较为盲目。[91]有意思的是，由于现在越来越多的招募都是通过像互联网这样一些非个人化的渠道进行的，因而，在招募过程中获得各种个人信息来源的能力反而变得越来越有价值。在像 Sprint 这样的企业中，仅在过去的三年中，通过网络渠道招募的新员工所占的百分比就从 8%上升到了 34%。[92]

在人才争夺战中，那些希望从竞争对手那里吸引新员工的企业，往往还会利用这个人再去吸引更多的人。人们创造了“一锅端”（liftout）这个词来描述这种试图去招募另一个组织中的整个团队的做法。例如，在迈克·默茨（Mike Mertz）受聘担任计算机服务商 Optimus 公司的首席执行官之后，在离开前雇主的几个小时之内，他又招募了七名前同事加入 Optimus 公司。一锅端的做法看上去确实很有价值，这是因为，正如默茨提到的那样，在招募一个团队时，“你无须自行创建就能直接获得一个功能完整的团队所具有的活力”。[93]一个团队的融洽性和协调性往往需要数年的时间才能建立起来，而在一锅端的情况下，这些东西马上就能获得，这种优势无疑能够为企业带来竞争优势。当然，如果一家公司的整个团队被一锅端走，那么对这家公司来说结果将是灾难性的，这是因为客户往往会随之离开，人才也不会单独留下来，正因为如此，企业必须努力确保留住自己的核心团队。

具有讽刺意味的是，虽然求职者通过技术手段很容易将简历发送出去，对于企业而言，搜寻简历也不难，但大多数求职者还是通过推荐和口口相传来找工作。诚然，科技手段能够让求职者很容易申请工作，但也使企业被淹没在大批的求职申请书之中，正如这里的“通过科技进行竞争”专栏中所述，它们被迫应用粗浅的科技筛选手段来应对汪洋大海般的求职申请书。鉴于这样的不确定性，让为大家熟知的、受到好评的现有员工为公司推荐人选能够大大简化决策过程。[94]

通过科技进行竞争

解密求职者跟踪系统

对于正在招募员工的企业来说，找到一群恰好胜任空缺职位的求职者是一件非常不容易的事。在大多数情况下，尤其在经济衰退时期，大量参差不齐的求职者会涌向它们。例如，2012 年，星巴克吸引了超过 700 万求职者前来应聘大约 6 000 个职位；宝洁公司仅公布了 2 000 个职位空缺，却收到了超过 100 万份求职简历。Texas Roadhouse 仅仅发布了一个职位的招募信息，24 小时之内就出现 400 名求职者。

这些现象源于新技术的普及，求职者只需点击鼠标就可以完成求职申请。具体而言，求职者在领英等社交网络上注册并绑定账号后，只要点击招募网站的“现在就提出申请”按钮，即可把个人职业信息发送给招募专员。为了解决大量求职者涌入带来的简历筛选问题，大多数组织都采用了“求职者跟踪系统”，该系统能够通过特定的计算机算法从存储系统中自动识别目标候选人。这些算法反映了一个组织如何把求职者和职位的要求以及组织的要求匹配起来。同样，求职者如果了解这种算法，就能创造帮助自己在求职者跟踪系统中胜出的信息。

求职者首先要确保自己的求职申请信息极易被系统辨识，也就是采用简单的流线型呈现方式，尽可能减少图表的使用。在这一阶段，求职者应当避免表现得过于富有创造性或者与众不同。

接下来要研究职位描述，据此修改能顺利通过系统审核的个人描述。求职者应当在个人的职业背景描述中模仿职位描述中使用的词语，以及与该组织文化相吻合的词汇。假如某家公司发布了“客户关系经理”职位的需求，相应地，求职者就应当使用最简洁的描述——管理客户关系——而不是“能够与客户愉快地相处”。假如我们能在该公司的官网上发现它重视“创新性思考”文化，那么在个人描述中你就应当是一位“创新性的思考者”，而不是一个“富有创造性的人”。

最后一个步骤是反复检查自己的学历信息和工作背景填写正确与否，以免被系统拦截。许多程序可以直接检索求职者的姓名是否出现在著名院校的毕业生名单上、《财富》500 强等企业的员工系统之中，所以填写这一项目时要非常谨慎。当然，也有求职者曾就职于大型企业业务链上的其他小型企业，或者完成了著名院校开办的培训课程，这些经历也是有竞争力的。即使没有这方面的优势，也不要填写虚构信息，因为整个招募工作不只依靠软件系统去完成。系统的最终环节会确定一些目标候选人，他们还需要参与一对一的面试和背景调查，所以伪造信息对自己没有实质性的帮助。

讨论题

以上这些方法可能会被一些经验老到的求职者作为一场“求职游戏”来看待。你认为“跟系统玩游戏”这种能力对于预测员工未来能否在工作中取得成功是一个正向预测因素还是一个负向预测因素？

资料来源：L. Weber，“Your Resume versus Oblivion，” *The Wall Street Journal Online*，January 24，2012；M. Richtel，“How Big Data Is Playing Recruiter for Specialized Workers，” *The New York Times Online*，April 27，2013；L. Ryan，“It's Not a Talent Shortage—It's a Black Hole，” *BusinessWeek Online*，March 14，2013.

■ 报纸和期刊招募广告

通过刊登广告来招募员工是最为普遍的一种招募方式，尽管通过这种途径招募来的求职者往往比直接找到公司来的求职者以及被推荐到企业来的求职者稍差一些——并且成本通常也更高一些，但是，由于只有为数很少的企业能够用直接找到公司来的求职者以及被人推荐来求职的人填补自己的所有职位空缺，招募广告这种形式通常还是很有必要的。此外，企业还可以采取许多措施提高刊登广告这种招募方法的有效性。

在设计招募广告时，首先需要回答两个非常重要的问题：第一，我们需要说些什么？第二，我们需要对谁去说？就第一个问题来说，许多公司都没有能够把与职位空缺相关的细节内容充分地传递出去。在理想情况下，看到招募广告的人应当能够获得评价职位及其要求所需要的足够信息，从而使他们在信息充分的情况下对自己是否具备招募广告中要求的资格条件做出判断。而这可能意味着招募广告的篇幅要大一些，因而成本也就更高一些。但是，企业需要考虑一下，到底是这些额外增加的广告成本更高，还是由于要处理大量不合格的求职者或在了解更多情况后不愿接受工作的求职者而付出的成本更高。

在到底有哪些人会关注这些招募广告的问题上，准备刊登招募广告的企业需要做的是决定利用何种媒体。地方报纸上的分类广告是最为常见的媒体，它是一种相对较为便宜的招募手段，能够将招募信息传递给某一特定地区正在寻找工作的很多人（或者至少是有兴趣阅读这些招募广告的人）。从不利的方面来说，它无法使企业有针对性地招募具有特定技能水平的求职者。一般来说，在能够读到分类广告的人当中，许多人的资格都比职位所要求的资格水平更高或者更低。此外，那些不找工作的人往往不看这些分类广告，因此，它无法吸引那些已经在其他企业就业的人到本企业来求职。从吸引劳动力市场中某一特定部分的劳动者这方面来说，专门以某一特定读者群为对象的期刊会比一般的报纸效果更好一些。另外，许多企业越来越多地利用电视——尤其是有线电视——作为一个价格合理的员工招募途径。

■ 电子招募

信息高速公路的快速发展为企业招募人才开辟了新的道路。在网上雇用员工的方法有很多种，并且很多企业在越来越多地修正使用这种媒介的方法。很显然，最容易采用“电子招募”的方法就是简单地利用企业自己的网页来吸引求职者。通过使用自己的网页，企业可以有针对性地调整它们的招募信息，并且将招募目标集中在特定的人群身上。例如，这种媒介的交互性质使求职者可以填写关于他们希望从组织中得到什么以及他们能够为组织提供什么等方面的调查问卷。这些调查问卷可以很快得到“分级”结果，这样求职者就可以得到直接的反馈，知道自己与组织之间的匹配程度。事实上，客户化定制的电子招募网站的最佳特征可能就是它能在以下方面发挥出最大的潜力：帮助求职者有效地将自己的价值观与组织的价值观匹配起来，同时将自己的技能与工作需要匹配起来。[95]管理好网上招募对公司来说意义重大，因而许多企业会花钱提升排名，确保在特定搜索引擎中输入特定条目时它们的公司会出现在最前面。

例如，普华永道与求职网站领英达成了一项协议，规定任何来自普华永道指定的60所高校的学生搜索会计相关工作时，普华永道最先弹出并被列为“特色工作”。普华永道同时还有专栏用于宣传企业，其中包括现任员工称赞在该公司工作有哪些优点的视频。[96]其他公司每年支付给领英网站8 000美元以获得其1.87亿份档案的搜索权，还有一些公司，比如Adobe公司，几乎一半的职位空缺都是通过领英网站来填补的。[97]

当然，一些比较小的、不太知名的公司可能无法吸引人们对自己网站的关注，因而，上述方法对它们来说就不是一个很好的选择。对于这些企业来说，利用网络进行招募的第二种方式就是与大型的著名招募网站比如Monster.com，HotJobs.com，或者CareerBuilder.net等建立联系。这些网站吸引了大批求职者，并且这些求职者都向网站提交了标准化的简历，网站使用者只要运用一些关键词就可以对这些简历进行电子搜索。求职者也可以用相同的方式来搜索希望招募人员的公司。这些网站建立的目的当然是希望在企业和求职者之间达成匹配。可是，大型招募网站存在的一个最大缺陷是，它们仅仅是规模比较大，却并没有对求职者进行分类。

网络爱好者对网络日志或“博客”的熟悉程度日益提高也为招募者与求职者进行公开或半公开对话提供了其他一些机会。微软公司营销部门的高级招募官希瑟·汉密尔顿（Heather Hamilton）开通了一个博客，描述在微软公司的市场营销部门工作是怎样的。有兴趣的求职者可以阅读她的博客，然后提出问题或提供自己的信息。这种做法也使许多其他比较“消极”的求职者能够看到博主对别人提出的问题的回答，或是其他同样到这个企业来求职的人员的情况。仅仅过了一周的时间，这个博客的浏览量就超过了2.5万人，正如汉密尔顿指出的：“对我而言，最重要的是接触……作为一位招募官，即使我整天接听或拨打电话，我也无法接触到如此多的人。”[98]

iPod和iPad的使用者越来越多，这同样开辟了一个崭新且丰富的获取信息的途径，求职者可以通过播客（podcast）从企业那里获取信息。播客是一种音频或音频加视频程序，它可以由一家企业放在网络上，然后使用者下载查看。播客在某种意义上就像电子邮件一样可以发送给许多人，然而，这种媒介的丰富性——综合采用颜色、声音和视频等——又使它比以简单的纯文本形式体现的电子邮件更为强大。HotJobs.com公司总经理丹·菲尼根（Dan Finnigan）指出：“播客真正使职位描述变得鲜活起来”，同时，这种媒体对一个组织的文化进行描述的能力显然要比纸面上的文字强大得多，因为其中可以传递更多的情感。[99]

像脸书和MySpace.com等这样一些社交网站是另一种让企业去接触年轻员工的

途径。脸书和 MySpace 都不允许企业作为会员创建自己的网页，但它们却允许企业通过购买网页的形式在所谓的“赞助商群”中创建自己的网页。安永会计师事务所的赞助集团页面中已经有超过 5 000 名脸书的用户，他们可以访问安永会计师事务所的相关信息，并通过一个与博客类似的方式与公司的招募官进行交谈。[100]与较为正式的媒体不同，这里的谈话常常是非正式的，只是作为潜在的新员工与公司建立关系的简单易行的第一步。新进入这一市场的网站比如 BranchOut 更加深入地发展了这一非正式的形式，它允许会员在“是否受欢迎”一栏中评价其他人。具体而言，网站会要求使用者在列出的两个来自脸书的好友中选择他们更愿意与之共事的其中一位。随着时间的推移，评分逐渐积累，正如其创始人里克·马瑞尼（Rick Marini）所言：“网站会提供一个真实的、来自大多数人的评级，而这一评价通常是招募者很难自己发掘到的。”[101]

正如任何新兴的处于发展中的技术一样，所有这些方法都提出了一些独特的挑战。从企业的角度来看，博客和社交网站所具有的交互性、动态性以及不可预测性意味着，在有些时候，一些想说对组织不利的话的人也会参与到谈话当中来，而对这种情况是很难控制的。从求职者的角度来看，这些网站需要承担的最大责任是保护他们的个人身份信息，因为这种媒介也是盗取个人信息的天堂，有些人会在这里张贴一些虚假的职位空缺广告，从而获得求职者的一些个人信息。[102]总的来说，除非求职者亲自到企业去访问或者与招募者直接见过面，否则千万不要在这类网站上提供自己的社会保障号码、银行账户信息或提交这些信息去做安全检查。

■ 公共就业服务机构

1935 年颁布的美国《社会保障法》要求每一位领取失业保险的人到当地的州政府就业办公室去登记。各州的就业办公室与美国就业服务署（USES）通过共同努力，力求使每一位失业者最终都能够摆脱对国家救助的依赖，重新实现就业。为了实现这一目标，公共就业服务机构必须收集关于失业者的技能和工作经验等方面的信息。

企业可以到当地的州政府就业办公室登记自己的职位空缺，该机构会从关于当地失业者的计算机资料库中检索出合适的人选。这些公共就业服务机构免费向企业提供适合职位空缺需要的候选人，然后由企业对这些人进行面试或者测试。由于某些法律方面的强制规定，在政府的失业登记办公室中，往往有一些为少数族裔劳动者、残疾人以及越战退伍军人提供的专门名额。因此，对于那些感觉到自己目前对上述这些子劳动力群体的利用率不足的企业来说，这无疑是一个绝好的招募来源。

公共就业服务机构主要为蓝领劳动力市场提供服务；私营就业服务机构为白领劳动力市场提供大体相同的服务。然而与公共就业服务机构不同的是，私营就业服务机构为企业推荐员工候选人是要收费的。私营和公共就业服务机构之间的另一个区别是，利用私营就业服务机构找工作的不一定是失业者。

私营就业服务机构的一个特殊类型是所谓的高层管理人员搜寻公司（ESF）。这些机构通常称为猎头公司，与我们研究过的其他招募来源不同，这类公司涉及的几乎全是目前正在就业的高层管理人员。与猎头公司打交道有时是一个很敏感的过程，因为那些高层管理人员可能顾及当前企业的反应，不希望猎头公司到处宣扬他们正在寻找其他工作这件事情。因此，猎头公司就成为新雇主和跳槽者之间的一个重要保密缓冲带。[103]除了报纸和分类广告的冲击以外，猎头公司还可能遭受近年来最为严重的损失，这一方面是由于近年来的经济衰退导致就业水平下降，另一方面则是由于企业对低成本的电子搜寻工具的使用大大增加。

在过去几年中，很多企业不再聘用私营就业服务机构来招募员工，而是改为由公司内部的招募人员去完成员工配置工作。例如，时代华纳公司在过去七年中为数以千计的高层职位配备了人员，其中只有一次委托给外部机构来做。此外，就像大约25%的《财富》500强企业一样，时代华纳公司也任命了一位高管来专门负责此前委托给私营机构完成的那些工作。这位负责人管理着一个30人的团队，团队中的每个人负责10～15个职位。时代华纳的这种做法帮助其节约了1亿美元外包费，与私营机构平均需要花170天才能填补一个职位空缺相比，公司内部的这个团队通常可以在100天之内填补一个职位空缺。[104]与此类似，通用电气也建立了一个由500人组成的内部招募团队。2012年，在领英网站和其他社交网站的帮助下，该团队为公司的2.5万个空缺职位中的大部分配置了员工。[105]包括这些公司在内的其他一些公司达成这样一个普遍的共识，即内部招募团队对组织文化的理解更深，除了可以更快、更经济地完成招募外，他们所招募到的员工能更好地与公司匹配。鉴于近年来经济和科技的变化，许多人开始质疑猎头公司是否还有可继续运行的商业模式。[106]

■ 学院和大学

大多数学院和大学都设有帮助毕业生实现就业的就业服务办公室。事实上，校园面试是招募初级专业人员以及管理人员的一个最重要的来源。企业往往专门到对它们极为需要的领域中（如化学工程、公共会计等）享有很高声誉的大学去招募新员工。

许多企业发现，要想为争夺最优秀的学生展开有效的竞争，仅仅通知这些即将毕业的学生到公司来参加面试是不够的，还需要做些别的工作。要想在大学校园中给学生们留下深刻的印象，最好的方式之一是实行大学生实习计划。这种计划显然使企业能够提前接触到潜在的求职者，并对他们的能力直接进行评价。此外，它还帮助申请者从企业那里获得第一手的资料，因而双方都能以相对较低的成本及承诺做出选择。[107]

另一种提高企业在大学里的知名度的方法是参加大学举办的公开人才招聘会。概括地说，公开人才招聘会就是把许多有用人需求的企业在短时间内集中到同一个地点，让它们与大量的潜在求职者进行接触。尽管人才招聘会在哪里都能开（比如宾馆或会议中心），但校园无疑是最理想的举办地点，这是因为，大批受过良好教育但是目前却还没有就业的人都聚集在这里。此外，校园人才招聘会不仅是一种非常经济的在校园中建立企业形象的手段，而且为企业和潜在求职者之间进行一对一的对话提供了机会——在像报纸广告这样的非交互式媒体中，这种一对一的对话是不可能实现的。

■ 对招募来源质量的评价

对于某一特定的职位空缺来说，到底哪一种招募来源的质量更好一些，实际上并无太多规则可循，总的来说，企业最好是对它可能获得的各种招募来源的质量同时进行监控。对各种招募来源的质量进行评价的方法之一是，计算并比较每一种招募来源的产出率。所谓产出率，是指在企业的招募和甄选程序中，能够从一个阶段成功地进入到下一个阶段的人员在上一阶段总人数中所占的比例。通过对不同招募来源的产出率进行比较，我们就可以确定，对于被调查的特定职位空缺来说，到底哪一种招募来源是最好的或者是最有效率的。此外，对于确定某一招募来源的质量高低来说，企业每雇用一位员工所支付的平均成本是一个非常有用的指标。[108]

表 5-4 中显示的是五种招募来源的假设产出率以及相应的单位雇佣成本。从表中可以看出，对于在这家公司中出现的职位空缺而言，地方大学以及员工推荐是两个最佳的招募来源。通过报刊广告招募来的人数尽管是最多的，但是真正符合职位要求的却相对较少。到全国名牌大学中去进行招募倒是可以获得素质很高的求职者，但是最终接受公司所提供职位的人却相对较少。最后，猎头公司可以招募到人数不多但是质量却很高的候选人，然而与其他几种招募来源相比，它的费用无疑太高。

表 5-4　五种招募来源的假设产出率

	招募来源				
	地方大学	名牌大学	员工推荐	报刊广告	猎头公司
吸引来的求职简历数量	200	400	50	500	20
接受面试的求职者人数	175	100	45	400	20
产出率	87%	25%	90%	80%	100%
合格求职者人数	100	95	40	50	19
产出率	57%	95%	89%	12%	95%
接受雇用的人数	90	10	35	25	15
产出率	90%	11%	88%	50%	79%
累计产出率	90/200	10/400	35/50	25/500	15/20
	45%	3%	70%	5%	75%
成本（美元）	30 000	50 000	15 000	20 000	90 000
人均雇佣成本（美元）	333	5 000	428	800	6 000

5.3.3 招募者

在图 5-4 的模型中描绘的最后一部分内容，就是我们下面将要讨论的招募者问题。我们把招募者的问题放在本章的最后来介绍。此外，大多数求职者都是带着某种程度的怀疑心理与招募者打交道的。这些求职者很清楚，招募者的一个重要职责就是说服他们去填补企业中的职位空缺，所以他们往往会根据自己从其他信息来源（比如朋友、杂志上的文章以及教授）那里听到的说法，给招募者说的话打一个折扣。正是由于这方面的原因以及其他一些原因，可以说，招募者的特征和行为对求职者的工作选择所产生的影响似乎并不像我们预期的那样大。

招募者的职能范围。大多数企业都必须作出这样一种选择，即自己的招募者到底应当由人力资源管理专业人员来担任，还是应当由特定职位方面的专家（比如招募员工的这个职位的直接上级或者是当前任职者）来担任。有些研究表明，当招募者仅仅是一位人事方面的专家时，求职者往往觉得一个职位的吸引力没有那么大，并且招募者的可信度也比较低。[109]当然，这并不能完全抹杀人事专家在招募过程中能够起到的作用。不过，这些研究确实表明，这些人事方面的专家必须采取一些其他的措施，来确保求职者将他们看成是对职位比较了解的人，同时也是比较可靠的人。

招募者的特征。在考察求职者对招募者做出的反应时，招募者的两方面个人特征产生的作用是非常明显的。第一个特征可以称为“热心”，这种特征能够反映出招募者对求职者的关心程度，同时还能够反映出招募者对求职者为组织做出贡献的潜在能力是否关注。第二个特征可以称为“信息提供程度”。总的来说，求职者对比较热情同时又能够提供较多信息的招募者做出的反应往往更为积极。招募者的这两个方面的特征比其他一些人口特征，比如年龄、性别或种族等，对求职者产生的影响更大，这些人口特征对求职者产生的影响不仅十分复杂，而且不具有一致性。[110]

此外，时间也发挥着作用，在求职者找工作的前期，招募者的影响更大些。但到求职者做出决定时，工作和组织的特点会产生更大的影响。[111]

招募者的现实主义态度。学者们对招募问题进行的研究在一个方面做得可能是最好的，这就是招募者向求职者传达的信息的现实程度。由于招募者的工作就是去吸引求职者，因此他们往往会在受到某种压力的情况下，自觉不自觉地产生夸大职位空缺的正面特征，同时回避或掩饰其负面特征的动机。求职者对职位的负面信息是高度敏感的。另一方面，如果招募者对于职位的正面特征夸大其词，求职者就可能受到误导，从而在一种错误的宣传下被引诱接受某一职位。这种情况可能造成一种对企业非常不利的结局：新员工的期望得不到满足，从而产生很高的流动率。事实上，对某个职位进行不现实的描述只会导致新员工认为企业具有欺骗性。[112]

许多研究者专门考察了“现实性职位预览”对于有效避免上述问题的产生以及降低员工的早期流动率所能起到的作用。总的来说，研究表明，现实性职位预览会降低工作的期望值并减少未来员工的流动率。[113]当然，招募者应当不遗余力地向某个人推销职位空缺的说法也是有其可取之处的。这是因为，到目前为止已经完成的研究都表明，将与职位有关的负面特征告诉求职者就会提高他们对这些不利工作特征的“免疫力”这种说法实际上是没有根据的。[114]因此，我们现在又回到原来的结论上来了：一家企业做出的会对职位的特性（薪酬、保障性、进步的机会等）产生影响的人事决策，要比影响求职者的工作选择的招募者本人的特征和行为更为重要一些。事实上，研究表明，结构性干预措施能够帮助求职者更好地做出哪些职位更适合自己的决定，因而这种措施对企业和求职者双方来说都是最好的。也就是说，帮助求职者更好地了解自己的需要和资格条件，然后让他们将这些信息与当前的职位空缺信息联系在一起的做法，在长期中对企业和求职者双方都是有利的，即使其结果是导致求职者没有被立刻雇用。[115]

强化招募者的影响力。尽管研究表明，招募者对求职者的工作选择没有太大的影响，但这并不意味着招募者对求职者的工作决策就是毫无影响的。企业可以采取以下几个方面的措施来提高招募者对招募对象的影响力。首先，招募者应当向求职者提供及时的反馈，求职者对于拖拖拉拉的反馈往往感觉不好，他们经常会毫无根据地猜测企业反馈延迟的原因（比如“公司对我的求职简历不感兴趣”等）。[116]其次，企业可采取团队的方式而非个人的方式来进行招募。正如我们已经看到的，求职者通常会认为直线管理人员（比如职位的当前任职者或其上级管理者）比人力资源管理专业人员更为可信，因此，这种招募者就应当成为企业招募团队中的成员。另外，人力资源管理专业人员还具有一些直线管理人员没有的知识（这些直线管理人员可能将招募工作看成是自己的“实际”工作中非常不起眼的一项小任务），因此，他们也应当被包括在企业的招募团队之中。

本章回顾

抓牢人才

在本章的开篇案例中，我们讨论了越来越多的公司如何从外包或离岸生产转向以本地人才来应对今天变化莫测的市场竞争。从不同的渠道招募员工各有利弊，我们强调了应对人员短缺和人员冗余的不同方法的优势和劣势。

思考题

1. 讨论本地员工、离岸经营与移民劳工三者各自的优劣势。产品市场的属性如何影响劳动力市场的选择？

2. 假设你拥有一家知名企业，目前一些工种存在人员冗余的情况。为什么采用裁员之外的其他方法解决冗员问题可能更加符合你的利益？在预测劳动力需求和供给方面，你的选择将发挥什么样的作用？

3. 讨论内部晋升与外部招募员工的优劣。企业的属性如何影响这两种方式的选择？

小　结

人力资源规划是指通过劳动力供给预测和劳动力需求预测估计未来的劳动力短缺或过剩程度。在人力资源规划中还包括一些能够用来减少劳动力剩余以及消除劳动力短缺的可行性方案（前一种方案如裁员、提前退休计划等；后一种方案如雇用临时工、增加现有员工的加班时间等）。如果人力资源规划做得好，企业不仅可以强化自己取得成功的能力，而且可以将因对劳动力短缺或剩余的未来情况预测不准确而导致的对人的感情和心理的伤害程度降到最低。人力资源招募是一种缓冲性活动，它通过为企业建立起求职者备选库，使企业可以在劳动力短缺时随时从中吸收新人来填补职位空缺。企业的招募计划对求职者的影响是通过人事政策（比如内部晋升政策、正当解雇程序政策等）来实现的，因为人事政策会对职位空缺本身的性质产生直接的影响。企业的招募计划还可以通过利用不同的招募来源（比如是到大学去招募，还是通过在报纸上刊登广告进行招募等）来影响申请填补某一职位的求职者所具有的特征。最后，企业还可以利用招募者来影响求职者对职位的看法（消除错误观念，澄清一些不确定的问题）或者是对企业的看法（比如改变各种工作结果的效价）。

讨论题

1. 请讨论说明，在未来可能出现的劳动力短缺对于人力资源管理中的以下几种子职能会产生什么样的影响：甄选与配置、培训与职业开发、薪酬福利？哪一种子职能所受到的影响是最大的？这几种子职能应当如何配合才能避免劳动力短缺的出现？

2. 请说明利用统计方法和主观判断法来对劳动力供给和需求进行预测的成本和收益各是什么？在哪些条件下，这两种方法可能都不适用？在哪些条件下，这两种方法可能都是适用的，但是其中的哪一种方法可能比另一种更好一些？

3. 一些公司制定了专门针对女性和少数族裔成员的非常详细的积极的反歧视行动计划，这些计划都有具体的目标和行动时间表，然而这些公司却没有制定正规的整体人力资源规划。你认为出现这种情况的原因是什么？如果你是一位到该公司应聘的人力资源专家，那么你认为公司的这种状况对于人力资源经理在企业中的角色意味着什么？

4. 对于许多公司来说，招募能够从事外派任务的员工的工作变得越来越重要。你认为企业到哪里可以招募到对这种外派工作感兴趣的人？与主要为招募一般任职者而采用的招募方法相比，主要为招募从事外派工作的人而采用的招募方法会有什么不同？

5. 请讨论说明内部招募相对于外部招募所具有的优点。外部招募对于何种类型的企业经营战略具有最大的支持作用？什么类型的企业经营战略会要求采取内部招募的做法？有哪些因素可能导致企业决定从内部招募转变为外部招募，或者是采取相反的做法？

自评练习

很多企业每周都需要对数以百计的简历进行评价。如果你希望自己的简历有更大的机会让未来的企业关注到，你就不仅需要在内容上，同时还需要在形式上也花费一定的时间和精力。请审查一下你的简历，然后针对下面的每一个问题回答是或否。

1. 你的简历是否避免出现打字和语法错误？
2. 你的简历是否避免使用人称代词（比如我）？
3. 你的简历是否清晰地说明了你已经做过的和已经完成的事情？
4. 你的简历是否揭示了你所取得的成就而不仅仅是承担的职责？
5. 你的简历超过两页了吗？
6. 你的简历中有正确的联系信息吗？
7. 你的简历中是否阐述了与你自己的需要以及企业的关注点都相关的一些特定就业目标？
8. 你的简历是否至少有1英寸* 的空白页边？
9. 你的简历是否最多只有两种字体和字形？
10. 你的简历是否分项强调了你所具有的技能以及取得的成就？
11. 你的简历是否避免使用下划线？
12. 你的简历是否具有页面展示一致性？（例如，如果你在写自己最近就职的公司时对公司名称采用了大写，那么你对此前就职的企业的名称也是这么做的吗？）

对于上述这些问题的回答，你给出“是”的答案越多，你的简历就越可能得到企业的关注，从而为自己争取到一次面试的机会！

战略练习

高科技人才之争

尽管最近一次经济衰退结束时许多工作的人才需求都有所上升，但任何行业都没有高科技产业的人才之争更激烈。社交媒体、移动互联网和电子商务的飞速增长使得硬件和软件方面的人才需求大规模上涨。关于高科技职位的数据统计结果显示，尽管这一类职位的记录显示，从2008年1月到2009年5月，人员需求总数下降了50%，但是从2009年5月到2010年10月，空缺职位的数量增加了90%。这反过来引发了企业间的竞价之战，它可以用企业为了招募新员工而需要花费的时间长短来加以衡量。

在某些情况下，人才战争呈现出“诸神之战”的局面，主要发生在甲骨文、惠普、微软和脸书等几家大型知名企业之间，它们常常通过偷袭方式挖走对方最好的员工。从竞争的角度而言，挖人是一件很有杀伤力的武器，因为它既可以增加自己的力量，又可以削弱竞争者的力量。例如，2011年，Juniper Networks抢走了思科公司的数名主管，打破了该行业的力量平衡。推特公司想招募谷歌公司的产品发展副总桑德尔·皮查伊(Sundar Pichae)，但由于对方的还价高达500万美元年薪而最终作罢。正如猎头公司高层管理人员杰夫·桑德斯（Jeff Sanders）所说：“企业对10%的员工紧盯不放，并时常会问，‘我们看好他

---

* 1英寸=2.54厘米。

们了吗？'"

在另一些情况下则呈现出“大卫对战歌利亚”的态势，一些雄心勃勃但预算非常有限的刚成立的小公司努力用良好的社会声誉引诱大公司的资深员工加盟。例如 Casual Collective 尽管是一家只有 14 人的小型游戏公司，但是却挖到了 Adobe 公司的工程产品经理丹妮尔·迪布勒（Danielle Deibler），丹妮尔从大企业跳槽到小公司，薪水随之下降。当然双方的成交没那么简单，丹妮尔在新雇主这里承担了更为重要的角色。“在大企业里，你很难对产品的发展方向和战略产生大的影响。”丹妮尔说道。与此同时，如果这家小公司上市，她所拥有的股权足以使她成为百万富翁。

在其他情况下，战争可谓是“苹果战橘子（风马牛不相及）”，即一些并非高科技行业的企业也需要雇用技术人才，因而不得不去与对员工而言明显更对口的高科技企业展开竞争。例如，金融行业的高频交易业务对硬件和软件专家有很大的需求。然而，拥有此类技能的人才从来没有把华尔街的工作视为他们的理想职业。金融企业不得不支付更高的报酬来吸引最好的人才，即便是这样，招募过程依旧十分艰辛。尤其是在金融危机之后，许多求职者对投身金融行业心存顾虑。“当我面试员工时，有人直截了当地问我，我们能够增加什么样的社会价值，”Knight Capital Group 公司的一名招募者如是说，“我们很难与有名的创业公司竞争。”

思考题

1. 假设你是一个需要大量人才的小公司的老板，基于本章中的这些材料，你将如何与那些大型的成熟公司开展人才竞争？具体谈谈如何竞争、到哪里竞争、何时开展竞争以及雇用谁来帮助你招募最好的员工。

2. 假设你有一家大型的成熟企业，得知近来你招募的很多员工去了一些不那么知名的小型新兴企业。你将如何与这些小公司开展竞争？具体谈谈如何竞争、到哪里竞争、何时开展竞争以及雇用谁来帮助你招募最好的员工。

3. 假设你有一家大型的成熟企业，目前在一些职位上存在冗员，为什么采用除了裁员之外的其他方法来解决冗员问题可能更加符合你的利益？你做出的上述选择在多大程度上是你之前在劳动力需求和供给预测方面所做工作的结果？

资料来源：J. Tozzi, “The Struggle to Recruit Tech Talent,” *Bloomberg BusinessWeek*, October, 28, 2010, pp. 70-71; J. Helyar and D. MacMillan, “In Tech, Poaching Is the Highest Form of Flattery,” *Bloomberg BusinessWeek*, March, 7, 2011, pp. 17-18; B. Saporito, “Where the Jobs Are,” *Time Magazine*, January 17, 2011, pp. 26-34; K. Peterson, “Battle for Techies: Wall Street versus Silicon Valley,” *The Wall Street Journal*, January 18, 2011, p. C8.

人的管理

短期工作项目为员工和公司提供缓冲

尽管 2007—2008 年的全球经济危机严重打击了所有的国家，但一些国家显然比另一些国家的抗风暴能力更强一些，至少是在裁员和失业方面。例如荷兰，即便是在最不景气时期，失业率也只有 3.7%，远低于美国的两位数失业率。荷兰的低失业率主要归功于所谓的“短期工作”项目，通过政府干预和补贴缓解了因劳动力市场供需大幅波动造成的打击。

从历史上来看，短期工作项目是在纳粹占领期首次引入的，在第二次世界大战之后的经济困难时期再次运用。在最近一次经济危机期间，企业想要得到补贴，就必须证明自己连续两个月的收入都下降 30%以上，这样便可以认定为经历了“大幅波动”。企业在这种情况下仅仅是减少每位员工的工作时间，而不是采取直接裁员的做法，这样政府会向员工支付他们少工作的大部分时间的薪水。例如在 DAF Trucks 公司，尽管卡车的需求量在 2009 年下降的比例超过 50%，但该公司依然保持 80%以上的全职员工。

尽管收入比平常低一些，但大部分员工还是可以赚到正常薪酬的 85%，正如 DAF Trucks 公司员工指出的那样：“这当然好过失业。”该项目还有助于企业防止训练有素的员工永久性地流失掉。特别是在经济短期波动时，那些有价值的员工一旦被解雇，即使在经济复苏以后也不愿意被原来的公司重新雇用，这样短期波动就会造成长期的不可挽回的损失。事实上，不仅公司可以留住有价值的员工，在许多案例中，员工也开始抓紧利用不景气时期来提升自己的技能。最后，尽管政府预付了一些补贴（荷兰政府大约花了200万欧元），但这笔费用实际上抵消掉了同样由政府支付的失业补贴所带来的成本降低。

然而短期工作项目也受到了批判。一些批判是直接针对财政方面的，因为短期工作项目会导致政府财政赤字。例如在荷兰，一年之内，国内生产总值从1%的盈余下降为赤字5%。一些批判意见则来自意识形态方面，它们指出，这个项目有点像共产主义。例如，牛津大学经济学教授瑞克·范德普罗格（Rick Van der Ploeg）就声称"这是在平均而简单地分配财富"。最后，另一些批评意见则关注动态竞争的问题，它们认为，衰退并不是一种短期的周期性波动，而是长期的结构调整，这类项目却将人们"封锁"在没有前途的工作之中。很明显，关于此类项目的收益与成本的辩论也会在其他国家上演，但与此同时，荷兰依然准备长期实施此类短期工作项目。

思考题

1. 假设你们公司中存在冗员的情况，你作为一名员工是倾向于接受短期工作项目，还是直接辞职去找一份工作？

2. 如果你是一个企业主，短期工作项目在你面临困难时对你有何帮助？为何你可能希望自己一直处于困境之中？

3. 从更开阔的社会观点来看，政府应该用税收来支持短期工作项目吗？或者这是否只是一种帮助失败的那些企业以及不被工作所需要的那些员工的慈善项目？

资料来源：A. Cohen, "A Dutch Formula Holds Down Joblessness," *The Wall Street Journal*, December 28, 2009, p. A10; J. Smith, "Making Short-Work of Things," *The Economist*, August 4, 2010, p. 23; P. Jones, "Short-Time Work Plans Saved Jobs," *The Wall Street Journal*, January 4, 2011, p. C3.

小企业的人力资源管理

一项适用于个人理财规划师的规模小但影响大的员工配置计划

罗伯特·里德（Robert J. Reed）在1978年开始担任理财顾问，三年后获得了注册理财规划师的资格。1999年，他雇用担任过法务秘书的员工——露西·班克尔（Lucy Banquer）女士作为自己的助理，并把公司取名为个人理财规划公司（Personal Financial Advisors LLC）。那个时候，里德从未考虑过公司的人力资源问题。

到2005年，里德开始为公司发展制定一个整体蓝图。他决定在2012年前，把业务收入从每年40万美元提高到100万美元。这是一个可实现的目标。虽然班克尔擅长回答顾客的咨询电话，但公司要达到这个目标，肯定不能只有一位员工。里德需要更多专业性的财务人员来服务不断增长的客户。

像里德的这种小公司要进一步扩张，一般采用的做法是雇用初级理财顾问，让他们从处理公司的日常事务开始，逐步成长为能够独立应对客户。但是里德没有那么循规蹈矩，他首先认真思考了公司的成长期需要什么类型的员工。里德发现，自己在投资管理方面要比在客户面前做展示更有优势。而且，他希望挤出更多的时间去陪伴家人，而不是把时间花在监督员工上。最终，他想清楚了，自己要雇用的下一位员工应当是一名经验丰富但唯独不擅长做投资管理的注册理财规划师。

里德开始寻找令自己满意的这名员工。在招募人员八个月之后，他遇到了劳伦·加德科斯基（Lauren Gadkowski）女士。劳伦此前一直在波士顿经营自己的顾问公司，为了能和自己的未婚夫李·林赛（Lee Lindsay）在一起，她搬到路易安娜州首府巴吞鲁日。由于里德希望新的理财规划师能够独立开展运营，因此，他同意劳伦在与公司有45分钟车程的巴吞鲁日工作，他甚至允许劳伦自己决定来公司汇报工作的时间。

里德坚持执行自己的计划，加入公司以后，劳伦很快就投入工作，与里德的一些大客户打交道，并且向客户介绍自己是负责与客户联系的公司员工。里德在旁听了几回劳伦主持的客户会议之后，对自己的雇佣决策感到非常满意，之后他就专心投入投资管理业务了。除了10%的客户执意要求由里德为他们提供服务之外，其余90%的客户和劳伦带来的新客户的业务都由她一人承担下来。

里德专注于投资管理的选择得到极大的回报，即使是在收入下降的情况下，公司的投资业务取得的绩效也超出平均水平。由于劳伦已经能处理好所有的客户关系，里德又回到按照最常规的做法谋求业务增长，他在2008年雇用初级财务顾问大卫·哈钦森（David Hutchinson）作为自己的助手。与劳伦不同，哈钦森正在准备考个人理财规划师的执照，他有着财务规划方面的教育背景和投资经纪人的工作经历。

思考题

1. 对于规模小的公司而言，有必要做人力资源规划吗？你的意见是什么？请给出你的理由。讨论罗伯特·里德是否在一个合适的公司成长阶段规划他的雇佣战略。

2. 根据表5-3，回顾一下面对劳动力短缺时企业可以选择的解决问题的方法，并讨论在上文中，里德除了雇用新员工之外，还有什么可以帮助公司继续发展的做法。在回答这一问题时需要注意，理财规划业务的质量可能会对上述问题产生一定的影响（例如，直接的客户联系以及保密的需要）。

3. 假设当里德想雇用一位注册理财规划师时，关于应当到哪里去雇用这个人，他想听听你的建议。你会建议他通过哪个途径去招募人才并说出你的理由。

资料来源：Angie Herbers，"Letting Go," *Investment Advisor*，June 2009，pp. 96-97；and Personal Financial Advisors，"Who We Are," corporate website，www.mypfa.com，accessed June 1，2011.

第6章 人员甄选与配置

学习目标

在阅读完本章后，你应当能够：

1. 确定科学的人员甄选方法具有的一些基本特征，包括信度、效度以及普遍适用性等。
2. 讨论说明一个职位、一个组织或者一位求职者的某些特征会怎样对某次测试的效用产生影响。
3. 描述政府在人员甄选决策中扮演的角色，尤其是在宪法、联邦政府法律、行政命令以及司法判例等领域。
4. 列举人员甄选的一些常用方法。
5. 描述每一种通用的人力资源甄选方法能够在多大程度上满足信度、效度、普遍适用性、效用以及合法性等方面的要求。

进入企业世界

少数族裔占了多数

在2012年的美国新生婴儿中，人数最多的并不是有着欧洲血统的白人孩子，这在美国历史上是前所未有的。在大约400万婴儿中，50.4%的婴儿属于“少数族裔”。同一年，美国白人的死亡率前所未有地高于出生率。也就是说，在这一年中，不仅白人出生率低于其他人口群体，白人的死亡人数还比出生人数多了12 400人，这是美国白人人口首次“自然减少”。

除此之外，在少数族裔中，尽管50岁以上的美国黑人仍然是人数最多的种族，但是50岁以下人口中，人数最多的是西班牙裔美国人。在美国中西部地区，比如内布拉斯加州，西班牙裔美国人在2001—2010年间增加了75%，就职于布鲁金斯研究所的人口学家威廉·弗雷（William Frey）指出：“美国正在从白人和黑人人数最多变得更加多样化，这与婴儿潮时期的情况大不相同。”

有色人种的迅速增加在一定程度上有利于美国与其他发达国家之间的竞争。比如，在日本和欧洲，由于死亡率高于出生率，人口正在不断减少。然而，能否利用这一潜在的竞争优势完全取决于企业是否摒弃已有的刻板印象，因为过去的很多工作机会对少数族裔劳动者有所限制。尽管在2008年和2012年总统竞选中，黑人总统奥巴马获得连任，但有证据表明，美国人仍然认为不同的种族在领导能力和关键技能方面存在差异。研究表明，如果是一位黑人在管理一家公司，人们会将公司的成功归因于个人无法控制的广泛的市场因素，而如果公司的领导人是白人，人们会把公司的成功归因于领导的有效性。

当然，这种刻板印象并不只是出现在美国。许多人将欧盟当前的困境归因于企业中存在的一些偏见，因为有些人认为"北欧人工作严谨、勤奋且效率高。南欧人易怒、无序且懒散"。这种长期形成的种族偏见造成来自不同地区的欧洲人很难融洽地开展工作，这给欧盟在人口缩减的劣势下获得竞争优势带来新的困难。显然，为了达到个人、组织和整个社会团结发展的目的，摒弃过去的刻板印象非常重要，只有这样才能实现竞争优势的最大化，尤其是想要雇用最好的、最聪明的员工时，需要忽略他们的人口统计学特征。

资料来源：C. Dougherty and M. Jordon, "Minority Births Are New Majority," *The Wall Street Journal Online*, May 17, 2012; N. Shah, "More White Americans Dying than Being Born," *The Wall Street Journal* June 13, 2013; C. Rosette, "Race Influences How Leaders Are Assessed," *The Wall Street Journal Online*, January 3, 2012; A. Reinhardt, "Euro Crises Unleashes Old Stereotypes," *Bloomberg BusinessWeek*, November 4, 2011, p. 22.

6.1 本章介绍

任何希望通过人来进行竞争的企业都必须对自己挑选组织成员的方式高度重视。企业做出的人员甄选决策对于其生存能力和每位求职者的生活都至关重要。企业必须确定的一点是，关于录用哪些人和不录用哪些人的决策要最大限度地促进公司的利益，同时对参与的各方都要公平。像我们在开篇中提到的那些错误的、带有固定偏见的刻板印象将会威胁到组织的生存能力。通用电气的传奇人物——前首席执行官杰克·韦尔奇说得好：

> 还有什么是比"雇用谁"更重要的事情呢？商业就是一场游戏，就像所有的游戏一样，那些能够聚集最好的队员，并让他们一起合作的团队才能取得成功。事情就是这么简单。[1]

无论是对企业间的竞争而言，还是对国与国之间的竞争来说，这种说法都是正确的。美国对其他国家的人才而言就像是一块磁铁，美国之所以能实现经济的强劲增长，在很大程度上得益于那些移民到美国来的人做出的贡献。有些人曾经认为美国正在失去这方面的优势，并且指出："这是美国面临的最严重的长期威胁。"[2]也就是说，社会和经济不平等、种族和民族偏见、越来越多的政治偏执、失败的教育体系等多种因素，导致美国出现了人才的反向移民，即与移民到美国来的接受过高水平训练的专业人员相比，离开美国的这类人员的比例反而更高。创新和经济增长是由人来推动的，那些能够吸引最优人才的企业和国家在竞争中最有可能获得成功。

本章的目的是使读者了解如何在员工甄选与人员配置过程中将可能会犯的各种错

误降到最少，如果能做到这一点，公司的竞争地位必然会大大加强。本章将首先集中分析任何甄选方法都必须达到的五项标准。然后，我们再根据这五项标准对几种常用的甄选方法进行评价。

6.2 甄选方法需要达到的标准

人员甄选是指公司就允许哪些人加入公司以及不允许哪些人加入公司做决策的过程。任何一个甄选过程都必须遵循几项通用的标准。我们主要讨论以下五个方面的标准：(1) 信度；(2) 效度；(3) 普遍适用性；(4) 效用；(5) 合法性。前四项标准是相对一体的，因为从顺序上来说，任何前面一项标准都是后面一项标准的必要条件但不是充分条件。而合法性标准与它们则不存在这种关系，不过，充分理解前四项标准有助于我们理解许多隐藏在法律标准背后的理性基础。

6.2.1 信度

人员甄选中的许多工作都涉及这样一个问题：通过对人的特征进行衡量来决定应当让谁来填补职位空缺。比如，我们可能对求职者的生理特征（比如力量或耐力等）、认知能力（比如空间记忆能力或语言推理能力等）或者他们人格特征的某些方面（比如动机或诚实性）感兴趣。对于这些特征如何与种族、性别、年龄或民族背景等因素有关，许多人都有错误的刻板印象，因而，我们需要摒弃这些认识，直接衡量其真实的特征。然而，无论对哪个特定的方面感兴趣，我们最终都要根据这些维度对人员进行定量分析（也就是给他们打分），这样才能按照我们关注的特征来对求职者进行由高到低的排序。一旦根据这种特征对求职者进行排序，我们便可以做出雇用谁或不雇用谁的决策。

对于任何一种衡量手段而言，信度都是需要达到的一个非常关键的标准。我们将**信度**（reliability）定义为一种测试手段不受随机误差干扰的程度。如果对智力这样一种较为稳定的特征进行测试的某种手段是可信的，那么，用这样一种测试工具在不同的时间和不同的环境中对一个人进行测试所得到的分数就应当具有一致性。

■ 真实分数与测试信度

在人员甄选方面进行的大多数测试都与智力、诚实性和领导能力等较为复杂的特征有关。然而，为了深入了解在衡量人的时候可能遇到的复杂问题，我们还是先借助一个较为具体的东西——对身高的测量——来对这些概念进行讨论吧。比如，当测试求职者的身高时，我们一开始可能用到一把 12 英寸* 长的尺子。假定我们测得第一位求职者的身高是 6 英尺 1.25 英寸。如果我们看到某人第二次——也许是一个小时以后——对同一位求职者进行身高测试，所得到的结果是 6 英尺 0.75 英寸，我们是不会感到奇怪的。如果第三次——也许是第二天——再来测试这位求职者的身高，那么结果又有可能是 6 英尺 1.5 英寸。

正如上述这个例子表明的，即使一个人的身高是一种比较稳定的特征，当我们多

* 1英寸=2.54 厘米。

次对其进行测试时，测试结果仍然可能会有少许差异。这意味着每次进行测试的时候，必然会出现某些细微的误差。如果测试工具是完全可靠的，测试结果就不会存在误差。如果我们使用的身高测试手段并不像一把尺子那样可靠——例如，在看到被测者走过房间之后猜测其身高，那么，我们会看到这种测试手段本身包括许多不可靠的因素。因此，信度指的是对测试工具（比如尺子或目测）的要求，而不是对人的特征本身的要求。

然而，我们可以用几种不同的方法对信度进行估计。由于这几种方法基本上都要依赖相关系数的计算，所以我们在此对这种统计方法做一个简短的描述和说明。相关系数是对两组数据之间的相关程度进行衡量的尺度。相关系数以数据形式表明了两组数据之间关系的强弱。如果两组数据是完全正相关的（也就是说，当一组数据的值上升时，另一组数据的值也是上升的），那么它们的相关系数就为＋1.0；如果是完全负相关的（即当一组数据的值上升时，另一组数据的值则下降），那么两者的相关系数为－1.0；如果两组数据是完全无关的，则相关系数为0。虽然对相关系数的统计计算超出了本书的范围，但是，理解相关系数这一概念的本质及其在人员甄选工作中的意义，对我们来说是非常有用的。

例如，当评价一种测试工具的信度时，我们可能对头一次测试得到的分数与通过同样的工具第二次进行测试得到的分数之间的相关性感兴趣。显然，如果我们要测试的特征是比较稳定的（就像智力和诚实性那样），并且两次测试的时间相隔较短，那么这两次测试结果之间的相关度应该是很高的。如果两次测试分数之间的相关度很低，就说明这种测试工具不具有一致性——因而是不可靠的。这种信度测试方法就是我们通常所说的再测信度。

通过把两组数据描绘在一个二维坐标系中，常常可以帮助我们理解不同水平的相关系数所代表的含义。例如，如图6-1所示，该图考察了一些学生在高中低年级时的学习能力和他们在高中高年级时的学习能力之间的关系——这种学习能力可以用于评估这些高中生进入大学学习的能力，对这种学习能力的评估可以采取以下三种方式：第一，根据参加学习能力测试（SAT）得到的分数来判断；第二，通过让高中的学生辅导员按照1～100的分数尺度进行评价来做出判断；第三，通过掷骰子的方式来做出判断。在这张图中，每个X都代表学习能力被测试两次（在高中低年级时和高年级时各测试一次）的某位学生。因此，在图6-1A中，1_1代表的是一个在高中低年级时在学习能力测试中得到1 580分，而在高中高年级时在学习能力测试中只得了1 500分的人；而20_{20}代表的则是另一个人，此人在高中低年级时的学习能力测试分数为480分，而在高中高年级时在同种测试中的得分为620分。

图6-1A显示，对同一个人进行学习能力测试得到的分数在两个年份之间有着很强的相关关系。然而，这种关系并不是完全相关，因为两次测得的结果之间有少许的差异，尽管这种差异并不大。实际上，如果两次测试分数之间的相关系数是1.0的话，那么在图中将会显示一条45度的直线。让我们再来看一看图6-1B，我们在图中看到的是学校辅导员在两个年份对学生的学习能力做出的两次等级评价之间的关系，这两次等级评价的结果之间仍然呈现出正相关关系，但是相关程度却不高。也就是说，辅导员在两个年份对学生的学习能力做出评价的一致性程度，不如学生自己的前后测试分数具有的一致性程度高。产生这一现象的原因可能是相对于高中高年级，在

高中低年级时辅导员对学生的观察较少。

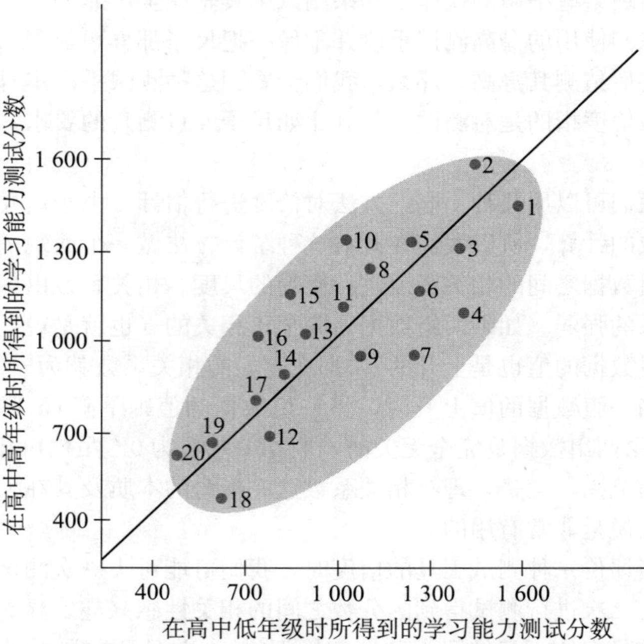

图 6-1A　对学生的学习能力所做的测试

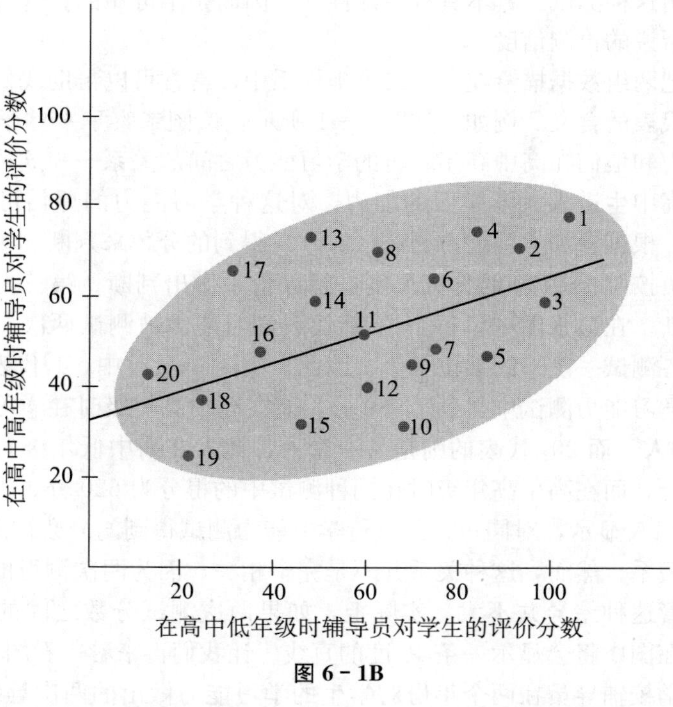

图 6-1B

最后，图 6-1C 显示了效果最差的一种测试，在这里，对学生的学习能力进行测试的方法是分两次掷一个有六个面的色子。正如你预料的那样，掷色子的随机性会导致在前一年中得到的分数与在后一年中得到的分数不存在任何相关关系。尽管不会有人真的想用掷色子的方法来测试人的智能，但值得注意的是，研究表明，如果通过非结构化面试来对求职者是否满足职位需要做出总体评价，那么这种评价的相关系数非常接近 0.00。因此，在没有对某种测试方法进行实际验证之前，我们不能假设这种测试方法是可信的。许多刚刚从事测试工作的人常常会对人们做出的许多判断的不可靠程度感到非常惊讶。

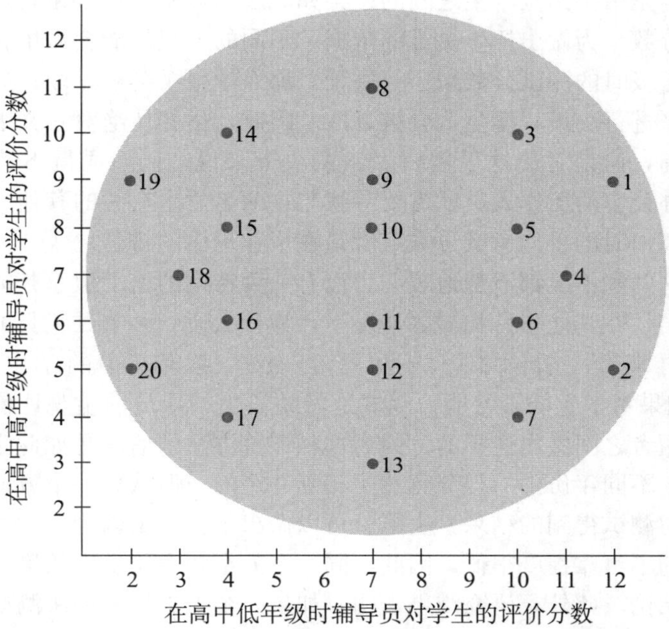

图 6-1C

有很多方法可以用来增加在面试过程中的可信度，比如，给评估者提供标准化训练和通用格式，以便他们将观察到的面试者行为转化为各个维度的分数。但如果不采取这些措施的话，很多人就会成为不可靠的评估者，尤其是当他们评估第一次见到的人时。[3]

■ 信度需要满足的标准

无论所要测试的是何种特征，我们都希望测试的信度较高。因此，在前面的例子中，当我们测试学生是否具备进入大学学习的能力时，学习能力测试这种方法就比辅导员评价这种方法的信度更高，而辅导员评价这种测试方法的信度又比掷色子这种测试方法的信度要高一些。但从绝对意义上来说，信度到底要达到多高才算是较高呢——是 0.50，0.70，还是 0.90？要很精确地回答这个问题很困难，这是因为一种测试的可靠性部分取决于对被测者做出决策的性质。

例如，让我们假设某大学的招生办公室正在考虑是否招收图 6-1A 和图 6-1B 中描绘的几个学生。首先让我们来看一看图 6-1B，假设招生办公室正在学生 1（1_1）和学生 20（20_{20}）之间进行选择，对于这一决策来说，0.50 的信度水平就足够了，这是因为这两个学生之间的差异太大了，即使不考虑做出评价的年份，招生办公室也会做出同样的决策。也就是说，学生 1（在低年级和高年级时的测试分数分别为 100 和

80）总会被录取，而学生20（在低年级和高年级时的测试分数分别是12和42）总会被拒绝。因此，虽然从绝对意义上来说这种测试的可靠性并不怎么高，但是对于做出这类决策来说，其信度已经算是够高的了。

另一方面，我们假设同一所大学的招生办公室是在学生1（1_1）和学生2（2_2）之间进行选择。让我们来看一看图6-1A。很显然，尽管这种学习能力测试的信度已经很高了，但是由于两位学生之间的差异如此之小，所以，如果将这两个人在不同年份中的测试分数作为做出招生决策的依据，不同的人很可能会做出完全不同的决策。如果按照低年级时的测试分数来进行决策，那么学生1会被录取；如果按照高年级时的测试分数来进行决策，学生2会被录取。因此，虽然从绝对意义上来说学习能力测试的信度很高，但是对于这里需要做出的决策来说，仍然显得不够精确。在这种情况下，招生办公室的工作人员就需要寻找与这两名学生有关的其他一些依据来做出招生决策（如高中时的平均考试分数或者是在毕业班中的排名）。

尽管这两种情况都清楚地表明，没有一种特定的信度值总是能够被接受，但是它们却揭示出，在其他条件相同的情况下，为什么说一种测试工具的信度越高越好。比如，我们再来看一看图6-1A和图6-1B，考虑其中的学生9（9_9）和学生14（14_{14}）。如果对学生的学习能力测试是借助学生辅导员的主观评价进行的，那么你是不可能在两者之间做出选择的，因为这种评价方法的信度是如此之低，以至于同一种测试在两个不同年份中的得分竟然是相互冲突的。但从另一个方面来说，如果依据的是学习能力测试得到的结果，决策就可以做出了。这是因为，学习能力测试分数这种测试结果的不可靠程度很低，因此，同一个人在两个年份中的测试分数会帮助我们得到相同的结论。此外，研究结果表明，如果一个人参加第一次测试和第二次测试的得分存在差异，第二次得分通常对未来结果有更强的预测能力。[4]

6.2.2 效度

我们把**效度**（validity）定义为一个人在某种测试中得到的测试结果与这个人的实际工作绩效之间的相关程度。一方面，如果一种测试想有效，那么它首先必须是可信的；另一方面，我们有可能以一种很高的信度来测试与某个人能否干好工作无关的许多特征（比如身高）。基于这种原因，我们可以知道，信度只是效度的必要条件，而不是充分条件。

■ 效标关联效度

要想确定一种甄选方法的效度，可以采取的方法之一是证明在甄选工具测出的分数与实际工作绩效分数之间存在实证联系。如果在测试分数和实际工作绩效分数之间存在明显的相关关系，便可以证明这种测试具有**效标关联效度**（criterion-related validity）。[5]比如，图6-2表明了学生在2011年高中毕业时得到的学习能力测试分数与在2012年作为大学新生取得的平均学分绩之间的关系。在这个例子中，学习能力测试分数与平均学分绩之间的相关系数大约为0.50。这里的0.50便是一个效度系数。需要注意的是，我们在评价信度和效度时都使用了相关系数这个概念，这有可能会产生混淆。两者之间的主要区别是：当我们试图两次（比如分别在高中低年级和高中高年级时进行两次学习能力测试）对同一种特征进行评价时，相关性反映的是信度的估计值，但是当我们考察一种特征（学习能力测试分数）与完成某种工作任务的绩效（平均学分绩）之间的关系时，相关系数反映的就是效度系数。

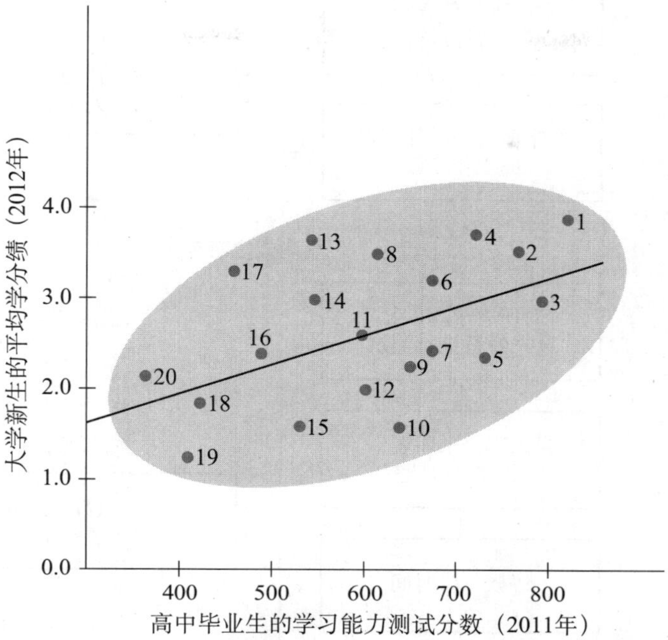

图 6-2 2011 年高中毕业时的学习能力测试分数与 2012 年作为大学新生的平均学分绩之间的关系

对效标关联效度的研究有两种类型。**预测效度**（predictive validation）试图在员工被雇用前得到的测试分数与员工被雇用后的实际工作绩效之间建立起一种实证联系。由于进行预测效度研究需要花费大量的时间和精力，因此，许多企业采用了另一种效度研究——**同时效度**（concurrent validation）。在对一种测试手段的效度进行考察时，同时效度采取的是这样一种做法：它首先对已经在工作岗位上的任职者进行测试，然后再考察这种测试分数与这些被测试者在当前工作岗位上的工作绩效之间到底具有怎样的相关关系。隐含在这种战略背后的逻辑是，如果下列事实存在，则说明一种测试是有效的：与那些在当前岗位上工作绩效较差的员工相比，在当前岗位上工作绩效最好的员工在测试中得到的分数也更高。（图 6-3 比较了这两种不同的效度研究方法。）

尽管预测效度需要付出更多的时间和精力，但由于以下几个方面的原因，它仍然优于同时效度。首先，求职者（由于他们正在寻找工作）通常会比当前任职者（他们已经有工作了）有更大的动力在测试中表现得更好一些。其次，在职员工已经学习了许多求职者没有学过的东西，因此，就测试分数与工作绩效衡量结果之间的相关关系而言，在职员工的情况与掌握工作知识较少的求职者的情况可能并不具有一致性。最后，在职者往往具有一定的同质性——也就是说，他们在许多特征上都是很相似的。因此，在为取得工作成功而必备的许多特征方面，大多数在职员工之间存在的差别往往局限在一个很小的范围之内。而这种差别的局限性使你很难发现测试分数与工作绩效得分之间的关系，因为只有为数极少的在职员工在你希望进行效度评定的这些特征上会得到很低的分数。例如，如果情绪稳定性是护士这一职业必须具备的职业要求，

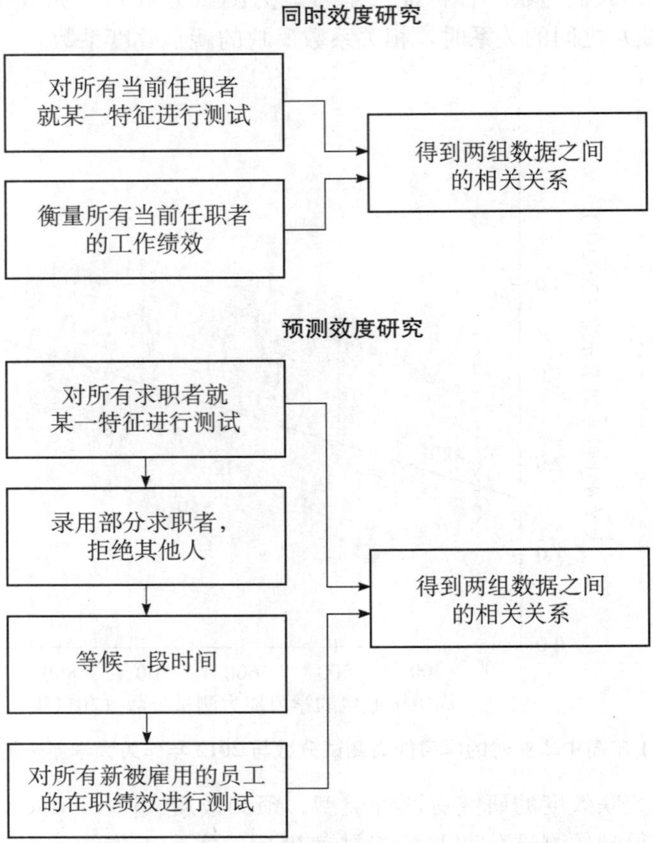

图 6-3　同时效度研究与预测效度研究的思路图

那么从事该职业长达 5 年或 6 年的大部分护士在这种特征上的得分可能都会很高。然而，为了使一项测试有效，你还需要同时找到得分高的人（这些人在随后的工作中也应当是表现较好的）以及得分低的人（这些人在后来的工作中也应当是表现较差的）。因此，尽管同时效度研究有时可以帮助我们估计出预测效度研究可能得出的那些结果，但它还是不能替代预测效度。

很显然，我们总是希望自己的测验有很高的效度，但是，与信度的标准一样，我们也应该问一问，效度究竟要多高才算高呢？当我们试图确定效度要多高才足够时，通常需要求助于统计学中的显著性检验。一项统计学显著性检验能够回答这样一个问题："假设预测和标准之间并无关系，那么偶然看到这组强相关关系的概率有多大？"如果这些概率很小，那么我们会认为测验的结果预示着未来的工作绩效。

表 6-1 表明，一种甄选测试工具的得分与工作绩效得分之间的相关程度必须达到多高，才能达到 0.05 这一统计上的显著水平（也就是说，只是在偶然情况下才能达到这么高相关程度的可能性只有 5%）。一般来说，相关程度越高则效度越好，而这种相关关系赖以建立的样本量大小，对于效度同样起着很大的作用。由于我们在本章下一节要考察的许多甄选方法得到的相关系数都只能达到 0.20 和 0.30，因此，我们必须有 80～90 人的样本才能进行效度研究。建立在小样本（比如说 20 人）基础上的效度研究几乎从一开始便注定是要失败的。幸运的是，正如从"通过科技进行竞争"

专栏中看到的，借助云分析来处理“大数据”的能力，在很大程度上提高了对一个人的未来工作绩效进行有效预测的能力。

表6-1　与不同样本量对应的能满足统计显著性的相关水平

样本量	要求的相关水平
5	0.75
10	0.58
20	0.42
40	0.30
80	0.21
100	0.19

通过科技进行竞争

我们的雇佣经理就是一位数据运算师

过去，美国施乐公司在为自己的呼叫中心配置员工时，通常会雇用有工作经验的人。这似乎是一种合理的做法，而当公司评估工作经验与员工的工作绩效和流动率之间的关系时却发现，员工的工作经验并不是那么重要。反而，真正能够区分职场上的获胜者和失败者的关键因素是员工的人格特点。那些有创造力的员工表现得更好，在一家公司中留任的时间更长，而那些充满好奇心的员工则很难适应工作，通常在公司能够收回自己付出的5 000美元培训投资之前就离开了公司。

施乐公司现在把雇用将近50万呼叫中心员工的工作交给电脑软件算法，通过它来寻找在人格测试结果和一些具体的工作结果之间的联系。这一程序是由Evolv公司开发出来的，与面试官带有个人偏见的主观判断不同，该公司的程序会让求职者先做一整套相关测试和人格测试，然后追踪他们在公司中的表现。随着数据的积累，这一算法自身不断调整，以便开发出一个能够描述理想的呼叫中心员工的统计模型。

Evolv软件只是通过“大数据”来帮助公司寻找和留住最好的员工的工具之一。从全球来看，企业在此类人才管理软件上的支出仅一年就增加了15%，估价达到38亿美元。同时，这一软件市场的竞争也非常激烈。例如，2011年，IBM以13亿美元收购了Kenexa公司，甲骨文公司以19亿美元的价格收购了人才管理解决方案提供商Taleo公司，思爱普公司（SAP）以34亿美元的价格收购了SuccessFactors公司。

从传统的雇佣标准比如效标关联效度来说，使用“大数据”解决方案的公司能够做出更好的雇佣决策，因为算法只保留可以明确描述求职者未来工作绩效的那些选项。然而，一些效度较高的选项却可能会给不同年龄、种族或性别的劳动者带来负面影响，所以，相对于可能对某一群体有利的选项而言，在人口统计学方面没有显示出差别的一些选项在运算中会得到更多的重视。最后，借助大量的选项、无数的求职者以及长期的评估结果，这种程序可以帮助企业同时达到预测效度和法律上具有可辩护性两个方面的目标。

讨论题

1. 什么类型的职位在人员甄选中最适合采用本文中所提到的“大数据”解决方案？
2. 什么类型的职位在人员甄选中很可能带有一定的主观判断？

资料来源：J. Walker, “Meet the New Boss: Big Data,” *The Wall Street Journal Online*, September

20，2012；G. Anders，“The Rare Find,” *Bloomberg BusinessWeek*，October 17，2011，pp. 106-112；D. Cormier-Smith，“AkzoNobel Selects Oracle Talent Management Cloud Services for Its Recruiting Needs,” *The Wall Street Journal Online*，April 10，2013.

■ 内容效度

当样本量较小时，可以使用另一种对测试效度进行研究的战略，即**内容效度**（content validation）战略。所谓内容效度，就是要证明在测试中设计的那些问项、提出的问题或者设置的难题能够很好地代表实际的工作情境或实际工作中存在的典型问题。一项具有较高内容效度的测试会把求职者置于与实际工作非常类似的情境之中，然后测试求职者目前是否有足够的知识、技能或能力来处理将来可能面临的这些情况。

很多组织正在使用的新的模拟方法在本质上都是基于计算机的角色扮演游戏。在这种游戏中，求职者扮作任职者的角色，他们需要面对一位任职者在现实的工作场景中需要面对的各种具体的人和事情。这种模拟就像是传统的角色扮演游戏（如“虚拟人生”游戏），这种游戏会对求职者做出的反应及其采取的行为计分，看他们的反应和行为与一位理想的员工在理论上应当做出的反应和行为是否匹配。[6]因为这些测试的内容与实际的工作内容非常接近，所以企业可以放心大胆地根据测试的结果来预测求职者的真实工作绩效。尽管效标关联效度是通过实证研究方法得到的，但内容效度的确定却是一个依靠专家做出判断的过程。

由于内容效度也适用于对小样本的测试，因而它比效标关联效度的应用范围更广。然而，内容效度有两点局限性：首先，隐含在内容效度背后的一个假设是：将来会被雇用的人在被雇用时实际上已经具备了一定的知识、技能或能力。其次，由于主观判断在内容效度中起的作用很大，因而将判断过程中的推测成分降至最小就显得非常关键。因此，评价者的评定应当建立在某种相对具体和可观察的行为基础之上。

6.2.3 普遍适用性

普遍适用性（generalizability）是指在某种背景下确定的某种甄选方法所具有的效度同样适用于其他一些情况的程度。比如说，学习能力测试（SAT）可能是对一个人的学习成绩（比如，一个人在本科学习阶段的平均学分绩）进行预测的有效变量，但同样的测试能否预测这个人在研究生阶段的学习成绩呢？如果这种测试在其他情形下不能成功进行预测，那么它就不具有“普遍适用性”。因此，我们不能依靠学习能力测试来预测一位学生在各种项目中的学习成绩，正因为此，对于不同类型的研究生院来说，像GMAT，LSAT，MCAT，GRE等这样一些特定类型的测试就显得非常有必要。

通常情况下，我们可以概括出两种不同的“背景”：不同的情境（也就是说，不同的工作或组织）以及不同的人员样本。正如信度不是效度的充分条件一样，效度也只是普遍适用性的必要条件，而非充分条件。

例如，人们曾经认为，效度系数是与特定的情境联系在一起的——也就是说，测试与绩效之间的相关水平会随着一个人从一个组织转移到另一个组织而发生变化，即使两个组织中的两类被研究的职位本身似乎并没有什么差别。但是后来的研究成果却表明，这种看法是一个极大的错误。实际上，即使被研究的两类职位之间只有很少的相似性，测试也总是能够表现出类似的相关性（至少对智力以及认知能力的测试是这样）。不过，当研究的对象是差异很大的两类职位时，这些测试与绩效之间的相关水平会发生变化。需要特别说明的是，职位本身越复杂，许多测试的效度反而会越高。有人认为在每一种测试中还存在不同的亚群体效度，这就意味着对于不同种族或不同性别的群体来说，任何测试分数和工作绩效数据之间的有效相关水平都是不同的。然而，这种看法也被后来的一些研究所推翻。总的来说，你会发现在不同群体的测试分数和工作绩效之间存在极为类似的相关水平。[7]

由于已经有证据表明测试效度在不同的背景和不同的亚群体中常常具有一定的一致性，所以，对于那些无法应用效标关联效度或内容效度的企业来说，效度的普遍适用性可以作为确定某种甄选方法的效度的一种替代手段。要得出效度的普遍适用性，需要经过三个步骤：首先，企业根据在其他情况下进行的效标关联效度的研究结果来证明，某种特定的测试（比如情绪稳定性的测试）是对某种职位（比如一家大医院的护士）进行绩效预测的有效工具。其次，企业依据职位分析得到的证据来证明，它准备填补的这个职位（一家小医院的护士）在各主要方面都与进行过效度检验的其他组织的某种职位（大医院的护士）是类似的。最后，如果该企业能够证明，它使用的测试与在有效环境中完成的其他测试是相同的或者是相近的，那么，它便可以将在有效环境（大医院）中进行的测试“普及”到新的环境（小医院）之中。

6.2.4　效用

效用（utility）是指甄选方法提供的信息对于强化企业的基本有效性起到的作用大小。总的来说，甄选方法的信度越高、效度越高、普遍适用性越好，其效用也就越大。此外，即使是在信度、效度与普遍适用性均保持不变的情况下，特定甄选背景中的许多特性也会对甄选方法本身的效用产生促进和削弱作用。

例如，图6－4A和图6－4B向我们展示了两种不同的情形，这是从两家公司——A公司与B公司——的销售代表中选取的两组样本群体，在这两组样本群体中，每一组销售代表在外向性测试中的得分与他们各自的销售收入之间的相关程度是相同的。然而，尽管他们的外向性测试分数与销售收入之间的相关关系是相同的，但B公司从外向性测试中得到的效用或实际利益却更大。也就是说，正如从方框（它表明被企业选中的对象）处引出的箭头显示的那样，B公司选定的这三个人的平均销售收入为85万美元（图6－4B），而A公司选定的这三个人的平均销售收入只有78万美元（图6－4A）。

这两家公司之间的主要区别是，到B公司来应聘的求职者是到A公司来应聘的求职者人数的两倍。这就意味着，从甄选比例（被录用人数占参加测试总人数的百分比）的角度来看，B公司的甄选比例（3/20）要比A公司的甄选比例（3/10）低得多。因此，B公司挑选出来的销售代表的外向性测试分数要高于A公司挑选出来的销售代表的外向性测试分数，所以，在销售代表的外向性测试分数与销售收入之间的关系方面，B公司更有优势。这样，只要雇佣成本和测试成本的增加不是很过分，则甄选比例越低，测试的效用就会越高。

这意味着当经济处于衰退期，找工作的人比招人的职位在数量上更多时，有效的

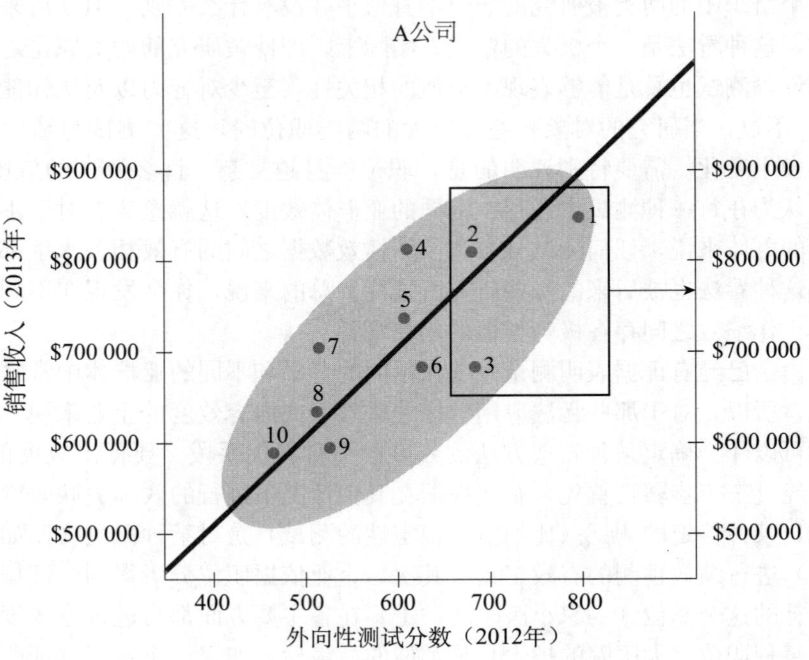

图 6－4A　A 公司

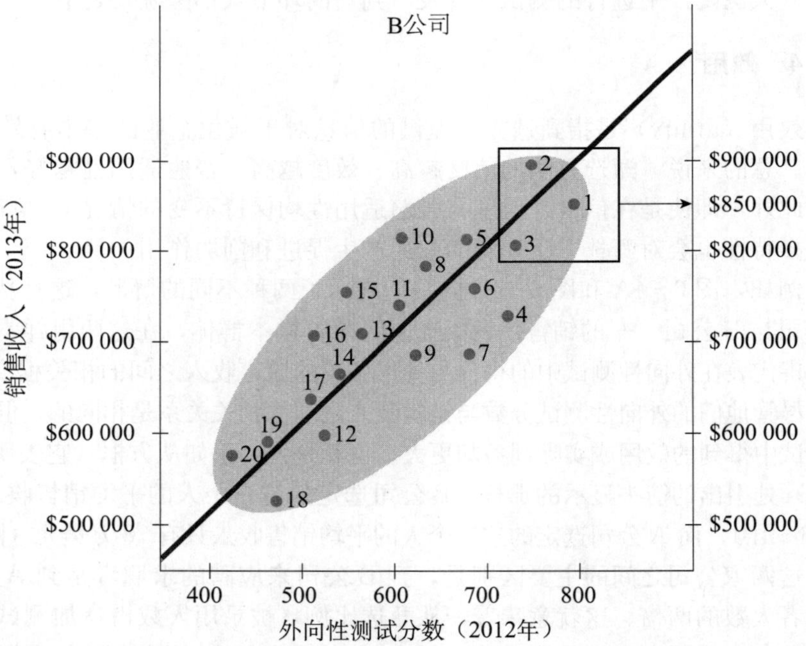

图 6－4B　B 公司

甄选技术的效用会特别高。正因为如此，反周期雇佣的做法对于企业建立长期竞争优势可能特别有效。

还有许多其他因素会对一种测试的效用产生影响。例如，一个职位的任职者提供的产品或服务本身的价值会对一种测试的效用产生影响：任职者生产的产品或服务的价值越高，则企业在甄选出最优秀的求职者方面达到的效用水平就会越高。例如，对高科技公司而言，一个有记录证明曾高效协助开发创新型产品的软件工程师团队具有极高的价值。如果公司雇用了一批没有此类记录的完全陌生的员工，并从头开始组建团队，则可能需要经过很多年才能看到这些通过单个雇用拼凑起来的团队的价值。所以，这一行业中的许多公司都愿意花更多钱雇用一个完整的团队。“人才收购”这一术语描述的就是这种现象。在一些案例中，很多公司愿意付500万美元来雇用一个独立的团队为它们工作。脸书公司人力资源总监艾希莉·万迪（Ashley Vandy）表示：“我们在不断地寻找人才，而这种雇佣团队的做法是把人才引进公司的方式之一。”[8]

确实，最近的一些案例都强调了雇用人才的效用，正如这里的“循证人力资源管理”专栏所述，工作绩效并不是正态分布的，而是以幂分布定律的形式出现。所以，辨别并雇用最好的员工，而将较次的员工留给竞争对手所具有的意义，要比以往大家认为的更大。

循证人力资源管理

大部分个体差异都以正态分布的形式出现。在这个意义上，多数人属于中等水平，小部分人会比平均水平高一些或低一些，只有很少的人会特别高或特别低。人们传统上认为工作绩效呈正态分布，即使只有很少的证据证明这一点。然而，一项有60万人参加的研究挑战了这一观点，参与者包括艺人、政治家、业余运动员、专业运动员以及科学家，研究结果证明人的工作绩效遵循幂分布定律。图6-5表明，幂分布定律和正态分布是怎样戏剧般地有所不同的，也就是说，实际上只有很少的人绩效很好，大部分人都是潜在的低绩效者。

这些关于效用分析的新发现很有意义，因为研究表明：“高绩效员工”（如经过有效测试选出的高于平均水平一个标准差的员工）和“普通员工”（如处于平均水平的员工，可能是随机选出来的）创造的美元价值的差异比预期的（呈正态分布）更大。基于样本研究中的数据，如果按照正态分布来看，普通员工和高绩效员工的价值差异应当为11 327美元，但是如果按照幂分布定律来看，两者的价值差异则达到39 645美元。很明

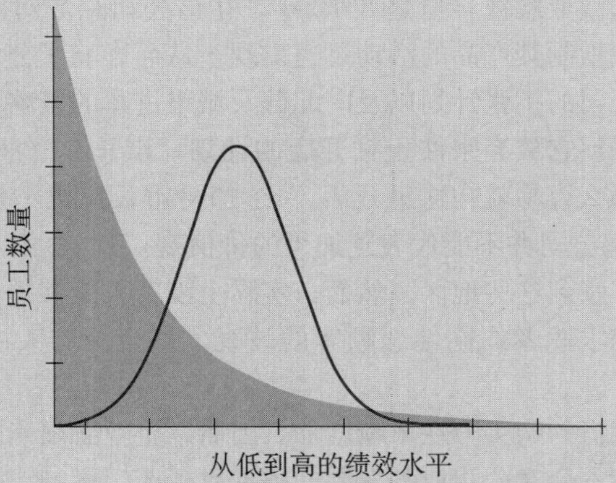

图6-5 比较正态分布和幂分布定律

显，在大公司中，每位员工的价值差异在迅速扩大，这表明甄选出最好的、最聪明的员工对公司来说具有重大财务意义。

资料来源：E. O'Boyle and H. Aguinis, "The Best and the Rest: Revisiting the Norm of Normality of Individual Performance," *Personnel Psychology*, 65 (2012), pp. 79-119.

6.2.5 合法性

任何一种甄选方法都必须满足的最后一个标准是合法性。一切甄选方法都必须符合现行的法律以及司法判例。那些因为非法歧视而被告上法庭的企业需要承担高额的诉讼费、和解费以及仲裁费，同时，这会给它们的社会信誉和品牌带来潜在影响，给招募工作带来更大的困难。此外，虽然诉讼威胁早已存在，但在人们难以找到工作的经济衰退期，这个问题尤其麻烦。事实上，在2011年一年中就有超过10万起歧视诉讼案被起诉到美国公平就业机会委员会。[9] 例如，最近发生的一个涉及种族歧视的集体诉讼案件就控告广告行业对非裔美国人实施歧视。这项诉讼要求美国的四家广告公司（Interpublic，Omnicon，Publicis 和 WPP）赔偿2 000万美元。[10]

与之不同的一个案件是，沃尔玛公司面临赔偿10亿美元的控告。这一控告指出这家零售商歧视女性，在面试过程中充斥着带有性别刻板印象的主观判断和分开面试的现象，同时限制女性在工作中的晋升机会。[11] 尽管案件最终以沃尔玛获胜而结束（100万名女性原告不能证实她们是这种共同政策的受害人），但是所有的证词都损害了沃尔玛公司的声誉，使该公司遭受巨大的损失。最高法院院长鲁斯·金斯伯格（Ruth Ginsberg）指出："原告的证据以及参与者的叙述都证明公司确实存在性别歧视。"虽然沃尔玛在法院获胜了，但公司在劳动市场上的声誉受到了影响。[12] 此外，作为雇主的沃尔玛公司的不公正歧视行为对其声誉造成的负面影响甚至波及其产品市场。比如，如果沃尔玛被认为歧视女性的话，很多女性顾客可能就会选择到其他地方去购物。

这种情况正是福来鸡（Chick-fil-A）快餐公司正在经历的。虽然公司从未被指控存在任何形式的就业歧视，但是2012年，在该公司总裁对同性恋婚姻发出不当评论之后，一次强烈抵制其产品的活动迅速出现，从而影响了公司产品的销售。更糟糕的是，这威胁到公司的扩张计划以及向北部及城市进军的策略。波士顿市长很快给福来鸡公司去信，督促它放弃来波士顿开店的计划，市长在《波士顿报》上说："我不会让福来鸡公司那么容易就在这里开店。"芝加哥市长拉姆·伊曼纽尔（Rahm Emanual）说："福来鸡公司并不能代表芝加哥的价值观。"旧金山和纽约等地组织运动来反对福来鸡公司扩张到这些地区。然而，实际上没有人能够提供证据来证明这家公司确实存在对同性恋求职者或同性恋顾客的歧视，甚至没有人由于这个原因指控过这家公司。[13]

各种少数族裔的购买力在不断增加，因而，企业必须确保自己制定的能被外人感知到的歧视政策不会对公司业务发展的根本目标产生影响。我们在开篇案例中已经提到由于出生率和死亡率而产生的"少数族裔人口占多数"的情况，但是此类数据在购买力方面能产生积极的影响。到2015年，西班牙裔美国人在美国的产品和服务上消费的金额将达到1.5万亿美元，比2010年增加一半多。同一时期，非裔美国人的消费水平将提高到1.2万亿美元，上升25%。最后，亚裔美国人的消费水平将会增加到每年7 000亿美元，上升40%。许多公司都在积极地招揽这些新顾客，这种情况也会反映在这些公司的市场和雇佣实践中。[14]

■ 联邦政府法律

为大多数求职者提起诉讼奠定基础的主要是三部美国联邦政府的法律。第一部法律是1991年颁布的《民权法案》（我们在第3章中讨论过），它是对1964年颁布的《民权法案》所做的扩充。该法案保护个人在就业、薪酬以及工作条件等方面免予受到种族、肤色、性别、宗教以及原国家来源等方面的歧视。1991年《民权法案》与1964年《民权法案》相比，主要区别在于以下三个重要方面。

首先，1991年《民权法案》明确规定企业应当承担以下责任：对于任何看似属于中性但会对法律特别指明的那些人员群体产生不利影响的甄选方法，企业必须能够指出这种甄选方法确实属于经营所需。要达到这一要求，典型的做法是企业拿出证据表明某种测试具有很高的效标关联效度或内容效度。如果企业不能拿出证据证明测试结果确实能够预测绩效差异——而研究表明，想要证实存在这种差异很困难——那么这个过程可能就会被裁定为违法。需要指出的是，“客户偏好”不是一种合法的理由来替有不利影响的过程做辩护。

其次，1991年《民权法案》允许个人提出申诉，并且由一个陪审团来决定此人是否应当因受歧视而产生的心理伤害获得惩罚性损害赔偿（除了损失的薪酬和福利以外的赔偿）。这种做法有可能会导致公司支付巨额赔偿金，同时还会对其造成不良的社会影响，进而对企业的竞争力形成阻碍。

最后，该法案还明令禁止给予少数族裔群体偏向性对待。偏向性对待对企业来说往往很有吸引力，这是因为大部分对求职者进行甄选的有效方法——尤其是认知能力测试和工作样本测试——往往会产生较为严重的不利影响。[15]因此，在企业中通常会存在某种程度的平衡，即一方面选择那些在效度较高的测试中得分较高的人，另一方面兼顾劳动力队伍的多元化。[16]

可以做到“鱼与熊掌兼得”的隐含方式之一就是：首先根据不同的种族或性别对求职者进行分组，然后在各自的组里再根据测试分数进行排序，最后录用每个组中排在最前面的10%的人，而不是在忽略种族或性别的情况下录用所有求职者排序中位居前10%的人。许多人认为这种做法是合理的，这是因为它在一定的背景下实现了公平，然而，这种做法却会使非裔美国人遭受无意识的偏见。不过，1991年《民权法案》已经明确禁止企业采取这种做法（有时称为种族评判法）。法律之所以禁止这种调整测试分数的做法，是因为人们发现它有许多负面影响，一方面，它对白人男性的态度产生了不良影响，他们认为这种做法会产生逆向歧视。[17]另一方面，这种做法对偏向性对待理论上的受益者同样会产生负面影响。最高法院最近关于得克萨斯州大学的案件表明，大学想在兼顾“择优录取”和避免逆向歧视的基础上实现多样化的目标是非常困难的。特别是，为了增加非裔美国人和西班牙裔美国人在学校的比例，学校政策规定录取每个高中前10%的毕业生。由于在得克萨斯的许多高中实行种族隔离，因此这一政策确保每个种族的成员都有机会上大学，实施起来有点类似于种族评判法。该政策实行到目前为止，一切都还顺利。[18] 为了进一步推行多样化，学校招生办主任表示，许多在郊区贵族学校读书的美国黑人学生通常会被大学拒绝，即使他们的成绩比城里的学生更高。然而，在学校试图录取这类学生时，这一政策受到最高法院的制止。因为这一政策意味着一个在贵族学校上学的白人学生如果取得同样的成绩将不会被录取，而黑人学生却可以被录取。法院认为这明显是对种族的逆向歧视。[19] 确实，尽管美国不允许为吸收不同的群体而实施种族配额，但正如这里的“通过全球化进行竞争”专栏所述，欧洲虽然也不允许这样做，但“粉色配额”如今在欧洲开始盛行。

通过全球化进行竞争

欧洲的“粉红配额”

尽管女性人口占到意大利总人口的大约一半，但她们在意大利企业的董事会中却仅占6%。这是欧洲的最低水平，其成因可追溯到更广泛的社会问题。比如，意大利女性的劳动力参与率为46%，在欧洲主要国家中处于最低水平。这种低劳动力参与率可归因于意大利比较死板的劳动法的规定，它使得女性很难从事兼职工作，因此女性劳动者在生育之后就不得不远离劳动力市场，不能重新就业。这种流失积少成多，最终造成这样一种情形：只有极少数女性能够获得胜任董事会成员职位所必需的各种技能和经验。

意大利政府为扭转这种趋势，通过了一部新的法律，它要求所有的意大利上市公司和国有企业确保在2014年以前使董事会中的女性比例达到33%。虽然这种通常被称为“粉红配额”的法律在欧洲越来越普遍，但意大利政府设置的这个比例比法国（2014年达到20%）和英国（2015年达到25%）高得多。同时，不像瑞典和荷兰的法律规定那样仅仅是倡导企业自愿遵从，意大利的法律下达了明确指令。新近加入菲亚特公司董事会的乔伊斯·比吉欧（Joyce Bigio）指出：“我始终确信采取积极的反歧视行动的必要性。这是打破某种屏障和矫正不平衡的唯一方式。”

具有讽刺意味的是，由于一方面企业面临对女性劳动力的新需求，另一方面欧洲的候选人却供给短缺，因此许多公司为了满足法律的要求，常常需要雇用美国女性来担任董事会中的职位。在美国，女性在董事会成员中所占的比例接近20%，因此已经成为一个可供欧洲企业选择的富有经验的人才库。另外，许多欧洲公司在美国的产品市场上开展竞争，因此除了经验之外，美国的女性董事成员还带来了对美国消费者市场的理解，而这些内容不为欧洲女性所熟知。

然而，为欧洲企业的董事会雇用美国女性是一件比较困难的事情。部分原因是这种职位需要大量的时间投入以及海外旅行，但配额系统自身的存在才是最大的障碍。曾在美国多家董事会中担任董事的海伦娜·莫瑞西（Helena Morrissey）指出：“我并不支持欧洲强制推行的董事会女性配额计划，我不想因为企业需要填补某个‘配额’才进入董事会工作。”许多意大利女性有同样的感受，认为需要采取变革措施。在三家意大利企业担任董事的伊丽萨贝塔·玛吉斯特雷蒂（Elisabetta Magistretti）曾在一次陈述中表达出同样的感受：“虽然我对为了完成配额而进入董事会工作感到有些失望，但如果没有这个法律，企业可能永远不会考虑雇用我们。现在是让女性来证明她们也能胜任这份工作的时候了。”

讨论题

1. 女性在企业董事会中的比例更高如何同时促进社会目标以及竞争力目标的实现？

2. 国家和企业可以采取哪些长期措施来消除对配额措施的需要？

资料来源：J. S. Lublin，“Pink Quotas Alter Europe's Boards，” *The Wall Street Journal Online*，September 11，2012；G. Zampano，“Italy to Push ‘Pink Quotas，’” *The Wall Street Journal Online*，June 5，2012；D. Brady，“Hard Choices，” *Bloomberg BusinessWeek*，October 1，2012，p. 88.

企业可以采用其他几种办法来部分地同时实现企业的预期绩效最大化以及员工队伍多元化两个方面的目标，而不需要使用种族评判法。第一，对受保护群体人员的积极招募允许企业招募更多的受保护群体员工，通过提高在这一大群体中的选择性，这些群体候选人的分数和其他群体的分数更为接近。[20]第二，正如我们将在本章后面看到的，不同的选择方法会产生不同程度的负面影响，因而可以采用在不同甄选阶段使用不同方法的多阶段甄选手段。[21]关键是采用在该过程的初期负面影响很小，而在后期才有很多负面影响的方法。第三，通过直接展示过去的不公平行为和无意识偏见所产生的负面影响，那些未能从反歧视行动计划中得到好处的人更有可能将这种做法视为一种短期的补救措施，因而是可以接受的。[22]

最后，一种常用的但似乎并不奏效的方法就是，抛弃我们会在后面讨论的遵守法律规定的循证式劳动力队伍利用率评价，转而采用一种更加软性的“融合”行动，这种行动尽管表示看重多元化的价值，但却没有制定明确的目标，也没有达成目标的时间表。一些公司更像是把多元化当成一种营销活动，而不是一项有计划的人力资源管理活动。并非例外的一种情况是，很多因为实施“融合项目”而获奖的企业，比如美国的德士古公司和美国银行，最终都被证明存在非法歧视行为。一些观察家指出，在“融合项目”方面排名前50的公司和广告费用排名前50的公司几乎是完全重合的，在这一关键领域千万不能忽视用实质性的内容来补充表面的作秀。[23]看一家公司是否真的多元化，并且能避免法律诉讼的一种简单方法就是要看：第一，公司里有一位特定的员工（比如多元化监察主管），其唯一工作就是监管雇佣方面的统计数据；第二，这个人有权改变雇佣实践；第三，这个人在达成量化结果方面对自己的绩效评估严格负责。[24]

虽然很多牵涉《民权法案》的诉讼在纠正一些涉及种族和性别的歧视，但是保护宗教信仰不受歧视同样应该受到重视。特别是，在“9·11”事件之后，有证据表明，对穆斯林求职者的歧视在不断增加。[25]同时，大概是因为美国强调宗教自由和言论自由的价值观，和与性别和人格特点相关的诉讼相比，基于宗教的诉讼很少。

1967年颁布的《反就业年龄歧视法》是在人员甄选方面得到广泛运用的一部美国法律。法院对这部法律的解释在一定程度上回应了《民权法案》的相关规定，即如果任何一种看似中性的措施实际上会对40岁以上的人产生不利影响，那么举证的责任就会转移到企业身上，企业必须证明这是经营必需才能避免被判违法。[26]这一法案没有对年轻的劳动者提供保护（因此，这里并不存在逆向歧视的问题），但是正如最新颁布的这部《民权法案》一样，它规定了陪审团审判制度以及惩罚性损害赔偿等条款。该法案还使几乎所有的“强制退休”计划（即规定企业中的每个人到了一定年龄都必须退休的一种公司政策）都变成非法的。

最后，1991 年颁布的《美国残疾人法》则为那些患有生理或精神残疾（或有这方面的病史）的人提供了保护。它要求企业为残疾人提供“合理的便利”，因为这些人身上的残疾可能使他们无法完成目前的职位设计所要求完成的一些工作职能。“合理的便利”可能包括职位的重新设计、工作时间表的调整、提供残疾人需要的设施以及提供阅读器或矫正设备，等等。《美国残疾人法》不要求企业必须雇用那些在执行关键或例行工作时存在困难的残疾人，也不要求企业提供那些可能会引发“不必要困难”的便利。然而，随着各种辅助设施的技术进步以及工作逐渐从要求劳动者的体力到要求他们思想的转变，残疾人可以从事的工作比例越来越高。[27]

■ 行政命令

正如我们在第 3 章中指出的，政府行政部门也可以通过行政命令的方式对企业的雇佣决策施加影响。11246 号政令与 1964 年《民权法案》提供的保护基本是相同的，但是它却在以下两个重要方面有了新的进展：第一，这项行政命令不仅禁止企业有歧视行为，而且还在事实上强制企业必须采取积极的反歧视行动去雇用合格的少数族裔求职者。[28]第二，该政令还允许政府在对承包商进行歧视调查期间（而不是等到调查结果出来以后）停止与它们的一切商业往来，这就给企业施加了很大的压力，使它们不得不服从行政命令的规定。行政命令要受到联邦合同执行程序办公室的监督控制，该办公室通过发布操作指南（比如联邦政府民族事务署在 1983 年发布的《反歧视行动计划指导书》）来帮助企业遵守这些行政命令的规定。

6.3 甄选方法的类型

本章的前半部分给出了可以判断甄选方法优劣的五项标准。在本章的后半部分，我们将考察在各种组织中常用的一些甄选方法，并且根据我们列出的这五项标准来分别讨论它们的优点和缺点。

6.3.1 面试

甄选面试可以定义为“一个由一人或多人发起的以收集信息和评价求职者是否具备任职资格为目的的对话过程”。甄选面试是在各种组织中应用最广泛的一种甄选方法，有无数的研究测试过其有效性。[29]

然而，令人遗憾的是，对雇佣面试所做的长期研究却表明，如果不能做到足够细心，甄选面试很可能是不可靠的，效度也会很低，同时还有可能形成对不同求职者群体的偏见。此外，面试成本相对来说较高，这是因为它至少要求由一个人来面试另一个人，并且面试者和求职者必须到同一个地方见面。最后，就合法性而言，面试过程中表现出来的一些主观因素常常使被面试者感到很不舒服，当他们被询问了许多显然与工作无关的问题却没有得到雇用时，这种感受尤为强烈。像面试这样的主观甄选方法如果显示出一定程度的不利影响，则必须通过传统的效标关联效度或者内容效度分析程序来证明这种甄选方法的有效性。

值得庆幸的是，最近的许多研究都提出了很多能够增强甄选面试效用的实际措施。首先，人力资源管理者应当使面试结构化、标准化，并且不要使面试目标过于分散。也就是说，他们事先就应该制定好计划，在面试过程中根据少量的可观察维度（比如人际关系类型以及自我表达能力）对被面试者进行量化等级评价，同时，对那些最好通过测试手段进行评价的能力（比如智力等），要尽量避免通过面试方法来做出评价。除了通过面试对被面试者做出量化评分之外，面试官还应该做好结构化的笔记，在需要为自己的量化排序提供证明时帮助自己回忆当时的评分理由。[30]

其次，可以询问求职者他们在实际工作中很可能会面临的一些具体情况，然后根据他们的回答来判断被面试者在描述的那些情况下可能会采取怎样的行动。在这种**情境化面试**（situational interview）中提出的问题已经表明具有很高的预测效度。[31] 如表 6-2 所示，这种情境化面试问题可以划分为两种类型。有些问题是“以经验为基础的”，这类问题要求被面试者回答他们在过去的工作中遇到这种情形时是如何处理的。另一些问题则是“未来导向型的”，这类问题所要询问的是，求职者在将来遇到某种假设的情形时会采取何种处理措施。研究表明，这两种类型的问题都表现出较高的效度，不过，与“未来导向型的”问题相比，“以经验为基础的”问题的效果往往更好。同时，与未来导向型问题相比，以经验为基础的问题会减少印象管理（如刻意讨好）的概率。[32]

表 6-2　以经验为基础的和未来导向型的情境化面试问题举例

以经验为基础的面试问题	
激励员工	“请想一想你有没有遇到过这样一种情形：你必须鼓励某位员工去完成一项他不喜欢做，但是你却必须让其完成的任务。你当时是如何处理这种情况的？”
解决冲突	“你与某位同事之间曾经发生的最严重的观点分歧是什么？你是如何处理这种情况的？”
克服变革阻力	“在过去的工作中，你完成的最为困难的变革是什么？你是如何改变你周围那些人的想法或行为的？”
未来导向型面试问题	
激励员工	“假设你手下有一位员工，你知道这个人特别不喜欢完成某项特定的工作任务。然而你却必须找人去完成这项任务，并且这个人是你能找到的完成这项工作的唯一人选。你将如何激励这个人去承担这项工作？”
解决冲突	“设想一下，假定你和你们团队中的另一位成员在怎样才能最好地解决缺勤问题上产生了分歧。你将怎样应对这一局面？”
克服变革阻力	“假设你有一个想法，可以通过改变工作流程提高产品质量，但你所在的工作群体中有些人对于变革犹豫不决。在这种情况下你会怎么办？”

当提出涉及求职者诚实和诚信等方面较为敏感的问题时，情境化面试会特别有效。很明显，简单地直接询问求职者是否诚信根本不可能得到太多有用的信息。然而，如果设定一些处于道德困境之中的情境，然后让求职者来讨论他们在过去是怎样处理这种情况的，常常可以揭示出不同的求职者在面临相同的道德困境时会采取哪些不同的做法。比如可以这样提问：“我们经常会看到有些人在工作中会打规则的擦边球，请举出类似的使你陷入困境的两个例子，然后告诉我你是怎样进行处理的”，面试官通过提出这种问题就可以迫使求职者揭示出他们是如何面对道德困境的。在这种问题设定的情境下，求职者实际上处于观察者的位置，而不是作为行为人，因此在揭示自己是如何处理这种道德困境的时候，求职者的防御心理就不会那么明显了。[33]

请受过相关培训的多位面试官共同参加面试也十分重要，这样一来，就可以避免产生当一个人对另一个人进行评价时可能出现的许多主观性偏差。例如，谷歌曾有这样一个问题：面试官偏爱个人背景与自己相似的求职者。因为根据他们对本地数据的分析，发现管理者喜欢雇用与自己相似的员工。为了解决这个问题，谷歌现在为每一位求职者编制了详细的档案，然后由多人小组进行面试而不是单人面试。负责人员运用事务的谷歌公司副总裁拉斯洛·博克（Laszlo Bock）指出："我们尽可能使单个面试官做出雇佣决策的权威和权力最小化，因为这样的决策会影响整个公司的发展。"[34]现在，许多企业都将面试过程录制下来，然后把录像带从一个地方传送到另一个地方（而不是让求职者去跑）。

有人认为这种做法具有成本有效性，因为它允许多位评价者在标准条件下对同一位求职者进行评价。用视频来面试求职者的做法首先出现在大学校园里，因为这里的技术资源普及。然而，随着时间的推移，很多私营企业开始向公众提供这样的服务。[35]当然，许多企业发现，由于视频面试缺乏真实的互动，所以在一定程度上限制了它的价值，但是面对面互动技术的使用还是在增加，比如 Skype 软件。[36]

不管面试时使用何种媒介，面试官都应该接受培训，在培训方面付出较少的资金（3 000～30 000 美元）可以节省之后可能产生的大量费用，因为通过培训可以避免诉讼案件以及不良的雇佣决策给公司造成的损失。[37]在对面试官的培训中，如何将面试过程中的主观因素控制在最低限度是核心问题。研究表明，最好是要求面试官仅仅做事实的"见证者"——这些事实随后可以再运用某种客观的公式来加以整合，而不是让他们直接充当"法官"，即让他们对各种事实加以权衡，然后通过对这些事实加以合并来形成最后的建议。[38]除了做一位见证者之外，有时面试官还必须像一位检察官，这是因为被面试者会努力展现出他们个人的任职资格条件中积极的一面，虽然这些过于积极的特征可能不是虚构的，但会存在夸张的问题。在竞争非常激烈的状况下，求职者更倾向于提供虚假信息，关于简历造假的数据显示，在 2007 年发生的经济衰退时期，简历造假数量达到了一个高峰。之所以会出现简历造假的高峰，一部分原因在于求职者，另一部分原因则是企业现在能够很轻易地通过像谷歌这样的网站查询到求职者的一些信息。[39]2006 年针对企业的高管人员招募者所做的一项调查证实了这一点，他们表示，企业到网络上去搜索求职者的信息是一种很常见的做法。事实上，在此次调查中，有 35%的受访者表示，他们根据从网络上搜索到的信息剔除了一些求职者，而在上年采取这种措施的企业所占比例只有 25%。[40]对于那些刚刚进入劳动力市场的人来说，由于社交媒体在其日常生活中扮演的角色越来越重要，所以，公司获取求职者信息更容易了。[41]

6.3.2 证明材料以及履历资料核查

正如几乎很少有企业愿意未经面试就雇用一个人一样，几乎所有的企业都会在实际对求职者进行面试之前利用一些方法获取关于求职者的背景信息。这些信息可以从证明材料中提供的熟悉求职者的人那里获得。

然而，针对证明材料核查这种甄选手段的信度与效度所做的研究却表明，这种方法得出的结果对于求职者的未来工作绩效的预测能力很差。这种甄选手段效度较低的一个主要原因是，大多数推荐材料或证明材料对求职者做出的评价都是非常积极的，因而很难利用它们来对求职者进行区分。推荐信存在的这些问题主要是由两个方面的原因引起的：第一，写推荐信或证明信的人常常是求职者自己选定的，因而他们总是会让那些对自己的能力评价最高的人来为自己写推荐信或证明信。第二，由于写推荐信或证明信的人不知道谁会是读到这封信的人，因此他们担心提供关于某人的负面信息可能会给自己带来麻烦。这一担心不无道理。因此，很显然，对求职者过去的雇主来说，最好只提供关于其员工的职位名称和工作年限的信息，除此之外不再提供任何其他更多信息。总而言之，如果企业不仅仅拘泥于求职者自行提供的那些推荐材料，而是通过这种渠道得到大量的（10～12份）证明材料，同时通过电话与这些人进行直接的互动交流——这种信息交流既可以是公开的，也可以是匿名的——那么，证明材料核查的效度就会上升。[42]此外，正如在面试中一样，使用履历资料时最需要关注的一个问题是，求职者可能会提供一些对自己有利的歪曲的信息。

事实上，30%的公司表示在检查推荐信时发现了求职者错误的或歪曲的信息。凯业必达公司的职业顾问迈克尔·欧文说："由于某些原因，人们以为公司不会核查他们的推荐信，因此可以提供一些伪造的信息。事实上，80%的公司在通知面试或录用之前会核查推荐信。"[43]

有证据表明，直接从求职者那里收集来的履历性信息的效用更积极一些，尤其是对于像流动率这样一些特定结果性指标来说。[44]获取此类信息的低成本显著增强了这种信息收集方法的效用，尤其是当把通过这种方式获得的信息，与通过稍后精心设计的面试获得的互补性而不是重复性的信息结合在一起使用的时候，效用更加显著。

教育背景是个人简历中最重要的信息之一。在有些情况下，企业会寻找具有特殊教育背景的员工，比如在工商管理、护理或工程等方面获得学位的人才。不过，也有一些企业愿意雇用那些具有批判性思维和解决问题能力的具有大学文凭的员工。[45]企业之所以关注求职者的教育背景，主要是因为经济性质要求使用更多受过高等教育的员工。尽管就业率相对较高，企业还是难以找到具备公司所需技能的员工。[46]"教育差距"（education gap）指的就是某个特定地区的工作所要求的平均受教育程度与当地的实际平均受教育程度之间的差距。美国整体的教育差距大约为5%，但是在有些城市，比如拉斯韦加斯，这一差距扩大到10%。教育差距大的地区，失业率往往也很高，而且在经济扩张时，就业复苏也比较缓慢。[47]

需要再次提到的是，在面试方面，最大的问题在于求职者可能提供虚假的信息，这是在使用简历数据时最让人担忧的事情。简历造假现象越来越普遍，一项调查表明，大约有45%的求职者会在简历中提供一些虚假的信息。最近一个引发关注的案例发生在雅虎公司，该公司发现自己新雇用的首席执行官斯科特·汤普森（Scott Thompson）公开声称自己拥有石山学院（Stone Hill College）的计算机科学学位。然而事实上，一项调查发现，汤普森不仅在简历上造假，还试图通过责怪他人的过错来掩盖自己的问题。汤普森把错误归咎于一家猎头公司，指责是这家猎头公司的错误。然而，这家猎头公司能够提供一份来往邮件证明事实并不像他说的那样。最后，雅虎公司要求汤普森辞职，但是这件事给雅虎公司带来很大的麻烦，因为这已经是它五年来换掉的第四位总裁，这说明该公司没有能力雇用一位好的领导者。[48]

为了避免像这样使人难堪的事件发生，许多企业都会雇用外部公司对员工进行背景核查。背景核查对企业会有所帮助，但是许多提供背景核查的公司本身并不可靠。

此外，背景核查也不能提供任何保证，这是因为一些经营造假业务的企业的存在增加了背景核查的复杂性。一些大学和州政府监狱的数据系统甚至被黑客入侵，这些黑客服务公司试图在数据库中插入或者删除它们客户的姓名。[49]

尽管要求求职者必须对履历中的资料信息做出详细描述并非一个万能的解决办法，但这种做法在一定程度上还是有益的。[50]较为详细的履历资料描述应当为求职者的回答提供一些证据，这些证据包括涉及的人员姓名、时间、地点以及其他一些比较客观的信息，这些信息将有助于企业进行彻底的交叉审查。比如，不是简单地询问一位求职者是否带领过团队，而是通过详细的提问要求求职者提供其领导过的团队中的所有成员的姓名、整个团队在一起工作的时间和地点，并且说明整个团队完成的与特定的产品、型号以及客户有关的销售额。有证据表明，这种要求求职者对履历中的信息进行详细描述的做法减少了传统上的那些虚假行为的数量。[51]

尽管对求职者进行背景核查的做法在美国越来越普遍，但是在欧洲却几乎没有企业使用。欧洲和美国在背景核查方面之所以存在差异，主要有以下几个方面的原因。首先，在价值观和文化方面，欧洲人认为，求职者的隐私权优先于组织对一些信息的知情权。正如位于芝加哥的一家人力资源外包服务企业 Baker and McKenzie 合伙人安德鲁·博林（Andrew Boling）所说："在美国之外的其他国家，对个人权利的保护与我们在第一修正案中提供的保护是相同的——在欧洲，凡是属于隐私的东西理应处于隐私状态。"[52]因此，如果一家在欧洲经营的美国公司试图让一位员工同意对其做背景核查，那么它很有可能被拒绝，而在很多国家，企业未经当事人同意就去进行这种核查是违法的。

其次，和美国相比，欧洲国家的工作场所暴力事件要少得多，盗窃和欺诈事件发生的比率更是低得多。类似地，欧洲人和美国人不同，他们更倾向于接受较低的负债率，因此，即使是对求职者的信用问题进行背景核查，也很少会发现这样一种情况，即由于求职者的财务状况很糟糕，所以在涉及钱的问题时企业无法信任他们。例如，在美国金融危机最严重的时期，如果按照背景核查公司采用的大多数标准，那么，在受到信用卡情况调查的求职者当中，40%的人都会失去雇用的机会。类似的风险在欧洲所占的比例要低得多。[53]

再次，虽然欧洲更注重保护个人隐私的做法似乎会让企业处于不利地位，但另一方面，疏忽雇佣的法律概念在欧洲也属于闻所未闻。这就减少了企业为保护自己的合法权利而去做尽职调查以及获取大量数据的需要。与其他国家的情况一样，欧洲国家的个别员工可能会采取违法行为或犯下令人震惊的罪行，然而，这是一个违法者和法律之间的问题，雇用这个人的企业很少需要为员工的违法行为承担法律责任。

最后，如果企业不存在为避免雇佣过失诉讼而进行尽职调查的法律动机的话，在是否进行背景核查这一问题上所做的决策，就完全取决于企业认为这种调查对于自己筛选未来员工到底有多大的价值。然而，许多从事背景核查业务的公司收集来的信息都是不准确的，而在这些公司帮助企业防止未来出现问题的有效性方面，又缺乏足够的客观信息。例如，大多数欺诈都发生在那些因长期工作而对企业非常了解的员工身上，而不是发生在那些换着地方从事欺诈活动的员工身上。在欺诈罪名成立的诈骗犯中，只有7%的人有犯罪记录，因此企业在进行筛选时根本就不可能把他们找出来。

此外，在美国法院已经判定的欺诈罪案件中，大约一半的案子属于受害企业对当事员工做过背景核查的情况。因此，从各方面来说，背景核查很可能只是美国的一种独特的传统。[54]

6.3.3 身体能力测试

尽管自动化与其他方面的科技进步已经降低或调整了许多工作活动中的体力要求，但有些工作仍需要某些特定的身体能力。在这些情况下，身体能力测试不仅有利于预测未来的工作绩效，而且还有利于预测可能出现的工伤与残疾等情况。[55]在身体能力测试领域一共可以划分出七种类型的测试：（1）肌肉张力；（2）肌肉力量；（3）肌肉耐力；（4）心肌耐力；（5）灵活性；（6）平衡能力；（7）协调能力。[56]

对于某些特定的工作来说，这些测试的效标关联效度是相当高的。[57]不过令人遗憾的是，这些测试，尤其是其中的力量测试，很可能对一些残疾人和很多女性求职者产生不利影响。例如，在肌肉张力测试中，大约2/3的男性得到的分数比得分最高的女性还要高。[58]

在决定是否要使用这些测试时，有两个关键问题需要问一问。第一，这种身体能力测试对完成工作来说是不是必需的，在职位描述中事先明确说明了吗？无论是《民权法案》还是《美国残疾人法》都没有要求企业必须雇用不能完成必要工作职能的人员，并且两者都把职位说明书当成是证明工作中包括哪些必要职能的依据。第二，求职者不能充分完成工作是否会导致求职者本人、同事或公司客户的安全与健康遭受一定的风险？《美国残疾人法》中的"直接威胁"条款清楚地说明了，在这种情况下对残疾人的就业产生的不利影响是正当的。

6.3.4 认知能力测试

认知能力测试（cognitive ability tests）是根据个人的脑力特征而不是身体能力来对人进行区分的。认知能力包括许多方面的内容，不过我们只关注其中三个主要问题。**语言理解能力**（verbal comprehension）是指一个人理解并使用书面或口头语言的能力；**数字分析能力**（quantitative ability）是指一个人解决与数字有关的各种问题的速度与准确性；**推理能力**（reasoning ability）是一个范围更宽的概念，它指的是一个人在面对各种各样的问题时找到解决问题的方法的能力。

有些职位只要求求职者具备上述各种认知能力中的一项或两项能力。在这些情况下，对认知能力的几个方面做一个区分是比较恰当的。例如，随着美国多年来的经济发展，许多职位对语言能力的要求都提高了，但有目共睹的却是，测试者在测量这些方面基本技能的标准化考试中取得的成绩却是下降的。[59]一项针对400多家大型企业所做的调查显示，申请初级职位的求职者中有高达30%的人在读写能力方面的测试分数很低，企业如果不对他们提供补救性培训的话，这些人根本无法适应工作需要。[60]如果这是与工作相关的唯一的认知能力，那么这种能力就是企业在做雇佣决策时作为依据的唯一能力。然而，许多职位却具有高度的复杂性，因而需要具备各种认知能力中的大部分能力——如果不是所有能力的话，因此，一项总体性的认知能力测试常常可以与单独进行的各种认知能力测试达到相同的效果。既能够测量出这些认知能力同时信度也很高的商业性测试是很容易找到的，它们通常能够很好地预测出不同国家中的各种求职者的未来工作绩效。[61]然而，这些测试的效度与职位的复杂性有关，相对于较为简单的职位来说，当这些测试用于复杂性较高的职位时，效标关联效度更高一些。当这些测试用于随时间不断变化，因而要求任职者具有较强适应能力的那些动态的职位时，其预测效度也很高。[62]因此，在迅速变化的行业如科技领域工作通常要求任职者具有高水平的认知能力以适应不断变化的环境。[63]

这些测试的一个主要不足是，它们会对少数族裔求职者产生不利的影响。事实上，由于白人和黑人在这些测试中的得分差异太大，所以有些人呼吁，应该废除把这些测试结果作为决定谁适合进入某一学校或某一职位的依据这种做法。[64]上面提到的这种种族评判法是基于这样一种愿望而产生的：要以一种避免出现不利影响的方式运用这些效用高的测试工具。尽管最近对《民权法案》所做的新修订已经将种族评判法列为非法，但是有人提议采用分数带（banding）的做法，这样就可以做到既能够利用测试的价值，同时又能够使测试的不利影响最小化。分数带的概念是指将那些在测试中得分差距不大的相似群体的测试分数视为相同。这样，在任何一个分数带内部，少数族裔成员就会受到一定的优待。大多数观察家认为，当企业把一些测试分数捆绑在一起为少数族裔成员提供优待时，这种做法是可以接受的，这是因为分数带只不过是扩展了某一既定分数的范围而已。

例如，在学校的很多班级中，老师都把90～100分认定为达到4.0的学分。这也就意味着，尽管那些得到99分的人比得到91分的人要强，但他们得到的评级都是相同的（即4.0）。分数带的概念实际上是对所有的测试采用相同的逻辑。因此，如果有人打算在班级里用考试分数等级作为挑选标准，那么就意味着得99分的人和得91分的人有相同的机会（因为他们的学分都是4.0），并且，如果将他们的分数捆绑在一起，那就必须给少数人以优待。不过，正如种族评判法一样，分数带也是一个备受争议的概念，特别是当分数带的跨度设计得过宽时。[65]

到目前为止，我们看到了各种甄选方法，一个大家都关注的问题是为了取得好成绩，无论使用什么样的甄选方式，求职者都可能作弊或说谎。在面试中作弊并不是一个新现象。但电脑测试和社交网络的使用改变了作弊的性质和范围。“试题搜集”一词用来形容测试者使用先进的技术下载题目或在测试中用数码相机或其他设备拍摄题目，然后将试卷内容通过无线方式传输给外面没有参加测试的人，这些人会将问题公布给以后要参加测试的人。很明显，为确保测试的信息安全，安全预防措施是必要的，这些预防措施会随着技术的发展而更新。[66]

6.3.5 人格测试

能力测试试图按照个人能做的事情对他们进行分类，而人格测试则是按照人的个性来对其进行归类。最近两项关于人格问题的综述不约而同地提出了关于人格的五个具有共性的方面。我们将这五个主要维度称为“大五人格”，包括：（1）外向性；（2）稳定性；（3）宜人性；（4）责任感；（5）开放性。我们在表6-3中列出了一些适合描述每个方面的相应的形容词。

表 6-3 人格特征的五个主要维度

1. 外向性	友善的、好社交的、健谈的、表情丰富的
2. 稳定性	情绪稳定的、不沮丧的、安全的、满足的
3. 宜人性	谦恭的、信任他人的、和善的、宽容的、合作的、仁慈的
4. 责任感	可靠的、有组织的、坚持不懈的、细心周到的、成就导向的
5. 开放性	好奇的、富有想象力的、有艺术敏感性的、宽宏大量的、活泼有趣的

虽然对于上述每一种人格特征我们都有可能找到可信并且在商业上可行的测试方法，但有证据表明，这些测试方法的效度和普遍适用性都不是很理想。[67]在这五种人格特征中，只有责任感——描述了自我约束和自我激励等方面的特性——是对各种职位都具有较高效度的人格特征之一，因此许多从事实际工作的管理者指出，他们在寻找员工时都会把责任感作为最重要的考虑因素之一。的确，企业通常认为这一因素非常重要，正如这里的"通过可持续性进行竞争"专栏描述的，企业不会雇用那些长期失业的人，它们认为这是缺乏责任感的表现。

通过可持续性进行竞争

失业何时变成不能就业了?

2012年初，一些与美国经济相关的数据开始出现复苏的迹象。企业扩大了人员雇佣规模，裁员速度减缓，失业率开始下降，但是长期失业率——一个主要统计离开工作岗位6个月以上的失业人员的指标——却没有下降。2012年，550多万人失业的时间超过6个月，失业时间超过12个月的人保持在400万左右。后一个指标很重要，因为研究表明，长期失业会导致无法就业。这就形成了一群次级公民永远无法被雇用的局面，这种情况不仅损害了企业的利益，而且损害了整个社会的利益。

长期失业至少有三个方面的理由会给潜在的求职者带来伤害。首先，随着时间的流逝，工作性质发生的变化导致长期不工作的人可能不再具有完成当前工作的技能。比如，安德鲁·布里克内尔（Andrew Bricknell）在被通用汽车解雇之前，曾从事多年的汽车设计工作。布里克内尔在被解雇之后，曾经努力尝试再找一份与设计相关的工作，但最终却不得不接受驾驶大巴的工作。2012年，通用汽车时来运转，开始重新招聘包括汽车设计师在内的多种职位。但是，当时的汽车设计工作已经从画板绘图逐步转移到布里克内尔从未见过的复杂的电脑平台上去，因此他不再适合这份工作。

其次，即使一份工作所要求的技能并没有发生变化，许多企业也倾向于认为，长期失业本身暗示着一个人缺乏技能。这就是说，企业并不是去对求职者进行技能测试，相反，它们的一个基本假设是：长期失业人员一定缺乏技能。比如，一家销售公司的员工配置专员阿米·格雷莫（Amy Grimmer）在为销售岗位招募员工时就曾公开宣称："我们不会关注失业人群。我们觉得有天赋的销售人员都已经有工作了。"

最后，即使不考虑技能层面的因素，一些企业也相信，长期失业本身反映出求职者缺乏责任心和进取心。尤其是当一个人在失业保险到期后才去寻找工作，一些企业认为这样的人是懒惰的，会在不需要工作时得过且过。因此，与其直接通过人格测评来评价求职者的责任心或者从前任雇主那里获取推荐信（对于长期失业者而言更难与前任雇主取得联络），企业通常基于有罪推定而拒绝求职者。在现实中，许多经历过长期失业的人仅仅是想回到有意义的工作之中，但他们却面临着因为没有得到任何法律保护而受到歧视。

讨论题

1. 如何通过一个系统的、全面的测试和背景核查来消除一部分导致长期失业的因素？
2. 另一方面，这个问题的解决方案如何打破企业的雇佣惯例？

资料来源：B. Casselman，"Time Not on the Side of the Jobless," *The Wall Street Journal Online*, March 26，2012；D. Bennett，"Do the Unemployed Get a Second Act?" *Bloomberg BussinessWeek*，September 19，2011，pp. 64-70；S. Murray and C. McWhirter，"Long-term Unemployment Ripples Through One Town," *The Wall Street Journal Online*，January 18，2012；D. Akst，"How Employers See Prolonged Joblessness (and Why)," *The Wall Street Journal Online*，September 27，pp. 20-12.

人格测试的效度系数并不是要表明这些人格特征与员工的未来绩效存在的直接和正向联系适用于所有的职位，相反，人格测试的效度系数是与具体的职位联系在一起的。例如，外向的人一般在销售或政治类工作中表现卓越，因为这些工作需要良好的社交能力和自信，恰好这两点也是外倾者的重要特征。相反，内倾者更加适合做研究或是独自工作，比如会计或科学研究，因为这些工作需要耐心和敏感度。虽然外倾者和内倾者通过不同的方式完成工作，但是他们都能成为有效的领导者。外倾者是专权的、有魄力的领导，他们会通过带动员工情感上的投入来激励员工。而有效的内倾型领导是参与型领导，他们会倾听员工的建议，之后设置奖励体系，这样员工会为了自身的利益而努力工作。[68]

尽管缺乏效度，但人格特征在甄选测试中的应用逐年增加。一项研究表明，35%的美国企业在甄选员工时会使用这些类型的测试。[69]形成这种局面的部分原因在于，企业使用团队结构的情况越来越多，而这种结构更为强调员工在工作中的合作性。这种工作背景更为强调个人的工作任务之间的相互依存性，因此员工间的个性冲突就会比每个人单独工作时更突出和更具破坏性。[70]团队工作背景要求人们能够创建和维护角色和关系，而像宜人性和责任感等这样一些人格特征更有助于促进有效的角色承担。[71]另一方面，那些宜人性和责任感程度低的人更有可能在群体背景下采取一些反生产力的行为。[72]基于团队结构的组织在选择人员时的一个重要考虑因素是，选择团队成员的方式会如何影响到其他团队成员的要求。[73]在某些情况下，组织会尽量选择有着相似价值观和人格特征的人来组成团队，这样便于建立一种强烈的团队文化。当形成了强烈的团队文化时，每一位团队成员都有相同的观点和人格，这样就能够促进团队的和谐与凝聚力。[74]

在另一些情况下，人们组建团队的方式则恰恰相反，他们希望自己的团队成员有不同的价值观和个性。这种做法的目的是希望有多元化的观点，从而引起团队内部的争论，以激发创造力。[75]如果有人确实想采用这种方式组建团队，那么很关键的一点就是，必须采取措施确保在团队中没有很明显的“分割线”，因为这种分割线会导致形成强大的持反对意见的小群体。可以在团队中注入多元化的元素，通过审慎的甄选是可以避免小群体问题的。例如，想象一下，有一个由四人组成的小组，包括两男两女，其中两位是营销专家，两位是工程师，两人来自美国，两人来自法国。然而，这种多元化的人员配置方式可以是两名男性都是从美国来的工程师，而两名女性都是从法国来的营销专家。在这种人员配置情况下，团队中就会出现很明显的分割线，因为多元化的所有三个维度（国籍、性别、职位）都是聚合的，我们很容易预测到这个团队将会如何分解成两个小群体。相反，同样的多元化水平可以按照下面的结构来搭配：男性中有一位是工程师，而在女性中同样有一位是工程师，类似地，两位营销专家中也分别有一位男性和一位女性；最后，两位男性中，一位来自法国，另一位则来自美国。在第二种人员配置组合中就没有很明显的分割线，也很难看到团队出现分裂的状况。[76]

“情商”的概念在团队背景下也是非常重要的一个内容，这个概念常被用来描述那些在流动性的、密集的社会交往中能够游刃有余的人。情商一般包括以下五个方面：(1) 自我意识（了解自己的优势和劣势）；(2) 自我管束（控制破坏性情绪的能力）；(3) 自我激励（如何激励自己并在遇到困难时保持这种激励性）；(4) 移情（感受和理解他人情绪的能力）；(5) 社会技能（管理他人情绪的能力）。这种情商结构的主张者之一丹尼尔·戈曼（Danial Goleman）指出：“在更加强调灵活性、团队以及客户导向的新工作环境下，这些关键的情商胜任能力是我们在世界上每一个地区的每一个职位上达成卓越绩效所必需的因素。”[77]相较于能力和人格有衡量的标准，对情商的科学研究较少，评论家对情商这个概念提出理论和实证两方面的疑问。从理论上看，一些人认为这一概念过于宽泛，它把感知、能力、气质等已经很好界定的概念的很多方面混淆在一起。[78]从实证方面来看，有数据显示，即使一个人在大五人格测试和认知能力测试上取得高分，也很难预测其情商水平。[79]例如，情商的一个方面是讲自我管束和控制自己的冲动，而这一内容只是情绪稳定性的一个方面，这一概念很久以前就提出来了。的确，“愤怒管理”的标准化治疗虽是专门针对情绪稳定性低的人的，但同样也适用于情商低的人。[80]此外，关于情绪稳定性的标准文献对从临床症状不明显到出现临床精神错乱行为都有明确的特征标志，但对情商的测量却并非如此。尽管在一些人看来一个有精神病倾向的人不会被公司雇用，但是公司里有这种特点的人占总人数的1%，在首席执行官这一职位上，比例可能会更高些。[81]

将人格测试作为筛选工具的做法之所以越来越普遍，除了以团队为基础的结构广泛发展之外，还因为使用跨国结构的情况越来越多，同时要求任职者到国外去工作的职位也越来越多。被要求到国外工作的员工人数随着时间的推移而稳步上升，但企业在决定应当把哪些人派到哪里去工作的时候，主要根据技术方面的能力来做决策。然而，一项针对派驻中国香港、日本以及韩国的人员所做的大规模调查显示，高水平的情绪稳定性以及开放性是对外派人员的适应能力和绩效进行预测的两个最强因素，在预测哪些人在外派工作中能够取得成功，哪些人会遭受失败的问题上，这些因素的预测能力往往要超过技术专长。根据这项研究，不能适应（即有些人在完成任务之前就不得不打道回府）的成本估计高达每人15万美元以上，因此选择合适的外派人员对企业有很大的经济影响。[82]

当测试分数不是从求职者而是从其他人那里获得的时候，大五人格中的几乎各个要素在预测工作绩效方面的效度都较高。[83]让被测试者报告自己的人格特征之所以会产生较低的效度，主要原因有三个方面：第一，有些时候，人们对于自己的实际人格特征（或其他人对自己的人格特征的看法）往往缺乏深刻的认识，因此他们的分数往往不精确或不可信。第二，人格在不同的环境中有时会变化。因此，有人可能会在做一些社会活动——比如规划一个家庭婚礼或慈善聚会——的时候非常认真，而在做带薪工作时就不那么认真了。有些人可能在办公室会努力工作，但回到家里对家务事连一根手指也懒得动。因此，在标准人格测试问项中增加了“工作”状态的一些情境测试，通常比标准化的非情境测试效果更好。这一针对人格测试的情境化方法可以将平均效度增加 0.10～0.25。[84]第三，当对一些特征（如能力）进行测试时，曲线预测要比直线预测的效度系数更高。比如，在工作中绩效最好的员工的情绪稳定性通常处于中等水平。对于很多工作来说，太过紧张或过于平静都不是最理想的。[85]然而这种曲线预测更准确的结论却很少适用于能力测试，也就是说，那些在能力测试中属于“能力过高”的员工往往在绩效上也是水平最高的，只是在一些极端情况下才会表现为绩效下降。[86]

最后，一个影响人格测试效度的因素是，与智商测试不同，人们在回答个性问题时更容易“伪装”。研究表明，与仅仅为了研究目的而匿名填写问卷相比，人们为找工作而填写这些问卷时得出的责任心和情绪稳定性分数往往更高一些。[87]此外，一个没有通过人格测试的人，之后再做同样的测试可能会有非常高的分数。[88]企业可以采取几个方面的措施来尽量减少这种伪造的信息。例如，企业主直接警告求职者说自己会通过让别人做出评价来对求职者的自我评价进行交叉检验，似乎有助于减少信息伪造的情况。[89]此外，与由面试者对求职者的人格特点进行评价相比，采用问卷调查法时，被测试者对自己的人格特征进行伪造的程度会更高一些。[90]所有这些情况都强化了这样一种观点，即从其他人身上得到的信息比从求职者自身得到的信息质量更高。在仅仅使用自我报告法测试人格特征的时候，最好是仅仅运用这些信息来拒绝那些低得分者，但却不一定要雇用所有的高分者。[91]

6.3.6 工作样本测试

工作样本测试就是在实际雇用一位求职者之前，通过观察求职者在模拟工作中的表现来对他们进行考察。工作样本在模拟现实工作的真实程度方面可能差别很大。在有些情况下，求职者需要对一整套标准化的假设案例进行研究，并且通过角色扮演的方式来表明他们如何对特定的情况做出反应。[92]通常情况下，这些标准化的角色扮演还会采用交互式视频技术来创建一种“虚拟工作视听环境”。[93]确实，基于视频的角色扮演比纸笔测试更有参与感，预测效度更高。[94]而在另一些情况下，求职者会被直接带到企业的工作现场，以“试工”的方式在一段较短的时间里试着完成工作。[95]最后，一些企业在实践中采取了先短期试用，在经过一段较长时间的试用期（6个月到一年左右）之后再雇用员工的做法，尽管它们并没有将这种做法作为一种测试来看待，但这实际上是一种扩展了的工作样本测试。[96]这种“试工”的方式给了企业大量经验作为其雇用员工决策的基础。正如一位人力资源经理提及工作样本时所说的：“如果我们认为自己的面试能力高到可以预测出求职者在真实的工作环境中与真实的团队合作的情况，那我们就大错特错了。”[97]

在某些情况下，企业还会赞助一些竞赛，这类竞赛的参赛者们（他们在参加竞赛的时候甚至不能被认定为求职者）以短兵相接的方式解决某些与工作有关的特定问题，以争取获胜。各种各样的比赛在建筑和时尚设计等行业中已经屡见不鲜，并向其他很多商业领域扩展。这些竞赛在获得很多利益方面的成本有效性是很高的，有的比赛吸引了多达上千名参赛者，这些人带着自己在解决企业某些特定问题方面积累的聪明才智而来。[98]这种比赛特别适用于评价和“发现”那些工作经验还不是非常丰富的资历不深的年轻人。

作为人才战争的一部分，谷歌公司赞助了一项“谷歌编程挑战赛”，每年都会从全球各地吸引来上万名参赛者。这项为期一天的比赛要求参赛者在较大的时间压力下解决一些非常困难的编程问题。例如，入围决赛者需要在两个小时之内开发一套软件，让使用者只需点击很少的次数就能完成独特的高难度检索，或者是在这么短的时间里开发一种全新的、复杂的互动式战争游戏。竞赛优胜者将获得 7 000 美元的奖金，并且可以获得在谷歌公司久负盛名的研发中心工作的机会。不过，事实上，谷歌公司通常会雇用进入决赛的 50 位选手中一多半的人（但不保证如此）。在这种比赛中能够进入决赛的人是世界顶级程序员中的佼佼者，正如编程挑战赛主席罗伯特·休斯（Robert Hughes）指出的那样：“无论那些最优秀的人才在哪里，谷歌都想得到他们。”[99]

尽管工作样本测试有这么多优点，但它还是存在三个方面的缺点：首先，由于工作样本测试是专门针对特定职位设计的，因而它的普遍适用性很低。其次，工作样本测试的开发成本相对较高，部分原因在于对每一种职位都必须设计新的测试，另一部分原因在于这种测试是非标准化的。因此，从成本有效性角度来看，与为每个职位开发一种工作样本测试工具相比，直接购买可能适用于公司内不同类型职位的商业认知能力测试反而更好一些。出于这种原因，有些人认为，认知能力测试的效用比工作样本测试的效用要高，尽管后者有着较高的效标关联效度。最后，从另一方面说，工作样本测试是一种竞赛或比赛，这样的活动吸引的男性多于女性。事实上，对于那些要录用大约 50%的女性员工的职位，只有 15%的女性愿意参加这样的比赛。这表明，如果没有很好地监控的话，工作样本测试很容易产生负面影响。[100]

在对管理类职位的求职者进行甄选时，工作样本测试通常是评价中心方法的基石。一般来说，**评价中心**（assessment center）所描述的是各种各样的具体甄选方案，这些方案利用多种甄选方法来对求职者或任职者的管理潜力进行评价。参加评价中心测试的人通常都要参加公文筐等工作样本测试以及其他一些能力测试和人格测试。由于评价中心采用的甄选方法有多种，所以它们的效标关联效度一般都很高。评价中心可能被用来考察多种不同的个人特征，但通过这种方法能够考察的最重要的技能可能是“解决问题的能力”。[101]不过，由于在评价中心使用的不同甄选方法都具有很强的独特性，因此有些人认为，依据练习的得分就能够直接区分出成功者和失败者，而不再需要先通过这些练习对被评价者的任何一种技能、能力或特性等这样一些高阶特性做出判断，然后再做出成功和失败的区分。[102]事实上，研究表明，最好的甄选方法组合包括工作样本测试、高度结构化的面试以及认知能力测试。这样一套测试组合的效度系数常常超过 0.60。[103]

6.3.7　诚实性测试与毒品测试

在社会上面临的许多问题同样存在于企业内部，而这导致两种新型测试的出现：诚实性测试与毒品测试。最初，许多公司使用测谎仪来对求职者的诚实性进行评价，但是，随着 1988 年《测谎法》的通过，这一切改变了。这部法律禁止大多数公司在人员甄选过程中使用测谎仪进行测试。但是，由于员工偷窃的问题没有消除，所以，书面的诚实性测试这一行业诞生了。

通过纸笔方式进行的诚实性测试有多种不同形式。有的测试会直接询问求职者是否有盗窃历史，或者是否与那些从企业偷盗财物的人合作过。有些项目则不太直接，而是去挖掘更多的像社会遵从性、责任感以及情绪稳定性等这样一些基本特征。[104]对这类测试的效度进行大规模的独立审查，可以发现这些测试确实能够对盗窃以及其他一些破坏性行为做出预测。然而，如果研究由测试发布者来操作的话，相关性会更高一些。因为他们没有明显的利益冲突，是相对外部的、客观的参与者。因而，对于企业来说，一个很好的办法是对这些类型测试的预测准确性进行核查，而不是仅仅依靠测试发布者报告的结果。[105]

正像在人格测试中一样，有人也担心会出现这样一种情况，即接受诚实性测试的人会故意隐藏自己的真实想法，以便能够通过诚实性测试。有证据表明，那些被教会如何采取作弊方式在诚实性测试中获得高分（代表诚实）的人确实能够做到这一点。然而，这种情况是否会影响到这种测试结果的效度，目前还不太清楚。也就是说，虽然这种测试存在这种内在偏差，但测试分数还是能够预测出未来的偷窃行为。因此，作弊偏差产生的影响不足以使测试的效度受到太大的破坏。[106]

与偷窃一样，因员工吸毒而引发的问题越来越引起企业的关注。对于将其他员工和公众暴露在潜在伤害中的工作而言尤其如此。正如这里的"实践中的诚信"专栏所示，对于一些将安全看得至关重要的工作，过多考虑除工作效率和清醒冷静以外的其他因素（特别是政治因素）不仅仅是管理不善的问题，更可能涉及不道德的问题。围绕毒品测试展开的辩论并不在于它们的信度和效度，而在于它们是否侵犯了隐私，是不是一种没有道理的调查与检验，或者是对正常法律程序的破坏。尿检与血液检查是一种带有侵犯性的程序，而谴责某人吸毒也是一个很严重的问题。考虑使用毒品测试的企业最好确保自己的毒品测试程序符合一般法律规定的要求。首先，这种测试应当系统性地适用于申请同一类职位的所有求职者。其次，对于那些任职者如不能正确完成工作则可能会造成危害的职位来说，对求职者进行毒品测试显得理由更为充分。[107]最后，测试的结果应当反馈给求职者，并允许他们有某种渠道可以提出申诉（或者进行重测）。此外，测试应当在尽可能不受干扰的环境中进行，并且测试的结果一定要严格保密。最后，当测试以当前员工为对象时，企业还应当根据测试结果为吸毒员工制定内容更为广泛的康复性咨询计划。[108]

实践中的诚信

地方政治和承包商雇佣政策之间的冲突

为了增加当地的就业人数，巴尔的摩市议会在莱斯特·戴维斯（Lester Davis）的领导下，于2013年通过了一项新的法案，要求所有在本市经营生意的建筑承包商确保在雇用的工人中有50%是当地人。这样一来，承包商就不能雇用技术最好的工人，而必须雇用当地人。为了证明这一法案的正确性，戴维斯解释道："我们是付费的客户。当有人在消耗我们的资本时，我们理应有机会指导工作。"

然而，很多建筑承包商认为，这种要求阻碍了工程的完成和安全性，因而是违反伦理道德的。从完成工程的角度来看，建筑承包商在一定程度上根据本公司员工的技能和工作效率来投标，如果建筑承包商无法完全决定自己的员工雇佣过程，情况就会发生变化。正如建筑商和承包商协会的公共事务总监查克·博斯特尔（Chuck Borstel）说的那样：“你不知道你会得到什么样的员工，因为你到了另一个城市，你不知道当地工人的能力，这使我们处于不利的境地。”

从道德和法律的角度来看，这一规定也是存在问题的，因为它基于人们居住的地方否定了他们的权利。美国宪法中的特权和豁免权条款规定，如果一个州的政府为了保护本州人的利益而歧视其他州的人，则属于违法。伍斯特和泽西城市议会通过的法律与巴尔的摩市通过的法律相似，却由于宪法的这一条款被法院驳回了。巴尔的摩市首席律师乔治·尼尔森（George Nilson）认为，他很难在法庭上为该行政命令进行辩护，并承认这类法律无论在何时何地被质疑，“打赢官司的机会都是零”。

一些人认为，这种强制的命令是正当合理的，因为它是为了减少当地的失业人数，而且这一行业中的许多工作并不那么复杂和重要。然而，这些想法在费城的一座建筑物倒塌后就被粉碎了，这场造成6人死亡、13人受伤的事故发生的根源是一名叫肖恩·本斯乔普（Sean Benschop）的吊车司机。此人有长期吸毒且被捕的记录，事故发生后，他被测出吸食了大麻和止痛药。警方迅速逮捕并控告了他，不过，费城的律师也要求逮捕雇用本斯乔普的雇主，这说明费城要求雇主为自己的人员甄选决策质量负责。

讨论题

正如从上面专栏中能够看到的，雇主常常陷入这样一种困境，即政府一方面对它们能够雇用哪些员工施加某种限制，另一方面又要求它们必须对自己在雇佣过程中所犯的任何错误负责。企业在做出成功的雇佣决策时怎样才能同时满足这两个方面的要求？

资料来源：R. Ballhaus，“Cities Push for Local Hires，” *The Wall Street Journal Online*，June 6，2013；S. Candiotti and G. Botelho，“Crane Operator Wanted in Philadelphia Building Collapse Turns Himself In，” *CNN Online*，June 9，2013；“Crane Operator Accused in Philadelphia Building Collapse，” *Fox News Online*，June 9，2013.

本章回顾

在本章的开篇案例中，我们看到美国的人口构成正在变化，这对未来的员工甄选有一定的影响。关于雇用哪些人以及拒绝哪些人的决策，是企业为了获得竞争优势而必须做出的多项重要决策之一。这些决策必须基于有实证效度的程序，不能由那些没有受过培训且有刻板偏见的人随便做出主观判断。很多企业都是常规性地招募和甄选“精英中的精英”，给竞争对手留下的是可能会限制它们的竞争力的劳动者。本章总结了几百年来的多项研究成果，展示了公司在雇用过程中在员工甄选阶段可以运用的大量不同类型的策略。

思考题

1. 根据本章讲述的内容，获取求职者信息的最好方法是什么？

2. 能够从求职者身上发现的最好的个人特征有哪些？这些特征与职位的性质之间存在何种联系？

3. 如果你只能使用本章中讲述的各种甄选方法中的两种，并且只能评估前面讨论的个人特征中的两种，你会选择哪两种甄选方法？为什么？

小 结

在本章中，我们考察了所有的人员甄选方法都应当遵循的五项关键标准：信度、效度、普遍适用性、效用与合法性。我们还考察了目前在企业中常用的九种甄选方法，并且根据上述五项标准对这些方法分别进行了评价。表6-4对这些甄选方法进行了概括，其中的分析可以帮助我们决定为了某种特定目的应当选择使用哪种测试方法。虽然我们分别讨论了每种测试方法，但需要在这里说明的是，完全没必要对任何一种职位仅仅使用一种测试方法。事实上，在为某些重要的高层管理职位选择候选人时，评价中心可能会使用多种测试方法，在两到三天的时间里对求职者进行考察。这样常常能够得到非常精确的预测，而将多种测试方法结合使用的做法在效度上也往往要高于单独使用一种测试方法。

表6-4　人事甄选方法总览

方法	信度	效度	普遍适用性	效用	合法性
面试	当面试是非结构化的并且需要评价的是不可观察的特征时，信度较低	如果面试是非结构化的并且要评价的是不可观察的特征，则效度较低	低	低，主要是因为成本较高	低，因为面试官的主观性与潜在偏见；由于效度较低，因此与工作之间的相关度较低
证明材料核查	低，尤其是通过推荐信获得信息时	低，因为缺乏评价的范围限定	低	低，虽然成本不是很高	写证明信的人可能会受到诽谤的指控
履历资料	再测信度高，尤其当信息证据确凿时	效标关联效度较高，但内容效度较低	通常针对特定职位，但已成功为多种类型的职位设计出信息收集方法	高，是一种可以较为廉价地获取大量相关信息的途径	可能会产生不利影响，因而常常需要依性别或种族确定不同的分数标准
身体能力测试	高	效标关联效度中等；对于某些职位而言，内容效度较高	低，仅适用于有体力要求的工作	对于有些体力工作效用中等；可以避免代价高昂的工伤和残疾	常常会对女性和残疾人产生不利影响；需要说明与工作之间的相关性
认知能力测试	高	效标关联效度中等；不适用于内容效度	较高；可对大多数职位进行预测，最适合工作内容复杂的职位	高；成本低，而且能够广泛运用于企业的各种职位	对于有些种族尤其是非裔美国人常常产生不利影响，尽管这种影响力会随着时间的延长而下降
人格测试	高	对于大多数人格特征而言，效标关联效度较低；不适用于内容效度	较低；只有很少的人格特征适合于对多种职位的求职者进行预测	低，虽然对于某些与特定人格特征相关的职位来说成本不高	低，因为对于大多数人格特征而言，文化与性别造成的差异较大，而且总的工作相关度较低

续前表

方法	信度	效度	普遍适用性	效用	合法性
工作样本测试	高	效标关联效度和内容效度都很高	通常适用于特定职位，但已成功设计出适合于多种职位的测试	高，尽管开发的成本相对较高	高，因为所产生的不利影响少，与工作的相关度较高
诚实性测试	缺乏独立证据	缺乏独立证据	缺乏独立证据	缺乏独立证据	相关诉讼案件不多，但会受到进一步审查
毒品测试	高	高	高	成本高，但可能导致健康成本的大量节约	可能会被指控为侵犯隐私

讨论题

1. 在本章中我们讨论了九种甄选方法。假设你这位求职者因为没有通过这几种甄选方法中的一种而被企业拒绝录用。显然，无论企业使用的是哪一种甄选方法，你都会感到失望与气愤，你能想出其中可能最令你感到郁闷的两三种甄选方法吗？一般来说，为什么求职者对测试的接受程度是本章中讨论的五项标准之外的另一项重要标准？

2. 用摄像机将求职者在面试过程中的表现录下来，成为从多个角度对求职者进行多次重复评价的一种普遍做法，你能想象出录下面试过程的做法为什么对评价面试官同样有用？如果让你根据录像带的内容对其中一位面试官作出评价，你会注重考察哪些方面的内容？

3. 请对同时效度与预测效度进行区分，并说明为什么后者要优于前者。仔细分析本章中讨论的九种甄选方法，并判断哪一种甄选方法的效度受到这里所采用的两种效度评价方案的影响最大，哪一种受到的影响最小。

4. 有人推测，除了提高甄选决策的效度之外，使用严格的甄选方法对于企业来说还具有某些标志性的意义。企业可以通过雇佣过程向求职者传递的信息有哪些？在甄选过程开始之前以及甄选之后的培训方案实施过程中，如何对这些信息加以强化？

自评练习

对人格研究进行综合分析的结果已经证实人格确实有五大方面的共同特征，这就是所谓的“大五人格”。请测一测你最突出的人格特征是什么。仔细阅读下面每一句陈述，如果它描述的内容与你的情况一致就标上“是”，否则标上“否”。

1. 在交谈中我通常是说话最多的人。
2. 人们经常找我做决定。
3. 我是非常积极主动的人。
4. 我看上去通常是急匆匆的。
5. 我是一位有主导能力、推动能力以及决断能力的人。
6. 我的想象力非常活跃。
7. 我过着一种积极的、有意思的生活。
8. 对事物的感觉对我而言很重要。
9. 我觉得领会别人的感受是一件很容易的事。
10. 我认为学习和发展新的爱好是一件很有趣的事。
11. 我的第一反应是相信别人。
12. 我相信大多数人的出发点都是好的。
13. 我既不狡猾也不害羞。
14. 我不愿谈论自己以及自己取得的成就。

15. 我宁愿表扬别人而不是表扬自己。

16. 我喜欢打有准备之仗。

17. 我为自己的良好判断力而感到骄傲。

18. 我很自律。

19. 我做事很认真，以避免再做第二遍。

20. 我喜欢把每样东西都放在它们自己的位置上，这样就能知道它们在哪儿了。

21. 我喜欢在压力下完成工作。

22. 我很少感到悲伤或者沮丧。

23. 我是脾气温和的人。

24. 我在紧急情况下能保持清醒的头脑。

25. 我觉得我有能力解决自己的大多数问题。

这个量表可以被划分为几个类别。其中问项1～5描述的是外向性，问项6～10描述的是开放性，问项11～15描述的是宜人性，问项16～20描述的是责任感，问项21～25描述的是情绪稳定性。你在某一组别中标“是”的数量越多，则意味着你越可能具有与之相关的人格特征。

战略练习

谁来选拔甄选者？海豹第六分队的人员甄选

2011年5月2日，本·拉登在半夜被击毙这件事引起很大的反响，因为这是历史上最成功的反恐行动之一。该任务是由美国特种部队执行的。在军队里，这个组织由其首字母缩写DEVGRU代替。但是人们都称他们为海豹第六分队——世界上人员选拔最严格的组织之一。确实，挑选队员到这一精英团队中的过程非常严格，从无数人中只挑选很小一部分。最后的挑选过程可以说是优中选优。正如一位退役的成员所说：“就像被选入全明星队。”

海豹第六分队最早成立于1980年，是美国在伊朗人质救援任务失败后建立的。在那次任务中，由于发生了一系列无法预料的问题、人为的错误以及错误的决策等，最终导致8名士兵牺牲，这件事几乎和人质劫持事件一样成为美国的耻辱。于是美国组建了海豹第六分队，发誓永远不会再有类似事件发生。其创始指挥官理查德·马辛克（Richard Marcinko）亲自从所有的海军特种部队中挑选出最好的队员。

正如我们认为的那样，这一工作对体能和作战技巧都有很高的要求。内部人员会说SEAL代表着“睡觉、吃饭和前进”，因为这项工作对体能的要求确实很高。此外，所有的成员都必须具有以下能力：“爆炸性军械处理”（拆弹）、“近距离作战”（肉搏）、空中降落（跳伞）以及SERE（生存、躲避、抵抗和逃跑）。然而，我们可能想不到的是，除了体能和技巧之外，还要考虑队员的心智、人格特点以及最重要的品质——诚实。

例如，就认知能力而言，海豹第六分队与中央情报局密切合作，因此队员们要能够处理和记住大量的信息（比如，建筑平面布置、嫌犯的细节及当地风俗和语言）。此外，一些人格特点，比如果断、情绪稳定、自信和外向等也很重要，因为这些队员往往需要在高压状态下开展协作。最后，由于他们从事的工作是秘密的，因此每个人必须完全可靠。例如，海豹第六分队曾参与对来自英国的援助者琳达·诺斯格罗夫（Linda Nosgrove）实施的援救行动，结果当事人死了，一位队员在行动之后说，绑架者引爆自杀式炸弹背心导致琳达身亡。但内部调查显示，琳达死亡是因为第六分队的一位队员把手榴弹扔在了琳达的藏身之处，这位队员随后被解雇。在这个行动当中，唯一比犯错更危险的是以说谎的方式来替人掩饰过失。

资料来源：D. Von Drehle，“Death Comes for the Terrorist，” *Time Magazine*，May 20，2011，pp. 13-28；M. Benjamin，“SEAL Team 6 Established after Disastrous 1980 Raid，” *Time Magazine*，May 2，2011，pp. 16-17；S. Gorman，“U.S. Gains Entry into Bin Laden's Pakistan House，” *The Wall Street Journal*，May 27，2011，pp. B1-B2；“Fabled SEAL Team 6 Ends the Hunt for Bin Laden，” *The Wall Street Journal*，May 3，2011，pp. A1，A6.

人的管理

法国的现世主义是神圣的

尽管很多人认为法国人有自由的精神和文化，但是法国人对宗教——准确地说是其缺乏宗教——这件事情却非常严肃。2011 年 5 月，法国有 50 多位穆斯林女性被拘捕，原因是她们在公共场合戴了面纱。当月法国最新颁布的法律禁止佩戴面纱，它是此前关于在身体上佩戴任何“招摇的有关宗教的标志”这种禁令的一个延伸。在美国，由于同时强调宗教信仰自由和言论自由，因此这样的法律令人难以置信，但是对法国人而言，现世主义的价值观，即宗教不应当进入任何公共场合和政府部门的原则，是神圣不可侵犯的。

确实，法国官方政策视所有公民都是平等的，因而政府不会像美国政府那样搜集数据来支持积极的反歧视行动政策，因为这是不必要的。然而，劳动力市场数据证明，这种乐观的看法是错误的，至少在良好的工作机会方面情况并非如此。正如一位穆斯林学生所说的，法国确实有好的工作岗位，可这些岗位都是留给白人的。这一说法也得到了劳动力市场数据的支持，法国穆斯林人群的失业率比全国平均失业率水平高三倍。部分原因是法国奉行的宗教中立雇佣政策，政府和工会拥护的就业保障措施倾向于保护那些已经就业的人，而这通常是以穆斯林人失业为代价的，因为作为移民，他们对整个国家来说只是初来乍到者。

但是，也有直接的证据表明，在雇佣过程中主动实施歧视并不是导致就业不平等的主要原因。例如，克莱尔·爱迪达（Claire Adida）和她的同事在进行科学研究时，针对法国企业发布的招募广告寄送了一些虚假的求职信，在这些求职信中，求职者拥有完全雷同的经历和职业资格，其中仅有一个例外，这就是一半的企业收到的简历看起来更像是来自一位穆斯林即 Khadjia Diouf，另一半的企业收到的简历则看起来更像是来自一位基督徒即 Aurelie Menard。尽管两种简历中的个人资历完全相同，但是以 Aurelie 的名义发出的简历有 28%收到了复试通知，这比以 Khadjia 的名义发出的简历得到复试通知的数量高出 4 倍，Khadjia 得到复试通知的比例只有 7%。这是无可辩驳的存在宗教偏见的直接证据。

具有讽刺意味的是，尽管存在这样的偏见，但现在的穆斯林年轻人还是倾向于把自己的名字改为赞美自己的宗教信仰的类型，而不是隐藏自己的宗教信仰。也就是说，到法国的第一代穆斯林移民为了加速融入法国，给他们的孩子起的是基督徒的名字。然而，部分因为法国的很多地区明显存在宗教隔离，更多的穆斯林年轻人把自己的名字改为反映自己宗教信仰的类型以作为回应。

思考题

1. 在什么样的程度上，人们不受到宗教信仰、种族和性别的歧视不再是一种痴心妄想？调查者可以使用哪些方法来证明偏见确实存在？

2. 许多在法国的穆斯林年轻人不像他们的父母那样努力去融入法国社会，而是取了明显反映宗教信仰的名字。这说明在法国宗教信仰偏见到了怎样的程度？穆斯林年轻人应当对此作出什么反应？

3. 美国文化和法国文化怎样以某种方式造成了在雇佣决策中多多少少可以见到的不同类型的偏见？

资料来源：M. De La Baume，“Enforcing Veil Ban，the French Have Stopped 46 Violators，” *The New York Times*，May 11，2011，p. B1；C. L. Adida，D. D. Laitin，and M. A. Valfort，“Identifying Barriers to Muslim Integration，” *Proceedings from the National Academy of Sciences*，107，(2010)，pp. 384-390；C. Bremner and M. Tourres，“Melting Pot Cracks as Muslims Reject Christian Names in France，” *The Times*，November 15，2008，p. C2.

小企业的人力资源管理

Kinaxis公司挑选有个性的销售代表

Kinaxis是一家总部位于加拿大安大略省渥太华的软件公司，该公司向全世界的客户销售软件。它的专业领域是供应链管理软件——使企业能够通过一套流程和关系，以最小的成本即时获取原料供应以及向客户提供商品。这是一套复杂的软件，会根据公司的具体需要量身定制。因此，公司的销售人员必须理解客户业务的运作，认真聆听并识别客户的需求，提供最好的服务以保持长期商业合作。

最近，公司副总裁鲍勃·多伦（Bob Dolan）需要雇用一个销售团队为其北美的客户提供服务。公司之前只有一位销售人员为整个北美洲提供服务，多伦想要增加四位销售人员。他收到了100份简历，根据工作的要求从中挑选出20份简历组织第一轮面试。面试环节又帮助他减少了一半候选人，所以他还需要使用其他方法进一步缩小范围。

多伦决定下一步进行人格测试。他雇用Opus Productivity Solution企业为剩下的十位候选人组织了一次名为PDP ProScan的测试。他自己和公司已有的销售代表也参加了这项测试。现有销售代表的工作干得非常好，所以他的测试结果可以帮助多伦和Opus公司确定有助于在Kinaxis公司取得优异销售业绩的那些人格特征。在分析了所有的测试结果之后，Opus公司确定了在这个职位上取得成功的基准特质。

来自Opus公司的代表针对测试结果与每一位求职者进行了谈话，给每个人一次否定测试结果的机会。但是没有人提出质疑。多伦发现，所有参加测试的人都有很高的自信度和外向型人格——这对于销售人员而言并不奇怪。其中有两个人的服从性高于基准值，而掌控力低于基准值。这个结果令多伦认为，这些求职者可能太想取悦顾客，所以无论客户提出什么要求，他们都会屈从——这种类型的销售人员可能会令公司损失不菲。所以多伦把这两个人淘汰了。

这意味着多伦还需要从剩下的八个人中选四个人出来。他要求每个人提供一份前两年他们签下的大客户的名单，其中有四位候选人能够提供三到四个大客户，于是这四个人被多伦录用了。

从那之后，多伦说，参加人格测试这一经历使他更加相信，这是挑选公司员工的有效方法。例如，一位销售代表在“节奏”方面的分数很低，表明这个人可能缺乏足够的耐心去经历一个缓慢的周期，从而完成一个复杂的软件系统的销售。他曾寄希望于通过提供足够的指导来帮助这位销售代表克服这方面的问题，但事实上，这位销售代表有时还是表现得很不耐烦，搅黄了生意。在花三年时间努力帮助其适应工作之后，多伦将他解雇了。

Kinaxis公司在网页上公开了自己认真挑选员工的承诺：公司的招募过程将帮助我们探索公司和员工之间结成伙伴关系的潜力，也就是判断员工的职业发展热情、价值观和职业技能是否与公司的愿景、文化和热情相匹配。

思考题

1. 多伦采用了哪些方法挑选公司员工？他有没有按照最好的顺序来安排这些方法？如果没有，你会选择什么样的顺序？

2. Kinaxis公司使用人格测试的优势是什么？不足呢？

3. 通过甄选方法搜集到相关信息之后，多伦采用什么样的方式做出决策？你会建议他用什么更好的方法来挑选员工？

资料来源：Susan Greco，“Personality Testing for Sales Recruits，” *Inc.*，March 1，2009，www.inc.com；and Kinaxis website，Corporate Overview and Careers pages，www.kinaxis.com，accessed March 23，2010.

第7章 员工培训

学习目标

在阅读完本章后，你应当能够：

1. 讨论培训、非正式学习和知识管理如何对持续学习和企业的经营战略做出贡献。
2. 解释管理人员在识别培训需求以及对在岗培训提供支持方面扮演的角色。
3. 实施一次培训需求评估。
4. 评估员工的培训准备度。
5. 讨论演示法、演练法以及团队建设培训法这三种培训方法的优缺点。
6. 解释电子化学习对培训的潜在好处。
7. 设计一个能够最大限度促进学习的培训项目。
8. 根据培训目标及培训的约束条件选择一种恰当的培训项目评价方案。
9. 设计一项为做好跨文化工作准备而开展的培训计划。
10. 开发一个培训项目以有效地管理劳动力队伍的多元化。

进入企业世界

农夫保险集团的员工拥有学习机会绝非偶然

农夫保险集团公司（Farmers Insurance Group of Companies）是美国第三大汽车及房主保险公司，同时还提供其他类型的保险和金融产品。公司拥有6万名员工，在美国每个州都设立一个独立代理商。每年该公司都要处理上百万份保险报价、新保单、续保单以及账单。在保险业，由于法律的要求以及引入新产品、新流程和新服务的需要，员工培训和开发工作显得至关重要。在农夫保险集团公司，研究学习问题的专家会得到不同的奖励，奖励的额度取决于他们提出的训练项目导致员工行为改变以及帮助公司实现预期目标的程度。学习是基于预期结果开展的。因此，在《培训》杂志评选出的培训水平前125家公司中，农夫保险公司能够位列第十，并且即将获得“名人堂”的提名也就不足为奇了。

农夫保险集团采用混合式学习方法来促进不同年龄段的员工以及分布在全美各地的代理商进行有效的学习。集团领导层相信，与其让员工自己选择适合的培训方法，不如采用更有成效的混合式培训。因此，他们的培训项目综合了面对面教学、教学资料分发、网上教学、视频培训、音频教学、情境模拟、教练技术等各种方法。知识传授通过各种技术手段来实现，而技能提升则采用导师引导的方法。在过去的5年中，通过导师课堂讲授方式实施的培训从原来的90%下降到了50%，另外的50%则是通过在线培训或非正式培训的方式完成的。举例来说，该公司使用各种各样的培训手段来帮助员工应对在索赔受理、评定、结算以及支持农夫保险公司经营战略——强调客户体验、分销以及产品管理的卓越——的各种产品体系等方面出现的变化。比如，公司要求各部门的一线经理人员通过参与在线培训和网络研讨会来获取他们需要的新知识。之后，这些经理还要参加导师引导课程，观看教学视频，并接受教练指导。由于新设的代理商失败破产的概率增加，农夫保险集团修改了代理商培训计划，包括更多的教练指导、绩效支持援助以及多媒体教学方法。这确保了新的代理商集中学习与他们的工作有关的那些知识和技能，而不是强迫他们一次全都学会，那样反而会导致他们将来在需要运用这些知识时因无法回忆起相关信息而备感沮丧。在培训项目修改之后，转换成全职的保险代理商增加了12%，销售业绩超出预期目标11%，并且代理商的成功率提高了10%。

在意识到新技术对培训和指导具有潜在的积极意义之后，农夫保险集团开始运用虚拟教室、移动课堂、社交网络、诸如iPad之类的电子输入板和学习模拟等手段来进行培训。在农夫大学上课期间，学员们可以用电子输入设备做笔记、浏览网站和文献，观看视频。输入设备的视频功能使导师记录学员的实践技能，并提供反馈和辅导。另外，导师可以给学员提供像存有视频的电子书一类的学习资料。为了鼓励学员在正式的教学环境之外自主学习，公司还开发了专门提供给顾客、代理商和员工的“iFarmer”手机应用软件。这个为顾客定制的手机应用软件可以帮助他们了解不同的保险产品，“iAgent”手机应用软件则为经销商提供了以经营为导向的培训。农夫保险集团尝试使用社交网络为员工搭建一个合作、创造和分享信息的平台，并提供相应的绩效支持。一些培训项目还使用社交网络来促进团队训练。“代理商之家”应用软件允许员工明确他们希望使用何种社交网络，比如推特、脸书、电子邮件、简单信息聚合（RSS）订阅等。

资料来源：Based on www.farmers.com, website for Farmers Insurance; M. Weinstein, "Farmer' Comprehensive Training Policy," *Training* (January/February 2013), pp. 42-44; L. Freifeld, "Farmers' Premier Position," *Training* (January/February 2011), pp. 26-31; J. Salopek, "Thriving through Change, Cultivating Growth," *T+D* (October 2010), pp. 53-54.

7.1 本章介绍

正如开篇案例展示出来的，农夫保险集团对员工和客户高度关注，而培训在这方面做出了很大的贡献。培训帮助农夫保险集团的员工开发当前工作所需的技能和他们胜任未来工作所需的技能。从农夫保险集团的角度来看，培训具有战略意义，这是因为它使员工能够保持服务的一致性，而这种服务的一致性有利于公司吸引和留住客户以及高质量的员工，同时产生积极的收益。农夫保险集团意识到，消费者保险行业的竞争是非常激烈的，要在这种情况下取得经营的成功，就必须获得一支能够让顾客满意的聪明且有上进心的员工队伍。

为什么要强调战略性培训的重要性？公司开展经营活动是为了赚钱，每一项经营职能都需要向公司展示它如何对企业的经营成功做出贡献，否则就会面临削减经费开支甚至被外包的境地。要想对公司的经营成功做出贡献，培训活动应当帮助公司实现其经营战略（思考一下农夫保险集团的培训是如何对开发员工的销售技能做出贡献的）。

培训与经营战略和经营目标之间存在直接和间接的联系。培训能够帮助员工开发完成工作所需的技能，而这又会直接影响企业的经营。给员工提供学习和发展的机会能够创造一种积极的工作环境，这种工作环境又会通过吸引那些有才能的员工以及激励和留住现有员工来为企业的经营战略提供支持。

为什么农夫保险集团和其他一些企业坚信在培训方面的投资能够帮助它们赢得竞争优势？这是因为培训能够：

- 增加员工对国外竞争对手及其文化的了解，这对于企业在国外市场上取得成功至关重要。
- 确保员工掌握运用新技术（比如机器人和计算机辅助生产流程）完成工作必需的一些基本技能。
- 帮助员工理解如何在团队中有效地工作，从而对产品和服务质量的提高做出贡献。
- 确保企业文化重视创新、创造和学习。
- 确保在员工的工作发生变化、个人兴趣发生转移或者技能过时的情况下，通过向他们提供为企业做出贡献的新方法来为他们提供就业保障。
- 为员工接受他人以及与他人进行更为有效的合作做好准备，尤其是当他们与少数族裔员工和女性员工一起工作的时候。[1]

在本章中，我们会着重探讨以下几个方面的问题：第一，培训在什么样的条件下能够帮助公司获得竞争优势；第二，管理人员如何为高阶培训活动的开展做出自己的贡献；第三，如何创建一个学习型组织等。在本章开篇，我们将首先讨论如何利用系统有效的方法来进行培训设计。然后，我们将考察培训方法和培训评估的问题。在本章的结尾部分，我们将讨论诸如跨文化准备、员工队伍多元化管理以及员工的社会化等方面的问题。

7.2 培训在持续学习和竞争优势方面的作用

正如我们在第1章讨论的那样，包括人力资本、客户资本、社会资本和知识资本在内的无形资产可以帮助公司获得竞争优势。意识到正式和非正式的培训以及知识管理对于无形资产增长的重要意义之后，许多公司正在考虑将培训列为持续学习的重中之重。图7-1表明，正式的培训和开发、非正式的学习以及知识管理是关注绩效以及支持经营战略的持续学习理念的关键特征。**持续学习**（continuous learning）是一个学习体系，它要求员工理解整个工作系统，获得新技能，并将其应用于自己的工作岗位，同时与其他员工分享学习成果。[2]

培训（training）是指公司为了便于员工学习与工作相关的能力、知识、技能、行为而采取的有计划的活动。培训的目的是让员工掌握培训想要强调的知识、技能、行为，并将它们应用于自己的日常工作活动当中。传统上，公司依靠课堂教学以及各种项目和活动等正式培训方式来使员工掌握出色地完成工作任务所需的知识、技能和

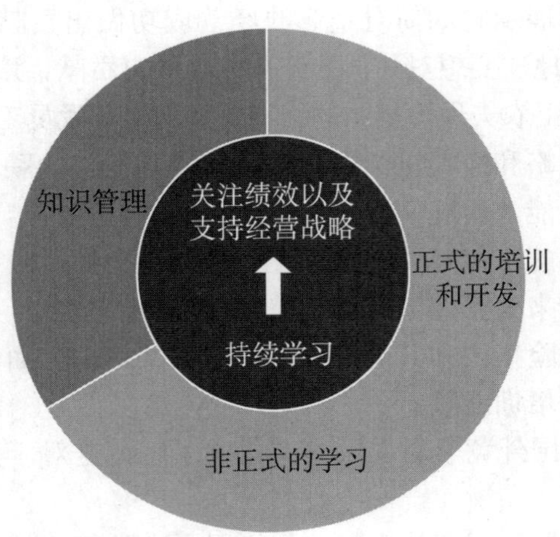

图 7-1　持续学习的关键因素

行为。**正式培训**（formal training）是指由公司组织和开发的培训以及拓展项目、相关课程和各种活动。一般情况下，公司要求员工必须参与或完成这些培训项目，包括面对面的培训项目（例如导师课堂）以及一些在线学习项目。在美国，公司在正式培训方面进行了大规模的投资。据估算，美国各个组织在正式的员工培训和开发方面支出的经费超过 1 710 亿美元。[3] 我们将在第 9 章中讨论员工的开发问题。

尽管公司在正式培训和开发活动方面进行了大量的投资，但非正式学习在传授知识和获取技能方面的重要性同样不可小觑。[4] **非正式学习**（informal training）是指学习者自发进行的学习，包括具体的行动和实践。发起这种学习的动机是谋求自身的发展，它不是在一种正式的学习环境中发生的。[5] 非正式学习在没有导师指导的环境下进行，学习的范围、深度和时机等都由员工自己掌握。基于实际需要，这种学习可能由员工个人单独完成，也可能通过面对面的以及有技术辅助的社交行为来完成。非正式学习有多种途径，包括与同事进行的随机交流、电子邮件、非正式指导、由公司开发的网站或者是公众社交网络站点，比如推特或脸书。从市场营销战略到学习战略的各种社交媒体的应用软件，再加上诸如社交网络、微博和维基百科等网络 2.0 技术，给员工以合作以及分享的方式开展社会学习提供了方便。[6] 据一项研究估计，在组织内部的学习中，非正式学习的比例占到 75%。

正式和非正式学习促进了无形资产的扩大，尤其是人力资本的扩大。人力资本包括知识（知道是什么）、高级技能（知道怎么做）、系统理解和创新（知道为什么），以及生产高质量产品和服务的强烈愿望（关心为什么）。[7] 非正式学习尤为重要的一个原因在于它能有效地促进隐性知识的开发，而隐性知识是一个与显性知识相反的概念。[8] **显性知识**（explicit knowledge）是指得到充分记录、易于清楚表达，同时很容易在人与人之间传递的知识。显性知识通常会成为正式培训的主要焦点。**隐性知识**（tacit knowledge）则是指以个人的经验为基础的知识，因而难以编辑成书。学习隐性知识的最佳途径是非正式学习。正式学习的环境特点会限制学习隐性知识的程度，例如课堂和在线学习的时间相对短暂，实际操作机会有限。因此，非正式学习是扩展隐性知识的关键。设计科学的正式培训能够帮助员工获取显性知识，但是为了获取隐性知识，员工需要与同事和专家进行交流，获取一些在正式培训中并不常见的学习经验。非正式学习不能取代正式学习，员工依然需要通过正式学习为完成自己的工作和得到晋升做好准备。非正式学习是培训的一种补充，因为它帮助员工获得在正式培训中无法获取的隐性知识。

知识管理（knowledge management）是通过设计和提供工具、过程、系统、结构和文化来促进知识的创造、分享和使用，最终提高公司绩效的过程。[9]知识管理有助于非正式学习的实现。举例来说，位于美国密苏里州堪萨斯市的 Cerner 公司是一家全球性的技术公司，该公司开发了“uCern”系统，这是一个员工和客户共同分享问题解决方案、项目建设以及专业兴趣的知识分享系统。[10]

持续学习的所有方面（包括培训、知识管理、非正式学习等）都对公司战略做出贡献和提供支持是十分重要的。持续学习需要解决事关经营成果的一些绩效问题，为了实现这一目标，持续学习的侧重点必须和公司战略相匹配，高层管理人员需要对持续学习提供看得见的支持，作为导师的领导人需要参与其中，还要建立起鼓励学习的环境，全面提供包括培训、非正式学习、知识管理、员工开发在内的学习机会，同时使用传统的方法和创新的技术来设计和实现学习，并且评估学习的有效性及其对整体经营的影响。[11]

让我们考察一下捷飞络公司（Jiffy Lube）是如何践行支持公司战略的持续学习理念的。[12]该公司的战略目标着眼于为加盟的连锁商提供成长的机会，并力图提供世界一流的客户体验。捷飞络公司的客户价值主张是，让每一位司机都不用担忧如何让车辆保持优良状态，这就要求客服技师知识丰富，能够为司机提供高质量且必要的服务。在捷飞络公司，这意味着客服技师需要得到培训和资格认证。这种培训由捷飞络大学提供，2011 年，捷飞络大学颁发了 12.5 万张证书，员工的学习时间长达 130 多万个小时。捷飞络大学通过多种途径评价员工的学习成果，包括学员反馈、加盟商调查、完成的培训时长、获得的资格证书以及客户匿名提供的客服评分。

捷飞络公司认识到了持续学习和非正式学习的价值。最近，包括公司总裁在内的每一位员工都需要在捷飞络大学完成课业，并至少在捷飞络服务中心工作一天。课程包括新员工培训、安全培训，还有为礼仪人员、高级技师、客户服务顾问、团队领导和产品经理提供的各种培训。捷飞络公司还与一些大学建立了合作关系，使服务中心的员工可以用在捷飞络大学获得的学分换取管理学基础本科课程的认证。学员和管理人员可以在网上获得关于培训对他们事业取得进步的贡献率的评估，另外，由于意识到服务中心的员工大多是 18～25 岁的年轻人，他们是社交媒体的积极用户，捷飞络公司还提供了摄像机，以便店员们能够捕捉最佳实践和想法，这些视频聚焦于客户服务、团队建设、卓越运营和安全。捷飞络公司的培训师对这些视频加以编辑，并上传至 YouTube，员工可以很容易地获取。

7.3 设计有效的正式培训活动

能够强化企业竞争力的培训活动所具有的一个关键特征是，它们是按照一个具有指导性的设计流程设计出来的。[13] **培训设计流程**（training design process）是一种制定培训计划的系统方法。指导性系统设计（Instructional System Design，ISD）和 ADDIE 模型（分析、设计、开发、实施、评价）是两种你可能知道的具体的培训设计流程。图 7－2 中展示的是这种培训设计流程中包括的六个步骤，它强调指出，有效的培训实践包括的内容绝不仅仅是选择最流行的或者最丰富多彩的培训方法。

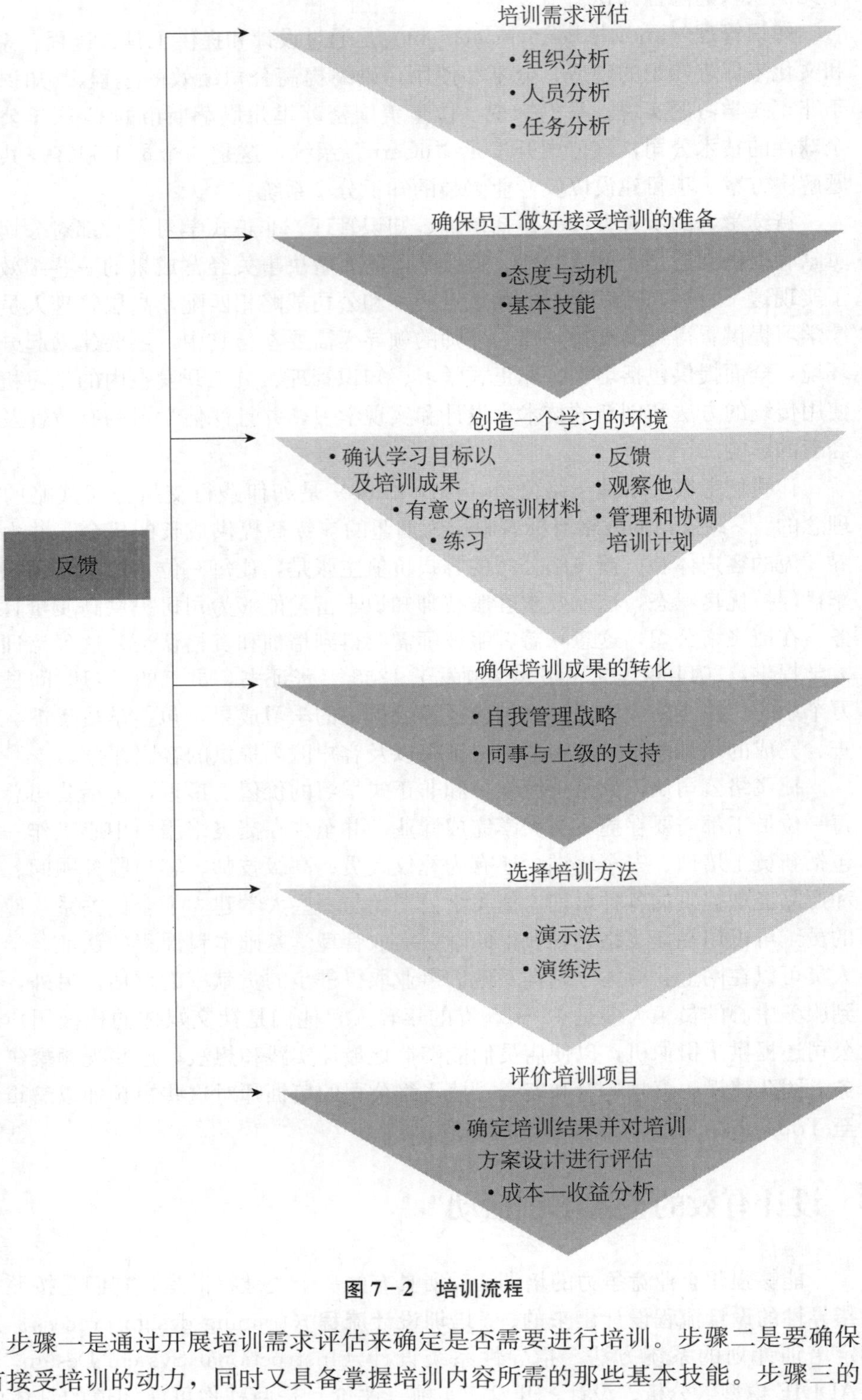

图 7－2　培训流程

步骤一是通过开展培训需求评估来确定是否需要进行培训。步骤二是要确保员工既有接受培训的动力，同时又具备掌握培训内容所需的那些基本技能。步骤三的目的在于确保在培训期间（或者是在学习环境中）存在使学习能够进行的必要因素。步骤四则是要保证受训者能够将在培训中学到的内容应用到自己的实际工作当中去。这就要求受训者的上级管理者以及同事们能够为受训者将通过培训学到的内容运用于工作过程之中提供必要的支持，同时还要让员工了解如何承担起个人的技能改进责任。步骤五涉及培训方法的选择问题。正如我们在本章中将要看到的，培训方法种类繁多，从传统的在岗培训方法到像互联网这样的新技术培训方法可以说是应有尽有。问题的关键在于，要选择一种能够提供某种适当的学习环境，从而实现培训目标的方法。步骤六涉及评估的问题——也就是说，评估培训是否达到了预期的学习结果和（或）财务目标。

培训设计流程应当是系统化的，同时还要具备足够的灵活性，从而能够适应企业经营的需要。培训流程中的不同步骤有可能同时完成。需要注意的是，不系统的培训设计会减少培训能够带来的好处。例如，如果在确定培训需求或确保员工做好接受培训的准备之前就盲目地选择一种培训方法，那么这种做法存在的风险就是，选择的培训方法可能并不是满足培训需求的最有效方法。此外，培训甚至有可能是毫无必要的，只能导致时间和金钱的浪费！员工可能具备完成工作所需要的知识、技能或行为，他们缺乏的可能仅仅是促使他们去使用这些知识、技能或行为的动力。接下来，我们会讨论培训设计流程中的各个重要组成部分。

7.3.1 需求评估

指导性培训设计流程的第一个步骤，即培训**需求评估**（needs assessment），是指用来确定是否有必要进行培训的过程。图7-3展示了进行培训需求评估的原因及其结果。正如我们所见，很多不同的“压力点”表明确实有必要实施培训。这些压力点包括绩效不佳、新技术的出现、内部或外部客户产生培训需求、职位重新设计、新的法律法规出台、客户偏好发生变化、新产品出现或者员工缺乏基本技能，以及需要对企业经营战略提供支持（比如，企业业务扩张、全球业务增长等）。需要注意的是，这些压力点并不能保证培训就一定是解决问题的正确途径。比如，让我们考虑一位货运卡车司机的例子，此人所做的工作就是将气态麻醉剂运送到各家医疗机构。假设他错误地将麻醉剂的供给管插到了医院氧气供应系统的管道之中，从而造成医院氧气供应系统的污染。这位卡车司机为什么会犯下这种明显的操作错误呢？原因可能是他缺乏正确地连接麻醉剂管道接口的知识；也可能是因为自己的加薪要求刚刚被上级否决而感到愤愤不平；还有可能是连接气体供应管道的阀门上的标签贴错了。在上述这些可能的原因中，实际上只有当这位卡车司机是因为知识的缺乏引起操作失误的时候，才能够通过培训来解决问题。如果员工的错误是由于其他的压力点导致的，那么就需要强调与优良绩效所得到的结果（即薪酬制度）或者是工作环境的设计等相关的问题。

通常来说，培训需求评估包括组织分析、人员分析和任务分析。[14]组织分析需要考虑的是培训在怎样的背景下发生。也就是说，通过**组织分析**（organizational analysis）来决定在企业的经营战略、可用的培训资源以及受训者的上级管理者和同事对培训活动的支持等情况一定的条件下，培训是否具有适当性。

人员分析则有助于确定哪些人需要接受培训。**人员分析**（person analysis）的内

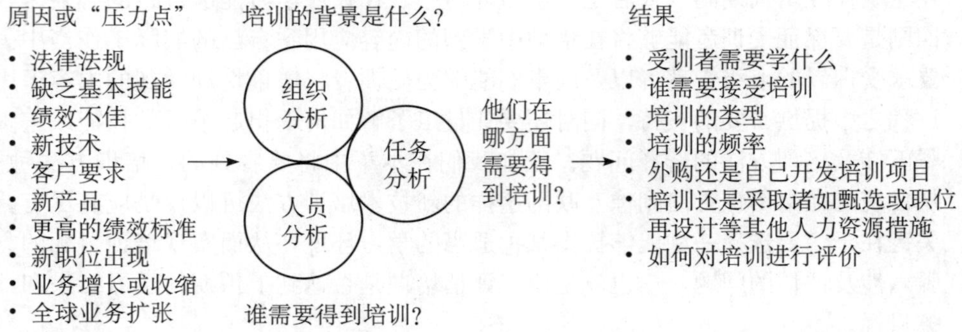

图 7-3　培训需求评估程序

容包括：第一，判断绩效不良到底是因为知识、技能或者能力（这些属于培训问题）不足引起的，还是由于工作动力不够或者是职位设计本身有问题引起的；第二，确认谁需要得到培训；第三，确定员工是否已经做好接受培训的准备。**任务分析**（task analysis）所要做的则是，首先明确员工需要完成哪些方面的重要工作任务，然后确定为了帮助员工完成他们的工作任务，应当在培训过程中强调哪些方面的知识、技能以及行为。

在实践中，组织分析、人员分析和任务分析通常不是按照某种特定的顺序来进行的。不过，由于组织分析关注的是培训是否与公司的战略目标相符以及公司是否愿意在培训上花费时间和金钱，因此组织分析往往是最先做的。人员分析和任务分析通常是同时进行的，这是因为，如果不了解工作任务和工作环境，则很难知道绩效缺陷到底是不是一个能够通过培训可以解决的问题。

那么，培训需求评估最终得出的结果是什么呢？如图 7-3 所示，培训需求评估过程得出的结果性信息包括：谁需要接受培训以及受训者需要学习什么，等等，其中后者包括员工需要在哪些工作任务方面以及哪些知识、技能、行为或其他工作要求方面接受培训。培训需求评估还有助于公司决定到底是从培训服务公司或咨询公司购买培训服务，还是运用企业的内部资源自己开发培训计划。

B&W Pantex 公司协助国家保持核武器储备的安全性、稳定性和可靠性。[15] 这家公司提供技术培训和管理开发方面的课程，并为每一位员工制定个人开发计划。该公司技术培训部的使命在于提供必要的、精确的、及时的、能够带来行为或能力改变的高质量培训。最近，大家对此技术培训项目进行了反思，目的在于提高其效率和实施效果。通过这次反思公司发现，员工需要长时间地离开工作岗位，20%的课程仅占了8%的培训时间。因此，技术培训部重新考察了课程设置，对某项培训是否必要、培训对象是否相关、培训课程内容是否过于冗长以及授课对象是否发生改变等诸多方面进行了重新审查。这次反思使技术培训部整合或撤销了 700 多门课程。另外，很多课程被重新设计，减少了一半的预期完成时间。许多在教室内进行的课程被替换成以计算机为载体的培训，或者是员工和经理之间的非正式会议。

7.3.2　组织分析

在选择将培训作为对待“压力点”的解决办法时，管理者需要考虑以下三个方面的因素：公司的战略方向、可用的培训资源以及上级和同事对员工参与培训活动的支持。

■ 上级和同事的支持

各种研究均发现，同事和上级管理者对员工参与培训的支持是非常关键的。培训取得成功的关键要素包括：受训者的上级及同事对于受训者参加培训活动要持一种积极的态度；受训者的上级及同事愿意给他们提供信息，让他们知道应当如何将在培训中学到的知识、技能以及行为有效运用到工作实践当中；受训者有机会将在培训中学到的东西运用到实际工作之中。[16]如果受训者的上级管理者和同事对于他们参加培训活动不是持一种支持的态度和行为，受训员工将培训内容应用于工作之中的可能性就不会很大。

■ 公司战略

在第 2 章中我们已经讨论了经营战略对于一家公司获取竞争优势的重要性。我们讨论了包括成长战略等在内的几种战略类型。正如图 7－1 强调的，培训应当有助于企业实现其经营战略。表 7－1 展示了几种可能的战略性培训与开发行动计划及其对培训实践的启示。

表 7－1　　战略性培训与开发计划及其对培训实践的启示

战略性培训与开发计划	对培训实践的启示
提高客户服务质量	• 确保员工掌握与产品和服务相关的知识 • 确保员工掌握与客户交流的技能 • 确保员工理解自己承担的角色和决策权
提高员工敬业度	• 确保员工有发展机会 • 确保员工理解事业发展机会和个人成长机会 • 确保培训与发展能够满足员工在现有工作和发展机会方面的需求
加强创新和创造	• 从知识丰富的员工那里获得洞见和信息 • 有逻辑性地组织和存储信息 • 提供获得信息的方法（例如资源指南、网站等） • 提供恰当的物理空间来鼓励团队合作、创造以及知识分享
实现国际市场的增长	• 让有潜能的管理人员承担跨国领导职位做好准备 • 让外派人员做好跨文化准备 • 对当地员工进行公司文化培训

资料来源：Based on S. Tannenbaum, "A Strategic View of Organizational Training and Learning," *in Creating, Implementing and Managing Effective Training and Development*, ed. K. Kraiger (San Francisco: Jossey-Bass, 2002), pp. 10-52.

通过明确公司当前的战略和经营目标做到以下几点是非常重要的：一是公司在培训方面分配了足够的预算；二是员工接受了与相关主题有关的培训；三是员工受到的培训数量是适中的。[17]EMC 公司的产品能够帮助其他企业存储、保护和组织与员工、顾客和产品有关的信息。[18]在五年之内，由于 EMC 公司制定了一项包括收购 40 家与 EMC 公司的生产线相互补充的公司的战略，该公司的产品从 200～300 种迅速增加到 4 000 种以上。这种并购战略要求 EMC 公司必须实施一项战略性的培训计划，即开发和扩展自己的专业认证项目（专业人士认证）。这个认证项目对于公司的技术人员和顾客都非常重要，因为该项目可以帮助他们了解产品的价值，知道如何安装和使用产品。这个项目一共包括10项认证技术，在每一个认证领域，员工和顾客都可以获得助理、专员、专家三级水平的认证。这里的“实践中的诚信”专栏强调了企业领导者应当对培训、开发和学习活动抱有什么样的合理预期。

实践中的诚信

把学习和企业领导者联系在一起

最近，安永会计师事务所的迈克·汉密尔顿（Mike Hamilton）从首席学习和开发官职位上退休。他认为，对于从事学习、培训或开发方面的专业工作的人来说，懂得如何建立与企业之间的联系是一项重要挑战。也就是说，学习、培训和开发工作怎样才能帮助企业领导者解决问题。他强调指出，第一步是理解对于企业领导人来说什么是重要的，而不是去强调培训职能中的各种项目和工具。汉密尔顿强调，有时候，你能给企业领导者做的最好的事情，恰恰是帮助他们理解某个项目不可能帮助他们实现企业目标。也就是说，焦点应该放在帮助企业领导者更为广泛地理解要想实现自己想要的结果，除了学习之外还需要做哪些方面的改变。首先关注企业领导者有助于强化他们对于培训职能价值的认识，当他们发现一个需要解决的重要问题时，会对与学习有关的专业人士给予更多关注。汉密尔顿的同事们从他身上学到了很多东西，比如不要经常拒绝别人的问题，在别人提出质疑时要重新考虑自己的观点，对自己的信仰要有热情，要做正确的事情。同时，汉密尔顿也因让公司各个层级的员工都可以获得学习的机会而闻名。学习和开发是有趣的，而且富有挑战性，但并不是必须完成的事情。汉密尔顿认为，技术是改变学习方式以及对学习提供支持的重要一环。他还认为，学习和开发方面的专业人士要不断思考怎样才能最好地帮助员工学到他们需要的各种技能。

讨论题

1. 在你看来，战略性培训和开发意味着什么？

2. 迈克·汉密尔顿是怎样确定培训在安永会计师事务所具有战略性的？为了使学习具有战略性，他所做的最重要的事情是什么？请解释你的回答。

资料来源：Based on L. Freifeld，“Legacy of a CLO,” *Training*，January/February 2013，pp. 52，54，56.

■ 培训资源

企业还有必要搞清楚自己是否有充足的预算、时间和专业人员来进行培训。比如说，如果某公司正在其下属的一家工厂中安装计算机化的制造设备，那么它可以采取以下三种方法获得自己需要的懂计算机的员工。第一，公司可以利用内部咨询人员对所有涉及该项工作的员工进行培训。第二，公司可能会发现，更具成本有效性的做法是利用相关测试或者工作样本挑选出懂计算机的员工来从事这项工作。那些未能通过测试或者是在工作样本测试中未能达到标准要求的员工，则有可能被重新安排到其他工作岗位上去。第三，如果该公司缺乏必要的时间或专业能力，它很可能会做出从咨询公司那里购买培训服务的决定。

表7-2提供了向供应商和咨询顾问提出的常见问题，以评估他们能否满足公司的培训需求。

表7-2 向供应商和咨询顾问提出的一些常见问题

- 贵公司的产品和服务如何能满足我们的需求？
- 贵公司在设计和提供培训服务方面有多少经验？这些经验主要是哪些方面的？
- 贵公司的员工具备什么样的专业资格和经验？
- 能否举例说明贵公司已经开发出来的一些培训方案？
- 能否列出一个曾经接受贵公司服务的客户名单？
- 贵公司有什么证据能够证明你们的培训方案是有效的？
- 贵公司开发一份培训方案需要多长时间？
- 贵公司的培训服务报价是多少？
- 贵公司使用的是哪种指导性培训设计方法？
- 贵公司的后续服务成本中有关管理、更新和维护该培训项目的成本是多少？
- 贵公司会提供技术支持吗？

资料来源：Adapted from R. Zemke and J. Armstrong, "Evaluating Multimedia Developers," *Training Magazine*, November 1996, pp. 33-38; B. Chapman, "How to Create the Ideal RFP," *Training*, January 2004, pp. 40-43; M. Weinstein, "What Vendors Wished You Knew," *Training*, February 2010, pp. 122-125.

7.3.3 人员分析

人员分析可以帮助管理者确定培训是否合适以及哪些员工需要接受培训。在某些特定的情况下，比如引进新技术或者新服务的时候，所有的员工可能都需要接受培训。但是，当管理者、客户或者员工发现了某个问题时（通常是绩效不佳导致的某种后果），常常还不能确定培训是否就是解决问题的办法。

培训的一个主要压力点就是绩效不佳或绩效低于标准要求——也就是说，在员工的现有绩效和企业对他们的期望绩效之间存在一定的差距。绩效不佳可以用客户投诉次数、绩效评价等级较低或者在工作过程中出现事故以及不安全行为等来表示。需要进行培训的另一个潜在征兆是：如果工作发生了变化，员工就需要改进现有的绩效水平，或者是员工必须能够完成新的工作任务。

从管理者的角度来看，要想判断所面临的绩效问题是否可以通过培训解决，就需要对任职者的个人特征、投入、产出、后果以及反馈等因素进行分析。那么，如何进行这种分析呢？你可以通过问自己几个问题来确定培训是不是解决绩效不佳问题的一种可能途径。[19]你需要判断一下在你的组织中是否存在以下情况：

1. 绩效问题非常严重，并且很有可能会由于生产率下降或客户流失给公司带来大量的潜在经济损失。

2. 员工不知道应当怎样有效地完成工作。或许他们过去只受过很少的培训，或从来都没有得到培训，或者是尽管接受过培训，但是培训的效果不理想（个人特征问题）。

3. 员工不能运用正确的知识或采取正确的行为。他们或许接受过培训，但是他们却很少或者从来都没有把在培训中学习的内容（知识、技能等）运用到实际工作当中（投入问题）。

4. 企业的绩效期望很清楚（投入），并且不存在阻碍员工达成绩效的因素——比如有毛病的工具或设备等（产出）。

5. 良好的绩效会产生积极的后果，而较差的绩效则得不到报酬。比如，如果员工对他们的薪酬不满，他们的同事或者工会就会鼓励他们放慢工作节奏（后果）。

6. 员工能够及时获得高度相关的、精确的、富有建设性的、具体的、与他们的绩效有关的反馈（反馈）。

7. 采取职位再设计或将员工转移到其他工作岗位上去等这样一些培训之外的方式解决问题的成本过高，或者是不现实的。

如果员工仅仅是缺乏完成工作必需的知识和技能，在其他方面还是令人满意的，那么就需要对他们进行培训。如果员工已经具备了完成工作需要的知识和技能，但是在投入、产出、后果或反馈方面存在不足，那么培训可能就不是解决问题的好办法。例如，如果是由于设备存在问题而导致员工的绩效不良，培训就不能解决这种问题，但是修复设备却会管用！如果绩效不良是由于缺乏反馈造成的，员工可能也不需要培训，反倒是他们的上级管理人员很有可能需要接受有关如何提供绩效反馈的培训。

7.3.4 任务分析

任务分析明确了执行任务的背景条件。这些背景条件包括：员工执行工作时使用的工具以及所处的工作环境、完成工作的时间约束（工作完成的最终期限）、安全方面的因素或者是工作的绩效标准。任务分析得出的结果表现为对工作活动的描述，其中包括需要员工完成的各种工作任务以及成功完成这些工作任务需要具备的知识、技能和能力。职位（job）是指需要完成多项具体工作任务的一个特定位置。任务（task）则是对某特定职位上的一位员工需要完成的各种工作活动的陈述。任务分析的四个步骤包括：第一，确定要分析的职位；第二，列表说明职位需要执行的工作任务；第三，检验并确认这些任务；第四，确认完成每一项任务所需的知识、技能、能力和其他要素（如设备、工作条件等）。[20]

工作任务分析的这四个步骤都可以从下面这家公用事业公司的例子中找到。该公司要求它的培训师在6个月之内开发一套培训系统。[21]该系统的目的在于找出能够作为制定培训计划的目标和课程规划基础的工作任务，还有完成这些任务所需要的知识、技能、能力及其他因素。

这个项目在第一阶段的主要任务是：确认在该公用事业公司的电力维护领域，每一个职位应当执行的潜在工作任务有哪些。在确定工作任务的过程中，该公司使用了工作流程、设备清单以及主题专家提供的信息等多种手段。主题专家包括管理人员、讲师以及资深技术人员。所有这些任务都被组合到一张问卷中，然后将这张问卷发放给在电力维护部门工作的所有技术人员。这张问卷一共包括550项工作任务。该公司要求这些技术人员根据重要性、难度以及执行频率来对每一项任务进行等级评定。在执行频率的评定尺度中包括零。如果某一工作任务的执行频率被技术人员评定为零，则意味着此人不需要执行该项任务。将某项工作任务的执行频率评定为零的技术人员，企业就不再要求他们去评定该项工作任务的执行难度和重要程度了。

企业开始采用一些客户化的软件系统来对那些通过问卷收集上来的评价等级信息

进行分析。某项工作任务得到的重要性等级评价结果是决定是否需要就这项工作任务对员工进行培训的关键因素。一项被评定为非常重要的任务会被认为是需要进行培训的内容，而无论它的执行频率和执行难度到底有多高。如果一项任务的重要性被评定为一般，但是难度等级却被评得很高，那么它也应当成为培训的内容。那些重要性不高、难度不大，而且很少执行的任务则可以被排除在培训项目之外。

为安排培训而准备的这份工作任务清单再由主题专家进行一次审查，以判定它是否精确地对工作任务进行了描述。最后形成一份含有487项任务的清单。对于其中的每一项任务，都由两位主题专家来确定其所需的知识、技能、能力以及其他执行要求。这方面的信息包括：工作条件、表示任务发生和结束的信号、绩效标准、安全因素以及必要的工具和设备，等等。所有这些信息都要由工厂中的技术人员和培训部门的人员重新审查一遍。最后，1.4万种以上的知识、技能、能力和其他一些因素被划分到不同的组别之中。然后再给每一个组别分配一个识别码，从而将这些不同的小组与一定的任务、知识、技能、能力及其他因素联系在一起。这些小组接着再合并成分别代表不同资格领域的一些大模块。也就是说，这些大的任务模块是与员工需要完成的各种具有内在联系的工作任务联系在一起的。这些大的任务模块用来决定培训的课程规划以及课程目标。培训师还要对这些任务模块进行审查，以确定员工在执行每一任务模块之前需要具备哪些技能。

7.3.5 确保员工做好接受培训的准备

培训设计流程的第二个步骤是评估员工是否已经做好了参加学习的准备。**培训准备度**（readiness for training）是指员工的个人特征是否使他们具有从培训中学到东西所需的那种热情、精力和专注。这些热情、精力和专注指的是**学习动机**（motivation to learn）。[22]各种调查研究表明，学习动机与培训项目中的知识增加、行为改变、技能获得等具有相关性。[23]表7-3呈现了影响学习动机的因素和增强这些因素的行为。学习动机会对受训者掌握各种培训内容（包括知识、行为和技能等）产生影响。管理人员必须确保员工的学习热情尽可能高涨。他们可以通过确保员工做到以下几点来达到这方面的目的：具有自我效能感；能够理解培训的好处；能够清楚地认识培训的需要以及个人的职业发展兴趣和目标；理解工作环境的特点；具有基本的技能水平等。

表7-3　　影响学习动机的因素

因素	描述	增强或改进的行为
自我效能感	员工相信他们可以学会培训项目的内容	• 向员工展示其同事取得培训成功的案例 • 让员工明白培训的目的是改善他们的能力，而不是发现他们不能胜任的领域 • 与员工交流培训的目的和包括的培训活动 • 强调学习是员工自己可以控制的
培训的好处及影响	参加培训能够带来的与工作、个人以及职业发展相关的利益	• 就培训能够带来的短期和长期利益进行现实的沟通

续前表

因素	描述	增强或改进的行为
意识到自己的培训需求	知道自己在技能方面的优势和不足	• 和员工交流企业为什么要求他参加培训 • 分享绩效考核信息 • 鼓励受训者完成关于自身优势和不足的全方位自我评估 • 允许员工选择需要参加的培训
工作环境	适当的工具和设备、材料、辅助物品和时间预算。上级管理者和同事愿意提供反馈并强化培训内容的运用	• 给员工提供实践和把技能应用到工作中去的机会 • 鼓励员工互相提供反馈 • 鼓励受训者分享培训经验以及在何种情境下运用培训内容会受益 • 对将培训内容用于工作之中给予认可 • 提供将培训内容用于工作之中所必需的各种资源
基本技能	认知能力、阅读和写作能力	• 确保受训者具有理解和学习培训内容的必要技能 • 提供补救性训练 • 使用视频或其他可视的培训方法 • 对培训项目做出调整以适应受训者的基本技能水平
目标导向	员工在学习情境下确定的目标	• 通过弱化受训者之间的竞争突出学习目标导向，允许受训者在培训期间犯错误和体验新的知识、技能和行为，形成以目标为导向的学习和体验环境
责任感	可靠、努力、自律以及坚持	• 交流为什么需要学习

资料来源：Based on J. Colquitt，J. LePine，and R. Noe，"Toward an Integrative Theory of Training Motivation：A Meta-Analytic Path Analysis of 20 Years of Research，" *Journal of Applied Psychology* 85（2000），pp. 678-707；and R. Noe and J. Colquitt，"Planning for Impact Training：Principles of Training Effectiveness，" in K. Kraiger（ed），*Creating，Implementing，and Managing Effective Training and Development*（San Francisco：Jossey-Bass，2002），pp. 53-79.

这里的"通过可持续性进行竞争"专栏展现了开发"隐性劳动力"的努力，以及作为回报获得的积极而忠诚的员工。

通过可持续性进行竞争

利用本来就有但未被认识到的人才

许多公司都依靠从福利到就业项目以及非营利社区团体为失业人员或难以就业的人员提供就业机会和相应的培训。对员工、公司和当地社区来说，这种关系有很多好处。员工获得了拿工资的工作，企业获得了忠诚和有干劲的劳动力，公司所在社区的生活条件和工作条件得到了改善。

马克是露华浓公司的前高管，他创立了一个属于自己的名为"GOSO"（Getting Out and Staying Out，意思是出来了就不要再回去）的非营利组织。该组织与200多名在纽约服刑的犯人开展合作。GOSO的合作对象是那些曾经入狱、目前正在上学的年轻的服刑人员，为他们提供工作和教育方面的咨询并让其做好接受面试的准备。它通过与不同的机构（比如社会服务机构和劳动力开发机构）建立合作关系来满足这些服刑人员的需求，建立一个愿意雇用曾经服刑人员的企业以及相关职位空缺的数据库，提供教育学位，并举办相关的研讨会。一位从建筑公司退休的高管曾经主持过一次研讨会，重点探讨了成为一名成功的商人所需的各种技能。GOSO取得了成功，与全国有2/3的犯人最后会再次入狱的数据相比，在参与过该组织这类项目的人中，80%的人出狱后没有再次入狱。在那些去上大学的项目参与者中，60%的人完成了第二个学期的学业。一些曾经入狱者会分享关于工作的好消息，讨论他们在工作或学习中遇到的问题，或者在丢掉工作或找不到工作，想要换工作或者决定回到学校学习的时候，再回来接受咨询。

技师培训研习社（MTI）是由一家位于密歇根州底特律的名为“焦点：希望”的非营利组织运营的一个项目，这个项目致力于解决饥饿、收入差距、教育不平等和种族歧视等方面的问题。该项目为期20周，项目期间学生每周有5天时间“在课堂上”。目前，技师培训研习社的课程面向来自各种背景的不同年龄的学生。技师培训研习社的培训内容包括课堂授课，还要求学生练习并获得在技师培训研习社的实验室和商店中工作的经验，学会使用常规的用于各种技术工种的器材，例如金属加工机床和广泛用于现代工业生产的新型计算机控制的机床。这些都要求学生具有很高的读写水平、运算水平、计算机水平，从而能够为机器编程。“焦点：希望”组织采取很多步骤来帮助学生取得成功。它为学生提供奖学金来支付课时费用，提供儿童抚养补贴，报销上课的交通费用，还设立了面向任何信用等级的学生的存款互助会。

空街计划是由强生公司的高管弗兰克·凯里（Frank Kelley）在迈阿密创建的项目，致力于为那些无家可归者提供帮助，这些人由于经济萧条而失业，居无定所。一项评估表明，在无家可归的人当中，80%的人是因为经济危机才无家可归，剩下的20%则是由于患有慢性疾病等原因而无家可归。许多因为经济危机而失业的人是有工作资质的，但是由于失去了房子，不得不住在贫民窟里。空街计划帮助这些人获得有助于他们重新上岗的技能，着眼于解决情感、专业和身体等方面存在的问题，从而帮助他们取得成功。凯里和项目参与者展开合作，找到他们热爱的领域，提升他们的面试技巧，改善他们的外在形象，并且制定战略帮助他们摆脱在态度、沟通技巧和外在形象方面给人们留下的长期不良印象。他还通过练习、模拟以及开小型研讨会等方式来帮助项目参与者改变他们对找工作的态度并向潜在的雇主传递积极的态度。另外，这个项目还包括像星巴克这样一些公司为危机失业者提供与本公司员工同类型的培训课程。因为这个项目是综合性的，所以凯里一次只和几位参与者合作。尽管他能够帮助的人数较少，但那些项目参与者却在像Eden Roc、希尔顿、Doubletree这样一些位于迈阿密的酒店找到了工作。

讨论题

你认为为了确保那些参加过上述项目的失业人员或难以就业人员实现就业，管理人员需要特别注意哪些影响人的学习动机的因素（见表7-3）?

资料来源：Based on M. Weinstein, “Homeless But Hopeful,” *Training*, March/April 2010, pp. 22-26; www.unleashyourace.com, website for Frank Kelley; L. Germinsky, “Back to life, One Man at a time,” from http://blog.tonic.com/project-vacant-streets, August 20, 2009; C. Hymowitz, “Executives Teach Inmates How to Be Employees,” *The Wall Street Journal*, March 17, 2008, pp. B1, B3; www.gosonyc.org, website for Getting Out and Staying Out, accessed, April 22, 2013; D. Bennett, “Do the Unemployed Get a Second Act?” *Bloomberg BusinessWeek*, September 19-September 25, 2011, pp. 64-70; www.focushope.edu, website for Focus: Hope.

7.3.6 创造一个学习的环境

学习能够带来永久的行为改变。为了确保员工在培训课程中获得一定的知识和技能，并且将在培训中得到的信息运用到工作当中，在培训计划中必须判定一些具体的学习原则。教育心理学家和工业心理学家以及指导性培训项目设计专家总结了能够保证员工最好地学习的几个条件。[24]表7-4揭示了为促进受训者在培训中进行有效学习而应当促成发生的一些事件以及这些事件的指导意义。

表7-4 学习的条件及其重要性

学习的条件	对培训的重要性及其启示
知道为什么要学习	员工需要了解培训计划的目的或目标，这样就能够帮助他们理解为什么自己需要接受培训以及组织期望自己达成哪些结果。
有意义的培训内容	当培训与对学习者提供帮助紧密联系在一起的时候（比如将培训与员工当前的工作任务、在工作中遇到的问题、技能的提升或者应对职位或企业出现的变化等联系在一起），员工的学习动机会得到强化。培训的环境应当与员工的真实工作环境相似。
练习的机会	受训者需要得到展示自己学到的东西（知识、技能、行为）的机会，这样会使受训者在应用培训内容时更加得心应手，并且更容易记住学到的这些内容。最好让受训者去选择适合他们自己的练习战略。
反馈	反馈能够通过对行为、技能的修正或知识的应用来帮助学习者达成培训目标。录像带、其他受训者以及培训师等都是有用的反馈信息来源。
观察、体验以及与培训内容、其他学习者和指导教师之间的互动	动手实践是最佳的学习方式。与其他人一起工作可以获得新的观点和见解。通过在练习群体中观察榜样的行动或相互分享工作体验也能够达到良好的学习效果。
良好的项目协调和管理	清除诸如手机来电等会对学习造成干扰的因素。确保用于培训的教室布置得当、舒适，并且适合选用的培训方法（例如，教室的座位能够根据团队练习的需要挪动位置）。受训者应当得到关于培训目的、培训举办地点以及培训时间的通知，以及诸如案例或阅读文献等在培训前期需要使用的材料。
记住培训的内容	在培训结束后促进对培训内容的回忆。这方面的例子包括使用概念图来展示各种概念之间的关系；通过多种方式对培训内容进行回顾（写作、绘图、角色扮演）；指导受训者使用关键词或给他们提供一份有关培训内容的视觉影像材料。对各个培训管理单元提出控制培训材料长度的要求，以保证培训内容不超出受训者的记忆极限；在培训结束数天之后回顾和练习培训中所学的内容（超量学习）。

资料来源：Based on R. M. Gagne, "Learning Processes and Instruction," *Training Research Journal* 1 (1995/1996), pp. 17-28; M. Knowles, *The Adult Learner*, 4th ed. (Houston: Gulf, 1990); A. Bandura, *Social Foundations of Thought and Action* (Englewood Cliffs, NJ: Prentice Hall, 1986); E. A. Locke and G. D. Latham, *A Theory of Goal Setting and Task Performance* (Englewood Cliff, NJ: Prentice Hall, 1990); B. Mager, *Preparing Instructional Objectives*, 2nd ed. (Belmont, CA: Lake, 1984); B. J. Smith and B. L. Delahaye, *How to Be an Effective Trainer*, 2nd ed. (New York: John Wiley and Sons, 1987); K. A. Smith-Jentsch, F. G. Jentsch, S. C. Payne, and E. Salas, "Can Pretraining Experience Explain Individual Differences in Learning?" *Journal of Applied Psychology* 81 (1996), pp. 110-16; and H. Nuriddin, "Building the Right Interaction," *T+D*, March 2011, pp. 32-35.

让我们来看一下以下几家公司是如何创造积极的学习环境的。[25] Yapi ve Kredi

Bank的总部位于土耳其的伊斯坦布尔，该银行开发了一个项目来帮助经理提高他们在激励和训练员工方面的技能。这个项目包括课堂教学——培训师在课堂上对一些通用员工辅导案例进行回顾，还提供在线阅读和视频。该银行的高层管理人员会对员工辅导和开发技术进行回顾，然后安排项目参与者去完成对他们的同事进行辅导的任务。B&W Pandex公司的一线管理人员培训课程集中于一些软性的技能、各种人力资源政策以及纪律惩戒和监督方面的能力，培训采取的是以视频展示和角色扮演为辅助的导师指导方式。课程中包括以工作场所中的实际情况为背景模拟的真实场景。这个培训项目还包括在岗培训，即让经过培训的、高质量的主题专家来讲授相关的工作任务和流程操作。百富门公司（Brown-Forman）是全球酒业巨头之一（它的品牌包括杰克丹尼威士忌以及金馥力娇酒等），该公司制定了一个只有两个半天的培训计划，致力于帮助公司的市场专家打造公司品牌。该公司的首席营销官来到课堂上，向大家讲解培训内容的重要性以及公司为什么要开设这门课程。在培训过程中，培训参与者以团队为单位分别负责为一个样本品牌制定一份品牌拓展计划，包括做现场演示以及完成练习。公司创意部门的代表也要参与这项计划，这项计划还包括与顾客进行交流，以了解他们的饮酒习惯和偏好。在这个项目的最后，各小组把他们的最终项目设计交给由公司的高层市场营销人员组成的评价小组来进行评判。

7.3.7 确保培训成果的转化

培训成果转化（transfer of training）是指受训者将在培训中学到的知识、技能和行为等应用到实际的工作之中。如图7-4所示，培训成果转化会受到转化氛围、管理者的支持、同事的支持、运用所学技能的机会、技术支持以及自我管理能力等方面因素的影响。正如我们在前面讨论过的，学习会受到诸如学习环境（比如学习材料的意义、实践以及获得反馈的机会等）、员工接受培训的准备度（比如自我效能感、基本技能水平等）这两个方面因素的影响。如果在培训过程中压根儿就没有发生过学习行为，那么培训成果的转化也就无从谈起了。

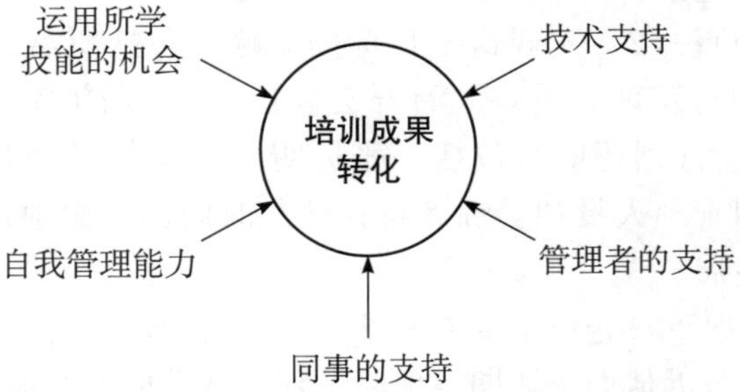

图7-4 影响培训成果转化的工作环境的特征

■ 管理者的支持

管理者的支持（manager support）是指受训者的上级管理人员在多大程度上强调参加培训项目的重要性以及应当将培训内容运用到实际工作当中。表7-5展示了管理者应当为支持培训所做的一些事情。

表7-5 管理者应当如何对培训提供支持

- 了解培训内容。
- 了解培训内容与要求员工完成的工作之间存在何种关系。
- 在绩效评价中对员工把培训成果应用于本职工作中的情况进行评估。
- 当员工返回工作岗位时，鼓励员工大胆地应用他们在培训中学到的那些技能。
- 确保员工获得将培训成果应用于实际工作之中所需的各种设备和技术。
- 在培训之前与员工讨论他们计划怎样利用培训所学的内容。
- 对那些刚刚接受完培训并且将培训成果应用到实际工作之中的员工提供认可。
- 让员工从工作中解脱出来，有时间参加培训。
- 向员工解释为什么要让他们参加培训。
- 就员工希望开发的那些技能或行为向他们提供反馈。
- 在可能的情况下做一次培训师。

资料来源：Based on R. Bates, "Managers as Transfer Agents," in E. Holton Ⅲ and T. Baldwin (eds.), *Improving Learning Transfer in Organizations* (San Francisco: Jossey-Bass, 2003), pp. 243-70; and A. Rossett, "That Was a Great Class, but…" *Training and Development*, July 1997, p. 21.

为了确保高层管理人员能够理解并支持培训和开发在企业中扮演的角色，Ingersoll Rand公司开发了一个“承诺阶梯”（ladder of engagement）模型。[26]高层管理人员会通过多种不同的方式参与到培训当中，包括为培训计划的开发提供资金、扮演培训师或培训师助手的角色、以高层发言人的身份考察培训活动，或者担任企业大学咨询委员会委员。

上级管理人员对受训者的支持程度越高，培训成果得到转化的可能性就越大。[27]管理人员能够提供的最低层次的支持就是允许受训者参加培训，最高层次的支持则是作为一名指导者亲自参加培训（参与教学）。作为一名指导者参加培训项目的管理人员更有可能提供许多低层次的支持功能，比如强化受训者对新学习的能力的运用；与受训者讨论培训的进展情况；提供练习的机会等。管理者还可以通过行动计划的运用来协调培训成果的转化。**行动计划**（action plan）是指用来说明受训者及其上级管理者将采取哪些措施确保培训成果得到转化的一份书面文件。行动计划的内容主要包括：（1）一个用来确定哪些培训内容将会运用以及如何运用的目标（项目、问题）；（2）实现这一目标的策略，包括所需的各种资源；（3）获得反馈的策略（比如与管理人员一起召开会议）；（4）期望实现的成果（会出现哪些方面的不同）。行动计划还应当包括一张标明了具体的日期和时间长度的时间表，这张时间表会说明管理人员和受训者将在什么时间面对面地讨论受训者在培训成果转化方面取得的进展。

在最差的情况下，企业至少要安排一个专门的时间向受训者的上级管理者解释培训的目的，并且告诉他们企业期望他们做到：鼓励员工参加培训；为受训者提供实际练习的机会；强化培训内容的应用；对受训员工进行追踪；评估受训者在将培训内容运用于实际工作方面取得的进展。

■ 同事的支持

在受训者之间建立起一种支持网络也会有助于培训成果的转化。[28]所谓**支持网络**（support network），是指由两名或两名以上的受训者自愿组成的一个小群体，他们同意通过定期碰头来讨论各自在将培训中学到的技能运用于实际工作方面取得的进展。

这种讨论既可以采取面对面讨论的会议方式，也可以采取互发电子邮件进行沟通的方式。通过这种交流，受训者可以分享自己在将培训内容运用于工作方面取得的成功经验。他们还可以讨论如何争取运用培训中传授的那些技能所需的各种资源，或者讨论一下，在将培训内容运用于实践时，如果遇到一些不良的环境干扰因素，应当如何对待，等等。

企业还可以通过网站或编印时事通讯等方式让大家知道受训者是如何处理各种培训成果转化问题的。在时事通讯或网站上，可以刊载某位成功应用新技能或对新技能的应用提供一些窍门的受训者的访谈记录，所有受训者都可以通过浏览网站或传阅时事通讯等方式来阅读这一访谈记录。管理者还可以为每一位受训者配备一名导师——一位曾经参加同样的培训，并且工作经验更为丰富的员工。这位导师可能是受训者的一位同事，他会向受训者提供一些建议和支持，告诉受训者应当怎样将培训的内容成功地转化为自己的工作实践（比如，如何发现将所学的能力运用于工作实践的机会）。

■ 运用所学技能的机会

运用所学技能的机会（**运用机会**（opportunity to perform））是指受训者在多大程度上得到了或自己努力寻找到了运用在培训项目中学到的新知识、新技能以及新行为的机会。[29]运用机会受工作环境和受训者动机两个方面因素的影响。要想让受训者应用在培训中学到的能力，途径之一是安排他们去从事那些需要运用他们所学内容的工作任务（比如解决一些问题、承担一些任务等）。在决定这种工作安排时，受训者的上级管理者通常起着关键作用。运用机会还会受到其他一些因素的影响，比如受训者在多大程度上愿意承担起个人责任，去积极寻找那些允许他们运用刚刚获得的新技能的工作任务。与那些很少有机会在工作中应用培训内容的受训者相比，有较多机会应用培训内容的受训者往往能够更为长久地保持所学的技能。[30]

■ 技术支持：电子化绩效支持系统和知识管理系统

电子化绩效支持系统（electronic performance support systems，EPSS）是一种可以按照要求提供技能培训、信息获取以及专家建议的计算机应用软件系统。[31]电子化绩效支持系统可以用来促进受训者的培训成果转化：当受训者力图在工作中运用在培训中习得的能力时，只要他们遇到问题，随时都可以通过这一支持系统获得自己需要的电子信息。

在路透社这家报道新闻和财经消息的公司里，那些负责处理金融系统信息和数据指令的员工因为没有时间去参加培训，所以非常希望有一种方法能使他们面临的一些实际工作问题随时得到解答。[32]常见的问题包括如何让金融交易员通过注册获得路透社提供的信息并进入路透社的系统，以及如何将路透社的技术系统安装到交易系统之中。路透社购买了一套电子化绩效支持系统，它能够在员工完成任务的过程中在其电脑屏幕上提供一个帮助面板。这些帮助面板针对员工需要完成的不同流程（例如用户注册）中的每一个步骤分别设计了各种可能会出现的问题，并且提供了相应的答案。

正如我们之前在本章中讨论的一样，许多公司运用知识管理系统加强对知识的创造、分享和应用。美国美华集团（MWH Global）是一家工程和环保方面的咨询公司，该公司有一个软件程序可以用来分析员工提供的以下两方面的信息：一是他们平时打交道最多的同事是谁；二是他们在工作中找谁提供专业方面的帮助。[33]这个程序通过勾画彼此间互相联系的点线来表示人以及人与人之间的关系。这个点线的网络还提供一张合作图来展示工作是如何完成的，同时列出工作联系最为紧密的技术专家，从而帮助人们找到传统的组织结构图中缺失的人与人之间的非正式联系。

知识管理系统通常包括实践社区。**实践社区**（communities of practice）是指在一起工作，彼此互相学习，并且对应当如何完成工作达成共识的一群员工。

总部位于芝加哥的致同会计师事务所（Grant Thornton LLP）是全球六大会计组织的一部分，该事务所开发了一套名为“K-Source”的知识管理系统。[34]设计这个系统的目的是帮助客户在销售额增长、客户服务水平提升、支持公司价值观以及提高公司内部服务效率等几个方面达成关键经营目标。这套系统以公司、产业集群以及地区为单位分别为每一个服务线建立一个在线的实践社区。企业通过两种方式鼓励员工为这套系统做出贡献：一是让知识管理人员努力吸引大家参与到这套系统中来；二是将其纳入绩效评价目标之中。员工可以通过 K-Source 系统来创建个人的档案，利用从财经网站、各种课程、电子书以及网络广播等渠道获得的信息创建个性化的新闻订阅资源，同时参与在线讨论。

■ 自我管理能力

培训还应当让员工做好这样一种准备，即在工作中运用新技能和展现新行为时实现自我管理。[35]特别是在实施培训计划的过程中，应当让受训者制定在工作中运用新技术和展现新行为的目标；确定在何种条件下可能无法达到既定的目标；列举运用新技能、展现新行为的积极与消极后果；监督整个新技能和新行为的运用过程。此外，受训者本人也应当明白，在应用培训内容的过程中遇到一些困难是不可避免的；即使回到原有的行为和技能模式也不意味着受训者就应该放弃。最后，由于同事或上级管理人员可能无法对受训者应用培训内容的行为给予奖励或自动提供反馈，因此受训者需要创建一个自我奖励系统，并且要求同事和上级提供反馈。

你应该知道，学习与培训的转化是密不可分的。假如培训不能为学习提供便利，就不可能有任何东西会转化到工作之中。同理，假如工作环境不支持甚至阻碍运用学到的成果，培训内容的转化就无法实现。威瑞森电信公司通过导师引导的虚拟课堂对分散在各地的员工进行培训，我们来考察一下这种课堂是如何促进学习和培训结果的转化的。[36]意识到保持学员间充分的互动和积极参与培训内容的重要性，威瑞森电信公司采取了很多新的学习策略。该公司有一项培训是支持其企业客户服务结算程序的，这种培训将有领导者引导的讨论和学员分成若干小组在各个虚拟教室通过互动完成任务组合在一起。网络研讨会采用线上投票的方式让学员充分参与。信息技术课程包括用来练习和教学的实验室和模拟技术设备。在进行零售培训时，威瑞森电信公司的虚拟培训师项目（VT）会把培训师带到一个虚拟零售店中，由这位虚拟培训师完成一些初始的培训内容。除了虚拟培训师之外，学员还要填写一份文件作为强化培训内容的辅助手段，他们的直接上级则以讨论指导的方式与学员就各种事例、观点、内容、活动以及一些场景展开讨论，显然，这些管理人员提供的教练式辅导为学员提供了一个在培训结束后继续应用技能的机会。

7.3.8 选择培训方法

可以用来帮助员工获取新知识、新技能和新行为的方法有很多种。图 7-5 概括展示了各种培训方法的使用情况。从图中我们可以看到，讲师引导的课堂培训仍然是使用频率最高的培训方法。然而，需要指出的一点是，使用在线学习、移动学习和社交网络进行培训的时间会持续增加，并且这种潮流的发展是众望所归。

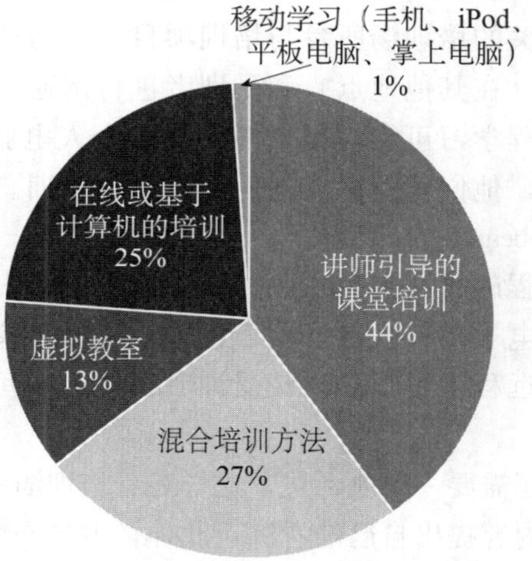

图 7-5　培训方法使用的概况

资料来源：Data from "2012 Training Industry Report," *Training*, November/December 2012, pp. 20-23.

根据一项估计，将近 40%的高管人员培训计划都将 iPad 这类平板电脑投入到新型培训和开发活动之中。[37]企业期望这些设备不仅用于培训和绩效支持，而且用于培训和指导员工，玩一些移动游戏以及写一些微博（比如推特）等。

无论运用何种培训手段，要使培训有效，就必须将其建立在前面所述的培训设计模型基础之上，一种积极的学习环境和培训内容的转化对培训项目的有效性来说是至关重要的。

■ 演示法

演示法（presentation methods）是一种让受训者处于被动的信息接收者地位的培训方法。演示法包括传统的课堂讲解法、远程学习、视听培训，这些方法需要使用个人电脑、智能手机以及像 iPad 这样的平板电脑。这些方法对于向员工展示新事物、传递新信息、宣传不同的理念以及传授不同的问题解决方法或程序等目的来说是非常理想的。

讲师主导型课堂讲解法。课堂讲解法一般是指培训师对一群受训者进行课堂讲授。在许多情况下，这一讲授过程中常常还辅以问答、讨论或者案例研究等形式。尽管像交互式录像和计算机辅助讲解系统之类的新技术不断涌现，但课堂讲解法仍然是一种最为常用的培训方法。传统的课堂讲解法是能够以最低的成本、最少的时间向大量的受训者提供某种专题信息的方法之一。此外，培训师的参与越积极、在课程讲授中引用的与工作相关的例子越多、在讲授过程中穿插的练习越多，受训者就越有可能学会并应用在培训中了解到的信息。

远程学习通常由那些在地域上较为分散的企业使用，它们经常会用这种方法来向员工提供有关新产品、公司政策或者工作程序等方面的信息，进行技能培训以及开展专家讲座。[38]远程学习使培训项目的参与者之间能够实现双向沟通。[39]首先，远程学习可能包括电话会议。**电话会议**（teleconferencing）是指在位于两个或多个地点的两个或两个以上的个人或群体之间实现声音、影像和（或）文字的同步传输。受训者要到相关的培训场所参与培训项目，因为他们在这里能够用电话或个人电脑与其他培训师（在其他地点）和受训者进行沟通。其次，远程学习中可能有虚拟教室。第三种远程学习可能包括个性化的以个人电脑为基础的培训。[40]只要员工能够使用个人电脑，他们就可以在任何地方参与培训。这种类型的远程学习也可以采用**网络广播**（webcasting）的形式，在这种情况下，可以通过在线方式提供面对面的讲解。培训课程的材料包括视频可以通过公司的内部网传递给受训者。受训者和培训师可以利用电子邮件、电子留言板以及电子会议系统等进行交互式联系。此外，这两种类型的远程学习都可以让受训者在培训期间通过操作电脑远程回答培训师提出的问题。

远程学习往往还需要一根电话线，这样观看培训演示的受训者就可以打电话提问或对培训师讲授的内容提出自己的看法。此外，卫星网络可以使公司与某些行业专用课程以及教育课程之间建立起联系，从而使员工通过这个网络获得大学的学分以及工作资格认证。IBM、数字设备（Digital Equipment）和柯达等企业都购买了美国国家技术大学的服务，这家大学面向那些希望获得工程方面的高级学位的员工在全美各地提供广播课程。[41]

远程学习的好处之一在于，企业可以因此节省下一大笔差旅费。它还为分散在不同地点的员工提供了获得专家培训的机会，因为如果不是采用这种培训方式，这些专家一般是不会到每一个地方去巡回讲课的。

远程学习的主要缺点是培训师和学员之间缺乏互动。培训师和学员之间深入的互动是一个积极的学习因素，但是远程学习无法做到这一点，因为它只用广播技术将课程传送给分散在各地的学员。远程学习所能做的无非是用一种新的培训技术换一种形式实施传统的课堂讲授（在学习和培训内容转化方面具有局限性）！这也正是为什么在员工和培训师之间建立沟通联系十分重要。另外，应当有导师或引导者在现场回答学员提出的问题，并且协调整个问答环节。这里的“通过全球化进行竞争”专栏展示了日产公司如何将虚拟课堂作为培训的一部分来实现其全球扩展的经营战略。

通过全球化进行竞争

日产公司的虚拟教室

日产公司在全球20多个国家设立了汽车生产厂，同时产品市场遍布160多个国家，有超过15万员工在世界各地工作。为了确保实现其全球增长和扩张的计划，日产公司确定了60位具有高潜质的员工，这些员工仍需提高自身的技能和胜任素质，从而为下个阶段实现成功的职业发展做好准备。这些员工分布在不同的职能领域、管理层级以及包括拉丁美洲、欧洲、非洲、中东、亚洲和澳大利亚等在内的不同地区。让这些人在一个教室进行面对面的交流互动非常有价值，因为这可以帮助他们在团队项目中一起工作并且建立自己的关系网络。同时，课堂教学还能确保这些员工持续获得信息，他们提出的问题也会得到教师或培训协调者的及时解答。然而，面对面的课堂教学是不现实的，因为这些高潜质的员工不可能为了完成一项长期的面对面学习的任务而离开他们的工作岗位，而且，为了接受培训而从世界各地出差到一个地方去的费用太过昂贵。

为了迎接这一挑战，日产公司创造了一种包括虚拟教室在内的网上学习方法。这一方法让这些高潜质的员工可以学习领导能力以及以日产公司的核心经营原则为基础的胜任素质。日产公司想把教室学习的优势（包括人际关系的建立、及时的反馈以及技能练习等）与在线学习的优势（可以随时随地获得资源）结合在一起。因此，该项目的第一步是要求参与者对自己的胜任素质进行评估。他们的上级和同事也会完成一个类似的评估。接下来，参与者还要参加一个虚拟反馈环节，对他们得到的评估结果做出解释。为了提高技能或者培养新的技能，企业会设计一些需要在虚拟教室中完成的课程，其中包括一个可以进行技能训练的虚拟学习实验室。在虚拟教室中学习的课程内容由一位现实中的教师来讲授。学习者可以连接到在线课堂。他们可以提问，进行角色扮演，使用虚拟的白板和投票工具进行互动，进行小组练习等。为了使参与者之间建立起工作关系，他们还可以看到彼此的照片，虚拟教室中的人数限制在20人。

第一批20位学习者来自10个不同的国家。但是，参与者报告说，他们感觉像是在真实的教室里进行互动。他们喜欢进行实时互动，在小组中和其他学习者共同完成任务，了解其他参与者扮演的角色。评估结果显示，这一项目取得了成功：在项目完成之后，他们的直接上级和同事所做的评估显示，参与者的领导行为得到了改善。

讨论题

1. 即使受训者身处不同的地方，在线学习方法也对高潜质员工的技能和胜任素质的提升有用吗？为什么？

2. 在线学习对于表7-1中其他类型的战略培训活动也有用吗？为什么？

资料来源：Based on A. Lang，"Accelerate the Leadership Engine，" *Chief Learning Officer*，April 2013，pp. 42-47.

视听培训。视听培训（audiovisual training）包括投影、幻灯片以及录像等。视听培训广泛用于提高员工的沟通技能、面谈技能、客户服务技能等，同时，它也经常用于描绘应当如何完成某些工作流程（比如焊接）。但是，录像很少单独使用。视频培训可能不需要学员亲临课堂。他们可以独立学习，使用工作手册、DVD 光盘或网络上的资料自学。幻灯片或其他演示软件以及视频和音频文件也可以用来展示知识点、现实经验和案例。视听培训借助笔记本电脑、手机和平板电脑等设备很容易实现，这些设备为学员随时随地获取资料提供了可能。视听培训还使得授课内容可以包含视频、播客、表格、图表、知识点以及各种讲座。这有助于通过调动使用者的感官以及就知识、技能和行为进行沟通和展示来进行学习。举例来说，一家名为 Flippin' Pizza 的餐厅就通过 iPad 应用软件提供培训。[42] 学员可以通过这个应用软件观看一系列关于烹饪或客户服务课程的小视频。

作为一家技术公司的 SAP 正在充分利用 iPad，因为它有助于该公司位于全球各地的销售人员进行个性化的学习。与一位在加拿大工作的有经验的销售人员相比，一位在中国的新销售人员需要的是一整套不同的技能和应用软件。美国华生制药公司（Watson Pharmaceuticals）为自己的企业大学研发了一套应用软件，这套软件使得公司的医药代表可以通过他们的苹果手机获取各种视频以及关于产品的知识。[43]

采用视频培训有许多优点。第一，视频使用者可以控制演示过程。他们可以将课程内容重放、慢放或者快放，这为他们根据受训者的经验水平定制培训课程提供了一定的灵活性。第二，可以让受训者感受到那些不太容易在教室中演示出来的问题以及事件。第三，所有的受训者看到的演示都是一样的。

视听培训法产生的大多数问题涉及两个方面：一是受训者需要学习的内容太多；二是因过度使用幽默段子、音乐、戏剧等内容，受训者无法集中注意力去关注那些需要了解的关键点。[44]

■ 演练法

演练法（hands-on methods）是一种要求受训者积极参与学习的培训方法。演练法包括在岗培训、情景模拟、商业游戏和案例研究、行为塑造、交互式视频以及网络培训，等等。这些培训方法对达到以下几个方面的目的非常有用：开发某种特定的技能；理解如何将技能和行为转化到实际工作之中；体验完成一项工作任务时需要处理的各方面工作内容；处理在工作中产生的各种人际关系问题等。

7.3.9 在岗培训

在岗培训（on-the-job training，OJT）是指新员工或缺乏经验的员工首先观察同事或上级管理者如何完成工作，然后再模仿他们的行为来进行学习的一种方法。在岗培训在以下几个方面是很有用的：新员工培训；在引进新技术时，提高有一定经验的员工的技能水平；对同一个部门或工作单位的员工进行跨职能工作培训；帮助工作调动或得到晋升的员工适应新的工作岗位。

在岗培训可以采取多种形式，其中包括学徒计划和实习（下文中会专门讨论这两种培训形式）。在岗培训是一种很有吸引力的培训方法，因为与其他培训方法相比，在岗培训在培训材料、培训师薪酬或者指导性培训设计等方面只需要投入较少的时间或费用。经验丰富的上级管理者或同事可以扮演指导者的角色。在岗培训一定要设计合理，表 7-6 列出了在岗培训的原则。

表 7-6 在岗培训的原则

指导前的准备
1. 将工作拆分为几个重要的步骤。
2. 准备好必要的设备、原材料以及备用品。
3. 确定你会将多少时间用于在岗培训，并确定你期望员工在什么时候能在相关技能领域达到胜任状态。
实际指导过程
1. 告知受训者相关培训任务的目标，并且要求他们在你说明这些目标时看着你。
2. 在不说话的情况下向员工展示如何完成工作任务。
3. 解释关键点和关键行为。（在可能的情况下，将这些关键点写下来交给受训者。）
4. 再次向受训者展示如何完成工作任务。
5. 让受训者完成工作任务中的一个部分或多个部分，并在他们能够按要求正确完成培训任务时给予表扬。（可选）
6. 让受训者完成全部工作任务，并在他们能够按要求正确完成工作任务时给予表扬。
7. 如果受训者出现错误，让他们再次进行操作，直至能够正确地按要求完成工作任务为止。
8. 对受训者在学习完成工作任务的过程中取得的进步给予表扬。

资料来源：Based on W. J. Rothwell and H. C. Kazanas, "Planned OJT Is Productive OJT," *Training and Development Journal*, October 1990, pp. 53-55; P. J. Decker and B. R. Nathan, *Behavior Modeling Training* (New York: Praeger Scientific, 1985).

学徒计划（apprenticeship）是一种边干边学的培训方法，它同时运用在岗培训和课堂培训两种培训手段。[45]在美国，如果某项学徒计划想达到各州或者国家的政策性要求，从而成为登记注册的学徒培训计划，必须至少包括 144 个小时的课堂培训，再加上 2 000 个小时或一年的在职工作经验。[46]学徒计划可以由一家公司单独发起，也可以由多家公司与工会一同发起。大部分学徒计划都集中在技术性行业，比如管道工、木工、电工以及泥瓦工等。

完成各个具体的技能单元必须花费的小时数和周数都要有清晰的界定。如果某项在岗培训涉及在工作场所协助一位合格的销售人员（熟练工）完成工作，学徒计划中的在岗培训部分就要遵循上文中提到的有效在岗培训应当遵循的一系列原则。[47]

学徒计划的一个最大优点在于，学习者在学习的同时还可以挣钱。这一点非常关键，因为一项学徒计划可能会持续好几年时间。随着学习者的技能提升，他们的薪酬通常也会随之提高。此外，学徒计划往往还是一种有效的学习经历，因为学徒计划中通常包括关于为什么要执行某项任务以及如何执行此项任务的课堂培训——这些培训通常是由地方的商业学校、高中以及社区大学提供的。当受训者完成一项学徒计划时，该计划通常还会给他们带来全职工作的机会。从公司的角度来说，学徒计划能够满足特定的业务需求，并帮助公司吸引到有才能的员工。

Libbey Glass 公司位于美国俄亥俄州托莱多市，其下属的一家制造工厂有多项学徒计划，这些学徒计划涉及模具制造、机器维修、设备安装以及维护修理等各个生产流程。[48]每名学徒都会在一位熟练工的支持下完成各自的工作任务。这些学徒计划每隔 1 000 个小时就会对参与计划的学徒进行一次评价，以确定他们是否满足了美国劳工部制定的相关标准。对学徒进行评价的工作是由一个专门的委员会实施的，该委员会的成员包括来自管理层的代表以及相关部门中的熟练工人。该委员会还负责开发用于评价的测试题以及其他一些评价手段。如果委员会成员在对学徒进行评价期间无法完成自己承担的正常的工作任务，则他们的工作量会被分给其他员工或公司会重新安排他们的工作时间。这种计划的好处包括以下几个方面：对那些更愿意接受工作环境中的变化的员工进行开发；提高公司在内部完成工作的能力，而不是将工作外包给合同工；成为公司吸引人才的一个利器，因为对有些人很有吸引力的一点是，在完成学徒计划之后，他们就获得了晋升到公司内其他职位——其中也包括管理职位——的资格。此外，学徒计划还有助于 Libbey Glass 公司在确定为员工提供的培训以及工作经验时做到量身定制，从而满足公司在保养和维修方面的一些特定需求，而这对设计和维修用于制造玻璃用品的生产性模具设备而言是非常必要的。

学徒计划的缺点之一在于它不能保证参加培训的人在培训项目结束后都能找到工作。另一个缺点是，由于学徒计划仅仅是让受训者做好从事某一行业或职业的准备，许多企业也许并不愿意雇用那些完成学徒计划的人。这些企业认为，由于学徒的培训范围很窄，仅仅局限于某种特定的职业或某家特定的公司，因此，那些完成学徒计划的人也许只是掌握了某家公司需要的特定技能，他们无法学习新的技能或者无法通过调整自己的技能来适应工作场所中出现的变化。

实习（internship）是一种在岗学习形式，它由教育机构主办或者是作为大学课程体系的一部分。学生在能得到薪酬的岗位上获得与所学领域有关的工作经验。比如福特汽车、惠而浦、劳斯莱斯在它们的人力资源管理和工程岗位上都使用实习生。如果实习生表现优秀，毕业后，很多公司会给实习生提供全职工作。

情景模拟。**情景模拟**（simulation）是一种让受训者在模仿现实生活场景的环境中进行决策的培训方法，受训者在这种情景中所做决策产生的结果真实地反映了受训者在实际工作中做出同类决策时可能产生的后果。情景模拟培训法使受训者可以看到他们的决策在一种人工的没有风险的环境中可能产生的影响，可以用于向受训者传授生产和加工技能以及管理和沟通方面的技能。情景模拟一般用于训练飞行员、电缆安装工和呼叫中心客服人员。

在美国联合包裹服务公司（UPS），新技术的出现使司机的工作变得更加复杂。[49]他们必须能够保证驾驶安全，熟练使用物流信息采集器（Delivery Information Acquisition Device，DIAD）（一台由 UPS 公司开发设计的、能够对运送包裹的车辆进行全球定位的掌上电脑），并且懂得如何在运送途中保证包裹的安全。因此，UPS 公司在马里兰州建立了一个名为 Integrad 的培训中心。该中心拥有一辆模拟的包裹运输车，新入职的员工可以使用这辆模拟运输车来学习如何从货架、地板以及后车门装卸包裹——这样可以最大限度地减少那些可能会引发安全事故的体力和心理压力因素，同时达到公司对此类操作规定的时间标准。普通司机在自己的运输路线上每天至少有两个小时的时间需要登上和跳下包裹运输车，如果操作不当很容易伤到脚踝。参加模拟培训的司机会与培训者一起运送包裹，受训司机要去给一个模拟小镇上的客户提供服务，在这个小镇中有商铺和街道，甚至还有一个装卸站。

虚拟化身（avatars）是指计算机化的人物形象，它在情景模拟培训中用于扮演虚构的教练、同事以及客户。[50]通常情况下，受训者看到的虚拟化身会出现在整个培训过程当中。例如，在提供科技产品和服务的 CDW 公司，一项针对销售人员的培训课程就是通过模拟客户访谈来对受训者进行指导的。培训课程中的虚拟化身会介绍客户的基本情况，然后，受训者会从一段模拟电话访谈录音中听到客户的声音。通过解读客户的声音，受训者需要在虚拟化身的帮助下判断在销售过程中到底发生了什么。

虚拟现实进一步提高了模拟效果。**虚拟现实**（virtual reality）是一种能够为受训者提供三维空间学习体验的计算机技术。通过使用特定的设备或者是观察计算机屏幕上的虚拟现实模型，受训者可以穿梭于虚拟的环境当中，并且与环境中的各个组成部分进行互动。[51]这种技术被用来刺激受训者的多种感官感受。[52]各种设备会将从环境中得到的各类信息传到感应器中。例如，音频接口、能产生触摸感的手套、履带走步机或者是移动平台等设备都能创造一种人工的但却极具真实感的环境。这些设备同样能将受训者的活动信息反馈到电脑当中，从而使受训者感到自己真正处于某一特定的环境当中。

举例来说，美国 Silicon Image 公司的员工可以学习如何制造硅芯片。[53]员工可以在虚拟的公司园区中参观公司的各个部门，同时还可以观看录像带和幻灯片，了解每一个工作单位中的工作是如何完成的。英国石油公司使用"第二人生"来对加油站的新员工进行有关储油罐和管道系统的安全功能培训。[54]公司在一处加油站开发了一套储油罐和管道系统的三维复制模型，受训者能够看到储油罐和管道系统在地下的结构，并观察安全设备是如何控制汽油流量的——所有这些他们在现实世界中都无法做到。

从上面这些例子中我们可以看出，情景模拟培训法之所以如此有效，主要有以下几个方面的原因[55]：第一，受训者在自己的电脑上就可以使用这些培训方法，省去了前往某个集中培训地点的麻烦。第二，情景模拟培训法很有意义，它不但能够让受训者在身体上实现亲身参与学习，而且能够让受训者在情感上也积极投身学习当中（因为情景模拟培训法很有趣！）。因此，员工会更愿意练习、保持以及提高他们的技能。第三，在员工需要学习的内容方面，情景模拟能够提供具有一致性的信息；受训者可以按照自己的节奏进行培训；而且，相较于面对面的课堂讲解而言，情景模拟能够综合呈现出受训者可能会在以后的实际工作中遇到的更多情景或问题。第四，情景模拟培训法能够让员工安全地置身于那些在现实世界中可能非常危险的情景中。第五，研究发现，情景模拟培训法能够带来一些积极的结果，比如与传统的培训课程相比，这种方法能够在更短的时间内完成培训；能够带来积极的投资回报率。情景培训的一个缺点在于持续增加的成本和需求，这是由于模拟情景必须包含与工作环境中相同的因素，而且在学员的条件反射下，在模拟情景中做出的反应必须和设备（或顾客）做出的反应完全相同。[56]

商业游戏和案例研究。在管理技能开发培训中，人们常常会设计一些场景来让受训者进行分析和讨论（案例研究）或者是玩一些商业游戏，受训者需要在这些场景中收集信息，对信息进行分析，然后再做出决定。案例学习的来源有很多，其中包括哈佛商学院和弗吉尼亚大学的达顿商学院。

由于商业游戏的参加者能够积极参与，并且游戏能够模拟出商战的竞争性质，因此商业游戏可以激发受训者的学习动力。游戏参加者在参与过程中需要做出的决策包括管理实践中可能会遇到的各方面问题，其中包括劳资关系（例如集体合同的达成）、市场营销（比如新产品的定价）以及财务管理（比如购买新技术所需资金的募集）。一个现实的游戏或者案例会模拟更多的学习手段而不是展示手段（比如课堂授课），因为学习手段更有意义。ConAgra 食品公司新上任的副总裁在一项领导力培训的最后

8天中参加了一个商业游戏。[57]在游戏中，各支队伍分别要实施一个模拟的公司商业项目，队员们需要轮流扮演不同的角色，包括市场营销人员、产品研发人员以及财务人员。团队之间就业务和市场份额进行竞争，同时提高团队协作能力和其他的人际交往能力。在游戏的最后，ConAgra公司的执行官会基于财务能力和团队合作技巧来决定获胜的队伍。太阳微系统公司使用游戏来向新员工讲解组织结构、战略和历史，以塑造公司具有创新精神和强大的品牌价值的形象。这个游戏以Solaris星球为背景，构建了一个以太阳微系统公司核心价值为基础的社会。游戏中有一群迷路的殖民者，他们在漫步太空之后在这个星球上作战。他们建立了一个目标，那就是创造一个信息网（太阳微系统就是建立这个网络的公司）。有敌人威胁这个星球，玩家的任务就是保护星球。

案例对于培养高阶技能尤其适合，这些技能包括分析、综合与评估。经理、医师以及其他专业性强的职业需要具备这些技能。案例还帮助学员在不确定产出的情况下敢于根据他们对形势的分析去冒险。为了更有效地利用案例，学习环境必须允许学员准备并讨论他们对案例的分析。另外，学员之间必须进行面对面的或者是通过电子设备的沟通。因为学员的参与对于案例学习法的有效性至关重要，所以学员必须有意愿、有能力分析案例，然后交流讨论并捍卫自己的观点。

行为塑造。研究发现，行为塑造是传授人际关系技能的最有效的方法之一。[58]通常情况下，每一部分的行为塑造培训会持续四个小时且集中于传授一种人际关系技能，比如充当教练或者与他人进行意见沟通。每一部分培训都包括以下几个方面的内容：首先说明隐含在每一种关键行为背后的基本原理，然后播放每一种关键行为的样板录像带，接着为受训者提供用角色扮演法来练习的机会，最后还要对录像带中的样板行为进行评价，同时留出一段规划时间，让受训者来理解这些关键行为如何用于工作之中。在实践阶段，受训者会得到一些反馈，即他们会被告知自己的行为与录像带中的样板行为之间在多大程度上是一致的。受训者扮演的角色以及被样板化的行为都是根据受训者所处的真实就业环境中可能发生的各种事件编排出来的。

电子化学习。**电子化学习**（e-learning）、计算机辅助培训（CBT）或网上学习是指通过互联网或公司内部局域网来讲解以及提供培训内容的一种培训方式。[59]为了增强学习效果，所有上述培训方法都可以包括进来，融入文本讲解，与情景模拟、游戏、视频配合，并与博客、维基百科、社交网络、附加资源的超链接结合起来使用。有些类型的计算机辅助培训不需要连接网络，通过软件或DVD光盘提供培训内容。学员仍然可以与培训内容互动、回答问题、根据他们在某一情境下的行为做出反应，但是他们无法与其他学员互动。举例来说，威普罗技术公司研发了一种名为“统一学习装备”（ULK）的工具，这是一种可以编程的便携式电脑，新员工可以用它进行工程课题的实验。[60]一个“统一学习装备”可以讲解十多个与硬件工程和软件工程相关的技术课题。

在线学习、电子化学习和以网络为基础的培训都包括利用网络传输的课程。这个培训项目可以通过输入密码，在公共网络或者公司的内部网上获得。在线学习具有很多潜在的特性，帮助学员学习并将培训内容应用到工作中去。例如，使用视频教学的在线项目可以为学员提供互动式学习，也就是说，学员可以在看视频的同时使用键盘或触摸屏来回答问题，对他们在特定情况下将要采取的行为做出反应，或者明确他们解决一个问题将要采取的步骤。交互式视频对帮助学员学习技术性和人际交往方面的技能有特殊的意义。

赛诺菲-安万特（Sanofi-Aventis）公司在糖尿病产品知识的竞争中处于劣势。[61]这家公司需要采用一种培训方法使销售团队在这个领域或在销售过程中开展竞争。因此，公司开发了一种由学员自己决定进程的电子学习方案——一个叫做“糖尿病学院”的虚拟校园。在这里学员可以获得“教授”的指导，并参与到不同的学习活动中去，包括游戏、视频和叙述文本。

有效的电子化学习是建立在对培训需求进行充分评估以及全面的学习目标基础之上的。**培训转网**（repurposing）是指直接将由培训师主导的那种面对面的培训方式搬到网络上去的做法。如果仅仅是将原本无效的培训方式改装成网上培训，那么必然会导致网上培训的无效。然而，令人遗憾的是，许多公司为了抓紧时间实现网上培训，往往都是对原本无效的培训做一下简单的改头换面而已。最佳的电子化学习通常会将网络的优点与一个好的学习环境所要求的那些原则结合起来。有效的在线学习能够充分利用网络的动态属性所具有的优点，同时发挥网络学习具有的有利于学习的多种积极特征，其中包括通过超链接连接到其他培训网站和培训内容；赋予学习者自我控制的能力；方便受训者与其他学习者之间进行合作。在线学习能够把那些由培训师主导的活动（演示、录像、幻灯片）、受训者主导的活动（讨论、提问）以及交互式小组主导的活动（就培训内容的应用问题展开讨论）等各种典型的学习活动结合起来使用，而且在这种情况下，受训者或者培训师不必亲自出现在培训教室之中。有效的在线学习能够为受训者提供大量有意义的学习内容、相关案例，并且使他们有能力将学到的内容应用到解决问题的实践当中。此外，受训者还能够通过解决问题、做练习、完成作业以及参加测试等多种方式得到锻炼和获得反馈。

社交媒体。**社交媒体**（social media）指的是用来创造互动沟通的在线或移动技术，它使学员之间能够创造并交换他们自己生成的内容。[62]社交媒体包括博客（一个可以发布内容并进行评论的网页）、维基百科（用户可以创建并编辑内容的网页）、脸书或领英一类的社交网络、推特一类的微分享站点，还有像 YouTube 一样分享多媒体资源的网站。很多公司正在考虑使用 iPad 等平板设备来进行培训，因为它们使用简单、可读性强、可以联网、可获得社交媒体资源，并且能够运行功能强大的应用软件。应用软件（APP）指的是专为智能手机和平板电脑设计的应用程序，这些应用软件主要用来作为培训的补充、管理培训的路径或者先后顺序，并帮助员工保持培训记录。[63]这里的“通过科技进行竞争”专栏重点介绍了如何使用社交网络和应用软件来进行培训。

通过科技进行竞争

运用社交网络和应用软件学习

许多公司都开始使用社交媒体和手机应用软件来下达指令、支持培训和鼓励员工分享知识。总部位于美国加利福尼亚尔湾的 ASM 公司（Advantage Sales & Marketing）把社交网络纳入销售人员职业提升项目（ACES）之中，此项目旨在将参与者培训为商业开发经理。这个学习项目为期五个月，学员首先要参加为期两天的面对面课程，然后再回到各自的销售市场中去。在剩下的时间里，导师会现场为参与者提供指导，参与者同时还需完成一些网上课程。参加这个项目的员工能够进入销售人员职业提升项目的网络工作社区，那里有资深销售领导、同事、导师和其他一些参与此培训项目的销售人员。把大家纳入社交网络平台的做法起到了鼓励员工分享心得体会的作用。例如，该项目的一位参加者就联系了所有的销售人员职业提升项目导师，发动大家共同识别与某个专题有关的最佳实践。接下来，他还把所有的信息打包共享给了整个学习小组。

威瑞森电信公司使用各种社交网络工具来培训员工，使员工能够及时跟进各种最新的产品和设备。在设备博客、设备论坛和学习社区中，员工能够学习到有关新产品的全面知识，并能够在新产品问世时为客户提供最好的服务。设备博客、设备论坛和学习社区使威瑞森各年龄段的员工都能参与进来，有利于促进员工间的相互学习。设备博客上有产品信息、无线设备（如 DROID）的更新，还有常见问题回答、引导视频和故障排除小贴士。在设备论坛上，零售员工能向同行和制造商学习，还可以互相提问、解决问题、上传小贴士、提出建议以及咨询产品专家。学习社区的入口在产品博客里。博客种类多样，包括视频博客、留言板、网上训练课程链接和产品演示。此外，员工还可以与其他人合作、共享知识，甚至创建工作组。一些老师把补充材料发到博客上供学员使用。

华生制药公司研发出了一个企业大学应用软件，医药代表用手机就能打开各种视频和产品信息。一个有关美国战地医疗术语的应用软件提供了关于特殊医疗规程（比如止血）的详细数据。美国眼科协会（AOS）开发了一些针对持续医疗教育课程的应用软件，将其作为培训的一种补充。相关的培训课程在网上提供，但一些学习的提示和相关技术则由手机应用软件提供。

讨论题

你认为在培训中社交网络和手机应用软件怎样才能得到最有效的运用？怎样才能正确无误地传达培训内容？怎样才能保证实现培训迁移以及经验分享？请解释你的答案。

资料来源：Based on G. Dutton, "There's an App for That!" *Training*, September/October 2011, pp. 36-37; J. Meister, E. Kaganer, and R. Von Feldt, "2011: The Year of the Media Tablet as a Learning Tool," *T+D*, April 2011, pp. 28-31; T. Bingham, M. Connor, and M. Weinstein, "Netting Know-How," *Training*, September/October 2010, pp. 26-29; J. Roy, "Transforming Informal Learning into a Competitive Advantage," *T+D*, October 2010, pp. 23-25; P. Galagan, "Unformal, the New Normal?" *T+D*, September 2010, pp. 29-31; M. Weinstein, "Verizon Connects to Success," *Training*, January/February 2011, pp. 40-42.

混合学习。由于存在与在线学习有关的一些技术方面的局限（比如，网络带宽不够、缺乏高速网络连接等），受训者更偏好与培训师以及其他学习者进行面对面的接触，员工无法在工作中专门抽出时间坐在电脑前学习等多方面的原因，许多企业开始使用一种综合性的或者说是混合性的学习方法。**混合学习**（blended learning）综合了在线学习（比如电子化学习和社交媒体）、面对面的讲解以及其他能够传授学习内容并提供指导的学习方法。再来看看农夫保险集团公司是怎样利用混合学习方法的。混合学习利用了面对面讲解和在线学习的优点。比如，首先让员工完成在线学习能够节约时间和成本，这个阶段集中于知识的获取，然后在面对面培训时，通过案例、游戏、情景模拟和课堂讨论的方式探讨如何将知识运用到实际工作中。

学习管理系统。**学习管理系统**（learning management system，LMS）是一种技术应用平台，企业可以通过它实现所有培训计划的管理、开发以及实施的自动化。员工、管理人员以及培训师都可以使用学习管理系统来管理、实施以及追踪学习活动。[64]由于以下几个方面的原因，学习管理系统越来越受企业欢迎：学习管理系统能够帮助企业减少旅行以及其他与培训有关的成本开支，缩短培训计划的完成时间，使公司全体员工能够更为便利地获得培训资源，同时赋予企业追踪培训计划完成情况以及培训课程注册情况的能力。学习管理系统使公司能够追踪日常经营业务中的所有学习活动。Vanguard是一家金融服务公司，该公司就运用了学习管理系统，这一系统使得培训小组成员不仅能够完成学习，而且能够得到Vanguard大学基于每个人的职业发展兴趣、开发目标以及与当前岗位相关的一些内容提供的反馈。[65]小组成员可以很方便地打开视频、音频、Flash动画，阅读文章以及参加课堂的学习等。学习管理系统还能把庞杂的音频、视频、文章等非正式学习资源与包括在线课程和课堂教学等正式学习资源结合在一起。非正式的和正式的学习解决方案以及由供应商提供的外部培训课程都可以在学习管理系统里通过关键词搜索到。

■ 群体或团队建设培训法

群体或团队建设培训法（group-or team-building methods）是一种用于提高群体或团队有效性的培训方法。这种培训直接用于提高受训者的技能和团队有效性。在团队建设培训法中，受训者会分享各自的观点和经验，形成对团队的认同感，理解人际关系的动态性，了解自己以及同事的优点和缺点。团队建设培训法的技术强调帮助团队成员通过提高自己的技能使团队合作变得更加有效。这些方法考察团队成员对团队功能的感受、知觉以及信念；展开讨论；制定计划把在培训中学到的东西应用到实际的团队绩效改善过程之中。团队建设培训法包括三种类型：体验项目、团队培训以及行动学习。

体验项目。体验项目（experiential programs）包括获取一些概念性知识和理论、参与到行为模拟活动当中、对一些活动进行分析，以及将理论和活动与工作场景或真实生活场景联系在一起等内容。[66]

体验培训项目要想获得成功，需要遵循以下几项原则。培训项目的内容应当与某个具体的商业难题联系在一起。这种培训项目的设计应当超出让受训者感到舒服的那种范围，但是要控制在合理的界限之内，从而保证不会削弱受训者的动机或受训者理解培训项目目的的能力。应当采用包括听觉、视觉以及运动知觉等多种学习模式。在准备开展一个体验培训项目时，培训师应当要求受训者对培训目标有自己的理解。对培训目的的明确期望、对培训成果的期望以及受训者在培训项目中扮演的角色等都是十分重要的。最后，包含体验学习的培训项目应该能够带来员工态度、行为以及其他商业结果的改变。

位于美国加利福尼亚州的昆腾公司（Quantum Corporation）聘请了一个由演员组成的团队来对项目团队成员进行指导，通过一系列即兴表演活动帮助项目团队成员分享他们各自的故事。[67]该团队的成员是一批非常有才能的员工，他们平时不在一起工作，这加大了他们相互合作的难度。这个团队负责检修公司网络的基础设施，团队成员来自市场、工程、平面设计以及信息技术部门。演员们使用音乐、道具、灯光以及服装来演绎项目团队成员讲述的故事。例如，演员们会刻画出项目团队成员表达出来的那种孤独感和沮丧感。接下来，项目团队成员会进行表演。在这一阶段，允许每一位项目团队成员向演员或其他团队成员提问题。培训活动结束之后，项目团队成员会对其他成员产生更多的同情和支持。对项目团队成员个人关系的开发创造了积极的人际关系纽带，有助于项目团队如期完成项目工作。

探险学习（adventure learning）是体验项目的一种类型，它运用一些结构性的户外活动开发受训者的协作能力以及领导能力。[68]探险学习似乎最适合开发与群体有效性有关的技能，比如自我知觉能力、问题解决能力、冲突管理能力以及风险承担能力，等等。在探险学习中可能包括一些非常耗费体力且颇具挑战性的活动，比如狗拉爬犁以及爬山等。探险学习还可以利用一些结构性的个人和团队户外活动来进行，比如爬墙、穿过绳索、信任跳、爬梯子，以及利用连接两座塔的绳索上的装置从一座塔滑行到另一座塔等。

Weil，Gotshal，& Manges公司为了提高律师的领导能力和团队合作能力，向纽约市的消防员学习如何钩住消防带、设置水压并且灭火等。[69]在消防学院，由四人组成的小组冲进燃烧着的建筑，在模拟的地铁事故或其他应急演习中营救乘客。该公司创建“消防员一日团队挑战项目”（FDNY）的目的就是帮助各个律师团队提高自己的决策能力和解决问题的能力。

探险学习还可以包括一些要求进行协作以及减少团队成员体力消耗的高水平活动。例如，“烹饪角色互换”（Cookin' Up Change）是目前由美国的许多厨师、宴会承接商、酒店以及烹饪学校采用的团队建设培训课程之一。[70]这一课程也被诸如本田公司和微软公司等多家企业采用。该课程的一个基本假设是：通过要求团队成员相互合作来烹制一桌菜肴（美食盛宴!），有助于强化团队成员之间的交流和团队协作方面的技能。每个团队都需要决定由谁来承担何种任务（比如烹饪、备菜、清洗），谁来制作主菜、沙拉或者甜点。团队成员在烹制的过程中通常会被要求互换烹调任务，以此来观察整个团队如何针对出现的变化做出反应。

为了使探险学习取得成功，必须将练习的内容与希望参加者开发的技能结合起来。不仅如此，在练习之后，还要由一位经验丰富的指导者组织大家讨论这样一些内容：在练习过程中发生了哪些事情；大家学到了哪些东西；在练习中发生的事情与实际工作场景存在何种联系；为了把在练习中学会的内容应用到实际工作当中，应当如何制定目标等。[71]

探险学习真的那么有用吗？这种培训的参与者通常认为，通过参加这种活动，他们对自己以及自己与同事之间的交往方式都有了更为深刻的理解。探险学习计划获得成功的关键因素之一可能在于，它要求全体团队成员共同参与，从而能够在练习中发现阻碍群体有效性的一些群体动态属性，然后再有针对性地加以讨论。

探险学习对个人体能以及活动中受训人员经常互相触碰的要求，可能会造成员工受伤、施加精神困扰、侵犯个人隐私等问题，从而使公司增加受到过失指控的风险。同时，《美国残疾人法》（第3章讨论过）对要求残疾员工参与那些对体能有严格要求的学习课程提出质疑。

团队培训。团队培训的主要目的是协调为达成共同目标而努力的不同个体之间的绩效。在员工之间必须分享信息以及个体行为会影响群体整体绩效的情况下，这种培训是非常重要的。例如，在军队以及私营部门（比如核电站、民航客机）中，许多工作都是由一个机组、一个群体或者一个团队共同完成的。这些团队的成功取决于为做出决策而实现个人活动的相互协调、团队绩效以及处理潜在危险情况（比如过热的核反应器）的准备三个方面的因素。

团队培训战略包括交叉培训和协作培训两种。[72] **交叉培训**（cross-training）的目的是让团队成员理解和练习其他团队成员掌握的那些技能，从而在某位团队成员暂时或永久地离开团队时，团队中的其他成员都做好接替其工作的准备。**协作培训**（coordination training）则是一种强调如何促使团队成员分享信息和分担决策责任，从而达成最优团队绩效的培训方式。协作培训对于一个民航机组或者一个医疗小组来说尤其重要，这是因为，尽管小组成员分别负责监视相关设备和环境的不同方面，但是他们却必须分享信息才能做出关于病人看护或飞行安全以及工作绩效等方面的最有效决策。**团队领导者培训**（team leader training）是指团队管理者或协调者接受的培训。这种培训的内容包括：如何解决团队内部的冲突；如何帮助团队协调自己的活动；如何培养其他团队技能等。

美国联合航空公司让自己的管理人员"领导"地勤队伍中负责飞机舷梯的工作人员参与维修站指导与培训项目（Pit Instruction & Training，Pit Crew U）。美联航采用这一培训的目的是开发一种能够安全高效地帮助乘客登机、下机，并帮助飞机安全起飞的标准作业方法。[73] 维修站指导与培训项目坐落于美国北卡罗来纳州夏洛特市郊，该项目拥有一段 1/4 英里的赛车跑道以及一处可容纳 6 辆赛车停靠的维修站匝道。该项目主要用来培训赛车维修站中的工作小组，但是其大多数业务却来自对该项目感兴趣的一般公司，因为这些公司寄希望于自己的团队能够像全美运动汽车竞赛协会（NASCAR）的维修站工作小组一样安全、高效、有效地工作。该培训项目是美联航的一项成本高达数百万美元的投资计划的一部分，其中包含更新设备以及提供行李扫描仪等。该培训的目的是强化舷梯团队工作的有序性，同时加强团队成员之间的沟通，帮助团队成员实现工作任务的标准化，缩短飞机在登机前停留的时间，提高团队成员的士气。

全美运动汽车竞赛协会的维修站工作小组能够安全、快速以及高效工作的关键在于，每一位团队成员都很清楚各自的任务是什么（更换轮胎、使用充气枪、加油、清洗漏油），与此同时，当维修团队成员完成对赛车的维护工作之后，会立即将新设备准备就位，以等待下一辆赛车进入维修站。对舷梯工作小组的培训其实与对赛车维修小组的培训是类似的。舷梯工作小组需要学习如何使用千斤顶、更换轮胎，并给赛车加满油。就像维修站工作小组那样，舷梯工作小组的活动也会被录像并计时。他们会得到来自专业维修站工作小组的反馈，这些维修站工作小组正是服务于全美运动汽车竞赛协会的维修团队，他们会担任项目培训师。此外，培训还要求舷梯工作小组能够应对他们在平时的工作中很可能会遇到的一些突发情况。在其中一处维修站，人们在靠近赛车进站的道路上故意丢了几个螺母，观察美联航的员工是否能够注意到这一问题并及时对地面进行清理。在舷梯工作小组的实际工作中，他们要负责清理停机坪上的垃圾，以防止垃圾被吸入飞机的引擎或对设备造成损害。在另一处维修站，舷梯工作小组必须以更少的人员来完成任务，这是因为在舷梯工作小组的实际工作中很可能会出现由于某位员工未出勤而使整个团队面临人手不足的情况。

行动学习。**行动学习**（action learning）是指给团队或工作小组布置一个实际的难题，要求他们想办法来解决这一问题，制定行动计划，并且负责实施这一计划。[74]参加行动学习的员工一般有6～30人；在团队成员中还有可能包括客户和销售商。在学习团队的构成方面有几种不同的安排。有时候，会将一位遇到问题需要得到解决的顾客吸收到团队中来。另一些时候，在团队中则包括与需要解决的问题有关的跨职能团队成员（来自公司不同部门的成员）。还有些时候，团队由来自多个职能领域的员工组成，他们集中处理与自己的职能有关的问题，但是却共同为解决发现的问题做出贡献。例如，位于美国伊利诺伊州提供公共交通管理服务的ATC公司就使用了行动学习法，这种培训方法通过降低运营成本提高了公司的盈利能力。[75]该公司的员工被分成多个行动训练团队（Action Workout Teams）去寻找降低运营成本的方案，然后通过头脑风暴法讨论有效的解决措施。这一过程假定那些处于工作第一线的员工拥有关于如何解决问题的最佳思路。在45～60天的时间里，由5～7人组成的团队每周碰一次面，每次讨论几个小时。例如，讨论零部件库存问题的团队成员可能包括零部件管理员、几名维修部门的员工、一名管理人员以及一名操作线员工。这些行动训练团队会就诸如加班、设备预防性维护、旷工、零部件库存管理以及低效率安全监管程序等问题进行研究。团队会通过头脑风暴法收集各种观点和意见，根据潜在的作用对各种想法确定优先顺序，制定相关的行动计划并加以实施，对各种想法进行测试，然后衡量最终的结果。行动训练团队得到的解决方案为该公司带来了180多万美元的成本节约。

行动学习通常作为包括六西格玛培训和Kaizen等质量改进过程的一部分来实施。"Kaizen"是一个日语词汇，意思是"改进"，它是精益生产和全面质量管理（我们在第1章讨论过精益思维）的一个重要基础原则。"Kaizen"是指公司各个层次的员工都要参与的一种着眼于经营过程持续改善的实践。[76]创造了Mike and Ikes和Peeps两个品牌的糖果公司在成立之初就采用名为"哇……从现在开始改善流程"的个性化Kaizen过程来改进公司的业务流程和经营结果。[77]"哇……从现在开始改善流程"项目的内容包括培训员工识别改善经营的机会，收集数据，改善经营，评估结果，然后根据结果来完善实践。正如"哇……从现在开始改善流程"描述的那样，Kaizen涉及对相关活动的一个连续周期进行思考，这个周期包括计划、实施、检查和行动（PDCA）四大步骤。在这一过程中，员工还需要运用像因果关系图和散点图等统计过程控制手段来确定问题的成因及其可能的解决方案。

7.4 关于培训方法选择的建议

考虑到可供使用的培训方法数量之多，选择一个合适的培训方法看起来也许很难。我们可以通过比较来选择培训方法，选择的第一步就是给你想要达到的学习效果分类，学习效果包括口头信息、心智技能、认知策略、态度转变、运动技能或者是一些能力组合。培训方法会影响一种或多种学习效果。

另外，通过不同的培训方法得到的学习结果之间有很多相互重叠的地方。团队建设培训是非常独特的，因为这种方法既关注个体学习，又关注团队学习（例如，改进团队的过程）。如果你希望提升团体或团队的有效性，就应当选择团队建设培训法中的某一种（例如，行动学习、团队培训、体验项目）。其次，通过对演示法与演练法进行比较会发现，演练法营造了更好的学习环境并且更有利于培训成果的转化。演示法给受训者留下的印象不如演练法那样深刻。对于那些在地理位置上比较分散的受训者而言，如果在进行电子化学习或混合学习时能够在其中容纳比较丰富的培训内容、链接更多的资源、拥有更为广阔的合作和共享平台以及更为有效的学习者自我控制体系的话，这两种学习方法无疑是更为有效的培训方法。电子化学习和其他科技手段驱动型培训方法需要更高的开发成本，但随着培训的不断进行，旅行成本以及租用培训场地成本方面的节约会逐渐弥补培训计划的开发成本。为了更好地利用面对面的培训方法和基于科技手段的培训方法的优点，可以考虑混合式培训方法。最后但是要重点考虑的是培训预算。如果你在开发新的培训方法方面预算有限，则可以选择结构化的在岗培训——一种相对来说比较经济且有效的演练法。如果你有较高的预算，你就可以选择一种更便于实现培训成果转化的演练法，比如情景模拟法。

7.4.1　评价培训项目

培训项目评价通过以下方式可以提供一些有用的信息，包括识别培训项目的优缺点，明确哪些学员从培训中获益最多或最少，确定培训项目在财务方面的收益和成本，对不同培训项目的收益和成本加以比较等。

考察一个培训项目的成果有助于我们对其有效性做出评价。这些成果应当是与培训目标相关的，因为培训目标可以帮助受训者理解培训项目的目的。**培训成果**（training outcomes）可以划分为五种类型：认知性成果、技能性成果、情感性成果、结果性成果以及投资回报率。[78]表 7－7 展示了用于评估培训项目的几种培训成果类型、需要衡量的内容以及如何进行衡量。

表 7－7　可以用于对培训项目进行评估的各种培训成果

培训成果	衡量内容	衡量方式	具体实例
认知性成果	• 知识获得情况	• 书面测试 • 工作样本	• 安全规章 • 电气原理 • 绩效评价面谈的步骤
技能性成果	• 行为 • 技能	• 观察 • 任务样本 • 等级评定	• 线锯床的操作 • 倾听技能 • 教练技能 • 飞机落地技能
情感性成果	• 动机 • 对培训项目的反应 • 态度	• 访谈 • 焦点小组 • 态度调查	• 对培训的满意度 • 对其他文化的看法
结果性成果	• 公司回报	• 观察 • 从信息系统或绩效记录中获得数据	• 缺勤率 • 事故率 • 专利数量
投资回报率	• 培训的经济价值	• 确定和比较不同培训项目的成本和收益	• 美元

那么，到底哪一种衡量培训成果的方式是最有效的呢？培训的目标不同，答案就会有所不同。例如，如果教学目标与诸如提高客户服务或产品质量等这样一些商业目标相同，那么对培训项目的评估就应当包括结果性成果这一项指标。反应性成果及认

知性成果通常是在受训者离开培训地点之前收集上来的信息。因此，这些培训成果无法用于判断受训者把培训内容应用到工作中的程度（培训成果的转化）。在培训结束后对技能性成果、情感性成果及结果性成果所做的衡量可用于鉴定培训成果转化的程度——也就是说，培训在多大程度上改变了受训者的行为、技能、态度，或者直接影响到与公司的有效性相关的那些指标（比如销售额）。

循证人力资源管理

凯利服务公司（Kelly Services）是基于评估数据对培训的收益进行考察的一家模范企业，是一家提供临时性人力资源配置服务的企业。该公司试图通过对原来的培训项目进行修正来缩短培训新员工达到一定生产率所需要的时间，并且降低他们的流动率。凯利服务公司创建了一个新员工入职培训项目，开发了13门新的销售课程。该公司用多种方法来评估这一培训项目，比如，利用实例和一些定量数据来证明在员工的学习和培训成果之间存在一定的因果关系，其中，成果包括课程完成率、选课情况、人均培训成本，以及学员的反应。从销售额的角度来说，那些至少学习了一门课程的员工，要比那些没有参加项目学习的员工高出84%。新员工入职培训项目的评估结果表明，从生产率的角度来说，参加该培训项目的员工比没有参加的员工高出27%，失误减少13%。

资料来源：Based on P. Harris, "Learning Your Service," *T+D*, October 2010, pp. 57-58.

■ 培训项目评价方案

正如表7-8展示的，有许多不同类型的培训项目评价方案可供选择。表7-8基于以下几项内容对各种方案进行了比较：评价方案中涉及的对象（受训者和/或对照组）、收集数据的时间（培训前、培训后）、成本支出、实施评价需要的时间以及评价方案能否有效排除其他不同解释变量的干扰（例如，绩效提升是不是由于其他因素而非培训本身导致的?）。通常情况下，如果一个培训项目评价方案对培训前和培训后的成果指标进行了衡量，同时还设置了一个对照组，则有助于降低培训之外的其他因素对评价结果产生影响的风险。这有利于企业基于培训评价结果去做相关决定。在这里需要进行权衡的一点在于，与那些不采用培训前或培训后的衡量指标或设置对照组的评价方案相比，这种比较复杂的培训项目评价方案在实施时会花费更多的时间和成本。

表7-8 培训项目评价方案的比较

培训项目评价方案	分组	衡量指标				
		培训前指标	培训后指标	成本	时间	优势
仅培训后测试	受训者	无	有	低	低	低
培训前及培训后均测试	受训者	有	有	低	低	中
仅培训后测试，有对照组	受训者 对照组	无	有	中	中	中
培训前及培训后均测试，有对照组	受训者 对照组	有	有	中	中	高
取得时间序列数据	受训者	有	有，多次	中	中	中

例如，如果一位管理者想知道自己的员工在参加一项行为塑造培训之后在沟通技能方面到底有多大变化，他就必须将自己的员工在培训前和培训后的测试结果与对照组的同类结果加以比较。受训者应当被随机安排在接受培训或不接受培训的小组。这种评价方案的特点是，它能够让管理者确切地知道，任何沟通技能的变化都是参加培训产生的结果。[79]当管理者想比较两个不同培训项目的有效性时，这种评价方案也是非常有必要的。

让我们来看一看梅奥医学中心（Mayo Clinic）在比较两种针对新任管理人员的培训方法时使用的评价方案。[80]坐落在美国明尼苏达州罗切斯特市的梅奥医学中心是国际领先的医学教育与研究中心之一。最近，梅奥医学中心迅猛扩张，在菲尼克斯地区分别新建了一家医院和诊所。在这种情况下，一些并没有达到管理者水平的员工被提升到管理层，这导致员工满意度下降和离职率上升。一项培训需求评估显示，员工的离职主要源于对管理层的不满。此后，梅奥医学中心决定实施一个新的培训项目来帮助管理层提高自己的技能水平。在最佳培训方式到底是一对一的教练辅导还是课堂讲解这个问题上，中心内部曾经出现一些争论。鉴于使用教练进行培训的成本比课堂讲解式培训更高，梅奥医学中心决定采取一种使用事后测试对照组的方案来进行培训项目的评估。在对所有的管理者进行培训之前，梅奥中心举办了三届培训。参与每届培训的管理者不得超过 75 人。在每届培训中，管理者会被分为三组：一组接受为期四天的课堂讲解式培训，一组接受一对一的教练辅导式培训，还有一组不接受任何培训（作为对照组）。梅奥医学中心收集了受训者对这些培训做出的反应（例如，受训者是否喜欢这些项目）、受训者的学习情况、培训成果转化情况、培训取得的最终结果等与培训效果有关的信息。从统计学意义上来说，这次培训评估并没有发现教练辅导式培训和课堂讲解式培训的效果存在很大差异。因此，梅奥医学中心决定对新任管理者采取课堂讲解式培训，只对那些面临非常关键的问题或者需要马上解决问题的管理者进行教练辅导式培训。

许多公司希望了解学习（包括培训课程、项目以及开发活动（将在下一章讨论））能够带来的经济利益。达到这一目的的一个办法就是计算**投资回报率**（return on investment，ROI）。投资回报率指的是投资学习的每一美元预估的收益。要记住投资回报率不能取代培训成果，培训成果也能体现培训项目是否成功以及是否有意义，比如学员的反应、获取的知识或行为上的转变。另外，投资回报率最适合衡量可以量化的成果，比如质量、事故率或者失误率，假如不是可量化指标，就必须对培训成果的价值（例如，你如何衡量提高的领导能力）做出深思熟虑的有根据的推测。

■ 确定投资回报率

计算投资回报率应当遵循以下步骤[81]：

1. 找出培训成果（例如，质量、事故次数等）。
2. 对培训成果做价值评估。
3. 在排除了可能会影响培训成果的其他潜在因素之后，判断绩效的改变程度。
4. 将培训之后的产出与培训之前的产出（以美元为单位计算）加以对比，以此计算公司通过培训取得的年度总收益（运营结果）。
5. 确定培训成本（直接成本＋间接成本＋培训项目开发成本＋日常管理费用＋

受训者薪酬）。

6. 从收益（运营结果）中减掉培训成本之后，计算出总节约额。

7. 用培训收益（运营结果）除以培训成本计算出投资回报率。投资回报率能够反映出在培训中投入的每一美元可以得到的回报。

现在来回忆一下我们在这一章中讨论过的梅奥医学中心对新任管理人员培训项目所做的评价。[82]为了判断梅奥医学中心在培训方面的投资回报率，该中心的人力资源部估算出，在留任的84名员工中，本应该有1/3的人（29名员工）会因为对管理层的不满而离开梅奥医学中心。人力资源部认为，他们之所以选择留下来，正是因为受到该培训项目的影响。人力资源部计算出每位员工的离职成本为平均总薪酬的75%，或者说，在梅奥医学中心，每位员工离职的成本为4.2万美元，再乘以留下来的29人，就相当于节约了60.9万美元。但是培训项目的成本也应当考虑进来，如果从节约下来的成本中再减掉该培训项目支出的年度总成本（12.5万美元），节约下来的费用就会变为48.4万美元。这些数据虽然建立在估算基础上，但即使节约的净成本被减掉一半，投资回报率仍然超过100%。梅奥医学中心人力资源部对培训项目产生的收益进行量化处理的能力使其在中心内部获得了更高的可信度。

7.5 一些特殊的培训问题

为了面对在第1章中曾经讨论的可持续性、全球化和科技的挑战，企业必须能够很好地处理几个方面的较为特殊的培训问题。这些特殊的培训问题包括让员工在异国跨文化背景下工作做好准备、管理多元化劳动力队伍以及新员工的社会化和入职培训。

7.5.1 跨文化准备

正如我们在第1章中提到的，当今的许多企业都面临着全球扩张的挑战。由于全球化经营活动的开展，企业的员工常常需要到国外去工作或者与来自其他国家的员工一道工作。**外派人员**（expatriate）是指那些在位于自己母国之外的其他国家工作的人。最频繁地被选作外派工作的地点包括美国、中国、英国、新加坡、德国和日本。[83]为此，许多美国企业都把国际工作轮换作为一种培训工具。Guardian Industries是位于美国密歇根州的一家玻璃企业，该公司在全球18个国家都有外派人员。[84] Guardian公司外派人员的保留率接近90%，这和它给外派人员在派出期间和结束外派任务后提供的待遇有很大关系。Guardian对有外派经历的员工十分重视，当公司职位有空缺时最先考虑那些外派过的员工。在员工派出期间，公司和他们保持密切联系。根据公司的需要，外派工作有不同的期限。有人在沙特阿拉伯和泰国干了13年，他的职位从部门领导提升到工厂厂长。他和他的家人曾要求回到美国，但是公司当时没有工厂厂长的空缺。这位员工愿意担任较低的职位来学习他不了解的一些知识。当工厂厂长职位出现空缺时，他才上任。我们将在第15章详尽地讨论国际人力资源管理问题，在这里重点是理解如何使员工为承担外派工作任务做准备。

所谓**跨文化准备**（cross-cultural preparation），是指对即将被派往国外工作的员工（外派人员）及其家庭成员进行教育。要想在全球市场上成功地开展业务，员工就必须了解不同国家的经营实践以及文化规范。

■ 跨文化准备的步骤

为了成功完成外派任务，外派人员必须具备以下条件：

1. 在自己的专业领域有一定的专长。
2. 在东道国能够进行语言和非语言沟通。
3. 具有灵活性、对模糊的忍耐性以及对文化差异的敏感性。
4. 有成功的欲望，喜欢接受在其他国家工作的挑战，愿意学习东道国的文化、语言和风俗习惯。
5. 能够得到家人的支持。[85]

美国公司的外派人员失败率之所以较高，原因之一是这些企业往往更为强调员工的技术能力开发，员工对于将在另一种文化中工作没有做好充分的准备。研究表明，外派人员的配偶及其家人感觉到的舒适程度是决定一位外派人员能否完成任务的最关键的因素。[86]研究还表明，外派人员的人格特征与他们希望中途终止外派任务还是完成外派任务也存在相关性。[87]一个性格外向的（开放的）、宜人的（合作和宽容的）和有责任感的（可靠的、成就导向的）外派人员，更有可能愿意从事外派工作，并且把这项工作做好。这就说明，只有当外派人员的人格特征易于使他们在其他文化背景下取得成功时，跨文化培训才可能有效。

成功地完成外派任务的关键似乎在于将外派人员及其家人的培训与职业生涯管理结合起来考虑。

■ 外派前准备阶段

在外派前准备阶段，员工需要接受语言培训以及对所到国的文化及其风俗习惯的适应性训练。在适应性训练中，让外派人员的家人也参与进来是非常关键的。[88]外派人员和他们的家人需要得到与他们未来居住地的住房、学校、娱乐、购物、医疗保健设施等有关的信息。外派人员还必须与他们的上级管理人员讨论如何将外派工作与他们的个人职业生涯匹配起来，以及他们在回国以后有可能会担任何种职务，等等。

在跨文化培训方法中包括很多展示技术，比如，举办一些让外派人员及其家人参加的与他们将要居住国家的风俗习惯和文化有关的培训讲座；浸入式体验；在母国的某些具有文化多样性的社区中进行实际体验。[89]在像迷你文化体验这样的练习中，外派人员及其家人可以到外国人家里，与这些人共同生活一段时间。例如，一名印度培训师带领20位来自超威半导体公司（Advanced Micro Devices，AMD）的经理前往新德里、班加罗尔和孟买进行了一次为期两周的文化之旅，会见了许多当地的商人和政府官员。[90]这一培训项目需要6个月的筹划期，包括向管理人员讲授有关餐饮习俗、潜在的社会问题以及如何在商业会议上进行沟通等内容。例如，印度人更倾向于以一种比较含蓄的方式介入商业讨论，因此受训的管理人员会被告知，在讨论商业问题之前需要先谈论一下时事或者其他一些话题来暖场。

研究发现，美国和东道国之间的差异程度（文化新奇性）、外派人员与东道国居民以及国民之间的互动数量（互动性）、对新工作任务和工作环境的熟悉程度（工作新颖性）等都会影响到在跨文化培训中所使用的方法的“严格性”。[91]对于那些需要与东道国当地居民进行大量人际互动，而且具有较高文化新奇性和工作新颖性的外派任务而言，演练法以及团队建设法是最有效的（同时也是最需要的）。

■ 在国外工作阶段

在国外工作期间的培训包括通过各种正式培训项目或者通过建立导师关系来继续帮助外派员工适应当地生活以及了解当地的风俗习惯和文化。企业可以为外派人员及其家人指派一名东道国本地的员工来对他们进行指导，帮助他们了解新的工作环境以及所居住的社区。[92]企业还可以利用网站来帮助外派人员找到有关问题的答案。[93]外派人员可以通过网站了解一些解决问题的方法，例如：我应当如何在当地召开一次会议？什么样的宗教哲学可能会对今天的谈判产生影响？一些知识管理软件可以帮助员工分享、归纳以及获取他们在海外工作期间所需的具体知识。

员工拒绝外派工作任务的主要原因之一是，他们无法承担因配偶离开工作岗位而遭受的收入损失或者配偶的职业生涯在几年之后会与劳动力队伍脱节。[94]一些“随行”的员工配偶会选择利用陪同另一半外派的时间通过进修实现更远大的职业目标。但在一个陌生的环境里是很难获得实现这一目标的机会的。葛兰素史克公司（Glaxo-SmithKline）的国际服务中心负责从国外派到美国来或者从美国派到国外去的所有员工的重新安置工作，并为外派员工及其配偶提供与过去几年在同一地区工作过的其他员工及其配偶之间建立联系的伙伴对接制度。[95]通用汽车为员工提供持续的职业发展服务，在外派期间每年都给员工的配偶提供2 500美元的补偿金，以保持他们的专业执照及资格证书有效。世界银行为外派人员设立了一个网站，他们的配偶可以在上面发简历并寻求职业帮助。

■ 回任阶段

回任（repatriation）是指为外派人员从国外返回母公司和母国而做的各种准备。由于在外派人员及其家人出国期间国内发生了一些变化，因此当他们返回母国后，很可能会承受较大的工作和生活压力，同时产生一定程度的焦虑。因此，企业应该鼓励员工管理自己的回任进程。[96]在赴国外上任之前，他们需要考虑自己希望开发什么样的技能以及在本公司中拥有这些技能的人能够从事哪些类型的职位。由于外派人员在国外工作期间公司也会发生一些变化，外派人员原来的同事、同级以及直接上级都有可能会离开，因此他们需要与公司以及行业中的关键人物保持联系。此外，因为外派人员在回国后往往要面对新的同事、新的工作，而且企业文化也可能会有所改变，所以当他们重新进入公司时可能会产生一定的震荡。为了缓解这种震荡，企业应当及时向外派人员提供本公司的新闻通讯以及当地社区的报纸，同时当外派人员在国外工作时，企业也要保证他们能收到从美国本土发给他们的电子邮件，无论这些邮件是私人的还是与工作有关。此外，一个常见的现象是，外派人员及其家人返回美国之后，很可能还要适应生活水平的降低，因为他们在国外可能雇有佣人，使用豪华轿车，孩子上私立学校，他们本人能够参加某些俱乐部，等等。因此，在员工从国外返回之前，公司就应当妥善地安排好他们的薪酬以及其他一些待遇。

许多公司的外派人员之所以在回国之后离开原来的公司，除了由于回国之后工作和生活产生震荡，另一个很重要的原因是，公司为他们安排的职位无论是在责任程度、挑战性还是在地位等方面，都不如他们原来在海外承担的职位。[97]正如我们在前面提到的，在外派人员离开美国之前，企业就应当与他们进行职业生涯规划方面的讨论，以确保外派人员清楚地了解他们在回国之后可能得到的职位。

荷兰皇家壳牌石油公司（Royal Dutch Shell）是一家荷兰和英国合资的石油和天然气公司，该公司拥有的外派劳动力队伍是世界上最庞大的外派人员群体之一。为避免外派员工因感到自己的能力被低估而从公司离职，皇家壳牌石油公司专门为外派人员提供了职业规划。人力资源规划师会追踪员工在海外工作的情况，帮助他们确定下一项工作任务。大多数员工都会在动身去海外工作之前的3～6个月的时间里了解他们的下一项工作任务，并且会得到详细的任务介绍。那些有潜力进入最高管理层的外派员工则会在每完成三次工作任务之后被调回总部工作一段时间，以便公司高层及时了解他们。公司还指派了专门的技术导师对外派员工进行技能评估，帮助他们通过在公司的培训中心受训来提升自身的技能。

7.5.2　管理多元化劳动力队伍和包容性

多元化是指区分人与人的不同维度。[98]例如，在威瑞森公司，多元化意味着包容具有不同年龄、种族、学历、性别以及工作风格的人群。**包容性**（inclusion）指的是创造一种工作环境，在这个环境中，员工分享存在感、互相尊重并对彼此承诺，这样员工可以在工作中有最佳表现。[99]

多元化培训（diversity training）致力于改变员工对多元化的态度，或者提高他们与多元化人员共同工作的能力。然而，仅仅有培训还不足以利用多元化劳动力的优势。[100]**管理多元化和包容性**（managing diversity and inclusion）意味着创造一种能让员工致力于实现集体目标并获得个人提升的环境，这样的环境包含获得工作机会的途径和积极公平对待所有员工。企业必须发展那些能够自如地和来自不同民族、种族和宗教背景的同事共事的员工。管理多元化可能需要改变企业文化，包括企业针对员工待遇、竞争力、结果导向、创新和承担风险的标准和准则。企业对多元化的价值观是以企业文化为基础的。

当组织营造了一种鼓励从多元化中学习的文化时，多元化可以提高绩效。没有证据说明多元化与公司业务有直接的关系。[101]更确切地说，企业只有在管理多元化方面进行长期投入，才能看到成效。成功的多元化管理必须在以下几个方面为员工提供机会：(1) 互相学习更好地完成工作的方法；(2) 为员工提供一个支持和合作的组织文化；(3) 使员工学会能够提高团队效率的领导力和处理问题的技能。多元化在劳动力市场和客户市场中客观存在，并且是一种社会潮流和价值观。管理人员应该在利用多元化的人力资源实践、管理技能和团队技能的基础上，聚焦于构建组织环境。正如在接下来的讨论中将要看到的那样，多元化管理需要艰难的文化改造过程，而不仅仅是张贴在墙上的口号。

让我们来看一下索迪斯（Sodexo）公司在多元化方面作出的努力。[102]索迪斯是在美国、加拿大以及墨西哥处于领先地位的一家食品设备管理公司，每天为1 000多万客户提供服务。考虑到公司每天都有位于80多个国家的来自128个民族的员工与顾客发生联系，多元化被认为是实现公司经营目标的重要因素。索迪斯公司重视工作领域的性别比例和代际的机会，并对残障人士和少数族裔给予重视。因此，多元化和包容性是索迪斯企业战略的核心元素。索迪斯公司认为多元化和包容性是聚焦于员工（如工作文化、招募、人才开发、工作的效果）、客户、委托人、股东（如供应商多元化、跨市场多元化委员会、多元化顾问）和社区（如索迪斯基金会、社区合作伙伴）的一项基本经营目标。例如，其中的一些目标包括理解多元化以及包容性的案例并且亲自体会；提高对多元化与经营挑战相关的意识；通过实施一些有助于推动人才雇用、晋升以及保留的管理实践创建和培育一个多元化的工作环境；通过做好关系管理和客户服务吸引和留住多元化的客户；通过成为女性和少数族裔企业的伙伴来提供食品设备管理服务。多元化和包容性在索迪斯公司是核心能力，并且是员工培训和管理人员年度绩效审核的部分内容。新员工培训强调索迪斯公司对多元化和包容性的价值观和期待。

索迪斯公司还将涉及公平就业机会以及遵守法律等方面的内容从多元化培训中分离出去。在索迪斯公司，多元化培训是管理多元化战略的一部分。员工每隔三年就要参加一次涉及公平就业机会以及积极的反歧视行动方面的再培训课程。高层管理人员同样会参与到培训课程当中，并且承诺重视多元化管理。针对高层管理人员的培训项目包括通过社区参与加以强化的持续课堂培训；支持和帮助员工团体；对多元化员工提供导师指导。公司的高层管理人员会参与涉及多元化的商业案例学习，并且亲自负责公司的多元化行动日程。每一位管理者都要参加一门总长为 8 个小时的介绍性课程（“多元化的精髓”）。公司的多元化培训涉及关注技能建议和多元化认知的学习实验室，这些实验室包括工作场所的不同世代、残疾认知培训、跨文化沟通、通过包容性提示团队有效性。该公司的学习和开发团队会针对不同的职能和工作团队量身打造学习解决方案。例如，针对销售团队设计和提供的是关于如何向多元化的客户进行推销的课程；而针对招募团队提供的则是关于跨文化沟通的培训课程。

除了这些多元化培训活动，索迪斯公司还有六个员工网络组织（“非裔美国人领导力论坛”“我们尊重个性”“多元化”“平等”“向机会和尊重致以最崇高的敬意”“代际网络群体”），给员工提供一个专业发展和分享思路与想法的论坛，以支持公司在多元化方面的努力。索迪斯公司的“多元化之冠”（Champions of Diversity）计划会向那些促进多元化和包容性的员工提供奖励和认可。

为了强调多元化对公司的重要性，索迪斯公司的每一位管理者都有一张多元化计分卡，用于评估他们在招募、保留、晋升和开发员工方面做出的成绩。计分卡中既有定量目标，也有对行为的评估，例如参加培训、担任员工导师以及社区事务，等等。他们在这些领域中的表现会与他们薪酬中的部分奖金直接挂钩。

索迪斯公司发现，它的多元化培训和对多元化管理的尝试对经营绩效产生了积极的作用。它的导师计划提高了生产率、组织承诺度以及女性和有色人种员工的保有率。据估计，在多元化计划上每投入 1 美元就会产生 19 美元的回报。因为在多元化管理方面的努力，索迪斯公司同时从几个新的商业合同中获益，并且留住了客户。索迪斯公司还发现其在多元化和包容性上做出的努力吸引了很多优秀人才，因为这意味着公司注重全部员工的发展。索迪斯公司在 2012 年的 50 家多元化公司排行榜中排名第二，这是公司连续三年排名第二了。索迪斯公司被认定为拥有最多女性管理者的公司，并且在拉美裔、黑人、全球多元化以及残疾员工人数方面都排名前十。该公司有很多有效的计划来管理多元化，表 7－9 列出了有效管理多元化计划的一些关键组成部分。

表7-9　有效管理多元化计划的关键组成部分

高层管理人员的支持
- 形成关于多元化的商业案例。
- 把多元化作为企业战略和公司目标的一个组成部分。
- 亲自参与多元化项目，并且鼓励所有的管理者都参与进来。
- 确保高管团队的构成能够反映员工队伍的多元化。

招募和雇用
- 要求猎头公司提供大量具有不同特征的求职者。
- 提升管理者的面试、甄选和雇佣技能。
- 扩大在历史上少数族裔学生比重较大的高校中进行校园招募的规模。

确认和开发人才
- 与针对希望从事管理工作的少数族裔学生制定的学徒计划建立起长期伙伴关系。
- 建立一个导师指导流程。
- 完善公司的全球继任计划系统，以增进对人才的识别。
- 改进管理者和领导者的甄选和开发，以确保他们能够实现团队绩效的最大化。
- 确保所有的员工，尤其是女性和少数族裔员工，有机会参与管理开发和领导力开发项目。

员工支持
- 形成资源小组或员工网络群体，在这些小组或群体中包括有共同利益的员工，利用他们来帮助公司制定业务目标以及了解他们关心的问题（例如，亚太区员工、女性员工、同性恋员工、女同性恋员工、变性员工、美国本土员工、退伍军人员工、西班牙裔员工，等等）。
- 庆祝各种文化传统、节日和假日等。
- 发起工作—生活平衡的倡议（如弹性工作时间、远程办公、老人护理，等等）。

确保公平对待
- 实施广泛的多元化培训。
- 实行建设性的争议解决程序。
- 在整个公司的所有人力资源委员会中增加女性和少数族裔员工的人数。

让管理人员负责
- 将管理人员的薪酬与他们在达成多元化目标以及创造工作场所的开放性和包容性等方面取得的绩效挂钩。
- 通过对员工的态度调查或敬业度调查来跟踪员工在包容性、公平感、发展机会、工作和生活的平衡以及对公司文化的感知等方面的态度。
- 对所有的管理人员及一线主管人员实施360°反馈。

改善与外部利益相关者的关系
- 增加在多元化社区中的营销。
- 以不同的语言提供客户服务。
- 拓宽公司的供应商和销售商基础，将少数族裔和女性开办的企业纳入其中。
- 为多元化社区及其成员提供奖学金、教育补助以及邻里补助等。

资料来源：Based on K. Bezrvkova，K. Jehn，and C. Spell，"Reviewing Diversity Training：Where Have We Been and Where Should We Go?" *Academy of Management Learning & Education* 11（2012），pp. 207-227；R. Anand and M. Winters，"A Retrospective View of Corporate Diversity Training from 1964 to the Present，" *Academy of Management Learning & Education* 7（2008），pp. 356-72；C. Chavez and J. Weisinger，"Beyond Diversity Training：A Social Infusion for Cultural Inclusion，" *Human Resource Management* 47（2008），pp. 331-50；V. Smith，"Texaco Outlines Comprehensive Initiatives，" *Human Resource Executive*，February 1997，p. 13；Verizon's diversity program available at the company website，www. verizon. com.

从上述讨论中我们清楚地知道，成功的多元化项目不仅包括有效的培训项目，还需要不断改进企业文化，包括高层管理者的支持，在招募、培训、开发及行政结构等方面实施多元化政策和实践，比如开展多元化问卷调查、评价经理人员在多元化目标方面取得的进步等。[103]项目还包括在供应商、分销商队伍中以及在开展经营的社区中促进多元化和包容性的达成。

7.6 入职培训与社会化

入职培训（onboarding）或社会化指的是帮助新员工在社交和绩效方面适应新工作的要求。[104]通过在新公司中建立新的人际关系来提高员工满意度，明确目标和预期来提高他们的绩效，提供反馈、培训以及追踪调查来降低流动性，都能起到帮助员工适应新工作的作用。在不同公司中，新人入职培训项目各有不同。但是，一个有效的入职培训项目应该包括图 7－6 中所示的四个步骤。有效的新人入职培训包括了解日常工作以及如何填写税务表格、工作时间表、差旅费报销表等。目的包括但不限于以下几个方面：增强新员工的自信；提高员工在社交方面的舒适感；使员工更能被同事与上司接受和认可；帮助新员工了解工作角色、工作期望、工作职责以及绩效要求；帮助新员工“适应”并理解企业文化。有效的入职培训与员工和企业的很多重要结果之间是有联系的，包括更高的工作满意度和组织承诺度、更低的离职率、更高的绩效水平、压力的减少、职业发展的有效性等。[105]

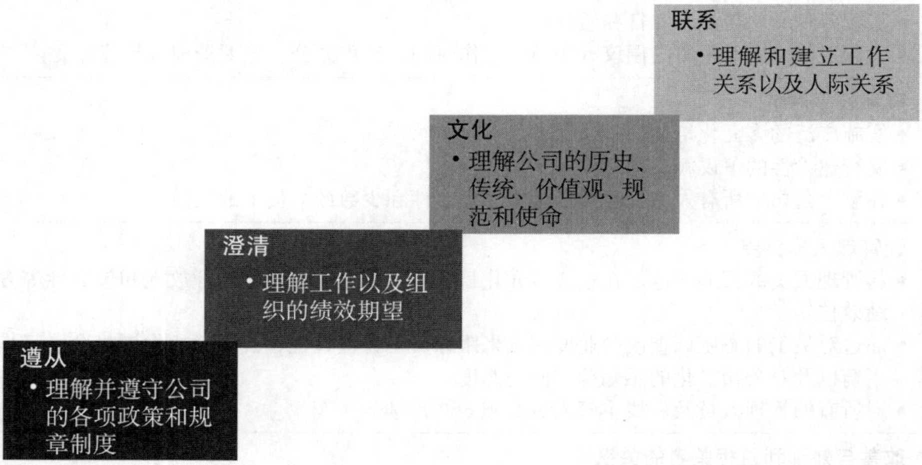

图 7－6　入职培训的四个步骤

资料来源：Based on T. Bauer, “Onboarding New Employees: Maximizing Success,” Alexandria, VA: SHRM Foundation, 2010; G. Chao, A. O'Leary-Kelly, S. Wolf, H. Klein, and P. Gardner, “Organizational Socialization: Its Content and Consequence,” *Journal of Applied Psychology* 79 (1994), pp. 730-743.

表 7－10 展现了有效的入职培训项目的特点。有效的入职培训项目应当能够吸引新员工参与进来。一些公司提供的入职培训项目具有表 7－10 里的一些特点。Sierra Nevada Corporation 从事国防和航空航天方面的业务。在新员工参加入职培训项目之前，公司的人才招募和培训团队会和新员工取得联系。[106]这个项目使新员工了解公司的概况，比如公司的历史、文化、目标和价值观等。在新员工上岗的第一天，经理会和新人共进午餐。入职培训项目长达 90 天的时间，包括在线学习、导师制、在岗培

训和绩效评价等内容。为了增强入职培训项目的有效性，博思艾伦咨询公司（Booz Allen）在入职培训项目中开展面对面的培训和一些在线活动。该公司提供战略和技术咨询服务，它通过修正自己的入职培训项目，努力帮助新员工在更短的时间里达到一定的生产率水平，为员工加入公司的决定提供支持，同时帮助新员工了解公司的文化和核心价值观。[107]这个新的入职培训项目为期 12 个月，学习活动分成三个阶段进行。第一阶段是“融入”，这一阶段旨在使员工对自己进入公司的第一年的基本状况有个大致的了解。融入阶段一般持续 2～3 周的时间，包括在由不同部门和不同级别的员工组成的跨职能团队中的学习活动。新员工用电脑就能找到在线职业规划与开发方面的资源。有多个三人一组的团队同时开始一个虚拟的长达一年的客户项目。他们向资深员工寻求建议，中高层管理人员会带领员工讨论怎样才能在公司取得成功。入职培训的第二个阶段是“装备”，这个阶段始于新员工入职的第二周，到第六个月宣告结束。在“装备”阶段，员工可以学习有助于他们在公司取得成功所需要的各种技能、行为规范以及工具等。在员工进入公司的第 30 天、第 60 天和第 90 天，经理会与员工进行一次面谈，公司还会通过一系列电子简讯以及详细的入职培训工具箱来强化员工在第一阶段学到的内容。第三个阶段是“超越”，它强调的是专业发展、关系建立以及对公司价值观的接纳。“超越”阶段持续 7 个月的时间。新员工接受第一次年度绩效评价就是在“超越”阶段结束时。除了上述三个阶段之外，该公司还鼓励新员工使用一个名为“入职培训社区”的社交平台和各种知识管理工具，员工可以通过博客发现和分享信息，参加线上的一些活动，使用为入职培训提供支持的一些在线资源。参与公司这项入职培训的员工的离职率下降了 4%，员工从刚入职到产生工作成果的时间也大大缩短，公司每年可以节省数百万美元。

表 7-10　　有效的新员工入职培训项目的特点

- 鼓励员工提问。
- 在计划中既包括与工作有关的技术信息，也包括与工作有关的社会信息。
- 将新员工入职培训计划视为新员工的直接上级需要承担的一项责任。
- 避免斥责和辱骂新员工。
- 员工了解企业的文化、历史、语言、产品、服务以及客户方面的信息。
- 后续的培训发生在员工加入公司一年内的不同时间里。
- 在新员工和老员工之间有积极的互动。
- 为新员工提供安家服务（比如为员工及其亲属找房子或提供信息）。

IBM 的入职培训项目“在 IBM 取得成功”考虑到这样一种情况，即公司的大部分员工只在办公室待很短的时间，他们的大部分工作是在家里和路上完成的，并且工作小组成员遍布全世界。[108]新员工依然需要快速学习如何完成工作、找到归属感以及建立人际关系网。该公司的入职培训项目同时利用面对面互动的方式和一些基于技术手段的培训方式，来帮助新人做好各项准备工作以及自己的职业规划。这一项目能帮助员工了解他们的工作与 IBM 其他业务单元之间存在什么样的联系，满足各种类型员工比如咨询顾问、大学毕业生以及管理者的需求。新员工第一天会在教室里上一堂课，然后在网上完成入职培训项目的四阶段任务。“探索 IBM”阶段涉及 IBM 的价值观、历史和业务。“分享和联系”阶段鼓励新员工与有经验的老员工进行交流，从他们那里获得指导、建议和专业方面的知识。“发展我的职业”阶段为员工提供在 IBM

找到不同的学习和职业发展路径的路线图。“寻求支持”阶段帮助新员工寻找导师、职业发展教练、网站以及其他一些资源。新员工可以用IBM的即时信息系统以及在线员工名录来查看其他员工的职位描述、个人简历、主要技能和语言以及照片等信息。

本章回顾

本章开篇介绍了农夫保险集团为了实现企业目标而采用的不同培训方法。

思考题

1. 农夫保险集团采用的混合式学习方法的优点和缺点是什么？

2. 怎样判断农夫保险集团的培训是否具有战略性？

小　结

科技创新、新产品市场以及多元化的员工队伍等越来越多地要求各家公司重新审视自己的培训实践是如何促进员工学习的。在本章中，我们阐述了一种系统的培训方法，其中包括培训需求评估、学习环境设计、员工做好受训准备以及培训成果的转化等问题。我们还考察了大量的培训方法，同时强调指出，培训成功的关键在于选择最有助于实现培训目标的方法。我们还强调了培训通过建立与公司战略方向之间的联系如何提高组织的有效性，也展示了如何通过成本—收益分析增加培训对组织利润做出的贡献。由于企业需要抓住和利用多元化的员工队伍和全球市场带来的优势，所以管理多元化员工队伍以及做好跨文化准备工作是公司的两项重要培训内容。

讨论题

1. Noetron是一家大型电器零售商店，它最近在销售人员培训方面进行了大笔投资，以谋求提高客户服务水平。这一培训项目向员工传授怎样向顾客问好、了解顾客需求以及为顾客提供各种便利。该公司想知道这个项目是否有效。应该收集哪些结果方面的数据？应该选择何种类型的评价设计？

2. 多伦说：“麦琳达，我遇到了一个问题，麻烦你帮我解决一下。我没法儿让工厂里的工人作为一个团队一起工作。我本来就要操心竞争和账户清理的事情，真没有精力去处理他们的问题。你的任务是让工人们互相协作，请周一把人际关系培训方案提交给我。”你怎么确定人际关系培训的需求？你如何判断是否真正需要培训？还有哪些因素导致了工人不和？

3. 假设你是一家小型食品公司的经理，公司里的培训大多是无组织的且发生在工作之中。一直以来，对鱼进行清理的老员工教新员工如何完成这项工作。你们公司一直是盈利的，但最近购买你家鱼的批发商开始投诉说鱼的质量不好，比如，有些鱼片上还带有鱼鳞，腹腔残余物还附着在鱼片上。所以你决定要改变新员工的在岗培训方式。你会怎么改变培训以提高发给批发商的那些货物的品质？

4. 一项培训需求分析显示，你们公司的经理由于不愿把任务分给下级而导致效率下降，假设你需要决定是采用探险学习法还是虚拟课堂的方法来实施这个培训项目。这两种方法各自的优缺点是什么？你会选哪一种方法？为什么？哪些因素会影响你做出的选择？

5. 为了提高产品质量，一家公司在一个装配工厂中引进了计算机辅助系统。该系统很可能会在很大程度上改变原有的工作内容。员工会被要求学习统计流程控制技术。新科技以及对质量的要求会要求员工参与众多的培训课程。50%以上的员工都是在 10 年前完成正式教育的，他们不能正常使用这种新技术，只有 5%的员工享用了公司的学费报销福利。公司管理层应当怎样帮助员工最大限度地做好接受培训的准备工作？

6. 一门提供给维修工的培训课程能够让受训者学会如何维修、操作新的电子系统。在工作中，维修工要根据操作人员描述的症状去确定问题所在。在培训环节，培训师会给出各种各样的问题让员工去解决。培训师可能会指着电路图中的一个元件问大家："如果这个部件出了故障，会是什么导致的？"员工们循着电路图找到原因所在，最终解决这一问题。然而，你听到了来自公司维修主管人员的抱怨——参加过这项培训的员工并不能高效准确地发现并解决问题。受训者都很有积极性，并且具备培训的一些先决条件。那么，这项培训课程的问题出在哪儿？你对改进这门培训课程的建议是什么？

7. 哪些因素决定了电子化学习的有效性？

8. 选择一个你熟悉的职位，为这个职位设计一个新员工入职培训项目，并解释你的项目是怎样对员工进行社会化的。

9. 为什么员工更喜欢混合学习，而不是仅仅用 iPad 来学习？

10. 你认为促使学习发生的必要条件有哪些？哪一个最不重要？为什么？

11. 公司可以采取哪些措施激励员工自主学习？

12. 列出并讨论跨文化准备工作的步骤。

自评练习

在本章中，我们讨论了激发学习者积极性对于使培训有效的价值。你学习的动力是什么？请通过回答下列问题找出答案。阅读每一条陈述，使用以下尺度来描述你在多大程度上同意这种说法。

1. 我在课堂上尽可能地学习更多的东西。　5　4　3　2　1

2. 我倾向于比其他人在课堂上学习更多的东西。　5　4　3　2　1

3. 当我去上课但却无法理解一些内容时，我会感到沮丧并停止学习。　5　4　3　2　1

5＝完全同意
4＝基本同意
3＝一般
2＝不太同意
1＝完全不同意

战略练习

百思买公司如何改善客户服务水平

百思买是一家电子产品连锁店，为了发展生意，该公司正在试图改变客户对其员工形成的态度冷漠和缺乏商品知识的看法。财务分析师认为，百思买想要取得成功，就必须重塑其服务不佳的形象。百思买承认，大约有 20%的消费电子产品是在网上销售的。虽然公司正在提高网站建设水平，以完善产品的描述和可选择性，但是由于较高的工资和 1 300 多家商店的租赁，其运营成本仍然比其他竞争者要高。尽管如此，百思买认为，很多购买者经常想在实体店购买产品，因为这样他们可以试用最新的电子产品，而且有销售人员帮助他们了解产品的特性，寻找一些小的配件，以更好地满足他们的需要。百思买认为，如果顾客在店里有更好的购买体验，那么比起到像亚马逊之类的竞争对手那里去浏览和购买，顾客更有可能会选择在百思买购买电子产品。

思考题

1. 你会使用什么方法来培训百思买的员工？请确定你的培训方法并说出理由。

2. 负责零售业务的副总裁想要知道，对百思买的销售人员实施的培训对公司业务会产生什么影响？你会怎样衡量这种影响？为什么？你会怎样去搜集这些衡量指标？

资料来源：Based on A. Zimmerman，“Can This Former Clerk Save Best Buy?” *Wall Street Journal*，April 26，2013，pp. B1，B6.

人的管理

培训让迈克洗车行的汽车洗得干净、顾客满意、员工敬业

迈克洗车行（Mike's Carwash）的总部位于美国印第安纳州的印第安纳波利斯，这是一家私营连锁洗车行，在印第安纳州和俄亥俄州一共有37个网点，雇用了650名员工。公司创建于1948年，第一家迈克洗车行的名字叫迈克迷你特曼洗车行，之所以用这个名字，是为了纪念最初使用的机器型号。迈克洗车行以快速周到的服务著称，其营业网点不断增加。迈克洗车行的洗车服务是自动化的，所使用的设备系统和技术均由公司员工研发设计。迈克本人将公司的成功归因于家族的商业头脑，更重要的因素则是公司的员工及员工的雇佣和培训。迈克洗车行创始人乔伊（Joe）和埃德·达姆（Ed Dahm）一直告诉员工，公司的业务是与人打交道，而不仅仅是洗车。

对于迈克洗车行来说，顾客满意度十分重要，因为只有这样才会有回头客。迈克洗车行面临的最大挑战是保证自己的服务始终如一。该公司勇于创新，致力于提高客户体验。如果某个新点子行之有效，就会在所有的网点加以推广。迈克洗车行坚信只有雇用好员工、留住好员工、帮助好员工发展，才能保证公司达成始终如一的服务质量。公司的网站上说它在雇用员工方面“非常挑剔”。每50个候选人当中，迈克洗车行只会雇用其中一位。教会员工如何完成工作很容易，但是要教会他们如何为顾客提供周到的服务却很难。同时，公司一半的经理人员都是从员工中提拔上来的，因而迈克洗车行倾向于雇用长期服务本公司的员工。很自然地，该公司雇用员工的标准包括态度积极、喜欢与人沟通、乐于服务顾客以及领导能力卓越等。为了考察求职者有无上述品质，应聘者需要参与好几轮面试，经过初选、背景核查、犯罪背景调查和毒品检测等环节才能够加入迈克洗车行。

迈克洗车行通过采取一系列的人力资源管理措施来留住员工，并提高他们的敬业度。公司为每个员工量身定制发展计划，每年进行两次绩效评价。对新员工的培训包括熟悉最佳实践和学会在不同情景下如何为顾客提供帮助。在新员工正式接待顾客之前，需要参加为期两天的入职情况介绍和研讨会，主要聚焦于顾客服务方面。新员工可以学会如何对待顾客，如何避免在服务中犯错，如何对付挑剌的顾客等。迈克洗车行通过提供培训帮助员工获得晋升。公司的职业发展通道明晰，从小时工到工长，再到值班经理，最后到总经理助理。只要个人绩效好，通过公司内部的认证考试，即经过为期12周的培训，再以80%以上的正确率通过3门考试，员工就能够晋升。员工的参与度和满意度是通过对离职员工进行的问卷调查和数据分析得出的。员工在培训和开发活动的选择和设计中扮演了很重要的角色。公司有一个由15～20人组成的小组帮助公司对培训项目进行修订，小组成员是得到商店经理任命的主题专家，并且有一年任期。组员也是第一批接受培训的新人，他们对需要改进的地方和项目的有效性提出反馈。

除了常规的新员工和认证培训项目之外，迈克洗车行还开发了刺激业务需求的培训项目。由于经济萧条导致客户数量下降，迈克洗车行的收入也随之下降。迈克洗车行意识到，自己需要提高顾客的消费水平，也就是让顾客意识到可以为其他一些增值服务付费，比如底盘清洗、轮胎保养和清洁漆面等。该公司开发了在线培训课程，管理者鼓励员工完成这项培训，并且在每个月的员工大会上练习销售技巧。迈克洗车行认为，在帮助员工学习的过程中，管理者扮演很重要的角色，他们需要积极主动地支持和帮助员工接受培训。为了取得进步，经理要对员工的培训和开发负责。在此项目中，经理们首先学会了如何找到

员工在推销技巧方面的弱点，然后在每周的教练课程上对症下药。同时，经理们还要观察、记录员工在推销服务方面的表现，然后为员工提供反馈。此项目的成效是显著的：公司的总收入、顾客人均消费、顾客满意度和秘密购物者分数全都上升了。

迈克洗车行用培训解决的另一个业务问题是如何在 37 个网点中保持一致的企业文化。这对企业来说是一个挑战，迈克洗车行创建了一个“闭路循环”，即在每个网点都有一个电脑终端，每周都会有视频交流。时长 10 分钟的视频用于发送培训内容、了解各网点及其员工的表现、分享最佳实践。首席执行官通常会在视频中念一封满意顾客的来信，并讨论哪些顾客服务行为彰显了迈克洗车行的价值观。自从有了视频交流，迈克洗车行接到的顾客来信全都是积极的评价。

思考题

1. 迈克洗车行的培训是战略性的吗？请阐述你的答案。哪些方面的信息让你这么认为？

2. 迈克洗车行是如何支持培训的？它还能做些什么来支持培训，同时使得培训的有效性最大化？

3. 迈克洗车行支持持续学习吗？如果是，是如何支持的？

4. 如何在洗车的过程中进行非正式学习？请为迈克洗车行提供这方面的建议。你将如何评估你的建议的有效性？

资料来源：Based on J. Salopek, “Learning-Assisted Service,” *T+D*, October 2010, pp. 40-42; website for Mike's Carwash at www.mikes-carwash.com; and T. Jones, “Inner Strength,” *Modern Car Magazine*, April 2008, pp. 48-53.

小企业的人力资源管理

尼克比萨饼公司的培训结果怎么样？

乍看起来，尼克比萨饼公司（Nick's Pizza & Pub）没什么特别，是一家位于芝加哥西北部郊区只有两个店铺的比萨饼餐厅。但当你了解其绩效评价指标之后，你会发现这家公司的不同之处：通常情况下，该行业的员工流动率是 200%，营业利润率通常是 6.5%。而尼克店的员工流动率仅为 20%，营业利润率至少为 14%。这样的结果让人大为惊讶，尤其是，它的十位员工中有四个是高中生。

到底是什么让这家公司如此与众不同？应该说是企业文化。尼克公司不是雇用一些有经验的管理人员，然后制定一系列的规章制度，而是在雇用每个员工时很挑剔，并且会给员工提供足够的培训，让他们可以熟练地操作并懂得如何做出明智的判断。整个培训项目注重培养可靠和有奉献精神的员工。

尼克公司的培训从为期两天的入职前训练开始。受训员工通过角色扮演的方式来了解公司的使命、价值观和文化。接下来，通过“101 课程”接受技术方面的培训。经过四个小时在厨房中的亲身实践之后，所有的新员工无论将来做什么工作，都学会了制作比萨饼。受训员工在下个阶段会被分成不同的小组接受培训。在“201 课程”中，每个培训小组的受训者都需要接受一项长期培训，以获得从事一项特定工作的资格认证。例如，一位员工可能会学习几个星期的比萨饼制作，直至得到制作比萨饼的资格认证。

到“201 课程”为止，强制性的培训就结束了，但是尼克公司会为受训者继续学习提供奖励。员工可以参与“201 课程”学习更多的工作内容，这样就能获得加薪。如果获得两个以上的认证（比如沙拉制作和三明治制作），则每个小时可以得到 75 美分的加薪，而且可以把制服帽子的颜色由棕褐色换成代表荣誉的红色。一些员工获得九项资格认证，他们的工资每小时要多出 2 美元，制服帽子的颜色是黑色。

另一项培训是让员工成为培训师。这一阶段——“301 课程”——使员工可以获得本领域中高技能等级的资格认证。除了这些面向任务的技术培训之外，员工还会接受沟通能力和领导能力等方面的培训，他们需要学习由乔治·伦纳德（George Leonard）所著的《精通：走向成功和长期实践的方法》这本书。达到这些要求的员工会得到“领导能力 301 护照”，其中包括一份公司期望他们在下属面前作为榜样的行为清单。在接下来的几周中，他们会观察自己或他人的每一种行为，然后简单记下自己看到的情况。直到清单上的所有行为都已经观察并记录下来，参与者会再上一节培训课程，这样他们就做好了成为培训师的准备。

除了这些常规的培训课程之外，尼克公司还提供更为长久的在岗学习机会，这是由领导者和培训师提供的。其目的是为受训者提供及时的反馈，而不是等到绩效评价面谈的时候再提供反馈。例如，在一次轮班结束之后，培训师会向受训者提问，让他们说出那一天他们做得好的一件事情和愿意完善的一件事情。此外，公司要求管理者去观察员工在工作中的行为，并且考虑看到的这些行为是否会促使自己雇用这位员工。如果是，管理者需给予及时的正面反馈。如果不是，管理者则会训练员工如何做得更好。

思考题

1. 请通过上面提供的信息以及浏览尼克比萨饼公司的网站（www. nickspizzapub. com），为尼克公司培训厨房员工做一个需求评估，包括组织分析、人员分析以及任务分析。

2. 尼克公司的工作环境是如何为培训提供支持的？除了这里所描述的内容之外，还有哪些工作环境方面的因素可以为培训提供支持？

3. 你认为一家培训外包公司可以提供比尼克公司更为有效的培训吗？为什么？哪些类型的培训交给外包公司去做会更好一些？

资料来源：Nick's Pizza & Pub corporate website，www. nickspizzapub. com，accessed March 15，2012；and based on Bo Burlingham，"Lessons from a Blue-Collar Millionaire，" *Inc.*，February 2010，www. inc. com.

第3篇　人力资源管理的评价与开发

第8章　绩效管理

第9章　员工开发

第10章　员工分流与保留

第8章 绩效管理

学习目标

在阅读完本章后，你应当能够：

1. 确认有效的绩效管理的主要决定因素。
2. 阐述绩效管理的三个总体目的。
3. 说明有效的绩效管理系统需要达到的五项标准。
4. 阐述绩效管理的四种方法以及每一种方法使用的具体技术，说明将这些绩效管理方法与有效的绩效管理系统具备的五项标准进行比较的方式。
5. 根据某一既定的情境选择最有效的绩效评价方法。
6. 说明几种不同的绩效信息来源各自的优点与缺点。
7. 根据某一特定的情境选择最有效的绩效信息来源。
8. 区别几种不同类型的绩效评价误差，解释如何将一个绩效评价过程中的评价误差降到最低。
9. 完成一次有效的绩效反馈过程。
10. 确定某种绩效问题的成因。

进入企业世界

绩效管理就是有关工作以及如何完成工作的事情

大多数企业都创建了区别于竞争对手且能够在消费者、客户、员工和公众心目中建立品牌形象的独特核心价值观体系，进而为企业获得成功做出贡献。例如，位于芝加哥的阳狮锐奇新媒体整合中心（VivaKi Nerve Center）就是阳狮集团下属的一家专门从事广告与大众传播业务的研发和制作公司。该公司拥有一套被称为“我们的工作方式”的核心价值观，包括“寓努力工作于乐”“开发颠覆性的创新解决方案”“期待具有感染力的才华和激进的思想”“坚信变革能带来新能量和对话”等内容。研究表明，企业过于注重财务指标反而不利于它们实现可持续的增长。一项研究发现，那些能够实现最大财务回报的公司往往是这样的：公司的首席执行官不仅设定具有挑战性的财务目标，而且向员工传递除了获得利润之外的其他企业愿景，比如创造创新的产品、提供更卓越的客户服务以及改善生活质量等。尽管价值观非常重要，但是要从行为的角度来定义价值观，从而使得价值观作为绩效管理的一个组成部分具有挑战性。另外，美国人力资源管理协会对绩效管理所做的一项调查强调了将价值观纳入绩效管理的复杂性。调查结果显示，85%以上的人力资源管理专业人员都认为，与管理员工的工作绩效相比，对基于价值观的员工行为加以管理的难度更高。

一些公司面临重新设计绩效管理系统的挑战，以确保绩效管理不仅评价员工完成了哪些工作，而且评估他们是如何完成这些工作的。Grange Insurance 对其子公司进行绩效管理的系统同时包含与工作相关的绩效目标和核心价值观。管理者根据员工表现出来的体现公司价值观的行为活动的程度来打分，包括坦率、做正确的事、诚信、主人翁意识、团队精神等。例如，对坦率这一价值观进行评价的方式是，考察销售代表是否表现出以下几个方面的行为：公开分享信息，寻求诚实和具有建设性的反馈信息，提供诚实和具有建设性的反馈信息，即使在自己并不愉快或敏感的情况下也能去解决各种问题。位于美国爱达荷州福尔斯市的爱达荷州东部区域医疗中心（Eastern Idaho Regional Medical Center，EIRMC）依据七大价值观及相应的行为对员工进行评价。这些价值观以及相应的行为包括：责任（通过工作实现个人、科室和医院的目标）、我是 EIRMC 的一员并且我关怀（向每位病人和来访者解释医疗中心的关怀模式）、诚信（恰当地管理冲突）、尊重（恪守时间以尊重同事）、质量（确定潜在的问题及解决方案）、忠诚（做一名合格的团队成员，不诽谤他人以打造团队精神）、喜悦（面带微笑说善意的话，热情地欢迎他人）。该医疗中心采用五分量表对员工的价值观进行打分，1分代表其表现超出预期，5分代表其表现不合格。

由于价值观会影响士气，因此患者满意度、员工离职率、公司财务状况、员工违反企业价值观的行为等就显得至关重要。评价并改变那些与企业价值观不一致的行为意味着，在一天的工作结束时，公司支持了某些行为，加强了企业文化，为公司开展经营的方式提供了支持。包括高层管理者在内的全体员工都需要践行这些价值观。例如，医疗中心的一名护士因为当着病患的面对其他护士咆哮而受到惩戒。这位护士认为，当时他的行为只是在展示他护理病人的热情以及保护他们的意愿。医疗中心的人力资源部门需要帮助这位护士认识到，他虽然是出于好意，但其行为却违反了医疗中心提出的尊重与诚信的价值观。经过几番谈话之后，这名护士最终认识到并接受了自己违规的事实，修补了破裂的同事关系。

资料来源：Based on K. Tyler, "Evaluating Values," *HR Magazine*, April 2011, pp. 57-62; R. Pyrillis, "The Reviews Are In," *Workforce Management*, May 2011, pp. 20-25; and C. Hymowitz, "When Meeting the Targets Becomes the Strategy, CEO Is on the Wrong Path," *The Wall Street Journal*, March 8, 2005, p. B1.

8.1 本章介绍

那些寻求通过员工来赢得竞争优势的公司必须对所有员工的行为及其结果加以管理。传统上来说，正式的绩效评价体系一直被视为对员工的绩效进行管理的主要手段。绩效评价本来应当是管理人员需要承担的一项管理职责，但在企业中却往往成为人力资源管理部门的一项职能。很多管理人员将绩效评价视为一年一度的例行公事——他们往往匆匆忙忙地填写绩效评价表格，实际上是利用这张表格将在上一年度收集到的与某位员工有关的所有负面信息加以归类整理。或许是因为管理人员不喜欢面对绩效评价，或许是因为他们认为自己并不知道应当如何进行有效的绩效评价，总之，有些管理人员在向员工提供反馈时往往是尽可能地少花时间。了解了这些情况之后，我们可能就不会感到奇怪为什么有那么多的管理人员和员工不喜欢绩效评价！当做出或接受绩效评价时，员工在脑海中会浮现出这样的想法："费时""令人沮丧""恐惧""负担""痛苦"。[1]造成他们不喜欢绩效评价的主要原因包括：公司内部在进行绩效评价时缺乏一致性；不能对不同的绩效水平做出区分；绩效评价系统不能提供员工开发所需的有用信息，因而不能帮助员工提高自己的技能和胜任素质，或者不能培育一种高绩效的组织文化。[2]

有些人认为，所有的绩效评价体系都存在诸多缺陷，它们是受到人为操纵的、被滥用的、专制的并且不利于生产率提高。需要认识到的很重要的一点是，在表8-1中列举的对年度绩效评价提出的批评意见并不是对员工的绩效进行评价之后产生的结果，相反，这些批评意见实际上都是在绩效评价体系建立和使用过程中出现的。如果绩效评价实施得当，它能够给员工和公司双方带来几个方面的重要好处。为了对员工的绩效进行评价，一项十分重要的内容就是要制定与公司战略目标紧密挂钩的员工个人目标。正如本章开篇故事中所述，绩效评价应该评估员工完成了什么工作以及他们是如何完成这些工作的。绩效评价过程会向那些绩效优异者传递公司非常看重他们这样一种信息。绩效评价要求管理人员每年至少与员工进行一次沟通，讨论他们的绩效优势以及存在的绩效缺陷。一个好的绩效评价过程可以确保在相同职位上工作的员工能够根据相同的绩效标准得到评价。像互联网等这样一些科技手段的应用有助于减轻与绩效评价有关的管理负担，同时提高绩效审核的准确度。此外，一套设计和执行得当的绩效评价系统还能帮助公司识别哪些员工是最优秀的，哪些员工是最糟糕的。这样，企业的很多人力资源管理决策，比如晋升、加薪、惩戒以及解雇等，就具有法律上的合理性。

表8-1　　传统年度绩效评价中存在的问题示例

- "每年向员工提供的反馈应该不止一两次。我们认为传统的年度绩效评价仅仅能够帮助管理者提供一两次反馈。"——美捷步公司人力资源总监丽贝卡·亨利（Rebecca Henry）
- 年度绩效评价就是一场"对身心的折磨。我觉得人们可能没有意识到，在要进行绩效评价时会出现心跳加速、手心冒汗等生理反应"。——美捷步公司招募官雅各布·帕尔默（Jacob Palmer）
- "没人能够说服我相信绩效评价是有价值的。你们应该把整个过程解释得让一个10岁小孩都能听懂。你们难道想通过一年一次的谈话来告诉我在一整年中都做了哪些工作吗？如果我告诉我的孩子，我将就他们在一整年中的行为跟他们进行一年一次的交谈，结果会怎样？有时候我们就是会做傻事。"——苹果公司前首席人才官丹·沃克（Dan Walker）
- "……主流的管理根植于同时也依赖掌控……而绩效评价就是管理的最后一根大棒。"——《摆脱绩效管理》的作者萨缪尔·库尔伯特（Samuel A. Culbert）
- "令人吃惊的是，即使是一些好的绩效评价结果也可能是坏的。因为如果员工不知道自己得到的绩效评价结果很优异，你实际上就没有正面强化这些行为，或者你会冒着失去一名真正优秀的员工的风险。"——Belimo Aircontrols公司人力资源经理辛迪·杰拉西（Cindy Gerathy）

资料来源：From A. Fox, "Curing What Ails Performance Reviews," *HR Magazine*, January 2009, pp. 52-56; S. Culbert, *Get Rid of the Performance Review* (New York: Business Plus, 2010); and R. Pyrillis, "The Reviews Are In," *Workforce Management*, May 2011, pp. 20-25.

我们认为，绩效评价仅仅是范围更为广泛的绩效管理过程的组成部分之一。我们将**绩效管理**（performance management）定义为管理者为了确保员工的工作活动和工作产出与组织目标保持一致而实施的一个管理过程。绩效管理是赢得竞争优势的中心所在。

我们的绩效管理系统由三个部分组成：界定绩效、衡量绩效以及提供绩效信息反馈。首先，绩效管理系统要具体说明绩效的哪些方面对于组织来说是重要的，这主要是通过职位分析（我们已经在第4章中对此进行了讨论）来完成的。其次，通过**绩效评价**（performance appraisal）来对上述各个绩效方面进行衡量——这是对员工的绩效进行管理的唯一方法。最后，通过**绩效反馈**（performance feedback）阶段向员工反馈绩效信息，使他们能够根据组织目标改进自己的绩效。绩效反馈还可以借助薪酬系统，即通过把绩效和报酬挂钩（比如通过绩效加薪或奖金等）来实现，这是我们在第11章和第12章将要讨论的内容。

在本章中，我们将检验绩效管理的各种方法。首先，我们会对当前的绩效管理实践做一个概括性的总结，其次，我们将讨论一个绩效管理的过程模型，以帮助我们考察绩效管理系统的目的。接下来，我们将讨论绩效管理的具体方法以及它们各自的优缺点。同时，我们还会考察绩效信息的各种来源。此外，我们将讨论由于对绩效进行主观评价而产生的各种误差，以及减少这些误差的各种方法。接下来，我们会讨论绩效反馈的一些有效组成部分。最后，我们将强调在法律上具有说服力的绩效管理系统应当包括哪些内容。

8.2 绩效管理实践

最近针对人力资源管理专业人员所做的几项调查显示，大多数企业的绩效管理实践都要求提供一份年度书面绩效评价报告，报告中包括员工行为和经营目标两个方面的内容。[3]尽管很多公司都运用绩效管理来管理员工的绩效以及做出薪酬决策，但是仅有不到25%的公司会通过明确培训需求以及开发领导人才等方式把绩效管理用于帮助企业做好人才管理工作。66%的公司在各管理层级上都采用同一套绩效管理系统。然而，令人遗憾的是，60%以上的员工认为，绩效评价对他们的未来工作绩效没有产生任何帮助。虽然在接受调查的公司中有80%都实施了绩效评价，但其中72%的公司反映，绩效评价过程仅仅是在某种程度上令它们感到满意，甚至是不太满意或极为不满意。45%的员工认为，在一年之中以及两次正式绩效评价之间的这段时间里，上级管理人员会就绩效与他们进行持续的沟通。只有28%的公司拥有自动绩效管理系统。

8.3 绩效管理过程

通过本章的介绍以及你们的个人经验可以知道，很多员工和管理者都不喜欢年度绩效评价。尽管在绩效管理中包括一年进行一两次的正式绩效评价或评估会议，但有效的绩效管理却是一个过程，而不是一个结果。图8-1描绘的就是绩效管理过程模型。如图所示，虽然为员工提供反馈意见以及进行正式的绩效评价非常重要，但这些绝不是帮助企业赢得竞争优势的有效绩效管理过程中唯一重要的内容。[4]除此以外，有远见的领导者及高层管理的支持也不可或缺，这确保了绩效管理系统能够在整个公司范围内得到一致的运用，绩效评价能够按时完成，绩效反馈能够作为组织文化的一个组成部分被接受。绩效管理过程的前两个步骤包括确定组织想要实现什么（目标或任务）、主要的绩效维度（即影响这些目标或任务完成的重要因素或驱动力），然后开发出这些主要绩效维度的衡量标准。[5]过程模型的第一步是理解并确认重要的绩效成果或结果，特别是那些使客户、员工及团队、公司自身得益的产出或结果。在确定绩效产出时，组织和部门战略、使命、价值观起着非常重要的作用。我们在第2章中曾经指出，大多数公司都采取某种类型的战略来达成自己在收益、利润以及市场份额等方面的目标。一家公司的各事业部、部门、工作群体以及员工个人的目标、行为、活动等，都必须与公司的战略和目标保持一致。因此，过程模型的第二步是理解如何实现在上一步中确定的那些目标，这个步骤包括辨别出帮助员工达成绩效结果的可衡量的目标、行为、活动。这些目标、行为、活动必须是可衡量的，便于管理者和员工确定是否完成了，这些目标、行为、活动还必须在职位说明书中列出。绩效管理过程的第三步是企业提供的支持，包括员工培训、员工所需的各种资源和工具、员工和管理者就绩效问题进行的沟通反馈。为了实现有效的绩效管理，管理者和员工都必须看重绩效反馈，并定期交换意见；管理者则需要练习如何提供或接受反馈，并花一定的时间来提供绩效反馈。第四步是进行绩效评价，即管理者和员工将既定的绩效目标、支持的行为与实际成果加以比对和讨论，并通过一年一至两次的正式绩效评价来实现。我们在本章后面将会看到，正式绩效评价的方法有多种，较复杂的可以通过绩效谈话来确定改善绩效的机会，简单的可以由管理者直接进行单向评价。对管理者而言，使正式绩效评价变得更为有效的一种方式是，更频繁地让员工主动参与到谈话之中，而不是让他们被动地接受正式的年度绩效评价（第三步）。最后一步是（在管理者的帮助下），员工和管理者确定应该在哪些方面扬长补短（第五步）以及根据绩效成果达标（或未达标）的情况来明确后续的结果运用方式（第六步），包括确定培训需求，调整管理者提供绩效反馈的方式或频率，调整绩效成果，讨论需要加以改进的或根据组织、部门目标的侧重点来加以调整的行为或活动。绩效结果的达成可能与薪酬（加薪或现金奖励）、认可、晋升、发展的机会、得到继续雇佣的机会等联系在一起，这种联系取决于组织采用绩效管理系统的目的（见下一节的讨论）。最后，需要了解员工达成（或未达成）哪些方面的绩效目标，这有利于对组织战略、绩效目标以及持续的绩效管理过程实施变革。此外，为了确定组织是否需要进行变革，对绩效管理系统的有效性进行评价是非常必要的，这个评价过程包括收集管理者和员工对于绩效管理系统的评价意见；对绩效评价数据进行分析，以确定评价结果是否受到评价误差的影响；审查绩效目标的质量，研究员工达成的个人绩效目标和部门及组织目标之间的关系。

例如，希尔顿全球酒店集团决定从无到有开发一套新的绩效管理系统，创建一个具有内部一致性的绩效管理过程来帮助员工改进绩效。[6]这套新的绩效管理系统以业务为中心，便于管理和运用，其目的是鼓励管理者和员工进行除正式绩效评价会议以外的绩效交流。这套系统通过对员工的行为和胜任素质的评价来关注员工达成了哪些目标以及是如何达成的。管理者在年初时设定绩效目标，在年中时进行绩效评价，并

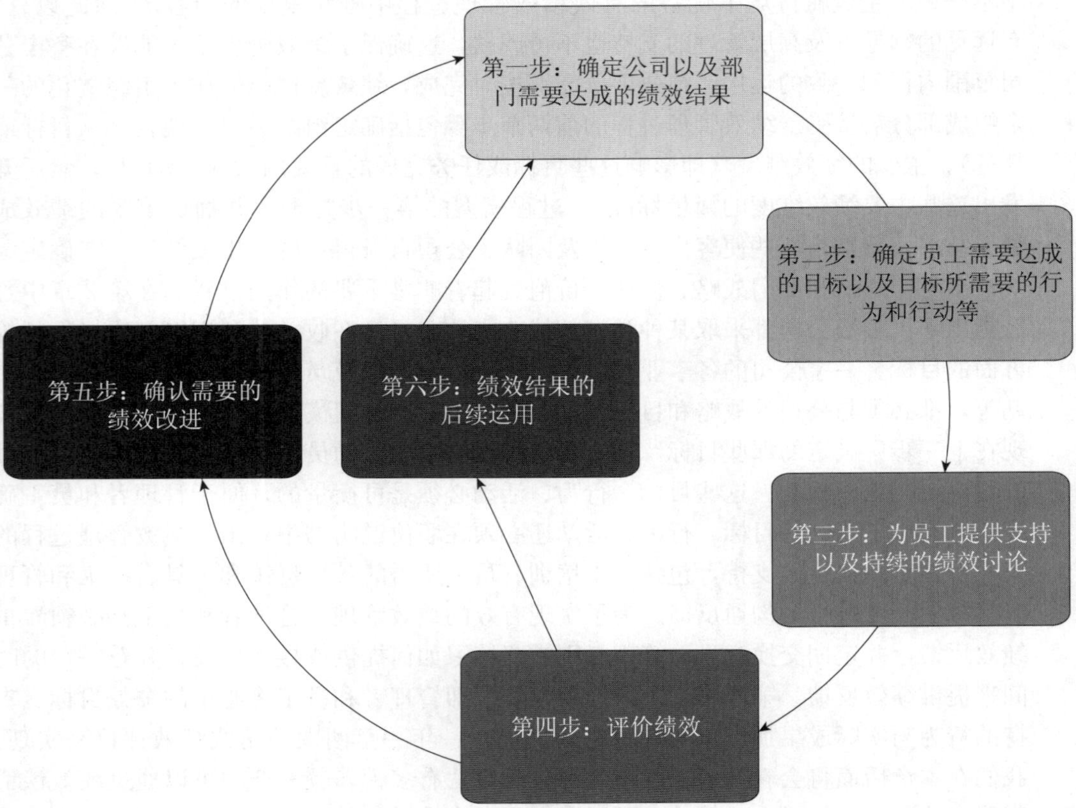

图 8-1　有效的绩效管理过程模型

资料来源：Based on E. Pulakos，R. Mueller-Hanson，R. O'Leary，and M. Meyrowitz，*Building a High-Performance Culture*：*A Fresh Look at Performance Management*（Alexandria，VA：SHRM Foundation，2012）；H. Aguinis，"An Expanded View of Performance Management，" in J. W. Smith and M. London（eds.），*Performance Management*（San Francisco：Jossey-Bass，2009），pp. 1-43；and J. Russell and L. Russell，"Talk Me through It：The Next Level of Performance Management，" *T+D*，April 2010，pp. 42-48.

且就员工的绩效表现与他们进行讨论，之后将员工的绩效表现直接录入到绩效管理系统的在线系统中。从年中到年底的绩效评价期间，管理者和员工都可以在在线系统中录入自己的意见，这就鼓励员工和管理者除了年中和年底的正式绩效评价之外，进行持续的绩效反馈。一项近期调查显示，与此前的绩效管理系统对比，员工对这套新的绩效管理系统的满意度提高了 37%。这里的"实践中的诚信"专栏指出一个组织的管理者行为是如何帮助营造鼓励提供绩效反馈和认可的组织文化的。

实践中的诚信

倾听和认可良好的工作：企业领导者创造关键绩效管理实践

本章内容强调管理者在强化员工的优秀绩效、倾听员工的想法、辅导员工保持或改善绩效方面扮演的重要角色。但是，让管理者认可员工或倾听他们的想法通常非常困难，原因之一是他们没有认识到这样做的价值，或者不愿意在这方面投入时间和精力。因此，当企业的领导者希望塑造管理者这些方面的行为时，可以鼓励管理者为员工提供反馈意见，并倾听他们的想法。

CarMax公司首席执行官汤姆·福利亚德（Tom Folliard）经常花时间走访公司的各家零售店（2012年，他走访了公司119家零售店中的70家），与员工进行交流，解答员工提出的疑问，寻求员工的反馈。举例来说，在一次走访中，一位员工建议福利亚德采用虹吸汽油技术来节约成本。福利亚德决定采纳这位员工的建议，每年对从批发商处买来的上千辆汽车采用虹吸技术，并将汽油注入准备送给零售商的汽车的油箱中，这一举动为公司节省了超过50万美元。

美国美泰公司（Mattel）的前董事会主席罗伯特·埃克特（Robert Eckert）认为，大多数员工都希望做好自己的工作，但却只有少数员工得到了他们应得的表扬。埃克特积极支持一些正式的认可方案，包括"好评如潮方案"（Rave Reviews），即通过奖励可以用来兑换饮料或咖啡的电子证书让员工得到认可。此外，他还提出"董事会主席奖"，用来在公开会议上奖励那些杰出的高层管理人员。埃克特认为有几个秘诀对于员工认可非常有效，包括每周投入一定的时间认可员工的优秀表现，通过手写感谢信来提供个人之间的接触，在私下实施惩罚但在公开场合提出表扬，对于员工取得的优秀绩效向其上级表示感谢，并努力创造一种感激和感谢的文化。

讨论题

为了创造鼓励反馈和认可以及强化绩效管理重要性的文化，企业的领导者还可以做哪些方面的工作？

资料来源：Based on R. Eckert, "The Two Most Important Words," *Harvard Business Review*, April 2013, p. 38; "How CarMax Cares," *Fortune*, April 8, 2013, p. 21.

8.4 绩效管理的目的

绩效管理的目的主要有三个：战略目的、管理目的与开发目的。

8.4.1 战略目的

首先同时也是最重要的一点是，绩效管理系统应当将员工的工作活动与组织目标联系起来。实施组织战略的主要方法之一是：首先界定为实现某种战略所必需达成的结果、具体的行为以及（某种程度上的）员工个人特征，然后再设计出相应的绩效评价和反馈系统，以确保员工能够最大限度地展示出这样一些特征，表现出这样一些行为以及创造出这样一些结果。

绩效管理对公司实施人才管理战略至关重要，而人才管理战略的实施则包括确定员工的优势和劣势，让员工参与适当的培训和开发活动，用薪酬或其他激励手段对卓越绩效提供报酬等。

8.4.2 管理目的

许多组织都会将绩效管理（尤其是绩效评价）信息用于多种管理决策，比如薪资管理（加薪）、晋升、保留—解雇、临时解雇、对员工个人绩效的认可，等等。[7]尽管这些决策非常重要，作为绩效信息来源的许多管理人员却将绩效评价视为一个为了履行自己的工作职责而不得不经历的令人厌烦的过程。他们觉得，对他人进行评价，然后再将评价结果反馈给员工是一件令人很不舒服的事情。因此，他们倾向于给所有的员工都打高分或者至少给予他们相同的评价，这样，绩效评价信息就变得没有太大用处。比如，一位管理人员这样说道："一个不可回避的事实是，每当我评价一位员工时，我都会停下来认真思考一下我的评价可能产生的后果——我的决定会对我和这个人之间的关系以及他在本公司的前途带来怎样的影响……无论你说我有政治头脑也好，还是说我运用了管理者的自由度也好，或者是把它称为对员工的绩效评价结果所做的微调，反正到最后，我都得与这个人继续相处下去，所以我不可能在不考虑后果的前提下对一位员工做出绩效评价。"[8]

8.4.3 开发目的

绩效管理的第三个目的是对那些能够在职位上有效完成工作的员工进行进一步的开发。当一位员工的工作完成情况没有达到应有的水平时，绩效管理就可以用于改善他们的绩效。在绩效评价过程中提供的反馈常常会指出员工存在的一些弱点和不足。然而，从理想的角度来说，绩效管理系统并不仅仅是要指出员工的绩效在哪些方面不佳，同时还要找出导致绩效不佳的原因所在——比如，存在技能缺陷、工作动机不足或者是某些客观障碍抑制了员工绩效的提高。

很多管理者在与员工面对面地讨论其绩效缺点时常常会感到不太舒服。这种面对面的讨论尽管对工作群体的有效性非常必要，但却会使群体内的日常工作关系变得紧张。当然，对所有员工都给予较高评价的做法有利于将这种冲突发生的可能性降到最低，可是如果这样做的话，绩效管理系统的开发目的又无法充分实现。[9]

绩效管理中至关重要的一个步骤是开发绩效评价的方法。下面我们就将讨论开发以及使用不同的绩效评价方法方面的相关事项。

8.5 绩效评价的标准

在本书第 4 章中我们曾经讨论过如何通过职位分析确定一个职位的有效绩效包括哪些内容。一旦一家公司通过职位分析和职位设计确定了自己期望员工达到何种类型的绩效，它接下来要做的就是找到一些方法对这种绩效进行衡量。本节所要阐述的则是这些工作绩效评价系统需要达到的标准。在后面的小节里，我们再来讨论绩效评价的方法、绩效评价的信息来源以及绩效评价者误差等方面的内容。

尽管对于应当运用何种标准来评价一个绩效管理系统的有效性不同的人存在不同的看法，但我们认为，以下五个方面的标准是很重要的：战略一致性、效度、信度、可接受性以及明确性。

8.5.1 战略一致性

战略一致性（strategic congruence）是指一个绩效管理系统激发出与组织的战略、

目标和文化相一致的工作绩效的程度。如果一家公司强调客户服务，那么它的绩效管理系统就应当对其员工向公司客户提供良好服务的程度进行评价。战略一致性强调的是绩效管理系统需要引导员工为组织的成功做出自己的贡献。这就要求绩效管理系统必须具有足够的灵活性，从而适应公司的战略处境所发生的变化。这里的“通过全球化进行竞争”专栏向我们展示了绩效管理在企业开展全球业务时所扮演的重要角色。

通过全球化进行竞争

用绩效指标组合来支持海外分公司绩效和公司总体绩效

WD-40公司的主要产品包括润滑剂、洗手液、洁具及卫浴清洁剂、地毯除污剂、空气清新剂等，在水槽下、车库中以及工具箱里随处可以见到WD-40公司生产的产品。2012年，该公司创建了一个新的业务部门——WD-40公司自行车事业部，生产自行车专用保养产品，比如链条润滑油、车架保护剂等。最广为人知的产品是多功能WD-40润滑剂，这种产品可帮助拧开生锈的螺母、螺栓，甚至可以作为除污剂和除胶剂！你知道“WD-40”代表什么吗？WD-40代表“第40次排水尝试”，这一名字源于1953年发明WD-40的化学家在实验室使用的记录本，当时他正试图设计一个防腐蚀（其中包括排水）的解决方案，他的坚持得到了回报，在第40次尝试时终于发现了一个完美的配方。

WD-40是一家全球消费品公司，总部位于美国加利福尼亚的圣迭戈，业务遍布美洲、欧洲、亚太地区，大部分营业额来自美国以外的地区。该公司的战略举措之一就是最大限度地提高WD-40品牌的国际市场占有率，因此，公司需确保对员工的绩效进行评价的指标有助于其国际市场的品牌开发。截止到2008年，该公司位于北美、欧洲、亚洲国家的员工得到的奖金有80%由公司的全球财务绩效决定，20%由各国自己的财务绩效决定。当年的调研结果显示，员工更希望他们的奖金与所在国的具体绩效挂钩，这样其绩效结果就变得更为可控。针对这一要求，WD-40公司人力资源部设置了一项双愿景计划，该计划更多着眼于各国的具体绩效，同时也关注公司的全球业务成果。该计划主要使用两个绩效指标：基于利息、税项、折旧和摊销的净发票销售额和经营性现金流。在运用该方案时，首席执行官和董事会为整个公司设定了销售任务、利润目标，根据这些任务和目标的完成情况，员工的奖金中有80%由所在国分公司的绩效决定，这80%的奖金中有一半取决于销售任务的完成情况，30%取决于利润目标的实现情况，剩下的20%则由公司的全球盈利情况所决定。之后，人力资源部还携手财务部向每位员工发布公司的季度财务报告、销售报告，帮助他们了解自己的绩效是如何对报告中的数据产生影响的，这样就让员工在年终奖确定之前有时间完成目标。此外，这种做法让员工更加了解他们的行为是如何同时对所在国分公司的绩效以及公司整体绩效产生影响的。

讨论题

对绩效管理系统进行评价的标准之一是战略一致性。依据这一标准，你如何对WD-40s双愿景计划做出评价？请给出你的解释。

资料来源：Based on E. Krell, “All for Incentives, Incentives for All,” *HR Magazine*, January 2011, pp. 35-38 and www. wd40. com website for WD-40 Company.

包括惠普公司、联邦快递公司和可口可乐公司等在内的很多企业都已经把关键成功要素（CSF）指标引入公司的绩效管理系统。[10]关键成功要素是包含在公司经营战略中的能够为公司带来竞争优势的要素。许多公司都会衡量与关键成功要素的实现程度有关的员工行为，这就提高了这些行为对于员工的重要性。员工需要对这些与公司的关键成功要素直接相关的行为负责，同时也会因为表现出这些行为而得到回报。

Sprint 是位于美国堪萨斯州的一家提供无线服务的公司，其组织战略有三大支柱[11]：改善客户体验、提升品牌效应及增加利润。为了支持该战略，公司绩效管理系统的内容之一是让管理人员运用三至五个与组织目标相关的指标来评估员工是否达标。Sprint 公司的绩效管理工具能够对这些指标进行追踪，比如，有多大比例的员工接受作为绩效评价一个组成部分的教练式辅导。此外，在 Sprint 公司的呼叫中心和零售商店，员工可以到网上查看本人的绩效目标以及在完成这些目标方面取得的进展。公司管理人员根据不断变化的公司内部及市场条件来设定绩效目标。为了激励员工实现这些目标（以及在达到这些目标之后拿到相应的奖金），目标的实现划分为两个半年的时间，这使得公司在一年之内至少有两次机会可以灵活调整绩效目标，当财务预测发生变更或有新产品推出时，例如，Sprint 成为第一家推出全国性 4G 无线网络的公司时，这种灵活性显得至关重要。

很多公司需要面对的一个挑战就是如何衡量客户忠诚度、员工满意度以及其他一些能够对公司的盈利性产生影响但是属于非财务领域的绩效状况。为了能够有效地利用非财务类绩效评价指标，管理者需要做到以下几点[12]：

- 开发一个模型来说明这些非财务绩效指标与公司战略目标之间存在何种联系。确定哪些绩效领域对于组织的成功是至关重要的。
- 利用已有数据库找到关于这些关键绩效评价指标的现有数据（例如，客户满意度调查数据以及员工满意度调查数据等）。如果没有可用的数据，就要确定一个影响公司战略和绩效的关键绩效领域，然后针对这些关键绩效领域开发绩效评价指标。
- 用统计学和定性的方法来测试这些绩效评价指标与财务成果之间存在的关系。也可以使用回归分析、相关分析、焦点小组访谈以及面谈等方式。例如，有几项研究表明，在员工的参与度、满意度以及工作热情与包括客户满意度、生产率以及盈利性等在内的公司经营绩效指标之间存在显著的相关性。[13]
- 回顾一下描述在非财务绩效指标与公司战略目标之间存在关系的那个模型，确保非财务绩效评价指标是恰当的，确定是否需要加入新的评价指标。由于公司经营战略以及外部经济环境是在不断变化的，因此，理解推动组织财务绩效实现的因素以及确保上述关联模型是恰当的就显得至关重要。
- 对关联模型呈现的结果采取行动。例如，西尔斯公司发现，员工对他们受到的监督以及工作环境的态度对于顾客满意度以及股东收益有着显著的影响，于是，西尔斯公司开始在管理技能培训方面进行投资，以帮助管理人员更好地做到在赋予员工更大的工作自主权的同时，确保员工对自己的工作负责。[14]
- 通过审计来确定所采取的相应行动以及完成的投资是否产生了理想的结果。

大多数公司的绩效评价系统往往在相当长的一段时间内都保持不变，尽管公司强调的战略重点可能已经多次改变。然而，当一家公司的战略发生变化时，员工的行为也需要随之发生变化。[15]很多企业的绩效管理系统并没有随公司战略的变化而变化，这一事实大概可以解释这样的情况：为什么许多企业的管理人员都认为，绩效评价系统对企业的有效性根本就没有什么影响。

8.5.2 效度

效度（validity）是指一个绩效评价系统在多大程度上评价了与绩效相关的——仅仅是相关的——那些方面。这种效度通常又称为“内容效度”。一个绩效评价系统要想有效，必须既不能存在缺失，也不能受到污染。正如我们可以从图 8-2 中看到的那样，其中的一个圆代表的是“真实的”工作绩效——与成功地履行岗位工作职责相关的绩效的各个方面。另一方面，企业还必须使用某些绩效评价方法，比如让上级管理人员根据能够反映员工客观工作结果的一整套绩效维度或绩效评价指标来对他们进行绩效评价。效度关注的是如何使实际工作绩效和工作绩效评价系统之间的重叠部分达到最大化（即图中两个圆的重叠部分）。

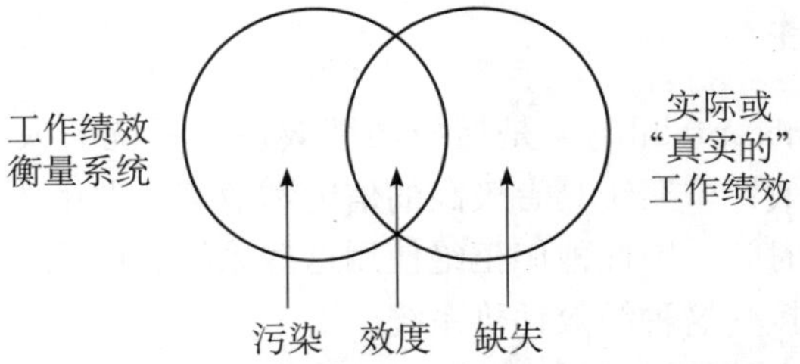

图 8-2 工作绩效评价系统的污染与缺失

如果一个绩效评价系统不能衡量出与工作绩效有关的各个方面内容（图中右边的半圆），那么这种绩效评价系统就是存在缺失的。下面就是一个存在内容缺失的绩效评价系统的例子：一所规模较大的大学更多地根据教师的科研成果而不是教学成果来对他们的工作绩效进行评价，这样，这所大学的绩效评价系统就会相对忽略教师绩效的一个相关方面。

受到污染的绩效评价系统会对与绩效或员工本职工作无关的那些方面（图中左边的半圆）进行评价。绩效评价系统应当尽量将被污染程度降到最低，但是要想完全消除污染却几乎是不可能的。下面就是一个受到污染的绩效评价系统的例子：用实际销售额来衡量在完全不同的地理区域从事销售工作的所有员工的绩效。这是因为，通常情况下，销售额的高低在很大程度上取决于地理区域（例如，潜在客户数量、竞争对手数量以及当地的经济状况，等等），而不是销售人员的实际工作状况。一位比别人工作更努力、业绩更出色的销售人员却很可能拿不到最高的销售额，而这可能仅仅是因为他所在的那个销售区域并不具备其他销售区域的销售潜力。因此，单纯的销售额指标在很大程度上会受到员工个人无法控制的其他一些因素的影响。

8.5.3 信度

信度（reliability）是指一个绩效评价系统的一致性程度。信度的一个重要类型是评价者信度，即对员工的绩效进行评价的多个人之间的一致性程度。如果两个人对同一个人的工作绩效得出的评价结果相同（或接近相同），那么这种绩效评价系统就具有评价者信度。有证据表明，大多数由直接上级对下级员工的工作绩效做出的主观评价结果都表现出较低的信度。[16]对于有些绩效评价系统来说，保持所有被评价项目之间的内部一致性是非常重要的（内部一致性信度）。

此外，一个绩效评价系统还应当在一段时间内具有信度（再测信度）。如果仅仅是由于评价时点有所不同，一种绩效评价手段对一位被评价者就得出了差别很大的评价结果，那么这个绩效评价系统就缺乏再测信度。例如，如果仅仅是根据销售人员在一个既定月份达成的实际销售额对他们的工作绩效进行评价，那么，必须考虑到的非常重要的一点就是，销售人员在不同月份的销售额之间是否具有一致性。如果一家百货商店的一位绩效评价者仅仅是根据5月份的销售额来对各部门的销售绩效进行评价，那会产生怎样的结果呢？结果会是：草地与园艺部的销售额比较高，而男装部的销售额却比较低。这是因为，传统上，服装的销售额在5月份本来就低于其他月份。因此，评价者需要在一段时间内对工作绩效进行具有一致性的衡量。

8.5.4 可接受性

可接受性（acceptability）是指使用绩效评价系统的人是否能够接受它。许多经过精心设计的绩效评价系统具有极高的信度和效度，但由于这些绩效评价系统耗费了管理人员太多的时间，因此他们拒绝使用这些系统。此外，那些要接受绩效评价的人也有可能会拒绝接受这种绩效评价系统。

员工信任一个绩效管理系统的公平性的程度会对绩效管理系统的可接受性产生直接的影响。如表8-2所示，员工能够感知到的公平可以划分为三种类型，即程序公平、互动公平以及结果公平。这张表还具体展示了绩效管理系统的开发、使用以及评价结果会如何影响员工的公平感知。在设计和使用绩效管理系统时，管理人员应当采取表8-2中“管理启示”那一栏中列出的一些步骤来确保绩效管理系统被员工认为是公平的。研究表明，那些被员工认为不公平的绩效管理系统很有可能会面临法律挑战，或者是在使用时出现失误，或者是削弱员工改善绩效的动机。[17]

表8-2　公平感知的类型及其对绩效管理系统的启示

公平的类型	对于绩效管理系统的重要性	管理启示
程序公平	开发	• 为管理人员和员工提供参与绩效管理系统设计过程的机会。 • 在对不同的员工进行绩效评价时保持标准一致性。
互动公平	使用	• 将评价者误差和偏见降到最低程度。 • 提供及时和全面的反馈。 • 允许员工对绩效评价的结果提出质疑。 • 在一种尊重和友好的气氛中向被评价者提供反馈。
结果公平	结果	• 就未来的绩效评价以及评价标准问题与员工进行沟通，使员工形成合理的期望。 • 就未来的报酬问题与员工进行沟通，使员工形成合理的期望。

资料来源：Adapted from S. W. Gilliland and J. C. Langdon, “Creating Performance Management Systems That Promote Perceptions of Fairness,” in *Performance Appraisal: State of the Art in Practice*, ed. J. W. Smither. Copyright © 1988 by Jossey-Bass, Inc. This material is used by permission of John Wiley & Sons, Inc.

8.5.5　明确性

明确性（specificity）是指一个绩效评价系统在多大程度上使员工知道公司对自己的期望以及如何才能达到这些期望。明确性与绩效管理的战略目的和开发目的都是息息相关的。如果一个绩效评价系统不能明确地让员工知道他们必须怎样做才能帮助公司实现战略目标，这一系统就不会保证战略目的的达成。此外，如果一个绩效评价系统不能指出一位员工到底存在哪些方面的绩效问题，想让这位员工去纠正自己的绩效问题几乎是不可能的。

8.6　绩效评价的方法

在有效的绩效管理中，很重要的一部分内容就是确定对绩效进行衡量的方法。在本节中，我们将探讨对绩效进行衡量的各种方法，包括比较法、特性法、行为法、结果法以及质量法。同时，我们将根据战略一致性、效度、信度、可接受性以及明确性等标准对每一种绩效评价方法进行评价，正如我们将要看到的，每一种方法都存在优点和缺点。因此，很多公司的绩效评价会将这些方法结合在一起使用。为了有效地实现组织业务战略和目标，有效的绩效评价系统既需要衡量实现了什么结果（即目标），同时还需要衡量这些目标是如何实现的（即行为）。图 8－3 向我们展示了某个绩效管理系统对行为和结果进行评价的例子。从图中可以看出，绩效结果（即项目开发）与业务目标相关，在绩效标准中还包括员工为达成绩效结果而必须表现出来的一些行为。该绩效管理系统为员工提供了绩效反馈，同时要求员工和管理者对行为改变负责。

职责与关键绩效结果	绩效标准	反馈	实际结果	绩效评价等级	需开发的领域	行动
员工在绩效评价期间需达成的关键结果。应当与公司价值观、经营目标以及职位描述保持一致。	如何衡量这些关键结果（质量、成本、数量）。重点关注工作方法以及最终取得的成果。	员工与管理者持续就绩效进行讨论。	针对每一项关键结果审查其实际绩效水平。	对每一项关键结果进行绩效评价。 1＝优秀 2＝良好 3＝达标 4＝不达标	开发有助于员工达成关键结果的具体知识、技能和行为。	为了满足员工的开发需要，员工和管理者需要做些什么。
<u>项目开发</u> 确定项目范围，进行成本估算研究，制定审批日程。	在确定项目开发范围后的四周内准备好重要的项目审批文件。确保 80%的新项目被审批通过。预算成本与最终成本决算之间的差额不超过 5%。	重要的项目审批材料能够按时完成。	到年末时，新项目获批比例达到 75%，且决算成本比预算成本低不到 5%。	3	增加对项目管理软件知识的学习。	阅读文章、研究报告，与软件供应商进行洽谈。

图 8－3　包含对行为和结果进行评价的绩效管理系统示例

8.6.1 比较法

在绩效评价中运用的比较法要求评价者拿一个人的绩效去与其他人的绩效进行比较。通常采用的做法是：首先对一个人的绩效或价值进行某种总体上的评价，然后再设法对属于同一工作群体的所有人确定一个顺序。比较法至少有三种类型的绩效评价技术：排序法、强制分布法以及配对比较法。

■ 排序法

简单排序法（simple ranking）要求管理人员将本部门的所有员工按照从绩效最优者到绩效最差者（或从最好到最差）的顺序加以排列。而交替排序法（alternation ranking）则要求管理人员首先通观所有需要接受评价的员工的名单，然后从中挑出绩效最好的员工，将这个人的名字从名单中划去。接着，再从剩下的名单中找出绩效最差的员工，也把其名字从名单中划去，依此类推。

排序法是一种已经引起法庭特别关注的绩效评价方法。正如我们在第3章中指出的那样，在“阿尔比马尔纸业公司诉穆迪”一案中，建立在员工排序这种绩效评价方法基础上的甄选系统的合法性就受到了怀疑。事实上，法庭认为：“我们无法准确地知道主管人员考虑的工作绩效标准到底是什么，每一位主管人员考虑的绩效标准是否相同——或者甚至可以说，我们无法准确地知道其中的某些主管人员到底是否真的运用了某种较为集中而稳定的绩效标准。”[18]

■ 强制分布法

强制分布法（forced distribution）同样采取排序的形式，只不过是以群体的形式对员工进行排序。这种绩效评价技术要求管理人员将一定比例的员工放入事先确定好的各个等级之中。最常见的做法是把员工分为三类、四类或五类，每个类别中的员工规模不同，分别对应绩效最优秀的员工、绩效最差的员工以及介于两者之间的一种或多种类型的员工。美国国际集团（AIG）是一家保险公司，该公司就运用强制分布法将员工从一级到四级进行分类。[19]只有10%的员工可以排到最高等级即1级之中，20%的人可以排到2级之中，50%的人排到3级，其余20%的人会排到最低级即4级之中。排序等级高的员工拿到的年终奖比排序等级低的员工要高很多（和同事相比，排名位居前10%的员工会得到更多的奖金）。该公司首席执行官倡导实施强制分布法，因为它可以确保公司向优秀员工支付奖励，并按绩效优劣区分员工。该公司之前使用过排序法，却发现一半以上的员工都被评为高绩效。此外，该公司首席执行官想借此向曾经帮助其摆脱困境的美国纳税人发出这样一个信号，即AIG是一家负责任的企业。

强制分布系统的倡导者认为，这种系统是帮助企业识别出高潜质员工和绩效最差员工的最好方法，继而公司可以为高潜质员工提供培训、晋升以及经济报酬等，同时为那些绩效最差的员工提供帮助或者让他们离职。许多公司的高层管理者已经意识到，尽管本企业的绩效和股东回报并没有出现增长甚至在下降，但公司的薪酬成本依然在螺旋上升，员工得到的绩效评价结果也都很高。于是他们开始反思为什么在公司绩效和员工绩效评价结果以及薪酬之间会出现断点。而强制分布系统则提供了一种将公司绩效、员工个人绩效以及薪酬挂起钩来的机制。绩效最差的那10%的员工拉低了公司的绩效水平，导致优秀员工离职或不愿意加入本公司。

一套强制分布系统有助于管理者根据员工的绩效量身定制各种开发活动。例如，在表8-3中，管理者会向绩效差的员工提供明确具体的反馈，告诉他们在工作的哪些方面需要改进，并且制定一份绩效改进时间表，如果这些员工不能改进自身的绩效，他们就会面临被解雇的危险。优秀员工则会被鼓励去参与各种开发活动，诸如工作体验、导师指导计划、领导力开发课程，等等，这些都有助于他们为走上管理职位做好准备。强制分布系统被很多公司视为提升公司绩效、激励员工以及吸引新的优秀人才加盟公司来取代那些绩效较差的员工的一种重要方式。[20]强制分布系统的支持者认为，这种系统迫使管理者根据与职位相关的绩效标准来做出更为严格的决策，而不是在对员工进行绩效评价时采取宽大的态度。批评者则持另一种态度，他们认为强制分布系统在实践中往往过于武断，存在违法的可能性，同时还有可能会导致士气低落。[21]例如，在一个工作小组中可能有20%的绩效欠佳者，而在另一个工作小组中却都是高绩效的员工，但是强制分布系统却强制要求每个工作小组都要解雇10%的员工。同样，在许多强制分布系统中，一个始料不及的后果是，处在绩效最差的那一类人中的员工往往主要是少数族裔员工、女性员工、40岁以上员工，这就会引起很多与歧视有关的法律诉讼（本章中我们还会讨论影响绩效的法律问题）。最后，当绩效评价标准是主观的，或者依照一定的标准（比如团队工作或沟通技巧等）很难对员工的绩效加以区分时，就很难将员工强制分布到不同的绩效等级中去。

表8-3　基于强制分布和排序的绩效开发计划

排序或强制分布的种类	绩效开发计划
A类 超过平均水平 绩效卓越者	• 通过富有挑战性的职位安排来加速开发 • 从领导团队中选择导师 • 认可和奖励员工的贡献 • 表扬员工的优点 • 考虑员工的领导潜力 • 提名参加领导力开发计划
B类 达到预期水平 绩效稳定者	• 就如何从一位绩效一般的员工转变为高绩效者提供反馈 • 鼓励员工开发自己的优势，同时改进不足 • 认可和奖励员工的贡献 • 考虑扩大工作内容
C类 未达预期水平 绩效较差者	• 针对员工应当在既定时间范围内改进哪些方面的具体技能、行为和（或）结果提供反馈并达成共识 • 调整职位，以使员工的技能与职位更好地匹配 • 要求员工离开公司

资料来源：Based on B. Axelrod，H. Handfield-Jones，and E. Michaels，"A New Game Plan for C Players，" *HBR*，January 2002，pp. 80-88；A. Walker，"Is Performance Management as Simple as ABC?" *T+D*，February 2007，pp. 54-57；T. De Long and V. Vijayaraghavan，"Let's Hear It for B Players，" *HBR*，June 2003，pp. 96-102.

一项研究在对强制分布系统的不同特征以及影响公司绩效的其他因素（例如自愿离职率、甄选方法的效度等）进行模拟测算之后发现，强制分布评价系统确实有助于改进一家公司的员工队伍的潜在绩效。[22]发现使用强制分布系统的效果非常显著的通常是这样一些公司，它们有明确的目标和管理标准，能够对绩效评价人员进行培训，在使用强制分布系统时还会使用其他一些人力资源衡量指标，同时会对优良的绩效提供报酬。这一系统带来的绩效改进大部分发生在一家企业使用这一系统的头几年，这主要是因为大部分绩效较差的员工在头几年中就会被确认出来并且遭到解雇。在这里需要牢记的一点是，无论这种强制分布系统在改善一家公司的员工队伍绩效方面的优势如何，企业在采用强制分布系统之前都要认真考虑它对员工士气、团队合作、员工招募以及股东的看法可能产生的负面影响。很多没有使用强制分布或排序系统的公司都认为，员工绩效与其开发计划是相关的。强制分布系统只有满足下列条件才能符合伦理道德的要求：第一，就该系统与员工进行清晰的沟通；第二，该系统是组织文化中某个积极维度（如创新或持续改进）的一个组成部分；第三，员工有对绩效评价结果提出申诉的机会。

■ 配对比较法

配对比较法（paired comparison）要求管理人员将每一位员工与同一工作群体中的所有其他员工进行一对一的比较，如果一位员工在与另一位员工的比较中被认为是绩效更优秀者，此人将得到1分。在全部的配对比较都完成之后，管理者再统计出每一位员工获得更为有利的评价次数（也就是对所得分数进行加总），这便是员工得到的绩效评价分数。

对于管理人员来说，配对比较法是一种很耗时的绩效评价方法，随着组织越来越扁平化，控制幅度越来越大，这种方法会变得尤其耗时。例如，一位手下只有10位员工的管理人员必须进行45次（即10×9/2）比较。然而，如果这一工作群体中的人数上升到15人，这位管理人员必须进行的比较次数就上升到105次（即15×14/2）。

■ 对比较法的评价

在对员工的绩效水平进行区分时，比较法这种绩效评价方法无疑是一种有效的工具；它有效地排除了宽大误差、居中趋势误差以及严格误差出现的可能性。当绩效评价结果用于加薪、晋升等这样一些管理决策时，比较法的价值尤为突出。此外，这种方法的设计相对来说比较容易，而且在大多数情况下都比较容易使用，所以，它常常能够被使用者所接受。

然而，这种绩效评价方法存在的一个共性问题是，它往往不能与组织的战略目标联系在一起。尽管评价者可以根据员工个人的绩效对组织战略的支持程度来做出评价，但这种联系很少是以非常明确的形式表现出来的。此外，由于这种评价方法具有明显的主观性，所以它们的实际效度和信度往往取决于评价者本人。有些企业采用让多位评价者对同一个人的绩效进行评价的做法，以尽量弱化单个评价者可能存在的个人偏见，但是绝大多数公司并没有这样做。因此，我们最多只能说，比较法这种绩效评价方法的信度和效度水平都很一般。

就反馈的目的来说，比较法中包括的这些绩效评价技术都缺乏明确性。由于对员工的绩效评价仅仅是根据对员工的相对排序得出的，因此，员工个人完全不清楚应当采取什么样的做法来改善自己在绩效排序中的位置。这就给管理人员增加了很大的负担，因为他们必须在绩效评价工具提供的信息之外去寻找更为明确的可以用于反馈的信息。最后，许多员工和管理人员都不大愿意接受根据比较法得出的绩效评价结果。这是因为，每个人的绩效评价结果都取决于在自己所属的工作群体、团队或者部门中与其他员工相比的绩效状况（规范性标准），而不是取决于像优秀、良好、一般和较差等这样一些绝对的绩效评价标准。

8.6.2 特性法

绩效管理的特性法主要关注的是员工在多大程度上具有被认为对企业成功非常有利的那些特性（特点或特质）。运用这种方法的一些绩效评价技术通常都会界定出一系列个人特质，诸如主动性、领导力、竞争性等，然后再根据这些特质对员工个人进行评价。

■ 图评价尺度法

在绩效管理中最常见的特性法是图评价尺度法（graphic rating scale）。表 8 - 4 展示了在一家制造业公司使用的图评价尺度的例子。正如你可以看到的，评价者需要根据这张单子上列举出的所有特性，利用一个五分（或其他分数）评价尺度对被评价者的绩效进行评价。管理人员每次只需考虑一位员工的绩效状况，在每项特性的五个分数中圈出一个与被评价员工最为相符的分数即可。图评价尺度法既可以为评价者提供大量不同的分数（自由尺度），也可以为评价者提供一种连续的分数，评价者只要在这个连续的分数段上打钩即可（连续尺度）。

表 8 - 4　图评价尺度的一个例子

下列这些绩效领域对于大多数职位来说都是非常重要的。请你通过圈定相应分数得出你对每一绩效维度的评价结果。

绩效维度	评价尺度				
	杰出	优秀	良好	尚可	较差
知识	5	4	3	2	1
沟通	5	4	3	2	1
判断	5	4	3	2	1
管理技能	5	4	3	2	1
质量	5	4	3	2	1
团队合作	5	4	3	2	1
人际关系能力	5	4	3	2	1
主动性	5	4	3	2	1
创造性	5	4	3	2	1
问题解决能力	5	4	3	2	1

图评价尺度法的合法性在 1973 年的"布里托诉基亚公司"（Brito v. Zia）一案中受到了质疑。在此案中，基亚公司根据绩效评价结果将一些讲西班牙语的员工解雇了。而在该公司的绩效评价中，公司要求主管人员根据一些没有确切定义的绩效维度——比如工作总量、工作数量、工作知识、可靠性以及合作性等——对下属员工的绩效进行评价。法庭最终对这种比较主观的绩效评价方法提出了批评，并且声称公司应当首先提供一些实证性的数据来证明绩效评价结果与员工的实际工作行为确实是高度相关的。

■ 混合标准尺度法

混合标准尺度法（mixed-standard scales）是为了解决图评价尺度法存在的一些

问题应运而生的。为了创建一个混合标准尺度，我们首先必须对相关绩效维度加以界定，然后再分别对代表每一个绩效维度的好、中、差的内容加以说明。最后，在实际生成的评价工具中，再将这些代表一个绩效维度的好、中、差的说明性文字与代表其他绩效维度的好、中、差的说明性文字混合在一起。表 8－5 展示的就是一个混合标准尺度的例子。

表 8－5　　混合标准尺度的一个例子

被评价的三种特质：	绩效等级说明：
主动性	高
智力水平	中
与他人的关系	低

说明：请在每一项陈述后面指明员工的绩效是高于陈述水平（填“＋”），相当于陈述水平（填“0”），还是低于陈述水平（填“－”）。

主动性	高	1. 这位员工一直都是积极主动地做事，从来不用上级督促。	＋
智力水平	中	2. 尽管这位员工可能不是一个天才，但他确实比我认识的许多人更聪明。	＋
与他人的关系	低	3. 这位员工有与别人发生不必要冲突的倾向。	0
主动性	中	4. 虽然从总体上来说这位员工的工作还是积极主动的，但偶尔也需要上级督促才能完成工作。	＋
智力水平	低	5. 尽管这位员工在理解一些事情上比某些人要慢，并且在学习新东西方面比别人要花更长的时间，但他还算具有正常的智力水平。	＋
与他人的关系	高	6. 这位员工与每一个人的关系都很不错，即使与别人意见相左，也能与其他人友好相处。	－
主动性	低	7. 这位员工有点坐等指挥的倾向。	＋
智力水平	高	8. 这位员工极其聪明，学东西非常快。	－
与他人的关系	中	9. 这位员工与大多数人相处都比较好，偶尔在工作中与他人产生冲突，而这些冲突都没有什么影响。	－

赋分标准

	陈述			分数
	高	中	低	
	＋	＋	＋	7
	0	＋	＋	6
	－	＋	＋	5
	－	0	＋	4
	－	－	＋	3
	－	－	0	2
	－	－	－	1

根据上述评价等级确定分数的过程举例：

	陈述			分数
	高	中	低	
主动性	＋	＋	＋	7
智力水平	0	＋	＋	6
与他人的关系	－	－	0	2

如表中所示，在运用这一评价工具时，要求评价者在空格中注明被评价员工的实际绩效水平是高于（+）、等于（0）还是低于（—）相应文字陈述中描述的情况。然后再根据一个特定的分数计算规则来确定每一位员工在每个绩效维度上的得分。比如，如果一位员工在某一绩效维度上的表现比表格中陈述的三种绩效水平都要高，那么这位员工在这一绩效维度上就可以得 7 分。如果一位员工在某一绩效维度上得到的评价低于高标准，相当于中等标准，但是高于低标准，那么，这位员工在这一绩效维度上的得分就是 4 分。而如果一位员工在某一绩效维度上得到的评价低于表格中陈述的所有三种绩效标准，那么这位员工在这一绩效维度上就只能得 1 分。将这种计分方法用于所有的绩效维度，便可得到员工的总体绩效分数。

需要指出的是，混合标准尺度最初是作为一种个性评价尺度被开发出来的。但是后来，当这种技术被运用到绩效评价工具中时，却采用了行为描述而不是个性描述的方式，其目的是减少绩效评价中可能会出现的误差。[23]

■ 对特性法的评价

建立在特性基础上的绩效评价方法是在各种组织中得到最普遍运用的绩效评价方法之一。特性法不仅非常容易开发，而且对于不同的职位、战略以及组织具有普遍适用性。此外，如果能够在界定与工作绩效有关的特性时多加注意，同时在评价工具中对这些特性给出详细的定义，那么特性法的信度和效度就能够达到与那些设计复杂的绩效评价技术相同的水平。

不过，在有效的绩效管理系统需要达到的几个标准中，特性法在几个方面存在不足。首先，这种绩效评价技术与组织的战略常常缺乏一致性。这些方法之所以得到广泛的运用，主要是因为这些方法比较容易开发，并且，相同的评价方法（比如特性的种类以及各种对比）普遍适用于任何组织和任何战略。此外，在这些绩效评价方法中，绩效标准往往非常模糊，很可能会导致不同的评价者对于相同的绩效标准做出不同的解释。正因为如此，即使是对于同一个人，不同的评价者常常也会得出差异很大的评价结果和绩效排序。其结果就是，这些绩效评价方法的效度和信度通常都比较低。

事实上，在特性法中包括的那些绩效评价技术，没有任何一种能够给员工提供具体指导，即告诉他们应当怎样对公司的目标提供支持，或者应当做些什么事情去纠正个人的绩效缺陷。此外，当评价者利用这些绩效评价技术完成绩效评价并提供绩效反馈时，往往会引发员工的抵触心理。比如说，假定根据一个五分评价尺度，你在成熟度方面得到的评价只有 2 分，你会做何感想？毫无疑问，你可能会产生某种抵触情绪，因而不愿意接受这种评价结果，同时也会拒绝接受更多的信息反馈。另外，仅仅让你知道自己在成熟度方面得到的评价是 2 分，实际上并没有告诉你需要怎样努力才能让你的绩效评价结果在将来会有所改善。

8.6.3　行为法

绩效管理中的行为法的主要做法是，对一位员工在有效完成本职工作时必须展现出来的行为加以界定。在这种方法中包括的各种绩效评价技术都是首先界定上述所说的这些行为，然后要求管理人员评价一位员工在多大程度上展现出了这些行为。在此，我们将讨论几种基于行为法的绩效评价技术。

■ 行为锚定评价法

行为锚定评价法（behaviorally anchored rating scale，BARS）的设计思路是：通过开发与不同绩效水平相联系的行为锚来具体界定各个绩效维度。[24] 行为锚定评价法的一个例子如图8-4所示。正如你从图中可以看到的，在这个绩效维度上存在一系列行为事例，每一个行为事例分别代表这一绩效维度的某个特定绩效水平。

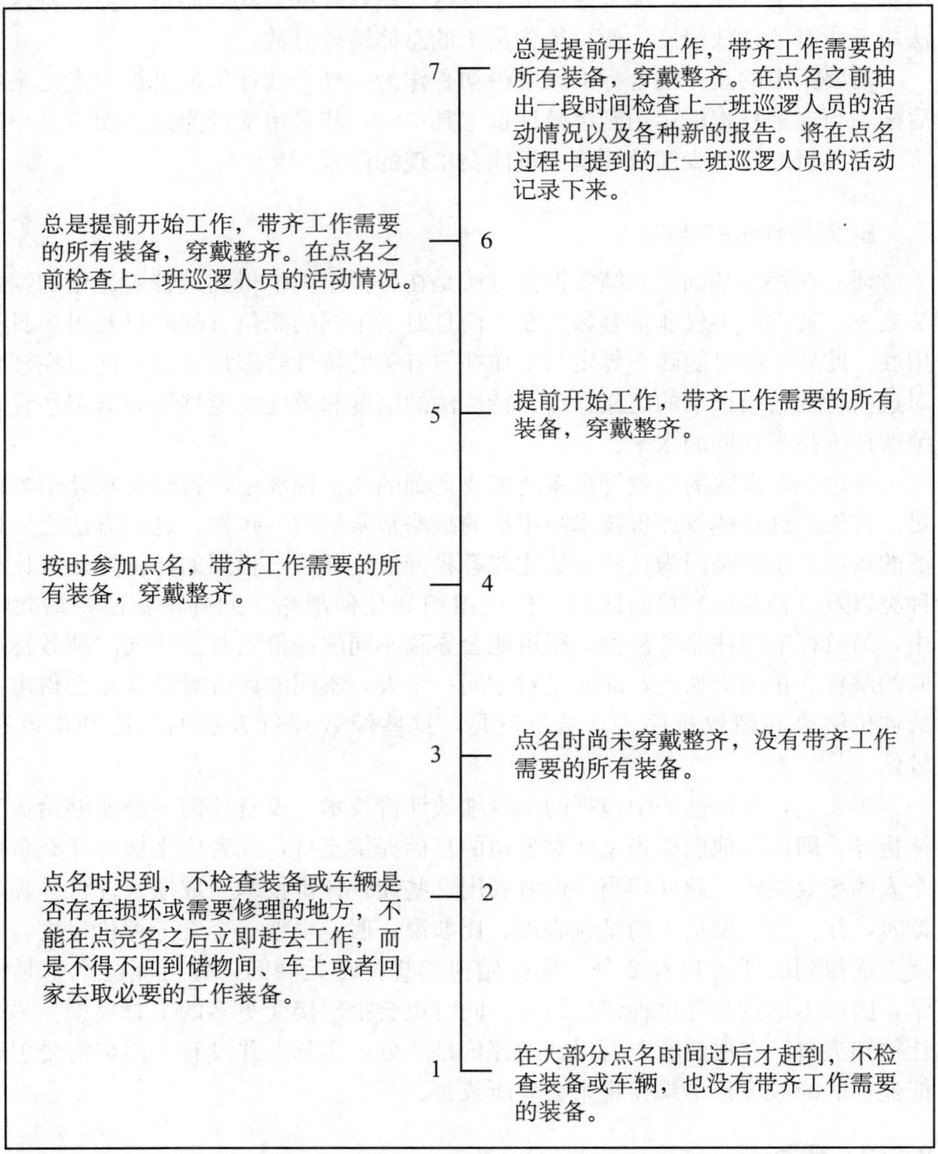

图8-4 任务—行为锚定评价法中使用的绩效评价维度：巡逻官

资料来源：Adapted from R. Harvey, "Job Analysis," in *Handbook of Industrial & Organizational Psychology*, 2nd ed., ed. M. Dunnette and L. Hough (Palo Alto, CA: Consulting Psychologists Press, 1991), p. 138.

要开发这种行为锚定评价尺度，必须首先收集代表职位的优秀绩效和无效绩效的大量关键事件，然后将这些关键事件加以分类，划归到不同的绩效维度之中，那些被专家认为能够清楚地代表某一特定绩效水平的关键事件，将会作为行为事例（或行为锚）来为评价者提供指导。管理人员的任务就是根据每一个绩效维度分别考察员工的绩效，从而确定在每一绩效维度中，员工的实际绩效表现与具有指导性的哪些关键事件最为相符。这种评价结果就成为员工在这一绩效维度上的得分。

行为锚同样既有优点也有缺点。优点是它可以通过提供精确和完整的绩效维度定义来提高评价者信度。缺点则是它可能会导致偏见性的信息回忆——也就是说，那些与行为锚最为近似的行为最容易被回忆起来。[25]研究还证明，管理人员和他们的下属员工对于行为锚定评价法和特性法实际上是不怎么区分的。[26]

■ 行为观察评价法

行为观察评价法（behavioral observation scale，BOS）是行为锚定评价法的一种变形。与行为锚定评价法一样，行为观察评价法也是从关键事件法发展而来的一种绩效评价方法。[27]但是，行为观察评价法与行为锚定评价法在两个基本方面不同。首先，行为观察法并不舍弃能够代表有效绩效或无效绩效的大量关键行为，相反，它利用其中的许多行为来更为具体地界定构成有效绩效（或者被认为是无效绩效）的所有必要行为。比如，在某一特定的绩效维度上，行为观察评价法可能不是仅仅利用 4 种行为，而是使用 15 种行为来界定划分出来的四种绩效水平。行为观察评价法的一个例子如表 8-6 所示。

表 8-6　　绩效评价中的行为观察评价法的一个例子

克服变革阻力						
（1）向下属描述变革的细节。						
几乎从来不	1	2	3	4	5	几乎常常如此
（2）解释为什么必须进行变革。						
几乎从来不	1	2	3	4	5	几乎常常如此
（3）讨论变革如何给员工带来影响。						
几乎从来不	1	2	3	4	5	几乎常常如此
（4）倾听员工的心声。						
几乎从来不	1	2	3	4	5	几乎常常如此
（5）在进行变革的过程中请求员工的帮助。						
几乎从来不	1	2	3	4	5	几乎常常如此
（6）必要时确定一个具体的会议日期，在变革完成之后讨论员工关心的一些问题。						
几乎从来不	1	2	3	4	5	几乎常常如此
			总分数=________			
很差 6～10	一般 11～15		良好 16～20		优秀 21～25	出色 26～30

注：分数由管理层确定。

资料来源：From Gary Latham and Ken Wexley，*Increasing Productivity Through Performance Appraisal* (Prentice Hall Series in Human Resources)，2nd Edition. © 1994. Reproduced by permission of Pearson Education，Inc.，Upper Saddle River，New Jersey.

其次，行为观察评价法并不是要评价到底哪一种行为最好地反映了员工的绩效，而是要求管理人员对员工在评价期内表现出每种行为的频率做出评价。最后再将员工在所有绩效维度上得到的评价分数进行加总和平均，得出员工的总体绩效评价结果。

行为观察评价法的主要缺点在于，它需要的信息可能会超出大多数管理人员能够加工或记住的信息量。在一个行为观察评价体系中可能会包括 80 种或以上的行为，同时它还要求管理人员必须记住每位员工在过去的 6 个月或 12 个月内表现出每种行为的频率。针对一位员工完成这种工作就已经够烦琐的了，而一位管理人员通常要对 10 位或更多的员工进行评价。

对行为观察评价法、行为锚定评价法和图评价尺度法进行的一项对比发现，管理人员和员工都认为行为观察评价法在以下几个方面的优点是非常突出的：能够将高绩效者和低绩效者区分开来；能够保持客观性；便于提供反馈；提出培训需求；在管理人员及其下属员工当中容易使用。[28]

■ 胜任素质模型法

胜任素质（competency）是一组使员工能够成功完成工作的技能、知识、能力、个人特征的组合。[29] **胜任素质模型**（competency models）确定并提供了与某个职业、组织、职位族或特定职位有关的各种胜任素质的描述。胜任素质模型也可以用于绩效管理。胜任素质模型的优势之一是可以运用在不同的人力资源管理活动之中，包括招募、甄选、培训以及开发。胜任素质模型既可以帮助企业挑选出能够填补某个职位空缺的优秀员工，又可以作为使员工和管理者确定员工的特定优势以及需开发领域的开发规划的基础。

表 8-7 中是 Luxottica Retail 公司为了对零售店的员工进行开发而运用的胜任素质模型，该集团因通过旗下的亮视点（LensCrafters）、Sunglass Hut 和 Pearle Vision 眼镜连锁店来销售优质、奢华和运动型眼镜而闻名。[30] 这一胜任素质模型中包括领导与管理胜任素质、职能胜任素质以及基础胜任素质三大块内容，其目的是界定并确定管理者在进行招募、绩效管理和培训时所需的胜任素质。同时，这一胜任素质模型还可以帮助公司的零售店员界定和开发他们在申请其他职位时需要具备的能力。为了有效地用于绩效评价，这种胜任素质模型必须做到及时更新、对经营绩效有驱动作用、与职位相关（有效性）、与公司的各个业务单元相关（或客户化），并且提供足够的细节来对员工的绩效做出准确的评价。Luxottica Retail 公司在开发胜任素质时是从与公司的业务领导进行沟通开始的，其目的是了解他们当前以及未来采取的经营战略。确定了业务驱动要素之后，它们通过调查问卷、焦点小组、管理者与零售店员的沟通来确定重要的胜任素质以及与每一种胜任素质对应的各种行为事例。每隔四五年或者是当经营战略发生重大变革时，集团还会对适用于各个业务部门以及各个品牌的胜任素质模型进行审查，以确保这些胜任素质与经营战略相关。此外，集团还会对在绩效评价时赋予每一个胜任素质模块的权重加以审查，以确保这些权重是恰当的（例如，应当赋予职能性技能或胜任素质多大的权重）。集团还会根据每一类胜任素质与特定职位的相关性，使用各种不同的胜任素质组合来对零售店员的绩效进行评价。零售店员在每一种胜任素质上按照 1～5 分的尺度加以评价，其中 5 分代表优秀。人力资源管理人员、培训开发人员以及运营团队共同合作来确定每一种胜任素质的不同水平，也就是说，当一位员工得到的评价结果是“达标”而不是“未达标”时，其含义是什么以及相应的胜任素质表现是怎样的？这确保管理者在使用胜任素质对员工评价时能够采用类似的参考框架。

表 8-7　Luxottica Retail 公司的胜任素质模型

领导与管理胜任素质
领导力
指导和开发他人
激励他人
培养团队精神
战略性思考
职能胜任素质
全球视野
财务敏锐
业务关键绩效指标
基础胜任素质
批判性思维
培养开放式沟通
建立关系和人际交往能力
开发和管理自己
适应性和灵活性
以客户为中心
诚信
多样性和多元文化
主动和承诺

资料来源：From C. Spicer, "Building a Competency Model," *HR Magazine*, April 2009, pp. 34-36. Reprinted with permission of Society for Human Resource Management.

■ 对行为法的评价

行为法可能是一种非常有效的绩效评价方法。它可以将公司战略与执行这种战略所需的某些具体行为联系在一起。同时，它能够向员工提供具体的指导以及信息反馈，使员工了解公司对他们的绩效期望。此外，大多数基于行为法的绩效评价技术都是建立在深度的职位分析基础之上，因此这些被界定出来以及被衡量的行为都是很有效的。再有，由于需要让使用这一系统的人来设计这种绩效系统，因此其可接受性通常也很高。最后，由于这种方法要求对评价者进行大量的培训投资，因此它的可靠性也相当高。

行为法的主要不足涉及使用这种系统的组织背景。尽管行为法可以与一家公司的战略紧密联系在一起，但却必须经常对这些行为以及绩效评价指标进行监控和修正，从而确保它们总是能够与组织的战略重点联系在一起。这种方法还假设确实存在一种完成某种工作的"最佳方法"，并且构成这种最佳方法的行为也是可以得到确认的。一项研究发现，当管理人员认为在行为和结果之间存在某种清晰的关系时，他们往往会努力去控制这些行为。但是当这种联系不太清楚的时候，他们就会依赖对结果的管理。[31] 因此，行为法最适合那些不太复杂的工作（对于这些工作来说，达成结果的最好方法是比较清楚的），而不太适合那些比较复杂的工作（对于这些工作而言，取得成功的途径或行为可能是多种多样的）。

8.6.4 结果法

结果法关注的是对一个职位或一个工作群体的目标或可衡量结果的管理。这种方法假设绩效评价过程中的一些主观因素是可以消除的，工作结果是最能衡量一个人对组织有效性做出贡献的大小的指标。[32]这里，我们将考察两种利用结果法来进行绩效管理的系统：平衡计分卡以及生产率衡量与评价系统。

■ 目标法

无论是在私营部门还是在公共部门，目标法都是一种广泛使用的绩效管理方法。[33]在一个以结果为基础的系统中，组织的高层管理团队首先要为公司确定来年的战略目标。接着再将这些目标传递给下一层级的管理者，这一层级的管理者需要明确自己为了帮助公司达到未来的目标应当取得哪些成果。这种目标制定过程一层一层传递下去，直到公司中的所有管理者都制定出能够帮助公司实现未来目标的个人目标为止。[34]所有这些目标就成为对每一位员工个人的工作绩效进行评价的标准。[35]

以结果为基础的系统中有三个具有共性的组成部分。[36]首先，它要求制定有效的目标，而最有效的目标是 SMART 目标，即目标是具体的（明确提出、界定需实现的目标）、可量化的（与标准进行对比）、可实现的（目标可以是困难的，但必须是可实现的）、与工作相关的（与组织成功因素或目标相关）、有时限性的（截止日期、到期日期、周期或时间表）。制定目标时可以使用不同类型的衡量指标，包括时间指标（如在 12 个小时内对请求作出回应）、质量指标（提供清晰且无须修改的信息）、数量指标（销售额上升 25%）或财务指标（降低 10%的采购成本）。（一家财务服务公司在其目标管理系统中制定的一些目标的例子如表 8-8 所示。）其次，在目标管理系统中使用的目标通常不是由管理层单方面制定的，而是由管理者与他们的下属员工共同制定的。最后，管理人员在整个绩效期间都要通过提供客观的反馈来监控员工在目标达成方面取得的进展。

表 8-8　　基于目标制定的绩效评价指标举例

关键结果领域	目标	目标达成度（%）	实际绩效
贷款组合管理	在今后 12 个月内将贷款组合的价值提高 10%	90	在过去 12 个月内将贷款组合的价值提高了 9%
销售额	在今后 12 个月内实现 3 万美元的服务费收入	150	在过去 12 个月内实现了 4.5 万美元的服务费收入

针对目标法进行的研究揭示了与这种方法的有效性相关的两个方面的重要发现。[37]在 70 项研究中，有 68 项研究都表明，这种方法确实能够带来生产率方面的收益，只有两项研究发现企业因为采用这种方法出现了生产率损失，这说明制定目标通常能够提高组织的生产率。此外，研究还发现，当公司的最高管理层对目标法持强烈支持态度时，这种方法能够实现的生产率增长幅度最大：当高层管理人员的支持很强烈时，目标法带来的生产率平均增长幅度为 56%；当高层管理人员的支持力度一般时，目标法带来的生产率平均增长幅度为 33%；而当高层管理人员的支持程度较低时，目标法带来的生产率增长幅度只有 6%。

显而易见，目标系统对组织的绩效水平确实有非常积极的作用。此外，从这种方法采取的目标制定过程（即吸收员工参与到目标制定过程之中）来看，目标法很有可能将员工个人的绩效与公司的战略目标联系在一起。基于结果或业务制定的绩效评价指标使得在目标评价过程中排除了主观性误差，因为最终结果是员工要么完成了目标，要么没有完成目标。例如，长岛犹太医疗中心为了保持低感染率、高患者满意度，实施了一套计算机化的绩效管理系统，将护士的职位描述分解成一些可衡量的目标。[38]

■ 平衡计分卡

一些公司使用平衡计分卡来进行绩效评价（我们在第1章中讨论过平衡计分卡的使用）。平衡计分卡包括财务、客户、内部业务流程、创新与学习四个绩效维度（见第1章表1-8）。其中，财务维度关注的是在股东价值方面创造持续的增长；客户维度界定了对客户有用的价值（比如服务、质量等）；内部业务流程或运营维度关注的是影响客户满意度的流程；创新与学习维度关注的是公司创新和持续改进的能力。每个绩效维度都用来将经营战略转化成组织以及管理者和员工个人的目标。通过就平衡计分卡中的每个要素与员工进行沟通和教育，把组织的战略目标转化成部门和员工个人的绩效衡量指标，同时将绩效评价指标与报酬挂钩，就可以使员工的绩效与组织的经营战略挂起钩来。[39]员工需要了解公司的目标以及公司的目标如何转化成每个业务单元的目标，然后再制定与公司和业务单元的目标一致的团队目标和个人目标。有效的平衡计分卡可以让员工通过观察计分卡和战略地图（展示各种评价指标之间的因果关系）来了解组织的经营战略。举例来说，在一家航空公司的平衡计分卡中，在客户维度中可能会将准时绩效作为一个关键成功要素。[40]影响准时绩效的员工则包括值机人员、地勤人员、维修人员以及调度人员。值机人员在四个方面的工作活动会对乘客登机速度产生影响，即办理值机手续的及时性、高效处理各项工作的交接、飞行文件的处理以及旅客登机过程。航空公司应当对值机人员在上述四个方面的表现进行评价，因为它们会对与准时绩效相关的几个关键绩效指标产生影响，包括成本节约、客户满意度、客户流失以及运营成本。

■ 生产率衡量与评价系统

生产率衡量与评价系统（Productivity Measurement and Evaluation System, ProMES）的主要目标是激励员工达成更高水平的生产率。[41]它是一种在衡量生产率的同时，还能向全体员工提供生产率信息反馈的手段。

团队成员需要明确具体的成果与生产率之间的关系，成效与绩效之间的关系，绩效与成果之间的关系以及成果与员工的需要满足之间的关系。生产率衡量与评价系统主要包括四个步骤。第一个步骤是，组织中的人员共同确定本组织希望生产哪些产品，希望完成哪些活动或达成哪些目标。一个组织的生产率取决于它是否能有效地生产出这些产品。比如，对于一家修理店来说，“修理质量”可能就是它的一种产品。第二个步骤是，大家一起来界定对产品进行衡量的指标。这些指标用来衡量组织在生产这些产品方面的有效程度。比如，修理质量可以用下列指标来表示：一是返修率（在经过修理之后仍然无法正常使用，因而不得不重新送回来修理的物件所占百分比）；二是通过质量控制检查的物件所占的百分比。第三个步骤是，大家共同确定每一个指标应当达到的量化要求以及在这一量化要求方面实际达到的绩效水平。第四个步骤是，建立一套反馈系统向员工和工作群体提供信息，让他们了解自己在每一个指标上达到的绩效水平。最后，将员工个人或工作群体在每一指标上得到的有效分数加总，得出总的生产率分数。

到目前为止的研究表明，这种技术对于提升生产率是非常有效的。（图 8-5 描述了我们在前面提到的那家修理店利用这种技术实现生产率改善的情况。）研究表明，这套系统也是一种有效的反馈机制。不过，这套系统的使用者发现，开发这套系统需要耗费大量的时间。

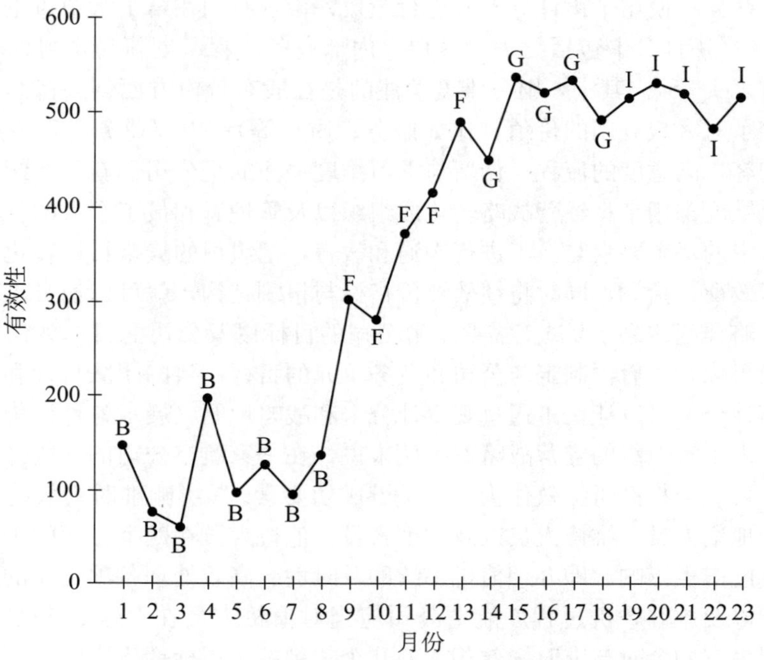

图 8-5　一家修理店利用生产率衡量与评价系统后实现的生产率改善

资料来源：P. Pritchard，S. Jones，P. Roth，K. Stuebing，and S. Ekeberg，"The Evaluation of an Integrated Approach to Measuring Organizational Productivity，" *Personnel Psychology*，42，(1989)，pp. 69-115. Used by permission.

■ 对结果法的评价

结果法建立在客观的、可量化的绩效指标基础之上，可以将主观性降到最低程度，因此，对于管理人员和员工双方来说，它都极为容易被接受。结果法的另一个优点是，它将员工个人的绩效结果与组织的战略和目标联系在一起。

但是，运用目标绩效评价指标也面临挑战，目标评价指标有时也会受到污染或存在缺失——之所以说会受到污染，是因为它会受到一些不受员工控制的事情的影响；而之所以会存在缺失，是因为并非员工工作绩效中的各个重要方面都能用客观手段加以衡量。比如，经济衰退会对销售目标的达成产生影响，而对于一位教师来说，学生家长的支持也会影响到学生的考试成绩好坏。结果法的另一个缺点是，员工个人往往会将注意力完全集中在本人的绩效中会被评价的那些方面，而忽略那些不会被评价的绩效。比如，如果员工的绝大多数目标都与生产率有关，那么他们很可能就会不大关心客户服务情况。一项研究发现，尽管客观的绩效目标的确会导致较高的绩效，但它同时也会导致同事之间相互帮助的情况有所减少。[42]明确应该设定个人、团队还是部门层面的目标是十分重要的，因为如果某项工作是通过团队合作才能完成的，那么设定个人目标就不合适。员工对个人目标的关注也有可能会导致他们不愿意表现出某些与团队成功相关的行为，比如分享信息和与他人合作等。结果法的最后一个缺点是，尽管对结果的衡量能够提供一种比较客观的反馈，但是这种反馈可能无法帮助员工了解到底应当怎样改变自己的行为，才有助于本人的绩效有所提高。例如，对于击球水平处于低迷状态的棒球运动员来说，仅仅让他们知道自己的平均击球得分只有190分可能无法起到激励他们提高击球分数的作用。在这种情况下，将反馈集中在需要改变的具体行为方面（例如，将视线从棒球上转移开，把肩膀往下沉，等等）可能对运动员更有帮助一些。[43]

约翰-迪尔公司（John Deere）采取了一些特定的措施来避免遇到上述这些问题。[44]在每个财政年度一开始，管理者就和员工们一起讨论当年的目标设定问题，实施年中审查的目的是审核员工在达成目标方面取得的进展，年终的绩效审查面谈则主要是为了评价目标的达成情况。员工的年终目标达成情况与他们的加薪水平以及其他报酬是直接挂钩的。公司的所有目标都能得到各部门目标的支撑，而员工可以通过在线查询的方式了解这些部门目标。该公司的员工还能得到一份有关学习和活动的课件目录，方便他们开发达成个人绩效目标所需的那些技能。

8.6.5 质量法

到目前为止，我们已经考察了对员工的绩效进行衡量和评价的一些传统方法。这里提到的质量法具有三个方面的基本特征，即它是以客户为导向的，它是一种预防差错的方法，同时，它还能够实现持续改善。提高客户满意度是质量法的一个主要目标。这里的客户既可以指组织外部的客户，也可以指组织内部的客户。具有显著质量导向的绩效管理系统有以下几个方面的特征：

- 在绩效评价系统中既强调评价人的因素，也强调评价系统的因素。
- 强调管理人员应当与员工共同努力来解决存在的绩效问题。
- 在制定绩效标准以及衡量绩效时将组织内部和外部的客户都吸收进来。
- 用多种信息来源对人的因素和系统的因素进行评价。[45]

根据在本章前面讨论的有效的绩效管理系统应当具备的那些特征，我们可以看到的很明显的一点就是，这些特征并不仅仅适用于质量法，而是任何一种有效的绩效管理系统都必须具备的特征！

质量法的倡导者认为，由于以下几个方面的原因，美国大多数公司的绩效管理系统都与质量管理哲学不大相符：

1. 大多数现有的绩效管理系统都是根据数量而不是质量来衡量绩效的。

2. 尽管员工对自己的工作结果好坏负有责任，但他们对自己的工作结果却并不具有完全的控制能力。

3. 许多公司都没有根据员工对组织成功做出的贡献来与员工分享组织经营成功

产生的财务报酬。

4. 员工的报酬并没有与企业的经营结果联系起来。[46]

管理人员常常将销售额、利润以及行为等方面的信息作为对员工进行绩效评价的依据，而所有这些都是以人为基础的结果。运用这类结果对员工进行绩效评价时依据的一个假设是：员工对这些工作结果具有完全的控制能力。但是根据质量法的观点，一个组织不应当利用这些结果对员工的绩效进行评价，因为他们对这些结果并没有完全的控制能力（换句话说，结果受到了污染）。例如，对销售人员的绩效评价（以及加薪）通常都是以他们完成销售额的情况作为依据的。这种方法假定，销售人员的能力和动机会直接决定他们的绩效。然而，质量法的倡导者却对此提出了不同的意见，他们认为，决定一位销售人员是否能够完成销售定额的更好因素是“系统因素”（比如，竞争对手的产品价格变化）以及经济状况（这并不在销售人员的控制能力之内）。[47]因此，如果让员工对受系统因素影响的那些工作结果负责，那么，一方面会导致一些功能性紊乱行为的出现，比如伪造销售报告、销售预算、销售费用以及其他一些绩效评价指标；另一方面还会削弱员工持续改善绩效的动力。

质量法的倡导者指出，绩效评价的重心应当放在对员工提供反馈方面，即告诉他们在哪些领域可以有所改善。他们认为，有两种类型的反馈是很必要的：一是从上级管理者、同事、客户那里得到的关于员工个人特质的主观反馈；二是运用统计质量控制方法基于工作流程本身提供的客观反馈。

在生产 Peeps、Mike and Ike 等品牌糖果的 Just Born 公司，绩效管理流程具有很强的质量导向。[48]该公司绩效管理系统的设计便于员工进行绩效改善（一种前瞻性的方法），而不是完全集中于员工在过去一年中取得了哪些成就。另外，它还鼓励管理者和员工共同合作来解决绩效问题。

绩效管理系统是公司更高层面人才开发体系的一个组成部分，这个人才开发体系的目的是确保员工的学习和开发活动与公司的经营战略相匹配，驱动经营结果的达成，同时确保员工拥有使他们在当前和未来的工作中取得成功的那些技能。人才开发体系包括绩效管理过程、学习和职业发展以及继任计划等内容。这些系统中的信息在共享的情况下，可以确保员工通过培训和在职工作经验积累来开发能够满足他们目前的工作需要以及未来职业发展兴趣所需要的那些技能。Just Born 公司的绩效管理系统是从员工与其管理人员之间的一次计划会议开始启动的。在这次计划会议上，管理人员与员工讨论他们的工作职责以及部门的战略目标。管理人员和员工会就员工需要实现的四项个人目标达成一致，这四项目标不仅有助于部门目标的实现，同时也有助于员工达成职位描述中规定的那些特定的可交付成果。双方还会共同确定员工需要达到或需要改进的两项胜任素质。然后管理人员和员工会共同制定帮助员工获得这两项胜任素质的一份学习计划。在接下来的一整年时间里，管理人员会与员工见面，共同讨论员工在达成可交付成果以及改进胜任素质方面取得的进步。在每个财政年度最后做出的薪酬决策以员工在达成绩效目标和学习目标方面取得的成就为基础。

Just Born 公司还运用一个名为“哇……从现在开始改善流程”的业务改进流程——这是一种定制化的**持续改进**（kaizen）流程——来改善公司的业务流程及其产生的结果。这个改进流程可以指导员工发现各种改进机会、收集数据、加以改善、衡量结果以及基于结果来完善实践。“Kaizen”是一个日文单词，其意思是“改进”，它是精益生产和全面质量管理的基本原则之一。“Kaizen”是指由公司各个层级的员工共同参与的，聚焦于业务流程的持续改进的各种实践。[49]正如“哇……从现在开始改善流程”所表明的那样，Kaizen将包括计划、实施、检查和行动（PDCA）等在内的活动作为一个持续的循环来考虑。员工利用统计过程控制技术来确定问题产生的原因以及可能的解决方案。这类技术包括工艺流分析、因果图、控制图、直方图以及散点图等。

统计过程控制技术在质量法中是非常重要的，这些技术为员工提供了一种发现问题的成因并且找到解决问题的潜在办法的客观工具。这些技术中主要包括工艺流分析、因果图、帕累托图、控制图、直方图以及散点图等。工艺流分析（process-flow analysis）要做的是确定为了完成工作——比如等待客户或装配电视机等——而必须执行的每一项行动以及必须做出的每一项决策。工艺流分析对发现生产过程中存在的导致制造时间或服务时间延长的一些多余活动非常有用。因果图（cause-and-effect diagrams）力图发现导致某些不理想工作结果出现的事件或者原因是什么。在使用这种工具时，员工需要做的仅仅是试图找到导致某一问题出现的各种原因。由于对这些原因出现的可能性大小并不去进行评价，因此，通过因果图最终得到的可能是一份关于各种可能原因的长长的清单。帕累托图（Pareto chart）则揭示了导致某个问题出现的最为重要的原因。在帕累托图中，对导致问题出现的各种原因是根据重要性大小从高到低排列的，这里的所谓重要性通常被界定为导致结果出现的频率高低。帕累托分析的一个假设前提是，大多数问题都是由少数原因引起的。图8-6中展示的就是一张帕累托图，图中列举了管理人员提供的不选公司内部员工填补某一职位空缺的各种原因。控制图（control chart）是根据在多个不同时点收集的数据绘制出来的一种图形。通过在不同时点上收集数据，员工就能知道到底是哪些因素导致某种结果出现以及这些因素在什么时候可能发生作用。图8-7中展示的是一家公司在1993—1995年从公司内部雇用的员工所占的比例。

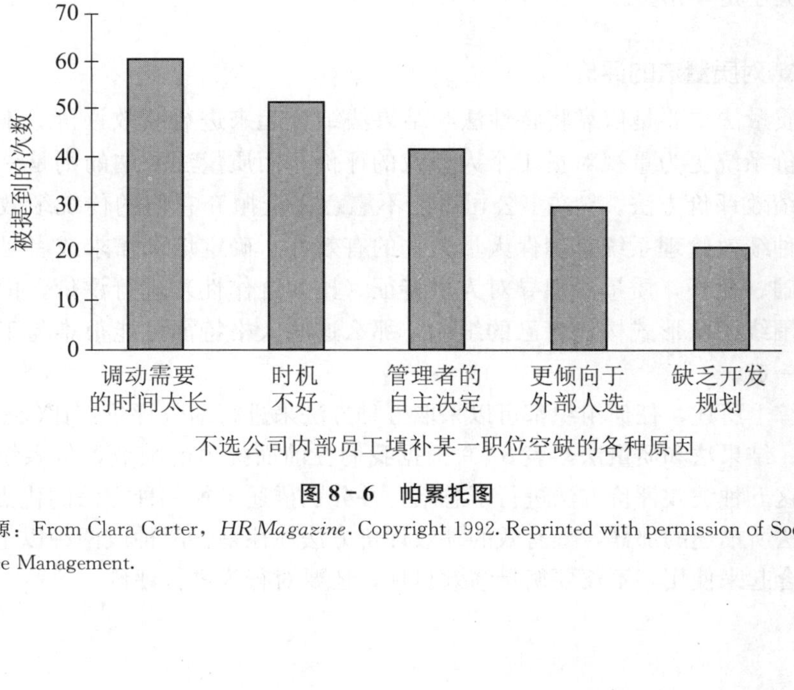

图8-6 帕累托图

资料来源：From Clara Carter，*HR Magazine*. Copyright 1992. Reprinted with permission of Society for Human Resource Management.

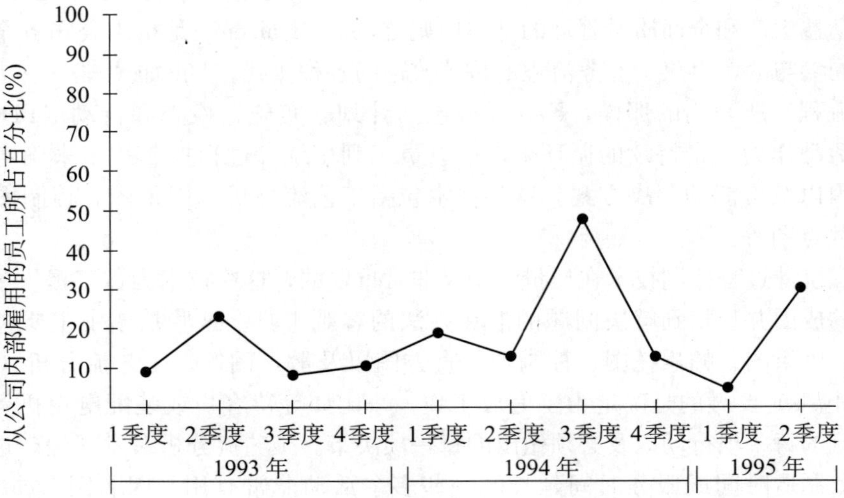

图 8－7　控制图

资料来源：From Clara Carter，*HR Magazine*. Copyright 1992. Reprinted with permission of Society for Human Resource Management.

从图中可以看到，内部雇用的比例在 1994 年第三季度出现大幅上升。控制图的使用有助于员工估计公司每年从内部雇用的人员大概有多少。此外，控制图还表明这家公司在 1994 年第三季度雇用的内部人选要大大超出正常水平。直方图（histograms）是一种用来展示多组数据分布情况的图形。在直方图中，所有数据都被划分成几种或几类。直方图对于理解某种工作结果与期望值或者一般结果之间的差异大小是非常有用的。

散点图（scattergram）通常是用来表明两个变量、两个事件或者两种不同类型数据之间关系的图形。散点图有助于员工确定两个变量或两个事件之间到底是正相关、负相关还是零相关。

■ 对质量法的评价

质量法主要是依靠将特性法与结果法结合起来进行绩效评价。不过，传统的绩效评价系统更为重视对员工个人绩效的评价，而质量法采纳的则是一种以系统为中心的绩效评价方法。[50]许多公司可能不愿意完全抛弃它们的传统绩效管理系统，因为这种绩效管理系统是确保人员甄选的有效性、确定培训需求或者是制定薪酬决策的基础。此外，质量法倡导对人格特征（比如合作性）进行评价，但是，如果企业不是围绕团队形式构建自己的组织，那么这些人格特征可能很难与工作绩效直接联系在一起。

综上所述，任何组织都可以采取五种方法来进行绩效评价：比较法、特性法、行为法、结果法和质量法。表 8－9 根据我们在前面提出的绩效评价系统应当达到的标准对这五种绩效评价方法进行了总结，并分别描述了每一种方法的优点与不足。正如质量法所描述的那样，最有效的绩效评价方法往往是将两种或两种以上的绩效评价方法结合起来使用，不仅要衡量绩效目标，还要对行为进行评价。

表 8-9　　对各种绩效评价方法的评价

绩效评价方法	评价标准				
	战略一致性	效度	信度	可接受性	明确性
比较法	较差；除非管理人员花时间建立联系	如果绩效评价做得非常仔细，则可能较高	取决于评价者，但通常没有大家都同意的评价标准	中等；容易开发和使用，但与规范化标准相抵触	非常低
特性法	通常较低；要求管理人员建立联系	通常较低；如果设计时比较仔细，则会有所改善	通常较低；但可通过对特性做出具体的界定加以改善	较高；易于开发和使用	非常低
行为法	可能相当高	通常较高；需要将污染和缺失降到最低程度	通常较高	中等；难以开发，但在使用时容易被接受	非常高
结果法	很高	通常较高；但是可能会受到污染或存在缺失	较高；主要问题是其再测信度有赖于绩效评价的具体时间	较高；在开发过程中通常需要被评价者的参与	在结果方面非常高，但是在达成结果需要的行为方面却比较低
质量法	很高	高；但是很容易受到污染或存在缺失	高	高；在开发过程中通常需要被评价者的参与	在结果方面非常高，但是在达成结果需要的行为方面却比较低

8.7　绩效评价信息来源的选择

无论使用哪一种绩效管理方法，都必须做出这样一个决定，即到底应当让谁作为绩效评价信息的来源。每一种绩效信息来源都有自身特定的优点和缺点。在这里，我们将讨论五种基本的绩效信息来源：上级管理者、同事、下属员工、被评价者本人和客户。为了提高绩效管理系统的有效性，很多公司将管理者评价与员工自我评价结合起来，这有助于促进在评价会议上围绕绩效展开更频繁的对话。这里的“通过可持续性进行竞争”专栏阐述了运用多种绩效信息来源以满足所有股东需求的重要性。

通过可持续性进行竞争

康涅狄格州健康基金会从不同角度评价绩效以确保达成组织使命及目标

绩效管理可以帮助组织建立和强化那些有助于其在经济、社会以及环境等方面获益的技能、动机、价值观和文化。另外，绩效管理还能帮助组织确保利益相关者（包括员工、客户和社区）的长期利益。康涅狄格州健康基金会（Connecticut Health Foundation，CHF）是一个以确保团体和个人有机会获得医疗保健服务为使命的非营利组织。该组织向位于康涅狄格州以改善医疗系统为目的的项目提供资助，同时帮助康涅狄格州的居民做出较为明智的医疗决策，并对他们展开健康方面的宣传。康涅狄格州健康基金会认为有三方面的内容最重要：儿童心理健康、口腔健康以及将其他种族置于不利地位的健康歧视。针对每个方面的需求，康涅狄格州健康基金会的领导者制定了组织应该达成的年度目标，以促进组织使命得以实现。要克服这些困难和挑战，需要有一批敬业的员工，他们应该理解组织对自己的期望。在康涅狄格州健康基金会，每位员工都与直接上级共同制定了自己的绩效目标。这样做的目的是建立具体的、可衡量的、可行的但有难度的、与工作内容相关的、有时间限制的绩效目标。由于已经制定并公开了组织层面的年度目标，各级主管人员要明白自己所在部门为了支持组织目标的实现需完成哪些任务。这一信息让管理者帮助员工确定能够为组织目标做出贡献的个人目标。然而在实践中要想达到这种理想状态有一定的挑战性。有些成果难以衡量，有些成果似乎与康涅狄格州健康基金会的总目标以及促进健康的使命无关。例如，一位主管人员想要去衡量员工的工作态度就不是一件很容易的事情。康涅狄格州健康基金会通过从接受评价的员工的同事、顾客以及下属（比如，他们可以指出该员工是否对他们足够尊重）等多方面搜集信息来处理这一问题。同样，对一组员工的士气所做的测量也能够表明该组员工的上级管理者对他们的领导是否有效。而在将个人目标与组织使命相联系方面，对员工来说，考虑是否准时支付供应商的账单要比关注更为广泛的目标（诸如"保持基金会财务信息的真实性"）更为容易。然而，组织要想获得长期成功，员工如果不具备积极的、以客户为中心的工作态度，仅仅保证准时、准确地向供应商付费是不够的。

讨论题

1. 你认为什么样的绩效信息来源对于确定员工在工作中是否做到以组织的长期目标及使命为导向最有用？

2. 你会对哪些绩效成果（态度、行为、胜任素质、客观结果）进行评价？

资料来源：Carol Pollack，"Measuring Employee Performance：Easier Said than Done!" Connecticut Health Foundation blog，January 3，2012，www. cthealth. org；Carol Pollack，"Employee Performance：From Both an Inside and Outside View，" Connecticut Health Foundation blog，January 5，2012，www. cthealth. org；Connecticut Health Foundation，"About Us：What We Do，" www. cthealth. org，accessed April 10，2013.

8.7.1 上级管理者

上级管理者是最经常使用的绩效信息来源。通常来说，我们做出下面这种假设是比较可靠的：直接上级对于下属员工所担任职位的工作要求有全面的了解，同时他们也有充分的机会对员工进行观察——也就是说，他们有能力对员工做出评价。此外，由于直接上级能够从下属员工的高绩效中获得某种利益，同时也会因下属员工的绩效不佳而遭受某种损失，因此，他们有充分的动力对下属员工的绩效做出精确的评价。[51]最后，如果上级管理人员平时注意观察员工的行为，或者是在绩效反馈阶段就各种绩效问题与员工进行讨论，那么上级管理者提供的绩效反馈与员工的工作绩效之间就会具有显著的相关性。[52]

位于美国得克萨斯州沃斯堡市的伯灵顿-北方圣达菲公司为了改进绩效管理过程，采用的方法是让领导者负责设定年度目标，制定个人开发计划，为员工提供绩效反馈和教练式辅导，同时进行自我评价。[53]该公司有一套在线绩效管理系统对整个过程提供支持。公司的高管团队设置公司的总体目标，然后逐级向下分解到每一个部门乃至每一位员工，从而让每一位员工都能看到自己是如何为公司的成功做出贡献的。在线绩效管理系统使员工能够及时了解自己以及所在的部门实现目标的进展状况。由于公司要求管理人员必须参与绩效管理过程，因此管理者会更加关注必要的沟通、辅导以及提供反馈，并且更倾向于寻求一些获得培训的机会，以确保自己具备绩效管理所需的涉及沟通、反馈和辅导方面的技能。公司对管理者的工作有效性所做的监控是通过阶段性的员工调查实现的，这些调查会让员工回答管理者是否与他们进行了绩效讨论，他们与管理者之间的谈话是不是双向的，员工是否得到了持续的反馈等。

在某些特殊情况下，让员工的直接上级作为绩效信息的来源也会遇到一些问题。比如，在某些职位上，上级管理者本人并没有足够的机会观察下属员工到底是怎样履行其工作职责的。例如，对于从事销售工作的职位来说，直接上级在大多数时间里就没有充分的机会观察销售人员的实际工作状况。通常情况下，上级管理人员需要偶尔抽出一天的时间陪着销售人员接听销售电话。然而，在这些情况下，员工很可能会努力表现出最好的行为，因此，员工在这一天的行为表现很可能无法代表管理人员不在场时他们的真实行为表现。

此外，由于有些上级主管人员对某位特定员工可能会存在很大偏见，因此，如果把上级管理者作为唯一的信息来源的话，就很可能会导致对这位员工的绩效评价结果不那么精确。对某些人有所偏袒在组织的工作生活中经常存在，但是在绩效管理中，我们却必须尽可能将这种情况减少到最低程度。[54]因此，绩效评价系统必须努力使这种个人偏袒对绩效评价产生影响的机会最小化。实现这一目的的方法之一是，不要依赖一位主管人员的评价来确定员工的工作绩效。

8.7.2 同事

绩效信息的另一个来源是被评价员工的同事。当主管人员无法总是有机会观察员工的行为时，比如在执法工作中，员工的同事就是一个很好的绩效信息来源。被评价员工的同事不仅通晓工作的要求，而且也是最有机会观察员工日常工作活动的人。国际健身控股公司是一家总部在加拿大的健康护理集团，该公司使用“同事反馈”来对那些常常不为人注意但体现了公司核心价值观的员工日常行为（比如帮助同事完成一项具有挑战性的任务）进行认可。[55]该公司有一种纸笔形式的同事反馈系统，即要求员工给同事写感谢信，但这一做法却并没有引起多少人的兴趣。因此，公司建立了一种类似脸书那样的应用软件，员工可以用这种软件将消息公开发布到“团队墙”上，也可以私下发送电子邮件来表达对同事的认可。每位员工每年有 300 分可以分配给表现出他们认可的那些行为的同事。这些分数可以用来兑换奖品，奖品包括带薪休假、燃气卡或礼品券等。员工的同事往往还能为绩效评价过程带来不同的角度，而这些不同的角度对于全方位地评价一个人的绩效往往是非常有价值的。事实上，人们发现，在不同的情况下，同事都对与自己共事的员工作出了非常有效的绩效评价。[56]

然而，利用员工的同事来进行绩效评价的缺点之一是，他们与被评价者之间的朋友关系有可能会导致评价偏差。[57]不过，只有很少的实证证据能够表明这是一个经常存在的问题。同事评价的另一个缺点是，当绩效评价结果作为管理决策的依据使用时，员工对于让自己同时充当评价者和被评价者两种角色会感到很不舒服。然而，如果评价的结果仅仅是用于开发目的，那么作为同事的这些员工做出的反应就会比较积极。[58]

8.7.3 下属员工

在对管理人员进行评价时，他们的下属员工是一种特别有价值的绩效信息来源。下属员工常常最有权评价上级管理者是如何对待自己的。**自下而上的反馈**（upward feedback）是指通过收集下属员工对上级管理者的行为或技能的评价信息来对管理人员做出的评价。为了吸引和留住人才，位于美国得克萨斯州的戴尔电脑公司最近采取了一些新的措施，它不仅关注财务目标，而且重视如何让公司成为一个最佳工作场所。[59]为了帮助公司开发所谓"赢的文化"，戴尔公司在其以结果为导向的绩效管理系统中增设了一个人员管理的部分。在半年一次的名为"告诉戴尔"的调查活动中，员工可以对自己的管理者进行评价。如果一位管理者在五个问项上得到好评的比例达不到50%，那么他在薪酬、奖金以及晋升机会方面就会处于不利地位，而且会被要求去参加额外的培训。表8-10描述了调查中涉及的这五个问项。管理者需要通过持续不断的努力来提高自己的分数。他们的目标是在员工调查的五个问项上得到的好评条目至少达到75%。最近的一项研究发现，当管理人员知道这些自下而上反馈的信息来自哪些员工时，他们对于得到绩效反馈往往表现得更为积极，但是，下级员工却往往更愿意以匿名的方式提供绩效反馈。当上级管理人员知道哪些下级对自己做出了哪些内容的评价时，这些下级员工在对自己的主管人员进行评价时往往就会有意抬高评价水平。[60]

表8-10　　自下而上反馈调查中的问题示例：摘自"告诉戴尔"

1. 即使其他公司为我提供一个薪酬福利与现在类似且具有可比性的职位，我也会继续留在戴尔公司。
2. 我得到了有助于自己改进绩效的持续反馈。
3. 我的上级支持我为实现工作和个人生活的平衡而付出的努力。
4. 我的上级能有效地管理员工。
5. 我可以做到在戴尔公司取得成功的同时，保持自己的个性。

资料来源：Based on A. Pomeroy, "Agent of Change," *HR Magazine*, May 2005, pp. 52-56.

让下属来评价上级可能会产生的问题之一是，这种评价方法为下属员工提供了超过他们的上级管理者的权力，这会使管理人员陷入困境。[61]这会导致管理人员更为重视员工的满意程度而不是员工的生产率。不过，上述情况仅仅在组织将这种绩效评价结果用于管理决策时才会出现。与同事评价一样，将下级的评价仅仅用在管理人员的开发方面也是一种比较明智的做法。为了确保下级员工不用担心遭到管理者的报复，下级评价有必要采用匿名的方式，并且每次至少要有三名员工对同一位管理人员做出评价。

8.7.4 被评价者本人

虽然自我评价并不经常作为绩效评价信息的唯一来源，但它仍然是非常有价值的。[62]显然，员工是最有机会观察自己的工作行为的人，同时，他们也能获得与自己的本职工作结果有关的信息。例如，位于纽约州大罗彻斯特地区的基督教青年会的绩效评价过程受到的最多批评之一就是，它对员工的发展没有帮助，并且没有鼓励管理人员与自己的下级进行绩效方面的讨论。于是，其人力资源部门在绩效评价过程中增加了一个自我评价的环节。[63]在修改后的绩效评价过程中，自我评价环节允许员工举一些说明自己绩效优良的例子，或者要求得到相应培训来克服自己的不足。最终的绩效评级是根据管理者与员工的讨论做出的。自我评价减少了传统评价过程带来的恐惧和焦虑。现在，员工觉得自己在绩效评价过程中扮演非常重要的角色。管理者感到轻松，因为绩效评价的任务不再完全是他们的责任。现在，员工为管理者提供反馈及其对自己绩效的看法，以帮助确定绩效评价等级。

这种绩效评价方法存在的缺点之一是，它会导致个人有意抬高自己的绩效评价结果。研究发现，人们对个人特质以及整体绩效等级的自我评价往往有比其他人做出的评价更宽松的倾向。[64]这种情况主要是由两方面原因造成的：第一，如果绩效评价结果用于管理决策（例如加薪），那么员工必然有充分的理由夸大自己的工作绩效。第二，社会心理学文献中有大量的事实证明，人们总有一种把个人的不良绩效归咎于外部因素的倾向，比如，他们会认为，自己的业绩不佳主要是因为同事没有及时给自己提供必要的信息。尽管在上级主管人员经常提供绩效反馈的情况下，由于自我评价导致绩效浮夸的情况不会很多，但最好还是不要将自我评价用于管理目的。[65]自我评价最大的用处是，在绩效反馈阶段的前期，帮助员工思考自己的工作绩效，从而将绩效面谈集中在上级和下级存在分歧的那些绩效领域。

8.7.5 客户

正如我们在第1章中讨论过的，在未来的若干年，大部分新增的工作岗位都会出现在服务行业中。[66]因此，我们将看到，许多公司会把客户纳入自己的绩效评价体系。有人给服务下了这样一个定义："服务是一种你可以买卖但是却见不到的东西。"[67]由于服务具有独一无二的性质——即产品的生产和消费常常同时在某个时点发生，所以无论是上级、同事还是下级都没有机会观察员工的行为。相反，客户经常是唯一能够在工作现场观察员工工作绩效的人，因此，在这种情况下，他们就成了最好的绩效信息来源。

目前，许多服务行业中的公司都已经开始让客户来对员工的绩效进行评价。例如，万豪国际酒店集团（Marriott Corporation）就在其管理的每一家饭店的每个房间里都放上一张客户满意卡，并且，它还以随机抽样的方式向曾经在任何一家万豪酒店住宿的客户邮寄一张调查表。惠而浦公司的消费者服务事业部会在它的工厂技术服务人员到客户家中提供服务之后，通过信件或电话的方式去调查客户满意度。这些调查使得公司可以对技术人员的表现进行评价。

下列两种情况最适合让客户来评价员工绩效。[68]第一种情况是，员工从事的工作要求其直接为客户提供服务，或者需要为客户联系他们在公司内部需要的其他服务。第二种适合利用客户评价的方式是当公司希望通过收集信息了解客户想要得到什么样的产品或服务时。也就是说，客户评价通过将公司的市场营销战略与人力资源管理活动以及人力资源管理政策联系在一起，直接服务于公司的战略目标。出于这种目的收集上来的客户评价信息不仅有助于评价员工绩效，而且有助于企业确定为了改善客户服务水平，是否还需要在其他人力资源管理活动方面（例如培训或薪酬体系）有所改变。

客户调查法的缺点在于其成本较高。为了对一位员工进行评价，企业在打印费、邮寄费、电话费以及人工成本方面的各项开支会比较高。通过手提电脑完成的现场调查有助于减少这部分费用。

总而言之，到底哪一种绩效信息来源是最好的，最终还是取决于特定的职位本身。最好的绩效信息来源应当是那些最有机会观察员工行为及其结果的人。通常情况下，从多种信息来源获取绩效评价信息的做法，往往会使绩效管理过程更为准确和有效。事实上，最近在很多企业中存在的一个普遍趋势就是所谓的**360°绩效评价**（360-degree appraisal）。[69]这种绩效评价技术的做法是，让多位评价者（上级、同事、下属、客户）对一位管理人员的工作绩效进行评价。这种技术的一个主要优点是，它提供了一种有效的手段把在其他主观评价技术中容易出现的偏差降到最低限度。这种技术主要用于绩效管理的战略目的或开发目的，因此，我们将在第9章中对这种技术进行更深入的讨论。[70]

循证人力资源管理

法隆诊所（Fallon Clinic）是一家员工超过1 700人的医疗集团。其中，医生和高级执业医师共有350人，其他的人员包括护士、理疗师、实验室技术人员、管理与行政人员。每年，大约有150万患者到这家医院就诊。法隆诊所认识到，医生和医院职员的行为对患者的满意度有巨大的影响。评价患者在医院中的体验如何的最好方式就是从患者的角度出发进行评价。法隆诊所制定了“患者跟随计划”，该计划在获得患者准许的情况下，安排医院的职员观察患者的体验。医院的职员在观察时所用的指标主要是评分表上列举的有助于形成积极的医患互动关系的各种行为。医院会选拔具有较强的人际关系能力、沟通能力以及反馈能力的志愿者，并培训志愿者如何使用评分表。评价者，也就是所谓的“跟随教练”，会仔细观察患者从进医院挂号到离开医院的整个过程。这位教练要撰写报告，并召开员工及其上级都参加的反馈会。自该计划实施以来，这家医疗集团累计评价了113名医生，使患者满意度提高了6%，与采取外部咨询的方式相比，该计划的投资回报率达到了298%。

资料来源：Based on “Linking Training to Care,” *T+D*, October 2009, pp. 64-66.

8.8 高科技在绩效管理中的运用

科技正在通过三种方式影响绩效管理体系。许多公司在向基于互联网的无纸化在线绩效管理系统转变。这类在线绩效管理系统与传统绩效管理系统相比有很多优点，例如，确保公司各个层级的绩效目标具有一致性；为管理者提供更好的接触员工绩效信息的机会以及获得方便理解和运用数据的各类工具的机会；提高绩效评价系统的效率等。让我们看看生物技术公司雪兰诺（Serono）和总部位于美国加利福尼亚的销售公司 Amcor Sunclipse 是如何使用在线绩效管理系统的。[71] 雪兰诺公司采用的在线绩效管理系统使管理者能够看到他们负责管理的任何一位员工的绩效以及整个部门的绩效评价分布状况。高层管理者可以通过该系统了解中层管理人员是如何对他们的下属做出评价的，分析各个部门的生产率与员工平均绩效水平之间的关系。如果两者的关系不紧密，就意味着该部门员工的绩效被高估了。在 Amcor Sunclipse 公司，年度绩效评价结果不仅总是姗姗来迟，而且缺乏一致性，绩效评价系统与公司目标之间也没有太大的关系，同时在安排员工培训以及填补职位空缺方面也没有任何用处。而新建的在线系统不仅可以通过电子邮件提醒管理者及其下属员工及时完成绩效评价工作，而且使企业更容易权衡不同绩效目标的相对价值。例如，公司会对全体员工进行安全行为方面的评价，但是安全性对有些职位（例如生产制造类职位）而言显得更为重要。而在线绩效评价系统能够基于绩效指标对某个职位的重要程度自动为不同的绩效领域（安全、减少浪费等）设置不同的权重。例如，对于一位生产管理人员来说，提高安全性可能占到其全部绩效评价分数的 40%，而这一绩效指标对于办公室的文员来说只占 5%。

第二，像脸书和推特这样的社交媒体工具广泛地用于提供及时的反馈。正如绩效管理过程模型（图 8-1）强调的那样，绩效反馈是绩效管理过程的关键组成部分，不应当局限于季度、年中和年度的正式绩效评价。有时候，员工的同事比那些公务繁忙的上级更能为员工提供更加及时准确的反馈和认可。“通过科技进行竞争”专栏展示了社交媒体工具如何用于绩效反馈。

通过科技进行竞争

社交媒体工具使绩效管理成为日常事件

很多员工不再通过苦苦等待正式的绩效评价来获取反馈以及了解如何改进绩效。不管企业是否将脸书、推特或 MySpace 作为其绩效管理过程的一部分，员工都越来越多地依靠社交媒体来获得绩效反馈。对于 Y 一代员工来说更是如此。他们从小通过社交工具以电子方式相互联系，社交媒体工具帮助他们建立起人际关系和职业联系。当然，各种年龄、不同代际的高绩效员工都在寻求反馈并珍视反馈的价值。

在认识到社交媒体对绩效管理的潜在价值，知道它能够满足员工从同事和上级那里获得反馈的需求之后，具有前瞻思维的企业通过开发网站或购买软件来使绩效管理系统成为更加动态的过程。社交媒体工具使员工能够从同事那里获得认可，这些同事可能正好处在观察其绩效、迅速认可其绩效的最佳位置上。相比较来说，运用社交媒体作为绩效管理工具的做法在注重开诚布公的沟通的企业中，要比在更加强调管理者控制和监督绩效的企业中更受欢迎。例如，埃森哲公司开发了一个名为“绩效乘数”的类似于脸书的程序，它允许员工更新其绩效并发布每周的绩效目标。Leo Pharma 公司有一个脸书主页，把它作为虚拟的电子公告栏，员工可以在里面相互认可对方表现出来的支持企业核心价值观的行为。Salesforce Work. com 的绩效管理平台类似推特的主页，员工和管理者可以相互发送“徽章”来认可对方的良好绩效。这些徽章包括“你很厉害”“你很牛”这样的标语。员工还能从同事那里获得反馈和辅导。员工可以提与工作有关的简短问题，例如“你觉得我的演讲怎么样”“如何更好地对付生气的顾客”等。这些问题可以通过邮件发送给管理者、同事以及员工希望从他们那里获得反馈的任何人。所有的回复都是匿名的，而且会被收集起来发送给员工，向员工提供快速、及时的反馈。Worksimple是一个建立在真实工作和社交目标基础上的绩效平台，帮助员工制定现在和未来的目标，并把它们和团队与组织的目标紧密联系起来，然后把它们分享给同事和管理者，以获得反馈并保证目标跟得上最新的变化。一些企业还把绩效评价表格发布到维基百科上去，让能够观察到员工绩效的管理者、同事、客户等所有各方都参与绩效评价过程并向员工提供有价值的反馈，从而提高绩效评价的准确性和效度。

讨论题

1. 思考一下图8-1中的绩效管理过程，你认为社交媒体工具能够在哪一步发挥最大的作用？

2. 把社交媒体工具运用到绩效管理过程中的潜在不利因素是什么？

资料来源：A. Brown，“Crossing the Generational Divide,” *Financial Post*，April 14，2011，from www.financialpost.com；P. Galagan，“Dude How'd I Do?” *T+D*，July 2009，pp. 26-28；and J. McGregor，“Performance Review Takes a Page from Facebook,” *BusinessWeek*，March 12，2009，p. 58.；http：//work.com，accessed April 9，2013；“Performance Reviews Remade,” *Fortune*，October 29，2012，p. 60；http：//getworksimple.com；D. Zielinski，“Giving Praise,” *HR Magazine*，October 2012，pp. 77-78.

第三，企业开始用复杂的电子跟踪系统来确保员工在工作时间确实是在工作，并且在正确地工作，同时阻止员工去访问一些特定的网站（例如色情网站）。电子跟踪系统包括手掌和指纹识别系统、全球定位系统、计算机软件以及能够对员工使用手提电脑和手机的情况进行跟踪的系统。

例如，在纽约的一家名为Akin & Smith LLC的律师事务所中，律师助手、接待员以及办公室文员都需要通过一个放在秘书办公桌上的手指感应器来打考勤。该律师事务所的管理合伙人认为这套系统有助于提高生产率，保持员工的诚实性，并且控制他们的午餐时间。[72]

一家名为Economic Advantage的抵押贷款服务公司在佛蒙特州和纽约州的办公室中都安装了出勤跟踪系统，这种新系统的应用意味着公司中领取薪金的员工、客户服务代表将根据出勤的小时数领取报酬。位于康涅狄格州丹伯里市的自动废弃物处理公司十分关注垃圾收集工和销售类员工的总加班时间，于是公司的运营经理在垃圾收集车以及销售设备上安装了一套全球定位系统。这套跟踪技术的应用大大减少了需要通过加班完成的工作，同时减少了员工在一天里突然“消失”以及在工作时间里探亲访友和去当地餐馆的可能性。[73]

Meijer是一家出售各种杂货的超级百货购物中心，该公司一共有40个部门（包括家具、汽车、化妆品、健康和美容品）。它也是通过使用定制软件来提高出纳人员工作效率的几个零售商之一。[74]商店在考虑到顾客购买的产品种类以及顾客是否会使用现金、信用卡、礼品卡等结账的基础上，计算出完成每一位顾客的交易所需要的时间。每一位出纳员每周都会得到一个评分。如果一位出纳员的得分低于基准分的次数太多，他就会受到管理者的严加监管，或者是被调离到一个工资水平更低的岗位上，甚至会丢掉自己的工作。

建立这套系统的潜在目的是通过改善客户服务实现工作效率的最大化。Meijer公司表示，这套系统可以帮助管理者找出哪些收银员的工作速度较慢，然后与他们一起提高工作效率。它还使公司可以建立一套标准来判断哪些刚刚被雇用的收银员在90天试用期内可以转正，哪些应当被解雇。然而，对收银员进行访谈之后却发现，这套系统不仅会增加他们的工作压力，而且会减少与效率无关的其他一些客户服务行为出现的可能性，比如与客户进行目光交流，为那些可能需要帮忙装袋和付款的老人或身体不便的顾客提供帮助，等等。有的顾客希望结账的时间越短越好，但也有顾客抱怨收银员因为着急结账而对他们表现得不够友好。

虽然这些跟踪系统具有提高生产率以及效率的潜在收益，但也引起了人们对隐私方面的关注。批评者认为，这种系统实际上产生了一种将工作场所演变为电子化血汗工厂的威胁，在那里，员工像机器人一样受到监控，他们必须时刻努力达到最大生产率。同样，像电子定位系统等这样一些电子跟踪系统会对员工在无监控状态下工作的权利和尊严产生威胁。

还有一些人则认为，在没有理由断定存在什么不妥当的问题时，利用电子跟踪系统对员工进行监视和跟踪实际上是没有必要的。优秀的管理者知道他们的员工正在做些什么，电子跟踪系统不能成为良好管理的替代物。批评者同样认为，电子跟踪系统导致更低的生产率以及更低的工作积极性，降低了员工的士气，产生了不必要的压力。这种做法产生了这样一个思维定式，即员工必须坐在办公桌旁才是富有生产率的。这种系统的拥护者则认为，该系统能够确保工作时间不会被滥用，有利于改善工作日程安排以及帮助管理者识别哪些员工是懒惰的。为了避免电子监控系统带来的潜在负面影响，管理者必须与员工进行沟通，让其知道公司为什么要监控他们。这种监控还可以用于一位经验丰富的员工为经验不足的员工提供教练式辅导。

8.8.1　减少绩效评价误差、绩效评价政治，提高信度和效度

各种研究都一致性地揭示出人类在信息加工方面具有非常大的局限性。正是由于人们具有如此大的局限性，因此，无论是在对投资进行判断时，还是在对人进行判断时，我们往往都采用“直观判断法”或者是运用一些简单的机理来进行判断。[75]这些直观判断法也经常出现在对绩效进行衡量的过程之中，这就会导致评价误差的出现。为了达到个人或公司目标（绩效评价政治），绩效评价结果很有可能被人为歪曲。表8-11展示了各种类型的绩效评价误差。同类人误差是评价者关于员工具有何种类型的特征才能表现好的一种刻板印象。[76]宽大误差、严格误差和居中趋势误差都是分布误差，因为评价者倾向于仅使用评价尺度中的一部分来进行评价。

绩效评价政治（appraisal politics）是指绩效评价者为达到个人或者公司的某些目的而有意歪曲评价结果。研究指出，导致评价政治产生的因素有多种。这些因素内化于绩效评价系统以及企业文化之中。在下面几种情况下，评价政治最容易出现：评价者需要对被评价的员工负责；在几种评价目标之间存在内部竞争；在绩效评价结果与高报酬之间存在直接的联系。此外，在下述几种情况下，评价政治也有可能出现：公司高层管理人员容忍这种歪曲绩效的做法甚至对此感到得意；这种歪曲战略是“公司风俗”的一个组成部分，因而是从资深员工那里传给新员工的。例如，王牌制药公司

表 8-11 典型的绩效评价误差

绩效评价误差	描述
同类人误差	与评价者在种族、性别、背景、态度或信仰等方面相似的人比其他人得到的绩效评价结果更好。
对比误差	绩效评价受到员工之间相互比较的结果而不是客观标准的影响（例如，由于受到和非常出色的同事对比的影响，员工的绩效评价结果低于其应有水平）。
宽大误差	评价者对所有员工的绩效都评价较高。
严格误差	评价者对所有员工的绩效都评价较低。
居中趋势误差	评价者对所有员工的绩效都给出中等水平的评价。
晕轮误差	由于被评价者在某一绩效方面表现较好，评价者对此人的所有其他绩效都给予较高的评价。
角误差	由于被评价者在某一绩效方面表现不佳，评价者对此人的所有其他绩效均给予较低的评价。

的员工就拒绝公司建立一个集中化的绩效管理系统。[77]这家公司是由几家小公司合并而来的，每一家小公司都有自己独特的企业文化，公司中的每一个部门都在如何评价以及如何建立绩效和薪酬之间的联系方面形成了自己的独特方法。

目前有三种方法可以减少评价误差。[78]这三种方法分别是评价者误差培训、参照框架培训和校准会议。评价者误差培训通过使管理者意识到评价误差的存在，然后再帮助他们制定战略来将这些评价误差控制在最低水平。[79]这些培训项目的主要内容是：首先让受训者观看一些专门设计的录像短片——这些短片揭示了像“对比误差”这样一些评价误差是如何产生的。然后让受训者进行绩效评价，并讨论误差是如何对评价结果产生影响的。最后，再根据每个人掌握避免产生误差的方法的程度来判定培训分数。实际情况表明，这种方法对于减少误差非常有效，但又有证据表明，这种培训在减少评价误差的同时可能会降低评价的准确性。[80]

评价者准确性培训又称为参照框架培训，它试图强调绩效的多维性质，并且使管理者充分了解各种绩效维度的实际内容。这种方法的内容是对每一个绩效维度都提供各种范例，然后再讨论这些范例代表的实际绩效水平或者“正确的”绩效水平。[81]然而，只有在以下条件得到满足的情况下，准确性培训才能够提高评价的准确性：评价者需要对评价结果负责；在评价中使用的是与职位有关的评价尺度；评价者记录他们观察到的员工行为。[82]

要想确保绩效评价在不同的管理者之间具有一致性，同时减少评价误差和评价政治对绩效评价产生的影响，一条重要的途径就是召开**校准会议**（calibration meetings）。[83]校准会议为讨论员工的绩效提供了一个机会，其目标是确保用于所有员工的绩效评价标准都是相似的。这些会议的参加人员包括负责实施绩效评价的管理人员以及他们的上级，同时还包括公司人力资源部门的代表或外部咨询专家。在这种会议中，要对每一位员工的绩效评价结果以及管理者做出这种评价的理由加以讨论。管理者有机会讨论每一个绩效评价等级的定义，还可以提问。这种校准会议有助于管理人员确定自己做出的评价是不是过于积极或消极，是不是依据员工最近这段时间的表现做出的判断。如果管理者知道他们必须在这种校准会议上证明自己对员工所做的评价是准确的，他们就会倾向于提供那些有完整记录的准确评价。校准会议还可以通过讨论绩效是如何与公司的经营结果相关的来减少评价政治。此外，为了将评价政治对绩效评价的影响降到最低限度，除了要对评价者进行培训，召开校准会议之外，管理者还应当谨记表 8-2 中所示的那些公平的绩效评价系统的特点。换言之，管理者还应当做到：

- 争取高层管理人员对绩效评价系统的支持，打击刻意歪曲评价结果的行为。
- 为评价者留出一定的时间，与被评价对象一起把绩效评价的目标和标准进一步细化。
- 承认员工的绩效是不会自动改善的。
- 为员工提供信息，让他们知道公司期望他们表现出哪些行为以及哪些工作行为是公司可以接受的。
- 鼓励员工积极寻求绩效反馈以及利用绩效反馈信息来改进绩效。
- 确保像预算这样一些约束因素不会对绩效评价过程产生驱动作用。
- 确保绩效评价过程在整个公司中具有一致性。
- 营造一种鼓励员工敢于直面自身弱点的开放的氛围。[84]

8.9　绩效反馈

一旦清楚地界定了组织期望的绩效，并且对员工的实际绩效进行了评价，接下来需要做的就是将绩效信息反馈给员工，帮助他们纠正自己的绩效不足。但绩效反馈过程非常复杂，而且会让管理人员和员工双方都感到焦虑。

在我们中间，很少有人会觉得坐下来对他人做一番评价是一件让人舒服的事情。一想到要面对别人的弱点，我们中的很多人都会觉得非常不安。然而，如果说向别人发出负面反馈信息是令人痛苦的，那么得到这种负面信息的人更为痛苦——因此，绩效反馈过程非常重要。

8.9.1　管理人员在有效绩效反馈中扮演的角色

如果不让员工意识到他们的工作绩效并没有达到组织的要求，那么几乎可以肯定他们的绩效不会有所改善。事实上，情况可能会变得更糟。有效的管理者应当以一种会诱发积极行动反应的方式来向员工提供明确具体的绩效反馈。鉴于绩效反馈对绩效管理系统的有效性，很多企业正在培训管理者如何提供有效的绩效反馈。例如，总部位于俄亥俄州威克利夫的化学品制造商 Lubrizol Corporation 就要求管理者参加为期两天的培训课程，学习如何提供有意义的绩效反馈。[85]企业的目标之一是成为培养和开发人才的最佳企业。培训的主题包括管理者如何提供反馈、如何寻求帮助以及如何承担起反馈的责任。为了提供有效的绩效反馈，管理者应当考虑下面这些建议。[86]

反馈应当经常进行，而不应当仅仅一年一次。强调这一点有两个主要原因。首先，管理者一旦意识到员工的工作中存在绩效缺陷，就有责任立即去纠正它。如果员工的绩效在 1 月份就低于标准要求，而管理人员却非要等到 12 月份才对其绩效进行评价，那就意味着企业要蒙受 11 个月的生产率损失。其次，绩效反馈过程是否有效的一个重要决定因素是，下属员工对于评价结果感到不奇怪的程度。因此，一个很容易发现的规则就是，应当经常向员工提供绩效反馈，使他们甚至在正式绩效评价过程结束之前就知道自己可能得到的绩效评价结果。

针对几家公司的一项调查结果表明，很多员工——尤其是Y一代的员工（即在1980年以后出生的员工）——更希望从管理者那里获得更为频繁而坦诚的绩效反馈，而不是仅仅在一年一到两次的正式绩效审查期间才得到反馈。[87]正因为如此，安永会计师事务所在网上创建了一个“反馈区”，这一板块不仅使员工能够得到一年两次的反馈，还允许他们在任何时候都可以要求得到反馈或提交反馈信息。

为绩效讨论提供一个好的环境。管理者应当选择一个中立的地点与员工进行绩效讨论。管理者本人的办公室通常并不是提供建设性绩效反馈的最佳地点，这是因为员工往往会把办公室与令人不愉快的谈话联系在一起。管理者应当把绩效面谈描述成上下级之间就员工扮演的角色、管理者扮演的角色以及两者之间的关系展开讨论的一个机会。管理者还必须表明，绩效面谈应当是一种开诚布公的对话。

在评价面谈之前让员工先对本人的绩效进行自我评价。让员工在参加绩效评价面谈之前先完成自我评价的做法是有意义的。它要求员工认真思考自己在本次评价涵盖的时期内完成的绩效，并鼓励他们寻找自己的不足。一方面，在用于管理目的的自我评价中，被评价者本人会人为地抬高评价水平；另一方面，在用于开发目的的自我评价中，员工往往会对自己做出比上级主管人员做出的评价更低的评价。自我评价具有效力的另一个原因是，它可以使绩效面谈的重点放在上下级之间存在分歧的问题上，从而使绩效反馈过程得以更快地完成，这显然提高了绩效反馈过程的效率。最后，员工在认真思考自己过去的绩效之后，更有能力充分参与反馈过程的讨论。

鼓励下级员工积极参与绩效反馈过程。在绩效反馈过程中，管理人员可以采取以下三种方法中的任何一种。第一种方法是“讲述—推销法”，即管理人员告诉员工自己对他们做出了怎样的评价，然后再让他们接受自己做出这种评价的理由。第二种方法是“讲述—倾听法”，即管理人员告诉员工自己对他们做出了怎样的评价，然后再让他们谈一谈对这种评价有什么看法。最后一种方法是“解决问题法”，即管理人员和员工在一种相互尊重和相互鼓励的氛围中探讨如何解决员工绩效中存在的问题。尽管研究已经证明，解决问题法的效果最为突出，但大多数管理者依赖的仍然是讲述—推销法。

当员工参与到绩效反馈过程之中时，他们通常都会对这一过程感到满意。（回忆一下我们在本章一开始时讨论的公平问题。）员工参与反馈过程的形式包括让员工发表他们对于绩效评价结果的看法以及在制定绩效目标时参与讨论。一项研究发现，员工的参与会导致下级员工对上级主管人员的满意度提高，它还是预测员工对绩效评价反馈过程满意度高低的一个最为重要的因素。[88]

通过赞扬肯定员工的有效绩效。人们通常认为，绩效反馈过程应当集中在寻找员工绩效中存在的问题，然而事实却并非如此。绩效反馈的目的是提供准确的绩效反馈信息，这其中既包括查找不良绩效，同时也包括对有效绩效的认可。赞扬员工的有效绩效有助于强化员工的相应行为。此外，它还清楚地表明了，管理者并不仅仅是在寻找员工绩效的不足，因而增加了绩效反馈的可信度。

把重点放在解决问题上。管理人员在绩效反馈方面通常会犯的一个错误是，他们往往把绩效反馈看成是一个对绩效不良的员工进行惩罚的机会，因而在绩效反馈过程中总是在告诉这些员工，他们的绩效是如何糟糕。这种做法只会伤害员工的自尊并强化他们的抵触情绪，这两种情况都不利于员工的绩效改善。

为了改善不良绩效，管理者首先必须努力解决造成不良绩效的问题。这一过程包括与员工共同找出导致不良绩效的实际原因，然后再就如何解决这些问题达成共识。举例来说，一位销售人员之所以没有能够完成预期销售目标，可能是由于他缺乏推销技巧、产品知识不足、其他销售人员窃取其销售额等多种原因造成的。而每一种原因要求的是不同的解决方法。如果不采用这种解决问题的方法来进行绩效反馈，你可能永远都无法找到纠正不良绩效的方法。

将绩效反馈集中在行为或结果方面而不是人的身上。在进行负面绩效反馈时需要做的非常重要的一件事是，避免对员工作为一个人存在的价值提出质疑。要做到这一点，最好的办法就是把绩效反馈的重点放在员工的行为或者结果方面而不是人的身上。举个例子，如果上级主管人员这样对下级员工说："你把事情搞得一团糟，你根本就没有用心去做！"那必然会导致员工产生抵触心理和强烈的反感。相反，如果管理人员这样对员工说，结果可能就会好一些："你之所以没有能够按时完成这个项目，是因为你在其他项目上花的时间太多了。"

尽量少批评。显然，如果一位员工的绩效低于规定标准，管理者必然要对其进行某种批评。然而，一位有效的管理者应当克制对员工进行批评的冲动。当一位员工面对个人存在的绩效问题时，他往往同意自己应当在某些方面有所改变。因此，如果在这个时候管理人员仍然是一而再再而三地列举出其绩效不良的例子，员工无疑会产生一种防卫心理。

制定具体的绩效改善目标，然后确定审查进度的日期。制定目标的重要性不能过分夸大，它只是对绩效最为有效的激励因素之一。[89]研究表明，目标的制定有利于提高员工的满意度、激发员工改善绩效的动力以及实现绩效的真正改善。[90]但是，除了制定目标以外，管理者还应当确定一个具体的时间表来对员工的绩效进展情况进行审查。这就为管理者提供了另一种激励手段来促使员工严肃认真地对待目标，并且为达到这一目标努力工作。

循证人力资源管理

和大多数企业一样，谷歌拥有大量与管理者有关的数据——绩效评价结果、员工态度调查、管理奖提名等。谷歌让专家们通过分析海量数据来了解最成功的团队领导者是什么样的。谷歌的人员分析团队（由心理学家、工商管理硕士、数据挖掘专家组成）通过分析管理者在100种变量上的1万种行为来寻找最佳模型。最初的发现让这家曾经没有管理者依然运营良好的公司里的人吃了一惊：拥有好领导的团队胜过领导不佳的团队。但又是什么造就了优秀的管理者呢？在谷歌主管人力资源的副总裁的领导下，公司从研究结论中提炼出了以下能够取得成效的行为：

1. 成为好的教练。
2. 向团队授权，不要管理过细。
3. 表达对团队成员成功和个人福祉的关心。
4. 不要胆怯：成为富有成效的、以结果为导向的管理者。
5. 成为良好的沟通者，并倾听团队的声音。
6. 帮助员工获得职业发展。

7. 为团队制定清晰的愿景和战略。

8. 拥有关键技术能力，在必要时能够提供建议。

通过建立包含这 8 种行为的绩效评价体系，谷歌公司能够有效地评价管理者的绩效并识别出需要改进某些特定方面的管理者。谷歌还开发了基于这 8 种行为的培训项目。在绩效评价、培训、辅导等行动前后，谷歌公司分别进行调查来测量管理者的绩效。结果表明，那些绩效表现最低的管理者在管理质量方面提升了 75%。

资料来源：A. Bryant，"Google's Quest to Build a Better Boss，" *The New York Times*，March 12，2011，www. nytimes. com；Clara Byrne，"People Analytics：How Google Does HR by the Numbers，" *VentureBeat*，September 20，2011，http：//venturebeat. com；P. Galagan，"Measure for Measure，" *T+D*，May 2011，pp. 28-30.

8.10 管理者应如何诊断绩效问题和管理员工绩效

正如我们在前面的讨论中强调的，员工需要通过获得绩效反馈进一步改善个人的工作绩效。同时，正如我们将在第 9 章中讨论的，绩效反馈还要为员工的未来发展提供知识和技能开发方面的帮助。管理者除了要了解如何有效地向员工提供绩效反馈，还应当认识到需要采取哪些行动才能改善和维持这种绩效。比如，对处于边际状态的员工而言，仅仅提供绩效反馈并不足以使他们实现绩效改善。

8.10.1 对低绩效产生原因的诊断

各种各样的原因都有可能导致员工出现低绩效。例如，低绩效可能是员工缺乏相应的能力、误解了组织的绩效预期以及缺少反馈导致的，也有可能是对那些因缺乏相应的知识和技能而无法达到绩效标准要求的员工提供的培训不足造成的。在对造成低绩效的原因进行诊断时很重要的一点是，这种低绩效对公司的经营是不是有害。也就是说，低绩效对于完成工作是否非常重要，是否会影响公司的经营成果？如果确实对公司经营是有害的，那么下一步要做的就是通过进行一次绩效分析来找出造成低绩效的原因。在分析低绩效的成因时需要考虑的一些因素如图 8－8 所示。比如，如果一位员工能够理解组织期望的绩效水平，同时得到了充分的反馈，并且能够理解绩效产生的后果，只是缺乏达到绩效标准要求所需的知识和技能，那么这就表明，管理者需要考虑采取以下几个方面的措施：第一，对员工进行培训以提升其绩效；第二，把员工调动到一个与其技能更匹配的职位上；第三，解雇这名员工，并且确保后来采用的甄选方法能够找到具备完成工作所需的知识和技能的新员工。

在进行绩效分析之后，管理者还应该与员工当面讨论得出的绩效分析结果，就管理者和员工在下一步将会各自采取哪些措施改善绩效（例如，培训、提供更多的资源、提供更多的反馈，等等）达成共识，还要探讨如果员工未能改进绩效所面临的后果，并设定一个绩效改进的时间表。如果这种讨论的发生频率比季度和年度绩效评价的发生频率高，则这种讨论是最有利的，在这种情况下，在绩效问题可能会给公司（以及员工）带来不良后果之前可以很快将其解决掉。下面我们将讨论对不同类型的员工采取的相应行动。

投入

- 员工是否认识到自己应该做什么？
- 工作流和工作程序是否符合逻辑？
- 员工是否有成功达到绩效要求所需的各种资源（工具、设备、技术、时间）？
- 其他方面的工作要求是否会干扰这一领域的绩效？

员工特征

- 员工是否具备完成工作所需的必要技能和知识？
- 员工是否知道为什么达成理想的绩效水平非常重要？
- 从心理、身体以及情感方面来说，员工是否能够达到预期绩效？

反馈

- 员工是否获得了关于其自身绩效的反馈信息？
- 绩效反馈是相关的、及时的、准确的、具体的、可理解的吗？

绩效标准或目标

- 有绩效标准吗？
- 员工是否知道组织期望他们达成的理想绩效水平？
- 员工是否相信自己能够达到绩效标准？

后果

- 后果（报酬、奖金）与良好的绩效一致吗？
- 绩效所产生的后果对员工有价值吗？
- 绩效后果是否及时提供？
- 工作小组或团队的规范是否不鼓励员工达到绩效标准？

图 8-8　在分析低绩效时应考虑的因素

资料来源：Based on G. Rummler，"In Search of the Holy Performance Grail，" *Training and Development*，April 1996，pp. 26-31；C. Reinhart，"How to Leap over Barriers to Performance，" *Training and Development*，January 2000，pp. 20-24；F. Wilmouth，C. Prigmore，and M. Bray，"HPT Models：An Overview of the Major Models in the Field，" *Performance Improvement* 41（2002），pp. 14-21.

8.10.2　管理员工绩效的相关行动

表 8-12 列举了管理人员针对四种类型的员工应当采取的不同行动。正如表中所述，管理者在考虑如何改进员工绩效时，首先应当考虑员工的绩效不良到底是能力不足造成的，还是工作积极性不够造成的，或是两者兼而有之。为了确定一位员工的能力水平，管理者应当考虑此人是否具备有效地完成工作所需的知识、技能以及能力。如果一位员工刚刚开始担任某一职位，或者他担任的职位最近发生了变化，那么很可能会存在能力不足的问题。为了确定员工的工作动机强烈程度，管理者需要考虑员工目前的职位是不是他们愿意担任的，他们对于自己得到的薪酬是否满意。如果一位员工的绩效突然出现不良变化，很可能是因为员工的个人生活受到一些困扰。

通常来说，能力和工作动机较强的员工往往是绩效优良的人员（骨干绩效完成者）。表 8-12 也强调了，管理者不应当忽视能力和工作动机较强的员工。相反，管理人员应当注意为这些人提供进一步发展的机会，以维持他们的满意度以及工作的有效性。那些绩效优秀的员工应当成为企业领导岗位的后备人选。所以，他们需要具有挑战性的开发机会，了解企业的各方面情况。这些员工被认为是 A 类员工（见表 8-3）。我们将在第 9 章具体讨论员工开发问题。有些绩效优秀的员工可能并不希望承担具有管理职责的岗位，这些员工需要获得开发的机会来保持工作投入、避免退

表 8-12 管理员工绩效的方式

		能力	
		强	弱
动机	强	骨干绩效完成者 • 对优良绩效提供报酬 • 寻找开发机会 • 提供诚实且直接的反馈	方向错误者 • 辅导 • 频繁的绩效反馈 • 设定目标 • 培训或为开发技能临时安排一些工作任务 • 重新安排工作内容
	弱	利用不足者 • 提供诚实且直接的反馈 • 提供咨询 • 采用团队建设与冲突解决方案 • 将报酬与绩效结果挂钩 • 就所需的知识或技能提供培训 • 管理压力水平	朽木 • 冻结加薪 • 降级 • 重新安排职位 • 解雇 • 就绩效问题提供明确且直接的反馈

资料来源：Based on M. London, *Job Feedback* (Mahwah, NJ: Lawrence Erlbaum Associates, 1997), pp. 96-97. Used by permission.

步。这些员工就是表 8-3 中的 B 类员工。最后，还有一些员工由于各种各样的原因而绩效不佳（表 8-3 中的 C 类员工）。对于那些因能力不足而不是工作动机不足而绩效不佳的员工（也就是说，方向错误者）来说，像培训以及临时性的工作任务安排等这样一些技能开发活动有助于他们改善绩效。对于那些有能力但缺乏工作动机的员工（利用不足者），管理者应当考虑采取重在解决人际关系问题或者激励问题的一些措施。这些行动包括确保员工认为有价值的激励因素或报酬与绩效挂钩；向员工提供咨询，以帮助他们解决人际关系、职业发展或者工作满意度等方面的问题。而能力和工作动机均很差的员工（朽木）表现出来的长期绩效不佳问题，则意味着另行安排工作或解雇可能是最好的解决办法。

8.11 按照法律指南设计和实施绩效评价系统

下面我们将讨论影响绩效管理的法律问题以及一些限制因素。由于绩效评价在像晋升、加薪以及惩戒等这样一些管理决策中起着中心作用，因此，对组织做出的此类决策提起诉讼的员工最终会对作为这类决策基础的绩效评价系统进行攻击。在这方面主要有两类案件：一类是歧视案件，另一类是不公正解雇案件。

在歧视诉讼中，原告经常会控告说，被告的绩效评价系统针对原告的种族或性别实施了不公正的歧视。事实上，许多绩效评价手段都是主观的，我们也已经看到，许多个人偏见会对绩效评价产生影响，特别是当评价者本人已经对种族或性别形成了某种刻板印象时。例如，2002 年，福特公司应对了两起要求赔偿 1 050 万美元的集体诉讼。[91]福特公司称由于企业文化不鼓励进行坦率的绩效评价，因此需要采用强制分布法。福特公司的绩效评价体系要求把 1 800 名中层管理者分为 A，B，C 类。管理者得到一次 C 类评价会被扣奖金，得到两次 C 类评价会被降职甚至解雇。C 类评价的比例为 10%。但是一些管理者认为强制分布对年长的白人员工产生了不利的影响，这些人占了C级的大多数。最终，福特公司取消了强制分布体系。

在“布里托诉基亚公司”一案中，美国最高法院将绩效评价与甄选测试视为同类事物。[92]它裁定，《员工甄选程序规范化指南》适用于评价一种绩效评价工具成立的理由是否充分。对于参与绩效评价系统设计的人来说，这一规定是一个很大的挑战，这是因为，大量研究表明，无论绩效评价者是白人还是黑人，他们都倾向于对与自己属于同一种族群体的人做出更高的评价，即使在对这些评价者进行培训之后，情况依然如此。[93]另外，还有证据表明，当某些人在某一工作群体中仅仅属于少数的时候，绩效评价中的歧视性偏见尤为突出。当工作群体中的绝大多数都是男性时，女性会得到较低的绩效评价；而当男性成为少数派时，他们得到的绩效评价通常也会比较低。[94]

在第二种诉讼案件即不公正解雇案件中，原告通常声称他们被辞退并不是由于雇主宣称的那些原因。例如，一位为军火承包商工作的员工可能曾经向政府告发自己就职的公司存在欺骗政府的行为。如果公司后来以这位员工绩效不佳为理由解雇了她，那么她可能会说，公司解雇她的真正原因是她告发了雇主——换言之，这种解雇是不正当的。因此，在这类案件的审理过程中，法院常常将注意力放在公司为说明员工绩效不良而使用的那些绩效评价系统上。不公平解雇可能发生在这样一种情况下：公司解雇了一位绩效不佳的员工，而这位员工过去一直保持良好的绩效评价结果和晋升记录。如果企业由于不愿意面对绩效问题而给那些低绩效的员工提供报酬或作出积极的绩效评价，则任何绩效管理系统的可信度都会被削弱。企业就很难对自己基于绩效评价系统做出的解雇决策的合理性进行辩护。

由于歧视案件和不公正解雇案件的潜在诉讼成本很高，因此企业需要清楚地了解法院认为何种绩效管理系统具有合法性。根据法庭针对绩效管理系统做出的各种判决，我们总结了经得起法律检验的绩效管理系统应当具有的几个方面的特点。[95]

1. 绩效管理系统应当建立在有效的职位分析基础之上，职位分析的目的在于确认工作绩效中比较重要的那些方面。应当让员工清楚地知道在本职工作中取得成功应当达到哪些方面的要求。

2. 绩效管理系统应当以行为或者结果为依据；应当避免对模糊的个人特征进行评价。同样，绩效面谈应当关注行为和结果，而不应询问导致行为和结果不佳的可能原因，例如身体和心理方面的能力不足。

3. 应当对评价者进行培训，教会他们如何使用绩效评价系统，而不是简单地把它交给评价者，让他们自己去解释如何进行绩效评价。

4. 应当由高层管理者对所有绩效评价结果进行某种形式的审查，同时建立一种允许员工对于他们认为不公正的评价结果提出申诉的系统。

5. 组织应当为员工提供某种形式的绩效咨询或纠正性指导，以使低绩效者在被解雇之前有机会改善自己的绩效。短期和长期的绩效目标都应当包含在内。

6. 应当使用多位评价者，特别是当利用一种评价信息来源——比如上级或客户——很难对员工的绩效进行评价时。至少应当让员工发表自己对评价结果的意见。上级管理者和员工之间应该进行对话。

7. 绩效评价应当做好书面记录。

本章回顾

本章开篇讨论了一些企业是如何对员工完成工作的方式和结果进行评价的。

思考题

1. 同事评价为什么是有价值的？

2. 与对目标（或员工完成的工作）进行评价相比，对价值观进行评价应当得到相同的、更多的还是更少的权重？

3. 价值观评价只对那些有销售队伍或提供某种客户服务的组织来说是重要的吗？请解释你的答案。

小　结

对于企业来说，衡量和管理绩效是一项极具挑战性的工作，同时它也是企业赢得竞争优势的关键所在。绩效管理系统可以达到战略目的、管理目的以及开发目的，但是，对于它们的重要性也不宜高估。对绩效评价系统的评价应当根据战略一致性、效度、信度、可接受性以及明确性五大标准来进行，根据这五大标准的要求，比较法、特性法、行为法、结果法以及质量法五种绩效评价方法各自都有优缺点。因此，到底采用哪种绩效评价方法以及哪种绩效信息来源最好，往往取决于要讨论的职位是什么。有效的管理者需要意识到在选择最佳绩效评价方法或者最佳评价方法组合时可能会出现的各种问题。此外，一旦绩效评价完成，管理者的主要工作就变成了以一种有利于绩效改善，而不是使员工产生抵触心理和士气下降的方法，把绩效评价的信息反馈给员工。管理者应当根据导致绩效不良的原因——能力、动机或二者兼而有之——采取行动。管理者必须确保自己使用的绩效管理系统是合法的，特别是当绩效评价的结果用于惩戒或者解雇绩效低劣的员工时。

讨论题

1. 在大学教授的绩效管理过程中可能做出的管理决策的例子有哪些？开发决策方面的例子有哪些？

2. 你如何看待你们大学的战略（比如科研、本科教学、研究生教学以及教学和科研的结合）？针对教师的绩效管理系统如何才能帮助学校达到这种战略目标，即引发这种战略需要的那些行为及其结果？

3. 你认为在有效的绩效管理过程模型中，哪一步最重要？

4. 为了评价教师的工作绩效，你会使用哪些绩效信息来源？

5. 对价值观进行评价的绩效管理系统的优势和不足是什么？

6. 回顾一下你上一次与他人发生冲突的情况，无论是工作中的还是学校里发生的。请运用绩效反馈的指导原则来说明，你将如何以一种有效的方式向那个人提供绩效反馈？

7. 请解释公平与绩效管理之间有什么关系。

8. 为什么一位管理者会蓄意歪曲绩效评价结果？为了减少这种情况的发生，你会提出何种建议？

9. 运用计算机对员工的绩效进行监控的做法总是能被员工接受吗？请加以解释。

10. 一位送货司机由于将三氯乙烷（一种温和的麻醉剂）注入医院的主供氧通道，污染了一家医院的氧气供给，在发现供氧源被污染之后，所有的患者都转而使用氧气罐，并且没有患者因此受到伤害。你将如何诊断产生这一事故的原因？请做出解释。

11. 像脸书和推特这样的社交媒体的应用给绩效管理带来了什么样的益处？

自评练习

你喜欢怎样得到反馈？为了测试你对反馈的态度，请完成以下小测试。请认真阅读下面的每一句陈述，如果你同意某个陈述，则在陈述前面写上A，如果不同意某个陈述，则写上D。

1. 我喜欢别人夸奖我在某个项目上做得很好。

2. 虽然我知道自己做得很好，但是当听到别人夸奖我时，我仍然会变得更加自信。

3. 虽然我觉得自己还可以把某件事情做得更好，但是当别人夸奖我的工作做得不错时，我仍然觉得很高兴。

4. 了解别人对我的工作的看法对我来说很重要。

5. 我觉得如果让老师给我提供反馈，反而会给他留下更糟糕的印象。

6. 如果让老师对我在课堂上的表现做出反馈，我会觉得非常紧张。

7. 让我的同学给我提供反馈不是个好主意，他们会觉得我能力比较差。

8. 要求同学们告诉我他们对我在课堂上的表现有何印象，对我而言是一件令人尴尬的事情。

9. 要求老师给我提供反馈对我而言是一个很大的困扰。

10. 让我的老师给我提供反馈不是个好主意，他们会觉得我能力比较差。

11. 要求老师给我提供反馈是一件令人很尴尬的事情。

12. 最好是让我自己搞清楚我的工作做得怎么样，而不是要求我的同学提供反馈。

请将1～4题中得A的题数加总：

请将5～12题中得A的题数加总：

在1～4题中，得A的题数越多，表示你越愿意接受并且相信他人提供的反馈。在5～12题中，得A的题数越多，你认为向他人寻求反馈的风险越大。

上述信息对于理解你在学校和工作中面对别人的反馈做出的反应有什么帮助？

资料来源：Based on D. B. Fedor，R. B. Rensvold，and S. M. Adams，"An Investigation of Factors Expected to Affect Feedback Seeking：A Longitudinal Field Study，" *Personnel Psychology* 45 (1992)，pp. 779-805；S. J. Asford，"Feedback Seeking in Individual Adaptation：A Resource Perspective，" *Academy of Management Journal* 29 (1986)，pp. 465-87.

战略练习

目标串联

百特医疗用品有限公司（Baxter Healthcare Corporation）有一个自动化的目标一致性系统，在公司的5.5万名员工中，有一半的员工参与到该系统中。在百特公司，这一过程从公司最高战略目标开始，被称为"四个最佳"（最佳团队、最佳合作伙伴、最佳投资、最佳公民）。公司高层管理者在每一类别下制定相应的目标。紧接着150名管理者分别制定分配给员工的目标。这些目标通过绩效管理系统收集起来。公司有一个网站提供如何制定目标的指导，最终达成的目标将通过公司的绩效审核和薪酬管理系统进行分享。一名向采购副总裁报告工作的负责电子采购的管理人员说："这一系统最大的价值是数字化和保持绩效信息的一致性。过去我们需要把信息放到档案柜中，每年取出来一次或两次。这一过程真的很有效，让我有机会更好地理解公司对我和我的团队的期望。"

思考题

1. 这种目标设置过程如何为有效的绩效管理做出贡献？

2. 百特公司使用网站来提供如何制定目标的指导。网站上应该强调的有效的目标具有哪些方面的特征？

3. 完全基于目标的绩效管理存在哪些潜在的

不利因素？你会提出什么建议来帮助百特公司改进这一系统的有效性？

资料来源：K. Tyler，"Performance Art，" *HR Magazine*，August 2005，pp. 58-63；M. Hayes，"Goals Oriented，" *Information Week*，March 10，2003，from *Information Week* website at www. informationweek. com；D. Silverstone，"Paperless Performance Reviews，" *HR Professional*，February 2005，www. hrpao. org/HRPAO/KnowledgeCentre/HRProfessional/newscluster/Paperless + Performance + Reviews. htm，retrieved：February 19，2005；and M. Totty，"The Dreaded Performance Review，" *The Wall Street Journal*，November 27，2006，p. R7.

人的管理

绩效管理帮助医疗组织实现转型

Scripps Health 这家位于加利福尼亚州圣迭戈的私营非营利医疗保健中心陷入财务困境。中心亏损严重，首席执行官辞职离开，护士的离职率非常高，员工的士气很低落。在一位新的首席执行官的领导下，该中心制定了一项新的战略计划，包括简化业务流程，提高员工满意度和绩效。这项战略计划的实施非常成功。

帮助 Scripps Health 成功转型的关键是一套新的绩效管理系统，它的关注点包括领导力开发、绩效指标、认可员工和业务部门的绩效等，并使用薪酬手段来激励员工。Scripps Health 的绩效管理系统在激励员工、鼓励员工更加投入等方面发挥了重要作用，这又促进员工提供优秀的患者护理和服务从而使顾客感到快乐。

患者对医院的认可程度和捐赠水平都很高，员工的离职率降到行业标准之下。现在，Scripps Health 拥有五个急诊医院，超过 23 个基础和特殊护理诊所，家庭医疗护理服务中心，2 600 多名医生和 1.3 万名员工。Scripps Health 还提供健康教育和健康项目，例如运动课程、心脏健康研讨会、育儿课堂，以及圣迭戈县内的筹资活动。从 2008 年起，Scripps Health 多次获得《财富》杂志评选的"100 家最佳雇主"的称号。

绩效管理是 Scripps Health 的年度计划、组织战略、财务和运营流程的一部分，由人力资源部门、财务部门、战略规划部门和运营部门合作完成。这一过程确保绩效管理系统帮助 Scripps Health 达成组织战略目标，员工展现出支持实现这些目标的行为。绩效评价体系主要衡量员工与组织核心价值观（尊重、质量和效率）有关的年度目标和行为。绩效管理过程把所有的员工都包含在内，包括董事会成员、高层管理者和普通职员。同样，Scripps Health 的绩效管理系统鼓励管理者和员工合作完成绩效评价，制定可衡量的目标，识别绩效改善的领域和认可高绩效。

人力资源部门引入了自动化的在线绩效评价体系，从而简化了绩效管理过程。管理者更容易观察员工的长处和不足，并把绩效评价与职位描述联系起来以确保绩效评价的有效性。在线系统使管理者更容易制定个人、员工和部门的目标，并把这些目标和职能层面与组织层面的目标联系起来（这一过程称为目标串联）。在线绩效管理系统还可以帮助管理者审查和追踪自己、下属和部门在实现绩效目标方面的进度。

绩效管理最重要的一个用途是鼓励员工获得高绩效并提供报酬。Scripps Health 运用绩效管理系统来做出加薪和发放奖金的决策。根据绩效评价结果，员工能够获得 5%的年度加薪。Scripps Health 还制定了名为"成功分享"的收益分享计划来鼓励团队合作并为之提供报酬。像成功分享这样的收益分享计划旨在为卓越的患者护理服务及员工为部门和业务板块做出的财务贡献提供报酬。只有在实现或超越部门或业务板块目标的情况下，员工才能获得相应的报酬。报酬数额使用由患者满意度分数和财务目标组成的公式来计算。例如，某一年，Scripps Health 向 9 300 名员工支付了 780 万美元的奖金。平均下来，每个员工大概得到 900 美元，大约相当于 5 天的薪酬。

有效的绩效管理系统要求员工从上级那里获得有效及时的反馈，员工既应该得到一些日常的反馈，也应当在正式的绩效审查期间获得反馈。除此之外，管理者还需要理解如何为员工制定与部门和组织目标挂钩的目标。为了更好地推进绩效管理，Scripps Health的管理者要接受大量的教育和培训。同时，对管理者的绩效评价涉及领导力的内容，包括人格特征、关系能力、服务能力、变革能力和达成的结果等，从而使管理者对评价和开发员工负起责任来。

思考题

1. 本章讨论了有效的绩效评价体系的五项标准：战略一致性、效度、信度、可接受性和明确性。具体对照这五项标准，你认为Scripps Health的绩效管理系统是否达到或者超越了每项标准？请提供相应的证据。

2. Scripps Health采用的在线绩效评价体系的优势和不足分别是什么？为了克服不足，你会提出什么样的优化建议？

资料来源：Based on S. J. Wells, "Prescription for a Turnaround," *HR Magazine*, June 2009, pp. 88-94; website for Scripps Health at www. scripps. org.

小企业的人力资源管理

草甸山兽医中心的绩效管理

布莱恩·康拉德（Brian Conrad）是草甸山兽医中心（Meadow Hill Veterinary Center）的经理，他提出了你可能非常熟悉的口号："员工是我们医院的第一资产。"有时候这种陈述有夸大的嫌疑，但是对康拉德而言，他在两家位于华盛顿州的机构中推行的绩效管理证实了这句话。

由于组织的规模比较小，因此绩效评价面谈由高层管理者负责：每名被评价的员工都要与康拉德和股东会面。康拉德希望员工充分参与到绩效管理过程中，在"显微镜"下不要过于紧张。为了让员工放松，他给员工几个月的时间提前查看绩效评价表格，确保员工清楚哪些方面将被评价。康拉德还把面谈会议的时间固定下来——每名员工每年要进行两次绩效面谈，并提前安排好面谈日程。

康拉德尝试把有关薪酬的讨论与绩效评价分开以减少员工的紧张情绪。根据他的经验，如果员工忙着计算绩效审查会不会影响工资增长，他们就很难认真地倾听反馈。所以，康拉德每年与股东会面两次，分别讨论预算和员工的贡献。有关加薪和奖金的决定在这些会议中做出，而给员工发放加薪和奖金的会议和绩效评价面谈分开。这就保证了绩效评价的关注点始终在如何获得高绩效以及员工如何改进绩效上。

康拉德尝试随时解决绩效问题，而不是等到绩效评价的时候，这样才能使绩效面谈发挥更加积极的作用。他对自己职位的理解是，在出现绩效问题的时候就把它们解决掉。当出现靠管理者几句话难以解决问题的情况时，康拉德会邀请员工及其上级到外面共进午餐，在那里讨论绩效问题，寻找解决措施。

康拉德对有关绩效问题的讨论和反馈从不设限。他努力通过非正式的双向沟通来更好地了解员工及其工作情况。如果他要出差或参加社区活动，他会邀请一名员工陪他一同出席，并利用这个时间来询问员工其职业目标是什么、对工作有什么感受等。他经常会发现员工开发和使用未经利用的技能的机会。有一次，一名兼职的行政人员向他表达了对全职工作的兴趣，在吃午饭的时候，康拉德就和该名员工一起规划了未来可能的职业道路。该名员工决定全身心投入到照顾小动物的工作中，不断运用其管理技能协调外科和牙科的工作。他还参加了继续教育课程以期在治疗领域有所贡献。

这些绩效管理的方法是草甸山兽医中心更大目标的一部分。康拉德向员工承诺："没有任何一名团队成员会由于感到工作缺乏挑战性、缺少指导以及职业发展存在障碍等原因而离开组织。"兑现这一承诺要求谨慎地雇用员工，持续地对员工进行培训，对员工所犯的错误进行绩效审查。如果员工没有达到绩效期望，管理者就要考虑是否对培训或雇佣程序进行变革。康拉德希望员工表现出尝试新机会、参与解决问题的意愿。如果员工不愿意接受这种文化，康拉德就不会把他们留下来。很显然，没有太多人愿意离开。兽医行业员工的离职率高达30%，而在康拉德向员工做出以上承诺之后，草甸山兽医中心的员工离职率从几年前的25%迅速下降到10%以下。

思考题

1. 根据以上信息，讨论说明草甸山兽医中心的绩效管理系统如何实现了战略目的、管理目的和开发目的。

2. 你认为草甸山兽医中心采取哪种绩效评价方法最合适？为什么？

3. 评价一下布莱恩·康拉德进行绩效面谈的方法。写一两段话来总结一下康拉德做得比较出色的地方以及未来可以继续改进的地方。

资料来源："Four Ways to Add Value to Employee Evaluations," *Veterinary Economics*, January 2010, Business & Company Resource Center, http://galenet.galegroup.com; "Help Me to Help You," *Veterinary Economics*, August 2008, Business & Company Resource Center, http://galenet.galegroup.com; and Brian Conrad, "Make the Promise: Keep Your Team," *Veterinary Economics*, May 2008, Business & Company Resource Center, http://galenet.galegroup.com.

第9章 员工开发

学习目标

在阅读完本章后，你应当能够:

1. 说明员工开发对于员工保留、智力资本开发、业务增长等战略是如何发挥作用的。
2. 讨论员工开发计划制定过程中的几个步骤。
3. 分别说明员工和公司在制定开发计划过程中各自应当承担的责任。
4. 阐述当前运用正规教育手段对员工进行开发的一些趋势。
5. 说明如何把人格类型评价、工作行为评价以及绩效评价等运用到员工开发中。
6. 解释如何运用工作体验来进行技能开发。
7. 开发成功的导师指导计划。
8. 说明如何培训管理者对员工提供指导。
9. 讨论企业在熔化玻璃天花板方面正在做些什么。
10. 运用九宫格识别不同类型的员工适用何种继任计划，并有针对性地制定合理的开发计划。

进入企业世界

员工开发计划帮助 ESPN 稳居排行榜前列

娱乐体育节目电视网（ESPN）是当今世界多媒体体育和娱乐公司中的佼佼者，30 多年前，ESPN 成为第一家用电视来播放完整体育报道的广播公司。ESPN 的总部位于美国康涅狄格州的布里斯托尔，该公司拥有 8 个有线网络，超过 300 个附属电台，还有其他一些多媒体和商业公司。ESPN 在 200 多个国家中用 16 种语言转播 65 个体育节目。虽然员工开发计划对于 ESPN 来说非常重要，但却面临多种挑战。其中之一便是高速运转的全球新闻、广播以及娱乐业务。这将导致员工无暇从工作中抽身出来参与相应的员工开发计划。另一个挑战则是 ESPN 正在全球市场上——例如拉丁美洲——扩展业务。这给公司构建员工开发文化和职业生涯管理系统增加了一些难度，因为它们要想高效运转，就必须与当地的文化和各种规范保持一致。

ESPN 采取了几个步骤来确保它的员工开发计划能够支持员工的职业兴趣和发展目

标，增强他们的专业技能，并且促使他们成长为高级领导人才。ESPN要求每位员工完成一份个人开发计划（IDP），这份个人开发计划能够让员工考虑自己在职业生涯中所处的位置，个人的职业发展目标，以及如何制定计划来达成这些目标。ESPN的学习开发部门负责审核并对员工的个人开发计划提供支持，该公司95%以上的员工都完成了这项计划。与其他公司一样，ESPN的员工开发计划采用70-20-10的学习法则。这意味着绝大多数的员工开发活动都发生在工作过程之中，20%的员工开发活动来自开发性人际关系建立与非正式学习，10%的员工开发活动来源于针对特殊技能的正规课程学习。举个例子，ESPN有一个名为“领导力GPS”的工具，员工可以利用这一工具来掌握他们的开发进度。它能够帮助员工制定职业开发目标，同时为他们提供建议，告诉他们何种开发活动（比如上课、影子工作计划或工作体验）是有效的，并帮助员工达到他们的目标。ESPN大学提供与各种业务领域相关的课程，这些课程通常由公司的高管人员和商业领袖来讲授，这一点十分重要，因为授课使得公司领导者能够参与到员工开发计划之中，同时也使员工对ESPN业务的不同方面——比如生产、规划、人力资源管理以及它们如何组合在一起——有了全面的了解。ESPN中央球场项目是一项开发计划，这项计划只针对那些具有高潜质的员工，他们正处于成为公司未来领导者的高速晋升通道中。中央球场项目采用职位轮换制度，它使高潜质员工有机会体验公司不同方面的业务。这些员工还有机会与公司董事长和首席执行官进行互动。

为了确保员工开发活动支持公司的业务需求，ESPN组建了一个学习和咨询委员会，这一委员会由来自不同业务部门的高层领导和副总裁组成。每一项重大举措在实施之前，必须由学习和咨询委员会审查并通过。同时，ESPN还有一个员工学习委员会，由不同业务部门的员工组成，负责提供反馈以及协助策划员工开发项目。

资料来源：Based on F. Kalman，“ESPN's Top Play：Learning，” *Chief Learning Officer*，March 2013，pp. 22-25，47；“About Us” and “Careers Home” at http：//espncareers. com.

9.1 本章介绍

正如ESPN的案例描述的那样，员工开发能够为公司获得竞争优势做出很大的贡献，它可以帮助员工认清自己的优势、劣势以及兴趣所在，同时让员工看到组织中存在可以满足他们个人发展需求的新职位、扩大了的工作职责以及职业发展通道等。这有助于公司留住那些有价值的员工，否则他们就有可能会加入客户或竞争对手的队伍。为了在新经济中开展竞争、迎接全球竞争和社会变革的挑战以及接受技术进步和职位设计方面发生的变化，一家公司必须付出多方面的努力，而员工开发正是这些努力中不可或缺的一个重要组成部分。员工开发是确保员工具备服务客户、创造新产品以及客户解决方案所需的那些胜任素质的关键所在。无论公司的经营战略是什么，员工开发对于留住有才干的员工而言都是非常重要的。此外，员工开发对于确保一家公司获得实施成长战略所需的各类管理人员也非常重要。由于很多公司（以及它们的员工）都必须通过持续不断的学习和变革来满足客户的需要以及在新市场上开展竞争，因而对培训和开发的重视程度得到进一步强化。正如我们在第1章中所述，员工的忠诚和保留与管理者对待他们的态度直接相关。

在本章的一开始我们将讨论开发、培训与职业之间的关系。选择合适的开发方案是员工开发计划的一个组成部分。第二步，在员工选择开发活动之前，员工和公司必须了解员工的开发需求以及开发目的，明确开发需求和目的也是员工开发计划的一部分。本章的第二部分将描述员工开发计划的各个步骤，重点强调员工和公司在每一步骤需要承担的责任。第三步，我们将考察员工开发的方法，包括正规教育、评价、工作体验以及建立开发性人际关系等。本章会强调每一种开发方法所要强化的那些技能、知识以及行为的类型。本章最后一节将讨论员工开发方面的一些特殊问题，包括继任计划以及通过开发规划帮助女性和少数族裔员工进入高层管理职位的计划（通常称为"熔化玻璃天花板"计划）。

9.2 开发、培训与职业之间的关系

9.2.1 员工开发与培训

开发（development）是指有助于员工为未来做好准备的各种活动，其中包括正规教育、工作体验、开发性人际关系建立以及人格和能力评价，等等。ESPN 公司的例子表明，员工开发可以通过让员工参与一些规划好的项目来实现，也可以通过让员工完成不同类型的工作或是服务新的客户来实现。由于开发以未来为导向，因此在开发过程中需要学习的东西并不一定与员工当前所在的职位有关。[1]表 9－1 说明了培训与开发之间的不同。传统上来看，培训的主要目的是帮助员工完成当前的工作。而开发则是帮助员工胜任公司中其他职位的工作需要，并且通过提高他们的能力使他们能够承担目前可能尚不存在的某些职位。[2]此外，在员工目前从事的职位可能会随着新技术、新职位设计、新客户以及新产品市场的变化而发生变化的情况下，开发还可以帮助他们为适应未来的变化做好准备。员工开发对于人才管理至关重要，尤其是对高层管理人员以及具有领导潜力的员工而言（请回顾一下我们在第 1 章中所做的讨论）。很多公司都报告说它们面临的最大的人才管理挑战包括开发现有的人才以及吸引并留住现有的领导人才。[3]我们在第 7 章中已经强调了培训的战略重要性。随着培训的战略重要性持续提升（也就是说，与经营目标之间的关系越来越紧密），培训与开发之间的界限将变得越来越模糊。无论培训还是开发都是必不可少的，都会关注公司和员工个人当前和未来的需要。

表 9－1　培训与开发的对比

	培训	开发
重心	现在	未来
工作体验运用程度	低	高
目的	为当前职位做准备	为未来变化做准备
参与	必需的	自愿的

9.2.2 开发与职业

今天的职业概念是众所周知的"多变职业"。[4]**多变职业**（protean career）的基础是为了在工作中获得心理上的成功而进行的自我指导。员工需要在个人职业

管理方面承担更多的责任。例如，一位工程师可能决定利用自己的休假机会到United Way Agency去从事一年的管理工作。这种工作安排的目的是提高本人的管理技能，同时也是帮助其了解自己到底是更喜欢工程技术类工作还是更喜欢管理类工作。

多变职业对于员工开发来说有几层含义。这种新型职业安排的目标是获得心理成功。**心理成功**（psychological success）是指一个人通过不仅仅局限于工作成就的个人生活目标的达成获得的自豪感与成就感（比如支撑一个家庭以及保持良好的身体状况，等等）。与传统的职业目标相比，心理成功更多地受员工个人控制，因为传统的职业目标不仅受到员工个人努力的影响，还要受到公司内部是否存在相应职位的约束。心理成功完全是自我决定的，而不仅仅是由公司传递给员工的某种信号（比如加薪和晋升）决定的。对于最近刚刚进入劳动力队伍的新生代来说，心理成功的说法尤为重要。举个例子，一名55岁的管理顾问曾经在纽约曼哈顿工作，有10多年工作经历的她决定回家做一名家庭主妇。[5]在照顾两个孩子的同时，她还为非营利组织工作，帮助创办一所面向贫困儿童的幼儿园。由于丈夫工作的变动，他们举家搬迁至日本生活了4年，在那里她迷上了烹饪。回到美国后，她又对农业产生了兴趣，她通过网络教程以及拜访当地农户来学习制作山羊奶酪。现在，她在纽约州经营自己的农场，农场距纽约市只有4个小时的车程，生产山羊奶酪，种植蔬菜，并面向儿童和成人开设课程。独自运营这家农场意味着她需要投入大量的时间，有时候甚至一天要花14小时。只要身体条件允许，她希望一直工作下去，并使农场能够持续运营。她不认为农场主将是她最后的职业，她希望有一天能将所学的知识技能运用到非洲和印度的农业项目中。

员工必须不断地开发新的技能，而不能仅仅依赖一些一成不变的传统知识。这是企业为了适应客户服务需要以及产品需要发生的变化不得不满足的要求。正如我们在第7章中所强调的，学习是一种持续的、非正式的、涉及创造和分享知识的过程。

持续学习受到越来越多的强调，导致人们在不同职业之间移动的方向和频率（职业模式）发生了变化。[6]传统的职业模式是由在直线层级中的一系列台阶构成的，其中较高的台阶与职权、责任的增加以及薪酬水平的提高联系在一起。专家型职业模式涉及对某一领域或者专业（比如法律、医药或管理等）的终身承诺。这些类型的职业模式不会消失。不过，涉及跨专业和跨学科流动的职业模式（一种螺旋式职业模式）会变得越来越普遍。这些新的职业模式意味着，要对员工进行开发（并且使员工对自己的职业拥有更强的控制力），就必须为员工提供以下两方面的机会：第一，明确自己的兴趣以及在技能方面的优势和劣势；第二，在上述信息的基础上制定并实施包括工作体验、开发性人际关系的建立以及正规教育课程在内的合适的开发计划。

对于现如今的职业最恰当的观点就是它是“无边界并且经常变化的”。[7]它可能包括在不同企业（跳槽）甚至不同职业之间的转换。统计数据显示，对于所有的美国劳动者来说，他们平均在一个组织中连续工作的时间只有五年。[8]一项研究发现，在各年龄段的员工中，有60%的人把工作时间和灵活性视为使他们留在一家公司中的一个非常重要的理由。[9]

“无边界”意味着职业可能涉及到当前组织之外去寻找职位或专业。如果一个人的职业发展计划或目标受到个人或家庭需要以及价值观的影响，职业就可以被认为是无边界的。当个人生活以及雇佣关系出现变化时，员工的应对方式之一便是重新安排或转换自身的角色和职责。他们可以根据对自己的优势和劣势的认识、对平衡工作和生活的感知以及寻找刺激性的和令人兴奋的工作的需要，在一生中多次改变自己的职业。[10]职业成功可能不是与晋升联系在一起的。相反，它可能与对员工个人有意义的目标的达成，而不是对他们的父母、同事或公司有意义的那些目标的达成联系在一起。正如本章后面将会讲到的，最好的职业管理可以通过在员工与公司之间建立一种伙伴关系来实现，在这种积极的伙伴关系中，一方面，员工对组织有较高的承诺，另一方面，员工在个人的职业生涯管理方面可以有一定的控制力，这样就能使员工的职业生涯发展对他们个人以及公司都有利。

综上所述，为了留住和激励员工，许多公司都需要建立一种能够确认以及满足员工的开发需要的系统。如果公司希望留住那些高绩效员工以及具有承担管理职位的潜力的员工，这一点就显得尤为重要。这种系统就是通常所说的**职业管理系统**（career management system）或职业**开发规划系统**（development planning system）。我们会在本章的后面详细讨论这些系统。

9.3 职业开发规划系统

就职业开发规划系统的复杂程度以及职业管理过程各个组成部分的侧重点而言，不同的企业之间存在很大的不同。图 9－1 表明了职业管理系统中包括的一些步骤以及公司和员工双方在每一个步骤上应当承担的责任。

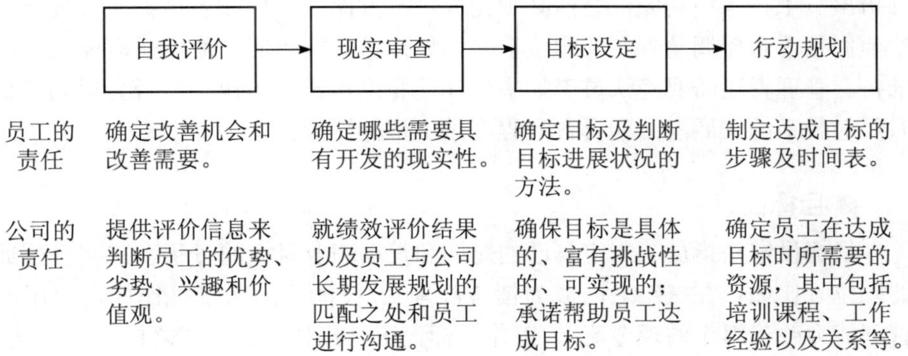

图 9－1 职业管理过程的若干步骤以及企业和员工双方的责任

■ 自我评价

自我评价有助于员工确定自己的兴趣、价值观、才能以及行为取向。自我评价通常包括一些心理测验，比如迈尔斯-布里格斯人格类型测试（将在本章后面讨论）、斯特朗-坎贝尔兴趣量表（Strong-Campbell Interest Inventory）以及自我指导研究等。斯特朗-坎贝尔兴趣量表可以帮助员工确定自己的职业和工作兴趣；自我指导研究则可以帮助员工确认自己偏好从事哪些不同环境类型中的工作（比如销售、咨询、园林绿化等）。这些测验还可以帮助员工了解他们给工作和休闲这两种活动赋予的相对价值。

通过评价可以将员工的开发需要确定下来。这种需要来自员工当前的技能或兴趣与员工期望获得的工作或职位类型之间存在的差距。例如，威瑞森公司提供了一种在线工具，员工可以利用这种工具来评价自己当前的各种技能和能力，将自己的能力与公司的各种空缺职位的要求进行对比。这种评价可以使员工识别自身缺乏的各种能力，同时还能为他们提供具体的信息来说明怎样通过培训、工作体验或者注册参加某种学位课程等方式开发自己的技能。[11]

■ 现实审查

现实审查是指员工获得公司如何对他们的技能和知识进行评价以及他们是否与公司的规划（比如潜在的晋升机会、横向流动等）相符等方面的信息。通常情况下，这些信息由员工的上级管理人员作为绩效评价过程的一个组成部分提供给员工。一些公司也会运用360°反馈评价，这种评价包含员工对自己的行为或能力所做的评价以及他们的经理、同事、直接下属甚至客户对他们做的评价（360°反馈会在本章后面讨论）。在已经十分完善的职业管理系统中，上级管理者与员工另外进行绩效评价与职业开发讨论的情况并不鲜见。

例如，作为卡特彼勒公司绩效管理过程的一个组成部分，职业开发问题要在员工和上级管理者之间进行讨论。[12]为便于讨论，员工需要完成一张作为内部履历的数据清单。这张数据清单中包括的信息涉及员工的技能、教育背景、学位、能说的语言、曾经担任的职位等。公司还希望管理人员能够指出一位员工是否做好了承担一个新职位的准备，无论承担这个职位对员工而言属于晋升还是平级调动；同时还期望他们能够指出员工在承担新职位之前必须完成哪些方面的教育或者培训。管理者要与员工讨论他们是否希望调动到新的职位上去，如果是这样的话，他们还需要做好哪些方面的准备。管理者还需要确认员工如果到其他职能领域去工作，是否会得到最佳机会，同时要对员工的发展潜力和可晋升程度做出整体评价。

■ 目标设定

目标设定是指员工制定自己的短期和长期职业目标的过程。这些目标通常与理想的职位（比如，在三年之内成为销售经理）、技能应用水平（比如，运用本人的预算管理能力改善组织的现金流）、工作目标设定（比如，在两年之内进入公司营销部门）或者技能获得（比如，学会如何运用公司的人力资源管理信息系统）联系在一起。这些目标通常要与上级管理人员进行讨论并写入员工的开发计划当中。图9-2展示的是为产品经理制定的一份开发计划。在开发计划中通常包括对员工的优势和弱势、职业发展目标以及为达成职业发展目标而需要完成的开发活动所做的描述。一份有效的开发计划特别注重与组织战略目标最相关的开发需求。

我们来考察一下 Just Born 公司的职业开发程序（CDP），该公司的高绩效员工就是用这种程序来确认自己在公司中的职业发展道路，同时做好承担下一个职位的准备的。[13]职业开发计划涉及确定短期和长期的职业发展目标。员工坚持朝着这两个目标努力，从而在职业发展道路上取得进步。Just Born 公司在内网上张贴了一

<table>
<tr><td>姓名：　　　　　　　　职位名称：项目经理　　　　　　　　直接上级：</td></tr>
<tr><td>胜任素质
请分别列出你最具优势和最需改善的三个方面的能力。
优势
• 战略思考和执行（自信、指挥能力、行动力）
• 结果导向（胜任、激励他人、坚定执着）
• 获胜精神（培养团队精神、以客户为中心、尊重同事）</td></tr>
<tr><td>需改善的方面
• 耐心（对人或过程的容忍度不够，对进度过于敏感）
• 书面沟通能力（缺乏清晰、简洁地进行书面表达的能力）
• 过于雄心勃勃（过于关注项目的成功完成，忽略与参加项目的人建立良好的关系）</td></tr>
<tr><td>职业目标
请描述你自己的总体职业目标。
• 长期目标：做到总经理或总经理以上的职位，承担更多的责任。特别感兴趣的领域包括但不局限于产品和品牌管理、技术和开发、战略规划以及市场营销。
• 短期目标：在充分发挥本人在产品管理、战略规划和全球关系等方面能力的同时，继续改善在市场营销以及品牌管理方面的能力。</td></tr>
<tr><td>下一步开发任务
找出有助于你实现自己的职业目标的下一项潜在开发任务（包括时间安排）。
• 使自己在计划、开发、生产或品牌管理方面的能力达到经理或总监级的水平。完成时间估计在 2014 年秋。</td></tr>
<tr><td>培训和开发需要
列出能够帮助你完成当前工作任务或者是对你的总体职业发展有益的各种培训和开发活动。
• 硕士学位课程有助于我锻炼和提高自己的书面沟通能力。当前职位的动态性、团队合作以及对其他成员的依赖等使我有机会培养自己的耐心，同时促使我在关心项目成功的同时也关心团队成员的需要。</td></tr>
<tr><td>员工签名：____________________　时间：____________
直接上级签名：________________　时间：____________
导师签名：____________________　时间：____________</td></tr>
</table>

图 9－2　职业开发计划

部胜任素质词典，员工可以利用这部词典来确认自己的开发需要。该公司的职业开发程序为管理者和员工双方提供了一个机会来探讨未来的职业发展计划，并且通过提高期望水平以及绩效标准而成为一种现实核查工具。员工通过采取以下几项措施启动自己的职业开发计划：首先，界定自己未来对什么职位感兴趣；其次，确定为承担未来职位做好准备需要哪些工作经验；最后，确立长期职业发展目标。经过讨论，管理者可以对职业开发程序提供支持或提出修改建议。如果员工的未来工作兴趣不在当前部门内，则其工作兴趣信息就需要传达给另一个部门的负责人。

■ 行动规划

在这一阶段，员工将决定如何才能达成自己的短期和长期职业目标。在**行动规划**（action plan）中可以包括在本章中讨论的任何一种或多种开发方法的组合（例如，参加培训课程和研讨会、获得更多的评价、获得新的工作经验或者是找到一位导师或者教练）。[14]这里需要指出的很重要的一点是，开发方法的选择取决于开发需要以及开发目标。

■ 职业管理与开发系统案例

有效的职业管理与开发系统通常具有几个方面的重要特点（见表9-2）。许多公司的职业管理与开发系统包含其中的一个或多个特点。Sprint公司的个人开发计划基于五项核心胜任素质，即诚信行为、关注客户、交付结果、建立关系以及开发领导力。[15]公司的各个经营部门运用这些胜任素质来确定本部门的战略，每一位管理人员和员工利用这些胜任素质确定自己的开发计划。同时，这些胜任素质也是公司的管理人员与员工进行开发对话的基础。在各种可以用来支持开发计划的资源中包括一份开发活动指南，在这份指南中包括针对每一种胜任素质的改进而设计的录音带、图书以及特定的课程，此外，有助于员工了解该计划流程的网址也是这类可用资源中的一种。自动数据处理公司（ADP）的管理者都受过相关培训，这些培训教会他们如何帮助其负责辅导和准备晋升的那些员工制定员工开发计划，这成为管理者绩效考核指标的一部分。[16]对管理者的培训还包括学习如何开展有效的讨论，员工可以参加咨询会议，通过在其他岗位上工作的员工来了解公司内部的职业选择。该公司还为销售人员提供了一个网站，这个网站包含了公司的市场、产品以及国际定位等方面的信息，他们可以通过这个网站来了解销售情况以及销售领导职业的描述和机会。通用磨坊公司的开发计划是依照图9-2的流程设计的。该公司的每位员工都需要制定一份考虑以下四个方面问题的开发计划：

1. 专业目标和动机：我的专业目标是什么？是什么激励我谋求专业成长？
2. 才干或优势：我的才干和优势是什么？
3. 开发机会：哪些开发需要最应该首先满足？
4. 开发目标和行动步骤：我这次开发计划的目标是什么？我将采取什么样的步骤达成目标？

表9-2　有效的职业管理系统的设计要素

1. 职业管理系统必须定位在对经营需要做出反应上。
2. 员工与上级管理者共同参与职业管理系统的开发。
3. 鼓励员工在职业管理和开发方面扮演积极的角色。
4. 评价是持续性的并且会被用来对职业管理系统进行改进。
5. 各经营单位可以（在一定的约束条件下）根据各自的目的对职业管理系统进行个性化定制。
6. 员工有获得开发和职业信息的来源（其中包括咨询师和可能的职位）。
7. 公司高层管理者对职业管理系统持支持态度。
8. 将职业管理与其他人力资源管理实践（比如，绩效管理、培训以及招募系统等）联系在一起。
9. 创建一个大型的、多元化的人才库。
10. 有职业发展规划和人才评价信息，并且所有的管理者都能得到这些信息。

资料来源：Based on B. Baumann, J. Duncan, S. E. Former, and Z. Leibowitz, "Amoco Primes the Talent Pump," *Personnel Journal*, February 1996, pp. 79-84; D. Hall, *Careers In and Out of Organizations* (Thousand Oaks, CA: Sage, 2002).

该公司鼓励管理者和员工至少每年讨论一次开发计划，并创建一份个人开发计划。各种在线工具、研讨会等都用于帮助员工完成开发计划，做好与管理者进行开发讨论的准备，同时提高了开发规划过程的可见性，并强调了开发规划过程的重要性。评估数据显示，80%以上的员工有一份有效且富有激励效果的开发计划，并且年度调查结果表明，通用磨坊公司在员工持续提升以及学习和成长方面所产生的影响比标杆公司高20%～30%。

这里的“通过科技进行竞争”专栏展示了洲际酒店集团如何运用社交媒体和网站进行员工开发和职业生涯管理。

通过科技进行竞争

洲际酒店集团提供全天候的职业生涯管理和领导力开发服务

洲际酒店集团（IHG）是一家总部位于亚特兰大的公司，该公司的运营战略是成为“让客人挚爱的杰出酒店”。洲际酒店集团旗下的品牌包括洲际酒店、皇冠假日酒店、英迪格酒店、假日酒店、假日快捷酒店、Staybridge Suites，以及Candlewood Suites。这些品牌在全世界超过100个国家拥有4 400家酒店，多达652 000个房间。洲际酒店集团相信，员工对公司品牌的感受以及他们传递给客户的体验是将它与竞争者区别开来的关键。作为洲际酒店集团的核心价值观，“胜利之路”引导和激励公司员工改善自己的个人生活和职业发展，产生主人翁责任感，精诚合作，行为尽责。洲际酒店集团向员工作出四个方面的承诺：成功起步空间、参与空间、成长空间以及独享空间。“成长空间”意味着公司为员工提供开发机会，支持员工追求有价值的职业发展。“成长空间”确保了以下几点：员工明白对于他们的工作来说怎样算是成功；员工能接受正规的、高质量的反馈；员工有机会针对他们现在和未来的职位进行开发；员工知悉洲际酒店集团在全球的工作机会。

为了与“成长空间”这一承诺保持一致，洲际酒店集团的网站上有帮助员工进行职业生涯管理的工具。员工可以通过网站得到职业建议，该网站还可以生成一份关于员工个人技能和兴趣的总体概况，员工可以根据这份概况寻找适合自己的工作。员工还可以对自己的技能进行评估，并收到一份与自己的技能最为匹配的职业清单，这些职业在公司中都有对应的职位空缺。为了对员工的领导能力进行开发，洲际酒店集团创建了一个虚拟的领导力开发社区——领导大厅，不仅针对酒店中一般管理岗位上的员工，还面向公司董事会或更高级的职位。领导大厅提供与领导力相关的各种简短信息，包括文章、小贴士、视频、可下载工具以及公司中的典范案例。登录网站的员工可以利用公司内部社交网络发表看法，并对他人的观点作出回应。在领导大厅中有数个专区，包括“领导力体育馆”，该专区设有评估工具，帮助员工辨识他们与领导力相关的优点和缺点；“问题解决者”专区要求员工输入有关领导力的问题；“学术专区”为员工提供在网上学习业务知识的机会，包含财务、客户服务以及辅导技能等内容。洲际酒店集团通过使用“学术专区”将其高级领导力培训课程的数个模块转移到网络上，这使得以往管理人员不得不穿梭于全球各个分公司进行培训的旅行经费大大缩减，从而节约了成本。

一个引人关注的证据显示，领导大厅对洲际酒店集团的管理人员开发起到了作用。领导大厅的成本只有一个典型的、为期三天的现场领导力研讨会经费的5%。70%以上的领导大厅成员每个月都能使用它，平均每年6次。超过3 000种领导力开发工具被下载并分享至世界各地的领导力开发团队，来自全球的领导大厅成员从中获取内容并运用它来建立本地的学习研讨会和培训班。

讨论题

1. 在洲际酒店集团的在线领导力和职业管理系统中包含哪些有效的开发系统所具备的设计特点？

2. 该集团还可以在它的系统中加入哪些其他的有效的开发系统的设计特点？请对你的建议做出解释。

资料来源：Based on www. ihgplc. com website for InterContinental Hotels Group；P. Harris，"Where People Power Makes the Difference，" *T+D*，October 2010，pp. 32-34；"Best Practices and Outstanding Initiatives：InterContinental Hotels Group Leaders' Lounge，" *Training*，January/February 2011，pp. 96-97.

9.4 员工开发的方法

在员工开发方面通常有四种方法可供选择：正规教育、评价、工作体验以及建立开发性人际关系。[17]许多公司都综合运用了上述四种方法。图 9-3 展示了几种常见的员工开发实践的使用频率。与小企业相比，规模较大的企业更有可能使用领导力培训以及领导力开发计划。举个例子，位于佛罗里达州杰克逊维尔的布鲁克斯康复中心是一家非营利机构，它运营着一家拥有 127 张床位的康复医院，同时拥有 20 多个诊所、一家高级护理机构、一个研究中心以及一家医师诊所。[18]布鲁克斯康复中心希望对管理者进行开发，使他们能够分享知识、拥抱变化以及做出有利于缩减预算的决策。这家医院的领导力开发计划的第一步是完成评价、设定目标以及学习讲授基础概念的课

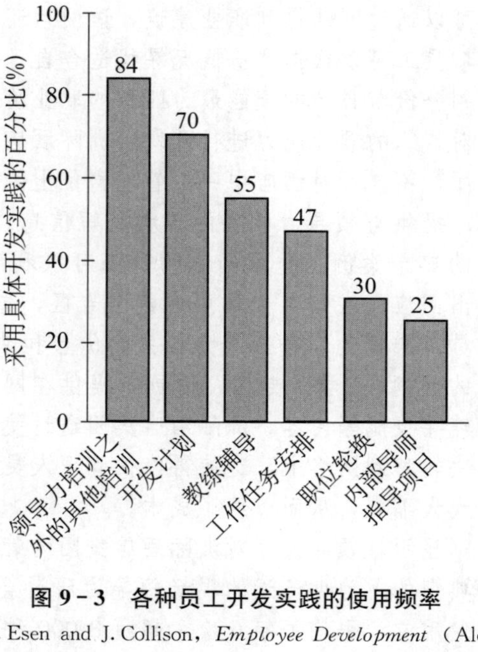

图 9-3 各种员工开发实践的使用频率

资料来源：Based on E. Esen and J. Collison，*Employee Development*（Alexandria，VA：SHRM Research，2005）.

程；第二步，在第一步所做评价的基础上，参与者致力于完成“变革项目”，该项目的重点是他们希望改变的某个流程或职能。参与者与一线经理或更高层的经理进行合作，共同决定如何实现这些变化。他们会制定行动方针来实施这些变化，然后开小组会议分享自己的想法，对彼此的想法提供反馈。这不仅能使计划得以改进并提升参与者的沟通技巧，还可以帮助他们学会如何提供和接受反馈。“变革项目”为布鲁克斯康复中心带来了明显的经济效益，一名参与者设计的一个网上薪酬发放信息审核系统为该公司节约了50 000美元的成本。其他一些由实施开发计划带来的效益包括更低的员工流失率以及更高的服务质量等。

需要强调的是，尽管绝大多数开发活动都是针对管理人员的，但组织各个层级上的员工都可以被纳入一种或多种开发活动。例如，在通常情况下，大多数员工至少每年会得到一次关于个人绩效评价结果的反馈（这实际上就是一种与评价有关的开发活动）。正如我们在第8章中讨论过的，作为绩效评价过程的一个组成部分，员工会被要求填写一份个人开发计划，说明以下两个方面的问题：第一，他们计划如何改善自己的绩效不足；第二，他们的个人未来发展计划（包括本人期望承担的职位或期望的工作地点，希望受到的教育或得到的工作经验，等等）。下面我们将分别对每一种开发方法进行探讨。

9.4.1 正规教育

正规教育项目（formal education programs）包括以下几种类型：专门针对本公司员工设计的在公司内部或外部完成的各类教育项目；由咨询公司和大学提供的短期课程；针对高层管理人员的工商管理硕士培训计划（EMBA）；要求受训者住在校园中通过上课的方式完成的大学课程，等等。在这些计划中可能包括由经营管理专家提供的讲座、企业管理游戏与实战模拟、探险式学习以及与客户的会谈，等等。

许多像麦当劳和通用电气这样的企业主要依靠的是公司自己的培训和开发中心或者是企业大学提供的各种公司内部开发项目，而不是把员工送去参加由大学提供的各种学习项目。[19]很多公司之所以依靠内部的开发计划，主要是因为这有助于使开发计划与公司的经营需要直接挂钩，可以很方便地使用公司自己的绩效评价指标来进行评估，还能让公司的高层管理者参与其中。

每年有数以千计的餐厅经理和餐厅所有者或运营商到位于伊利诺伊州橡溪镇的麦当劳开办的汉堡大学学习，接受课堂培训并参与商业模拟，学习如何经营一家能够提供始终如一的服务、高质量和卫生的食品的餐厅。他们也会接受一些专业指导，参加同行之间面对面的学习以及网上学习。麦当劳的高层管理者会参加汉堡大学一个为期9个月的领导力研讨会，在那里他们会处理公司面临的一些重大问题。

通用电气公司的管理能力开发中心是历史最为悠久，同时也是最为著名的开发中心之一，该公司每年在员工培训和教育计划方面的投资接近10亿美元。[20]在过去17年中，通用电气公司的189位高层管理人员在培训和专业发展上耗费的时间至少达到12个月。通用电气公司的管理人员开发项目都是由位于纽约州克罗顿维尔的约翰-韦尔奇领导力中心进行的。[21]这个领导力中心有为参加开发项目的管理人员提供的宿舍，还有可以用来上课、完成培训方案以及召开讨论会的教室。通用电气公司的管理人员每年都会根据下属员工的绩效和潜力情况，选拔部分员工去参加管理能力开发项目。在这个开发项目中既包括专业能力开发课程，也包括像风险分析以及贷款结构构建等这样一些专门课程。所有这些开发项目都强调理论与实践应用两个方面的内容，在上课时，受训者主要讨论的是通用电气公司目前面临的各种经营问题。这些开发项目中的传授者是公司的内部讲师以及大学教师，甚至是首席执行官杰夫·伊梅尔特本人。表9-3中列出了通用电气公司提供的一些管理能力开发项目的例子。正如你所看到的，通用电气公司综合运用了课程学习和工作体验两种方式来开发初级管理人员以及高层管理人员，在其他一些课程（比如，经营管理课程以及高层管理人员开发课程）中则包括行为学习的内容。正如我们在第7章中讨论过的，这种行为学习方法首先为参与者安排一个通用电气公司目前正面临的现实问题，然后要求他们向杰夫·伊梅尔特提出解决这一问题的建议。除了开设管理者开发项目和相关课程之外，通用电气公司还会举办一些以更好地了解客户期望为目的的研讨会，同时还会专门为非裔美籍管理者、女性管理者以及西班牙裔管理者召开领导力大会，引导他们讨论领导和学习方面的问题。

表9-3　通用电气公司的领导力开发项目举例

项目名称	项目简介	参加资格
初级商业领袖项目	通过正式课程开发商业能力和技巧。在某个业务领域承担关键的销售和市场工作需要面对的多种富有挑战性的工作任务。	有学士学位；平均学分绩不低于3.0；有实习或公司工作经验，愿意接受工作地点调动；对销售类职业有兴趣，以结果为导向。
高级商业领袖项目（ECLP）：销售和市场类	至少接受6个月的培训，主要开发营销和销售方面的能力，强化领导力，培养高级商业领袖项目的文化。在通用电气下属的一家企业中完成3次为期8个月以市场营销和销售为中心的职位轮换。每隔4个月，公司会根据员工的自评及其上级管理者做出的评价来考察受训者取得的成绩、开发需求以及职业发展兴趣。通过完成课堂学习、在线培训以及在韦尔奇学习中心举办的专题讨论会来增强受训者的商业经营能力和领导力。	有工商管理硕士学位；5～8年的市场营销或销售经验；在销售或市场营销领域取得了一定的成就，展现出一定的领导能力、沟通能力和分析能力；愿意接受工作调动；在通用电气的某个业务领域有足够的专业经验。

资料来源：Based on "Experienced Program: Experienced Commercial Leadership Program (ECLP), United States," from www.ge.com/careers/culture/university-students/experienced-commercial-leadership-program/united-states; and "Entry-level Program: Commercial Leadership Program (CLP), United States," from www.ge.com/careers/culture/university-students/commercial-leadership-program/united-states, accessed April 17, 2013.

美国和海外的许多机构都会提供高管人员教育课程，包括哈佛大学、宾夕法尼亚大学沃顿商学院、密歇根大学、欧洲工商管理学院、瑞士洛桑国际管理发展学院以及创新领导中心。弗吉尼亚大学的达顿商学院开设了一个专门针对高管人员的工商管理项目，学生每个月都会去学校参加一次课堂学习，课程安排在周四到周六。这种校园学习为学生提供了一个让他们合作完成演示报告、进行商业模拟以及案例学习的机会。学校还会让这些参加高管人员工商管理项目的学生到学校来完成4次领导力培训，在每次为期一周的培训过程中，学生通过参加研讨会、辅导班以及课后反思的方式，学会如何更好地处理他们每天面临的管理挑战。在学校里，参加这个项目的学生需要通过自主学习、网络课堂、虚拟会议工具以及网上考试等方式完成他们的教育过程。[22]

高管人员教育还有另一个发展趋势，这就是很多商学院和其他教育机构开始为公司提供定制的内部课程。例如，孩之宝公司就与达特茅斯大学塔克商学院进行合作，创建了一个孩之宝公司的全球领导力项目。这个一年一度开办、每次为期一周的项目是专门针对公司管理者能力的薄弱环节开发的，包括全球战略、新兴市场、个人领导力、伦理观以及品牌塑造等。[23]杜克大学企业教育中心为安塞乐米塔尔公司（ArcelorMittal）提供定制项目。[24]这家由两个钢铁公司合并而成的企业面临的一项挑战是如何让管理者理解钢铁行业遭遇的全球性挑战。于是，这个开发项目就带领公司的中层管理人员去参观分别处于成熟市场和新兴市场上的一些钢铁厂，让这些管理人员理解，与成长型的钢铁厂相比，那些比较成熟的钢铁企业在技术和管理流程方面有哪些特点。这些管理者还被要求提出有助于成长型钢铁厂发展的建议，例如，如何发现环境方面的问题以及如何强化健康和安全方面的特征。

循证人力资源管理

美国万通金融集团（MassMutual Financial Group）经过改组变成一家扁平、精简的公司。这给员工的职业发展带来了限制。公司的敬业度调查结果显示，越来越少的员工感到有机会实现自己的职业目标。因此，该公司创建了一个门户网站——职业资源中心，员工可以使用该网站进行自我评估，认清个人的强项、兴趣、价值观，确定他们现在的职位和职业发展目标之间的匹配度。该门户网站还引入一个能力开发指南，以帮助员工查找各种学习和开发资源，强化他们的能力。该网站还包含一个可以让员工对公司内所有职位进行对比的工具。该门户网站启用一年之后，有66%的公司员工使用，并且使用率还在逐月增加，同时有越来越多的员工参与各种学习和开发课程。

资料来源：Based on Bersin Awards WhatWorks' 2013 Winners, "MassMutual Financial Group," *Human Resource Executive*, March 2103; p. 52.

管理者在参加创新领导力中心举办的开发项目时需要完成的任务包括：进行心理测试；从上级管理者、同事以及下级员工那里获得信息反馈；参加团队建设活动（例如第7章讨论过的探险学习）；接受咨询；设定改进目标并制定开发计划。[25]

有资格参加高管人员教育项目和工商管理硕士项目的仅限于管理人员，或者是被认定具有管理潜质的员工。于是，很多公司就将**学费报销**（tuition reimbursement）作为一种面向全体员工的福利，鼓励大家去开展继续教育活动。学费报销是指企业针对员工为了参加一些学院和大学的课程以及学位项目所付出的成本予以报销处理的实践。许多企业对学费报销计划进行了评估，发现该计划降低了员工流失率，增加了员工的晋升意愿以及工作绩效。[26]威瑞森无线通讯公司（Verizon Wireless）每年在学费资助计划上投资2 600万美元，公司有18%的员工参与这一计划。员工可以得到学费资助以参加大学或学院的课程，或参加在公司呼叫中心和办公室开展的现场开发项目。[27]公司的现场开发课程可以帮助员工获得学位，通常由大学教职人员到公司授课，员工可以在他们的工作地点上课，并可自由安排自己的上课时间。员工自被雇用之日起就获得学费资助的资格，并且无须承诺一直留在公司。正式员工的学费资助上限为每年 8 000 美元，兼职员工的资助上限为每年 4 000 美元。这一标准超过了大多数公司规定的 5 250 美元的上限（这是美国国税局制定的免税上限）。为了获得学费资助资格，员工参与的开发课程必须与他们现在的岗位或在威瑞森公司的职业道路有关。评估结果显示，学费报销计划提高了该公司的员工士气，并且有助于吸引新员工以及留住老员工。

9.4.2 评价

评价（assessment）是指首先收集与员工的行为、沟通风格或技能等有关的信息，然后再向他们提供反馈。[28]在这一过程中，员工本人、同事、直接上级管理者以及客户等都有可能被要求提供这些方面的信息。评价法最常用于确认员工的管理潜能以及衡量当前管理者所具有的优点和不足。此外，评价法还用于挖掘有潜力向高层管理职位晋升的管理者，它还可以与团队方式结合在一起使用，以考察每一位团队成员的优点和不足，同时发现哪些决策过程或者沟通风格抑制了团队生产率的提高。评价可以帮助员工了解自己的各种倾向、需求、喜欢的工作环境类型以及喜欢做的工作类型，等等。[29]这些信息与他们从公司得到的绩效评价信息一样，能够帮助他们确定哪些开发目标最适合自己（例如，提升领导力水平、扩大当前的工作职责范围，等等）。

企业在对员工进行开发性评价时，往往会使用多种方法以及多种信息。许多公司都向员工提供绩效评价信息。那些制定了较为复杂的开发系统的公司，还采用心理测试来评价员工的技能、人格类型以及沟通风格。此外，员工本人、员工的同事及其上级主管人员对员工的人际交往风格和行为做出的评价，也属于要收集的信息之列。当前比较通用的评价工具主要包括迈尔斯-布里格斯人格类型测试、评价中心、绩效评价以及 360°反馈系统，等等。

■ 人格测试

人格测试往往用来确定员工是否具备成功地承担某些特定的管理职位或者涉及外派任务的那些职位所需要的人格特征。人格测试主要衡量五大维度：外向性、稳定性、宜人性、责任感以及开放性（详见第 6 章中的表 6-3）。

迈尔斯-布里格斯人格类型测试（Myers-Briggs Type Inventory，MBTI）是建立在精神病学家卡尔·荣格（Carl Jung）的人格类型理论基础之上的一种测试。该理论认为，每个人都有一种基本的人格类型来塑造和影响自己对这个世界的认知、对外来信息的加工以及参与社交的方式。该测试可以测定 16 种人格中的哪一种与受测者最为匹配。这 16 种人格类型建立在受测者在内向（I）或外向（E）、理性（S）或感性（N）、思考（T）或感受（F）、判断（J）或感觉（P）这几个方面的偏好的基础之上。迈尔斯-布里格斯人格类型测试要做的是确认一个人在能力（内向还是外向）、信息收集（理性还是感性）、决策（思考还是感受）以及生活方式（判断还是感觉）等几个方面的偏好。[30]每种人格类型都会影响个体的工作习惯和人际关系，比如，一个内向、理性、思考、判断型的人（ISTJ）往往是严肃的、安静的、务实的、有条不紊的、逻辑严密的。这种人有能力将任务井井有条地组织起来，做出决策，同时按照计划和目标的要求完成任务。但是，这种类型的人由于没有外向、感性、感受以及感觉等方面的偏好，因此有一些弱点，包括：在把握不确定的机会方面会出问题；表现出太强的任务导向性或者对同事缺少人情味；容易在做决策时犯速度过快的毛病。可以访问 www.cpp.com 获取更多关于人格类型的信息。

DiSC 测评是另一种测量工具，用来测量人格以及行为方式，包括支配型（直接、意志坚强、强有力）、影响型（好交际、健谈）、稳定型（友善、乐于助人）、遵从型（严谨、有分析力）。[31]可以访问 www.discprofile.com 获取更多关于 DiSC 的信息。

举个例子，CareSource 是一家位于美国俄亥俄州代顿市的医疗护理企业。这家机构有一套清晰的程序对那些有潜力成为优秀领导者和高效管理者的员工进行识别和开发。[32]从招募环节开始，该机构就对求职者进行测评，辨别他们是否适应组织的服务至上的价值观和文化。这家机构运用多种测评工具来评估管理者的胜任素质（回想我们之前在第 8 章“绩效管理”中讨论过的胜任素质）。这些测评包括迈尔斯-布里格斯人格类型测试、盖洛普公司开发的优势发现器（用来识别管理者的强项，然后制定计划来发挥他们的强项）以及领导力实践问卷（一份关于管理者的领导能力的评述，由他们的同级、上级所做的评估以及他们的自我评估构成，用于构建他们的个人领导力开发计划）。同时，CareSource 公司每年两次使用绩效管理系统对管理者的某些胜任素质和行为进行评估，这些胜任素质和行为被认为是高效领导者和管理者应当具备的特质，包括服务导向、组织意识、团队合作、沟通以及组织领导力。根据测评结果，该公司会鼓励那些具备较高领导潜质的管理者参与一系列开发活动。

■ 评价中心

评价中心（assessment center）是由多位评价者对员工在一系列练习中的表现进行评价的过程。[33]评价中心通常会被安排在工作场所之外的某个地方，比如某个会议中心。一般来说，每次同时参与评价中心的有 6～12 名员工。评价中心主要用于考察一位员工是否具备从事管理类工作所需要的人格特征、管理能力以及人际关系能力。此外，评价中心也越来越多地用于考察一位员工是否具备在一个团队中工作所需要的能力。

在评价中心常用的练习主要包括无领导小组讨论、面试、公文筐训练以及角色扮演。[34]在**无领导小组讨论**（leaderless group discussion）中，组织者会给一个由 5～7 名员工组成的小组分配一个难题，要求他们在一定时间内共同解决这一问题。在这些问题中可能涉及的主题包括购买以及销售商品、从下属人员中选定一人给予某一奖项，或者是生产某种产品。在**面试**（interview）中，员工会被要求回答一系列与他们的工作、个人经验、能力方面的优缺点以及职业生涯规划等有关的问题。**公文筐训练**（in-basket）是对管理者在本职工作中涉及的一些行政管理类工作进行的一种模拟。这种练习通常涉及可能在一位管理者的案头出现的各种需要处理的文件。参加训练的员工会被要求阅读这些文件材料，然后提出相应的解决问题的办法。受训者做出的反应可能包括分派任务、安排会议时间表、书面回复或者干脆对这些备忘录置之不理！**角色扮演**（role play）则要求参与者扮演一位管理者或者某位员工。比如，评价中心的组织者可能要求参与者扮演一位必须与其下属员工共同审查不良绩效的管理人员。这位参与者首先会得到一些与这位下属员工的绩效有关的信息，在充分准备之后，与这位员工就如何改善绩效问题进行一次长达 45 分钟的面谈。下属员工的角色通常由评价中心设计小组或设计公司中的一位管理者或其他成员来担任。评价中心也可能包括各种测试。其中，兴趣测试和智力测试用于评价一位员工的语言能力、总体智力以及推理能力。人格测试则用来确定一位员工是否具有与他人相处的能力、对模糊性的容忍度以及作为一位成功的管理者需要具备的其他一些特征。

评价中心设计的练习主要侧重于评价参与者的管理能力以及人际交往能力。所要衡量的技能通常包括领导能力、口头沟通能力、书面沟通能力、判断力、组织能力以及压力承受能力，等等。表 9－4 举例说明了评价中心所要衡量的各种能力的类型。从表中可以看出，每一种练习都为参与者提供了一个展示多种能力的机会。例如，要求参与者通过统筹规划来满足生产需求的练习可以评价一位员工的管理能力和解决问题的能力。而无领导小组讨论练习则能够评价一位参与者的人际交往能力，比如对他人的敏感性、压力承受能力以及口头沟通能力等。

表 9－4　评价中心的各种练习衡量的能力举例

能力类型	练习				
	公文筐训练	工作日程练习	无领导小组讨论	人格测试	角色扮演
领导力（控制、辅导、影响、足智多谋）	√		√	√	√
问题解决能力（判断力）	√	√	√		√
人际交往能力（敏感性、解决冲突的能力、合作能力、口头沟通能力）			√	√	√
管理能力（组织能力、规划能力、书面沟通能力）	√	√	√		
人格（压力承受能力、自信心）			√	√	√

注：√代表通过某种练习所要评价的技能。

管理者通常也会作为评价者。他们要接受一定的训练，以发现在员工身上存在的哪些行为与需要接受评价的能力相关。一般来说，每位评价者在每次练习中都会被安排去观察并记录 1～2 名员工的行为，然后对记录下来的信息进行审核，并且对每一位员工的技能水平（比如，5 分表示高领导能力，1 分表示低领导能力）做出评价。所有的员工完成上述练习之后，评价者再碰头讨论他们对每一位员工的观察结果。他们将评价意见集中在一起，加以比较，力图在对每位员工的每种能力水平做出评价的基础上达成共识。

正如我们在本书第 6 章中提到的，研究表明，通过评价中心得到的评价结果主要与绩效、薪资水平以及职业发展联系在一起。[35]事实上，评价中心对员工开发也是十分有利的，因为在这一过程中，参与评价中心练习的员工可以获得关于个人的态度以及能力优势和劣势等方面的反馈信息。[36]例如，Steelcase 是一家总部位于密歇根大急流域的办公家具制造商，它就利用评价中心对一线管理人员进行评价。[37]评价中心的练习内容包括公文筐训练、模拟面试以及一个限时的工作日程练习（这个练习要求参与者设法填补由于员工缺勤造成的职位空缺）等。管理者同样被要求直接面对员工的绩效问题，能够让员工承诺改进绩效。因为这些训练与公司要求管理者完成的工作有非常紧密的联系，所以管理人员在评价中心的表现有助于公司确认为了使这些人成为成功的管理者，必须重点培养他们哪些方面的具体能力或胜任素质。

■ 绩效评价和360°反馈系统

正如我们在第8章中提到的，**绩效评价**（performance appraisal）是指对员工的绩效进行衡量的过程。在某些特定情况下，绩效评价信息对员工开发也是非常有用的。[38]绩效评价系统必须明确告诉员工，他们存在哪些绩效问题以及如何对存在问题的那些方面加以改善。其中包括使员工清楚地理解他们当前的绩效与组织期望的绩效之间存在的差距；帮助他们找到造成绩效差异的原因以及制定改善绩效的行动计划等。企业还必须就如何对员工提供频繁的绩效反馈来对管理者进行培训。此外，管理人员还需要对员工在执行绩效改善计划方面取得的进步进行监控。

回顾一下我们在第8章中曾经讨论的Just Born公司利用绩效评价来评估和开发员工的情况。[39]绩效评价是从员工和上级管理人员之间的绩效计划会议开始的。在这种会议上，上下级之间要共同讨论本部门需要采取的战略举措以及员工需要承担的相关角色。管理人员和员工要在四项个人目标上达成协议，这四项目标有助于部门目标的达成，并且属于与员工的职位描述有关的关键绩效结果。在这次会议上，还要确定员工达成这些个人目标需要具备的胜任素质，同时上级管理者还要同员工一起制定一项计划，以帮助员工改善或者学习这些胜任素质。在执行绩效计划的这一年中，管理人员要与员工一起监控绩效目标和个人目标的达成进度以及学习计划的进展情况。每年年终的薪酬决策要依据员工的绩效目标和学习目标的达成情况做出。

目前，在管理能力开发方面使用绩效评价的一个趋势是实行自下而上的反馈以及360°反馈。**自下而上的反馈**（upward feedback）是指让下级员工对上级管理人员的行为或技能进行评价的过程。而360°反馈则是自下而上反馈过程的一种特例。在**360°反馈系统**（360-degree feedback systems）中，一位员工的行为或技能不仅要受到其下级员工的评价，而且要受到其同事、客户、上级管理人员以及本人的评价。在这一过程中，评价者都要填写一张问卷，根据不同的维度对这位员工进行评价。表9-5展示了为360°反馈系统设计的一份评价问卷中包含的与实现成功管理相关的能力。通常情况下，评价者需要对管理者在每一个特定问项上的优势做出评价，或者是指出被评价者是否需要进一步开发这方面的能力。评价者需要确认他们观察到被评价者展现某种胜任素质或技能的频率如何（例如，经常、有时、很少、从不）。

表9-5　与成功管理相关的能力

足智多谋	能够进行战略性思考，灵活地解决问题，与更高层管理人员开展合作
排除万难	坚持不懈，专注于所面对的困难
快速学习	快速掌握新的技术和业务知识
建立并维持关系	懂得如何与同事和外部人员建立并维持工作关系
领导下属	给下属授权，为他们提供更多的机会，公平对待下属
同情心和敏感性	对他人表现出真正的关心，对下属的需求敏感
坦率和冷静	表现得令人尊敬并且坚定
创造开发氛围	创建一个具有挑战性的环境以促进下属的发展
正视问题员工	果断并公正地处理有问题的员工

团队导向	通过领导他人来完成任务
平衡个人生活和工作	平衡工作与个人生活的优先顺序，避免忽视其中任何一个
果断	在多数管理情境中，更倾向于快速、以类似方式处理问题，而不是缓慢、精准地处理问题
自我认知	对自己的强项和弱项有准确的认知，并且愿意提升自己
让人放松	表现出热情和幽默感
做事灵活	能够以不同的甚至看似相反的方法处理问题

资料来源：Adapted with permission from C. D. McCauley，M. M. Lombardo，and C. J. Usher，"Diagnosing Management Development Needs：An Instrument Based on How Managers Develop，" *Journal of Management* 15 (1989)，pp. 389-403.

360°反馈系统产生的结果可以向管理人员表明他们在每一个问项上得到的评价，它还显示了管理者的自我评价与他人的评价之间存在哪些差别。通常情况下，企业也会要求管理者本人对这些评价结果进行审查，从评价者那里得到更为清晰的解释，同时根据在评价中反映出来的优点和缺点制定具体的开发目标。[40]表 9-6 列举了在运用 360°反馈系统制定开发计划的过程中涉及的一些活动的类型。[41]

表 9-6　在制定开发计划时涉及的一些活动

1. 理解优点和缺点。
   审查他人对自己的优点和缺点做出的评价。
   明确本人对自己的能力或行为做出的评价与他人（上级管理者、同事、客户）的评价之间存在哪些相同点以及不同点。
2. 确定一个开发目标。
   选择一种需要开发的能力或行为。
   确定一项有具体成果的清晰而明确的目标。
3. 制定一个确认目标实现的程序。
4. 制定各种达成开发目标的战略。
   制定诸如读书、工作体验、听课以及建立人际关系等方面的战略。
   制定有助于获得取得进步情况的反馈的战略。
   制定强调新能力或新行为的战略。

360°反馈系统能够带来的好处包括：它能从不同的角度收集与管理人员绩效有关的信息；使员工可以将自我评价与他人对自己的评价进行比较；使员工就其行为和能力评价结果与组织内外部客户进行的沟通更为正式。几项研究已经证明，在参与自下而上的反馈以及 360°反馈系统的活动之后，组织中往往会出现绩效改善以及行为方面的改变。[42]其中变化最大的是那些别人的评价比他们的自我评价分数要低的员工（自我高估者）。

360°反馈系统的潜在局限性在于：它对一位评价者完成评价所需花费的时间是有要求的；管理人员可能会发现并惩罚那些曾经向组织提供对自己不利信息的评价者；需要有一位指导者帮助员工解释评价结果；在很多公司中都缺乏让员工针对获得的反馈采取行动的必要途径（例如，制定开发规划、与评价者进行面谈以及参加相关课程，等等）。

有效的 360°反馈系统往往表现出以下几个方面的特征：能够提供可靠且一致的评价；评价者可以匿名；被评价者的行为或能力都与职位相关（有效的）；系统很容易使用；管理者不仅能够获得反馈，而且能够根据反馈采取行动。[43]

目前，科技发展使在360°反馈系统中使用的问卷可以通过评价者的个人电脑传递给他们。这有助于增加返回的问卷数量，使信息加工变得更加容易，同时也使向管理人员提供报告的速度进一步加快。

无论使用何种评价方法，为了实现对员工的开发，都必须将信息与员工本人共享。除了评价信息之外，企业通常还需要向被评价者提供关于如何弥补能力不足以及如何运用已经掌握的这些信息方面的建议。这些建议可能包括参加培训课程或者是通过新的工作体验来开发技能。在这些评价信息和各种可能的开发机会基础上，员工还需要制定一项行动计划来指导他们的自我改善。

AlliedBarton Security Systems 是美国最大的一家保安服务公司，该公司的360°反馈报告反映了公司的核心价值观以及所谓的绝对领导力。[44]整个过程与一个在线人才工具包相关联，该工具包为管理者提供基于360°反馈的领导力开发建议。第一资本公司——一家消费者信贷公司——开发了一个有效的360°反馈系统。[45]在其360°反馈系统中包括的多项特征就是为了将以下两种情况发生的可能性降到最低：一是评价结果成为报复员工的手段；二是评价结果演变为一种人际关系竞赛。360°评价的基础是公司的胜任素质模型，因此评价者需要针对某一个胜任素质领域来提供具体的反馈。这样就不会因为要对各种胜任素质进行评价而使评价者不得不填写长长的表格，承受巨大的压力。第一资本公司的评价系统要求评价者集中在员工的三到四种优势或者开发机会方面。同时，这种反馈系统还要求评价者提出一些评论意见，而不只是在那些能够反映员工在每一项胜任素质方面的表现的数字上画圈。这种评论意见常常能够提供一些具体的信息，说明被评价者在胜任素质的哪些方面需要进行开发，或是确定在哪些工作情境下某种胜任素质需要改进。这种意见系统还可以帮助员工定制各种开发活动来与胜任素质的开发相匹配。为提高评价导致改变发生的可能性，在这家公司中，从360°评价中得到的反馈直接与开发计划相关联，公司提供教练辅导和培训活动来帮助员工强化自己的胜任素质。公司还鼓励员工与同事分享自己得到的反馈信息。这就培育了一个建立在诚实和开放基础上的有利于员工个人成长的工作环境。

9.4.3 工作体验

大多数员工开发活动都是通过工作体验来实现的[46]，**工作体验**（job experience）是指员工在实际工作中遇到的各种关系、问题、需求、任务以及其他一些特征。运用工作体验来对员工进行开发的一个主要假设是：当员工的能力和工作经验与当前的工作所要求的能力不匹配时，最需要对员工进行开发。为了能够在当前工作中取得成功，员工就必须拓展他们的能力——他们将被迫学习新的能力，以一种新的方式运用他们的能力和知识以及获取新的工作经验。[47]新的工作任务安排一方面能够帮助员工充分利用现有的能力、经验以及人际接触，另一方面也有助于员工开发新的能力。[48]各种规模的公司都会利用工作体验来进行员工开发，但是它们的形式和实用性有很大不同。[49]HCA就是一个例子，这是一家拥有195 000名员工的医疗保健公司。这家公司能为具有高潜质的员工提供不同种类的开发体验。比如，一名管理者可以从一家小型医疗保健机构开始他的工作，然后到医院或医疗保健中心这样的大型机构中任职。小公司内部或许没有同种类型或数量的开发体验，但却可以鼓励员工从工作之外获取相关的工作体验。举个例子，美国必能宝公司的首席执行官通过担任其所在街区的物业管理委员会副主席，学习了大量的冲突管理知识。无论公司的规模多大，想要让工作体验成为一项有效的员工开发活动，就必须使它们适应员工的开发需求和目的。

我们所知道的通过工作体验进行员工开发的方法大多来自创新领导力中心主持完成的一系列研究。[50]在这些研究中，研究人员会要求企业高层管理人员指出，在他们的职业生涯中有哪些关键事件使自己的管理风格变得与众不同，同时，他们从这些工作体验中能够总结出哪些教训。这里的关键事件包括：工作安排（例如，修理一台失灵的机器）、人际关系方面的事件（例如，与上级管理人员相处）以及要求完成的一些特定类型的转变（例如，在高层管理人员不具备相关背景知识的情况下）。表9-7中列举的就是一些工作要求以及员工可以从中吸取的经验教训。

表9-7　各种工作要求以及员工可从中吸取的经验教训

实现转变	不熟悉的职责：管理者必须能够承担起新的、与过去完全不同或比过去范围更大的工作职责。 证明自己：管理者必须给自己施加一种向周围的人展示自己有能力完成本职工作的压力。
创造变化	开发新的方向：管理者有责任在组织内部开创某种新的事物，实现经营战略的转变，进行组织结构重组或者是针对环境变化及时采取应变措施。 处理遗留问题：管理者必须设法修补前任遗留下来的问题，或者是接管存在问题的员工。 精简机构决策：管理者必须做出关闭某些机构或者是进行裁员的决定。 处理员工问题：缺乏足够经验的员工往往无法胜任工作，或者是存在抵触心理。
有较强的责任感	高风险：明确的工作完成时限、来自高层管理人员的压力、高度可见性以及必须对关键决策承担责任等，都会导致人们很容易判断管理者的工作是成功的还是失败的。 管理多元化业务：职位范围很大，要承担与多种职能、群体、产品、客户或者市场相关的职责。 工作超载：大量的工作需要管理者投入大量的时间与精力。 应对外部压力：管理者必须应对会对企业经营产生影响的各种外部因素（例如，与工会或政府机构进行谈判；在国外文化背景中工作；处理严重的社区问题等）。
参与非职权性关系	非职权性影响：为了完成工作，管理者需要对自己并没有直接管辖权的同事、上级管理人员、外部机构或其他关键人物施加影响。
直面障碍	不利的经营条件：业务单位或生产面临财务问题或者是困难的经济形势。 缺乏高层管理者的支持：公司高层管理人员对于当前的工作或新的项目不愿意提供指导、支持或者是资源。 缺乏个人支持：管理者被排斥在关键网络之外，从其他人那里几乎得不到任何支持与鼓励。 难缠的老板：管理者与老板在观点或管理风格上不一致，或者是老板自身存在严重缺陷。

资料来源：C. D. McCauley，L. J. Eastman，and J. Ohlott，"Linking Management Selection and Development through Stretch Assignments，" *Human Resource Management* 84（1995），pp. 93-115. Copyright © 1995 Wiley Periodicals，Inc.，a Wiley Company.

在把工作体验作为对员工进行开发的一种方法使用时，企业感到没有太大把握的一件事情是：它到底是一种积极的压力，还是一种不利的压力。一方面，工作体验被看成是一种积极的刺激，因为它激发了员工学习的积极性；另一方面，工作挑战又被看成是一种不利的刺激，因为对于承受这种工作压力的员工来说，它往往会带来过高的有害压力。最近的研究发现，除了克服障碍这种要求之外，所有其他工作要求都与学习有关。[51]许多管理者都指出，与其他工作要求相比，克服工作障碍的要求以及推动变化的要求更有可能导致负面压力的出现。这就意味着，企业在安排员工从事克服障碍和实施变革的开发性工作任务之前，应当首先仔细考虑这种开发方法可能带来的潜在不良后果。

虽然对工作体验这种开发方法进行的研究主要是以高层管理人员和一般管理人员为对象，但普通员工也可以从工作体验中学到许多东西。正如我们在前面提到的，为了使一个工作团队取得成功，团队成员现在必须掌握那些过去被认为只有管理者才需要掌握的能力（例如，直接与客户打交道、通过分析数据确定产品质量以及解决团队成员之间的冲突，等等）。除了在团队组建时进行的员工开发，团队成员还可以通过彼此互换工作角色进行进一步的开发。

图 9-4 显示了将工作体验用于员工开发的各种途径，其中包括：扩大现有职位内容、职位轮换、工作调动、晋升、降职以及临时安排到其他公司工作，等等。对于那些开展全球经营的公司（跨国公司）来说，员工开发还经常涉及要求员工频繁出差或变换工作地点的一些外派任务。

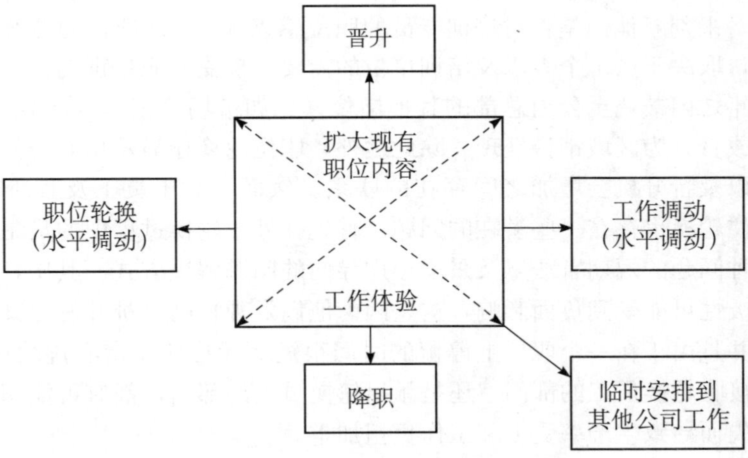

图 9-4 如何用工作体验法进行员工开发

■ 扩大现有职位内容

职位扩大化（job enlargement）是指在员工的现有职位中增加更多具有挑战性或新的工作职责。职位扩大化的具体做法主要包括安排完成特殊项目、在一个工作团队内部变换角色以及研究为顾客提供服务的新途径，等等。比如，一位工程技术类员工可能被要求加入一个负责为技术类员工设计新的职业发展通道的工作小组。在参加这种项目工作期间，这位工程师可能被要求在职业发展通道设计的某些方面承担起领导责任（比如，审查公司的职业生涯开发过程）。因此，这位工程师不仅有机会了解公司的职业生涯设计系统，而且有机会通过运用领导能力和组织能力来帮助一个工作小组达到其目的。还有一些公司则通过安排两位管理人员承担同样的职责，拥有同样的职位名称，从而共同分担工作的做法来扩大职位（“双领导制”）。[52]首先，这种做法有利于帮助管理者从一位经验更丰富的员工身上学习；其次，它有助于公司为那些只有具备多种能力的员工才能填补的职位空缺找到合适的人选；最后，对于那些要求员工经常出差的职位而言，这种做法可以确保总会有一位员工在公司处理相关工作事务。例如，在思科公司，路由器组的负责人过去是作为一名工程师接受培训的，但他现在却从事业务开发工作，与另一位工程师共享一个职位。每一位员工都可以学习其他人的能力，这有助于大家把自己的工作做好。

■ 职位轮换

职位轮换（job rotation）是指在公司的不同职能领域为员工进行一系列的工作任务安排，或者在某个职能领域或部门为员工提供在不同职位之间流动的机会。Cianbro 是一家建筑公司，该公司利用职位轮换项目让新员工接触预算、工程等工作。[53]财务部提供能够在不同的外勤任务、业务单元和企业之间进行职位轮换的项目。在更高的层次，顶尖人才会接受职位轮换，以获得接任公司高级管理岗位所需要的经验。

职位轮换有助于员工对公司目标有一个总体的把握；增进他们对公司不同职能的理解和认识；形成一个公司内部网络；提高员工解决问题的能力和决策能力。[54]例如，赛诺菲-安万特制药公司就鼓励高绩效的销售人员承担一个商业培训部门的项目或任务，来判断他们是否对培训专员的职位感兴趣。[55]该项目的持续时间从几天到数周不等，取决于员工个人以及培训单位的需要。接受全职培训岗位轮换的销售人员会在两三年之内被调至公司总部的其他岗位（比如市场营销），或到不同的销售部门去工作，或晋升为区域销售经理。除此之外，职位轮换还显示出它与知识获取、薪酬水平上涨以及晋升机会增加之间存在的联系。然而，对于员工及其所在的工作单位来说，职位轮换也存在一些潜在的问题。首先，处于轮换过程中的员工及其同事容易产生对各种问题的短期看法以及采取短期导向的问题解决方式。其次，员工的满意度和工作积极性可能受到负面影响，这是因为他们发现自己很难开发出某些职能化的专业技能，并且由于在一个职位上停留的时间很短而无法接受富有挑战性的工作。最后，无论是接收轮换员工的部门，还是派出轮换员工的部门，都有可能因为培训需要以及资源流失而导致生产率受损和工作负担加重。

■ 调动、晋升以及降职

在许多公司中，向上流动、水平流动以及向下流动都可以作为员工开发手段来使用。[56]在**调动**（transfer）中，一位员工很可能被调整到公司的另一个领域去接受某种与过去不同的工作安排。调动并不一定涉及工作职责增加或薪酬水平上涨。它更有可能是一种水平流动（承担职责与过去类似的其他某个职位）。而**晋升**（promotions）则是指向另一个更具有挑战性、需要承担更大责任以及享有更多职权的新职位流动的过程。晋升常常涉及薪酬水平的上升。

调动既可以在美国本土，也可以将员工派往其他国家。然而无论何种调动，都有可能给员工带来压力，这不仅是因为员工的工作角色发生了转变，而且会出现这样一种情况，即如果员工及其配偶都是职场人士的话，员工的调动就有可能导致其配偶不得不随之重新寻找工作。此外，员工的家庭也不得不加入一个新的社区。调动打破了员工的日常生活、人际关系以及工作习惯。[57]他们不得不去寻找新的住房、新的购物场所、新的医疗保健机构以及新的休闲场所，同时，他们还有可能会失去朋友和家庭给他们提供的情感支持。除此之外，他们还必须学习一套新的工作规范和工作程序，必须与自己的新上级和同事重新建立人际关系，同时，尽管他们对当前负责的产品、服务、流程或者下属的情况可能了解得并不多，但是人们却期望他们在当前的职位上干得一样好。

正是由于员工对工作调动存在上述种种担忧，所以许多公司很难说服自己的员工接受工作调动。一项研究还证实，具有下述特征的员工往往具有较强的接受调动的意愿[58]：较高的职业抱负；对自己在公司中的未来充满信心；认为接受调动是在公司中取得成功的必要条件。同时，未婚员工以及那些在社区中并不是很活跃的员工通常最愿意接受工作调动。在已婚员工中，配偶的流动意愿是左右员工是否接受工作调动的一个最为重要的影响因素。

降职（downward move）发生在一位员工承担的责任被降低以及职权被削弱的情况下。[59]这种流动可能表现为以下几种情况：一是被调到等级相同但是承担的责任和享有的职权都有所降低的另一个职位上去（平级降职）；二是临时性的跨职能调动；三是由于绩效不佳而被降级。在员工开发方面，临时性地向下一级职位流动是一种最常用的开发手段，因为它使员工获得了在不同的职能领域中工作的实际经验。例如，希望从事管理工作的工程师往往首先要到低一级的一些职位（例如，轮班工长）上去开发他们的管理技能。

由于晋升往往与心理上的满足和物质报酬（例如，自我实现感增强、薪酬以及在公司中的地位提高，等等）联系在一起，因此员工更愿意接受晋升，而不是平级调动或者是降职。当一家公司处于盈利或者成长阶段时，公司能够为员工提供的晋升机会就会更多一些。而当一家公司处在结构重组、稳定或者利润下滑阶段时——尤其是当大量员工都对晋升寄予希望，而公司却倾向于依赖外部劳动力市场填补企业内出现的高级职位空缺时——晋升机会可能就会非常有限。[60]

遗憾的是，许多员工很难将工作调动和向下流动同开发联系在一起。他们常常将这两种流动看成一种惩罚，而不是将它们看成一种开发技能的手段，是有利于他们在公司中获得实现长期成功的机会。许多员工甚至宁愿离开公司，也不愿意接受工作调动。企业必须对工作调动进行有效的管理，这不仅因为新招一位员工来替代辞职者的成本很高，而且因为与工作调动本身相关的成本就很高。例如，美国GTE公司每年花在房屋购置以及员工调动方面的费用——比如临时住房补贴和调动补贴——就高达近6 000万美元。[61]这些企业面临的一个挑战就是，怎样将工作调动和向下流动作为一种开发的机会来使用，即让员工相信接受这些机会对其个人的长远发展有利。

为了确保员工将工作调动、晋升和降职作为一种开发机会，企业应该做到以下几点：

- 为员工提供与新职位的工作内容、面临的挑战以及潜在收益有关的信息以及工作地点方面的信息。
- 为员工提供一个实地考察新工作地点的机会，并且向他们提供社区的相关信息，从而使他们参与到工作调动的决策中来。
- 制定明确的绩效目标，对他们个人的工作绩效尽早提供反馈。
- 让一位熟悉东道国的人帮助员工适应新的社区和工作地点。

- 提供有关新职位会如何影响员工的薪酬、税收、贷款偿还以及其他费用方面的信息。
- 在员工出售、购买或者租赁住房方面提供相应的补偿或资助。
- 制定一套使员工适应新职位和新工作地点的适应性计划。
- 提供信息说明新的工作经历会如何对员工本人的职业发展规划产生支持作用。
- 给员工的其他家庭成员提供帮助，包括选择学校、幼儿看护服务以及老年人看护服务等。
- 帮助员工的配偶确认、推销其技能以及寻找新的就业机会。[62]

■ 临时派遣、项目、志愿者工作和个人发展假

临时派遣（temporary assignments）是一种工作尝试，比如通过让员工承担一个职位来帮助他们确定自己是否对新的角色、员工互换、个人发展假和志愿者工作感兴趣。所有类型的临时派遣都有一个事先确定的终止日期，过了这个日期员工会回到他们的常规职位。举个例子，赛诺菲-安万特制药公司鼓励达到高绩效的销售人员承担一个商业培训部门的项目或任务，以此来判断他们是否对培训专员的职位感兴趣。[63]该项目的持续时间从几天到数周不等，取决于员工以及培训单位的需要。接受全职培训岗位轮换的销售人员会在两三年之内被调至公司总部的其他岗位（比如市场营销），或到不同的销售部门工作，或晋升为区域销售经理。

员工互换是临时派遣的一种方式。宝洁公司与谷歌公司就开展了这种互换员工的项目。[64]这两家公司都希望从互换员工中获益。两家公司的员工分别参与对方的培训计划以及业务计划讨论会。宝洁公司想多了解应当如何向新一代消费者推销洗涤剂、厕所用纸以及护肤霜等产品，因为新一代消费者在网络上花的时间要比在电视机前花的时间多得多。谷歌公司则希望说服很多公司将它们的品牌宣传片从电视上转移到像 YouTube 这样的视频共享网站上，使自己获取更多的广告收入。同样，一些大型企业以临时派遣的形式将员工送至一些处于创办时期的小型技术或媒体企业，让他们学会如何用更少的资源更快地完成工作。[65]举个例子，在百事可乐公司纽约总部上班的一位产品副经理到在旧金山经营旅游租车业务的 Airbnb 公司工作了一个星期。这名产品副经理注意到，该公司有着与百事类似的非正式协同工作环境。但是 Airbnb 公司更加依靠直觉来进行营销，而不是分析数据或使用营销商。Airbnb 公司的市场专员同样受益于员工互换，他们可以学习百事可乐公司建立市场调查数据库的方法。

临时性的工作派遣也可以包括**个人发展假**（sabbatical）（离开公司去更新或者开发技能的一种休假）。享受个人发展假的员工往往能够得到全额的薪酬和福利。不仅如此，这种个人发展假还使员工有机会在摆脱日常工作压力的情况下获取新的技能、开阔视野。个人发展假还使员工有更多的时间去实现个人的追求，比如写一本书或者是抽更多的时间陪伴孩子。这种个人发展假在现实中已经十分普遍，从咨询公司到快餐店等不同的行业都有这种制度。[66]这种假期的长度一般从 4 周到 10 周不等。个人发展假可以包括旅行、完成学业或其他学习机会、投身慈善、做研究或开发新产品，或者是致力于环保事业。在 Recreational Equipment（REI）公司工作了 15 年的员工会获得他们的第一个带薪个人发展假，包括连续 4 周的假期以及他们应得的休假天

数。[67]之后，每过5年员工都可以再获得一次个人发展假，并且每次都会比上一次多一个星期。

志愿者工作也可以应用在开发活动之中，志愿者工作可以为员工提供管理变革、参与教学、承担更大的责任以及面对我们在表9-7中列出的其他工作要求的机会。对于通用磨坊公司来说，志愿者工作和参与社区项目是践行公司价值观的一条重要途径。[68]该公司员工在各类慈善机构中工作，承担的职责包括为流浪人提供餐饮、粉刷幼儿看护中心房屋以及为公司董事会成员提供服务等多个方面。除了为社区组织提供有价值的服务，通用磨坊公司还认为，志愿者工作能够帮助员工改善团队关系以及开发他们的领导力和战略思考能力。

9.4.4 开发性人际关系

员工还可以通过与组织中更富有经验的其他员工进行互动来开发自身的技能以及增加与公司和客户有关的知识。导师指导与教练辅导就是用于员工开发的两种开发性人际关系类型。

■ 导师指导

导师（mentor）是指能够帮助企业对那些经验不足的员工（被指导者）进行开发的有经验的、生产率较高的资深员工。由于意识到缺少潜在的导师以及员工可以得益于与同伴或同事建立开发性人际关系，许多公司开始创建并支持团体导师指导制和同事导师指导制。

在大多数情况下，指导关系是由于导师和被指导者有共同的兴趣或价值观，从而以一种非正式的方式形成的。研究表明，具有某些人格特征的员工（例如情绪稳定、具有根据环境调整个人行为的能力、对权力和成就有较高层次的需要，等等）最有可能找到导师，对导师来说，他们也是最有吸引力的指导对象。[69]企业可以将上述指导关系作为将成功的资深员工与缺乏经验的员工结合在一起的正式计划的一部分来加以构建。表9-8展示了一些企业运用正式导师指导计划的例子。导师指导计划有许多重要的目的，包括帮助新员工融入公司环境、对管理人员进行开发，以及为女性和少数族裔提供分享经验和获取调任至管理岗位所需能力的机会。

制定成功的导师指导计划。尽管不少导师指导关系都是通过非正式途径发展起来的，但正式的导师指导计划还是有其突出优点的：无论员工属于什么性别和族裔，这种正式计划能够确保所有的员工都能找到自己的导师。正式的导师指导计划还有一个优点：指导与被指导双方都明确地知道企业对自己的期望是什么。[70]正式的导师指导计划也存在一定的缺点，这就是即使正式的导师指导关系在形式上建立起来了，有些导师可能也无法向被指导者提供有效的咨询或指导。[71]要克服这种局限性，很重要的一点是要让导师和被指导者坐下来花时间讨论一下他们各自的工作风格、个性以及背景，这些都有助于建立双方之间的信任感，这种信任感对于让双方感到舒服来说是必要的。[72]东芝美国医疗系统（Toshiba America Medical Systems）没有建立正式的导师指导计划，然而，这家公司从员工被雇用的第一天起就鼓励他们参与非正式的导师指导。管理者和人力资源业务伙伴都需要花时间为新员工介绍他们的同事并带他们参观工作场所。[73]

表9-8 导师指导计划的例子

SCC软件公司——该公司每位新员工都被指定一位导师，导师会创建一本个性化的学习护照，里面包含新员工的照片以及员工需要开发的能力领域，在确定了导师负责开发的能力领域之后，导师会跟进员工的开发过程，直到员工个人学习护照上的能力开发完毕，他们才有资格继续前进。
微软公司——导师指导计划包括职业开发指导以及同事指导。职业开发指导侧重于通过结构化的长达一年的跨组指导来对员工进行职业和专业方面的开发；同事指导则是非结构化的，侧重于同一工作团队成员之间的工作知识转移。
萨克拉曼多市政公司（SMUD）——在该公司的培养领导人才项目中包括一个为期一年的导师指导计划。该计划使被指导者与他们业务单位之外的导师相匹配。萨克拉曼多市政公司为导师提供入门指导以及为期半天的会议，内容包括能力培养、角色扮演、有效指导过程模型、记录目标以及目标达成过程的模板、能力培养实践以及网上培训等。
Sodexo公司——同事导师指导项目是由该公司的各个网络小组直接管理的。这些网络小组围绕某个常见的多元化维度组织起来，由那些想提高自己所属人群知名度的员工创建。这些网络小组包括基于国籍、种族、性取向、服兵役情况以及代际等特征组建起来的不同小组。导师指导精神桥梁计划是一种非正式配对的做法，其目的是使新员工和一线经理人员共同拓展专业开发机会，同时提高公司管理层的深度和多元化水平。
安捷伦科技公司（Agilent Technologies）——该公司的下一代领导力计划通过将公司的高管人员与高潜质的员工相匹配来加速高级人才的开发。
麦当劳——该公司提供一个虚拟的网络导师指导计划，员工可以利用这一计划来培养自己的能力组合以及开发人际关系。

资料来源：Based on www.sodexousa.com，website for Sodexo，Inc.；“Best Practices and Outstanding Initiatives，” *Training*，January/February 2011，pp. 94-98；“Training Top 125，” *Training*，January/February 2011，pp. 54-93；R. Emelo，“Conversations with Mentoring Leaders，” *T+D*，June 2011，pp. 32-37.

表9-9展示了一项成功的正式导师指导计划所具有的特征。导师的挑选应当以人际关系能力和技术能力为依据。同时，这些导师也必须接受培训。[74]为了使导师指导计划对导师、被指导者以及公司发挥最大的效用，必须利用一些工具和辅助手段。[75]举例来说，新墨西哥州立大学医院（UNMH）制定了一份导师指导计划伙伴关系建设指南，这份指南提供了导师和被指导者双方的信息、月度会议的组织、各种可能的开发活动以及如何创建开发性人际关系等方面的内容。百胜餐饮集团的类似指南则提供目标清单、讨论指南、相关网站、书籍以及网上自学模块。

导师计划成功的关键是导师和被指导者能够实现很好的匹配，并且能够以面对面的形式或者是通过视频会议的形式进行交流。美国富达担保公司（American Fidelity Assurance Company，AFA）创建了一个专门针对领导者开发的导师指导计划。[76]当前的领导者不仅当导师，也可以成为被指导者。在这个计划中，参与者根据评估结果和受训者的目标进行配对。着眼于导师与被指导者的配对工作已经初见成效：88%的被指导者表示他们的导师在帮助他们达到目标方面起到关键作用，并且有88%的人打算继续参与导师指导计划。在新墨西哥州立大学医院，每季度召开一次的“快速网络构建”会议是导师指导计划的一个重要组成部分，这些会议提供了至多15名导师与15名被指导者会面并进行互动的机会，被指导者能获得多个导师提供的指导和建议，并且与他们建立联系。微软公司则创建了一个门户网站来帮助导师和被指导者进行匹配，同时该网站还具备社交网络功能，有助于员工之间互相联系。

表9-9 成功的正式导师指导计划的特征

1. 导师和被指导者都是自愿参与该计划。指导关系可随时中止而不必担心会受到处罚。
2. 导师和被指导者之间的相互匹配过程并不限制非正式指导关系的建立。比如，企业可以建立一个导师储备库，让需要指导的员工从一系列合格的导师中选择自己想要的导师。
3. 对导师的选择以他们过去从事员工开发工作的记录为依据，他们必须愿意成为一名导师，同时有证据表明他们能够积极地对被指导者提供指导，此外，还要具有良好的沟通能力和倾听技巧。
4. 导师和被指导者的匹配依据是导师的能力如何有助于被指导者的需求得到满足。
5. 导师指导计划的目的是显而易见的。指导关系的双方需要完成的项目以及活动是具体详细的。
6. 导师指导计划的时间期限是确定的。鼓励指导关系的双方在非正式工作时间内继续保持这种关系。
7. 明确规定导师和被指导者之间的最低接触水平，导师和被指导者需要确定他们何时见面、多长时间见一次面以及如何在其他时间沟通等。
8. 鼓励被指导者去接触导师之外的其他人，一是讨论问题，二是分享各自的成功经验。
9. 对导师指导计划进行评价。与导师和被指导者进行面谈，以了解他们对于该计划的不满。通过调查收集关于参加该计划的好处的更为详细的信息。
10. 让从事员工开发的人能够得到相应的回报，这是为了向管理者传递一种信号，即在指导员工和其他一些员工开发活动上花费时间和精力是值得的。

企业可以利用基于互联网网址的匹配系统来帮助导师和被指导者完成配对工作，同时还可以用软件跟踪导师和被指导者的工作，帮助他们制定开发计划，同时安排导师和被指导者会面的时间。[77]例如，专门从事技术解决方案设计的 SAIC 公司就采用基于互联网网址的工具来提供在线表格、安排会面日期、确定导师指导计划的目标，并通过制定行动计划确保被指导者的需求能够得到讨论。

导师指导关系的好处。导师和被指导者都能够从导师指导关系的建立中受益。研究表明，导师能够给被指导者提供职业和心理上的支持。**职业支持**（career support）包括辅导、保护以及推动员工成长、为他们安排富有挑战性的工作任务、提供接触各种工作内容以及增长见识的机会等。**心理支持**（psychosocial support）则包括以一位朋友或者角色榜样的身份对被指导者提供积极的关心和认可，并且创造一种能够让被指导者说出心中的焦虑与担心的氛围。对于被指导者来说，这种导师指导关系产生的另一个好处就是，他们可以因此获得更多的晋升机会、更高的薪酬水平以及更大的组织影响力。[78]

导师指导关系的出现还为导师本人提供了一个开发人际交往能力的机会，同时他们也因此获得了一个强化自尊以及增加个人对组织的价值的机会。对从事诸如工程或医疗健康服务等技术领域工作的人来说，他们的指导对象有可能帮助他们获得本领域中与科技最新发展有关的一些重要知识（从而防止他们自己掌握的一些技术变得过时）。例如，塔玛拉·特鲁默（Tamara Trummer）总结了她在导师指导计划中获得的一些收益："我在之前工作过的两家公司中都找了导师，这些导师既有男性也有女性，他们以非正式的方式教会了我一些窍门，比如告诉我关于公司内部的信息以及关于某位特定高管人员的信息，还有一些非常实用的东西，比如如何出差以及如何处理一张报销单等。"[79]一位导师安排她从就职的偏远工厂飞到公司总部与公司的核心员工开会，这些员工日后将会与她一同工作。她的导师包括合作伙伴、同事甚至是下属（教她使用电脑软件）。由于塔拉玛作为被指导者时表现优异，她现在也已经成为导师。

在来自不同组织的导师和被指导者之间也能够形成导师指导关系，这样就使小企业的所有者能够接触到他们本来没有机会接触到的那些经验丰富的导师。[80]像 MicroMentor 这样一些网站就是用来帮助小企业所有者寻找在线导师的。例如，斯特迪·麦基（Sturdy McKee）想扩大自己的物理治疗实践，但是他需要了解财务报表方面的一些问题，这样就能制定出自己的经营发展计划，从而寻求外部资金。他使用了 MicroMentor 网站，在上面填写了一些个人资料，列出了他的发展目标，然后去搜寻潜在的与其需求吻合的导师。斯特迪和他的导师每周都会通过电话进行沟通，讨论关于资产负债表和财务词汇方面的一些基本知识等。经过自己的积极探索，斯特迪现在已经开始指导在开展物理治疗实践方面寻求帮助的其他创业者了。

■ 教练辅导

教练（coach）是指与一位员工一起工作，激励这位员工，帮助其开发技能并且提供强化和反馈的某位同事或者管理人员。一位教练可以扮演三种角色。[81]首先，教练对员工进行一对一的辅导（例如，向员工提供反馈）。教练的第二种角色是帮助员工自己学习。这包括帮助员工找到能够协助他们解决所关心的那些问题的专家，告诉员工如何从他人那里获得反馈，等等。教练的第三种角色涉及为员工提供在没有教练帮助的情况下可能无法获得的那些资源，比如导师、培训课程或者工作体验的机会，等等。贝克顿-迪克森公司（Becton Dickinson）就把同事教练辅导（peer coaching）作为其领导力开发项目的一个组成部分。[82]在辅导过程中讨论的内容包括作为一种开发方法的各种工作挑战、作为一种变革催化剂的不确定性以及如何影响他人等。对同事教练辅导项目所做的评估表明，担任教练的人通过该项目获得对自己能力的信心，参与者也能了解到在这一过程中讨论的那些主题的相关内容。当 ConAgra Foods 公司选择科林·巴彻勒（Colleen Batcheler）作为它的法律总顾问时，公司人力资源部为她提供了高管教练辅导，以帮助她为胜任这一高层职位做好准备。巴彻勒与教练辅导团队有过多次会面，她利用教练团队提供的评估和作业来制定自己想要达到的目标。为了确保落实责任，她与公司的首席执行官以及她的下属员工会面，与他们共同审核她所制定的目标。巴彻勒制定的目标之一就是花更多的时间了解律师团队中每个人的强项，以便根据团队成员的独有特质来分配工作任务，从而发挥团队的最大作用。要想在一开始就发现一个人的特质是十分困难的，她通过不断的练习使这一行为变成一种习惯。最后，她成为一名高效的领导者，律师团队成员的组织承诺度和生产率也都有所提高。[83]研究表明，教练辅导能帮助管理者识别需要提高的领域并设定相应的目标。[84]一般情况下，教练辅导关系产生效果至少需要 6 个月的时间，在此期间每周或每月都要进行一次会面。为了达到效果，一名教练通常要对被指导者进行评价，通过不断提出有挑战性的问题，促使被指导者深刻思考自己的目标和动机，帮助他们创建一份行动计划，并通过定期跟进防止员工偏离正常轨道。而被指导者对教练辅导的成功所能做的则是坚持依照行动计划行事。[85]

这里的"通过可持续性进行竞争"专栏展示了导师指导计划以及其他开发活动是如何帮助一家企业面对不断的变化的。

通过可持续性进行竞争

病人的满意度取决于管理能力开发

位于纽约市的纽约长老会医院（NYP）是美国最大的非营利、非教会医院，在全美一共有2 409张床位。纽约长老会医院的使命包括“承诺提供高质量和富有同情心的病人看护，为医师、生物医学科学家和其他卫生医疗专业人员提供卓越的临床教育，开展创新性的医疗保健研究以及科学实验，提供富有责任心和前瞻性的社区服务，为患者、家庭以及来访者提供周到的服务；为员工提供安全的工作环境、具有竞争力的薪酬以及职业发展机会”。纽约长老会医院获得了诸多奖项，包括登上2011—2012年《美国新闻与世界报道》评选的“美国最佳医院榜单”，与美国其他医院相比，纽约长老会医院的医师位居“美国最顶尖医生”名单之列的人数是最多的。

为了达成使命，纽约长老会医院意识到对一线管理人员进行开发的重要性。这些管理者负责对医院的工作人员进行监督，并且会影响到生产率、员工流动率、员工敬业度以及可能是最重要的一项指标，即患者满意度。纽约长老会医院实施的一项为期18个月的“构筑明天的领导力”计划旨在帮助管理人员开发他们在问题解决、合作、沟通以及决策等方面的能力。该计划一共包括三个阶段。第一阶段包括制定开发计划以及开展领导力研讨会。管理人员运用360°反馈和绩效评价信息来制定自己的开发计划。这些计划能够将管理人员的学习集中在课堂研讨会上，这些研讨会要求他们以各自的方式或以小组为单位，运用现实的案例教学和商业情境来分析问题并做出决策。在第二阶段，管理人员组成项目团队，将他们在课堂研讨会上学习的技术、知识、能力等运用到医院的一些重要项目上。第三阶段涉及管理人员与负责临床和行政管理的医院高层管理人员进行合作，共同解决一些重大的战略问题。在整个计划中始终都会有一位高层管理人员作为导师与这些管理人员紧密合作。在计划的最后，管理人员会收到另一份360°反馈评价，用来衡量他们在能力开发过程中所取得的进步并确定他们仍需提高的一些能力领域。这些管理人员与他们的指导者会进行多次会面，来回顾并跟进他们的进展。除了开发管理人员的能力之外，纽约长老会医院还希望获得其他一些成果，包括建立跨部门、跨医院以及跨职能的合作，形成通用的管理和领导实践，并提高医院识别医疗保健、医院运营以及患者偏好等方面的变化和挑战并加以适应的能力。

讨论题

1. 纽约长老会医院在“构筑明天的领导力”计划中运用了哪些开发方法？这些方法是如何促进管理人员能力开发的？

2. 有没有其他一些开发方法能够用于这种计划？为什么这些方法是有效的？

资料来源：Based on E. smith，“Building Tomorrow's Leaders，” *Chief learning Officer*，August 2012，pp. 38-39；www. nyp. org，website for New York-Presbyterian Hospital.

9.5 员工开发中的特殊问题

9.5.1 熔化玻璃天花板

当今企业面临的一个重要开发问题是，如何使女性员工和少数族裔员工能够晋升到公司的高层管理职位上去，即如何熔化**玻璃天花板**（glass ceiling）。调查显示在《财富》500强企业中，女性首席执行官所占的比重不到3%，女性高管人员的比重只有14%。[86] 2/3的企业缺少能够满足女性领导者需求的特定项目。23%的公司提供满足女性需求的活动和项目，这些项目包括灵活的工作日程安排、多样化的招募程序以及教练辅导和导师指导计划等。这里的困境之一在于，从领导力开发的角度来看，企业并不愿意将女性和男性区别对待，尽管它们也认识到女性缺少高层管理人员作为推荐者或导师，工作经验相对欠缺，同时需要更好地在工作和生活之间进行平衡。这里的玻璃天花板实际上是指晋升到组织高层职位上去的一种障碍。这种障碍之所以产生，要么是由于人们形成了一些刻板印象，要么是因为公司的现行规章制度对女性和少数族裔员工的开发产生了不利的影响。[87]玻璃天花板的形成很可能是由于缺乏培训机会、适当的开发性工作体验以及开发性人际关系（例如导师指导关系）导致的。[88]女性员工和少数族裔员工常常发现，由于以下几个方面的原因，他们很难在公司中找到自己的导师：一是他们缺乏与公司里的“圈内人”接触的机会；二是管理者更倾向于与同一职级上的其他管理人员来往，而不是与普通员工交往；三是对女性员工和少数族裔员工的能力、动机和工作偏好已经形成了刻板印象的那些管理人员会有意识地排挤他们。[89]到目前为止，还没有研究发现男女之间在获得涉及调整和创造变化的工作经验方面存在性别差异。[90]然而，与能力和职位层级相似的女性管理者相比，男性管理者明显能接受更多的工作任务，承担更大的责任（高风险、管理业务多元化、处理外部压力等）。同样，女性管理者由于得不到足够的个人支持，在工作中要比男性管理者面对更多的挑战（一种被认为是与负面压力相关的障碍的工作要求）。来自同事和高层管理人员的职业发展激励确实有助于女性晋升至更高的管理层级上去。[91]管理者在委派开发任务时，应该仔细考虑性别偏见和刻板印象是否会对分配给女性和男性的任务类型产生影响。尽管导师指导关系的建立是必须的，但这里的“实践中的诚信”专栏强调了让男性导师指导女性员工可能存在的一些负面作用。

实践中的诚信

导师制对职业发展不但没帮助，反而会产生消极影响

与公司领导建立导师指导关系能够帮助女性员工对她们的工作产生更为清晰的认识，并获得打破玻璃天花板所需的社交网络。然而，当跨性别的导师指导关系（男性领导成为女性员工的导师）从绝对的商务关系跨界发展成一段私人关系时，导师和被指导者的事业和声誉都会受到损害。已经退休的戴维·彼得雷乌斯（David Petraeus）将军曾是美国中央情报局局长，联邦调查局的一项调查发现，他与他的指导对象葆拉·布罗德威尔（Paula Broadwell）保持着一段婚外情关系，并且葆拉·布罗德威尔有可能通过不正当的手段窃取了军事机密信息，此事直接导致戴维·彼得雷乌斯被迫辞职。这一段风流韵事由两人建立的导师指导关系发展而来，始于彼得雷乌斯就任中情局局长，随着2012年夏天彼得雷乌斯下台而结束。

尽管存在诸多争议，但彼得雷乌斯或许是那一代最重要的美国军官。他因制定镇压叛乱战略成功地逆转了当时美军在伊拉克的不利战局而备受赞许。他的顾问圈子掺杂了

军方参谋以及民间分析师，他鼓励这些人采用批判性思维，可以随意提出与他不一样的想法，这在美国军方是一种非传统的做法。军方人员将彼得雷乌斯与他妻子之间维持的长达30多年的婚姻视为典范，因为两人克服了由于长期海外军事部署所导致的分居和其他困难。

布罗德威尔第一次与彼得雷乌斯会面时还是哈佛大学的学生，当时彼得雷乌斯和她谈论了镇压叛乱战略。她因彼得雷乌斯的想法而大受鼓舞，决定撰写一篇关于彼得雷乌斯领导风格的博士论文。当彼得雷乌斯2010年挂帅美军驻阿富汗部队时，他同意了布罗德威尔对他与他率领的团队进行考察的请求。布罗德威尔利用这些考察机会，撰写了彼得雷乌斯的传记。尽管布罗德威尔比彼得雷乌斯小20岁，但两人有诸多相似点，并有共同的兴趣爱好。布罗德威尔游历过60个国家，在情报机关、特殊任务小组以及联邦调查局的反恐任务小组中都工作过，获得了常青藤大学学位，热爱健身，并且是奉子成婚。彼得雷乌斯将军担任年轻军官的导师也不是什么新鲜事，他因以下的用人理念而闻名："甄选人才，并在其他伯乐加入竞争之前尽早选拔人才，帮助他们成长，与他们保持联系，激发他们的才能。"彼得雷乌斯经常与低级别的军官进行互动，以便知悉军队基层的动向，而不是仅仅依赖由指挥系统层层筛选出来的报告。

讨论题

职场中的一个现实情况是：男性仍然占据着组织中的大多数领导岗位。女性员工需要这些男性领导者帮助她们开发自己的能力，这些能力是晋升至高层管理岗位所必需的。然而，许多高层男性领导却尽量避免成为女性员工的导师，因为他们担心会被指控性骚扰或卷入一段绯闻。对于鼓励高层领导指导女性员工并与她们保持正当的商务关系（而不是恋爱关系），你有什么好的建议？

资料来源：Based on J. Goudreau，"The David Petraeus-Paula Broadwell Affair：The Danger of Male Mentors?" from www. forbes. com，accessed April 15，2013；F. Kaplan，"Why Did General Petraeus Risk Everything for an Affair?" November，10，2012，from www. slate. com；J. Roth，"Will the Petraeus Affair Hurt Cross-Gender Mentoring Relationships?" November 20，2012，www. womensagenda. com；K. Prior，"Don't Let the Petraeus Affair Keep Men from Mentoring Women，" www. theatlantic. com；S. Shane and S. Stolberg，"A Brilliant Career with a Meteoric Rise and Abrupt Fall，" November 10，2012，www. nytimes. com.

我们不妨来看看西夫韦公司（Safeway）是怎样熔化玻璃天花板的。[92]西夫韦公司在美国和加拿大一共有1 775家杂货店。为应对各具特色的其他杂货店以及像沃尔玛和塔吉特等这样一些大规模的低成本竞争对手的挑战，在认识到自己70%的顾客都是女性的基础上，西夫韦公司采取了一系列措施来对女性员工进行开发，从而将她们晋升到管理层。为此，公司中出现了一个由女性发起的名为"为女性而变革"的运动，这是一个综合性战略，其中包括针对领导力开发、导师指导以及工作和生活之间平衡的各类计划。西夫韦公司通常采取内部晋升的做法，即通过公司的零售领导力开发计划（RLD）将零售层面的员工作为潜在管理人员的主要来源。在西夫韦公司的1 800名店长中，有90%是通过这一计划被晋升到管理层的，在公司的10位事业部总裁中，有9人是从门店开始其职业生涯的。

为了帮助女性和少数族裔员工晋升到企业的高层管理职位，该公司的零售领导力开发计划被用来增加完成该计划的女性员工和少数族裔员工的人数。完成该计划的员工可以安排到店长或者是助理店长的职位上去，这就使他们获得了晋升到公司高层领导职位上去的基础。为了支持女性争取领导职位的努力，西夫韦公司确保那些从事非全日制工作以及按照灵活时间表工作的女性与传统的全日制工作女性一样，能有得到辅导、晋升以及开发的机会。该公司还认识到，经常的工作地点调整不大适合某些员工，特别是女性员工。因此，拒绝工作地点调动不再被视为一个阻碍职业发展的因素。

西夫韦公司还为那些对晋升到管理职位上去感兴趣的女性员工建立了一个女性领导网络。这个网络会举办一些活动，比如在公司的不同工作地点做一些展示，以展现西夫韦公司女性员工取得的成功，同时还会提供一些学习的机会。公司的高层管理人员也会参与这种展示活动，他们会与那些被认定为管理职位候选人以及可以得到店内开发机会的女性员工会谈。讨论的关注点是女性员工的职业发展兴趣，这些高管会为她们推荐一些工作机会，同时鼓励她们去申请那些有助于她们晋升到下一个管理层次的职位。西夫韦公司的导师指导计划强调，由于目前公司中缺乏女性导师，因此，管理者的第一位被指导者应为女性。在西夫韦公司的工作与生活平衡计划中包括弹性工作时间安排，这种政策能够使所有的女性员工——无论其家庭状况如何——在工作和生活之间实现平衡。西夫韦公司意识到，自己的管理人员应当担负起帮助女性员工承担管理职位的责任。因此，所有的管理人员都要参加多元化管理的研讨会。公司会根据管理者在实现多元化目标方面取得的成就来对他们做出评价，那些能够达到多元化目标的管理者可以额外获得10%的薪酬奖励。

西夫韦公司的女性倡导计划已经取得了成效，自2000年起，该公司女店长的人数增长了42%。在过去5年中，有资格参与并实际完成零售领导力开发计划的女性员工增长了31%。雷曼兄弟公司提供的一份研究报告表明，这项计划促使该公司销售额和利润上升。随着西夫韦公司获得了促进奖（Catalyst Award），其作为女性员工和少数族裔员工优先选择的企业的声誉进一步强化，这个奖项每年评选一次，颁发给在促进女性和少数族裔员工职业发展方面做出杰出贡献的企业。表9-10提供了一些熔化玻璃天花板以及帮助企业留住优秀女性员工的建议。

表9-10　　关于熔化玻璃天花板的一些建议

- 确保高层管理人员支持和参与该计划。
- 表明变革是公司经营的需要。
- 使变革公开化。
- 采用工作任务小组、焦点小组以及发放调查问卷等方法收集与导致玻璃天花板问题出现的原因有关的信息。
- 提醒员工注意对待性别的态度会怎样对工作环境产生影响。
- 通过审查公司的晋升比率以及工作任务分配决策来强化责任落实。
- 促进对所有员工的开发。

资料来源：Based on D. McCracken，"Winning the Talent War for Women，" *Harvard Business Review*，November-December 2000，pp. 159-67.

9.5.2 继任计划

继任计划（succession planning）是指一个确认并跟踪高潜质员工的过程。继任计划在很多方面会对组织有所帮助。[93]它要求企业的高层管理人员系统地观察公司中具有领导才干的人。同时，它假定在组织中确实有人具有成为高层管理人员的潜质。它为候选人提供了管理人员在晋升到高层管理岗位之前必须完成的一系列开发事项。这就避免了过早将还没有做好相应准备的人晋升到高层管理职位上去的不恰当的做法。此外，继任计划系统还有助于企业吸引和留住一些管理类员工，这是因为，如果他们的职业目标是成为高层管理者的话，这个计划可以为他们提供这样的开发机会。**高潜质员工**（high-potential employees）是指那些被公司认为具有一定的潜力，因而能够胜任高层管理职位的人，这里的所谓高层管理职位包括某个战略业务部门的总经理、某一职能领域的总监（比如营销总监）或者是首席执行官，等等。[94]高潜质员工通常完成的典型开发计划包括正规教育、高层管理人员导师指导和教练辅导以及通过工作安排实现的职位轮换等。这些高潜质员工承担的工作任务主要是根据他们准备替代的那些高层管理者走过的职业通道安排的。高潜质员工还有可能接受一些特别的任务，比如公开演讲以及在一些委员会和特别工作小组中任职，等等。

表 9－11 向我们展示了制定一份继任计划需要经历的过程。第一步是明确有哪些职位包括在继任计划中，例如，是所有管理职位都包括在其中，还是只有某个特定管理层次上的管理职位才能进入该计划。第二步是明确哪些员工成为继任计划的一部分，例如，在有些公司，只有那些高潜质的员工才能被纳入继任计划。第三步是公司必须明确如何对职位进行评价，例如，强调的重点是每一种职位的胜任素质，还是一位员工在进入当前职位之前具有的个人经验？第四步是确定如何对员工的潜质进行衡量，也就是说，是使用员工在当前职位上取得的工作绩效，还是使用对员工的潜质所做评价的结果？应当考虑员工个人的职位兴趣和职业发展目标吗？第五步是设计一个对继任计划进行审查的程序。一般来讲，参与继任计划审查的首先是员工的上级管理者和人力资源管理人员。此外，在人才盘点过程中也可以包括对公司的领导人才进行一次整体评价，识别出高潜质的员工以及就如何留住公司核心管理人才制定的一份计划所做的讨论。许多企业运用九宫格来对继任计划进行审查。**九宫格**（9-box grid）是一个 3×3 的矩阵，许多管理人员和行政人员运用该矩阵，在一个部门、职能层、事业部甚至整个企业范围内对员工进行比较。[95]九宫格还是开展人才分析和讨论的重要工具，它有助于规划有效的开发计划和活动，有助于发现有才能的员工，这些员工经过开发后有能力胜任企业的高层管理岗位。正如图 9－5 展示的，矩阵的纵轴表示评估后的工作绩效，横轴表示通常意义上的“潜力”或“可晋升性”。一般来讲，管理人员（基于企业的绩效管理系统）对员工的绩效和潜力所做的评估会对员工的开发计划产生影响。举个例子来讲，在图 9－5 中，相对于矩阵中其他区域的员工而言，“明星”员工的开发计划应该使其胜任公司领导岗位。而“不胜任者”的开发计划则应强调提高他们在当前职位上的绩效，而不是为他们提供新的工作挑战。如果他们无法提高当前的绩效，就应该考虑将其解雇。“技术或主题专家”获得了卓越的绩效，但却缺乏胜任领导岗位的潜力，针对他们的开发计划很可能强调保持他们当前的知识、技能以及胜任素质，同时积累经验，为他们进行创新和发挥创造力提供便利。那些“潜力

错置者”也许是因为刚接触一个新的职位，还没有时间适应并展现高绩效，或者是这些员工的知识、技能或胜任素质与他们的职位要求不匹配。他们的开发计划应强调将他们调到与他们的技能组合最匹配的职位上去，如果他们刚调任一个新的职位，则应确保他们得到培训和开发的机会，获得有助于他们达到高绩效水平的必要资源。“核心员工”十分可靠，但并没有达成卓越的绩效，潜力也比较有限，针对这些员工的开发计划应包括一系列培训与开发设计的组合，以确保他们继续保持稳定的绩效，同时，针对他们的开发计划很可能还包括一些工作体验方面的设计，以帮助他们开发新的能力，并判断他们的兴趣和能力是否适合其他要求不同的技能或需要承担更多责任的职位。

表 9-11　　制定一份继任计划的过程

1. 明确哪些职位包含在该计划中。
2. 明确哪些员工包含在该计划中。
3. 制定对职位进行评价的标准（比如，胜任素质、要求的工作经验、要求的知识背景以及开发价值）。
4. 确定如何衡量员工的潜质（例如，当前绩效以及潜在绩效）。
5. 制定继任计划审查程序。
6. 将继任计划系统与其他人力资源管理系统联系起来，其中包括培训和开发系统、薪酬系统以及人员配置系统。
7. 确定对员工提供哪些方面的反馈。
8. 对继任计划进行评价。

资料来源：Based on W. Rothwell, “The Future of Succession Planning,” *T+D*, September 2010, pp. 51-54; B. Dowell, “Succession Planning,” in *Implementing Organizational Interventions*, ed. J. Hedge and E. Pulaskos (San Francisco: Jossey-Bass, 2002), pp. 78-109; R. Barnett and S. Davis, “Creating Greater Success in Succession Planning,” *Advances in Developing Human Resources* 10 (2008), pp. 721-39.

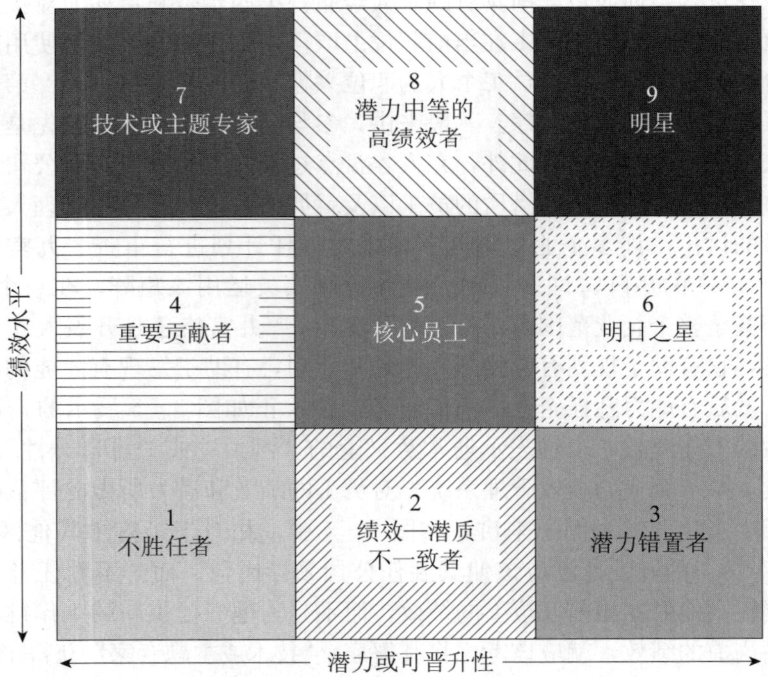

图 9-5　九宫格示例

第六，继任计划有赖于其他人力资源管理系统，包括薪酬系统、培训和开发系统、人员配置系统等。各种奖励和年终奖可以与利用开发机会结合起来，像培训课程、工作体验、导师指导计划以及360°反馈等这样一些活动也可以用来满足开发需要。很多公司还需要做出其他一些决策，例如，是让一位经验不太丰富的内部员工去填补管理类职位空缺，然后让其在上岗之后逐渐加以改进，还是从公司外部雇用一位来到公司之后就能很快带来业绩的管理者呢？第七，公司需要向员工提供关于未来的职位变动方向、预期的职业发展通道、开发目标以及工作体验等方面的反馈信息。最后，还应当对继任计划的整个实施过程进行评价，其中包括确定以及衡量各种恰当的结果性成果（例如，填补管理类职位空缺的时间缩短程度、内部晋升机会的增加），从管理者和员工那里收集他们对继任计划实施过程的满意度的衡量指标（反应性成果）。此外，还需要确认、讨论和实施对继任计划实施过程的修订。

为了填补医疗卫生管理者岗位即将出现的空缺，位于威斯康星州拉克罗斯的Gunderson Lutheran Health System制定了一个继任计划开发流程，分别在以下四个领导层级中识别高潜质的继任者并对其进行开发，这四个层级包括医师高层管理人员、医师行政管理人员、行政高层管理人员以及总监层次的行政管理人员。[96]继任者的甄选基于他们在以下几个方面是否展现了高水平的胜任素质：运营、财务、战略思维、构建伙伴关系和团队、员工开发、变革管理、绩效管理以及领导力开发。继任者还需要展现出对晋升的兴趣和意愿；通过参与一项领导力评估来确认自己的技能差距和开发需求；通过接受开发反馈和教练指导形成对于当前的绩效、需要开发的能力以及未来职位胜任素质的较为实际的概念；接受能够提供开发机会的工作任务；投入时间和精力去学习新的能力，并与他们的副总裁或经理以及一个由业务部门和人力资源管理部门的副总经理领导的审核小组共同审核他们的继任计划开发流程。行为化面试、360°评价、迈尔斯-布里格斯人格类型测试（MBTI）以及价值观和领导能力评估等，都可以用来识别员工的强项以及开发需求或能力差距。审核小组会基于这些评估对员工制定的开发计划进行讨论，并得出一致意见。开发计划取决于继任者和整个组织两方面的需求，包括诸如教练辅导、继续教育、导师指导、项目委派、职位扩大化、职位轮换或者跨职能工作任务安排等各类开发活动。举个例子，项目委派可能包括开发一份电子病历的任务安排。新的工作体验可能是，在将一名行政主管人员调至更高层级的监管整个医院运营的职位之前，先将其从康复医疗区调至人力资源岗位工作三年。这些开发活动使得领导小组能够在继任者学习的同时，对他们在接受更大的责任以及扩展性任务时展现出的绩效进行评估。

Gunderson公司通过同事们提供的绩效评价和反馈来评估相关开发活动的实施效果以及继任计划是否取得了成功。审核小组研究了年度进展报告，发掘了60个分布在各个领导层级的高潜质员工，并且讨论了他们的未来职业发展道路。四位高潜质总监被提拔到首席级领导职位上，还有六位高潜质管理者被提拔到总监级职位上，九位高潜质管理者和总监有了工作内容被扩展的新职位。

继任计划存在的一个重要问题就是，到底该不该告知员工他们是否在高层管理岗位的潜在继任者名单上，公司需要考虑到这一举措的好处和坏处。[97]公布继任计划的名单并告知位于名单上的员工的好处之一就是，这些员工会留在公司，因为他们知道自己很可能有新的职位机会。另一个好处就是，对其他岗位不感兴趣的高潜质员工可以尽早表达他们的意图，避免公司在他们身上投入宝贵的开发资源，并且使公司对其高潜质管理人才形成更准确的观念。这一举措的坏处是，那些不在名单上的员工很可能会变得沮丧并且离开公司，或者经营战略或员工绩效的改变使他们不能进入这份名单。此外，在员工知道一份潜在继任者的名单已经形成的情况下，他们有可能认为自己在竞争领导岗位时没有获得公平的机会。避免产生这一问题的方法之一就是告知员工他们位于名单之列，但不告诉他们将要得到什么样的具体职位。另一个方法就是经常复审继任者名单，并清晰地传达继任计划和预期。Midmark 是一家位于俄亥俄州的医疗设备制造商，该公司的管理人员每隔六个月就会寻找自己的继任者，以此作为公司绩效管理流程的一部分，并创建一份潜在的继任者名单。一些员工被标注为高潜质员工，还有一些则被确认为拥有继任领导职位潜力的员工。公司会考虑为拥有继任领导职位潜力的员工提供具有挑战性的开发任务，包括海外派遣。通过面谈的方式，公司可以确认继任者名单上的员工是否对领导职位感兴趣并且拥有这方面的资格。

本章回顾

本章开篇描述了 ESPN 公司的员工开发计划。

思考题

1. ESPN 公司要求所有员工完成一份个人开发计划，一份有效的个人开发计划应该包括哪些要素？

2. ESPN 公司如何发掘拥有继任高层领导职位潜力的员工？

3. 为什么 ESPN 公司的大多数开发计划都是工作体验而不是课堂听讲？

小　结

本章着重指出了许多公司正在使用的各种开发方法：正规教育、评价、工作体验以及开发性人际关系的建立等。大多数公司都运用其中的一种或者多种方法来对员工进行开发。正规教育包括让员工参加由公司或教育机构提供的各种课程或研讨会。评价包括对员工的绩效、行为、技能以及人格特征等进行评价。工作体验包括职位扩大化、轮换到新的职位、晋升或者调动。可以利用一位经验更为丰富的资深员工（导师）来帮助员工更好地理解公司，并且让他们得到更多的与公司的关键人物进行接触的机会。在管理者的工作职责中包括对员工进行指导。无论采用何种开发方法，员工都必须制定一份个人开发计划来确定：(1) 需要的开发类型；(2) 开发目标；(3) 开发的最佳方法；(4) 开发目标是否达成。为了保证开发计划的有效性，员工和公司都需要承担起自己应负的责任。

讨论题

1. 如何运用评价法来创建一支高生产率的工作团队？

2. 列举并解释有效的 360°反馈系统应当具有的特征。

3. 企业为什么要制定正式的导师指导计划？这种计划对于导师有哪些潜在的好处？对于被指导者呢？

4. 假如你的老板想请一位咨询顾问帮助她从

快餐店现有的员工中选拔出潜在的管理者。这位管理者的工作职责包括：在工作繁忙时帮忙招待顾客和准备食物；监控快餐店经营的各个方面（包括工作时间、设施维护、在职培训以及食物采购，等等）；帮助老板激励员工提供高质量的服务。这位管理者还有可能要负责解决发生在员工之间的争执。这一职位需要在一定的压力下从事工作，并在同一时间协调几种不同的工作活动。假如你的老板要求你列出一些评价项目的类型，通过这些评价最有效地判断出谁能够成为卓越的管理者，你会怎样跟她讲？

5. 许多员工不愿意调动到其他地点去工作，因为他们喜欢目前的社区环境，而且配偶和孩子都不愿意离开当前的居住地。但为了晋升到管理类职位，员工又需要开发新的技能，弥补技能方面的缺陷，同时了解公司经营中出现的新问题。在这种情况下，企业如何改变员工当前的职位才能实现对其管理技能的开发？

6. 举几个关于个人发展假的例子，并谈谈这种假期为何对员工开发有益处。

7. 什么是教练辅导？是否只有一种类型的教练辅导？请解释你的答案。

8. 为什么许多管理者不愿意对员工提供教练辅导？

9. 为什么企业应当帮助员工对职业进行规划？企业可以从中获得什么样的收益？同时又存在何种风险？

10. 管理者在职业管理系统中扮演的角色是什么？对一位典型的管理者来说，你认为哪一种角色最难扮演？哪一种角色最为简单？请说明管理者拒绝参与职业管理的理由。

11. 画一张人才盘点的九宫格图，并说明它对继任计划有什么帮助。

12. Nationwide Financial 是一家总部位于俄亥俄州哥伦布市的寿险公司，其员工多达 5 000 人。该公司的管理开发计划中包括四类管理人员。其中一种是未知的领导者，这类人有适当的能力但公司的高管人员对他们的才能却并不了解，另一种则是傲慢的领导者，他们认为自己具有组织需要的各种能力。针对上述两种不同类型的领导者，你会建议他们采用哪些类型的开发计划？

自评练习

前往 www.keirsey.com，完成凯尔西气质分类测试，你对自己有什么新的认识？这项测试对员工开发有什么帮助？存在哪些缺陷？

战略练习

高通公司的领导力开发计划

位于美国加利福尼亚州圣迭戈市的高通公司是全球新一代移动科技的领跑者，因其产品、企业文化以及员工管理实践而备受赞誉。举个例子，2010 年，高通公司被《快速成长公司》（*Fast Company*）杂志评选为美国最具创新力的公司；连续 13 年（包括 2011 年）被《财富》杂志评选为最适合人们工作的公司之一；连续 4 年被评选为印度最适合人们工作的 25 家公司之一；CareerBliss.com 网站根据员工的评分，将高通公司排在“2011 年最幸福的工作场所排行榜”的第四名。高通公司在员工成长机会、薪酬、福利、工作和生活平衡、职业发展以及工作保障等方面均超过了行业平均水准。同时，高通公司作为全球性企业，还承诺促进公司运营所在地和员工居住地的社区发展，包括在全球范围内与各个国家的当地机构和组织合作，运用 3G 无线网络的力量来缩小当今世界上许多地区存在的数字鸿沟。这项举措对于那些缺少传统电信基础设施、居民勉强维持生活的发展中国家和地区而言尤为重要。目前正在实施的或计划中的项目包括为生活在秘鲁马丘比丘附近的安第斯山脉村民提供医疗卫生服务，帮助北卡罗来纳州的青少年学生提高数学技能。

高通公司取得成功的原因之一就在于它独特的领导力开发方法。与其他公司不同，高通公司并不会试图发掘少数高潜质员工，为他们提供专门的开发活动，使他们有资格胜任高级管理职位。相反，高通公司的开发理念是帮助尽可能多的员工开发领导力技能。

高通公司的领导力开发计划包括一个开发基本管理能力的入门项目，项目经理通过该项目教会技术专家如何进行管理。富有经验的管理者则会参与到领导力项目中，该项目侧重于研究高通公司面临的特定经营问题并探究解决问题的方案。总监级别的管理者会参与高级领导力开发项目。高通公司的领导力开发计划运用混合学习方案，包括学习高通公司的历史案例或参加网络培训课程，员工在学习结束回到工作岗位之后，要尝试将他们学到的知识运用于实践。之后，员工会再次会面，分享他们的成功经验，并讨论他们在运用所学知识时遇到的各种挑战。公司鼓励员工利用正式开发会议的间隙展开讨论，帮助彼此理解开发内容，以及如何将其运用于工作中。

思考题

1. 有哪些其他类型的开发计划应该被高通公司考虑并纳入其领导力开发计划？阐述你推荐这些开发计划的理由。

2. 位于科亚的秘鲁人的村庄坐落在与世隔绝的小山谷里，该村庄有一个诊所，每周最多接待500名患者。如果安排管理人员去帮助这家诊所提高其获取建议以及为患者提供最好治疗的能力，这个项目会成为一个有效的开发体验吗？请解释你的答案。管理人员通过完成这项任务能够提升哪些管理能力或胜任素质？

资料来源：Based on www.qualcomm.com website for Qualcomm；P. J. Kiger，“The Leadership Formula，” *Workforce Magazine*，May 2010，pp. 25-30；A. Fox，“Achieving Integration，” *HR Magazine*，April 2010，pp. 43-51.

人的管理

管理能力开发促进了泰森公司的业务

泰森食品公司（Tyson Foods）是总部位于阿肯色州斯普林代尔市的世界最大的鸡肉、牛肉和猪肉加工和销售商之一。该公司生产多种多样的蛋白质食品和速食食品，是零售和食品服务业公认的市场领导者。泰森食品公司为全美以及全球90多个国家的客户提供食品和服务，公司雇用了大约11.7万名员工（被称为团队成员），分布于全球400家分支机构和分公司。

泰森食品公司将它的成功归因于对管理人员的开发。特别需要指出的是，泰森食品公司需要发掘具有高领导潜质的员工，并迅速将他们培养成管理者和领导者，使他们能够促进流程优化、提升成本效率，以增加并维持商业利润。为了达到这一目的，泰森食品公司在咨询公司SVI的协助下，制定了一项为期两年的开发计划，该计划被命名为“冠军领导”（LINC）。“冠军领导”计划的目的是培养一批管理者，让他们时刻具备接任高层管理职位的资格，确保他们拥有合格的能力和态度，在业务中推动创新并建立竞争优势，扩大他们在泰森食品公司以及整个行业的参与度和影响力，并为他们提供各种开发机会。

为了发掘“冠军领导”计划的参与者，泰森食品公司要求每个业务单元的领导推荐具有领导潜质的员工，这些员工的绩效评价必须排在前5%以内。接着，公司开始进行筛选，包括经营成果审查、同事和领导推荐以及对候选者未来成长潜力的评估。候选人还需要向审查小组展示他们遇到的帮助他们塑造自我的一项重要挑战。分享这些挑战会向审查小组传达“冠军领导”计划对候选者的要求，即勇气、诚实以及与他人分享等特质。展示之后，会有20名管理人员被选为“冠军领导”计划的参与者。

“冠军领导”计划的第一步是让参与者阅读《冠军团队》（*The Organization Champion*）一书，并完成一个测试，以评估参与者在冠军团队中的能力。参与者利用这种测试来识别自己的强项以及有待提升的领域，并制定个人的开发计划。第二步，参与者会完成一个为期两天的帮助他们认真思考自己的人生观的项目，参与者通过该项目重点思考什么是他们擅长做的、什么能使他们充满激情以及如何为公司做出自己独特的贡献。“冠军领导”计划的参与者可以通过每月一次的会议与公司的高层管理人员互动，这种互动既可以是前往总部直接面对面，也可以通过视频会议的形式完成。每次会议都会由不同的业务部门高层管理人员主持，在会议上分享经营方面的信息以及他们经历的各种挑战，并展示一个关于领导力胜任素质的专题。这个会议既有利于参与者的开发，也有利于对领导者进行开发，参与者能够获得与高层管理人员进行互动并建立关系的机会，同时，高层管理人员也有机会对参与者进行考察，因为这些参与者将来有可能进入他们的业务部门工作。每月一次的会议也涉及同事间的教练辅导，“冠军领导”计划的参与者会交换思想并互相提供反馈。

第二年的“冠军领导”计划包含体验项目，该项目用来衡量参与者的开发进度，参与者必须依靠自己学到的知识和技能。该项目完成之后，参与者会被分配一些基于他们的兴趣决定的任务，这些任务迫使他们去面对新的挑战，并接触不同的业务领域（扩展性工作任务）。扩展性工作任务涉及一些比较重要的岗位，这些岗位要求“冠军领导”计划的参与者面对真正的经营挑战和机遇，参与者必须开发新的能力来顺利完成这些任务。扩展性工作任务可能包括加入行动学习小组、研究项目或做高管人员的学徒等，这些扩展性工作任务给泰森食品公司带来了新的产品和竞争优势。

总的来说，“冠军领导”计划获得了巨大的成功，它被认为是泰森食品公司最为出色的开发计划，大多数该计划的参与者都被晋升到高层管理职位上去。

思考题

1. 泰森食品公司把“扩展性工作任务”作为其开发计划的一部分，扩展性工作任务是如何帮助该公司管理人员进行开发的？何种类型的工作体验可以被视为“扩展性工作任务”？

2. “冠军领导”计划参与者完成的这些开发活动，与针对那些不具备高潜质但仍对公司的高层领导职位感兴趣的成功管理者所实施的开发活动会有所不同吗？为什么？阐述这两种开发活动的相似点和不同点。

资料来源：Based on M. Thompson, “What Makes Tyson’s High-Potential Leadership Program Critical to Company Success?” *T+D*, April 2011, pp. 98-100; www. tysonfoods. com, website for Tyson Foods.

小企业的人力资源管理

员工发展假为小东京服务中心的其他人带来益处

小东京服务中心（LTSC）有 100 名全职员工和 50 名兼职员工，这家位于洛杉矶的企业为亚洲和太平洋岛国的居民提供一系列社会服务。该组织的运营侧重于帮助那些经济上有困难、身体上有残疾或有语言和文化障碍的人，它提供的服务包括咨询、运输、翻译以及消费者教育，同时还提供基于 7 种亚洲语言外加英语和西班牙语的急救护理。小东京服务中心还资助了社区发展项目，包括公寓和社区设施（例如幼儿园）的建设和整修。

小东京服务中心的执行董事比尔·渡边（Bill Watanabe）非常热爱他的事业，并且把组织的重心放在社区的发展上，因此他不可能去休员工发展假。但是在几年前，接受渡边的专业引荐的一位同事向德菲基金会申请了一笔个人发展假的资助。一名基金会的职员建议渡边也休一次个人发展假，告诉他很可能会从中获益。渡边一开始的反应是，他并不需要这种假期，毕竟他还没有到筋疲力尽的程度。但这名职员向他解释说，如果他休个人发展假，或许能够促使小东京服务中心的其他员工更加独立地工作。当渡边向公司董事会提及这一建议时，公司董事们都十分支持他休假。

有了董事们的支持，渡边给自己放了 3 个月的假。前两个月的假期用来旅行：去一趟以色列和埃及，在塔希提岛度一次假，并与他的姐夫做一次公路旅行。之后，渡边花很长时间写了一本自传。

渡边发现，几个月远离公司的经历刷新了他对小东京服务中心的看法。回到公司之后，他形成了新的愿景，同时也恢复了精力。渡边对机构进行了重组，合并了社区服务中心和社区发展公司，加快了一项社区组织计划的进程。同时，他还提出要在洛杉矶的小东京街区建立一个社区健身房，这一呼吁引起政治家和投资方的关注。

渡边相信，他在休假期间不仅恢复了精力，整个机构也能够获益。特别是，他发现自己不在的时候为小东京服务中心的其他人提供了开发的机会。该机构的代理董事在渡边外出期间担任临时的执行董事，另有两名代理董事的下属员工也分担了代理职责。他们中的一人因此得到了晋升。得益于这次个人发展假，小东京服务中心的中层管理者获得了更多直接掌管公司日常运营的机会，也使渡边有精力着眼于更广阔的战略。他们所做的充分准备相当于一种继任计划。正如小东京服务中心董事长所说的："如果比尔明天离开公司，这个组织的运转依然能处于掌控之中。"

思考题

1. 根据案例给出的信息，看一看小东京服务中心在多大程度上遵循了图9-1中所描述的员工开发计划流程，在这套系统中有没有缺失哪些关键要素？

2. 假设在渡边开始休假之前，小东京服务中心请你担任顾问，要求你帮助中心从这次休假安排中获取最大的员工开发收益，你会给渡边、董事会以及中层管理者提出什么建议？

3. 请记住，像小东京服务中心这样的机构只有少量的资金和几名高层管理人员，请你提出另外两项能够为这个组织带来最大化利益的开发活动，并解释选择这些开发活动的理由。

资料来源：Deborah S. Linnell and Tim Wolfred, *Creative Disruption: Sabbaticals for Capacity Building and Leadership Development in the Nonprofit Sector* (CompassPoint Nonprofit Services, 2009), p. 8; and Little Tokyo Service Center, "About LTSC," corporate website, www.ltsc.org, accessed April 7, 2012.

第10章 员工分流与保留

学习目标

在阅读完本章后，你应当能够：

1. 区分自愿流动与非自愿流动，并讨论这两种流动形式会对企业的竞争优势产生何种影响。
2. 列举会让人产生公平感的主要因素，并说明在组织中遇到惩戒以及解雇等情况时应当如何应用这些因素。
3. 阐述工作满意度与各种工作退出之间的关系，并说明在工作环境中存在的各种工作满意度来源。
4. 设计并利用一个调查反馈方案来促进组织中关键人员的保留。

进入企业世界

员工流动即将再度升温

一直以来，美国劳动力市场上的自愿流动率都位居世界前列，这对增强竞争优势是有利的。与解雇通常会缩小整个经济的规模不同，那些自愿变换工作的员工大都找好了下家，这样就可以将原来的工作岗位让给别人，因此这种员工流动通常不会影响经济规模，而且还有利于实现人岗匹配。这种情况也有利于那些可以吸引最好的员工为自己工作的雇主，同时让那些不能很好地满足员工需要的雇主受到惩罚，因此，它在企业层面上起到优胜劣汰的作用。

然而，现在美国经济中的员工自愿流动率与以往情况不同，很多人认为这是因为近几年的经济复苏情况并不是很好。在经济衰退期间，很多员工都不愿意离开自己的工作岗位，在经济状况不佳导致工作机会减少的基础上，员工的这种风险规避倾向进一步减少了空缺职位的数量。例如，一项研究表明，在2007年到2009年经济衰退期间，80%的雇佣人数减少并不是因为企业提供的工作机会减少，而是人们不愿意换工作。

但是，所有这些似乎又都在改变。2008—2009年的员工流动率为9%，2010—2011年则上升至15%。此外，所有的迹象都表明，2012—2013年员工流动率又有所上升。一项由美国人力资源管理协会所做的全国调查表明，自愿流动的一个重要先导性指标是工作满意度，它在2012年下降了80%多，软件供应商Cornerstone OnDemand所做的一项调查预测，2013—2015年间将会有25%的员工换工作。他们中的大多数人在经济衰退期间工作量不断增加薪酬待遇却没有变化，因而想趁着经济形势好转改善自己的处境。

对公司来说，因为需要重新招募和培训新员工，员工流动所带来的成本高达2万亿美元。然而，这一费用的分布并不均匀。那些不能保持员工士气的公司会失去大量的优秀员工，而那些可以满足员工需要的公司则有可能保持人员的稳定甚至人员数量的继续增长。这样，员工流动通过强化最有竞争力的公司，同时削弱竞争力较差的公司，使整个经济得以优化，同时提高了效率。

资料来源：B. Casselman，"Little Room for New Workers，" *The Wall Street Journal Online*，February 8，2012；G. Kranz，"As Career Development Lags，Employees Are Going Places，" *Workforce*，February，2013，p. 10；S. Halzack，"Worker Turnover Is Poised to Pick Up，Adding Urgency to Employers' Focus on Retention，" *Washington Post Online*，January 22，2013；D. Kanszak，"Turnover Rates Inching Up，" *PR Web Online*，June 27，2013.

10.1 本章介绍

每一位企业高层管理人员都清楚地意识到，企业需要一批对自己感到满意而且忠诚的客户。如果是一家上市公司，我们还可以比较确定地假设：每一位企业高层管理人员都非常愿意看到对自己感到满意和忠诚的投资者。这是因为，客户和投资者为公司提供了其赖以生存的资金来源。然而，对于企业需要一支对自己感到满意且忠诚的员工队伍这一事实，并非所有的企业高管都能意识到。但是，正如我们在开篇中提到的那样，员工自愿流动对整体经济的发展是有好处的，但对一些公司来说代价却比较高。由于员工保留率与客户保留率存在密切的关系，所以在竞争性市场中决定谁输谁赢的时候，员工保留率甚至会成为一个决定性的因素。[1]事实上，已经有研究表明，员工保留率和销售额增长之间确实是直接相关的，那些在"百家最佳雇主"评选中上榜的公司在很多财务指标方面往往比竞争对手更胜一筹。在服务业中这种情况更加明显，因为服务业中员工和客户之间的直接联系会增强员工满意度和客户满意度的关系。

例如，在美国零售业中，好市多公司因对待员工比其他竞争者更好而闻名。公司中按小时领取工资的员工每小时的工资水平是20美元，而其他公司支付的平均工资只有每小时12美元。公司还为每位员工投了一份健康险，同时公司提供的学费报销计划可以帮助最低级别的员工得到晋升的机会。实施这些制度的结果是，该公司的员工自愿流动率在零售业中非常低。在这个员工流动率高达30%的恶性竞争行业中，好市多公司的员工流动率却不到5%。这有利于公司的商业模式和战略规划的实施，因为该公司强调低价，其80%的利润都来自消费者缴纳的会员费。尽管它的会员费比沃尔玛要高20%，但是每年会有90%的会员续费，这提供了一个稳定且可预见的收入来源。公司总裁克雷格·杰利内克（Craig Jelinek）说："我们知道，从长期来看，降低员工流动率，提高员工生产率，强化他们的组织承诺度和忠诚度，对公司的利润是有利的。如果你尊敬自己的顾客和员工，好事情就会发生。"[2]

除了留住核心员工之外，成功企业的另一个特征是，它们有能力并且愿意解雇那些个人行为对企业生产率产生不利影响的员工。事实上，略带讽刺意味的是，保留高生产率员工的关键因素之一恰恰是，要确保这些人不会因那些生产率低且具有破坏性或危险性行为的上级管理人员以及同事而感到心情郁闷。然而，令人遗憾的是，很多调查显示，相当多的管理人员——事实上高达 70%的管理者——在对绩效糟糕的下属提供开诚布公的反馈时张不开嘴，因而不得不在相当长的时期里继续承受和容忍这种糟糕的工作绩效。[3]正是由于这方面的原因，很多组织求助于我们此前在第 8 章中讨论过的那种强制分布评价系统，因为这种评价系统要求将一定比例的员工归到绩效“令人不满意”的评价等级之中。然而，在缺乏真实、准确和具有诊断性质的绩效反馈的情况下，即使是这样的系统也无法激励员工进行太多的绩效改进。例如，微软公司的员工就觉得有些管理人员在对下属员工提供负面反馈时做得很糟糕，他们只是将这个强制分布系统作为自己的一根拐杖而已。正如一位员工指出的那样，有些管理人员会说：“我真的想给你 4 分，但是我面临强制分布的要求，所以只能给你 3 分。”[4]这种反馈不会给员工带来任何公平感，对于改进绩效也不会有任何作用。

因此，为了有效地进行竞争，企业必须采取措施确保高绩效员工有留在组织中的动力，同时还应当允许、鼓励甚至（在必要的情况下）迫使那些低绩效的员工离开企业。然而，要留住高绩效者并非易事。有竞争力的组织都在持续不断地猎取绩效最优秀的员工，“猎取人才”正在成为很多组织增进自身实力的越来越普遍的方式，与此同时组织可以超越竞争对手。[5]另外，解雇员工并不像很多人想象的那样容易。员工起诉企业的意愿有所上升，再加上工作场所暴力达到了前所未有的水平，这些都使合法解雇那些缺乏才干的员工变得越来越复杂，而且可能会面临人身方面的危险。[6]例如，2010 年，位于美国康涅狄格州哈特福德的一家啤酒公司的一位卡车司机在被解雇之后枪杀了七个曾经和他一起工作的员工以及他的上司。这并不是偶然事件，2008—2010 年间，到危机咨询中心寻求帮助的被解雇员工的人数增加了一倍。[7]

本章（本书第 3 篇的最后一章）的目的在于分析员工的分流和保留问题。在第 3 篇的前两章（“绩效管理”以及“员工开发”）中提供的一些材料，有助于我们确定谁是绩效最优秀且最具未来开发潜力的人。本章以下内容作为第 3 篇的收尾：通过哪些方面的努力有助于留住那些确实有开发潜力的高绩效员工，同时需要怎样做才能很好地管理分流那些不具有未来开发潜力的低绩效员工的过程。

由于为了留住员工需要采取的许多措施都涉及薪酬和福利方面的问题，因此，本章也可作为连接第 4 篇的桥梁，在下一篇中，我们将会更为详细地讨论这些方面的问题。本章可以分为两个部分：第一部分考察**非自愿流动**（involuntary turnover）问题，即由组织提出的流动（经常发生在那些愿意留在公司里的员工身上）。第二部分讨论**自愿流动**（voluntary turnover）问题，也就是说，流动是由员工（这些员工常常是组织愿意留住的那些人）提出的。虽然这两种类型的流动都表现为员工离开组织，但它们很显然是两类完全不同的现象，因而需要分别加以考察。

10.2 管理非自愿流动

尽管一家公司在人事甄选、培训和薪酬体系设计方面付出了最大的努力，但偶尔还是会有一些员工无法达到公司要求的绩效水平，或者是在工作时违反了公司的政策规定。例如，2012年，在美国总统即将访问哥伦比亚时，负责保密工作的一些美国特工局工作人员因在酒店召妓被抓。特工局的工作要求规定，在总统访问之前，禁止带任何外国人进入安全区域，更不要说妓女了，因此这些员工很自然就被解雇了。[8] 同样，在纽约的纽瓦克市机场负责安检的工作人员被发现在工作时间睡觉，为了保护公众的安全，只能让这些安检人员到其他地方去找工作了。[9] 当这些情况发生时，企业需要动用最终可能会导致员工被解雇的惩戒方案。出于各种各样的原因，解雇一名员工可能是一件非常困难的事情，在处理这种事情的时候一定要非常小心。

首先，这种决策涉及会对公司产生重大影响的一些法律方面的问题。从历史上看，在没有订立明确的书面合同的情况下，企业和员工双方有可能随时终止雇佣关系。而终止雇佣关系可以是“理由正当的”，也可以是“没有任何理由的”，还有可能“没有什么好理由”。长期以来，这种政策称为**自由雇佣主义**（employment-at-will doctrine）。然而，随着时光流逝，这种自由雇佣主义已经受到严重侵蚀。现在，一些被解雇的员工有时会起诉雇用他们的企业，说企业对他们实施了非法解雇。如果员工满足了某些特定标准的要求——比如任职年限、晋升、加薪或者曾有良好的工作绩效评价结果等，有些法官倾向于认为在这些员工和企业之间实际上订立了一种隐性合同，即企业只有在理由正当的情况下才能解雇他们——甚至是在公司手册中明确说明公司和员工之间是自由雇佣关系的情况下，法官同样会这样认为。[10]

典型的非法解雇起诉案件通常要证明存在以下两种情况之一：一是企业解雇员工的行为违反了他们之间的某种隐性契约（也就是说，企业的行为是不公平的）；二是企业的解雇行为违反了公共政策的规定（也就是说，员工是因为拒绝做违法的、不道德的或不安全的事情才遭到解雇的）。如果被解雇对象属于受保护群体，那么不当解雇起诉就很可能会以侵犯民权的名义提出来。美国的“受保护群体”的范围非常广泛，其中包括少数族裔员工、女性员工、年纪较大的（即年龄在40岁以上的）员工、同性恋员工、残疾员工（包括肥胖症患者）、告密的员工、曾经提出工伤保险赔偿要求的员工以及那些提起逆向歧视诉讼的白人员工。实际上，正如Alston and Bird公司的辩护律师莉萨·卡西利（Lisa Cassilly）所言：“几乎很难找到哪个人无法找到理由说自己属于受保护群体。”[11] 这就意味着在员工因为绩效较差而遭到解雇的几乎所有案件中，都存在着这位员工实际上是一位歧视受害者的可能性。

毫不奇怪，这种情况已经导致诉讼案件的数量上升。比如，在最近与通用电气公司有关的一个案件中，一名员工在一起不当解雇诉讼中获得了高达1 100万美元的赔偿金。[12] 这些被人们津津乐道的案件在广泛流传之后会给很多人造成一种错觉，但实际上能够赢得这种诉讼的原告是非常之少的。例如，图10－1展示了在这些案件中各种结果出现的概率。你可以看到，原告在这类案件中取得胜利即在最终申诉过程中仍然被判获胜的可能性非常小（大概只有千分之一的概率）。不过，一旦原告获胜，较高的法律成本就足以使一些企业不愿意解雇员工了。当这种情况出现时，企业对不惹官司的短期关注就会与其开发一支有竞争力的员工队伍这种长期需要之间产生矛盾。

面对这种两难境地，很多企业采取的对策之一是，先对低绩效员工忍受较长的一段时间，在此期间做好详细的“书面记录”，从而为它们以后可能采取的解雇等行动提供证据支持。在这种情况下，人力资源部门的专业人员常常会指责各级主管人员没有做好与员工存在的绩效问题有关的详细记录，而各级主管人员又常常反过来指责人

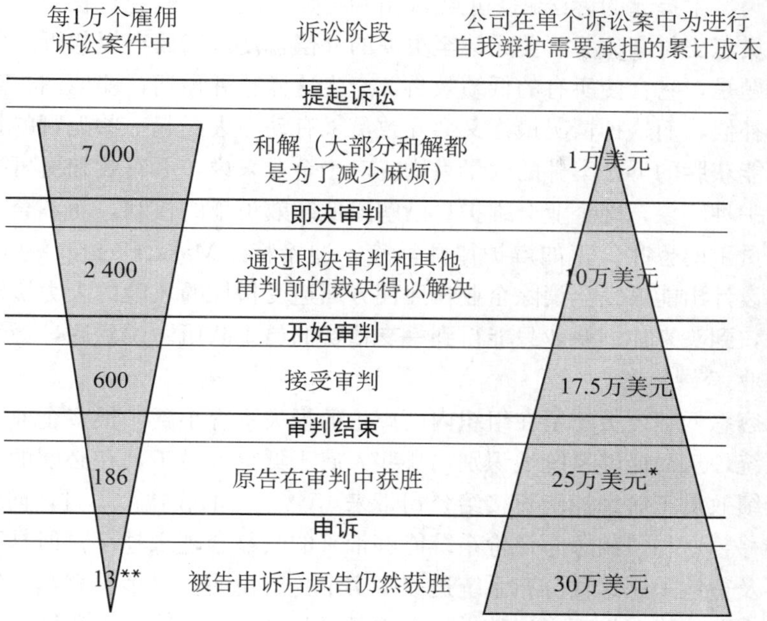

图 10－1　非法解雇诉讼可能出现的几种结果

*假设是一个为期 5 天的审判。

**这 13 个案件是从公司提起申诉的 22 个案件中胜出的。

资料来源：M. Orey，"Fear of Firing，" *BusinessWeek*，April 23，2007，p. 60；Cornell Law School；*Hofstra Labor &Employment Law Journal*；BW reporting.

力资源部的人是"胆小鬼"——他们似乎永远觉得这些主管人员提供的证据不足。此外，留下那些低绩效员工对人力资源部的人员每天所做的工作并没有什么影响，但是对直接主管人员来说却完全不同，他们不得不眼睁睁地看着其他员工的士气被这些低绩效员工一点点地消磨掉。实际上，对于一个团队而言，没有什么比不同的员工在付出的努力和实现的绩效方面存在巨大差异更具有破坏性了。对于因担心卷入诉讼而"一直留着"那些低绩效员工的观点，来自一家制药公司研发团队的一名成员这样说道："我既是一位女性，也是一个少数族裔，但是一想到必须一直忍受那些低绩效的家伙，我就会感到恐惧和郁闷。"[13]

另一种值得商榷的对策是采用除解雇之外的其他一些惩罚措施，从而迫使员工自己离开企业。这通常发生在以下情况下：由于人力资源部门拒绝解雇某位员工，感到沮丧的直接主管人员只好通过其他方式来惩罚这位员工。这种惩罚方式可能包括分配这位员工去做级别更低的工作，安排一个面积较小的办公室，或采取其他令人不快的对待方式。然而，采取这种做法的问题在于，它很可能会被认为是一种"打击报复"的行为，企业可能会因为这种行为而受到指控，即使最初的歧视诉讼已经被驳回。实际上，一些律师会给自己的客户提出这样一种建议，即如果员工预见到自己的绩效评价结果会比较差或者可能出现其他一些对自己不利的工作事件，可以采取先发制人的策略，首先提起歧视诉讼，以便为之后的"打击报复诉讼"打下基础。

最后，第三种不可持续的对策就是，为了让员工放弃对企业的不当解雇提起诉讼的权利，在支付遣散费之外再额外向员工提供成千上万美元的补偿。也就是说，即使企业认为员工提起的诉讼缺乏正当理由和根据，但为了避免打官司，企业也可能会向被解雇员工支付高达2万美元甚至更高的补偿，使他们放弃提起诉讼的权利。这种战略的问题是，它会使所有的低绩效员工产生这样一种预期，即他们在离开企业时有资格得到补偿，而这种情况最终又会导致员工有动力去提起一些无聊的指控，使得本来就不可能获胜的诉讼案件的数量大增。对于企业来说，更有效和更可持续的战略是形成这样一种印象，即企业会维护自己解雇低绩效员工的权利，而不会受到咄咄逼人的律师和员工的恐吓。正如辩护律师马克·迪希特（Mark Dichter）所说："我确实可以帮你设计出能够完全消除企业在雇佣方面遭受指控的风险的人力资源政策，但这样做的话，到头来你们企业只能得到一支糟糕的员工队伍。说到底，最后还得你自己来经营企业。"[14]

因容忍低绩效员工留在组织内而产生的损失不容小觑。很多企业引入了强制分布评价系统，从而能够系统地识别出哪些人属于低绩效员工，在必要的情况下，直接把这些低绩效员工解雇掉能直接给公司带来40%左右的收益。不过，研究发现，随着时间的推移，这种强制分布评价系统能够带来的收益会越来越小，但是当初有那么多企业迫不及待地采用这种分布系统这一事实本身就说明，有多少家在不知不觉中容忍低绩效的企业最终会发现，这种做法根本不可持续。[15]由于在解雇员工方面存在重大的经济风险以及人身危险，因此我们很容易看到，为什么对于所有的组织来说，建立一种标准化、系统性的惩戒以及解雇方法是至关重要的。这种决策不能简单地交给管理人员或者基层主管人员。在接下来的内容中，我们将探讨有效的惩戒和解雇政策涉及的方方面面的问题。

10.2.1 公平原则

在第8章中我们曾经指出，**结果公平**（outcome fairness）是指人们以其他一些人得到的结果为依据（也就是说，以他人为参照），对自己得到的结果做出的一种判断。显然，在一个人丢掉自己的工作，而别人却没有丢掉工作的情况下，被解雇的员工很容易产生不公平的感受。然而，这种可能不公平的行为在多大程度上会转化成某种形式的恼怒与怨恨，以至于演化成暴力或诉讼形式的报复，则取决于被解雇者对程序公平以及互动公平的感知。

结果公平的关注点是最终结果，而程序公平和互动公平关注的则是手段。如果在制定和执行某种会对员工产生不利影响的决策时，采取的方法和程序被员工视为是公平的，那么，与他们认为决策的方法和程序不公平时的情况相比，员工做出的反应很可能更积极一些。**程序公平**（procedural justice）的关注点是决定员工得到的那些结果的方法。表10-1详细列出了六条用来判断人们认为是否存在程序公平的标准。即使将一位被解雇者面临的所有负面效应都考虑在内，只要做出解雇决定的程序是具有一致性的、没有偏见的、准确的、可修正的、有代表性的以及符合道德规范要求的，被解雇的人就很可能以一种心平气和的态度来接受这一决策。当员工认可决策程序时，他就不会觉得单单是对他自己不公平，这种情况将有助于维持他对作为一个整体的这种系统的信任感，即使他可能会对这个系统得出的某项具体决定仍然有所不满。[16]

表 10-1 程序公平的六个决定因素

(1) 一致性。在不同的时间以及对不同的人都采用一致的程序。
(2) 抑制偏见。执行程序的人对最终结果没有个人偏好，或者对当事人不存在先入为主的个人偏见。
(3) 信息准确性。程序建立在被人们视为真实的信息基础之上。
(4) 可修正。在程序中应当有一种内在保护机制，允许当事人就程序中的错误或低劣决策提出申诉。
(5) 代表性。程序应当让所有可能受该决策影响的群体或利益相关群体（同事、客户、所有者）都了解，其中也包括被解雇的员工。
(6) 道德性。由于解雇程序可能会涉及侵犯个人隐私或欺诈问题，所以解雇程序应当与当前的道德标准相吻合。

在这六个因素中，最重要的是抑制偏见和信息准确性，主观判断可能会导致偏见意味着在很多事例中，企业不能仅仅采取简单的上级评估方式。[17]为了保证它们的决定是正确的，很多企业会在必要时雇用私家侦探来收集客观的信息。例如，佛罗里达州一家医院的一名员工称其因为流感三天不能上班，医院对此表示怀疑。因此，医院雇用私家侦探来调查这件事。事实上，这位女员工这三天并没有生病，而是去了环球影城主题公园，侦探找到了她在三辆不同的过山车上的照片（那里一般会给玩过山车的人拍照，借此售卖），同时还有她志愿参加动物保护活动的录像，上面标有时间和日期。不用说，这位员工被解雇了。[18]尽管这是一个比较极端的事例，但通常来说，一个有效的程序公平目标是让被解雇者明确地知道自己为什么被解雇，他们甚至可以从中吸取教训，以便在下一份工作中好好表现。[19]

程序公平涉及决策是如何做出的，而**互动公平**（interactional justice）则是指在结果执行过程中发生的人际关系的性质。例如，在很多有记录的案例中，企业在通知员工被解雇之后，会立刻让保安将他们快速带离公司的办公大楼，他们的个人物品就被随意地塞在一个纸箱里。这种做法不仅剥夺了一个人的工作，同时还剥夺了他们的个人尊严。其他员工如果正好看见了公司对自己同事的这种所作所为，他们的组织承诺水平从那一天开始就会大幅下降。[20]表 10-2 列举了互动公平的四个关键决定因素。如果公司对解雇决策进行了充分解释，并且以一种微妙的、细致周到的、充满人情味的方式执行解雇决策，被解雇员工因失去工作而产生的怨愤就很可能得到释放。正如一位人力资源研究总监指出的那样，关键的一点是要确保那个受到影响的人“在走出去的时候依然是有自尊和自信的”。[21]如果一位员工在接受管理期间已经表现出很大的敌意，甚至可能采取暴力手段，那么执行这样一种程序就显得更加重要。[22]很明显，不同的人对感知的不公平的反应程度是不一样的，即使是同一件事，不同的人对于是否公平的认知也是不一样的。一些人在所有的事情上都觉得不公平，他们的反应很强烈，另一些人则相反。因此在解释过程中对不同的人要采取不同的方式。[23]

表 10-2 互动公平的四个决定因素

(1) 解释。强调决策的程序公平性以说明决策的合理性。
(2) 社会敏感性。尊重当事人并维护其尊严。
(3) 细心周到。倾听一个人的意见。
(4) 移情。理解一个人的感受。

10.2.2 逐级惩戒和建设性争议解决方法

除了在一些极端情况下，一般不应在员工第一次出现过失时就将其解雇。相反，解雇建议应当在系统的惩戒计划执行完毕之后才提出来。有效的惩戒计划有两个核心构成要素：一是文件（包括具体的书面工作规则和职位描述，这些文件应当在实施惩戒之前准备好）；二是逐级惩罚措施。因此，如表10-3所示，惩戒措施应当以逐渐加大力度的方式来执行，并且这些惩戒措施一定要事先详细阐明，同时还要有书面记载。惩戒可以从向第一次违反政策或犯错误的员工提出非正式警告开始，如果再犯则予以书面警告。有些时候，员工再次犯错有可能会导致临时停职。在公司将一位员工临时停职之前，可能就已经想给他发一份"最后通牒"，从而让其知道，如果再犯错误就会被解雇。先给予临时停职的做法，可能会导致处理问题的进程迟缓到让人无法忍受的地步，也可能不符合一个人想尽快对犯错误的人实施惩罚的情感需要。但是到最后，当存在问题的员工真的被解雇时，这些人即使想证明公司解雇他们的理由是不充分的，其机会也会因此而大大减少。

表10-3　逐级惩戒计划示例

犯错频率	组织做出的反应	文件记载
第一次犯错	非正式口头警告	展示证据
第二次犯错	正式书面警告	文件存档
第三次犯错	第二次正式警告，并威胁可能会临时停职	文件存档
第四次犯错	临时停职并发出"最后通牒"	文件存档
第五次犯错	解雇（保留申请仲裁的权利）	文件存档

在惩戒过程中的任何一个时点，个人或者组织都有可能希望通过引入外部的第三方来帮助解决分歧或者冲突。作为最后的手段，员工可能会利用法律系统来解决这类冲突。但是，为了避免出现这种情况，越来越多的公司现在开始采取**建设性争议解决方法**（alternative dispute resolution，ADR），即以一种及时、富有建设性以及更具成本有效性的方式来解决冲突的做法。建设性争议解决方法可以采取多种形式，但总的来说，这种办法通常包含如表10-4所示的四阶段程序。在每一个阶段都反映出吸收不同的人在更大范围内介入争议解决这样一种思路，其目的是希望在争议的前期阶段尽快把冲突解决掉。然而，这种争议处理程序的最后一个步骤可能包括约束性仲裁，即接受仲裁的双方都同意一点：在必要的情况下，由一个中立的第三方单方面提出解决争议的办法。在这种情况下的关键词是"中立"。如果说当事双方有一方对建设性争议解决方法不满的话，那么通常是因为仲裁者在做决策时想要偏袒企业而不是员工。正如美国劳联—产联（AFL-CIO）总干事戴蒙·西尔弗斯（Damon Silvers）所说的："有海量的证据能够证实这种事情非常普遍。"正因为如此，一些员工仍然不愿意遵守仲裁结果[24]，无论如何都会提起法律诉讼。另一方面，一些企业可能也发现，建设性争议解决方法并没有使这个争议解决过程变得更简单，反而增加了一道程序。[25]

表 10-4　建设性争议解决方法的几个阶段

阶段 1：公开协商。 冲突双方（比如直接上级与下属员工）试图通过协商方式共同达成争议解决办法。如果协商未果，则进入阶段 2。
阶段 2：同事审查。 由组织中与争议双方处于同一等级的代表组成听证小组，听取双方对案件的看法，并帮助当事双方达成解决冲突的办法。如未能达成一致，则进入阶段 3。
阶段 3：调解。 由来自组织外部的一个中立的第三方听取案件汇报，并试图通过非约束性程序帮助冲突双方达成解决冲突的办法。如调解未果，则进入阶段 4。
阶段 4：仲裁。 由来自组织外部的专业仲裁人员听取案件汇报，并通过单方面发布争议解决办法或提出惩罚条件来解决冲突。大多数仲裁员都是经验丰富的劳工问题方面的律师或退休法官。

尽管建设性争议解决方法在处理与绩效以及工作场所中的人际关系有关的问题方面确实很有效，但是在导致组织希望解雇员工的诸多问题中，绝大多数涉及吸毒或酗酒等。在这些情况下，组织对员工的惩戒和解雇应当与员工援助计划结合起来。由于员工援助计划在企业中越来越流行，因此下面我们将对其进行更为详细的描述。

10.2.3　员工援助和健康修炼计划

员工援助计划（employee assistance program，EAP）是一种企业各级管理人员或员工可以利用的以专业化方式解决各种问题的服务项目。员工援助计划的种类多样，但大多数具有相同的性质。首先，这些计划通常以企业发布正式文件（如员工手册）的形式确认下来。然后，公司对管理人员（有时还包括工会代表）进行培训，教会大家如何让那些怀疑自己存在健康问题的员工去接受这种服务。同时，公司也会对员工进行培训，使他们在必要时知道如何利用这一服务体系。

员工援助计划的有效性的关键在于如何在以下两个方面实现良好的平衡：一方面是收集有助于改善员工健康程度的信息的需要；另一方面是尊重员工隐私权的需要。特别是在当前这个电子化时代，在帮助员工向健康护理服务供应商提供更为详细和准确的信息方面，企业可以做很多工作。比如，大多数去找医生咨询的人需要一遍又一遍地填写关于个人病史的各种表格；但在很多情况下，他们很可能会由于感觉不舒服或者觉得时间太匆忙，导致所提供的病史信息是不准确和不可靠的。这可能会导致错误的、更加复杂的治疗，从而提高企业必须支付的健康护理成本。为了解决这方面的问题，沃尔玛公司向员工提供了一种电子化工具，这种工具使员工可以一次性地非常谨慎和详细地录入自己的健康信息，然后一直以电子化的方式保存这些信息，这样就可以使健康护理服务供应商在需要这些信息的时候能及时获得。这项措施减少了医疗差错率，同时降低了成本，但与此同时，它也使大量需要得到保护的个人信息落到企业的手中。[26]

员工援助计划针对的是那些个人健康问题已经影响到工作的员工，而员工健康修炼计划则是要采取积极和前瞻的方式，努力在第一时间就避免这些健康方面的问题出现。其中有些计划采取了非常积极主动的方法，而且没有引起争议。比如，致同会计师事务所（Grant Thornton）在2008年大概支出了20万美元支持200多名员工接受马拉松培训并参加马拉松比赛。大多数员工声称，如果没有这个项目的支持，他们是不会向这种积极的生活方式转变的。[27]

一些公司不仅向员工而且向员工的配偶或家人提供健康方面的激励。毕竟，如果公司可以确保员工家中每个人的健康，就会节约很多成本。例如，安泰保险公司对于那些让自己的家人签约参加公司健康修炼计划的员工提供1 200美元作为奖励。这些类型的经济激励其实是公司的一项投资。因为有调查表明，对于大多数企业来说，在健康修炼计划上花的每1美元将会为公司带来3.27美元的成本节约。[28]在健康修炼计划中增加的社会因素通常会提高参与率和效率。正因为如此，为了激发员工的兴趣和参与的动力，一些企业还在团队竞赛中出资作为奖励，让不同的附属单位之间开展竞争。如果不能实现自己的目标只会让自己感到失望和沮丧，那么，如果你的失败导致整个团队失败，其含义就有所不同了。例如，弗吉尼亚州夏洛特市政府要求其员工参加一项为期六周的挑战，提供的奖励仅仅是获胜者有在组织中夸耀的权利，结果使得该项目的参与率翻了一倍，员工们的参与时间达到近9 000小时。[29]同样的比赛在那些想要实行健康修炼计划的小公司里也举行了。[30]

但是，并非所有的员工都会对这种积极的方式感兴趣，因此有些企业在健康修炼计划方面采取了一种更具惩罚性的做法。Scott's Miracle Gro是一家采取激进措施遏制健康护理成本上升势头的企业。该公司出台了一项“禁烟政策”，禁止所有的员工吸烟和咀嚼烟草（这些情况过去在这家企业中比较常见）。除此之外，公司还会向求职者问这样一些问题：“你喝酒吗？喝多少？你胆固醇高吗？有高血压吗？你心情抑郁或者有工作倦怠感吗？你与配偶及孩子之间的关系紧张吗？你父母去世的原因是什么？”企业提这些问题似乎严重侵犯了求职者的个人隐私，因此这家企业只是在发现员工的身体素质实在太差，不仅导致公司的健康护理费用太高，而且有损公司竞争力的情况下，才采取这些措施。[31]

尽管Miracle Gro公司对自己在降低这些成本方面到底应该走多远感到犹豫，但它肯定不是关注这些成本的唯一一家企业。法国米其林轮胎公司不仅搜集员工与健康相关的资料，还会惩罚那些不能到达健康标准的员工。公司里有高血压的员工或是肌肉超过规定值（男士40，女士35）的员工会被罚款1 000美元。对于米其林这样一个以“备胎”米其林先生作为吉祥物的公司来说，这样的惩罚有些重。但是同样的惩罚系统在CVS Caremark、霍尼韦尔和通用电气公司也可见到。所有这些公司都发现，员工对惩罚比对奖励的反应更为强烈。在这些公司里，对健康的奖励似乎并没有起作用，而惩罚的方式确实可以引起员工的关注。同时，它们还发现，大约80%的健康护理费用花在20%的员工身上，更令人惊讶的是，1%的员工花掉了33%的费用。因此，针对这一特殊人群可以有效地控制费用，但是对于企业可以在多大程度上采用这样的惩罚措施存在一些法律上的限制。[32]

大多数进行类似分析的企业得出一致的结论，即一小部分员工花费了绝大部分健康护理成本，而要想预测一下哪些员工属于这个群体并不难。实际上，Miracle Gro公司筛选出来的每一个因素都反映了有效预测因子清单上的内容。因此，尽管从员工的角度看，这些方法侵犯了他们的隐私，因为很多有问题的行为发生在工作之外，但是当这些行为给企业带来大量成本的时候，它们就与工作相关。实际上，最近一项研究针对《财富》500 强企业中的 135 位高管人员进行了调查，结果显示，60%以上的高管人员都认为，应当要求那些表现出不健康行为（比如，吸烟或者肥胖等）的员工缴纳更高的健康保险费用。[33]确实，对于那些吸烟的员工来说，要求他们在公司场所以外吸烟的规定让他们感到被区别对待和排斥。正如一位出版公司的员工所说的，"当你意识到自己像是被围在公司外面的一群沉默的动物时，感觉有些受到侮辱"。[34]

与此同时，每一家企业还需要做出一些决策，其中包括如何在保护员工隐私和控制成本之间保持平衡，对那些生活方式不健康的员工到底要施加多大的压力。它们还需要决定在多大程度上介入员工的个人生活，这是因为，可以预见到，有些员工可能会通过撒谎或者伪造记录的方式来避免缴纳更高的健康保险费用，甚至失去自己的工作。例如，在惠而浦公司位于密歇根州本顿港的一家工厂中，有 40 名员工由于被摄像头拍到在停车场抽烟而遭到解雇，而他们在福利登记表上声称自己不抽烟。[35]

尽管财务成本通常是隐藏在这些计划背后的驱动力，但是我们也不能忽视这样一个事实，即员工在工作内外的生活质量也会受到这些计划的影响。例如，一方面，Miracle Gro 公司的一些员工针对这项计划对公司提起了诉讼；另一方面，一位名叫乔·佩莱格里尼（Joe Pellegrini）的员工却非常感激这项计划挽救了他的生命。虽然佩莱格里尼的体型看上去没有什么问题，但是健康诊断报告却显示他的胆固醇非常高，于是企业要求他去找医生看看。医生通过检查发现，他的心脏瓣膜的 95%已经被堵塞了，而这种情况很可能导致他在五天之内就有生命危险。很显然，与大多数其他员工相比，佩莱格里尼对公司的这项政策有完全不同的感受，他说，当这件事情发生在自己身上的时候，就发现"公司的这项政策实在是太贴心了"。[36]

10.2.4 重新谋职咨询

解雇员工的行为不仅会使被解雇者感到非常愤怒，而且会使他们陷入不知所措的境地，因为他们不知道接下来还会发生什么事情。如果被解雇者感到自己已经是一无所有，并且也没有其他更好的地方可以去，那么，产生暴力冲突或者提起诉讼的可能性就会远远高于大部分公司愿意承受的程度。因此，许多公司都为被解雇者提供**重新谋职咨询**（outplacement counseling），这种服务主要是帮助被解雇员工顺利地实现从当前工作向其他工作的过渡。企业通过重新谋职项目提供的服务有很多类型，典型的内容包括职业发展咨询、求职帮助、简历修改、求职面试培训以及提供建立人际关系网络的机会等。最近几年，提供重新谋职咨询服务的公司数量在急剧增长。最明显的证据出现在 2008 年经济危机时期，提供这种服务的公司所占的比例达到 55%，而同样是在 2001 年经济衰退期，这一比例只有 39%。[37]

很多人对重新谋职的有效性提出批评，指出企业只关心避免陷入法律程序和产生不好的社会影响，而不关心帮助被解雇员工重新找到工作。很多公司提供的是一种"放之四海而皆准"的通用服务，这种服务提供的标准训练并没有考虑到员工和行业方面的特殊要求，简历模板服务向不同的员工提供相同的求职简历格式。确实，有证据表明，40%的员工没有接受这样的服务，30%的人在参加一两期之后便退出了。[38]

重新谋职咨询试图帮助人们认识到，失去工作并不意味着世界末日的到来，还存在其他的就业机会。实际上，对于许多人来说，通过失去一次工作获得的重要经验可能恰恰是为未来的成功播下的一粒种子。比如，在20年前，当担任霍尼韦尔公司部门经理的约翰·莫格里奇（John Morgridge）被解雇时，他反而更加清醒地意识到，即使是在像霍尼韦尔这样一个官僚气十足的大公司，自己的自信以及对独立的需要也没有被磨灭。于是，莫格里奇凭个人能力创建了一个计算机网络产品制造公司——思科公司，现在，该公司的市值已经超过10亿美元。[39]尽管对于莫格里奇来说他被解雇的事实反而演绎成一个成功的故事，但对于解雇他的霍尼韦尔公司来说，让这样一位优秀的人才走掉，恰恰说明该公司丢掉了一个机会。留住那些能够为公司做出此类贡献的人是组织赢得并保持竞争优势的关键所在。下面我们就来讨论员工的保留问题。

10.3 管理员工自愿流动

在上一节，我们讨论的焦点是以一种保护公司竞争力的方式去帮助那些对组织目标的实现没有贡献的员工；我们同时还关注了如何帮助被解雇员工顺利地找到其他工作机会。在这一节，我们将关注分流公式的另一端，即如何防止那些被组织看重的员工离开企业（或在更严重的情况下，加盟竞争对手）。在组织层面，这种离职会导致工作单位的整体绩效下降，最终损害公司的财务绩效。[40]当组织失去绩效最优秀的员工时，这种因果关系特别显著。研究表明，在有些组织中，那些绩效最高的员工的生产率水平要比普通员工高出300%，但与此同时，留住这些员工也是特别困难的。[41]此外，在那些依赖团队或长期客户接触的组织中，失去这些在团队和客户网络中属于中心成员的员工对企业的破坏是极大的。[42]

通常来说，在涉及复杂工作的时候，员工过去的绩效和将来的离职之间存在曲线关系，表现最好的和最差的员工更经常离职，而那些表现一般的员工离职的情况较少。表现差的员工常会在看到“不祥之兆”时就离职，即使他们还没有找到新的工作，尤其是如果他们的表现随着时间推移变得越来越差的时候。[43]与之相反，最好的员工通常会得到很多工作机会，除非现在的公司可以给他们提供加薪，否则他们会选择到其他公司去工作。[44]在其他一些情况下，有些公司并不是通过提供更高的薪酬，而是通过提供丰厚的福利来留住员工。例如，谷歌公司以其慷慨的员工福利而闻名，它有11个免费的员工食堂、配备五个员工的公司内部就诊室、公司办公场所内的洗车房和机油更换处、公司办公场所内的免费洗衣机和烘干机、不受限制的病假、费用全部由公司支付的滑雪旅行、为通勤员工提供的可无线上网的班车、小型健身游泳池、攀岩墙、排球场，等等。

谷歌的员工对公司提供的所有这些福利给予的回报是不可思议的长时间工作，并且把所有猎头公司的电话列入手机的黑名单。大多数员工都非常在意组织的整体状况，但却并不关心自己每年的加薪，这是因为他们被授予很多公司的股票期权，如果公司能够保持现在的这种发展速度，他们手里的这些股票期权就会使他们变成百万富翁。团队合作非常重要，谷歌公司的薪酬水平在业界并不算高，但它的薪酬水平比较整齐，其目的是促进合作和团队工作，不鼓励所谓的“独狼”。公司赋予员工完成他们自己的实验项目的自主权（他们最多可以将个人工作时间的20%投入到这些个性化项目中），但是在大规模群体项目方面还是采取集体决策的做法，即通过很快就能够开展的公开而活跃的集体讨论达成一致。[45]有证据表明，年轻的员工喜欢谷歌公司的这些政策，与现金相比，有时候他们更喜欢福利，他们更愿意在这样一个充满乐趣、互相合作、反馈及时以及发展空间大的公司里工作。这一代员工可以为企业提供更多，他们拥有一定的技术，在种族上多元化，社交能力强，同时乐于合作。然而，这些年轻员工每年的自愿流动率比其他几代员工的流动率都高，因此有人得出结论，这些人没有耐心，并且企业允许他们这么做。但是，正如一位经验丰富的经理所说的那样，"如果他们没有感觉到自己很快为公司做出贡献，他们就不会留下来，但是如果公司为他们提供了合适的环境，他们就会一直留在公司，并且夜以继日地工作"。[46]

在本节中，我们将讨论在自愿流动的员工身上表现得很明显的工作退出过程，并且描述工作满意度在这一过程中到底有何重要作用。替换员工是一件成本很高的事情，对 2008 年的情况所做的一项估计表明，替换一位专业类员工或管理类员工的成本大约为 5 万美元，而替换一位文员或者生产类员工的成本大约为 2.5 万美元。[47]然而，与由于工作不满以及离职带来的成本相比，这种替换员工的重置成本只不过是冰山的一角。此外，还存在一些可以得到证实的关系，这就是：从个人层面上来看，员工满意度和客户满意度是相关的[48]；从组织层面上来看，员工流动率和客户满意度是相关的。[49]事实上，整体的员工满意度和组织绩效之间的关系可以成为良性循环的一个组成部分，那些员工的工作满意度很高的企业往往业绩更好，利润也会上升。反过来，这些企业又可以利用高额的利润来支持更好的员工薪酬和福利，从而进一步提升企业的竞争优势。[50]我们还将讨论工作满意度的哪些方面对员工保留至关重要以及如何去衡量这些方面的内容。最后，我们将说明如何基于建立在这些衡量指标基础上的调查—反馈程序对员工的自愿流动情况进行战略性管理。

10.3.1　工作退出过程

工作退出是指不满意的员工为了避开某一特定的工作环境而采取的一系列行为。图 10－2 中的右侧展示了一个模型，这个模型将工作退出划分为三类行为：行为改变、身体性工作退出、心理性工作退出。

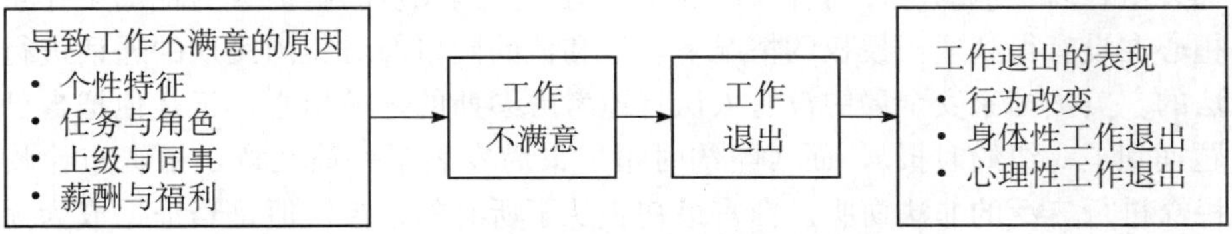

图 10－2　从工作不满意到工作退出的总体模型

我们将以一种渐进的方式阐述各种形式的工作退出，即假设只有当一个人在上一种行为中未能取得成功或者不可能实施上一种行为时，他们才会采取下一种行为模式。这个**渐进退出理论**（progression of withdrawal）已经有很长的历史，并且拥有许多支持者。[51]那些对工作或者组织感到不满意的员工可能不会马上跳槽去另一家企业，在还没有等到合适的工作机会之前，他们很可能会采取临时性脱离组织（通过缺勤或迟到的方式实现）或者是从心理上脱离组织（通过降低工作投入度或者组织承诺度的方式实现）的做法。[52]例如，正如我们在开篇中提到的，近几年由于经济状况不好，与常规变动相关的员工流动率降低了，但是所有的迹象都表明随着经济的好转员工自愿流动率剧增。另一些人则认为并不存在严格的渐进性，也就是说，工作退出中的任何一种行为都能补偿另一种行为，因此，哪一种行为模式最有可能使造成人们不满的那些来源得到缓解，人们就更倾向于选择哪一种行为。[53]还有一些理论则认为，流动率是由持续累积的不满达到的总水平决定的，它只不过是由工作中某种单一破坏性的事件突然引发的。这些破坏性的事件要么会推动员工离职（比如，与上级或同事之间的争端），要么会拉动员工离职（比如，出现另外一个就业机会）。[54]这种模式关注的是“压死骆驼的最后一根稻草”是什么，但同时也与其他理论一样强调对工作不满意仅仅是导致员工流动发生的必要原因，但不是充分原因。然而，无论到底谁对谁错，各种工作退出行为之间显然是彼此密切相关的，并且这些行为之所以会出现，至少部分原因在于对工作不满意。[55]

■ 行为改变

大家可能会估计到，员工对不满做出的第一反应很可能是试图改变产生不满的那些条件。当不满的员工试图推动公司的政策或上层人事安排有所改变时，很可能会导致管理者和下属之间出现对立甚至是冲突。尽管在一开始时这种冲突会让管理者感到是一种威胁，但是经过仔细观察之后，管理者就会发现，这实际上是让自己真正了解一个问题甚至是解决这个问题的好机会。在一位稳健、给予支持的领导合理的引导下，下层员工“表达的机会”通常可以带来巨大的组织改进，也可以避免过高的员工流动率。[56]

即使是在没有工会的组织中，员工也可能通过**告密**（whistle-blowing）（即通过告知新闻媒体将争议公之于众）的方式来推动变革。[57]告密者经常是那些心存不满的人，他们无力推动组织内部的变革，于是，对组织的承诺感或个人的挫败感会促使他们寻求组织外部力量的支持。例如，拉塞尔·泰斯（Russell Tice）是美国国家安全局（NSA）的一名员工，他所从事的工作就是用电子手段去窃听（也就是以间谍手段获取）美国的敌人的信息。他对自己的工作很投入，并且指出：“我们的想法就是，必须抓住这些家伙，我们会采取任何可能的手段去抓住他们。”然而，在“9·11”恐怖袭击之后，他的工作内容就改变了，监听美国民众的电话成为他的工作重点，他很担心在没有得到适当授权的情况下，他和他的同事们对美国民众的通话进行监听是违法的。美国国家安全局中没有人认真地考虑泰斯的这种担心，于是他把自己关注的问题捅到了《纽约时报》，而《纽约时报》最后发表了一篇文章，指责布什政府对美国民众进行广泛的非法窃听。白宫最初否认了所有的指控，但是当证据成为无可争辩的事实时，布什当局最终承认这种做法是不合适的，因而终止了这项任务。泰斯最终被取消了安全调查的资格，但他表示这是值得的：“我们需要清理情报界。我们过去存在滥用职权的现象，这种问题必须得到解决。”[58]令人遗憾的是，正如这里的“实践中的诚信”专栏所示，2013年，爱德华·斯诺登事件又发生了。

尽管这一类型的告密行为经常发生，但像维基解密这种网站的出现为此类行动提供了更明显、更方便的途径。维基解密因搜集和发布政府和军队提供的信息而为人们熟知，但是它也威胁到了像美国银行这样的私营企业。[59]由于2010年《多德-弗兰克改革法案》的颁布，这种类型的告密不断增加，该法案规定，为鼓励内部人的这种告密行为，政府会向那些帮助揭发非法行为的个人提供罚金的30%作为奖励。[60]因为很多这样的案件都涉及几百万美元的处罚，所以这种奖励机制非常有用。例如，弗洛伊德·兰蒂斯（Floyd Landis）曾经是兰斯-阿姆斯特朗车队的一名成员，他把队员服用违禁药品的事情公布了出来，而这是该车队多年来否认的事情。因为阿姆斯特朗车队是美国邮政管理局在禁止使用违禁药品的协议基础上创办的，所以政府对其罚款 1 亿美元，其中的 30%将属于兰蒂斯个人。[61]

实践中的诚信

告密者或叛徒：人力资源管理在雇佣方面的作用

爱德华·斯诺登（Edward Snowden）认为自己在做一件正确的事情。美国国家安全局通过监听 1 000 万美国公民的电话来搜集信息，而斯诺登在 2013 年将此事公之于众。他认为自己是在履行公民责任，而这激起了美国人对于当时存在的“安全与隐私”问题的讨论。斯诺登也知道自己这一行为的严重性，他表示：“我明白自己会因此举遭到惩罚。但是即使只有那么一瞬间，能让那些统治我深爱的这个世界的秘密的法律、不公平的赦免以及不可抗拒的行政权力得以揭露，我也心满意足了。”

在很多美国人的眼里，斯诺登是国家的叛徒。处于这场热议中心的全球反恐计划只是在监控谁和谁联系，并没有监控任何人电话中的谈话内容。反恐活动只是试图搞清楚全球恐怖主义者的社交网络，其中的一部分在国家边境之内。窃听电话是有合法理由的，没有违法窃听。然而，通过将这一计划公之于众，斯诺登实际上是向恐怖主义者泄密，这样就可以帮助他们避免被窃听。

在斯诺登的雇主博思艾伦咨询公司看来，雇用斯诺登是它所做的最错误的决定之一。博思艾伦是自“9·11”事件之后受雇为美国政府搜集情报的公司。公司在华盛顿一共有 2.5 万名员工，99%的收入来自美国联邦政府，所以公司不能冒险去破坏这种关系。博思艾伦立即对斯诺登的行为进行了谴责，誓将调查他是怎么被雇用的以及公司的人力资源管理人员是否本来可以通过一定的方式预测出他的这种行为。

在伦理学家的眼里，斯诺登是不是国家的叛徒或告密者要由历史来决断。对伦理学家来说，像斯诺登这样的人必须管理好两种信任关系：一是对雇主的信任，他当时愿意和雇主签订特殊的合同，接受特殊的工作并获得相应的酬劳；二是对他生活的这个社会的信任，保护公民不受不合法公司或政府机构的危害。这样来看，斯诺登引发的对个人隐私的社会价值观的讨论能否抵消博思艾伦的窃听行为和全国反恐行为造成的潜在危害呢？这个问题很难回答。考虑到这些潜在的告密者富有争议性的社会价值观，另一个难以回答的问题是，人力资源管理专业人员在识别告密者方面应当承担的责任是什么？

讨论题

假设人力资源管理专业人员能够准确地预测谁会成为告密者，那么公司会在甄选过程中主动避免雇用这些人吗？如果会，那么从整个社会的角度来看，这种做法是否符合伦理道德？

资料来源：D. Barrett and D. Yadron, “Contractor Says He Is Source of NSA Leak,” *The Wall Street Journal Online*, June 10, 2013; M. Mukasey, “Leaking Secrets to Terrorists,” *The Wall Street Journal Online*, June 9, 2013; J. Bussey, “A Wake-Up Call for Booz Allen and Us,” *The Wall Street Journal Online*, June 10, 2013; D. E. Wittkower, “Are You a Whistleblower or a Snitch?” *The Wall Street Journal Online*, June 17, 2013.

■ 身体性工作退出

如果工作条件无法改变，那么感到不满意的员工可能以离开工作岗位的方式来解决问题。如果不满仅仅是针对一个特定职位（比如，是由于直接上级的不公平对待或者不舒适的工作条件导致的），员工还可以采取内部流动的方式来解决问题。但如果员工不满意的根源是整个组织的政策（例如，缺乏就业保障或者薪酬水平低于市场标准等），员工很可能会以向组织外部流动的方式来解决问题。正如我们之前提到的那样，员工流动率和组织绩效呈负相关，通常来说，更换员工是一件成本较高的事，尤其是那些技术岗位上绩效高的员工。[62]

另一种从身体的角度离开自己不满意的工作的方式就是缺勤。最近的一项调查表明，公司在针对缺勤或迟到的员工采取的补救措施上花费的成本平均达到人工成本的15%。[63]缺勤的成本之所以如此之高，部分原因在于它就像病毒一样从一个员工传染到另一个员工，即使没有任何一个人真的患了传染性疾病。证据显示，在缺勤方面存在非常明显的社会规范，它在一个群体里就像滚雪球一样，一旦滚动起来，就会变得越来越容易被接受。[64]缺勤的巨大社会影响可以归因于在何时以及以何种方式请病假时并没有大量标准化的规定，这就会导致不同的员工会有大量不同的解释。为了避免不同部门在处理缺勤问题方面存在的非标准化制度，很多公司（比如沃尔玛）都对缺勤管理采取了集中统一控制，也就是说，如果一位员工需要请一天的假，则其直接上级主管人员是没有审批权的。沃尔玛公司的员工如果想请一天的假，就需要拨打1-800电话，还要提交一份标准化的文件来说明自己请假的理由。[65]

■ 心理性工作退出

如果不满的员工无法改变自己面临的处境，或者不能使自己在身体上转移到其他工作岗位上去，他们可能会从心理上将自己与其所做的工作分割开来。虽然他们的身体还在工作岗位上，但他们的心思可能早就跑到别处去了。

这种心理上对工作的排斥有几种形式：第一，如果主要的不满来自工作本身，员工就会表现出低水平的工作投入度。**工作投入度**（job involvement）是指人们对自己所从事的工作的认同程度。那些不投入工作的人会把工作看成是个人生活中的一个次要方面。第二种心理排斥形式是较低的**组织承诺度**（organizational commitment），这种排斥形式往往发生在员工对整个组织不满时。组织承诺度是指员工认同组织并愿意为了组织的利益而努力工作的程度。那些感到自己受到企业不公平对待的员工往往会降低自己的组织承诺度以作为回应，只要外部有好机会就会马上离开企业。

他们也可能会通过盗窃、诈骗或者破坏等方式，以回应自认为遭受到的企业的不公平对待。确实，尽管雇主们关注员工盗窃问题，但历史表明，在经济衰退期间，员工的诈骗和破坏行为通常会随着股市的下跌而增多。当然，部分原因是人们在努力达到收支平衡时会遇到更多的诱惑。尤其是在认为自己要被解雇时，员工会感到愤怒，并且把盗窃行为看作是对公司合理的报复。另一部分原因是在困难时期，公司对于利润非常在意，在减少开支的过程中经常会发现这类违法行为，而这些行为在繁荣时期是发现不了的。正如安全咨询顾问布莱恩·米奇（Brian Mich）所说："在这些事例中，很难说先有鸡还是先有蛋，但经济衰退会造成员工盗窃是无可辩驳的。"[66]

例如，在最近的经济衰退期间，2009 年的一项调查表明，大约有 20%的管理者能够提供 2006—2008 年间金融和实物资产盗窃增加的书面证明。另一项由普华永道会计师事务所完成的研究表明，2007 年公司因员工诈骗损失了 240 万美元，比 2005 年的 170 万美元有所上升。具有讽刺意味的是，员工诈骗案的证据显示，通常员工的受教育水平较高，越值得企业信任的员工越有可能发生诈骗行为。例如，那些在公司里实施诈骗的员工一般在公司工作了 8 年左右，大多数有研究生学历。这样的一群人很聪明，赢得了组织的信任，并且在最好的职位上工作，他们知道怎样才能侥幸逃脱对诈骗的各种惩罚。[67]

10.3.2　工作满意度与工作退出

正如我们在图 10－2 中看到的，隐藏在各种形式的工作退出背后的关键推动力都是**工作满意度**（job satisfaction）。我们把工作满意度界定为：人们因为感到自己从事的工作可以满足或者有助于满足自己的工作价值观而产生的一种愉悦感受。[68]这个定义反映了工作满意度的三个重要内容：第一，工作满意度是价值观的一个函数，而价值观可以界定为“一个人有意识或下意识想要得到的东西”。第二，这一定义强调了，在哪种东西的价值更高的问题上，不同的员工存在不同的认识，这一点对于判定员工的工作满意度的性质及其程度是至关重要的。一个人可能认为高薪酬比所有其他东西都更有价值；另一个人则可能认为旅游的机会最有价值；还有一些人则认为能够待在某一地理区域内最有价值。工作满意度的第三个重要方面是感知。一个人的感知可能并不能全面准确地反映现实情况，即使是面对相同的处境，不同的人也会产生不同的看法。

不仅如此，人们的感知还常常会受到参照系的强烈影响。**参照系**（frame of reference）是指能够用来与其他点进行比较从而帮助人们找到某种意义的一个标准点。例如，一位护士可能会将自己的薪资与其他护士的薪资加以比较，她的满意度就来源于这一比较所产生的结果，而不是来自薪资本身。2011 年，一位女护士平均每年的薪资大约为 5 万美元，这个薪资水平很正常，她会感到比较满意。但是，当她发现一位和她从事相同工作的男护士的年收入是 6 万美元时，她就会感到不满意。[69]这样的参照系有很大的影响，因而很多公司都想采用对每个人的薪资加以保密的做法来减少这种比较所产生的影响。然而，随着工作越来越需要合作并且以团队为导向，薪资水平的透明度越来越高，甚至团队成员也要参与薪资水平的确定。因此，在很多企业中，要想平衡团队成员对薪资的知情权和保护个人隐私之间的矛盾，同时平衡员工的这种知情权与企业需要减少因团队成员对他们的相对价值感到不满而产生的冲突之间的矛盾，变得越来越困难。[70]

通常来讲，工作满意度最突出的参照系是一个人目前的满意度水平，工作满意度变化的方向比绝对满意度本身更能预测离职率。也就是说，如果两个人都对他们的工作表示“一般”满意，但其中的一个人过去的满意度很高，而另一个人过去的满意度很低，则与满意度的变化方向为正的人相比，满意度的变化方向为负的那个人更有可能离职。[71]此外，正如这里的“循证人力资源管理”专栏展示出来的那样，另一个比较明显的对比群组是工作团队的总体满意度。

循证人力资源管理

尽管员工本人的工作满意度对于预测他们的工作退出是一个很重要的因素，但一些社会方面的因素也很重要，尤其是当这些因素在很长时间里才会逐渐消失的时候。例如，最近一项对150多家公司的5 000多名员工所做的研究，记录了一个人周围的同事的工作满意度会怎样影响这位员工的工作满意度及其随后的流动情况。

具体来说，如果一位员工的工作满意度不断下降，但其所在团队中的其他同事的工作满意度正在好转的话，这个人的离职可能性就会比仅仅基于个人工作满意度预测的员工离职可能性更低一些。相反，如果一个人的工作满意度不断上升，可是其所在团队中的其他同事的工作满意度正在变差的话，这个人留任的可能性就会比预期的更低。在这两个例子中，员工与其工作环境之间的"不一致"会改变对员工离职的预测。这项研究表明，企业为什么需要对组织中不同部门的工作满意度有一个准确的了解。

资料来源：D. Liu，T. R. Mitchell，T. W. Lee，B. C. Holtom，and T. R. Hinken，"When Employees Are Out of Step with Co-Workers：How Job Satisfaction Trajectory and Dispersion Influence Individual-and Unit-Level Voluntary Turnover，" *Academy of Management Journal*，55（2012），pp. 1360-1380.

10.3.3 工作不满意的来源

人和组织的许多方面都有可能导致员工产生不满。管理者和人力资源管理专业人员必须清醒地意识到这一点，这是因为，它们是提高员工的工作满意度和弱化工作退出的一个重要杠杆。这种情况在当前这种经济形势下更加凸显，因为提高生产率的压力已经将很多员工推到了可以忍受的极限。

■ 不安全的工作条件

我们在本章的前面讨论了企业在帮助员工保持身体健康方面扮演的角色，即企业可以通过员工援助计划来解决员工遇到的一些特殊问题，比如吸毒和酗酒；此外，企业还可以通过整体性的健康修炼行动来提高员工的健康水平，同时降低公司在医疗护理方面的支出。显而易见，既然企业对员工在工作之外可能会遭受的风险都如此关心，它们就应当更为重视员工在工作中所面临的各种风险。

当然，每一位员工都有获得安全工作条件的权利。我们在本书前面（参见第3章）回顾了1970年颁布的《职业安全与健康法》（OSHA），这部法律详尽地描述了员工在工作条件方面应当享有的权利。我们在第3章中还谈到了如何通过制定安全教育计划确定工伤风险并与员工进行沟通，同时也谈到了，为了通过美国职业安全和健康管理局的检查，企业应当如何强化安全工作实践。我们在那一章中关注安全问题的主要目的在于指导企业遵守法律方面的规定，而在本章中我们还需要重新讨论这个话题。这是因为，对工作安全问题进行评估的不仅仅是职业安全和健康管理局，组织自己的员工对工作条件的感知及反应也会对员工的满意度、保留率以及企业的竞争优势产生影响，而这就不仅仅是满足法律要求的问题了。也就是说，如果求职者或任职者认为他们的健康或生命安全会因为工作而受到威胁，这家企业就很难吸引和留住员工。

尽管随着时间的推移，大量数据表明员工的在职受伤比率骤然下降，但是很多人将之归因于员工害怕上报受伤情况后会遭到解雇，尤其是当一些员工受伤前的表现被认为属于危险动作时。这种“是员工个人的过错”的态度很可能会导致员工对于工伤采取“不报告”的做法。例如，从 AK 钢铁厂退休的员工杰夫·瑞普尔（Jeff Repper）代表很多人这样说道：“在钢铁厂里，人们不会报告一些小的或是中等程度的工伤，否则你只会浪费自己的时间，还得不到补偿。”[72]

尽管不是所有的职位都存在安全风险，但是相当多的职位所从事工作的性质使对员工的安全感知进行管理显得至关重要。这些职位包括渔船操作工、伐木工人、飞行员或客舱服务员、结构金属工、垃圾清运工、出租车司机或汽车司机，等等，在这些职位上工作的人被认为最容易遭遇死亡事故。事实上，仅在我们罗列出的这些职位上每年就有近 1 000 人死亡。另一些职位尽管很少会造成任职者死亡，但是在这些职位上发生非死亡事故的概率却比较高。这一类职位涉及餐饮机构、医院、疗养院、便利店以及长途货运行业。另外，还有一些职位之所以存在安全隐患，主要是因为员工会暴露在有化学物品的环境中，有可能会患上职业病。最后，一些职位之所以存在安全风险，仅仅是因为工作时间长和压力大。[73]最近的几起航空业事故都是因为在夜间工作的空中交通指挥员在长时间工作后睡着了，这引起了人们对此类安全风险的广泛关注。例如，其中的一个案例中，一位空中交通指挥员在前一天只睡了两个小时，这是康航（ComAir）191 航班在肯塔基州列克星敦市发生事故的主要原因。[74]通常来讲，在夜间从事工作与人的生理机能相违背，会破坏一个人的自然生理规律，反过来导致一系列的生理问题。因此，那些在职位描述中将夜晚从事工作作为一项要求的职位都需要将夜间工作视为一个安全问题。[75]

许多企业还把经济奖励与员工是否达到了某些具体的工作安全目标相挂钩，这样有助于促使员工每天都注意以正确的方式完成工作。[76]随着时间的推移，这种方案带来的价值会超过其成本。研究表明，一种并不罕见的情况是，一家中等规模的企业只要减少 10%的事故就能节约 5 万美元的保险费。假设企业的利润率为 5%，这实际上相当于企业多实现了 100 万美元的销售收入。正是基于这些数据，利宝互助保险集团（Liberty Mutual Group）副总裁吉姆·哈瑟利（Jim Hatherley）指出：“那些利润表看上去很漂亮的公司都是会认真对待每一件事情的企业，其中也包括工作安全问题。一旦企业把安全问题当作经营问题来看待，它们就能获得成功。”[77]

■ 人格特征

因为不满意是一种最终会驻留在人们心中的情绪，所以，毫不奇怪，许多研究这种情绪性结果的人都把注意力放在个体差异方面。例如，在第 6 章中我们描述了大五人格模型，这些人格特质中的某些特质已经被证明与高离职意向和实际离职率是相关的。总的来说，离职更有可能发生在那些情绪稳定性较差、责任心较差以及宜人性较差的员工身上。[78]

消极情感（negative affectivity）是一个用于描述某种人格维度的词汇，这种人格维度反映了不同的人在对生活的某一方面或所有方面感到满意的程度上存在普遍差异。消极情感比较明显的人往往具有较为显著的令人厌烦的坏心境，其中包括在各种背景下（即工作环境和非工作环境中）表现出来的愤怒、轻蔑、羞耻、内疚、恐惧以及神经质。这些人往往将注意力集中在自己和他人的一些负面特征上。[79]即使是在面对通常能够提高他人满意度的组织干预措施，比如提高薪酬水平时，他们也倾向于持一种消极态度。所有这些都表明，总有一些人会将他们的低满意度带到工作中去。因此，无论组织采取什么样的措施或者管理人员怎样做，这些人都不会感到满意。

就这些性格和工作满意度之间的关系所做的研究表明，作为一种提高员工整体工作满意度水平的手段，人员甄选非常重要。如果由于像负面情感或核心自我评价等这样一些个性特征在一个人身上是相对稳定的，因而一个人的工作满意度在不同时间和不同职位上也是相对稳定的，这就表明一个人的工作满意度即使出现短暂的变化，也是很难持续的，因为随着时间的推移，他们总是会回到自己的那种“特质”或适应水平上去。因此，一些企业在甄选求职者时会尝试针对这种情况进行筛选。比如，鞋类和服装类在线零售商美捷步公司的首席执行官谢家华指出：“我们尽力去雇用那些积极的人，同时将他们安排到那些会进一步强化他们积极思考的职位上去。”[80]在面试的时候应当注意评价求职者对原来的工作感到不满意的程度。如果一位求职者说他对过去的六份工作都感到不满意，企业又怎么能够相信他会对现在这份工作感到满意呢？

■ 任务与角色

作为工作不满意的一个预警器，没有什么比工作任务的性质本身更为有效的了。一项工作任务的许多方面都与工作不满意联系在一起。已经形成了几种将工作特征与员工做出的反应联系在一起的较为完善的理论，而且得到了广泛的验证。我们在第4章中讨论了其中几种理论。在这一节中，我们将主要讨论工作任务中会对工作满意度产生影响的三个重要因素：任务复杂性、工作时间地点的灵活度、员工在完成任务时带来的价值增值。[81]

除少数特殊情况之外，在任务复杂性和工作满意度之间存在很强的正相关关系。也就是说，那些对任职者来说没有任何脑力挑战的单调的、重复性的工作所带来的烦闷和压抑，会导致员工感到沮丧和不满。[82]正如我们在这里的“通过全球化进行竞争”专栏中展现的那样，当员工对更好的工作以及工作环境的需求增加，而雇主却只关注降低成本时，这种受挫心理会完全失控。

通过全球化进行竞争

暴乱将工作环境问题推到聚光灯下

鸿海公司的工人暴乱起源于两个年轻工人之间的小摩擦，但很快便发展成激烈的战斗，最终一共有2 000名工人和5 000名武警卷入其中。两名被确定引起暴乱的年轻人来自两个不同地区，那时他们刚在制造iPod和iPad的工厂里结束了充满压力的12个小时的轮班工作。这种工作不仅无聊，而且工资很少。在两个人发生冲突之后，工作带来的失意使他们失去控制，开始推搡。现场的人说，工厂保安对这件小事的反应过激，他们很粗鲁地殴打了这两个年轻人。

当时，几百名工人冲到保卫处给了他们一个教训，随后越来越多的保安被叫到现场，后面跟着越来越多感到不满的工人。于是一场大战开始了，战斗结束时，40人住院，由于在暴乱中可容纳80 000名工人的场地被破坏，工厂随后停工。这件事情结束以后，人们开始提出疑问，中国工人发生了怎样的变化？这种变化是怎样对中国工厂强调的商业模式提出挑战的？

特别需要指出的是，这次暴动事件也引发了公众对冲突双方的关注，一方面是中国工厂基于低成本战略的商业模式及其创造的枯燥的工作和令人不愉快的工作环境，另一方面则是新一代的中国工人不愿意再忍受这样的工作环境。例如，参与暴乱的一名工人代表说："一些人不过是对于富士康工资低而工作时间长表示不满罢了。"追踪罢工和工人抗议的《中国劳工报告》报道称，在2012年有30多起这样的事件，而2011年仅有10起类似事件。

富士康在2009年已经成为众矢之的，因为有很多员工在工厂里自杀，因此保卫处不得不在厂里安装网络来监控那些企图自杀的工人。富士康为了回应这些事情，给工人加了工资，改善了工作环境，但是，这些改变没有发挥作用。同样的事情还在发生，但是此次事件中，工人把自己的愤怒发到他们的老板而不是自己身上。要想管理这样的100万名感到不满的工人，老板一定要保持清醒。鸿海公司暴动事件发言人路易斯·吴（Louis Woo）在总结经验时提道："我们不能争辩说工厂中的生产制造工作是激动人心的。这样的工作比较无聊，需要付出很多的辛劳，所以我们的工厂可能需要做出改变，而不是希望员工们去改变。"

讨论题

1. 什么因素导致工作不满意在不同的文化中普遍存在？这对通过剥削工人来寻求竞争优势的国家有何启示？

2. 怎样评价像苹果公司这样把工作外包给中国这类国家的全球企业？

资料来源：D. Barboza and K. Bradsher, "Foxconn Factory in China Is Closed after Worker Riot," *The New York Times*, September 23, 2012; P. Mozur and T. Orlink, "Hon Hoi Riot Undermines Squeeze on Chinese Manufacturers," *The Wall Street Journal Online*, September 24, 2012; P. Mozur, "New Labor Attitudes Fed into China Riot," *The Wall Street Journal Online*, September 26, 2012.

减少工作不满的主要方法之一是职位丰富化。职位丰富化（job enrichment）是指能够增加一个人所从事工作的复杂程度以及意义的各种方法。正如这一概念本身表达出来的意思一样，它直接针对的是那些由于本质上具有重复性或者工作范围较窄而显得单调乏味或令人厌烦的职位。许多职位丰富化计划都以我们在第4章中讨论过的职位特征理论为基础。例如，很多职位丰富化的方案都为员工提供了更多参与到与他们的工作有关的一些重要组织决策中去的机会，这些做法通常能够减少角色冲突以及模糊性。在这方面做出努力的另一个例子是位于纽约州北部的克劳斯医院（Crouse Hospital），这家医院通过实施一个项目推动在组织各个层次上开展关于如何提高病人护理水平的正式的小规模群体讨论，结果将员工的流动率从49%降到了18%。除了降低员工流动率，这项方案带来的成本节约和客户服务质量提高方面的收益还使得这家医院实现了1 100万美元的净收益，相对于实施该方案之前该医院面临1 500万美元净亏损的情形，这无疑形成了鲜明的对比。[83]

在某些情况下，职位丰富化方案需要以培训方案作为补充，以确保员工拥有扩展工作内容所需的足够技能。比如，芝加哥大学医院（University of Chicago Hospital）的很多技术人员承担着与客户进行人际交往的工作任务，这导致这些人与客户之间存在一些冲突，同时也给他们带来了相应的工作压力。医院为他们提供了客户服务、批判性思维以及情境判断等方面的培训方案，鼓励每一位技术人员制定与自己的具体职位相关的"理想病人邂逅"计划。此后，病人的投诉量显著下降，由于冲突减少，技术人员承受的压力也随之下降，在这些职位类别中从事工作的员工的流动率下降了33%。在这类培训中，受训者要确定自己最重要的工作价值观。然后，他们还要学习如何找准目标、如何找出目标成功实现的障碍以及如何通过寻求同事之间的合作实现这些目标。总的来说，这种技能培训为任职者提供了更好地预测、理解以及控制在本人职位上发生的各种事件的能力，这反过来又提高了他们做决策的能力。[84]

另一个以工作任务为基础的减少工作不满的方法是**职位轮换**（job rotation）。职位轮换是指在一定的时期内系统地将一个人从一个职位转移到另一个职位上去的过程。尽管员工可能感到自己无法长期忍受某一特定职位存在的那些令人不满意的方面，但如果让他们在短期内从事这样一些工作，他们还是可以忍受的。职位轮换的作用并不仅仅是简单地让大家去分担某个职位的某些不令人满意的方面。它可以增加员工从事的工作的复杂性，并为员工提供有价值的在职交叉培训，从而使员工了解许多不同的职位。这样就可以造就一支更为灵活的员工队伍，同时还能增强员工对组织为履行其使命必须完成的其他工作任务的兴趣。

由于员工的非工作角色往往会在一定程度上溢出并影响到他们的工作角色，反之亦然，所以影响员工的满意度和留任情况的第三个关键因素是工作时间安排的灵活性。为了帮助员工管理好他们的多重角色，从而招募新的人才以及留住已有的人才，很多公司开始实施一系列家庭友好型政策。这些政策涉及儿童看护、老人护理、弹性工作时间安排、职位分享、远程工作、延长的生育假和父母假等。[85]尽管这些方案在工作安排以及工作汇报方面给管理者带来了一些麻烦，但它们的确带来了诸多显而易见的好处。首先，这类福利可以帮助企业在招募新员工时吸引潜在的求职者。[86]其次，在员工被雇用之后，这些灵活的工作时间安排会使员工的缺勤次数减少。最后，从长期来看，这些方案使得员工对组织有更高的承诺。[87]从不利的方面来说，这种灵活的工作时间安排一方面给企业带来了麻烦，另一方面，一些人担心它会影响员工之间的互动交流，而这种交流对于创新很重要。正如我们在这里的"通过可持续性进行竞争"专栏中可以看到的，最近发生的一个引人关注的弹性工作时间被取消的事件就很能说明这方面的问题。

到目前为止，从产生满意度的角度来说，工作中最为重要的那些方面都涉及这样一个问题，即相对于员工的核心价值观而言，工作在多大程度上是有意义的。**亲社会动机**（prosocial motivation）这一术语明确地描述了人们为他人提供帮助的动机有多强。当人们相信自己的工作可以对别人产生重要的影响时，他们更愿意工作更长的时间。[88]这种亲社会动机也可以被引导到同事身上。已经有研究发现，这种动机与帮助他人的行为是相关的。[89]当一个人意识到自己的工作可以对其他人——即那些可以从自己提供的服务中获益的人，比如顾客或客户——产生积极的正面影响时，这种意识同样可以触发这种亲社会动机。[90]相反，当一个人的社会需要

通过可持续性进行竞争

弹性工作制时代是否来了又走?

2012年，玛丽莎·梅耶尔（Marissa Mayer）任职雅虎新的首席执行官，成为《财富》500强公司中第20位女性总裁。在这个新闻发布时，她和丈夫在等待他们第一个孩子的到来，因此她成为《财富》500强公司中的第一位孕妇总裁。当然大家都对这个准妈妈首席执行官的到来充满期待，但是当梅耶尔宣布她将结束雅虎公司长期以来的弹性工作制时，显然出乎大家的意料。在梅耶尔宣布之后，另一家长期实行这一政策的公司百思买也很快宣布结束已经实施的同类政策。人们开始怀疑，弹性工作制的时代是不是来了又走?

在这一争论的过程中，很多关于弹性工作时间的调查都表明这一政策是有优势的，许多公司都支持这种做法。例如，位于加利福尼亚州圣罗莎市的美敦力公司就有15%的员工“在家里工作”。他们中的大多数在大概一个小时车程之外的旧金山通过电脑远距离办公。美敦力公司对实施的这一政策评价很高，它表示，通过实施这一政策，公司一年可以节约100万美元，一方面它使得办公空间节省了，另一方面它可以吸引那些远在旧金山的优秀员工，他们通常愿意一周通勤一天，但是却不愿意每天都上班。

然而，对于一些管理人员来说，要管理这些员工不太容易，因为在实施这一政策时，管理人员需要管理的是员工的工作成果和结果，而不仅仅是考察员工露面的时间。乔迪·汤普森（Jody Thompson）是百思买公司弹性工作制的创始人之一，他说：“要求员工每天都露面是一种典型的上级缺乏领导能力的表现。他们不知道怎样管理员工的工作，所以只能管理他们的工作时间。”梅耶尔很快作出回应，她做的这一决定并不是对这一制度的全面否定，只是她认为雅虎处于特殊时期，并不适合实行这一政策。

特别需要指出的是，有两个方面的问题促使梅耶尔决定改变这一饱受争议的政策。第一，虚拟专用网络日志的内部证据表明，根据实际记载的工作时间来看，那些在家里工作的公司员工并没有好好完成工作。这些员工滥用在家工作特权的消息传出来之后，引起了与其他没有滥用这种特权的员工之间的矛盾。第二，梅耶尔认为，雅虎公司需要有一些创新性的方法来与谷歌和脸书竞争，因为这两家公司这些年来不断挖走雅虎公司的员工和广告商。她强调指出：“人们在独自工作时效率会提高，但是如果大家在一起工作的话，又会促进合作与创新。”因此，这一决定是为了在这个行业里更好地竞争所做出的战略性选择。

讨论题

请讨论员工的性质和工作本身的性质怎样决定了弹性工作制在有些时候是一个好的政策，而在有些时候却是一个糟糕的战略选择。为什么说一种“放之四海而皆准的政策”对于弹性工作制来说是不现实的?

资料来源：A. Efrati and J. Letzing，“Google's Mayer Takes Over as Yahoo Chief，” *The Wall Street Journal Online*，July 17，2012；E. Fraunheim，“Reflecting on Flexing，” *Workforce Management*，June 2013，pp. 28-37；R. Bell，“Turning Their Backs on Telecommuting，” *Workforce Management*，April 2013，p. 46.

无法得到满足时，其反应通常会比较消极，而且还会以各种自我挫败的方式让人们更加远离他。[91]

例如，基因泰克公司（Genentech）是一家总部位于旧金山的小型生物制药公司，该公司的直接竞争对手都是那些最大的、最知名的制药行业巨头，其中包括默克公司、礼来公司以及强生公司。基因泰克公司从一开始就知道，由于自己的资产与其他制药企业巨头相比少得多，因此，要想取得最终的成功，就必须有能力吸引和留住生物科学领域最优秀的人才。

基因泰克公司一直非常关注自己的使命，即开发和测试“大创意”，尤其是当这种使命与医疗保健领域中的生死问题（如抗癌症药物的开发）有关时。于是，公司找到了一些对这一领域中的工作充满激情的科学家，然后培育一种支持性的企业文化，这种文化使科学家觉得自己更像是在一所小型大学中工作，而不是在一家大型制药企业中工作。研究人员有充分的自主权去追求个人的想法，并且他们所取得的每一次成功都会得到庆贺（通常以一种较为平和的方式进行），每一次失败也都被视为获得一种学习经验，而不是事业的终结。该公司采用的战略是“突破围栏”，强调的是全垒打，而不是对现有的产品进行逐步改善。正如基因泰克公司首席执行官阿特·莱文森（Art Levinson）所说：“我们的终极目标是生产出真正有效的药品——这是一个超越的问题。”这种思想也体现在公司的箴言中：“我们身处为生命而奋斗的事业之中。”

这种战略显然是下了一个危险的赌注，因为在这个行业中，在每一种新药上投入的研发费用可能都会高达8亿美元，但却有90%的新药无法推向市场。然而，到目前为止，基因泰克公司下的这个赌注已经见到成效。公司吸引了许多顶级博士毕业生以及很多从竞争对手那里辞职的科学家加盟，那些竞争对手尽管比基因泰克公司规模更大，但是却更为保守和官僚，“从创始之日起，基因泰克公司的文化就成为它的竞争优势”。[92]

■ 上级与同事

在一个组织内部，对员工的工作满意度产生影响的两个最重要群体是同事和上级主管人员。员工可能会由于下列两种原因之一而对其上级和同事感到满意。第一，与自己的同事、上级具有许多相同的价值观、态度以及理念。然而，如果一名员工在工作中很注重自我管理和自我决策，而其上级却总是管得特别细，同时对他的工作严密监控，这名员工很可能会表示不满。过于严密的监控是导致许多员工产生不满的一个普遍原因，更为严重的是，如果管理者把自己的工作时间投入到对员工的工作进行监控之中，他就做不好本职工作。不过，对员工的工作进行监控是一位上级应当承担的正式职责，如果这种监控是适度的，可以被视为一种为员工提供支持的信号。正如这里的“通过科技进行竞争”专栏所展示的那样，近几年的科技发展为上级有效监控员工的工作提供了一些更好的方法。

通过科技进行竞争

你的老板过去是个吸尘器？

在当今的办公室和工厂里，像电脑、智能手机、电子邮件、即时通信、网络电话以及网络会议等技术，都可以为那些不在同一个地方工作的员工提供新的联系方式。然而，在所有这些新的技术中，似乎没有一种可以取代人与人之间的面对面交流，因此，企业仍然需要每年在商务旅行上花费2.25亿美元。这是一项成本很高的投资，还不包括人力资源成本，比如在往返途中浪费的时间，也不包括环境成本，比如二氧化碳排放量。

然而，有几家不同的公司正在使用一项新的技术，通过使用“远程呈现机器人”来创造一种真实在场的感觉。Ava 500机器人是这一新行业中的新成员之一，它是从Roomba吸尘器发展而来的。Roomba是一个类似盘状物的自动真空吸尘器，在打扫房间的时候可以来回移动。而现在，iRobot公司与其合作伙伴美国思科公司在这一款吸尘器的基础上共同研制，增加了底座、监控器、摄像机、麦克风和自动导航系统等，通过这个机器，员工无论身在何处，都可以来回走动或进行面对面的交谈，还可以“坐着不动”，仅仅通过移动摄像机和监视器与好像围坐在桌子边的其他人进行面对面交流。

Ava则可以使用全球定位系统和其他技术实现在办公室和工厂中的导航，因此，这个装置不需要人去“驱动”，只需要告诉它去哪里。在行动的过程中，Ava可以调至“私人模式”，这时候为了省电，它的大部分感应器都被关掉，也可以调至“公共模式”，这时所有的感应器都打开，这样就可以随时和遇到的人打招呼。在研制过程中，这种偶然互动模式被证明对创新过程是很重要的。在参观工厂或是处理销售电话时，这一技术非常有用，对于那些想要从事远程操作和组织不在同一场所工作的特定员工开展团队合作的管理人员来说，这一技术更加重要。

然而，这一技术也有局限。楼梯是一个无法克服的障碍，这迫使使用者必须在不同的地方使用不同的机器人。他们需要在改变地点的时候切换机器人。刚开始的时候，一些人会感到有些不舒服，因为他们不习惯和一个机器说话，但是他们可以很快地做好调整并适应，尤其是当他们经常需要和其他机器人的使用者进行面对面交流时。iRobot公司总裁科林·安琪（Colin Angle）表示：“我所面临的挑战是如何让专业人员研制出一个专业且合法的机器人，可以替代人去出差。”如果他真的能实现这一目标，那么即使你的老板远在2 000英里以外，也可以监控你的工作。

讨论题

1. 为什么使用远程呈现机器人会提高一部分员工的工作满意度和绩效，却会降低另一部分员工的绩效和满意度？

2. 远程呈现机器人最适合什么样的员工和工作？

资料来源：C. Mathews，“Talking Heads,” *Time Magazine*，June 24，2013，p. 12；M. Endler，“iRobot，Cisco Create Telepresence Robot,” *Information Week Online*，June 11，2013；T. Chea，“Telepresence Robots Let Employees ‘Beam’ into Work,” *Bloomberg BusinessWeek*，December 23，2012.

第二，一个人可能会因上级主管人员和同事对其提供了社会支持而对他们感到满意。社会支持意味着一个人得到周围人同情或关心的程度。大量的研究表明，社会支持是工作满意度和低员工流动率的一个非常有效的预测因素。[93]相反，滥用职权的上级是导致员工流失的一个主要原因。事实上，有些组织发现，仅仅是采取换掉一位缺乏人际交往能力的主管人员的措施，就可以在一年之内将某些部门的员工流失率降低25%～33%。[94]

然而，领导者和各级主管人员并不是造成各种员工问题的唯一根源，在很多情况下，同事或团队成员的不文明行为会对一个人的工作满意度产生更加严重的负面影响。例如，2012年的一项研究表明，35%的受访者在工作中受到同事的欺负。工作场所中的欺凌现象被界定为一种不断损害健康的虐待，是由一个或多个作恶者在工作中以威胁、侮辱以及恐吓等谩骂和冒犯的行为对同事实施的虐待，这会造成员工无法完成工作。这与上司滥用权力不一样，因为这种行为会随着工作的完成而结束，而同事欺凌则是持续不断的。尽管很多高中学校都制定了禁止欺凌的条款，但企业不会对此进行规定，这些恃强凌弱者也并没有因为他们已经是高中毕业生而停止欺凌。[95]

由于支持性的环境可以降低员工对工作的不满意程度，所以许多组织都在努力培育工作之中以及工作之外的团队（比如，通过垒球或保龄球俱乐部组建团队）。这种做法的思想是：通过齐心协力的努力可以增强团队的凝聚力以及对团队中的每一位成员的支持力度。虽然任何一个组织的管理层都无法确保每一位情绪低落的员工能与别人交上朋友，但它却使员工之间的相互交往变得更为容易——交往是建立友谊和和谐关系的一个必要条件。事实上，调查结果显示，在"我最亲密的朋友关系是在工作中与同事建立起来的"这个问题上给出肯定回答的结果是预测员工流动情况的最有力的工具之一。[96]

■ 薪酬与福利

我们不应低估任职者、工作本身以及任职者周围的人对一位员工的工作满意度产生的影响，然而对于大多数人来说，工作是他们最主要的收入来源和经济保障。同时，薪酬还是一个人在组织内部以及在整个社会上的地位的一种象征。因此，对于很多人而言，与组织中其他人的薪酬相比，或者与在其他组织中承担类似职位的人的薪酬相比，他们的薪酬所处的相对位置可能比他们获得的薪酬水平本身更为重要。[97]因此，对于有些人来说，薪酬是自我价值的一种反映。所以在谈到员工留任问题时，员工对薪酬的满意度起着至关重要的作用。[98]事实上，正是由于薪酬和福利所起的作用如此之大，我们才不得不在本书后面用整整一篇的篇幅讨论这一问题。在本章中，我们将主要讨论与薪酬满意有关的两方面问题（薪酬水平以及福利）以及在组织内部如何评价这几个方面的问题。至于解决这几个方面问题的方法，我们会在本书的第4篇中加以讨论。

薪酬满意的一个主要维度涉及本人的薪酬水平与市场薪酬水平相比处于何种位置。在留住员工的问题上，如果一家公司的员工被其他公司挖走，常常是因为其他公司承诺支付更高水平的薪酬。事实上，一项面向已经离职的高绩效员工所做的调查显示，70%的员工都将其他企业能够支付"更高水平的薪酬"作为自己的离职原因，而只有33%的员工选择了其他企业可以为自己提供"更好的机会"。但具有讽刺意味的是，当对这些离职员工的上级管理人员进行调查时，68%的人都将能够获得"更好的机会"作为员工离职的主要原因，而只有45%的管理人员认为员工离职的主要原因是其他企业支付了"更高水平的薪酬"，这表明管理者和被管理者在员工流动问题上存在观点的分歧。[99]福利在一个人的总薪酬中所占的比重很大，因此，对福利的满意度也是总体薪酬满意度的另一个重要维度。然而，由于许多员工难以确切地了解自己获得的全部福利的真实货币价值，因此对很多人来说，这一维度的重要性可能就不像薪酬那样突出。企业为了从福利支出中获得竞争优势，非常关键的一点是，不仅要确保福利对于员工而言非常重要，而且需要注意保持福利与组织战略方向之间的联系。

10.3.4 测量与监控工作满意度

大多数组织都试图通过员工自报告方式来衡量他们的工作满意度。关于现有的许多工作满意度测量方法的信度和效度数据已经很多了，同时，使用这些测量方法的公司得到的数据也很多，这就为我们在不同公司之间进行比较提供了方便，如果企业希望对其员工的工作满意度进行评价，那么从编制工作满意度评价量表入手无疑是最好的做法。然而，如果企业试图自行设计供本公司使用的工作满意度评价量表，就会像一个试图“重新发明车轮”的人一样愚蠢。当然，在有些情况下，企业确实希望衡量员工对本组织特有的工作各方面的满意度（比如，与其他的保健计划相比，对某一特定保健计划的满意度），这时企业倒是有可能需要创建自己的衡量工具，但这只是一种例外，而不是常规情况。

一种得到广泛使用的标准化的工作满意度测量方法是工作描述指标法（JDI）。工作描述指标法强调工作满意度的各个方面：工作本身、薪酬、晋升机会、直接上级以及同事。表 10－5 给出了从工作描述指标法测量问卷中选取的几个问项。还有一些工作满意度评价量表试图得到构成工作满意度的更为具体的各方面信息。例如，虽然我们刚才提到的工作描述指标法评价了员工对薪酬的满意度，但它却并没有将薪酬划分成几个不同的维度。[100]薪酬满意度问卷（PSQ）集中考察了在薪酬的各个维度（即薪酬水平、福利、薪酬结构以及加薪等）上员工的满意度。因此，这种评价方法能够就员工对薪酬的哪些方面最满意或最不满意给出更为详细的信息。[101]

表 10－5　一张标准化的工作满意度评价量表的问项样本

导引：想一想你目前从事的工作。它在大多数情况下是什么样子？请在下面的每一个词前面的空格中填写以下三个符号之一：

__Y__代表“是”，如果这个词正确地描述了你的工作，就填写这个符号。

__N__代表“否”，如果这个词没有正确地描述你的工作，就填写这个符号。

__?__如果你感到不确定，就填写这个符号。

工作本身	薪酬	晋升机会
______一般	______低于我应得到的	______没有晋升机会
______满意	______很高	______晋升政策不公平
______很满意	______缺乏保障性	______以能力为基础
直接上级		**同事**
______不友好		______聪明
______工作好时给予表扬		______负责
______没有给予足够的监督指导		______令人讨厌

资料来源：W. K. Balzar，D. C. Smith，D. E. Kravitz，S. E. Lovell，K. B. Paul，B. A. Reilly，and C. E. Reilly，*Users Manual for the Job Descriptive Index*（*JDI*）（Bowling Green OH：Bowling Green State University，1990）.

显然，要想对工作满意度进行深入的衡量，对其各方面进行分解的数量可能是无穷无尽的，但是，就我们主要关心的经营问题即留住员工来说，只要确保工作满意度测量得到的分数与有价值员工的自愿流动真正相关即可。例如，一位员工对同事的满意度可能比较低，但如果对员工来说这方面的满意度并不是很重要，它就不会导致员工出现自愿流动的情况。同样，在一个实行绩效加薪的组织中，绩效差的人可能会对这种加薪方式感到不满，但它不会带来任何经营方面的问题。实际上，许多绩效薪酬计划的整体战略目标恰恰就是在低绩效员工中造成这种不满，从而激励他们不断地提高自己的绩效水平。

10.3.5 调查—反馈干预法

不论你采用哪一种工作满意度测量方法，也无论你测量满意度的多少方面，一项系统性、持续性的员工调查与研究计划都应该成为某种人力资源管理战略的至关重要的组成部分之一。主要有以下几个方面的原因：第一个原因是，它使公司能够对一段时间内员工的工作满意度发展趋势进行监控，从而在员工自愿流动出现之前就阻止这一问题出现。例如，图 10－3 描述了假设的某一家公司的员工工作满意度各方面在 2009 年、2011 年以及 2013 年的总体状况。通过这幅图我们可以清楚地看到，该公司的员工对晋升机会的满意水平明显下降，而对同事的满意度却有所上升。如果在绩效优秀的员工中，对晋升机会的满意度与自愿流动之间有很强的相关性，那么，这将成为对组织的一种威胁，需要使用我们在“员工开发”一章中讨论过的那些技术来解决这一问题。例如，太阳医疗集团（Sun Healthcare Group）在对自己的护士、护士助手以及其他护理服务提供者所做的调查中就发现了这种明显的趋势。针对调查反映出来的这种情况，该公司通过实施“职业通道计划”为员工提供开发新技能以及实现专业成长的机会。这个方案为那些希望回到学校获得更高学位的员工提供时间和资金方面的支持——其中一部分资金来自联邦奖学金。得益于这个方案，很多过去的护士助手成长为经过认证的全职护士助理，还有很多护士助理成长为执业执照护士和注册护士，也有很多执业执照护士和注册护士成长为护理师和医师助理。通过这一方案的实施，这家机构不仅获得了一支高技能的员工队伍，而且将员工流动率降低了 20%。[102]

持续不断地进行员工满意度调查的第二个原因是，它能够为一项政策（比如，引入一套新的绩效评价体系）或人事变动（比如，一位新的首席执行官到任）对员工态度产生的影响提供一种实证性的评价方法。图 10－4 就显示了一个假设的组织在实施企业兼并的一年前后，员工对工作的各个方面的总体满意度。通过对这一趋势变动图进行分析，我们可以清楚地看到，自完成兼并以来，员工对直接上级以及薪酬结构的满意度大幅下降，不仅如此，这方面的员工满意度下降并没有因为其他方面的满意度上升而得到弥补。这说明这家公司可能需要对各级主管人员进行培训（就像我们在第 7 章中讨论过的那样），或者是改变它的职位评价系统（就像我们将要在第 11 章中讨论的那样）。在一家印度技术服务提供商 HCL 公司中，可以清楚地看到这种模式所产生的结果。具体来说，该公司通过自己的调查发现，公司实施的可变绩效薪酬方案导致员工的薪酬水平出现大起大落，很多员工为了获得更为稳定的月薪而离职。为了解决这一问题，该公司将薪酬体系中的可变薪酬比例从薪酬总额的 30%降到 10%。这种改变带来了客户满意度的提高，公司的收益实现了 140%的增长，员工流动率也下降了 50%。[103]

第三，当企业将这些员工满意度调查与工作描述指标问卷或薪酬满意度问卷等标准化问卷结合在一起使用时，就可以根据这些维度将本公司与同行业的其他公司进行

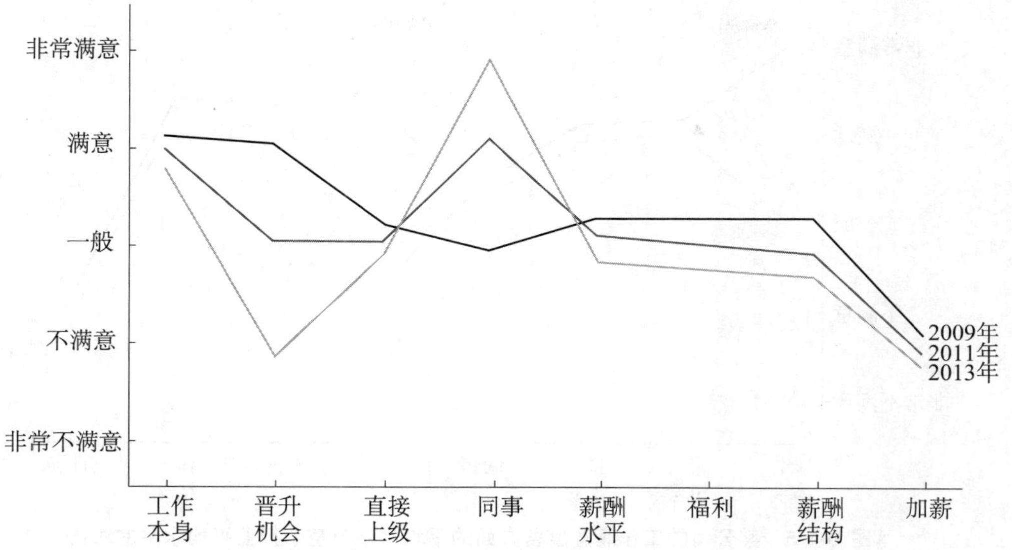

图 10－3　工作满意度各方面随时间发生变化的平均状况

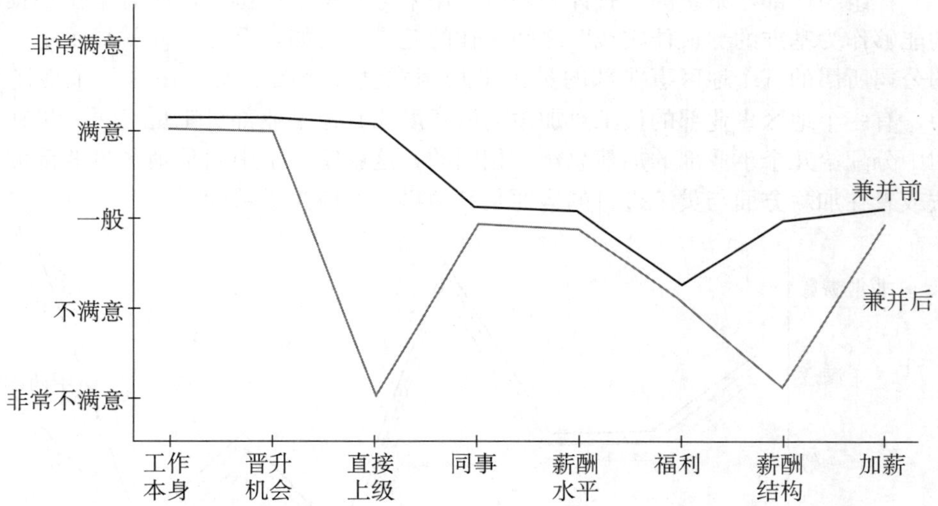

图 10－4　某一关键事件发生前后工作满意度各方面发生变化的平均状况

比较。比如，图 10－5 就显示了某一假设的公司在工作满意度的各个方面得到的总体评价，同时还显示了它与行业平均水平进行对比的情况。再重复一下，如果我们找到了一个组织在工作满意度方面（比如，对总体的薪酬水平）与整个行业之间存在的主要差距，这个组织就可以在自己的员工大量流向竞争对手之前做出反应，尽快修改公司政策。

如图 10－5 所示，与同行业相比，这家公司的员工对薪酬水平的满意度比较低，但是它在这方面的不足却被员工对该公司提供的高于行业平均水平的福利以及工作本身的较高满意度抵消掉了。正如我们在第 6 章“人员甄选与配置”中看到的，一个组织可能想利用这一信息来系统地对求职者进行甄选。也就是说，如果公司选择那些对工作本身的性质和福利最感兴趣的求职者，同时拒绝那些仅仅关心薪酬水平的求职

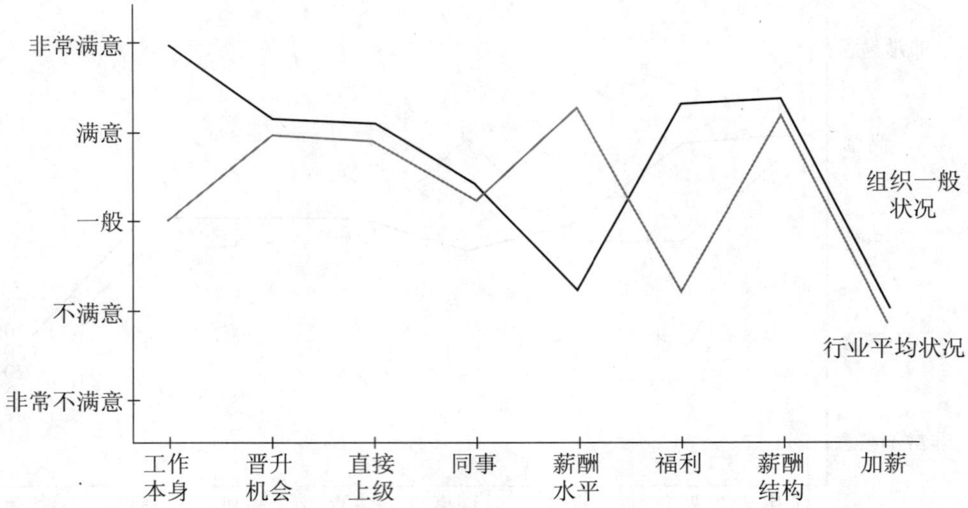

图 10－5　某公司的工作满意度各方面的平均水平与整个行业平均水平的对比

者，则个人与组织之间的匹配有可能达到最佳。

在组织内部，系统的调查计划还可以用来考察每个单位与从所有单位中提炼出来的能够作为基准的“最佳实践”之间存在的差异。比如，图 10－6 就显示了一家假设的公司所属的五个地区事业部的员工平均满意度。该图表明，在这五个地区事业部中，有一个地区事业部的员工对加薪的满意度比其他事业部员工更高。如果在整个公司中分配给几个事业部的加薪总额是相同的，这就暗示了中西部地区事业部的加薪方法或者在加薪方面与员工进行的沟通是其他事业部应当学习的。

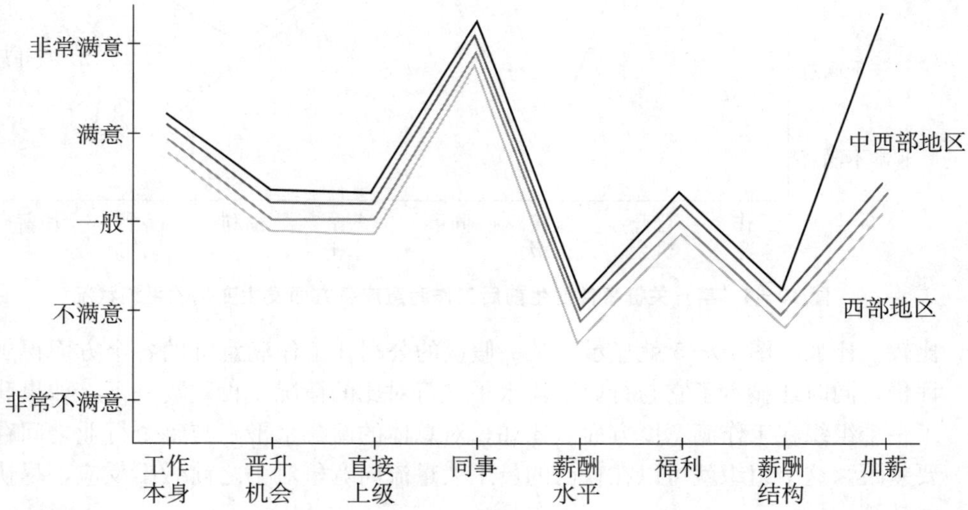

图 10－6　某公司各地区事业部的工作满意度各方面的平均水平

虽然这些发现吸引越来越多的公司进行此类调查，但进行一项覆盖整个组织的员工意见调查却不是一件随随便便就能完成的事情。尤其是在一开始的时候，这种调查常常会提高员工的期望。如果员工发现公司没有及时采取措施去解决在调查中被证实的问题，则员工的满意度可能会比没有进行这种调查时更低。

最后，虽然这一节的内容针对的是对当前员工所做的调查，但是任何战略性的留住员工的政策都要考虑对那些即将离开企业的员工进行调查。与即将离开公司的员工进行离职面谈，对于发现导致企业员工流失的因素是非常有价值的。在离职面谈开展得比较好的情况下，这一过程能够揭示出员工离开企业的真实原因。例如，最近的离职面谈表明有两种类型的员工会选择离开企业——一种人离职是因为得不到足够的工作时间，另一种人离职是因为工作时间太长。这看起来似乎是讽刺性的、违反常理的，但是考虑到现在的工作不断地分化为两种形式——按小时领取工资和领取固定薪资，从这方面来看这确实说得通。也就是说，企业对领取小时工资的员工是按工作时间付费，因此企业肯定会限制他们的工作时间，而不愿意为多出来的工作时间付费（相当于平时工资的 1.5 倍）。除此之外，为了不支付这些人的强制性医疗保险，企业还会将他们工作时数限制在 30 小时以内。[104]这样，许多领取小时工资的员工就得不到充足的工作时间。[105]与之相反，领取固定薪资的员工由于薪资水平是固定的，因此必须工作很长时间，甚至在晚上和周末都要加班。很多员工像上紧发条一样不断地工作，要么没有假期，要么在假期的时候还要工作。[106]很明显，如果可以很好地解决在这两种人身上分别存在劳动力需求过度和劳动力需求不足的问题，则所有人都可以受益，而这种情况存在显示了在薪资和薪资结构方面存在的一些普遍规则——这是我们在下一章中将要谈到的。

本章回顾

在本章开篇我们就提到了流动率的概念，即员工从一份工作换到另一份工作的比例，在前些年中，员工的流动率似乎被控制住了，而现在似乎要卷土重来。尽管良好的流动率对于整个经济的发展是有好处的，但是对于每家公司来说，影响公司竞争实力的关键因素是什么样的员工离开公司，什么样的员工留在公司里。组织需要有好的政策来促使那些绩效不佳的员工离职（非自愿流动），同时让那些绩效优秀的员工留下来（自愿流动）。因此，管理员工流动问题成为影响企业竞争力的主要因素之一，这也决定了公司是能够生存下来，还是最终会破产。

思考题

1. 员工流动率的上升怎样使公司更容易解雇那些不愿意离职的员工？公司怎样利用员工流动率的这种变动趋势？

2. 离职率的上升怎样使企业很难留住那些自愿离职的员工？公司应该怎样避免员工流动率的这种变化趋势对自己产生的不利影响？

3. 在保持员工队伍的忠诚度和敬业度方面，员工态度调查能够起到什么样的作用？在从员工调查中获取准确而可靠的信息方面会遇到哪些挑战？一项员工调查会怎样导致“事与愿违”的后果，即对公司所做的努力起到损害而不是帮助的作用？

小　结

本章讨论了与员工的分流和保留有关的一些问题。非自愿流动反映了组织方面提出的分流，这种情况常常发生在员工本人仍然愿意留在组织中并作为组织一员的时候。自愿流动反映的是员工个人提出的分流，这种情况常常发生在组织希望该员工继续保持组织成员身份的时候。组织可以通过对分流过程进行战略管理来获取竞争优势，即通过战略管理达到这样一种效果：非自愿流动以一种不会招致报复行为的方式展开，而高绩效者的自愿流动则保持在最低水平上。将组织的惩戒决策或者解雇决策带来的遭到报复的风险降到最低的做法之一是：在执行这些决策时，以一种使员工尽可能感觉到程序公平和互动公平的方式来进行。通过衡量和监控员工对工作和组织的各个重要方面的满意度，然后根据调查反映出来的问题提出相应的解决办法，组织的自愿流动率就会降到最低水平。

讨论题

1. 在本章中描述的惩戒和解雇程序是非常系统的，但完成速度却会比较缓慢。你认为是否存在某些可以导致当事人立即被解雇的过错？如果存在的话，当你被指控存在非法解雇行为时，你将如何向法官证明公司行为的公正性？

2. 人们通常认为，组织出现人员流动不是一种好现象，许多组织花了大量的时间和财力来降低人员流动率。在什么情况下，人员流动率的上升可能恰恰是组织需要的？一方面，解雇员工是一件很难的事情；另一方面，组织应当采取什么样的政策才能促使绩效优秀的员工留下来，而让绩效较差的员工自愿流动出去？

3. 提高员工满意度的三种主要方法是职位丰富化、职位轮换以及角色分析。这三种方法之间的主要区别是什么？在什么情况下，其中的一种方法会优于其他方法？

4. 如果丢掉工作的压力和工作中的不满导致员工在工作中出现了一些问题，那么人力资源管理者有哪些权力和责任来帮助员工克服这些问题？介入这一领域究竟是对个人隐私的一种侵犯，还是仅仅表现为企业的一种慈善主义、利他主义行为，或者说只是出于保护公司投资的需要而采取的一种谨慎的经济措施？

5. 请说明运用公开出版的、标准化的员工态度调查问卷的优点。企业是否需要为进行此类调查而自行开发测量工具？一个组织到什么地方能够学习这种问卷的设计方法？

自评练习

你所承担的职位本身的特点会影响你的总体工作满意度。在工作中感到满意的方式之一是找到一个具有你感兴趣的那些理想特征的职位。下面这些评价可以用来帮助你发现哪一种职位可能会让你感到满意。

下面这些语句描述了各种不同的职位特征。请阅读每一个句子，然后选择你对这种职位特征喜欢的程度。使用下列数字来表示喜欢的程度：1＝很不喜欢；2＝不喜欢；3＝一般；4＝比较喜欢；5＝非常喜欢。

1. 每天完成多种工作任务的机会。
1 2 3 4 5

2. 能够对组织做出某种非常有意义的贡献。
1 2 3 4 5

3. 有决定如何完成工作的自由。
1 2 3 4 5

4. 能够从头到尾完成一个项目或一项工作，而不是仅仅完成整个工作的一部分。
1 2 3 4 5

5. 能够看到工作的结果，所以知道自己的工作做得怎么样。 1 2 3 4 5

6. 能够感觉到自己的工作对组织中的其他人很重要。 1 2 3 4 5

7. 需要使用各种复杂的技能。
1 2 3 4 5

8. 承担独立于上级主管人员采取行动或者做决策的责任。 1 2 3 4 5

9. 整个工作从头到尾都能得到时间和资源方面的支持。 1 2 3 4 5

10. 能够从工作本身获得绩效反馈。
1 2 3 4 5

将问卷中用来衡量每项职位特征的两个配对问项的得分相加，看一看哪一种职位特征的得分比较高，得分越高的职位特征对你越重要。

技能多样性：一个职位要求任职者使用多种技能的程度。

题目 1 得分：___＋题目 7 得分：___＝___

任务完整性：一个职位要求任职者完成一项完整的、可识别的工作的程度。

题目 4 得分：___＋题目 9 得分：___＝___

任务重要性：一个职位对他人的生活或工作产生影响的程度。

题目 2 得分：___＋题目 6 得分：___＝___

自由度：一个职位为任职者提供的制定工作时间表以及确定完成工作的过程和程序的自由度、自主性和灵活性。

题目 3 得分：___＋题目 8 得分：___＝___

反馈：完成与职位有关的工作任务和活动时，你在多大程度上能够获得直接而清晰的工作有效性的反馈。

题目 5 得分：___＋题目 10 得分：___＝___

资料来源：Adapted from R. Daft and R. Noe, *Organizational Behavior*（New York：Harcourt，2001）.

战略练习

“深海地平线”的安全隐患

谈到事故和安全危害问题的时候，不得不提在英国石油公司发生的一些事件。2005 年，该公司位于得克萨斯州得克萨斯市的炼油厂发生爆炸，造成 15 人死亡 180 人重伤的严重后果。当英国石油公司在墨西哥湾作业时，它也受到过多次警告。事实上，在 2007 年一年之内，当地就有 10 起重大事故被报道，该公司在墨西哥湾负责生产的副总裁理查德·莫里森（Richard Morrison）当时说：“我们在生产过程中遇到各种意外事故，但庆幸的是，没有一个工作人员受到严重伤害或者死亡。”

然而，2010 年 4 月 20 日，这种好运突然没了，因为未预测到的天然气泄漏，“深海地平线”钻井平台的一处比两个足球场都大的浮油井发生爆炸。爆炸导致 11 人死 17 人伤，还导致巨大的钻井平台被埋在深达一英里的海水里。除了人力成本之外，爆炸还造成严重的环境污染。盖住“深海地平线”所在地区的油井用了好几个月的时间。同时，有 2 亿多加仑* 的石油不断喷涌至墨西哥海湾，威胁着当地脆弱的植物、动物以及海滩的生态系统。英国石油公司为此付出巨大的代价，一共为此次溢出事件拿出 410 亿美元，但是在 2011 年夏天，英国石油公司破产了。

对这次灾难的调查显示，英国石油公司的战略性人力资源管理中存在很多人为的错误和问题，其合作伙伴和政府监管部门也对此事负有责任。第一，从英国石油公司来看，为了降低成本，该公司解雇了大量员工，导致从事检查工作的技术人员缺乏。那些受财务奖励和奖金激励的员工在紧要关头会优先完成与生产效率有关的任务，而不是与安全有关的任务。同时，英国石油公司和实际拥有钻探设备的伙伴之间的合作失败使事件不断恶化。事实上，在灾难发生的第一周里，英国石油公司总裁托尼·海沃德（Tony Hayward）将矛头迅速指向 Transocean 公司并指出：“那个地方用的不是我们的钻塔，不是我们的设备，也不是我们的系统。”

当然，这两家公司都受到美国政府通过矿产管理局实施的管制，但很多人认为，该矿产管理局的员工却很难承担起监控的责任，无法做到对他们负责的企业进行监管。一份内政部的调查发现，矿产管理局的一些员工“在监控时喝酒、吸食可卡因和大麻，甚至和油气代表有不正当的性关系”。事实上，这些“高明的”员工还准备在事件发生的前两个星期给英国石油公司颁发安全奖。2011 年 1 月的一份政府报告显示：“如果涉及的几家公司能够遵守严格的安全规定，这次灾难就不会发生。如果相关政府部门有能力，同时也愿意按照世界安全标准执行的话，这次灾难也不会发生。”

思考题

1. 为什么通过采取对安全不利的方式来降低

* 1 加仑＝3.79 升。

成本是缺乏远见的？

2. 英国石油公司和Transocean公司的合作怎样造成了独特的安全问题？

3. 为什么政府监管部门（如美国矿产管理局）和公司（如英国石油公司）之间的关系应该受到密切的监控？谁应该对这种监控负责？

资料来源：G. Chazen，B. Faucon，and B. Gasselman，"Safety and Cost Drives Clashed as CEO Hayward Remade BP，" *The Wall Street Journal*，June 29，2010，pp. B1-B6；J. Mervin，"Counting the Cost of the BP Disaster One Year On，" *BBC News*，April 19，2011；P. Coy and S. Reed，"Lessons of the Spill，" *Bloomberg BusinessWeek*，May 10，2010，pp. 48-55；S. Smith，"Commission Spreads Blame for the Gulf Oil Disaster，" CNN. com，January 5，2011.

人的管理

直接走向出口：乘务人员成为英雄

类似的事件已经发生过无数次。这次发生在纽约肯尼迪机场一架刚从匹兹堡飞回来的飞机上。一位乘客急着离开自己的座位，并且打开了她座位上方的行李箱。乘务人员史蒂文·斯莱特（Steven Slater）做了他平时经常做的一件事情，平静地让这位女士回到座位上坐好，等飞机停稳了再起身。然而，该女士并没有理会他的劝说，史蒂文再一次做了他平时常做的事情，平静地走过去让她坐在座位上。女乘客开始辱骂他，愤怒地揪出超重的行李箱向他的头部砸去。之后，史蒂文做了一件从没有人做过的事情。他打开对讲机，开始出言谩骂那位女乘客。随后，他从饮料车中拿出两瓶啤酒，打开紧急充气出口，滑出飞机，然后离职了。

更引人注意的不是斯莱特的这一令人惊讶的举动，而是公众对这件事的反应。尽管他的行为不安全且违法，但是他很快成为美国人的民间英雄。在这件事发生后的两天之内，有18万人点击了他的脸书账号，并留言分享他们自己准备实施的戏剧性离职行为。一位曾经做过乘务人员的来自皇后区的"粉丝"代表很多人说："受够了就不受了——这对他来说是件好事。"

斯莱特及其"粉丝"的行为既充分说明了乘务人员等特定工作存在的困难，同时也表现出美国员工的集体情绪。飞机乘务员在工作中需要完成一些非常艰难的任务，薪酬水平低、工作时间长、服务对象（其中有些人是哭闹的孩子、醉酒或恐高的乘客）要求多，还有拥挤和密闭的工作环境。在这种需要高度负责的工作环境中，他们必须毫无例外地严格按照安全程序操作，否则就会面临处罚。除了压力巨大的工作，斯莱特还要处理工作和家庭之间的矛盾。他要尽量兼顾不固定的工作时间和照顾病重的母亲。

从更大的劳动力队伍的角度来说，斯莱特的行为反映了很多美国劳动者的情绪，他们对现有的工作感到厌倦，因而在寻求新的工作机会。一项针对美国劳动者的大规模调查显示，2009年，"我感觉自己对雇主是忠诚的"这个问项的得分是最低的，到2010年，自愿离职的员工人数超过了2008年的非自愿离职员工人数。这对很多企业来说是一个很大的挑战，正如一位负责人力资源的高层管理人员说的那样："我们甚至要在员工开始寻找下一份工作之前就阻止他们离职。随着经济形势好转和竞争对手提供更多的工作岗位，这项工作变得更加重要。"然而，对很多企业来说，这样的做法没什么用了，也为时已晚，它们很可能无法再挽回这些"史蒂文·斯莱特的超级崇拜者"的忠诚了。

思考题

1. 飞机乘务员的工作面临哪些方面的压力？还有什么工作与之有共同点？

2. 你认为这个员工的行为为什么引起公众如此强烈的关注？这表明美国经济中的一些工作具有什么样的性质？

3. 企业可以采取哪些方式帮助员工减少和管理工作压力？

资料来源：D. Leonard，"Mad as Hell，" *Bloomberg BusinessWeek*，August 16，2010，pp. 5-6；A. Newman and R. Rivera，"Fed-up Flight Attendant Makes Sliding Exit，" *The New York*

Times, August 9, 2010, pp. B1-B2; J. Poniewozik, "Steven Slater, Road Warrior: JetBlue Mints a Folk Hero," *Time Magazine*, August 10, 2010, p. 34.

小企业的人力资源管理

向 Datotel 公司学习

Datotel 是位于美国圣路易斯市的一家公司，它的名字是"data"和"hotel"两个单词的组合，这解释了这家公司是做什么的，也就是利用电脑为客户公司保存数据备份资料。这是一家成长很快的公司，对于其创建者大卫·布朗（David Brown）来说，他所面临的一个重要挑战是如何确保员工知道公司重视他们所做的工作，因为每个人都在忙着跟上公司业务不断增长的要求。

布朗和 30 多位员工想出一个妥善的办法：他制定了一个"每月一星"计划，每个月选出来的员工将会收到一封感谢邮件、25 美元的礼品卡，同时还会在公司内部网上公布。布朗将这个计划视为下一步要完成的工作，也希望这样的奖励和认可能够激励员工有更高水平的工作投入和组织承诺。

小公司的好处就是可以很快看到员工对这一计划的反应。令人遗憾的是，布朗看到的和听到的却是，每一位受到奖励的员工并不都是那么高兴。这项计划太过刻板了，没有多少人情味。如果公司希望员工参与，就必须想出不同办法来表达公司对员工所做努力的关注。

于是，布朗采用了一种不同的做法，即使这样做需要投入更多的精力。布朗要求八位管理人员关注和报告员工在工作中取得的成就。为了完成这一计划，他制定了一个固定的管理会议制度——一部分是每日的电话会议，一部分是每周 15 分钟的需要本人亲自参加的会议——来探讨员工取得的成就。每当一名管理人员提出一位员工做了一件非常棒的事情，布朗就会要求这八位管理人员当中的一人而不是这位员工的直接上级当面向该员工表示感谢。同时，他还做出个人承诺——他会亲自给员工写感谢信。尽管在这家技术公司有标准的电子邮件模板，他仍然坚持亲自手写感谢信，寄到员工的家中。

公司中有一位认为多付出努力非常重要的工程师名叫斯蒂芬妮·路易斯（Stephanie Lewis）。有一天，路易斯在回家后看到了布朗寄来的感谢信，原来，布朗在一次管理会议上听说她在为一位客户提供服务时做得非常好。布朗在感谢信中对她为此付出的努力表示感谢。路易斯说：从非常忙碌的公司领导那里"得到一件这么私人的独特的东西使我感到自己受到重视"。

就像对员工表示"感谢"可以激励员工一样，在沟通方面多做些事情使 Datotel 公司的管理人员之间以及管理人员与公司使命之间的联系更加紧密。随着公司的发展和工作变得更加专业化，布朗意识到他需要把员工们召集到一起，正式分享最近在公司中发生的事情。他开始每个季度召开一次电话会议，这使公司的环境变得非常积极，在每次会议上他还想出一个他认为能够促进员工思考和产生乐趣的主题，当主题是"在丛林中找字母"时，公司领导人都装扮成盒子的模样，而当主题是"王牌飞行员"时，他们就会装扮成在机库里可能遇到的飞行员的模样。

这些营造乐趣的努力与公司的核心价值观存在交集，因为该公司的核心价值观是：激情、诚信、有趣、合作以及"卓越的企业价值"和"改善我们的工作社区"。所有这些都有利于将员工团结在一起共同为顾客提供更好的服务，最终为公司带来竞争优势。这些价值观还成为在招募和留住员工方面企业所具有的优势。在公司网站的职业发展网页上，公司列举了十个在该公司工作的理由，第一个理由就是："我们的核心价值观代表了我们支持的一切，我们为之骄傲。"

思考题

1. 基于案例中提供的信息，Datotel 公司强调了哪些工作满意的来源？这家公司还可以强调其他哪些工作满意的来源？应当如何强调？

2. 为 Datotel 公司提供几种评估方法，使得该公司可以对自己留住员工的努力是否取得成功进行评估。要确保评估方法适合一家只有几十名员工的小公司。

3. 对于像 Datotel 这样的小公司来说，失去一个员工都可能是一个重大损失。假设其中的一个管理人员开始出现绩效问题，而且此人似乎既不愿意也无法有所改变。如果你是该公司的人力资源管理顾问，你会怎样帮助大卫·布朗解决这个问题？你的方法既要对其他人公平，同时还要能够保证公司正常发展。

资料来源：Nadine Heintz, "Building a Culture of Employee Appreciation," *Inc.*, September 2009, www. inc. com; Jeremy Nulik, "Never Stop Being a Student of Business," *Small Business Monthly* (*St. Louis*), July 2009, www. sbmon. com; Christopher Boyce, "Engineer Finds Solution to Business Problem," *St. Louis Post-Dispatch*, June 12, 2009, Business & Company Resource Center, http://galenet. galegroup. com; and Datotel, corporate website, www. datotel. com, accessed June 2, 2011.

第 4 篇　人力资源的薪酬

第 11 章　薪酬结构决策

第 12 章　用薪酬认可员工的贡献

第 13 章　员工福利

第11章 薪酬结构决策

学习目标

在阅读完本章后，你应当能够：

1. 列举出在薪酬管理方面需做出的主要决策及相关概念。
2. 描述在管理员工的薪酬时需要用到的一些重要管理工具。
3. 解释竞争性劳动力市场和产品市场在薪酬决策中起到的重要作用。
4. 说明薪酬管理中的沟通等过程性问题的重要意义。
5. 论述在薪酬结构设计方面的一些最新发展。
6. 说明从国际的角度来看美国在薪酬方面处在怎样的位置上。
7. 说明在高层管理人员薪酬方面存在争议的各种原因。
8. 描述在薪酬管理方面涉及的一些政府管制。

进入企业世界

决定在哪里制造产品：劳动力成本的作用

根据总部位于新加坡的伟创力国际公司（Flextronics International）首席执行官迈克·麦克纳马拉（Mike McNamara）的观点，在美国生产电子部件变得越来越容易。伟创力公司是在规模上仅次于鸿海科技集团（富士康）的一家为企业提供物流、设计和制造服务的公司。（比如，伟创力公司为摩托罗拉公司生产手机，而富士康则为苹果公司承担大量的手机生产任务。）现在，伟创力公司大约3/4的制造业务是在低成本国家比如中国完成的。但麦克纳马拉指出，中国的工资成本每年大约上涨20%，并且他认为这种趋势在可预见的未来还会持续。他声称，伟创力公司的劳动力成本在其他一些国家（比如马来西亚和印度尼西亚）上涨得更快。相反，美国的工资增长已经比较平稳。中国制造业的平均工资和福利成本大概在每小时2美元左右，而美国的同一平均成本则是每小时36美元，中国与美国相比仍然存在很大优势。但像中国这样的低成本国家在制造业劳动力成本方面的优势却因工资水平的迅速增长而慢慢削弱。此外，对于劳动力成本只占总成本很小比重的产品来说，劳动力成本并不是主要的决策考虑因素。另一个重要的趋势是，企业在离消费者近的地方生产商品可以减少运输和储存成本，同时还能让消费者更快地得到产品。此外，离消费者近还有助于更好地对消费者的需求变化进行评价并作出反应。

对于那些热衷于寻找比中国的劳动力成本更低的国家或者避免对任何一个国家（如中国）的生产过分依赖的公司来说，其他一些具有吸引力的国家包括柬埔寨、印度、印度尼西亚、马来西亚、菲律宾和越南。生产钱包和配饰的蔻驰公司（Coach）已经这样做了，到2015年，在中国生产的产品在该公司的总产量中所占的比重将从80%下降到大约50%。同样，鞋类制造商卡路驰公司（Crocs）在中国生产的产品所占的比重已经从80%下降至65%。其他一些企业将会把部分生产活动转移到消费者所在的地方，特别是在工资差异比过去缩小的情况下。

伟创力公司在美国的生产面积达到400万平方英尺（全球共有2 700万平方英尺）。麦克纳马拉声称，伟创力公司花了大约1 000万美元来改善在硅谷的生产设备，并将在未来五年再投入100万美元用于美国的生产设施建设。

苹果公司最近宣布将在美国开始生产少量的Mac电脑。总部位于中国的联想公司也在最近宣布，将在美国建立一个个人电脑生产厂。大众汽车公司最近在美国田纳西州建了第一家制造工厂，本田汽车公司、斯巴鲁汽车公司和三菱公司都扩大了它们在美国的生产规模。在未来的一两年中，奥迪、本田、马自达和日产等汽车公司都将在墨西哥建设新的汽车生产厂，宝马也将紧随其后。墨西哥的劳动力成本（每小时6.48美元）高于像中国这样的国家，但是却显著低于美国，而且它邻近美国和广阔的北美市场。在北美进行生产还有利于减少货币兑换方面的波动。

资料来源：James R. Hagerty，"Flextronics CEO Sees Hope for U. S. Tech Production，" *Wall Street Journal*，January 5/6，2013；Christoph Rauwald，"Audi ＄1.3 Billion Mexico SUV Plant Aimed at Unseating BMW，" www.bloomberg.com，May 3，2013，accessed May 8，2013；Kathy Chu，"Not Made in China：As Labor Costs Keep Rising，More Factories Flee to Vietnam and China，" *Wall Street Journal*，May 1，2013；Harold L. Sirkin et al.，"Made in America Again，" Boston Consulting Group，August 2011；Juro Osawa，"Lenovo to Set Up PC Plant in U. S.，" *Wall Street Journal*，October 2，2012；Mike Ramsey，"VW Chops Labor Costs in U. S.，" *Wall Street Journal*，May 23，2011；Hans Greimel，"Factory Frenzy：Japanese Add N. A. Capacity，" *Automotive News*，November 19，2012；George T. Milkovich，Jerry Newman，Barry Gerhart，*Compensation*（New York：McGraw-Hill，2014），chapter 16；Diana Kurylko and Ryan Beene，"BMW Looks to Mexico，" *Automotive News*，August 6，2012.

11.1 本章介绍

从企业的角度来看，薪酬是推动企业战略目标实现的一个强有力工具。首先，薪酬对员工的态度和行为有着重要影响。它不仅会影响到被吸引到企业中来（并留在企业中）的员工的类型，而且能成为一种使员工的个人利益与更为广泛的企业利益保持一致的有力工具。其次，员工薪酬是一项具有代表性的重要的组织成本，因此需要特别关注。如表11-1所示，总薪酬（包括现金和福利）要占到企业营业收入的9%～46%，具体比重取决于行业的不同。在本章的开篇案例中，蔻驰公司和其他企业的主要目标是简单而重要的，这就是控制劳动力成本以实现利润最大化。企业常常在努力降低劳动力成本的同时，避免破坏它们与劳动者之间的关系。企业还想拥有一支高效率的员工队伍，以备不时之需。例如，当丰田公司因为产品滞销而暂停美国工厂中的汽车装配时，它并没有解雇员工，而是提供了一个自愿买断计划，签约的员工可以获得相当于 10 周的薪水，再加上每工作一年额外给的相当于 2 周的薪水。继续留下来工作的员工每周工作 36 个小时，而不是 40 个小时，其他的时间则会被分配去接受培训、寻找新的降低成本的途径。

从员工的角度来看，与工资（wage）、薪资（salary）以及其他劳动报酬有关的政策会对他们的总收入进而对生活水平产生很大的影响。对于员工而言，无论是绝对薪酬水平还是自己与他人相比较的薪酬公平性都十分重要。薪酬收入还常常被视为地位和成功的标志。员工在评价他们与企业之间的关系紧密程度时，会把企业的薪酬决策作为一个非常重要的考虑因素。因此，企业在制定薪酬决策时必须十分谨慎和仔细，同时还要与员工进行充分的沟通。

表 11-1　　总薪酬占总营业收入的百分比，取行业中位数

行业	总薪酬/总营业收入
医院	46%
制造业	19%
公用事业	15%
保险业/健康业	9%
所有行业	22%

资料来源：Data from PwC Saratoga's 2012/2013 U. S. Human Capital Effectiveness Report.

总薪酬（total compensation）包括现金报酬（基本薪酬、绩效奖励、奖金、股票期权和其他激励措施）和福利（如医疗保险、带薪休假、失业保险）。在这一章中，我们专门考察薪酬水平问题。在第 12 章中，我们将说明绩效奖励和激励的问题。在第 13 章中，我们将考察福利决策。总报酬（total rewards）、总回报（total returns）和激励物（inducements）这些概念不仅包含总薪酬，还包含其他与雇佣关系有关的一些（非货币性）报酬（有趣的或令人满意的工作、好的同事、发展的机会以及认可等）。这些非货币性报酬在第 4，5 和 10 章都有讨论。一个组织必须决定自己的总报酬战略在多大程度上依赖货币性报酬（薪酬）以及使用什么样的薪酬组合。这里的“通过可持续性进行竞争”专栏描述了苹果公司是如何使用非货币性报酬吸引并留住苹果专卖店的员工的，但到最后，该公司还是决定提高货币性报酬水平。

通过可持续性进行竞争

在苹果专卖店工作：服务于“更高的目标”就足够了吗？

在最近的三个月里，乔丹·高森（Jordan Golson）在位于新罕布什尔州塞勒姆市的苹果商店卖出了价值大约 7.5 万美元的 iPhone、iPad 和其他商品。他取得的成绩显然是值得庆祝的。但乔丹每小时的薪酬收入仅为 11.25 美元，他觉得自己在消费时不能大手大脚。大部分美国苹果公司的员工（4.3 万人中的 3 万人）都在苹果专卖店里工作，他们一年的收入大约为 2.5 万美元，与乔丹·高森的收入相似。他们的薪酬水平比最低工资水平高一些，也比盖普公司的员工高一些，但低于美国电话电报公司（AT&T）和威瑞森无线通讯公司的员工，这两家公司都有销售任务，销售人员每年能拿到 5 万～6 万美元的收入，有些人甚至能拿到10万美元之多。苹果公司把苹果专卖店中的员工称为“专员”而非“销售人员”。典型的苹果专卖店专员是刚满20岁和20多岁的年轻人，他们没有配偶和孩子(这将降低医疗保险成本)。他们乐于过一种简朴的生活，能适应苹果专卖店中非常常见的技术和连续工作（有时是高压和狂热）的需要。他们通常还会成为苹果公司产品的狂热爱好者，常常能够感受到他们是在为一个更高和更宏伟的目标而工作，这就是帮助人们丰富他们的生活。

然而，最终苹果专卖店的员工还是得考虑经济上的现实和他们所从事的事业的可持续性。在依靠并不算高的薪酬生活的同时，一些员工发现，晋升的机会（这将会带来更高的薪酬收入）也很少。苹果公司的内部员工态度调查也指出了员工的这些担忧，尤其是在天才吧（Genius Bar）工作的天才们。

结果是苹果公司做了决定，除了让员工从工作中获得那些无形收益，有形的收益（比如薪酬）也需要提高，只有这样才能使苹果公司的工作更具有可持续性，从而解决留住员工的问题。苹果公司开始告诉一些员工，他们的薪酬可以得到大幅提高。例如，科里·莫尔（Cory Moll）是一位在圣弗朗西斯科苹果公司旗舰店工作的专员，他就被告知将会获得19.5%的加薪。公司在增加内部晋升机会方面取得的进步似乎还比较少。不过，当出现管理职位空缺时，苹果公司一般会设法从内部提拔人员来填补。

讨论题

1. 在长期中，员工对一个组织的产品和服务的热忱能够弥补他们较低的薪酬收入吗？
2. 组织是以盈利为目的还是不以盈利为目的是否重要？

资料来源：David Segal, “Apple’s Retail Army, Long on Loyalty but Short on Pay,” *New York Times*, June 24, 2012.

薪酬水平决策可以划分为两个主要的领域：薪酬结构和个人薪酬。在本章中，我们主要讨论**薪酬结构**（pay structure）问题，它包括薪酬水平和职位结构两个方面的问题。在这里，我们把**薪酬水平**（pay level）定义为一家企业的所有职位的平均薪酬(其中包括工资、薪资和奖金)。(也可以把福利包括进来，但本书将在第13章单独讨论。）**职位结构**（job structure）是指一家企业的各类职位之间的相对薪酬水平。现在，让我们以在两家企业中都有的两个相同职位为例来加以说明。在甲企业中，职位A和职位B的年平均薪酬分别是4万美元和6万美元。而在乙企业中，它们的年平均薪酬分别是4.5万美元和5.5万美元。这里，甲企业和乙企业的薪酬水平是相同的（都是5万美元)，但它们的职位结构（即相对薪酬水平）却是不同的。

薪酬水平和职位结构都是企业的重要特性，它们反映了针对职位而不是针对某位员工作出的薪酬决策。本章关注的主要内容是：企业为什么要把薪酬决策与职位联系起来以及它们之间是如何联系的。在下一章中，我们将深入到职位内部，探讨可以用哪些不同的方法来决定单个员工的薪酬以及这些决定薪酬的方法分别有哪些优点与不足。

为什么在建立薪酬结构时要把注意力放在职位上？随着一家企业的员工人数不断增加，该企业需要做出的人力资源管理决策也就越来越多。比如在确定薪酬的时候，人力资源部门必须首先根据企业的内外部情况以及个人之间的公平性（我们在后面会给出定义）要求，同时考虑到企业的成本状况，为每位员工分配一个可以接受的薪酬水平。虽说每一位员工都是独一无二的，需要对他们进行某种程度的个性化处理，但是如果把情况类似的员工（例如处于相似职位上的人）的待遇加以标准化，那么无疑会给薪酬管理和薪酬决策的可操作性和公平性带来极大的便利。因此，薪酬政策往往与特定的职位联系在一起，而不是完全与每个员工的特殊情况联系在一起。

11.2 公平理论与公正

在讨论薪酬决策产生的后果时，牢牢记住一件事情是非常有用的，这就是员工常常通过与其他人的对比来评价自己的薪酬。公平理论指出这样一个道理：人们是通过与他人得到的对待进行对比来对自己得到的公平对待程度进行评价的。[1] 根据这个理论，一个人（P）会把他感知到的个人收益 O（例如，薪酬、福利、工作条件等）和个人投入 I（例如，努力、能力和经验等）之比，与作为参照对象的其他人（o）的同一比率进行比较。

$$O_p/I_p <, >, 或 = O_o/I_o?$$

如果 P 的比率（O_p/I_p）小于其他人的比率（O_o/I_o），那么因报酬不足而导致的不公平问题就产生了。如果 P 的比率较大，则报酬过高型不公平就产生了。不过，有证据表明，这种类型的不公平很少会产生，也不大可能一直持续下去，这是因为 P 这个人往往会通过主动低估自己得到的收益或者是高估自己的投入（例如，自我价值），以使上述报酬过高型不公平现象在其心目中趋于合理化。[2]

P 所做的对比会产生何种结果取决于他是否认为自己得到了公平的对待。如果 P 认为自己受到了公平的对待，那么这个人的态度或者行为就不会发生什么变化。相反，如果 P 认为自己受到了不公平的对待，他就会想办法去恢复公平。但是，他为恢复公平而采取的一些方法可能对生产率不利，这种情况包括：(1) 减少个人投入（例如，工作不再那么卖力）；(2) 增加个人收益（例如，偷窃）；(3) 远离产生不公平的地方（例如，离开企业或者拒绝与自己认为所获报酬过高的员工共事或合作）。

公平理论对于薪酬管理工作的主要启示之一是：员工在很大程度上是通过与他人获得的薪酬进行对比来评价自己的薪酬的，并且他们的工作态度和工作行为都会受到这种比较活动的影响。让我们来看一下棒球手亚历克斯·罗德里格斯（Alex Rodriquez）（后来效力于纽约扬基队）在数年前与得州游骑兵棒球队签订的一份合同吧。其中的一项条款规定，在合同的前几年，与大联盟各主要球队中的任何一位棒球手相比，他的基本薪酬必须至少高出 200 万美元。另一项条款是，如果罗德里格斯在合同后几年的基本薪酬不比大联盟各棒球队中任何一个位置上的队员的基本薪酬高出 100 万美元以上，那么他有权不参加任何赛季的比赛，即他可以自由离开得州游骑兵棒球队。这种将罗德里格斯的薪酬与其他球员的薪酬绑在一起的合同条款就是根据相对条件来确定薪酬的一个非常好的例子。（我们后来得知，这位球员感到有必要打破一些规则，让自己在场上的表现对得起他的薪水。）

公平理论的另一个含义是：员工的感知是决定他们本人会得出何种评价结果的重要因素。即使一家公司的管理人员认为，与其他公司相比，自己的员工得到的薪酬水平已经很不错了，也并不意味着员工也是这样认为的。员工可能掌握着不同的信息，或者是在进行比较时与管理层有不同的参照标准。例如，最近丰田汽车公司设定了一个行动目标，即不再将美国汽车行业的工资水平作为参照标准，而是将每家工厂所在地的通行工资水平（通常更低一些）作为参照标准。然而，丰田汽车公司也承认，这样做面临的挑战就是“如何对团队成员和管理者进行教育……从而使他们能够理解和接受（这种）转变”。

在制定薪酬水平和职位结构决策时，员工所做的两类社会比较应当引起关注（见表11－2）。第一是外部公平性比较，薪酬的外部公平性比较主要集中在其他企业中承担大体相同职位的员工所获得的薪酬水平上。这种比较的结果不仅会影响到一位求职者是否接受某家企业提供的工作，同时也会影响到企业的现有员工做出另外一种决策，即到底是继续留在本企业，还是到其他企业去工作（参见第5章和第10章的内容）。一家企业对薪酬水平的选择会影响员工的外部薪酬比较及其结果。而市场薪酬调查正是一家企业在选择薪酬水平时经常用到的一种重要的管理工具。

表11－2　薪酬结构的基本概念及其产生的后果

薪酬结构决策的内容	管理工具	员工薪酬比较的焦点	公平感知产生的后果
薪酬水平	市场薪酬调查	外部公平性	员工向外部流动（高质量员工的吸引和保留问题）；劳动力成本；员工的态度
职位结构	职位评价	内部公平性	员工的内部流动（晋升、调动、职位轮换）；员工之间的合作；员工的态度

第二是内部公平性比较，薪酬的内部公平性比较主要集中在对一家企业内不同职位之间的薪酬对比上。员工常常把自己的薪酬与比自己职位级别低的、级别相同的（但是可能属于不同技能领域或不同产品事业部）以及比自己级别高的员工获得的薪酬水平加以对比。这种比较可能会影响到员工的总体工作态度；他们愿意调动到组织内部其他职位上去工作的程度；他们愿意得到晋升的程度；他们在不同的职位、不同的职能领域和不同的产品群之间开展合作的倾向，以及他们对企业的承诺度。企业在职位结构方面做出的选择会影响到员工的内部比较结果，从而进一步影响到这种内部比较结果带来的后果。职位评价则是企业在设计职位结构时经常用到的一种重要的管理工具。

此外，员工还会与那些在企业内与他们担任同样职位的其他人进行薪酬的内部公平性比较。这种比较与下一章的内容有很大的关系，我们在下一章中将主要讨论如何用薪酬来认可员工个人对企业的贡献以及不同员工对企业贡献的差异。

现在就让我们把注意力转向这样几个问题：薪酬水平以及薪酬结构的选择和确定方法；这些方法产生的结果；对薪酬决策非常有帮助的两种管理工具——市场薪酬调查与职位评价。

11.3　确定薪酬水平

11.3.1　市场压力

在决定向员工支付何种水平的薪酬时，任何一家企业都会面临两个重要的竞争性市场挑战：产品市场竞争和劳动力市场竞争。

■ 产品市场竞争

首先，一家企业必须能够在产品市场上进行有效的竞争。换言之，它们必须能够把自己的产品和服务推销出去，并且确保产品和服务的销售数量和销售价格能够为企业的投资带来充分的回报。各企业之间的竞争表现在多个维度（例如，质量、服务等）上，但价格是其中最重要的竞争领域之一。价格的一个重要影响因素就是生产成本。

如果与产品市场上的竞争者相比，一家企业的劳动力成本较高，它就不得不在与别人提供的产品质量类似的情况下，为自己的产品制定更高的平均价格。举例来说，如果劳动力成本在 A 公司和 B 公司的收益中都占 30%的比重，但是 A 公司的劳动力成本却要比 B 公司高出 20%，那么我们将会看到，A 公司的产品价格会比 B 公司高出 6%（0.3×0.2）。从某种程度上说，A 公司的产品价格较高必然会导致其一部分业务被产品价格较低的竞争对手（例如 B 公司）抢去。最近在汽车行业，从各汽车装配厂每小时的劳动力成本（其中包括退休员工和在职员工的各种福利，比如医疗保险等）来看，美国的三大汽车公司（即克莱斯勒汽车公司、通用汽车公司和福特汽车公司）的平均劳动力成本为每小时 75 美元，而在美国经营的丰田汽车公司和本田汽车公司则为每小时 52 美元。由于平均而言，装配一辆车大约需要 30 个小时，所以美国三大汽车公司装配一辆汽车的劳动力成本为 30×75＝2 250 美元，而丰田和本田的劳动力成本只有 30×52＝1 560 美元。劳动力成本方面的劣势必须被出众的汽车质量、性能等弥补才能使美国三大汽车公司获得盈利。而克莱斯勒汽车公司和通用汽车公司的破产表明这是不可能做到的。最近，美国三大汽车公司通过雇用低工资的新员工以及削减福利等方式把劳动力成本降至每小时 52～58 美元。这一重大改变使美国三大汽车公司的劳动力成本能与丰田汽车公司每小时 55 美元的劳动力成本进入同一范畴。其结果是三大汽车公司变得更加有竞争力，它们的财务表现也得到了大幅改善。在美国经营的丰田汽车公司由于出现了不可避免的劳动力队伍老化以及随之而来的医疗保险和退休福利的增加，劳动力成本不断升高。从某种意义上来说，丰田汽车公司陷入了与美国三大汽车公司相同的生命周期。与之相反，一家新开办的工厂，比如田纳西州查特努加市的大众汽车公司的工厂，其最初的劳动力成本只有每小时 27 美元。[3] 每小时 27 美元的价格使得在美国田纳西州建一个大众公司的帕萨特汽车生产厂比在德国建一个同样的工厂更便宜，而德国的劳动力成本达到每小时 100 美元。[4]（造成这种劳动力成本差异的主要原因是欧元相对于美元的强势。）正是因为劳动力成本方面的节约（在零件、运输等方面花费更低），大众汽车公司可以把一辆帕萨特汽车的价格从 2.8 万美元（当它在德国本土制造时）降到 2 万美元（当它在美国田纳西州制造时）。正如我们在本章开篇案例中所见，美国制造业的劳动力成本似乎变得更有竞争力。然而，墨西哥的劳动力成本更低。奥迪、本田、马自达和日产等汽车公司都已经宣布要开办新的北美工厂，只不过是在墨西哥。

劳动力成本直接影响了汽车的价格。因此，产品市场上的竞争就为劳动力成本以及薪酬规定了一个上限。当劳动力成本在总成本中所占的份额较大、产品需求受价格变化的影响较大时（也就是说，当产品需求富有弹性时），这个上限的约束性就会变得更强。除非更高的劳动效率或更令人满意的产品特性允许企业收取更高的价格，从而弥补过高的劳动力成本，否则，要在一个竞争性的产品市场上维持这么高的开销是很困难的。正如我们所说，大众汽车公司通过在美国生产来降低帕萨特的价格，因为这里的劳动力成本低于德国，同时也低于那些美国竞争者。正如这里的“通过全球化进行竞争”专栏所讲述的那样，对更低劳动力成本的追求是一个持续的过程。当很多企业都将生产转移到低工资国家的时候，那里的工资最终也会提高，这有时会导致这些企业不得不再次将生产转移到其他工资更低的国家。

那么，到底哪些因素构成了劳动力成本呢？劳动力成本的一个重要组成部分是每位员工的平均成本。这种成本不仅包括企业的直接成本（例如，工资、薪资和奖金），还包括企业的间接成本（例如，健康保险、社会保障以及失业保险等）。劳动力成本的第二个重要组成部分是企业的人员使用水平（即雇用的员工人数）。因此，毫不奇怪，那些在财务上陷入困境的企业常常会试图通过削减上述两大劳动力成本构成因素中的一项或同时削减两大成本要素来降低成本。裁员、停止雇用、薪酬冻结以及与员工分摊福利成本等都是用来提高企业在产品市场上的竞争力的最常见途径。

通过全球化进行竞争

在中国生产“有多贵”：劳动力成本、效率和管理风险

在本章开篇案例中，我们看到一些公司把生产从中国转移到世界上其他国家和地区，包括美国、墨西哥和亚洲其他一些国家。我们还看到企业这么做是有各种原因的，包括日益升高的中国劳动力成本、离消费者更近的各种好处以及在一些情况下可以降低的运输或物流成本等。一个被企业认为可以把一些生产活动转移过去的东南亚国家就是柬埔寨。在钻石行业非常有名的蒂芙尼公司（Tiffany & Company）在位于柬埔寨金边的经济特区建造了一家钻石打磨工厂。Pactics 是一家由比利时人经营的世界上最大的高端太阳眼镜纤维保护套生产商，该公司也在那里建了一家工厂（该公司在中国也有工厂）。在中国上海郊区的 Pactics 工厂中，工人每个月可以赚到 560～640 美元的工资。与之相反，在柬埔寨做着同样工作的工人每个月赚到的工资却低于 130 美元。然而，这一劳动力成本优势却被柬埔寨工人的低生产率部分抵消了，柬埔寨工人每天缝合的保护套要比中国工人少 15%～30%。然而，在调整了生产率之后，柬埔寨的劳动力成本优势仍然存在，在劳动密集型产品（劳动力成本占总成本的比重大）方面能够极大地降低最终产品的成本。

很多公司将一些生产活动从某个国家（比如中国）转移到其他一些国家（比如柬埔寨）的另一个原因是，它们不希望自己的供应链过于依赖单一的国家。中国的问题在于工资水平出现快速增长，此外，可以雇用的工人越来越少，人们对从事某些类型的工作的兴趣越来越低。与此同时，世界各地的企业都已经进入中国，并且对同样的劳动力展开竞争。一些企业还担心在中国（和其他国家）日益发展起来的工会运动，因为这些运动会致力于给工人带来更好的工资和工作条件，而这不仅会提高企业的成本，还会带来罢工等其他一些中断生产或供应链的行动。最后，中国政府也是一个考虑因素，这里的风险在于中国政府会不会促使商业环境对于在当地经营的外国公司更友好一些。

讨论题

1. 为什么一些公司把生产活动从中国转移到其他一些国家？（请参见本章开篇案例。）
2. 中国制造业的未来前景如何？

资料来源：Keith Bradsher，"Hello，Cambodia：Wary of Events in China，Foreign Investors Head to the South，" *New York Times*，April 9，2013；Eric Bellman，"Southeast Asia at a Crossroads on Wages：Dirt-cheap Labor No Longer a Given as Workers' Demands for Bigger Piece of the Region's Growth Pie Grow Louder，" *Wall Street Journal*，December 6，2012；Yajun Zhang，"China Begins to Lose Edge as World's Factory Floor，" *Wall Street Journal*，January 17，2013；Kathy Chu，"Not Made in China：As Labor Costs Keep Rising，More Factories Flee to Vietnam and India，" *Wall Street Journal*，May 1，2013.

■ 劳动力市场竞争

另一个重要的竞争性市场挑战是劳动力市场竞争。从本质上来讲，劳动力市场竞争是指一家企业为了同与本企业雇用类似员工的其他公司进行竞争而必须付出的代价。这些劳动力市场上的竞争者不仅包括生产类似产品的公司，还包括虽处在不同的产品市场上，但是雇用的员工类型却相似的公司。如果一家企业在劳动力市场上不具有竞争力，它将无法吸引和保留足够数量和既定质量的员工。举例来说，即使一家计算机制造商支付给一位刚毕业的电子工程师的薪酬水平与其他计算机制造商相同，但如果汽车制造商和劳动力市场上的其他竞争者向这类劳动者提供的薪酬水平每年要高出 5 000 美元，这家计算机公司仍然有可能无法雇用到足够数量的高质量电子工程师。因此，劳动力市场竞争为企业的薪酬水平确定了一个下限。

11.3.2　作为一种资源的员工

由于企业不得不在劳动力市场上进行竞争，因此它们不能仅仅把自己的员工视为一种成本，还应把他们看成是一种资源，企业对这种资源进行了投资，并且有望从中获得可观的价值回报。尽管控制成本对企业在产品市场上的竞争力有直接影响，但如果以员工的生产率和质量为代价降低成本，企业的竞争力就会大打折扣。劳动力成本比竞争对手高并不一定是件坏事，因为如果你拥有一支最优秀和效率最高的员工队伍，你就能够生产出数量更多质量更好的产品。

企业鼓励员工表现出自己期望看到的行为，同时抑制他们表现出自己不希望看到的行为，在实现这个目的方面，薪酬政策和薪酬方案是企业可以使用的最重要的人力资源管理工具之一。因此，在对这种工具进行评价时，成本就不应当成为唯一的评价标准，同时还应当关注它们产生的收益，即它们是如何吸引、保留以及激励一支高质量的员工队伍的。例如，如果 A 公司的每位员工创造的平均收益比 B 公司员工高出 20%，那么 A 公司支付给员工的平均薪酬比 B 公司高出 10%就不是一件什么要紧的事情了。

11.3.3　决定支付多高的薪酬

在确定薪酬水平的时候，虽然企业会受到来自外部劳动力市场和产品市场的双重压力，但它们仍然有一定的选择余地。[5]这个选择余地的大小取决于企业面临的特定竞争环境。在选择余地较大的情况下，企业需要做出的一个重要的战略性决策就是：到底是将本企业的薪酬水平定得高于市场平均薪酬水平，还是恰好与市场水平相同或稍低一些。将企业薪酬水平定得高于市场平均水平有一个好处，这就是它使企业能够吸引和留住一流的高素质人才，这又会进一步帮助企业得到一支非常有效且生产率较高的员工队伍。然而，这种战略也有缺点，这就是它导致企业成本的增加。[6]

那么，向员工支付较高水平的薪酬所带来的利益，在什么情况下会超过它带来的较高成本呢？根据**效率工资理论**（efficiency wage theory），支付高水平薪酬的收益能够超过成本的情况之一是：企业的技术或结构高度依赖高技能员工。举例来说，那些强调分散化决策的企业通常需要具有较多才干的员工。支付较高水平薪酬的做法在另一种情况下也是有利可图的，这就是当一家企业难以考察和监督员工的工作绩效时。在这种情况下，企业希望通过提供高于市场水平的薪酬激励员工在工作中付出最大的努力。效率工资理论的含义在于：如果在当前企业中得到的薪酬水平比在其他任何企业中可能获得的薪酬水平都更高，则员工不愿意消极怠工，因为他们想保住这份待遇优厚的工作。[7]

11.3.4 市场薪酬调查

为了争夺人才，很多企业都采取了**标杆比较**（benchmarking）的做法，即将自己的管理实践与竞争对手进行比较。在薪酬管理中，针对产品市场和劳动力市场上的竞争对手进行的标杆比较往往都是通过一次或多次薪酬调查完成的。这种薪酬调查能够提供本企业的竞争对手向其员工支付的薪酬水平方面的信息。

在进行薪酬调查之前，首先需要回答以下几个重要问题[8]：

1. 薪酬调查应当包括哪些企业？从理想情况来看，它们通常应当包括企业在劳动力市场和产品市场上的关键竞争对手。

2. 在薪酬调查中应当包括哪些职位？由于薪酬调查通常只针对一组职位样本来展开，因此在选择被调查的职位时，一定要使这些职位在层次、职能领域以及所处的产品市场等方面都具有一定的代表性。同时，被选取出来的这些职位在不同企业中的工作内容有足够的相似性。

3. 如果要进行多次薪酬调查，则应当给每次调查获得的薪酬数据赋予不同的权重，从而把几次薪酬调查得到的数据合并在一起，这是怎样做的呢？由于不同的薪酬调查常常是专门针对某些特定类型的员工群体（劳动力市场）或产品市场，因此企业不得不将在多次调查中得到的不同薪酬水平数据进行加权，然后合并到一起。这样，企业在确定自己的薪酬水平时就必须做出一个决定，即应当给从劳动力市场和产品市场上的多家竞争者那里得来的薪酬水平数据分别赋予多大的权重。

有几个方面的因素会影响到企业将来自多次薪酬调查的结果合并在一起的方式。[9]在以下几种情况下，着眼于劳动力成本的产品市场比较应当被赋予更大的权重：(1) 劳动力成本在总成本中所占的比例较大；(2) 产品需求富有弹性（产品的需求数量随产品价格的变动而变动）；(3) 劳动力供给缺乏弹性；(4) 劳动力具有的技能专门适用于某种特定的产品市场（并且这种情况还会继续下去）。与此相反，当以下几种情况出现时，劳动力市场比较就会显得更加重要一些：(1) 吸引和留住高质量的员工十分困难；(2) 员工离职后招募替代者的成本（管理费用、工作中断等造成的损失）非常高。

正如上述讨论指出的，了解其他企业的薪酬状况只不过是整个薪酬水平决策过程的一部分内容。还有必要弄清楚的另外一点是，这些企业是如何通过对员工的投资获益的。为了搞清楚这一点，一些企业对收益与员工人数之比以及收益与劳动力成本之比等诸如此类的比率进行了考察。在前一种比率中包括员工成本中的人数因素，但却不包括每位员工的平均成本。而在第二种比率中则包括了上述两个方面的内容。需要注意的是，在对不同企业的这些比率进行比较时一定要谨慎行事。例如，不同的行业依赖的劳动力和资本资源是存在差异的。因此，将一家石油公司的收益与劳动力成本之比（资本密集型企业的这一比率通常都较高）与一家医院的同一比率（劳动力密集型企业的这一比率通常都较低）进行对比，就如同将苹果与橘子进行对比一样。但在一个行业内部去做这种对比可能就十分有用。除了收益之外，其他一些投资收益数据包括：产品质量、客户满意度、潜在的劳动力质量（例如，平均受教育水平和技能水平）等。这里的"通过科技进行竞争"专栏提供了一个例子，展示了在超越简单的标杆比较以及更好地理解通过选择不同的薪酬水平，运用"大数据"技术如何给公司创造价值等方面有多重要。

通过科技进行竞争

何时付高薪有益：大数据的运用

钱确实很重要，但数据分析能否帮助公司更好地发现钱在什么时候作用最大？给多少钱就够了？给多少钱就多了？也许能。一些公司正在使用各种分析工具来帮助自己做出更好的、更有效的决策。许多公司收集了很长时间的薪酬标杆比较数据（根据美世公司和美国总报酬协会的一项调查，这类企业现在占到95%），以便了解自己的竞争对手给在相似职位上工作的员工支付的是什么样的薪酬。但盲目地追随其他公司未必是获得竞争优势的途径。然而能够为不同的和各种更好的方法提供支持的更好的数据分析工具，却有可能成为企业获得竞争优势的途径。上述调查发现，使用预测模型（数据分析方法）来确定薪酬水平的公司还是少数（43%）。

这里有一个案例，一家大型地方银行的一线员工（比如客服代表）的流动率很高。这家银行收集了与员工流动率和各种可能的决定因素——其中包括晋升、工作职责变化以及加薪等——相关的大量数据，构建了一个预测员工流动率的统计模型。在这个案例中，高薪酬并非员工流动率的最重要预测因素。相反，工作职责的增加——无论是与晋升相伴随的职责增加，还是在未晋升情况下的职责增加——被证明是留住员工的最重要因素。

位于美国拉斯韦加斯的一家博彩公司凯撒娱乐公司（Caesars Entertainment）也存在员工流动率问题。该公司使用5 000名从公司离职的员工的数据进行测算（假定这种测算方式对于留在公司里的那些员工的数据同样适用），结果发现当员工的薪酬水平低于本职位薪酬的中值时，员工的流动率高达16%，而薪酬水平位于本职位薪酬中值的那些员工的流动率只有9%，中间的差异高达44%。它们还发现，进一步把员工的薪酬提高到中值水平以上，对降低员工的流动率只有很小的作用，甚至没有什么作用。这家公司觉得自己现在可以基于这些数据分析，通过非常精确地给最好的员工加薪来激励他们，同时使他们留在公司。

讨论题

1. 为什么很多企业都进行标杆比较？

2. 如何使用数据和技术来改善标杆比较并做出更好的薪酬决策？

资料来源：Rachel Emma Silverman, "Big Data Upends the Way Workers Are Paid," *Wall Street Journal*, September 20, 2012.

■ 薪酬区间

如前所述，获得单一的"通行薪酬水平"是一项比较复杂的工作，它包括大量的主观决策——这种决策既是一种艺术，又是一门科学。一旦企业选定了一种市场薪酬水平，该如何将这种薪酬水平落实到企业的薪酬结构之中呢？典型的做法——尤其对于白领类职位来说——就是把市场薪酬水平设定为与企业内部某个职位等级或某个薪酬等级（我们将在后面讨论）相对应的一个**薪酬区间**（rate ranges）的中值。在进行市场薪酬调查时，有些企业常常会收集关于最高薪酬水平和最低薪酬水平方面的数据。薪酬区间的存在使企业在确定个人薪酬水平（在下一章讨论这个问题）时能够将不同的员工在工作绩效、资历、培训等方面的差别通过薪酬体现出来。而对于某些蓝领类职位来说，特别是受到集体谈判合同约束的那些职位，在同一种职位上工作的所有员工获得的可能是单一的薪酬水平。

■ 关键职位和非关键职位

在进行薪酬调查时，有必要在关键职位（或者称基准职位）和非关键职位这两种不同类型的职位之间进行区分。**关键职位**（key jobs）有着相对稳定的工作内容——也许更为重要的一点是——这些职位在许多企业中都存在。因此，在市场薪酬调查中就有可能获得与它们有关的薪酬数据。不过，需要指出的是，为了避免过多的管理负担，企业可能不会去收集关于所有这些职位的薪酬数据。与关键职位相反，**非关键职位**（nonkey jobs）是指尽管对企业来说较为重要，但却属于本企业特有的那些职位类型。根据这种定义，企业就不能通过市场薪酬调查来对非关键职位进行直接的价值评判或价值对比。所以，在确定薪酬的过程中，非关键职位往往需要区别对待。

11.3.5 建立职位结构

尽管我们一直在讨论的这些薪酬外部比较都很重要，但是员工也会通过一些内部比较来对他们的薪酬状况做出评价。举例来说，一位市场营销部副总裁可能期望得到与一位信息系统部副总裁大致相当的薪酬收入，因为他们在企业中处在相同的级别上，承担的责任大小比较相似，同时对企业经营业绩产生的影响也较为类似。职位结构可以定义为：根据上述这些类型的内部比较确定下来的企业各种职位之间的相对价值。现在我们就来讨论怎样确定职位的相对价值。

■ 职位评价

要想衡量某一职位的价值，典型的方法之一是完成一种被称为**职位评价**（job evaluation）的管理程序。一套职位评价系统包括两个组成部分：一个是报酬要素；另一个是根据这些报酬要素对企业的重要性程度给所有报酬要素设置的权重分配方案。简单地说，**报酬要素**（compensable factors）是指企业认为有价值且愿意为之支付报酬的一些重要的职位特征。这些职位特征包括：职位所承担的工作内容的复杂性、工作条件、要求达到的受教育程度、要求具备的工作经验、需要承担的责任大小，等等。绝大多数职位评价系统都采用几个报酬要素。职位分析（我们在第 4 章中讨论过了）提供了与职位特征有关的一些描述性信息，而职位评价过程则要为这些报酬要素确定相应的价值。

职位评价的分数可以通过多种途径产生，但是通常情况下，它需要许多人来共同完成。为了得出职位评价的等级，企业通常需要建立一个职位评价委员会。虽然对职位进行评价的方法多种多样，但应用最广泛的职位评价方法却是要素计点法，这种方法能够给每一种报酬要素赋予一个职位评价点数。[10]

■ **要素计点法**

在给每一个职位都包含的各种报酬要素分别赋值以后，职位评价者常常还要使用一个权重分配方案来说明每一种报酬要素对企业的不同重要程度。权重可以通过两种途径产生：第一种途径是预先设定好一个权重分配方案，这就意味着根据专家对每一种报酬要素重要性的判断来分配权重；第二种途径是运用经验性方法确定不同报酬要素的权重，即根据每一种报酬要素在劳动力市场上的薪酬水平决定过程中具有的重要性来给它们分配权重。（为达此目的，经常会用到多元回归分析等统计方法。）简单起见，我们假设在下面的例子中提及的每一种报酬要素的权重都是事先确定的，并且每一种报酬要素的权重都相同。也就是说，可以把在每一种报酬要素上得到的评价分数简单相加。

表 11-3 展示了一个包括三个报酬要素的职位评价系统，该系统被运用到三种不同的职位上。需要注意的是，这些职位在工作经验、受教育程度以及工作复杂性等方面各不相同。将每一种职位包含的这三种报酬要素获得的点数进行加总，就可以对这三种职位在企业内部的相对价值做出评价。从某种意义上说，计算机程序员这种职位的价值比计算机操作员职位的价值要高 41%（155/110－1），而系统分析员职位的价值则比计算机操作员职位的价值高 91%（210/110－1）。无论每一种职位的薪酬被确定在何种水平上（这取决于企业的标杆及企业的竞争战略），我们都可以看到，上述三种职位之间的薪酬差距总会接近上述比例。不过，在通过内部职位评价得到的职位价值与通过外部薪酬调查获得的职位价值之间却很有可能会出现差异。

表 11-3　三要素职位评价系统举例

职位名称	报酬要素			总计
	工作经验	受教育程度	工作复杂性	
计算机操作员	40	30	40	110
计算机程序员	40	50	65	155
系统分析员	65	60	85	210

11.3.6 建立薪酬结构

表 11-4 举的这个例子中一共有 15 种职位，其中有 10 种是关键职位，这些关键

职位的薪酬调查数据和职位评价数据都已经有了。但是对于其余的5种非关键职位，却只有职位评价数据而没有薪酬调查数据。需要注意的是，为了简便起见，我们仅仅采用从两次薪酬调查中获得的数据，并且将第二次调查获得的数据的权重设定为第一次调查数据的两倍。同样出于简单处理的需要，在我们的例子中使用了单一的薪酬结构。而在实际中，很多企业往往针对不同的职位族（如事务类职位族、技术类职位族、专业类职位族）或不同的产品部门设计出多种不同的薪酬结构。

表 11-4　　职位评价数据与薪酬调查数据

职位	是否为关键职位	职位名称	职位评价结果	第一次薪酬调查（S1）	第二次薪酬调查（S2）	薪酬调查数据的处理结果（2/3×S1+1/3×S2）
A	是	计算机操作员	110	2 012	1 731	1 919
B	是	一级工程技术人员	115	2 206	1 908	2 106
C	是	计算机程序员	155	2 916	2 589	2 807
D	否	二级工程技术人员	165	—	—	—
E	否	薪酬分析员	170	—	—	—
F	是	会计师	190	3 613	3 099	3 442
G	是	系统分析员	210	4 275	3 854	4 134
H	否	高级计算机程序员	225	—	—	—
I	是	人事总监	245	4 982	4 506	4 823
J	是	高级会计师	255	5 205	4 270	4 893
K	是	高级系统分析员	270	5 868	5 652	5 796
L	是	工业工程师	275	5 496	4 794	5 262
M	否	总会计师	315	—	—	—
N	是	高级工程师	320	7 026	6 572	6 875
O	否	高级科学家	330	—	—	—

资料来源：Adapted from S. Rynes, B. Gerhart, G. T. Milkovich, and J. Boudreau, *Current Compensation Professional Institute*（Scottsdale, AZ: American Compensation Association, 1988）. Reprinted with permission.

那么，如何通过将表11-4中的数据合并在一起来建立一个薪酬结构呢？首先，必须认识到，在进行薪酬决策时应同时将内部比较和外部比较的因素考虑进去。然而，由于通过内部比较和外部比较得到的薪酬结构并不一定完全一致，所以企业必须在两者之间仔细地加以平衡。研究表明，在建立薪酬结构时，不同的企业对内部比较数据和外部比较数据的偏重程度可能有着非常大的差别。[11]

根据企业对内部比较数据和外部比较数据的偏重程度不同，至少可以划分出以下三种薪酬水平确定方法。[12]

■ 市场调查数据

对外部比较数据（即市场调查薪酬数据）重视程度最高的一种做法是：对尽可能多的关键职位进行市场调查，然后直接把企业的薪酬结构建立在这种市场调查数据基础之上。举例来说，表11-5中的职位A的薪酬水平将会是1 919美元，职位B的薪酬水平将会是2 106美元，职位C的薪酬水平将会是2 807美元。但是对于非关键职位（职位D，E，H，M以及职位O）来说，由于没有市场调查薪酬数据可用，所以我们必须用不同的方法来进行处理。基本做法是，我们可以在关键职位（既能得到这些职位的评价数据，又能得到它们的市场调查薪酬数据）的基础上建立一条市场**薪酬政策线**（pay policy line）。如图11－1所示，我们可以用一条具有最佳匹配度的线将各个薪酬数据连接在一起。这条曲线可以通过一个统计程序（回归分析）得到。通过这一过程可以得到确定薪酬水平的下述公式：－661美元＋22.69美元×职位评价点数。换句话说，要想估计某种职位的月薪数据（依靠根据关键职位的薪酬数据确定下来的薪酬政策线），只要把该职位得到的评价点数代入上述公式就可以了。因此，举例来说，非关键职位D的月薪水平估计值就可以通过下述公式测算出来：

$$-661+22.69\times165=3\ 083(\text{美元})$$

表11－5　根据不同的方法得出的各种职位的月薪中值　单位：美元

职位	是否为关键职位	职位名称	职位评价结果	(1) 市场调查数据＋薪酬政策线决定法	(2) 薪酬区间中值决定法	(3) 薪酬等级决定法
A	是	计算机操作员	110	1 919	1 835	2 175
B	是	一级工程技术人员	115	2 106	1 948	2 175
C	是	计算机程序员	155	2 807	2 856	3 310
D	否	二级工程技术人员	165	3 083	3 083	3 310
E	否	薪酬分析员	170	3 196	3 196	3 310
F	是	会计师	190	3 442	3 650	3 310
G	是	系统分析员	210	4 134	4 104	4 444
H	否	高级计算机程序员	225	4 444	4 444	4 444
I	是	人事总监	245	4 823	4 898	4 444
J	是	高级会计师	255	4 893	5 125	5 579
K	是	高级系统分析员	270	5 796	5 465	5 579
L	是	工业工程师	275	5 262	5 579	5 579
M	否	总会计师	315	6 486	6 486	6 713
N	是	高级工程师	320	6 875	6 600	6 713
O	否	高级科学家	330	6 826	6 826	6 713

资料来源：Adapted from S. Rynes，B. Gerhart，G. T. Milkovich，and J. Boudreau，*Current Compensation Professional Institute*（Scottsdale，AZ：American Compensation Association，1988）. Reprinted with permission.

如图11－1所示，并非一定要用一条直线来拟合职位评价和薪酬调查得到的数据。在有些情况下，一种能够为较高级别的职位提供递增性货币报酬的薪酬结构，可能与企业希望达到的目标或者外部劳动力市场上的情况更为一致。比如，如果较高级别职位对企业的价值特别大，并且能够担任这些职位的人才稀少，那么非线性的薪酬政策线可能对企业更为合适。图11－1中的这种曲线的函数可以用以下等式来描述：

薪酬的自然对数＝6.98＋0.006×职位评价点数

■ 薪酬政策线

第二种将外部比较信息和内部比较信息结合起来的薪酬确定方法是，利用薪酬政策线获得关键职位和非关键职位的薪酬水平。这种方法与第一种方法的区别在于：它

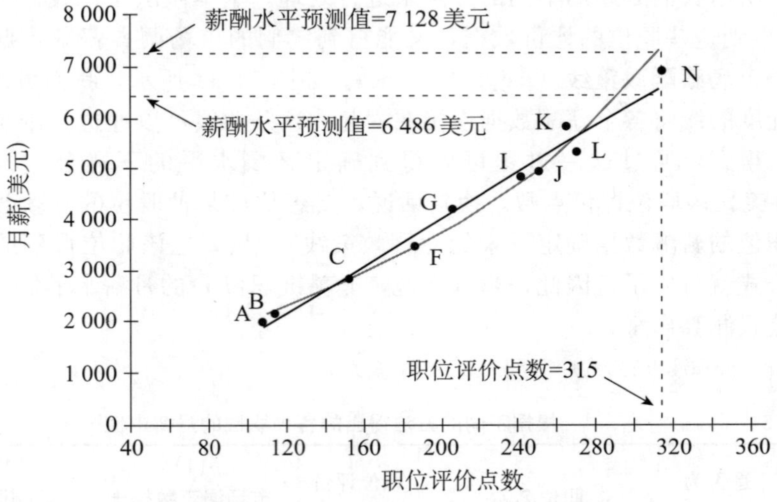

图 11-1　线性函数和对数函数的薪酬政策线

不再直接把市场薪酬水平用于关键职位的薪酬水平决策。这就在更大程度上给薪酬结构带来了内部一致性，因为所有职位的薪酬都与职位评价点数挂起钩来。

■ 薪酬等级

第三种办法是将职位划分为为数不多的薪酬类别或**薪酬等级**（pay grades）。例如，表 11-6（同时也请参见表 11-5 中的最后一列）就展示了一种可能的薪酬结构，即五个等级的薪酬结构。在同一薪酬等级中的每个职位都将处在相同的薪酬浮动区间之内（即拥有相同的薪酬中间值、最低值以及最高值）。这种方法的优点是：它能够减轻给成百（甚至上千）种不同职位分别确定不同薪酬水平而产生的管理负担。此外，它还使得企业在将员工从一种职位调到另一种职位上时具有更大的灵活性，比如，在将员工从职位评价点数为 230 点的某个职位调整到评价点数为 215 点的另一个职位上时，企业可能就不需要关注薪酬水平的调整。在完全以单个职位为基础的薪酬制度中可能会出现的一些降级情况，在以职位等级为基础的薪酬制度中也许就不成问题了。需要记住的是，在较高的职位等级上，**薪酬区间跨度**（range spread）（最低薪酬水平与最高薪酬水平之间的差距）会大一些，这主要是因为绩效差异对较高级别职位应当得到的薪酬水平产生的影响更大一些（见图 11-2）。

表 11-6　薪酬等级结构举例

薪酬等级	职位评价点数的范围		月薪酬水平浮动区间		
	最低	最高	最低值	中间值	最高值
1	100	150	1 740	2 175	2 610
2	150	200	2 648	3 310	3 971
3	200	250	3 555	4 444	5 333
4	250	300	4 463	5 579	6 694
5	300	350	5 370	6 713	8 056

采用薪酬等级的不足之处在于：有些职位会因此而产生报酬不足的问题，另一些职位又会因此而产生报酬过剩的问题。比如，假定职位 C 和职位 F 都处在相同的薪酬

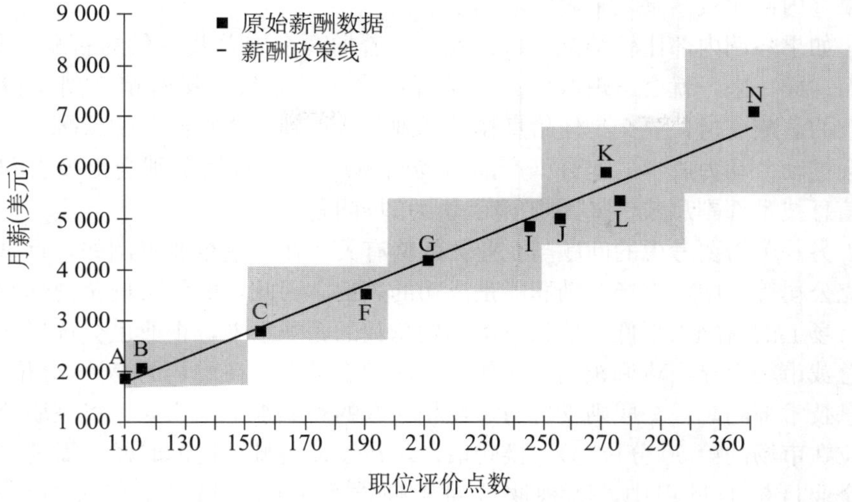

图 11－2　薪酬等级结构举例

等级之中。在某一薪酬等级制度下，职位 C 的月薪中值为 3 310 美元，与根据其他两种薪酬确定方法得出的月薪水平相比，职位 C 现在的月薪水平要高出大约 400 美元。显然，这会导致较高的人工成本，从而使企业在产品市场上的竞争遇到潜在的困难。另一方面，与通过其他两种薪酬确定方法得出的月薪水平相比，职位 F 在目前的薪酬等级制度下得到的月薪却低了 130～340 美元。如果是这样，企业就会发现自己要想在劳动力市场上进行竞争的困难比较大。

11.3.7　市场薪酬调查与职位评价之间的矛盾

从表 11－5 中举的例子可以看出，市场薪酬调查的结果与职位评价的结果从总体上来说是相当接近的。但两者不一致的情况也经常存在，即对于有些职位来说，通过市场调查得到的平均薪酬水平要明显高于或低于通过薪酬政策线确定的薪酬水平。在表 11－5 中最为贴切的一个例子是职位 L，这种职位的市场调查薪酬水平大大低于通过薪酬政策线确定的薪酬标准。一种较为合理的解释是，由于能从事这种职位的劳动力的供给相对来说较为丰富，因此吸引和留住这些劳动者所需要的薪酬水平就会低于按照职位评价结果给它们设定的薪酬水平。另一种不一致的情况发生在某种职位的市场调查薪酬水平远远高于薪酬政策线确定的薪酬水平（例如职位 K）的时候。与上述情况类似，这很可能反映了劳动力供给和劳动力需求之间的关系，所不同的是，在这个例子中，供求对比状况导致薪酬水平被抬高。

那么，应当如何解决这种内部公平与外部公平之间的冲突？结果又会如何呢？我们在前面举出的市场营销部副总裁与信息技术部副总裁的例子，也许能够帮助我们描述需要做出的这种选择。市场营销部副总裁职位在职位评价中得到的点数与信息技术部副总裁职位得到的点数可能是相同的，但是市场薪酬调查结果却表明，可能是由于信息技术部副总裁的市场供给比市场营销部副总裁要紧俏一些，因此市场营销部副总裁的市场薪酬水平要低于信息技术部副总裁的市场薪酬水平。那么，企业到底是应当根据市场调查的结果（外部比较结果）来确定他们的薪酬水平，还是根据职位评价的结果（内部比较结果）来确定薪酬水平？

如果强调内部比较结果，那么就意味着向两个副总裁支付的薪酬水平必须相等。然而这样一来，就会出现这样一种情况：要么是导致市场营销部副总裁得到了“超额”的薪酬支付，要么是使信息技术部副总裁得到了“减额”的薪酬支付。前一种情况会推动劳动力成本的上升（产品市场问题），后一种情况则会给吸引和留住高质量的信息技术部副总裁带来困难（劳动力市场问题）。

另一个需要考虑的问题与企业的战略有关。在有些企业（例如，百事可乐公司和耐克公司等）中，市场营销职能是成功的关键。因此，即使市场营销部副总裁在劳动力市场上的薪酬水平低于信息技术部副总裁的薪酬水平，企业也会选择在市场营销部副总裁市场上充当薪酬领袖（比如，将薪酬水平定位在市场的第 90 分位上），而对于信息技术部副总裁一职则支付与市场相一致的薪酬水平（比如，将该职位的薪酬水平定位在市场的第 50 分位上）。换句话说，在设计薪酬结构的时候，需要仔细考虑在实现企业目标的过程中，哪种职位对于迎接严峻的环境挑战以及抓住机遇更重要一些。[13]

那么，强调外部比较结果又是怎样一种情况呢？这种做法会产生两个潜在的问题。首先，市场营销部副总裁可能感到不满意，因为他认为自己承担的职位与信息技术部副总裁承担的职位处于同一级别，两者承担的责任也类似，因此最终获得的薪酬水平也应当是类似的。其次，这种做法会让员工在不同部门的副总裁职位之间进行轮换（比如，作为一种对员工进行培训和开发的工具）变得较为困难，因为从信息技术部副总裁的职位来到市场营销部副总裁的职位就意味着被降职了。

对于这种两难处境，并没有一个完全正确的解决方法。因此，每一家企业都必须确定哪些目标对于它们来说是最基本的，从而选择相应的战略。然而，似乎有迹象表明，与内部比较结果相比，外部比较结果应当更受到重视，因为企业发现，它们越来越难以忽略市场竞争带来的压力。

11.3.8 监督薪酬成本

薪酬结构通过多种途径影响企业的薪酬成本。最为明显的是，薪酬结构锁定的薪酬水平会对薪酬成本产生直接的影响。然而这只是问题的一部分，因为尽管薪酬结构代表了企业的薪酬政策取向，但实际情况却可能与这种政策取向并不一致。我们以前面提到的薪酬等级结构为例，从表 11－7 中可以看到，一级职位的月薪区间中值为 2 175美元，而二级职位的月薪区间中值为 3 310 美元。现在让我们来考虑表 11－7 中的一组员工的薪酬数据。在描述实际薪酬水平和意图达到的薪酬水平之间的一致性程度时，一个经常使用的指标是**比较比率**（compa-ratio），其计算方法如下：

$$\text{薪酬等级的比较比率}=\frac{\text{该薪酬等级的平均实际薪酬水平}}{\text{该薪酬等级的区间中值}}$$

比较比率可以帮助企业判断员工的实际薪酬水平与薪酬政策之间的一致性程度如何。比较比率低于 1.00 说明实际薪酬水平落后于薪酬政策要求达到的薪酬水平，比较比率高于 1.00 说明实际薪酬水平（和实际成本）超过了薪酬政策规定的薪酬水平。尽管可以用多种正当的理由来说明比较比率偏离 1.00 是合理的，但作为管理人员，还是应当考虑现有的薪酬结构是否正在导致企业的成本失去控制。

表 11-7　两个薪酬等级的比较比率

员工	职位	月薪水平（美元）	月薪中值（美元）	员工比较比率
	一级			
1	一级工程技术人员	2 306	2 175	1.06
2	一级计算机程序员	2 066	2 175	0.95
3	一级工程技术人员	2 523	2 175	1.16
4	一级工程技术人员	2 414	2 175	1.11
				1.07
	二级			
5	二级计算机程序员	3 906	3 310	1.18
6	会计师	3 773	3 310	1.14
7	会计师	3 674	3 310	1.11
				1.15

11.3.9　全球化、地理区域和薪酬结构

如图 11-3 所示，无论是从薪酬水平来看，还是从职位的相对价值来看，不同的国家之间在市场薪酬结构方面存在的差距还很大。与美国和德国的城市相比，中国、印度和墨西哥的城市劳动力市场提供的总体薪酬水平要低得多，而且对技能、教育和晋升提供的报酬也低得多。对于在全球各地从事经营活动的企业来说，这种差距就形成了一个两难选择。比如，对一位被派往北京工作的德国工程师，到底是应当根据德国的薪酬水平支付报酬，还是应当根据中国的薪酬水平支付报酬？如果是根据德国的薪酬水平支付报酬，那么与这位工程师一起在北京工作的当地同事就会感到不公平。如果采用中国的市场薪酬水平支付薪酬，则没有一位德国工程师愿意接受去北京工作的外派任务。现实中的典型情况是，外派人员的薪酬和福利（比如，住房补贴、税收均等化）与其在母国的报酬水平紧密相连。不过，这种联系逐渐变得松散，它更多地取决于外派职位本身的性质以及外派的时间长度。[14]

Runzheimer International 公司的报告指出，美国的大部分公司都制定了正式或非正式的根据不同地理区域提供不同薪酬的政策。[15]有意造成这种薪酬水平差异的目的在于，防止那些在国内生活费用较高的地区工作的员工得到不公平的待遇。例如，薪酬网（salary. com）的数据表明，纽约市的生活费用指数比威斯康星州麦迪逊市高出82%。因此，一位在麦迪逊市能拿到 50 000 美元年薪的员工，如果要到纽约去工作且仍然保持相同的购买力水平，其年薪就必须超过 90 787 美元。而达到这种目的的最常用办法就是通过将员工在薪酬结构中的位置向上移动来补偿其较高的生活成本。然而，这种做法的缺点在于：一旦该地区的生活费用下降，或者员工被调动到生活费用水平较低的地区，企业有时很难将员工的薪酬水平再降下来。正因为如此，一些企业倾向于向异地派遣人员支付临时性的补贴，这种补贴会随着当地生活费用或者员工所派往地区的变化而有所改变，或者自动取消。

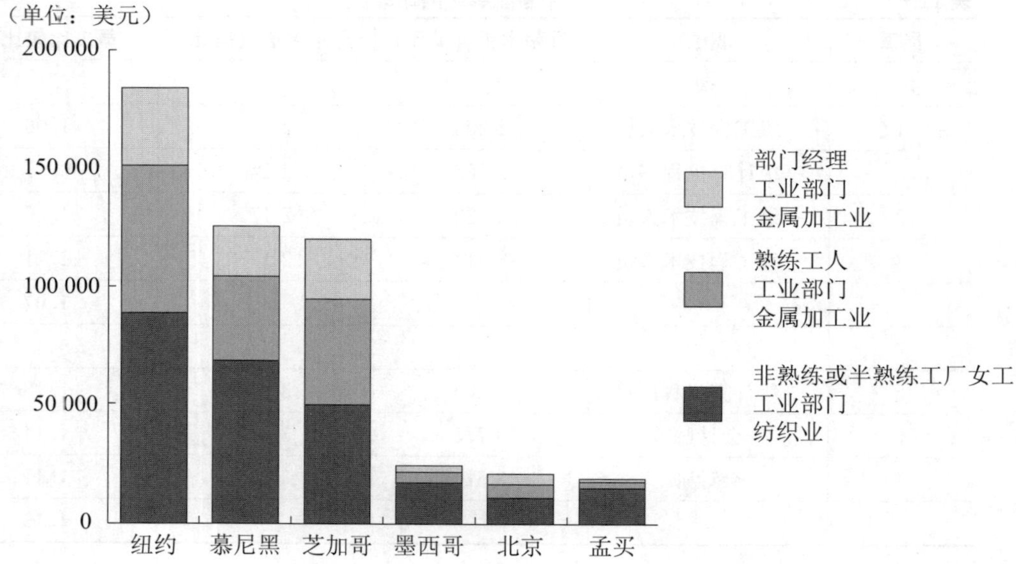

图 11-3 六个城市选定职业的净收益（缴纳税收和社保之后）

资料来源：UBS，"Price and Earnings 2012：A Comparison of Purchasing Power around the Globe，" September 2012，Zurich，Switzerland.

循证人力资源管理

沃尔玛以其对成本控制的关注（或者像有人说的那样达到迷恋的程度）而闻名，其目的是向消费者提供价格更低的商品，从而使其他零售商难以与之抗衡。然而，问题在于，这种雄心勃勃的成本控制在工资方面是否仍然有意义？或者说是否物有所值？会不会恰恰相反，那些为员工提供更好待遇的公司有可能经营得更好呢？

山姆会员店（Sam's Club）是沃尔玛开办的仓储式零售企业。沃尔玛并不单独报告山姆会员店的数据，但我们可以把沃尔玛（含山姆会员店）与它的更大竞争者——好市多超市（Costco）加以对比。可以发现，好市多超市给员工支付更高水平的工资，医疗保险的员二覆盖面更广，要求员工支付的医疗保险费用更低，并且企业向他们的退休计划缴费更多。这里让我们特别关注一下两家公司在工资方面的差异。世界员工薪酬数据库信息网（payscale. com）指出，沃尔玛的工资水平比市场水平高2%（可能是将低工资的零售部门作为参照对象），而好市多的工资水平则比市场高13%。另一份报告指出，沃尔玛每小时的起步工资大约为8美元，而好市多则是11.50美元，比沃尔玛高40%以上。很显然，好市多制定的与员工相关的政策，不仅工资，还有员工福利等水平都更高。华尔街的分析员有时甚至抱怨好市多更关心它的员工（和顾客），而对股东的关心不够。

但这种批评准确吗？好市多还因在零售部门拥有最忠诚、高效的员工队伍而出名。不仅如此，它还有非常低的损耗率（员工偷窃）和员工流动率，也许这并不是巧合。因此，从表面上来看，好市多管理员工的方式成本更高，但也许公司的股东已经从中获利了。

让我们进一步考察好市多比沃尔玛（含山姆会员店）支付更高工资的一些潜在好处。在有些情况下，大型零售商每年的员工流动率高达100%，考虑到与此相关的各种成本（雇佣、入职引导、培训、替代等），就会发现这些成本积少成多。一家雇用5万名员工的零售商发现，每年的员工流动成本超过1.5亿美元。因此，通过降低工资来“省钱”的做法反而可能给公司带来损失。在沃尔玛，一些人就看到了这样一种恶性循环：低工资带来了成本的节约，但同时影响了服务质量和消费者满意度，最终损害了利润。在美国消费者满意度索引（American Customer Satisfaction Index）中，沃尔玛排在第11名，在它所属的这个类别（百货和折扣店）中排名最后。山姆会员店在它所属的类别（专业零售店）中表现要好一点，但好市多常常在其所属类别中排名第一或第二。当为消费者提供帮助以及保持货架装满商品的员工太少时（由于员工流动率很高），当为消费者提供帮助的高素质员工太少时（由于员工流动率很高，所以许多员工是新雇用的，还没有受过训练），对消费者的服务就不可能很到位。此外，工资水平较低但工作负荷却较重的员工很可能无法传达出那种让消费者感到舒服的积极的工作态度。那么，在经营结果方面情况怎么样？与沃尔玛（含山姆会员店）相比，好市多做得怎么样？从2008年到2012年，好市多的收益增长了37%，而沃尔玛只增长了19%。在同一段时间里，好市多的营业收入增长了41%，而沃尔玛只增长了21%。

讨论题

企业到底是应该支付低于、等于还是高于市场水平的工资？

资料来源：Chris DeRose and Noel Tichy, “Are You Spending More by Paying your Employees Less?” *Forbes*, April 29, 2013; Renee Dudley, “Customers Flee Wal-Mart Empty Shelves for Target, Costco,” www.bloomberg.com, March 26, 2013, accessed May 7, 2013; Alan Farnham, “Highest-Paying Retail Jobs: These Employers Put Workers First,” www.abcnews.com, April 4, 2013, accessed May 7, 2013; W.F. Cascio, “The High Cost of Low Wages,” *Harvard Business Review* 84 (December 2006), p. 23; J. Chu and K. Rockwood, “CEO Interview: Costco's Jim Sinegal,” *Fast Company*, October 13, 2008.

11.4 过程的重要性：参与和沟通

在薪酬管理中，下面这种简单的想法会受到批评：“只要能够开发出正确的技术，就一定能够找到正确的答案。”[16]事实上，任何一种薪酬决策——无论是薪酬决策的技术优点，还是其理论基础——都很少能够做到让组织中的不同员工群体一眼就看明白。当然，当企业需要改变薪酬管理实践，从而需要重新确定哪一种薪酬方案或薪酬方案组合最适合企业的时候，这种清晰性就显得非常重要；让员工知道这种薪酬决策是如何做出的以及企业通过何种方式与员工就薪酬决策问题进行沟通，同样十分重要。[17]

11.4.1 参与

薪酬决策过程中的员工参与可以采取多种形式。比如，员工可以组成一个任务小组向企业推荐某种薪酬方案或者是提出设计意见。企业还可以请员工任务小组就薪酬方案进行沟通，并且解释其基本原理。在进行职位评价以及执行在下一章将要讨论的许多薪酬方案的情况下，这一点显得尤其重要。然而迄今为止，由于某些显而易见的原因，企业员工在薪酬水平决策中的参与还是非常少的。

有一点非常重要，这就是在参与的问题上，需要把受到薪酬政策影响的人与那些必须执行薪酬政策的人区分开来。管理人员就处于后一种群体之中（他们常常也处于前一种群体之中）。正像在其他人力资源管理领域中一样，直线经理通常要负责薪酬政策的执行工作，因此，他们对薪酬管理实践改革的参与是非常必要的。

11.4.2 沟通

有一项研究很好地说明了沟通的重要性，这项研究专门考察了组织是如何就降薪问题与员工进行沟通的，以及这种沟通方式对员工盗窃率和他们感受到的公平程度产生的影响。[18]在这项研究中，有两家企业的总体薪酬水平都被削减了15%。第三家企业的总体薪酬水平则保持不变，因此，这家企业被作为控制组。在两家削减薪酬水平的企业中，降薪信息会以不同的方式通报给员工。在“充分解释”降薪组中，管理人员提供了大量的信息向员工解释降薪的原因，同时向员工表示了深深的歉意。而在“未充分解释”降薪组中，情况却相反，企业向员工提供的信息非常少，并且也没有表达自己的歉意。控制组的薪酬水平则没有变化（因而也就没有必要进行解释）。

控制组和两个降薪组在一开始时的盗窃率和员工感受到的公平程度都是相同的。在降薪以后，“充分解释”降薪组的盗窃率比控制组的盗窃率高了54%。而在“未充分解释”的条件下，降薪组的盗窃率比控制组高了141%。从这些数据可以看出，沟通对员工的态度和行为产生了较大的独立影响。

沟通还有可能产生其他一些重要影响。比如，我们知道，影响员工态度的不仅仅是实际的薪酬水平，还有薪酬比较标准。[19]在双重薪酬计划中，在相同职位上工作的员工领取的却是两种不同水平的薪酬——取决于他们被雇用时间的早晚，此外，薪酬水平较低的员工通常没有机会被提升到能够获得较高水平薪酬的职位上去。依常识来看，大家一般会认为薪酬水平较低的员工的不满意度会更高，但情况并非必然如此。实际上，一项由彼得·卡佩利（Peter Cappelli）和彼得·谢勒（Peter Sherer）所做的研究发现，低薪酬员工的满意度比所有员工的平均满意度要高。[20]显然，那些薪酬水平较低的人与那些薪酬水平较高的人采用的比较标准不同（前者通常比后者要低）。薪酬水平较低的员工通常把自己的工作与失业者或者是他们力图避免从事的那些低薪酬职位进行比较。结果，尽管他们得到的薪酬水平比承担相同职位的其他人要低，但是他们对自己当前的工作却更为满意。这一发现并不意味着双重薪酬计划就可以被组织员工所接受。然而，这一结论对公平理论提供了支持，因为它关注到了员工将自己得到的薪酬与其他职位上的薪酬进行比较的方式，指出了管理人员需要把这一点考虑在内。由于员工越来越容易接触到各种薪酬调查信息，这就有可能导致员工做出更多的薪酬比较，从而产生对有效沟通的更大需求。

管理人员在薪酬沟通方面扮演着最为关键的角色，因为他们每天都要与员工进行互动。因此，他们必须准备好如何向员工解释企业把薪酬结构设计为某种形式的原因，同时还需要做出这样一种判断，即企业是否需要对薪酬结构做出某种调整。所有企业都面临的一个问题是：什么时候需要根据某一职位的工作内容变化对其薪酬级别做出重新调整。如果一位员工承担的工作职责增加了，那么他常常会要求管理人员帮助自己获得相应的加薪。

11.5　当前面临的薪酬挑战

11.5.1　职位薪酬结构面临的问题

本章采用的这种根据职位以及与之相关的工作职责来建立薪酬结构的方法在实践中是得到最为广泛运用的一种方式。然而，以职位为基础的薪酬结构本身有许多局限性。[21]第一，这种方法有可能鼓励官僚主义的滋生。职位描述向任职者明确指出了他们应当担负哪些责任，同时也以隐含的方式告诉任职者对哪些事情不用负责。尽管这为管理人员进行绩效评价和控制提供了方便，但它同时也使员工缺乏灵活性和主动性。“我为什么要做那件事？我的职位说明书中并没有规定我必须完成那项工作。”第二，这种薪酬结构的官僚主义性质强化了自上而下的决策和信息传递机制，同时还强化了地位的差别，这种局面显然不利于发挥那些最接近生产一线的员工的知识和技能优势。第三，编制以及更新职位描述和职位评价的官僚主义程序可能会成为变革的一个障碍，因为根据这种程序的要求，从整体上更新职位描述可能要花费大量的时间和成本。第四，以职位为基础的薪酬结构可能没有对它期望看到的那些行为提供报酬。这种情况在一个快速变化的环境中出现的可能性尤其大，因为在这种环境中，昨天的知识、技能和能力对于今天和明天的需要来说可能没有太大帮助。第五，对职位等级和地位差别的强调会鼓励员工采取有利于得到晋升的行为，而不鼓励员工进行横向流动，因为员工不愿意接受那些不带有晋升性质反而显得有点被降级意味的职位。

11.5.2　针对职位薪酬结构存在的问题采取的对策

■ 压缩薪酬等级数量与薪酬宽带

针对职位薪酬结构产生的种种问题，有些企业采取了**压缩薪酬等级数量**（delayering）的做法，或通过减少职位等级的数量使企业在工作安排和绩效加薪方面具有更大的灵活性。比如，在普惠公司（Pratt and Whitney），过去将从初级职位到中层管理职位之间的所有职位划分为 3 000 种，分别编写职位描述，并且将这些职位划分为 11 个薪酬等级。而现在，该公司将职位压缩为几百种，同时只划定了 6 个薪酬等级。[22]这种将职位归并到区间跨度较大的薪酬等级之中的做法又称为薪酬宽带。表 11－8表明了薪酬宽带是如何对较小的职位样本起作用的。

表 11－8　薪酬宽带示例

传统薪酬结构		宽带薪酬结构	
职位等级	职位名称	宽带	职位名称
10	高级工程师	5	高级会计师
8	二级会计师	4	会计师
6	一级会计师		

IBM 大大削弱了薪酬系统的官僚性质，从原来的 5 000 种职位和 24 个薪酬等级精简为 1 200 种职位和 10 个薪酬等级。在每一个薪酬宽带内部，管理人员有更大的自由度来决定如何对高绩效者提供报酬和选择为吸引人才在市场上有竞争力的薪酬水平。

薪酬等级数量压缩和薪酬宽带产生的一个后果是晋升机会的减少。企业这时就需要考虑应当向员工提供哪些其他手段作为对晋升的一种替代。此外，由于在各个薪酬宽带内部还存在一些相互有所区别的职位类型，因此，新的薪酬等级结构带来的变化可能并不像它表面上看起来那样大。这些方面的区别很容易像在旧体系下一样，成为不同职位之间的一道鸿沟。在最高薪酬水平和最低薪酬水平之间存在较大跨度的宽带薪酬结构可能会导致预算控制被削弱，劳动力成本上升。另一方面，较大的区间跨度会使管理者用较高的薪酬水平对高绩效员工给予认可。它同时还能使组织对员工的学习活动提供相应的报酬。

■ 对人支付薪酬：针对技能、知识和胜任能力支付薪酬

企业针对职位薪酬结构产生的问题做出的第二个相关反应是：从把薪酬与职位联系在一起转向以技能或知识等此类个人特征为基础来确定薪酬结构。[23] 基于胜任能力的薪酬类似于技能或知识薪酬，但却常常被认为是适用于受劳工法豁免的那些员工（比如管理人员）的薪酬计划。这种薪酬计划的一个基本理念是：如果你希望员工学习更多的技能，并且在他们承担的职位上更加富有灵活性，你就应当按照能够推动他们朝这个方向努力的方式来支付薪酬。（参见第7章中关于技能薪酬制度对培训的启示的讨论。）然而，根据杰拉尔德·莱德福（Gerald Ledford）的说法，这种做法却是一种“根本性的背离”，这是因为，企业现在向员工支付的薪酬已经变成“对他们能够运用的技能支付的报酬，而不是对他们在某个时间点正在从事的工作支付的报酬”。[24]

技能薪酬（skill-based pay）制度看起来非常适应技术变革所带来的技能持续扩大化和深化的趋势。[25] 的确，研究表明在技能薪酬之下劳动力的灵活性得到了显著的提高。[26] 比如，在生产环境中，企业可能期望工人不仅会操作机器，还要承担起一定的机器维修保养、解决问题、质量控制甚至修改计算机程序的职责。[27] 丰田汽车公司在几年前就总结道：“没有任何一位处于生产线工人级别之上的专家（质量检查员、管理人员以及一线监督人员等）可以为小汽车带来价值增值。不仅如此……生产线上的工人还能更好地履行专家承担的大部分职能，因为他们对生产线上的各种条件非常熟悉。”[28]

换言之，技能薪酬的一个重要的潜在优势在于，它在增加员工的灵活性方面能够起到很大的作用，而员工的灵活性反过来又为把决策权分散到那些最了解情况的员工身上提供了方便。它还为精简员工的层级提供了机会，这是因为，由于员工流动或者缺勤而留下的职位空缺可以由那些掌握了多种技能的现有员工来填补。[29] 此外，在不同的产品要求有不同的制造流程，或者由于劳动力供给短缺或其他原因导致企业需要做出适应性或灵活性反应的情况下——这是许多新的所谓先进制造环境（比如，灵活制造、即时系统等）具有的典型特征——多技能员工就变得非常重要。[30] 从更一般的角度来说，许多人还指出，技能薪酬计划有利于在企业中创造一种学习的气氛，提高员工的适应能力，并且为员工提供一个用更开阔的视野认识企业运营方式的机会。上述这些变化对更好地利用员工的知识和想法都是有利的。与上述提到的这些优势相一致，一项现场研究发现，一家制造业工厂采用技能薪酬计划之后，出现了产品质量改善以及劳动力成本下降。[31]

当然，技能薪酬计划和能力薪酬计划同样存在一些潜在的缺点。[32]第一，尽管这种薪酬计划有可能强化员工获得技能的行为，但企业可能会发现，自己将面临如何有效利用这些技能的挑战。如果这种薪酬计划没有经过仔细的规划，它就有可能造成大量新的劳动力成本只能带来很少回报的情况。换言之，如果员工的技能发生变化，企业的职位设计就必须以同样的速度进行变革，只有这样才能充分利用员工的这种技能优势。第二，如果薪酬增长完全建立在技能基础之上，就可能出现这样一种情况：一旦员工过快地掌握了所有的技能，在技能发展方面出现“到顶”的情况，他们就没有薪酬增长的空间了。（当然，这种问题在职位薪酬制度下同样有可能出现。）第三，具有某种讽刺意味的是，技能薪酬计划可能会带来一个大的官僚机构——而这本来是职位薪酬计划所受到的批评。企业需要建立各种培训计划，必须对技能加以描述、衡量，还要分别给它们赋予一定的货币价值。为了鉴定员工是否确实掌握了某种技能，企业还必须建立起资格认证体系。最后，就像在职位薪酬计划下有可能面临市场薪酬水平数据不足这种挑战一样，几乎没有人知道如何为不同的技能组合（相对于职位）进行市场定价。除非以技能为基础的薪酬计划已经得到普遍实施，否则，要想从其他企业获得可以进行比较的数据是非常困难的。

11.5.3　美国的劳动力具有竞争力吗?

我们常常听到有人说，美国的劳动力成本太高了，美国的企业无法与其他国家的企业进行有效的竞争。我们在表 11 - 9 中列出了美国制造业生产工人的平均每小时劳动力成本（现金和福利）以及其他一些发达工业化国家和地区以及新兴工业化国家和地区的同类数据。

表 11 - 9　按年份和地区的制造业生产工人每小时的平均劳动力成本（现金和福利）　单位：美元

	1985 年	1990 年	1995 年	2000 年	2005 年	2010 年	2012 年
工业化国家/地区							
加拿大	10.95	15.95	16.10	16.04	26.81	34.60	36.59
捷克共和国				2.83	7.28	11.61	11.95
德国[a]	9.57	21.53	30.26	23.38	38.18	43.83	45.79
日本	6.43	12.64	23.82	22.27	25.56	31.75	35.34
美国	13.01	14.91	17.19	19.76	29.74	34.81	35.67
新兴工业化国家/地区							
巴西				4.38	5.05	11.08	11.20
中国					0.62[b]	2.00[c]	2.56[c]
韩国	1.25	3.82	7.29	8.19	15.13	17.73	20.72
墨西哥	1.60	1.80	1.51	2.08	5.36	6.14	6.36

a. 原联邦德国 1985 年和 1990 年的数据。

b. 2006 年。

c. 美国劳工部公布的 2009 年中国的每小时劳动力成本为 1.74 美元。基于中国国家统计局的数据，假定工资增长率在 2010 年为 15%，在 2011 年为 12.3%，在 2012 年为 14%以进行估计。

资料来源：Bureau of Labor Statistics，U. S. Department of Labor. International Comparisons of Hourly Compensation Costs in Manufacturing，2012. August 9，2013，www. bls. gov/fls/ichcc. pdf.

正如我们在第5章和本章中所介绍的，很多企业（包括苹果公司）在决定在哪里完成生产活动时，仍会对劳动力成本和其他一些因素进行监控。如果仅仅从成本这一方面考虑问题，那么将许多生产活动从像德国这样的国家迁到其他国家——尤其是那些新兴工业化国家——也许是合适的。然而这种说法正确吗？实际并不尽然，因为我们需要考虑的因素有多个。

■ 国家间劳动力成本差异的不稳定性

第一，需要记住的一点是，各国的相对劳动力成本在不同的时间里是非常不稳定的。比如1985年，美国与原联邦德国的劳动力成本之比为13.01：9.57，或者说美国的劳动力成本比原联邦德国高出36%。但是到了1990年，情况发生了逆转，原联邦德国的劳动力成本超过了美国，上述劳动力成本之比变成14.77：21.53，或者说，原联邦德国的劳动力成本比美国高出46%。这是不是因为原联邦德国的企业突然之间变得更加富有，而美国的企业则压制了薪酬的增长呢？事实并非如此。这是因为，我们在这里使用的所有劳动力成本数据都是以美元为单位计算的，汇率的变动对这种比较的结果会产生很大的影响，而汇率在不同年份之间的波动常常是十分剧烈的。比如1985年，原联邦德国的劳动力成本仅仅是美国劳动力成本的74%，而美元对德国马克的比价为2.94。但是到了1990年，美元对德国马克的比价变成1.62。如果1990年美元对德国马克的汇率仍然是2.94，那么原联邦德国的平均小时工资水平将为11.80美元，或者说是美国平均小时工资水平的80%。无论如何，相对于像原联邦德国这样一些国家而言，美国的劳动力成本直至现在都还是比较便宜的；这也就部分地解释了为什么宝马公司、奔驰公司和大众公司会分别做出在美国的南卡罗来纳州、亚拉巴马州和田纳西州建厂的决定，因为这些地方的劳动力成本比原联邦德国要低很多。欧元是德国目前流通的货币，其对美元的汇率从2001年的1：0.89升至2013年的1：1.3，这样一来，相对于美国而言（劳动力成本以美元计算），德国劳动力成本上升的情况更加显著。

■ 技能水平

第二，不同国家的劳动力之间在劳动力质量和生产率方面存在很大的差别。在对像美国这样的工业化国家和像墨西哥这样的发展中国家的劳动力成本进行比较时，这是一个应当注意到的非常重要的考虑因素。比如，美国公民的高中毕业率为77%，而墨西哥只有44%。[33]这样，较低的劳动力成本只不过是对劳动力队伍的平均技能水平较低做出的一种反应而已。因此，在低劳动力成本国家中，某些种类的技术型劳动力可能更不容易找到。另一方面，任何企业都需要得到足够数量的技术型员工来完成各项经营活动。有些企业发现，较低的劳动力成本未必能够实现较高的质量。

■ 生产率

第三，与一国的劳动力竞争力最直接相关的一个数据是生产率与单位劳动力成本之比，这一数据的含义是在工作中耗费的每一小时带来的生产率除以小时劳动力成本。对生产率进行衡量的指标之一是根据购买力差异进行调整以后的人均国内生产总值（或经济总产值）。如果用这一指标来衡量，那么美国的情况是最好的（见图11-4）。较低的劳动力成本和较高的生产率相结合，至少就平均情况而言，使得美国的单位劳动力成本比日本和西欧更低。

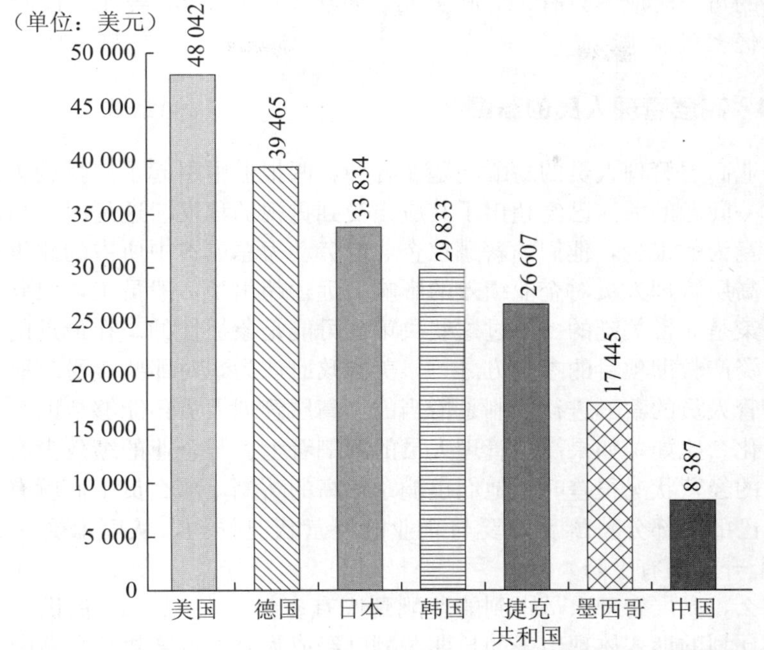

图 11-4　2011 年人均国内生产总值（GDP），根据购买力差异进行调整

资料来源：OECD，http：//stats. oecd. org.

■ 非劳动力方面的考虑

第四，关于将某种生产活动放到某地完成的任何决策，都不可能仅仅考虑劳动力一个方面的因素。比如，假定 A 国的平均每小时劳动力成本为 15 美元，B 国的平均每小时劳动力成本仅为 10 美元，再假定两国的劳动力成本占各自总经营成本的比重都为 30%，且非劳动力经营成本的水平大体相同。那么，A 国的总经营成本就有可能是 65 美元（50＋15），而 B 国的总经营成本则有可能是 60 美元（50＋10）。这样，尽管 B 国的劳动力成本比 A 国的劳动力成本低 33%，但是其总经营成本却仅仅比 A 国低 7.7%。这种差距可能还不足以弥补两国在劳动力技能、生产率、消费者等待时间、交通成本、税收以及其他方面的成本差异。此外，许多产品——尤其是高科技产品（比如电子元器件）——的直接劳动力成本在总成本中所占的比重通常只有 5%或更少。这样，劳动力成本对产品的价格竞争力所产生的影响可能就不太显著。[34]

事实上，在决定把生产活动放到哪里去完成的时候，越来越多的企业更重视非劳动力因素。接近消费者才是更为重要的决定因素。当使生产活动越来越贴近设计团队时，产品的开发速度可能会越来越快。当生产设施远在地球另一端时，企业要想对客户的需要做出快速的反应（比如，生产定制的替换零件）就会变得比较困难。通过采用零库存这样一些生产方法，企业的库存水平可以大规模削减。不过这就要求供应商在地理位置上与企业十分接近。

另一方面，一些公司正在积极地开展外包工作（其中包括专业型或知识型员工所承担的那些工作），主要目的在于降低劳动力成本。比如，一些金融服务公司比如高盛公司和花旗集团都在印度以更低的薪酬水平雇用大量员工从事统计和研究工作。[35]

另一个例子是，IBM开始把海外数以千计的程序设计工作转移到像中国这样的国家，在中国的每小时成本只有12.50美元，而在美国则要56美元，仅此一项每年就可以节省1亿多美元。[36]

11.5.4 高层管理人员的薪酬

企业高层管理人员的薪酬问题在各种新闻报道中引起了广泛的关注。一方面，人们对这一问题的关注已经超出了其应当受到重视的程度。这是因为高层管理人员在企业中毕竟为数很少，他们的薪酬在企业的劳动力总成本中所占的比重也非常小。另一方面，高层管理人员对企业绩效的影响力远远超出了一般员工，因此与他们的薪酬有关的决策是非常关键的。不过这些决策也可能是象征性的。在最近的金融危机中，作为不良资产救助项目的参与方之一，美国政府认为，对那些接受政府紧急援助资金的公司高管人员的薪酬进行管制是恰当的。高层管理人员还能够帮助企业确定组织的基调或文化。比如，如果高层管理人员的薪酬看上去与企业的绩效没有什么关系，即使当企业的经营状况很差时，他们也能拿很高的薪酬，那么员工们就有可能不理解：为什么自己的一部分薪酬反而要与企业的经营状况挂钩，从而承受一定的风险和波动（不仅上升，还有下降）。

那么，高层管理人员得到的薪酬到底有多少？表11-10提供了一些数据。以各种股票计划的形式体现出来的长期薪酬已经成为公司首席执行官薪酬的一个主要组成部分。这就意味着首席执行官的薪酬是随着股票市场的变化而变动的（参见“标准普尔500指数的变动”一栏）。表11-11表明，有些企业的首席执行官获得的薪酬要高于表11-10中列举的平均薪酬水平。

表11-10　首席执行官的薪酬　单位：美元

年份	首席执行官的薪酬				首席执行官的薪酬变动（%）	标准普尔500指数的变动（%）	员工薪酬*	首席执行官薪酬与员工薪酬之比**
	固定薪资加奖金	股票期权行权价值	被授予股票的价值和其他收入***	总薪酬				
2012	350万	320万	380万	1 050万	11%	16%	34 519	304
2011	340万	280万	320万	940万	10%	2%	33 800	279
2010	300万	300万	250万	850万	−29%	15%	33 119	258
2009	300万	330万	580万	1 210万	−14%	26%	32 093	377
2008	360万	360万	690万	1 410万	−18%	−37%	31 617	446
2007	400万	490万	820万	1 710万	34%	5%	30 682	558
2006	380万	240万	650万	1 270万	3%	16%	29 529	431
2005	370万	210万	660万	1 240万	—	—	28 305	438
2000	290万	450万	700万	1 430万	—	—	25 013	573
1995	200万	70万	70万	330万	—	—	20 804	160
1990	160万	30万	70万	260万	—	—	18 187	144

* 企业调查数据采用私营非农业中的生产类和非管理类员工的总薪酬。

** 首席执行官的薪酬与领取小时工资的员工的薪酬之比。

*** 在大部分情况下，被授予股票的价值占这一类收入的大部分。

资料来源：CEO pay data from *Forbes* magazine Website；Worker pay data from U. S. Bureau of Labor Statistics，Employment and Earnings，table B-2. 到1999年为止，来自《福布斯》杂志的数据涵盖了800家最大的美国公司；从2000年开始，则涵盖了500家最大的美国公司。

表 11－11　　薪酬水平最高的首席执行官　　单位：万美元

首席执行官	总薪酬
劳伦斯·J. 埃利森，甲骨文公司	9 620
理查德·M. 布拉肯，HCA 公司	3 860
罗伯特·A. 伊热，沃特-迪士尼公司	3 710
马克·G. 帕克，耐克公司	3 520

资料来源："The Highest-Paid C. E. O.'s," *New York Times*, April 5, 2013.

如表 11－12 所示，美国企业高层管理人员的薪酬水平在世界上算是最高的了。美国企业高层管理人员与一般制造业工人之间如此大的薪酬差距被认为引起了"信任的鸿沟"——也就是说，在员工的心目中已经形成这样一种"思维定式：对高层管理人员的动机不信任，对他们的能力表示怀疑，同时对他们获得的值得弹冠相庆的薪酬水平感到愤恨"。如果这些企业高层管理人员拿到的薪酬水平如此之高，而企业同时却在执行解雇计划或者其他人员削减计划，上述问题就变得更为突出。员工可能会问："如果公司需要削减成本，那么为什么不削减高层管理人员的薪酬，而是削减我们的?"[37]这个问题实际上是经济困难时期的一种公平感知问题。事实上，一项研究报告指出，在高层管理人员和普通员工之间薪酬差距较大的企业中，客户满意度也较低，人们对这种情况所做的推测是，这可能是因为员工会把自己的这种不平等感受传递到客户关系之中。[38]也许还有一个更为重要的问题，这就是企业的高层管理人员是怎样拿到这些薪酬的（如是不是基于绩效），而不是他们最终拿了多少。这正是我们在下一章要继续讨论的一个问题。

表 11－12　　若干国家 2012 年的首席执行官薪酬和员工薪酬及两者之比　　单位：美元

国家	包含的公司	首席执行官的总薪酬	员工的薪酬	首席执行官薪酬与员工薪酬之比
美国	标准普尔 500 股价指数	12 259 894	34 645	354
德国	达克斯（30 家公司）	5 912 781	40 223	147
英国	富时 100 指数	3 758 412	44 743	84
日本	日经平均指数	2 354 581	35 143	67

资料来源：www.aflcio.org/Corporate-Watch/CEO-Pay-and-You/CEO-to-Worker-Pay-Gap-in-the-United-States/Pay-Gaps-in-the-World, accessed May 13, 2013.

11.6　与员工薪酬有关的政府法律及规章

11.6.1　公平就业机会

公平就业机会（EEO）方面的法律和规章（比如《民权法案》第七章）禁止企业在薪酬等就业结果方面根据劳动者的性别和种族等实行差别对待，除非企业有充分的理由能够对其行为做出合理的解释（比如，薪酬差距是因工作绩效方面的差别导致的）。除了法律规章方面的压力之外，企业还必须准备迎接劳动力市场和人口结构等现实因素变化所带来的挑战。在这方面，至少有两种发展趋势与公平就业机会有直接联系。首先，女性劳动力在劳动力队伍中所占的比率从 1960 年的 33%上升到了 2013

年的47%。其次，1960—2013年间，白人在劳动力队伍中所占的比重从原来的90%下降到了81%。其中，白人男子在美国劳动力队伍中所占的比例为44%，并且这一比重可能还会继续下降，这就使对与薪酬有关的公平就业机会问题给予关注对于企业来说变得愈发重要了。

那么，在薪酬决定方面是否存在公平对待的问题？一般情况下，比较普遍的压力主要集中在原始的总薪酬比率方面。比如，2012年，在所有从事全日制工作的劳动者当中，女性劳动者与男性劳动者的薪酬收入中值之比为0.81，黑人劳动者与白人劳动者的薪酬收入中值之比为0.78，西班牙和拉美裔劳动者与白人劳动者的薪酬收入中值之比为0.72。[39]尽管从总体上来说，在过去的二三十年间，这些百分比的数值都已经上升，但显著的性别和种族差别仍然存在。[40]相比之下，亚裔美国人的收入要比白人高出16%。在高层管理人员中，女性似乎比男性收入要少，部分原因在于女性获得绩效薪酬（如股票和相关奖金）的机会更少。[41]

然而，原始总薪酬比率的作用是有限的，这是因为薪酬收入中的有些差别是不同的劳动者群体在一些合法因素上存在差异造成的，比如受教育程度、劳动力市场经验以及职业，等等。尽管在对这些差异因素进行调整以后，性别和种族之间的薪酬收入差异有所减少，但是显著的差异依然存在。除了少数例外情况，这种调整通常很难解释在原始总薪酬方面存在的1/2以上的差异。[42]

那么，薪酬决定中的哪些方面能够说明实际存在的这种薪酬收入差距呢？就女性的情况而言，可能的解释是，她们承担的职位的价值被低估了。另一种解释则建立在"拥挤"假设基础之上，即由于历史原因，女性劳动者被严格限定在少数职业当中。因此，这些职业中的劳动力供给远远超出劳动力需求，结果导致这些职业的薪酬水平比较低。如果事实果真如此，那么市场薪酬调查只会使这种状况延续下去。

可比价值（comparable worth）（或同工同酬）是倡导解决女性职位的价值被低估问题的一种公共政策。这种政策的意图不仅是为职责内容相同的职位争取相同的薪酬（已经由1963年《公平薪酬法》强制实行），同时还要为价值相等的职位争取相同的报酬。通常情况下，职位评价是用来衡量职位价值的。表11-13中列举的数据是在美国华盛顿州最早的可比价值案件当中出现的，用来寻找基于内部比较（职位评价）与基于外部比较（市场薪酬调查）进行价值比较的方法。[43]在这个例子中，两种衡量办法之间存在着较大的差别。内部比较表明女性职位的价值被低估了，而外部比较却没有为这种说法提供太多的支持。比如，尽管注册护士的职位获得了173的职位评价点数，卡车司机职位获得了97的职位评价点数，但是卡车司机的市场薪酬水平（从而华盛顿州的企业支付的薪酬水平）是每月1 493美元，而护士每个月的薪酬却只有1 030美元。卡车司机得到的薪酬是薪酬政策线预测水平的将近127%，护士的薪酬水平却只有薪酬政策线预测水平的75%。

如果不考虑市场因素而仅仅依据职位评价结果来确定职位的价值，则这种做法存在的潜在问题之一在于：职位评价程序从来都不是为了确定职位的价值而设计的。[44]相反，正如我们在前面已经证实的，它们的主要用处在于帮助企业获得市场薪酬政策线，然后再把这种政策线运用到那些无法取得市场薪酬数据的非关键职位上去。换言之，职位评价通常用来帮助企业运用市场薪酬政策，而不是服务于另一种恰恰相反的目的，即在确定薪酬时用职位评价结果来替代市场薪酬政策线。

表 11-13 职位评价点数、市场通行月薪酬水平以及女性任职者在该职位中所占的比例

基准职位名称	职位评价点数	市场薪酬水平（美元）	市场薪酬水平相当于预测薪酬水平的百分比（%）	女性任职者所占的百分比（%）
仓库工人	97	1 286	109.1	15.4
卡车司机	97	1 493	126.6	13.6
从业护士	173	1 030	75.3	89.5
维修木工	197	1 707	118.9	2.3
民用工程师	287	1 885	116.0	0.0
注册护士	348	1 368	76.3	92.2
高级计算机程序分析员	384	2 080	113.1	17.8

注：预测的薪酬水平是根据市场通行薪酬水平对职位评价点数回归之后得到的，其公式为：2.43 美元×职位评价点数+936.19，$r=0.77$。

就像所有的法律和规章制度一样，大家同样关心公平就业机会的规定是否会对市场力量构成阻碍，因为根据经济学的基本理论，市场力量为价格的确定以及把人员分配到不同的职位上去提供了一种最有效的手段。从理论上说，偏离对市场力量的依赖会导致有些职位的薪酬过多，而有些职位的薪酬过少，这种情况最终又会导致在前一类职位上出现劳动力供给过剩，在后一类职位上出现劳动力供给不足的问题。此外，一些经验证据还表明，可比价值政策对私营部门中的女性劳动者的相对薪酬收入不会产生太大的影响。[45]这种政策的局限之一就是，它仅仅针对企业一个方面，但是却忽视了男性劳动者和女性劳动者通常倾向于为不同类型的企业去工作这一事实。[46]考虑到企业之间的分割是造成男性和女性之间薪酬收入差距的主要原因，可比价值政策就不会是有效的。换言之，只要性别之间的薪酬差别是因为男性和女性根据不同的薪酬水平选择在不同的企业中工作造成的，那么可比价值政策所能产生的影响就会非常小。

也许最为重要的一点是，尽管采用市场薪酬水平会存在一些潜在的问题，但是法院的裁定却一直认为，在可比价值诉讼中，采用通行市场薪酬水平的做法是可以接受的一种辩护理由。[47]这种规定的理性基础在于：企业必须面对劳动力市场和产品市场上的竞争。薪酬支付水平比市场薪酬水平更高或更低都会导致企业陷入不利的境地。因此，在美国的私营部门中，实际上并不存在强制性的可比价值立法。

另一方面，20 世纪 90 年代早期，美国几乎一半以上的州都开始或者完成了对公共部门员工薪酬进行的可比价值调整。另外，加拿大的安大略省在 1988 年规定，在公共部门和私营部门都要强制执行可比价值政策。此外，尽管可比价值在美国私营部门并没有得到强制执行，但是负责执行 11246 号政令的美国劳工部（联邦合同执行程序办公室）在 2006 年开始实施的新标准和指南中禁止企业根据性别和种族实施“系统性的薪酬歧视”，所谓“系统性的薪酬歧视”是指这样一种情况：“在考虑到影响薪酬的合法因素，比如受教育程度、工作经验、工作绩效、生产率以及工作时间等之后，情况相似的员工在薪酬方面依然存在统计上显著的差异（通过回归分析来确定）。”[48]此外，2009 年通过的《莉莉·莱德贝特公平薪酬法》（Lilly Ledbetter Fair Pay Act）意味着企业在如下情况下依然可能面临索赔：歧视性的薪酬决策（例如，加薪幅度过小）是在过去做出的，但是其效果（低薪酬）到当前阶段依然存在。

还有一些研究工作关注的焦点则是女性的薪酬在什么时候或在哪个阶段开始落后于男性。当调查了福利和奖励性薪酬（不仅仅是基本薪资）之后可以发现，男性和女性之间的薪酬收入差距进一步扩大了。还有一些其他证据表明，女性在一开始被雇用时得到的薪酬水平就低于男性，但是随着她们被持续雇用一段时间，她们的相对薪酬状况会有所改善。[49]对这种现象的一种解释是：当实际的工作绩效（而不仅仅是求职者的一些笼统的资格信息）被纳入薪酬决策之中时，女性受到不公平对待的可能性会更小。如果事实果真如此，政策的注意力就应当更多地放在确保求职者和新员工得到公平对待方面。[50]另一方面，人们确信，在一些企业中确实存在“玻璃天花板”现象，在这种情况下，女性员工（和少数族裔员工）尽管可以晋升到接近高层管理职位的较高管理层级上去，但她们却永远不可能获得这些高层管理职位。

然而，在不同的企业中，女性的薪酬收入在何处开始低于男性却有可能是不一样的。比如，女性员工或者其他受保护群体员工之所以在获得晋升机会方面受到不公平对待，很可能是因为他们在接触“老男人”或者非正式人际网络方面受到阻碍。而较少的晋升机会反过来又反映在较低的薪酬水平上。有人建议，应当制定导师指导计划来确保女性员工或少数族裔员工能够接触到非正式的人际网络。事实上，一项研究发现，这种导师指导计划对于男性员工和女性员工双方的薪酬水平都有显著的积极影响，女性员工从这种导师指导计划中得到的好处（以百分比形式来衡量）要大于男性。[51]

11.6.2 最低工资、加班工资以及通行工资立法

1938年颁布的美国**《公平劳工标准法》**（Fair Labor Standards Act，FLSA）为各种职位确定了最低工资，新的最低工资标准为每小时7.25美元。美国各州的法律有可能提高最低工资标准。《公平劳工标准法》还允许一种被称为准最低培训工资的存在，这种工资大约是**最低工资**（minimum wage）的85%，它只允许企业向大多数不满20岁的年轻员工支付这种工资，并且最长时间不得超过90天。

如果员工的周工作时间超过40个小时，《公平劳工标准法》还要求企业给超出40个小时的每一个小时支付相当于员工正常工资水平1.5倍的加班工资。这里的小时工资水平不仅包括基本工资，还包括像奖金和计件工资等其他工资形式。《公平劳工标准法》要求，如果是企业“要求或允许”员工完成每周40个小时以上的工作，那么无论这些工作是否在工作场所完成，也无论企业是明令员工这样去做，还是期望员工这样去做，企业都必须对超出正常工作小时数的每一个小时支付加班工资。如果企业知道员工正在加班，但是既没有阻止他们加班，也没有向他们支付1.5倍的工资，企业就违反了《公平劳工标准法》。一家百货商店就曾经因为“鼓励”员工在工作时间之外给顾客写感谢信，但却没有对他们完成的这些工作支付工资而被起诉。尽管公司否认它曾经鼓励员工在工作时间之外做这种工作，但它还是与控方达成了庭外和解，最终向自己在三年多的时间里雇用的大约8.5万名销售代表支付了1 500万～3 000万美元的欠薪（加上750万美元的法律诉讼费）。[52]这里的“实践中的诚信”专栏展现了在某些情况下保护工人免于工作太多小时的标准是如何变得极度复杂的。

高层管理人员、专业人员、行政管理人员以及从事销售外勤工作的人员属于《公平劳工标准法》规定的**豁免性员工**（exempt），即他们不在《公平劳工标准法》的管

辖范围之内。非豁免职位包括大多数小时制工作。一项估计预测，大约有 20%以上的员工属于受到豁免的那一类人员。[53]员工的豁免地位取决于他们的职位需要承担的责任以及薪酬水平。所有豁免性员工（外勤销售人员除外）的薪酬不能低于每周 455 美元。此外，这些职位承担的责任也与非豁免职位有所不同。比如，在确定一位员工是否属于高层管理人员时，要用到包括是否监督两位或两位以上员工的工作、是否有权雇用和解雇人员（或者员工提供的建议是否会得到充分的考虑）以及员工的主要职责是不是管理企业、企业内的相关部门或企业所属分支机构等标准。关于这些标准的界定，美国劳工部就业标准管理局（www. dol. gov/esa）的工资和工时处以及一些地方机构可以提供相关的信息。（豁免的情况并不适用于警察、消防人员、医护人员以及急救人员。）

另外两项立法——1931 年的《戴维斯-培根法案》（Davis-Bacon Act）和 1936 年的《沃尔什-希利公共合同法案》（Walsh-Healy Public Contracts Act）——还要求美国联邦政府的承包商向员工支付的工资不得低于当地的通行工资水平。《戴维斯-培根法案》所覆盖的范围包括得到 2 000 美元以上政府合同的建筑工程承包商。一般情况下，通行工资水平建立在相关的工会合同基础之上，之所以如此，部分原因在于法律要求企业在确定市场通行工资水平时，只要使用地方劳动力中 30%的人员薪酬水平就可以了。《沃尔什-希利公共合同法案》则管辖从美国联邦政府获得 1 万美元及以上合同的所有政府承包商。

实践中的诚信

什么样的加班对员工是有利的？

总部在中国台湾的鸿海集团——它更多地被称为富士康公司——承担了苹果公司的许多制造任务，在数年前发生了多起员工自杀事件。公平劳工协会对该公司进行审查之后发现，富士康不仅违反了中国的劳动法，还违反了苹果公司的政策，因为它让员工大量超时工作。作为对这种批评的回应，富士康公司同意限制员工超时工作，规定员工每周加班不得超过 9 个小时。这样来看，所有事情都应该变好了，对吗？

然而，事实却并非完全如此。至少有一些员工仍然在超时工作，而且还有一些员工希望保持原样。这是为什么呢？在位于中国深圳（邻近香港）的富士康公司中工作的 15 名员工在接受一项调查采访时表示，他们远离自己的故乡和家人来到深圳的富士康公司上班，就是为了能在这段时间里尽可能地多赚钱。大部分员工都声称他们现在每周加班 10～15 个工时，实际上他们愿意加班更多的时间。

被采访的这些员工预测说，如果今后的加班时间确实被限制在每周不超过 9 个小时，许多在技术生产线上工作的有经验的员工将会离开。员工马先生说道，他三年前刚来深圳工厂工作时，包括加班在内，他每个月可以赚 3 400 元（合 540 美元），现在每个月可以赚 5 000 元。在不加班的情况下，深圳工厂提供的基本工资为每个月 2 200 元。因此，加班使马先生的工资比不加班时翻了一倍多。

富士康公司通过特别重视加班节约了大量的劳动力成本，取得了大量经济利益。随着限制加班时间的新措施出台，一些分析家认为，在中国拥有 150 万名员工的鸿海集团将面临劳动力成本的大幅增长，预计每年高达 14 亿美元。这部分成本包括需要雇用许多新员工来弥补由于限制加班而损失的工作时间，需要将基本工资提高50%才能吸引并保留足够多的新员工来维持生产以及补偿现有员工因加班受限而损失的收入。正如我们看到的，如果不能赚更多的钱，许多员工都会离开公司回老家。

其他一些在中国经营的公司也面临相似的劳动力成本挑战，因此它们的利润空间也会缩小。员工们的抗议、因对工资和工作环境不满而发生的停工，再加上更多的员工流向工资水平更高的其他公司，这些因素共同导致中国电子制造业的工资在最近几年急速上涨。伴随着工资在未来仍可预见的强势增长，鸿海集团开始把一些生产活动转移到其他地方，包括越南和墨西哥。

为了改善员工的条件并期望在留住员工方面有所改进，鸿海集团专门为员工开设了一个配有心理健康专家的办公室，给员工提供心理咨询。这间办公室每天要接听超过1 000个电话（来自20万名职工）。员工打电话的主要原因是人际关系。他们的一个比较典型的担忧是，难以决定自己到底应该在深圳待多长时间，通过这种长时间工作的方式来赚更多的钱。应该在什么时候回到自己的家乡或成家或者是自己去创业？来咨询的第二个主要原因是如何应对长时间（并且常常是冗长乏味的）工作带来的压力。因此，企业是否善待员工以及提供他们希望从工作中获得的东西，在一定程度上取决于员工自己，因而即使是同一个员工在不同的阶段也很可能会有不同的感受（加班不够，加班太多）。根据鸿海集团发言人的说法，公司非常重视加班问题。“我们正在考虑如何一方面遵守法律，另一方面通过与员工共同努力来达到某种平衡。”因为一些员工已经开始对加班时间的减少有所抱怨。

当马先生这位在深圳已经工作了三年的老人被问到自己未来的打算时，他说他正考虑明年年初回河南老家休假，然后就不回来了。他并不是很确定，但有一点很确定，他说他永远不想再做工厂里的这些事情了。

讨论题

在加班方面能做的符合伦理道德的事情是什么？

资料来源：Paul Mozur，“Foxconn Workers Say，‘Keep Our Overtime’，” *Wall Street Journal*，December 17，2012.

最后，企业在确定在其工作场所中工作的某个人到底是员工还是独立承包商时，必须十分谨慎。我们将在第13章中讨论这一问题。

本章回顾

本章开篇描述了一些企业是如何部分通过决定在何处（如哪个国家）完成生产活动来控制劳动力成本的。企业通常还会考虑其他一些因素，比如靠近消费者以及避免过于依赖单一国家等。我们还看到美国的三大汽车公司是如何降低劳动力成本的以及美国制造业的劳动力成本如何变得更有竞争力，从而导致一些工作来到（或回到）美国。我们在本章中还看到了薪酬结构决策怎样通过影响劳动力成本以及员工的公平感知对组织战略的成功实施产生影响，同时，我们还看到了不同的薪酬结构在为组织提供灵活性以及鼓励员工学习和提高生产率方面是怎样发挥作用的。

思考题

1. 我们在本章中讨论的这几家公司对本公司的薪酬结构做了哪些方面的调整来支持经营战略的执行？

2. 为了更好地实现薪酬结构和经营战略之间的匹配，还有哪些其他公司模仿了本章中讨论的这几家公司的薪酬结构调整方式？

小　结

在本章中，我们讨论了薪酬结构的性质及其组成部分、薪酬水平以及职位结构等问题。公平理论意味着社会比较对于员工如何评价他们的薪酬起着非常重要的作用。员工会对薪酬进行外部比较，即将他们自己的薪酬与他们认为的其他员工得到的薪酬加以比较。这种比较对员工的工作态度和保留可能会产生一定的影响。员工还会对他们实际得到的薪酬与他们认为企业中其他人得到的薪酬进行内部比较。这些类型的薪酬比较对员工在企业内部的流动、合作以及工作态度（比如组织承诺）也会产生一定的影响。在关于高层管理人员的薪酬问题上，内部比较有着重要地位，争论的焦点在于，高层管理人员与低薪酬员工之间的薪酬比率问题。

在管理薪酬结构中的薪酬水平以及职位结构这两大要素时，薪酬调查和职位评价是得到广泛运用的两大管理工具，它们会对员工的社会比较产生影响。薪酬调查还使企业能够将自己的劳动力成本与其他企业的劳动力成本进行对比以及定位。全球化日益促使企业在劳动力成本和生产率两个方面都变得更加具有竞争力。

薪酬结构的性质在许多企业中正在经历一场根本性的变革。变化之一是减少薪酬等级，从而降低劳动力成本和削弱官僚主义；变化之二是有些企业从根据范围狭窄的职位向员工支付薪酬的做法，转变成为员工界定范围更大的工作职责，同时对他们学习必备技能的行为提供薪酬激励。

最后，贯穿本章以及下一章的一个主题是薪酬管理过程本身的重要性。与薪酬方案本身的核心特征一样，如何设计、制定、执行一项新的薪酬方案以及如何对其进行沟通同样是非常重要的。

讨论题

1. 假如企业要求你根据竞争对手的薪酬支付情况，对本企业现行薪酬结构的合理性进行评价，你会把本企业与哪些企业进行比较？本企业的薪酬结构为什么与竞争企业有所不同？一种与本企业的竞争对手不一样的薪酬结构会带来什么样的后果？

2. 假定高层管理者已经认定他们企业中的官僚主义气息太浓，职位层级过多，阻碍了企业进行有效的竞争。现在，企业要求你提出一种对传统的“以职位为基础”的薪酬方案进行创新性变革的新型员工薪酬制度，并且把这种新的薪酬制度的优点和缺点一一列举出来。

3. 如果在问题 2 中提到的那些变革得以实行，那么哪些类型的所谓过程问题需要考虑到？公平理论在哪些方面有助于理解员工对薪酬结构的变化可能做出的反应？

4. 高层管理人员的薪酬水平合理吗？为什么？

5. 假如你所在的公司正计划建设一家新的制造工厂，但却没有确定把工厂设在哪里。在选择在哪个国家（或州）建立这家新工厂的时候，你应当考虑哪些方面的因素？

6. 假如要求你对一家企业的薪酬结构进行评价，看看它对于女性员工和少数族裔员工是不是公平，你将通过做哪些事情来回答这一问题？

自评练习

考虑一下你当前承担的职位或你曾经承担的职位，请针对下面每一项薪酬特征，根据以下这些评价尺度说明你对薪酬的满意度：1 代表非常不满意；2 代表有些不满意；3 代表满意；4 代表比较满意；5 代表非常满意。

____ 1. 我实际得到的薪酬
____ 2. 我当前的薪酬
____ 3. 我的总体薪酬水平
____ 4. 我当前的固定薪酬水平
____ 5. 我的总福利待遇
____ 6. 公司在本人的各项福利中投入的金额
____ 7. 我得到的各种福利的价值
____ 8. 我得到的福利数量
____ 9. 我最近得到的加薪
____ 10. 直接上级对我的薪酬的影响
____ 11. 我过去通常得到的加薪
____ 12. 公司的薪酬结构
____ 13. 公司在我关心的薪酬问题方面提供的信息
____ 14. 公司中其他职位得到的薪酬
____ 15. 公司薪酬政策的一致性
____ 16. 我个人的加薪决定方式
____ 17. 公司中不同职位之间的薪酬差别
____ 18. 公司的薪酬管理方式

以上 18 个项目测试衡量了薪酬满意度的四个维度。计算你在每个维度所包含的那些问项上的得分，衡量你对每一个维度的满意度。

（一）薪酬水平

问项 1，2，3，4，9，11 的总得分：____

（二）福利

问项 5，6，7，8 的总得分：____

（三）薪酬结构与薪酬管理

问项 12，13，14，15，17，18 的总得分：___

（四）加薪

问项 10，11，16 的总得分：____

结合本章中讨论过的那些原则，指出你所在的公司应当如何改进（或本来可以改进）你在薪酬各个维度上的满意度。

资料来源：Based on H. G. Heneman Ⅲ and D. P. Schwab, "Pay Satisfaction: Its Multidimensional Nature and Measurement," *International Journal of Psychology* 20 (1985), pp. 129 - 41.

战略练习

通过改变薪酬支持公司的战略变革

康宁这家处于传统经济中的公司通过对自己的战略、薪酬以及福利计划进行调整，力图在新经济中成功地展开竞争。首先，康宁公司将自己的几个业务单元剥离出去，其中包括康宁消费品公司，这种业务剥离使康宁公司的年收益从 50 亿美元下降到 30 亿美元。接下来，康宁在光通信（光纤、光缆技术、照片技术、光纤网络设备）、环保科技、显示技术以及特殊材料等方面开始追逐"高能量"战略。为支持这种战略转型，康宁公司寻求通过创建一种带动创新、冒险精神、团队合作以及适度的氛围来支持公司的增长。在这方面，一个主要的变革就是薪酬系统的改变。豁免性员工的薪酬结构从 11 级精简到了 5 级；非豁免性员工的薪酬结构从 7 级精简到了 3 级。在一家新经济公司中，产品生命周期相对较短，适应市场变化是生存之道。这就意味着工作性质本身也会发生快速的变化，所以，详细的职位描述以及传统的晋升路径可能并不适合这种流动性的环境。康宁公司希望通过调整自己的薪酬结构鼓励员工保持灵活性、进行团队合作以及不断地学习，从而增强企业在一个不断变化的市场中预见和应对消费者需要的能力。给管理人员下放更多的薪酬决策权会有助于提升组织的灵活性；通过让更多的员工具备得到股票期权的资格来增加员工从公司的成功中可能得到的利益，使员工更加重视团队合作。最后，由于宽带薪酬允许管理人员更加灵活地认可员工的杰出成就，因而员工的薪酬与个人的学习和绩效之间产生了愈加紧密的联系。

思考题

1. 康宁公司的新型薪酬结构具有的优势和劣势分别是什么？

2. 产品市场条件的变化是如何影响康宁公司的结构重组及其成败的？

资料来源：B. Parus, "How an Old Economy Company Became a New Economy Enterprise," *Workspan* 44: 6 (June 2001), pp. 34 - 41.

人的管理

报告高管人员薪酬与员工薪酬之比：干这事值得吗?

2010 年《多德-弗兰克改革法案》第 953（b）条款要求被该法案覆盖的公司每年汇报首席执行官（或任何相当职位）的总薪酬与其他员工总薪酬的中位数之比。

这一规则的拥护者——比如美国劳联—产联（AFL-CIO）这样的劳工组织——认为，报告这一比例关系可以帮助控制它认为水平过高（和不断增长）的高管人员的薪酬水平，尤其是当对比高管人员的薪酬与员工的薪酬时。根据最近《华尔街日报》与合益集团对 248 家上市公司的首席执行官所做的分析，首席执行官的年薪酬收入中值超过 1 000万美元。而美国劳联—产联对标准普尔 500 指数公司所做的另一项分析指出，首席执行官与美国典型员工的薪酬之比已经从 1980 年的 42 上升到了去年的 380。彭博社（Bloomberg）计算出，杰西潘尼公司的这一比例高达 1 795（离开的首席执行官罗恩・约翰逊 5 930 万美元的年薪与其百货商店中普通店员拿到的平均年薪 29 668 美元）。

美国劳联—产联和这一规则的其他拥护者希望这种做法能够鼓励董事会考虑提高员工的工资水平，毕竟员工的工资增长速度比通货膨胀的速度要慢（并且正如前文所述，也比首席执行官的薪酬增长速度慢）。美国劳联—产联还指出，有研究表明首席执行官和普通员工的薪酬收入差距越大，随之产生的不公平感和消极情绪会影响员工的士气和效率，公司的绩效会变得越糟。还有一种看法认为，将首席执行官获得的高薪和他们实际做出的贡献相比，很多企业把公司的成功归于他们，而对其他员工承认不足。

不同的公司用不同的方式看待这件事情。美国资本市场商会中心主任戴维・赫斯曼（David Hirschmann）认为，这一比例对于投资者而言是没有意义的，也没有什么帮助，反而会被作为“攻击公司的政治工具”。很多公司也认为，随着劳动力的全球化，在不同的国家会有不同的薪酬系统，计算这一比例比原本看起来难得多。比如，埃森哲公司是一家在 120 个国家拥有 24.6 万名员工的咨询公司，同时也有各种各样的薪酬系统（在不同国家对薪酬会有不同的定义）。埃森哲公司人力资源事务负责人吉尔・斯马特（Jill Smart）认为，计算首席执行官薪酬与员工薪酬之比这种做法“令人难以置信”。

然而，其他公司却已经开始做这件事，并且做了很多年。它们认为这件事并没有那么困难或花费巨大。比如，全食食品公司（Whole Foods）在大约十年前就限定了高层管理人员和一线员工的薪酬比例上限（现在是 19 倍）。全食公司副总裁马克・恩斯坦（Mark Ehrnstein）声称，计算这一比例不需要花几个月，只需要几天的时间，也没有花费“数百万美元”。

到目前为止，美国证券交易委员会已经撰写了《多德-弗兰克改革法案》要求的 94 条规则中的 39 条，但还没撰写出规定薪酬比例的条款，也没有规定完成的期限。几个月前，美国证券交易委员会委员路易斯・阿基拉尔（Luis Aguilar）建议，企业在此期间自愿报告它们的上述薪酬比例。

思考题

1. 你相信计算并汇报高层管理人员和员工之间的薪酬比例对于公司而言是一个很大的负担吗?

2. 你相信汇报这一比例将会导致某种对公司、员工或社会有益的变化吗？请说明理由。

资料来源：Leslie Kwoh，“Firms Resist New Pay-Equity Rules，” *Wall Street Journal*，June 26，2012；Elliot Blair Smith and Phil Kuntz，“CEO Pay 1，795-to-1 Multiple of Wages Skirts U. S. Law，” www.bloomberg.com，April 29，2013，accessed May 9，2013.

小企业的人力资源管理

改变 Eight Crossings 公司的薪酬水平

坐落在美国加利福尼亚州萨克拉门托市的 Eight Crossings 公司为医师和医院提供医学抄写

服务。它的员工还负责接听电话、编辑文档并抄写法律文件。这家公司的85名员工不仅在萨克拉门托的服务中心工作，还在自己家中工作，在家中他们通过互联网接收语音或文本文件。通过这种方式，Eight Crossings公司的员工根据需要各施所长，而无须占用医生或律师的办公室空间。

最初，用电子方式发送邮件的优势让Eight Crossings公司以惊人的速度成长起来。但这种情况也使公司面临更大的竞争，这些竞争来自能提供相似服务的其他工资水平更低的国家或地区，比如印度。此外，在声音识别软件得到改良，可以自动将语音文件转化为文字之后，一些以前由熟练而有经验的抄写者处理的进程被软件接管了。

在这种情况下，当客户开始要求降低费率时，Eight Crossings公司的首席执行官帕特里克·马赫（Patrick Maher）感受到了很大的压力。运营Eight Crossings公司的主要成本都与劳动力有关，日常管理费用和材料费用对于这种类型的工作而言是微不足道的。其结果是，为了能给客户提供更好的价格，马赫不得不削减支付给员工的薪酬，否则公司根本无法盈利。

Eight Crossings公司支付的薪酬水平比该行业的均值高出大约5%。马赫相信这种薪酬策略能在招募和留住最好的员工方面给公司带来一些优势。薪酬是按实际完成的文本行数乘以一定比例来计算的，但这个比例根据需要抄写的材料的复杂度而有所不同。这取决于员工工作的时间和复杂度，每一位抄写者每年可赚2万～7万美元。

为了寻找降低成本的工作方式，马赫关注到大多数文件都包含一些样板文本段落。电子化的抄写者软件会自动生成这些内容，但它们仍会包含在抄写者的付费内容之内。马赫估计，这些内容导致公司给每一项任务多支付了5%的费用。因此马赫决定把抄写者的薪酬削减5%，但对实际抄写的其他内容保持同样的付费比例（只是没有“福利”了）。

这一降薪措施使Eight Crossings公司的薪酬水平低于市场水平。这是否意味着员工会离开公司另谋高就呢？考虑到公司不断收到有经验的抄写者的简历，马赫认为不会出现这种情况。

马赫面临的下一个挑战是如何就降薪问题与分布在22个地区的员工进行沟通，要知道许多员工在家里工作，他们以电子方式与办公室进行联系。他先与公司的八位主管人员讨论了这种情况，这些主管人员主要负责检查抄写者的工作质量。这种做法使这些主管人员做好了解决员工担忧的那些问题的准备。接下来，马赫给公司的全体抄写人员发送了一封邮件，解释公司发生这种变化的原因并欢迎大家提问。

马赫对降薪的恐惧最终没有成为现实。员工们纷纷表示理解公司的这一举措，还感谢他承诺继续给美国的员工分配工作。因为Eight Crossings公司的薪酬水平与市场相当，所以员工跳槽到其他公司不会有太多的薪酬优势。

思考题

1. Eight Crossings公司的薪酬水平变化是如何对其吸引和留住高质量员工产生影响的？

2. 你认为这家公司目前的薪酬结构更适合组织目标，还是降薪之后的结构更适合组织目标？为什么？

3. 你如何评估这家公司在薪酬水平变化方面进行沟通的方式？你会提出哪些改进建议？

资料来源：Darren Dahl，“Special Financial Report：Employee Compensation，” *Inc.*，July 2009，www.inc.com；Eight Crossings，corporate website，www.eightcrossings.com，accessed April 30，2012；and “Company Profile：No. 609，Eight Crossings，” Inc. 500/5000（2000），www.inc.com.

第12章 用薪酬认可员工的贡献

学习目标

在阅读完本章后，你应当能够：

1. 论述薪酬是如何对员工个人产生影响的，列举能够解释薪酬对员工个人产生的影响的三种理论。
2. 描述用来认可员工对组织成功做出的贡献的几种基本薪酬方案。
3. 列举各种薪酬方案的优点和缺点。
4. 说明组织如何将奖励计划与平衡计分卡相结合。
5. 讨论与高层管理人员的绩效薪酬有关的各种问题。
6. 解释薪酬管理中一些重要的过程性问题比如沟通等。
7. 列举在将薪酬战略与组织战略进行匹配时需要考虑的主要因素。

进入企业世界

高绩效很重要（如何获得高绩效也很重要）

花旗集团新任首席执行官迈克尔·考伯特（Michael Corbat）秉承彼得·德鲁克等人的这样一句名言开始了自己的任期：如果你不能衡量它，你就不能管理它。他的目标是更好地衡量和跟踪公司的绩效以及各位高管的绩效。比如，如果一位高管的绩效计划要求他完成一项特定的目标，则考伯特先生想知道这项目标是否确实达成了，他认为自己的这套新绩效管理系统将会证明这一点。

这套新的系统是平衡计分卡的一个例子。其主要目的并非仅仅衡量和跟踪公司最重要的财务绩效，同时还要衡量和跟踪这种绩效是如何实现的。在花旗集团，考伯特先生给平衡计分卡提出了五个维度方面的建议：资本、客户、控制、成本和文化。资本和成本维度与利润有关。客户和文化维度则与客户和员工等利益相关者有关。平衡计分卡的控制维度在金融行业尤其重要，因为在这个行业中，各种风险行为给公司和经济带来了许多问题。

过去，花旗集团的首席执行官专注于更为狭窄的目标，而这可能导致过度冒险。比如，桑福德·韦伊（Sanford Weil）因声称他将每五年使公司收益翻一倍而闻名。被韦伊选作继任者的查尔斯·普林斯（Charles Prince）就专注于增加市场份额。由于制定了野心勃勃的财务目标，但却未能考虑如何实现这种目标，这种做法可能导致公司面临过高的风险，同时产生一些不道德的行为，在长期中遭受严重损害。

最新的这套用于评价花旗集团前50位高层管理人员的绩效管理体系，既包括财务指标也包括非财务指标。可能获得的绩效最高分为100%，最低则为−40%。花旗集团之所以这样做，是希望将薪酬奖励与更广阔的绩效目标联系在一起，而不是像过去那样仅与财务目标挂钩，这样花旗集团就有可能在长期中以一种风险更小的方式达成更好的财务绩效。没有人想再经历一场金融行业的灾难，而花旗集团的这种做法恰恰是为了避免金融灾难而制定的计划的一个组成部分。

还有一个例子可以告诉我们一家公司如何使用高层管理人员薪酬计分卡来引导他们的行为，使他们不仅关注财务目标，而且关注非财务目标，沃尔玛开始将其高层管理人员的薪酬部分地与它在改进合规性方面的绩效挂钩。该公司之所以采取这样一种做法，是由于美国联邦政府在墨西哥对沃尔玛受到的贿赂指控开展了调查。这一问题的争论焦点在于沃尔玛是否触犯了《反海外腐败行为法》，因为这项指控涉及沃尔玛为了在墨西哥开设更多的商店而贿赂当地官员。

在将合规绩效作为高管人员薪酬的决定因素之前，沃尔玛主要考虑的是像销售额、运营收入以及投资回报等这样一些财务标准。此外，成功地满足劳动力队伍多元化目标也是决定高管人员薪酬的一个因素。

根据新的高管人员薪酬计划，如果公司没有达到合规目标——其中包括根据公司的代理声明要求的那样："强化对我们在全世界受到的不当行为指控进行汇报和调查的措施"，那么沃尔玛公司审计委员会将会减少甚至取消高管人员的奖金。公司要求高层管理人员向审计委员会提供季度报告，以掌握他们在合规目标方面取得的进展，公司会根据标准和控制、培训以及监控等维度对他们的绩效进行衡量。

资料来源：Suzanne Kapner, "Citi's CEO Is Keeping Score," *Wall Street Journal*, March 4, 2013; Shelly Banjo, "Wal-Mart Will Tie Pay to Compliance Overhaul," *Wall Street Journal*, April 23, 2013.

12.1 本章介绍

本章的开篇案例讲述了一些企业是如何利用薪酬来激励员工的，只不过这个案例中的绩效对象是公司的高层管理人员。激励不仅包括努力的程度（及其持续性），同时还必须引导这种努力朝向正确的目标。在本章的开篇案例中我们可以看到，与廉洁有关的目标已经被纳入高管人员薪酬计划。

在上一章中，我们讨论了为各种职位确定薪酬的问题。在本章中，我们将集中讨论如何确定员工个人的薪酬。我们将会考察如何利用薪酬来认可和回报员工为企业的成功所做出的贡献。员工的薪酬并不仅仅取决于他们承担的职位本身。相反，工作绩效（个人绩效、群体绩效或组织绩效）、资历、技能等方面的差异是区分员工个人应得薪酬的重要基础。[1]在有些情况下，过高水平的薪酬反而可能会带来危险。

在对能够认可员工贡献的各种薪酬方案进行评价时，可能会产生以下几个关键问题：首先，每一种薪酬方案的成本如何？其次，对每一种薪酬方案进行投资产生的预期收益（比如，它们对员工的态度和行为产生的影响）如何？再次，这种薪酬方案与企业的人力资源战略以及总体经营战略是否匹配？最后，薪酬方案可能会产生怎样的意想不到的不良后果？例如，薪酬方案是否会鼓励管理者和员工更加关注某些目标（诸如短期销售额），而不是其他一些目标（比如客户服务、长期客户满意度和长期销售额）？

企业在决定如何支付薪酬方面有着较大的自主权，与我们在上一章中讨论的薪酬水平决策相比，企业在决定薪酬支付方式方面的自主权显得更为突出。同样的企业薪酬水平（或者“薪酬蛋糕”）可以用不同的方式在员工之间进行分配（或“切割”）。无论每一位员工得到的份额是根据个人绩效、企业利润、资历来分配的，还是根据其他要素来分配的（“如何”决定薪酬），蛋糕的总规模（从而给企业带来的成本以及需要支付“多少”薪酬）可能保持不变。

除了成本差异以外，不同的薪酬方案还会在生产率和投资收益方面产生差别极大的结果。事实上，一项研究对 150 家企业进行了考察，试图搞清楚它们是如何支付薪酬的以及支付的薪酬水平是多少，结果发现，不同的企业在薪酬支付方式上存在的差异最大，企业在薪酬支付方式方面的差异还会导致企业间利润水平的差异。[2]

12.2　薪酬如何影响员工个人

薪酬计划通常用于推动、指引或者控制员工的行为。我们认为，薪酬计划对于员工具有激励作用。我们在上一章中描述的公平理论用在这里是非常贴切的。大多数员工都把他们自己的薪酬与其他人进行比较，尤其是与那些承担相同职位的人进行比较。不公平的感知可能会导致员工努力采取相应的行动以重塑公平。然而，令人遗憾的是，在员工这类谋求心理平衡的行为中，有些行为（比如，辞职、减少努力或者缺乏合作精神）对企业可能是不利的。

另外还有三种理论有助于解释薪酬对员工产生的影响：强化理论、期望理论和代理理论。

12.2.1　强化理论

桑代克（E. L. Thorndike）的效果律指出，一种能够得到报酬的反应更有可能在未来重复发生。这一定律对于薪酬管理的含义是：员工的高水平绩效如果能够得到货币奖励，他们就更有可能在将来达到较高的绩效水平。同样道理，一定高水平的绩效没有得到奖励，则这种高绩效在未来出现的可能性就不会太大。这种理论强调了一个人获得奖励这样一种实际经历所具有的重要性。

12.2.2　期望理论

尽管**期望理论**（expectancy theory）也集中在报酬和行为之间的联系方面，但它强调的是预期的（而不是实际获得的）报酬。换言之，它集中分析激励效果。行为（工作绩效）可以被描述为能力和动机的一个函数。而动机又被假设为期望值、工具性和效价的一个函数。不同的薪酬制度会因它们对这些动机因素的影响不同而有所区别。总的来说，其中最主要的因素是工具性，即人们认为在行为与薪酬之间存在的联系。薪酬结果的效价在不同的薪酬制度中应当保持不变。期望值（人们认为在努力和绩效之间存在的联系）与员工甄选、职位设计和培训之间的关系，往往比它与薪酬制度之间的关系更密切一些。一种可能的例外是技能薪酬制度，这种薪酬制度会直接影响员工的培训，从而影响期望值。

期望理论暗含这样一层含义，即提高相应绩效水平获得的报酬有助于增强员工的工作动机并提高他们的绩效水平，但是有些人却基于认知评价理论对这种假设提出了疑问，他们认为，货币报酬可能会增强外在动机，但是却会削弱内在动机。外在动机取决于由外部力量控制的那些报酬（比如，薪酬、福利），而内在动机则取决于通过工作本身自然产生的那些报酬（比如，做自己感兴趣的工作）。[3]换言之，给一个小孩钱让他去读书的做法，可能会削弱孩子内心自然产生的那种对阅读的兴趣，在将来可能会出现如果不提供货币激励，孩子就不愿意读书的情况。尽管货币激励在某些场合（比如，在教育中）可能会削弱内在动机，但也有证据表明，这种效应在大多数以货币报酬为准则的工作场合中是很小的，而且可能并不非常相关。[4]进一步来说，还有证据表明，奖励薪酬对绩效有着显著的推动作用，它同时是内在动机和外在动机的一个函数。[5]因此，我们一方面需要记住，金钱不是激励行为的唯一有效方法，货币报酬也并不总是能够回答所有的激励问题；另一方面应当看到，货币报酬在大多数情况下确实并没有削弱内在动机。

12.2.3 代理理论

这种理论主要分析了企业的不同利益相关群体之间存在的利益差异与目标分歧，以及怎样才能利用薪酬制度使这些利益群体之间的利益与目标一致起来。我们在这里对代理理论进行一些较为深入的探讨，因为它给我们设计薪酬带来了十分有用的启示。

现代企业的一个重要特征是所有权与管理权（或控制权）的分离。在早期资本主义时期，企业的所有者和管理者通常是合二为一的，而在今天，除了一些例外情况（大多数属于小公司），大多数企业的股东都脱离了企业的日常经营活动。尽管这种分离有着极大的优势（比如，金融资本流动和投资风险多元化等），但是它同时产生了代理成本问题——**委托人**（principal）（比如，企业所有者）和他们的**代理人**（agent）（比如，企业管理者）之间的利益可能不再是一致的。对于代理人或者管理者来说是最好的一些事情，对于所有者来说却未必是最好的。

导致代理成本产生的因素有两个：首先，委托人和代理人可能有不同的目标（目标不一致性）。其次，在代理人追求和达成目标的程度方面，委托人掌握的信息没有代理人全面（信息不对称性）。

在管理人员的薪酬问题上存在三种类型的代理成本。[6]第一，尽管股东追求的是个人财富最大化，但管理层却很有可能总是把钱花在使自己能够享受特权（比如，公司专机）或者“建立个人帝国”（不会给企业带来任何附加值，但是却有助于提高管理者个人声望或薪酬的一些做法）等方面。第二，管理人员和股东在对待风险的态度上可能存在分歧。股东比管理者（他们的主要收入来源可能就是他们的本职工作）更容易分散自己的投资（从而分散他们的风险），因此，一般情况下管理人员都是风险规避型的人。他们不大愿意去做一些潜在回报可能很高的项目或收购。这还意味着管理人员倾向于使他们自己得到的薪酬承受相对较低的风险（比如，强调基本薪酬，弱化具有不确定性的奖金或其他激励手段）。事实上，研究表明，在管理者控制的企业中，管理人员的薪酬通常都是按照这种方式设计的。[7]第三，决策着眼的时期可能是不同的。比如，如果管理者更换企业的频率比所有者变更所有权的频率还要快的话，管理人员可能更愿意实现短期绩效（和薪酬）的最大化，而这种目标的实现可能是以牺牲企业的长期成功为代价的。

代理理论在分析以及设计非管理人员的薪酬制度方面也很有价值。在这种情况下，利益的分歧存在于管理人员（现在扮演的是委托人的角色）和他们的员工（现在扮演的是代理人的角色）之间。

无论是在设计管理人员的薪酬制度时，还是在设计非管理人员的薪酬制度时，一个关键问题是："这种代理成本如何最小化？"代理理论指出，委托人必须选择一种使代理人的利益与委托人本人的利益一致（也就是说，降低代理成本）的合约计划。这种合约可以划分为行为导向型合约（比如，绩效加薪）和结果导向型合约（比如，股票期权、利润分享、佣金等）。[8]

乍一看上去，结果导向型合约似乎很明显是一种最优选择。因为在这种合约下，如果利润较高，那么薪酬水平也就上去了。如果利润下降，那么薪酬水平也就随之下降。"公司"的利益和员工的利益就一致起来。然而，这种合约的一个重大缺陷在于，它增加了代理人的风险。由于代理人本身是风险规避型的，他们有可能要求委托人向他们支付较高的薪酬（一种补偿性薪酬）以弥补他们承担的这种较高风险。[9]因此必须考虑风险和激励之间的权衡。结果导向型合约通常是高管人员薪酬的主要组成部分。[10]

另一方面，行为导向型合约没有把风险转移给代理人，因而它不要求委托人提供补偿性薪酬。然而，委托人却必须能够克服前面提到的信息不对称问题，并且能够以较低的成本来监督代理人的行为。此外，委托人还必须在监督（如增加更多的管理者）和获取信息方面进行投资，或者是对合约本身进行某种设计，以使薪酬至少部分与结果联系起来。[11]

那么，企业应当采用哪种类型的合约呢？这部分地取决于以下几个因素[12]：

- 风险规避。代理人的风险规避倾向使他们接受结果导向型合约的可能性较小。
- 结果不确定性。利润是反映结果的指标之一。然而，由于存在实际利润水平可能较低的风险，因此代理人不大愿意让自己的薪酬与利润联系在一起，他们更偏好行为导向型合约。
- 工作程式化。由于工作变得越来越不那么程式化（即不是那么常规化），因此监督会越来越困难，这样采用结果导向型合约的可能性就会增大。[13]
- 工作结果可衡量性。当工作的结果更加具有可衡量性时，实行结果导向型合约的可能性就会增大。[14]
- 支付能力。由于存在风险溢价，所以结果导向型合约带来了更高的薪酬成本。
- 传统习惯。使用（或不使用）结果导向型合约的传统或习惯，会使实施这种合约更加容易（或更加不容易）。

总之，强化理论、期望理论、代理理论都集中分析了这样一个事实，即行为和报酬之间的关系会影响人的行为。不过，代理理论对于薪酬管理尤其有价值，因为它强调了风险和报酬之间的相互替代关系，当企业考虑采用浮动型薪酬计划时，应当对这种相互替代关系给予特别的注意，因为这种薪酬计划的风险可能非常大。

12.3 薪酬如何影响员工队伍的构成

通常认为，用薪酬来认可员工对企业做出的贡献实际上是影响企业现有员工的行为和态度的一种方式，而薪酬水平和福利已经被看成是影响所谓的组织公民行为——关于是否加入或者继续留在某个组织中的各种决策——的一种方式。不仅如此，人们越来越清晰地认识到，个人薪酬方案还会影响到一家企业的员工队伍的性质及其构成。[15]比如，那些将薪酬与绩效联系起来的企业有可能比那些不这么做的企业更容易吸引到绩效更优秀的员工。类似的效应在连续任职年限方面也是存在的。[16]在员工队伍构成上的这种效应有时被认为是一种分类效应。

将这一分析进行下去，不同的薪酬制度会吸引具有不同人格特点和价值观的人。[17]那些将薪酬与个人绩效联系起来的企业特别能够吸引奉行个人主义的员工；而那些更为重视团队报酬的企业则更有可能吸引信仰集体主义的员工。其含义是：薪酬方案的设计需要针对企业的经营战略和人力资源战略仔细地加以协调。无论是在美国还是在其他国家，企业都越发追求在薪酬和绩效之间建立起更为紧密的联系。

12.4 绩效薪酬方案

12.4.1 激励强度：许诺和危险

设计绩效薪酬计划中的关键决策涉及激励的强度，即绩效和薪酬之间关系的强度。比如，如果我的绩效水平增加（降低）了20%，那么我的薪酬应该增加（降低）多少？薪酬变化越大，激励强度就越高。与那些必须运用更为主观的以行为为基础的方法进行评价（如绩效评分）的职位（如人力资源管理和财务管理类职位）相比，可以运用较为客观的以结果为基础的方法来进行绩效评价的职位（比如，销售人员、高层管理人员、股票经纪人、投资银行家、投资组合经理、信贷审批人员）往往有着更高强度的激励。通常情况下，将薪酬方面的巨大差异与较为主观的测量建立起可靠的联系更具挑战性。这里的一个重要原则是：激励的强度越高，动机就越强，但与此同时出现非计划的、组织不需要的那些结果的可能性也会越大。我们可以把汽车修理店经理的薪酬与销售额联系起来，这很有可能会带来更高的销售额。尽管我们希望高的销售额来自客户服务方面的高效率和创新，但我们也必须意识到，高的销售额还有可能来自修理客户汽车上那些原本不需要修理的地方。同理，基于抵押贷款收益给抵押贷款员支付薪酬也能产生更多的效益，这里企业同样希望效益是通过优秀的客户服务产生的，但却可能存在这样一种风险，即将贷款给了那些根本无法偿还的人，从而在未来成为银行的一个隐患。我们可以部分地基于学生在标准化考试中的成绩向老师支付薪酬，但需要采取一定的防护措施，这是因为可以预见，至少有一些老师会寻找教学之外的其他增加分数的方式。如果一家金融机构的高层管理人员相信政府认为他们的规模已经“大到不能倒闭”，他们很可能愿意冒更大的投资风险（对政府而言，“承担过度的风险”意味着如果风险变得太高，则必须为这些公司提供援助；对股东而言，则意味着一旦公司破产就会遭受重大损失），如果公司高管人员不像股东一样面临遭受损失的风险，那么企业面临的风险会更高。我们在本章中将会看到绩效薪酬方案的其他一些风险以及公司和管制部门为了避免这些风险发生而所采取的各种步骤（比如，设置奖金上限、薪酬追回条款、平衡计分卡等）。当一个人听说实施绩效薪酬有时候会出问题时，那么他很可能觉得应该选择激励强度较弱的奖励方案来避免出现这样的问题。在有些情况下这是一种很明智的做法。但必须非常小心，不要过度弱化激励的强度，否则对高绩效提供的奖励就不足以激励员工了。如果竞争者提供了激励强度更高的绩效薪酬计划，那些绩效优秀的员工很可能会决定跳槽到竞争对手那里工作（也就是说，会产生一种消极的分类结果）。因此，过度弱化激励强度或绩效薪酬也是存在风险的。

企业在制定为员工提供报酬的薪酬方案时，并不是要简单地选择一种方案而放弃另一种方案。相反，各种薪酬方案的某种组合倒经常是一种最好的解决方案。比如，一种薪酬方案可能具有培养团队精神和合作精神的作用，但是却不能对个人提供足够的激励，而另一种薪酬方案则恰好相反。将两者结合起来可能恰好达到平衡。这种目标方面的平衡，再结合与组织和人力资源战略的协调，可能有助于提高绩效薪酬方案达到预期效果的可能性，同时降低非预期结果及问题出现的可能性。[18]本章将要讨论的平衡计分卡是对各种目标进行平衡的结构化方法之一。其基本原则是，我们关注财务结果，同时也关注这些结果是如何实现的以及如何通过对非财务指标的运用、跟踪以及影响达成更好的财务结果。此外，这有助于避免过分关注短期目标。

有时候，在一些特殊情况下，一个组织可能会（至少是暂时地）设计一个让所有人都只关注一个关键目标的奖励计划。比如，在墨西哥湾发生石油泄漏和员工死亡事件之后，英国石油公司就暂时修订了它的薪酬方案，将安全确定为加薪的唯一因素。[19]但通常来说，只设定一个目标是不明智的。

表 12－1 提供了用来认可员工贡献的各种薪酬方案的总结。每一种薪酬方案都强调要根据绩效支付报酬。这些薪酬方案因以下三个方面的设计特征不同而有所区别：第一，薪酬支付方式；第二，薪酬支付频率；第三，绩效衡量方式。如果做进一步的推断，这张表实际上还暗示了这些薪酬方案在以下几个方面的实施后果：（1）员工的绩效激励；（2）员工吸引；（3）企业文化；（4）成本。最后，还有两个方面的权变因素可能决定某种薪酬方案是否适合企业的具体情况，一是管理风格，二是工作类型。我们现在就来更为深入地讨论这些薪酬方案以及它们的潜在后果。

表 12－1　认可员工贡献的各种薪酬方案

	绩效加薪	奖励	利润分享	所有权	收益分享	技能薪酬
设计特征						
支付方式	基本薪酬变化	奖金	奖金	股权变化	奖金	基本薪酬变化
支付频率	每年	每周	每半年或一年	股票出售时	月度或季度	获得技能或胜任素质时

续前表

	绩效加薪	奖励	利润分享	所有权	收益分享	技能薪酬
绩效衡量	上级对员工个人的绩效进行评价	个人的产出、生产率以及销售额	公司利润	公司股票收益	独立工作单位的产量或可控成本	获得技能或胜任素质时
实施后果						
绩效激励	薪酬和绩效间的关系是变化的	绩效和报酬之间的联系非常清楚	两者之间的关系在小企业中更密切	两者之间的关系在小企业中更密切	两者之间的关系在较小的工作单位中更密切	鼓励学习
员工吸引	在长期中向绩效优秀者支付更高的薪酬	向绩效优秀者支付更高的薪酬	如果计划能够兑现，则有利于吸引所有的员工	有助于留住员工	如果计划能够兑现，则有利于吸引所有的员工	能够吸引学习导向型员工
企业文化	导致个人间的竞争	导致个人间的竞争	增加业务知识和合作	所有者的感受和合作	支持员工间的合作以及问题的解决	学习型和灵活性组织
成本	要求有设计完善的绩效评价系统	要求确定和维持可接受的绩效标准	将成本与支付能力挂钩	将成本与支付能力挂钩	确定和维持可接受的绩效标准	对技能和胜任素质进行培训和认证
权变因素						
管理风格	适度参与	控制型	匹配参与	匹配参与	匹配参与	匹配参与
工作类型	针对个人，除非评价群体绩效	稳定的、个人的、易衡量的工作	各种类型的工作	各种类型的工作	各种类型的工作	有足够技能深度和广度的工作

资料来源：Adapted and modified from E. E. Lawler Ⅲ，"Pay for Performance：A Strategic Analysis，" in *Compensation and Benefits*，ed. L. R. Gomez-Mejia（Washington，DC：Bureau of National Affairs，1989）.

12.4.2 绩效加薪

在绩效加薪方案中，员工年度薪酬的增长通常与绩效评价结果联系在一起（见第 8 章）。某些类型的绩效加薪方案几乎存在于各种组织中（尽管关于绩效加薪的有效性如何，目前的证据还少得令人吃惊）。[20] 在有些情况下，一些企业转为支付奖金，而不是采用在基本薪酬基础上根据绩效加薪的做法。绩效加薪或**绩效奖金**（merit bonus）这种浮动薪酬形式之所以得到广泛的运用，原因之一就在于它能够界定各种各样的绩效维度，并且针对这些绩效维度提供报酬（以表 12－2 为例）。正是由于绩效

表 12－2　　箭牌电子公司基层和中层管理人员绩效评价维度

1. 有良好的商业判断能力。
2. 对公司的目标有激情、精力充沛、理解透彻且高度忠诚。
3. 吸引、培养以及留住优秀人才。
4. 积极主动。
5. 掌握与本职位有关的知识。
6. 达成结果。
7. 培养良好的内部关系。

资料来源：R. Riphahn（2011），"Evidence on Incentive Effects of Subjective Performance Evaluations，" *Industrial and Labor Relations Review*，64.

加薪方案在企业界无处不在，所以我们在这里用较大的篇幅来讨论绩效加薪问题。这里的“通过科技进行竞争”专栏描述了紧张的劳动力市场条件如何使某些特定的技能和职位出现大幅绩效加薪，这个案例描述的是针对技术的加薪。

通过科技进行竞争

为“热门技能”付钱：信息技术行业案例

最近几年，美国传统的加薪预算在3%左右，不久的将来也大抵如此。然而，对于某些需要“热门技能”的工作来说，情况就不一样了。信息技术（IT）部门就是这方面一个很好的例子，这个部门的加薪预算达到5.3%，一些比较热门的技能得到的加薪幅度还会更大。比如，在像手机应用软件开发这样的尖端领域，加薪幅度可以高达9.0%。其他一些预计加薪幅度较大的领域还包括无线网络工程师（7.9%）、网络工程师（7.8%）和数据建模专家（7.6%）。

在这些技术领域，信息技术工作者还可以通过掌握特定的关键技能来获得更高的薪酬。比如，掌握门户站点（SharePoint）技能的人可以要求加薪12%。掌握虚拟技术或微软SQL服务器数据库技术可以得到10%的加薪，其他一些技能集合（比如C#开发语言、Java开发语言、PHP开发语言等）可以得到9%的加薪。

像谷歌这样的技术型公司特别依赖它们的信息技术人力资本。因此，谷歌公司多年来一直保持着在薪酬和福利方面的领导地位，必要时会采取果断的行动来确保自己能够吸引、激励和留住最优秀的人才。几年前，当许多公司冻结薪资增长或仅提供2%左右的加薪时，谷歌公司声明它将给全体员工提供10%的加薪，此举也是为了应对脸书和其他一些公司对人才的争夺。在那之前，由于谷歌公司的股价大幅下跌，极大地降低了谷歌员工所持有的股票期权的价值，因此，谷歌实施了一项股票期权交换计划，允许员工将自己原来的股票期权交换为一种新的股票期权，这样员工更有可能从未来的股价上涨中获利。

最近一份来自Glassdoor.com网站的报告指出，谷歌公司的软件工程师在硅谷的薪酬水平是最高的，达到128 336美元，超过了脸书公司（123 626美元）、苹果公司（114 413美元）、易趣公司（108 809美元）和Zynga公司（105 568美元）。谷歌近来还得到股价上升的好处，这使员工获得的与股票相关的薪酬更有价值，而在谷歌公司的竞争对手（如脸书公司和Zynga公司）那里工作的员工就没那么幸运了。

最近，据传谷歌公司手里有一份不长的名单，上面列出了谷歌想方设法阻止自己的员工加入的公司。这份名单据说包括脸书公司、推特公司以及Square公司，为了使自己的员工能留在谷歌，任何被这三家公司中任一家公司录取的员工都将获得更大的加薪幅度或反要约。这里有一个谷歌公司最近坚决留住关键员工的例子，据传推特公司试图雇用谷歌的两位顶尖员工尼尔·默汉（Neal Mohan）和桑达尔·皮查（Sundar Pichai）担任自己的产品负责人，而谷歌则提供了更高水平的反要约来挽留这两个人。

讨论题

1. 为什么要给从事信息技术类工作的员工提供更高幅度的加薪？

2. 为什么像谷歌这样的公司在向这些职位（和其他一些职位）支付薪酬时要做市场领袖？

资料来源：Max Mihelich，“Average Salary for Technology Professionals Rises 5.3 Percent：Survey，”

Workforce Management, January 29, 2013, www. workforce. com, accessed May 10, 2013; Robert Half Technology, "Salary Guide for Technology Professionals, 2013," www. roberthalftechnology. com/salary-center, accessed May 10, 2013; Stephen Miller, "Unanimity on 2013 Salary Forecasts Holding Up," www. shrm. org, August 15, 2012, accessed May 10, 2013; Owen Thomas, "Here's How to Get a Huge Raise at Google," www. businessinsider. com, August 9, 2012, accessed May 10, 2013; John Letzing, "Google Stays ahead of Silicon Valley Pack on Engineer Salaries," *Wall Street Journal*, October 17, 2012.

■ 基本特征

许多绩效加薪方案都逐渐形成了**绩效加薪矩阵**（merit increase grid）。正如表 12－3 所示，薪酬增长的幅度和频率取决于两个因素：第一个因素是个人的绩效评价结果（因为绩效水平较高的员工应当得到更高的薪酬）；第二个因素是个人在薪酬区间中所处的位置（也就是个人的实际薪酬水平与市场薪酬水平之间的比较比率）。比如，一位员工的绩效评价等级是超出期望的，比较比率为 120，那么他能获得的加薪幅度大约是 3%。而另一位绩效评价等级同样是超出期望的，但比较比率却为 85 的员工，就能够获得 7%的加薪。（记住，这张表中的总薪酬上升幅度会受到通货膨胀率的影响。）引入比较比率的一个目的是控制薪酬成本，同时维持薪酬结构的完整性。如果一个比较比率为 120 的员工得到了 7%的加薪，他的薪酬很快就会超过公司薪酬区间的最高值。如果不根据比较比率进行控制，还有可能导致那些年复一年在同一职位上工作的员工的薪酬成本出现失控性增长。相反，一些组织通过评估员工薪酬目前所处的位置以及它们应该处的位置来确定特定的薪酬水平。现在让我们来看一看表 12－4。对于一位绩效评价结果连续达到最高等级的员工，应当按照市场薪酬水平的 111%～120%来支付薪酬（也就是说，比较比率应当为 111∶120）。如果这位员工目前的薪酬水平距离上述水平相差很远，就有必要通过较大的加薪幅度和较快的加薪频率来把这位员工的薪酬提升到正确的位置上。另一方面，如果员工已经处在正确的位置上，就只需要对其提供较小幅度的加薪。在后一种情况下，薪酬增长的主要目标是将这位员工的薪酬水平维持在目标比较比率上。

表 12－3　绩效加薪矩阵

绩效评价等级	建议绩效加薪百分比（%）		
	比较比率[a]		
	80%～90%	91%～110%	111%～120%
超出期望	7%	5%	3%
达到期望	4%	3%	2%
低于期望	2%	0%	0%

a. 雇员薪酬或薪酬范围中值。

表 12－4　绩效评价结果与目标比较比率

绩效评价等级	目标比较比率
超出期望	111～120
达到期望	91～110
低于期望	低于 91

为了控制薪酬成本，还需要对另一项要素给予特别的关注，这就是绩效评价等级的分布（见第 8 章）。在许多企业中，60%～70%的员工处在级别最高的两个（一共有 4～5 个）绩效评价等级之中。[21]这就意味着大量的薪酬成本增长是由于大多数员工的薪酬最终都要超过薪酬区间中值——从而导致比较比率超过 100——造成的。为了避免这种情况的出现，有些企业对于多大比例的员工能够落入某一绩效评价等级提供一条指导线，通常对能够进入前两个绩效评价等级的员工在员工总人数中所占的比例加以限制。这些指导线的强制性各有不同，既有真正意义上的指导性规定，也有严格要求评价者必须强制执行的硬性规定。[22]

总的来说，绩效加薪方案具有下述特征：第一，它注重对个人绩效差异的评定。它假定这种绩效差异反映了个人在能力和工作动机方面的差异。其潜在含义是，制度约束对绩效的影响实际上并不显著。第二，关于个人绩效的大多数信息都是由直接上级收集到的。采用同级评价和下级评价的做法还比较少，即使是在使用了同级评价和下级评价的企业中，这两种评价也不如直接上级评价的分量重。[23]第三，在这种方案中有一种将薪酬增长与绩效评价结果联系起来的政策。[24]第四，在这种方案中，反馈频率可能不是很高，通常在每年的正式绩效评价阶段才会出现。第五，反馈大部分是单向的，即由直接上级向下属员工反馈。

■ 对传统绩效加薪方案的批评

对绩效加薪方案的批评早已存在。比如，全面质量管理运动的领导人爱德华兹·戴明（W. Edwards Deming）就指出，对个人绩效进行评价是不公平的，因为“人与人之间存在的明显绩效差异几乎都是由他们身处其中的那些工作系统本身制造出来的，而不是由人们自己制造出来的”。[25]工作系统要素包括同事、工作、原材料、设备、客户、管理、监督以及环境条件，等等。这些系统要素在很大程度上超出员工个人的控制能力范围，相反，它们属于管理层的职责范围。因此，戴明认为，绩效评价事实上是“摸彩票的结果”。[26]尽管这对于一些工作而言是正确的，但对于其他工作（律师、顾问、投资银行家、运动员、销售人员、经理），个人绩效存在显著差异。[27]

戴明还指出，绩效加薪过于关注个人的绩效，这对团队工作是不利的：“每个人都在拼命往前赶，或者是为了个人的利益而去抢夺自己的救生工具。企业必然是最终的受害者。”[28]举个例子来说，如果对采购部门的员工进行绩效评价的依据就是他们谈下来的合同数量，那么他们对于原材料的质量就不会那么在乎，即使在生产中已经出现了质量问题。

戴明提出的解决办法是削弱个人绩效和薪酬之间的联系。这种方法反映了一种希望不要过于强调个人贡献的想法。那么，这种变化可能带来什么样的后果呢？可能出现的一种情况是，那些具有个人成就导向的员工会很少被吸引到企业里来并留在企业之中。一项关于连续任职年限的研究发现，对于高绩效员工来说，薪酬增长和个人绩效之间的关系会随着时间的延长逐渐弱化。结果，在企业失去的员工中，高绩效员工所占的比例往往比低绩效员工所占的比例更大。[29]换言之，对个人绩效强调不够有可能会使企业中留下来的都是绩效平平者或者绩效较差者。[30]

因此，尽管我们应当注意到戴明所说的那种过多强调个人绩效的不利影响，但是还必须注意，不要用一类问题去代替另一类问题。相反，我们需要在个人目标和群体目标之间找到一种适当的平衡。至少应当对绩效评价和强制分布型绩效评价系统加以谨慎的考虑，以免它们导致过度的个人主义行为以及竞争性行为的产生。

对绩效加薪制度的另一种批评意见集中在它对绩效进行衡量的方式上。如果绩效评价的结果不被员工视为是公平的和精确的，整个绩效加薪制度就有可能会崩溃。绩效评价在提高精确性时会遇到一个潜在障碍，这就是它几乎完全依靠直接上级提供绩效评价结果，尽管被评价者的同事、下级以及客户（包括内部客户和外部客户）对其绩效的了解程度往往与直接上级一样全面，甚至更加全面。360°绩效反馈法（我们在第9章中讨论过）就是从上述各个方面收集绩效反馈信息的一种方法。然而到目前为止，很多组织依然只是将从多渠道收集到的这些信息主要用于开发目的，而不愿意用于薪酬决策。[31]

总的来说，在绩效加薪和绩效薪酬方案的管理中，薪酬确定的过程问题十分重要，包括沟通、明确组织的期望和可信度或公平性。[32]无论在什么情况下进行报酬分配，员工都会根据以下两个维度来对其公平性进行评价：分配公平性（根据他们自己获得的报酬数量做出评价）和程序公平性（根据报酬的决定过程做出评价）。[33]我们在表12-5中列举了在程序公平或公正性方面包括的一些最重要的内容。这些内容表明，员工希望看到清楚的、明确的以及具有连续性的绩效标准；希望得到参与的机会；希望有人能够就他们的绩效与他们进行讨论；希望有机会对他们认为不正确的任何决策提出申诉等。

表12-5　　关于加薪决策中的程序公平的若干内容

请指出你的直接上级在多大程度上有以下表现：

1. 以诚实和道德的方式对待你。
2. 给你表达个人意见的机会。
3. 运用一贯的标准来评价你的工作绩效。
4. 考虑你个人对自己绩效的看法。
5. 向你提供反馈以帮助你了解自己工作绩效的优劣。
6. 开诚布公地对待你。
7. 表现出公平行事的愿望。
8. 完整深入地了解你的绩效。
9. 考虑到一些你个人不可控制的因素。
10. 在提出建议之前首先征求你本人的意见。
11. 清楚地告诉你他对你的期望。

请指出在上一次加薪之后，你有多大的机会能够做到以下事情：

12. 就加薪幅度提出申诉。
13. 表达自己对直接上级做出的薪酬决策的感受。
14. 与直接上级讨论你的绩效是如何评价的。
15. 与直接上级一起针对未来的绩效改善制定行动计划。

资料来源：From R. Folger，and M. A. Konorsky，"Effects of Procedural and Distributive Justice on Reactions to Pay Raise Decisions，" *Academy of Management Journal*，Volume 32，1989，p. 115. Reproduced with permission of Academy of Management via Copyright Clearance Center.

对绩效加薪提出的最根本性批评也许是这种薪酬制度压根儿就没有真正存在过。在大多数情况下，高绩效者并没有比绩效中等者甚至绩效较差者拿到更高的薪酬。[34]比如，表12-6展示了美国总薪酬协会对2 400多家公司的调查数据，高绩效者可能平均得到4%的薪酬增长，而绩效平均者也能够得到2.7%的薪酬增长。在年薪同样为 5 万美元的情况下，绩效较高者每年拿到手的薪酬比绩效较低者高出 650 美元，或者每周的薪水仅仅高出 12.50 美元（税前）。绩效加薪方案的批评者指出，这种较小的薪酬差距并不足以影响员工的行为或者态度。事实也正如表 12－7 所示，许多员工并不相信较高的绩效能够获得回报。

表 12－6　　绩效加薪和绩效

	高绩效者	平均绩效者	低绩效者
平均绩效加薪幅度	4.0%	2.7%	0.7%
员工比例	24%	69%	7%

资料来源：Alison Avalos and Kathryn Cohen, "Salary Budget Increases Going for a Slow Ride," *Workspan*, September 2011.

表 12－7　　员工对薪酬和绩效的认知

	赞同者百分比
当我很好地完成工作时，我的绩效得到了回报。	40%
我所在的组织在薪酬和绩效的匹配方面做了很多工作。	46%

资料来源：Mercer, "What's Working TM Survey, United States."

当然，较小的薪酬差距也可以随着时间推移而积累成较大的薪酬差距。在 30 年里持续获得 4.0%（相对 2.7%）的薪酬增长，薪酬优势（税前）将达到 53.8 万美元（根据 2.5%的折现率，净现值为 31.5 万美元）。[35]然而，至于员工是否会这么想问题，就不得而知了。但是即使他们不这么去想，也没有什么可以阻止企业通过设计一项沟通计划使员工明白，看上去不算大的薪酬差距可能会随着时间的延长而演变成很大的薪酬差距。

如果上面刚刚描述的这种累积效应会造成一种既得权利心理，它也可以被看成是一种缺陷。在这里，我们关注的是，在员工的职业生涯早期提供的较大绩效加薪幅度会“永远”成为员工基本薪酬的一部分。由于它成为一种不再需要员工每年努力去争取获得的既得利益，因此对于企业来说，这种成本会随着时间的延长变得越来越高，不仅超出员工的实际绩效，还会超出企业的盈利能力能够承受的极限。因此，作为传统绩效加薪方案的替代物而出现的绩效奖金（不会成为基本薪酬一部分的绩效奖励）就被越来越多的企业所采用。事实上，当前，绩效奖金（见表 12－8）和基于绩效的加薪在工资中所占的比例大约一样。

表 12－8　　在不同的员工群体中绩效奖金在薪酬中所占的比例

领取时薪的未加入工会的非豁免性员工	领取月薪的非豁免性员工	领取月薪的豁免性员工	管理人员或高层管理人员
3.3%	4.1%	6.9%	26.5%

资料来源：Barry Gerhart and Meiyu Fang, "Pay for (Individual) Performance: Issues, Claims, Evidence and the Role of Sorting Effects," *Human Resource Management Review*, forthcoming. Original data used in computations from: WorldatWork "Compensation Programs and Practices 2012," Scottsdale, AZ, October 2012.

绩效奖金为高绩效提供的回报可以与绩效加薪为高绩效提供的回报累加起来。最后，高绩效者更可能获得晋升（到更高收入的职位），更可能获得在不同雇主那里拿到更高收入的机会。组织可以就所有这些方面的因素与员工进行沟通，以帮助他们理解高绩效能够获得的报酬。[36]而且员工的绩效水平越高，越有可能保住这份工作（及其薪酬）。[37]

12.4.3 个人奖励计划

正如绩效加薪一样，个人奖励计划也是对个人绩效提供报酬的一种制度，但是它与绩效加薪存在两个方面的不同。首先，企业支付给员工的奖金不会自动累加到员工的基本薪酬之中。员工可以持续不断地获得这种奖励，并且能够重新获得。其次，个人奖励计划对于员工的奖励通常以实物产出（比如说所生产的水龙头数量）为基础，而不是以主观的绩效评价结果为基础。个人奖励计划具有大幅提高绩效的潜在作用。洛克（Locke）和他的同事们发现，货币性奖励在一般情况下能够导致生产性产出提高30%左右——这比他们研究的其他任何一种激励手段带来的产出提高幅度都大。[38]

尽管如此，由于各种各样的原因，个人奖励计划在现实中却很少使用。[39]其中的主要原因包括：第一，大多数职位（比如，管理类和专业类职位）都没有可以衡量的物质产出。相反，这些职位涉及的可能是那些所谓的"知识型工作"。第二，个人奖励计划具有的一些潜在管理难题（比如，设计和维持可以被员工接受的奖励标准等）使它不那么富有吸引力。第三，个人奖励计划在对员工给予充分激励的同时，可能会导致员工只去做那些有利于他们获得奖励的事情，对其他的事情则不管不问（见图12-1中的呆波特卡通画）。第四，正如"个人奖励计划"这一词汇本身暗示的那样，它与团队工作方式可能很难相互适应。第五，个人奖励计划与要求员工掌握多种技能以及积极解决问题的目标可能不一致。学习新的技术常常要求员工放慢生产速度或者停止生产。如果完全根据员工个人的产量来确定薪酬，他们可能就不愿意放慢生产速度或停工。第六，有些个人奖励计划是在牺牲质量或者客户服务的前提下对产出数量提供报酬的。

图12-1 个人奖励计划有时是怎样"起作用的"

资料来源：DILBERT © Scott Adams. Dist. By UNIVERSAL UCLICK. Reprinted with permission. All rights reserved.

因此，尽管个人奖励计划具有潜在的优势，但是它对于形成一支灵活的、积极主动的、能够解决问题的员工队伍却作用不大。此外，有些个人奖励计划对于企业追求的全面质量管理目标不会有太大的帮助。

12.4.4 利润分享和所有权计划

■ 利润分享

如果在一条连续的线段中，一端是完全的个人薪酬方案，处于另一端的就是利润分享计划和股票所有权计划。在**利润分享计划**（profit sharing）中，薪酬支付的依据是对组织绩效进行衡量的某种指标（利润）达到的水平，并且这种薪酬支付不会成为基本薪酬的一个组成部分。利润分享有两个方面的潜在优势：一方面，它能够鼓励员工更多地像所有者一样去思考问题，从而以一种更为开阔的视野考虑需要做哪些事情才能使企业变得更加有效。因此，个人奖励计划鼓励的那种狭隘的自私自利行为（同样有可能出现在绩效加薪计划中）在这里就不会成为问题。相反，在利润分享计划中，员工的合作精神和组织成员的归属感会得到增强。另一方面，由于根据利润分享计划支付的那部分报酬不会进入员工个人的基本薪酬，因此，企业的劳动力成本在经营困难时期会自动降低，而在经营状况良好时，企业和员工可以分享财富。这样，企业在困难时期就不必过于依赖解雇员工来渡过难关了。[40]这里的“通过可持续性进行竞争”专栏描述了美国三大汽车公司的一项新的利润分享计划。

那么，利润分享是否真的会导致组织绩效水平提高呢？事实上，这方面的证据并不确切。尽管一直以来很多人对利润分享计划与利润之间的关联性持一种支持的观点，但还是有不少人对两者之间存在的因果关系的方向提出了许多疑问。[41]比如，尽管福特汽车公司、克莱斯勒汽车公司以及通用汽车公司在与美国汽车工人联合会订立的集体合同中都有利润分享计划（见表 12－9 中的通用汽车公司与美国汽车工人联合会签订的该计划条款），但在原来的利润分享计划之下，福特汽车公司的每位工人每年能够分享到的平均利润水平为 4 000 美元，而在通用汽车公司和克莱斯勒汽车公司，每位工人每年能够分享到的平均利润水平却分别为 550 美元和 8 000 美元。在这三家汽车公司的利润分享计划都极其类似的情况下，利润分享计划似乎不大可能使福特汽车公司和克莱斯勒汽车公司的盈利水平更高一些（通过影响员工的动机）；相反，它可能只说明了，克莱斯勒汽车公司由于其他方面的某些原因（如更好的汽车）赚到了更高的利润，从而导致其拥有更高的利润分享水平。

表 12－9　通用汽车公司与美国汽车工人联合会订立的合同中包括的利润分享计划

利润水平（十亿美元）			最高利润分享额	利润（十亿美元）			最高利润分享额
—	<	1.25	0	6.50	<	6.75	6 500
1.25	<	1.50	1 250	6.75	<	7.00	6 750
1.50	<	1.75	1 500	7.00	<	7.25	7 000
1.75	<	2.00	1 750	7.25	<	7.50	7 250
2.00	<	2.25	2 000	7.50	<	7.75	7 500
2.25	<	2.50	2 250	7.75	<	8.00	7 750
2.50	<	2.75	2 500	8.00	<	8.25	8 000
2.75	<	3.00	2 750	8.25	<	8.50	8 250
3.00	<	3.25	3 000	8.50	<	8.75	8 500
3.25	<	3.50	3 250	8.75	<	9.00	8 750
3.50	<	3.75	3 500	9.00	<	9.25	9 000
3.75	<	4.00	3 750	9.25	<	9.50	9 250
4.00	<	4.25	4 000	9.50	<	9.75	9 500
4.25	<	4.50	4 250	9.75	<	10.00	9 750
4.50	<	4.75	4 500	10.00	<	10.25	10 000

续前表

利润水平（十亿美元）			最高利润分享额	利润（十亿美元）			最高利润分享额
4.75	＜	5.00	4 750	10.25	＜	10.50	10 250
5.00	＜	5.25	5 000	10.50	＜	10.75	10 500
5.25	＜	5.50	5 250	10.75	＜	11.00	10 750
5.50	＜	5.75	5 500	11.00	＜	11.25	11 000
5.75	＜	6.00	5 750	11.25	＜	11.50	11 250
6.00	＜	6.25	6 000	11.50	＜	11.75	11 500
6.25	＜	6.50	6 250	11.75	＜	12.00	11 750
					＞	=12.0	12 000

注：每年工作时间达到 1 850 小时或更多小时数的员工得到最高利润分享额。其他工作时间少于这一数量的员工根据他们工作的小时数获得按比例分配的利润分享额。利润是指仅在北美获得的营业收入（息税前的数额）。

资料来源：From www.uaw.org/content/new-lump-sum-payments-profit-sharing-quality-bonus.

通过可持续性进行竞争

运用利润分享计划提高劳动力成本灵活性

在福特汽车公司和通用汽车公司，加入工会的员工被告知有望今年获得更高水平的利润，通用汽车公司的员工可以获得 7 000 美元，而福特汽车公司的员工可以获得 8 000 多美元（至少在北美地区，福特公司今年的利润高于通用汽车公司）。这些报酬是基于一个利润分享公式计算出来的，该公式是数年前当通用汽车公司破产以及福特汽车公司经营困难时，美国汽车工人联合会通过与这两家公司协商确定下来的。这两家公司的员工去年也获得了高额的利润分享报酬，通用汽车公司是人均 7 000 美元，而福特汽车公司是人均 6 200 美元。

利润分享报酬是通用汽车公司和福特汽车公司复苏的强大指标。尽管两家公司在欧洲的销售额增长缓慢（因为欧洲的经济状况更糟），但在美国的销售额却涨势强劲。

通用汽车公司和福特汽车公司的经营状况突然好转主要源于劳动力成本的下降。其中的主要变化是与美国汽车工人联合会达成了一项合约，合约的条款允许这两家汽车公司以每小时 14 美元的价格雇用入门级的工人，这一价格只有高级工的一半。（这些数字中并不包括福利成本，不过福利成本在最后的合同里也被削减了。）同样重要的是，这份合同还允许公司更灵活多变地处理劳动力成本。这改变了无论公司业绩表现如何都不能变动劳动力成本的现状，现在的劳动力成本可以根据公司的利润情况大幅调整。当公司盈利时，它就可以把利润分享给员工。实际上，这份合同规定，福特汽车公司或通用汽车公司在北美获得的利润每超过基本利润水平 100 万美元，有资格获得利润分享报酬的员工通过利润分享计划可以多获得 1 美元。

当汽车公司不赚钱的时候，按照同样的逻辑，利润分享报酬就会停止，这就降低了劳动力成本，因此这种方式可以帮助公司渡过经济困难时期。同时，较低的劳动力成本也使得公司在汽车定价方面更有竞争力，从而推动汽车销售额的增长，其结果是汽车公司会雇用更多的员工，因而员工的回报还包括更多的工作。托德·邓恩（Todd Dunn）是位于路易斯维尔的福特汽车公司的美国汽车工人联合会 862 号地方工会主席，他认为“我们必须确保我们在长期中是成功的”。换言之，公司和它的员工要荣辱与共。维持员工的工作和收入（其中包括利润分享报酬）与维持公司的竞争性和盈利性是难以分割开来的两大目标。

讨论题

1. 从员工和公司的角度来看，利润分享计划的优势和劣势是什么？

2. 利润分享计划与激励理论有什么相关性？

资料来源：Jeff Bennett，“GM，Ford Workers Line Up for Profit Sharing，” *Bloomberg News*，December 24，2012.

这个例子还有助于说明利润分享计划的其他一些重大缺陷。为什么在通用汽车公司工作的工人得到的利润分享水平只有在克莱斯勒公司从事相同类型工作的工人的1/15？这是因为在克莱斯勒公司工作的美国汽车工人联合会成员当年的绩效水平比他们在通用汽车公司工作的同行高 15 倍吗？可能不是。相反，工人们更倾向于把高层管理者在产品种类、生产流程、产品定价以及市场营销等方面做出的决策视为影响利润的更重要的因素。这样，除了高层管理者（有时可能还包括一些中层管理人员）之外，大多数员工都不大可能看到在自己的行为和本人通过利润分享计划能够获得的报酬之间存在某种较密切的联系。这就意味着，员工的绩效动机在利润分享计划下发生变化的程度可能很小。这与期望理论是一致的，即动机取决于行为和有价值的结果——比如薪酬（工具性感知）——之间联系的紧密程度。

导致利润分享计划的激励作用被削弱的还有一个要素，这就是大多数利润分享计划都属于延期型。尽管在大中型私营企业中大约有 16%的全日制员工参加了某种类型的利润分享计划，但是在这些员工中，只有大约 1%（即在参加利润分享计划的所有员工中，大约只占 6%）参加的是能够在当期获得利润分享支付的现金利润分享计划。[42]

利润分享计划不仅可能实现不了强化绩效激励的目标，一旦员工们知道了在企业经营不利时期这种计划根本就无法给他们带来任何好处，他们还很有可能会做出一些负面的反应。[43]首先，他们可能觉得自己不应该受到惩罚，因为他们已经很好地完成了自己的工作。其他的那些因素是他们无法控制的，他们为什么要因此而受到惩罚呢？其次，对于那些年薪达 8 万美元的管理人员而言可能只算很“小”的风险性薪酬，对于每年只能挣到 1.5 万或 2 万美元的员工来说，可能就是一大笔钱了。

让我们来看一看杜邦公司光纤事业部的一个例子，该事业部制定了一个将员工的部分薪酬与事业部的利润联系在一起的薪酬计划。[44]该计划实行以后，除非光纤事业部能够百分之百地达到预定的利润目标（在上一年利润的基础上增加 4%），否则该部门员工的基本薪酬会比在公司其他部门工作的类似员工低大约 4%。这样，对于该部门的员工来说，就面临一种报酬被降低的风险。不过，报酬大幅上升的机会同样是存在的：如果该事业部不仅百分之百地达到利润目标而且有所超出，那么该事业部的员工就能获得比其他部门员工更高的薪酬。比如，如果该部门达到了利润目标的 150%（也就是说，利润比上年增长了 6%），那么这一事业部的员工将获得比其他事业部员工高出 12%的收入。

最初，该计划的运行良好。利润目标果然超额完成，光纤事业部员工比其他部门员工所得的薪酬稍高一些。但是在第二年，该事业部的利润就下降了26%，显然，利润目标没有达到。员工没有得到利润分享奖金；相反，他们拿到的薪酬反而比其他部门的同类员工低4%。这时员工就不把利润分享计划看成是一件好事情了。根据员工的反映，杜邦公司的管理层最终决定取消该计划，重新恢复包括固定基本薪酬在内的薪酬制度，而不再有任何浮动（或风险）部分。从代理理论的角度来看，出现这种结果也许就不足为奇了，这种理论表明，要想让员工承担的风险有所增加，就必须事先采用某种方式对他们进行补偿。

针对上述情况，有些企业采取的一种解决方法是，将利润分享计划设计成一种只有薪酬上升而没有薪酬下降风险的机制。在这种情况下，当企业引进一种利润分享计划的时候，员工的基本薪酬不会被削减。因此，当利润较高时，员工能够分享收益，但是当利润下降时，他们不会受到惩罚。然而，这种计划大大削弱了被人们认为是利润分享计划本身具有的一个重要优势：在经营滑坡时降低劳动力成本。在经营上升时期，企业的劳动力成本则会上升。由于这种计划所产生的绩效收益令人怀疑，因此实行利润分享计划的企业可能要承担这样一种风险，即劳动力成本上升了，但企业在这种投资上所获得的收益却很小。

总而言之，尽管利润分享计划作为薪酬体系的一个组成部分可能是有用的（比如，强化员工对更大范围内的企业目标的认同），但它可能还需要用其他一些薪酬计划加以补充，尤其是在大公司里，这些薪酬计划要能够将薪酬与个人或团队能够控制（或"拥有"）的成果紧密联系起来。此外，利润分享计划还有一种造成员工抵触情绪和产生较高劳动力成本的危险，这取决于这种计划本身是如何设计的。然而，跳出对激励作用的担忧，利润分享计划的主要优势在于使劳动力成本变得更有弹性，特别是在销售额和利润下降的时候。

循证人力资源管理

克莱格·多罗斯科（Craig Durosko）的房屋翻修公司——太阳设计公司（Sun Design）正在亏损。因此，他向他认为有用的人——他的员工求助。现在太阳设计公司与50名员工共同分享财务信息（过去的以及预计的收入和费用方面的信息），这些员工每个月喝着咖啡、吃着甜甜圈聚在一起分享财务信息。公司收入在2009年下降至640万美元之后，2012年的收入上升到870万美元。其中的关键原因就在于员工共享信息之后，帮助公司找到了降低成本以及增加收入的方法。有20多名员工为达成这种目标提出了明确而详细的建议。

这种管理方法称为"开放式管理"（open-book management），其内容主要包括：教会员工理解财务概念和明细表，要求他们参与降低成本和增加收入计划的设计和实施，并且为这样做的员工提供奖励。

许多人是从杰克·斯塔克（Jack Stack）所著的《伟大的商业游戏》（*The Great Game of Business*）一书中得知开放式管理的，这本书讲述了作者在斯普林菲尔德再制造工厂（Springfield Remanufacturing，SRC）中的经历。斯普林菲尔德再制造工厂用900万美元买下了国际收割机公司（International Harvester）的一个专门改装发动机的经营失败的部门。119名员工阅读了财务明细表，组成团队为改善成本和收益状况而努力，并因为在这方面的成功获得了现金奖励。斯普林菲尔德再制造工厂的员工还有资格在达成一系列目标的基础上获得季度奖金。领取小时工资的工人能够领取相当于他们基本工资13%的奖金，而领取月薪的员工则能够领取相当于他们基本工资18%的奖金。现在，斯普林菲尔德再制造工厂拥有1 000多名员工，总收入达到4亿美元。

开放式管理的关键在于分享数据以做出基于证据的决策。但罗致恒富公司（Robert Half Associates）的一项调查却发现，只有7%的私营公司与所有的员工分享公司的财务信息。这是为什么？因为许多公司担心这些信息会落入竞争者的手中。一些公司担心自己还没有做好跟员工分享信息的准备，因为这些信息可能会导致员工质疑公司对某些事情的管理方式。（当然，这样的质疑对于改进公司而言可能是必要的。）

在位于阿肯色州洛厄尔市的中州制造公司（Central States Manufacturing）里，所有的新员工都必须参加财务101（Finance 101）课程，还要参与钢铁基础、客户服务、公司价值观和使命以及员工股权计划等方面的课程。这家公司提供包括非常详细的衡量指标的财务数据。该公司人力资源总监拉德娜·兰伯特（Ladena Lambert）就举了一个残余物的例子。“当员工发现公司在一周内产生的废料成本与我们支付给一个人的工资相同时，就再也没有发生过一天产生多达200英尺废料的情况了。”她说，员工们开始从钱的角度考虑问题。

资料来源：Dori Meinert，“An Open Book，” *HR Magazine*，April 2013.

■ 所有权计划

最新数据显示，目前大约有2 000万美国人持有其所在公司的股票。[45]员工所有权计划与利润分享计划在某些关键方面极为类似。比如，鼓励员工对企业的整体成功更为关注。事实上，在员工拥有所有权的情况下，这种关注程度可能更高。同时，与利润分享计划一样，组织规模越大，所有权计划对员工的激励作用就越小。不过，由于员工可能在实际出售自己的股票（通常是在离开企业时）之前并没有意识到自己获得了任何经济收益，所以薪酬和绩效之间的联系可能不像在利润分享计划下那样明显。因此，根据强化理论的观点（强调实际获得的报酬），所有权计划的绩效激励水平可能非常低。

实现员工所有权的方式之一是采取**股票期权计划**（stock options），这种计划为员工提供了一种按固定价格购买股票的机会。假定某公司的一位员工在2014年获得了按照每股10美元购买本公司股票的权利，并且股票价格到2019年将会达到每股30美元。再假定员工到2019年有权以每股10美元的价格来购买股票（也就是说，“行使”他们的股票期权），则员工到那时将股票再卖出去的话，就能够获得净收益。然而，如果公司股票的价格到2019年跌到了每股8美元，员工就不会从中获得任何收益。因此，员工会被鼓励按照对企业有利的方式来采取行动。

股票期权计划通常用于较大型企业的高层管理人员。最近，在很多企业中似乎存在这样一种趋势，即将享受股票期权计划的资格进一步扩大到企业下一层级员工身上。[46]事实上，许多企业，包括百事可乐、默克、麦当劳、沃尔玛以及宝洁等，都已经将股票期权计划推广到全体员工身上。在信息行业快速发展的企业中，这种范围广泛的股票期权计划已经非常流行，像微软和思科这样的公司都将自己的成长和成功极大地归因于这些期权计划。一些研究结果还表明，在一家企业中，有资格享受像股票期权计划等这样一些长期激励计划的中高层管理人员所占的比例越大，企业的绩效水平就越高，这与代理理论关注的主题是一致的，即如何鼓励管理人员像所有者那样去考虑问题。[47]不过，有一个问题到目前为止还不是太清楚，这就是上述研究所得出的结论对于处于组织较低层级上的员工是否同样成立，尤其是在大公司里，这些员工很少有机会对企业的整体绩效产生影响。股票期权的另一个问题是，在考虑到成本的情况下，企业高管和员工是否真正看重股票期权的价值。[48]

股票期权计划的黄金时代可能已经过去了，投资者早就对员工股票期权计划一直享有的税收优惠提出了质疑。2004 年，美国财务会计准则委员会颁发了 SFAS 123R 号会计准则，这是一个里程碑式的转变。因为它要求公司在自己的财务报表中体现出股票期权产生的费用，这样就减少了报告的净利润，并且这种收入的减少在有些情况下表现得尤其明显。微软公司决定取消股票期权计划，转而实行实际股票授予计划，该公司的这种做法主要是出于对新出台的会计标准的回应，同时也是承认这样一个事实，即微软公司的股票价格不可能再达到以前那种增长速度了，这就使得股票期权在招募、留住以及激励员工方面不再那么有效。很多公司似乎都在全面取消股票期权，尤其是取消那些非高层管理人员手中的期权。

那些继续采用广泛股票期权的公司在员工激励方面遇到了一些困难，因为这些公司大多经历了股票价格的大幅下跌。比如，谷歌的股价从 2007 年的 741 美元降至 2009 年的 306 美元，这使许多员工的股票期权泡汤了（即股价低于期权价格或行权价格），这意味着员工不能从行使股票期权中获得任何利益。谷歌公司对此做出的回应是提供一个股票交换计划，让员工归还他们泡了汤的期权，换回行权价格与当前股价一样（更低）的新期权，以期再次鼓舞并留住员工。[49]还有另一个基于股票的薪酬计划带来挑战的例子，在首次公开发行股票之后，脸书和 Zynga 公司的非管理层员工所经历的公司股票和股票期权价值的下降估计达到 72 亿美元和 14 亿美元。[50]

员工股票所有权计划（employee stock ownership plan，ESOP）是一种企业在组织内部向员工提供公司股票的所有权计划，它是运用得最为普遍的一种员工所有权形式。在美国，参与这种计划的员工已经从 1980 年的 400 万人上升到 2013 年的 1 000 万人以上。[51]如果将不属于员工股票所有权计划的股票期权、股票购买和基于股票的退休计划都考虑在内，则估计有 2 800 万美国员工拥有他们公司的一部分，控制大约 8%的美国公司股票。在证券交易所上市的日本公司中，91%的公司制定了员工股票所有权计划，与那些没有实行员工股票所有权计划的公司相比，这些公司的平均生产率要高一些。[52]员工股票所有权计划也带来了一些独特的问题。从不利的一面来看，这种计划可能会给员工带来很大的风险。根据法律规定，一项员工股票所有权计划必须将资产的 51%投资于公司的股票，这样就会导致投资风险无法实现多元化（在有些情况下，风险根本就无法分散）。结果，当员工为了拯救自己的工作而不得不购买财务状况不佳的企业时，或者是当员工股票所有权计划用于对养老基金的缴款时，企业一旦经营不善，员工就可能面临严重经济困难。[53]然而，员工担心的问题不止这些，因为正如代理理论表明的那样，员工可能会要求企业支付较高的薪酬来补偿他们承担的这类风险的上升。

员工股票所有权计划对于企业来说可能是有吸引力的，因为它具有税收和财务方面的优点，并且能够成为抵制接管的一种手段（在员工所有者会对管理层保持“友好”这样一种假设之下）。员工股票所有权计划还赋予员工对证券进行表决的权利（如果在一个国家的证券交易所登记的话）。[54]同样，尽管员工在某些决策中必须达到一定程度的参与是一种强制性的要求，但是在实行员工股票所有权计划的不同企业中，员工对企业决策的总体参与程度却存在很大差异。一些研究发现，在员工有较高程度参与的情况下，所有权产生的积极影响会更大一些。[55]这也许是因为“员工从心理上能够感受到自己在企业中的所有者身份”。[56]

12.4.5　收益分享计划、群体奖励计划与团队奖励计划

■ 收益分享计划

收益分享计划（gainsharing）为企业和员工共享生产率收益提供了一种必要的手段。尽管人们经常把收益分享计划与利润分享计划混为一谈，但这两种计划却在两个关键方面存在差异。首先，收益分享计划并不使用组织层次上的绩效衡量指标（利润）作为确定报酬的依据，相反，它衡量的对象是某一群体或某一工厂的绩效——员工显然更容易把这些方面的绩效看成是他们自己能够控制的。其次，收益分享计划的报酬支付频率要比利润分享计划更高，而且不属于延期型。从某种意义上来说，收益分享计划想要做的实际上是同时吸收两种不同类型薪酬计划的优点：一方面是像利润分享计划等这样一些以组织绩效为导向的薪酬计划具有的优点；另一方面是像绩效加薪以及个人奖励计划等这样一些以个人绩效为导向的薪酬计划具有的优点。与利润分享计划一样，收益分享计划也鼓励员工努力实现比个人绩效导向的薪酬计划范围更大的目标，但与利润分享计划不同的是，收益分享计划能够在更大程度上像个人奖励计划那样对员工进行激励，因为员工对它采用的绩效衡量指标具有更大的可控制性，同时它还有着较高的报酬支付频率。事实上，研究表明，收益分享计划确实促进了绩效的改善。[57]

斯坎伦计划是收益分享计划的一种类型，它由约瑟夫·N. 斯坎伦（Joseph N. Scanlon）于 20 世纪 30 年代设计而成，斯坎伦当时是位于俄亥俄州曼斯菲尔德市的帝国钢铁与马口铁工厂的一位地方工会主席。斯坎伦计划规定，如果工厂的劳动力成本占产品销售额的比率能够保持在某一既定标准之下，则员工（以及组织）都可以获得货币奖励。表 12-10 展示的是一个修订过的（即增加了除劳动力成本以外的其他成本）斯坎伦计划。由于在第一阶段和第二阶段的实际成本（850 000 美元）比计划成本（907 500 美元）要低，所以获得了 57 500 美元的收益。公司获得成本节约收益的 45%，员工获得成本节约收益的剩下 55%，不过，在应当由员工分享的份额中会有一部分奖金被储备起来，以防下个月出现实际成本超出计划成本的情况（正如表 12-10 描述的那样）。

像斯坎伦计划这样的收益分享计划以及更为一般意义上的绩效奖励计划通常不仅仅包括货币奖励一个方面的内容。这些计划常常还会强调通过组建团队以及形成提案建议制度来利用员工掌握的知识促进生产过程的完善。[58]那么，企业需要具备哪些方面的条件才能保证收益分享计划取得成功呢？很多人为此提出了大量的建议。大家通

表 12-10 收益分享计划（修订后的斯坎伦计划）报告示例 单位：美元

科目	第一和第二阶段的平均值	第二和第三阶段的平均值
1. 销售额	1 000 000	1 000 000
2. 库存变动和在制品	100 000	100 000
3. 产品销售价值	1 100 000	1 100 000
4. 可列支成本（82.5%×第3项）	907 500	907 500
5. 实际成本	850 000	917 500
6. 收益（第4项一第5项）	57 500	−10 000
7. 员工股份（第6项的55%）	31 625	−5 500
8. 月储备金（第7项的20%）	6 325	−5 500
如果没有奖金，则为第7项的100%		
9. 可分配奖金（第7项一第8项）	25 300	0
10. 公司分配份额（第6项的45%）	25 875	−4 500
11. 参与分配的薪酬总额	132 000	132 000
12. 奖金占薪酬总额的比例（第9项÷第11项）	19.2%	0.0%
13. 月储备金（第8项）	6 325	−5 500
14. 上期末储备金	0	6 325
15. 年末储备金	6 325	825

资料来源：From *Gainsharing and Goalsharing: Aligning Pay and Strategic Goals*, by K. Mericle and D. O. Kim. Reproduced with permission of Greenwood Publishing Group via Copyright Clearance Center.

常都会提到的一些内容包括：（1）管理层的承诺；（2）存在变革的需要或者大家对于进行持续的组织改善有着强烈的共识；（3）管理层能够接受并鼓励员工参与；（4）高度的合作与交流；（5）员工能够得到就业保障；（6）企业和员工能够共享生产率和成本方面的信息；（7）设定目标；（8）各方均承诺积极参与这一变革和改善过程；（9）企业和员工在绩效标准和计算公式方面能够达成一致，这种标准和公式应当是容易理解的、看上去是公平的，并且与管理层的目标之间存在紧密的联系。[59]

■ 群体奖励和团队奖励计划

收益分享计划一般是在整个工厂范围内进行的，而群体奖励计划和团队奖励计划却常常会深入到范围更小的工作群体之中。[60]群体奖励计划（像个人奖励计划一样）倾向于根据实物产出对绩效进行衡量，而团队奖励计划可能会使用范围更宽的绩效衡量指标（比如，成本节约、成功设计出产品、按时完成工作任务，等等）。与个人奖励计划一样，这些计划也存在一些缺点。首先，员工个人之间的竞争可能会被削弱，但是这种情况有可能会被员工群体或团队之间的竞争所取代。其次，与我们先前讨论的薪酬会影响劳动力队伍构成的观点一致，任何无法充分识别个人绩效差异的计划都会产生打击高绩效者的积极性或失去他们的风险。最后，与任何一种奖励计划一样，绩效衡量标准的制定过程必须让员工认为是公平的，必须注意在这些标准中不能漏掉像质量这样一些比较重要的绩效维度。

12.4.6 平衡计分卡

正如我们在前面讨论的，任何一种薪酬方案都有其优缺点。因此，一些企业不是简单地选取一种薪酬计划加以实施，而是设计一种与企业自身的特殊情况十分贴切的薪酬方案组合。排他性地依赖绩效加薪或者个人奖励计划的做法有可能导致对员工产生较强的工作激励，同时也有可能产生让企业无法接受的较高程度的个人主义行为和竞争行为，导致员工忽视更大范围的其他工厂目标或企业目标。过于依赖利润分享计划和收益分享计划，虽然可能有助于改善员工之间的合作以及提高他们对工厂或企业整体利益的关注，但也有可能将对员工个人的激励降到企业不可接受的水平。而一种将绩效加薪、收益分享计划、利润分享计划结合起来的特定薪酬方案组合，却有助于在上述这几个绩效领域中都产生令企业满意的结果。

谋求在多种目标之间达成平衡的方法之一便是平衡计分卡法（见第 1 章），卡普兰和诺顿（Kaplan and Norton）将其描述为这样一种方法：它不仅有利于企业"跟踪财务绩效，还能够帮助企业监控自己在培育和获取未来发展所需的能力以及无形资产方面取得的进展"。[61]

表 12－11 描述了一家期望在经营绩效的几个关键方面都能够实现改善的制造企业是如何运用各种绩效评价指标的。本章开篇案例也展示了花旗银行（和沃尔玛）是如何使用平衡计分卡的。下面我们还将看到默克公司使用的计分卡。

表 12－11　运用平衡计分卡实施奖励的相关概念描述

绩效评价指标	奖励方案				
	目标奖金（美元）	绩效水平	目标奖金百分比（%）	实际绩效	实得奖金（美元）
财务指标 • 资本收益率	100	>20% 16%～20% 12%～16% <12%	150 100 50 0	18%	100
客户指标 • 退货率	40	<1/1 000 1/999～1/900 1/899～1/800 >1/800	150 100 50 0	1/876	20
内部业务流程指标 • 生产周期缩短率（%）	30	>9% 6%～9% 3%～6% 0%～3%	150 100 50 0	11%	45
创新与学习指标 • 员工自愿流动率	30	<5% 5%～8% 8%～12%	150 100 50	7%	30
总计	200				195

资料来源：F. C. McKenzie and M. P. Shilling，"Avoiding Performance Traps：Ensuring Effective Incentive Design and Implementation，" *Compensation and Benefits Review*，July-August 1998，pp. 57-65. Reprinted with permission of Sage Publications，Inc. via Copyright Clearance Center.

12.5　管理人员和高层管理人员的薪酬

企业最高领导者以及高层管理人员是一个对企业绩效有着很大影响力的群体，在战略上具有重要意义，因此，对他们的薪酬——包括在劳动力市场上的竞争性——应当给予更多的关注。[62]在上一章中，我们讨论了这些人的薪酬大致处在一种什么样的水平上。在这里，我们集中考察他们的薪酬水平是如何决定的。

商业杂志如《福布斯》和《彭博商业周刊》经常发布年薪最高和最低的企业高层管理人员名单，后者引起了人们对高管薪酬的关注。在这方面存在的主要问题似乎是：在有些企业，无论当年的盈利状况如何或者股票市场的绩效是好是坏，高层管理人员每年都能拿到很高的年薪。比如，一项研究表明，股东的财富每变化1 000美元，首席执行官的薪酬只会变化3.25美元。对这种关系的一种可能解释是："高层管理人员的薪酬实际上与公司业绩无关"，后来的研究表明，大多数公司的情况并非如此。[63]

那么，怎样才能将高层管理人员的薪酬与组织业绩联系起来呢？从代理理论的观点出发，所有者（股东）的目标是鼓励代理人（管理人员和高层管理者）以最有利于所有者利益的方式来行事。这就意味着在代理人的薪酬构成中，固定薪酬（比如基本薪酬）所占的比重应当较小，而以结果为导向的"合同"——即将高层管理人员的一部分薪酬与企业的盈利水平或者股市业绩挂钩的薪酬——所占的比重应当较大。[64]在中高层管理人员中，企业普遍运用中短期奖金和长期激励计划来鼓励他们追求短期以及长期的企业绩效目标。事实上，高管薪酬的大部分来自限制性股票、股票期权以及其他形式的长期报酬。将薪酬放在这样一个"危险"的境地能起到很好的激励作用。然而，代理理论认为风险性薪酬的数量如果太少就会弱化激励效果，但风险性薪酬太高也会产生问题，如果高管人员在公司资产方面承担很大风险的话。[65]最近在银行和抵押贷款业出现的问题就是这方面的一个例子。

那么，企业运用这种绩效薪酬计划的程度如何？这些计划的实施结果又是怎样的呢？研究显示企业在运用长期激励计划和短期激励计划方面的差异是非常大的。此项研究进一步发现，在中高层管理人员中运用这些计划的程度越高，企业随后的盈利水平也就越高。如表12-12所示，在很大程度上依靠短期奖金和长期激励（相对于基本薪酬而言）支付管理层薪酬的做法带来了企业资产收益的巨大改善。[66]对于高层管理人员而言，将他们的薪酬与他们过去实现的股东回报保持一致的做法，会促使他们关心未来的股东回报。[67]

表12-12　　管理人员薪酬与企业资产收益之间的关系

奖金/基本薪酬之比（%）	有资格享受长期激励计划的管理人员所占的比例（%）	估计的资产收益：百分比（%）	估计的资产收益：金额[a]（亿美元）
10	28	5.2	2.5
20	28	5.6	2.69
10	48	5.9	2.83
20	48	7.1	3.41

a. 以《财富》500强企业在1990年的平均资产为基础。

资料来源：B. Gerhart and G. T. Milkovich, "Organizational Differences in Managerial Compensation and Financial Performance," *Academy of Management Journal* 33 (1990), pp. 663-91.

在早些时候，我们看到了怎样运用平衡计分卡法确定制造业员工的薪酬。事实上，在设计高层管理人员的薪酬时，这种方法同样是有用的。表12-13显示的是如何在平衡好股东、客户以及员工三个方面目标的前提下选择绩效衡量指标。西尔斯公司将财务结果称为一种滞后指标，因为它只能告诉一家企业过去做得如何，而客户和员工方面的指标（见表 12 - 13 默克公司使用的指标）才是真正能够告诉企业未来财务业绩可能会怎样的先导性指标。重要的是，西尔斯公司通过进行实证研究验证了这些假设联系的存在。[68]这样，西尔斯公司就可以将高管人员的薪酬和以下目标的达成情况挂起钩来："第一，促进可盈利的业务增长；第二，以客户为中心；第三，推动多元化、高绩效企业文化的培育；第四，关注生产率和收益的提高。"[69]

表 12 - 13　　针对高层管理人员设计的默克公司绩效（平衡）计分卡

	目标分数
财务 总收益的计划达成情况 每股收益的计划达成情况 增长值（比如，投资回报率的计划达成情况）	60
客户 默克公司客户服务级别（及时交付订单所占百分比） 默克公司客户信任和价值调查	14
关键业务驱动因素 成本结构（营业费用的计划达成情况） 优先区域的收益增长	16
文化（高绩效、可持续） 员工文化调查	10
合计	100

资料来源：Proxy Statement，Merck & Co.，Inc.，April 15，2013，www.merck.com/finance/proxy/pr2013.pdf，accessed May 14，2013.

最后，政府管制部门和股东面临着将薪酬和绩效更好地挂起钩来的压力。美国证券交易委员会要求企业报告本公司薪酬排名前五的高管人员的薪酬水平，以及在过去五年间本公司相对于竞争者的业绩情况。2006 年，美国证券交易委员会又增加了一些附加条款，要求企业更详细地披露高管人员享受的特权以及退休福利的价值。2010 年，美国签署了《多德-弗兰克改革法案》。该法案规范了金融机构高管人员的薪酬，比如要求股东有"薪酬发言权"，这意味着股东有权对一项高管人员的薪酬计划投票（不具约束性）。《多德-弗兰克改革法案》还要求公司公开高管人员的薪酬与普通员工的薪酬之比。本章最后的案例将展示这方面的更多细节。在监管者和投资者的压力之下，越来越多的公司正式通过了允许它们"追回"（即"拿回"）已经支付给高管人员的薪酬的政策，即企业一旦发现高管人员通过采取对公司和整个经济不利的行为来增加自己的薪酬收入，就有权拿回已经支付给他们的薪酬。这方面的实例请参见这里的"实践中的诚信"专栏。

实践中的诚信

确保高管人员只因真实绩效获得报酬："追回"的作用

为了回应机构投资者的要求，美国最大的六家药品制造商（安进、百时美施贵宝、礼来、辉瑞、强生和默克）正式通过了所谓的“追回”条款。“追回”条款规定，当公司的高层管理人员被发现违背道德规范或在其他方面存在不恰当行为时，公司可以在未来收缴曾经支付给这些高管人员的薪酬。该条款还允许公司追回那些明明知道他人采取了不当的行为但是却没有采取任何行动加以阻止的高管人员的薪酬。

当高管人员损害了公司或投资者的利益，甚至在这种行为还没有严重到要求重新报告财务结果的程度时，薪酬追回措施就可能出现了。“追回”条款还将允许企业取消授予高管人员的未来薪酬。而在过去，“追回”通常限定在已经支付了薪酬或需要重新报告财务结果（很少如此）的情况下。

“追回”条款的使用旨在打击公司高管人员的过度冒险行为和不端行为，不端行为被视为造成前几年金融危机的罪魁祸首。在医药行业，投资者主要关注的一个问题是，一些公司由于卷入药品非法营销的诉讼，不得不支付数十亿美元来了结相关的调查。投资者关注的另一个重要的问题是，尽管一些制药公司并未取得一流的业绩，但公司高管人员的总报酬却非常高，这种担忧导致投资者希望对医药企业高管是如何获得报酬的进行更加细致的审查。

这些制药公司之所以制定“追回”条款，主要是源于像拥有524亿美元资产的美国联合汽车工人联合会退休人员医疗福利信托等这样一些机构投资者采取的行动。其他一些公司也参与其中，比如伊利诺伊州投资理事会、纽约市养老基金以及韦斯帕斯投资管理公司（Wespath Investment Management）。为了避免将任一公司置于不利或有利地位，机构投资者与各家医药公司合作，而非仅仅针对某一家公司。此外，与一组公司合作而非以零碎的方式做事能够给整个行业带来重大的变化。

百时美施贵宝公司声称，这种政策变化提供了另一种要求员工对自己的行为负责的手段。礼来公司声称，采取这一政策与其强调道德和服从的文化是一致的，默克公司则声明，新政策有助于防止过度冒险行为，并且有助于在高管人员的薪酬和绩效之间形成更密切的联系。

讨论题

1. 你认为追回政策在多大程度上能够使有害的高管人员行为更不可能发生？
2. 有没有其他一些方式能够达到同样的目标？

资料来源：Joann S. Lublin and Jonathan D. Rockoff，“Drug Firms Expand Powers to ‘Claw Back’ Pay，” *Wall Street Journal*，April 3，2013.

许多国家的监管者还试图限制奖金支出的水平高低，从而削弱高层管理人员采取过度冒险之类的行为的动机，因为这类行为已被证明是有害的。这里的“通过全球化进行竞争”专栏展示了一个来自瑞士的这方面的例子。

大型养老基金投资者——比如，美国教师保险年金协会和加利福尼亚公共员工退休金系统（TIAA-CREF）——都建议通过制定一些指导性的方针来确保董事会在确定企业高层管理人员的薪酬时，能够以最有利于股东利益的方式行事，而不是将权力交给企业管理层。一些被认为是有利于董事会成员独立于企业管理层的公司治理实践如表12-14所示。此外，当一家企业的未来面临风险时，董事会可能需要采取重大行动，以证明自己是独立于企业管理层行事的，其中可能包括更换首席执行官。

通过全球化进行竞争

欧洲设定高管人员奖金上限：这是一个好主意吗？

欧盟各国财政部长已经决定，那些过去在好年景里获得的奖金数倍于薪资的银行家再也不能享受这种待遇了。相反，他们通过投票表决将银行家的奖金上限确定为他们的基本薪资的一倍（如果公司的股东批准，则奖金上限可以设定为基本薪资的两倍）。

这种做法引发的担心是，在像伦敦这样一个作为欧洲金融中心的城市，设置奖金上限的政策将会导致优秀的银行家离开欧盟的银行以及由欧盟指定支付地点的银行，除非银行能够找到弥补银行家奖金损失的方法。当然，其中一种弥补方式是大幅提高他们的基本薪资。但问题在于，这会大量增加固定成本，这种做法意味着无论银行的业绩如何，都将负担大量的固定薪酬成本。同样，如果银行家无论业绩表现如何都能得到同样的固定高薪，他们取得卓越绩效的动机可能被破坏。

设置奖金上限的合理性在于它有助于削弱银行家采取鲁莽、欠考虑的冒险行为的动机。近年来，此类行为已经导致政府不得不援助一些在经济上陷入困境的银行，而这又导致纳税人不得不支付大把钞票来资助这种援助措施。限制奖金的做法背后的逻辑是，如果为了获得高绩效而去冒险但不能获得高回报，则这种冒险行为将会减少。当然，这里的问题在于，这种应对方法是否比疾病本身更糟。

瑞士并不是欧盟的一员，但最近也高票（赞成率为 67.9%）通过了一项规范高管人员薪酬的全民公决。最新的消息是，诺华制药公司即将离职的董事会主席丹尼尔·瓦塞拉（Daniel Vasella）将获得 7 800 万美元的遣散费（表面上是为了防止他为对手公司工作），这一新闻激发了对规范高管人员薪酬的行动的支持。在这方面制定的一项条款包括股东每年对高管人员的薪酬进行投票。与美国公司股东的咨询性投票以及股东仅仅有“薪酬发言权”这种规则不同，瑞士公司股东的投票是有约束力的。其他一些条款还包括：签约奖金的取消、遣散费的取消以及完成并购后的薪酬支付（“金降落伞”）的取消。需要注意的是，违反新法律的惩罚是高达三年的监禁。

商业游说团体瑞士经济联合会（Economiesuisse）已经开展了反对这一全民公决的活动，认为这种做法向外界传递了一种瑞士的商业环境不佳的信号。雀巢公司首席执行官表达了同样的担忧。那么，一些重要的瑞士公司会搬到商业环境更友好的国家去吗？也许会，但相似的倡议似乎已经传遍了欧洲。英国也将做出相似的规定，要求对高管人员的薪酬进行约束性投票。正如上文所述，欧盟在规范高层管理人员的薪酬方面也很活跃。普华永道伦敦公司合伙人乔恩·特里（Jon Terry）认为“薪酬发言权”运动正在全球传播，对高管人员的薪酬升降进行投票将成为全世界上市公司的主流规范。

当然，股东并不一定反对企业制定的高管人员薪酬方案。在股东为了行使“薪酬发言权”而做的投票并不具约束力的美国，股东以压倒性的赞成率（超过 97%）批准公司提出的高管人员薪酬方案。当然，美国公司股东通常会对高管人员薪酬方案给予支持的原因之一是，公司为了避免自己的提案被拒而在设计提交给股东投票表决的方案时就非常小心。

讨论题

对于瑞士的公司、员工以及社会而言，设定高管人员奖金上限的做法会产生哪些潜在的成本和收益？

资料来源："Bankers' Bonuses: Tilting the Playing Field," *The Economist*, May 9, 2013; Catherine Bosley, "Swiss Voters Approve Limits on 'Fat Cat' Executive Pay: Swiss Voters Approved Some of the World's Toughest Limits on Executives' Pay in a Referendum, a Move Critics Say Could Make Switzerland Less Attractive to Multinational Corporations," www.bloomberg.com, March 3, 2013; Carol Matlack, "Swiss Limits on Executive Pay: Less than Meets the Eye," www.bloomberg.com, March 4, 2013.

12.6 薪酬管理过程与背景问题

在第11章中，我们讨论了像沟通和员工参与等这样一些过程性问题的重要性。在本章前面，我们讨论了公平的重要性，其中包括分配公平还是程序公平。无论是在不同的企业之间还是在同一家企业内部，我们都可以发现，对这些过程性问题的处理方式存在相当大的差异，这说明企业在薪酬管理的这些方面具有很大的自由度。[70]因此，这可能恰恰成为企业将自己与其他竞争对手区分开来的另一个重要战略机会。

12.6.1 员工参与决策

现在让我们来考虑一下员工参与决策问题及其可能产生的潜在后果。员工对薪酬政策设计和执行的参与往往与较高的薪酬满意度和工作满意度联系在一起，这可能是因为当员工有机会参与时，他们对薪酬政策的理解更清楚，同时对这些政策有着更强的认同感。[71]

那么，这种参与对生产率的影响是什么？代理理论为我们提供了一些思路。委托人在向代理人授予决策权时会产生一种代理成本，因为员工可能不会按照最有利于高层管理者利益的方式来行事。此外，代理人越多，监督成本就会越高。[72]所有这些结论都表明，授权决策的成本可能非常高。表12-14为保持董事会独立及实施有效治理的指导方针。

表12-14　保持董事会独立及实施有效治理的指导方针

1. 独立董事占大多数：一个最基本的要求是，董事会中的独立董事应该占大多数。董事会应当坚持实现独立董事在董事会中占绝大部分比重。
2. 独立的高管人员会议：独立董事应当定期（至少每年一次）召开没有首席执行官参加的高管人员会议。独立董事长或者担任领导（或主持）角色的独立董事应当主持这种会议。
3. 独立董事的定义：每一家公司都应当披露其年度委托代理书，表明公司董事会是如何界定"独立"一词的。
4. 独立董事长：董事会应当由一位独立董事领导。首席执行官以及同类公司高管人员只能在有限情况下担任联合董事长，在这些情况下，董事会必须在委托代理材料上提供书面声明来澄清为什么联合董事长对股东的利益是最有利的。同时，董事会还需要任命一位独立董事来履行在其他公司的委托代理材料中要求的那些职责。
5. 检查董事长和首席执行官职位的分离情况：在选举了一位新的首席执行官的情况下，董事会应当重新考察"首席执行官"和"董事长"两个职位的传统组合情况。
6. 退休首席执行官的董事会角色：一般而言，从一家公司退休的首席执行官不应该继续在该公司董事会中担任职务，至少应当禁止他们在董事会的任何一个委员会中任职。

7. 董事会与管理层的接触：董事会应当有一个既定的程序保证所有的董事会成员都能够接触到公司的高层管理人员。
8. 独立的董事会各委员会：执行审计、董事任命、高管人员薪酬决定等职能的董事会下设的各委员会都应当由独立董事担任委员。
9. 董事会监管：整个董事会代表股东对管理层进行监管。一旦董事会决定成立除法律要求之外的其他委员会（例如执行委员会），这些委员会的职责及其成员就应当充分披露。
10. 董事会资源：董事会应当通过各个委员会获得充分的资源，以提供独立的咨询建议，或者是获得使自己能够代表股东有效履行监管职责的其他各种工具。

资料来源："Global Principles of Accountable Corporate Governance," The California Public Employees 9 Retirement System, August 18, 2008.

另一方面，代理理论指出，如果员工拥有管理者所没有的一些工作场所中的知识以及与他们同事的行为有关的信息，监督成本有可能会更低，同时更有效率。因此，好的薪酬管理系统应当鼓励自我监督和同事之间的相互监督。[73]

研究者还指出，在鼓励形成这种有利的监督机制的过程中，有两个因素十分重要，这就是货币奖励（代理理论中所说的以结果为导向的"合同"）以及培育信任与合作的环境。这种环境反过来又是员工就业保障、群体凝聚力以及员工个人权利的一个函数——换言之，要尊重员工并且对他们有一种认同感。[74]

无论如何，一项对多个组织的调查发现，只有11%的员工总是或经常参与薪酬设计团队。管理者的参与情况要好一点，但仍然是少数（参与比例为32%）。[75]

12.6.2 沟通

另一个比较重要的过程性问题是沟通。早些时候，我们曾经在绩效加薪中谈到沟通的重要性，它的重要性既表现在程序公平方面，也表现在它是一种有助于绩效薪酬计划的影响得到最大限度发挥的有效手段。[76]更为笼统地说，薪酬制度的任何一个方面的改变都有可能引起员工的关注。建立在不良或不完全信息基础之上的谣言和种种猜测是一个与薪酬管理相伴的问题，部分原因在于薪酬对员工的经济保障性和生活状况有重大的影响。因此，企业在做出任何变化之前，非常关键的一点是必须找到一种最好的方式来告诉员工改变薪酬的原因是什么。有些企业主要依靠首席执行官的讲话录像来向员工传达企业做出重大变革的理由，有时还使用含有薪酬方案的印刷小册子和（或）网站。还有些企业则召开由焦点小组参加的会议，通过与一小部分员工的面谈来获取反馈信息，以便在以后的沟通过程中引起人们对相关问题的重视。然而，大多数有关薪酬的沟通基本上还是采用与上级进行个人谈话的方式，这种方式仍然胜过公司网站、邮件、与人力资源部门的谈话等方式。[77]

12.6.3 薪酬与过程：纠缠效应

前面的讨论实际上是将员工参与这样一些过程性问题当成有利于薪酬方案取得成功的因素。然而，至少有一位评论家指出，过程性因素在决定员工绩效方面还扮演着另一种角色，这种角色甚至更为重要：

> 员工参与显然有助于使薪酬方案……运转得更好——这种情况也会使企业本身受益……种种情况表明，改变对待员工的方式比改变向他们支付薪酬的方式更

有可能促进生产率的提高。[78]

这种说法提出了一个涉及面更宽的问题：与其他人力资源管理实践相比，薪酬决策自身的重要性到底有多大？尽管努力解开紧紧纠缠在一起的各种人力资源管理活动的尝试未必会有特别大的用处，但强调下面这样一种人力资源管理理念却是十分重要的：任何一种人力资源管理方案，即使是像薪酬管理这样一些非常有分量的方案，也不可能独立发挥作用。

现在让我们来看一看收益分享计划。正如前面所描述的，薪酬通常仅仅是这样一种报酬计划的一个组成部分（见表12-10)。那么，那些非薪酬组成部分的重要性到底有多大?[79]一方面，有充分的证据表明，几乎完全依赖货币奖励的收益分享计划能够对生产率产生巨大的影响[80]；另一方面，一项对一家汽车配件工厂的研究发现，如果在收益分享薪酬激励计划中增加一项员工参与的内容（每个月与管理层见一次面，就收益分享计划以及提高生产率的途径与管理层进行讨论)，还能推动生产率进一步提高。在一项相关研究中，当研究人员询问员工哪些因素会激励他们积极从事员工参与活动（比如提案制度）时，从员工的回答中不难看出，获得货币奖励的愿望要比一系列其他非薪酬要素的重要性低得多，其中最为强烈的是这样一种愿望：能够影响和控制完成自己承担的工作的方式。[81]第三项研究报告说，企业的生产率和盈利水平除了因受益于像收益分享等这样一些货币奖励计划而得到提高之外，还能通过员工参与决策得到进一步的改善。[82]

12.7 企业战略与薪酬战略：匹配问题

尽管我们的大部分内容都是在讨论不同薪酬方案产生的总体效果或平均效果，但从使薪酬战略与组织战略匹配的角度来思考问题是非常有用的。[83]举一个吃药的例子，如果不考虑病症和诊断的结果就盲目地采取一种治疗方式，那么这种做法显然是愚蠢的。在选择一种薪酬制度时，企业必须考虑如何有效地使其融合到企业的整体经营战略中去。让我们再考虑一下表12-12中列举的一些发现。就平均情况而言，如果将可变薪酬所占比重不到一半的薪酬战略转变为可变薪酬所占比重超过一半的薪酬战略，可能会导致企业的资产收益上升几乎两个百分点（从5.2%上升到7.1%)。但是在有些企业中，资产收益上升的幅度可能会小一些。事实上，在有些企业中，甚至出现了可变薪酬比重增大反而导致资产收益下降的情形。而在另一些企业中，则出现可变薪酬的比重上升带来的资产收益上升幅度超过2个百分点的情况。很显然，如果能够明确指出在哪些情况下可变薪酬会产生增加收益的作用，而在哪些情况下却无法产生这种作用，无疑将具有重大意义。

在第2章中，我们讨论过方向性经营战略，这种战略的两种表现形式是成长战略（内部成长和外部成长）和集中战略（“紧密咬合”)。那么，对于追求成长战略的企业和追求集中战略的企业来说，薪酬战略应当有何不同？表12-15提供了一些可能的匹配。一般情况下，成长战略强调创新、风险承担以及新市场开发，因此它往往与强调和员工共同分担风险的薪酬战略联系在一起，同时使员工有机会通过分享企业的未来成功而在将来获得较高的收入。[84]这就意味着企业需要采用的薪酬方案应当是在短期中提供相对较低的固定薪酬，同时实行奖金或股票期权等计划，使员工在长期中能够得到慷慨的回报。股票期权计划因被苹果公司、微软公司以及其他一些硅谷公司采用而被描述为一种“建造硅谷”的薪酬方案。[85]在这些公司取得成功以后，公司中从高层管理人员到秘书的所有人都能够成为百万富翁——如果他们拥有公司股票的话。成长型企业同样被认为能够从削弱薪酬管理的官僚主义中获益，即在薪酬决策中进一步分权，提高薪酬系统的灵活性，认可员工个人的技能，而不是受制于职位分类或等级分类系统。另一方面，以集中为导向的企业需要的是一种极为不同的薪酬管理系统，因为这种企业的增长率较低、员工队伍较为稳定，所以对薪酬决策中的一致性和标准化要求较高。我们在前面讲过，微软公司已经取消了股票期权，改为实行股票授予，部分原因在于微软公司不再处于高速发展的黄金期。

表 12-15　　薪酬战略与企业战略的匹配

薪酬战略维度	企业战略	
	集中战略	成长战略
风险分担（可变薪酬）	低	高
时间导向	短期	长期
薪酬水平（短期）	市场水平以上	市场水平以下
薪酬水平（长期潜力）	低于市场水平	高于市场水平
福利水平	高于市场水平	低于市场水平
薪酬决策集中度	集中化	分散化
薪酬分析单位	职位	技能

资料来源：Adapted from L. R. Gomez-Mejia and D. B. Balkin，*Compensation，Organizational Strategy，and Firm Performance*（Cincinnati：South-Western，1992），Appendix 4b；and L. R. Gomez-Mejia，P. Berrone，and M. Franco-Santos，*Compensation and Organizational Performance*（Armonk，NY：M. E. Sharpe 2010），Appendix 3. 2.

本章回顾

在本章中，我们讨论了不同类型的奖励计划或绩效薪酬计划的潜在优点和缺点。我们同样看到，薪酬计划既可能产生预期的效果，也有可能产生预料不到的后果。要想设计良好的绩效薪酬战略，通常需要企业平衡不同薪酬方案的优点和缺点，同时减少各种不良后果出现的机会。薪酬战略在很大程度上取决于组织或其所属部门追求的战略和既定目标。例如，微软公司决定修订其薪酬战略（更少强调股票期权，更多强调股票授予）来支持经营战略的转变，并且适应公司股票价格增长放缓的现实。在本章的开篇我们了解到，很多公司都在致力于将薪酬与绩效结合起来，同时降低固定劳动力成本。

思考题

1. 金钱真的能激励人吗？请运用本章中讨论的理论和案例来回答这个问题。

2. 想一想你过去承担的某个职位。请针对这个职位设计一项奖励计划，你的这个计划的潜在优缺点各是什么？如果你把自己的钱也投入到这家公司，你还会采用这项计划吗？

小　结

本章考察的重点是用于认可员工对企业的成功所做贡献的那些薪酬方案的设计与管理问题。这些薪酬方案在将薪酬与员工个人绩效、群体绩效或者企业绩效联系在一起方面存在很大的差别。

通常情况下，企业不需要非得在一种薪酬方案和另一种薪酬方案之间做出选择，而是要在不同的薪酬组合方案之间进行选择，以努力寻求在个人目标、群体目标以及企业目标之间的平衡。

基本薪酬、奖金以及其他类型的薪酬对员工的生活水平都有重要影响。这包含两个方面的重要含义。首先，薪酬是一种强有力的激励工具。一种有效的薪酬战略能够对企业的成功产生巨大的推动作用。相反，一种低劣的薪酬战略则可能产生极大的破坏性。其次，薪酬的重要性意味着员工非常关心薪酬决策过程的公平性。一个在本章中一再重申的主题是，在解释和管理薪酬计划时，必须采用一种能够让员工理解其合理性并且相信其公平性的方式。

企业在经营战略和人力资源战略方面是存在差别的，这一事实表明，最为有效的薪酬战略在不同的企业中可能是不同的。尽管标杆薪酬方案可能会为互相竞争的企业提供信息，但是在有些企业取得成功的薪酬方案，在另一家企业却未必能够取得成功。平衡计分卡指出了企业需要确定自己的关键目标是什么，然后再运用薪酬来对这些目标的实现提供支持。

讨论题

1. 假如为了更有效地展开竞争，你所在的企业正在考虑利用利润分享计划提高员工的努力程度，并且鼓励他们像企业所有者一样去思考问题。请指出这种计划的潜在优点和缺点是什么？利润分享计划对各种类型的员工能够产生相同的作用吗？组织的规模是一个重要的考虑因素吗？为什么？企业还应当考虑运用其他哪些薪酬方案？

2. 收益分享计划常常用在制造业工作场所中，也可以用于服务型组织中，应当如何为医院、银行、保险公司以及其他一些机构设计用于收益分享计划的绩效标准？

3. 假定你所在的企业有两个业务单位：一个是历史较为悠久的老单位，它生产某种在价格上具有竞争优势的产品，这个单位的技术创新水平不是太高；另一个单位刚刚开始组建，甚至连产品还没有，但它正在努力开发一种用来测试毒品对人体危害的新技术，这种技术将通过仿真模拟而不是耗时很长的医疗试验进行测试。你会建议两个单位使用相同的薪酬方案来认可员工对企业的贡献吗？为什么？

4. 从开篇案例到整章内容，我们了解到很多公司在绩效薪酬方面进行变革的例子（例如，通用汽车公司、花旗集团、沃尔玛等），你认为这些公司完成的这些变革会起作用吗？它们新制定的薪酬战略存在哪些方面的潜在收益和隐患？

自评练习

薪酬只是一种类型的奖励手段，它能够激励你做好工作并有助于提高你对工作的满意度。这项调查将帮助你了解工作中的哪些因素会激励你。考虑工作的每一个方面，然后利用下列尺度评价这些方面对于你的重要性：5代表非常重要；4代表比较重要；3代表一般重要；2代表不太重要；1代表非常不重要。

薪资或工资	1 2 3 4 5
现金性奖金	1 2 3 4 5
领导的管理风格	1 2 3 4 5
工作场所的位置	1 2 3 4 5
通勤状况	1 2 3 4 5
就业保障	1 2 3 4 5
晋升机会	1 2 3 4 5
工作环境	1 2 3 4 5
工作中的独立性	1 2 3 4 5
工作对团队合作的要求程度	1 2 3 4 5
其他（请写出你自己认为重要的）：	
____________________	1 2 3 4 5
____________________	1 2 3 4 5
____________________	1 2 3 4 5

工作的哪个方面得了5分？哪个得了4分？

这些就是你认为在你的工作中能够激励你表现出色并使你感到快乐的因素。在哪些方面得了 1 分或 2 分？这些是最不能激励你的因素。你还认为薪酬是能够激励你的唯一因素吗？

资料来源：Based on the "Job Assessor" found at www.salarymonster.com, accessed August 2002.

战略练习

拯救奶油蛋糕：投资者破产了，高管反而拿到奖金了？

在与最近举行罢工的面包师工会僵持不下之后，Hostess 食品公司倒闭了。这家奶油蛋糕制造商和工人之间的关系早在数月前就被破坏了，在这期间披露的一条消息是，Hostess 食品公司的高管人员在公司申请破产保护之前不久仍获得了加薪。

尽管像 Hostess 食品公司这样陷入财务困境的公司常常会在申请破产保护之前给高管人员和私募基金所有者支付奖金或其他补偿，但负责公司破产事务的法官在周四召开的一个听证会上声明，虽然他同意该公司开始清算和解雇 18 000 多名员工的要求，但之前的奖金和补偿支付行为仍"会被审查"。

早在 2011 年 7 月，当董事会投票赞成给首席执行官和其他高管人员加薪时，根据债权方的要求，Hostess 食品公司就已经开始尝试申请破产保护。五个月之后，它申请了破产保护，而这是十年之内它的第二次破产申请。

4 月，包括工会代表在内的债权方强烈抗议上述做法的不公平：他们宣称，Hostess 食品公司在法官可以进行详细审查之前就采取了卑鄙的伎俩，以规避限制企业在破产案件中支付奖金的联邦法律的规定。随后，在员工抗议下，Hostess 食品公司又将高管人员的薪资降到原来的水平。公司声称，董事会"早在"决定破产之前就批准了对高管人员的额外工作提供的奖励。

美国联邦法律规定，在提出破产申请之后而非之前，要限制"留出来"支付给"内部人"（如高管人员）的奖金。

在破产期间或破产前后支付的奖金常常会激起债权方和员工的万丈怒火，因为在员工的工作和福利被削减、投资人蒙受损失的情况下，高管人员却获得了额外的薪酬。

为了鼓励高管人员在公司破产时仍然坚守岗位，同时不会受到法院对高管人员奖金水平的限制，很多公司都精心设计了为达到特定绩效目标的管理人员提供奖励的计划。企业还可以采取另一种绕开法律限制的方法，这就是在申请破产保护之前支付奖金。

很多公司常常声称，它们在给通过超时工作来维持公司运转的高管人员支付奖金时，确实运用了最佳的商业判断力。它们还指出，当公司向高管人员支付奖金时，其结果常常是未知的，因此，它们必须让一些高管人员留下来，以免由于高管人员大批离去而导致局势变得更加动荡。

根据《华尔街日报》对过去五年中 80 多个破产案例所做的分析，1 600 多名内部人——高管人员和其他一些控制公司的人——在申请破产保护的数月之前，获得了总价值超过 13 亿美元的奖金、基本薪酬、费用和其他报酬。

熟悉相关计划的银行家和顾问声称，百仕达公司（Blockbuster Inc.）在 2010 年 9 月申请破产之前，给 12 名高管人员和管理者支付了大约 77.5 万美元的集体奖金。他们认为，该公司在这个时间点上支付奖金就是为了规避对各种保留计划予以限制的破产法的监管。

他们指出，这项计划中包括支付给百仕达的总法律顾问罗德·麦克唐纳（Rod McDonald）的 10 万美元奖金以及支付给其他管理者的奖金，但不包括支付给首席执行官和财务总监的奖金。这些顾问声称，百仕达公司的破产计划在 2010 年夏天被延期了，因此公司通过支付奖金来避免一些员工离职。

麦克唐纳先生在一封邮件里提到百仕达公司的董事会批准了这些"相对较少"的奖金以作为鼓励高管人员留下的"审慎步骤"，这是因为在公司申请破产的风口浪尖上去招募能代替他们的人显然"既不实际也不可能"。

Hostess食品公司的债权方委员会在2012年提交的试图传唤公司档案和员工的破产法院文件中声称，该公司在2011年3月雇用了外部律师，并且董事会“在努力重组的同时，在另一个‘平行路径’上正式准备申请破产”。

2011年7月26日，该公司董事会下的薪酬委员会批准了给当时的首席执行官布莱恩·德里斯科尔（Brian Driscoll）和其他一些高管人员加薪。债权方声称，一名负责人力资源事务的高层管理人员随后在证词中证实，在那个时候破产是“可能发生的事情”。

债权方声称，德里斯科尔先生的薪资从75万美元增加至255万美元，其他高管人员的薪资也增加了。德里斯科尔先生在3月辞职，现在是戴蒙德食品公司（Diamond Foods Inc.）的首席执行官。他通过一名女性发言人表示自己拒绝对此发表评论。

债权方在破产法院文件里宣称，“这些改变的本质、数量和时间点选择都暗示公司可能在破产之前就决定做出这些改变，以留住那些高管人员并回避破产法中对留用金支付的禁令”。

Hostess食品公司则宣称，“为了表明尽力帮助公司避免申请破产保护的目的”，公司从华尔街和债权人那里获得了6 000万美元，公司补充说明，如果破产在那个时候已经是确定的，公司就不会得到那笔钱了。债权方在Hostess食品公司将高管人员的薪资降到原来的水平时，撤销了对他们进行传唤的要求。

思考题

1. 在像这样的破产期间，投资者会遇到什么情况？

2. 你认为本案例中的高管人员应该获得奖金吗？为什么？

资料来源：Mike Spector，Tom Mcginty, and Rachel Feintzeig，“In Trouble and Paying Out：Financially Sick Firms Often Grant Bonuses in Months Before Bankruptcy Filing,” *Wall Street Journal*，December 3，2012.

人的管理

员工股票所有权计划：谁是获益者？

曼迪·卡伯特（Mandy Cabot）想确保她和她的丈夫在过去20年里共同建立的制鞋事业在他们去世后仍能得到良好的传承。这位58岁的女士与她的丈夫创办了位于宾夕法尼亚州西树林市的Dansko公司，该公司每年的营业额达到1.5亿美元，她担心把公司卖给竞争对手或私募基金会导致它们采取解雇员工或其他削减成本的措施。

因此在2月，这对夫妇将公司的所有权转让给了180名员工。通过“将它留在家里”以及在未来给予员工真正的股份，卡伯特夫人希望这家公司在未来数年里仍能健康运转。她说：“这是我们的孩子，但在某一时刻我们不得不停止做它的父母而成为祖父母。”

这项行动称为员工股票所有权计划，这种计划受到很多小公司，尤其是那些在经济衰退时期寻找买主的小公司的欢迎。这种计划的典型做法是，公司所有者将自己的股权部分或全部出售——常常通过银行贷款——给一个代替员工持股的信托机构。员工们可以在退休时兑现自己的股份。

迈克尔·基林（Michael Keeling）是员工股票所有权计划协会——一个华盛顿的游说团体——的总裁，他认为：“公司的成功不仅由首席执行官的才华驱动，还与它的员工有关，公司所有者越觉得员工值得拥有某些东西，公司经营就越成功。”

在本周，一个来自两党的立法团体引入了一项法案来鼓励实施员工所有权计划。该计划的批评者则认为，寻找轻松退出方式的企业所有者通过说服员工拿出自己的退休金来赌博，就简单地把企业的所有权风险分散出去了。密歇根大学的安德鲁·斯塔夫（Andrew Stumpff）认为，将自己的退休金放在单个公司身上去冒险本来就是一个糟糕的决定。如果这家公司又是你的雇主，情况可能会变得更糟，他说：“如果这家公司失败了，你会同时失去存款和工作。”他引用安然公司、世界通讯公司和雷曼兄弟的例子补充说道，这种风险是非常真实的，这些都是失败的所有权共享的公司，它们的员工都失去了自己的存款。

反对者则认为，该计划对企业所有者的真正吸引力在于，它能够享受政府为资本收益和股息提供的慷慨的所得税抵扣额度。

根据全美员工所有权中心提供的数据，到2011年，全国估计有10 900家员工所有制公司，自2007年以来增加了12%，这也是自20世纪70年代中叶（该计划刚出现时）以来达到的最高纪录。几乎所有的员工所有制公司雇用的员工都不足500人。该组织估计，现在大约有1 000万员工加入了这一计划，代表着8 600亿美元的资产。

Drexel大学的诺曼·斯坦（Norman Stein）认为，员工股票所有权计划中的员工所有权弊大于利，大多数这种计划是基于对企业价值的过高评估而制定的，许多原始所有者拿走现金之后，给参与该计划的员工留下了估价过高的股票。他说："我并不反对员工拥有一部分雇主的股票，但如果它与退休计划挂钩，那必将带来麻烦。"

哈佛大学和Rutgers大学以及美国国家经济调查局分别通过研究发现，有共享所有权计划的公司在衰退期比结构更为传统的公司经营得更好，包括解雇更少的员工、生产率更高和员工忠诚度更高。

31岁的道恩·休斯顿（Dawn Huston）从11年前开始在Dansko公司工作，负责给鞋子进行分类。现在她是一名仓库管理员，她说，一开始拥有公司的一部分所有权时她感到很紧张，但她补充说道，由于公司提供了一个与此分离的401（k）计划，所以她并不担心自己的退休金。去年，她开始将Dansko公司称为"我们的公司"。她就员工所有权的转换发表了这样的看法："我感觉他们将我们视为一个家庭，这里就像一个家。"

60岁的阿黛尔·康纳斯（Adele Connors）是位于纽约普莱西德湖的一家广告公司的联合创始人，她认为员工所有制"改变了我们公司的文化"，并且员工现在"更投入了"。43岁的凯莉·弗莱迪（Kelly Frady）是广告公司的会计主管，她认为公司的员工所有权计划培养了员工的团队精神。她说："任何人都知道如果你做得好，你的股票就会升值，它是促进公司长期成功的因素。"

金·乔丹（Kim Jordan）与她的丈夫在1991年联合创办了新比利时酿造公司，她指出，员工所有制确保了公司价值观和文化的完整性——包括对可持续发展和环境友好型生产过程的承诺。12月，她将这家位于福特柯林斯的公司的全部所有权分给480名员工。

她说："我们一直试图让我们的员工参与企业运营。"据称，这么做的目的不仅是奖励员工，还想通过创造一种让员工像企业家那样思考问题的公司环境来培养创新能力。

卡伯特夫人通过用沃尔沃旅行车后备厢卖鞋起家，直到在1990年创办了Dansko公司，她声称，与员工股票所有权计划相关的税收福利使得小型公司能够管理因收购夫妇俩的所有股票而产生的长期负债。但是她补充说道："这一计划并不是某种税收规避措施。"

思考题

1. 员工股票所有权计划对员工有利吗？
2. 员工股票所有权计划更能激励员工吗？
3. 如果员工所有制公司面临财务问题，员工的退休收入会发生怎样的变化？对于那些在非员工所有制公司中工作的员工而言，当公司面临财务问题时，他们的退休收入又会发生怎样的变化？

资料来源：Angus Loten, "Founders Cash Out, but Do Workers Gain?" *Wall Street Journal*, April 17, 2013.

小企业的人力资源管理

员工拥有Bob's Red Mill公司

总部设在俄勒冈州波特兰市的Bob's Red Mill公司销售多种全麦面粉和调拌料，专门从事无麸产品的销售。公司名中的"Bob"来自创始人和总裁鲍勃·门罗（Bob Moore）。2010年，在经营这家企业30多年后，门罗召集200名员工开会，宣布把公司给他们。他建立了一个员工股票所有权计划作为退休计划，把公司的股份放入一个信托基金。所有在公司至少工作三年的员工都被纳入这一计划。当员工退休的时候，他们将根据他们的份额获得现金。

看着退休计划中公司股票价格上涨并不是唯一激励公司员工的经济因素。15年前，该公司制定了一个利润分享计划。财务总监约翰·瓦格纳（John Wagner）每周给员工更新一次销售额情况，这样他们可以用这一数据来估计公司的利润并估算自己能够得到的份额。

在过去的20年中，公司的销售额很不错。瓦格纳在1993年加入公司时公司只有28名员工，当时创造了320万美元的销售额。在瓦格纳的指导下，公司开始参加展销会，吸引了许多健康食品商店和食品经销商，随后又吸引了超市。这家公司占领的市场从几个州扩展到整个北美和一些国际市场。公司报告显示，从2004年起，公司的总收益增长率达到20%～30%。

门罗和他的员工在沿着这条路走下去，为公司和公司使命献身方面毫不动摇，公司的使命是提供使美国人更健康的食物。公司成立10年后，一场大火毁掉了工厂，但门罗重建了工厂，现在公司经营着占地15英亩的工厂，一周六天、每天三班运转。

为什么门罗选择在81岁生日的时候把公司给了员工，而不是卖给任何一个感兴趣的团体呢？对于门罗而言，这个问题的答案与他的员工和他们对公司的承诺有关。他告诉记者："这些人干得太好了，使我无法卖掉这家公司。"员工们为这一赞扬提供了回报。比如，维护主管波·托马斯（Bo Thomas）说："这只是表明鲍勃对我们有多么忠诚和信任。对于我们所有人而言，这远远超越了一份工作所具有的意义。"

思考题

1. 本案例中提到的奖励性薪酬的类型有哪些？它们是基于个人绩效、群体绩效还是公司绩效设计的？

2. 你认为股票所有权计划或利润分享计划的激励作用在像Bob's Red Mill这样的小公司和大公司里是否会有所不同？请解释你的理由。

3. 假设Bob's Red Mill公司雇用你作为顾问对该公司的总薪酬方案做出评价，你是否会建议公司增加其他形式的奖励性薪酬计划？如果建议增加这方面的计划，你会推荐它采用哪些形式的奖励性薪酬计划？请解释你的理由。

资料来源：Karen E. Klein, "ESOPs on the Rise among Small Businesses," *Bloomberg BusinessWeek*, April 26, 2010, www. businessweek. com; Dana Tims, "Founder of Bob's Red Mill Natural Foods Transfers Business to Employees," *Oregon Live*, February 16, 2010, http://blog. oregonlive. com; and Christine Brozyna, "American Heart: Owner of Multi-Million Dollar Company Hands Over Business to Employees," *ABC News*, February 18, 2010, http://abcnews. go. com.

第13章 员工福利

学习目标

在阅读完本章后，你应当能够：

1. 说明福利成本增长的情况以及导致福利成本上升的原因。
2. 解释员工福利计划的主要条款。
3. 说明美国的员工福利与其他国家的员工福利有何异同。
4. 描述福利管理对成本和员工队伍质量的影响。
5. 说明就福利的性质和价值与员工进行有效沟通的重要性。
6. 描述对员工福利设计和管理产生影响的法律法规有哪些。

进入企业世界

控制医疗健康成本：企业转向“胡萝卜加大棒”

如果你是一名腰围达到或超过40英寸的男性或是一名腰围达到或超过35英寸的女性，并且在轮胎制造商米其林北美公司工作，那么，今年的“备胎”计划会让你破费了。该公司规定，如果员工在血压、血糖、胆固醇或腰围等指标方面超出目标范围，他将在医疗保险中额外多付1 000美元。

作为控制日益增长的医疗健康成本的计划的一个组成部分，米其林公司会惩罚那些没有达到健康目标的员工，还会惩罚那些拒绝分享上述相关个人健康信息（如体重、血压等）的员工。

米其林公司声称，不改变劳动者与健康相关的生活方式和习惯，医疗健康成本就无法得到控制。现在，大型企业在医疗健康方面的投保费用平均每年每人超过1.1万美元。盖洛普公司的一项调查和研究发现，体重超标的美国劳动者比其他劳动者每年要少工作4.5亿天，由此带来的生产率损失每年超过1.53亿美元。

像米其林这样的企业正在实施身心健康修炼计划，同时（或者）将该计划的实施情况与金钱挂钩，希望以此促使员工选择更健康的生活方式。尽管以奖励的方式设定激励计划看起来像是一种更为积极的做法，但以惩罚（代替奖励）的方式来设定激励计划的做法却与行为经济学家得出的研究结果更为一致，研究表明，与获得同等数量的金钱相比，人们对损失金钱做出的反应更为强烈。

这种方法引起了员工权利维护者的担忧。这种针对糟糕的健康状况实施的惩罚是否属于一种"合法的歧视"？患有慢性病（比如高血压）的员工是否会失去自己的工作？对于那些自身患有健康问题需要花很多钱的人来说，是否该采取除降薪之外的其他惩罚措施？

在现行法律之下，公司可以根据员工的健康情况制定奖励或惩罚措施，但不能超出在员工健康保险项目上投入费用的20%。现行法律还要求，在员工自身实际情况决定了他们不可能达到医疗健康目标的情况下，企业应当免除对这些员工的惩罚。

霍尼韦尔国际公司是另一家会因一些医疗健康选择而惩罚员工的公司。过去，如果这家公司的员工在选择接受（昂贵的）外科手术（如膝盖置换手术、臀部手术以及背部外科手术等）之前愿意听取其他不同意见，则公司会向员工提供一项奖励计划。但在审查了采用这项激励计划的有效性数据之后，公司决定对这项计划加以修改。新的计划规定，如果员工没有遵循这些程序，将被处以1 000美元的罚款。据报道，新的计划实施结果显示，员工对这些程序的遵从度从20%以下上升到90%以上，每年至少为公司节约了300万美元的成本。

资料来源：Leslie Kwoh, "When Your Boss Makes You Pay for Being Fat," *Wall Street Journal*, April 5, 2013; The Henry J. Kaiser Family Foundation and Health Research and Educational Trust, "Survey of Employer Health Benefits 2012," www.kff.org.

13.1 本章介绍

如果我们认为福利是员工总薪酬的一个组成部分，那么我们在前面两章中讨论的许多与员工薪酬有关的概念都可以用在这里。比如，这就意味着福利的成本目标和行为目标同样重要。福利成本的平均水平大约相当于货币薪酬的44.5%，因而在员工的总薪酬中，福利成本大约要占到30.8%。因此，要想在不控制福利成本的情况下去控制劳动力成本实际上是不可能的。在行为方面，福利会对以下几个方面的情况产生影响：哪些潜在的员工会到企业中来工作；他们是否会留在企业中；他们在什么时间退休等——也许还包括他们的工作绩效如何（尽管这些方面的实证性证据，尤其是最后这个方面的实证性证据是非常有限的）。[1]此外，由于不同的员工会寻找不同类型的福利，因此，企业需要经常检查自己的福利计划，以了解这些福利项目是否适合员工的需要，还是说已经过时了。本章的开篇案例阐明了企业需要继续关注成本控制，包括向具有更高健康风险的员工收取更高的医疗健康保险费用。

尽管将福利视为总薪酬的一部分是有道理的，但福利有其独特之处。第一，这里存在一个关于福利的法律问题。虽然直接薪酬也要受到政府法律法规的约束，但是有关福利的法律法规在范围和影响力上却远远甚于前者。有些福利，比如社会保障是受到法律强制约束的。其他一些福利项目尽管不受法律约束，因而不一定要强制执行，但是却要受到一些重要的规章制度的制约，或者是必须满足某些条件才能获得政府提供的最为优惠的税收待遇，这些福利项目包括养老金和储蓄计划，等等。政府对福利决策的较多干预，反映出福利在提供经济保障方面所起到的核心作用。

福利的第二个独特之处在于，由于企业总是会提供福利，因此福利已经变成一种制度化的东西。提供某种类型的医疗和退休福利几乎已经成为许多企业（如大型企业）的一种强制性义务。不向自己的全日制员工提供这些福利的大企业是微乎其微的，因为企业如果不这么做，就很难吸引和留住一支高素质的员工队伍。

福利的第三个独特之处在于，与其他形式的薪酬相比，它更为复杂。理解薪酬中的货币所具有的价值相对来说要容易得多，但要理解福利组合的价值就不那么简单了。一般情况下，要想理解不同类型的医疗健康、养老金计划、伤残保险和对退休基金的投资选择的优缺点是很困难的，这些福利计划具有的价值（不仅仅是通常意义上说它们是好东西这么简单的判断）很少会像拿到的货币薪酬那样让人一目了然。很多时候，大多数员工甚至没有意识到他们可以获得某些福利；即使他们知道了，也可能不理解如何才能享受这些福利。当企业在福利上花了大量的钱，但是员工却对福利不理解或者不认为福利有太大价值时，企业的福利投资产生的收益就会少得可怜。[2]之所以让员工在退休计划和其他福利项目上承担更大的责任，另一个方面的原因就是需要提高他们对这些福利计划的价值的认识。然而，正如我们在开篇案例中提到的那样，这种方法也存在一定的风险。

13.2 福利开支增长的原因

在把福利当成总薪酬的一部分来看待时，会产生一个根本的问题：为什么企业会选择将薪酬中很大一部分拿出来由货币（工资和薪资）转变为福利？经济理论告诉我们，人们通常更为偏好一美元的现金，而不是同样具有一美元价值的某种商品，因为现金不仅可以用来购买该商品，而且可以用来购买其他东西。[3]所以说，现金受到的约束更小一些。然而，其他几个方面的因素又导致薪酬中的福利成分比现金成分更为重要。为更好地了解这些要素，我们可以考察一下福利开支随着时间延长而上升的情况，以及这种福利成本增长背后的一些原因。

图13-1为我们展示了福利的总体增长状况。注意，1929年，即大萧条前夕，福利开支仅相当于货币薪酬总额的3%。而到了1955年，这一数字已经上升到了17%，并且还在稳步上升。目前，企业每支付1美元货币薪酬，就会另外提供44.5美分的福利。

有很多因素造成了福利成本的大幅增长。[4]第一，20世纪30年代，作为富兰克林·罗斯福新政的一个组成部分，有几部法律颁布，而这些立法的目的都在于阻止人们受到大萧条所带来的那种毁灭性打击的影响。《社会保障法》和其他一些法律不仅确定了要求企业必须设立的一些福利项目（比如，社会保障系统中的退休制度），而且修正了税收结构，以便使其他一些福利计划——比如，工伤（与工作有关的伤害）保险以及失业保险——也变成是强制性的。第二，在第二次世界大战期间实行的工资和物价管制以及劳动力市场上出现的劳动力供给短缺，迫使很多企业不得不考虑用新的办法去吸引和留住员工。由于福利不属于工资管制的范围，因此许多企业将更多的资源用在这个方面。一旦这些福利计划建立起来，即使工资和物价管制被解除，它们也能保留下来。

第三，员工福利计划得到的税收待遇常常比工资和薪资得到的税收待遇更为优惠，这就意味着在员工身上花的每一美元福利要比在他们身上花的每一美元工资和薪

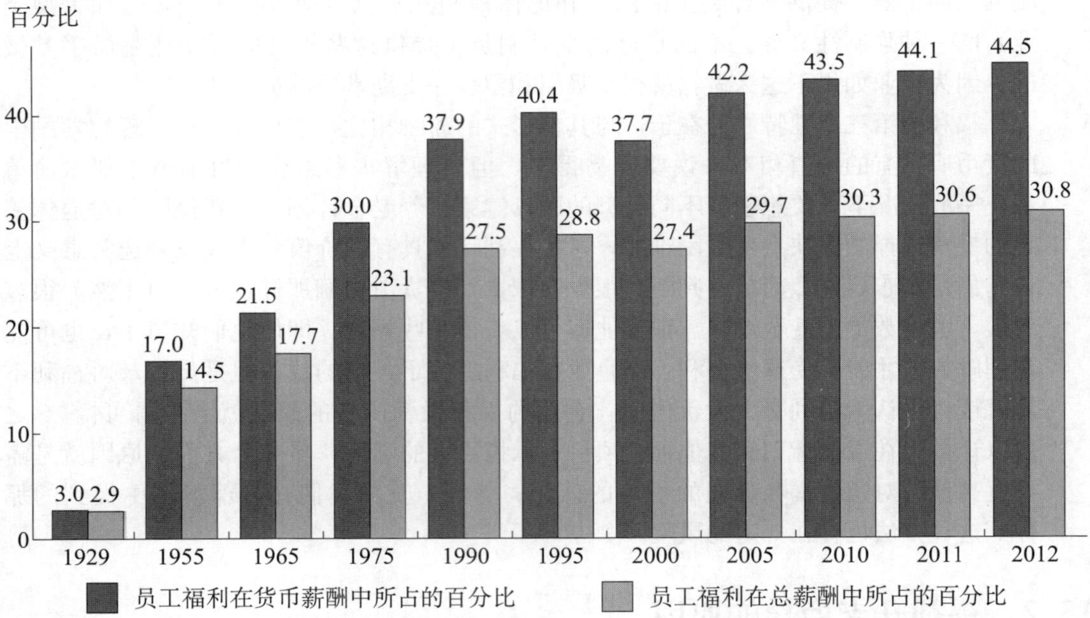

图 13-1 员工福利在货币薪酬和总薪酬中所占百分比的增长状况（民用劳动力），1929—2012 年

资料来源：Data through 1990，U. S. Chamber of Commerce Research Center，*Employee Benefits 1990*，*Employee Benefits 1997*，*Employee Benefits 2000*（Washington，DC：U. S. Chamber of Commerce，1991，1997，and 2000）. Data from 1995 onward，"Employer Costs for Employee Compensation，" www. bls. gov.

资产生更大的潜在价值。**边际税率**（marginal tax rate）是指一定数量的新增收入需要缴纳的税收占新增收入总量的百分比。现在让我们来看一看在表 13-1 中假设的这位员工的情况，看一看他的基本薪酬每上升 1 000 美元，他的实得薪酬将会受到怎样的影响。对于收入较高的员工来说，总的有效边际税率也会较高，并且这种税率还会因所在的州和城市不同而有所变化。（纽约州和纽约市的总体有效边际税率是最高的。）对于这位年收入为 8 万美元的员工来说，如果他的固定薪酬上升 1 000 美元，那么实际上他可以得到的净薪酬增加额将是 596.70 美元 [1 000×（1－0.403 3）]。但是，如果企业将这笔额外的 1 000 美元增加到他的福利当中，就会导致他的"实得福利"增加 1 000 美元。

表 13-1 一位年薪 8 万美元的员工面临的边际税率示例

	名义税率	有效税率
联邦税率	25.0%	25.0%
州（纽约州）税率	6.65%	4.99%
市（纽约市）税率	3.59%	2.69%
社会保障税率	6.20%	6.20%
医疗保险税率	1.45%	1.45%
总税率	42.89%	40.33%

注：州和城市的税收在联邦税收申报单中是可以扣除的，从而降低了有效税率。

企业同样意识到了从某些特定类型的福利中能够获得的税收优势。尽管现金薪酬和大多数福利都可以作为运营费用而享受减免税待遇，但企业还是需要（像员工一样）以一定限额以下的薪酬收入（2013 年的规定是 113 700 美元）为基数缴纳社会保障税，同时还要以全部薪酬为基数缴纳医疗保险税，此外还有像工伤保险以及失业保险等税收。然而，大多数员工福利却不用缴纳这些方面的税收。以最低限度来说，企业额外向员工支付 1 000 美元的福利，至少比向他们额外支付 1 000 美元的薪酬能使员工得到更高的价值。

福利的税收优势还体现在其他一些形式上。直到员工退休才支付的这种延期薪酬确实能够让员工得到现金，只不过要等到他们退休，而到那时，他们的收入可能比现在低，因而需要缴纳的税收就会比现在要少一些。更为重要的也许是，延期支付货币获得的投资收益通常会带来累积性的免税待遇，这样就会导致投资出现更快的增长。

对福利增长产生影响的第四个因素是集体相对于个人具有的优势。代表着较大群体员工的企业可以凭借规模经济以较低的费率购买保险（或自保），因为它可以将固定成本分散到较多的员工身上，从而降低每个人承担的成本。保险的风险在较大的人口群体中更容易分散一些，同时较大的人口群体在与保险服务提供商或者医疗服务提供商进行谈判时，具有较强的谈判力量。

影响福利增长的第五个要素是 20 世纪 30—50 年代出现的有组织的劳工运动的增长。这种增长出现的部分原因在于另一部法案——美国《国家劳资关系法》的出台，该法案大大强化了工会组织工人与企业进行集体谈判的能力。而在集体谈判中，福利又常常是一个关键的目标。（事实上，到今天为止，情况依然如此。福利问题依旧是工人罢工的一个主要原因。）工会往往能够成功地实现工会会员希望在福利方面达成的目标，尤其是在税收方面的优势为企业提供了将货币从现金形态向福利形态转变的激励之后。对于工会来说，新的福利（比如医疗保险计划的建立）是一种可见的成果，这种成果对工会在未来吸收新会员产生的影响要比等值的工资增长产生的影响更大，因为争取到的工资增长幅度可能只相当于在小时工资中增加一两美分而已。此外，许多非工会化企业在面临工会化的威胁时，也会为它们的员工制定同样的福利计划，这也促进了福利的增长。

最后，企业为了在当前员工以及未来员工的心目中把自己与其他企业区分开来，有可能把提供某些独特的福利计划作为手段之一。在这种情况下，企业实际上是在告诉大家，能够与其他企业区分开来的一些关键文化特征是什么。表 13 - 2 展示了这方面的一些例子。

表 13 - 2　通过福利计划与其他企业区分开来

员工为照顾 3～6 个月的婴儿可享受公司提供的 20 天备用假	高盛集团
刚当上祖父母的员工可享受一周的带薪休假	美信银行（MBNA）
怀孕员工在预产期前可享受一个月的带薪休假	美国礼来公司
员工家庭在遇到紧急状况时可使用公司专机	BE&K 公司
在公司工作 10 年后可与总裁和首席执行官共进晚餐	Cerner 公司
在公司经营的任何一家酒店免费入住一次	四季酒店（Four Seasons）
宠物保险	天伯伦公司（Timberland）
价值 4 美元的工作现场理发	Worthington Industries 公司

最高1万美元的不孕治疗和领养补贴	CMP Media公司
每月可从事10个小时的带薪志愿者工作	房利美公司
工作10年以及此后每5年可享受35天的额外假期	穆格公司（Moog）
为员工提供1 200英亩露营和休闲区域	Steelcase公司
为帮助员工跨过人生的一些重大门槛，比如首次买房和支付学费等为员工提供1万美元的资金	施乐公司
每四年为它的运动队举办国际奥林匹克比赛。公司负责运动员的花费以及开幕式的费用；最近的一次比赛在布达佩斯举办，有70多个国家参加	安联公司（Allianz）

资料来源：Brian Ballou and Norman H. Goodwin，"Quality of Work Life，" *Strategic Finance*，October 2007，pp. 40-48； "Best Benefits：Unusual Perks，" 100 Best Companies to Work For，2012，*CNN. com*，http：//money. cnn. com/magazines/fortune/best-companies/2012/benefits/unusual. html，accessed May 22，2013；"11 Top Perks from Best Companies，" 100 Best Companies to Work For，2013，*CNN. com*，http：//money. cnn. com/gallery/news/companies/2013/01/17/best-companies-perks. fortune/jump. html，accessed May 22，2013.

13.3 各种福利项目

大多数福利都可以归为下述几种类型中的一种：社会保险、私人集体保险、退休福利、带薪休假福利、家庭友好政策，等等。[5]表13－3基于美国劳工部劳工统计局的数据，提供了关于某些特定福利计划被普遍使用的总体概况。如表13－3所示，随着企业规模的增大，被这些福利项目覆盖的员工所占百分比也在上升。在规模最大的那些企业中，这一比例会更大一些。同样，如表13－4所示，福利（以及总薪酬）的成本随企业规模的增大而增加。

表13－3　美国参与特定福利项目的私营企业全日制员工所占百分比，按企业规模划分

	企业规模		
	全部	员工达1～99人的企业	员工达500人或500人以上的企业
医疗健康	70%	58%	90%
牙齿护理	45%	30%	73%
短期伤残保险	39%	28%	60%
长期伤残保险	33%	22%	61%
完全退休	65%	50%	86%
受益确定制养老金	19%	8%	46%
缴费确定制养老金	59%	47%	78%
人寿保险	57%	41%	86%
带薪休假			
病假	61%	52%	82%
度假	77%	69%	90%
事假	37%	27%	58%
家庭假	11%	8%	20%

资料来源：U. S. Bureau of Labor Statistics，*National Compensation Survey：Employee Benefits in the United States，March* 2012，Bulletin 2773，September 2012，www. bls. gov/ncs/ebs/benefits/2012/ebbl0050. pdf，accessed May 20，2013.

表 13-4 美国私营部门的总小时薪酬与福利成本，按企业规模划分 单位：美元

	企业规模		
	全部	员工达 1～99 人	员工达 100 人或 100 人以上
总薪酬	28.89	23.78	42.84
固定薪酬	20.32	17.60	28.10
福利	8.57	6.18	14.74

资料来源：*Employer Costs for Employee Compensation—December 2012*，March 12，2013，www.bls.gov/news.release/ecec.nr0.htm.

13.3.1 社会保险（法定福利）

■ 社会保障

在 1935 年颁布的美国《社会保障法》中，最为重要的条款就是建立养老保险和失业保险制度。该法案后来又做了修正，增加了遗属保险（1939 年）、伤残保险（1956 年）以及适用于老年人的住院保险（医疗保险 A 部分，1965 年）和补充医疗保险（医疗保险 B 部分，1965 年）。所有这些条款合在一起，共同构成了美国联邦政府的养老、遗属、伤残和医疗保险计划（OASDHI）。90%以上的美国员工都参加了这一计划，主要的一些例外人员是铁路工人以及联邦政府、州政府和地方政府的工作人员，这些人一般都有自己的保险计划。然而，需要记住的是，一位员工必须满足某种资格要求才能获得这些福利。要想获得全额保险，员工就必须在参加保险计划之后工作时间达到 40 个季度，并且在 2013 年每个季度得到的最低工资不低于1 160 美元。不过，遗属保险和伤残福利的资格要求有所不同。

对于那些在 20 世纪 40 年代出生的人来说，全额的社会保障退休福利（养老保险）要等到他们年满 65 岁才能享受，也可以在 62 岁（以福利被永久扣减为代价）享受。目前，随着出生年份的推移，退休年龄也在上升。对于那些在 20 世纪 60 年代以后出生的人来说，他们要到 67 岁才能退休。尽管福利的数量取决于个人的历史收入状况，但是当一个人的收入超过某一水平之后，福利的上升幅度就很小了。2013 年，完全退休年龄的最高月福利为 2 533 美元。这样，高收入者实际上就向低收入者提供了一种补贴性的福利。随着消费者物价指数的上升，这种养老金计划每年还会根据生活成本情况相应地提高受益者的保险水平。退休的时间很重要。如果你在 62 岁退休（也就是说，早于完全退休年龄），2013 年的最高月福利只有 1 923 美元，但如果你等到 70 岁再退休，2013 年的最高月福利可达到 3 350 美元。

社会保障退休福利的一个重要特点是：那些达到完全退休年龄的人在美国大约一半的州都可以享受免征州税待遇，如果他们没有其他收入或收入低于某一水平（单身纳税申报人是 25 000 美元，已婚纳税申报人为 32 000 美元），还将完全免征联邦税。然而，在联邦政府的免税代码中却保留着对仍然挣取工资的人（这些人还没到完全退休的年龄）进行的一种收入调查。2013 年，法律允许年龄介于 62 岁至完全退休年龄之间的福利享受者全年获得的薪酬为 15 120 美元；在福利享受者刚好达到完全退休年龄的那一年，政府允许他们全年获得的薪酬收入为 40 080 美元。如果其全年的薪酬收入超过上面规定的这些数额，则在完全退休年龄之前每超出上述限额 2 美元，其社会保障福利就会被扣减 1 美元，在达到完全退休年龄之后，每超出上述限额 3 美

元，其社会保障福利就会被扣减1美元。这些条款是非常重要的，这是因为，它们对那些年龄处于62岁至完全退休年龄之间的人是否参加工作有着重要的影响。收入调查制度增强了一个人完全退休的动机（否则，这些人可能得不到全额的社会保障福利），如果这些人继续工作，他们往往会从事非全日制工作，而不愿意从事全日制工作。2000年1月发生的一个重大变化是，一旦达到完全退休年龄，这种收入调查制度将不复存在。因此，这些劳动者无须再受到任何薪酬惩罚（从而不会产生与税务相关的打击员工工作积极性的结果）。

退休金以及其他一些福利基金是怎样筹集的？它们是通过企业和员工双方都要承担的工薪税筹集的，企业和员工双方都要根据员工薪酬收入中110 100美元以下的部分缴纳7.65%的社会保障税（总税率是15.3%）。在这7.65%的税收中，6.2%用于养老、遗属、伤残和医疗保险计划，1.45%用于医疗保险（A部分）。此外，还要对员工的所有薪酬收入征收1.45%的医疗保险税。（自雇者要支付12.4%的养老、遗属、伤残和医疗保险计划税。）

社会保障福利产生的行为后果是怎样的？由于它们是法律强制要求企业实行的，因此企业没有自行设计这些福利计划的自由。然而，社会保障影响了员工的退休决定。影响他们做出退休决定的因素有两个：能够享受福利的年龄条件和对薪酬的税收惩罚。取消针对那些达到完全退休年龄的人的薪酬实施的税收惩罚，意味着企业有机会获得更多年龄较大的劳动力。

■ 失业保险

通过1935年美国《社会保障法》建立起来的失业保险计划包括四个方面的主要目标：（1）弥补劳动者在非自愿失业期间损失的一部分收入；（2）帮助失业者找到新的工作；（3）对那些稳定住雇佣量的企业提供奖励；（4）通过向被短期解雇的员工提供收入来保留在他们身上所进行的技能投资（使他们能够回到自己原来就职的企业，而不是到另一个企业去就业）。

失业保险计划的资金来源大部分依靠联邦政府和州政府对企业的征税。尽管严格来讲，是否建立失业保险是由各州自己来决定的，但《社会保障法》还是建立了一种激励性的税收结构来引导各州迅速地建立起自己的失业保险计划。目前，用于失业保险的联邦税率为员工薪酬收入中7 000美元以下那部分的0.6%。许多州要么是在失业保险税税率方面较高一些，要么是课税的收入上限更高一些。当前华盛顿州的（课税）收入上限最高，达到39 800美元。[6]

失业保险计划的一个非常重要的特征是：美国没有一个州对所有企业制定相同的失业保险税税率。相反，失业保险税税率的高低取决于对企业的历史解雇情况所做的评价。与那些没有临时解雇员工历史的企业相比，有这种历史的企业需要按照更高的税率缴纳失业保险税，在有些州，那些很少解雇员工的企业不需要缴纳失业保险税。相反，一个解雇历史比较多的企业需要缴纳的失业保险税可能高达5%～10%，具体的数字因企业所在的州不同而有所区别。[7]

失业者需要满足以下四个方面的条件才有资格领取失业保险：第一，曾经参加工作（通常要求在领取某一最低薪酬水平的前提下工作52周或者是四个季度的时间）；第二，目前能够工作；第三，正在积极寻找工作（其中包括到地方上的失业办公室登记）；第四，不是因为某些理由（比如，个人存在主观的不当行为）而被解雇，不是自愿辞职，也不是因为劳资争议而处于脱离工作的状态等。

失业保险福利金的数量因各州而异，但它通常相当于员工失业前薪酬收入的 50%，并且持续时间只有 26 周。失业保险福利还可以延长 13 周。比如，一个州在下面这种情况下就必须支付时间延长的保险福利，即如果在前 13 周领取失业保险时的失业率至少达到 5%，并且这一失业率达到前两年同期失业率的 120%。[8]有时候，在紧急情况下，国会会出资延长失业保险福利的领取期。各州都规定了最低和最高的周失业保险福利水平。与社会保障退休福利不同，政府对失业保险福利按照普通收入来征税。

由于失业保险是法律要求的，因此资方在这方面的自由度很小。资方的主要任务是通过避免不必要地缩减员工队伍（比如依靠本书第 5 章中描述的那些行为）来保持一个较低的解雇历史评价等级。

■ 工伤保险

工伤保险法律覆盖了与工作有关的各种伤害和死亡事故。[9]在有关法律出台之前，员工在受到工伤或者患上与工作有关的疾病时，只能通过向法院请求赔偿金的方式获得补偿。但那时企业可以援引普通法为自己辩护，这就意味着员工提起的这种法律诉讼并非总是能够成功。相反，工伤保险法律是在无过错责任原则下实行的，这就意味着员工根本不需要提供企业有重大过失的证据，而企业也不会因此受到起诉。（一个例外是企业故意让员工到一个危险的工作场所去工作。）当员工由于自己的原因或酗酒、“故意忽视安全规程”等原因而造成伤害时，企业不需要负责任。[10]美国劳动者中有将近 90%的人受到各州的工伤保险法的管辖，尽管工伤保险的覆盖率在不同的州会有所不同——从 70%到 95%以上。

工伤保险福利可以划分为四类：（1）伤残收入；（2）医疗看护；（3）死亡福利；（4）康复服务费。

伤残收入通常相当于员工在工伤之前收入的 2/3 左右，各州还分别对最低和最高伤残收入做出了自己的规定。与失业保险福利相反，伤残福利是免税的。在不同的州，工伤保险福利的资金来源是不同的，有些州建立了单一的州工伤保险基金，而大多数州则允许企业从私营保险公司购买工伤保险福利。在大多数州，政府还允许企业自己建立工伤保险基金。企业需要承担的成本主要取决于三个因素：第一个因素是职位的性质以及每一种职位内含的风险。低风险职位的保险费可能会低于薪酬总额的 1%；而工伤风险最大的职位给企业带来的工伤保险成本则可能高达薪酬总额的 100%。第二个因素是在哪个州工作。比如，因工伤失去一条腿在宾夕法尼亚州的工伤保险成本为 264 040 美元，但是在科罗拉多州却只有 67 860 美元。[11]第三个因素则是企业的工伤风险历史评价等级。

工伤风险历史评价等级制度再次给企业提供了一种激励，促使它们努力把自己的工作场所变得更加安全。重大伤害（比如失去手指或手等事故）比轻伤（比如扭伤和拉伤）发生的概率要小得多。在发达国家，背部拉伤是一种治疗费用最高昂的良性健康问题。美国每年有 3%～4%的人会因为背部拉伤而出现暂时性的身体功能失调，另有 1%会因此永久并完全残疾。[12]企业可以采取许多行动来避免工伤的发生，比如重新设计职位，对员工进行培训以及加快他们康复的速度，促使他们尽快回到工作岗位上去等（如通过练习达到这一目的）。[13]有些变化很容易就能做到（比如，允许员工坐着工作而不是弯腰工作）。还有很重要的一点是，让管理者承担起把工作场所变得更加安全的责任（比如，在他们的绩效评价中对此提出要求），同时设法让受工伤的员工尽快返回工作岗位。随着《美国残疾人法》的通过，企业在有效而公开地处理工伤事故方面承受的压力更大了。请参见第3章中关于安全教育计划的讨论，以了解企业和员工为使工作场所变得更安全而采取的一些措施。

请看看这里的“通过科技进行竞争”专栏，它展示了更系统化的个案管理是如何对企业和员工有利的。

通过科技进行竞争

通过抵制滥用止痛药控制医疗健康成本：开一剂高科技算法的药方

尽管大量的法律强制性规定和各种管制资源都进入了抵制滥用止痛药的领域，但在这场斗争中最有效的工具之一却是一种计算机算法。

随着因员工滥用药物给企业带来巨大成本，一些企业采用了数据驱动的方法，将医疗研究和各种指南以及计算机分析组合起来，帮助医生决定应该将何种止痛药开给何种病人——如果病人应该使用止痛药的话——以及如果病人确实需要药物，那么开多大的剂量最好。

尤其值得一提的是，协助公司支付工伤保险赔偿的保险公司和医药票据审查顾问都力图在如何更好地缓解疼痛方面给医生提供受研究驱动的临床建议和指导方针。“更好”不仅仅意味着有效地缓解了疼痛，同时还意味着通过监控或确保这些药物的安全使用以及在成瘾之前预先识别出潜在的止痛药滥用者等途径降低医疗健康成本。

医疗解决方案提升公司（Rising Medical Solutions Inc.）是这方面的一个例子，该公司提供一种算法来评估一个人滥用止痛药的风险，判断其属于高、中、低哪一风险人群。风险评估分数是基于30个问题计算得出的，这些问题询问受伤的员工对康复的乐观程度、受伤的历史、是否为吸烟者等，还询问可能预示他们成为止痛药成瘾者的其他一些领域的问题。例如，这个算法考虑了受伤情况发生和报告时间之间的延迟。因为有数据表明，报告的延迟时间越长，滥用止痛药的风险就越高。

当员工被评估属于滥用止痛药的高风险人群时，从一开始就会有一名个案工作人员被指派给这位员工，负责监控员工的情况。比如，如果个案工作人员发现踝关节受伤的员工持续服用阿片类药物长达两周，他就会发出警告。

这一做法的目的在于进行干预，这样踝关节或腰背部轻伤就不会导致止痛药成瘾这一终生问题。

公司还可以使用医疗解决方案提升公司和类似公司的分析给它们的工伤保险个案确定一个标杆，通过对照那些处于同一产业或同一地理位置的其他公司的案例，来比较本公司和其他公司所面临的欺诈和止痛药滥用风险，从而帮助它们确定自己面临的问题有多严重。

一家从事这种风险分析的公司的高层管理人员指出，医生并不是完美的，在没有指南的情况下，医生有时不能意识到病人正在成瘾。另一名高管人员这样解释道：你的医生用来管理疼痛的方法可能恰恰会导致你药物成瘾。这与治疗高胆固醇或高血压不同，因为后者无须考虑成瘾问题。

一些医生却担心，使用分析方法和计算机算法可能会导致对有合理需求的人进行错误的治疗。他们指出，并不是所有人都能以同样的方式治愈。因此，一些人之所以看起来有成瘾的风险，是因为他们需要接受疼痛药物治疗的时间比模型预测的时间要长，并且这种更长时间的治疗对于这些人而言是最好的。

为控制工伤保险成本而进行的相关分析之所以被越来越多的人接受，是因为恰逢其时，因工伤保险索赔支付给不上班员工的平均医疗成本达到2.8万美元，在十年中从1.59万美元增加到近乎翻倍。尽管止痛药本身可能很便宜（大约每个药方花费35美元），但由于滥用并且（或者）成瘾，尤其是在没有得到密切监控和管理的情况下，医学治疗就可能变得相当昂贵。

讨论题

1. 你会建议其他公司也采用类似的方法吗?
2. 你是否觉得员工的权利和需要得到充分的表达?

资料来源：Timothy W. Martin，"When Your M. D. Is an Algorithm，" *Wall Street Journal*，April 11，2013.

13.3.2 私营集体保险

正如我们在前面提到过的，由于规模经济、分散风险的能力以及具有更大的谈判能力等原因，集体保险缴费的费率通常比个人缴费的费率要低一些。这种成本优势再加上税收以及员工保障性方面的考虑，可以帮助我们解释为什么由企业发起的保险计划如此流行了。我们在这里主要讨论两种类型的集体保险：医疗保险以及伤残保险。记住，这些保险计划并不是法律要求的。相反，它们可以由企业自行决定是否提供。

■ 医疗保险

公共舆论调查发现，人们认为医疗福利对于普通人来说是最为重要的一种福利，这一点毫不奇怪。[14]正如表13-3显示的那样，大多数全日制员工，尤其是在大中型企业中工作的全日制员工，能够享受由他们的企业提供的这种福利。住院费用、治疗费用以及医生的出诊费用这三种基本的医疗费用通常被医疗保险福利所覆盖。企业可能会提供的其他一些福利包括牙齿护理、视觉护理、生育中心、处方药物计划，等等。在福利管理中最为重要的问题也许就是企业面临的这样一种挑战：一方面要控制成本；另一方面要提供高质量的医疗福利。我们会在下面的小节中讨论成本控制问题以及《平价医疗法案》(the Affordable Care Act)。

1985年颁布的**《综合预算统一调节法》**(Consolidated Omnibus Budget Reconciliation Act，COBRA）要求企业允许员工在某种"资格性事件"发生之后，能够按照集体保险费率将自己的健康保险最长延续36个月，这些事件包括雇佣合同终止（除了完全因员工过失而导致的解雇)、因工时削减而导致员工失去健康保险福利、员工死亡或者其他一些事件。保险福利的受益者（无论是员工还是其配偶或者被抚养人或被赡养人）必须能够像没有失去健康保险的员工一样获得相同的服务。记住，受益者并不是免费获得服务。相反，他们只是可以按企业费率而不是按个人费率来缴纳保费而获得一些优惠而已。

■ 伤残保险

伤残保险主要有两种基本类型。[15] 如表 13-3 所示，只有在大中型企业中，大多数员工才能享受到短期和长期伤残保险福利。短期伤残保险计划提供的福利通常限于 6 个月或者 6 个月以下，超过 6 个月则由长期伤残保险计划接管，长期伤残保险有可能覆盖一个人的一生。尽管短期伤残保险福利的基本薪酬替代率有时候要高一些，但伤残保险的基本薪酬替代率通常为 50%～70%。通常情况下，伤残保险计划对于每个月能够支付的保险金额是有上限规定的。对伤残福利征收联邦所得税的方式取决于这种福利的基金筹集方式。如果完全是由员工出资建立的伤残保险计划，对伤残保险福利就不征收联邦所得税。如果是企业出资建立的伤残保险计划，则要对伤残保险福利征收联邦所得税。最后，伤残福利，尤其是长期伤残福利，需要与其他一些保险项目（比如，社会保障伤残福利）进行协调。

13.3.3 退休福利

我们在前面讨论过作为社会保障一部分的养老保险，它是法律要求的退休收入来源。社会保障养老保险仍然是退休者的总收入来源中最大的一块（占 37%），退休收入的其他来源有私人养老金（占 18%）、财产收入（即储蓄和股票等其他方面的投资收入，11%）、劳动收入（30%）及其他方面的一些收入（4%）。[16]

企业在法律上并没有提供私人养老金计划的义务，但大多数企业却都这么做了。如我们在后面要谈到的，如果企业提供私人养老金计划，那么它就必须满足《员工退休收入保障法》制定的一些标准。

■ 收益确定制

收益确定制养老金计划保证（“明确规定”）员工在退休时能够获得一个既定数额的退休福利水平，但它通常要求员工达到一定的总服务年限和年龄，并且它提供的退休福利水平与员工在职时的薪酬水平（一般是薪酬水平最高的那 5 年）是挂钩的。比如，一家企业可能会向其员工保证，如果员工在下列条件下退休：年满 65 周岁，为企业服务 30 年，并且在工作的最后 5 年中平均年薪达到 4 万美元，那么企业会每月向员工支付 1 500 美元的退休金。如表 13-3 所示，小企业中 19%的全日制员工和大型企业中 46%的全日制员工享受到了这种福利（从 1980 年开始，收益确定制的覆盖面缩小了一半）。[17]

收益确定制计划使员工远离了投资风险，这种风险完全是由企业来承担的。当发生严重财务困难，从而企业不得不停止或者削减员工的养老金福利时，**养老金收益担保公司**（Pension Benefit Guaranty Corporation，PBGC）会为员工提供某种福利保护。养老金收益担保公司是根据 1974 年**《员工退休收入保障法》**（Employee Retirement Income Security Act，ERISA）的规定成立的，它保证在福利计划被终止的情况下，那些有资格享受养老金福利的员工仍然能够获得基本福利，尽管它的福利保障并不能完全弥补员工原来应当享受的养老金福利。它为 4 000 万员工的退休福利提供了 2.6 万余种保险方案，并且对 150 多万人当前和未来的养老金负责。[18]养老金收益担保公司提供的最高年退休福利不超过员工在该公司界定的某一期间的年总收入水平，对于到 2013 年终止的退休计划，最高年福利上限为 57 477 美元（在 65 岁）。因此，高收入员工在公司计划下会获得更高的养老金，但如果养老金收益担保公司接管了养老金计划，他们的养老金将大部分削减。养老金支出并不随着生活成本的变化而改变。养老金收益担保公司的基金来源之一是每位保险计划参与者每年缴纳的 42 美元，来源之二是资金筹集不足的保险计划每年再根据一个可变费率缴纳的一笔额外保险费。[19]需要注意的是，养老金收益担保公司并不对医疗健康福利提供担保。

■ 缴费确定制

与收益确定制养老金计划不同，缴费确定制计划并不承诺在员工退休时一定会向他们提供某一特定水平的福利；相反，它为每一位员工建立起一个个人账户，并且要求员工按期缴纳固定数量的保险费。对于企业来说，这种计划的优点是，它把投资的风险从企业转移给了员工，并且在管理方面面临的问题要少得多，因为企业不再需要根据员工的年龄和服务年限计算需要支付的福利金额，同时也不再需要向养老金收益担保公司缴费了。如表 13－3 所示，在小企业中，缴费确定制计划实际上比收益确定制计划更为流行，这可能是因为企业希望避免承受长期负担，也有可能是因为小企业往往是新建企业，因而更倾向于采纳缴费确定制计划。在许多公司里，则是既有收益确定制计划，又有缴费确定制计划。

缴费确定制计划也是多种多样的，我们在这里只简单地介绍其中几种。最简单的一种缴费确定制计划是货币购买计划，在这种计划下，企业只需要确定一个年缴费水平就可以了（比如，基本薪酬的 10%）。等员工到了退休年龄，他们不仅有资格拿回自己的缴费，而且能够获得投资的收益。“货币购买”这一概念是从这样一个事实中总结出来的：员工常常用货币去购买年金，而不是把它当成一种一次性的支付。利润分享计划和员工股票所有权计划常常也被用做退休保险的一种手段。这些计划都使缴费（分别用现金和股票）可以在每年有所不同，从而使企业能够避免承担固定的义务，而这种固定的义务在财务困难时期对企业而言可能是一个很大的负担。401（k）计划（这个名称是从免税申报单的号码得来的）允许员工以税前扣除的方式推迟获得薪酬的时间。2013 年的最高年缴费金额为 17 500 美元。[20]同时，那些年龄在 50 岁或 50 岁以上的员工还可以每年额外追加 5 500 美元的补充缴费。此外，许多公司还会根据员工的缴费额度按照一定的比例匹配一定的公司缴费。最后，缴费确定制的另一个促进因素是税收。例如，像之前的表 13－1 中描述的那样，向 401（k）计划缴纳的 1 万美元保险费如果变成基本薪酬，最终只值 5 667 美元［（1－0.433 3）×10 000］。

正如我们先前看到的，随着收益确定制计划逐渐变得不那么重要，缴费确定制计划的重要性持续增长。一个重要的影响是缴费确定制计划将明智投资的责任原原本本地交给了员工。对员工在退休时能够获得的收入数量产生影响的因素有多个。首先，开始进行投资时的年龄越小，则收益累积的时间就越长。正如图 13－2 显示出来的那样，如果一个人既可以在 21～29 岁之间每年投资 3 000 美元，也可以在 31～39 岁之间每年投资同样的数额，那么很显然，前者使他在 65 岁时能够获得的收益更高一些。

其次，不同的投资有不同的历史收益率。1928—2012年间，股票的年平均收益率为9.31%，债券的年平均收益率为5.11%，而现金的年收益率则为3.57%（比如短期国库券或银行储蓄账户）。[21]如图13-2所示，如果这种历史收益率持续下去，那么一个人如果在21～29岁之间按照60%的股票、30%的债券以及10%的现金这样一种组合来进行投资的话，这种投资方式为此人在65岁时带来的收益将等于把同样数量的钱全部投资于银行储蓄账户所产生收益的4倍。第三个考虑因素是通过投资的多元化来分散投资风险的问题，因为股票和债券的价格在短期中是波动的。这样，尽管股票的收益率最高，但其未来绩效——尤其是短期绩效——却无法得到保证。（这一事实在最近的世界股价大幅缩水期间表现得尤为明显。）因此有些投资顾问还是建议采取像图13-2中显示出的那种股票、债券和现金投资组合来降低投资风险。年轻的投资者可能希望在股票上进行较多的投资，而那些接近退休年龄的人则通常会在自己的证券组合中将较少的份额留给股票。

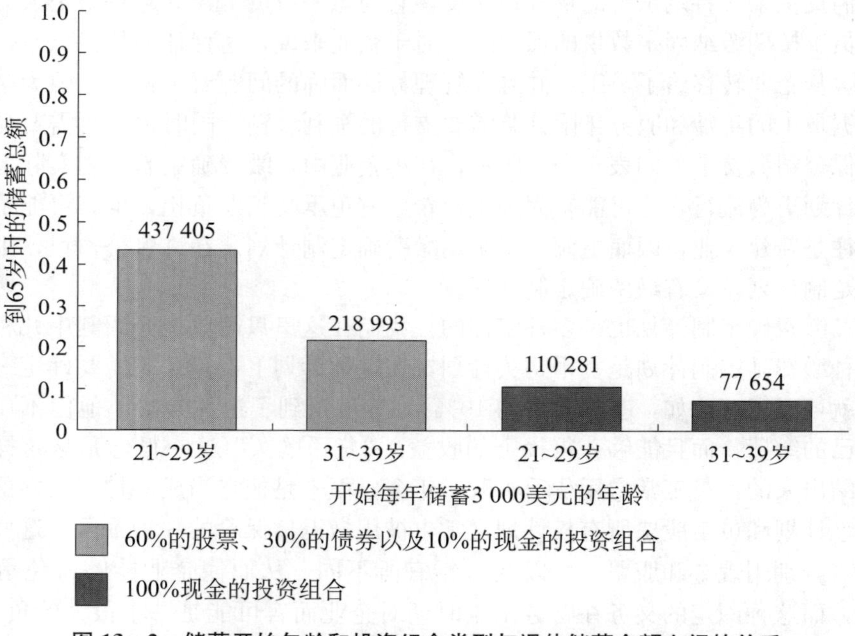

图13-2　储蓄开始年龄和投资组合类型与退休储蓄金额之间的关系

注：1928—2012年历史回报率的几何平均：股票（标准普尔500指数）为9.31%；债券（10年美国国债）为5.11%；现金（3个月美国国库券）为3.57%。

资料来源：http://people.stern.nyu.edu/adamodar/New_Home_Page/datafile/histretSP.html. Accessed May 20，2013.

不对单一股票进行过多的投资也十分重要。比如，安然集团的有些员工在自己的401（k）计划中投资的资产百分之百都是安然公司的股票。当2001年该公司的股票价格从90美元跳水到不足1美元时，这些员工的退休金也就完全蒸发了。一旦就职的企业遇到财务问题，员工由于还面临失去工作的风险，所以投资公司股票会面临更大、更复杂的风险。当股票从峰值的160美元下跌到2美元，贝尔被摩根大通收购，员工拥有的股票价值从63亿美元缩水至7 900万美元，损失了99%。因此，跟我重复：永远保持多样化并且不要把你所有的退休鸡蛋放在一个篮子里。[22]

2006年的《养老金保护法》(PPA)要求缴费确定制计划只有在满足如下两个条件时才能持有公开上市交易的证券:(1)员工有机会放弃企业的证券;(2)除了企业的证券之外,至少还要有其他三种投资选择。《养老金保护法》还允许企业自动登记员工的401(k)缴费,并与加薪日和工作周年纪念日保持一致自动增加员工的401(k)缴费。员工可以降低缴费,但需要承担举证的义务。由于《养老金保护法》的颁布,缴费确定制计划的自动登记(计划中的46%)和自动增加(55%)功能已经变得很普遍,这最终有助于增加员工的退休缴费。[23]

■ 现金余额计划

能将收益确定制与缴费确定制的优势相结合的一个办法就是使用**现金余额计划**(cash balance plan)。这种类型的退休金计划包含一个与401(k)计划类似的个人账户。但与401(k)计划不同的是,该计划的所有缴费都来自企业。通常来说,企业会根据员工基本薪酬的一个百分比(比如4%或5%)来缴纳费用。现金余额计划中的资金会根据一个预定的利率(如美国国库券支付的利率)赚取利息,企业会像在收益确定制中一样确保这个利率的稳定。这个方法使企业能够规划它们需要缴纳的费用,同时也帮助员工预测他们的退休福利金额。如果员工换了工作,他们通常会将自己的余额完全转入到个人退休账户之中。

许多组织已经从传统的收益确定制计划转变为现金余额计划。和其他重要的变化一样,这一转变要求企业考虑退休计划对员工个人以及组织利润产生的影响。收益确定制对那些在公司服务多年的老员工而言是十分合适的。另一方面,现金余额计划对那些在公司还有很长的服务年限,因而可以赚取利率的新员工则是十分合适的。对于一个拥有许多有经验的老员工的企业来说,从收益确定制到现金余额计划的转变可以节省大量的养老金福利支出。从这个角度来说,年长员工便是最大的受害者,除非组织可以继续调整方案来保护他们的利益。

■ 基金筹集、沟通以及授予要求

《员工退休收入保障法》不要求企业必须建立养老金计划,但如果企业建立了养老金计划,这种计划就必须满足一定的要求。除了我们在前面谈到过的终止条款之外,养老金计划在管理和资金筹集方面还必须满足国家的一些指导性要求。比如,企业必须每年缴纳足以承担未来责任的保险费。(如前所述,资金筹集不足的养老金计划需要缴纳的保险费会更高。)《员工退休收入保障法》还确定了一系列向国税局、劳工部以及员工进行报告和披露的要求。[24]比如,员工在加入一个养老金计划的90天之内,必须收到一份**计划总体说明书**(summary plan description, SPD),这份说明书是用来描述该计划的资金来源、参加的资格要求以及风险因素等问题的。根据要求,企业还必须向每一位员工提供个人的福利资金明细账,这种账目用来描述哪些福利员工已经获得,哪些福利还没有完全获得。显然,企业愿意以一种正规的方式来向员工提供这类信息,因为它们希望将这作为一种增进员工对福利的理解以及提高福利在他们心目中的价值的手段。

《员工退休收入保障法》还保证员工在加入某一养老金计划,并且达到要求的最低工作年限之后,在退休时能够真正获得享受养老金的权利。这种保证称为养老金获取权。[25]一位获得既定权利的员工有权在达到退休年龄时领取自己的养老金，而无论那个时候他是否还在原来的企业中工作。员工向养老金计划的缴费总是属于完全既定的权利。而企业出资的养老金福利则必须按照下面两种方案之一授予员工：第一，在员工参加养老金计划5年之后，企业必须将养老金福利授予员工。但是在此之前，企业可以选择不将养老金福利授予员工。第二，企业可以选择在3～7年的时间里将养老金福利全部授予员工，但在第三年必须至少将养老金的20%授予员工，之后每年授予20%。这两种方案代表的是最低要求；企业如果想更快地将养老金福利授予员工，则可以自由掌握。上面谈到的是与大多数企业有关的选择。然而，对于那些所谓“头重脚轻”的养老金计划来说——在这种养老金计划中，向“关键”员工（比如，薪酬水平很高的高层管理人员）提供的养老金福利在养老金福利总额中所占的份额超出了一定的比例——法律要求它们在把养老金福利授予非关键员工时速度更快一些。同时，多家企业共同参与的养老金计划可以等到10年之后再将福利授予员工。

提出这些要求的目的在于阻止企业为避免支付养老金福利而在员工达到退休年龄之前解雇他们，或者是在员工达到养老金福利计划要求的服务年限之前解雇他们。另外需要指出的一点是，采用将员工调到别处或者临时解雇的方式来避免支付养老金的做法是非法的，即使这种行为可能部分是出于经营的需要。[26]另一方面，企业可以自由选择将养老金授予员工的方式，这取决于企业认为哪种方式更有优势。比如，假定一个企业的员工在他们工作的第四或者第五个年头辞职的比率较高，那么企业就可以选择到第五年再授予养老金的计划，以此作为降低养老金成本的一种方式。

典型的养老金计划不鼓励员工流动，或者将员工的流动推迟到企业足以收回在员工身上付出的培训成本的那个时候。[27]一位员工如果更换了企业，那么即使这位员工的养老金仍然由企业授予，其数量通常也较少，主要是因为员工的养老金数量往往取决于他在一家企业里工作最后一年获得的薪酬多少。现在让我们来看一位在工作20年以后可以获得3万美元年薪，并且在工作40年之后能够获得6万美元年薪的员工的情况。[28]假定这位员工所在的企业支付的年退休金，等于这位员工在该企业工作的最后一年获得的年薪的1.5%乘以这位员工在该企业中工作的年限。如果这位员工为这家企业工作了40年，那么这位员工退休时的福利水平将是36 000美元（0.015×60 000美元×40年）。相反，如果这位员工在为这家企业工作20年之后就跳槽了（并且仍然得到同样的薪酬增长），那么这位员工从第一家企业那里获得的年退休金将是9 000美元（0.015×30 000美元×20年），而他从第二家企业那里获得的年退休金将是18 000美元（0.015×60 000美元×20年）。因此，这位员工在第一家企业一直工作40年的情况下可以获得的年退休金将是36 000美元，而在先后为两家不同企业工作的情况下获得的年退休金则为27 000美元（9 000+18 000）。这个例子同时也说明了，养老金的设计目的是鼓励能够长期为企业服务的员工——这些员工的薪酬增长到退休时可能会超过他们的生产率增长。这与退休金在员工到退休年龄时达到最高这一事实是一致的。[29]

最近这些年存在的另一个事实——许多企业都在努力通过提前退休计划来缩小自己所雇用的劳动力的规模——与养老金的下述含义是一致的，即养老金计划被用来留住某些特定的员工，同时鼓励其他一些员工尽早离开。推行提前退休计划的方法之一是，把那些愿意提前退休的员工的服务年限上调，从而使他们能够获得较高的退休金

（同时减少对他们继续工作的货币激励）。这种企业的劳动力队伍不断缩小的现象可能还表明了这样一种发生在更大范围内的趋势：越来越多的员工不会在一家企业中度过他们的整个职业生涯。[30]一方面，如果不断跳槽的工作流动成为一种必要或者是一种员工期望的工作状态，那么现行养老金制度对于流动的负向激励（或者惩罚）特征就需要加以修正；另一方面，员工越来越高的流动性也许还会进一步强化向缴费确定制养老金计划［比如401（k）计划］转移的发展趋势，因为这种养老金福利具有在不同企业之间转移的更高流动性（因而给福利基金的转移提供了方便）。[31]

13.3.4 非工作时间薪酬支付

乍看起来，带薪休假、节假日、病假等福利计划没有什么经济价值，但实际上企业对员工花在非工作活动上的时间支付了薪酬，却没有得到任何相应的有形的生产价值回报。因此，有些企业可能就看不到这些福利计划会给它们带来什么好处。也许正是出于这种原因，欧洲共同体国家的法律为员工规定了可以享受的最低休假天数。一位刚被企业雇用的欧洲国家的员工就能够享受到每年30天的休假，这种情况在欧洲比较普遍。相反，在美国却不存在这种对休假时间的最低法律限制，不过，美国的大公司通常为员工提供每年10天的带薪休假时间。美国员工通常必须为一个企业连续工作20～25年，才能获得与他们的西欧同伴时间相同的带薪休假。[32]

关于病假，通常的情况是，在一定的时间段之内——通常不超过26周——企业将提供全额基本薪酬。病假的天数往往取决于员工的服务年限，随着服务年限的增加，病假的天数也会累积增加（比如，每多工作一个月就可以多休一天病假）。在设计病假政策的时候，企业必须十分仔细，以防止对员工提供错误的激励。比如，如果未享受的病假福利到年底自动消失（而不是可以累积到下一年），则一种"要么使用，要么失去"的思维方式就会在员工中产生，从而导致年底的缺勤率大幅上升。一些企业采取各种措施来防止这种情况的出现。[33]有些企业允许员工将未休的病假累积下来，在他们退休或者辞职的时候，企业会根据他们未休的病假天数向员工支付基本薪酬。企业还有可能会与员工进行沟通，建议他们最好是将病假累积起来，以便出现长期病残时能有一个过渡，因为病假薪酬的替代率（病假薪酬占正常基本薪酬的比重）通常比伤残薪酬的替代率要高。病假薪酬可能等于正常基本薪酬水平的100%，而长期伤残薪酬通常只有正常基本薪酬的50%，因此，如果员工将更多的病假天数累积下来，那么一旦员工不能工作，他们就能够避免陷入收入下降到正常基本薪酬的50%的困境。

尽管带薪休假和其他一些带薪脱岗福利计划有助于吸引和留住员工，但是这些计划同时也会产生一些成本，尤其是在全球化的经济背景下。不同国家实行的带薪休假以及其他一些带薪脱岗福利的差异，导致各国的劳动力成本出现了如第11章中所描述的那种差异。就一般情况而言，在制造业中，德国员工平均每年比美国员工少工作374个小时（见图13-3）；换言之，德国员工每年会比他们的美国同行少工作9周左右。因此，大家看到德国制造商纷纷到德国以外的其他地区去寻找新的生产地点也就不用觉得奇怪了。（然而，你可以考虑在这9周不上班的时间里做些什么。嗯……）

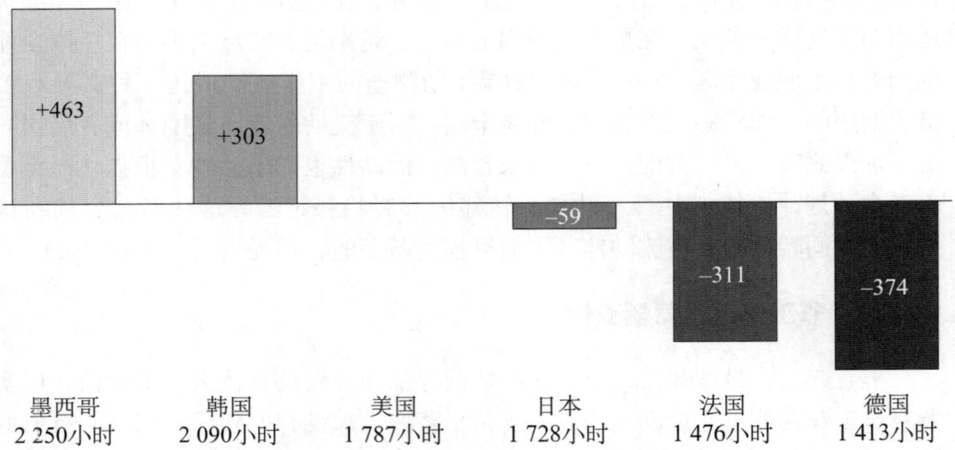

图 13-3　美国与其他国家制造业员工的正常年工作小时数比较

资料来源：Organization for Economic Cooperation and Development. Data for 2011. http：//stats. oecd. org/Index. aspx?DatasetCode＝ANHRS. Accessed May 20，2013.

13.3.5　家庭友好政策

为了缓解员工在工作生活和非工作生活之间产生的冲突，一些企业可能采取像家庭休假政策以及儿童看护计划等这样一些家庭友好政策（family-friendly policies）。尽管这里所讨论的福利计划看起来可能是针对某些特定员工群体的，但这些计划对其他类型的员工常常会产生一种“溢出效应”，这些计划常常被看成是公司重视人力资源的一个重要信号，因而即使是对那些不使用这些福利计划的员工群体，同样会起到激发他们的忠诚度的作用。[34] 有证据表明，使用家庭友好政策的公司总体上有更好的质量管理实践，这与组织绩效正相关。[35]

自 1993 年以来，**《家庭与医疗休假法》**（Family and Medical Leave Act，FMLA）要求在半径 75 英里范围内雇用员工人数达到 50 人或 50 人以上的企业，在以下几种情况下必须提供为期 12 周的非带薪休假时间：员工有婴儿出生或收养儿童之后；需要看护患有重病的孩子、配偶或父母；员工本人患有严重疾病。企业必须保证员工在返回工作单位的时候得到相同的或者具有可比性的职位。该项法案不适用于服务时间不满一年或者每周工作时间不满 25 个小时，或者是薪资收入水平属于最高的 10%之列的员工。

许多企业已经采取措施来处理家庭扶助问题，部分原因在于吸引和留住关键员工的需要。有不到 10%的美国家庭属于这样一种模式：父亲在外面工作，母亲则在家中做家务和照看孩子。[36]

与大多数西欧国家和日本相比，美国所提供的非带薪休假时间少很多。此外，带薪家庭休假在美国还很少见（根据表 13-3，只有 11%的员工可获得带薪家庭休假），这与西欧和日本更是形成鲜明对比，在这些国家中法律通常都有强制性的规定。[37] 在《美国残疾人法》通过之前，唯一适用的法律是 1978 年《反怀孕歧视法》，该项法律要求提供伤残福利计划的企业为怀孕女员工提供与其他种类的伤残相同的待遇。

《家庭与医疗休假法》的早期实践经验表明，大多数选择了这种福利计划的员工都没有休满规定的时间。这种情况在女性管理人员中尤为普遍。这些女性管理人员中的大多数都没有休满预定休假时间，因为她们希望尽快去迎接与职业相联系的各种挑战。其他一些人则是害怕在较长的休假期间会错过一些重要的机会，从而给自己的职业生涯带来损害。[38]

■ 儿童看护

美国公司越来越多地开始以某种形式为自己的员工提供儿童看护方面的服务。根据企业介入的程度不同，这种儿童看护服务可以划分为多种形式。[39]企业参与程度最低的一种儿童看护帮助是：企业向员工提供或帮助员工搜寻各种儿童看护服务的成本和质量方面的信息（38%的公司）。在另一种较高的参与层次上，企业向使用儿童看护服务的员工提供代金券或者折扣（2%的公司）。在最高的企业参与层次上，企业直接在工作场所或附近为员工提供儿童看护服务（7%的公司）。丰田汽车公司通过其儿童发展计划为在乔治敦、肯塔基工厂中工作的员工提供24小时儿童看护服务。这一服务设施的提供是为了满足那些在下午和夜间轮班工作，同时希望孩子能够与自己保持一致作息时间的工人的需要。在这一服务场所中，儿童整晚都是醒着的。在夜班结束后，员工再把他们的孩子接回家，然后一家人一同上床睡觉。[40]

然而，企业在考虑是否建立儿童看护设施时却不能轻易做决定，因为这通常是一种责任重大且成本不菲的服务。此外，从结果方面即降低缺勤率和提高生产率的角度来看，结论也不是非常明显。[41]出现这种情况的原因之一在于，许多企业都是在没有仔细考虑好什么样的帮助形式对于某些特定员工是最好的这样一种情况下，就轻易地“跳入了日托这种时尚行列”之中。

另一个例子发生在位于孟菲斯市的田纳西第一银行（First Tennessee Bank），由于员工孩子的看护问题未能得到妥善解决，这家银行每年损失的生产率高达1 500个工作日，因而它正在考虑创建一个日间儿童看护中心。但是在实际采取行动之前，该银行对自己的员工进行了一项调查。调查显示，出现问题的唯一情况是：只有当员工的孩子生病，或者是当他们所雇用的儿童看护者生病，从而导致原来的正常儿童看护服务不能提供时，才需要企业提供儿童看护帮助。基于这些发现，这家银行最终选择了建立一个病儿看护中心的做法，这虽然比原来设想的全日制儿童看护中心的成本要低且服务的范围要小，但是却解决了员工的主要困难。结果，该银行的缺勤现象大大减少，而该项福利计划在实行9个月之后就收回了全部投资。[42]

13.4 管理福利：企业的目标与战略

尽管法律环境对企业的福利决策施加了某些重要的约束，但企业在福利决策方面仍然拥有很大的自主权，同时它们还需要对这些福利决策的回报情况进行评估。[43]然而，正如我们在前面讨论过的，在进行这种评价的时候必须注意一点：员工希望从企业那里获得某些好处。那些不能满足这些期望的企业就要承受破坏企业和员工之间订立的“隐含契约”的风险。如果员工认为企业对自己的福利丝毫不关心，企业就很难指望这些员工会对企业的成功表现出很强的认同感。

很显然，企业在对福利决策进行评价方面还有许多值得改进之处。[44]尽管实行福利计划的原因有许多——团体折扣、法律规章、将与薪酬有关的税收降至最低限度，等等，但是，企业在制定福利计划的时候，却并没有达到它们可以达到的那种水平，许多企业都没有搞清楚到底希望自己的福利系统达到何种目的，也没有对福利计划实施之后的状况进行评价。研究表明，大多数企业没有将其福利计划目标用文字记录下来。[45]显然，如果没有对福利计划取得的进展进行衡量的清晰的目标，对福利计划的评价就会十分困难。表 13－5 中提供了一个将福利计划的目标明确写下来的企业的例子。

表 13－5　　企业提供员工福利所要达到的不同目标的重要性

目标	认为“非常重要”的实施企业所占百分比
控制与医疗健康相关的成本	65%
保留员工	53%
降低福利管理的成本	52%
提高员工的生产率	48%
吸引员工	41%
增加员工对总体福利组合的满意度	35%
满足员工不同的福利需要	28%
增加员工在自愿以及（或）可选计划中的登记量	25%

资料来源：Prudential Group Insurance，“Sixth Annual Study of Employee Benefits：Today & Beyond：Insight into the Next Generation of Employee Benefits，” 2011.

13.4.1　福利调查与标杆确定

与现金薪酬一样，福利管理的一个重要因素是要了解自己的竞争对手是怎样做的。在调查福利计划组合方面的信息时，可以借助于私营咨询公司、美国商会、美国劳工统计局。[46]对于设计具有竞争性福利组合的目的来说，表 13－3 中列举的劳工统计局分类调查数据，以及可从咨询公司那里获得的关于福利计划及其条款的更详细的信息都是十分有用的。为了在产品市场上进行有效的竞争，成本信息也是调查中一个非常必要的内容。此外，劳工统计局是很好的数据来源，它提供了特定类别的福利成本信息以及按行业、职业、工会地位和组织规模划分的细目列表信息（见图 13－4）。

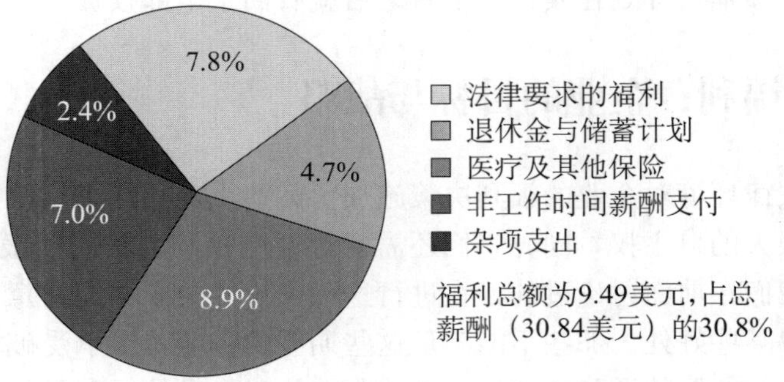

图 13－4　根据类型划分的普通员工福利成本

资料来源：“Employer Costs for Employee Compensation，” March 2013，www.bls.gov.

13.4.2 成本控制

在考虑成本控制战略时有必要考虑以下几个方面的要素：第一，某种福利类型的成本越高，则节约福利成本的机会就越大。第二，不同类型福利的增长轨迹也非常重要。即使某种类型福利的成本在当前是可以接受的，其增长率也可能会导致企业在未来产生巨大的成本。第三，只有在选择将多少钱投入某种类型的福利方面企业具有非常大的自由度时，遏制福利成本的努力才会起作用。许多法律要求的福利计划（比如社会保障）的成本支出相对来说较为固定，它会对企业降低福利成本的努力施加一定的限制。然而，即使是在法律要求的福利项目中，企业仍然可以采取一些行动来限制成本的增长，这是因为在有些保险项目中，企业的缴费水平是根据“历史经验评价”来定的，比如，员工失业率较高或者工伤保险基金对其员工支付的补偿金数额较大的企业，就需要按照较高的费率来缴纳失业保险或者工伤保险。

有一种福利——医疗及其相关福利——往往被确定为成本控制的重点对象，这主要有两个方面的原因：其一，这些福利的成本巨大。其二，企业可以找到许多办法来降低这些福利计划的成本并改善其质量，而且最近的《平价医疗法案》使这些问题变得更为突出。

■ 医疗健康：控制成本，改善质量

如表13-6所示，在医疗健康方面，美国比世界上其他任何国家支出的费用都更高。美国的医疗健康经费已经从1960年占国民总产出（270亿美元）的5.3%增长到如今占国民总产出（将近2.7万亿美元）的18%。不过，能够获得与工作有关的医疗健康福利的全日制工人所占的百分比却有所下降，有5 300万以上的美国员工没有得到医疗健康保险。[47]从平均寿命和婴儿死亡率的角度来看，与日本和西欧相比，美国的情况也比较差。

表13-6　世界各国的医疗健康成本及其成果

国家	预期寿命（女性）	婴儿死亡率（‰）	医疗健康支出占国内生产总值的比重（%）
加拿大	83	5	11
法国	85	3	12
德国	83	3	12
日本	86	2	10
韩国	84	4	7
墨西哥	79	13	6
英国	83	4	10
美国	81	6	18

资料来源：Organization for Economic Cooperation and Development，*OECD Health*. Data 2012，www. OECD. org and World Bank，*World Development Report 2013*，www. worldbank. org.

与拥有全国医疗健康系统的大多数西欧国家的员工不同，大多数得到医疗健康保险的美国员工都是通过自己（或者自己的家庭成员）所在的企业获得的。[48]因此，医疗健康保险与养老金一样，都是不鼓励员工流动的，因为并非所有的企业都提供医疗健康保险。[49]

健康保险计划设计方面的一个趋势是通过扣减、共同保险、排除和限制以及规定

最高福利水平等方式将成本转移到员工身上。[50]通过这些成本方面的设计，可以促使员工转向费用更低的一些福利计划。[51]第二个方面的趋势是，通过让申请者接受福利之前的测试以及二次医疗建议的方式来降低福利成本，而不是将成本向员工转移。此外，向新的健康保险提供者——如**健康维护组织**（health maintenance organization，HMO）以及**优选医疗组织**（preferred provider organization，PPO）——转移的情况也越来越多。健康维护组织与传统的优选医疗组织的不同之处在于，它集中在预防性保健服务以及门诊治疗方面，不过，它要求加入其服务项目的员工只能接受本组织的服务，并且在预付成本的前提下接受服务。许多健康维护组织都向医师以及其他一些医疗健康工作者支付固定薪资，而不是采取传统上的那种根据服务收费的体制，在那种体制下，一位医师的薪酬收入可能取决于他所接待的病人数量。以固定薪酬的方式付酬的目的在于，弱化医师每天安排大量的病人或者采取一些不必要的医疗程序等诸如此类的动机。（当然，这种做法也会存在这样一种风险，即对医师的工作动力的削弱力度过大，以至于来看病的人得不到充分的医治或者找不到专家。）优选医疗组织实际上是一个由与企业、保险公司等签订合同的医疗健康服务提供商所组成的团体，它能够以较低的收费为加入者提供服务。这一组织与健康维护组织的一个重要区别在于，它在提供健康服务时并不要求预付成本，也不要求参加健康计划的员工必须选择这些优先提供者所提供的保健服务。不过，企业可能鼓励员工选择某一位加入该计划的医师来为自己提供服务。总的来说，优选医疗组织收取的费用比传统的保健服务系统要便宜，但是却比健康维护组织收取的费用要高。[52]

在控制保健成本方面的另一个趋势是：企业要求员工根据自身的健康状况和风险因素缴纳不同的费用，而不再是所有的员工按照同一费率缴费。（本章开篇案例描述了公司向超重或有其他风险因素的员工收取更高的保险费。）一些公司走得更远，它们拒绝雇用有某些风险因素的人，比如吸烟者。有关该问题的更多内容请见章末的战略练习。

现在一些企业提供一种“医疗旅游”福利，这意味着把病人送到医疗成本更便宜的国家去。比如，汉纳福德兄弟（Hannaford Brothers）这家位于美国缅因州的杂货连锁店将支付员工（和重要的其他人员）到新加坡接受膝盖置换或臀部手术的费用。这样做为公司节约了3万～4万美元，也为员工节约了大约3 000美元的成本（也就是自付额），员工和旅行同伴也有了到其他国家的经历。[53]

员工健康修炼计划。员工健康修炼计划（employee wellness program，EWP）针对的是改变员工在工作之中以及工作之外可能会发生，并且最终会导致员工在未来出现健康问题的某些行为。从本质上来说，员工健康修炼计划是一种预防性计划：这类计划的目的是通过降低员工对健康服务的需求来控制医疗健康成本。通常情况下，这种计划都是针对某些特定的健康风险因素的，比如，高血压、高胆固醇、抽烟、肥胖，等等。这些计划还努力促进像体育锻炼和良好的营养等此类对健康有利的积极因素。美国强生公司声称它在员工健康修炼计划上每投入1美元，就能得到2.71美元的回报。[54]

员工健康修炼计划既可以是消极的，也可以是积极的。消极的员工健康修炼计划对员工个人的帮助很少，或者根本没有帮助，这种计划不向员工提供持续的帮助以利用一些资源来促进自己的健康。而积极的员工健康修炼计划则认为，要改变员工的行为，仅仅有意识和机会是不够的，同时还必须为他们提供一些实际的帮助和强化措施。

消极的员工健康修炼计划的例子之一是健康教育计划。健康教育计划有两个中心目的：一是增强员工对与健康有关问题的敏感度，并且告诉人们一些与健康问题有关的事情。在这一类员工健康修炼计划中，通常由一位健康指导员来进行课堂讲解，或者在午餐时间举办讲座（或者联系外部的授课人）。这种员工健康修炼计划也可以开展各种健康促进活动（比如，每年的“一英里跑”活动或者“戒烟”行动，等等），同时采用简报的形式对当前出现的一些健康问题进行报告。

另一种消极的员工健康修炼计划是健身设施计划。在这种计划中，企业会建立一个健身训练中心，其中不仅有健身器材及设备，同时配备持证的专业运动培训师。这些设施在企业内部是公用的，员工可以在他们个人能够支配的任何时间里进行锻炼。比如，安泰人寿保险公司就建立了五个艺术健康俱乐部为 7 500 名员工提供健身服务。[55]西北互助人寿保险公司（Northwestern Mutual Life）的健身设施对其 3 300 名员工每天 24 小时开放。[56]与戒烟和减肥有关的健康教育课堂，则可以作为一种补充手段同时采用。

积极健康修炼中心计划的类型之一是指导与跟踪模式。这种健康修炼中心计划包括消极的员工健康修炼计划具有的所有特征，还有一些专门的咨询顾问向员工提供一对一的指导，并且为每位员工提供量身定制的健康修炼计划。这些个性化的员工健康修炼计划一般都包含最基本的测量指标（体重、血压、肺活量等），它们会根据这些指标对员工个人在健康方面所取得的进步进行衡量。这些计划还为员工制定目标，向达到目标要求的员工提供一些象征性的小礼物。当然，正如本章开篇案例所述，更强有力的激励计划是有效的，能与健康修炼计划配合起来。

这种鼓励对于那些面临高健康风险的员工（比如，抽烟的员工、超重的员工、患有高血压的员工）来说尤为必要。原因有两个方面：首先，在人数上占比很小的这部分员工在企业花费的医疗健康成本中所占的比重往往非常大，因此，对员工进行有目标的干预会更有效率；其次，研究表明，在参加公司发起的各种员工健康修炼计划方面，医疗健康风险较高的那些员工反而是最有可能面临困难的人（比如，家庭困难或者工作负担较重的人）。[57]因此，无目的的干预很有可能漏掉那些最需要帮助的人。

对不同类型的医疗健康中心计划进行的研究得出了以下几个方面的结论。[58]第一，与那些医疗健康中心计划或者医疗健康跟踪模式相比较而言，医疗健康教育计划的成本要低得多。第二，这三种模式在降低与心血管疾病有关的各种风险因素（比如，肥胖、高血压、抽烟以及缺乏锻炼，等等）方面都是有效的。然而，跟踪模式在降低这些风险因素方面的效果比其他两种模式好很多。

有点讽刺意味的是，善意的雇主有时所做的事会起到相反的效果——比如，使员工容易获得美食，同时还想要员工保持健康。“通过可持续性进行竞争”专栏展现了谷歌公司是如何处理这一问题的。

通过可持续性进行竞争

谷歌使用数据分析让员工的胃口大开并保持健康

在位于纽约市的谷歌办公室里，据说你离食物的距离不会超过 150 英尺：自助餐厅提供很多选择，小厨房每周7天每天24小时给员工提供免费的食物。你不需要离开办公室就能吃到美食。

但是谷歌发现一个问题：所有的这些食物最终转化为并不需要的体重。谷歌做出决定，它需要改变处理食物的方式。

谷歌的方法是首先使用数据来分析问题，接着重新设计进程。在食物问题上，谷歌的研究发现人们倾向于吃太多他们看到的第一样东西。因此，谷歌改变了自助餐厅的食物线，员工现在看到的第一样东西是健康的：沙拉吧。餐后甜点并没有取消，但被放到自助餐厅偏远的角落。同样，餐后甜点现在被设计为三口可以吃完的量，既能满足吃甜食的渴望，又不足以破坏规定的饮食结构。

谷歌还与员工就哪种食物是低卡路里的（绿色标签）和哪种食物（高卡路里）最好少量摄取（红色标签）进行沟通。现在有了一个指示牌："拿大盘子的人吃得更多。"

谷歌人员分析部负责人詹妮弗·库科斯基（Jennifer Kurkoski）对员工的饮食习惯数据进行了分析，并且改变了可以供应的食物类型。库科斯基指出，每个人都很忙并试图把事情做好，因此没有时间考虑应该吃什么零食。

为了考察员工是如何被鼓励做出更健康的食物选择的，库科斯基设计了一些实验。在一个实验中，M&M巧克力豆从自动售货机（在这里很容易看到并拿到一把巧克力豆）搬到一个不透明的罐子里。结果怎样呢？员工们从糖果中获得的卡路里份额从29%降至20%，降低了9个百分点（或31%）。

饮料区也改变了。原来放在冷藏柜里的水瓶被放到与眼睛平齐的位置，苏打水则被移到架子的底部。这一变化导致水的消费量增加了47%。

其他员工不喝水的原因在于，他们认为灌满玻璃杯的时间太长了。因此当你能在7秒之内给玻璃杯装满水的消息传开，水的消费量就增加了。库科斯基指出，在谷歌工作的人想要知道他们所做的任何事情的数据。谷歌的决策是受数据驱动的。

谷歌的一位名叫索菲亚·布施曼（Sofia Buschman）的员工说，她来到谷歌之后收获的东西不仅仅是"谷歌15"体重变化记录表。她和大多数员工都很感谢公司为了帮助员工做出更健康的食物选择而做的设计，但有时他们太忙了，以至于不能给予更多的关注。她感谢谷歌所提供的这些帮助，这些帮助使她更健康。

讨论题

1. 为什么谷歌公司关心员工体重的增加？

2. 如何评估谷歌公司在应对这一担忧方面所采取的方法的有效性？你会采取不同的做法吗？

资料来源：Juju Chang and Mary Marsh, "The Google Diet: Search Giant Overhauled Its Eating Options to 'Nudge' Healthy Choices," www.abc.com, January 25, 2013, accessed May 11, 2013.

医疗健康的成本与质量：持续的挑战。2012年，美国家庭的平均年保险费用是15 745美元，其中企业平均支付11 429美元（73%），员工平均支付4 316美元（37%）。[59]（这一数字只适用于提供医疗健康福利的企业。）尽管在2012年企业针对医疗健康（家庭投保）的保险费用只增加了4.4%（通胀率为2.1%），但自2000年以来，医疗健康保险的成本已经增长了98%（通胀率为27%）。因此，控制医疗健康成本便成为企业面临的挑战。

在进行成本控制的时候，往往会遇到两个非常重要的现象。首先，零零散散的计划不会起到太大的作用，因为某一方面的成本控制措施（比如转移医疗成本的做法）往往会导致员工转向另一种同样能够为自己提供医疗服务，但是却不需要自己承担成本的医疗健康计划（比如工伤保险计划）。其次，在医疗健康计划中常常存在一个所谓的帕累托群体，这一群体是指在员工总人数中所占百分比很小（比如20%），但是在总的医疗健康成本支出中却占较大份额（常常占到80%）的那些员工。显然，如果能够确认哪些员工属于帕累托群体并对他们进行有效的管理，那么控制医疗健康成本支出的努力就会更加成功。[60]

尽管对于成本控制还需要继续给予高度重视，但是与此同时，对医疗健康服务质量的监督也受到越来越多的重视，这甚至被人们称为“下一个战场”。质量监督的一个主要思路是，运用大规模的数据库和科学研究来衡量和监督不同治疗战略的相对成功程度，从而确定哪些医疗实践是最好的。[61]“循证人力资源管理”专栏描述了凯撒娱乐公司是如何使用“大数据”，进而通过减少急诊室就诊量来降低成本的。另外，企业还越来越多地开展合作，制作针对医疗健康服务提供者的“报告卡”，其目的在于方便员工做出更好的选择并且得到更好的医疗健康服务。例如，通用汽车公司、福特汽车公司、克莱斯勒公司就已经开发出这种系统，员工可以通过互联网访问这套系统。[62]

循证人力资源管理

“大数据”指的是这样一个事实：很多公司比过去拥有了更多可以使用的数据，如果数据使用恰当，则能够使公司取得更好的绩效。然而障碍仍然存在，有一些是技术方面的，有一些则与缺乏组织内部的专门知识有关。另一个障碍是文化变革方面的，决策要更多地基于数据而不是（仅仅）基于收入最高的那个人的观点或直觉来制定。

正如我们所见，各个组织都面临持续的挑战，既要为员工提供高质量的医疗健康服务，也要控制成本。凯撒娱乐公司对6.5万名员工和他们参保的家人的健康保险申请数据进行了分析，以此作为迎接上述挑战的一个组成部分。经理们可以追踪的变量有成千上万个，包括接受医疗服务的数量、员工服用品牌药物或（更便宜的）一般处方药物的程度以及去急诊室的次数等。有证据显示，看急诊的平均花费超过了1 200美元。相反，到医生办公室或紧急护理机构看病更为便宜（花费介于100～200美元之间）。

凯撒娱乐公司负责薪酬管理的高级副总裁艾米丽·盖恩斯（Emily Gaines）把基于数据的决策方法描述为：“在人力资源领导者或其他适当的团队从未想过他们可以有所控制的、非常不透明的、可接受的经营成本上投射了一束光。”

比如，凯撒娱乐公司检查位于费城的赌场时发现，只有大约11%的紧急事件是在紧急护理机构处理的，而在凯撒娱乐公司各个工作场所有34%的紧急事件是采用这种方式处理的。为了鼓励员工多选择那些更便宜的紧急护理机构而少去急诊室，公司发起了一场运动来提醒员工看急诊是多么昂贵，并给他们提供了一份鼓励他们使用的紧急护理机构和其他可选机构的清单。两年之后，17%的紧急事件（从11%上升）将由紧急护理机构处理。总的来说，从几年前凯撒娱乐公司开始追踪看急诊的数据开始，全公司员工看急诊的次数减少了1万例，取而代之的是采用更便宜的方式，最终为公司节约了450万美元的成本。

讨论题

1. 还有哪些医疗健康成本能被识别和控制？
2. 你会运用哪些数据来识别和评估此类可选方案？
3. 医疗健康的质量能得到保持吗？

资料来源：Steven Rosenbush and Michael Totty，"How Big Data Is Changing the Whole Equation for Business，" *Wall Street Journal*，March 8，2013；Sarah Kliff，"An Average ER Visit Costs More than an Average Month's Rent，" *Washington Post*，March 2，2013；Anna Wilde Mathews，"Same Doctor Visit，Double the Cost，" *Wall Street Journal*，August 27，2012.

■ 人员配备对控制福利成本增长做出的反应

企业可能会通过改变自己的人员配备方式来控制福利成本。首先，由于福利成本是固定的（就福利成本通常不随工时数量的增加而上升这一点而言），因此，让每一位员工工作更多的小时数就可以降低每小时的福利成本。可是，让员工工作更多的时间也有一些不足之处。美国《公平劳工标准法》（我们在第11章提到过这一法案）要求：没有受到该法豁免的那些员工，如果每周的工作时间超出40个小时，企业对于超出的每一小时工作时间要按照正常小时工资的1.5倍来支付工资。尽管如此，工时下降的趋势在20世纪40年代后期的美国还是逐渐变弱。从那以后，工时的数量实际上是上升的。据估计，美国人在1987年的全年工作时间比在1969年大概要多出一个月，并且这种工作时间较长的状况还会持续下去。[63]福利成本的上升被认为是导致这种状况出现的最主要原因之一。

《公平劳工标准法》产生的第二个可能效应（尽管对这一效应更多是一种猜测）是，企业会尽可能地将员工划为《公平劳工标准法》规定的豁免性员工（尽管这种做法可能会与《公平劳工标准法》冲突）。领取薪资的员工（这些人中的大多数都是《公平劳工标准法》规定的豁免性员工）数量上升，可能恰恰反映了企业力图在不支付加班工资的情况下，为限制每小时的福利成本上升而做出的这种努力。《公平劳工标准法》可能产生的第三种潜在效应是，非全日制就业增长以及使用临时工的现象增多，这也是对福利成本上升所做出的一种反应。与全日制员工相比，非全日制员工获得福利的可能性更小一些，尽管最近几年劳动力市场短缺的情形缩小了这一差距。[64]临时工的福利通常也受到限制。

第三，企业可能更愿意将员工划归为独立的承包商而不是员工，因为这种做法会减少企业向员工支付法定福利的义务。然而，美国国家税务局（Internal Revenue Service，IRS）会对这种做法进行严密的监督，微软公司和其他一些公司的这种做法已经被美国国税局发现。微软公司被迫重新将一部分员工归类为自己的员工（而不是独立的承包商），同时补给这些人过去应得的福利。美国国税局在决定一位劳动者到底是独立的业务承包商还是员工时，主要考虑以下几个方面的因素：企业和员工之间的关系是不是长期的，企业在对员工的工作进行指导时有多大的控制权，劳动者是否仅仅向当前这一家企业提供服务，等等。长期的、控制性的以及仅仅为一家企业提供服务，这样的关系很容易被美国国税局认定为雇佣关系。

13.4.3 员工队伍的性质

企业在设计福利组合的时候，控制成本以及“降低员工在年老、健康状况不佳以及死亡等情况下所面临的风险”（见表13-5）这样一些总体上的考虑，无疑是非常重要的，但是企业还必须考虑现有的员工队伍的人口构成及其偏好情况。

从广义上来说，像年龄和性别等这样一些基本的人口结构要素对于员工希望得到的福利类型有着非常重要的影响。比如，一支年龄偏大的员工队伍可能会对医疗保险、人寿保险以及养老金等福利更为关注。正处于育龄阶段的女性所占比例较大的员工队伍，则有可能对伤残休假更感兴趣。从总体上来说，那些年轻的未婚员工常常对这些福利没有太大的兴趣，他们期望得到的是更高水平的工资和薪资。

尽管可以根据人口结构得出员工偏好方面的一些一般性结论，但还是需要对员工的福利偏好进行更为仔细的评估。对员工的福利偏好进行评估的方式之一是采用市场营销研究法，就像对客户的产品和服务需要进行评价一样。[65]具体的方法包括个人访谈法、目标群体访谈法以及问卷法。相关的问题可能包括：

- 什么样的福利项目对你来说是最重要的？
- 如果你能够选择一种新的福利，你会选择哪一种？
- 如果给你 x 美元让你购买福利，你将怎样花这些钱？

通常情况下，在进行调查的时候，注意不要提高员工对未来变化所抱的期望。如果企业不打算在员工方面进行更多的福利投入，那么，调查的结果很可能是弊大于利。

前面的讨论给人留下的印象似乎是当前的员工队伍构成是既定的，但事实却并非如此。正如我们在前面讨论过的，福利组合对员工队伍的构成也会产生重要影响。比如，一种医疗福利和养老金福利占有重要地位的福利组合，对年龄较大的员工或者是家庭成员中有年龄较大者的员工尤其具有吸引力。而富有吸引力的养老金计划可能是吸收愿意在某一企业中从事长期工作的员工的一种重要途径。当员工流动的成本很高时，这种福利战略就会显得非常具有诱惑性。另一方面，如果一家公司实行了有利可图的医疗健康福利，那么它就有可能吸引和留住一些会产生较高医疗健康成本的人。病假福利同样有可能会影响员工队伍的构成。因此，企业需要考虑它们的福利组合发送出去的信号是什么，以及这种信号对员工队伍的构成会产生一种怎样的潜在影响。从这方面来说，表13-7中显示了谷歌公司为吸引和留住自己想要的员工队伍而提供的福利内容，该公司连续两次在《财富》杂志评比的“百名最佳雇主”中名列第一。

表13-7　　谷歌公司的员工福利

- 每年最高8 000美元的学费报销额度。
- 在工作场所提供医疗与牙科治疗设施；汽车机油更换和自行车修理；泊车服务；免费使用洗衣机与烘干机；有11个餐厅每天免费提供早、中、晚三餐。
- 七英亩* 的运动综合设施，包括室内轮式冰球场、篮球场、室外保龄球场、沙壶球场和钉马掌的场地。
- 无限期的病假。
- 入职一年后可享用为期27天的带薪休假。

* 1英亩=4 046平方米。

- 全球教育方案，员工可因继续教育申请最长5年的假期和总额15万美元的学费报销。
- 在旧金山湾区周围和总部办公室之间往返的有无线网络覆盖的免费班车。
- 高燃油效率车辆激励项目（奖励5 000美元购买混合动力车）。
- 攀岩墙。
- 范围广泛的各式各样的培训班，从房地产规划和家庭采购，到法语、西班牙语、日语和汉语普通话的外语课程等无所不包。

资料来源：The Great Place to Work® Institute，2008，www.greatplacetowork.com；100 best companies to work for 2013，http：//money.cnn.com，accessed May 31，2013.

13.4.4 与员工进行沟通

如果企业希望自己的福利投资能够获得收益，那么，就福利信息与员工进行有效的沟通极为重要。研究表明，无论是企业当前已经雇用的员工还是求职者，对于企业目前提供哪些方面的福利以及这些福利的市场价值到底有多高都知之甚少。有一项研究专门让员工估计一下企业在他们的医疗保险中投入的货币数量，同时让他们估计一下如果自己去参加健康保险，可能要付出多大的成本。表13-8中的数字显示出，员工大大低估了自己享受的医疗福利的成本和市场价值。在覆盖家庭成员的情况下，员工估计企业缴纳的费用只有24美元，而这仅仅是企业实际付出成本的38%。这家企业从员工福利投资中获得的收益也很低：每支出1美元只能获得0.38美元的回报。[66]正如我们之前看到的，当前，提供医疗健康福利的企业平均每年为了覆盖员工的家庭而支出的保险费用达到人均11 429美元。大家可能在想一个问题，即员工是否对这一事实有所了解。

表13-8 企业在员工医疗保险方面的缴费：员工认为的和实际的成本及市场价值

覆盖范围	企业缴费			市场价值*		
	实际缴费（美元）	员工认为的缴费（美元）	后者与前者之比	实际价值（美元）	员工认为的价值（美元）	后者与前者之比
个人	34	23	68%	61	37	61%
家庭	64	24	38%	138	43	31%

注：表中的美元价值代表经营个人医疗保险业务的三家保险供应商的平均值以及经营家庭医疗保险业务的三家保险商的平均值。

*指的是非企业员工为获得相同的保险水平而需要支付的金额。

资料来源：Adapted from M. Wilson，G. B. Northcraft，and M. A. Neale，"The Perceived Value of Fringe Benefits，" *Personnel Psychology* 38（1985），pp. 309-20. Used with permission.

对求职者进行调查得出的结果并不比对员工进行调查得到的结果更好。一项对工商管理硕士进行的调查发现，46%的人认为福利仅仅在直接薪酬的基础上增加了15%左右的收入。因此，毫无疑问，当求职者在进行工作选择时，福利可能是他们最后才会去关注的一个条件。[67]一项关于大学生就业方向选择的调查也得出了类似的结论，在对职位的好坏进行评价时，福利的重要性被排在第15位（一共才18个项目）。然而，在解释这些结果时我们却必须谨慎。一些研究揭示出，在对职位的好坏进行评价的时候，职位特征的重要性可能会被排在非常靠后的位置，但这并不是说职位特征本身不重要，而是因为回答者将所有企业的职位特征都看成是一样的。如果有些企业提供的福利非常差，那么，福利的重要性可能就会上升。

企业可以采取行动来解决求职者和员工缺乏福利知识的问题。一项研究发现，通过各种媒介——比如备忘录、座谈会以及详细的手册等——可以使员工掌握的福利信息大量增加；而掌握了福利信息反过来又会显著增强员工对福利的满意度。然而，另一项研究却指出，员工的福利知识一旦增多，既有可能产生负面效应，也有可能产生正面效应，这取决于福利组合本身的性质。比如，虽然从总体上来说在员工承担的福利成本和他们的福利满意度之间存在一种负相关性，但这种负相关性在具有较多福利知识的员工身上却表现得更为明显。[68]这一结论的含义是，如果员工承担的福利成本较高，并且他们又了解这种情况，那么这些员工对福利的满意度就会较低。

当企业以书面形式与员工就福利问题进行沟通的时候，需要考虑到这样一个事实：大约有 2 700 万美国员工可能是文盲。当然，还有其他许多方法可以用来向员工传递福利信息（见表 13-9）。尽管如此，大多数企业每年在传达福利信息方面的开支都很少，并且这些钱几乎都花在了书面沟通上。事实上，美国劳工统计局的数据显示，许多私营企业每年在每位员工身上支出的福利费用接近 18 000 美元，但由于许多福利计划的性质非常复杂，大多数员工对这些福利都难以理解，从这一点我们就可以看出，企业在与员工就福利信息进行沟通方面做出的努力是多么不足。[69]

表 13-9　　组织使用的各种福利沟通工具

福利沟通工具	百分比
报名材料（网络版或纸质版）	84%
与组织的代表进行小组员工福利沟通	65%
与组织的代表进行一对一的员工福利讨论	51%
互联网	48%
直接向家里或住处寄邮件	41%
时事通讯（网络版或纸质版）	39%
定期福利集会	26%
虚拟教育	13%
社交媒体	4%
与供应商一起和员工以小组形式进行福利沟通	3%
其他	2%

注：调查了 447 个组织。

资料来源：Employee Benefits Communication Methods，Adapted from “SHRM Survey Findings：State of Employee Benefits in the Workplace—Communicating Benefits，” © SHRM 2012（series），p. 15. Reprinted with permission.

不过，事情也有积极的一面，即越来越多的企业正在使用网络工具进行个性化的员工福利沟通。此外，有效地利用传统的福利宣传途径（如发放小册子）也可以对员工的意识产生很大的影响。[70]既然员工可以自己获得许多福利问题的答案，网络工具也使得许多组织能够取消与福利有关的职位。

与为所有员工设定单一的标准福利组合不同的是，弹性福利计划（又称弹性计划或自助餐计划）允许员工根据个人的需要，对所要参与的福利计划的类型以及数量进行选择。不同的弹性福利计划在以下一些方面存在差异：是否事先规定某种福利的最低标准（比如医疗健康福利）；员工如果选择某种“分量较轻”的福利组合，是否会得到货币补偿（或者为了获得更多的福利，员工是否需要追加更多的投入）。这方面的一个例子是休假，有些福利计划允许员工放弃休假，但可以获得货币补偿，而有些福利计划则采取另一种做法，允许员工用降低基本薪酬的方式来购买额外的休假时间。

那么，这些弹性福利计划的潜在优点是什么？[71]在最好的情况下，它们对我们在前面描述过的几乎所有目标都会产生积极的影响。第一，员工对企业为他们提供了什么福利会产生更清楚的认识和更深刻的印象，尤其是那些一次性地给员工分配一个货币总额，然后让他们自己将这些货币分配到不同福利项目上去的福利计划。第二，这些弹性福利计划允许员工自己做出选择，因此，在最终选定的福利组合和员工个人的偏好之间能够实现更好的匹配。这反过来又有助于改善员工的态度和留住员工。[72]第三，企业有可能降低自己用在福利项目上的总成本。自助餐计划可以看成是一种类似于缴费确定制的计划，而传统的福利计划更类似于收益确定制计划。在缴费确定制下，企业可以控制自己投入的成本规模，而在收益确定制下就做不到这一点。这是因为，在后一种情况下，福利的成本及其使用情况都是不受企业控制的。此外，通过对备选福利项目的设计，还可以引导员工做出更有效率的选择，达到降低福利成本的目的。比如，在实行弹性医疗福利计划的情况下，员工如果不愿意使用健康维护组织的服务（假定这种服务的成本效益更高），他们在其他医疗福利计划中就必须缴纳本来不必缴纳的更高费用并承担其他一些成本。

自助餐福利计划的一个缺点就是管理成本较高，尤其是在初期的设计阶段和启动阶段。然而，软件包以及由咨询公司开发的标准化自助餐计划却为企业提供了便利。自助餐福利计划的另一个缺点是会产生逆向选择效应。员工最有可能去选择那些他们最需要的福利项目。比如，一个需要进行牙科治疗的人可能会尽量选择较多的牙科保险。因此，当员工根据不同福利对自己的价值自行选择福利项目时，企业承担的成本有可能大幅上升。逆向选择的另一个结果是，在自助餐计划中，企业将很难预测自己的福利成本，尤其是小公司。不过，通过以下几个手段还是可以控制逆向选择问题的：对保险的数量设定上限；将容易受到逆向选择问题困扰的福利项目的价格定得高一些；采用若干套有限制的福利组合让员工进行选择，以避免员工自己选择过多的容易受到逆向选择问题困扰的福利计划。

■ 弹性支出账户

弹性支出账户允许企业在税前向一种特殊的员工账户注入资金，这些员工账户中的钱是专门用来支付未纳入保险的那些医疗健康费用的（就像可扣除账户或共同保险账户一样）。另外，企业还被允许为员工设立一个能够在税前最多注入 2 500 美元资金的独立账户，用于负担员工亲属的医疗费用。美国联邦免税代码要求这个用于支付员工和亲属的医疗费用的账户中存入的基金必须是事先确定的，并且在计划年份中使用，剩余基金必须返还给企业。因此，当员工的预期费用是可知的时候，这种账户是最有利的。这种福利计划的主要优点是，由于在税前支付了个人或者亲属的医疗费用，员工的实得薪酬增加了。现在让我们考虑有一名假想的员工，从表 13－1 中得到总有效边际税率为 40.33%。那么，在有弹性亲属医疗健康账户和没有这种账户两种情况下，这位员工的年薪每增加 1 万美元，他的实得收入将分别增加：

	无弹性支出医疗账户（美元）	有弹性支出医疗账户（美元）
基本薪酬部分	10 000	10 000
税前亲属护理缴费	0	−2 500
可纳税基本薪酬	10 000	7 500
税收（41%）	−4 033	−3 025
税后亲属护理成本	−2 500	0
实得薪酬	3 467	4 475

因此，弹性支出账户的使用为这位员工每年节约了 1 008 美元（4 475−3 467）。

13.5　一般法律法规问题

尽管我们已经讨论了一系列法律法规问题，但这里还是要提出另一些需要引起注意的相关问题。

13.5.1　《平价医疗法案》

2010 年出台的《平价医疗法案》有数个条款会对企业产生重大影响，这些条款到 2018 年将全部实施。表 13－10 总结了针对企业的一些关键问题。正如这里的“实践中的诚信”专栏所述，一些企业正在寻找避免被新法律覆盖的方法。

表 13－10　《平价医疗法案》：对企业的影响

对不提供健康福利的企业的惩罚

健康改革法不要求企业提供健康福利。然而，在某些情况下它会实施惩罚，如果大型企业（至少有 50 名员工）没有给员工提供健康保险或提供的健康保险员工负担不起，企业将会受到惩罚。

从 2014 年起，如果不提供健康保险的大型企业的任何一名员工在健康保险交易机构自行购买保险时获得了税收减免，该企业将会面临罚款。收入不到贫困线水平 4 倍的员工购买健康保险时均符合税收减免的条件。对企业进行罚款的金额为 2 000 美元乘以超出 30 名员工的员工人数（罚款数量会随着时间的推移不断增加）。

有些情况下，提供健康保险的大型企业也可能会受到处罚。如果健康保险的精算价值没有达到 60%——这意味着对于典型的人群而言，企业至少平均覆盖健康服务成本的 60%——或保险费超出员工收入的 9.5%，则员工在健康保险交易机构自行购买保险时可以获得税收减免。对于每一位获得税收减免的员工，企业将面临最高额度为 2 000 美元乘以超出 30 名员工的员工人数的罚款。

另一方面，如果企业的全日制员工少于 25 人，平均年薪不足 5 万美元，并且至少支付了员工医疗保险成本的一半，则该企业有资格获得税收减免。

税收*

从 2013 年起，该法律将高收入纳税者（个人收入超过 20 万美元和夫妻双方总收入超过 25 万美元）用于支付住院保险（A 部分）的工薪税提高了 0.9 个百分点，从 1.45%提高至 2.35%。企业需要缴纳这部分工薪税。

该法律还创造出一个由企业缴纳的新税种，即“Cadillac”保险计划。从 2018 年起，价值不低于 10 200 美元的个人保险计划或价值不低于 27 500 美元的家庭保险计划将要交税，纳税额为该计划价值超出临界值部分的 40%。该税种将向承保人和自我承保的企业征收，而不是直接向员工征收。临界值将随着自 2020 年起的通货膨胀水平而增加，如果医疗成本在 2018 年开始实施之前上升得比预期更多，临界值还会上调。临界值上调的适用群体还包括：在 55 岁退休且没有医保的员工、高风险职业的员工、由于员工的年龄或性别面临更高医疗成本的公司。

亲属的覆盖范围

《平价医疗法案》要求保险计划和承保商对被保险人提供亲属保险直至子女达到26岁。已婚和未婚的子女都有资格包含在内。这一规则适用于所有个人市场的计划和新的企业计划。它还适用于已有的企业计划，除非成年的子女已获得另一份基于企业的保险（比如通过工作获得）。自2014年起，26岁以下的子女可以留在他们父母的企业保险计划里，即使他们有另一份通过企业获得的保险。

健康修炼计划

自2014年起，作为健康修炼计划的一部分，企业可以为员工提供奖励，价值最高可达计划总保费的30%，而现在的上限为20%。法律规定，在适当的情况下，美国卫生和公共服务部部长可以把该限额提升至50%。健康修炼计划必须"通过合理设计来促进健康或预防疾病"。该法律还制定了一个五年拨款计划来鼓励没有实施健康修炼计划的小型企业建立这样的计划。该计划将在2011—2015财年为符合条件的企业提供2亿美元的资助，符合条件的企业为：员工人数不足100，并且员工每周的工作时间不少于25个小时。

* 这两个新的税种并不直接涉及企业。第一种是针对医疗设备的制造商、生产商或进口商出售任何应纳税医疗设备的销售额征收的2.3%的医疗设备特许权税。第二种是针对个人收入超过20万美元和夫妻共同收入超过25万美元的人群获得的投资收入征收的3.8%的附加医疗工薪税。

资料来源：The Henry J. Kaiser Family Foundation，http：//kff.org/health-reform/faq/health-reform-frequently-asked-questions/ and http：//kff.org/quiz/health-reform-quiz/，accessed May 22，2013；UC-Berkeley Labor Center，"Affordable Care Act Summary of Provisions Affecting Employer-Sponsored Insurance，" April 2013，http：//laborcenter.berkeley.edu/healthpolicy/ppaca12.pdf，accessed May 22，2013；National Association of Manufacturers，"Affordable Care Act Provisions Affecting Employers，2013 and Beyond，" www.nam.org/～/media/DB85A8CD0C174B6A8BC9077850FE6AC9/AffordableCareActEmployers_11_2_12.pdf，accessed May 22，2013；U.S. Department of Labor，Employee Benefits Security Administration，"Young Adults and the Affordable Care Act：Protecting Young Adults and Eliminating Burdens on Businesses and Families，" www.dol.gov/ebsa/faqs/faq-dependentcoverage.html.

实践中的诚信

《平价医疗法案》：企业将如何回应？

位于美国奥兰多市的达顿餐馆公司（Darden Restaurants Inc.）运营着橄榄园（Olive Garden）和红龙虾（Red Lobster）两个餐饮品牌，它说它已经改变了主意，再也不会把全职员工转为兼职员工。达顿公司显然曾经试图在一些餐馆使用更多的兼职员工，以"测试"能否避免让自己的员工被新的《平价医疗法案》（"奥巴马医改"）所覆盖。

然而，达顿公司的发言人鲍勃·迈克亚当（Bob McAdam）声称，公司从脸书、公司网站或当面收到了铺天盖地的反对意见。调查也显示，在实施这种"测试"的餐馆里，员工和顾客的满意度都下降了。围绕这一计划，达顿公司还受到大量负面的公开宣传。最终，公司的销售额下降了。

迈克亚当声称这一经历给了达顿公司这样一个教训，即有全职员工的餐厅才能运营得好。然而，达顿公司并没有排除在未来重新面对全职员工与兼职员工之争的可能性。现在，公司大约18.5万名员工中有3/4的人是兼职员工。

达顿并不是唯一一家试图避免被新医疗法案覆盖的公司。棒约翰公司（Papa John）的首席执行官约翰·施奈特（John Schnatter）在一个报纸专栏中写道：企业能找到法律的漏洞（比如，像达顿公司所做的那样考虑削减工作小时数）。然而，这篇专栏文章的负面回应接踵而至，施奈特随后发表了一份声明，“澄清”他只是在简单地描述一些企业可能去做的事情，即通过削减工时数量来规避法律，但这并非棒约翰公司的选择。

讨论题

1. 对于像达顿公司这样的大型企业想方设法通过削减员工的工时数量来规避《平价医疗法案》，你有何看法？

2. 这种做法对于公司而言有利吗？对于员工而言有利吗？

资料来源：Candice Choi, “Olive Garden Owner to Hold Off on Worker Changes,” *Boston Globe*, December 6, 2012, www. boston. com, accessed May 13, 2013.

13.5.2 非歧视性规则以及优先福利计划

通常来说，所有的福利组合计划都必须满足某些特定规则的要求，只有这样，它们才能成为优先福利计划。一种优先福利计划具有哪些优点呢？一般来说，它比非优先福利计划能够获得更多的税收优惠。比如，一种养老金计划如果是合格的，它能够享受的税收好处包括：第一，企业向退休基金的缴款可以享受直接的税收减免；第二，在企业享受税收减免的同时，员工也不需要纳税；第三，退休基金的投资收益（从股票、证券、货币市场上获得的）享受免税待遇。[73]

一种福利计划要想成为优先福利计划，必须满足哪些规则的要求呢？每一个福利领域都有不同的规则。要想在这里将所有规则都描述出来是不大可能的，但是一些一般性的内容还是可以列举出来的。再拿养老金来说，优先养老金计划必须满足授予规则的要求。更一般地说，优先福利计划必须满足所谓的非歧视性规则的要求。一般情况下，这种要求意味着一种福利计划不能形成一种有利于“高薪员工”的歧视。因此在这些规则背后的一个理由是，优先福利计划享受的税收福利（以及美国政府相应遭受的税收收入损失）不能不恰当地根据个人掌握财富的多少来进行分配。[74]相反，有利的税收待遇是为了鼓励企业将一些重要的福利项目提供给更大范围的员工。非歧视性规则不鼓励企业的所有者或者高层管理者采纳那些只以他们自己为实施对象的福利计划。

13.5.3 性别、年龄和残疾

除了我们在本章前面讨论的《反怀孕歧视法》制定的那些要求以外，为了确保男性和女性在福利领域得到合法待遇，企业必须注意的第二个主要问题集中在养老金福利方面。女性通常比男性更长寿，这就意味着，在其他条件相同的情况下，女性的养老金福利成本更高一些。然而，美国最高法院在 1978 年的曼哈特一案中制定的规则却宣称，在收益确定制养老金计划中，企业要求女性员工比男性员工缴纳更多费用的做法属于非法：《民权法案》第七章对所有人提供保护，并非所有女性的寿命都比所有男性的寿命更长。[75]

有两个与年龄有关的问题在《反就业年龄歧视法》中得到了重视，然后又在《老年员工福利保护法》等法规中得到了进一步的修正。第一个方面的问题是，企业必须注意不能在薪酬或者福利方面对 40 岁以上的员工有歧视。举一个例子来说，企业不能为了确保老年员工尽快退休，就在员工达到某个特定年龄（比如65岁）之后停止员工养老金的积累（即养老金不再增加）。[76]第二个方面的问题是，提前退休激励计划必须满足下述标准的要求才能避免承担法律责任：（1）员工不能是在被强迫的情况下接受这种提前退休激励计划而退休的；（2）企业必须提供关于各种可选择方案的准确信息；（3）员工有充足的时间（而不是在某种压力下）来做决策。

企业还必须遵守1992年生效的《美国残疾人法》。《美国残疾人法》特别强调了残疾员工"与其他员工一样，有受到企业提供的健康保险保护的平等权利"。但是，该法案同时指出，健康保险的待遇和条件可以根据风险因素来确定，只要这样做不会导致那些有残疾的员工不能享受健康福利。不过，有些企业在雇用了残疾员工之后，还需要设法将健康保险计划变成以风险因素为依据的健康福利计划，与这些企业相比，如果企业在事前就制定出以风险因素为依据的保险计划，显然会更为主动一些。[77]

13.5.4 监控未来的福利负担

由美国财务会计准则委员会（Financial Accounting Standards Board）颁布的**《财务会计准则公告第106号》**（Financial Accounting Statement（FAS）106）于1993年生效。这一公告要求，任何一种在员工退休以后提供的福利（其中最重要的是健康福利，不包括养老金福利）都不能再建立在现收现付的基础之上。相反，这些福利都必须建立在一种累积的基础之上，企业必须将自己的未来成本负担纳入财务明细表之中。这种要求对企业财务明细表的影响是非常大的。

退休人员发生的越来越高的医疗健康成本（以及会计标准的改变）已经导致部分企业在历史上第一次要求自己的白领员工和退休人员缴纳保险费，以增加共同投保的成分并减轻企业负担。调查数据显示，有些公司甚至中止了所有退休人员的医疗健康福利。比如，通用汽车公司最近就取消了白领员工的退休医疗健康福利。工会合同不允许通用汽车公司取消蓝领工人的福利计划。

然而，作为破产程序的一部分，通用汽车公司与美国汽车工人联合会（UAW）达成解决方案，创立了一个名为自愿员工福利协会（VEBA）的信托基金。通用汽车同意向这个基金投资大约350亿美元。福特汽车（132亿美元）和克莱斯勒汽车（71亿美元）也达成协议，建立了自愿员工福利协会。据统计，自愿员工福利协会将退休医疗保险负担中的1 000亿美元从美国三大汽车制造商的财务明细表中移走，为降低每一辆汽车的劳动力成本做出了重大贡献。自愿员工福利协会与缴费确定制计划相似，使公司的成本变得清晰。在支付建立自愿员工福利协会的费用之后，汽车公司在员工的退休医疗健康方面不再有更大的负担，而是由美国汽车工人联合会来管理自愿员工福利协会。[78]

其他公司则采取了降低福利水平或者提高退休人员缴费水平的做法。很显然，这种变化对年龄较大的员工的打击最大，尤其是那些收入相对固定的人。毫无疑问，法律方面的挑战已经出现。企业管理者在未来面临的最为严峻的挑战之一就是：如何在股东、现有员工以及退休者的利益之间进行平衡。

本章回顾

我们看到，在员工福利战略方面，许多企业的家长主义风格变得越来越弱。员工现在需要承担更多的责任，有时甚至还要承担更多的风险，这主要取决于员工选择何种福利方案。出现变化的领域之一是退休收入计划，在这种计划方面，企业越来越倾向于缴费确定制计划。这些计划要求员工懂得投资，否则，退休以后的生活就不会让员工那么满意了。当缴费确定制计划把资产的很大一部分投资于本公司股票的时候，员工承担的风险非常大。很多企业之所以这样做，原因之一是想消除员工的既得利益心理，将员工的福利与公司的绩效联系在一起。然而，一旦公司出现财务问题，员工面临的风险不仅仅是失去工作，而且还包括失去他们的退休金。正如我们在本章开篇案例中看到的，另一个出现变化的领域是退休员工的医疗健康福利，企业要求员工提高他们需要支付的成本所占的比例，同时还要学会运用医疗健康质量方面的资料来做出更好的医疗健康服务选择。

思考题

1. 企业为什么要提供福利？是因为法律的要求，还是因为企业想经营得更好，或者说，这是一件应当做的正确的事情？企业应该对员工的医疗和身心健康承担多大的责任？请分别站在股东和员工的立场上来回答这些问题。

2. 如果你正在给一家新公司提建议，告诉它应当如何设计医疗健康计划，你会提出何种建议？

小　结

对员工福利进行有效管理是企业取得成功的一种重要手段。福利成本是非常高的，并且某些领域中的福利成本还在继续快速增长，其中最值得一提的就是医疗健康成本。要想在产品市场上竞争，就必须对这些福利成本进行控制。与此同时，企业还必须向员工提供某种福利组合，因为只有这样，企业在劳动力市场上才能具有竞争力。除了在福利方面进行更多的投资，企业还可以通过向员工更好地解释企业福利组合的价值，通过弹性福利计划允许员工根据个人的需要自行选择福利组合等，来吸引和留住高素质的员工。

企业仍将是为员工提供经济保障的一个最主要的源泉，它们通常会向员工提供健康保险、退休金等福利计划。福利计划的改变会对现有员工以及退休员工产生重大的影响。因此，企业在制定福利决策的时候承担着很大的社会责任。与此同时，员工也应当意识到，自己在个人的经济保障方面需要承担的责任越来越多。健康福利的设计正在朝以下方向发展：鼓励员工成为掌握更多知识的消费者；退休福利将越来越依赖于员工从个人利益出发做出的各种金融投资决策。

讨论题

1. 本章的开篇案例描述了企业是如何把医疗健康的成本转移给员工的。这种变化的可能后果是什么？企业承担的社会责任到何处是一个终点，到了哪一点，企业又需要重新开始考虑进行更为有效的运营？

2. 假定与其他公司一样，你的公司也面临医疗健康成本以两位数的速度增长的困境。你能够提供哪些方面的建议来帮助自己的公司降低这种增长速度？

3. 为什么说在员工福利方面沟通是非常重要的？为了就福利问题进行更为有效的沟通，企业可以采用哪些类型的计划？更为有效的福利沟通能够带来哪些潜在的积极影响？

4. 弹性福利计划和弹性支出账户的潜在优点是什么？它们存在哪些潜在的缺陷？

5. 尽管福利在员工的薪酬中占了很大的比

例，但是许多人却感觉到没有什么证据能够证明企业确实从自己的福利投资中获得了充分的回报。一种观点是，应当把福利与个人、群体或者组织的绩效联系在一起。你会向企业推荐这种战略吗？为什么？

自评练习

企业在决定提供哪些类型的福利时，决策方式之一就是利用问卷调查来询问员工，让他们指出哪些类型的福利对他们最重要。请阅读下面的员工福利清单，然后用"√"来标明相应的福利项目对你是否重要。

福利项目	重要	不重要	提供此类福利的企业占比
用于亲属医疗健康的弹性支出账户			70%
弹性工作时间			64%
在紧急情况下可以带孩子上班			30%
老年人看护推荐服务			21%
领养帮助			21%
工作场所设有儿童看护中心			6%
健身补贴			28%
在工作场所接种疫苗（如流感疫苗）			61%
工作场所健身中心			26%
着休闲装上班（每天）			53%
企业赞助的运动队			39%
食品服务或有补贴的餐厅			29%
旅游规划服务			27%
干洗服务			15%
工作中的按摩治疗服务			12%
防身培训			6%
礼宾服务			4%

现在比较一下你对每一种福利项目的重要性所做出的判断，然后与最右侧的"提供此类福利的企业占比"加以比较。你有可能找到其工作恰好能够提供你需要的那些福利的企业吗？请解释。

资料来源：Based on Figure 2, "Percent of Employers Offering Work/Life Benefits (by Year)," in *Workplace Visions* 4 (2002), p. 3, published by the Society for Human Resource Management.

战略练习

吸烟者现在面临另一种风险：吸烟可能使他们找不到工作

在美国的许多州，越来越多的医院和医疗企业正在制定严格的政策使吸烟成为拒绝求职者的一个理由，这些医院和医疗企业声称，它们想要提高员工的工作效率，降低医疗健康成本，并且鼓励员工选择更健康的生活方式。

这些政策反映了企业采取的一些更温和的鼓励吸烟者戒烟的手段——比如禁止在公司里吸烟、提供戒烟计划和提高吸烟者的医疗健康保险费——遭遇了挫折，力度不够。

新规则本质上把香烟等同于非法麻醉剂。在现在的求职者要求中明确告知本公司实行“无烟雇佣”政策，求职者须接受尼古丁尿检，新员工一旦被抓住吸烟，雇佣关系就会终止。

从无烟场所到无吸烟者工作场所的转变引发了激烈的争论——这些政策是否形成这样一个先例：雇主可以介入员工的私人生活，禁止某种合法的爱好。

“如果有足够多的公司采取这些措施，并且吸烟者很难找到工作，将会产生不良后果，”波士顿大学公共健康学院教授迈克尔·西格尔（Michael Siegel）博士记录了这一趋势并指出，“失业也有害健康”。

尚无可靠数据表明究竟有多少家企业实行了这样的政策。但追踪这一问题的人声称，已有足够的例子显示出这些政策变得更为主流，在一些州，法院认同拒绝雇用吸烟者的合法性。

比如，佛罗里达州、佐治亚州、马萨诸塞州、密苏里州、俄亥俄州、宾夕法尼亚州、田纳西州和得克萨斯州的医院在去年就开始停止雇用吸烟者，并且有更多的医院公开声明在考虑采取这种政策。

“在过去的 6～12 个月中，我们收到大量询问，咨询这件事应当如何做。”克利夫兰诊所主任保罗·特佩路克（Paul Terpeluk）在 2007 年就停止雇用吸烟者了，并成为该政策的拥护者。他这样说道：“发展趋势变得相当明显，我猜想在未来几年中，你会看到更多大医院走这条路。”

许多组织已经证明这种新政策是正当的，新政策可以促进致力于个人福祉的组织使命的达成，并且找到降低医疗健康成本的方式。

大约 1/5 的美国人吸烟，并且吸烟是一些可预防死亡的首因。根据美国联邦政府的统计，每位吸烟的员工每年在医疗健康和生产率损失方面产生的成本高达 3 391 美元。

“我们认为，让保持健康生活方式的员工资助不这么做的员工是不公平的。”位于密苏里州吉拉多角的圣弗朗西斯医学中心首席执行官史蒂文·贝利奇（Steven C. Bjelich）从上个月开始停止雇用吸烟者，他这样说道：“实际上问题就在这里。”

20 年前，在像阿拉斯加航空、联合太平洋公司和特纳广播公司等这样一些大公司采取停止雇用吸烟者的政策之后，29 个州和哥伦比亚特区在烟草游说团体和美国公民自由协会的强有力支持下，通过了禁止歧视吸烟者或其他使用“合法产品”的个人的法律。其中一些州则将医疗组织排除在外，比如密苏里州。

菲利普·莫里斯烟草公司（Philip Morris）的一名发言人声称公司不会再在这个问题上采取积极行动，尽管它仍然反对这种政策。

像国家工作权利协会（National Workrights Institute）这样的组织则提出了自己的担忧：这样的政策可能一发而不可收——如果这种政策被证实对于降低医疗健康成本有效，那么企业可能会进一步禁止员工的其他一些行为，比如喝酒、吃快餐以及发展像骑摩托车那样的危险的爱好。克利夫兰诊所主任在两年前的一次采访中说道，如果不违法，他会进一步扩大医院政策的实施范围，拒绝雇用那些肥胖的人，他的这种观点既获得了表扬，同时也受到了一些批评。

“吸烟并不是唯一的特例，”积极反对这一实践的工作权利协会主席刘易斯·马尔特比（Lewis Maltby）说道，“我们私下里做的有害健康的事情数也数不清。即使不抽烟，也可能喝酒。即使不喝酒，也可能吃芝士汉堡包。甚至包括你的性生活。”

虽然大多数公司只在新员工身上应用它们的规则，但一些公司会要求现有的员工必须放弃抽烟，否则就会失去工作。对于是否应该解雇那些在受雇之后被抓到抽烟的员工，意见仍不统一。比如，位于堪萨斯城的杜鲁门医学中心将调查针对员工抽烟的投诉。在最近的一个案例中，这家医院的人力资源部负责人马科斯·德利昂（Marcos DeLeon）声称，一名新员工午休过后带着一身烟味回来上班，结果被他的上级撞见，这位员工承认自己抽了烟。于是这名员工被解雇了。

曼迪·卡罗尔（Mandy Caroll）在堪萨斯大学护理学院门外拿出自己的香烟，正好就在学校禁止吸烟的警示牌前面，她说自己非常清楚每天抽一包烟这种习惯的潜在后果：她的父母都死于与吸烟有关的疾病。但卡罗尔小姐——一名 26 岁的护理学生——声称，她反对医院所做的任何“歧视”她以及其他吸烟者的努力。

“显然，我们知道吸烟的影响，我们在医院每天都能看到，”卡罗尔小姐说，“吸烟是愚蠢的选择，但也是个人的选择。”

其他人并不介意这项严格的政策。68岁的约翰·斯廷森（John J. Stinson）说，三年前当他决定申请克利夫兰诊所的一份工作时，他已经抽烟30多年了。

最终这项政策成为他戒烟的动机：他通过了尿检，从那时起再也没有抽过烟。“这是个好主意。”斯廷森先生说道。

思考题

1. 企业可以禁止员工抽烟吗？为什么？
2. 你认为企业应该限制员工的其他一些活动吗？
3. 你认为不雇用吸烟者的做法属于歧视吗？请定义歧视并解释企业在该案例中是否存在歧视行为。

资料来源：From *New York Times*，“Smokers Now Face Another Risk from Their Habit：It Could Cost Them a Shot at a Job，” by Steve Hebert，February 10，2011.

人的管理

《平价医疗法案》——小企业主将如何应对？

由于2008年的金融危机，位于芝加哥郊区的一家零件组装厂——自动化系统有限责任公司（Automation Systems LLC）的销售额下降了60%。老板卡尔·斯堪斯特拉（Carl Schanstra）通过进入新的市场——比如汽车业——让公司回到正轨。今年的销售额上升了12%，明年有可能继续上升。

但对于这位34岁的老板而言，预期的销售额增长带来了新的担忧。他担心随着自动化系统公司的持续扩张，公司将会受到国家医疗健康政策大调整中制定的一些条款的管制，这可能会破坏公司的盈利水平。

为了回避遵守法律可能会带来的沉重负担，斯堪斯特拉先生苦思冥想了多个明年可以采取的策略。事实上，他正在考虑是否应该将公司一分为二。

这里的原因在于，他的工厂在2012年实现了160万美元的销售额，现在雇用了40名全职员工，大多数是监控工厂中设备的低薪员工。如果销售额继续增长的话，2014年工厂很有可能要雇用50名全职员工。根据新的医疗健康法律《平价医疗法案》，员工达到50人的企业要为员工提供医疗保险，否则可能面临罚款。

斯堪斯特拉先生说，这一支出会提高他的劳动力成本，因此他不想让工厂雇用的员工达到那个数字。“我会因雇用更多的员工而受到严厉的惩罚。”

他承认，将企业一分为二可能是一件“令人头痛的事”。但这样能使每一家企业的全职员工少于50人，他希望以此避免每年至少4万美元的罚款。他的公司从2003年开始没有为员工提供医疗保险福利，因为当时的医疗保险费猛涨了50%，这使他在20名员工的医疗保险方面的支出达到大约4万美元。

专家认为拆分公司——正如斯堪斯特拉先生所想的那样——并不是一个解决办法。根据美国的《国内税收法》，被一个共同的企业集团或商业伙伴雇用的所有员工都将视为受到单一雇主的雇用。

但是，正如Wilke & Associates LLP公司的彼得·弗莱明（Peter Fleming）所说的那样，如果一位企业所有者的经营收入来源有多个，并且每个单元都有不同的所有者，那么还是可以创造出供拆分的实体。但是，“拆分企业是一件大事情。”他说，因为这要求把公司的一部分业务交给其他人去打理。

美国商会医疗政策执行官凯蒂·马霍尼（Katie Mahoney）补充说道，对能够在长期中避开雇主责任的战略所做的探索并不少见，因为对于一些企业所有者来说，“说到底还是钱的问题，而他们没钱。所以他们要么找到一条路绕过去，要么只能关闭企业”。

为了使企业低于法律规定的门槛，有些企业说它们很可能会减少员工的工时，甚至会解雇员工。按照法律的规定，全职员工不少于50人的公司将不得不提供“最低基本保险”和“负担得起的”保险覆盖面，或是为超出30人上限的每一位员工支付罚款。

位于凤凰城的James Gerard Foods是一家有大约50名员工的食品企业，其首席执行官西德尼·布罗茨基（Sidney Brodsky）声称，他正在考虑“淘汰”绩效最差的员工，从而把公司的员工人数降到50以下。如果需要更多的人手，他将会雇用合同工。

布罗茨基先生在过去12年里给员工提供医疗健康福利，尽管他只支付了保险费的50%。通过让员工人数在法律规定的上限附近徘徊，他能继续为员工提供健康福利而无须担心承担“最低基本保险”的法定责任。为了避免罚款，企业还必须制定一个计划，这个计划至少需要承担福利成本精算价值的60%。此外，企业必须保证员工支付的医疗保险费用不超过其家庭收入的9.5%。

其他一些计划则转向雇用兼职员工，因为即使兼职员工没有参加医疗健康保险，企业也不会受到惩罚。

斯堪斯特拉先生说，如果能将企业一分为二，他会考虑引入一名合伙人来接手另一半生意。他还考虑在南美开办一家工厂，并专注于在那里发展。“我想看看纸牌会落到哪里，”他说，“拆分公司依然是有可能的。”

斯堪斯特拉先生知道，将公司一分为二可能无法帮助他规避法律的要求。如果不能拆分公司，他的备用计划就是保持员工人数低于法律规定的上限或投资于可以替代员工的机器设备。他还计划从1月起涨价20%，以便为他在2014年可能不得不承担的医疗健康相关成本做准备。

他说，使用兼职员工“对于我们的企业而言并非一个好办法”，这是因为员工需要在一天24小时中通过轮班的方式来达成最佳生产率。

“未知风险的存在使所有人都停止消费，开始节约，”他说，“我们会更加小心和节约，勒紧裤腰带过日子。”

思考题

1. 你如何看待很多公司都千方百计避免被《平价医疗法案》所覆盖？

2. 你是否认为案例中这样一些小企业的做法要比大企业（比如“实践中的诚信”专栏中所述的达顿公司）采用相同的做法更无可厚非？

3. 从公司、员工和社会的角度来看，避免提供法律规定的这种医疗健康保险会产生怎样的后果？

小企业的人力资源管理

T3公司欢迎婴儿

T3是1989年由盖·沃伦·加迪斯（Gay Warren Gaddis）成立于得克萨斯州奥斯汀市的一家独立广告公司。由于加迪斯在广告和营销行业的动荡变化中走在了前面，公司迅速发展。传统广告公司通过考虑将广告放在广播中还是报纸和杂志上来完成自己的工作。而加迪斯和她的员工则专门发展各种综合性的活动，利用各种方式——其中包括通过网络沟通——传播品牌。

创新不断成为公司的价值。该公司在自己的职业生涯网页上宣称，T3公司正在寻找“伟大的思想家，好奇、思想开放的个体，冷酷无情的问题处理者，他们不断寻找新鲜的、常常是非传统的解决方法”。该公司的结构是没有边界的，不像传统的广告公司那样功能分离，因此员工们能通过集思广益解决客户的问题。

这种创新的精神并不局限于广告方面。加迪斯还创造性地考虑公司的人力资源管理。在开办T3公司六年之后，加迪斯发现有四名关键员工同时怀孕了。如果按照传统的做法，这些员工将会休假几个月，而加迪斯将为维持公司的正常运转而疲于奔命。因此，加迪斯决定尝试一些不同寻常的做法：她告诉这四名员工，欢迎她们带着婴儿来上班。一些大公司通过建立工作现场日托中心来解决问题，而加迪斯则期望员工们在孩子的面前灵活地工作。

许多人会想，带着孩子来上班将会导致一个

容易分散注意力的环境，但事实上，新的计划取得了成功。于是 T3 公司一直保留这一政策，甚至还给它起了一个名字：T3 下一代。迄今为止，一共有 55 个孩子曾经来到公司工作地点。加迪斯声称，这些父母非常感激公司，以至于他们付出额外的努力来使这种安排生效。艾米丽·达尔顿（Emily Dalton）就是这样一位母亲，当她想要检查孩子的状况时，只要转一下自己的椅子就行，她感到很放心："你不用担心，"她告诉报纸记者，"你可能身上沾满了孩子的口水，但你用不着……打电话到某处去询问你的孩子怎么样了。"艾米丽承认，当她的孩子安妮清醒的时候，她不得不变得超级灵活，但她补充道，"当孩子睡着时，我就精力旺盛了。"当婴儿九个月大或开始爬行的时候，父母们就可以安排日托了。

当然，带孩子来上班仅仅是该公司的员工福利之一。T3 公司在纽约、旧金山和奥斯汀都有自己的办公室，提供的福利包括：医疗、牙医和视力保险；多种人寿保险政策；伤残保险；401（k）计划；带薪休假、节日假和病假；健身房会员和手机计划折扣等。T3 公司还有一些不同寻常的福利：每周一的早餐、周五的糖果、图书俱乐部和"带狗上班"政策。至于最后一条政策，T3 公司网站上的评论说，"虽然我们没有强制规定狗要为我们的创新或效率做些什么，但我们相信它们给这份非常不平衡的事业带来了平衡"。

广告也许是一项"不平衡的"事业，但迄今为止，T3 公司似乎处理得很好。《广告周刊》最近将该公司评为最佳广告公司，其经营收入增长了近 15%。其客户包括很多大品牌，比如杰西潘尼、UPS、脸书以及微软。

思考题

1. 在本案例提及的员工福利中，你认为哪些对于帮助 T3 公司维持一支富有创造力的员工队伍比较重要？

2. "T3 下一代"政策的优势是什么？风险是什么？公司该如何应对这些风险？

3. 你认为在其他哪些类别的公司中，"带孩子来上班"的政策作为一种员工福利也会有效？为什么？

资料来源：Josh Spiro, "Where Every Day Is Take Your Baby to Work Day," *Inc.*, December 9, 2009, www.inc.com; Eric Aasen, "Babies-at-Work Programs Let New Parents Stay Close to Their Kids," *Dallas Morning News*, March 26, 2008, Business & Company Resource Center, http://galenet.galegroup.com; T3, "T3 Ranks 58th on *Adweek* Top 100 Agencies List," news release, April 28, 2009, http://t-3.com; and T3, "Careers" and "Company," corporate website, www.t-3.com, accessed June 6, 2011.

第 5 篇　人力资源管理的特殊主题

第 14 章　集体谈判与劳资关系
第 15 章　全球性人力资源管理
第 16 章　战略性人力资源职能管理

第14章 集体谈判与劳资关系

学习目标

在阅读完本章后，你应当能够：

1. 阐述集体谈判和劳资关系意味着什么。
2. 明确资方、工会以及社会在劳资关系方面的目标分别是什么。
3. 解释法律环境对劳资关系的影响。
4. 描述劳资双方相互作用的主要领域：工会的组织、集体合同谈判以及集体合同管理。
5. 阐述对立性不是很强的处理劳资关系的新方法。
6. 解释竞争性挑战方面的变化（比如，产品市场竞争和全球化）是如何影响劳资双方的相互作用的。
7. 解释公共部门的劳资关系与私营部门的劳资关系存在哪些区别。

进入企业世界

在低工资国家的工会活动与员工权利演变

在位于中国深圳的欧姆电子公司（Ohms Electronics）的工厂中爆发了罢工，从表面上看，这场罢工并没有什么特别的。工人离开工作岗位去给公司施加压力，要求公司回应他们提出的要求。同样不足为奇的是，工人们提出的要求之一就是提高工资，资方已经同意加薪。然而，不同寻常的是，资方还同意进行工会选举，允许他们选出一位工人，作为得到中国政府授权的工会在本工厂的代表。尽管这样的权利在理论上得到中国劳动法的认可，但在实践中并不能得到实施。相反，工人代表一般是由资方指派的，代表资方的利益而不是员工的利益。欧姆电子工厂的工人们选了一名来自装配线的35岁工人以替换由资方指派的长期固定的工会主席。非政府组织中国劳工通讯（China Labor Bulletin）主任韩东方认为，欧姆电子工厂的选举选出了真正的员工代表，这在中国尚属首例。

观察家评论道，中国政府继续关注集体谈判。在像深圳这样的沿海制造业地区，对独立工会有了更多的容忍。一种解释是，更强大的工会是为获得更高工资而努力的，而这符合政府提高工人收入的目标。只要工会追求工作场所中的目标，比如更好的工资和福利，并且不碰政治，它们就会有更好的机会朝更独立的方向发展。

从2010年起，针对日本企业本田公司、丰田公司和其他一些汽车工厂的罢工似乎达到了一个高峰。深圳当代社会观察研究所劳工研究员和主任刘凯明声称，去年有127万件劳动纠纷和1 000多起大规模的罢工。他用“巨大”一词来描述这些活动的水平。罢工可使企业花费巨大（因为销售额和利润的损失），也可使员工成本极高（因为工资受到损失）。因此，刘凯明相信，政府会允许更多的工会选举，让工人与资方谈判时能发出更多的声音，这有助于减少罢工活动并增加经济成果。

建立更强大的工会的目的不仅是保护工人免遭经济困难，而且要保护他们的安全。位于孟加拉国达卡的八层楼高的拉娜广场（Rana Plaza）服装厂的倒塌导致1 100多人死亡。第三层楼的工人被像爆炸一样的声音吓了一跳。他们还看到了墙壁上的裂缝。一名工程师检查了裂缝，发现裂缝是一种结构上的缺陷。他建议将建筑里的人员立即疏散。虽然工人被疏散出去，但又被命令回去接着工作。如果不回去工作，他们就会失去每月38美元的工资，而这是他们无法承受的。

如果拉娜广场工厂的员工有工会代表呢？孟加拉国全国服装工人联盟主席Amirul Haque Amin认为，答案是显而易见的：如果那些工人加入工会，他们本可以拒绝回去继续工作的命令。

作为对这一悲剧的回应，孟加拉国政府声明，它将允许该国400万服装工人建立行业工会，并且不用得到工厂主的首肯。孟加拉国劳动部部长Mikail Shiper声称，新法律将给当地的服装行业带来根本性的变革。然而，其他人仍持观望态度。新法律的实施将大大依赖于政府为寻求建立独立工人工会的那些工人提供的保护。如果他们因自己的活动不能得到保护，不能免于受到恐吓和解雇的威胁，真正的改变将很难实现。

资料来源：Austin Ramzy，“A Labor Strike in Southern China Offers Hope for a More Democratic Future，” www.time.com，July 8，2012，accessed May 19，2013；Syed Zain Al-Mahmood and Tripti Lahri，“Bangladesh Opens Door to More Unions，” *Wall Street Journal*，May 13，2013；Jason Burke，“Bangladesh Eases Trade Union Laws after Factory Building Collapse，” *The Guardian*，May 13，2013；Jim Yardley，“The Most Hated Bangladeshi，Toppled from a Shady Empire，” *New York Times*，April 30，2013.

14.1 本章介绍

正如开篇案例所示，工会有助于实现工人们追求的一些重要目标，不仅包括更高水平的工资，还包括对工人的保护以及赋予工人在工作场所的发言权。工会谈判力量的主要来源是组织罢工的能力，罢工会中断企业的生产、销售和利润的获得。然而，这样的冲突最终必将由于员工和公司双方的共同利益而达到平衡。工人的工作和收入以及公司的利润都取决于双方是否能够通过共同合作来保障公司的竞争力和生存能力。

14.2 劳资关系的总体框架

美国前劳工部长和劳资关系方面的学术带头人约翰·邓洛普（John Dunlop）在《劳资关系体系》（1958）一书中提出，劳资关系系统包括四大要素：第一，环境背景

(技术、市场压力以及法律框架——尤其是法律对谈判力量的影响);第二,参与者,包括员工和他们所加入的工会、资方以及政府三个方面;第三,一整套规则(也就是游戏规则),这一规则描述了劳方和资方之间的相互作用方式以及解决意见分歧时遵循的程序(比如,在处理集体合同争议时应当采取何种步骤);第四,意识形态。[1]要想使劳资关系系统能够适当运转,就必须保证劳资关系的三方参与者在某种程度上形成一种共同的意识形态(比如,接受资本主义制度),并接受其他各方所扮演的角色。然而,接受其他各方的角色并不表示各方的利益就是一致的。恰恰相反,从某种程度上来说,员工和资方之间的矛盾是不可避免的,因为尽管双方的利益有重叠之处(比如,公司的生存以及由此而来的工人得到工作以及投资者的利益实现),但是他们在关键方面却存在分歧(比如,如何在工人和投资者之间分配企业的利润)。[2]

因此,根据邓洛普和其他有类似思想的美国学者的意见,一种有效的劳资关系体系并不是要消除劳资矛盾;相反,它提供的是以对资方、员工以及社会来说成本都最小的方式来解决矛盾的一种制度安排(和一整套规则)。集体谈判就是这样一种制度,其他的相关机制还有调解、仲裁以及参与决策,等等。这些思想正是 20 世纪 40 年代在美国的大学中建立劳资关系学院或劳资关系系的重要基础——这些院系所培养的劳资关系专业人员将同时站在工会和资方两个立场上来开展工作,他们必须具备相关的技能,将像罢工这样的高成本冲突发生的次数降到最少(罢工在当时达到了历史上的最高纪录),同时将一体化的分歧解决办法(双赢办法)的使用次数增到最多。

一个稍近一些的劳资关系模型是由哈里·卡茨(Harry Katz)和托马斯·科坎(Thomas Kochan)共同建立的,该模型特别有助于说明资方和工会在相互作用的过程中进行的决策包括哪些类型;这些决策对资方和工会实现各自在工资和福利、工作保障方面的目标会产生何种影响;这些决策对工会和资方的权利与责任会产生什么样的后果。[3]根据卡茨和科坎的论述,这些决策发生在三个不同的层面上。

首先,在战略层面上,资方要做出比如说这样一种基本的选择,即到底是准备与工会合作,还是准备通过各种努力使自己成为一个非工会化的企业。环境要素(或竞争性挑战)对战略执行一方面会产生约束作用,另一方面会提供机会。比如,如果在某一特殊时间段内,公众舆论变得对工会不利,那么某些企业就有可能将这看成是使自己摆脱工会的一个良好机会,而另一些企业则会试图与工会建立起一种比较好的工作关系。类似地,竞争的激烈化还会产生提高生产率以及降低劳动力成本的要求,这既可以通过将生产向非工会化工作场所转移来实现,也可以通过与工会共同努力使企业更加具有竞争力来实现,这同样是资方所面临的战略决策的一个例子。

尽管在最近这些年资方常常是变革的发起者,但是工会也面临与资方类似的选择,即到底是抵制变革、要求维持现状,还是对新的劳资关系保持一种开放的心态(比如,以一种对立性质不那么明显的形式(如劳资关系团队等)参与决策过程)。

卡茨和科坎认为,劳方和资方在战略层面的选择反过来会对劳资双方在第二个层面和第三个层面上的相互作用产生影响。第二个层面为功能性层面,在这一层面上,劳资双方就集体合同进行谈判,同时工会发展自己的组织。第三个层面是工作场所层面,在这一层面上主要涉及集体合同的管理问题。尽管劳资双方在三个层面上的关系在某种程度上是相互依赖的,但也有所区别。比如,尽管资方可能会在战略层面上准备与工会建立有效的合作关系,但是在某些机构或谈判单位内部(工作场所层面),

劳资双方之间仍然有可能在工作规则、申诉等方面存在明显的冲突以及争议等。

劳资关系的基本框架在图 14－1 中做了描述，图中包含了我们到目前为止讨论过的多种思想，如环境的重要作用（竞争性挑战）；工会的目标、资方的目标以及社会的目标；工会和资方之间相互作用的领域分类（工会的组织、合同谈判、合同管理）——这些不同的方面之间是相互影响的，但也可以分别对它们进行某种独立的分析。该模型还揭示了相对谈判力量对目标、工会和资方之间的相互作用以及劳资双方达到各自目标的程度所能够起到的重要作用。相对谈判力量反过来还会对竞争环境（比如，法律、社会、质量、高绩效工作系统、全球竞争性挑战等）以及工会会员的规模和深度产生重大的影响。[4]

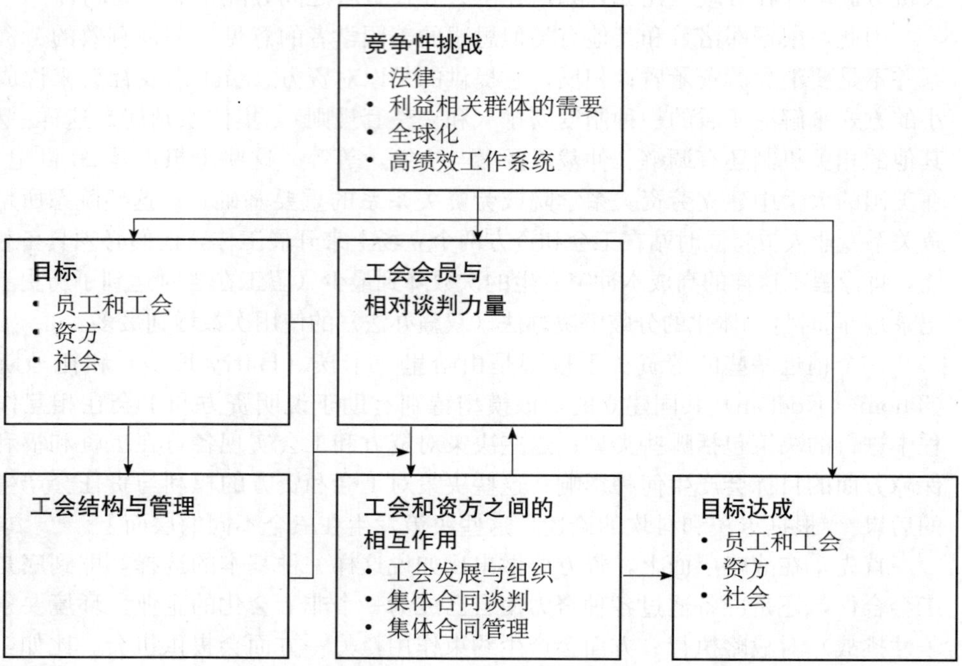

图 14－1　劳资关系的总体框架

下面我们将对该模型的构成作更深层次的描述。本章下面的内容将分为以下几个部分：社会、资方、工会各自的目标和战略；工会的结构（包括工会的管理和工会会员）；法律框架（也许是劳资关系所处的竞争性环境最关键的一方面）；工会和资方的相互作用（组织、合同谈判、合同监管）；目标的达成。环境要素（除法律之外的其他要素）和谈判力量的问题将会在以上议题中分散讨论。此外，对于劳资关系的国际比较以及公共部门的劳资关系这两个方面的特殊问题，我们也将进行讨论。

14.3　目标与战略

14.3.1　社会

从某种意义上说，强调集体行动的工会并不太符合美国资本主义的个人主义倾向。然而，比阿特丽斯（Beatrice）、西德尼·韦伯（Sidney Webb）和约翰·R. 康芒斯（John R. Commons）等一些劳资关系学者都认为，19 世纪末 20 世纪初，单个工人的谈判力量远远弱于雇主的谈判力量，因为雇主拥有更多的经济资源，同时它也更容易将工人替换掉。[5]因此，能够有效代表工人利益的机构（工会），就被看成是能够使劳资双方的谈判力量变得较为均衡的一种力量。

工会对社会的主要益处就在于，它使劳资矛盾得以制度化，从而使劳资冲突能够以一种成本最低的方式得到解决。所以，尽管在劳资双方之间继续存在分歧，但是通过讨论问题（集体谈判）来解决分歧总比在大街上开战好一些。一批很有影响力的劳资关系学者在描述未来很先进的劳资关系时这样写道："阶级斗争将会被忘记。战斗将会在走廊上而不是大街上进行，到处流淌的不再是鲜血而是备忘录。"[6]从这种意义上说，集体谈判不仅能够降低罢工所引起的潜在经济损失，而且能对社会的稳定做出贡献。出于这种原因，劳资关系学者常常将工会视为一个民主社会必不可缺的重要组成部分。[7]这些思想对 1935 年的美国《国家劳资关系法》的制定做出了很大的贡献，该项法案的主旨在于提供一种对集体谈判有利的法律环境，因而它对劳资双方的活动以及两者之间的相互作用都做出了规范性的约束。

甚至连参议员奥林·哈奇（Orrin Hatch）——被《商业周刊》描述成"国会山上的第一劳工天敌"——也公开提到了工会存在的必要性：

> 总是会有一些喜欢占工人便宜的人，而工会则因将这种事情摆平而赢得工人的信任。我们需要它们将劳资双方的地位提高到相同的水平上来。如果你没有工会，你甚至很难让那些比较开明的雇主不在工资和工作条件方面占工人的便宜，因为它们还面临着竞争对手（的竞争）。因此，我会是最先说"我相信工会"的那批人之一。[8]

不仅建立在集体谈判基础之上的劳资关系体系存在自身的缺陷，其他解决办法同样如此。资方的单方控制会牺牲工人的利益。政府和法院的广泛参与则会导致冲突的解决不仅代价高昂、速度缓慢，还会造成这样一种被动的局面：让那些还不如劳资双方对冲突的背景了解深入的第三方（一位法官）把某种冲突解决方案强加给他们。

14.3.2 资方

资方需要做出的最基本决策之一就是：到底是鼓励自己的员工组建工会，还是打击他们的这种想法和做法。雇主有可能打击工会的成立，因为它害怕会因此出现较高的工资和福利成本，害怕出现因罢工而造成的停产，害怕因此而导致自己与员工之间的关系变得对立，或者，更一般地说，它担心工会对自己的决策灵活性和决策自由度造成更多的限制。从历史上看，资方通常有两种避免工会成立的基本战略[9]：一是它可以给员工提供具有足够的吸引力，同时也比较公平的雇佣条件和待遇，从而让员工感到让工会来代表自己并无太多的利益可图。二是它可以明确反对员工成立工会，即使在员工对工会有着强烈兴趣的情况下也是如此。在过去的二三十年中，采用后一种战略的情况越来越多。

如果资方认可一个工会，或者是员工已经加入某个工会，那么资方的工作重点就从与单个员工打交道变成与员工群体打交道。不过，资方的一些基本管理目标仍然是：控制劳动力成本和提高生产率（通过控制工资和福利来实现）；维持资方在一些重要方面（比如，在人员配备水平以及工作规则等方面）的特权。当然，如果资方相信大多数员工都不再希望让工会来代表他们，那么它永远都会有让工会失去代表员工资格的愿望（也就是说，鼓励员工在取消工会享有的代表员工资格的大会上通过投票将工会赶出企业）。

14.3.3 工会

工会通过采取集体行动帮助员工在确定工作待遇和工作条件时能够发出自己比较正式和独立的声音。表 14－1 显示了工会在集体谈判合同中所涉及的一些典型条款。工会总是试图在这些决策中代表其成员的利益。正如这里的“实践中的诚信”专栏所述，如果没有足够的工会代表，那么不仅工人的工资，还有他们的安全和福利都有可能处于风险之中。在缺乏管理保护的低工资经济体中，这一点尤其正确。接下来的“循证人力资源管理”专栏将提供进一步的观点。

表 14－1　集体谈判合同中的一些典型条款

集体协议的订立和管理	**工资决定与管理**	**工厂运营**
谈判单位和工厂附属机构	一般条款	工作与工厂规则
合同期限、到期时间以及重新谈判条款	工资水平结构与工资差别	休息时间和其他工厂内时间补助
工会保障与会费代扣	各种补贴	安全与健康
特殊谈判委员会	奖励系统和生产奖金计划	工厂委员会
争议处理程序	生产标准与时间研究	工时和奖金
仲裁与调解	职位分类与职位评价	夜班工作
罢工与闭厂	个人工资调整	有毒有害工作
合同的强制执行	合同期内总体工资调整	纪律与惩戒
功能、权利以及责任	**工作或收入保障**	**带薪和非带薪休假**
资方权利条款	雇佣和调动安排	休假与节假日
工厂搬迁	就业与收入保证	病假
业务分包	额外加班费	丧葬假和事假
工作时间内的工会活动以及这种活动的前提	补充失业保险计划	兵役假和履行法律义务假
劳资合作	加班、轮班规定等	**员工福利计划**
技术变革的规则	在解雇之前的工时削减	健康与各种保险计划
提前解雇通知与协商	解雇程序；资历；召回	养老金计划
	用工作分享代替解雇	利润分享、股票购买及其他储蓄计划
	减员安排	奖金计划
	晋升做法	**特殊员工群体**
	培训与再培训	学徒工和初学者
	重新安置补贴	残疾工人和老年工人
	遣散费和解雇福利计划	女性
	特殊基金以及研究委员会	退伍军人
		工会代表
		非歧视性条款

资料来源：From Harry Katz，Thomas Kochan，and Alexander Colvin，*An Introduction to Collective Bargaining and Industrial Relations* 4E，2008. Reproduced with permission of The McGraw-Hill Companies，Inc.

工会努力争取实现的一个主要目标是谈判的有效性，因为谈判的有效性直接影响到雇主能否倾听员工的声音以及在工作场所中能否实现有效的变革。[10] 罢工权是工会谈判力量的一个重要组成部分。反过来，一场罢工（实际发生的罢工或仅仅是一种罢工威胁）是否能够取得成功，取决于这次罢工给资方和工会带来的相对成本的高低。其中的一个关键因素是工会会员的规模。工会会员越多，则工会延缓或中断生产的能力就越强，同时在面对工资丧失的情况下，它们支撑罢工继续进行下去的财务资源也就越丰富。

实践中的诚信

谁对便宜的服装付费？

2013 年 4 月，孟加拉国的拉娜广场八层楼高的工厂建筑倒塌，导致 1 100 多名工人死亡，这就产生了一个问题：谁应该对此负责？如何避免此类事件再次发生？

有人批评那些对价格很敏感的企业，说一些企业从那些以员工安全和保护为代价的价格最便宜和最不安全的供应商那里购买服装。其他人则认为，消费者似乎很少关心地球上另一半国家的员工所面临的困境。一名 21 岁的英国大学生说，发生在孟加拉国的事情正在困扰着她，她必须为此做些事情，但她却认为自己改变不了任何现状。她说，她还会继续去普里马克商场（Primark）买衣服，因为“它们太便宜了”。她和其他购物者在闪着“惊人的时尚，惊人的价格”字样的广告牌下挑选衣物和配饰。比如，毛边斜纹粗呢布短裤的价格低于 11 美元，荧光遮阳板的价格低于 2.50 美元。另一名购物者是来自美国的 21 岁交换生，上周在普里马克商场总共花 19 美元买了裙子、人造革包和太阳镜。她还说她转售了另一条裙子，因为光这条裙子就要 20 美元，太贵了。

普里马克商场是所售商品由拉娜广场工厂生产的零售商之一。其他零售商还包括 Joe Fresh（Loblaw）公司、Bon Marche 有限公司和西班牙连锁百货公司 El Cortes Ingles。麦肯锡咨询公司在最近的一份报告中因孟加拉国的劳动力成本低廉而将其称为下一个“热点”。随着中国的工资迅速增长，制造商开始寻找“新的”低劳动力成本国家。因为工资低，孟加拉国在纺织业已占据重要的地位，该国的经济也极度依赖该行业，纺织业在其出口份额中占了大约 80%。

那么，可以做些什么来改善工厂中的安全和员工福利呢？各种建议会有怎样的潜在后果呢？零售商采取了不同的方法。大多数欧洲的零售商，包括普里马克和上述提及的其他一些零售商以及像贝纳通公司（Benetton）、埃斯普利特公司（Espirit）、海丽汉森公司（Helly Hanson）和马莎百货公司（Marks & Spencer）等其他一些公司，共同签署了一份长达五年的具有法律约束力的合约——《孟加拉国安全公约》，根据这份公约，它们将为孟加拉国的 5 000 家服装厂中的 1 000 多家改建和新建消防安全系统支付费用。

相反，美国的零售商（如盖普、沃尔玛、梅西百货）大多没有签署《孟加拉国安全公约》。这是为什么呢？盖普公司的首席执行官格伦·墨菲（Glenn Murphy）声称，在美国签署公约的法律风险要大于欧洲，并且他不能出让股东的最佳利益，签署一些可能导致公司面临“无止境的法律责任和风险”的协议。法律专家则称，与美国有所不同，欧洲法院通常不允许进行集体诉讼，不允许律师收取胜诉费，不会命令败诉方支付双方的法律费用。这些要求产生的最终效应就是律师和原告更不可能对公司提出诉讼。另一方面，法律专家指出，美国最高法院最近对 Kiobel 诉荷兰皇家石油公司案所做的判决对《外国人侵权索赔法》做出解释，降低了海外工人在美国法庭成功控告美国零售商的可能性。

世界上最大的零售商沃尔玛公司声称，它可以在不签署公约的情况下强力推动工厂环境的改变。它说自己将采取的措施达到甚至超过了公约规定的内容。沃尔玛声称它将会对孟加拉国全部279家公司进行深度验收，并公开验收的结果。如果沃尔玛发现工厂存在结构完整性问题或不安全的工作条件，将停止从该工厂购买产品，要求工厂停止生产并告知政府，此外，它会坚持不让员工回到工作场所中去，直到问题得到补救。沃尔玛相信发表这份清单能“鼓励其他零售商接受我们的标准，并且体会到来自深度验收的好处”。

劳工维护组织和其他一些《孟加拉国安全公约》的支持者对沃尔玛、盖普和其他拒绝在公约上签字的零售商提出尖锐的批判。他们认为，不同的零售商会使用不同的标准，最终会阻碍工厂的安全进程。这会带来很多困惑，比如，哪些工厂遵守了安全标准？它们遵守的是哪一套安全标准？这种做法还会给工厂造成“审计疲劳”。一些基本的事情——比如灭火器放置的地方——在不同的标准中有不同的规定。因此，一家工厂可能会根据哪一个审计组来进行审计而把灭火器移来移去。

鉴于孟加拉国服装厂发生的悲剧以及未来需要采取措施改善工厂安全以及员工福利，很多零售商做的另一种回应是，直接寻找其他地方进行生产。约瑟夫·莫多尔联合公司的零售业专家约瑟夫·莫多尔（Joseph Model）说：“‘孟加拉国’这一名字正给公司带来不好的名声。”他说，美国最大的大众市场零售商之一最近打电话给他，与他讨论去中国云南和柬埔寨的行程，评估这两个地方成为孟加拉国服装供应商替代者的可能性。莫多尔先生给了一些简单的建议：把印度尼西亚也加到行程中。

但是，服装制造占据了孟加拉国经济的1/5和出口的4/5，如果零售商直接以“走开”作为自己的反应，该国的经济、很多公司以及员工将会面临非常严峻的形势。

讨论题

1. 你在购买服装时会考虑服装的产地以及当地的工作条件和对待员工的方式能否接受吗？

2. 零售商是否应该停止从孟加拉国采购服装？

资料来源：Keith Bradsher, “After Bangladesh, Seeking New Sources,” *New York Times*, May 16, 2013; Steven Greenhouse, “U. S. Retailers See Big Risk in Safety Plan for Factories in Bangladesh,” *New York Times*, May 22, 2013; “Groups Divided on Bangladesh Safety Overhauls,” *Wall Street Journal*, May 17, 2013; “Who Signed the Bangladesh Safety Pact,” *Wall Street Journal*, May 17, 2013; Christina Passariello, Shelly Banjo, Gordon Fairclough, “Standards Clash in Bangladesh Reforms,” *Wall Street Journal*, May 16, 2013; Sarah Shannon, “Shoppers Turn Blind Eye to Bangladesh in $6 Bikini Hunt,” *Bloomberg.com*, April 29, 2013, accessed May 12, 2013.

循证人力资源管理

最近发生在孟加拉国服装厂的悲剧造成成百上千人死亡，引起国际社会的广泛关注。大量的解决方案被提出，但情况并没有那么简单，提出来的解决方案对孟加拉国的服装厂及其400万员工以及孟加拉国本身都有可能造成严重的意外后果。

一些人提出的解决方案集中在孟加拉国的最低工资立法上。一名典型的孟加拉国服装工人（及其家庭）每天加班两个小时，每人每月实得工资为70～80美元。让我们想象她（80%的服装工人是女性）嫁给一位拉人力车的男性，他们有一个孩子。单人房的租金大概为每月 40 美元，食物（大多为米饭和蔬菜，偶尔有肉和鱼，孩子还有牛奶）大约为每月 58 美元。因此，仅仅是房租和食物每月就需要 98 美元，这已经超出了她的月收入，但愿她丈夫的收入能弥补这一差距并且还有结余。一种很大的可能性是，这位服装工人在其家庭中是收入最高的，并且很少有其他一些无须技能的工作能支付同样的报酬。因此，一项提议就是将服装业的最低工资从每个月 64 美元提升至 90 美元（在没有超时工作的情况下），对于这样的家庭而言，这是一项福利。

但应当由谁来支付更高的最低工资呢？我们需要从工厂主的角度来看待这一情形。一名偶然来参观一家服装厂的观察家看到，许多工人正忙着赶制服装。同时在工厂的另一个地方可能正在上演工厂主和零售商代表（买方）之间的谈判，这些零售商代表通过与工厂主签订合同来采购服装。在典型情况下，假设工厂主试图以每件衣服 7 美元的价格将衬衫卖给买主，而工厂主为生产每件衬衫需要花费 5 美元购买织物密度为 50 的棉布，花费 1 美元购买标签、配件和其他买主要求的东西。剩下的 1 美元还要用来支付员工的工资，为未来购买生产原材料提供资金，弥补资本的成本，最后还要为工厂主提供利润。

假设 40 万件衬衫的生产合同需要 400 名工人来完成，这些人每天可以生产 3 077 件衬衫。在制造每件衬衫需要花费的 1 美元成本中，0.38 美元为工资。0.15 美元用来清洗衬衫（这样可以使最终产品的卖相更好）。工厂的租金和设备、办公室成本和市场营销又花去了 0.22 美元。剩下的 0.25 美元用于支付 10 年利率为 18%的银行贷款，工厂主用这笔贷款来建造厂房，买房买车。工厂主看起来使每件事都达到了平衡——直到买主要求（命令?）给每件衬衫支付的价格低于 7 美元或出现生产延期，工厂主再花一笔钱来空运衬衫（因为不这样做，买主就不会接受这批衬衫或为此付钱）。

将上述财务情况记在脑中之后，让我们考虑一下最近提出的改善孟加拉国工人福利和安全的解决方案。基于上述讨论，工厂主因增加最低工资而面临的挑战或许就很清楚了。另一种潜在的解决方案是，以一些欧洲零售商或买主签署合约的形式对孟加拉国的分包工厂的安全性进行投资。据估计，为一家典型的工厂进行这样的更新大约花费 12.8 万美元。从最低工资的角度来说，问题在于谁来付钱？会要求工厂主来付钱吗？如果这样，零售商或买主愿意为在更安全的环境下生产的服装支付更高的价钱吗？如果它们不愿意，工厂主将因为遵守合约而承担更高的成本，愿意采购服装的买主却因为服装价格上升而减少了。主要的服装买家或零售商会在其他国家（也许还未被工人安全公约所覆盖）另寻生产服装更便宜的工厂吗？如果这种事情发生了，工厂主和它的员工都将面临更低的利润和更少的工作机会以及更低的工资。这对于孟加拉国而言无疑是一场灾难，据估计，该国有 2 000 万人直接或间接依靠服装工厂获取收入。另一种解决方案是，给予孟加拉国工人更多的自由组织工会的权利。这种想法的思路是，有效的工会为工人获得更高水平的工资进行谈判，并且赋予工人在确信存在严重安全事故时停止生产的权利。在这里，你还可以想想，这种工人工会权利的改进会给孟加拉国及其工人带来怎样的好处和坏处。

资料来源：Rubana Huq，"The Economics of a ＄6.75 Shirt，" *Wall Street Journal*，May 16，2013 (Note：Ms. Huq is managing director of the Mohammadi Group，a garment manufacturer and exporter in Bangladesh)；Syed Zain Al-Mahmood and Tripti Lahri，"Bangladesh Opens Door to More Unions，" *Wall Street Journal*，May 13，2013.

14.4 工会结构、工会管理和工会会员

在讨论劳资双方是怎样相互作用时，一个必不可少的步骤是了解劳方和资方分别是怎样组织起来的，他们的组织是如何发挥各自功能的。由于对资方的描述实际上贯穿本书始终，因此在这里我们集中来看一看工会。

14.4.1 全国性工会以及国际性工会

大多数工会会员都隶属于某个全国性或国际性工会组织。一方面，大多数全国性工会都是由许多地方工会组成的；另一方面，这些全国性工会中的大多数工会又都加盟了美国劳工联合会及产业组织联合会（简称劳联—产联，AFL-CIO）。

我们在表14-2中列举了美国劳联—产联包括的一些最大的全国性工会组织。（拥有320万会员的美国教育联合会没有加入劳联—产联。）工会具有的一个重要特点是，它要么是一种同业工会，要么是一种行业工会。电力工人工会和木工工会都是同业工会，这种工会的会员都具有某种相同的特殊技能或从事某种相同的职业。同业工会常常负责对自己的工会会员进行培训（通过学徒制），并且向雇主提供同业工人。比如，需要雇用木工的雇主会到木工工会的雇佣大厅寻找自己需要的工人，而该工会负责决定把哪些木工推荐给雇主。这样，同业工人就有可能在不同的时间里为不同的雇主工作，他们只与工会保持一种经常性的联系。一个同业工会的谈判力量在很大程度上取决于它对工人的劳动力供给的控制程度有多高。

表14-2 美国最大的一些工会组织

工会组织名称	会员数量
1. 美国教育联合会	3 068 237
2. 服务业员工国际工会	1 876 808
3. 美国州政府、县政府及市政府雇员工会	1386 296
4. 食品和商业工人国际工会	1 272 313
5. 国际卡车司机工会	1 257 766
6. 电子工人国际联合会	660 599
7. 美国钢铁、造纸和林业、橡胶、制造、能源相关行业和服务业工人国际联盟	614 054
8. 美国教师联盟	593 872
9. 机械师和航空工人国际工会	576 947
10. 美国电信工人工会	467 001
11. 美国汽车、航空航天和农具工人工会	382 513
12. 国际运营工程师工会	380 750
13. 美国和加拿大管道行业熟练工和学徒工联合会	330 710
14. 美国政府雇员联合会	299 642
15. 国际消防员联合会	293 828

资料来源：U. S. Department of Labor，Office of Labor-Management Standards，Public Disclosure Home，http：//kcerds. dol-esa. gov/query/getOrgQry. do，accessed May 25，2013.

行业工会的情况恰恰相反，它们是由在某一特定行业中工作的人（比如，钢铁工人和汽车工人等）组织起来形成的。通常情况下，它们代表的是从事多种不同职业的

人。这些人之所以成为某一特定行业工会的会员，是由于他们为该行业中的某一家企业工作。这些工人变换雇主的频率要比同业工会工人低一些，即使工人变换了雇主，但是如果新雇主仍然处于此工会覆盖的这一行业之中，那么该工人还是同一个工会的会员。同业工会为了维持较高的工资水平，会严格限制工会会员（比如木工）的人数，而行业工会则尽可能多地将具有各种不同技能的员工吸收到自己的组织中来。

14.4.2 地方工会

即使一个全国性工会在谈判集体合同条款时发挥着最为关键的作用，在地方层次上也仍然会存在谈判，这些谈判主要涉及工作规则以及其他需由地方决定的问题。此外，集体合同的管理大部分是在地方工会层次上完成的。因此，劳资双方之间的大量日常相互作用发生在地方工会这一层面上。

一个行业工会的某一下属地方工会可能对应着一个大企业，也可能对应着若干个小企业。而在同业工会中，地方工会则可能覆盖一个城市或者一个地区。地方工会通常要选举出自己的工会官员（比如，工会主席、副主席、财务部长等）。集体合同谈判的责任可能会落到工会官员的头上，也可能是通过组成一个专门的谈判委员会来承担这一责任。典型的情况是，全国性工会负责为地方工会的集体谈判活动提供帮助，帮助的内容包括提供其他地方的集体谈判已经达成的协议等方面的资料以及某些技术性建议，有时全国性工会也会选派一个代表来领导地方工会的集体谈判活动。

单个工会会员对地方工会会议的参与主要包括两个方面：一是工会官员的选举；二是投票决定是否进行罢工。大多数工会合同都是由工会在工厂中的工人代表来掌握的，他们负责确保集体谈判合同中的条款能够得到执行。当工人对合同的执行情况产生抱怨时，这些工人代表就代表工人的利益出来讲话。工会中的另一个职位是工会业务代表，他们履行的责任与工厂中的工人代表在有些方面是相同的，他们经常出现在工会与多位雇主打交道的场合——这种情况对于同业工会来说很常见。

14.4.3 美国劳联—产联

劳联—产联并不是一个工会，而是一个工会的联合体，它的目的是在国家层面推进各成员工会的利益分享，它的作用有些类似于商会和全国制造业企业联合会为其雇主成员所做的那些事情。如图14-2所示，劳联—产联共有57个全国性和国际性工会以及数以千计的地方工会。劳联—产联的一个重要责任是在民权、经济政策、安全以及职业健康等公共政策领域代表劳工的利益。它还在以下几个方面的活动中向成员工会提供相关的信息和分析结果：发展新会员、新合同谈判以及合同管理，等等。

14.4.4 工会保障

工会是否能够生存以及工会的保障水平高低，取决于它是否有能力保证新员工的稳定流入，以及是否能够得到充足的会费来支撑它所提供的服务。因此，在与雇主进行集体谈判的时候，工会往往高度重视对工会的保障性或生存能力具有重要影响的以下两个方面的合同条款：一是工会会员的会费由雇主代扣的问题；二是工会会员的资格或缴费问题。首先，在**工会会费代扣条款**（checkoff provision）下，雇主将代表工

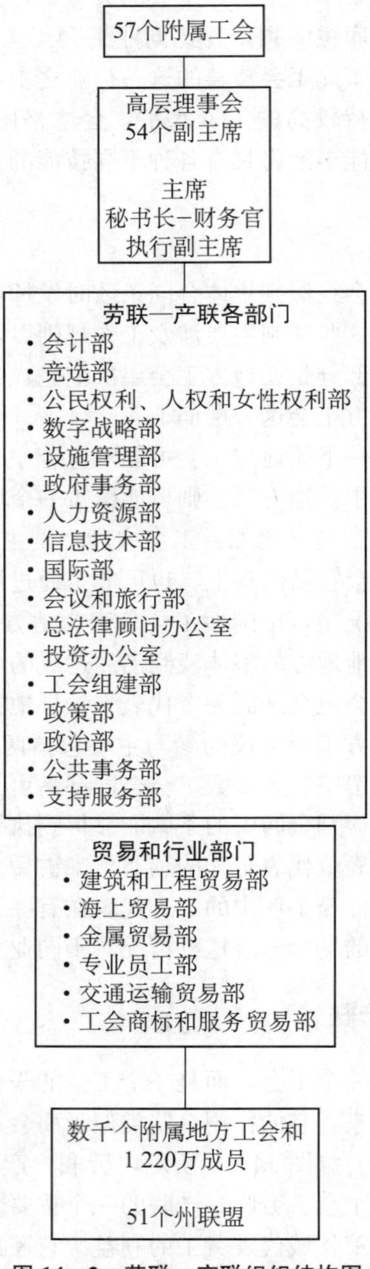

图 14－2　劳联—产联组织结构图

资料来源：AFL-CIO，www. aflcio. org，accessed May 24，2013.

会从员工的工资单中自动扣减工会会费。

第二项工会保障条款集中在新会员加入工会的问题上（及他们的会费）。最强有力的工会保障制度安排是**排他性企业**（closed shop），在这种制度安排下，一个人必须首先成为工会会员（因而缴纳会费）才有可能得到企业的雇佣。然而，在《国家劳资关系法》颁布以后，建立排他性企业的要求被确定为非法。另一种工会保障形式是**工会制企业**（union shop），它要求一个人在被雇用的一定时期（30 天）内必须加入工会。还有一种工会保障形式是**工会代理制企业**（agency shop），它与工会制企业类似，不过它并不要求工人成为工会会员，但是却要求工人缴纳会费。**工会会员身份维持**（maintenance of membership）规则是另一种工会保障形式，它不要求工人一定加入工会，然而，一旦选择加入工会，工人就必须在一定的时间内（比如在集体合同有效的这段时期内）保持自己的工会会员身份。

根据 1974 年《塔夫脱-哈特利法》（《国家劳资关系法》的一个修正案），美国各州可以颁布所谓的**工作权利法**（right-to-work laws），该法案使工会制企业、工会会员身份维持规则以及工会代理制企业都变成非法的。隐含在该项法案背后的思想是：强制员工成为工会会员（或缴纳工会会费）的规定侵犯了他们的自由结社权。从工会的角度来看，一个最引人注目的问题则是“搭便车”现象，即那些没有成为工会会员的员工，也会从工会的活动中受益。因为根据法律，谈判单位中的所有员工无论是不是工会会员，都必须由工会来代表。如果要求工会向谈判单位中的所有成员——其中也包括那些不是工会会员的员工——提供服务，那么工会在经济上的生存能力必然会受到损害。

14.4.5 工会会员人数与谈判力量

在战略层面上，资方和工会之间在工会的组织问题上会发生冲突。越来越普遍的一种情况是，雇主会积极地阻碍工会化的出现，因为它们想控制自己的成本并保持灵活性。另一方面，工会则必须组织新的会员，同时保持现有的会员，因为只有这样，它们才能获得必要的谈判力量和经济来源，从而在员工组织方面以及与资方就集体合同进行谈判和管理时达到自己的目标。出于这种原因，我们现在就来分析工会会员人数的发展趋势以及对这些发展趋势可能做出的解释。

20 世纪 50 年代，工会会员人数曾经上升到就业总人数的 35%，但从那以后，工会会员人数占总就业人数的比重就持续下降。目前，工会会员人数占总就业人数的比重只有 11.3%，在私营部门中这一比例只有 6.6%。[11] 如图 14 - 3 所示，这种下降趋势到目前为止似乎还没有扭转过来的倾向。[12]

那么，哪些因素可以对工会会员在总就业人数中所占的比重下降这一趋势做出解释呢？已经可以确认的有以下几个方面的因素。[13]

■ 经济的结构性变革

如果不担心犯错误，我们可以简单地说：传统上，工会的力量在城市（尤其是南部以外的其他城市）的一些主要雇用中年蓝领工人的工作场所中最为强大。然而，最近增加的工作大都出现在服务部门（与制造部门相反）的那些适合女性和年轻人的岗位上。尽管将这些人组建成工会也不是不可能，但是迄今为止，工会尚没有在私营部门中将这些人组织起来的成功先例。虽然经济结构的变化对工会会员人数的下降起着较为重要的作用，但是研究却表明，经济结构变化只能说明工会会员人数下降不到 1/4 的原因。[14]

■ 雇主抵制的增强

在一项调查中，几乎一半左右的大企业都报告说，它们最重要的劳工目标就是实

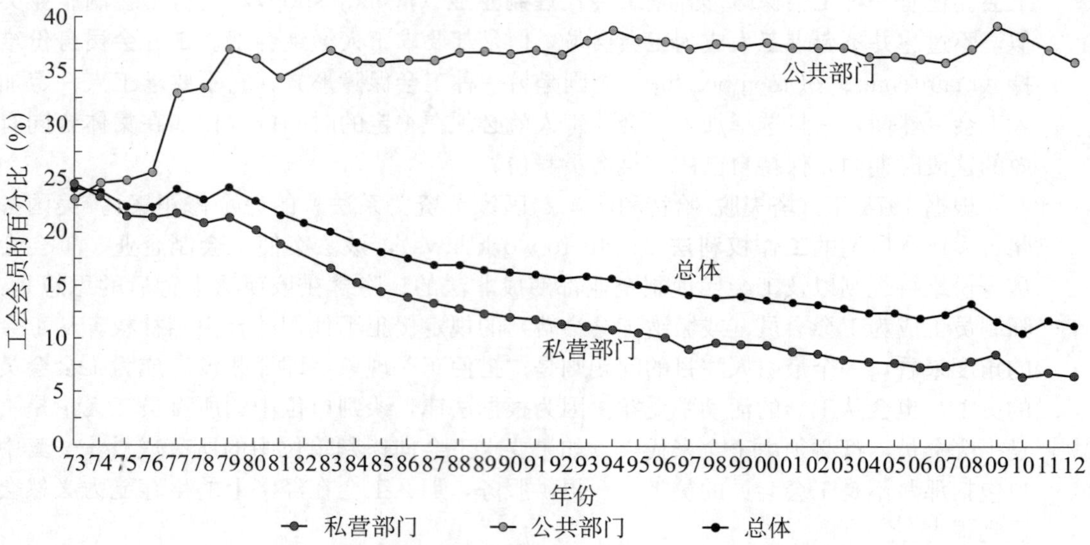

图 14-3　领取工资和薪资的美国劳动者中的工会会员的百分比，1973—2012 年

资料来源：From B. T. Hirsch and D. A. MacPherson，*Union Membership and Earnings Data Book 2001*（Washington，DC：The Bureau of National Affairs，Inc.，2001）. Reprinted with permission. Data for 2001 to 2012 obtained from U. S. Bureau of Labor Statistics，www. bls. gov.

现无工会化。这与50年前大相径庭，当时杰克·巴巴什（Jack Barbash）写道："（雇主中的）许多强硬的谈判者都认为，有工会的情况比没有工会的情况更好。在橡胶业、钢铁业以及汽车业中，许多雇主都持这种观点。"当时之所以存在这种看法，主要是因为雇主们认为，一个有效的工会有助于对工人的偏好进行评价，并且有助于把这种信息传递给资方，从而有利于资方做出更好的决策。然而，产品市场的压力，比如来自国外的竞争和放松管制政策（例如，运输、航空、电信等行业），却使得雇主们越来越对工会持一种抵制态度。[15]总之，竞争环境方面的变化导致资方对工会的观点和目标发生了变化。[16]

如果没有来自外国制造商的激烈竞争，工会常常能够将整个行业中的工人都组织到工会中来。比如，美国汽车工人联合会就把美国汽车制造行业中的四大主要公司（通用汽车公司、福特汽车公司、克莱斯勒汽车公司以及美国汽车公司）的工人都组织起来。该联合会还经常要求并且实现在四家公司中都签订相同的劳资合同。结果，美国汽车行业中协商的工资水平的上升，最终以高价格的形式转嫁到了消费者的头上。那时候，没有一家汽车制造公司会在价格上处于比竞争对手不利的地位，因为该行业中的所有主要汽车生产商的劳动力成本都是由相同的工会—资方合同决定的，而美国公众除了购买美国本土的汽车公司制造的汽车之外，几乎没有其他的选择。然而，外国竞争者进入美国汽车市场改变了这一产品市场的竞争环境，同时也改变了美国汽车工人联合会将该行业中的工人组织起来的能力。[17]由于对外国汽车制造商的竞争威胁形成认识和做出反应的速度缓慢，最终导致美国汽车制造商的市场份额和员工数量都出现了下降。

竞争威胁是导致雇主对工会的组建活动日益采取抵制态度的一个重要原因，在某些情况下，它还导致一些雇主强调自己希望摆脱已有的工会。参加工会的工人比没有参加工会的工人获得的工资水平平均要高 27%。在参加工会的工人和不参加工会的工人的可观测特性相同的条件下，参加工会的工人的工资优势仍在 10%～15%之间。如果将福利纳入进来，优势依然很大。许多雇主断定，这么高的劳动力成本使它们无法与外国对手展开竞争，而这种思想无疑会导致工会会员人数的减少。[18] 雇主抵制工会现象的增多可以从雇主方面的不正当劳资关系行为（即违反《国家劳资关系法》的某些条款比如第 8（a）（3）条款的规定，禁止雇主因员工组建工会而解雇他们，后面我们将讨论这一问题）的数量变化中反映出来，20 世纪 60 年代末期，尽管为成立工会而进行的工会选举在次数上并没有太大的变化，但是雇主方面的不正当劳资关系行为的数量却急剧上升了（见图 14-4）。雇主被迫向工人支付欠薪的情况也越来越多，但这种惩罚措施给雇主带来的成本并不能有效阻止雇主的不正当劳资关系行为。毫不奇怪，在这种情况下，工会在代表性选举中的获胜比率从 1960 年的近 59%下降到 1975 年的 50%以下。近些年，虽然工会获胜率已经超过 50%，但是自 20 世纪六七十年代以来，选举次数已经减少了一半以上，并且取消工会代表资格的选举也从 1960 年的 4%上升到近几年的 20%。[19] 由于工会选举次数和工会会员所占比例显著下降（见图 14-3），涉及不正当劳资关系行为的诉讼案和补发欠薪的现象比过去更多了。

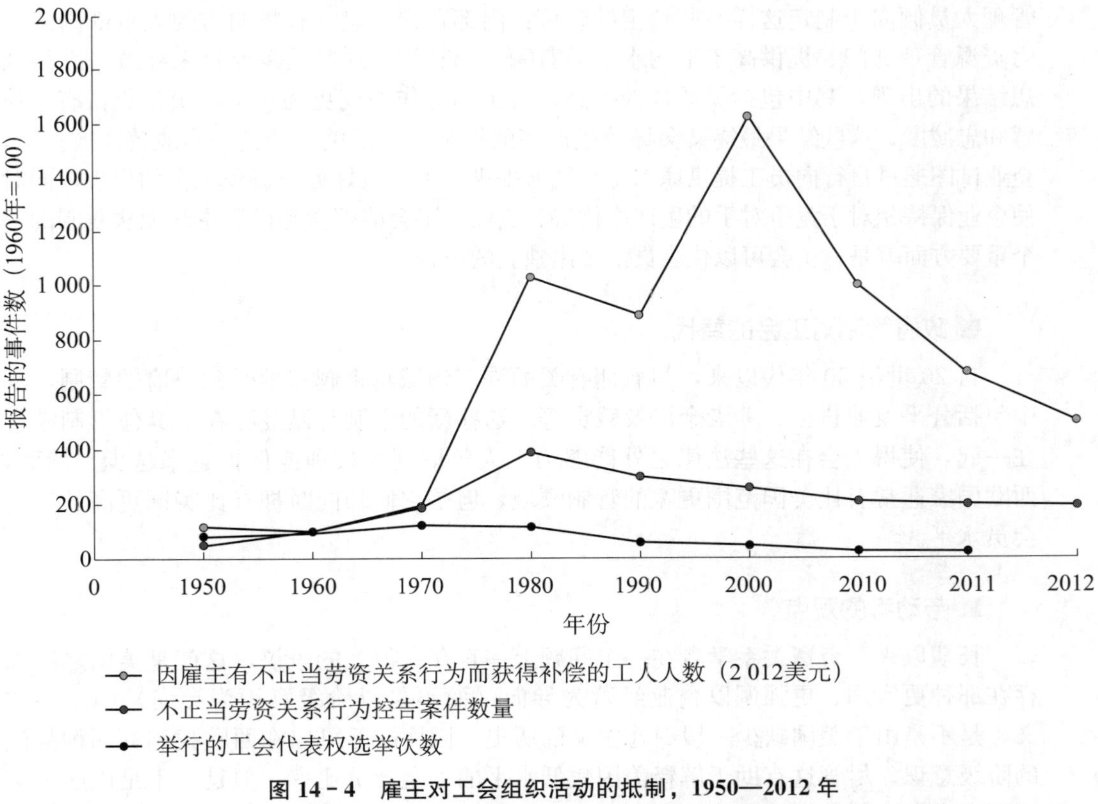

图 14-4　雇主对工会组织活动的抵制，1950—2012 年

资料来源：Adapted and updated from R. B. Freeman and J. L. Medoff, *What Do Unions Do*?（New York：Basic Books，1984）. Data from www. nlrb. gov.

最终，即使工会赢得了代表员工的权利，它们同雇主就集体合同问题成功实施谈判的能力也是没有保障的。事实上，“拒绝谈判”是雇主遭到最频繁起诉的不正当劳资关系行为（超过一半的诉讼案涉及这种情况），然而结果是，在提交给国家劳资关系委员会的七项工会代表选举请求中，只有一个工会取得了胜利并获得劳资合同谈判的成功，进一步来讲，在工会组织控诉雇主不正当劳资关系行为的案件中，工会取得胜利的机会大幅下降。[20]

从个人的角度来看，如果工会成功地将一个新单位中的工人组织起来，或者发起一场声势浩大的工会组建运动，有些企业的经理人员就可能面临严重的后果。一项研究表明，在工会正在发起组建运动的公司中，8%的工厂经理被解雇了，在那些工会的组建活动取得成功的公司中，10%的工厂经理被解雇了（而在控制组中，这一比例只有2%）。[21]此外，在面临工会组建运动的工厂经理中，只有3%得到了晋升，而在那些工会组建成功的企业中，工厂经理没有一个人获得晋升（而在控制组中，这一比例达到21%）。因此，企业的经理人员常常处于一种强大的压力之下，不得不去反对工会发展组织的企图。

■ 用人力资源管理替代工会

一项以大型非工会化企业为对象的人力资源管理战略和实践方面的重大研究表明，避免工会的出现常常是企业在员工关系方面的一个重要目标。[22]这些企业的高层管理人员倾向于制定这样一些特定的政策：内部晋升、建立有影响力的人事部门或人力资源管理部门、提供高于平均水平的薪酬和福利等。这些政策反过来导致一系列理想结果的出现，其中包括灵活性的提高，员工的工作态度更为积极，员工更富有责任感和忠诚度，这些结果最终又会导致生产率的提高和员工关系的进一步改善。换言之，企业试图通过自行向员工提供原来工会能够提供的大多数好处以避免工会的出现，同时使企业保持相对于竞争对手的生产率优势。当然，工会能够做到但雇主却无法复制的一个重要方面就是，工会可以代表员工发出独立的声音。

■ 政府管制对工会的替代

自20世纪60年代以来，与雇佣有关的许多领域越来越多地受到政府的管制，其中包括公平就业机会、养老金以及裁员等。这些新的管制与已经存在的其他管制结合在一起，使得工会在这些法律之外能够为工人争取到的权利或保护越来越少。然而，西欧国家通常有比美国范围更宽的管制领域，但是它们却同时拥有比美国更高的工会会员水平。[23]

■ 劳动者的观点

长期以来，劳资关系学者在一个问题上一直存在很大的争议，这就是美国之所以存在那种更实用、更强调以企业经营为导向（而不是以阶级意识为导向）的工会主义，是不是由于美国缺少一段封建主义的历史，因而缺乏可以在西欧找到的那种强烈的阶级意识。尽管这有助于解释美国较低水平的工会会员比率，但是却不足以解释美国工会会员人数的下降趋势。进一步来说，当美国工人被询问参加工会的兴趣时，他们的兴趣却又是实实在在的。[24]

■ 工会的行动和行业结构

工会也以某种形式损害自己存在的理由。首先，在卡车司机工会等工会组织中存在的腐败现象很可能会对工会产生巨大的影响。其次，人们越来越困惑的是，对于当前的这种经济结构变化，工会的适应能力到底如何。增长率最高的那些员工群体和经济部门同时也是工会化比率最低的领域。[25]加入工会的女性比加入工会的男性要少（两者的比例分别为11.9%和13.1%），而在像金融、保险、房地产这样一些非制造业部门中，工会的代表程度（2.5%）比在制造业中（10.5%）低。此外，美国南部的工会化比率要比美国其他地区低，比如，南卡罗来纳州的工会化比率只有4.6%，而在纽约州则达到24.9%。[26]再比如，大多数位于美国南部的外资汽车装配厂（诸如宝马、梅赛德斯-奔驰、丰田、大众、日产）没有一家是工会化企业（尽管它们在本国可能是工会化企业）。在南部一些州出现规模较小的工会的原因之一是，南部的一些州实施工作权利法（详见前面的讨论）。（但是，我们应该注意到密歇根州作为一个传统的工会重地，最近却实施了工作权利法。）

14.5 法律框架

尽管竞争性挑战对劳资关系有着重要的影响，但对工会会员人数、工会的相对谈判力量以及雇主、员工和社会成功实现它们各自的目标而言更为关键的因素却是集体谈判的法律框架。法律框架还会对工会结构、工会管理以及工会和雇主之间的相互作用方式产生约束。劳工法对劳资关系产生影响的最重要的例子之一是1935年通过的《瓦格纳法》（也称为《国家劳资关系法》），该项法案积极支持而不是阻碍集体谈判的举行。结果，工会的会员人数增长了近三倍，从1933年的300万人（占总就业量的7.7%）上升到1939年的880万人（占总就业量的19.2%）。[27]随着工会会员人数的上升，工会的谈判力量随之增强，工会在达到自己的目的方面也变得越来越成功。

在20世纪30年代以前，法律制度通常对工会持一种敌对的态度。法院往往将工会视为一种阻碍自由交易的强制性组织，因为工会强调的集体声音和集体行为（如罢工、联合抵制）与美国强调的资本主义、个人主义、契约自由以及产权等不太一致。[28]

然而，20世纪30年代的大萧条改变了美国公众对企业经营和自由企业制度的态度。在1929—1933年间高达25%的失业率和30%的国内生产总值下降幅度，使得人们开始注意员工的权利以及现存制度的缺陷。面对危机，总统富兰克林·罗斯福采取了引人注目的行动，这就是罗斯福新政。在劳工问题方面，1935年通过的《国家劳资关系法》在与工会有关的公共政策方面开创了一个新纪元，它肯定了集体谈判是一种较好的解决劳资纠纷的机制。

《国家劳资关系法》在前言中指出：

> 保持经济中的生产能够充分进行是美国国家利益所在。员工、雇主及劳工组织之间的行业冲突妨碍了生产的充分进行，因此是违背我们的国家利益的。经验表明，若劳工纠纷涉及的双方在处理与对方的关系时都能够承认对方的权利且使此种权利合法化，则劳工纠纷必然会减少。为使这些权利得到法律的保护，国会通过了《国家劳资关系法》。该法之目的在于界定和保护员工和雇主双方的权利，鼓励集体谈判的进行，减少劳资双方单纯从己方利益出发而采取的会对国家的总

体福利有害的某些特殊行动。[29]

员工的权利在该法案的第7章中做出了规定，其中包括“自我组织的权利；形成、加入或协助劳工组织的权利；通过自己选出的代表与资方进行集体谈判的权利；为进行集体谈判而采取其他一致性行为的权利。本法还赋予员工不参加某一项或任何此类活动的权利，除非（在有些场合下）加入劳工组织是获得雇用的一个必要条件”。[30] 受到该法案保护的活动包括：

- 组织工会。
- 加入某一个工会，无论此工会是否得到雇主的认可。
- 为获得更好的工作条件参加罢工。
- 不参加与工会有关的活动。[31]

尽管《国家劳资关系法》在很大程度上适用于私营部门，但是表14－3表明，其适用范围确实有一些例外。

表14－3　你被《国家劳资关系法》覆盖了吗？

《国家劳资关系法》特别指出，以下几类员工不属于该法律的覆盖范围：
- 受雇于雇主的监督管理人员。
- 受雇于父母或配偶的人。
- 受雇为独立承包商的人。
- 受雇为家庭或个人提供家政服务的人。
- 受雇从事农业劳动者。
- 受雇于《铁路劳工法》中规定的那些雇主的人。
- 受雇于联邦政府、州政府或地方政府的人。
- 受雇于《国家劳资关系法》覆盖范围之外的所有其他雇主的人。

资料来源：www.nlrb.gov/publications/engulp.html.

14.5.1　不正当劳资关系行为——雇主方

《国家劳资关系法》禁止雇主和工会中的任何一方采取某些行为。雇主的不正当劳资关系行为在该法案的第8（a）中做出了规定：其中第8（a）（1）条款禁止雇主干预、阻止或者强迫员工行使他们加入或协助劳工组织，或者不参加也不协助劳工组织的权利；第8（a）（2）条款禁止雇主控制或干涉工会的组建以及其他活动；第8（a）（3）条款禁止雇主为鼓励或打击与工会有关的活动，而在雇用的任何一个方面对员工进行歧视；第8（a）（4）条款禁止雇主因员工在《国家劳资关系法》的强制执行过程中作证而对他们进行歧视；第8（a）（5）条款禁止雇主拒绝与依法成立的劳工组织进行集体谈判。表14－4列举了一些雇主的不正当劳资关系行为的例子。

表14－4　雇主的不正当劳资关系行为举例

- 向员工发出威胁，让他们知道如果他们加入某一工会或在选举中支持工会成立，他们就会失去工作或者某些福利。
- 向员工发出威胁，如果工人成立工会，自己就将关闭工厂。
- 以一种限制或强迫的态度询问员工的工会会员身份或者工会活动。
- 刺探或假装刺探工会会议的内容。
- 在某一特定时间许诺提高工资水平，以诱导员工不成立或不加入工会。
- 在工会或代表员工的委员会的组织过程中扮演过于积极的角色。

- 向试图将员工组织起来的几家工会中的某一家提供偏向性待遇或者协助。
- 因某位员工力劝其他员工加入工会而将其解雇，或者因求职者是工会会员而拒绝雇用。
- 由于某位员工参与了一次合法的罢工，在企业存在职位空缺的情况下拒绝重新安置该员工。
- 由于工厂中的员工成为工会会员而将工厂关闭，同时在另一个地方开办同样一家工厂，并且雇用新员工。
- 因员工控告自己采取不正当劳资关系行为或者在美国劳资关系委员会的听证会上作证，而将该员工降级使用或予以解雇。
- 因员工正在进行罢工而拒绝与员工代表会面。
- 拒绝向员工或员工代表提供与覆盖员工的集体保险计划有关的成本或其他方面的数据资料。
- 在没有与员工代表进行协商之前擅自宣布提高工资。
- 未能就关闭下属某一工厂的决定可能产生的后果做出合理的解释。

资料来源：National Labor Relations Board，*Basic Guide to the National Labor Relations Act*（Washington，DC：U. S. Government Printing Office，1997）. Available at www. nlrb. gov. Accessed May 24，2013.

14.5.2　不正当劳资关系行为——工会方

《国家劳资关系法》最初没有就工会方的不正当劳资关系行为做出规定。这方面的规定是通过 1947 年**《塔夫脱-哈特利法》**（Taft-Hartley Act）补充进来的。1959 年通过的《兰德勒姆-格里芬法》（Landrum-Griffin Act）进一步对工会的行为及其内部事务（比如，财务公告、选举等）做出了规定。《国家劳资关系法》第 8（b）（1）（a）条款指出，劳工组织不得“限制或强迫员工行使第 7 章中保障的那些权利”。（前面已经做了说明。）表 14－5 中提供了工会实施的不正当劳资关系行为的一些例子。

表 14－5　工会常见的不正当劳资关系行为举例

- 因派出大量的纠察队员而导致未参加罢工的员工也无法进入工厂上班。
- 对罢工人员或者在与罢工有关的活动当中采取强制或暴力行动。
- 向员工发出威胁，告诉他们如果不支持工会的活动，他们将会受到人身伤害或者会失去工作。
- 因工会会员穿越非法设置的纠察线而对他们处以罚款或将其开除出工会。
- 因工会会员指出不正当劳资关系行为或在美国劳资关系委员会的听证会上作证，而对他们处以罚款或将其开除出工会。
- 在集体合同谈判过程中，坚持要求雇主同意本来应当由其他群体决定的那些工作条件。
- 因工会会员在行使监督责任时按照集体谈判合同要求办事而对他们处以罚款或将其开除出工会。
- 因某些员工声明反对工会提出的集体合同建议而提请雇主将这些员工解雇。
- 通过订立合同要求雇主只雇用工会会员或者只雇用那些令工会“满意”的员工。
- 坚持要求在集体合同中写进非法条款。
- 在没有通知雇主、联邦调解委员会以及州调解委员会（如果有的话）的情况下擅自终止现有集体合同，并且为达成就新集体合同进行谈判的目的而举行罢工。
- 试图强迫一家啤酒经销商承认某一工会（该工会通过诱使啤酒生产企业中的员工拒绝履行此啤酒经销商的订货合同来阻止该经销商获得它需要的啤酒）。
- 通过派出纠察队强迫某一雇主停止与另一位拒绝承认工会的雇主做生意（“二级抵制”）。

资料来源：National Labor Relations Board，*A Guide to Basic Law and Procedures under the National Labor Relations Act*（Washington，DC：U. S. Government Printing Office，1997）. Available at www. nlrb. gov. Accessed May 24，2013.

14.5.3　《国家劳资关系法》的执行

《国家劳资关系法》的执行由劳资关系委员会负责，该委员会由一个五人组成的理事会、一位总顾问以及33个地区办公室构成。《国家劳资关系法》的基础是美国宪法中的商业条款。劳资关系委员会的管辖权局限于雇主，因为雇主的经营活动会对通常意义上的商业以及特殊情况下的州际商业产生影响。在实践中，只有纯粹的地方性企业才有可能不属于劳资关系委员会管辖的范围。不同的行业适用不同的管辖标准（近20种）。属于该委员会管辖的两个企业（及其标准）的例子是年销售额达到50万美元的零售企业和年销售额达到20万美元的报业企业。

劳资关系委员会的两大主要功能是举行、确认工会代表权选举以及阻止不正当劳资关系行为。但是在这两个方面，它都不首先采取行动，只是应要求而采取行动。对于劳资关系委员会在代表权选举过程中扮演的角色，我们将在下一部分中讨论。这里，我们着重看一下它在涉及不正当劳资关系行为方面的功能。

不正当劳资关系行为案件从提出诉讼开始，诉讼由劳资关系委员会的地区办公室进行调查。一起控告不正当劳资关系行为的诉讼必须在6个月内立案，同时将副本递交给案件涉及的各方（建议使用挂号邮件）。如果劳资关系委员会认为指控有道理，并且提出了控诉，那么可能采取两种行动。首先，在雇主和工会双方同意的情况下，可以采取争议处理程序。否则，就要在一位行政法法官到会的情况下举行一场听证会。然后由法官提出建议，接着，双方都可以就上述建议提出申诉。劳资关系委员会有权发布要求中止不正当劳资关系行为的命令。它还可以命令雇主为员工恢复职位，而无论是否需要向员工支付欠薪。例如2012年，约有4 390万美元用于支付拖欠的工资。然而，请记住，《国家劳资关系法》并非刑事法律，因而不适用刑罚。如果一位雇主和某一工会拒绝服从劳资关系委员会的命令，则该委员会有权请求上诉法院的帮助。法院可以选择强制执行该项命令，也可以将其退给劳资关系委员会进行修订、更改，还可以将其搁置一边不予理会。

14.6 工会与资方的相互作用：工会组建

到目前为止，我们已经讨论了工会会员人数发展的宏观趋势。这里，我们把注意力转移到更为微观的问题上来，这就是为什么员工要加入工会以及工会在工作场所中是怎样组建起来的。

14.6.1 为什么员工要加入工会?

几乎每一个关于员工加入工会的模型都涉及两个方面的问题。[32]首先，员工实际得到的薪酬、福利以及其他就业条件，与他们认为自己应该得到的这些待遇和条件相比是否存在差距？其次，如果两者之间存在差距并且这种差距足够大，从而会激发员工去修正这种状况，那么，加入工会是不是改变当前状况最有效或最实用的手段？一场工会选举运动产生的结果就取决于企业中的大多数员工是如何回答这两个问题的。

14.6.2 工会的组建过程及其法律框架

劳资关系委员会负责确保工会的组建过程遵循某些特定的步骤。就一般情况而言，如果在一个谈判单位中有30%的员工签署了授权卡（见图14－5），即表明他们有兴趣就组织工会的问题进行选举，这时劳资关系委员会应主持一次这样的选举，以确定工会对该谈判单位中的员工是否具有代表权。如果50%以上的员工签署了授权卡，工会就可以要求雇主承认自己的代表权。如果签署授权卡的员工人数不足50%，或者雇主拒绝承认它，劳资关系委员会就要举行一次无记名投票选举。如果50%以上的员工通过投票认可了工会的代表资格，劳资关系委员会就可以认定该工会是唯一对该企业中的员工具有代表权的工会组织。如果在无记名投票选举中有不止一个工会参与，而没有任何一家工会能够得到简单多数票，那就要进行决选投票。一旦某一工会被认定对某一群体员工具有排他性的代表权，在一年之内将不再允许有新的工会选举。一份集体谈判合同签订以后，在此集体谈判合同生效的期间内或三年以内——看哪一个时间先到——将不允许有新的工会选举出现。签订集体合同的双方也可以达成一个协议，约定在一个比三年更长的时间内都不再进行选举，但是他们却不能将第三方工会的选举也推迟到三年以后。

是的，我需要国际机械师和航空工人联合会！

我，在下面签名的人，是________________公司的员工，我授权国际机械师和航空工人联合会在就工资、工时以及工作条件等进行集体谈判时作为我的代表。我同意国际机械师和航空工人联合会将此卡作为其得到认可的证据，或者是参加国家劳资关系委员会指定的选举的证据。

姓名（大写）：____________日期：________

家庭住址：__________电话号码：________

城市：________州：________邮政编码：______

职位名称：________所属部门：______班次：______

请在下面签名：

____

注意：这张授权卡必须由员工本人亲自签名并填写日期。

你签署此卡的权利是受到联邦法律保护的。

接收人（姓名的首字母）：____________

图 14-5　授权卡

如前所述，工会会员的权利是由他们选举的工会领导来代表的，他们的这种权利在《塔夫脱-哈特利法》中被进一步扩大，即他们可以通过投票把当前的工会赶出去，也就是说，不承认当前工会的代表资格。这一过程与确认工会代表权的选举程序是一样的。在集体合同生效期间不允许举行取消工会代表资格的选举。研究表明，取消工会代表权的选举，往往出现在工会的处境很不好的时候。[33]

劳资关系委员会还负责确定恰当的谈判单位以及哪些员工有资格参与组织活动。一个谈判单位可以覆盖在同一工作场所中工作的员工，或同一雇主下属的多个工作场所中的员工，也可以覆盖多家雇主雇用的员工。通常来说，在一次选举举行之前就已经在雇主的工资单上的员工都有资格参与选举，在某些情况下，这一规则可以进行修正，比如，在工业部门中存在非正规就业。大多数正在举行罢工的员工和那些被其他工人替换掉的员工都有资格参加在罢工开始后的12个月内举行的选举（比如，取消工会代表资格的选举）。

如表14-3所示，下面几种类型的员工不能被包括在谈判单位之中：农业工人、独立承包商、监督人员和管理人员。除了这些人之外，劳资关系委员会总是试图将在工资、工时以及工作条件等方面有共同利益的员工组织在一起。但在许多时候，这种努力会受到资方以及工会的抵制，工会有时会通过将某个特定的员工子群体纳入谈判单位之中或者是将其剔除出去来影响选举的结果。

■ 工会组建运动：资方和工会的战略与策略

表14-6和表14-7中列举了在大多数工会组建运动中会出现的某些共性因素。[34]工会首先会试图说服员工，让他们相信自己得到的工资、福利、待遇以及自己对工作场所中的各种决策施加影响的机会是不足的，而工会能够在这些方面给他们带来改善。资方则强调说它们已经提供了良好的工资、福利等。资方还强调说，工会不可能在这些方面给员工带来任何改善，反而会增加员工的负担，比如，需要缴纳工会会费以及因罢工而导致的收入损失等。

表14-6　　工会在组建运动中通常会指出的若干重要方面

工会在组建过程中通常会指出的若干重要方面	实际指出的百分比（%）
• 工会将阻止不公正事件的发生，会建立起一套争议处理程序和年资保障制度。	82
• 工会能够改善令人不满意的工资。	79
• 工会的力量有助于员工在工资和工作条件方面发出自己的声音。	79
• 只有工会——而不是其他外来者——才会为争取员工想得到的东西进行谈判。	73
• 工会已经在其他地方取得了谈判的成功。	70
• 工会将改善令人不满意的病假和保险待遇。	64
• 工会会费和最初的启动费用是相当合理的。	64
• 工会将改善令人不满意的休假和节假日制度。	61
• 工会将改善令人不满意的养老金制度。	61
• 如果没有工会，雇主的承诺和良好的待遇就会不复存在。	61
• 员工可以选择工会领导人。	55
• 雇主会通过劝说或恐吓引导员工在选举中反对工会。	55
• 不进行工会代表权选举就不可能举行罢工。	55
• 工会将改善令人不满意的工作条件。	52
• 员工有从事工会活动的法定权利。	52

资料来源：John Fossum, *Labor Relations: Development, Structure and Processes*, 5E, 1992. Reprinted with permission of The McGraw-Hill Companies, Inc.

表14-7　　资方在工会组建运动中通常会指出的若干重要方面

资方在工会组建过程中通常会指出的若干重要方面	实际指出的百分比（%）
• 各种情况的改善并不取决于工会。	85
• 与有工会合同时的情况相比，雇主支付的工资并不差，至少是相同的，甚至更好。	82
• 工会会费带来的经济成本会超过其收益。	79
• 工会是外来者。	79

续前表

资方在工会组建过程中通常会指出的若干重要方面	实际指出的百分比（%）
• 在做决定之前一定要掌握事实；雇主会向员工提供事实并且会接受员工的决定。	76
• 如果工会获胜，接着就会出现罢工。	70
• 在工会获胜之后，随之而来的就是利益的损失。	67
• 罢工者将失去所有的工资；因罢工而失去的东西远远大于可能得到的东西。	67
• 工会并不关心员工的福利。	67
• 罢工可能会导致员工丢掉工作。	64
• 雇主对待员工的方式是非常公正的或是很好的。	60
• 员工在选举中一定不要支持工会。	54

资料来源：John Fossum，*Labor Relations：Development，Structure and Process*，5E，1992. Reprinted with permission of The McGraw-Hill Companies，Inc.

如表 14－8 所示，在工会组建运动中，雇主会运用多种方法来反对工会，有时候这些手段可能超出法律许可的范围，尤其是在工会组建者看来。这种印象与我们前面的讨论是一致的，我们提到，自 20 世纪 60 年代以来，雇主采取的不正当劳资关系行为的数量大大增加（见图 14－4）。

表 14－8　　使用各种手段反对工会组建运动的企业所占的百分比（%）

对雇主方进行调查得到的结果	
聘请咨询顾问	41
对雇主提起不正当劳资关系行为诉讼	24
对工会组织者进行调查得到的结果	
聘请咨询顾问和（或）律师	70
雇主采取的不正当劳资关系行为	
雇主因采取不正当劳资关系行为而受到起诉	36
雇主采取解雇或歧视性裁员措施	42[a]
公司内部传单	80
公司内部信函	91
迷惑听众的讲话	91[b]
主管人员召开小规模员工群体会议	92
主管人员反对工会的强度	
低	14
中	34
高	51

a. 这一比例比对雇主提起不正当劳资关系行为诉讼的比例还要高，这是因为其中包括了一些工会实际上并未对雇主提起不正当劳资关系行为诉讼的情况。

b. 资方要求员工在上班时间参加一个小型会议，资方在这种会议上向大家强调成为工会会员的不利之处。

资料来源：R. B. Freeman and M. M. Kleiner，"Employer Behavior in the Face of Union Organizing Drives，" *Industrial and Labor Relations Review* 43，no. 4 (April 1990)，pp. 351-65. © Cornell University.

为什么雇主会越来越多地违反相关法律呢？福萨姆（Fossum）认为，这主要是因为雇主采取这种行为的后果（比如，向工人支付欠薪和进行重新安置）是非常"轻微"的。[35] 他在对各种研究进行综述之后指出，雇主对参加工会组织活动的员工实行歧视的做法大大降低了工会成功组建的概率，它们向工会活动积极分子支付欠薪以及重新为他们安排工作所付出的成本，要远远低于工会将员工组织起来并且争取到更好的工资、福利等情况下给雇主带来的成本。

劳资关系委员会还试图维持一种没有压迫感的氛围，以使员工感到自己可以自由地做出选择。如果它认为工会或者资方制造了某种“混乱的气氛或者是害怕遭到报复的恐惧感”，它就会将认可工会的选举搁置起来。[36]此外，还有一些行为有可能导致某种选举结果被取消，包括：

- 雇主或者工会为了影响投票过程或者工会组建活动，向员工发出威胁，告诉他们不合作者将会失去工作或某些福利。
- 通过给予员工一定的福利或者允诺给予一定的福利来影响投票过程或者工会组建活动。
- 雇主或者工会在离选举不到 24 小时的时间内，占用工作时间向聚集起来的某些员工群体发表演说。
- 运用人身威胁或暴力手段影响投票过程和工会组建活动。[37]

企业中的各级主管人员与员工之间存在最直接的联系。因此，正如表 14－9 揭示出来的，如果企业希望避免在内部出现工会组建活动，各级主管人员从与员工保持良好的关系出发来开展一些积极的活动就会起到关键性的作用。各级主管人员还必须明白，一旦出现了组建工会的活动，自己不应当做哪些事情（威胁（Threatening）、质询（Interrogating）、暗中监视（Spying）、允诺（Promising）——TIPS）。

表 14－9　企业各级主管人员为避免工会成功组建应当做什么以及不应当做什么

应当做什么：
随时向企业核心管理层汇报存在工会活动的任何直接或间接迹象。
在与员工打交道的过程中，仔细地阐述公司对亲工会言论做出的反应。这些反应应当由公司进行统一的协调，以便维持一致性，避免带有威胁性或者承诺性。
在任何时候都坚持有效的管理实践，从而将工会问题及早排除掉。其中包括：
传递企业对员工的认可和赏识。
解决员工的问题。
对员工提供保护，使他们不会受到骚扰或羞辱。
向员工提供与企业有关的信息。
以一种具有一致性的方式对待不同的员工。
在适当的时候能够适应一些特殊的环境。
确保在绩效评价过程中遵循合理的预定程序。
尊重所有的员工，维护他们的个人尊严。
不应当做什么：
向员工发出威胁，如果他们参与工会的活动，他们将会得到更为苛刻的工作待遇和工作条件，甚至丢掉工作。
向员工个人或其他人进行询问，了解他们到底是支持工会，还是对工会有反感情绪，或者审查员工的工会授权卡或亲工会请愿书。
向员工做出许诺，如果他们放弃工会活动，他们将会得到更为有利的工作待遇和工作条件。
刺探那些明确属于工会活动积极分子或者疑似工会活动积极分子的员工的情况。

资料来源：From J. A. Segal，*HR Magazine*. Reproduced with permission of Society for Human Resource Management（www. shrm. org），Alexandria，VA，publisher of *HR Magazine*.

面对在工会组建过程中遇到的困难，工会尝试利用各种办法来达到自己的目的。**非正式工会会员**（associate union membership）是一种与员工的工作场所无关，并且在集体谈判中也不会出现的会员资格形式。不过，工会组织会向这些人提供其他一些服务，比如健康保险、人寿保险或信用卡等方面的一些折扣等。[38]作为回报，工会得到了工会会费和对自己的活动更广泛的支持。非正式工会会员这种制度安排对希望加入工会，但是在自己的工作场所中却没有工会的那些员工非常有吸引力。

社团运动（corporate campaigns）是指在组建工会（以及谈判）的过程中，工会为了向雇主施加公共舆论、经济以及政治上的压力而采取的一些活动。[39]比如，美国劳联—产联下属的建设与建筑行业部就对美国国会进行了成功的游说，使国会降低了提供给位于肯塔基州的丰田卡车制造厂的 1 亿美元税收上限，直到丰田汽车公司答应使用加入工会的建筑工人，并且支付工会建议的工资水平为止。[40]制衣与纺织工人联合工会（ACTWU）在 20 世纪 70 年代末开展的反对 J. P. Stevens 公司的社团运动，是最早也最著名的工会社团运动之一。制衣与纺织工人联合工会组织了一场针对 J. P. Stevens 公司的联合抵制运动，并且威胁说，它将从由 J. P. Stevens 公司的管理人员担任董事的金融机构中撤出自己的养老基金。结果，J. P. Stevens 公司与该工会签订了一份集体合同。[41]

工会还希望运用它们的经济资产来影响公司。工会直接控制着数十亿美元的养老基金，并且和雇主共同控制着另外数十亿美元的基金。工会总共对大约 3 万亿美元此类投资有影响力。[42]

在一些成功的案例中，工会通过罢工和负面宣传来刻意避开选举方式，从而迫使公司接受工会组织。酒店与餐厅员工工会在 2001 年吸纳了 9 000 名工人，80%的会员是通过向雇主施压而不是选举得到的。针织行业和纺织员工联合会在 2001 年组织了 1.5 万名员工，同样是通过这种方法实现的。时代清洗服务公司（Up-to-Date Laundry）为巴尔的摩市的酒店和医院提供清洗床单业务，在因为差了两位员工的选票而导致工会选举失利之后，针织行业和纺织员工联合会决定采用其他策略，其中包括一项社团运动。它呼吁举行一场罢工来要求时代清洗服务公司承认工会，它还说服时代清洗服务公司的几个大客户威胁该公司将停止使用其清洗服务，同时，还与一些政府机构和全国有色人种促进会（NAACP）共同发布了声讨种族歧视和性骚扰的声明。此外，该工会还说服巴尔的摩市议会要求时代清洗服务公司提供证词。最后，该公司终于做出让步，承认了这家工会，并通过谈判就在原来每小时 6 美元工资的基础上增加工资以及为员工提供更好的福利待遇等问题签订了合同。

另一种实现工会成功组建的战略是将雇主的中立性和授权卡核查条款写入集体合同。在中立条款下，雇主承诺不反对工会在公司其他领域组建工会的努力；授权卡核查条款则是这样一种协议，即如果特定百分比的——按照法律规定，至少占大多数——员工签署了授权卡，雇主就要承认工会具有的代表资格。至于授权卡的数量，则由像美国仲裁协会这样一种公正的外部机构来清点。美国通信工人联合会同威瑞森公司就有争议的一些条款进行了协商。有证据表明，这项策略对于工会来说是非常有效的。

然而，工会必须避免与《敲诈与腐败组织法》（Racketeer Influenced and Corrupt Organizations Act，RICO）之间产生冲突。比如，服务业工人国际工会（SEIU）于 2009 年发动了一场对抗在美国运营的法国食品服务公司 Sodexo 的社团运动。服务业工人国际工会发起的“清理 Sodexo”运动，致力于使公众关注 Sodexo 公司的食品安全和其他一些可能造成破坏的令人担心的事情。Sodexo公司起诉了服务业工人国际工会，声称其发起的工会组建运动试图用损害公司财务的威胁来敲诈本公司，逼迫自己同意接受有助于该工会得到认可的一项授权卡核查条款（而非要求工人在无记名投票选举中进行投票）。Sodexo公司声称，服务业工人国际工会为阻止本公司赢得食品合同而参与了勒索、破坏和其他一些禁止性行为。2011年，由于服务业工人国际工会同意结束对抗Sodexo公司的运动，双方在审判之前达成了和解。[43]

14.7 工会与资方的相互作用：集体合同谈判

大多数集体合同的谈判发生在工会和雇主之间。在大多数情况下，资方必须承认工会是一个自己必须与之共同合作的组织。但是当工会刚刚得到授权并且在就第一份集体合同进行谈判时，情况可能千差万别。事实上，在27%～37%的情况下，工会无法与资方就第一份集体合同进行谈判。[44]正如前面所说的那样，在关于雇主实施不正当劳资关系行为的指控中，一半以上都指向雇主的拒绝谈判行为。

劳资合同因谈判结构——即合同覆盖的员工和雇主的范围——不同而有所不同。正如表14-10显示的，首先，集体合同会因其覆盖的员工利益是范围较窄的（同业的）还是范围较宽的（行业的）而有所区别。其次，集体合同会因其覆盖的是多位雇主还是仅仅覆盖属于同一雇主的多家工厂而有所区别。（同一位雇主可能拥有多家工厂——其中有些工厂有工会，而另一些工厂则没有工会。）谈判结构的不同对于谈判力量以及为达成协议而必须进行协调的那些利益的数量有着不同的含义。

表14-10　集体谈判结构的类型与举例

雇主利益的覆盖范围	员工利益的覆盖范围		
	多个雇主（集中式）	单个雇主的多家工厂	单个雇主的一家工厂（分散式）
同业工会（利益范围窄）	建筑行业 州际货运 海岸工作 医院工作	航空 教师 警察 消防员 铁路	小型制造工厂中的同业工会 医院
行业或多技能工会（利益范围宽）	煤矿（地下） 碱性钢（1986年之前） 酒店业	汽车制造业 钢铁业（1986年以后） 农场设备 州政府 纺织业	小型制造工厂中的行业工会

资料来源：From H. C. Katz and T. A. Kochan, *An Introduction to Collective Bargaining and Industrial Relations* 4E, 2008. Reprinted with permission of The McGraw-Hill Companies, Inc.

14.7.1 谈判过程

理查德·沃尔顿（Richard Walton）和罗伯特·麦克西（Robert McKersie）指出，劳资谈判可以分解为四个子过程：分配谈判、一体化谈判、态度构建以及组织内谈判。[45]**分配谈判**（distributive bargaining）集中在经济"馅饼"在双方之间的分配问题上。比如，工资的增长意味着工会获得更大的馅饼份额，资方获得更小的馅饼份额。**一体化谈判**（integrative bargaining）则是一种双赢谈判，它寻求一种对双方都有利的问题解决办法。比如，如果资方需要降低劳动力成本，它就会与工会达成一种协议，自己可以不解雇员工，但是工会得同意更改工作规则，从而使生产率得以提高。

态度构建（attitudinal structuring）是指劳资双方谈判者之间的关系和信任度。当双方之间的关系不好时，则很难进入一体化谈判过程，因为一方很难相信另一方会真正履行其义务。比如，如果工会曾经为换取更高水平的工作保障而做出过妥协，同意执行雇主提出的能够提高生产率的工作规则，但资方最后却没有如工会期望的那样信守提供更高水平就业保障的承诺，那么工会此后可能就不会再愿意做出这种让步。因此，劳资双方之间的长期关系对于谈判过程以及谈判结果都有重要的影响。

组织内谈判（intraorganizational bargaining）则提醒我们，劳资谈判不仅包括工会和资方两个方面。在资方内部，各部门之间的目标有可能是相互冲突的，这一点在工会内部更是如此。资历较长的工人被解雇的可能性最小，他们可能更愿意接受一种带有解雇条件的集体合同（尤其是当这些已经没有就业风险的人的工资会因此大幅上升时）。而资历较短的工人的感觉却很可能是不同的。因此，工会谈判代表和工会领导人必须能够同时使资方和己方内部的选民感到满意。如果他们做不到这一点，工会会员就有可能拒绝这份集体合同，或者他们有可能会在下一届选举中将这些代表和领导人踢出工会办公室。同样，资方也不可能只带着同一种思想来进行谈判。有些资方比较重视长期员工关系，有些资方则比较重视成本控制，还有一些资方比较看重集体合同对股东的影响。

14.7.2 资方对谈判的准备

很显然，集体合同谈判的结果对企业的劳动力成本和劳动生产率，从而对企业在产品市场上的竞争力有着重要的影响。根据福萨姆的说法，我们可以将资方为集体谈判所做的准备划分为七个部分，其中大部分内容与工会方的准备内容是相对应的。[46]

1. 确定各部门的合同目标。资方的劳资关系部门需要与会计、财务、生产、营销以及其他部门会谈，从而保证制定的集体合同谈判目标不会妨碍这些部门履行它们的职责。比如，财务部门可能会指出，如果集体合同所确定的成本数字高于某一水平，公司的财务状况将会受到严重的损害。因此，资方的谈判小组需要接受来自各部门的建议，并且把各方面的利益要求都考虑进去。

2. 审查前一份集体合同。这一步骤集中在对原有集体合同条款的审查上，其目的是找出可能阻碍公司的生产率或灵活性提高，从而给资方造成麻烦的条款，或者是有可能导致资方和工会之间出现重大分歧的不利条款。

3. 资料的准备和分析。资方需要准备好与劳动力成本、竞争者的生产率等问题有关的信息，以及工会可能会强调的一些资料，并且进行深入的分析。工会可能会强调的资料主要包括生活费用的变化，以及能够作为参照系的其他工会达成的集体合同的内容。在确定养老金、健康保险以及带薪休假等福利的成本时，与员工的人员构成、资历构成等相关的资料是非常重要的。最后，资方需要知道，如果出现罢工，自己可能遭受什么样的损失，自己的库存还能在多长的时间内满足顾客的需要，其他企业在多大程度上有可能插足本企业的产品市场并提供替代性的产品，如果自己想在工人罢工期间继续维持生产，找到替代工人的难度有多大。

4. 预测工会的要求。以下这些做法都有助于资方预测工会的要求，并制定相应的对策：回忆一下前一份集体合同导致的不满；与工会领导人进行持续的讨论；了解其他企业的集体合同的内容。

5. 测算可能达成的集体合同会给企业带来的成本。工资不仅对劳动力成本有直接的影响，还常常对企业的福利成本（比如，社会保障、带薪休假等）产生间接的影响。请回忆一下，员工的福利收入通常会达到货币工资的35%～40%这一水平。此外，即使在集体合同签订的头一年看起来似乎可以控制住的工资或福利上涨，也有可能随着时间的延续和积累而变得越发无法控制。

6. 为罢工的发生做好准备。如果资方有意在罢工期间继续维持经营，那么它就需要组织好替代工人，增强自身的保障性，并且研究如何应对在罢工地点以及其他地方可能发生的意外事件。如果资方在罢工期间不准备继续经营（或者资方不准备按照正常的水平维持经营），它就需要通知供应商和客户，并且考虑可能的办法来避免使它们遭受损失。其中甚至包括购买竞争者的产品来维持对顾客的供应。

7. 确定战略和后方援助。资方必须决定自己的谈判小组到底有多大的权限。谈判小组能够做出多大的妥协和退让？哪些条件是需要与高层管理人员协商才能决定的？在哪些事情上可以妥协，在哪些事情上不能妥协？此外，资方还必须决定谈判的地点和时间。

14.7.3 谈判的阶段和策略

谈判要经过多个阶段。[47]在前期阶段出场的人要比在后期阶段出场的人多得多。在工会方面，这种情况可以给工会内部的不同利益群体提供一个参与和表述自己目标的机会。这反过来也有助于向资方传递这样一种信息，即工会觉得它应当做些什么来满足工会会员的需要，同时这种情况还有助于工会加强自身的团结。在这一阶段，工会的谈判者常常提出一系列建议，部分目的在于取悦自己的选民，部分目的在于发现一些在后面的阶段可以表现出一定灵活性的问题。资方可能提出自己的建议，也可能不提出建议，有时候它倾向于仅仅对工会的建议做出反应。

在中间阶段，双方都必须分别做出一系列决策，尽管此时谈判的结果还是不确定的。谈判中所涉及的每一事项对于对方的重要性有多大？在某些特殊事项上的分歧引起罢工的可能性有多大？在什么时候以及在多大程度上，一方将其愿意妥协的信号传递给对方？

在最后阶段，随着罢工最后期限的来临，达成协议的压力越来越大。这时，公开谈判可能只是谈判过程的一个方面。双方的谈判者可能会进行一对一的会谈，或者举行小群体的会谈，以减少公共关系方面的压力。此外，一个中立的第三方可能会介入进来，充当中间人或者谈判的推动者。有些时候，双方使对方确信自己的解决方案（或者使自己的选民确信对方的解决方案）的唯一途径可能就是看着僵局出现。

许多著作中都提出了如何运用双赢策略或一体化谈判策略来避免僵局出现的建议。比如，在罗杰·费希尔（Roger Fisher）和威廉·尤里（William Ury）所著的《达成协议》（*Getting to Yes*）一书中就提出了以下四项基本原则[48]：

1. 将人与问题分开。
2. 集中在利益上而不是立场上。
3. 在决定做什么之前，首先了解各种各样的可能性。
4. 坚持将结果建立在某些客观标准基础之上。

14.7.4 谈判力量、僵局以及僵局的打破

上面我们描述了经过谈判过程，雇主和工会之间的冲突性目标得到解决的情况。决定这种谈判过程产生的结果的一个重要因素是双方的相对谈判力量。所谓相对谈判力量，可以界定为“在谈判的过程中，在面对另一方反对的情况下，一方达成自己目标的能力”。[49]在集体谈判中，谈判力量的一个重要决定因素就是双方承受罢工成本的相对能力。“通过科技进行竞争”专栏描述了码头工人对技术改变的反应，技术的改变减少了他们被雇用的可能性和工作时间。尽管罢工是很少见的，但是罢工的威胁却常常在谈判的过程中若隐若现。承受罢工——这种罢工可能出现，也可能不会出现——的相对能力，是谈判力量的一个重要决定因素，也是谈判结果的一个重要决定因素。

通过科技进行竞争

码头工人和自动化：公司与员工利益之间的竞争

一场激烈的集体合同争议正在威胁停止美国东部和墨西哥湾海岸港口的货物运输，这份合同是数年前达成的这样一个交易的成果：港口公司要根据每年处理的集装箱重量向工会成员支付一笔特许费。这一交易是在 20 世纪 60 年代达成的，主要是为了补偿因港口引入自动化生产设备而导致工会损失的工作机会。现在的货物都是以集装箱形式搬运的，由自动化设备和起重机进行处理。

在过去的 15 年中，很多港口公司声称它们一共支付了 18 亿美元的特许费。平均一位工人每年可获得的特许费大约为 15 500 美元。代表集装箱处理公司的美国海洋联盟有限公司声称，它不能再继续支付这种特许费了。它希望重新确定特许费的上限，并且限制新员工领取特许费。

国际码头工人联合会则声称，这笔特许费的支付对于它的 14 650 名成员而言是非常必要的。它认为，支付特许费有助于补偿员工因为自动化生产方式而面临的工作时间减少。它还指出，支付特许费对于公司也是有益的，因为它有助于在关键岗位上留住熟练的、受过良好训练的员工，从而确保“美国的商业（维持）运行”。

美国海洋联盟公司在网站上声明，参加工会的码头工人平均每年可在工资和福利上获得 12.4 万美元的收入。工会发言人詹姆斯·麦克纳马拉（James McNamara）则声称，码头工人们的收入没有这么高，并指出，在一些已经实现高度自动化的港口，过去需要三位工人完成的工作现在只需要一位工人。

对于奥巴马总统是否准备针对罢工事件援引 1947 年《塔夫脱-哈特利法》中规定的全国紧急条款，命令罢工者先回去工作 80 天作为冷静期，白宫发言人马特·里瑞奇（Matt Lehrich）拒绝发表评论。

大约一半的美国海运贸易集装箱要经过美国东部和墨西哥湾的港口，一年的货物价

值4 540亿美元。一场罢工将会使这一切都停止，并给商业和消费者带来巨大的损失。白宫拒绝就是否考虑使用《塔夫脱-哈特利法》的规定来命令罢工者回去工作发表评论。

讨论题

1. 由于雇主采用了劳动力节约技术，码头工人是否应该因失去工作和工作时间而得到补偿？

2. 支付特许费会给码头工人、公司和消费者带来怎样的后果？

资料来源：Excerpted from Cameron McWhirter and Timothy W. Martin, "Port Strike Hinges on Costly Royalty," *Wall Street Journal*, December 27, 2012. Reproduced with permission of Dow Jones Company via Copyright Clearance Center.

14.7.5 资方接受罢工的意愿

资方是否愿意接受罢工主要取决于以下两个方面的问题：

1. 如果资方同意工会的要求，资方在长期中是否仍然能够盈利？如果企业能够将较高的成本转嫁到消费者身上，而不会出现业务损失，那么此问题的答案更有可能是肯定的。这反过来也说明了，在以下两种情况下，上述问题的答案为“是”的可能性更大：第一，劳动力成本只是总成本的很小一部分，因而成本的上升幅度很小。第二，在该行业中几乎没有什么价格竞争。价格竞争的低水平既可能是由于价格受到管制，也可能是由于竞争以质量（而不是价格）为基础，还有一种可能则是，工会已经将该行业中的所有雇主或者大多数雇主手下的员工都组织了起来，这种情况也会降低劳动力成本作为价格要素所具有的重要性。

对于企业的长期竞争力，工会持有与资方部分相同的观点，因为竞争力的下降可能转变成雇佣水平的下降。然而，另一方面，大多数工会成员可能更倾向于得到较高的工资，即使雇佣量可能会因此而有所下降。在少数（资历较浅的）工会会员遭受较多的就业损失，而大多数会员不仅能够保住就业岗位，同时还能获得较高工资的情况下，尤其如此。

2. 假如罢工发生，资方在短期内是否还能继续经营？尽管资方在长期中对自己的谈判目标保持强硬态度可能是值得的，但是在短期中，它却需要关注因生产中断而导致的收入和利润的损失。而工人参加罢工的成本则是工资损失以及可能随之而来的永久性工作丧失。

那么，在什么条件下资方最有能力承受一次罢工呢？下面这些要素很重要[50]：

1. 产品需求。在产品需求旺盛的时候，资方承受罢工的能力较差，因为这时候如果出现罢工，资方的收益损失和利润损失将会很大。

2. 产品的易腐蚀性。某些类型的员工（比如，在收获季节工作的农场工人、运输易腐食品的卡车司机以及在旅行高峰期工作的航空公司员工等）如果举行罢工，则会导致资方收益的永久性损失，因而会增加罢工对资方的成本。

3. 技术。资本密集型（相对于劳动密集型）企业对员工的依赖性更小，因而更容易用监督管理人员或其他人来替换罢工工人。电话公司是一种在员工罢工期间能够照常运转的典型例子，尽管罢工可能会使它的新设备安装或服务以及维修工作比正常情况下拖延更长的时间。

4. 替换工人的可能性。当市场上的工作非常稀少时，找到替换工人的可能性就会比较大，同时这些替换工人穿越罢工工人的纠察线的愿望也就越强烈。资方在工人罢工期间利用替换工人坚持运营的做法会大大提高罢工者的成本，因为他们有可能被永久地替换掉。大多数罢工者都没有资格得到重新安置，除非在企业中出现他们能够胜任的职位空缺。如果资方雇用了替换工人，这种职位空缺在一段时间内就不会出现了（如果这种空缺真的会出现的话）。

5. 多处生产地点以及时间上错开的合同。多处生产地点和错开的合同使雇主可以将生产从受罢工影响的工厂转移到没有受到罢工影响的工厂，即使后一家工厂中也有工会，但只要这两家工厂的集体合同在不同时间到期，就不成问题（这样两家工厂就不可能同时罢工）。

6. 一体化的工厂。当一家工厂生产的产品是另一家工厂的生产投入时，雇主就更不可能承受罢工，因为前一家工厂生产的中断同时意味着后一家工厂生产的中断。在零库存生产系统中，企业的零部件库存是非常有限的，因此，这种生产体系本身会进一步削弱资方承受罢工的能力。

7. 替代产品的缺乏。如果顾客能够非常容易地找到企业所生产的产品或服务的现成替代品，罢工对资方来说成本就会更高。

谈判结果还取决于谈判过程以及劳资双方关系的性质，这种性质包括两个方面的因素：一是劳资双方所运用的策略类型；二是劳资关系的历史状况。大多数劳资谈判并没有导致罢工出现，这是因为，一般来说，罢工不符合双方的利益要求。此外，工会和资方通常都能意识到，如果他们希望在将来进行有效的互动，那么罢工的经历所造成的阴影可能很难抹去。当罢工真正发生的时候，罢工双方在此期间采取的行动也会对劳资关系产生深远的影响。任何一方动用暴力手段或者资方以雇用替换工人作为威胁的做法，都会使未来的劳资双方难以相处。

14.7.6 打破僵局的程序：罢工之外的其他办法

鉴于罢工对于劳资双方来说都是成本巨大的，因此在私营部门和公共部门产生了除罢工之外的其他解决谈判冲突的程序。由于许多公共部门的员工无权举行罢工，因此，在这些公共部门中，罢工之外的其他程序就显得尤为重要。

三种最经常运用的打破僵局的程序是调解、实情调查人和仲裁。这三种程序都有赖于一个中立的第三方的介入，而联邦调解与仲裁委员会的介入是最为典型的。在集体合同条款准备进行变更（包括罢工）之前的 30 天内以及合同到期前的 60 天内，劳资双方必须通报该委员会。**调解**（mediation）是最不正式但使用最为广泛的打破僵局的程序。一项调查发现，接近 40%的大型私营谈判单位都采用过这一程序。[51] 调解者不具有任何正式的权力，只是在谈判中充当调停人和中间人。

实情调查人（fact finder）在公共部门中运用得最为广泛，典型的情况是，这位调查人就劳资双方的争议原因以及劳资双方各自的观点和争议要点出具一份报告，（有些时候）还提出建设性的争议解决方案，不过劳资双方都可以拒绝接受此方案。然而，这种建议方案一旦公之于众，就有可能引起来自公众的要求劳资双方采纳建议方案的压力。即使实情调查人的建议没有被采纳，人们也期望此人能够对争议的内容加以确认或者是框定，从而为协议的进一步达成提供方便。有时候，这位调查人的存在还有另一个最简单的原因，这就是，实情调查是要花费时间的，而劳资双方恰恰可能会在这种调查进行的过程当中达成一致意见。

最为正规的对劳资谈判进行干预的外部手段是**仲裁**（arbitration），在接受仲裁的情况下，仲裁者（或者一个仲裁委员会）会帮助劳资双方选定一个解决方案。在有些场合下，仲裁者可以提出自己的解决方案（常规仲裁）。而在另一些场合下，仲裁者必须在资方或者工会的最后要价之间做出选择（最后要价仲裁），这种仲裁既可以将整个集体合同作为仲裁对象，也可以将集体合同中的逐个事项作为仲裁对象。传统上来说，对合同条款的强制执行或者解释进行仲裁（权利仲裁）是一种广为接受的做法，但是在一些特殊场合，也保留了对合同条款的实际撰写以及敲定进行的仲裁（我们这里主要集中于利益仲裁）。这些特殊情况包括在一些罢工成本极高的公共部门（如警察、消防员等）中进行的谈判，也包括在极少数罢工会给劳资双方带来极大损失的私营部门（如20世纪70年代的钢铁行业）中进行的谈判。[52]避免过多地使用利益仲裁的原因之一在于，大家抱有这样一种坚定的信念，即对实际情况最了解的各方（工会和资方，而不是仲裁者）是最能够有效地解决冲突的人。

14.8 工会与资方的相互作用：集体合同管理

14.8.1 争议处理程序

尽管集体谈判过程（以及偶尔会导致的罢工）引起人们最为广泛的关注，但谈判过程毕竟通常每三年才发生一次，而集体合同的管理却是日常的，每一年和每一天都在发生。当然，集体谈判和集体合同的管理这两个过程之间是相互联系的。如果在谈判过程中运用了含糊不清或不完善的合同语言，就会使集体合同的管理变得非常困难。这种困难反过来又会制造冲突，并且这种冲突很可能会蔓延到下一次谈判过程之中。[53]此外，在谈判过程中发生的事情——罢工、使用替换工人或者某一方采取暴力行动——也会导致劳资双方在该集体合同下共事遇到困难。

有这样一个因素会对合同的成功管理产生影响，这就是用于解决劳资双方之间在合同解释和管理过程中产生的争议的争议处理程序。在第二次世界大战期间，战时劳动委员会将仲裁作为罢工的一种替代手段，来解决集体合同生效期间劳资双方之间发生的争议，并且使这种做法制度化。此后不久颁布的《塔夫脱-哈特利法》进一步强化了这种做法。今天，大多数争议处理程序都将仲裁作为解决争议的最后一个步骤，在少数情况下，即使是在集体合同生效期间，也会发生罢工。（罢工大多发生在合同谈判阶段。）在合同生效期间发生的罢工产生的破坏性尤其大，因为与在谈判阶段发生的有固定时间间隔的罢工相比，它们更加不可预测。

除了争议处理程序有可能减少罢工发生的可能性，我们还可运用以下三个标准对其进行判断。[54]第一，在合同的日常管理中产生的问题得到圆满解决的程度如何？问题解决的速度较慢以及争议处理程序使用得非常频繁可能暗示着在合同的管理中存在问题。第二，争议处理程序对环境变化的适应性如何？比如，如果公司的经营开始走下坡路，因此需要降低成本，在合同中做出的关于工作外包、裁员等方面的规定是否足够清楚？第三，在多家谈判单位共同签订的集体合同中，争议处理程序在多大程度上允许一些涉及地方合同的问题（比如工作规则）被包括进来并且得到解决？[55]

从雇主的角度来说，争议处理程序是在工作场所公平对待员工的关键所在，它的有效性一方面取决于员工在多大程度上感觉到自己可以运用该程序而不必担心遭到报复，另一方面取决于他们是否相信自己的争议案会被工会代表坚定地处理下去。**公平代表责任**（duty of fair representation）是劳资关系委员会的一个强制性规定，它规定，谈判单位中的所有成员——无论是否为工会会员——都有运用争议处理程序的平等权利以及得到工会代表的权利。过多的争议可能暗示某些方面存在问题，争议过少可能也具有同样的含义。过低的争议率可能表明，员工害怕运用争议处理程序或认为此程序无效，或者认为工会对他们的代表性不够。

如表 14-11 所示，大多数争议处理程序在仲裁进行之前还会有其他几个步骤。此外，大多数争议都是在争议处理程序的前几个步骤中得到解决的，这种情况当然更为有利，因为它既避免了争议解决时间的拖延，也避免了接受仲裁的成本。如果争议到了仲裁阶段，就得由仲裁者来做出最后的裁决。美国最高法院在 1960 年做出的一系列裁决——通常所说的钢铁工人三部曲——建立了这样一种规则，即法院不必再审查仲裁者决策的优劣，不仅如此，还应当限制法庭对下述问题做出评判，即根据某一集体合同，某一事项是否应当接受仲裁。[56]此外，除非集体合同中明确说明某一事项不接受仲裁，否则，仲裁就是对该事项做出决断的一个合适的潜在手段。美国劳资关系委员会的一般政策是争议双方要服从仲裁。这一政策进一步强化了仲裁的地位。

表 14-11　　一个典型的争议处理程序包括的若干步骤

员工提起的争议

步骤 1

a. 员工以口头方式同主管人员讨论争议的事实或问题。
b. 工会的工厂代表和员工可能会与主管人员讨论争议问题。
c. 工会的工厂代表和员工判断：第一，问题是否已经得到解决；第二，如果问题没有得到解决，那么是否发生了违反集体合同的事件？

步骤 2

a. 争议内容以书面形式表达出来，并且递交给生产主管人员或者其他指定的直线管理人员。
b. 工会的工厂代表和资方代表会面，共同讨论争议问题。资方的反应也以书面形式表达出来。在这一阶段，双方可能会向企业中一名负责劳资关系的职能管理人员进行咨询。

步骤 3

a. 争议被递交到高层直线管理人员和劳资关系职能代表手中。另外，地方工会或国际工会的官员也有可能会参与讨论。最终结果付诸文字表达。

步骤 4

a. 工会根据宪法和（或）地方法规的规定决定是否就未解决的问题申请仲裁。
b. 争议被递交仲裁以获得一个有约束力的裁决。

解雇争议

a. 争议程序可能在步骤 2 或者步骤 3 就开始了。
b. 各步骤之间的时间间隔会更短，从而更快地完成整个过程。

工会或集体争议

a. 工会代表在步骤 1 或者步骤 2 代表受争议影响的工人群体或者工会代表群体提起争议。

资料来源：From H. C. Katz, T. A. Kochan, and A. J. S. Colvin, *An Introduction to Collective Bargaining and Industrial Relations*, 2008. Reprinted with permission of The McGraw-Hill Companies, Inc.

那么，在最终到达仲裁阶段的问题中，哪些是最常见的？来自美国联邦调解与仲裁委员会的资料表明，在发生的 2 473 个争议案件中，因解雇和惩罚问题产生的争议名列榜首，一共有 913 个。[57]经常诉诸仲裁的其他事件则包括：在晋升中论资排辈、裁员、转岗、工作任务安排、工作时间安排（309 个）；工资（178 个）；福利（127 个）。

仲裁者又是运用何种标准来做出决定的呢？在最常见的案子即解雇争议案件和惩戒争议案件中，下面这些合法性问题很重要[58]：

1. 员工了解企业的规则或者知道企业对他们的期望是什么吗？他们知道不遵守这些规则或期望可能带来的后果吗？

2. 各项规则的运用具有前后一致性和可预测性吗？换言之，这些规则对所有员工都是一样的吗？

3. 事实证据的搜集是否具有公平性和系统性？关于这一原则的一个重要因素是详细的事实记录。对于员工的行为（比如怠工）和资方的反应（口头或书面警告）都应当仔细地加以整理记录。

4. 员工有权对事实提出疑问并且向资方提出申辩吗？这种做法的一个例子就是，在有工会的情况下，举行一场由工会的工厂代表参加的听证会。

5. 员工有权对资方的决定提出申诉吗？例子之一就是，将决定诉诸中立的第三方，比如仲裁者。

6. 资方的惩罚是渐进式的吗？除少数案件之外，仲裁者通常都会寻找一些证据来证实，企业已经尽早告知员工他们的行为是不合适的，并且在采取更为严厉的惩罚措施（比如解雇）之前给员工留出了改正的时间。

7. 是否存在某种特殊的、可以减轻处罚的客观背景因素？尽管惩戒必须保持一致性，但是每一个人在此前的服务期、工作绩效以及惩罚记录等都会有所不同。所有这些要素都要考虑在内。

14.8.2 新劳资关系战略

杰克·巴巴什（Jack Barbash）对传统劳资关系（既包括在集体谈判阶段，也包括在合同管理阶段）的性质做了如下描述：

> 集体谈判关系是一种爱恨交加、合作与冲突并存的关系。双方在使总收益最大化方面有着共同的意愿，因为总收益是它们双方收益的资金来源。但当需要将总收益在工资和利润之间进行划分时，它们表现出来的姿态就截然不同了。正是这种截然不同的姿态为历史上的劳资关系定下了基调。[59]

尽管非敌对性的劳资关系处理方式在过去一直是一种例外，但现在却有迹象表明，工作场所中的劳资关系总体上出现一种趋势，这就是朝敌对性质不那么强烈的方向转变（至少在那些工会的角色已经被资方接受的企业中，情况是这样的）。[60]这种转变有两个基本目标：一是提高单个工人以及工人群体在克服敌对关系方面的参与程度，增强员工的承诺度和工作积极性，促成实际问题的解决；二是对工作进行重新组织，从而将工作规则减少到最低限度，同时将人员管理的灵活性提高到最大限度。正如“通过全球化进行竞争”专栏所述，公司经常通过增加灵活性来参与竞争。对于那些需要根据市场和消费者需求的变化而迅速更换产品的公司来说，这两个方面的目标显得尤为重要。针对这两个方面的目标制定的一些特定计划包括：员工参与决策的计划、自我管理员工团队计划、劳资合作解决问题的计划、宽泛界定职位的计划、企业与员工分享财务收益以及经营信息的计划，等等。这方面的例子包括福特汽车、哈雷-戴维森和克莱斯勒在密歇根州敦迪市的发动机工厂的劳资关系管理。[61]

通过全球化进行竞争

降低成本并提高灵活性：雷诺汽车公司用西班牙压制法国

雷诺汽车公司首席执行官卡洛斯·古森（Carlos Ghosn）想把西班牙的一些东西引入法国，这就是劳资关系方面更大的灵活性和更低的成本。雷诺汽车公司最近在与西班牙工人达成的交易中实现了这些目标。为了应对欧洲市场汽车销售额下降的形势，雷诺汽车公司希望与法国工人也达成相似的交易。

尽管古森先生并不认为直接复制他们在西班牙达成的协议是可能的，但他说，公司与西班牙工人达成的协议使他开始考虑这样一个问题：为什么在法国事情就不可能是一样的呢？在法国和大多数欧洲国家存在的问题是，尽管汽车的销售额在下降，但是像雷诺汽车公司这样的企业却仍然雇用着几乎与销售额更高时一样多的欧洲员工，开着一样的工厂，而这种情况对于利润而言无疑是个坏消息。

雷诺汽车公司与西班牙工人和工会达成的合约允许它的工厂每周七天运转，并在工作规则方面享受更大的灵活性，尤其是在（以更低的工资）雇用临时工方面有更大的自由度，从而使雷诺汽车可以提高在西班牙的生产率。这份合约中的一个条款是使工资增长幅度小于通货膨胀的幅度。古森先生说，这样的合约在数年前是令人“难以置信”的。但他认为，这种合约对于帮助公司重新变得富有竞争力是必要的。

在法国，雷诺汽车公司今年想要冻结工人的工资，并削减 7 500 名员工，保留 36 500 名员工。它还想让工人同意临时在不同的工厂之间调整工作，这样它就能及时应对不同地点的消费者对某一汽车需求的变化。公司给工人提供的“胡萝卜”则是增加未来在法国的汽车产量（因此未来可能会有更多的工作）。据法国工会所言，公司拿出来的“大棒”就是，如果不能达成合约，公司将关闭一些法国工厂。

讨论题

1. 你认为雷诺汽车公司在给法国工人提出的建议方面能够获得成功吗？
2. 雷诺汽车公司有哪些筹码？

资料来源：Gráinne Mccarthy and Sam Schechner, “Renault CEO Sees Labor Flexibility in Spain as Model,” *Wall Street Journal*, January 24, 2013.

敦迪发动机厂不仅仅是采用新劳资关系处理方式的一个例子。它还收到了来自美国汽车工人联合会的祝福。为什么？据美国汽车工人联合会地方工会主席所言，“这是一个关乎生存的问题”。在这些工厂里领取小时工资的工人受过良好的教育并且技能娴熟，他们通过在不同的职位间轮换来实现技能的灵活性，从而为生产灵活性提供支持，员工的敬业度更高，重复性动作的损伤则减少。与传统工厂对于按小时领工资的职位所做的分类不同，在敦迪工厂中只有两种类型：团队领导和团队成员。这里没有人去进行监管。团队领导不仅要观察员工的工作，还要与六名团队成员一起工作。

他们所依据的指导方针是被称为"4A"的规则："任何人能在任何地方、任何时间做任何事情。"这与更典型的思维是不同的，更典型的思维是："如果这件事不在我的职位描述中，我就不需要去做，我也不会去做，如果我做了，可能还会遇到麻烦。"美国汽车工人联合会起初对"4A"方法有点担忧，因为在没有具体的职位描述的情况下，在员工每天需要完成的工作方面，资方会有更大的自由，员工则会有更少的自由。正如美国汽车工人联合会所说，这将允许资方"在任何时间撤出任何人"。然而，生产灵活性对于工厂在全球化竞争环境中取得胜利是最重要的，对于愿意在工厂中进行美国汽车工人联合会领导层同意的未来投资（工作的关键）的克莱斯勒汽车公司来说也是最重要的。团队工作方法、职位轮换以及灵活性预期等都转化为对更高的技能和教育要求的预期。工厂里领取小时工资的工人必须有两年制的技术学位，有一张出师学徒工卡或数年的高级制造经验。[62]

工会对这些计划的抵制常常是非常激烈的，其关键原因在于，这些计划的目的都是寻求改善工作场所中的劳资关系的性质以及工会扮演的角色。如果没有工会的支持，这些计划维持下来的可能性就会很小，即使它们能够维持下来，也不大可能取得什么效果。[63]工会领导人常常害怕这些计划会削弱工会作为独立的员工利益代表所能够起到的作用。事实上，根据《国家劳资关系法》的规定，"（雇主）主导或者干预任何劳工组织的组建或管理的行为以及向劳工组织提供捐助或其他帮助的行为"，都属于不正当劳资关系行为。例如，法律禁止的做法之一就是，"（雇主）在工会或者代表工人的委员会的组织过程中采取积极的行动"。[64]

有一个引起广泛注意的案件涉及一家名为 Electromation 的小型电子器件制造商。1992 年，美国劳资关系委员会裁定该公司违反了《国家劳资关系法》中的第 8（a）（2）条款，因为该公司成立了一些工人—资方委员会（典型情况下，这种委员会由大约 6 名工人和 2～3 名管理人员组成）来解决与缺勤和薪酬水平有关的问题。[65]最初的申诉是由卡车司机工会提出的，因为该工会曾经试图在这家非工会化公司中组建工会，但是却感觉到这些工人—资方委员会事实上在与它非法争夺对员工利益的代表权。类似地，宝丽来公司最近也不得不解散了一个已经存在 40 多年的员工委员会，因为美国劳工部宣称该委员会的存在违反了《国家劳资关系法》的规定。该员工委员会的主要功能是在争议处理过程中充当员工的代表，同时就工资、公司的各项规章制度和规定等方面的问题向公司的高层管理人员提出建议。在第三个案例中，美国劳资关系委员会于 1993 年裁定杜邦公司中的一个由七人组成的工人—资方安全委员会是非法的，因为资方在该委员会中居于主导地位。该委员会的成员是由资方选定的，并且它的决定要得到委员会中的资方成员的批准。最后，在该委员会做出的决定中涉及的一些问题属于资方与选举产生的员工代表——化学工人工会——谈判的法定内容。[66]这些案件的影响不仅会让非工会化的公司感受到，同时还会让已经工会化的公司感受到：在前一类公司中，工会组织者将会填补已经出现的工人代表权的真空，而在后一种公司中，资方则会发现，它们现在必须更直接和有效地与工会打交道。

雇主必须注意，一定要让员工参与计划符合法律的要求，但很明显，在一些重要的案件中，美国劳资关系委员会对员工参与的合法性表现出一种支持的姿态。例如，在 2001 年的一次裁决中，美国劳资关系委员会就认定，Crown Cork & Seal 公司的多个由七人组成的员工参与委员会并没有违反联邦政府的劳工法。这种由七人组成的委员会负责制定和执行范围很广的各种决策，包括生产、质量、培训、安全和一些特定类型的员工惩戒。美国劳资关系委员会裁定，这种委员会并不是由雇主主导的劳工组织——那种组织是违反联邦劳工法的。这些委员会与资方"打交道"不是采取一种双边形式，即资方要么接受它们的建议，要么拒绝它们的建议；相反，它们是在得到资方授权的情况下行使权力，从而在一定条件下运营整个工厂的。事实上，正如美国劳资关系委员会指出的那样，与其说这些团队或委员会是在"与资方打交道"，还不如说它们本身就是"资方"。它们得到的这种授权与一线监督人员获得的授权看起来没有什么两样。关于这些小组和委员会没有最终决策权（也就是没有资方地位）的指控，并没有让美国劳资关系委员会改变决定，委员会指出："在一家常规的工厂中，很少有哪些基层监督人员——即使确实有的话——能够拥有最终的、绝对的权力。"相反，美国劳资关系委员会指出，管理人员通常都是通过"命令链条"自下而上地获得建议的[67]（见表 14-12）。

表 14-12　　在何种情况下劳资合作团队是非法的

当确定一个劳资合作团队是否违反美国劳工法律时，应当注意的要素有：	
代表性	该团队强调的问题是否会影响到未参加团队的其他员工？（比如，它是否代表了其他员工?）
涉及的主题	在团队强调的这些问题中是否包括工资、争议、工时以及工作条件等?
资方的参与	该团队是否在某一问题上与某些基层管理人员、中层管理人员或者高层管理者打交道?
雇主主导性	该团队是否由公司创建，或者是否由公司规定其应当做什么以及如何发挥作用?

资料来源：From *BusinessWeek*，January 25，1993.

尽管需要强调法律方面的问题，但一些证据表明，这些新的劳资关系处理方式——员工在更大程度上参与决策、组建员工团队、培养多种技能、进行职位轮换、分享财务收益等——确实能够对一个组织的有效性做出重大的贡献[68]，并且有助于提高员工对工资和工作的满意度。[69]事实上，这些实践现在常被称为"高绩效工作实践"或体系。比如，一项研究将施乐公司的传统劳资关系与当前正处在转型中的该公司的新型劳资关系进行了对比。[70]如表 14-13 所示，转型中的劳资关系处理方式具有的特点是：更好的冲突解决办法，工作一线的更多合作，更大的员工自由度以及更多的决策反馈。此外，该项研究发现，与传统的劳资关系处理方式相比，转型中的劳资关系还与较低的成本、更好的产品质量以及更高的生产率联系在一起。几年前，一个总裁委员会总结说，有证据表明，"员工参与和劳资伙伴关系对工人、企业以及国家经济的好处是非常明显的"。全国调查数据也表明，大多数员工都希望能够对工作场所中的决策具有更大的影响力，并且相信这种影响力会使整个组织变得更为有效。[71]

表 14-13　　传统和转型期的劳资关系管理基本模型

维度	**模型**	
	传统劳资关系	**转型期劳资关系**
冲突的解决		
冲突发生的频率	高	低
冲突解决的速度	慢	快

续前表

维度	模型	
	传统劳资关系	转型期劳资关系
非正式的争议解决次数	少	多
发展到第三和第四个步骤的争议次数	多	少
工作一线的合作		
正式的问题解决群体（比如，质量改善、减少残次品、就业保障等方面的问题解决小组）	少	多
非正式的问题解决活动	少	多
员工自治与反馈		
正式的自治工作群体	少	多
非正式的员工自治活动	少	多
员工发起的职位设计变革	少	多
在成本、质量以及工作时间方面做出的反馈	少	多

资料来源：Adapted from J. Cutcher-Gershenfeld, "The Impact on Economic Performance of a Transformation in Workplace Relations," *Industrial and Labor Relations Review* 44 (1991), pp. 241-60. Reprinted with permission.

14.9 劳资关系运行结果

劳资关系的有效性可以从资方、劳方以及社会等几个不同的角度加以评价。资方寻求控制成本、提高生产率以及提升产品或服务质量，工会则寻求提高工资和福利并对员工如何支配他们的工作时间施加更多的控制（比如，通过工作规则）。这三方中的每一方都希望避免某些会给大家带来极大成本负担的冲突形式（比如，罢工）。在本节中，我们来考察几种不同的结果。

14.9.1 罢工

表14-14中列举的是在美国发生过的涉及员工人数达1 000或1 000以上的那些罢工活动的一些数据。因为罢工更有可能发生在大企业中，所以缺乏关于小企业罢工活动的数据不会成为一个太大的问题。当然，这些数据可能会增加估算出来的因罢工活动而导致的工时损失数量。比如，就20世纪60年代的情况而言，用参与员工人数达1 000或1 000以上的罢工数据估计出来的工时损失率为0.12%，但是如果用所有的罢工数据来推算，罢工的工时损失率就达到0.17%。尽管罢工给工会会员、雇主以及整个社会都带来了巨大的成本，但从表14-14中我们不难看到，罢工仍然是一种例外，而不是一种常态。美国因罢工事件而损失的工时数量相当少（2012年只有1 800个小时，平均到每一位员工身上少于6分钟，平均到加入工会的员工身上少于1小时），并且根据历史上的标准来看，美国当前的罢工活动发生的频率也是非常低的。那么，这是否意味着产业关系系统的运转是良好的呢？事实并非如此，有些人就把较少的罢工次数看成是劳工力量衰弱的一种信号。

表 14-14　　参与员工人数达 1 000 或 1 000 以上的罢工事件

年度	停工次数	参与的员工人数（千人）	停工时间占总工时的比重（%）
1950	424	1 698	0.26
1955	363	2 055	0.16
1960	222	896	0.09
1965	268	999	0.10
1970	381	2 468	0.29
1975	235	965	0.09
1980	187	795	0.09
1985	54	324	0.03
1990	44	185	0.02
1995	31	192	0.02
2000	39	394	0.06
2005	22	100	<0.005
2010	11	45	<0.005
2011	19	113	<0.005
2012	19	148	<0.005

资料来源：http：//stats. bls. gov.

14.9.2　工资和福利

2012 年，与未加入工会的同类工人相比，私营部门中参加工会的工人得到的平均工资要高 27%。[72]由于工会对福利的影响越来越大，工会对总薪酬的影响力也越来越大。[73]然而，这些都还只是原始的差距。为了更精确地评价工会对工资产生的净效应，还必须进行一些调整。[74]现在就让我们来简要地揭示这些方面的问题。

从工会更容易将已经取得高工资的员工或者是具有较高生产率的员工组织起来这个角度来说，工会的工资效应很可能被高估了。如果考虑到非工会化雇主在面临“工会威胁”的情况下可能不得不提高工资和福利，从而寄希望于员工对由工会代表他们不再有那么大的兴趣，那么参加工会的工资福利与不参加工会的工资福利之间的差距有可能会被低估。当把这些因素以及其他一些因素考虑在内的时候，工会在工资方面的净优势尽管还是非常大，但却被降低了 1/2。工会的福利优势也被削弱了，但是仍然比工会的工资效应要大，因此，工会对总薪酬产生的效应比它对工资产生的单独效应要大。[75]

除了在工资和福利方面的差别，工会通常还会对工资和晋升的决策方式产生影响。资方常常倾向于将员工作为个人来对待，在工资和晋升决策中注重强调绩效的差异，而工会则倾向于把群体团结起来，避免员工受到武断对待。为了达到这种目的，工会将自己的努力方向集中在同工同酬这一问题上。它们说，不同的员工之间在工资或者晋升方面的任何差异都应当基于资历因素（一种客观的标准），而不是绩效因素（一种容易受个人偏好影响的主观标准）。一种很常见的情况是，在工会确定的合同条款中往往要求雇主向处在同一职位等级上的所有员工支付同一种工资水平。

尽管工会成员的工资和福利更高，但平均工作满意度却更低。[76]原因包括对工作监管、晋升机会以及利益和灵活性的感知不那么积极。

14.9.3　生产率

关于工会对生产率的影响则存在更多的争议。[77]一些人确信，工会至少在以下三个方面对生产率产生了抑制作用：第一，工会的工资优势会导致雇主比在没有工会的情况下使用更少的劳动力，同时为每位工人配备更多的资本，而这种做法会降低整个社会的效率；第二，工会的集体合同条款会对可允许的工作负荷施加限制，对特定员工承担的工作任务加以限定，并且要求雇主在某些特定的工作岗位上使用比在没有工会的情况下更多的员工；第三，罢工、怠工以及过分严格地照章办事（比如，通过极端地严格遵循每一条工作规则而放慢工作速度）都会导致产量的损失。[78]

另一方面，工会又可以对生产率的提高产生积极的作用。[79]员工无论是否为工会会员，都可以通过“退出”或“发声”机制向资方传达某种工作是好还是坏的信号。“退出”是指直截了当地离开公司到条件更好的其他雇主那里工作。“发声”则是指在不必离开雇主的情况下，就个人关心的某一问题与资方进行沟通。人们认为工会促进了这种发声机制的运转并增强了其有效性。[80]工会的这种作用反过来很有可能降低员工的流动性以及与之相关的成本。从更广泛的意义上来说，可以将工会对劳资合作计划的成功做出的贡献也视为发声机制的一个组成部分，因为这些计划采纳了员工的建议，同时提高了员工对决策的参与度。工会提高生产率的第二种途径（也许更具有讽刺意味）是通过强调在工资、晋升以及解雇决策中运用资历标准来实现的。尽管在这样一些决策中，资方通常更愿意依赖绩效因素，但是以资历因素为依据却有着重要的优势——顾名思义，它弱化了员工之间的竞争。结果，员工可能就不会那么不情愿与资历较短的人共享他们的知识了，因为他们不用担心资历较短的员工会抢走他们的工作。最后，工会的出现还会对资方产生一种“震荡效应”，即它会给企业带来一种压力，迫使企业提高标准、强化责任，同时在生产设计和生产管理过程中给予员工更多的关注。[81]

尽管有证据表明，工会对生产率存在正反两个方面的作用，但大多数研究却发现，参加工会的员工比未参加工会的员工具有更高的生产率。然而，在一般情况下，人们也都承认，对于在这个问题上的大多数发现，实际上可以做出一系列完全不同的解释，因而要想得出明确的结论是一件十分困难的事情。比如，如果工会提高了生产率，那么，为什么工会对员工的代表性反而会随着时间的推移而不断下降，即使在不同行业也是如此呢?[82]与此相关的一点是，工会化的企业之所以更有可能生存下来，主要是因为这些企业具有一些内在的生产率优势，而这种生产率优势可能与工会没有关系，实际上，正是这些企业本身的特点抵消了工会产生的不利于生产率的影响。如果事实果真如此，那么，这些生产率较高的企业的代表程度就显得过高，而那些在与工会的负面影响做斗争的过程中未能生存下来的企业的代表性就显得不足。于是，工会对生产率的负面作用就有可能被低估。

14.9.4 利润与股票绩效

即使工会确实提高了生产率，一家公司的利润和股票绩效仍然有可能会因为工会在更大程度上增加了成本（比如工资）或导致企业减少了投资而遭受损失。最近的一些研究发现，工会对利润有着“很大”的负面影响，并且在那些股东收益正在减少的企业中，工会的覆盖面在以更快的速度缩小。这种情况表明，有些企业部分是因为摆脱了工会的力量而变得更有竞争力。[83]类似地，一些研究发现，未预期到的集体谈判的劳动力成本的每一美元上升，都会导致股东财富出现一美元下降。另一项研究估计，如果政策变成鼓励美国的工会组织率翻倍，在新组织的公司里股东拥有的股票价值将减少 4.3%。[84]其他一些研究还发现，在工会化企业中，用于研发方面的投资比非工会化企业要少。[85]尽管罢工不是经常发生，但它一旦发生，就会降低受罢工打击的企业以及与其有联系的其他企业（比如供应商）的股东收益。[86]这些研究对工会的效应做了一个较为概括的描述。至于创新性的劳资关系对利润和股票绩效所产生的后果，目前还不是太明确。正如我们在第 13 章所见，公司和工会所面临的一项挑战是为退休福利筹集资金的成本。这里的“通过可持续性进行竞争”专栏提供了一家公司和工会共同合作来处理这一问题的例子。

通过可持续性进行竞争

抢救多雇主养老金：员工付出代价

一个由工会和雇主组成的联盟提出，应当对联邦政府的一部覆盖大约 1 000 万人的养老金法律做出修改，从而允许多雇主计划削减一部分退休福利，这种多雇主计划通常见于建筑业、卡车运输业和零售食品业。该联盟包含了像卡车司机工会以及食品和商业工人国际工会等这样一些工会，以及像美国承包商联盟等这样一些行业贸易集团。该联盟提出，如果不在这方面做出改变，则多达 10%的此类（收益确定制）养老金计划（大约 150 个）将会走向破产清算。

这份报告可视为国会考虑修改这部法律的一个起点。该工会和雇主联盟建议国会重新修订在 1974 年颁布的《员工退休收入保障法》（ERISA），这样就可以削减那些退休者的福利。否则，这些退休金计划恐怕就要没钱了。即使是被政府接管（即由养老金福利担保公司（PBGC）接管），许多退休者恐怕也只能得到原来承诺的福利的一小部分。

该工会和雇主联盟提出的法律修改建议将准许来自劳方和资方的受托人决定削减多少退休福利以避免退休金计划破产。员工的退休福利最多可以削减到相当于养老金福利担保公司所保障水平的 110%，从而确保退休金仅仅高于某个界限。这个将福利削减到保障水平的 110%的程度意味着，一位工作 30 年且在 65 岁退休的人每年可获得 12 870 美元的退休金。

多雇主计划的国家协调委员会是一个构建劳资联盟的非营利组织，其执行理事兰迪·德夫兰（Randy DeFrehn）声称，提出这个建议的目的在于挽救养老金系统。他指出，国会已经暗示不会帮助养老金计划脱离困境。因此，必须做些其他的事情。

另一方面，养老金权利中心主任卡伦·弗古森（Karen Ferguson）声称，工会和资方对于多雇主计划长期存续可能性的关注，可能与年纪较大的退休者的最佳利益不一致，因为这些退休者无法承受自己的退休福利被削减。

俄亥俄州的 64 岁卡车司机格雷格·史密斯（Greg Smith）同意这种观点。在工作了 31 年之后，他于 2011 年退休，每个月能拿到 3 019 美元的养老金。但他参与的那个养老金计划预计会在 2024 年破产。如果这件事真的发生了，养老金福利担保公司将接管这个计划，而到那时，他的养老金可能会降至每个月 1 100 美元。

如果这部法律发生了建议的那种改变，则他的养老金可能会在养老基金破产清算之前就立即削减，从而使该计划的投资有机会在市场上“恢复”过来。在建议的这种改变发生之后，他的养老金将不会低于每个月 1 210 美元，这相当于养老金福利担保公司所提供保障水平的 110%。如果该计划最终得以恢复，他每个月的养老金将会接近现在每个月 3 019 美元的水平。

史密斯先生对这一解决方案非常不满意："让我们找一个不是把退休者当垃圾、不把他们扔到救济所的计划吧。"

讨论题

1. 你是否同意对《员工退休收入保障法》提出的修改意见？如果不同意，你有其他的解决方案吗？

2. 你是否见过其他公司（比如在汽车业）面临类似的问题？在那些案例中最后采取了哪些做法？

资料来源：Kris Maher，"Union-Employer Proposal Would Hit Some Retirees，" *Wall Street Journal*，April 12，2013.

14.10 工会的国际背景

除了中国、俄罗斯、乌克兰之外，美国的工会会员比其他任何国家都多。（如果仅仅包括工人可以自由选举工会领导的国家，美国可以说在工会会员上排名第一。）然而，如表14－15所示，除法国和韩国之外，美国的工会化比率（工会密度）却比表中的其他任何一个国家都低。更令人吃惊的差异在于工会的覆盖面，即个人的就业待遇和工作条件受某一工会合同约束的员工占总人数的百分比（见表14－15）。在西欧，工会的覆盖面通常都达到80%～90%，这就意味着工会的实际影响远远超过了工会的会员人数所代表的水平。[87]那么，为什么美国的工会化比率和工会覆盖面比较低呢？解释之一是，在美国历史上不存在像其他国家经历过的那种深刻的阶级分化。比如，劳工和社会民主政党在西欧是非常普遍的，这些政党在政治过程中扮演着极为重要的角色。此外，西欧的劳工运动也比美国开展得更为广泛。它不仅深入到工作场所中，同时还——通过它自己的政党或者与之有紧密联系的政党——直接进入到国家的政治过程中。

表14－15　若干国家的工会会员人数与工会覆盖面

国家	工会会员		工会覆盖面
	工会会员人数（千人）	占就业人数的百分比（工会密度，%）[a]	占就业人数的百分比（%）[d]
美国	14 764	11	14
加拿大	4 626	29	32
日本	9 961	19	24
韩国	1 643[b]	10[b]	—
澳大利亚	1 835[c]	18	50
新西兰	1 545[c]	18	82
法国	1 807	8[c]	95
英国	6 389	26	35

a. 除非特别指出，数据均来自2011年。

b. 2010年。

c. 2008年。

d. 2005年。

资料来源：J. Visser，"Union Membership Statistics in 24 Countries，" *Monthly Labor Review*，January 2006，pp. 38-49；OECD，*StatExtracts*，*Trade Union Density*，http：//stats. oecd. org，extracted May 24，2013.

工会会员比率和工会覆盖面具有什么样的趋势呢？我们在前面已经看到，在美国，一个明显的趋势是下滑，至少在私营部门是这样。尽管在许多其他国家已经出现工会会员比率下滑的问题，但工会的覆盖面在这些国家却一直十分稳定。而在美国，管制的解除以及来自外资公司的竞争，迫使企业变得更加富有效率。鉴于工会会员的工资上涨幅度在美国比在其他任何发达工业化国家都更大，因此，美国的资方对工会的反对比其他任何国家的资方都更为坚决也就不足为奇了。[88]这反过来也有助于解释，为什么工会的影响力在美国下降得尤为剧烈。

看来——随着市场的全球化进程加快——劳动力成本和生产率仍将是关键的竞争因素。欧盟在 2004 年新增了 10 个成员国，2007 年新增了 2 个成员国，成员国总数扩大到 27 个，总人口达到 4.95 亿，比美国多 60%。新加入欧盟的成员国（例如，保加利亚、捷克共和国、波兰、罗马尼亚、斯洛伐克）的工资水平比现有的欧盟成员国低很多。事实上，美国、加拿大和墨西哥之间形成的北美自由贸易协定深刻地表明了，商品、服务以及生产会继续朝着能够更自由地跨国界流动的方向发展。尽管不同地区之间在工资、福利以及其他经营成本（比如管制）方面的差异很大，但是却存在这样一种总的趋势，即商品、服务以及生产向成本更低的地区流动，除非该地区劳动力缺乏必要的技能，或者该地区的生产率非常低。这样，除非工会能够有效地提高其生产率或者将新的生产部门组织到工会中来，否则，工会的影响力很有可能继续下降。

除了在工会会员人数和工会覆盖面方面的差异，美国与西欧国家在工人正式参与决策的程度方面也存在不同。在像德国这样的国家中，工人理事会（在企业层次上的劳资联席决策机构）以及工人在监事会（共决）中的代表席位都是法律强制要求的。斯堪的纳维亚国家、奥地利、卢森堡等国也有类似的法律。德国的工人理事会要对工作或者工作环境、工作纪律、工资制度、安全以及其他一些人力资源管理问题的改变进行决策。在监事会中所实现的共决程度取决于企业的规模以及企业所处的行业。比如，在员工超过 2 000 人的德国企业中，监事会中的工人代表人数必须达到一半。（不过，作为资方代表的监事会主席可以投打破平局的票。）相反，工人在美国企业的董事会中享有的代表权还是相当少的。[89]

工人理事会存在的部分原因是，在像德国这样的国家中，集体谈判协议定位在整个行业范围内或地区性事务上，很少强调本地事务。然而，对竞争力的要求迫使雇主越来越倾向于退出集体谈判方式，即使在像瑞典和德国这样最有名的集中谈判型国家，也存在这样一种趋势。[90]

14.11 公共部门

与私营部门不同，公共部门的工会会员人数在 20 世纪六七十年代处于增长状态，一直到 80 年代还相当稳定。我们在图 14-3 中已经了解到，2012 年，约有 35.9%的政府雇员是工会成员。正如适用于私营部门的《国家劳资关系法》一样，法律框架的变化是导致公共部门中的工会会员人数显著增长的一个重要原因。一个早期的步骤是，1959 年威斯康星州通过了适用于本州州政府雇员的集体谈判立法。[91]（然而，事情在发生变化。最近，威斯康星州的政府签署了一项议案，将剥夺大多数州政府和当地雇员的大部分集体谈判的权利。）1962 年通过的 10988 号政令则赋予美国联邦政府员工进行集体谈判的权利。20 世纪 60 年代末期，大多数州都通过了类似的立法。后来又根据 1978 年《公务员改革法》第七章的规定建立了联邦劳资关系局（按照美国劳资关系委员会的模式建立）。许多州建立了类似的行政管理机构来管理它们自己的立法。

一个有趣的现象是，公共部门中的工会会员人数增长大多来自服务行业以及白领员工，即在传统上认为是非常难以组织起来的那些员工群体。美国州政府、县政府及市政府雇员工会（AFSCME）拥有 160 多万会员，有数十万会员从事健康护理和白领职业。[92]

与私营部门的情况相反，在联邦政府层次以及大多数州，公共部门员工的罢工行为属于非法。在地方层次上，所有的州都禁止警察（夏威夷有部分的例外）、消防员（爱达荷州是一个例外）举行罢工。教育部门和州政府员工相对来说具有较多的罢工权利，这取决于各州的规定。2012 年，19 起罢工涉及 1 000 名或 1 000 名以上员工，4 起发生在公共部门（当地政府——教师、健康护理工作者）。

14.12 非工会代表系统

由于现在工会仅代表 11.3%的美国员工，因此出现一个问题，这就是非工会代表形式需要运作到何种程度才能覆盖剩下的那 88.7%的员工。表 14－16 指出，在一项调查中，大约 1/3（823 人中的 274 人）的非工会员工被资方建立的代表系统所覆盖。换言之，在调查中被非工会代表系统覆盖的员工人数（274 人）要多于被工会—资方集体谈判合同所覆盖的员工人数（170 人）。此外，在资方建立的代表系统下，与处于工会集体谈判协议下相似，员工仍考虑员工代表的代表性以及员工代表就他们的观点和关注的问题与员工商议的程度。当然，这并不意味着与被选举出来的工会不具有同等独立性和影响力的非工会代表系统等同于拥有集体谈判协议和工会。但显而易见的是，非工会代表系统在工作场所扮演着非常重要的角色。[93]

表 14－16　　工会和非工会的员工代表系统

	集体谈判协议（N=170）	无集体谈判协议（N=823）	
		资方建立的代表系统[a]（N=274）	无代表系统（N=549）
期待员工代表能代表员工行事，即使与资方持不同意见[b]	84%	84%	NA
员工代表就员工的观点和关注的问题与员工商议的程度[b]	77%	89%	NA
员工代表就工资和福利问题向资方积极咨询	100%[c]	77%	NA

a. 被一个“非工会的、资方建立的使工人代表可以与资方会面的系统”所覆盖。

b. 回答“在一定程度上”或“在很大程度上”的人员总数。

c. 估计值。

资料来源：John Godard and Carola Frege, “Labor Unions, Alternative Forms of Representation, and the Exercise of Authority Relations in U. S. Workplaces,” *Industrial and Labor Relations Review* 6 (2013), pp. 142-168.

本章回顾

在美国以及其他许多国家，私营部门的工会会员比率（从而工会的影响力）呈下降趋势。相反，正如本章开篇案例里讲的那样，工会在其他诸如中国和孟加拉国这样的国家依然有影响力。甚至在美国，仍有公司（如汽车、航空）的工会代表大部分员工，因此，它们对公司的运营成功依旧发挥着重要作用。在这样的情形下，有效的劳资关系对公司和工人以及社会来说都是至关重要的。

思考题

1. 许多人将工会会员描述为在制造行业工作的蓝领工人。这种说法准确吗？是否存在这样一些职位，它们能够使雇主确认自己的员工是不会加入工会组织的？请举例说明。

2. 人们为什么加入工会？如果有机会的话，你有兴趣加入工会吗？请说明原因。作为一位管理者，你是更愿意与工会一起工作，还是更希望公司员工不加入工会？请说出你的理由。

3. 什么因素导致克莱斯勒公司敦迪发动机厂的劳资关系发生了变化？这种变化的本质是什么？你认为这是一种重要的、可持续的变化吗？

4. 在像中国和孟加拉国这样的低工资国家，工会扮演了（或可能扮演）怎样的角色？

小　结

工会寻求实现的是在工作场所中代表其会员的利益。尽管这种实践可能进一步推动产业的民主化，但是资方却常常会发现，工会一方面提高了劳动力成本，另一方面则给企业的灵活性以及决策的自由度带来了一定的限制。结果，企业在全球化经济中进行有效竞争的能力就有可能受到削弱。因此，毫不奇怪，非工会化企业中的资方常常感到，自己实际上是被迫积极地抵制工会将本企业员工组织到工会中去。这种情况再加上不利的经济、法律以及其他方面的因素，共同导致了工会会员人数的减少以及在私营部门中谈判力量的削弱。然而，现在还存在另一种迹象，即资方和工会正在寻找新的更为有效的合作方式以共同强化企业的竞争力，同时也给员工提供一个机会，让他们在工作场所的各种决策中能够发出自己的声音。

讨论题

1. 员工为什么加入工会？

2. 美国工会会员的发展趋势是什么？这种发展趋势背后的原因是什么？

3. 当一家企业中出现了代表员工的工会之后，对于企业管理人员和所有者来说有哪些后果？

4.《国家劳资关系法》的一般条款有哪些？这些条款对劳资双方之间的互动产生了哪些影响？

5. 传统型和非传统型的劳资关系各自的特征是什么？“新型的”非传统型劳资关系处理方式的潜在优势是什么？

6. 美国的劳资关系系统与其他国家（比如西欧）的劳资关系系统相比如何？

自评练习

你会加入工会吗？下面的陈述表达了工会对员工的工作所产生的影响。请针对每一个陈述，通过在数字上画圈来说明你是否同意该陈述描述的工会对你的工作所产生的影响。

加入工会将会导致……	非常不同意				非常同意
1. 加薪	1	2	3	4	5
2. 福利增加	1	2	3	4	5
3. 避免被解雇	1	2	3	4	5
4. 更多的晋升	1	2	3	4	5
5. 更好的工作时间段	1	2	3	4	5
6. 生产率的提高	1	2	3	4	5
7. 更好的工作条件	1	2	3	4	5
8. 工伤事故的减少	1	2	3	4	5
9. 更为有趣的工作	1	2	3	4	5
10. 更容易处理各种员工问题	1	2	3	4	5
11. 工作中断次数增多	5	4	3	2	1
12. 员工和管理层之间的分歧增多	5	4	3	2	1
13. 停工事件	5	4	3	2	1

请将你的所有得分加起来，最高分为 65 分，最低分为 13 分。得分越高则表明你越看重工会的价值，你就越有可能加入工会。

资料来源：Based on S. A. Youngblood, A. S. DeNisi, J. L. Molleston, and W. H. Mobley, "The Impact of Work Environment, Instrumentality Beliefs, Perceived Union Image, and Subjective Norms on Union Voting Intentions," *Academy of Management Journal* 27 (1984), pp. 576-90.

战略练习

波音公司的劳工问题：通过转移工厂躲避工会

波音公司数年前决定在南卡罗来纳州而非华盛顿州建造它的 787 梦幻客机，南卡罗来纳州是一个颁布了工作权利法的州，这意味着那里的公司和工会如果签署了强制公司员工加入工会的合约，则属于违法。这就使得组建有效的工会变得极其困难，波音公司希望在南卡罗来纳州的工厂中发生的罢工能比位于西雅图的波音工厂在最近几年发生的罢工更少一些。然后，工会对波音公司的这种业务转移提起诉讼，而美国国家劳资关系委员会下达了一个命令，阻止新工厂在调查结果出来之前开始运营，这种调查的目的在于查明公司这种将生产转移到一个对工会有敌意的州来避免工会活动的做法是否构成“反工会敌意”。

在这个问题上，为了打好基础，理解“工作权利”的含义是非常重要的。工作权利法禁止雇主和工会签订这样一种合约，即凡在公司工作的员工都必须参加工会。而这种做法是工会试图与资方进行集体谈判的一个基本步骤，因为如果没有这种保障，工会就会发现自己很难真正成为资方的协商伙伴。

无论如何，我发现《华尔街日报》上这样一句评论最有意思：“波音公司的管理层做出最有利于股东和消费者的判断，所以才看上了别的地方。”然而，波音公司将生产转移到一个反工会的州并不是为了有利于消费者。如果波音公司觉得它可以在不损失市场份额的情况下给飞机涨价，它会毫不犹豫地这样去做，而无论这样做是否“最有利于消费者”。事实上，波音公司所做的降低运营成本的尝试是为了增加利润或降低价格以赢得市场份额，而不是出于使消费者获益的无私愿望。

但更重大的缺陷在于，当波音公司认为将生产转移到南卡罗来纳州的决定“最有利于股东”时，它没有考虑到自己为躲避工会而触犯了劳工法。如果波音公司确实触犯了劳工法，那么它就做了一个糟糕的决定，并且会向股东传递消极的价值。换一个角度来思考这件事，如果像其他任何一种正常的经济力量一样，美国的劳工法在各州是统一的，而不是像现在这样一种各州为吸引企业而削弱劳工法的向下竞争（race-to-the-bottom）系统，那么波音公司的生产转移决定就是毫无理由的。波音公司决定将生产转移至南卡罗来纳州的确不涉及道德层面的问题。波音公司没有因为做出将生产转移出去最有利于股东利益的判断，就在监管套利和躲避工会方面得到更多的理解。祝贺波音公司试图向股东传递更多的价值就等同于祝贺它建造并销售了更多的飞机。简而言之，那就是公司该做的事情。考虑到波音公司对游戏规则所做的评估，它的决定实际上属于对如何玩游戏所做的一种判断。至于波音公司是否应该被允许躲避它们的工会，实际上是为了使公司向经济和社会提供价值而应当如何制定游戏规则的问题。

是否有人认为，如果美国的劳工法和商法在全国统一，美国将变得不那么繁荣？22 个州颁布工作权利法是否对美国的繁荣做出巨大的贡献？如果没有这些州，美国是否就不能成为世界上最大和最富有的经济体？你真的这样认为吗？如果全国都遵循硅谷的劳工法，美国在技术方面的先进性会被破坏吗？

我不这么认为。我认为，即使没有一个州制定工作权利法，美国的国内生产总值跟今天相比也不会有什么显著不同。如果美国统一了劳工法，那么波音公司所做的到底是在普吉特海湾生产飞机，还是到南卡罗来纳州生产飞机的决定，将与工会无关。如果南卡罗来纳州和华盛顿州的劳工法相同，普吉特海湾的员工唯一要担忧的就是，他们的需要是否会导致公司失去市场份额或将生产转移到海外。前者可能成为一种真正的担忧，后者对于波音公司的员工而言则微不足道，因为波音是一家防守型的行业内全国冠军公司。

现在，工会化的波音公司的员工更应该担忧的是公司市场份额受到的损失，因为它正与欧洲宇航防务集团（EADS）和像巴西航空工业公司（Embraer）及庞巴迪公司（Bombardier）等这样一些区域性飞机制造商开展竞争。这听起来像是公司遇到了罢工的问题。但欧洲宇航防务集团的劳动者是很难变成非工会化的。如果波音公司在处理工会问题上比它的竞争者遇到更多的麻烦，那过错很可能在公司方面，而不在工会方面。现在的问题在于，美国某些州的反劳工法律允许一些公司为了躲避工会而将投资转移到这些州。这里的问题就在于，雇主是否可以把威胁将生产转移到一个对工会有敌意的州作为集体谈判的一种策略。

思考题

1. 在资本主义社会和竞争性的全球市场中，一家公司应该可以选择自己的生产地点。你是否同意这种说法？请说明你的理由。

2. 波音公司是否对其华盛顿工厂中的罢工对公司竞争力的影响有合法的考虑？罢工会对公司的利润产生什么影响？

3. 波音公司是否应该在与工会打交道以及管理劳资关系方面做得更好？如果你认为是，那么它应该如何做得更好？如果你认为不是，请解释理由。

4. 是否美国各州都应该有相同的劳工法？大多数其他国家的法律在全国范围内都是一样的，这种说法准确吗？

资料来源：From *The Economist*，"Boeing's Labour Problems：Moving Factories to Flee Unions，" April 25，2011. © The Economist Newspaper Limited，London 2011. Reprinted with permission.

人的管理

奶油夹心蛋糕、纸杯蛋糕和巧克力点心：不招待工会

让我们讨论一下奶油夹心蛋糕、纸杯蛋糕和巧克力点心。它们在很久以前就在零食殿堂中被发现并拥有一段“传奇历史”。一个有趣的事实是：奶油夹心蛋糕中的夹心在许多年前是香蕉口味的。但当第二次世界大战造成定量供给，甚至连香蕉都在控制范围之内的时候，Hostess 食品公司把夹心的口味转变为香草。好吧，另一个有趣的事实是：尽管在城市中有一种说法，认为奶油

夹心蛋糕永远不会坏，但现实是它们在架子上的寿命只有大约25天。对于烘焙产品而言，这个寿命已经相当长了。其中的秘密是什么？可能是奶油夹心蛋糕缺少乳制品。

令人遗憾的是，无论奶油夹心蛋糕的夹心口味是什么，还是它们的寿命有多长，制作它们的企业Hostess食品公司最近宣布破产。然而，该公司的新主人Metropoulos & Co. 和Apollo Global将重开四家烘焙厂，从而使消费者能很快尝到美食。

Hostess食品公司在工厂重新开张后不会再做的一件事就是雇用工会化的员工。这家有着86年历史的公司之所以倒闭并进入破产程序，部分原因就在于其中的一家工会发动了针对该公司的全国范围的罢工。公司首席执行官迪恩·梅特罗波罗斯（C. Dean Metropoulos）声称，工厂将得到6 000万美元资本投资，并且计划至少雇用1 500名员工。但梅特罗波罗斯先生在一次采访中很清楚地表达了他对工会角色的看法：工会在公司中不会有任何作用。

Hostess食品公司一度雇用了1.9万名工人。当然，其中的1.5万名工人由工会代表。卡车司机工会代表了Hostess食品公司中最大比例的工人，经过艰难的协商，该工会同意在法庭的破产审判之后接受一份新的集体谈判合同。相反，第二大工会——面包、甜点和烟草工人以及谷物磨坊工人国际工会由于不同意公司的合同，开始了全国范围内的停工，这导致公司拿出一份新的对工会更不利的合同。根据公司的说法，那次罢工对公司的运营造成了严重破坏，最终导致公司关闭。

公司与面包师工会在工会化面包师的重要性方面有不同的看法。面包师工会主席戴维·德基（David Durkee）说，因为只有面包师工会的会员才知道如何使用工厂中的烘焙机器，所以面包师工会会员应该被重新雇用。相反，Hostess食品公司新的所有者声称，他们能找到可以完成这些工作的非工会化工人，工厂重新开业的地点全都是失业率高的地方。在破产之前，Hostess食品公司的工厂只能以低于50%的产能运作。但接下来，工厂估计会以85%～90%的产能运营，这使得生产更有效率，并且能给公司带来充足的利润。当然，如果即将使用的非工会化工人会让公司花费更少，则将进一步降低成本，提升利润。需要提出警告的是，还需要观察新的非工会化员工能否快速学会如何在工厂中高效完成工作。为了避免雇用加入卡车司机工会的人做司机，Hostess食品公司计划将驾驶或运输等相关任务外包。它还准备将销售业务外包出去。

思考题

1. 为什么Hostess食品公司破产了？

2. 工会是否按照员工的最佳利益采取行动？案例中的两家工会是否都遵循同样的战略？

3. 新的Hostess食品公司是否会表现得更好？为什么？

资料来源：Rachel Feintzeig，"New Twinkie Maker Shuns Union Labor," *Wall Street Journal*, April 24，2013；www.huffingtonpost.com/2012/11/16/twinkie-facts-12-things_n_2144143.html, accessed July 2，2013；www.snopes.com/food/ingredient/twinkies.asp，accessed July 2，2013.

小企业的人力资源管理

Republic Windows and Doors公司变严肃了

当Serious Materials（SM）公司收购了Republic Windows and Doors（RWD）公司之后，工会和资方的关系变得极度紧张。RWD公司几乎在经济崩溃和管理错误以及腐败的指控中突然消失了。相比之下，SM公司是一家有着高层次经营战略并承诺维护公正的公司。

当RWD公司的员工在芝加哥工厂——美国最大的门窗玻璃工厂之一——静坐示威了六天之后，问题变得公开化了。当建筑公司的订单不再来的时候，资方在仅仅发出警告三天后就关闭了工厂，没有给员工任何遣散费，也没有经过法律要求的60天提前公告期，直接向法院申请破产。最后迫于公众的压力，公司的贷款人，其中包括美国银行达成了一份协议，给每位员工发放了

6 000 美元的遣散费。

但这并不意味着事情就此结束。员工带着另一项申诉转向国家劳资关系委员会。他们声称，RWD 公司的所有者理查德·吉尔曼（Richard Gillman）秘密地将公司的机器转移到位于艾奥瓦州的一家（非工会化的）窗户制造工厂，这家工厂在芝加哥工厂被关闭之前就被吉尔曼购买了。工人们说，事实上，本来所有的设备都能被运走，只是因为他们占据了工厂六天，所以干扰了这一计划的完成——他们不允许吉尔曼进入工厂。员工们通过跟踪运送机器的卡车知道了这些机器被运到哪里。工会强烈要求将机器归还给芝加哥工厂，这样新的企业所有者就能使用这些机器设备。

与此同时，一位英雄人物即 SM 公司的创办者和首席执行官凯文·瑟瑞斯（Kevin Surace）出场了。SM 公司是一家环境友好型的建筑产品制造商，其产品包括节能窗户。瑟瑞斯视兼并 RWD 公司为一个带着一家随时可以生产的工厂和设备向芝加哥地区扩张的机会，更不要说这家工厂里还有很多迫切想要工作的训练有素的工人。

当他决定出价时，瑟瑞斯做了一些不同寻常的事情：他并没有与公司的主要债权人进行商谈，而是首先光顾了员工加入的工会即美国电力、无线电和机器工人联合会。他与工会主席卡尔·罗森（Carl Rosen）以及一些 RWD 公司的员工会面。罗森回忆，瑟瑞斯说他这么做的原因在于，如果想要这笔交易成功，他需要一支熟练的劳动力队伍。双方同意 SM 公司把这家公司变成一家工会化企业，员工将得到先前的工资，并且会因他们在 RWD 公司的资历而获得信用。接着，瑟瑞斯只与美国银行进行了接洽。最初，这家银行对此并不感兴趣，因此瑟瑞斯先去了 RWD 公司的设备租赁者通用电气公司那里并取回了租约，这一举措说服了银行卖出 RWD 公司。瑟瑞斯宣布，自己计划重开工厂并重新雇用所有 300 名在 RWD 公司关闭时被解雇的员工。结果公众迅速来打探消息，有些甚至还带来一些准备付费的消费者。

自从被收购开始，RWD 公司的故事就接近尾声。县公诉人起诉吉尔曼洗劫了企业并盗走了运送到艾奥瓦州的那些机器（这家企业仅仅在开张两个月后就失败了）。因为 RWD 公司破产了，所以这些设备不再是吉尔曼的，而是属于他的债权人通用电气公司。州律师阿妮塔·阿尔瓦瑞兹（Anita Alvarez）声称："在离圣诞节只有两周时，在如此糟糕的经济形势下，公司就这样关门了，将它的员工及其家庭抛弃了。"吉尔曼否认了这些指控。

当美国副总统拜登参观这家芝加哥工厂时，瑟瑞斯对员工采取的完全不同的态度在公司被收购几个月后显露出迹象。拜登到那儿是为了代表奥巴马视察经济刺激计划如何为一些"绿色"行动提供支持。瑟瑞斯注意到，在记者招待会上都是各种要人，而没有员工的代表。尽管安保人员拒绝在最后一刻增加来宾，但瑟瑞斯坚持要让员工在记者招待会上露脸。当电视镜头开始转动的时候，捕捉到了一位名叫阿曼多·罗伯斯（Armando Robles）的维修工，此人也是公司的员工工会主席。

思考题

1. 理查德·吉尔曼试图通过将工作转移到非工会场所来维持经营，而凯文·瑟瑞斯则计划以工会化企业的方式来获得利润。你认为依赖工会劳动力还是非工会劳动力的决定是造成企业成功和失败的重要原因吗？为什么？

2. 你认为凯文·瑟瑞斯在最初收购公司时与工会的接触会如何影响 RWD 公司的经营成功（如果有的话）？

3. 想象一下，假设 SM 公司雇用你为芝加哥门窗工厂的人力资源管理顾问。请就以下问题提出你的建议：公司如何通过向员工表示诚意来塑造积极的劳资关系以及培养一支工作动机强烈的员工队伍？

资料来源：Robert Mitchum，"Republic Workers File Labor Charges，" *Chicago Tribune*，January 7，2009，NewsBank，http：//infoweb. newsbank. com；Robert Mitchum，"Former Republic Workers Find Hope，" *Chicago Tribune*，January 15，2009，NewsBank，http：//infoweb. newsbank. com；Annie Sweeney and Matthew Walberg，"Tables Turn on Man Who Shut Republic Windows，" *Chicago Tribune*，September 11，2009，NewsBank，http：//infoweb. newsbank. com；and Leigh Buchanan，"Entrepreneur of the Year：Kevin Surace of Serious Materials，" *Inc.*，December 2009，www. inc. com.

第15章 全球性人力资源管理

学习目标

在阅读完本章后，你应当能够：

1. 说明最近发生的导致很多公司向国际市场扩张的主要变化有哪些。
2. 阐述对国际市场上的人力资源管理影响最大的四个因素是什么。
3. 列举国际员工的几种不同类型。
4. 说明全球参与的四种不同层次以及在每一层次上面临的人力资源管理问题。
5. 阐明企业用哪些方法来管理外派管理人员的甄选、培训、薪酬以及重新融入问题。

进入企业世界

史密斯菲尔德食品公司来到中国

如果你曾经吃过 Armour 热狗或史密斯菲尔德（Smithfield）香肠，你可能会把它们和棒球、苹果派一样视为美国人的东西。但是，形势很快发生了变化。2013 年 5 月末，位于弗吉尼亚的世界最大猪肉生产商史密斯菲尔德食品公司同意被中国肉类生产商双汇集团以 48 亿美元收购。这次交易说明了当今企业的全球化性质。

由于在美国的增长率较低，史密斯菲尔德食品公司一直面临来自投资者的巨大压力。拥有 John Morell，Armour 和 Farmland 品牌的史密斯菲尔德食品有限公司面临着肉类和热狗的价格低廉以及国内肉类需求逐渐减少两大方面的问题。

史密斯菲尔德食品公司以 28%的全球市场占有率在全世界猪肉市场处于领先地位，但美国对猪肉的需求确实在下降。与此同时，中国作为全球最大的猪肉市场，最近却出现猪肉供应不求的情况，因此史密斯菲尔德食品有限公司被收购之后，将使全球的猪肉供应链转向对猪肉需求最大的地方。

史密斯菲尔德食品公司是由卢特尔（Luter）家族创建的，自成立以来一直由家族成员运营。董事长约瑟夫·卢特尔三世（Joseph Luter Ⅲ）发表声明说："卖了公司我当然觉得有点后悔，但是我不能仅仅考虑个人的情感，还需承担更多的责任。我认为史密斯菲尔德食品公司更值得被一个有国际视野的国际化公司所拥有，而不是被孤立在一边。"

资料来源：http：//online. wsj. com/article/SB10001424127887324069104578527380307819620. html?mod

=WSJ _ qtoverview _ wsjlatest；http：//online. wsj. com/article/SB10001424127887324069104578529750335443808. html?mod=WSJ _ hps _ sections _ management.

15.1　本章介绍

企业的竞争环境正在快速朝全球化方向发展。越来越多的公司通过向海外出售产品、在其他国家建立工厂以及与外国公司缔结联盟等方式进入国际市场。早在 20 世纪 80 年代中期，世界排名前 100 的企业中有 61 家公司的总部设在美国，到了 2004 年，这一数字下降到 35 家。我们可以从表 15-1 中看到，在 2012 年，世界上最大的 25 家公司中只有 7 家公司的总部设在美国，同时有 12 家公司的总部设在欧洲，5 家公司的总部设在亚洲。在《财富》500 强企业中，132 家公司的总部在美国，73 家公司的总部在中国，69 家公司的总部在日本，32 家公司的总部在法国，32 家公司的总部在德国，26 家公司的总部在英国，13 家公司的总部在韩国，12 家公司的总部在荷兰。此外，2012 年，丰田汽车公司凭借 975 万辆汽车销量再次领先其他汽车制造商，而通用汽车公司则销售了 929 万辆。[1]

表 15-1　2012 年《财富》500 强排行榜前 25 名企业

排名	公司名称	总收入（百万美元）	利润（百万美元）
1	荷兰皇家壳牌公司	484 489	30 918
2	埃克森美孚石油公司	452 926	41 060
3	沃尔玛公司	446 950	15 699
4	英国石油公司	386 463	25 700
5	中国石油化工集团公司	375 214	9 453
6	中国石油天然气集团公司	352 338	16 317
7	国家电网公司	259 142	5 678
8	雪佛龙公司	245 621	26 895
9	康菲石油公司	237 272	12 436
10	丰田汽车公司	235 364	3 591
11	道达尔公司	231 580	17 069
12	大众汽车公司	221 551	21 426
13	日本邮政控股公司	211 019	5 939
14	嘉能可国际公司	186 152	4 048
15	俄罗斯天然气工业股份公司	157 831	44 460
16	德国意昂集团	157 057	−3 085
17	埃尼集团	153 676	9 539
18	荷兰国际集团	150 571	6 591
19	通用汽车公司	150 276	9 190
20	三星电子公司	148 944	12 059
21	戴姆勒公司	148 139	7 880
22	通用电气公司	147 616	14 151
23	巴西国家石油公司	145 915	20 121
24	伯克希尔·哈撒韦公司	143 688	10 254
25	法国安盛公司	142 712	6 012

资料来源：From Fortune. © 2012 Time Inc. Used under license.

《福布斯》杂志列出了全球前 2 000 名企业的名单，并指出其中的“全球高绩效企业”显示出格外高的增长率。2011 年，在 130 家高绩效企业（在增长率、投资回报率、发展前景方面从同类企业中脱颖而出的公司）中，有 69 家公司的总部不在美国。[2]

另外，跨国并购（如默克公司和先灵葆雅公司的并购，纽约证券交易所和德意志证券交易所的并购）日益增多。实际上，2011 年，30％的并购发生在总部设在不同国家的企业之间，跨国并购的总值增长了 56％。[3]

确实，现在的大多数公司都是在全球经济中开展经营活动的。因此，在美国企业进入国际市场的同时，外国公司也在进入美国的市场。

那么，隐藏在这种全球化扩张趋势背后的是一些什么样的推动因素呢？很简单，企业都在谋求竞争优势，而通过多种途径进行国际扩张有可能为企业提供这种优势。首先，这些国家都是拥有大量潜在消费者的新兴市场。对于那些生产能力不能得到充分发挥的企业来说，这些新兴市场为它们提供了一个增加销售额和利润的渠道。其次，许多公司现在都在其他国家设立生产厂，以便通过利用这些国家成本低廉的劳动力完成技术水平相对较低的工作来获利。比如，许多美国和墨西哥联营的工厂（坐落于墨西哥境内并且雇用墨西哥劳动力的外资工厂）所使用的低技术劳动力在成本方面要比美国劳动力低很多。2011 年，墨西哥制造业工人的平均小时工资为 6.48 美元，而作为他们同行的美国工人的小时工资则为 35.53 美元。[4]最后，通信技术和信息技术的高速发展使全球各地的工作能够更为迅速、高效且有效地完成。在印度，最好的大学毕业生的平均工资是每小时 2 美元，而在美国则要达到每小时 12～18 美元，相比之下，在印度的公司就能够以较低的成本雇用到最佳的员工（从而更好地完成工作）。另外，由于时差问题，印度白天的时候美国是夜晚，因此，在美国做的一些工作可以在晚间转交到印度的员工手上，从而实现每周 7 天、每天 24 小时的全天候工作流程。[5]

然而，决定是否进入国外市场以及是否在其他国家建立工厂或机构却不是一件简单的事情，许多人力资源管理问题都会随之浮出水面。

本章要讨论的就是，如果企业想在一个全球竞争的世界中获得竞争优势，必须注意哪些人力资源管理问题。本章要讲述的并不是关于国际人力资源管理的内容（即企业为了跨越国际边界管理人力资源而采取的各种人力资源管理政策和方案）[6]，相反，本章将集中讨论这样一个问题：在国际化背景中，企业要想战略性地管理人力资源，必须注意强调哪些关键因素。我们将讨论在过去几年中出现的导致企业经营的国际化性质进一步加强的一些重要事件。接下来，我们还将找出在国际化背景中对于人力资源管理最为重要的一些因素。这几个方面的问题实际上代表了企业能够赢得竞争优势的唯一机会。

15.2 当前的全球变革

最近发生的一些社会和政治变革加速了国际竞争。这些变革产生的影响是深刻的，也是长远的。目前的许多变革还处于发展变化之中。在这一节中，我们将讨论哪几个方面的发展趋势要求企业必须通过在全球经济中有效地管理人力资源来赢得竞争优势。

15.2.1 欧盟

欧洲国家独立管理自己的经济已经有很多年了。由于这些国家之间存在紧密的地理联系，它们的经济也彼此联系在一起。这就给国际经营带来了一系列难题。比如，一个国家（如法国）的各项规章制度很可能与其他国家（如德国）完全不同。有鉴于此，大多数欧洲国家都同意加入于1992年成立的欧洲经济共同体①。欧洲经济共同体（EEC）是大多数欧洲国家的一个联盟，这些国家同意与其他欧洲国家开展自由贸易，而对贸易的管制则由一个被称为欧洲委员会（EC）的监督机构来执行。在欧共体中，各成员国的法律规章越来越趋于统一，尽管完全的统一尚未达成。假定欧共体继续朝着各成员国之间的自由贸易这一大方向前进，欧洲就会变成世界上最大的自由市场之一。此外，从1999年开始，欧共体（欧盟）各成员国开始使用一种共同的货币——欧元，这就将欧共体各成员国的经济命运更加紧密地联系在一起。除了以前的15个欧盟成员国，2004年5月1日，又有12个国家——保加利亚、塞浦路斯、捷克共和国、爱沙尼亚、匈牙利、拉脱维亚、立陶宛、马耳他、波兰、罗马尼亚、斯洛伐克和斯洛文尼亚——加入了欧盟，进一步扩大了欧盟覆盖的经济区。2013年，克罗地亚被视为欧盟“准许加入”的国家，冰岛、黑山共和国、塞尔维亚、马其顿和土耳其都是欧盟的候选国家。

15.2.2 北美自由贸易协定（NAFTA）

北美自由贸易协定是加拿大、美国和墨西哥共同签订的一个协定，它创造了一个比欧洲经济共同体还大的自由市场。美国和加拿大自1989年开始已经签订了一个自由贸易协定，而北美自由贸易协定把墨西哥也吸收到这一联盟中来。该协定的主要促成因素是墨西哥，因为该国越来越愿意开放本国的市场和各种设施，以促进本国经济的发展。[7]美墨联营工厂就是这种进程的一个实例。此外，把北美自由贸易协定的成员国扩展到其他一些拉丁美洲国家——比如智利——的努力也已经开始出现。

北美自由贸易协定已经使美国在墨西哥的投资增加，因为墨西哥拥有大量低成本、低技术的劳动力。这对美国的就业产生了两个方面的影响：首先，许多低技能的工作被转移到了南方，那些缺乏高技能的美国公民的就业机会因此减少了；其次，增加了那些拥有高技能的美国公民的就业机会。[8]

15.2.3 亚洲的经济增长

对于许多企业来说，另一个具有重要经济影响的全球市场在亚洲。尽管日本成为一支主导性经济力量已经长达20多年的时间，但是最近，像新加坡、马来西亚等一些国家和地区也已经成为举足轻重的经济力量。此外，拥有超过10亿人口并且正在向外国投资者开放市场的中国，也是一个巨大的、潜在的商品市场。事实上，新加坡

---

① 应为1993年成立的欧盟。——译者

的一个企业和政府机构联盟与中国在中国东部的苏州建立了一个巨大的工业园，该工业园区由一些专门生产外销产品的工厂组成。[9]尽管亚洲也受到了近期经济衰退的影响，但这种影响仅仅是减缓了经济增长速度而已。

15.2.4 关贸总协定（GATT）

关贸总协定是为了降低世界各国和地区之间的关税壁垒而制定的一个国际性的规则和原则的框架。它目前有100多个成员。最近一轮关贸总协定谈判达成的一项协议的内容包括：将关税（对进口品的征税）降低40%；减少政府对企业的补贴；扩大对版权和专利权等知识产权的保护；建立服务性行业的投资和贸易规则等。它还成立了世界贸易组织（WTO）来解决关贸总协定各成员之间的贸易纠纷。

这些方面的变化——欧洲经济共同体（欧盟）、北美自由贸易协定、亚洲的经济增长以及关贸总协定等——都是推动企业在全球经济中进行竞争的例子。这些方面的发展带来的是新的开放市场以及在历史上不曾见到的新的技术和劳动力源泉。然而，当前这个国际竞争日益加剧的时代，反过来又强化了企业通过在全球市场上有效地管理人力资源谋取竞争优势的需要。这就要求企业理解可能对各种人力资源管理实践和方法的有效性产生决定性作用的一些因素。

15.3 影响全球市场人力资源管理的因素

那些进入国际市场的公司必须认识到，它们面临的这些市场并不是它们母国市场的一种简单翻版。对于不同的国家来说，影响本国对外商投资者的吸引力大小的因素是多种多样的。这些方面的差异决定了在国外某一地区建立工厂的经济可行性，并且对经营中的人力资源管理有着尤为强烈的影响。国际管理领域的研究者发现，在全球市场上有一系列因素会对人力资源管理产生影响，不过，我们在这里只集中讨论四个方面的因素，如图15-1所示，分别是文化、教育—人力资本、政治—法律制度以及经济制度。[10]

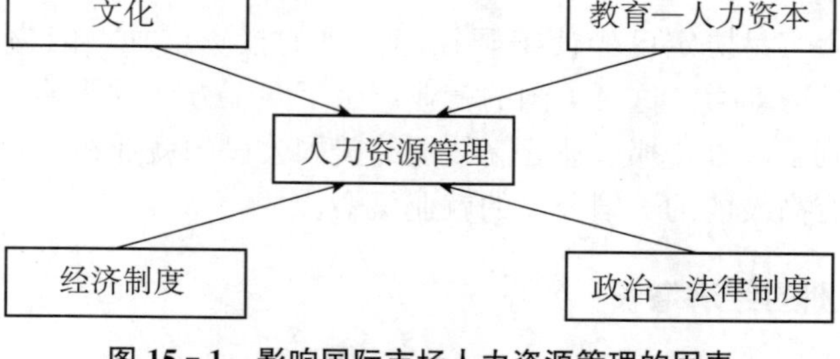

图15-1 影响国际市场人力资源管理的因素

15.3.1 文化

到目前为止，对国际人力资源管理影响最大的因素是企业设立分支机构的那些国家的文化。文化被界定为“一个社会的全体成员共享的一整套重要假设（这种假设通常不是用文字表述出来的）”。[11]这些假设包括关于世界的信仰是什么，这些关于世界的信仰是如何起作用的，以及有哪些理想值得人们为之奋斗，等等。[12]

文化之所以对人力资源管理非常重要，原因有二：第一，文化常常决定着其他三个方面的因素。首先，文化在很大程度上可以影响一国的法律，因为法律常常是针对文化中界定的对与错而制定的行为规范。其次，文化还会影响到人力资本，因为如果教育在文化中被赋予极高的价值，该社会的成员就会努力增加他们的人力资本。最后，正如我们在后面要讨论的，文化和经济制度之间有着非常紧密的联系。[13]

然而，对于人力资源管理来说，文化之所以非常重要，最主要的原因在于它常常决定了各种人力资源管理实践的有效性。如果到了一个与美国有着不同信仰和价值观的文化环境之中，在美国非常有效的人力资源管理实践可能就不那么有效了。[14]比如，美国公司非常依赖对个人所做的绩效评价，因此员工的报酬是与个人绩效捆绑在一起的。可是在日本，企业期望员工个人的愿望和理想服从于一个大的群体。因此，在日本的企业中，那种以个人为基础的绩效评价制度和奖励制度几乎是无效的，事实上，在日本企业中也确实很难见到这种类型的制度。[15]

在本节中，我们会讨论一个力图将不同文化间的差异加以区分的模型，这一模型同时说明了为什么文化会对人力资源管理产生深刻的影响。

■ 霍夫斯泰德的文化维度

在一项关于文化的经典研究中，吉尔特·霍夫斯泰德（Geert Hofstede）找到了四个能够将各种不同的文化加以分类的维度。[16]在后来的一项研究中，他又增加了第五个有助于确定文化特征的维度。[17]我们在表 15－2 中列举了 10 个主要国家或地区在这五个维度上的相对分数。**个人主义—集体主义**（individualism-collectivism）维度描述了在一个社会中，一个人与其他人之间的关系强度——也就是说，一个人在社会上采取行动时，他作为独立的个人而不是群体成员采取行动的程度。在个人主义文化中，比如美国、英国、荷兰，社会希望人们关心自己及其直系家庭成员的利益，同时个人应当自立，而不要总是期望获得某一群体的保护。可是在集体主义文化环境中，比如哥伦比亚、巴基斯坦、中国台湾等国家或地区，社会期望人们能够关心一个较大的社区的利益，同时这一社区也会在个人需要的时候对他们提供保护。

表 15－2　　10 个不同国家和地区在五个文化维度上的得分

国家/地区	权力距离（PD）	个人主义（ID）	男性化（MA）	不确定性规避（UA）	长期取向（LT）
美国	40 L[a]	91 H	62 H	46 L	29 L
德国	35 L	67 H	66 H	65 M	31 M
日本	54 M	45 M	95 H	92 H	80 H
法国	68 H	71 H	43 M	86 H	30[b] L
荷兰	38 L	80 H	14 L	53 M	44 M
中国香港	68 H	25 L	57 H	29 L	96 H
印度尼西亚	78 H	14 L	46 M	48 L	25[b] L
西非	77 H	20 L	46 M	54 M	16 L

续前表

国家/地区	权力距离(PD)	个人主义(ID)	男性化(MA)	不确定性规避(UA)	长期取向(LT)
俄罗斯	95[b] H	50[b] M	40[b] L	90[b] H	10[b] L
中国内地	80[b] H	20[b] L	50[b] M	60[b] M	118 H

a. H 代表得分最高的 1/3 的国家和地区；M 代表得分位于中间的 1/3 的国家和地区；L 代表得分最低的 1/3 的国家和地区（前四个维度是根据 53 个国家和地区的排名得到的；第五个维度是根据 23 个国家和地区的排名得到的）。

b. 表示预测值。

资料来源：From Geert Hofstede，"Cultural Constraints in Management Theories，" *Academy of Management Executive*，February 1993，Vol. 7，No. 1，p. 91. Reproduced with permission of Academy of Management，via Copyright Clearance Center.

第二个维度是**权力距离**（power distance），这一维度关心的是一种文化如何处理层级权力关系，尤其是权力的不平等分配问题。它描述了一种权力在人们之间分配的不平等程度，这种不平等程度被人们认为是正常的。那些具有较小权力距离的文化——比如，丹麦和以色列的文化——都在尽可能地降低权力和财富分配的不平等程度。而在那些有着较大权力距离的文化中，比如印度和菲律宾，社会则在努力维持权力和财富分配已有的不平等程度。

权力距离的不同常常会导致来自不同文化背景的人之间产生不理解和冲突。比如，在墨西哥和日本，总是要强调对个人头衔的称呼（比如，称史密斯绅士和史密斯先生）。而美国人则希望通过直呼其名来缩小权力距离。虽然在美国直呼其名很普遍甚至比较推崇，但是在其他文化背景下则显得比较失礼，是一种不尊重对方的表现。

第三个维度是**不确定性规避**（uncertainty avoidance），它描述了一种文化是如何对待未来并不具有完全可预测性这样一个事实的。它被定义为相对于非结构性的处境而言，一种文化中的人们对结构性或稳定性的处境的偏好程度。有些文化——比如，新加坡和牙买加的文化——就具有非常弱的不确定性规避倾向。在这种文化中，人们能够接受这种不确定性，并且认为每一天都存在不确定性。在这些文化中成长起来的人通常比较容易与他人相处，同时也比较容易接受不同的观点。而在其他一些文化中——比如，希腊和葡萄牙——人们通过技术、法律和宗教来获得社会保障，因此，这些文化就为一个人应当如何采取行动提供了比较明晰的规则。

第四个维度是**男性化—女性化**（masculinity-femininity dimension），它描述了一个社会内部不同性别的人之间的角色划分程度。在"男性化"文化中，比如，德国和日本，传统上被认为属于男性化价值观的那些东西——比如，炫耀、达成某种可见的成就、挣钱等——会渗透到整个社会之中。而"女性化"文化，比如，瑞典和挪威的文化，则推崇在传统上被认为属于女性化的那些价值观，比如将人与人之间的关系置于金钱之上、帮助他人、保护环境，等等。这些文化比较强调服务、对弱者的关爱以及团结。

最后一个也就是第五个维度是从远东哲学中引入的，称为**长期取向—短期取向**（long-term-short-term orientation）。长期取向性较强的文化着眼于未来，并且比较看重一些在当前未必能立即带来收益的东西，比如，节俭（储蓄）和坚持。霍夫斯泰德发现，许多远东国家，比如，日本和中国，都具有一种长期取向。另一方面，他又发现，美国、俄罗斯和西非则存在短期取向。这些文化的着眼点是过去和现在，并且推崇的是尊重传统以及承担社会责任。

当前出现的日本人对美国管理实践的批评，就显示出双方在长期取向—短期取向方面的差异。日本管理者在传统上表现出一种长期取向性，他们往往要制定 5～10 年的计划。这就引发了他们对在传统上更重视短期取向的美国管理者的批评，因为后者的计划常常是由季度计划或年度计划所构成的。虽然日本管理者批判美国管理者的短期取向，但是这里的“实践中的诚信”专栏中的案例却描述了首席执行官丹·阿莫斯是如何强化诚信和长期取向的。

这五个维度有助于我们了解在管理来自不同文化背景的员工时可能会遇到哪些潜在问题。在本章的下一小节中，我们将探讨这些文化维度是怎样影响各种人力资源管理实践的可接受性以及效用大小的。不过，需要指出的非常重要的一点是，在一家企业决定是否进入某一特定国家时，这些文化方面的差异可能有着非常深刻的影响。霍夫斯泰德在研究中得到的一个有趣的发现是，文化会对一个国家的经济状况产生影响。他发现，那些具有较强个人主义文化的国家更为富裕一些，而具有较大权力距离的集体主义国家都比较贫穷。[18]文化似乎通过推广个人工作伦理以及鼓励个人增加人力资本投资对一国的经济状况产生影响。

实践中的诚信

做有道德的领导者

一提到美国家庭人寿保险公司（Aflac），人们首先就会想到嘎嘎叫的鸭子。但你知道这家公司和它的首席执行官丹·阿莫斯（Dan Amos）是如何为整个企业界树立诚信典范的吗？

1990 年，39 岁的阿莫斯接任美国家庭人寿保险公司的首席执行官，当时这家公司在日本非常有影响力，但是在美国却几乎没人知道。十年之内他把公司的规模从 27 亿美元发展到 90 亿美元，随后该公司因为其用鸭子的形象做广告而家喻户晓。更重要的是，阿莫斯凭借其平衡公司业务和社会责任的能力成为最受尊敬的企业领导者之一。他曾五次被《机构投资者》杂志评为“美国最佳首席执行官”之一。在他的领导下，美国家庭人寿保险公司连续 14 年被评为“百家最佳雇主”之一。

阿莫斯的领导以企业版的黄金准则为指导：“为员工提供取得成功所需要的一切，他们就会愿意做任何事情来帮助企业取得成功。”这就要求在提供工作安全性的同时，鼓励员工去承担风险。“如果你没有犯过错误，你就从未抓住过机遇。”阿莫斯这样说道，“许多时候人们都害怕犯错，担心自己会因此受到责罚。在这里我们没有这种态度。在我们公司，只有当你不改正错误时，你才会有麻烦。”

美国家庭人寿保险公司实行的是绩效薪酬，在 2008 年金融危机时，阿莫斯因为放弃 1 300 万美元的黄金降落伞（向被迫离职的公司高管支付一大笔资金的协议）和 280 万美元的奖金成为新闻焦点人物。“大家都知道，在成为首席执行官时，我获得了黄金降落伞，20 年前我认为我值得并需要它。接任这样的职位确实需要得到一些保护。但是我相信，到了某个时候，无论我是否证明了自己的能力，我都不再需要这个黄金降落伞。我认为在我事业的某个点上，如果我没有做得很好，那么我不会让公司给我什么东西。我将安静地离开并退休。所以我决定放弃它。”

在这个高管人员的薪酬爆炸式增长，首席执行官因绩效不好而被开除时还能获得数百万美元补偿的时代，阿莫斯的行为证明了一些首席执行官确实关心公司胜过关心自己。

讨论题

丹·阿莫斯对待自己薪酬的态度与美国文化相吻合吗？

资料来源：www.georgiatrend.com/May-2010/The-Duck-Stops-Here/.

■ 文化对人力资源管理的影响

文化对人的管理方式有着重要的影响。正如我们在后面将要讨论的，文化会对一国的教育—人力资本、政治—法律制度以及经济制度产生强烈的影响。正如霍夫斯泰德发现的那样，文化还可以通过推广某种会促进或抑制经济增长的价值观而给一国的经济状况带来深刻的影响。

然而，对于我们这里的讨论更为重要的是，文化特征会影响管理人员在与下属打交道时采取的方式以及人们对各种人力资源管理实践的适当性持有的看法。首先，不同的文化之间在以下这些事情上会存在很大的差异：下属期望上级如何领导自己；决策是如何在各管理层级内部得到贯彻的；（最为重要的是）什么东西会对个人产生激励。比如，在德国，管理人员是通过证明自己的技术实力得到自己的位置的，因此，员工等待着管理人员给大家分派工作任务，同时解决各种技术难题。另一方面，在荷兰，管理者则需要尽量寻求各方意见的一致性，并且必须做好广泛的意见交流和利益平衡工作。[19]很显然，对于在不同国家中挑选和培训管理者的工作来说，这些管理方法具有极为不同的影响。

其次，文化还会对人力资源管理实践的适当性产生极大的影响。比如，正如我们在前面讨论过的，一种文化推崇个人主义或集体主义的程度会影响到以个人为导向的人力资源管理制度的有效性。在美国，企业常常把甄选制度的重点放在对求职者的个人技术能力进行判断方面，对求职者个人的社会能力的重视程度则比较低。另一方面，在一种集体主义文化中，企业往往更多地评价一个人如何作为一个工作团队的成员来完成工作任务。

文化通常还会影响员工如何对工作环境作出评价。一项颇为有趣的研究对印度（集体主义文化）和美国（个人主义文化）的客户服务中心员工进行了比较。研究发现，在美国，个人与职位的匹配对员工流动率有较为重要的影响，与之相比，在印度，个人与组织的匹配、与团体的匹配对员工流动率有着更深刻的影响。[20]

类似地，文化还可以对企业的薪酬制度产生影响。个人主义文化——像美国的那种文化——常常产生一种现象，即在同一组织内部，收入最高者和收入最低者之间有着较大的收入差距，高收入者得到的薪酬常常是低收入者的200倍。而集体主义文化则在总体上保持一种较为扁平的薪酬结构，收入最高者的薪酬一般只是收入最低者的20倍左右。

文化差异还会影响一个组织的沟通与协调过程。与个人主义文化相比，集体主义文化以及那些专制倾向不太强的文化对集体决策以及参与性管理实践通常有着更高的评价。当一个在个人主义文化中成长起来的人必须与那些在集体主义文化中成长起来的人紧密配合才能完成工作时，沟通问题和冲突就会出现。在许多组织中都出现了诸多强调“文化多元化”的计划，这些计划的核心目的在于促使大家理解其他人的文化，从而能够更好地与他们进行沟通。这里的“通过科技进行竞争”专栏描述了文化如何使巴西成为社交媒体用户增长最迅速的国家之一。

通过科技进行竞争

巴西成为社交媒体之都

像脸书和推特这样一些社交媒体寻求扩张到美国以外的市场时，巴西成为首选国家。脸书宣称拥有 6 500 万用户的巴西已经成为其第二大市场，仅次于美国。同时，巴西是 YouTube 独立访客数量的第二大市场，从利润角度来看，巴西也是 YouTube 的五大市场之一。推特声称，巴西是自己的五大活跃用户群体之一。

虽然从全球来看每个用户花在脸书上的时间为每个月 361 分钟，下降了 2%，但是在巴西，单个用户的访问时间却为每个月 535 分钟，上升了 208%。在全球用户浏览 YouTube 的平均时间下降 3%达到每个月 161 分钟的同时，巴西用户的平均浏览时间却上升 5%达到每个月 140 分钟。

在巴西，“你在电梯或者餐厅遇到一个人就开始聊天是一个非常普遍的现象”。脸书公司拉丁美洲区副总裁亚历山大·霍哈根（Alexandre Hohagen）说：“我们的文化让人们愿意开放地接纳朋友。”

这些增长促使一些公司开始关注在巴西的建设能力。推特在巴西建立了自己的分公司，开始雇用销售、市场和业务拓展团队。Seaborn Network 公司和阿尔卡特-朗讯公司计划投资 4 亿美元，用于在纽约与圣保罗之间搭建海底光缆，这个项目成功后将提供每秒 100G 的连接。

另一方面，巴西的经济增长率从 2010 年的 7.5%下降到 2012 年的 1%。专家们将这种情况归因于巴西过高的工薪税以及对外国公司的发展构成障碍的强大的官僚机构。

讨论题

社交媒体是怎样影响教育/人力资本和全球经济的？

资料来源：L. Chao, “Brazil: The Social Media Capital of the Universe,” *Wall Street Journal*, February 5, 2013, p. B1.

15.3.2　教育—人力资本

在向国外市场进行扩张的任何一个决策中，一个重要的考虑因素是在这个国家发现和维持一支高质量员工队伍的潜力如何。因此，一国的人力资本资源可能会成为一个重要的人力资源管理问题。人力资本是指个人的生产能力，也就是具有经济价值的知识、技能以及经验的总和。[21]

一国的人力资本取决于多种变量。其中一个非常重要的变量是劳动力的受教育机会。比如在荷兰，政府的学校教育基金制度允许学生一直上到研究生毕业而不用付学费。[22]类似地，前苏联地区的义务教育制度也使得其所属地区有着较高水平的人力资

循证人力资源管理

虽然一个国家的文化非常重要，但最近的研究却表明，这种重要性可能言过其实了。研究者通过重新对霍夫斯泰德原来所做的工作进行校验之后发现，不同国家的文化之间虽然存在差异，但在一个国家内部同样存在显著的文化差异。他们的研究进一步表明，一个国家的不同组织之间的文化差异要比两个国家之间的文化差异更明显。这一研究结果意味着，虽然我们不能忽视国家文化，但千万不能简单地根据国家文化就做出某些人力资源管理实践不会有效的判断。同一个国家中具有不同文化背景的人之所以会被吸引到不同的组织之中，是因为这些组织的文化与他们个人的价值观系统相匹配，而不是因为这些组织的文化与国家的价值观系统相匹配。

资料来源：B. Gerhart and M. Fang，"National Culture and Human Resource Management：Assumptions and Evidence，" *International Journal of Human Resource Management* 16，no. 6（June 2005），pp. 971-86.

本，尽管这些地区的基础设施比较落后，经济状况不太好。相反，一些第三世界国家——比如尼加拉瓜和海地——则因为缺乏对教育的投资而只有很低的人力资本储备水平。

一国的人力资本状况可能会深刻地影响到外国公司进入该国市场的愿望和行动。人力资本存量较低的国家只能吸引那些对技能要求很低，并且愿意支付的工资水平也很低的企业。这就可以很好地解释为什么美国企业愿意将已经被工会化的低技能、高工资的制造业和一些流水线工作转移到墨西哥去。原因很明显，它们在墨西哥能够以非常低的工资获得低技能的工人。类似地，日本也将本国的一些比较脏乱的低技能工作转移到邻近的国家，同时只在国内维持高技能工作。[23]像墨西哥这样一些只有相对较低人力资本存量的国家，对于那些主要由高技能职位构成的企业通常不会有什么吸引力。

对于那些创造高技能工作的外商投资者来说，具有较高人力资本存量的国家是非常有吸引力的。比如在爱尔兰，25%以上的18岁青年人上大学，这一比率远远高于其他欧洲国家。此外，爱尔兰的经济只能为其350万人口提供110万个工作岗位。较高的教育水平、良好的职业道德以及较高的失业率，使该国对外国企业非常具有吸引力，因为在这种情况下，爱尔兰人的生产率很高而流动率却很低。美国大都会人寿保险公司在爱尔兰专门建立了一个雇用爱尔兰员工分析医疗保险索赔申请的机构。结果该公司发现，爱尔兰较高的人力资本水平以及良好的职业道德为公司带来了强大的竞争优势，因此，公司现在正准备把原来在美国经营的一些业务也转移到爱尔兰。同样，如前面所讨论的，印度新毕业的技术类员工的技能水平要比美国的同类员工高，另外，因为这类工作在印度并不多，所以印度员工的态度更好一些。[24]在这里的"通过全球化进行竞争"专栏中描述了苹果公司在将一些工作转移回美国时，是如何考虑全球供应链、人力资本和品牌问题的。

通过全球化进行竞争

苹果公司重返美国

在苹果公司成立和发展的初期，它在加利福尼亚州雇用了几千名员工，建立工厂来生产电脑。然而，为了追逐低工资成本，苹果公司开始将生产转移给亚洲的合同制造商，并关掉了在美国的工厂。但是中国逐渐上升的劳动力成本、冲击日本并中断全球供应链的海啸以及政治压力使得苹果公司开始重新规划自己的生产战略。

苹果公司宣布计划投资1亿美元在美国生产电脑。虽然这些投资比在亚洲的要少，但是标志着苹果公司试图将一些生产转移回美国。在这其中，大部分工厂只是组装由外国生产的零部件，因此苹果公司无法给产品贴上“美国制造”的标签。然而，宣传“美国组装”却是可能的。这个项目的总费用大约为苹果资本支出的2%。Gartner公司的分析家卡罗里娜·米兰奈西（Carolina Milanesi）将这个战略描述为：“这很像一个试验。如果能发挥作用，就是可行的。如果没有发挥作用，他们至少可以说他们尝试过。”

缺少技术熟练的业务员（如工具和模具的制造者）仍然是在美国建立生产基地的一个障碍。苹果公司首席执行官蒂姆·库克（Tim Cook）提道：“要恢复制造业，就需要从最基础的教育体系开始改变。”

讨论题

经济制度和教育—人力资本是如何影响苹果公司做出在美国重新建立制造工厂的决定的？

资料来源：J. Lessin and J. Hagerty, “A Mac That's ‘Made in the U. S. A.,’” *Wall Street Journal*, December 7, 2012, pp. B1-2.

15.3.3 政治—法律制度

一国的法律制度实施管制的程度对人力资源管理也会产生强烈的影响。政治—法律制度常常强制性地提出某些人力资源管理实践方面的要求，比如培训、薪酬、雇用、解雇以及裁员等。从大的方面来讲，法律制度是从相应的文化环境中产生的。因此，某一特定国家的法律常常反映了关于何种行为构成合法行为的社会规范。[25]

比如，美国在消除工作场所歧视方面处于世界领先地位。由于反歧视在我们的文化中有着重要的地位，所以我们还制定了相应的法律，比如，对企业的雇用和解雇实践有重大影响的公平就业机会方面的法律（在第3章中讨论过）。另外，作为一个社会，我们还秉持一种追求薪酬制度公平性的坚定信念，因此，我们通过了《公平劳工标准法》（在第11章中讨论过）以及其他一些法律和规章制度，为各种各样的工作确定了最低工资标准。我们还有对工会和资方之间的集体谈判过程加以规范的规则。所有这些规则对美国企业的人力资源管理方式都产生了深刻的影响。

类似地，其他国家关于人力资源管理的一些法律规章也反映出这些国家的某些社会规范。比如在德国，员工在公司、工厂以及个人层次上具有法定的“共决”权。在公司层次上，一家企业的员工对会影响到自己利益的那些重要的企业决策——比如，较大的投资或者新的经营战略——具有直接的影响力。这种影响是通过将员工代表纳入监事会（Aufsichtsrat）的方式来实现的。在工厂层次上，共决是通过工人理事会来实现的。这些工人理事会对公司的经济管理决策没有影响力，但却可以在工时、工资支付办法、雇用以及岗位调整等人力资源管理政策方面产生影响。最后，在个人层次上，员工拥有契约权，比如，他们有权阅读自己的个人档案，有权得知自己的薪酬是怎样计算出来的，等等。[26]

欧共体为政治—法律制度影响人力资源管理提供了另一个例子。欧共体于 1989 年 12 月 9 日通过的《共同体宪章》为工人提供了一些基本的社会权利，其中包括流动的自由、选择职业的自由、获得公平报酬的权利、通过社会保障福利获得社会保护的权利、自由结社权和集体谈判权、男女公平对待权、获得安全和健康的工作环境的权利，等等。

15.3.4 经济制度

一国的经济制度会通过多种方式对人力资源管理产生影响。正如前面讨论的，一国的文化与其经济制度是紧密融合在一起的，并且这些制度为本国的人力资本开发提供了多方面的激励。在社会主义经济体制下，存在着大量开发人力资本的机会，因为教育系统是免费的。然而，在这些经济体制下，对开发人力资本的经济激励却很小，因为增加人力资本并不会得到货币报酬。此外，在苏联，一个人在人力资本方面的投资并不总能让自己获得晋升。相反，对政治的投资才是促进职业发展的最重要因素。

在资本主义制度下，情况恰恰相反。在不付出较高成本的情况下，一个人很少有机会能够开发人力资本。（你也许能够看到在美国大学中出现的学费上涨的情况。）然而，那些在自己的人力资本方面进行投资，尤其是通过教育进行投资的人，确实比其他人更有能力获得货币报酬，这种情况为人们进行此类投资提供了更多的激励。在美国，个人之间的薪酬差别通常是对他们之间的人力资本差异的反映（即高技能员工能够比低技能员工获得更高水平的薪酬）。事实上，研究估计，一个人接受正规教育的年限每增加一年，其薪酬水平就会上升 10%～16%。[27]

除了经济制度本身对人力资源管理的影响之外，经济制度的健康程度对人力资源管理也会产生重要的影响。比如，我们前面提到印度的劳动力成本较低。相对于发展中国家而言，在财富水平较高的发达国家，劳动力成本相对较高。尽管劳动力成本与一国或地区的人力资本有关，但如图 15－2 所示，两者之间又并非完全相关。此图提供了一个很好的例子来说明，在各个国家和地区的制造业工作岗位上，小时劳动力成本存在何种差异。

经济制度还会通过对总薪酬征税直接对人力资源管理产生影响。因此，图 15－2 显示的不同劳动力成本并不总是能够反映员工实际拿到手的薪酬水平。社会主义体制下的税收制度具有的特征是通过采用累进税制进行收入的再分配；而资本主义体制下的税收制度则通过允许个人保留较多的劳动收入来对个人的工作努力提供回报。那些在其他国家从事经营活动的公司，不得不向外派管理人员提供具有竞争力的实际可支配薪酬，而不是有竞争力的总薪酬。人力资源管理会对那些影响外派管理人员的问题作出什么反应，我们将在下一章中进行更为详细的讨论。

这些经济制度方面的差异对薪酬制度可能会产生深刻的影响，对于那些希望开发国际性薪酬和报酬体系的全球化公司来说更是如此。这些公司的薪酬体系一方面需要

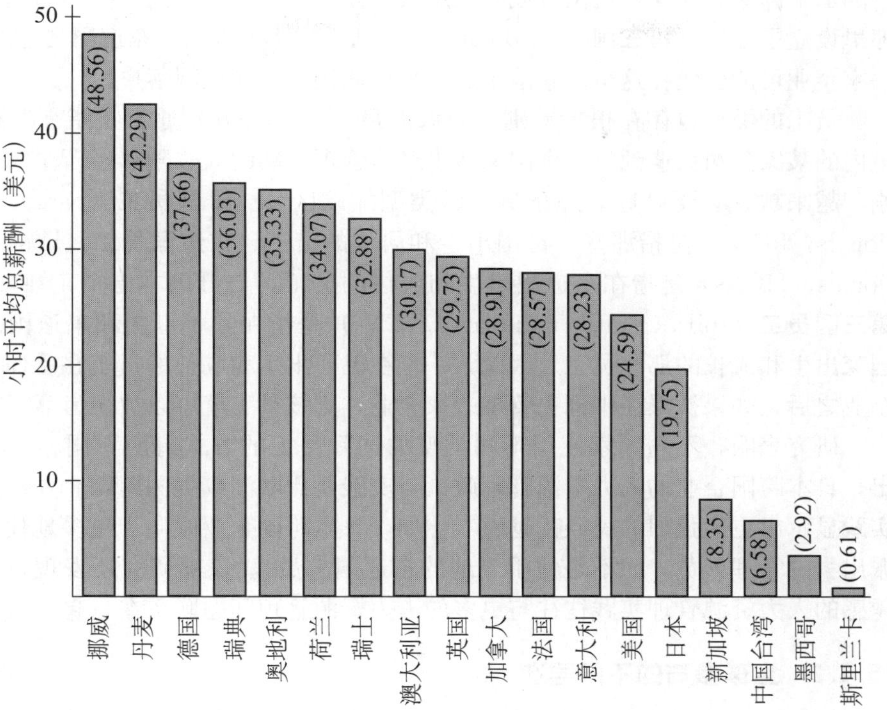

图 15-2　若干国家和地区的生产工人小时平均总薪酬

资料来源：U. S. Bureau of Labor Statistics，www. bls. gov/news. release/pdf/ichcc. pdf.

保持适当的成本控制，另一方面还要确保各个地方的分支机构在当地的人才争夺战中能够具有竞争力。最近的一项研究考察了薪酬经理是如何来设计这些薪酬体系的，结果表明，他们主要考虑下面一些因素：全球化公司的战略；当地的管制或政治背景；各种机构以及利益相关群体；当地的市场状况以及国民文化。这些全球化公司一方面努力学习在全球已经存在的一些最优秀的经营管理实践，另一方面会在这些最优实践与当地环境中存在的约束条件之间进行适当的平衡。[28]然而，能够对公司在何处寻找员工产生影响的因素不仅是每小时的劳动力成本，还有员工的总成本。

总而言之，每一个国家都有其独特的文化、人力资本、法律制度以及经济制度。对于必须建立起何种类型的人力资源管理系统才能适应这些特殊环境的要求来说，上述这些变量都有着直接的影响。这些方面的差异对一家公司产生影响的程度取决于该公司是如何参与到国际市场中来的。在下一节中，我们将讨论全球经营的一些概念以及全球参与的各种层次，尤其会考察这些差异性要素是如何发挥作用的。

15.4　在全球背景下管理员工

15.4.1　国际员工的类型

在讨论全球参与的层次之前，我们需要在母国、东道国以及第三国之间加以区分。**母国**（parent country）是指一家企业的公司总部所在的国家。比如，美国是通用汽车公司的母国。**东道国**（host country）是指母国的某一企业准备（或已经）落户的那个国家。这样，英国就成为通用汽车公司的一个东道国，因为通用汽车公司在那里设立了工厂。**第三国**（third country）则是指除了母国和东道国之外的其他国家，一家企业可能已经在这个国家落了户，也可能还没有在该国落户。

员工的类型也存在很大差别。**外派人员**（expatriate）通常是指那些被位于一国境内的某家公司派遣到另一个国家从事经营管理活动的人。随着经营全球化趋势的加剧，越来越有必要对这些外派员工的类型加以区分。**母国员工**（parent-country nationals，PCNs）是指那些在母国出生和居住的员工。**东道国员工**（host-country nationals，HCNs）是指在东道国出生和居住的员工，与母国本土员工相对应。最后，**第三国员工**（third-country nationals，TCNs）是指在除了母国和东道国之外的其他国家出生和成长的那些员工。因此，一位在巴西出生和成长的员工在受雇于一家美国企业之后，如果被派往中国去管理一家企业，则该员工就可以被视为第三国员工。

研究表明，不同国家使用不同类型的国际员工的方式有所不同。一项研究揭示出，日本跨国企业的人力资源管理政策与实践要比欧洲或美国跨国企业的同类政策和实践显示出更为强烈的民族优越感（比如，日本跨国企业倾向于更多地使用从本国外派出去的管理人员，而不是使用当地的东道国人员）。该项研究还发现，具有民族优越感的人力资源管理实践往往与更多的人力资源管理问题联系在一起。[29]

15.4.2 全球参与的不同层次

我们常常听到一些公司被称为“跨国公司”或“国际公司”。然而，重要的却是要理解不同企业在国际市场上的不同参与层次。这一点之所以非常重要，是因为随着一家公司对国际贸易的参与程度越来越高，企业中就会出现各种类型的人力资源管理问题。在本节中，我们将考察南希·阿德勒（Nancy Adler）对企业可以从中做出选择的各种全球参与层次所做的分类。[30]图 15－3 中描绘的就是这些不同层次的全球参与类型。

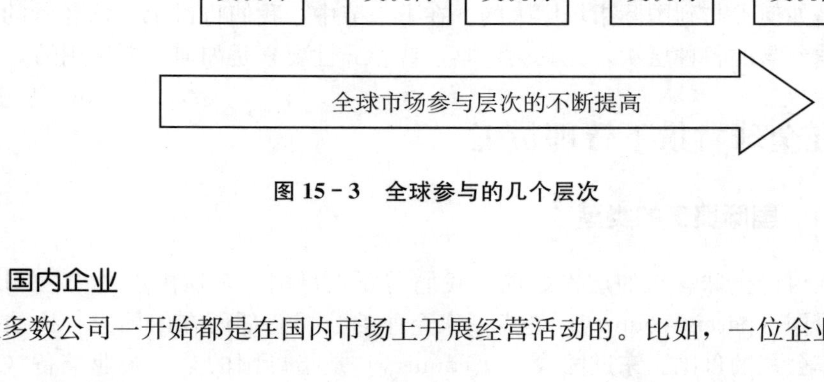

图 15－3 全球参与的几个层次

■ 国内企业

大多数公司一开始都是在国内市场上开展经营活动的。比如，一位企业家可能发现某种产品在美国市场上有需求，于是他就筹集资本建立工厂，从而生产出能够满足某一利基市场需要的产品或服务数量。要想实现这一目标，这位企业家就必须招募生产过程需要的各类人员，雇用他们，然后对他们进行培训，同时还要支付报酬。通常情况下，这些人往往来自当地劳动力市场。甄选和培训计划的重点通常在于使员工掌握履行相关工作职责所要求的技术能力以及一定程度的人际关系能力。此外，由于这种企业常常只需要面对一种劳动力市场，因此，决定各种职位的市场薪酬水平的任务相对来说比较容易完成。

随着产品的知名度不断上升，企业的所有者可能会选择在国内其他地区新建工厂，以降低因产品远距离运输所带来的成本。在决定在哪里建厂时，企业所有者必须考虑当地劳动力市场的吸引力。一国的不同地区之间可能存在极为不同的文化，而潜在员工的工作伦理与这种文化的吻合程度就决定了该地区对他们是否具有吸引力。类似地，由于教育制度的差异，不同地区的人力资本也会存在差别。最后，不同地方的薪酬水平也会存在差别。美国经济在过去 10 年中经历了一个将工作从北部各州向处于阳光地带的南部各州转移的过程，其原因恰恰在于，北部各州的工会力量比较强大，劳动力成本较高，而南部各州的劳动力成本以及工会化程度都较低。

遗憾的是，即使是国内企业也会面临文化多元化的问题。比如在美国，女性和少数族裔在劳动力队伍中的人数越来越多。这些劳动者群体是带着与传统的白人男性完全不同的世界观进入到工作场所中的。因此，我们可以看到，即使是只在一国从事生产经营活动的企业，也越发强调建立对文化多元化进行管理的体系，尽管与那些跨国企业遇到的文化多元化相比，这种文化多元化程度要稍低一些。[31]

在最近的一次对于文化多元化对多文化工作团队运作的影响的元分析中，斯塔尔（Stahl）等人（2010）发现文化多元化会通过增加任务过程中的冲突和减少社会整合来阻碍工作进程；另一方面，文化多元化能通过提高创造性和满意度来推动工作进程。[32]

不过，我们还是有必要提及一点，这就是，总的来说，在国内市场上从事经营的企业面对的环境在文化、人力资本、政治—法律制度以及经济制度等方面还是具有较为相似的特征，尽管在不同的州以及某些不同的地区中确实存在某些差异。这里的“通过可持续性进行竞争”专栏中讲述了一个国内企业菲斯克汽车公司是如何努力生存、成长、繁荣，并成功扩张到海外市场的。

通过可持续性进行竞争

电动汽车的潜力

奥巴马总统将绿色能源作为很重要的一部分内容纳入他的能源政策议程，其中一个具有巨大潜力的领域就是电动汽车。在现有的电动汽车中，日产公司的聆风（Leaf）和雪佛兰公司的沃蓝达（Volt）比较受欢迎，但是尚未得到人们广泛的接受。菲斯克汽车公司（Fisker Automotive）有望成功拿下电动汽车市场。

这家位于加利福尼亚州阿纳海姆的公司成为奥巴马政府支持的新兴绿色能源公司的代表。菲斯克汽车公司生产的电动跑车靠锂电池高速运转，在电源用尽时靠小型汽油发动机产生动力。

尽管从能源部门得到了1.92亿美元的贷款，菲斯克汽车公司的成功之路仍然面临很多障碍。第一，没能按期完成研发使销售推后，并导致能源部门没有发放另外的5.29亿美元贷款。第二，菲斯克汽车的电池提供商A123 System公司突然破产，无法生产所需的电池。第三，即使得到电池的供应，10万美元以上的价格也会将首款汽车的目标市场局限在很少的消费者中。

如果菲斯克汽车公司能渡过危机（可能通过大公司的收购），它计划生产售价5万美元的缩小版汽车，以扩大市场。公司希望通过这两款汽车的销售支付研发所花费的10亿美元成本。

讨论题

向全球市场扩张如何对菲斯克汽车公司取得成功的能力产生影响？

资料来源：S. Terlep，"Fisker Speeds Up Its Search for Suitors，" *Wall Street Journal*，January 28，2013，p. B3.

■ 国际企业

随着更多的竞争者进入国内市场，企业开始面临失去市场份额的可能。这就要求企业必须进入国际市场，一开始可能只是做产品的出口，到最后可能就需要在其他国家设立生产厂。参与国际竞争的决策会引发大量的人力资源管理问题。所有关于建厂的难题都进一步增加了。这是因为，企业还必须考虑某一特定地区的环境是否能够保证自己获得充分的人力资源，同时，自己是否能够成功地管理这些人力资源。

现在，企业面临的这个环境在文化、人力资本、政治—法律制度以及经济制度等方面与企业过去熟悉的那种环境已经完全不同了。比如，获得人力资本的可能性是一个至关重要的因素，美国和其他国家之间的人力资本差异要比美国各州之间的人力资本差异大得多。

一国的法律制度也可能会带来一些人力资源管理方面的难题。比如，法国有相对较高的最低工资水平，而这会导致劳动力成本的上涨。另外，法律法规使解雇员工和裁员困难重重。在德国，法律要求企业必须为员工提供能够影响企业管理的机会。那些在其他国家建立工厂的企业都必须使自己的人力资源管理实践遵守东道国的法律规定。这就要求在企业中必须有这样一些专家，他们不仅要熟悉该国与人力资源管理有关的法律要求，同时还要了解应当如何与该国的法律制度打交道，这通常要求企业必须雇用一位或多位东道国员工。事实上，有些国家的法律直接规定外商企业在当地的分支机构必须雇用一定比例的东道国员工。

最后，文化的因素也必须加以考虑。鉴于东道国文化与母国文化之间存在巨大的差异，冲突、沟通问题以及员工士气问题等都有可能发生。外派管理人员必须经过培训，学会辨别文化差异，同时必须能够充分灵活地让自己的管理风格适应东道国的文化。这就要求企业必须进行认真的筛选，从而辨别哪些人适合被派到新的环境中去工作，同时还必须对外派者进行大量的培训，以确保他们在面临文化震荡时不会产生灾难性的后果。

■ 跨国企业

国际企业是指在其他国家建立了一个或几个分支机构的企业，但是当它们同时在多个国家中建立分支机构，并且力图通过利用不同国家能够提供的较低生产成本和销售成本来获利的时候，它们就变成跨国企业。较低的生产成本是通过把生产从成本较高的地方转移到成本较低的地方来实现的。比如，一些主要的美国汽车制造商在全世界都有自己的生产厂。不仅如此，它们还在继续将生产从美国向墨西哥的美墨联营工厂转移，因为美国的工会已经为其工会成员赢得了较高的工资，而墨西哥的工资水平还非常低。类似地，这些公司通过在中欧和东欧国家（如波兰、匈牙利、斯洛伐克共和国）建厂来生产和组装专门在欧洲市场上销售的汽车，从而降低销售和劳动力成本。

跨国企业面临的人力资源管理问题与国际企业面临的问题是类似的，只不过问题更大一些罢了。因为跨国企业所要考虑的不仅仅是一国或两国的文化、人力资本、法律以及经济制度方面的差异，它要考虑的是一系列国家之间在这些方面的差异。这种情况就扩大了跨国企业在以下方面的需要：挑选出能够在不同的地方从事工作的管理人员；对他们进行必要的培训；向他们提供灵活的薪酬体系以适应不同国家和地区在市场薪酬水平、税制以及生活成本等方面的差异。

跨国公司现在还雇用了许多“内派员工”——在公司总部工作的来自不同国家的管理者。这就要求企业能够将这些来自不同文化背景的管理者融入母公司的文化当中。此外，跨国公司还从非母国的其他国家选派管理人员到另一个国家工作。比如，一位为美国公司工作的来自苏格兰的管理者，可能会被安排到南非的一家企业去开展经营活动。这种做法进一步扩大了跨文化培训的需要，因为只有这样，才能向管理者提供与来自不同文化背景的员工进行交往时所必需的一些管理技巧。

■ 全球企业

许多研究者现在提出第四种国际市场一体化层次，即全球企业。全球企业的竞争是一种尽可能以最低的成本提供最高水准、最优质的产品和服务的竞争。跨国企业所做的是力图生产出能够在全世界销售的相同的产品，而全球企业则越来越强调生产的灵活性以及通过大量的定制产品来满足特殊顾客的需要。跨国公司通常将在一个国家开设工厂作为进入该国市场或降低成本的一种手段，因而它们需要应对不同国家之间存在的各种差异。而全球企业选择建厂的依据则是高效、灵活地生产产品或服务的能力以及努力通过文化差异来实现协作。

这就创造了一种鼓励灵活生产的人力资源管理制度（从而也带来了大量的人力资源管理问题）。这些公司对文化、人力资本、政治—法律制度以及经济制度进行前瞻性的考虑，然后再决定在哪些国家或地区设厂能够获得竞争优势。全球企业在世界各地有多个总部，结果就形成了强调决策分散化的组织结构，其官僚层级的性质也就不那么明显了。这就要求此类企业的人力资源管理系统能够在招募、开发、保留以及使用具备跨国管理能力的中高层管理人员方面发挥重要的作用。

跨国人力资源管理系统的特点包括三个方面。[33] **跨国视野**（transnational scope）是指人力资源方面的决策必须从全球的角度而不仅仅是从一国或一个地区的角度做出。这就产生了在统一化需要（确保所有员工得到公平对待）和灵活性需要（满足不同国家中员工的不同需要）之间进行平衡的要求。**跨国人员代表性**（transnational representation）反映了一家公司的管理队伍是由来自多国的人员组成的。全球参与并不要求每一个国家在公司的管理层中都有自己的管理人员代表。然而，这却是企业具备下一个特征的前提条件。**跨国决策过程**（transnational process）是指公司在计划和决策过程中吸收来自不同文化背景的管理者代表及其思想的程度。这一特征使与不同文化相联系的多元化观点和知识得以被吸收，从而提高了决策的质量。

对于希望实现文化协同的全球企业来说，这三个特征是必须具备的。一个成功的全球企业并不是简单地将外国人一股脑地纳入自己的组织中，它需要的管理人员必须能够平等对待来自其他文化的管理者。这种文化协同目标可以通过这样一种途径来实现，即把甄选、培训、绩效评价以及薪酬制度结合在一起促使管理者具有一种全球化视野，而不是狭隘的本地化倾向。然而，一项针对美国和加拿大的50家公司所做的调查却发现，与规划系统和组织结构相比，全球企业的人力资源管理系统在跨国视野、跨国人员代表性和跨国决策过程三个方面的全球化程度都远远地落在了后面。[34]

总之，企业进入国际市场导致大量人力资源管理问题，企业想要赢得竞争优势，就必须重视这些问题。一旦企业做出到全球舞台进行竞争的选择，它就必须想办法管理那些被派往国外的员工（外派员工和第三国员工）。这就要求企业从仅仅关注东道国的文化、人力资本、法律—政治以及经济等影响因素，转向寻找对外派员工进行管理的途径。企业必须建立甄选系统来识别能够在新的文化中适应工作的管理人员。这些管理人员必须接受培训，以了解这些新文化具有的重要特征以及相关的法律—政治制度和经济制度。最后，这些管理人员得到的报酬还必须能够弥补他们及其家人从原来的生活环境迁往一个完全不同的新环境时可能产生的各种成本。在下一节中，我们着重来看一看外派人员的管理问题。

15.4.3 管理全球市场中的外派人员

我们已经概述了会对人力资源管理产生影响的全球市场上主要宏观层面上的要素。这些要素会影响到一家公司最终是否决定在某一国家设立工厂或分支机构。此外，如果一家公司确实在某一国家建立了工厂，那么，这些要素就会对该公司采取的人力资源管理实践产生较大的影响。不过，在过去几年中，让许多公司真切感受到的却是与外派管理人员的甄选、培训、薪酬以及重新融入母公司等有关的一系列难题。

美国外贸理事会（National Foreign Trade Council）最近的一项调查表明，已有25万美国人被派到国外，而且这一数字还在增加。另外，根据该理事会的估算，外派人员一次重新安置的费用平均为6万美元。[35]因此，在外派管理人员方面做出正确的安排对企业盈利的重要性不能被低估。外派管理人员的年均薪酬总额接近25万美元[36]，而那些不成功的外派工作者（比如，提前返回母公司的人）带来的成本也有将近10万美元。[37]在被派往海外的所有美国员工中，大约有15%～40%的人是提前返回的。然而，更多的近期研究则表明，这个数字现在低一些。针对一些欧洲跨国公司的研究表明，大部分欧洲跨国公司外派失败的比率大约为5%，尽管大家公认美国跨国公司的外派失败比率偏高，但如果说这一数字高达15%～40%，还是让人有点难以置信。[38]

在本章的最后一节中，我们将讨论与管理外派人员有关的一些主要问题。这些问题涵盖了外派管理人员的甄选、培训、薪酬以及文化再适应等方面。

■ 外派管理人员的甄选

管理外派管理人员的主要问题之一是，企业需要确定公司中的哪些人最有能力在一个不同的文化环境中完成工作任务。外派管理人员必须具备经营领域的技术能力；否则，他就不会获得下属的尊重。然而，许多公司在决定将谁派往国外工作时，往往会将技术能力作为唯一决定变量，尽管完成这些工作的外派管理人员事实上应当具备多种不同的能力。[39]

一位成功的外派管理者必须对所到国家或地区的文化规范非常敏感，具有完全可以适应这些规范的灵活性，同时能够承受不可避免的文化震荡所带来的冲击。此外，外派管理人员的家庭也必须具有类似的适应新文化的能力。这些适应性技能可以划分为三类[40]：（1）自我维度（一位管理者能够维持积极的自我形象以及良好的心理状况的能力）；（2）关系维度（与当地居民培养关系时所需具备的能力）；（3）洞察维度（一位管理者为了能够精细地觉察和评价东道国的环境而需要具备的能力）。一项关于国际外派人员的研究发现，外派管理人员认为，有五个方面的因素对于他们来说最重要，依重要性从高到低排列，这五个因素分别是家庭状况、灵活性和适应能力、工作知识和工作动机、建立关系的能力以及超越文化差异的开放性。[41]表 15 - 3 中列举的是在评价潜在外派管理人员是否具备适应新文化环境的能力时需要考虑的一系列因素以及可以提出的一些问题。

表 15 - 3　　外派候选人面试提纲

动机

- 调查候选人希望被公司考虑外派的原因及其感兴趣的程度。
- 确定候选人赴海外工作的愿望，可以通过此人过去比较感兴趣的一些问题——比如，个人旅行、语言训练、阅读以及结交外国员工或学生，等等——来进行核实。
- 确定候选人对于到国外工作和生活是否有比较现实的理解。
- 确定候选人的配偶对外派持什么态度。

健康状况

- 明确候选人或其家庭成员有无任何可能会对其成功完成外派工作造成障碍的身体问题。
- 明确候选人是否具有健康的生理和心理，并且没有出现任何可预测的变化。

语言能力

- 确定候选人学习新语言的能力。
- 确定候选人是否学习过相关语言，或者是否具有相应的口语能力（根据拟被外派国家使用的语言来判断）。
- 确定候选人的配偶达到语言要求的能力如何。

家庭方面的考虑

- 候选人的家庭在美国的不同地区或者不同城市之间搬迁过几次？
- 在搬迁的过程中遇到过什么样的问题？
- 最后一次搬迁是在什么时候？
- 候选人的配偶在搬迁中的目标是什么？
- 候选人有几个孩子，年龄分别多大？
- 候选人的家庭状况是否因离婚或潜在的离婚因素以及家庭成员的去世而受到削弱？
- 候选人的所有孩子是否都将随他们的父母搬迁？为什么？

- 候选人孩子的祖父母在居住地区、健康状况以及生活安排方面的情况如何？候选人每年会去看望他们几次？
- 候选人是否会遇到某些需要做出特别调整的问题？
- 候选人家庭中的每一位成员对于可能的搬迁持何种态度？
- 候选人的家庭中存在某种特殊的教育问题吗？

机智性和主动性
- 候选人具有一定的独立性吗？他能够做出自己的决定和判断并且坚持下来吗？
- 候选人具有同时处理多方面问题所需要的智力条件吗？
- 无论出现何种制约条件或障碍，候选人都能够利用各种可能的个人或公司资源来达到目标或工作结果吗？
- 候选人能够在缺乏明确的责任和权力界定的情况下从事外派工作吗？
- 候选人会向当地的管理人员和员工解释工作的目的和公司的管理理念吗？
- 候选人是否具有充分的自律精神以及克服各种困难或处理各种复杂问题的自信心？
- 候选人可以在没有监督的情况下工作吗？
- 在与总部的正常沟通以及总公司提供的支持性服务都比较缺乏的情况下，候选人能够在国外的这种环境中有效开展工作吗？

适应性
- 候选人对其他人敏感吗？对其他人的意见能保持开放的心态吗？会合作吗？会信守承诺吗？
- 候选人对新环境的反应是什么？他对于环境差异的理解和接受程度如何？
- 候选人的文化敏感性、认知能力以及与新文化建立联系的能力如何？
- 候选人清楚他自己的文化圈所推崇的价值观吗？
- 候选人对批评的反应是什么？
- 候选人对美国的政府体制是如何理解的？
- 候选人与国外的同事是否能够建立并保持联系？
- 候选人在处理问题时是否有耐心？
- 候选人是否具有一定的反弹性，即在遭受挫折之后能够很快重新振作起来？

职业规划
- 候选人是否将外派工作当成一种临时性的海外旅行？
- 候选人的外派要求是否与其个人的进步以及公司为其做的职业规划相一致？
- 候选人的职业规划现实吗？
- 候选人对待公司的基本态度是怎样的？
- 候选人是否曾经与其他员工之间产生过人际关系问题或者有此迹象？

经济问题
- 候选人最近是否存在会影响其完成外派工作的经济或法律问题，比如购房、孩子上大学、购车等？
- 候选人在经济方面的问题是否会对外派工作产生负面影响，外派工作是否会给候选人及其家庭带来不适当的压力？

资料来源：Reprinted with permission from *Multinational People Management*, pp. 55-57, by D. M. Noer. Copyright © 1989 by the Bureau of National Affairs, Inc., Washington, DC 20037.

在外派文化中出现了一个新的概念——文化智能（cultural intelligence，CQ）。这个特质是指个体的跨文化适应能力，即在跨文化或多元文化背景中感知到可被接受的行为的能力。一系列研究表明，在国际高管的样本中，文化智能与文化适应和任务绩效有关。[42]

至于美国公司在进行正确的外派管理人员甄选方面做出过多少努力和尝试，目前的证据还非常少。一位研究者发现，在她调查过的企业中，只有5%的企业通过某些测试来确定外派管理人员候选人是否具备跨文化能力。[43]最近的一项研究揭示出，只有 35%的企业从多位候选人中选拔外派管理人员，同时，这些企业在选拔过程中强调的仍然只是与工作相关的经验以及做出与工作有关决策的技能。[44]这些发现证明了美国企业需要提高它们的外派工作成功率，这令人感到惊讶。正如我们在第 6 章中讨论过的，对一个人的知识、技能以及能力进行评价的技术现在已经比较先进了。对于降低美国外派管理人员的失败率以及他们的生产率而言，这些甄选工具能够发挥的潜力似乎越来越大。例如，最近的研究表明"大五"人格维度能够很好地预测外派的成功率（回顾第 6 章所讲的内容）。比如，最近的一项研究区分了两种类型的外派成功，一种外派成功的衡量标准是，外派工作如期完成而没有被终止，另一种外派成功的衡量标准则是，上级管理人员对外派人员做出良好的评价。研究发现，随和性、情绪稳定性以及外向性等人格特点与终止外派工作的愿望之间成负相关关系（也就是说，他们愿意在外派中工作更长的时间），责任感则与管理者对外派人员做出的评价成正相关关系。[45]

关于外派管理人员甄选的最后一个问题是女性外派管理人员的使用问题。长期以来，美国企业一直认为，如果将女性管理人员外派到传统上不会将女性晋升到管理职位上去的那些国家（比如日本和亚洲国家）工作，她们是很难获得成功的。然而，最近的证据却表明事实并非如此。被苹果公司派驻中国香港办事处的管理人员罗宾·艾布拉姆斯（Robin Abrams）说，没有人在意"你是穿裤子还是穿裙子，只要你能够展示自己的核心胜任能力就行"。相反，有些女性管理人员相信，她们在一群男人中显露出来的新鲜面孔反而会增加她们在当地人面前的可信度。事实上，一些研究表明，无论一个国家的文化是否倾向于女性担任管理者，男性与女性在国际外派中的表现是旗鼓相当的。然而，如果是被外派到劳动力队伍中女性较少的国家中去，女性对自己适应这种环境的能力做出的评价就会较低。[46]也有研究表明，无论东道国的文化强度如何，女性外派人员都被认为是有效的。[47]事实上，女性外派人员甚至能比她们的上级管理人员更强烈地感受到一点，这就是偏见并不会对女性员工取得成功的能力有所限制。[48]

■ 外派管理人员的培训与开发

一旦选定准备向国外派驻的管理人员，接下去应当做的就是帮助这些管理人员为即将到来的工作做好充分准备。由于这些人已经具备相关的工作技能，有些企业就把对这些管理人员的开发活动主要集中在跨文化管理培训方面。一份对跨文化培训方面的文献所做的综述表明，跨文化培训对管理的有效性有很大的影响确实是有根据的。[49]尽管如此，针对跨文化的培训却并不普遍。在 1995 年完成的一项调查表明，有将近 40%的企业并没有向自己的外派管理人员提供跨文化管理方面的培训。[50]

那么，在跨文化培训课程中到底应该强调哪些内容呢？这些课程的详细内容我们在第 7 章中已经讨论过了。不过，在这里需要指出的很重要的一点是，大多数课程的主要目的都是努力使受训者对东道国的文化产生好感，从而确保这些外派管理人员将来能够采取正确的行动。[51]这就决定了跨文化培训必须强调与文化敏感性有关的几个方面的内容。首先，外派管理人员必须清楚自己的文化背景，尤其是东道国员工对自己的这种文化背景持一种什么样的看法。只有在准确了解母国文化的前提下，管理人员才能够通过修正自己的行为来强化自身文化中的那些有效特征，同时将可能产生功能性障碍的那些文化特征削减到最低程度。[52]

其次，外派管理人员必须能够理解在新的工作环境中存在的文化的某些特殊方面。尽管文化是一种难以捉摸并且几乎看不见的现象，可是精明的外派管理者必须能够捕捉到这种文化，并且使自己的行为去适应它。这就要求外派管理人员必须能够识别出，在新文化背景下的商业会谈以及社会活动中，哪些行为方式以及哪些人际交往风格是可以接受的。比如，德国人对会议准时性的重视程度就比拉丁美洲国家的人要高得多。表15-4列出了在不同的国家和地区中传递不同含义的一些肢体语言。

表15-4　不同国家和地区的肢体语言

国家/地区	非言语信息
阿根廷	如果服务员用手指指着自己的头部，并用手指做旋转的姿势，不要以为他们忘了什么事——他们是在提醒你有电话找你。
孟加拉国	急着想上卫生间？请忍住。以去卫生间为理由离开餐桌被认为是一件十分不礼貌的事情。
玻利维亚	不要传递“无花果的信号”（大拇指从食指和中指之间伸出的动作），这是一个你必须小心的历史性手势——这种手势非常具有侮辱性。
保加利亚	保加利亚人用点头表示否定而不是肯定。要表达“肯定”的意思，保加利亚人的动作是摇头。
中国内地	东方文化信奉沉默是金，所以在与中国内地客户会面时，如果他们长时间保持沉默，你不必惊慌，那可能仅仅意味着他们是在认真考虑你的建议。
埃及	阿拉伯国家通常认为左手是不干净的。要用右手去接名片和欢迎他人，在吃饭的时候也只能用右手。
斐济	当拜访斐济人时，为表示敬意，站立的时候要手臂交叠放在背后。
法国	法国人不喜欢强有力的握手，更倾向于短暂、轻轻的握手和飞吻。如果你看到你的法国同事做出一种吹笛子的动作，那就意味着他觉得你不够真诚。
德国	德国人认为绕过大会议桌去和他人握手比较尴尬，他们用手指轻敲桌面的方式来表示欢迎。
希腊	对希腊同事慎用“OK”手势，因为这是指身体的一个部位。较安全的尝试是做出大拇指朝上的手势。然而，大拇指向下则是一种专用手势，当一位希腊驾驶员在高速公路上超你的车时会使用这一手势。
中国香港	想去吸引别人注意时，不要作出手掌朝上动食指的动作，这是广东人召唤狗的动作。
印度	在公共场合吹口哨要注意，这在印度被认为是一种无礼的举动。
日本	对于西方商务人士来说，日本是一个真正的雷区。他们经常会遇到的一种情况是日本人在吃面条时声音很大。不要将这种行为误会为不礼貌，事实上，在日本的文化中，这表示对食物的赞赏。
约旦	无论你肚子有多饿，通常的做法是要首先拒绝主人前两次提出的邀请，到他们第三次提出邀请时才能接受。
黎巴嫩	眉毛痒？不要去挠它。舔小手指并用它来擦眉毛具有挑衅的意味。
马来西亚	如果你发现一个马来西亚人双手放在自己的臀部站在你面前，那么你一定是说错话了，因为这种做法表示十分愤怒。
墨西哥	墨西哥人非常注重触觉并经常作出一种十分奇怪的握手动作，即双方在手掌贴在一起之后，将自己的手向前滑动握住对方的大拇指。
荷兰	荷兰人看起来是开放的，但是如果荷兰人轻按他们的胳膊肘下方，这意味着他们认为你不可靠。

续前表

国家/地区	非言语信息
巴基斯坦	公然地展示自己紧握的拳头是开战的意思。
菲律宾	“罗杰·摩尔”（Roger Moore）是一种很常见的欢迎方式——用快速地抖动眉毛替代握手的需要。
俄罗斯	俄罗斯人十分重视会面和欢迎时的触觉，通常是“熊抱”和直接亲吻嘴唇。不要把这一习惯带到附近的乌兹别克斯坦，你敢这样做，他们可能就会朝你开枪。
沙特阿拉伯	如果一位沙特阿拉伯男人在大街上拉着另一个男人的手，这表示他们相互尊重。
萨摩亚	当萨摩亚的主人给你递上一杯传统的饮料——卡瓦酒时，一定要在喝第一口之前向地面上洒几滴。
土耳其	在伊斯坦布尔开会的时候，小心不要靠在椅子上将自己的一只脚的底部指向在座的任何人。在土耳其，用脚的底部指向他人是一种极大的侮辱。

资料来源：www.businesstravelerusa.com/articles.php?articleID=490 Business Traveler Center；R. Axtell, *Gestures：The Dos and Taboos of Body Language Around the World*（New York：John Wiley and Sons，1991）；P. Harris and R. Moran，*Managing Cultural Differences*，3rd ed.（Houston，TX：Gulf Publishing Company，1991）；R. Linowes，“The Japanese Manager's Traumatic Entry into the United States：Understanding the American-Japanese Cultural Divide，” *Academy of Management Executive* 7，no. 4（1993），p. 26；D. Doke，“Perfect Strangers，” *HR Magazine*，December 2004，pp. 62-68.

最后，外派管理人员还必须学会在新的文化中如何与人进行沟通。有些企业倾向于把会说东道国当地语言的人选定为外派管理人员，还有一些企业则为外派人员提供语言方面的培训。然而，大多数公司只是简单地假定东道国员工都是说母公司所在国的语言。尽管这种假设有可能是对的，但是这些国家的员工却很少能够非常流利地说母公司所在国的语言。因此，必须通过培训让外派管理人员学会在存在语言障碍的情况下如何与他人进行沟通。表 15－5 提供了一些跨越语言障碍进行沟通的小技巧。

表 15－5　一些跨越语言障碍进行沟通的小技巧

语言行为

- 清晰、缓慢地讲话。每一个单词的发音都要清楚。不使用口语化的表达方式。
- 重复。用不同的词汇来重复每一个重要的思想以及解释同一个概念。
- 简单的句子。避免使用深奥、冗长的语句。
- 活泼的语言。避免使用死板的语言。

非语言行为

- 视觉表述。尽可能运用视觉表述方式，比如图片、图形、表格以及幻灯片，等等。
- 姿势。运用较多的面部表情和手势来强调单词的含义。
- 演示。尽可能用行动对一些主题进行表演和展示。
- 停顿。时不时停顿一下。
- 总结。将你的语言表述概括为书面总结。

归因

- 沉默。当出现沉默的时候就等一等。不要试图很快去打破这种沉默。因为其他人可能是在用其本国语言进行思考，或者是在进行翻译。
- 智力。不要将糟糕的语法和错误的发音与缺乏智力等同起来；这是在运用第二种语言时经常会出现的一种情形。
- 差异。如果不是很确定对方的意思，那么就应当假定你们是存在差异的，而不是假设大家是相似的。

理解

- 理解。不要简单地认为对方明白了；要假定他们还没有明白。
- 检查理解情况。让同事们重复一遍他们对你说的内容是怎样理解的。不要只是简单地问他们理解了没有，而是要让他们解释他们是怎样理解你所说的内容的。

设计

- 中断。较多地中断讲话，因为用第二种语言来理解比较费劲。
- 小模块。将你的讲话内容划分为一个个小模块。
- 使用较长的时间。在每一个小模块上花费的时间长于在单一语言环境中耗费的时间。

激励

- 鼓励。用语言和非语言的形式来鼓励那些用非本国语言参与讨论的人开口说话。
- 退出。明确地让一些确实较差的人或者不积极的人退出谈话。
- 强化。不要让初学的谈话者感到尴尬。

资料来源：From Nancy Adler，*International Dimensions of Organizational Behavior*，2nd ed.，pp. 84-85. Copyright © 1991. South-Western，a part of Cengage Learning，Inc. Reproduced by permission. www. cengage. com/permissions.

有效的跨文化培训还有助于缓解外派管理者在向新工作环境转变的过程中可能会产生的紧张感。它还有助于这些外派管理人员避免犯一些代价极高的错误，比如，一位外派管理人员曾经试图把两瓶白兰地带进卡塔尔这个伊斯兰国家。一旦这两瓶白兰地被海关发现，不仅这位外派管理人员会被驱逐出境，这家公司在该国也会成为“不受欢迎的”企业。[53]

■ 外派管理人员的薪酬

外派人员管理中一个更为棘手的问题是如何确定他们的薪酬组合。正如我们在前面讨论过的，外派管理人员的年薪酬组合平均为25万美元，但是在这里，我们却有必要对这种薪酬组合的细目进行考察。大多数企业通常都是用资产负债表法来确定外派管理人员的薪酬组合的总体水平。这种方法要求企业必须为外派管理人员建立这样一种薪酬组合：这种组合不仅能够使外派管理人员的薪酬与在母国同类职位上工作的其他员工的薪酬具有同等的购买力，同时还能极大地激励他们克服因居住地变换而导致的不便。购买力包括与外派工作安排有关的所有花费。这些费用包括产品和服务（比如，食品、个人护理、服装、娱乐以及交通，等等），住房（主要住所），收入所得税（向联邦以及地方政府缴纳的个人所得税），储备金（比如，储蓄、福利支付、养老金缴费，等等），货物运输和储存（与搬迁和/或个人物品的储存相关的成本支出）。一张典型的资产负债表如图15－4所示。

正如你在这幅图上能够看到的，员工一开始都会面临税收、住房、商品和服务以及储备金等方面的一系列成本支出，然而，在东道国工作的成本显然要高得多。因此，企业就必须弥补在本国工作的成本和在东道国工作的成本之间的差额，然后再向员工提供一定的补贴或激励，从而鼓励他们努力克服在一个陌生环境中工作和生活所必须面对的各种困难。

总薪酬体系是由四个方面的内容构成的。第一是基本薪酬。不过，确定外派人员的基本薪酬并不是一件容易的事情。两国之间汇率的波动有时会使企业提供的薪酬稍高一些，有时又稍低一些。此外，基本薪酬既可以基于母国的可比薪酬水平来确定，也可以根据东道国同一职位的市场通行薪酬水平来确定。企业向外派管理人员提供的薪酬通常会高于他们当前的薪酬水平，以此作为对这些人员接受外派工作的一种激励。

税收均等补贴是外派人员总薪酬体系中的第二个组成部分。这种补贴之所以必要，是因为在不同的高税收国家之间税制是不同的。比如，一位年薪10万美元的资

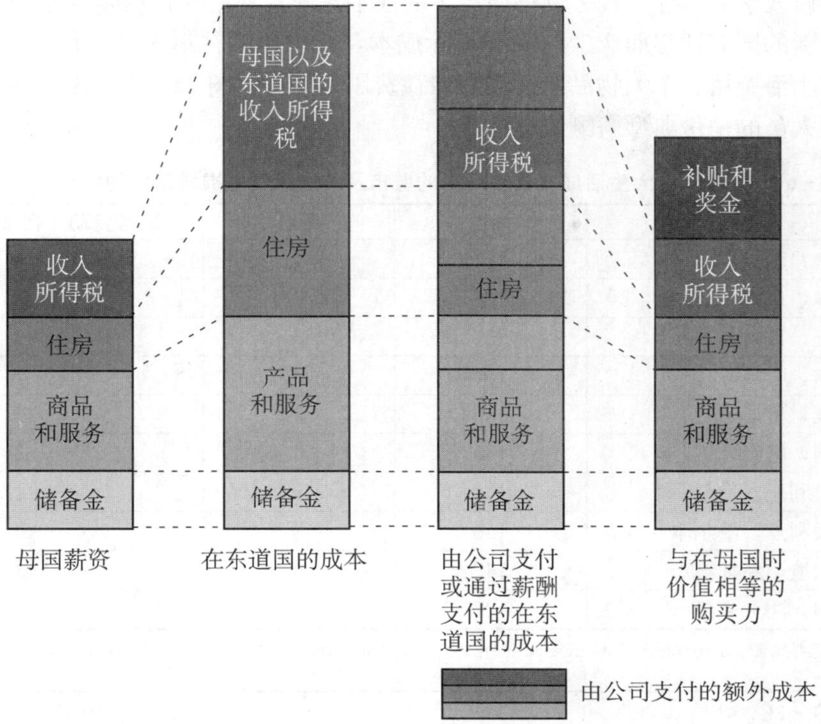

图 15－4　确定外派人员薪酬的资产负债表

资料来源：From C. Reynolds，"Compensation of Overseas Personnel，" in J. J. Famulari，ed.，*Handbook of Human Resource Administration*，2nd ed.，1986. Copyright © 1986. Reproduced with permission of The McGraw-Hill Companies，Inc.

深高层管理人员如果在比利时（该国的最高边际税率达到 70.8%）工作，那么，公司在 5～7 年的时间里为这个人缴纳的税收就会达到大约 100 万美元。[54] 在大多数税收均等计划中，企业通常是首先扣除外派管理人员在母国必须缴纳的税收，然后为他们缴纳在东道国产生的额外税收。

外派人员总薪酬体系中的第三个组成部分是福利，这是薪酬方面的另一个难题。这个难题的大多数方面与福利的可转移性有关。比如，如果一位在美国向某养老金计划缴费的外派管理人员现在被派到另一个国家去工作，那么，在这个东道国是否存在一个新的养老金计划，或者企业是否应当允许其向母国的现有养老金计划继续缴费？美国的医疗健康保险制度是怎样的？企业如何保证外派员工处于相同的健康保险覆盖范围之内？比如，某公司就曾经遇到这样一种情况：由于在东道国和美国的健康保险计划之间存在差异，结果导致公司让外派员工飞回到美国来履行保险手续要比让他们在东道国参加保险支付的费用低得多。然而，医疗健康保险计划本身却并不允许采用这种替代的方法。

最后，企业还常常向外派人员提供一定的补贴，以降低外派工作的不受欢迎性。生活成本补贴是为了弥补外派人员在东道国工作时产生的日常生活必需品成本与在母国工作时的差异而发放的一种补贴。例如，表 15－6 列举了几个国际化大城市生活成本的情况。住房补贴是为了确保外派管理人员在东道国能够享受与在母国时相同的生活水平而发放的一种补贴。教育补贴的目的是补偿外派管理人员为将自己的孩子送到用英语教学的私立学校去读书而产生的成本。安置补贴的目的是补偿外派管理人员为了向新的国家迁移而产生的所有实际成本，其中包括往返于新旧居住地之间的成本、临时生活费用、个人物品的运输与储存费用，等等。图15-5中描绘的就是某位外派管理人员的一份典型薪酬组合清单。

表15-6　　十大生活成本指数最高的城市及其国家（基准城市纽约＝100）

城市	指数	排名	排名变动（自2011年以来）
瑞士，苏黎世	170	1	4
日本，东京	166	2	－1
瑞士，日内瓦	157	3	6
日本，大阪&神户	157	3	－1
挪威，奥斯陆	156	5	－2
法国，巴黎	150	6	－2
澳大利亚，悉尼	147	7	－1
澳大利亚，墨尔本	145	8	0
新加坡，新加坡市	142	9	－3
德国，法兰克福	137	10	－1

资料来源：Economist Intelligence Unit (2011), "Worldwide Cost of Living 2011," www.eiu.com.

约翰·H. 多伊 姓名		2004年10月1日 生效日期	
新加坡 外派地点		管理人员，SLS./Serv. AP/ME 职位名称	
得克萨斯州休斯敦市 总部所在地	1234 员工号码	202 LCA编码	202 税收代码
变换工作原因：	国际派遣		

	旧	新
月基本薪酬		$5 000.00
生活成本补贴		$1 291.00
国外服务补贴		$ 750.00
地区补贴		0
月薪酬总额		$7 041.00
住房扣减		$ 500.00
假定税收		$ 570.00
其他		
月薪酬净额		$5 971.00

表格填写人	日期
人力资源副总裁	日期

图15-5　国际派遣补贴表

在国外工作的美国外派人员的成本大约是美国本地员工的 3～4 倍。[55]此外，毕马威会计师事务所（KPMG LLP）2006 年全球外派政策与实践调查表明，大约有 38％的跨国公司海外派遣计划过于慷慨。[56]这两个事实结合在一起迫使全球性组织重新思考它们的税收均等战略和外派人员薪酬包。

■ 外派管理人员的文化再适应

外派人员管理中的最后一个重要问题涉及外派管理人员返回母国后的文化再适应过程。重新回到母国并不是一个简单的行为。产生的文化震荡这时是反向的。外派者此时发生了变化，公司也发生了变化，外派管理人员在海外工作期间，甚至其母国的文化也发生了变化。一项资料显示，60％～70％的外派管理人员不知道在自己返回母公司以后会得到怎样的职位，46％的外派管理人员回国后得到的工作在自主性和权力方面都比他们在国外时要差一截。[57] 20％的外派人员在返回母公司之后都想离开公司，这种情况潜在地使公司面临严重的士气问题和生产率问题。[58]事实上，根据大多数最近的估计，25％的外派管理人员在返回母公司之后的一年内都离开了原公司。[59]如果这些回国的人离开了公司，企业实际上是无法收回它们已经完成的大规模人力资本投资的。[60]

很多公司更加努力地帮助外派管理人员成功地度过文化再适应期。有两个方面的特征有利于外派人员完成这一文化再适应过程：一是沟通，二是认可。[61]沟通是指外派人员在国外的时候能够从国内得到信息，从而意识到国内发生变化的程度。外派人员在国外工作时与母公司的接触越频繁，当他重新回到国内时就会变得越主动、越有效，同时也更容易感到满意。认可是指外派人员在返回母国之后得到承认和欣赏的程度。相对于那些几乎被当成是“圈外人”的回国外派人员而言，那些能够得到同事和上级对其工作经历以及潜在贡献的认可的外派人员遇到的问题会少一些。鉴于很多公司对外派人员都进行了巨大的投资，并且将他们外派出去的目的就是让他们获得能够对公司有所帮助的国际化经历，因此，企业当然不愿意这些外派人员回国之后就失去他们。

最后，一家研究机构注意到，外派管理人员对外派工作的期望大小在决定他们的回国调整以及工作绩效中扮演着重要的角色。该研究发现，个人的工作期望（可能遇到的一些约束条件以及工作量和工作绩效标准方面的要求）和非工作期望（生活和住房条件等）都能够得到满足的外派管理人员完成回国调整的情况更好一些，同时工作绩效水平也更高一些。[62]孟山都公司就制定了完善的回任计划，这一计划在外派人员返回母国之前很早就开始启动了。该方案涉及向准备返回母国的外派人员提供这样一些信息：在返回母国以后可能会受到哪些潜在的文化震荡的冲击；家庭成员、朋友以及办公环境发生了哪些变化，等等。在这些外派管理人员返回母国几个月之后，负责管理外派人员的管理者会安排外派人员与几位同事召开一个“听取汇报”会议，以帮助外派管理人员解决各种疑难问题。孟山都公司相信，它的这项计划会帮助公司在国际外派任务中赢得竞争优势。[63]

总之，各种各样的人力资源实践都能够支持有效的外派工作。一般来讲，甄选系统必须严格地评估潜在外派人员的技能和人格特点，甚至还要关注一下这些候选人的配偶。对外派人员的培训需要在外派之前和外派过程之中进行，并且外派工作本身应该被视为一次职业开发经历。有效的报酬系统不仅包括薪酬和福利，在保持员工的报酬

“完整性”甚至提供一些额外货币奖励的同时，还应该为他们提供职业开发和学习的机会。最后，在处理回任过程方面也要认真做好安排。[64]表 15－7 中总结了一些要点。

表 15－7　支持有效外派工作安排的人力资源管理实践

人员配备与甄选
• 就国际外派任务对于公司全球业务发展的价值进行沟通。 • 确保高潜质的员工走向国际。 • 通过提供短期外派工作增加有国际经验的员工人数。 • 招募在海外居住过或在海外接受过教育的员工。
培训和职业开发
• 将国际外派任务安排作为职业开发过程的一个组成部分。 • 鼓励积累早期的海外经验。 • 在员工外派工作期间创造学习机会。 • 将国际外派安排作为领导力开发的一种工具。
绩效评价和薪酬
• 依据员工在外派工作中扮演的角色进行有区别的绩效管理。 • 使奖励与外派工作目标保持一致。 • 依据外派人员的需要定制福利项目。 • 关注机会的公平而不是金钱。 • 强调奖励职业生涯而非短期成果。
外派和回任活动
• 在外派和回任工作安排的开始和结束时让员工家庭参加。 • 在外派员工与母国高层管理人员之间建立导师指导关系。 • 为员工的双重职业发展提供支持。 • 确保回任管理者有使用其在国际外派工作中学到的知识和技能的机会。

资料来源：From P. Evans，V. Pucik and J. Barsoux，*The Global Challenge*：*Framework for International Human Resource Management*，2002. Reproduced with permission of The McGraw-Hill Companies，Inc.

本章回顾

在探讨了各国的文化、经济制度、人力资本、政治-法律制度的差异后，相信任何人都不会再认为双汇集团兼并史密斯菲尔德食品公司只是个简单的转变。史密斯菲尔德食品公司植根于个人主义文化和资本主义自由市场经济中，崇尚法治，而双汇集团则是在管制更多的经济环境和集体主义文化中成长起来的，因此之后的管理可能会遇到一些困难。

毋庸置疑，从供应链的角度来看，两家食品巨头的合并有着深远的意义，但是并购战略的执行却并非一件容易的事情。

思考题

1. 你认为在美国和在中国经营企业的最大冲突是什么？

2. 你是否认为史密斯菲尔德食品公司员工一旦被中国公司雇用，就会以一种不同的方式受到管理，即使他们仍然在美国工作？为什么？

小　结

今天的企业比过去任何时候都越来越多地参与国际经营活动，并且这种趋势还会持续下去。

最近的一些历史事件，比如，欧洲共同体（欧盟）的建立、北美自由贸易协定以及亚洲的发展和关贸总协定等，都加速了全球市场的发展进程。在全球市场上，企业必须拥有一流的人员才能进行成功的竞争。这就要求管理者必须意识到有许多因素——比如，文化、人力资本、政治—法律制度、经济制度，等等——会对全球化背景下的人力资源管理产生影响。同时，它要求管理者知道在不同的国际市场参与层次上，这些因素到底是如何发挥作用的。最后，它要求管理者必须擅长建立能够最大限度地发挥所有人力资源有效性的人力资源管理制度，尤其是与外派人员的管理有关的各种人力资源制度。管理者不能低估有效的人力资源管理对于在当今全球市场上赢得竞争优势的重要性。

讨论题

1. 当前的哪些趋势和（或）事件（除了在本章一开始提到的那些因素外）导致市场的国际化程度越来越高?

2. 根据霍夫斯泰德的理论（见表 15－2），美国的权力距离较小、个人主义程度较高、男性化成分较大、不确定性规避倾向较弱、长期取向较弱。而俄罗斯则属于另一种情况，其权力距离较大、个人主义程度一般、男性化成分较少、不确定性规避倾向较强、长期取向也较弱。随着许多美国公司到俄罗斯开展经营活动，美国有许多管理人员设法将自己的人力资源管理“嫁接”到俄罗斯去。你认为下面这些做法的可接受性以及有效性如何？为什么？第一，在人员甄选过程中对个人的能力进行综合评价；第二，以个人为基础的工作绩效评价制度；第三，合理化建议制度；第四，自我管理工作小组。

3. 本章指出，一国的政治—法律制度以及经济制度实际上反映了该国的文化特征。而东欧国家目前正在改变它们的政治—法律制度和经济制度。这种变化是不是由它们的文化带来的，还是说文化会对这些国家改变这些制度的能力产生一定的影响？为什么?

4. 想一想全球参与的几个不同层次。有哪些你所熟悉的公司分别代表着不同的全球市场参与水平?

5. 想象一下你现在要到另一个文化环境中去做某件事情（比如，度假或者工作）。你将会面临的主要障碍是什么？你将如何对待这些障碍？这会是一个令人感到有压力的经历吗？为什么？企业如何才能帮助自己的外派员工消除这些压力?

6. 要想在当今这样一个全球化市场上成为一个有效的管理者，你应当具备哪些类型的技能？你认为自己可以从哪里获得这些技能？你需要什么样的培训课程和（或）实践机会?

自评练习

在下列清单中列举了与成功完成外派工作任务的员工相关的一些个人特质。请运用下列尺度来评价一下你自己具备每一项特质的程度：

1 代表很差，2 代表较差，3 代表一般，4 代表较强，5 代表很强

____足智多谋/坚忍不拔

____适应性/灵活性

____情绪稳定性

____处理模糊性/不确定性/差异性的能力

____喜欢和不同的人打交道

____文化移情性/敏感度

____对他人观点的包容性，特别是与自己相左的观点

____对他人感受和态度的敏感度

____身心健康

将你在每一项上的得分加起来。总分越高则表明你成功完成外派工作的可能性越大。得分较低的那些特质表明你在完成外派工作任务方面可能存在弱点。记住，要想胜任外派工作任务，就必须在技能上也是胜任的，你的配偶和家庭（如

果有的话）也必须能够适应并且愿意在国外生活。

资料来源：Based on "Rating Scale on Successful Expatriate Qualities," from P. R. Harris and R. T. Moran, *Managing Cultural Differences*, 3rd ed. (Houston: Gulf, 1991), p. 569.

战略练习

恐怖主义和全球人力资源管理

随着跨国公司扩展自己的海外业务，同时雇用越来越多的外国员工，全球化的步伐进一步加快。尽管全球化进程带来了一系列积极成果，但也会时不时地给公司带来一些新的问题。

2001 年 9 月 11 日，来自中东的恐怖分子（据说是本·拉登基地组织的一部分）劫持了四架美国民航客机，其中有两架撞入美国纽约世界贸易中心的双子座，一架撞入华盛顿的五角大楼（第四架在恐怖分子和乘客打斗的过程中在宾夕法尼亚州坠毁）。美国总统布什和英国首相托尼·布莱尔要求阿富汗的塔利班政府交出本·拉登，但塔利班政府置之不理，2001 年 10 月 7 日，美英两国开始了针对阿富汗塔利班政权的军事行动。这次恐怖袭击事件以及后来的反恐战争都给跨国公司带来了一系列问题。

第一个问题就是，在海外尤其是在伊斯兰国家——比如，阿拉伯国家和印度尼西亚——做生意的公司必须有能力在可能成为敌对区域的地方管理好自己的外派员工（特别是美国和英国公民的员工）。这些员工很担心自身的安全，一些人已经要求回国。

其次，雇用很多外国员工的跨国公司必须跨越愈加明显的民族界限来管理公司。美国人将恐怖袭击视为一场战争，因此他们认为随后的所作所为都是正义之举。然而，生活在阿拉伯世界的人们对恐怖袭击的认识和美国人不同，他们会认为美英两国对阿富汗（随后的伊拉克）的军事行动是一场充满敌意的侵略。一名跨国石油公司的管理人员手下的员工中，大约有 25%的人是阿拉伯员工，他对这种管理难度感受颇深。他说，很多阿拉伯管理人员说过："我们都知道你很关心'9·11'事件，但你也应该知道，我们同样很担心 10 月 7 日以来所发生的事情。"

思考题

1. 跨国公司应该怎样处理有不同信仰以及来自不同种族、民族、国家的公司内部员工之间的冲突？怎样通过处理这些冲突为公司创造一个高效的工作环境？

2. 公司应该怎样有区别地管理外派员工，尤其是那些被分配到伊斯兰国家完成工作的美国或英国公民的外派员工？

人的管理

走向第一的丰田之道

在谈论丰田汽车公司走向世界第一之路以及它是怎样保持第一的位置时，丰田汽车公司美国首席执行官是这样说的：它确实发生了！今年第一季度，丰田汽车公司在全球的汽车销量超过了通用汽车公司，我们知道这一刻总会到来，而且这种趋势很有可能在未来几年持续下去。

当丰田公司从通用汽车公司手中接过汽车制造业的"指挥棒"时，人们对丰田公司的上位是否名正言顺而争论不休。丰田公司不必承担通用汽车、福特以及克莱斯勒等公司支付给员工的医疗保险费用和养老金，这是否会让丰田公司在这场不公平的竞赛中占据上风？让美国汽车制造商难以在日本打开销路的日本封闭的经济是否为丰田公司带来了不公正的优势？对日本政府降低日元对美元的汇率以保持其在海外的低售价和高利润的指控能否站得住脚？

丰田公司拿到第一这个名号着实不易。第一的光环让丰田公司的一些管理人员觉得当“猎物”比当猎人还要紧张。由纪风野（Yuki Funo）是丰田汽车销售公司美国分公司的总裁兼首席执行官，也是丰田公司在北美地区的日方高层管理者。他最近接受了《商业周刊》的资深记者戴维·基利（David Kiley）的采访，探讨了丰田公司在坐上世界第一的交椅后所面临的各种问题。以下内容节选自他们的谈话。

在成为世界最大的汽车制造商后，企业文化很容易发生变化。你们公司内部有没有谈论过怎样坚守自己的文化？

说到丰田公司的文化，我们一直认为我们的文化就是日本文化，但比我们的公司是日本公司这一属性更为重要的是根植于我们的意识和系统中的“丰田之道”。

丰田之道不仅仅是日本之道。它所说的是持续不断的完善。如果它只是日本之道，我们就不会有业绩很差或已经破产的日本公司了。丰田公司并没有将这个理念禁锢在某一方面，而且这个观念只有超越了日本文化才能取得成功。我们在全球有将近 40 万名员工，再加上经销商，这个数目达到 100 万人。

在这个庞大的员工队伍中，很大一部分是日本人。但来自其他不同文化背景的员工也认同这个理念和这种经营之道。从这个角度来说，公司做大了并不意味着我们会摒弃我们文化中的某一部分。

我认识的一个人说丰田公司确实相信并努力在全公司推广这样一个想法：我们公司能够制造出完美无瑕的汽车。但当这个人跟福特汽车公司和通用汽车公司做生意时，情况就不同了，尽管这两家公司说它们力争做到更好，但你会觉得它们并不认为有可能生产出一辆完美无瑕的汽车。

丰田之道……的一个关键要素就是“Kaizen”，即持续不断地改进。这个过程是没有尽头的，是一个无休止的旅程。尊重别人是另一个要素。要尊重员工、顾客以及供应商。顾客的需求在不断变化，我们要时刻关注他们的需求。如果我们将经营建立在顾客需求基础之上，我们的改进就是永无止境的。

我记得一家作为供应商的公司告诉过我这样一件事，它曾经与丰田公司签订了一份为丰田公司供应皮卡车轴的合同。这是这家公司首次与丰田公司合作。这家供应商说，丰田公司在价格方面根本就没有跟它讨价还价，之所以把这份合同给这家公司，完全是因为它的加工过程和产品质量符合丰田公司的要求。该公司对此感到非常震惊。这是丰田公司一贯的做事方法吗？

基于丰田之道的丰田思维就是与供应商开展团队合作。这种团队合作是一种长期的关系。价格是一个因素，但彼此间的信任更为重要，这种关系是一种分享的概念，而且应该总是双赢的。当然价格也很重要，但信任或许更为重要，美国的商学院应该加强传授这种思想。IBM、通用电气和其他一些美国公司也会谈到企业的使命多么重要，丰田公司只是很明智地按照商学院里所教的内容去做罢了。

在教堂里结婚的时候，牧师或神父并不会问新郎和新娘会从彼此那里得到多少钱，而是问他们有多爱对方，他们对彼此的誓言是什么。在现实情况下，一些公司会这么做，一些公司不会这么做。一些公司在美国这么做，一些公司在美国不这么做。这种情况在日本是一样的。所以在美国和日本都有做得非常好、非常成功的公司，也有一些做不下去、倒闭破产的公司。所以说，这并不是一个日本的问题或者美国的问题，而是公司文化的问题。

丰田公司的新产品和现有产品的销售量都在增长。在新的市场中，你们的销售量增长更多地来自新产品还是现有产品？

我想，15%的全球市场份额不算低，但也不是很高。我们的一系列产品都有很多机会。我们在敞篷小货车领域推出了新产品，这填补了很大一块份额。

我想在将来我们应该追求更多的利基市场。我们在底特律车展上展出的一款汽车可能会成为 Supra 跑车的继承者。更为重要的是，我们会不停地改进现有的产品，比如凯美瑞——顾客对它的要求是不断变化的，这是我对怎样让产品经受住时间考验的理解。我们会像对待凯美瑞这件产品一样来看待凯美瑞顾客的需求，这种方法同样适用于 RAV4 和其他一些产品。

通用汽车公司和福特汽车公司的管理人员不时地抱怨说，你们之间的竞争是不公平的，因为本田公司在医疗保险方面具有优势，或者说货币政策对日本的产品有利。你和你的同事在报纸上看到过这样的报道吗？留意过这样的事情吗？

我们经常在报纸上看到这样的报道。我们知

道医疗保险对底特律的三大汽车巨头来说是一件很让人头疼的事情。医疗保险会增加它们的支出是事实。这是美国政治和经济的历史传统，关于它们应该给工人提供什么是很早以前就定下来的。从某种程度来看，这个问题是它们自己造成的。

并不是每个行业的工人都能得到像美国汽车工人那样高的医疗福利。是谁做出这样的规定？是他们自己的管理部门。他们有时候会抱怨货币价值的问题。这其实很难说清楚。打个比方来说，现在美国是世界上最大的经济体，比日本要强大。真正有优势的应该是在美国这个世界最大的经济体中运行的三大汽车制造巨头。拿我自己来说，我就在英语教育方面进行过投资。但如果你出生在美国的话，你就不必花这笔钱了。所以说这本来就不是一场公平的竞争，也很难定义什么是公平的竞争。

你会不会认为既然通用汽车公司和福特汽车公司的管理人员是土生土长的美国人，他们就应该对怎样设计和包装家用轿车和微型货车有更好的想法，然而贵公司和本田公司在这两个方面却比美国的三大汽车巨头做得好得多。

我们正在加大丰田公司在美国的发展力度。凯美瑞的总工程师是个日本人。他如何能够设计出在美国最受欢迎的汽车呢？凯美瑞并没有在日本销售，因为根本就卖不动。为什么会这样？这是因为这位总工程师会设身处地去想顾客需要什么。他游历了美国并学习了很多有关美国的东西。

如果我们要谈公平竞争，那么什么是公平竞争？他要克服自己是日本人这一巨大障碍来设计出成为美国销售冠军的汽车。很难说清楚什么是公平竞争。

美国汽车公司声称尽管它们在改进制造程序并节约成本，但它们永远都不可能超过丰田公司。在逐渐缩小与丰田公司的差距的同时，超越你们的最好办法就是在设计上胜出一筹。你们会觉得在更加富有表现力的设计方面现在有更大的压力吗？

回顾丰田公司的历史你就会发现，丰田公司的设计并不是很有表现力。一不小心，我们的设计就会落入沉闷的套路。我们的设计师一直将设计视为一个至关重要的挑战。如果你回过头去看一下我们在过去5～10年中的设计，你就会发现，我们的设计师在这方面已经取得了很大的进步。

以丰田汽车公司的FJ巡洋舰为例。人们看到它时会说：“这是哪家公司设计出来的？丰田公司吗？太难以置信了。”每一家公司都有自己的优势和劣势。20年前，丰田公司对怎样在美国设厂运行并没有信心。这也是为什么我们认为和通用汽车公司合资创办新的联合汽车公司（正是在这里，丰田公司生产出了庞蒂亚克Vibe和Matrix两款汽车以及丰田花冠汽车）是非常有利的。通用汽车公司给了我们很多帮助。

贵公司现在的企业形象广告看起来做得很有成效。一些底特律的对手觉得你们说话办事的风格都像美国公司，它们对这一点很不满。

对于我们想要传达给大众什么样的企业信息，我们展开了多次讨论。那个广告宣传达到了我们的目的。我们知道，很多人不了解丰田公司在过去50年里在美国做了些什么。举个例子来说，在得克萨斯州的圣安东尼奥市，我们花巨资资助了当地的家庭读写计划。20年来我们一直给全美国的这个组织提供援助。但我们从来没有宣传过此事。人们应该对丰田公司有一个更加明确和正面的看法。

贵公司是否准备通过做广告来强力回击福特汽车公司美国分公司总裁马克·菲尔茨（Mark Fields）以及通用汽车公司副董事长鲍勃·卢茨（Bob Lutz）的一些言论？

丰田是作为一种产品被人们所熟知的，这一点比出于政治方面的考虑更为重要。没有人知道丰田是什么。丰田是一个“没有面目”的组织。在消费者眼中，它没有人的成分。丰田只是汽车而已。

尽管如此，丰田并不仅仅是汽车。丰田也是人。我们在美国大约有4万名员工。我们要的不仅仅是一个“面目”。我们代表的是人，这是我们一直致力于完成的很关键的一件事情。

你是否想在你们的一些广告中担任主角？戴姆勒-克莱斯勒公司的董事长以“Z博士”的面貌出现在该公司去年的广告中，你是否会以“T博士”的身份出现在公众面前？

不，我们想向大众展示我们公司的每一个人，我们公司的英雄们，而不是只去宣传某一个人。

思考题

1. 当你看到丰田汽车公司超越了通用汽车公司以及其他美国汽车制造商时，请想一想，丰田公司的员工队伍怎样为其提供了竞争优势？

2. 你认为丰田公司将来会面临什么样的人力

资源管理问题？

资料来源：From D. Kiley, "The Toyota Way to No. 1," *BusinessWeek*, April 26, 2007. Used with permission of Bloomberg L. P. Copyright © 2013. All rights reserved.

小企业的人力资源管理

翻译是一项国际业务吗？

最近，提供翻译业务的小公司取得了快速发展。国际企业发展的障碍逐渐减少，越来越多的人在和同事、客户、供应商交流时遇到了语言不通的问题。同时，技术的进步为利用手机和互联网进行翻译提供了路径。

TransPerfect 就是一个成功的案例。该公司设在纽约，始于其创始人——一个法语老师史蒂夫·艾弗森（Steve Iverson）为委托人翻译文件。顾客满意后又来委托翻译专利和年报，甚至外文的庭审记录。现在公司提供百余种语言翻译服务，在四个国家超过 50 个城市设有办事处。

CETRA Language Solutions 公司的总部在宾夕法尼亚州艾金公园市。公司始于一次诉讼：创始人吉里·斯泰斯卡尔（Jiri Stejskal）在他就读斯拉夫语言和文学博士期间，一家费城的律师事务所让他翻译几千页与案件有关的文件。斯泰斯卡尔请来所有他能找到的捷克人，他的公司就这样成立了。现在该公司的 12 名员工和几百名顾问服务于联邦政府以及涉及法律、市场调查和生命科学的公司。公司兼职的翻译和口译人员遍布全世界。

位于纽约州科霍斯市的 LinguaLinx 公司的业务范围不局限于文字翻译，它还可以对文件、网站和多媒体信息进行 100 种语言的翻译。该公司不仅需要有资格的翻译，也需要能做最高水平展示的技术专家。在招募员工时，公司更看重有趣的工作经验，而不是那些花里胡哨的东西。公司的招募网站将这个工作机会描述为，在多元化的团队中面向龙头企业和非营利组织的客户。

思考题

1. 在招募和甄选能把西班牙语、波兰语、法语文件翻译成英文的员工时面临哪些挑战？

2. 在招募美国本土人才和寻求海外人才两种做法中，哪种方式更能应对上面这些挑战？为什么？

3. 假设一家小型翻译公司的员工来自三个国家，你会给出什么建议帮助该公司克服文化障碍？请指出该公司通过培训和绩效管理达成这一目标的几种方法。

资料来源：Tanisha A. Sykes, "Growth in Translation," *Inc.*, August 4, 2009, www.inc.com; Joel Dresang, "Iverson Language Associates Acquired by N. Y. Firm," *Millwaukee Journal Sentinel*, December 2, 2008, Business & Company Resource Center, http://galenet.galegroup.com; TransPerfect corporate website, www.transperfect.com, accessed June 6, 2011; CETRA Language Solutions corporate website, www.cetra.com, accessed June 6, 2011, and LinguaLinx corporate website, www.lingualinx.com, accessed June 6, 2011.

第16章

战略性人力资源职能管理

学习目标

在阅读完本章后，你应当能够：

1. 描述人力资源管理在当今企业中扮演的角色以及人力资源管理活动的主要类型。
2. 说明人力资源管理职能如何界定自己的使命与市场。
3. 解释对人力资源管理实践的有效性进行评估的方法。
4. 描述人力资源管理职能的新结构。
5. 论述人力资源管理活动外包如何改善人力资源服务的效率和有效性。
6. 说明如何利用流程再造来对人力资源管理实践进行审查以及再设计。
7. 论述哪些新技术能够改善人力资源管理职能的效率和有效性。
8. 列举高层人力资源管理人员成为公司战略伙伴需要具备的胜任能力。

进入企业世界

谷歌公司的人力资源管理

你会如何领导谷歌公司的人力资源部门？谷歌不仅是世界上最成功的科技公司之一，而且是一个很“酷”的品牌，这家公司在过去五年中超过100次被评选为最佳雇主，包括美国（以及其他许多国家）最佳工作场所排行榜第一名，最多元化雇主排行榜第一名以及雇用员工类型最多雇主排行榜第一名——雇用的员工类型包括身体残疾者、亚裔、夏威夷人、太平洋岛民、美国印第安人、阿拉斯加土著、拉丁裔、西班牙裔、中东人、黑人、非裔、亚洲人、印度人以及同性恋者。

拉兹洛·博克（Laszlo Bock）领导谷歌的人员运营职能，该职能负责与吸引、发展和留住“谷歌人”相关的所有领域。博克在加入谷歌公司之前曾是通用电气金融服务公司的高层管理人员，曾在麦肯锡公司做过管理咨询顾问。在他加入谷歌时，公司的人力资源部（那时候还叫人力资源部，现在则称为人员运营部）只关注招募事宜，很少去思考各种管理项目的有效性，甚至不关心管理项目的成本：他们在那个时候的目标仅仅是尽可能找来更多的优秀人才。

因为拉兹洛·博克在谷歌没被传统的人力资源管理思维模式所束缚，所以他力图开创一个新的有效的人力资源管理职能。他想要开发一种新的人力资源管理职能，这种职能比传统的人力资源管理职能更能了解客户的业务、预见到客户的需求。他希望这种新的人力资源管理职能去做一些对公司有价值的事情，同时向大家展示出人力资源部门能够对公司产生重要影响。为此，他为该职能制定了愿景和战略，特别强调了这个职能在公司中扮演的角色。他通过一些技术和流程的设计，使谷歌公司的领导者和管理者能够更为有效地管理“谷歌人”。最后，他还需要雇用、培训、激励和维系各类正确的人力资源管理人才，这些人具有执行这种人力资源战略的能力。如果你是拉兹洛·博克，你会如何领导谷歌公司的人员运营职能？

资料来源：Personal Communication，June 2010.

16.1　本章介绍

在本书的各章中，我们都在强调人力资源管理实践如何有助于企业赢得竞争优势。我们明确了与以下内容有关的一些具体做法：管理内部和外部环境；对职位进行设计并且对工作成果进行衡量；人力资源的获取、开发和报酬。我们还讨论了当前最好的一些研究结果和管理实践，力图展示这些东西如何对一家公司的竞争优势做出自己的贡献。

正如我们在第1章中说过的，人力资源管理职能扮演的角色已经并且正在随着时间的推移而发生变化。就像我们在本章开篇案例中看到的，人力资源管理正站在一个十字路口。尽管人力资源管理一开始是以一种纯粹的行政管理职能的面目出现的，但是大多数企业的高层人力资源管理者现在已经把这种职能当成是一种战略性很强的职能。然而，这种转变导致执行人力资源管理职能的人员具有的技能和能力与这种职能面临的新要求之间出现了错位。事实上，所有一流公司中的人力资源管理职能都在经历一个重塑过程，目的在于创造出一种既能够承担新的战略角色，同时又能够成功地履行原有的各种职责的新型人力资源管理职能，这一转型趋势在全球范围内越来越流行。本章的主题正是如何管理这一过程。首先，我们将讨论人力资源管理职能承担的各种工作活动。然后，我们将考察如何建立以市场为导向或者以客户为导向的人力资源管理职能。接下来，我们会描述大多数人力资源管理职能目前的结构。最后，我们将探讨在对人力资源管理职能的有效性进行评价时可以使用哪些方法。

16.2　人力资源管理的各种活动

为了理解在人力资源管理领域正在发生的各种变化，我们必须首先理解人力资源管理各种活动的战略价值。对人力资源管理活动进行分类的方法之一可以参见图16-1。事务性活动（像福利管理、人事记录、员工服务等日常事务活动）只有较低的战略价值。绩效管理、培训、招募和甄选、薪酬管理以及员工关系等传统人力资源管理活动是人力资源管理职能的核心和具体内容。这些活动具有中度的战略价值，这是因为它们往往构成了能够确保战略得到贯彻执行的各种人力资源管理实践和制度。比如，人力资源管理的角色之一就是制定政策——规范销售人员在国外做销售的行为。这里的

“通过全球化进行竞争”专栏以案例形式辨析了销售人员给客户送礼和实施贿赂之间的区别。变革性人力资源管理活动则为企业培育了长期发展的能力以及适应性。这些方面的活动包括知识管理、管理技能开发、文化变革以及战略调整和战略更新。很显然，这些人力资源管理活动对企业的战略价值是最高的。

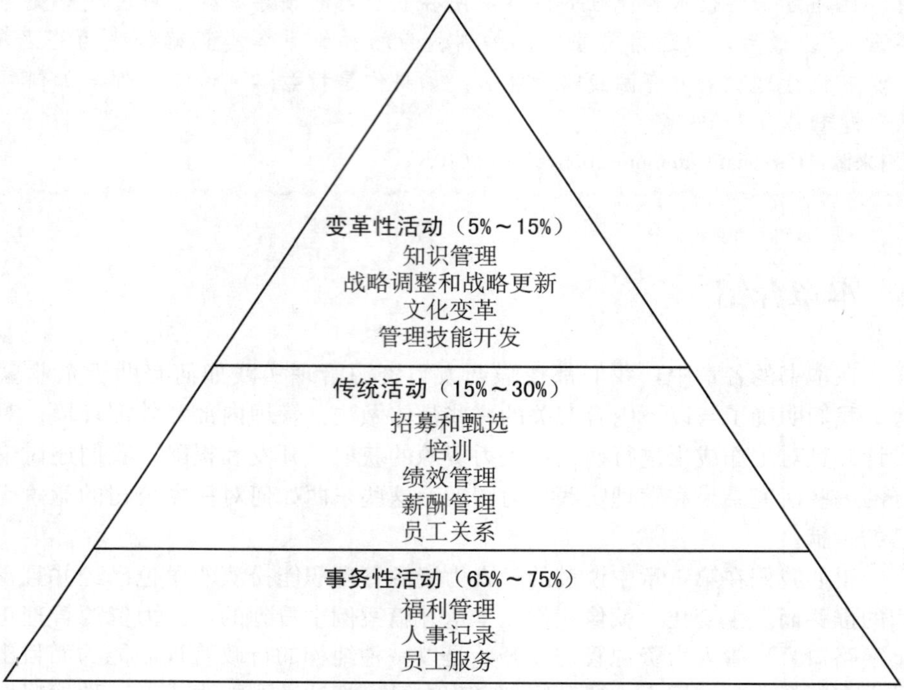

图16-1　人力资源管理活动的种类及其所占时间的百分比

资料来源：P. Wright, G. McMahan, S. Snell, and B. Gerhart, *Strategic Human Resource Management: Building Human Capital and Organizational Capability*. Technical report. Cornell University, 1998.

正如我们从图中可以看到的，大多数人力资源管理职能把大部分时间花在了日常的事务性活动上，在传统人力资源管理活动上花费的时间相对来说就少多了，至于在变革性人力资源管理活动上花费的时间更是少得可怜。然而，实际上，人力资源管理职能要想为企业增加附加值，就必须增加它们在传统和变革性人力资源管理活动方面付出的努力。为了做到这一点，企业的高层人力资源管理者必须做到以下几点：第一，为人力资源管理职能制定战略；第二，对人力资源管理职能在当前的有效性进行评价；第三，通过人力资源管理活动的再设计、再造以及外包来改善人力资源管理职能的效率和有效性。所有这些问题我们会在下面分别讲述。

通过全球化进行竞争

什么时候送礼变成了贿赂？

企业经常要求人力资源部门制定与伦理道德和法律要求相适应的、组织成员必须遵守的各种政策。在海外从事经营活动的企业经常会遇到一些与美国不同的商业惯例。美国颁布的《反海外腐败行为法》将其中的一些行为确定为非法。然而，确定这些行为属于合法还是非法的界限却并不清晰。因此，美国司法部和证券交易委员会近期发布了一份 130 页的文件，为企业的行为——尤其是在送礼、旅行和娱乐活动方面的行为——提供指导。

这份文件指出："如果把提供咖啡、打车费或者有名义价值的公司促销品都视为腐败的证据，那种情形令人很难想象。"同样，用于"表达尊敬和感激之情的小礼物"也不属于腐败的范畴。

然而，为政府官员过生日支付价值 1.2 万美元的包括参观葡萄酒厂的旅游却不在免责的范围之内。同样，请政府官员及其妻子到巴黎去旅游并提供专职司机接送，或者花 1 万欧元请官员吃饭、喝酒和娱乐也被认为是违法的。

自 2009 年以来，已经有 50 多家企业被检举违反了《反海外腐败行为法》，开出的罚单超过 20 亿美元。2008 年，西门子公司为获得政府合同而向外国官员行贿数百万美元，结果被处以迄今为止金额最高的 8 亿美元罚款。

讨论题

全球化人力资源管理职能如何确定在一个价值观和法律与本国不同的国家中运营时做到了遵守本国的价值观和法律？

资料来源：J. Palazzolo, and C. M. Matthews, "Bribery Law Dos and Don'ts," *Wall Street Journal*, November 15, 2012, pp. B1-2.

16.3　人力资源管理职能的战略管理

由于人力资源管理职能扮演着不同的角色，需要完成不同的活动，因此，我们很容易看出，任何一种职能实际上都无法（或者不应当）有效地同时承担起所有这些角色和活动。尽管这是一个值得称赞的目标，但是由于面临时间、经费以及人员等方面的资源约束，往往要求企业的高层人力资源管理者必须做出一种战略选择，即将现有的资源分配到哪里以及如何分配，才最有利于企业的价值最大化。

本书第 2 章的内容集中对发生在组织层次上的总体战略管理过程进行解释，同时还讨论了人力资源管理在战略管理过程中起到的作用。人力资源管理已经被看成是企业的一个战略伙伴，它参与到企业的战略制定过程之中，并且通过制定和调整人力资源管理计划来帮助完成企业战略的贯彻和执行工作。然而，人力资源管理职能要想从定位上成为一种战略性职能，就必须把自己当成一个独立的经营单位，做好自己的战略管理工作以更有效地服务内部客户。

在这方面，最近在人力资源管理领域内部出现了一个与全面质量管理哲学一脉相承的新趋势，这就是企业的高层人力资源管理者应当采取一种以客户为导向的方法来履行人力资源管理职能。换言之，在企业层次上发生的战略规划过程，同样可以在人力资源管理职能内部进行。在一些比较先进的美国公司中，高层人力资源管理者已经开始把人力资源管理职能当成一个战略性的业务单位，并且试图根据它们的客户基础、客户需要以及满足客户需要的技术等来界定自己的业务（见图 16－2）。比如，固特异公司首席人力资源官乔·鲁奥科（Joe Ruocco）就鼓励公司人力资源部门采取以客户为中心的方法。如图 16－3 所示，他们将业务（直线客户）和员工（同事）作为主要客户，并通过具体事例说明了为满足客户需求可供使用的不同方法和流程。

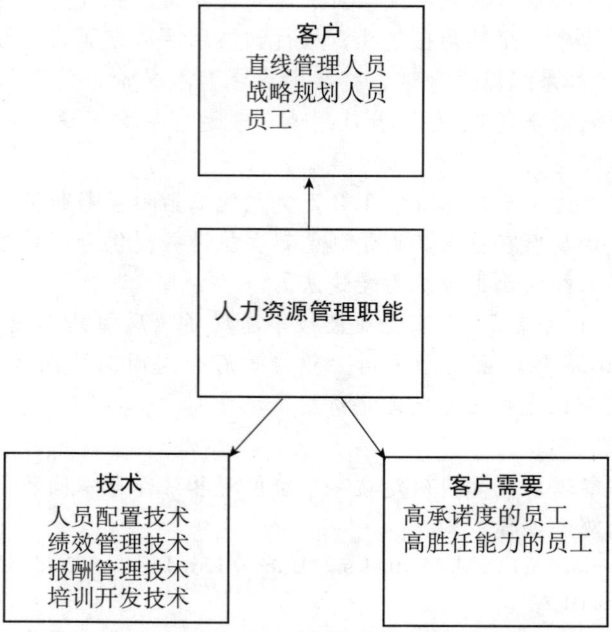

图 16-2　人力资源管理职能的客户导向观

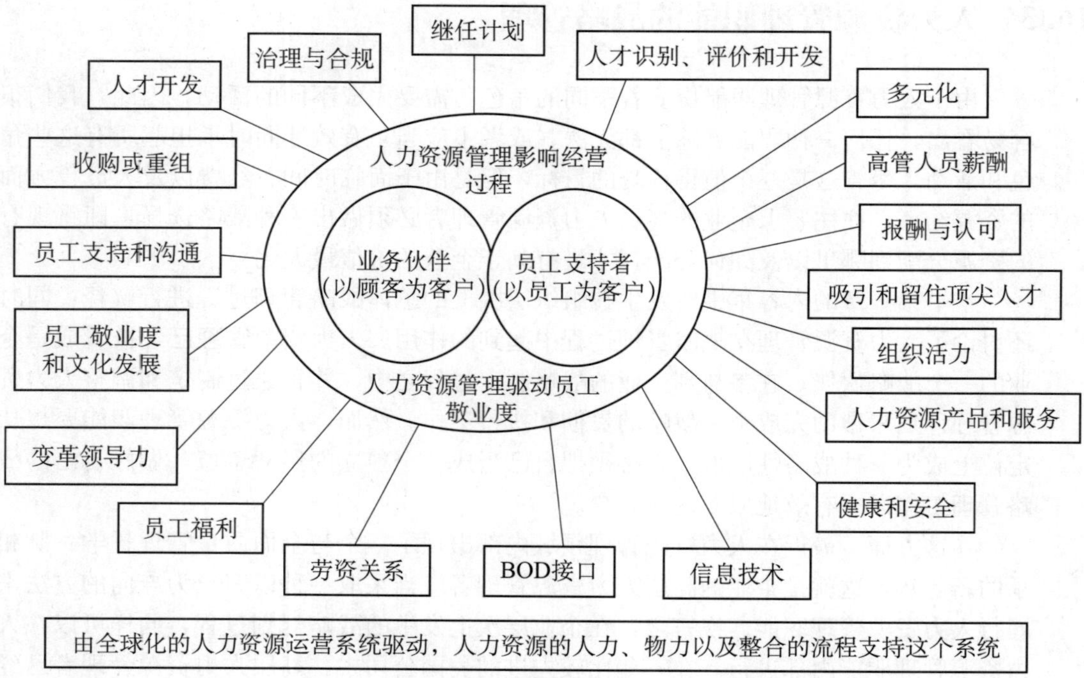

图 16-3　固特异公司以客户为中心的人力资源管理

资料来源：Courtesy of Goodyear Chief HR Officer Joe Ruocco.

以客户为导向是人力资源管理职能试图转变为战略性职能时发生的一个最为重要的变化。这种变化的第一步就是要确认谁是自己的客户。最明显的人力资源客户是那些需要得到人力资源服务的直线管理人员。此外，战略规划团队也是人力资源管理部门的一个客户，因为这个小组也需要对与人有关的业务问题加以确认、分析并且提供建议。员工也是人力资源管理部门的一个客户，这是因为，他们因雇佣关系的存在而获得的报酬是由人力资源管理部门确定并加以管理的。

此外，还必须确认人力资源管理部门的产品有哪些。直线管理人员希望获得组织承诺度较高的高质量员工。战略规划团队不仅需要获得战略规划过程所需要的相关信息以及建议，同时还需要在战略规划执行时获得人力资源管理方面的支持。员工则期望得到一整套具有连续性、充足性以及公平性的薪酬福利计划，同时希望得到公平的晋升。在西南航空公司，“与人有关的”部门坚持对所有离开该部门的客户进行调查，以衡量他们的需要在多大程度上得到了满足。

最后，人力资源管理部门需要通过哪些技术来满足客户的需要还会因要满足的客户需要本身的不同而有所变化。甄选系统需要确保所有被挑选出来的求职者都具有为组织带来价值增值所必需的知识、技能和能力。培训和开发系统则需要通过向员工提供发展的机会来确保他们不断增加自己的人力资本，从而为企业提供更高的价值，最终满足直线管理人员和员工双方的需要。绩效管理系统则需要向员工表明企业对他们的期望是什么，并且向直线管理人员和战略制定者保证员工的行为会与组织的目标相一致。最后，报酬系统需要给所有的客户（直线管理人员、战略规划人员以及员工）带来类似的收益。这些管理系统将向直线管理人员保证员工会运用他们的知识和技能来服务于组织的利益，它们还向战略规划人员提供相应的措施，以确保所有的员工都采取支持企业战略规划的行为。另一方面，报酬系统显然对员工的技能投资以及他们付出的努力提供了等价的回报。

16.4　制定人力资源战略

16.4.1　基本流程

人力资源管理职能如何制定自己的人力资源战略？近期的一些研究关注的是人力资源管理职能通过何种程序制定能够支持经营战略的人力资源战略。赖特（Wright）和他的同事通过对 20 家不同公司的案例进行研究，总结出了与制定经营战略的过程一致的通用人力资源战略制定方法。[1]

如图 16－4 所示，人力资源管理职能首先需要对环境进行考察，从而确定哪些发展趋势或事件会对组织产生深刻影响（例如，未来的人才短缺、移民人口的增加、员工的老龄化，等等）。

图 16－4　确定人力资源战略的基本流程

然后，需要考察各种战略经营问题或需求。（例如，公司正在成长吗？公司要进行全球扩张吗？公司需要开发新技术吗？）例如，图 16－5 就展示了固特异公司的经营战略的重点。我们可以从这个例子中发现，该公司的一个非常清晰的战略重点就是吸引、激励和留住人才。

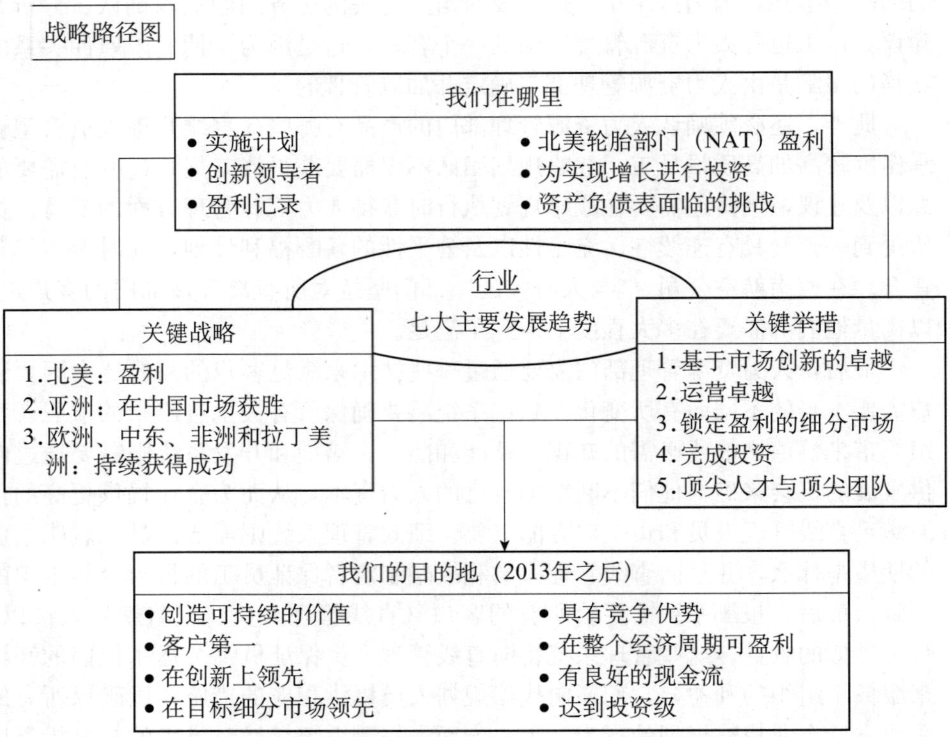

图 16－5　固特异公司的战略重点

从这些问题中可以发现，人力资源管理战略团队需要明确对于企业经营成功非常关键的那些特定的人员方面的问题（例如，出现潜在的领导力真空、缺乏技术专长、缺乏员工队伍的多元化，等等）。所有这些信息都可以运用到人力资源战略的制定方面——人力资源战略提供了一份详细的计划来说明企业在人力资源方面需要优先完成的重点工作，以及需要制定或实施的程序、政策和流程，等等。最后，这种人力资源战略还需要传达给相关的各方，无论是人力资源管理职能内部的人员，还是职能外部的人员。让我们看一看图 16－6 中展示的固特异公司的人力资源战略，这一战略表明了该公司准备怎样在劳动力市场上区别于其他企业，同时还表明了人力资源战略力求解决哪些重点领域中的问题。

因此，人力资源战略就是一个引导人力资源专员的框架，帮助他们理解可以从哪些地方以及如何对公司产生影响。在谷歌，四管齐下的人员运营战略包含：

1. “找到人才，发展人才，留住人才。”是指找到最好的人为谷歌工作，让他们成长，开发他们的技能，想尽办法将他们留在谷歌。

2. “用户第一。”这同样也是谷歌公司的目标，表明人力资源部门怎样考虑人员运营的用户——谷歌其他的员工。

3. “在帮助其他人之前请先戴上自己的氧气面罩。”这个目标背后隐含的思想是：现在许多企业的人力资源部门为其他部门的员工服务，却忘了发展和提高部门内员工的能力。因为这样可能导致最好的、最有才能的人没通过本公司的招聘而成为别的公司人力资源部门的领导，所以最终损害了人力资源部门为组织其他部门服务的职能。

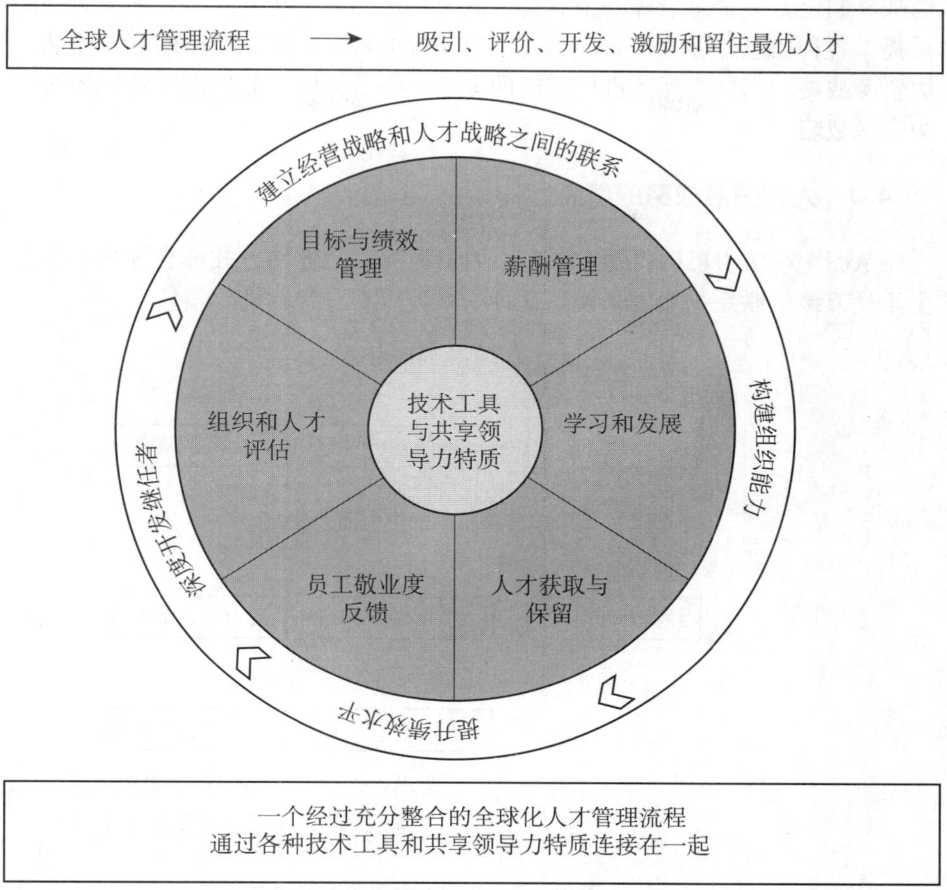

图 16-6　固特异公司的全球人才管理流程

4. “故意留白的空间。”在谷歌的工作环境中，事情变化得非常快，这造成了很大的不确定性。不确定性导致员工较低的工作积极性和满意度，协作性较差，同事间竞争加剧，员工更容易离开公司。因此，“故意留白的空间”确认了谷歌内部和外部环境的动态性。[2]

16.4.2　直线高层管理人员的参与

这种通用人力资源战略制定流程为吸收直线高层管理人员通过若干途径参与人力资源战略的制定提供了可能。因为人力资源战略要解决经营方面的问题，所以，吸收那些负责企业经营的人员参与人力资源战略的制定过程，有助于为人力资源战略的制定提供更高质量的信息。吸收直线高层管理人员参与人力资源战略制定的途径有多种。首先，直线高层管理人员可以简单地提供一些信息，人力资源战略制定者可以通过对这些人进行调查或者是访谈来了解企业面临的各种经营挑战以及采取的经营战略。其次，直线高层管理人员也可以成为人力资源战略制定团队中的一员。再次，一旦人力资源战略制定出来，这些直线高层管理人员还需要了解人力资源战略方面的一些信息。最后，直线高层管理人员可以对战略进行正式批准，实际上就是通过“签署”人力资源战略来确认这种战略能够为企业的经营战略提供充分的支持。在人力资源战略制定方面做得最好的企业会全面采用这四种参与方式，要求大量的高层管理人员提供各种信息，吸收一到两名高层管理者加入人力资源战略的制定团队，同时就人力资源战略与高层管理者进行广泛的沟通，最后促使企业的高层管理团队正式批准人力资源战略。

16.4.3 人力资源战略的特点

从图 16－7 中可以得知，制定人力资源战略的各种方式都会导致其与经营之间产生千丝万缕的联系。总的来说，这种联系可以划分为四类。

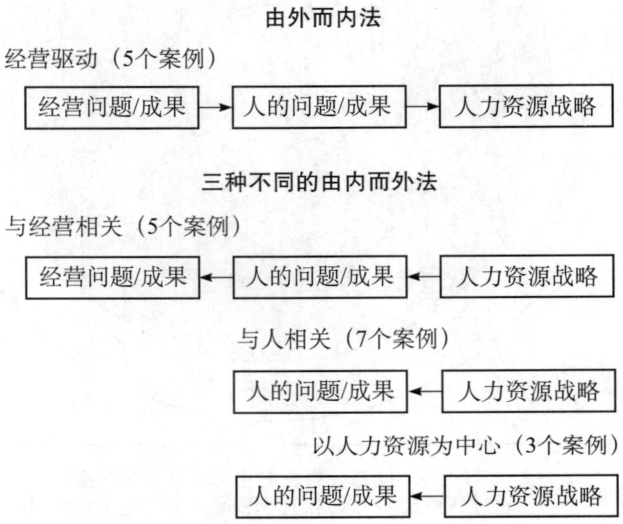

图 16－7 制定人力资源战略的方法

首先，在最基本的层面上，“以人力资源为中心”的人力资源管理职能确定的人的成果，更多的是从人力资源管理职能当前正在做什么的分析中得出的，而不是从这些人的成果与更大范围的企业经营是如何联系在一起的分析中得出的。其次，“与人相关”的人力资源管理职能已经清晰地界定出所需完成的各种人力资源管理活动，然后再围绕各种人的问题及其成果而不是经营问题建立起这些活动之间的联系，并使它们保持内部一致。再次，“与经营相关”的人力资源管理职能则以评估组织的人力资源管理当前正在做什么为起点，然后确定应该关注的人的重点成果是什么。在少数情况下，还会确定人的成果将会怎样转化为积极的经营成果。最后，“经营驱动”的人力资源管理职能则充分按照以下方式制定全面的人力资源战略，它一开始首先确定企业的主要经营需要和各种问题，然后考虑什么样的人能够与之相匹配以及人需要达成哪些必要的成果，最后再建立起能够满足这些需要的人力资源管理系统。比如，克罗格公司寻求发展一种新的在零售杂货店市场中竞争的战略，这就需要新的领导方式。图 16－8 展示了执行战略所需的领导力，更需要强调的是领导对人和结果的激情，而激情需要和这些更具体的胜任力互相补充。

人力资源战略必须帮助企业解决它们面临的足以决定其成败的各种经营问题。随着发现、吸引和留住人才成为一个关键问题，作为人力资源战略的一个组成部分的每一种人力资源管理职能实际上都需要强调这一点（这种情况可以从 IBM 的人力资源

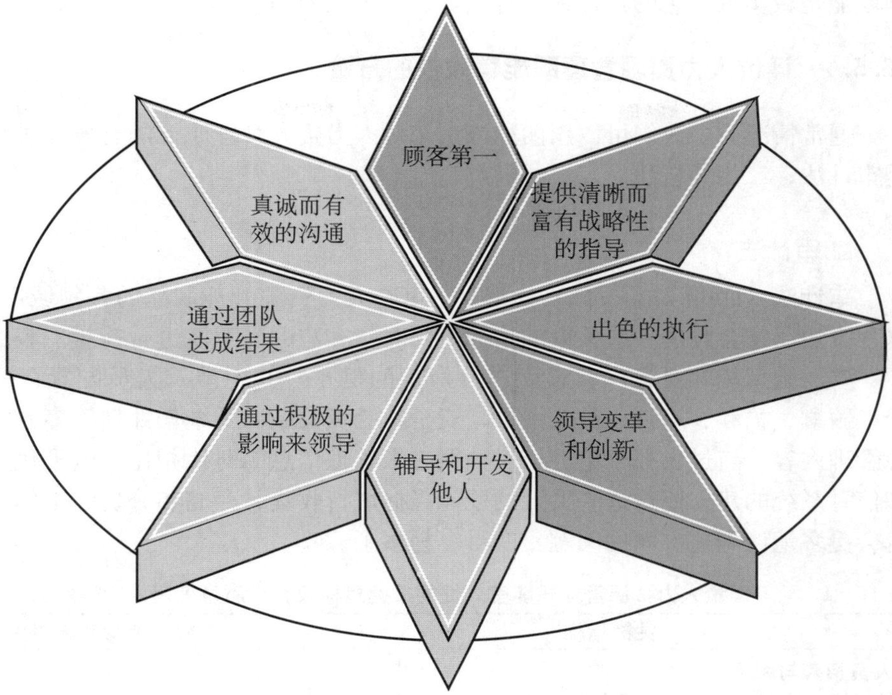

图 16-8　克罗格公司的领导力模型

资料来源：Courtesy of Kroger Chief HR Officer Katy Barclay.

战略中看出来)。

16.5　人力资源管理有效性的衡量

人力资源管理职能的战略决策过程要求决策者对现有人力资源管理职能的有效性有一个清楚的把握。这种信息为人力资源管理的程序、制度以及人力资源管理人员需要改善哪些技能的决策奠定了一个有力的基础。通常情况下，那些长期从事事务性活动的人力资源管理职能不仅缺乏开展高水准的传统人力资源管理活动所必需的各种制度、程序以及技能，而且不能对组织的变革做出贡献。这样，对人力资源管理职能的有效性进行诊断就能够为人力资源管理职能的战略性管理提供非常关键的信息。

此外，对人力资源管理职能的有效性进行衡量还能够产生以下几个方面的收益[3]：

- 推销人力资源管理职能。对人力资源管理职能的有效性进行评价本身向其他管理人员表明，人力资源管理职能确确实实关心企业的整体，并且正在努力为组织的经营、生产、营销以及其他职能提供支持。与人力资源管理有关的成本节约和收益等方面的信息向内部客户证明了人力资源管理实践确实为企业的利润做出了贡献。这些信息对人力资源管理职能获取额外的业务来说也是很有用的。
- 提供解释性证据。对人力资源管理职能的有效性评价还有助于说明人力资源管理职能是否实现了它的目标并且有效地利用了它的预算。

16.5.1 评价人力资源管理职能有效性的方法

通常情况下，我们可以用两种方法来对人力资源管理职能的有效性进行评价：一是审计法；二是分析法。

■ 审计法

审计法（audit approach）的重点是审查人力资源管理职能的各领域产生的结果。这种方法通常会收集一些关键的指标，同时对客户的满意度进行衡量。表16－1列举了一些关键指标和对客户满意度进行衡量的例子，其中涉及人员配置、公平就业机会、薪酬、福利、培训、员工评价、安全、劳资关系以及继任计划等多方面的人力资源管理内容。与过去那个单纯依靠档案夹来整理信息的时代相比，电子化员工数据库和信息系统的建立使对这些关键的职能指标进行收集、存储和分析的工作（本章后面将会更多地谈到这方面的问题）变得容易多了。

表16－1　衡量人力资源管理职能有效性的关键指标及客户满意度衡量指标示例

关键指标	客户满意度衡量指标
人员招募与配置	
填补职位空缺需要的平均天数 实际接受雇佣人数和企业发放雇佣通知的总人数之比 少数族裔/女性求职者在求职者中所占的比例与当地劳动力市场上同类比例的一致程度 人均招募成本 在每一职位族中雇用的员工的平均工作年限/受教育年限	对人员需要的预测 将高质量员工推荐给直线管理人员的时限 求职者受到的对待 终止雇佣关系的技巧 对劳动力市场条件变化的适应性
公平就业机会	
卷入公平就业机会争议的员工占员工总人数的比例 根据公平就业机会法分类的各种少数族裔员工人数 少数族裔员工的流动率	公平就业机会争议的解决 人事部门为企业执行积极的反歧视行动计划所提供的日常帮助 为寻找高质量的女性和少数族裔求职者而开展的积极的招募活动
薪酬	
人均绩效加薪幅度 提出重新划分薪酬等级的员工占员工总人数的比例 加班工时占正常工时的百分比 企业平均薪酬水平与所在社区平均薪酬水平之比	现有职位评价系统在安排薪酬等级和薪酬水平方面的公平性 薪酬水平在当地劳动力市场上的竞争力 薪酬和绩效之间的关系 员工对薪酬的满意度
福利	
平均失业保险金 平均工伤保险金 每一美元薪酬对应的福利成本 病假薪酬在总薪酬中所占的比例	福利申请处理的及时性 福利政策执行的公平性和连续性 与员工进行的福利方面的沟通 在减少潜在的不必要的福利申请方面向直线管理者提供的帮助

续前表

关键指标	客户满意度衡量指标
培训	
在每一职位族中参加培训项目的员工在该类员工总人数中所占的比例 得到学费报销的员工占员工总人数的比例 在每位员工身上支出的培训经费	培训项目满足员工以及企业需要的程度 将各种可能的培训机会告知员工 新员工入职培训或定位培训的质量
员工评价与开发	
绩效评价等级的分布 绩效评价表格具有恰当的心理学特征	帮助员工发现自己的管理潜能 由人力资源管理部门主导的组织开发活动
继任计划	
获得晋升人员占员工总人数的比例 用内部候选人填补的和用外部候选人填补的职位空缺数之比	内部晋升的程度 在职业规划方面向员工提供的帮助或咨询服务
安全	
事故发生频率和严重事故发生的比率 与每 1 000 美元薪酬总额相对应的安全支出 在每平方英尺的工厂区域内发生的安全损失（比如火灾、盗窃等）	为直线管理人员提供组织安全教育计划方面的帮助 为直线管理人员提供发现潜在安全隐患方面的帮助 为直线管理人员提供塑造良好工作环境（照明、清洁、供暖等）方面的帮助
劳资关系	
因薪酬计划导致的劳资争议人数占员工总人数的比例 停工频率和持续时间 争议得到解决的比例	在处理劳资争议方面向直线管理人员提供的帮助 为在工厂中提倡和推动合作精神而付出的努力 为监控工厂中的员工关系氛围而付出的努力
总体有效性	
人力资源管理人员占员工总人数的比例 流动率 缺勤率 人均收益与人均成本的比率 每位员工的净收益	向管理层以及员工所提供信息的准确性和明确度 人力资源管理人员的胜任能力和经验 企业内其他部门和人力资源管理部门之间的工作关系

资料来源：Reprinted with permission. Excerpts from Chapter 15，"Evaluating Human Resource Effectiveness，" pp. 187-222，by Anne S. Tsui and Luis R. Gomez-Mejia，from *Human Resource Management：Evolving Roles and Responsibilities*，edited by Lee Dyer. Copyright © 1988 by The Bureau of National Affairs，Inc.，Washington，DC，20037. To order BNA publications call toll free 1-800-960-1220.

我们在前面已经讨论过，作为战略管理过程的一个组成部分的人力资源管理职能怎样才能在更大程度上以客户为导向。如果人力资源管理职能确实以客户为导向，那么，对人力资源管理有效性进行考察的一个很重要的来源就是客户。正如企业常常对自己的外部客户进行调查，从而了解客户对本企业所提供的服务有何感受一样，企业的人力资源管理职能部门也可以针对它们的内部客户做一些这样的调查。

人力资源管理职能的一个非常重要的客户就是企业自己的员工。员工常常既直接与人力资源管理职能打交道（通过福利管理和薪酬管理等活动），又通过参与以下一些活动与人力资源管理职能间接打交道，比如，接受绩效评价、获得加薪以及参加培训项目等。许多企业，如美国AT&T公司、摩托罗拉公司以及通用电气公司等，都利用正式的员工态度调查来对员工的感受进行调查，这时，员工就是企业各种人力资源管理计划和实践的使用者或客户。[4]然而，如果仅仅从员工一个方面来对人力资源管理职能的有效性进行评价，就会产生很多问题。问题之一是：他们常常不是站在对企业有利的角度来回答问题，相反，他们常常是从如何对自己有利的角度来回答问题。比如，员工总是强调对自己的薪酬水平不满意（谁不愿意多拿点钱呢），但是，如果简单地提高整个员工队伍的薪酬水平，就会在劳动力成本方面把企业放在一个极为不利的位置上。

因此，许多企业都把对高层直线管理人员的调查作为对人力资源管理职能的有效性进行评价的另一种更好的方法。企业的高层直线管理者可以从战略的高度看到企业的人力资源管理系统与管理实践对员工以及企业的整体有效性是如何产生影响的。此外，这种做法还有利于明确企业的人力资源管理人员对其职能有效性的看法是否与从事直线管理的那些同事的看法一致。比如，一项以14家企业为对象进行的研究表明，尽管企业高层人力资源管理者和高层直线管理者对人力资源管理职能提供服务的相对有效性具有较为一致的看法——比如，人员招募配置系统和培训系统分别是有效性最高和最低的两种人力资源服务，但他们在人力资源管理职能的绝对有效性水平方面却存在很大的分歧。如图16-9所示，人力资源管理人员对自己在不同角色方面的有效性所做的评价同样与直线管理人员的评价相去甚远。此外，如图16-10所示，相对于人力资源管理对企业整体有效性做出的实际贡献而言，直线管理人员对人力资源管理职能的有效性做出的评价显著偏低。[5]

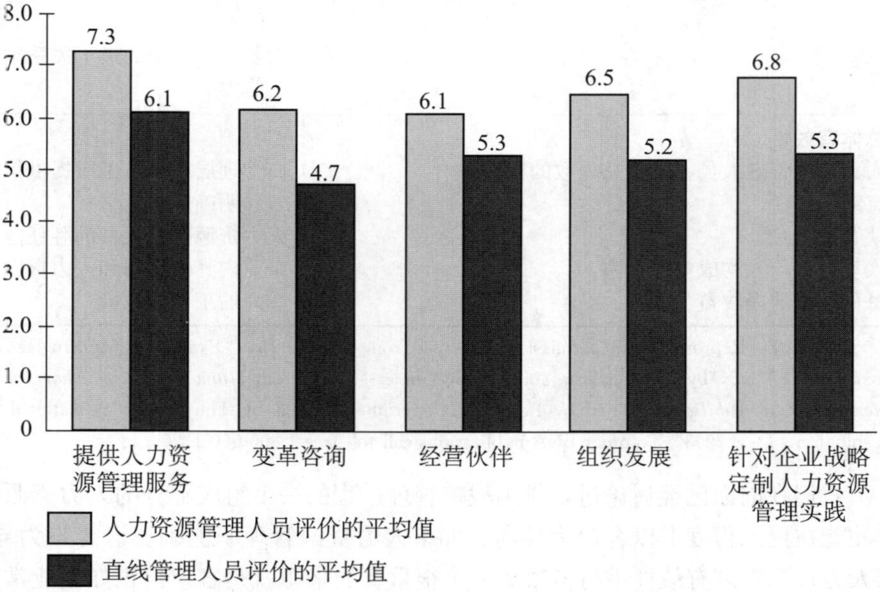

图16-9 人力资源管理者和直线高层管理者对人力资源管理角色的有效性的评价

资料来源：P. Wright，G. McMahan，S. Snell，and B. Gerhart，"Comparing Line and HR Executives' Perceptions of HR Effectiveness：Services，Roles，and Contributions，" CAHRS（Center for Advanced Human Resource Studies）working paper 98-29，School of ILR，Cornell University，Ithaca，NY.

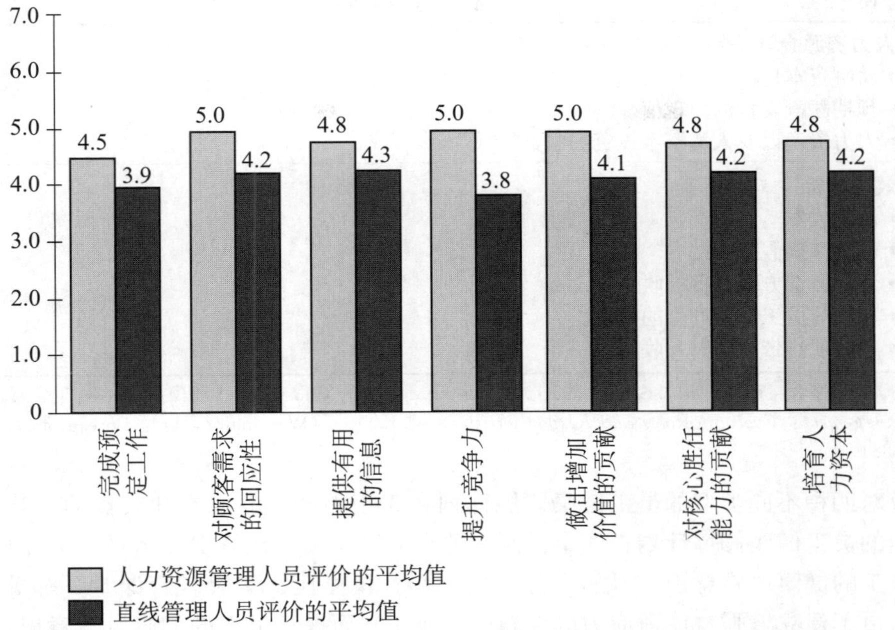

图 16－10　人力资源管理者和直线高层管理者对人力资源管理的贡献有效性的评价

资料来源：P. Wright，G. McMahan，S. Snell，and B. Gerhart，"Comparing Line and HR Executives' Perceptions of HR Effectiveness：Services，Roles，and Contributions，" CAHRS（Center for Advanced Human Resource Studies）working paper 98-29，School of ILR，Cornell University，Ithaca，NY.

■ 分析法

分析法（analytic approach）的重点主要有三个：第一，考察某一特定的人力资源管理方案或实践（比如，某一培训项目或某一新的薪酬制度）是否达到了既定的效果。第二，估计某项人力资源管理实践可能产生的经济成本和收益。第三，用分析性数据提升组织的有效性。比如，我们在第 7 章中讨论过企业如何确定某个培训项目对受训者的学习、行为以及结果产生的影响。对某个培训项目进行评价是明确该培训计划是否起作用的基本战略之一。通常情况下，在对该项培训计划的整体有效性进行评价时，我们感兴趣的是该计划带来变化的大小。

第二个基本战略是在把相关培训项目的所有成本都考虑在内的前提下，对该培训项目的货币价值进行评估。在运用这种战略时，我们并不关心它到底带来了多大的变化，而只是关心它的货币价值（成本和收益）如何。表 16－2 列举了各种成本—收益分析的类型。人力资源会计法试图为人力资源确定一个货币价值，就像为物力资源（比如，工厂和设备）或经济资源（比如，现金）进行定价一样。效用分析则试图预测员工的行为（比如，缺勤、流动、工作绩效和药物滥用，等等）所产生的经济影响。

比如，员工健康修炼计划（wellness programs）是一种很普遍的人力资源管理项目，该项目的目的是通过降低员工患心脏病和癌症的风险来减少企业的医疗保健成本。一项研究评估了四种不同类型的员工健康修炼计划。在该项研究中，有一部分涉

表 16-2　成本—收益分析的类型

人力资源会计法 • 薪酬资本化 • 预期薪酬支付的净现值 • 人力资产以及人力资本投资的收益
效用分析 • 流动成本 • 缺勤和病假成本 • 通过甄选方案获得的收益 • 积极的员工态度产生的效果 • 培训项目带来的财务收益

资料来源：Based on A. S. Tsui and L. R. Gomez-Mejia, "Evaluating HR Effectiveness," in *Human Resource Management: Evolving Roles and Responsibilities*, ed. L. Dyer (Washington, DC: Bureau of National Affairs, 1988), pp. 1-196.

及对四种不同类型的员工健康修炼计划在三年中产生的成本和收益的估算。[6]四种不同的员工健康修炼计划在四个不同的地点分别实施。在A处实施的计划主要是以提高员工的健康风险意识为目的（分发新资料、量血压、健康教育课堂，等等）。B处则为员工建立增强身体适应力的设施。C处一方面提高员工的健康风险意识，另一方面对存在健康风险的员工进行追踪。D处不但向员工提供健康教育和进一步的咨询，同时还提倡体能竞赛，并发起与健康有关的一系列活动。表16-3显示了在C处和D处采取的员工健康修炼计划的有效性及其成本有效性。

表 16-3　针对可能导致心血管疾病发生的四种风险因素采取的两项健康修炼计划的有效性及成本有效性对比

	C处	D处
每年在每位员工身上支出的直接项目成本（美元）	30.96	38.57
在各种心血管疾病发病风险[a]中，风险得到适当降低或者病情复发危险得到预防的那些风险所占百分比	48%	51%
每年在每位员工身上支出的每1美元导致的上述风险降低或得到预防的百分比	1.55%	1.32%
降低每1%的风险或预防每1%的病情复发所花费的美元	0.65	0.76

a. 高血压、体重过高、抽烟以及缺乏锻炼。

资料来源：J. C. Erfurt, A. Foote, and M. A. Heirich, "The Cost-Effectiveness of Worksite Wellness Programs," *Personnel Psychology* 45 (1992), p. 22.

与审计法相比，分析法的要求更高一些，因为它要求得到较为详细的统计数据，同时需要支出一定的经费。表16-4举例说明了成本—收益分析法的复杂程度。在这张表中描绘的是为评价一种专门用于初级计算机程序员甄选的新型测试的货币价值，评价者需要得到的各类信息。

最后，人力资源分析法可以用于提升公司的有效性。比如，谷歌公司的人力资源分析法就揭示了员工的背景和能力与高绩效以及导致员工产生挫折感（员工感觉自己在公司中未受到重用）的首要原因之间是存在联系的。分析法还发现最理想的招募面试次数是5次，而不是以前的平均10次。

另外，该公司执行的氧气项目的目的是开发优秀的管理者（叫这个名字是因为好的管理者就像氧气一样使公司富有生气）。人力资源分析团队基于管理者的任务绩效

表 16 - 4　　为确定一项甄选测试的货币价值而需进行的分析举例

成本—收益信息	
当前雇佣人数	4 404
离职人数	618
甄选出来的人数	618
平均在职年限	9.69 年
测试信息	
求职者人数	1 236
每位求职者的测试成本	$10
总测试成本	$12 360
平均测试分数	0.80SD
测试效度	0.76
SD_Y（每年）[a]	$10 413
计算	
数量＝平均在职年限×甄选出来的人数 ＝9.69×618 ＝5 988(人·年)	
质量＝平均测试分数×测试效度×SD_Y ＝0.80×0.76×10 413 ＝6 331(美元/年)	
效用＝（数量×质量）－成本 ＝（5 988×6 331)－12 360 ＝3 790(万美元)	

a. SD_Y＝工作绩效的一个标准差代表的货币价值。大约等于平均薪酬水平的 40%。

资料来源：From J. W. Boudreau, "Utility Analysis," in *Human Resource Management: Evolving Roles and Responsibilities*, ed. L. Dyer（Washington, DC: Bureau of National Affairs, 1988）, p. 150; F. L. Schmidt, J. E. Hunter, R. C. McKenzie, and T. W. Muldrow, "Impact of Valid Selection Procedures on Work-Force Productivity," *Journal of Applied Psychology* 64（1979）, pp. 609-26.

和人员管理绩效这两个维度，对团队管理者进行绩效管理打分、员工调查和其他一些数据分析，然后对他们进行分组。接下来，分析团队针对在两个维度上同时表现最好（和最差）的团队管理者进行双盲研究，从而确定了优秀管理者具备的 8 个重要行为特征。[7]

16.6　提高人力资源管理的有效性

一旦企业的战略方向已经确定，并且对企业人力资源管理职能的有效性进行了评价，人力资源管理职能的领导者就可以着手探索如何提高人力资源管理职能在强化企业竞争力方面的有效性。现在让我们简要回顾图 16 - 1，该图描绘了人力资源管理职能包括的各种活动，而人力资源管理职能有效性的提高往往就集中在这一金字塔的两个方面。首先，在每一种人力资源管理活动内部，人力资源管理职能需要提高它在履行每一项活动时的效率和有效性。其次，人力资源管理还需要尽可能地减少事务性工作（以及某些传统工作）在自己的工作中所占的分量，从而把节约下来的时间和资源用于能够带来高附加值的变革性工作。组织结构（工作汇报关系）以及工作流程（通过业务外包和信息技术）的重新设计有利于上述两个方面目标的实现。图 16 - 11 描述了这样一种过程。

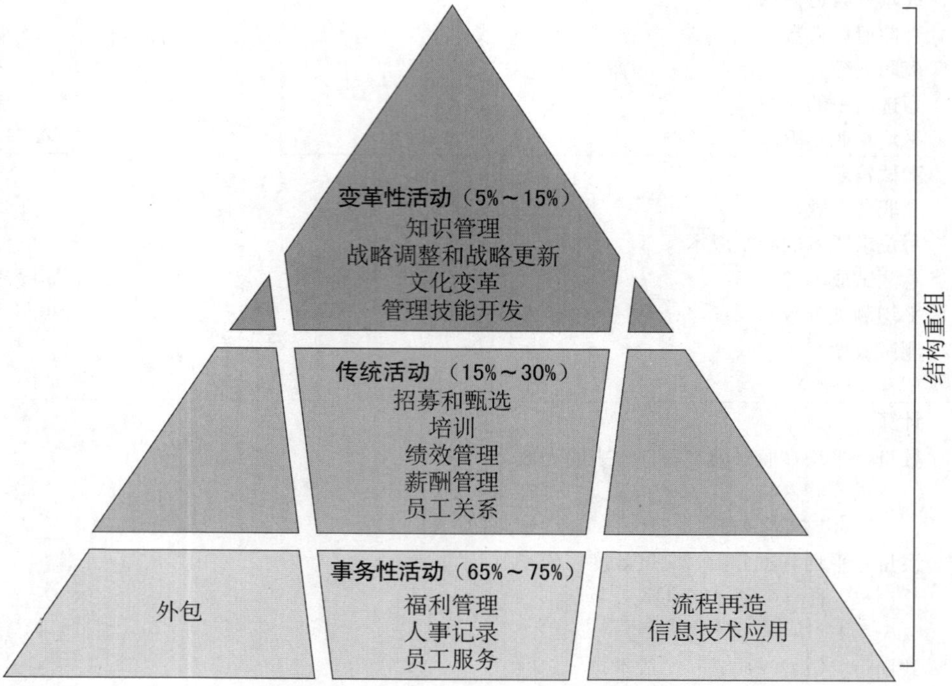

图 16-11 提高人力资源管理职能的有效性

16.6.1 通过结构重组提高人力资源管理的有效性

传统的人力资源管理职能是围绕员工配置、培训、薪酬、绩效评价以及劳资关系等人力资源管理的基本分支职能搭建起来的。在上述这些领域中，每一个领域都有一位主管负责向人力资源副总裁汇报工作，而这位人力资源副总裁常常又需要向一位负责财务和日常行政工作的副总裁汇报工作。然而，由于人力资源管理职能已经从战略层面对企业的有效性做出贡献，因此，高层人力资源管理者就必须成为高层管理团队中的一员（直接向首席执行官汇报工作），这样一来，人力资源管理职能的内部结构就必须做出重新安排。

最近比较常见的一种人力资源管理职能结构如图 16-12 所示。从图中可以看到，人力资源管理的基本职能被划分为三个部分：专家中心、现场人力资源管理者以及服务中心。[8]专家中心通常由招募、甄选、培训以及薪酬等传统人力资源管理领域中的职能专家组成。这些人的主要任务是以顾问的身份参与开发适用于企业的各种高水平的人力资源管理体系和流程。现场人力资源管理者由人力资源管理的多面手组成，他们被分派到企业的各个业务部门。这些人常常有着双重工作汇报关系，既向业务部门的直线领导者报告工作，同时也要向人力资源管理部门的领导者报告工作（尽管在汇报工作方面，业务部门的直线管理者处于优先地位）。从理论上来讲，这些现场人力资源管理者应当承担起下述两个方面的责任：第一，帮助自己所在业务部门的直线管理人员从战略的高度来强化人的问题；第二，确保人力资源管理体系能够帮助企业贯彻执行自己的战略。最后，在服务中心工作的那些人的主要任务是确保日常的事务性工作能够在整个组织中有效完成。这些服务中心常常通过运用信息技术来为员工提供服务。比如，雪佛龙石油公司等这样一些企业都建立了电话服务中心，员工可以给这个中心打电话，服务中心的工作人员会回答员工的各种提问并对他们的要求做出处理，同时完成各种事务性的手续。

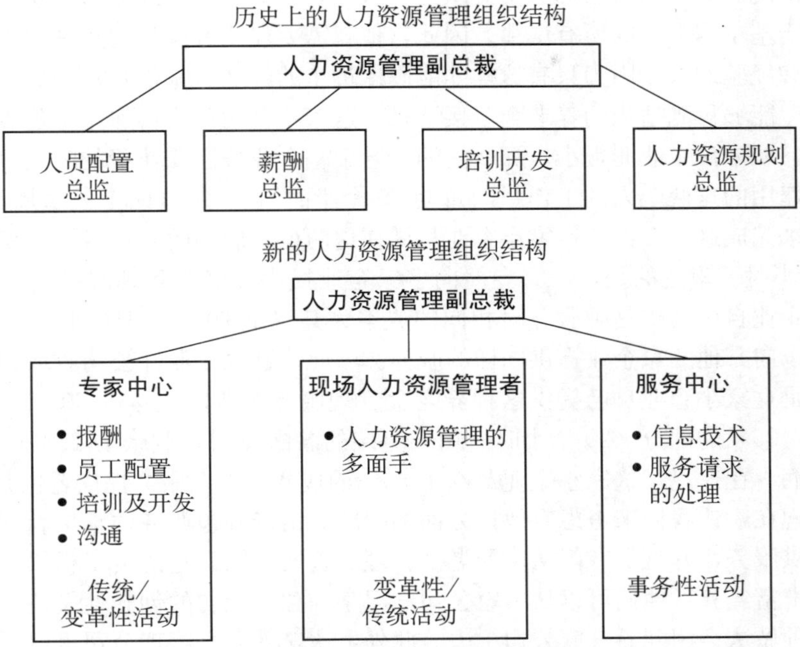

图 16－12　人力资源管理组织的新旧结构对比

资料来源：P. Wright，G. McMahan，S. Snell，and B. Gerhart，*Strategic Human Resource Management：Building Human Capital and Organizational Capability*. Technical report. Cornell University，1998.

这种组织结构安排通过专业化改善了人力资源服务的提供过程。专家中心的员工可以不受事务性工作的干扰，专注于开发自己现有的职能性技能。现场人力资源管理者则可以集中精力来了解本业务部门的工作环境，而不需要竭力维护专业职能领域中的专门知识。最后，服务中心的员工可以把主要精力用于为各业务部门提供基本的人力资源管理服务。

16.6.2　通过外包提高人力资源管理的有效性

在人力资源管理职能内部进行结构重组和流程再造是一种从内部提高人力资源管理职能有效性的方法。事实上，高层人力资源管理者越来越多地在探讨如何通过外包的途径提高本企业的人力资源管理系统、流程以及服务的有效性。**外包**（outsourcing）是指通过与外部的业务承包商签订合同，让它们来为企业提供某种产品或者服务，而不是让自己的员工在本企业内部生产这种产品或服务。

那么，为什么企业的人力资源管理活动或服务需要外包呢？通常有以下几方面的原因：一是与企业在内部生产相比，外部伙伴能够以更低的成本来提供某种产品或服务；二是外部伙伴能够比企业更为有效地完成某项工作。事实上，一开始，企业就是出于效率方面的原因才寻求业务外包的。那么，为什么外部提供者比企业内部的员工能够更有效率地提供某种服务呢？原因在于，这些外部服务提供者通常是某一方面的专家，它们能够建立和培育起一整套普遍适用于多家企业的综合性专业知识、经验和技能。

比如，现在让我们来考察一家想为员工建立一套养老金制度的规模相对较小的企业的情况。为了向自己的员工提供这种服务，人力资源管理职能的执行者首先需要了解关于基本养老金的所有法律。因此，他就需要雇用一位具有管理养老金系统的专门知识和经验的人，因为只有这样才能确保员工的养老金得以足额缴纳，同时确保退休的员工能够得到适当的养老金。接下来，这家小公司还要再雇用一位养老金基金投资专家。如果该企业非常小，那么它的养老金基金业务需要花费的时间可能并不足以填满新雇用的这两个人的工作量（每周80个小时）。假定这两个人每周只需要用20个小时来完成这项工作，这家小企业每周在这两位新雇用的员工身上浪费的时间就高达60个小时。幸运的是，一家专门向多家企业提供养老金管理服务的公司可以用与上述小企业自己提供这种服务时相同的成本为其提供20个小时的服务，这家公司同时还可以向其他三家企业提供同样的服务。因此，这家专业性公司收取的服务费用可能仅仅是这家小企业自己提供这种养老金管理服务时所需成本的50%。在这50%的成本中，25%的部分（20个小时）用于直接的薪酬支付，剩余的25%则是该专业公司的利润。在这里，这家小企业节约了50%的成本，专业服务提供者也获得了利润。

现在，让我们来考虑有效性方面的问题。由于外包业务的承接者同时为许多家企业提供服务，并且是专门从事养老金管理的公司，因此它的员工积累了运营养老金计划的丰富经验。他们可以从一家公司学习某种独一无二的创新性做法，然后再把学到的这种做法运用到另一家公司中去。此外，这家养老金管理公司可以更容易、更有效率地完成对自己员工的培训，因为所有这些人都会以同样的流程受到培训。最后，由于在长期中已经积累了大量的提供养老金服务的经验，因此该公司培养起来的这种提供养老金服务的能力，可能是两个人在该领域中工作25年都无法具备的。

那么，哪些服务正在被企业外包呢？企业主要把人力资源管理中的一些事务性工作外包出去，比如，养老金和福利管理以及薪酬计算与发放，等等。不过，许多传统人力资源管理活动以及一些变革性人力资源管理活动也采取了外包的方式。

16.6.3 通过流程再造提高人力资源管理的有效性

除了结构重组以外，流程再造也能够促使人力资源管理职能更有效地提供人力资源服务。尽管流程再造常常需要运用信息技术，但信息技术的应用却并不是流程再造的一个必要条件。因此，我们将首先讨论流程再造的一般问题，然后再来讨论有助于人力资源管理流程再造的一些信息技术的应用问题。

流程再造（reengineering）是指对关键的工作流程进行全方位的审查和重新设计，从而使这些工作流程的效率更高，能够提供更高质量的产品或服务。流程再造在确保新技术的优势得到实现方面起到的作用尤其重要。将新技术应用到一个低效率的流程之中，是不可能改善工作流程的效率或效果的。相反，只会因新技术的引进而导致产品或服务的成本上升。

流程再造可以用于对人力资源管理部门的职能和流程进行审查，也可以用于对某些特定的人力资源管理实践——比如，职位设计或者绩效管理系统——进行审查。流程再造包括图 16－13 中描绘的四个步骤：确认需要再造的流程、理解流程、重新设计流程、执行新的流程。[9]

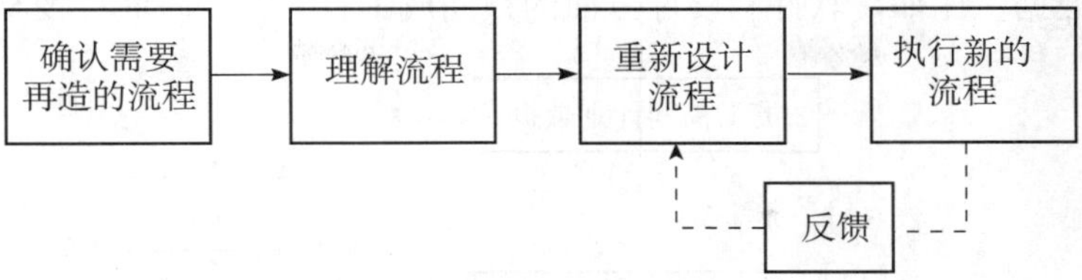

图 16－13　流程再造的程序

■ 确认流程

首先，应当把控制流程或者在流程内部负责某些职能的管理人员（有时候称为“流程所有者”）找出来，然后要求他们成为流程再造工作小组的成员。在该小组成员中还应当包括处于流程之中的员工（以提供专家意见）、处于流程外部的员工以及那些能够见到流程结果的内部和外部客户。

■ 理解流程

在评价一个流程时，需要考虑以下几个方面的情况：

- 各种工作是否可以合并在一起？
- 是否可以赋予员工更大的自主权？是否可以通过决策活动和控制活动的简化将其内置到流程之中？
- 流程中的每一个步骤是否都是必需的？
- 在流程中是否存在过多的数据、不必要的检查和控制？
- 有多少特殊事件或者例外情况需要处理？
- 对流程中的所有步骤是否都是根据它们的自然顺序进行安排的？
- 什么是理想的结果？所有这些工作任务都是必需的吗？流程的价值是什么？

我们可以运用多种技术来了解流程。数据流程图（data-flow diagram）对于显示数据在不同部门之间的流动是非常有用的。图 16－14 所显示的是与薪酬数据有关的一个流程图以及制作一份薪酬单需要经过的一系列步骤。首先，关于员工和部门的信息会被送到总账。然后，根据从总账明细账得到的支付凭证签发薪酬支票。数据实体关系图（data-entity relationship diagrams）能够把在某一业务职能内部所使用的各种数据类型以及不同类型数据之间的关系显示出来。而在情景分析（scenario analysis）中，对现实问题的模拟会展现在数据的最终用户面前。它可以要求最终用户明确指出，一个信息系统怎样帮助他们应对所处的特殊情况以及在与他们所处的特殊情况打交道时，需要得到和维护哪些数据。调查法（surveys）以及焦点小组法（focus groups）则注意收集在某一职能领域中需要收集、使用以及存储的相关数据方面的信息，同时还包括时间要求以及信息加工要求等方面的信息。这些方法可能需要让最终用户对这样一个问题做出评价：在某一职能领域中，对某些特定的工作任务进行自动化处理的重要性、频率以及紧迫程度如何。比如，如果要采用一套求职者跟踪系统来保存求职者的工作经验方面的资料，这样做的紧迫程度到底有多高？成本—收益分析法（ccst-benefit analysis）的主要内容是对使用和不使用自动化系统或计算机应用软件时产生的成本进行比较。在这种成本分析中应当包括人员、时间、材料以及经费等方面的数据。比如，软件和硬件方面的预期成本；人工、时间以及材料费用等。[10]

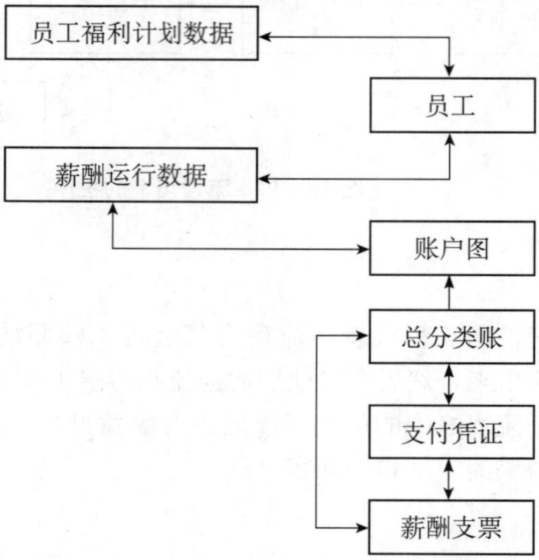

图 16 - 14　薪酬单管理方面的一张数据流程图

■ 重新设计流程

在重新设计流程阶段，流程再造小组需要建立流程模型并对其进行测试，然后再决定如何将这种模型整合到组织之中。

■ 执行新的流程

在将新的流程推广到整个企业之前，应当在一个有限的、可控的范围内对其进行测试。比如，J. M. Huber 是一家总部位于新泽西州的集团公司，其分支机构遍布美国各地，该公司就曾经通过流程再造避免把新的软件安置到低效率的流程当中。[11] 人力资源管理部门的员工首先对现有的工作流程进行记录和研究，然后再提出一种改善工作流程效率的战略。此后，高层管理人员、中层管理人员以及人力资源管理部门的员工共同确定哪些流程是他们最希望加以改进的。最后他们认定，最关键的问题是要建立一个客户服务器系统，该系统将会比他们当前正在使用的大型主机更容易存储数据资料。另外，该服务器系统还能够简化在存储数据时需要满足的许多条件，而原来的这些条件要求往往会放慢工作的节奏。J. M. Huber 公司的人力资源管理部门付出的努力最终精简了书面记录维护职能，去掉了多余的工作步骤，使一些手工流程实现了自动化。这种全部实现自动化的客户服务器系统，允许员工通过一个与公司数据库相连的交互式语音应答系统来签订雇佣合同和更改福利信息。此外，管理人员更容易接触到员工的历史薪酬数据、职位描述以及其他一些资料。如果一位员工有资格获得加薪，而且其直接上级向公司提出了提高该员工薪酬的要求，同时这种要求获得了批准，那么该系统就会对这种情况进行处理（不需要由一位事务性职员来专门录入），最终的薪酬变动结果会很快在员工的薪酬支票上显示出来。该公司的流程再造工作产生的结果令人印象深刻。再造后的流程使人力资源管理部门给其他部门提出的难题减少了 42%，工作步骤精简了 26%，原来的工作量也减少了 20%。尽管 J. M. Huber 公司为了使这套技术系统正常运转支出了高达 100 万美元的费用，但据估计，这项投资在五年之内就可以收回。

16.6.4 通过新技术——人力资源管理信息系统——的运用提高人力资源管理的有效性

几种新的技术可以帮助企业提高人力资源管理职能的有效性。**新技术**（new technologies）是指不曾使用的各种知识、程序以及设备在当前的应用。新技术通常涉及自动化，也就是说，用设备、信息处理或者两者之间的某种结合来替代人工操作。这里的“通过科技进行竞争”专栏描述了道明银行如何利用技术加强员工间的联系和合作。

在人力资源管理方面，新技术已经运用于三个较大的职能领域：日常事务处理、报告以及跟踪；决策支持系统；专家系统。[12] **日常事务处理**（transaction processing）是指在审查和记录人力资源管理决策与实践时需要用到的一些计算和运算。其中包括对员工工作地点调整、培训经费、课程注册等内容的记录以及制作政府要求的各种报告（比如，公平就业机会一号报告，该报告要求企业向政府汇报，在本企业的各职位族中，不同种族和性别员工的分布状况如何）。**决策支持系统**（decision support systems）主要是用来帮助管理人员解决问题的。该系统中常常包括“如果……那么……”这样的句式，它使系统的使用者能够看到，如果假设或数据发生了变化，那么结果会怎样改变。举个例子来说，当企业需要根据不同的人员流动率或劳动力市场上具有某种特定技能的劳动力的供给量来决定需要雇用多少位新员工时，决策支持系统能够给企业提供很大的帮助。**专家系统**（expert systems）是把在某一领域中具有较丰富专业知识和经验的人遵循的决策规则进行整合而形成的计算机系统。这一系统能够根据使用者提供的信息向他们提出行动建议。该系统建议使用者采取的行动，往往都是现实中的专家在类似的情形下（比如，一位管理人员与一位求职者进行面谈时）可能会采取的行动。

通过科技进行竞争

道明银行创建内部联系

道明银行（TD Bank）最初创办于加拿大，但是通过收购慢慢发展到在美国的分支机构比在加拿大还多。国家间的差异和收购来的银行多种多样，使得道明银行很难成为一家统一的北美银行。对于道明银行来说，如何为整个公司的员工提供一个交流联系的平台是一项很大的挑战。

道明银行利用 IBM 的联系软件——一个能够让员工设置个人资料的系统——发展网上社区和讨论论坛、贴标签和共享文件，公司希望通过这个系统提高任务执行速度、改善业务流程以及更好地作出决策。它提出三个关键目标：（1）让公司的员工都能互相联系；（2）能找到专业的知识和信息；（3）使员工能够交流沟通和合作，建立起关系网络。

这个软件产生的结果给道明银行负责社交媒体和数字通信的副总裁温迪·阿诺特（Wendy Arnott）留下了深刻的印象。“系统里的个人资料是人们互相联系的主要方式。员工将他的技能、经验和正在进行的项目信息添加到个人资料中，其他人能通过一定的标准查找并联系到他。这是第一次能在一个地方找到道明银行所有员工的信息，这有助于利用道明银行作为全球组织的集体资源。”

另外，这个软件允许员工建立一个社区，在这个社区里人们在同一个项目上工作或有相同的关注点。“易于创建社区是道明银行的一大亮点，”IT经理德里克·拉姆洛甘（Derek Ramlogan）认为，“现在员工感觉大家更紧密地联系在一起，他们能创建自己的社交业务网，并邀请他们关系网络之外的同事一起做项目和分享信息、专业知识。”

讨论题

人力资源职能可以通过哪些方式利用内部社交媒体来增强组织有效性？

资料来源：“TD Bank Gains Cohesion with Social Business Software,” December 13, 2012, www-01.ibm.com/softward/success/cssdb.nsf/CS/RNAE-92XGP8?OpenDocuments&Site=corp&cty+en_us.

16.7 人力资源管理应用软件

16.7.1 通过新技术——电子化人力资源管理——提高人力资源管理的有效性

20世纪90年代中期以来，随着人力资源管理职能在组织中扮演越来越具有战略性的角色，它们面临的第一项重要任务就是减少事务性工作所占用的时间，从而把更多的时间放在传统和变革性人力资源管理活动上。建设战略性人力资源管理职能要求将人们从大多数事务性工作中解脱出来，以有充足的时间展开战略性工作。因此，新技术的采用在使人力资源管理职能更具战略性的同时，也增加了人力资源管理职能对企业价值做出的贡献。[13]正如图16-11中列出的，许多人力资源管理活动的外包为减少这种日常事务提供了一种良好的机制。然而，当今出现的一个最新发展趋势却是通过利用信息技术来处理这些工作任务。一开始，这种工作主要是通过开发和实施由人力资源管理部门操作的信息系统来实现的，最近，这种信息系统已经发展到允许员工使用这种信息技术来自我服务。比如，员工可以进入系统，到自己愿意参加的福利项目中去进行注册、修改，或者是通过该系统申请获得福利。显然，技术已经使人力资源管理得以从日常的事务性活动中解脱出来，转向执行更多的、更具有战略性的活动。

此外，电子商务对速度的要求迫使人力资源管理职能去探索，如何利用新技术来提供一些传统和变革性人力资源管理活动。尽管这并不意味着随着时间的延续，所有的人力资源管理活动都将在网上完成，但是在目前仍然通过书面文件或面对面交流来完成的那些人力资源管理活动当中，有相当数量的活动会在不致牺牲效率和有效性（甚至反而更有帮助）的前提下通过网络来完成。这种情况我们在图16-15中做了展示。下面我们举几个例子加以说明。

在当今这个被社交媒体主导的世界，很多像谷歌这样的公司都在企业内部使用社交媒体。谷歌公司开发了一个名为“Magnet”的员工信息系统，通过建立网上社区

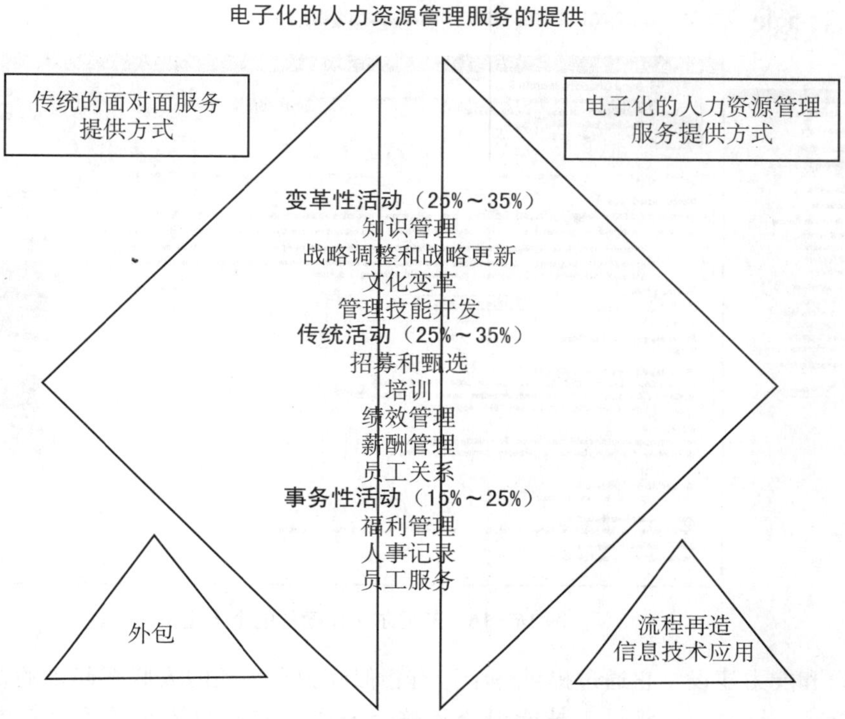

图 16－15　人力资源管理服务提供方式的变化

和培养能力让员工和公司双方都受益。当然，这得益于谷歌拥有的强大搜索技术，这个系统支持员工搜索所有他们感兴趣的人或职位的信息。

图 16－16 展示了 Magnet 公司的领导人苏尼尔·钱德拉（Sunil Chandra）的个人主页。正如你所看到的，人们通过该网页就能知道他这些年拥有的技能和经验（例如疯狂且创新的想法、全球化思维等），也能看到他之前的工作经历和教育经历。在页面的右边你能找到谷歌其他员工的链接，他们或许有相同的工作经历（曾就职于麦肯锡公司），或许有相同的教育经历（毕业于卧龙岗大学）。如果你点击麦肯锡公司或者卧龙岗大学的超链接，你就能看到有相同经历的所有谷歌员工。这使谷歌的员工很快能联系上那些曾经一起工作、上学或者想要认识的同事。

为了建立社区，底部的超链接显示苏尼尔对“Android”和“chrome”以及与人员技术相关的类似工作感兴趣。主页也显示了他愿意成为导师并支持职业见习（跟随他一天，观察他在做什么）。也就是说，想要找个导师的谷歌员工可以快速搜索并找到像苏尼尔这样可供选择的导师。

注意页面上方，除了苏尼尔的个人、职业信息，还有“苏尼尔的团队”（如果你想认识在他的团队里工作的人）和“苏尼尔团队工作的机会”（如果你想在他的团队里工作）的超链接。特别值得一提的是“机会”这个超链接，它提供了苏尼尔团队所需职位和兼职项目的职位描述以及应聘这些职位的人所需的技能。也就是说，如果你想利用你的“技术基础设施”技能找工作并且苏尼尔有个职位空缺需要此项技能，当你搜索该技能时，就会出现苏尼尔团队的这个职位以及其他同样需要该技能的职位。

因此，谷歌的“Magnet”员工信息系统利用谷歌的搜索技术支持了公司的社区

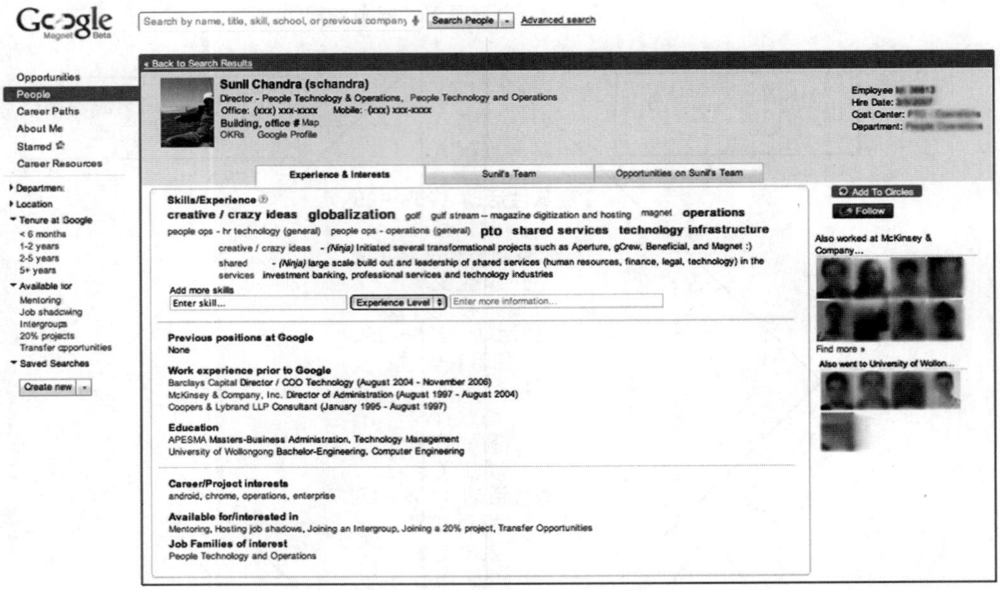

图 16-16　苏尼尔·钱德拉的个人主页

建设和能力建设。它通过提供一个让有相似经历和兴趣的人联系起来的技术框架构建了社区，同时通过将员工技能组合和整个公司所需要的技能联系起来提高了公司的产能。

■ 招募与甄选

传统的招募与甄选过程需要在招募员工的公司和求职者之间进行大量的面对面交流，需要耗费人力的评价工具，同时还要对管理决策过程进行有力的监控，以确保雇佣模式和雇佣决策符合政府法规的要求。然而，技术已经改变了这种过程。

例如，根据 k-force. com 掌握的 300 家美国公司的情况来看，去年，每 8 次员工雇佣中就有一次是通过在线招募来完成的。IBM 负责雇佣工作的员工首先在网上填写表格，具体说明本公司需要的员工的情况，这种信息会被迅速传送给 14 家临时就业服务代理机构。在一个小时之内，这些就业服务代理机构会给 IBM 提供反馈，提供可供选择的求职者简历，这就使 IBM 的招募时间从 10 天缩短到了 3 天，公司每年节约成本大约 300 万美元。

最后，技术还可以使企业监控雇佣过程，从而使产生雇佣歧视的可能性降到最低。举例来说，家得宝公司就被控强迫女性求职者去从事出纳工作，而将客户服务的工作留给男性求职者。家得宝公司并没有承认错误，但是作为一种双边同意的裁决，该公司将会借助技术手段，通过从求职者简历中搜索关键词来确定哪些人具备职位需要的技能。另外，技术手段还可以帮助管理人员在做出决定之前面试更多的各种各样的候选人。

■ 薪酬与报酬

很多组织的薪酬系统都反映了人力资源管理中最为普遍的一种官僚形式。尽管薪酬系统在吸引、激励、留住员工方面起着重要的作用，但大多数企业的薪酬系统却是由很多僵化、费时且无效的程序构成的。这些企业的管理人员要填写一些他们认为是无用的表格，他们不理会已经制定好的指导方针，同时对整个流程表现出一种轻视的态度。

然而，如果利用好技术，很多企业都能够在耗费较少精力的情况下更好地实现其薪酬目标。例如，许多绩效加薪计划或奖金计划面临的一个问题是，管理人员不是去拉开被评价者的绩效差距，而是让每个人都得到类似的加薪。这种做法使得他们在绩效管理方面（绩效评价以及绩效审查）花费较少的时间，同时也使他们可能会面临的潜在冲突降到最低。但是这样做的结果却导致员工看不到绩效和薪酬之间的联系，最终导致对全体员工的激励水平很低，同时高绩效者的流动率很高（或者低绩效者的流动率较低）。为了将这种情况减少到最低限度，Cypress Semiconductors 公司要求管理者将公平与绩效加薪区分开来，并且对这两个概念都规定了强制分布比率。[14]举例来说，公平意味着在任何一个员工群体当中，绩效最佳者的薪酬水平应当比绩效最差者的薪酬水平高出 50%，而绩效相同者则获得相同的报酬。在绩效加薪方面，绩效最佳者与绩效最差者的加薪幅度差距至少要达到 7%（如果绩效等级最低的员工加薪幅度为 3%，则绩效等级最高的员工至少应当得到 10%的加薪）。如果将对员工的绩效评价以及加薪都纳入薪酬体系，企业就可以对绩效评价过程进行监控，以确保管理人员对不同员工的绩效评价结果之差别能够与公司的政策相匹配。

■ 培训与开发

探索利用不同的培训工具（个人电脑、录像等）来向员工提供培训并非一个新的概念。此外，许多公司都已经开始通过网络为员工提供培训。它们的经验表明，有些类型的培训可以通过互联网或局域网有效地完成，而有一些培训项目不能通过这种方式来完成。例如，像 IBM 和戴尔这样的企业都很自豪地说，它们开发出了针对部分员工的基于互联网的培训项目。

有趣的是，正是快速提供人力资源管理服务的挑战将基于互联网的培训放在了显著的位置。在当今的竞争性环境中，很多企业都在为吸引和留住客户以及有才能的员工展开竞争。一家企业如何开发和对待现有员工会在很大程度上决定它在未来是否能够达成自己希望取得的成果。速度方面的挑战、以项目为中心的工作组织方式以及技术的不断变化等所有这些因素都阻碍着管理人员管理自己的员工，结果导致员工感到自己没有得到尊重或者是不受重视。

这种情况就向很多公司提出了挑战，即为了使管理者将员工当成资产而不是商品，必须一方面向他们提供相应的激励，另一方面还要向他们提供相应的技能。下面让我们来看一下基于互联网的培训如何为这方面的努力提供便利。假设你受雇于 Widget. com，这是一家业务快速增长同时工作节奏也很快的电子商务企业。星期一早上，当你来上班时，你发现自己的邮箱中有一封标着需要优先处理记号的电子邮件，这封邮件有一个附件或者带着一个超链接。这封邮件就是首席执行官在周一早上对你提出的一个挑战，并且你也知道计算机系统会对你进行跟踪，看你是否打开了这个附件或者超链接，同时是否完成了上级交代的任务。当你打开相关链接之后，你就会看到首席执行官讲话的一段影像，他会告诉你 Widget. com 公司的员工是怎样成为公司的竞争优势的，如果他们感到不受重视，他们就会离开。因此，他向你提出的挑战就是必须让你的员工觉得他们在今天是受到重视的。为了做到这一点，在接下来的10分钟里，他会让你学习如何向下属员工表达对他们的欣赏。你会首先了解六个学习要点；然后你再观看一段录像，看录像中的人是如何实施这些要点的；最后你需要再复习一遍学习要点，接着参加一个小测验。然后你就会看到首席执行官对你提出的最后一个挑战：在接下来的15分钟里，从你的下属员工中挑出一个人来，利用自己刚才学到的技巧向其表达你对他的欣赏。

请注意这一过程的优势所在。首先，它并不像大多数为期3天或1周的培训计划那样耗费时间。整个过程（培训以及在员工身上进行演示）不超过30分钟；你获得了新的技能；同时一名员工现在很可能对组织感到更加满意了。它向受训者传递了组织的真实价值或者必要的胜任能力，但是却并不要求支付任何前往受训地点的交通费用。它也没有一下子将你淹没在大量的信息之中——这些信息多到你充其量可能只记住其中的1/10。最后，它是一种主动的培训而不是被动的培训。公司在这种情况下不是等到看出你确实存在相关缺陷再去着手进行调查和制定培训计划，而是直接将培训提供给你。

因此，技术至少可以使与某些技能或知识有关的培训和开发，能够以更快的速度、更高的效率同时可能更好的效果得以完成。它可以很快将培训和沟通结合在一起，从而对战略变化做出快速的反应。这里的“通过可持续性进行竞争”专栏讲述了伊莱克斯公司如何通过可持续的努力吸引和留住人才。

通过可持续性进行竞争

伊莱克斯公司引导可持续发展之路

伊莱克斯公司是瑞士的一家专业电器和家用电器生产商，被道琼斯可持续发展指数连续六年提名为耐用家用产品的领导者。它从20世纪80年代开始走可持续发展之路，从宽度和深度上进行延伸。

伊莱克斯公司从1995年开始发布年度可持续发展报告，从1997年开始进入环保产品市场。它还在网站上提供“生态储蓄”计算器，消费者可以计算出用节能产品替代10年前的电器给环境改善带来的影响。例如，一次计算显示更换冰箱、冷柜、洗碗机和洗衣机减少的二氧化碳排放量等同于一辆车行驶1 300英里的排放量，节约的水等同于水龙头连续三天的流水量，节约的能量可以使一个连续24小时照明的灯泡工作两年。

它为自己的环保表现设定具体的目标，例如到2014年减少20%的用水量和15%的二氧化碳排放量。它看起来能够完成目标，因为到2012年其能量消耗减少了36%，突破了28%的既定目标。

许多可持续发展的想法都来自61 000名员工。伊莱克斯公司为员工提供了提出节能建议的机会，并对有效的建议给予奖励。比如，一位员工建议基层主管人员在小组成员离开后多待15分钟，以确认所有的灯都关了。

公司开始关注环境并作出努力后，很多好处随之而来，包括在消费者、员工和潜在员工中树立了品牌。“可持续发展现在被视为公司的一个重要职能，”集团可持续发展事务部主管托马斯·达尔曼（Tomas Dahlman）说道：“你需要以正确的方式对待你的员工，也应该以正确的方式对待气候。”

讨论题

人力资源管理职能如何为企业的可持续发展提供支持?

资料来源：www.globaltrademag.com/operate-in-the-green/.

创造和培养具有较高组织承诺度的员工对于当今的很多企业来说都是一个巨大的挑战。Monster.com 最近的一项调查发现，61%的美国人认为自己的工作负担过重，86%的美国人对自己的工作并不满意。[15]这一调查表明，公司应该在监控组织承诺度方面采取相应的措施。为了做到这一点，企业就必须对员工的组织承诺度水平进行监控，发现不利于员工对组织忠诚的潜在障碍，然后通过做出快速的反应来消除这些障碍。过去，员工态度调查是大多数企业完成上述这些管理活动的一个重要平台。

让我们看一下传统的员工态度调查。要想完成这些面向员工的调查，整个过程通常需要花费4～6周的时间；录入和分析数据又要花费6～8周的时间。接着，企业需要组建一个专门的小组来解释调查结果，确定存在问题的主要领域，然后再组建多个专门的任务小组来提出解决问题的建议，这一过程很容易再花去4～6个月的时间。最后，企业还要对是否实施专门任务小组提出的建议进行决策。最终，员工最快可能也要在调查结束的12～18个月之后才能够看到企业对他们所关注的问题做出的反馈——在这种情况下，负责管理员工态度调查的管理者却不明白，为什么员工认为填写这些调查问卷完全是在浪费时间。

现在来看一下技术如何缩短这一周期。E-pulse 软件代表了为创建近乎实时的调查平台进行的尝试。它是由密歇根大学的特雷莎·韦尔伯恩教授（Theresa Welbourne）开发的一种可以升级的在线调查工具。通常情况下，这个软件会向员工提出与员工的工作感受有关的3个问题，但是用户可以就某些特定问题增加一些问项，从员工那里收集反馈信息。这种调查全部在网上进行，员工在网上填写完问卷，数据会被立即输入计算机进行处理。这个在过去大约需要4个月时间的过程现在大概只需要1天就可以完成了。

接下来，企业就可以决定如何使用这些信息。例如，它可以将信息按照业务、工作地点或者工作单位等进行分解，并将相关信息传递给被选定分析单位的领导者。实际上，基层管理人员几乎立即就能够得到自己工作班组中员工的态度反馈，某一业务单位的总经理立即就能够了解到所属业务单位中员工的态度。在这种情况下，基层或中层管理人员能够立即做出反应，至少可以告诉大家，他已经意识到问题所在，并且会采取行动来解决这些问题。

大家必须认识到一点：尽管技术为更快速地提供人力资源管理服务提供了基础，但只有运用系统的方法才能确保人力资源管理服务做得更好，同时也更加明智。例如，将信息传递给基层和中层管理人员的时间可能会大大缩短，但如果这些管理人员不具备良好的解决问题的能力和沟通能力，他们可能就会忽略这些信息，或者更糟糕的是，由于做出不恰当的反应而导致问题进一步恶化。正如我们在前面提到的培训问题，这种系统的方法要求企业必须打破传统的职能界限来提供整个组织层面的解决方案，而不是仅仅在某一职能领域内部有效的解决方案。因此，企业面临的挑战就在于，能否突破将技术看成是万能药甚至是一种职能工具的局限，将其视为实现人力资源管理职能转型的催化剂。

16.8 人力资源管理专业人员的未来

人力资源管理这个职业的发展前途似乎比过去更加光明。越来越多像微软公司这样的成功企业开始将顶层人力资源管理职位纳入公司的高层管理团体，并且让他们直接向首席执行官汇报工作。很多公司的首席执行官已经认识到自己的员工队伍在驱动公司竞争成功中的重要性。很多公司都需要在吸引、激励、留住最优秀的人才与尽可能地压低劳动力成本和管理成本之间寻求平衡。要想找到这种平衡，企业的人力资源领导者不仅要具备关于各种人力资源管理问题、工具、流程、技术等方面的深厚知识，同时还要有深入的业务知识。

对于一位初涉人力资源管理领域的读者来说，要让其阐述 20 年前或者是 10 年前的人力资源管理所扮演的角色与今天的角色之间存在多么大的差异似乎有点勉为其难。正如我们在前面所说的那样，传统的人力资源管理主要扮演的是行政管理角色——只是负责处理文件以及开发和管理招募、培训、绩效评价、薪酬和福利系统而已——这一切与公司的战略方向并无相关性。20 世纪 80 年代初，人力资源管理更多地扮演着一种单向联系的角色，即协助公司战略的执行。而在当前，战略制定者已经意识到人的问题的重要性，因此开始呼吁人力资源管理成为公司中“员工知识经验的源泉”。[16]这就要求人力资源管理者不仅具备而且能够运用下面这两类知识：一是员工怎样能够而且确实在帮助企业赢得竞争优势方面扮演重要的角色；二是哪些政策、方案以及管理实践有助于企业将员工转化为企业竞争优势的来源。这就要求今天的战略性高层人力资源管理者必须具备一套全新的胜任能力。[17]

将来，人力资源管理专业人员需要具备四项基本的胜任能力才能成为战略管理流程的合作伙伴。[18]首先，他们需要具备“经营能力”，即了解公司的经营并且能够理解公司的财务能力。这就要求他们能够基于可以得到的最准确的信息做出合乎逻辑的决策，以支持公司的战略规划。因为几乎在所有的公司中，决策有效性都必须根据它们创造的货币价值（美元）来进行评估，所以高层人力资源管理人员必须能够根据每一种方案在货币价值方面的影响完成成本和收益的计算。[19]此外，还需要对每一种方案的非货币影响有所考虑。高层人力资源管理人员必须充分认识到与人力资源管理实践有关的各种社会问题和伦理道德问题。

其次，人力资源管理专业人员还需要掌握最先进的人力资源管理实践所包含的“专业—技术知识”，这些知识涉及人员配置、开发、薪酬、组织设计和信息沟通等领域。新的甄选技术、绩效评价方法、培训方案、奖励计划等在不断地开发出来。其中的有些计划能够为组织提供价值，但也有不少像当前人力资源管理中的“万金油”一样花哨无用的东西。人力资源管理者必须对所谓的最新人力资源管理方案中提到的新技术进行严格评估，然后仅仅采用对公司有用的那些内容。

再次，他们必须精通“变革流程的管理”，诸如诊断问题、执行组织变革以及评价变革结果，等等。公司每一次对战略进行哪怕非常细微的调整，整个公司都必须随之发生变化。这些变化会导致那些必须执行新计划或新方案的员工产生冲突、抵制和困惑。高层人力资源管理者必须具有洞察细微变动从而确保变革成功的技能。事实上，一项对《财富》500 强公司的调查发现，87%的公司把组织发展或组织变革作为人力资源管理部门的职能之一。[20]

最后，人力资源管理专业人员还必须具备“整合能力”，也就是说，具有整合其他三项胜任能力来提升公司价值的能力。这就意味着尽管专业知识是必要的，但在做出决策时必须具有多面手的视野。也就是说，能够看到人力资源管理领域各职能之间应当如何相互匹配才能真正有效，同时认识到，人力资源管理各职能领域中任何一个组成部分发生变化，都有可能会要求其他职能领域随之发生变化。

谷歌公司通过“三个 1/3”人员配备模型来完成这种整合，模型包括以下三类具有优秀能力的人员：

1. 1/3 的传统人力资源管理人员——福利、薪酬、员工关系、学习和招募等领域的主题专家。他们的专业知识和情商是提供服务和执行各种计划的重要基础。

2. 1/3 的专业顾问——有管理咨询背景的高级战略专家，他们解决一些重大和非结构化的问题，并且在人的问题上引入深思熟虑的以经营为导向的方法。

3. 1/3 的分析专家——由硕士和博士组成，他们衡量、分析和深入探究与人员运营职能有关的所有工作，找到其中真正有价值的部分。他们勇于挑战一些看起来不可能完成的任务并进行不断的实验，以确保谷歌在人员运营方面像在产品方面一样富有创新性。

这个员工配置模型使得谷歌能够构建自己所需的技能基础，并整合多种多样的人员来建立世界一流的人力资源组织。[21]

16.9　首席人力资源官的角色

我们在前面已经讨论了人力资源管理日益上升的重要性以及人力资源管理专业人员需要承担的新的战略角色，最后我们来讨论一下人力资源职能的领导者需要扮演的角色。首席人力资源官（CHRO）肩负着领导人力资源管理职能以及确保人力资源管理系统和流程为公司带来价值两项职责。直到最近，研究者才开始考察人力资源管理职能的领导者都在做些什么以及他们是如何影响公司经营的。

最近的一项调查明确了首席人力资源官必须在不同程度上扮演的七种角色，然后请《财富》150 强企业中的首席人力资源官指出他们在这几种角色上花费的时间有多少。正如在图 16－17 中可以看到的，首席人力资源官认为自己花费的时间排在第二位的（21%）是担任高层管理团队的**战略顾问**（strategic advisor）。这一角色涉及在决策制定过程中与高管团队成员分享自己掌握的关于人员方面的专业经验，以及如何实现公司的人力资本与战略相匹配。这也被经常认为是对公司影响最大的角色。一位首席人力资源官这样描述战略顾问这一角色的重要性：

> 人力资源管理非常关键，但它在整个公司的运行体系中只是一个工具。首先，要想真正对公司的成功产生影响，首席人力资源官必须具有广泛的可信度，而获得这种可信度的方式则是对企业经营的各个方面都有很深的理解，足以在与每一位领导者讨论问题时带来经营方面的价值。这就意味着首席人力资源官必须对公司的经济、客户行为、产品、技术等有很深的理解，只有这样才能对企业在这些领域中的决策施加影响以及发挥作用。通过这种渠道产生的信任和信誉能够

使首席人力资源官在如何管理员工以及制定公司的人才议程方面与“传统智慧”相抗衡。如果不能获得这一广泛的可信度，首席人力资源官也可以谈论人才问题，但要想在背景条件不充分的情况下做出正确的决策，恐怕就要冒风险了。其次，从首席执行官的角度来讲，最有用的东西莫过于将人的战略与公司运营的其他部分整合为一体。然而，真正能够将这些领域都整合到一起的唯一途径就是积极地参与范围更广泛的讨论。[22]

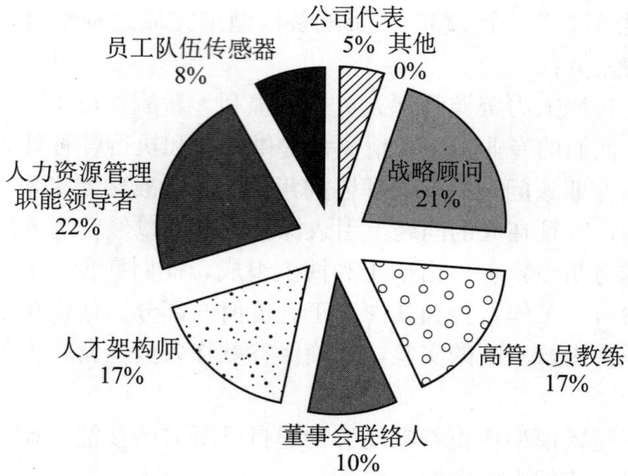

图 16-17　首席人力资源官在每一种角色上花费的时间

人才架构师（talent architect）也被首席人力资源官认为是自己花费了大量时间的角色（17%），同时也经常被认为是首席人力资源官对公司产生影响最大的角色。要想扮演好人才架构师的角色，首席人力资源官需要帮助高管团队认识到人才的重要性，确认企业在当前以及未来面临的人才缺口，然后制定一份人才议程。一位首席人力资源官是这样谈论人才架构师这一角色的重要性的：

如果能够使公司的高层管理团队专注于公司的战略性人才需要，就能够正确地识别公司存在的人才缺口以及未来的需求，这样就能为公司留出开发最优秀的人才以及设计适宜的体验式任务的时间。[23]

首席人力资源官在接受调查时说，他们在**辅导员/知心朋友/教练**（counselor/confidante/coach）这一角色上花费的时间与在人才架构师角色上花费的时间一样多（17%），而且很多首席人力资源官将这种角色视为他们可以施加最大影响的角色之一。这一角色看起来属于一种非常宽泛的角色，对于首席人力资源官而言，它包括的内容涉及从行为或绩效辅导到个人意见反馈等各个方面。或许是由于首席执行官承受的来自投资者和分析师的压力越来越大，首席人力资源官往往成为首席执行官最值得信赖的咨询顾问，他们可以向首席执行官提供一些个人建议，或者仅仅是倾听首席执行官面临的问题。关于首席人力资源官的这一角色，有这样一种切中要害的评论：

如果我把自己的工作做好了，我就是能够有效地将公司所有的网点连接起来的铜线。其中包括组织发展（OD）（有些人或许会将这一内容放到战略顾问的角色之中）、绩效顾问、关系建立、业务咨询以及人才获取和规划的各战略要素。[24]

人力资源管理职能领导者（leader of the HR function）是首席人力资源官花费时间最多，但却并不被认为是产生影响最大的角色。这一角色主要是要确保人力资源管理职能中的各项活动和工作优先顺序能够与企业的经营需要保持一致，其内容通常包括与直接下属见面，给他们提供工作指导以及检查工作进度，等等。当首席人力资源官将自己的注意力转向为高管团队提供咨询和顾问服务时，他们就会越来越多地依赖直接下属设计和提供各种人力资源服务。

通常，辅导员/知心朋友/教练的角色要求首席人力资源官对高级管理人员的沟通风格进行辅导，提醒高级管理人员信息在组织中可能会被下属误解。这里的“实践中的诚信”专栏描述了全球曼氏金融公司的首席执行官约翰·科尔津（John Corzine）可能因为沟通方式存在问题而导致他的下属从事了违法活动。

实践中的诚信

全球曼氏金融的非法转移

为了使自身从一个简单的商品公司变成一家投资银行，证券公司全球曼氏金融公司（MF Global）招募了美国的前参议员和前新泽西州州长约翰·科尔津。然而，2011 年 10 月 28 日，公司却没有足够的现金（8 200 万美元）支付它在摩根大通银行透支的金额（1.34 亿美元）。那天早上，科尔津叫来名叫伊迪丝·奥布莱恩（Edith O'Brien）的中层员工，然后告诉她，她那天需要做的“最重要的事”就是找到一笔资金，用这笔资金支付透支账户。于是，这位负责保护客户资金的专家——曾在各种会议上做过主题演讲的奥布莱恩女士将客户的 2 亿美元转到全球曼氏金融的账户上，然后又从这个账户划拨了 1.75 亿美元给摩根大通银行来填平透支账户。

科尔津先生和他的律师声明，他从未让奥布莱恩挪用客户的资金，而且她也没有告诉自己她这么做了。但是，很多专家认为，科尔津给奥布莱恩施加的压力可以视为暗中鼓励她牺牲对客户资金的保护。

约翰·哈斯纳斯（John Hasnas）是乔治城大学市场和道德研究院主任，他将这个情景比作坎特伯雷大主教托马斯·贝克特（Thomas Becket）的刺杀案。亨利二世感叹道：“没有人能帮我除掉这个麻烦的牧师吗?”于是，他的四个侍臣马上就把主教给杀了。哈斯纳斯教授说：“亨利二世实际上没有让任何人去杀主教，但是侍臣知道这样做可以让他开心。”

全球曼氏金融公司的故事说明，掌握权力的人应该注意在表达自己的要求时怎样更好地措辞。无论是有意还是无意，给下属达成结果施加压力可能会被下属误解为可以为了结果不择手段，而不用考虑是否合法或合理。奥布莱恩女士做了这种违法的事情，科尔津先生就是罪犯。即使奥布莱恩女士没有违法，他也是一个不称职的领导。

讨论题

人力资源管理职能应该怎样确保领导不去鼓励员工做不遵守公司价值观和法律规定的事？

资料来源：J. Stewart，“Boss's Remark，Employee's Deed，and Moral Quandary，” *New York Times*，www. nytimes. com/2013/07/06/business/moral-quandaries-at-mf-global. html?pagewanted=all.

董事会联络人（liaison to the board）的角色涉及首席人力资源官在与董事会打交道时参与的各项活动。其中包括讨论高管人员的薪酬、首席执行官的绩效、首席执行官的继任以及其他高管领导团队成员的绩效等方面的问题。这一角色虽然无法与战略顾问、人才架构师、辅导员/知心朋友/教练等角色相提并论，但其重要性却在不断上升。

员工队伍传感器（workforce sensor）的角色要求首席人力资源官摸准员工群体的脉搏，识别任何与士气或工作动机等有关的问题。首席人力资源官并没有在这方面花费太多时间，只有很少人认为这一角色对企业的影响最大。

最后，首席人力资源官在一定程度上成为组织与外部——比如，工会、非政府组织以及新闻媒体等——打交道时的脸面。在承担**公司代表**（representative of the firm）这一角色方面，他们花费的时间最少（见表16－5）。

人力资源管理承担的新的战略角色面临着机遇与挑战并存的局面。一方面，人力资源管理有机会深刻地影响企业如何通过人来开展竞争；另一方面，伴随机遇而来的是严肃的责任和严格的问责。[25]在未来的人力资源管理职能中必须包括一批把自己视为经营者但却恰巧是在人力资源管理职能领域中工作的人，而不是一批把自己视为人力资源管理者但却恰巧是从事经营工作的人。

表16－5　首席人力资源官的角色

- 高管团队战略顾问——工作活动聚焦在公司的战略制定和战略实施方面。
- 辅导员/知心朋友/教练——工作活动聚焦于给团队成员提供咨询或帮助，或者是解决高管团队成员之间的人际冲突或政治冲突。
- 董事会联络人——做好参加董事会会议的准备，与董事会成员进行电话联系，出席董事会会议。
- 人才架构师——工作活动聚焦于培养和确认对于公司（当前和未来）至关重要的人力资本。
- 人力资源管理职能领导者——与人力资源管理团队成员一起开发、设计以及提供各种人力资源服务。
- 员工队伍传感器——工作活动聚焦于识别员工队伍的士气问题以及值得关注的问题。
- 公司代表——开展与外部利益相关者之间的一些活动，例如，游说、向外部群体发表讲话，等等。

本章回顾

谷歌公司人力资源管理持续进行中

正如你从这一章中了解到的，博克和谷歌公司在它们如何看待人员运营职能的角色以及如何扮演这个角色这两个问题上是不断创新的。这同时表明人力资源职能的变革是一个永远没有终点的旅程。人力资源管理职能必须不断去感知企业需求的变化，开发帮助企业实现目标的战略，以富有效率和高成效的方式实施新的系统和流程。

思考题

1. 你认为在谷歌公司工作是怎样的？谷歌公司的人力资源管理职能在哪些方面可能对作为员工的你有影响，使你的工作体验更好？

2. 你认为谷歌公司的人力资源管理在哪些方面和制造企业（比如通用汽车公司）不同？人力资源战略如何才能反映出企业的独特性质？

小　结

随着企业认识到人是竞争优势的一个真正来源，它们对人力资源管理职能的要求也就发生了变化。这就要求人力资源管理职能从仅仅关注一些日常行政事务活动转向更多地参与战略活动。事实上，根据最近的一项研究结果，64%的高层人力资源管理者指出，他们公司的人力资源管理职能正处在变革过程之中。[26] 人力资源管理职能的战略管理将会最终决定人力资源管理部门到底是转变为一个真正的战略伙伴，还是干脆被炸掉。

在本章中，我们探讨了人力资源管理职能中的各种角色转变。今天的人力资源管理必须扮演行政管理专家、员工激励者、变革推动者以及战略伙伴的角色。人力资源管理职能必须为企业提供事务性的、传统的以及变革性的人力资源管理服务和活动，它不仅应当是有效率的，而且应当是有成效的。企业的高层人力资源管理者必须从战略的高度对人力资源管理职能进行管理，正如必须从战略的高度对企业进行管理一样。这就要求人力资源管理必须通过客户调查以及各种分析方法建立起一整套对人力资源管理职能的绩效进行评价的指标体系。这些衡量指标就为制定改善人力资源管理绩效的规划奠定了基础。企业可以通过建立新的职能结构、利用流程再造和信息技术以及实行外包等各种手段来改善人力资源管理的绩效。

讨论题

1. 为什么人力资源管理职能的角色和活动在过去的 20～30 年中发生了变化？是什么推动了这种变化的出现？你认为人力资源管理职能对此做出反应的有效性如何？

2. 如何才能将我们在第 2 章中讨论过的战略管理过程移植到人力资源管理职能的管理过程之中？

3. 你觉得为什么只有很少的企业肯花时间来评价自身人力资源管理实践的有效性？一家公司应当关注对本企业人力资源管理实践的评价吗？为什么？通过对人力资源管理职能的有效性做出评价，在人力资源管理职能领域中工作的人能得到怎样的收获？

4. 影像技术对于招募工作有怎样的用处？对培训呢？对福利管理呢？对绩效管理呢？

5. 假定你们公司的员工要想完成选择并注册福利计划的工作，就必须首先阅读沟通手册，然后填写申请加入福利计划的表格，最后再将它们送到相关的人力资源代表手中。在这种情况下，公司就需要雇用一位临时性的员工对大量表格进行处理。同时，还需要对福利登记表格进行核查、分类、打包，送去进行数据录入、打孔，然后再存档等。这一过程不仅耗时而且很容易出错。你会如何利用流程再造来使公司的福利登记工作变得效率更高，同时效果更好？

6. 有人说，将某种业务活动外包出去不是一种好的做法，因为这种活动不会再成为一种将本公司与竞争对手区别开来的手段。（由于所有的竞争对手都可以从相同的服务提供商那里购买相同的服务，因此它就不可能成为竞争优势的一个来源。）这种说法对吗？如果是对的，企业为什么还要把一些业务活动外包出去呢？

自评练习

你的道德水平如何？请阅读下列陈述，对每一种陈述中描述的行为是否合乎道德规范做出自己的判断。

1. 一位公司总裁发现自己的竞争对手获得了一项重大的科技发明，而这种发明将会使本公司的利润大幅减少。于是，这位总裁雇用了竞争对手的一位核心员工，试图了解这家公司的这项科技发明的细节。

2. 为了增加利润，一位总经理采用了一种不符合环保要求的生产流程。

3. 由于面临来自经纪公司的压力，一位股票经纪人向客户推荐了一个她自己并不认为值得投资的新型债券。

4. 一家小企业的1/4营业收入是以现金形式获得的。但在公司的所得税报表中，企业所有者仅仅报告了一半的现金收入。

5. 一位公司高管将一个很能干同时也是自己的忠实朋友的管理人员提拔到事业部副总裁的位置上，而没有提拔另一位尽管更适合该职位但是却与自己没什么关系的管理人员。

6. 一位雇主同时收到两位都符合主管岗位要求的候选人的求职申请书，但他最终选择了男性求职者，这是因为他认为，一些员工会对女性作为自己的上级管理人员很反感。

7. 一位工程师发现公司产品存在某种可能会构成安全隐患的缺陷，而其所在的公司却拒绝纠正这一缺陷。这位工程师决定继续保持沉默，而不是选择将这个消息公之于众。

8. 一名审计人员选择采用一种可以隐藏一些令人尴尬的财务问题的合法的报告方法，否则，这些事实早就被公之于众了。

9. 一个公司向国外的一名官员支付了一笔35万美元的“咨询费”。作为回报，这位官员承诺帮助公司获得一份能够为该公司带来1 000万美元利润的合同。

10. 一家公司的一位董事会成员了解到该公司打算宣布股票分割以及增加股息的消息。在知道这种利好消息之后，这位董事就额外购买了一些该公司的股票。消息宣布之后，他出售了股票并获益。

现在请计算一下你的得分。你认为上述十种行为中有多少是不符合道德规范的？

以上所有这些行为其实都是不道德的。你认定的不道德行为越多，就说明你对商业道德行为的理解更透彻。

资料来源：Based on S. Morris et al.，“A Test of Environmental，Situational，and Personal Influences on the Ethical Intentions of CEOs，” *Business and Society* 34（1995），pp. 119-47.

战略练习

施乐公司的业务与人力资源管理转型

1958年，施乐公司发布了施乐914型复印机，这是全世界第一台使用普通纸张的全自动办公复印机。该复印机一直是各种工业品中最为畅销的一款产品。施乐公司成功的静电复印技术为公司赢取了持续多年的竞争优势。然而，一切美好的事情总是有始有终，对于施乐公司而言，这份美好终止于20世纪90年代末。2000年，施乐公司经历了历史上最大的一次滑坡，行业内的分析师对此达成的共识是，施乐公司一直在一种“不可持续的商业模式”下运作，这就意味着除非施乐公司进行彻底的变革，否则公司将很快不复存在。施乐公司在2000年一共有171亿美元的债务，而公司手里只有1.54亿美元的现金。到了2001年，施乐公司的股票从高峰时的每股63美元狂跌到每股4美元左右——公司已经失去了其90%的市值。如果这种局势还不算太严峻的话，公司还要面临美国证券交易委员会的财务调查——看看施乐公司是如何解释向客户租赁的复印机收费的。

施乐公司在1999年任命了新的人力资源副总裁帕特·纳兹麦茨（Pat Nazemetz），又在2000年任命了新的首席执行官安妮·马尔卡希（Anne Mulcahy），试图拨正这艘即将沉没的航船。马尔卡希采取了减肥疗法，具体对策包括抛售在中国内地和香港的主要经营机构，通过抛售、提前退休以及裁员等手段将全球员工从91 500人减少到61 100人，同时大刀阔斧地进行成本控制。马尔卡希的战略给施乐公司注入了新的活力（2003年施乐公司的净收入增长了三倍，达到3.6亿美元），与此同时，施乐公司的人力资源管理职能也需要在实现自身转型的同时推动企业变革的完成。

当很多公司的人力资源管理都在寻求外包时，施乐公司却追求主要在组织内部实现人力资源管理职能的转型。纳兹麦茨说："外包服务供应商纷纷向我表示，'让我们到你们公司里来吧，让我们接管你们的人力资源管理职能，我们可以让你们的成本下降 10%～30%'。不过我们还是决定自己进行精简，通过寻求协同机制和各种机遇来使自身的运作更有效率。我们找到了成本节约的途径。"

最大的一笔节约来自人力资源服务中心的整合和扩建。人力资源服务中心最初只是从事一些简单的事务性工作（例如，员工地址变更），后来又增加了基于网络处理一些日常工作的业务流程。现在，人力资源服务中心则要开展人力资源运营方面的研究和分析，同时还要处理员工关系等问题。这样就可以确保人力资源管理职能在减少总人数的情况下不降低服务水平。

另外，对于任何一个削减了 30%劳动力的组织来说，员工士气都会成为而且会持续成为企业面临的一个难题。甚至是在秋季来临之前，施乐公司人力资源部已经开始通过它的"内心和思想"调查来了解员工的想法。这种基于公司内网的问卷调查可以发现员工的一系列态度问题，并且可以帮助人力资源管理人员和直线高层管理人员确定应当特别注意哪些方面的问题。员工在调查中指出，他们很关注"公司支持承担风险""公司考虑对员工产生的影响""高层管理人员的言行一致""高水平的信任度"等这样一些问项。

马尔卡希说："人们经常会问我施乐公司是如何取得成功的，我的回答是你必须有一套战略和计划，但（更为重要的是）你必须有卓越的执行，这一切都取决于你是否有一支围绕共同目标形成的才华横溢、积极进取的团队。当我们需要让施乐成为像今天这样一家更好、更强的公司时，我们的人力资源管理者举行了一系列使员工与战略保持一致的研讨会，并且制定了留住员工的奖励措施。"

思考题

1. 经过一场声势浩大的裁员，员工的士气显然会面临各种挑战。施乐公司的员工看似能够理解进行这种转变的必要性（在思想上），但他们可能并没有从情感上（在内心中）接受变革，施乐公司是如何从内心和思想上得到员工认可的？

2. 施乐公司的人力资源管理职能主要关注三项措施：第一，员工的价值主张（员工期望从公司得到什么以及公司期望从员工那里得到什么?）；第二，绩效文化（公司如何在所有员工中营造一种鼓励持续改进以及实现高绩效的文化?）；第三，"三位杰出候选人"（人力资源管理职能如何建立一个通道，从而为组织内部的每一个职位准备好三位成熟的后备（长板凳）人才?）。请结合自己所学的知识谈谈你认为施乐公司是如何解决上述这些问题的。

人的管理

拯救星巴克的灵魂

星巴克公司董事长霍华德·舒尔茨正肩负着引领公司重归老本行的使命。哦，当然了——他还想在 5 年内把销售额提高两倍。

一阵浓郁的咖啡香味飘了出来，我不由自主地走进店里，看到的仿佛是一座咖啡圣殿……这就是我心目中的圣地。我来了。——霍华德·舒尔茨，1981 年初次参观星巴克

4 月 3 日，星巴克公司推出了两款新品：牛奶糖浆拿铁咖啡（Dulce de Leche Latte）和牛奶糖浆星冰乐咖啡（Dulce de Leche Frappuccino）。一大杯 16 盎司*重的拿铁咖啡足足有 440 卡路里的热量，大约相当于两袋 M&M 巧克力的热量，在纽约市售价约为 4.5 美元——大约是麦当劳最贵的高级咖啡的 3 倍。星巴克这样描述自己花了 18 个月才精心配制出的最新产品："星巴克做出来的这道传统美味顶部加入奶油，再撒上薄薄的一层太妃糖，超级美味。"

如果你在未来几周会去星巴克品尝牛奶糖浆拿铁咖啡的话，也许会纳闷这种饮品是怎么做出来的。其中的故事颇值得一听。从表面上看，这则故事讲的是星巴克的营销机器如何变戏法似的将咖啡馆的浪漫传奇推销给全世界的千百万人。但从更深的层次上看，这则故事讲的却是一家公

* 1 盎司＝0.029 升。

司如何在其救世主般的领导人的带领下守护自己的灵魂。

当你向舒尔茨讨教星巴克成功的秘诀时，他会告诉你：秘诀全在于讲故事。在两个经常被提及的故事里，星巴克始终是故事的中心：一则是舒尔茨在1981年的西雅图之行，那是他平生第一次享用美味咖啡；另一则是他在1983年的米兰之行，在那里他领略了浓缩咖啡吧文化。这两次旅行不仅成为公司招募员工的试金石，而且还为公司提供了原始的营销故事，要知道，星巴克可是以给顾客提供地道的体验为荣。舒尔茨说："这些故事和公司自身之所以能够取得成功，其中贯穿着一条主线，即它们必须是真实的和地道的。"

虔诚的信徒

不过，光有故事本身还不够，这并不足以为星巴克的另一颗雄心——将公司做得很大很大——提供动力。舒尔茨的目标是：到2012年，公司的年销售额达到233亿美元，即达到目前的年销售额的3倍左右。此后不久，为了实现利润目标，星巴克还计划将其在全球的店铺数量由目前的1.35万家增至4万家。星巴克公司已经深谙那些与浪漫毫不沾边的经营之道，比如提高运营效率。在过去10年间，公司重新设计了咖啡柜台后面的空间，以提高咖啡师的工作效率。自动浓缩咖啡机缩短了调制一杯咖啡所需的时间。咖啡采用了真空包装，以便于长途运输。为了增加销售额，星巴克还扩大了经营范围，无论是薄荷糖、CD光盘还是笔记本，均在销售之列。综合来看，它绝不再是当初派克集市（Pike Place Market）上的第一家星巴克咖啡店，但也并非一间意大利浓缩咖啡吧。

前进道路上的一些障碍困扰着舒尔茨。这种烦恼在他最近写给公司高管的一张便笺中有所体现。这张写于情人节的便笺被公布到互联网上，舒尔茨一针见血地指出了在他眼中公司面临的困境。"一直以来，我们不得不做出一系列决定，"舒尔茨写道，"回想起来，这些决定导致星巴克式的体验被淡化了，这也导致了一些人所说的品牌商品化。"

现在，舒尔茨要求他的搭档们加倍努力，以重新巩固星巴克成功的根基。"我们始终抱着抵制的态度，虽然我不想这么说，但我们确实不想成为那种世故的、圆滑的大公司，"全球产品高级副总裁兼商务总监米歇尔·加斯（Michelle Gass）说，"我们仍然认为自己是一家创业型的小公司。"对于在39个国家拥有15万名员工的星巴克公司来说，这可不是一件容易的事。然而，在星巴克内部保持咖啡带来的生活乐趣正是舒尔茨的全部经营哲学的关键所在。有谁能比一位虔诚的信徒更适合做销售呢？

2004年，星巴克公司引入了所谓的"咖啡大师"课程。这是一项额外的奖励课程，它向员工传授如何洞悉咖啡在地域风味上的细微差别。毕业的学员（目前有2.5万人）会获得一条特制的黑色围裙，在他们的名片上还会加印一个徽章。课程中的最大亮点在于"杯测大会"，这是咖啡贸易商惯用的一种咖啡测评仪式。当咖啡渣在沸水中浸渍之后，品测者会把鼻子凑到杯子的上方，用勺子拨开杯子上部的浮渣，吸入咖啡的香气。在员工细细品味煮好的咖啡时，会有一位星巴克的培训师鼓励大家鉴赏一种肯尼亚咖啡的柑橘气味或是一种苏门答腊咖啡的蘑菇味道。

如果这个仪式让你想起了品酒，那就正中设计者的下怀。舒尔茨长期以来一直梦想着赶超葡萄酒业。不过，葡萄酒酿造商毕竟拥有一个优势，那就是强调酒的起源——原产地、葡萄园以及赋予葡萄酒特殊气味的葡萄。将葡萄酒的品质标志运用到咖啡上有助于树立高档品牌的地位，还能使星巴克以高价销售咖啡豆。

产品与营销部门的人把这个战略称为"地理即风味"战略。2005年，他们开始推出"全豆咖啡"这个新概念。公司重新制定了咖啡柜台后的菜单，将咖啡按照产地而不是口味的浓淡进行了分类。公司一改五颜六色的星巴克咖啡包装而采用白色包装袋，仅在上面印上表示原产地的彩色条纹。后来，针对那些愿意花28美元买一磅咖啡的美食家，星巴克还推出了单一产地咖啡豆，取名为"黑围裙特级咖啡豆"（Black Apron Exclusives）。

接下来的一步针对的是在咖啡店内购买饮品的普通大众。星巴克公司的管理层决定推出一系列店内促销措施，每一项促销措施都针对一款新的饮品，旨在将不同的地域特征传递给顾客。管理层决定，第一项促销措施应该突出中南美洲的地域特征，因为星巴克收购了中南美洲70%以上的咖啡豆。

不过，当一家公司的规模达到星巴克这样大时，舒尔茨乐于谈论的这种地道就很难保证了。面向广大听众讲故事有时得去除一些文化差异。再者，营销部门必须迅速跟上饮料行业的发展趋势，更不用说还要保持对当肯甜甜圈和麦当劳这类竞争对手的领先优势了。埋头苦干并非良策。

一年前，星巴克的10位市场人员和设计师登上飞机，前往哥斯达黎加寻找灵感。“可以这么说，深入实地就是这个饮品的产生过程以及产生的原因，”新产品设计部的负责人安吉·麦肯齐（Angie Mckenzie）说，“并不是因为有人告诉了我们，也不是因为我们从哪里读到了相关信息。”这个团队在哥斯达黎加待了5天时间，乘坐的是TAM旅行社（TAM Tours）的一辆小面包车。后来，一个更小规模的团队还造访了墨西哥城和瓦哈卡。

中国制造

这次的任务是寻找能够在美国市场上带来地道感觉的产品。听起来容易，做起来可就难了。作为采购经理，菲利普·克拉克（Philip Clark）想在美国销售传统的哥斯达黎加大杯咖啡。但是喝咖啡时一般使用的大杯都是单调的土褐色，它们在店铺的架子上很不起眼，也很容易破碎。后来他发现了塞西莉亚·德菲格雷斯（Cecilia de Figueres）。德菲格雷斯在陶瓷杯子上进行手工彩绘，她的工作室位于距离哥斯达黎加首都圣何塞一小时车程的一处山脚下。这位艺术家喜欢使用鲜艳的花朵造型，这自然非常抢眼。星巴克向德菲格雷斯支付了一笔设计费用。每只杯子上都将附带一个印有她名字和肖像的标签。而在杯子底部，则会印上“中国制造”的字样。

星巴克打算将工匠及其他哥斯达黎加人纳入店内促销活动。画家埃洛伊·苏尼加·格瓦拉（Eloy Zuñiga Guevara）将出现在一幅海报上，海报设计得符合朴素的拉丁审美观。（如果顾客想要买一些地道的东西带回家的话，还会有格瓦拉为星巴克绘制的5幅描绘哥斯达黎加农民形象的画作可供挑选，每幅售价25美元。）另一幅海报则以向星巴克出售咖啡豆的哥斯达黎加咖啡种植人为主角。第三幅海报呈现的则是一位老奶奶级的人物，她正在燃气炉上做牛奶糖浆（她是来自西雅图的一名付费模特）。每幅海报上都会凸显一个主题：“我是星巴克。”

在设计了一则故事之后，星巴克需要推出一款在拉丁美洲能够为人接受的饮品。公司的饮料攻关会通常在“液体实验室”（Liquid Lab）举行，这是一个通风良好的空间，被粉刷成星巴克为人熟悉的蓝色、绿色和橙色。在房间的醒目位置摆放着巨大的公告板，上面张贴着最新的饮料发展趋势。这样星巴克就无须动用人类学家来判断该用哪种饮品推广其拉美主题了。

牛奶糖浆是一种在拉美大部分地区普遍食用的餐后甜点，其原料是焦糖和牛奶。在哈根达斯公司于1998年推出牛奶糖浆冰淇淋之后，星巴克公司于1999年跟进推出了自己的冰淇淋，所以美洲人很熟悉这种口味。不过“它仍然具有一种美妙的异域风味”，麦肯齐说。她还补充说焦糖和牛奶与咖啡搭配起来效果非常好。

即便如此，配制一款饮品在星巴克也决非易事。公司研发部门每年会处理70份饮料计划，其中只有8项计划最终会形成新产品。一款饮品不仅要能获得广大咖啡饮用者的青睐，还要便于咖啡师进行快速调制，以实现单店销售额的最大化。“店铺……是一个小小的制造厂。”加斯说道，它同时又必须让人觉得每杯饮品都是专为顾客手工调制的。

配制牛奶糖浆拿铁咖啡和牛奶糖浆星冰乐咖啡的任务落到了黛比·伊斯蒙（Debbie Ismon）的肩上。这位26岁的饮品开发者拥有食品科学文凭，已经在星巴克公司工作了两年半。2006年6月末，设计小组给她拿了一小杯做好的样品，外加一份关于他们期望新产品能拥有的特性的书面描述。他们认为这杯样品的口味正是他们想要的。在接下来的4个月里，伊斯蒙用不同比例的焦糖、热牛奶和甜度进行了反复调配。在设计小组判定哪种配方的味道最“对路”之后，伊斯蒙又调制了3种不同的口味供大规模品尝测试之用。大约有100名星巴克员工参与了测试。他们品尝了这些饮品，并在电脑上进行了评分。此后，针对每一种饮品，这个程序又重复了两次。最终，在启动这个程序18个月之后，星巴克推出了这两款最新的高级饮品。

倘若像先前的焦糖玛奇朵（Caramel Macchiato）之类的饮品可以作为某种参照的话，星巴克公司的牛奶糖浆系列饮品肯定能够畅销。这应该会令华尔街感到欣喜，或许还能够帮助星巴克公司的股票重振雄风。2006年5月以来，人们对星巴克营业毛利开始下滑以及可能无法实现其雄心勃勃的增长目标的忧虑甚嚣尘上，星巴克的股价因此下跌了20%。

而当你排队等候你的牛奶糖浆拿铁咖啡时，你也许会问自己：花4.5美元要的是一杯含有咖啡因的提神饮料和它上面撒的那些焦糖吗？还是自己被霍华德·舒尔茨讲故事的魔法迷惑了双眼？

思考题

1. 在霍华德·舒尔茨关心的问题中隐含着哪

些人力资源管理方面的问题？

2. 一种有效的战略性人力资源管理职能如何帮助星巴克公司在正确的轨道上发展？

资料来源：From B. Helm，"Saving Starbucks' Soul，" *BusinessWeek*，April 9，2007，pp. 56-61. Used with permission of Bloomberg L. P. Copyright © 2007. All rights reserved.

小企业的人力资源管理

员工使艾米冰淇淋公司变得不一样

对于得克萨斯州奥斯汀的饥肠辘辘的人来说，无论是伯内特路上的艾米冰淇淋店，还是其他任一家艾米冰淇淋店，都是一大亮点。其创始人艾米·米勒（Amy Miller）是从传媒学院辍学后开始创业的，她认为，为顾客提供一个愉快的地方来庆祝和狂欢是另一种"改变人们生活"的方式。

米勒曾经靠在史蒂夫冰淇淋店打工支付医学院的学费，但是当这家公司被卖掉之后，她觉得新的老板太庸俗了，于是她自己开了一家冰淇淋店。因为有着开辟新路的动机，所以一点都不奇怪的是，她的目标是以一种不同的方式——将轻松乐趣和关怀结合起来——管理员工。

有趣轻松的氛围是从米勒发明的员工甄选流程开始的。面试候选人时，米勒给他们一个白色的纸袋，要求求职者去"做一些富有创造性的事"，然后回来展示给她看。一位求职者用纸袋做了个热气球。另一位求职者则在袋里装了食物，送给无家可归的人，然后给这份礼物拍了一张照片，将照片作为创意放在归还给米勒的纸袋里。

职位设计也同样充满乐趣。艾米奖励的员工不仅会做冰淇淋，还能制造欢乐的氛围。公司鼓励员工用搅拌器玩杂耍或者送一个冰淇淋球给愿意唱歌或跳舞的顾客。

艾米冰淇淋店门口的两个彩绘奶牛模型代表了这家公司对乐趣的承诺，它对关怀的承诺同样有一个令人振奋的标识：艾米冰淇淋店为当地的儿童癌症治疗中心资助了一个房间。这个房间就像一家冰淇淋店，有堆满冰淇淋的冰柜，病人可以和来看望的家属分享这些冰淇淋。

员工也参与社区服务。在艾米公司，员工选择去公司资助的慈善机构提供服务。在每年由艾米主持的舞会上，公司会选出国王和皇后，作为给在公司资助的慈善工作中做得最多的员工的荣誉。

有趣和社区服务不仅是一个让人变得友好的方法，也让艾米冰淇淋公司成为冰淇淋爱好者乐于去消费的地方。公司的销售利润达到上百万美元，并在奥斯汀、休斯敦和圣安东尼奥开了多家分店来满足与日俱增的需求。公司不仅仅关心利润。公司合伙人（艾米的丈夫）史蒂夫·西蒙斯（Steve Simmons）告诉记者："我们从来不想变成一家巨大的公司。当我们不知道所有员工的名字时，就出问题了。"

思考题

1. 艾米冰淇淋公司实施了哪些以客户为导向的人力资源管理？（见图16-2。）

2. 假设这家公司聘请你作为顾问来评估该公司是否实施了富有成效的人力资源管理职能，你会考察哪些方面的结果？怎样衡量这些结果？

3. 一般来说，像艾米这样的小型冰淇淋店无法给员工支付很高的工资。你认为这种公司在没有支付高工资的情况下，员工的满意度能有多高？除了此案例中提到的艾米公司所做的这些努力，还有其他哪些方法可以提升员工满意度？信息化人力资源管理系统能有帮助吗？

资料来源：Amy's Ice Creams corporate website，www.amysicecreams.com，accessed June 6，2011；Janine Popick，"GrowCo.：Growth by Involvement at Amy's Ice Creams，" *Inc.*，March 16，2010，www.inc.com；Renuka Rayasam，"Sweet Success，" *Ausin American-Stateman*，September 29，2005；Business & Company Resource Center，http：//galenet.galegroup.com；and Michael Malone，"Chain Founder；Amy Miller，Amy's Ice Creams，" *Restaurant Business*，March 1，2003，available at All Business.com，www.allbusiness.com.

术语表

九宫格（9-box grid） 中层和高层管理人员用来对同一个部门、职能领域、事业部或整个公司的员工进行对比分类的一种 3×3 的矩阵。

A

可接受性（acceptability） 使用某个绩效评价指标的人对这种指标感到满意或觉得恰如其分的程度。

行动学习（action learning） 一些团队围绕企业中实际存在的某个问题共同制定一份行动计划并且负责执行这一计划。

行动计划（action plan） 由受训者及其上级管理人员共同签署的一种书面文件，说明双方将采取哪些步骤来确保受训者能够将在培训中学习的内容转化到实际工作之中。

行动步骤（action steps） 书面的积极反歧视行动计划的一个组成部分，具体说明一家企业将采取何种措施来减少受保护就业群体的利用不足问题。

探险学习（adventure learning） 一种运用结构性的室外活动来开发团队合作能力以及领导技能的学习方法。

工会代理制企业（agency shop） 一种要求被企业雇用的所有员工都必须缴纳工会会费的工会保障形式，它但并不要求员工必须加入工会。

代理人（agent） 在代理理论中指一位能够代表所有者（委托人）利益的管理人员。

建设性争议解决方法（alternative dispute resolution，ADR） 一种不依靠司法体系解决争议问题的方法，通常要经历公开协商、同事审查、调节和仲裁四个阶段。

非常规工作安排（alternative work arrangements） 对那些不属于公司全日制员工的人员的用工安排，其中包括独立承包商、随时待命员工以及派遣制员工等。

《美国残疾人法》（Americans with Disabilities Act，ADA） 一项于 1990 年通过的法律，它禁止在工作场所中对残疾人实施歧视。

分析法（analytic approach） 对人力资源管理的有效性进行评价的一种方法，其内容涉及确定一项人力资源管理方案或实践产生的影响，或者是产生的经济成本和收益。

评价政治（appraisal politics） 绩效评价者故意歪曲评价结果以达到个人或者公司目的的一种情况。

学徒计划（apprenticeship） 一种包括在岗培训和课程培训的工作加学习的培训方法。

仲裁（arbitration） 一种由一位仲裁者来给争议双方制定一个约束性解决方案的争议解决的程序。

评价（assessment） 收集与员工行为、沟通方式或技能有关的信息并对员工提供反馈。

评价中心（assessment center） 多位评价者根据员工在多项练习中取得的成绩得出评价结论的过程。

非正式工会会员（associate union membership） 工会会员的一种形式，工会向一些员工收取会费，同时向他们提供服务（比如，医疗健康保险、信用卡等），但在集体谈判中工会却并不代表这些人。

态度构建（attitudinal structuring） 它是劳资协商过程中的一个方面，指谈判双方之间的关系和相互信任程度。

审计法（audit approach） 对人力资源管理的有效性进行评价的方法之一，其做法是对客户满意度或与人力资源管理职能领域（比如，招募、培训）有关的其他关键指标（比如，流动率、填补一个职位空缺需要的平均天数）进行审查。

虚拟化身（avatars） 计算机化的人物，可以用来扮演虚构的教练、同事以及客户。

B

平衡计分卡（balanced scorecard） 能够使管理者

有机会从内部客户和外部客户以及员工和股东等几个不同的角度来全面审视公司的一种绩效衡量方法。

标杆比较（benchmarking） 将一个组织的管理实践与其竞争对手进行比较。

混合学习（blended learning） 综合运用基于技术的方法以及面对面讲授的方法来提供培训内容和进行讲解的学习方法。

真实职业资格要求（bona fide occupational qualification，BFOQ） 企业必须证明建立在种族、性别和宗教基础之上的某种工作资格要求确实是从事某种工作所必需的资格条件。

C

校准会议（calibration meetings） 一种用来讨论员工绩效的方法，其目的在于确保在对所有员工进行评价时采用相似的标准。

职业支持（career support） 传授、保护、推动以及提供富有挑战性的工作任务、锻炼机会和可见的发展前景。

现金余额计划（cash balance plan） 一种退休计划，企业为每一位员工开设一个私人账户，并且按照员工个人基本薪酬的一定百分比向该账户缴款，这个账户可以按照一个预定的利率获得利息。

集中化（centralization） 决策权集中在组织结构图顶层的程度。

工会会费代扣条款（checkoff provision） 一种要求企业从员工的薪酬中代为扣缴工会会费的合同条款。

排他性企业（closed shop） 要求一个人首先成为工会会员才能被企业雇用的一种工会保障制度安排。

云计算（cloud computing） 通过某个自助服务式的、可变的、按需模型中的网络提供信息技术基础设施的计算机系统。

教练（coach） 与员工在一起工作时，激励员工并且帮助其开发技能和提供强化与反馈的同事或管理人员。

认知能力测试（cognitive ability tests） 一种包括语言理解能力、数学分析能力和推理能力三个维度的测试。

实践社区（communities of practice） 一起工作，互相学习，从而对如何完成工作达成共识的一群员工。

可比价值（comparable worth） 一项倡导对价值被低估的女性职位采取补救措施的公共政策（也称薪酬公平）。

比较比率（compa-ratio） 一个用来反映实际薪酬水平和力图达到的薪酬水平之间的关系的指标。

报酬要素（compensable factors） 组织认为有价值因而应当根据其来支付薪酬的职位特征。

胜任素质（competency） 员工完成本职工作所需具备的技能、知识、能力以及个人特征的组合。

胜任素质模型（competency model） 确认和提供针对整个职业、组织、职位族或特定职位的胜任素质描述。

竞争力（competitiveness） 一家公司在本行业中维持和获得市场份额的能力。

集中战略（concentration strategy） 一种把注意力放在提高产品或服务的市场份额、降低成本或者创造和保持适当的市场地位上的战略。

同时效度（concurrent validation） 一种与效标有关的效度研究，它首先对当前的所有在职者进行一次测试，然后评价他们的测试分数与某种衡量他们的实际工作绩效的指标之间是否存在相关性。

《综合预算统一调节法》（Consolidated Omnibus Budget Reconciliation Act，COBRA） 1985年通过的一项法案，该法案要求企业允许员工在某一特定事件（比如，在裁员中被解雇）发生之后的36个月内，仍然能够按照集体费率继续参加医疗健康保险。

内容效度（content validation） 一种测试效度的战略，其主要做法是证明在测试中出现的问项、问题或者设置的难题都是在工作中可能会出现的各种情况或者问题的代表性样本。

持续学习（continuous learning） 一种学习体系，它要求员工了解整个工作系统，期望员工可以掌握新的技能并将这些技能应用到工作之中，同时还期望他们能够与其他员工分享自己学到的内容。

协作培训（coordination training） 通过对一个团队进行培训使他们学会如何共享信息以及分担决策责任，从而使团队的绩效最大化。

社团运动（corporate campaigns） 在组织工会的过程中，工会为了向企业施加公众、经济或者政治方面的压力而采取的一系列活动。

辅导员/知心朋友/教练（counselor/confidante/coach） 首席人力资源官扮演的角色之一，关注为高管团队成员提供咨询或辅导，或者解决团队成员之间的个人冲突和政治冲突。

效标关联效度（criterion-related validity） 通过证实测试分数和实际绩效分数之间存在很高的相关性来证明一种人事甄选方法的效度的方法。

跨文化准备（cross-cultural preparation） 对即将被外派到其他国家从事工作的员工（及其家人）进行教育的过程。

交叉培训（cross-training） 一种向团队成员提供理解和练习其他成员掌握的技能的机会的培训，它使每一位团队成员都做好在其他团队成员临时或永久离开团队的情况下顶替他们位置的准备。

D

决策支持系统（decision support systems） 一种通常带有"如果……那么……"特点的问题解决系统，它可使系统的使用者看到如果假设或者数据发生了变化，结果会出现怎样的变化。

压缩薪酬等级数量（delayering） 减少一个组织内部的职位层级数量。

部门化（departmentalization） 基于职能或工作流程的相似性对工作单位进行分组的程度。

开发（development） 有助于增强一位员工满足工作要求和客户需求变化的能力的知识、技能和行为获取过程。

开发规划系统（development planning system） 通过确认和满足员工的开发需要来留住和激励员工的系统（又称为职业管理系统）。

直接求职者（direct applicants） 未经组织邀请就主动申请填补职位空缺的人。

差别影响（disparate impact） 歧视理论的一种，它是指表面上看似中立的雇佣实践实际上却会不成比例地将某一受保护就业群体排除在就业机会之外，从而构成事实上的歧视。

差别对待（disparate treatment） 歧视理论的一种，它是指企业根据个人在种族、肤色、宗教、性别、国家来源、年龄或者残疾状况等方面的特征，对这些人采取不同的对待方式，从而构成歧视。

分配谈判（distributive bargaining） 劳资谈判过程的一个组成部分，其焦点是一个固定的经济"蛋糕"的分配问题。

多元化培训（diversity training） 为了改变员工对多元化的态度或（以及）开发他们在一支多元化员工队伍中工作所必需的技能而设计的培训。

精简或裁员（downsizing） 为了强化组织的有效性而实行的有计划的大规模人员削减。

降职（downward move） 把员工安排到职责和职权较小的职位上去。

预定程序政策（due process policies） 一家公司正式公布的用来阐明员工对解雇决策感到不满时可以采取的行动步骤的政策。

公平代表责任（duty of fair representation） 美国《国家劳资关系法》要求，在集体合同的谈判和管理（比如，争议处理程序）方面，谈判单位中的每一位成员在加入工会以及自身利益得到工会代表方面都有相同的权利。

E

效率工资理论（efficiency wage theory） 一种认为企业支付的工资水平会影响员工生产率的理论。

电子化学习（e-learning） 通过互联网或公司内部网并利用计算机来介绍和提供培训。

电子化绩效支持系统（electronic performance support systems，EPSS） 一种能够（在需要时）提供技能培训、信息获取以及专家建议的计算机应用软件系统。

员工援助计划（employee assistance programs，EAP） 企业为缓解员工因依赖化学药品、酗酒或者心理紊乱等而面临的种种问题而制定的一种计划。

员工敬业度（employee engagement） 员工充分投入工作的程度以及他们对工作和组织的承诺度。

《员工退休收入保障法》（Employee Retirement Income Security Act，ERISA） 一项于1974年颁布的美国法律，它增加了养老金计划监管人的责任，确立了既定权利以及可转移性条款，同时成立了养老金收益担保公司（PBGC）。

员工股票所有权计划（employee stock ownership plan，ESOP） 一种使企业向员工授予股票时可以享受某种特定税收优惠或经济优惠的员工所有权计划。

自由雇佣主义（employment-at-will doctrine） 认为在没有签订具体合同的情况下，企业或员工中的任何一方都可以在任何时候终止雇佣关系的一种理论。

授权（empowering） 赋予员工承担一定的责任以及做出决策的权力。

公平就业机会（equal employment opportunity，EEO） 政府在确保所有人——无论其种族、肤色、宗教、性别或国家来源如何——都能获得公平的就业机会方面做出的努力。

公平就业机会委员会（Equal Employment Opportunity Commission，EEOC） 确保所有人——无论其种族、肤色、宗教、性别、年龄、残疾或国家来源如何——都能获得相同就业机会的政府机构。

人体工程学（ergonomics） 个人的心理特征与工作的物理环境之间的接触面。

道德规范（ethics） 员工和公司打交道时用来判断对与错的基本原则。

循证人力资源管理（evidence-based HR） 证明人力资源管理对于公司的盈利或关键利益相关者（员工、客户、社区、股东）具有积极影响。

豁免性员工（exempt） 不受《公平劳工标准法》约束的员工。豁免性员工没有资格获得加班工资。

外派人员（expatriate） 被公司从母国派往另一个国家去管理某一经营机构的人员。

期望理论（expectancy theory） 一种认为员工的工作动机是效价、工具性以及期望值的函数的理论。

专家系统（expert systems） 将被称为某一领域专家的人所遵守的决策规则整合进来的一种计算机系统。

显性知识（explicit knowledge） 能够很好地记录下来并且很容易教给别人的知识。

外部分析（external analysis） 考察组织的经营环境，从而确定组织面临的战略机会和战略威胁。

外部成长战略（external growth strategy） 战略的一种，它强调为了使一家公司能够扩展到一个新领域之中，企业应当采取兼并分销商和供应商或购买企业等做法。

外部劳动力市场（external labor market） 处在企业外部的那些正在积极寻找工作的人。

F

实情调查人（fact finder） 就劳资双方产生争议的原因、双方的观点和论据提供一份报告，并且就解决争议的办法提出非约束性建议的人。

《公平劳工标准法》（Fair Labor Standards Act，FLSA） 1938年通过的一部美国法律，主要对最低工资和加班工资问题做了规定。

《家庭与医疗休假法》（Family and Medical Leave Act，FMLA） 1993年颁布的一部美国法律，它要求在雇佣人数达到50人或以上的企业中，当员工遇到以下情况时，企业必须提供最长达12周的非带薪休假：生育或者领养孩子；照顾患有严重疾病的孩子、配偶或者父母；员工个人患有严重疾病。

《财务会计准则公告第106号》（Financial Accounting Statement（FAS）106） 美国财务会计准则委员会在1993年颁布的一个公告，它要求企业在给退休的员工支付福利时，必须采取累积的方式而不是现收现付的方式，同时在财务报表中要将这些开支记入未来的成本项目之中。

预测（forecasting） 确定各种类型人力资源的供给和需求，从而估计组织中的哪些领域在未来可能会出现劳动力短缺或过剩。

正规教育项目（formal education programs） 即员工开发计划，其中包括由咨询公司或者大学开设的一些短期课程、高级管理人员工商管理硕士培训课程（EMBA）以及大学中的其他教育课程。

正式培训（formal training） 公司开发和组织的各种培训开发项目。

五分之四法则（four-fifths rule） 这一法则指出，如果某种员工测试工具导致少数族裔劳动者的雇佣率低于多数族裔劳动者的雇佣率的4/5或者80%，这种工具就产生了差别影响。

参照系（frame of reference） 一种能够用来作为其他点的比较对象，因而具有某种意义的标准点。

G

收益分享计划（gainsharing） 一种根据某一群体或者整个工厂的绩效（而不是整个组织的利润）来确定报酬的群体薪酬形式，它不属于员工的基本薪酬。

总责条款（general duty clause） 《职业安全与健康法》中的一项条款，它指出一家企业总体上担负着这样一种责任，即为员工提供一个不受已经被认识到的危害威胁的工作场所。

普遍适用性（generalizability） 一种甄选方法的效度从一种情况向其他情况扩展的程度。

玻璃天花板（glass ceiling） 对女性和少数族裔员工产生不利影响的、阻碍他们晋升到公司高层职位的一些障碍。这些障碍可能是由于他们对培训课程的接触、开发实践不足以及缺少建立开发性人际关系的机会等原因而造成的。

目标（goals） 一个组织希望在中长期实现的结果。

目标和时间表（goals and timetables） 一份书面的积极的反歧视行动计划的一个组成部分，它特别指明了一家企业努力实现的在每一种职位类型中雇用的女性和少数族裔员工所占的百分比以及要在哪一具体日期达到这一百分比。

群体或团队建设培训法（group-or team-building methods） 培训方法的一种，其宗旨是帮助受训者交流思想和经验，培养团队认同感，理解人际关系的动态性，认清自己及同事具有的优点和不足。

H

演练法（hands-on methods） 一种要求受训者积极参与学习的培训方法。

健康维护组织（health maintenance organization，HMO） 一种在预先支付费用的基础上向员工提供福利的保健计划，但它要求员工只能利用已经加入该组织的那些机构提供的医疗服务。

高绩效工作系统（high-performance work systems） 能够最好地将公司的社会系统（员工）与技术系统结合在一起的工作系统。

高潜质员工（high-potential employees） 公司认为具有在较高管理职位上取得成功的潜在能力的员工。

东道国（host country） 母国的某一组织准备或已经在其领土上设立机构的国家。

东道国员工（host-country nationals，HCNs） 在一个东道国出生和长大的员工。

人力资源或劳动力队伍分析（HR or workforce analytics） 使用人力资源数据库或其他数据源的数据来制定人力资源决策。

人力资源管理仪表盘（HR dashboard） 员工或管理人员通过公司内部网或人力资源管理信息系统获取的人力资源管理指标（比如，生产率和缺勤率等）。

人力资源管理信息系统（human resource information system，HRIS） 一种能够获取、存储、处理、分析、查找以及发布与一个组织的人力资源有关的信息的系统。

人力资源管理（human resource management，HRM） 会对员工的行为、态度以及绩效产生影响的各种政策、实践和制度。

人力资源招募（human resource recruitment） 一个组织采取的主要目的在于识别和吸引潜在员工的实践或活动。

I

公文筐训练（in-basket） 对管理职位需要承担的行政管理任务所做的一种模拟。

包容性（inclusion） 通过创造一种员工有归属感、相互尊重、对同事有承诺感的环境推动员工以最佳的状态完成工作。

个人主义—集体主义（individualism-collectivism） 霍夫斯泰德的五大文化维度之一；它描述了一个人与处于同一社会中的其他人之间的关系强弱程度。

非正式学习（informal learning） 学习者出于自我开发的需要主动自发地完成的学习，包括具体的行动和实践，这种学习并非发生在正式学习环境下。

无形资产（intangible assets） 一种包括人力资本、客户资本、社会资本以及智力资本等在内的企业资产类型。

一体化谈判（integrative bargaining） 寻找对双方都有利的争议解决方式的劳资谈判过程的组成部分之一。

互动公平（interactional justice） 关于公平的一个概念，它是指在结果执行过程中发生的人际关系的性质。

内部分析（internal analysis） 考察一个组织的优势和劣势的过程。

内部成长战略（internal growth strategy） 着眼于新市场和新产品的开发、创新以及合资等增长方式的成长战略。

内部劳动力（internal labor force） 由企业当前的员工组成的劳动力队伍。

实习（internship） 由教育机构或部分学术机构赞助的在职学习。

面试（interview） 要求员工回答个人从事过的工

作和经历、自身的技能以及职业发展规划等方面的问题。

组织内谈判（intraorganizational bargaining） 劳资谈判过程的一个组成部分，谈判主要集中在劳资双方存在目标冲突的一些问题上。

非自愿流动（involuntary turnover） 由组织方提出的让员工流动的要求（通常发生在那些愿意留在企业里的人身上）。

ISO 9000:2000 质量体系（ISO 9000:2000） 由瑞士的国际标准化组织开发并在世界范围内被接受的一系列质量保证标准。

J

职位分析（job analysis） 获得关于职位的详细信息的过程。

职位描述（job description） 关于一种职位承担的工作任务和职责的描述。

职位设计（job design） 对执行工作的方式以及工作任务进行界定的过程。

职位扩大化（job enlargement） 在员工现有的职位上增加一些富有挑战性的或者新的职责。

职位评价（job evaluation） 用来衡量职位价值的一种管理程序。

工作体验（job experience） 员工在工作过程中面对的各种关系、问题、需求、任务以及其他特征。

工伤风险分析技术（job hazard analysis technique） 把每项工作都分解为一个个小的单元，然后对每个单元的潜在危险或危害进行分析的一种技术。

工作投入度（job involvement） 一个人对其工作的认同程度。

职位再设计（job redesign） 在一个现有的职位上改变要完成的工作任务或者是改变工作完成方式的过程。

职位轮换（job rotation） 在一定的时间内系统性地将一个人从一个工作岗位转移到另一个工作岗位的过程。可能是在公司内部的不同职能领域之中的工作任务安排，也有可能是在一个部门或者一个职能领域内部的不同职位之间流动。

工作满意度（job satisfaction） 一个人认为工作满足了自己重要的工作价值观，或者工作为自己的价值观得到满足提供了潜在机会而产生的愉悦感。

任职资格条件（job specification） 对一个人为从事某一职位的工作所必须具备的知识、技能、能力以及其他特征进行的描述。

职位结构（job structure） 一个组织中的各种职位获得的相对薪酬水平。

K

持续改进（kaizen）公司各个层级上的员工共同参与的以业务流程持续改进为目的的活动。

关键职位（key jobs） 在薪酬调查中使用的一些标杆职位，这些职位具有相对稳定的内容，并且在许多组织中都是常见的。

知识管理（knowledge management） 通过设计和提供工具、系统以及文化来促进知识的创造、共享以及使用，从而提升公司绩效的一个过程。

知识型员工（knowledge workers） 掌握了生产某种产品或提供某种服务的方法的员工。

L

人力资源管理职能领导者（leader of the HR function） 首席人力资源官扮演的一种角色，要求首席人力资源官与人力资源管理团队共同工作，从而开发、设计以及提供各种人力资源服务。

无领导小组讨论（leaderless group discussion） 要求一个由5～7名员工组成的小组在既定的时间内共同解决某一问题的做法。

先导性指标（leading indicator） 一种能够精确预测未来劳动力需求的客观指标。

精益思维（lean thinking） 一种能够用更少的活动、设备、空间和时间提供客户需要和想要的产品或服务的方式。

学习管理系统（learning management system, LMS） 一个能够使企业自动实现培训项目的管理、开发以及实施的技术应用平台。

学习型组织（learning organization） 员工持续不断地学习新的东西，并且努力将学到的这些新东西应用于产品或服务质量的改善过程中的组织。

董事会联络人（liaison to the board of directors） 首席人力资源官扮演的一种角色，要求首席人力资源官关注董事会会议的筹备，保持董事会成员之间的电话联络以及出席董事会会议，等等。

长期取向—短期取向（long-term—short-term orientation） 霍夫斯泰德的五大文化维度之一；它描述了一种文化在平衡当前收益和未来报酬时所持的态度。

M

工会会员身份维持（maintenance of membership） 工会的一种规则，它要求工会会员在一定的时期内保持会员身份（比如，在工会合同的有效期内）。

马尔科姆·波多里奇国家质量奖（Malcolm Baldrige National Quality Award） 美国于1987年设立的一个奖项，其目的是促进质量意识的提高，认可美国企业在质量方面取得的进步以及推广成功的质量战略。

管理者的支持（manager support） 受训者的上级管理者强调参加培训项目的重要性，要求受训者将培训内容运用于工作之中。

管理多元化和包容性（managing diversity and inclusion） 企业为确保所有的员工都能够为组织的目标做出贡献，同时又能实现个人的成长而努力创造一个有利环境的过程。

边际税率（marginal tax rate） 在每增加的一美元中用于缴税的部分所占的百分比。

雄性—雌性（masculinity-femininity dimension） 霍夫斯泰德的五大文化维度之一；它描述了一个社会对不同性别的人扮演的角色所做的区分。

调解（mediation） 解决劳资谈判僵局的一个程序，在这一阶段，一位没有正式权力的调解人充当谈判的协调者和中间人。

导师（mentor） 帮助企业对缺乏经验的员工进行开发的一位经验丰富、生产率较高的资深员工。

绩效奖金（merit bonus） 以奖金的形式而非加薪的方式支付的绩效奖励。

绩效加薪矩阵（merit increase grid） 确定某一位员工的薪资上涨幅度和频率时使用的一种方格，这种方格将一位员工的绩效评价等级与他在某一薪酬区间内所处的位置结合在一起。

最低工资（minimum wage） 企业合法支付工资的最低限度；1990年《公平劳工标准法》修正案允许企业在90天之内向年龄不到20岁的员工支付一种准最低工资。

学习动机（motivation to learn） 受训者学习培训计划规定的那些内容的愿望。

迈尔斯-布里格斯人格类型测试（Myers-Briggs Type Inventory，MBTI） 一种用于团队建设和领导能力开发的心理测试，它的主要目的在于确定一位员工在能力、信息收集、决策以及生活方式等方面的偏好。

N

需求评估（needs assessment） 用来确定是否需要进行培训的过程。

消极情感（negative affectivity） 反映人们对生活的某一方面或所有方面感到满意的程度存在广泛差别的一种性格维度。

新技术（new technologies） 在当前应用过去没有使用的一些知识、程序以及设备。新技术中通常涉及用设备、信息加工方法或者两者的某种结合来替代人力。

非关键职位（nonkey jobs） 只是某些组织中才有的职位，因而不能通过市场调查的方法直接对它们进行定价或者比较。

O

《职业安全与健康法》（Occupational Safety and Health Act，OSHA） 一项授权美国联邦政府建立职业安全与健康标准并强制要求所有从事州际商业的就业地点实行这一标准的法律规定。

离岸经营（offshoring） 外包的一种特殊类型，它会导致工作岗位从一个国家转移到其他国家。

入职培训（onboarding） 帮助新员工适应他们的新工作的过程。

在岗培训（on-the-job training，OJT） 同事或上级管理人员对新员工或经验不足的员工进行的培训。新员工在这一过程中是通过观察、理解和模仿几个步骤学习如何完成工作的。

运用机会（opportunity to perform） 刚刚掌握了新知识、技能和行为的受训者获得实践的机会或者积极参与到实践之中。

组织分析（organizational analysis） 确定培训对于经营是否恰当的一个过程。

组织承诺度（organizational commitment） 一位员工认同一个组织并且愿意为了组织的利益而付出努力的程度。

结果公平（outcome fairness） 人们通过将自己得到的结果与他们认为和自己相同的其他人所获得的结果进行对比而做出的一种是否公平的判断。

重新谋职咨询（outplacement counseling） 为了帮助被解雇的员工完成从一份工作向另一份新工作转移的过程而提供的一种咨询。

外包（outsourcing） 一个组织利用一个外部组织来提供一系列服务的安排。

P

母国（parent country） 一家公司总部所在的国家。

母国员工（parent-country nationals，PCNs） 在母国出生和生活的员工。

薪酬等级（pay grades） 出于薪酬管理的目的，将具有相似价值或者相似内容的职位划分到一起而形成的多个职位群。

薪酬水平（pay level） 一个组织中的所有职位的平均薪酬，包括工资、薪资和奖金等。

薪酬政策线（pay policy line） 一个用来描述一种职位薪酬与职位评价点数之间关系的数学表达方法。

薪酬结构（pay structure） 不同职位之间的相对薪酬差别（职位结构）以及它们的薪酬数量（薪酬水平）。

养老金收益担保公司（Pension Benefit Guaranty Corporation，PBGC） 当一家公司因为遇到财务困难而不得不终止或者削减员工的养老金福利时，能够保证该公司员工获得基本退休福利的机构。

绩效评价（performance appraisal） 一个组织为了解一位员工的工作情况而收集和获取信息的过程。

绩效反馈（performance feedback） 向员工提供与他们的绩效有效性有关的信息的过程。

绩效管理（performance management） 管理者借以确保员工的活动和工作产出与组织目标保持一致的手段。

人员分析（person analysis） 确定员工为什么需要培训、谁需要培训以及员工是否已经做好接受培训的准备等问题的过程。

权力距离（power distance） 霍夫斯泰德的五大文化维度之一；它关注文化是如何处理层级制权力关系问题以及权力的不平等分布问题的。

预测效度（predictive validation） 效标关联效度的一种，它试图在求职者的测试分数和他们被雇用后的工作绩效之间建立一种实证联系。

优选医疗组织（preferred provider organization，PPO） 由各种医疗保健服务机构组成的一个群体，这一群体与企业、保险公司签订了合同，从而能够以较低的费用提供医疗保健服务。

演示法（presentation methods） 培训方法的一种，在这种情况下，受训者是被动的信息接收者。

委托人（principal） 在代理理论中指导其他人行为的人（如所有者）。

程序公平（procedural justice） 关于公平的一个概念，它集中考虑用来确定结果的那些方法本身的公平性。

利润分享计划（profit sharing） 群体薪酬计划的一种，在这种计划中，报酬的支付是基于某一组织绩效衡量指标（利润）来确定的，并且这种报酬不会成为员工基本薪酬的一个组成部分。

渐进退出理论（progression of withdrawal） 认为感到不满的个人会采取一系列行为来逃避工作环境的一种理论。

晋升（promotions） 员工进入到一个比自己当前的职位面临更大的挑战，承担更大的责任，同时拥有更多的权力的新职位。

亲社会动机（prosocial motivation） 人们受到帮助他人的激励的程度。

多变职业（protean career） 由于个人的兴趣、能力和价值观发生变化，或者是工作环境发生变化而导致一个人的职业频繁变动。

心理成功（psychological success） 因达成生活目标而感受到的骄傲和满足感。

心理支持（psychosocial support） 以一位新手的朋友和榜样的身份出现，向他们提供积极的关心和认可，并且为他们创造一个倾诉焦虑与不安的渠道。

Q

数字分析能力（quantitative ability） 一个人解决各种数学问题的速度和精确性。

R

薪酬区间跨度（range spread） 一个薪酬等级的最高值和最低值之间的差距。

薪酬区间（rate ranges） 在相同职位上的员工可以获得不同的薪酬水平。

培训准备度（readiness for training） 确保员工具

有从培训中学到东西所需的热情、精力和关注的员工个人特征。

合理的便利（reasonable accommodation） 使残疾人也能够而且可以使用工作场所中的各种设施。

推理能力（reasoning ability） 一个人在面对多种不同问题时找到解决问题的方法的能力。

招募（recruitment） 为了实现潜在的雇佣而搜寻求职者的过程。

流程再造（reengineering） 对工作流程进行审查和重新设计以确保它们更为有效，从而改善最终产品或服务的质量。

被推荐者（referrals） 被组织内部的人员推荐来申请组织中某个职位的人。

信度（reliability） 绩效评价系统的一致性程度，它表明了一个绩效评价系统不受随机误差干扰的程度。

回任（repatriation） 为外派人员从国外返回母国和母公司而做的各种准备。

公司代表（representative of the firm） 首席人力资源官扮演的一种角色，主要涉及与外部利益相关者打交道时需要开展的一些活动，比如，游说、对外部群体发表讲话，等等。

培训转网（repurposing） 将运用传统方式提供的培训直接搬到互联网上去的做法。

回岸经营（reshoring） 将工作岗位从海外转移回美国。

投资回报率（return on investment，ROI） 从在学习中投入的每一美元中获得的货币收益估计值。

工作权利法（right-to-work laws） 美国各州制定的可以使工会制企业、工会会员身份维持规则以及工会代理制企业成为非法的相关法律。

角色行为（role behaviors） 一个人作为一个职位的承担者在某种社会工作环境中必须表现出来的行为。

角色扮演（role play） 一个参与者扮演一位管理者或者其他员工的角色。

S

个人发展假（sabbatical） 为了更新或者开发技能而离开公司去休假。

安全意识教育计划（safety awareness programs） 在组织强调安全性的过程中，由企业发起的以便在形式上或者实质上导致员工行为出现某种变化的计划。

2002 年《萨班斯-奥克斯利法案》（Sarbanes-Oxley Act of 2002） 美国国会针对公司管理人员和高层管理人员的非法行为及不道德行为通过的一项法律。该法案针对企业尤其是在会计实践方面做出了更加严格的规定，它要求企业更加开放和连贯地披露公司的财务数据。公司首席执行官必须确保这些财务数据都是完全准确的。在该法案中还包括一些会影响到员工和雇主之间关系的条款（比如，为高级财务官制定了行为规范）。

甄选（selection） 一个组织试图确认求职者是否具备帮助组织达到目标所必需的各种知识、技能和能力以及其他特征的过程。

自助服务（self-service） 让员工通过在线方式获得各种人力资源信息。

共享服务模型（shared service model） 包括专家中心或卓越中心、服务中心和业务合作伙伴在内的一种人力资源管理职能的组织模式。

情景模拟（simulation） 一种通过模拟一个真实的工作场景，让受训者看到自己做出的决定会产生怎样的结果的培训方法。

情境化面试（situational interview） 一种让求职者面对在未来的职位上很可能会遇到的各种具体事情、问题或难题的面试程序。

六西格玛流程（Six Sigma process） 一旦达到质量标准就开始进行的一套衡量、分析、改善以及控制的程序。

技能薪酬（skill-based pay） 根据员工获得和能够运用的技能来支付的薪酬。

社交媒体（social media） 基于在线方式和移动技术创建的一种互动沟通平台。

社交网络（social networking） 方便人与人之间进行沟通和交流的网页或博客。

明确性（specificity） 一种绩效评价系统在多大程度上让员工知道组织对他们的期望是什么以及他们如何才能满足这些期望。

利益相关者（stakeholders） 与组织有关系并且在利益上与组织息息相关的各种利益群体（比如，员工、供应商、客户、股东以及社区）。

标准差法则（standard deviation rule） 用来对雇佣测试进行分析以判断其是否产生了差别影响的一种规则；它运用少数族裔员工的预期代表人数与实际代表人数之间的差额来确定这两者

之间的差别是否超过了在随机情况下可能出现的差别。

股票期权计划（stock options） 一种以某种事先约定的价格向员工提供购买公司股票的机会的员工所有权计划。

战略顾问（strategic advisor） 首席人力资源官扮演的一种角色，主要关注公司战略的制定和实施。

战略选择（strategic choice） 即组织的战略；一个组织努力完成其使命以及达成长期目标的途径。

战略一致性（strategic congruence） 一个绩效管理系统引发与组织的战略、目标和文化相一致的工作绩效的程度。

战略性人力资源管理（strategic human resource management，SHRM） 与有计划的人力资源开发以及旨在帮助企业达成其目标的各种人力资源管理活动有关的一个模型。

战略制定（strategy formulation） 通过界定一家公司的使命和目标、外部的机会和威胁以及内部的优势和劣势等来确定企业战略发展方向的一个过程。

战略执行（strategy implementation） 通过建立组织结构和分配资源来达成企业选定的战略的过程。

继任计划（succession planning） 发现有能力承担高层管理职位的高潜质员工并且对他们进行跟踪的过程。

计划总体说明书（summary plan description，SPD） 《员工退休收入保障法》要求企业提供的一种报告，它要求企业必须在一位员工加入退休金计划之后的90天内，向员工描述退休金计划的筹资方式、资格要求以及风险等。

支持网络（support network） 一个由两位或多位受训者组成的小组，小组中的受训者同意经常见面并且讨论他们在将学到的能力运用到工作方面取得了哪些进步。

可持续性（sustainability） 一家企业在不牺牲员工资源、社区资源以及环境资源的情况下实现盈利的能力。它建立在一种考虑到组织战略对利益相关者（比如，员工、股东、供应商、社区）产生的长远影响而进行组织决策的方法基础之上。

T

隐性知识（tacit knowledge） 建立在个人经验基础上的很难教给别人的知识。

《塔夫脱-哈特利法》（Taft-Hartley Act） 1947年颁布的一部对不正当劳资关系行为做出规定的美国法律。

人才架构师（talent architect） 首席人力资源官扮演的一种角色，主要关注建立和确认对企业当前以及未来都很重要的那些人力资本。

人才管理（talent management） 吸引、留住、开发以及激励具有较高技能水平的员工以及管理人员。

任务分析（task analysis） 确定在培训中需要学习的任务、知识、技能、行为的过程。

团队领导者培训（team leader training） 对团队管理者或协调者所进行的培训。

操作复查技术（technic of operations review，TOR） 一种通过对过去的事故进行分析来发现安全问题的方法。

电话会议（teleconferencing） 在两个或两个以上不同地点的个人或团队同步交换声频、视频或文本的情况。

临时派遣（temporary assignment） 通过让员工承担一个职位来帮助他们确认是否对承担某个新的角色感兴趣。

第三国（third country） 除了东道国和母国之外的第三个国家。

第三国员工（third-country nationals，TCNs） 在除东道国和母国之外的第三个国家出生的员工。

360°绩效评价（或反馈系统）（360-degree appraisal，feedback systems） 一种让与管理者打交道的各方面人员对其进行评价的管理者绩效评价过程，其中包括自我评价、上级评价、下级评价、同级评价以及客户评价，等等。

全面质量管理（total quality management，TQM） 一种依赖劳资双方的智慧和才能持续改善质量和生产率的合作式企业经营形式。

培训（training） 有计划地促进员工学习与工作有关的知识、技能和行为的一种努力。

培训设计流程（training design process） 为开发培训方案而使用的一种系统方法。

培训成果（training outcomes） 一种根据认知性成果、技能性成果、情感性成果以及结果性成果对某一培训计划的有效性进行评价的途径。

日常事务处理（transaction processing） 用来审查和记录人力资源决策和实践的计算和整理过程。

调动（transfer） 一位员工在公司内部转移到一个不同的领域中去承担一项新的工作任务的过程。

培训成果转化（transfer of training） 将在培训中获得的各种知识、技能以及行为等运用到工作之中。

转移矩阵（transitional matrix） 用来表示在不同的工作时间里，在不同职位类型中的员工数量分布状况的矩阵。

跨国决策过程（transnational process） 在一家公司的规划和决策过程中吸引来自多种文化背景的代表和思想的程度。

跨国人员代表性（transnational representation） 用来反映一家公司的管理者队伍具有多国构成性质的概念。

跨国视野（transnational scope） 一家公司从国际角度来进行人力资源决策的能力。

学费报销（tuition reimbursement） 报销员工攻读学院和大学的各种课程以及学位项目所产生的花费。

U

不确定性规避（uncertainty avoidance） 霍夫斯泰德的五大文化维度之一；它描述了一种文化是如何对待不可预见的未来的。

工会制企业（union shop） 一种工会保障形式，它要求一个人在被某一企业雇用之后的某一限定时间内必须加入工会。

自下而上的反馈（upward feedback） 在管理人员的绩效评价过程中让管理者的下属员工对其所做的评价。

效用（utility） 甄选方法提供的信息对于提高组织中人员甄选的有效性起到的促进作用。

利用分析（utilization analysis） 将一家企业的员工队伍在种族、性别、民族构成方面的情况与可能的外部劳动力供给的同类情况进行的一种对比。

V

效度（validity） 一个绩效评价系统对工作绩效的所有相关方面——而且仅仅是相关方面——做出评价的程度。

语言理解能力（verbal comprehension） 一个人理解和运用书面语言以及口头语言的能力。

虚拟现实（virtual reality） 能够为受训者提供三维学习体验的一种计算机技术。受训者在一种能够对受训者的行为和活动做出反应的模拟现实场景中进行操作。

虚拟团队（virtual teams） 团队成员处于不同的时间、地理位置、文化和（或）组织边界上，完全依靠科技手段来实现成员之间互动的特殊团队。

自愿流动（voluntary turnover） 员工自己主动提出的流动。

W

网络广播（webcasting） 一种通过在线直播节目提供的课堂指导。

告密（whistle-blowing） 通过诉诸媒体或者政府而使得争议公之于众。

员工队伍传感器（workforce sensor） 首席人力资源官扮演的一种角色，主要关注确认员工队伍的士气问题或其他问题。

劳动力队伍利用率审查（workforce utilization review） 对某一组织内的受保护劳动者子群体所占的比重与他们在相关劳动力市场上所占的比重进行的一种比较。

Raymond A. Noe；John R. Hollenbeck；Barry Gerhart；Patrick M. Wright
Human Resource Management：Gaining a Competitive Advantage，9e
0078112761

北京市版权局著作权合同登记号：01-2017-0925

图书在版编目（CIP）数据

人力资源管理：赢得竞争优势：第 9 版/雷蒙德·诺伊等著；刘昕等译．—北京：中国人民大学出版社，2018.1
（人力资源管理译丛）
ISBN 978-7-300-25335-0

Ⅰ.①人… Ⅱ.①雷… ②刘… Ⅲ.①人力资源管理-高等学校-教材 Ⅳ.①F243

中国版本图书馆 CIP 数据核字（2017）第 323137 号

人力资源管理译丛
人力资源管理：赢得竞争优势（第 9 版）
雷蒙德·诺伊
约翰·霍伦贝克
巴里·格哈特
帕特里克·赖特　著
刘　昕　柴茂昌　译
Renli Ziyuan Guanli：Yingde Jingzheng Youshi

出版发行	中国人民大学出版社		
社　　址	北京中关村大街 31 号	**邮政编码**	100080
电　　话	010－62511242（总编室）		010－62511770（质管部）
	010－82501766（邮购部）		010－62514148（门市部）
	010－62515195（发行公司）		010－62515275（盗版举报）
网　　址	http://www.crup.com.cn		
经　　销	新华书店		
印　　刷	北京七色印务有限公司		
规　　格	185 mm×260 mm　16 开本	**版　　次**	2018 年 1 月第 1 版
印　　张	44.25 插页 2	**印　　次**	2022 年 5 月第 6 次印刷
字　　数	1 048 000	**定　　价**	85.00 元

教师反馈表

麦格劳-希尔教育集团（McGraw-Hill Education）是全球领先的教育资源与数字化解决方案提供商。为了更好地提供教学服务，提升教学质量，麦格劳-希尔教师服务中心于2003年在京成立。在您确认将本书作为指定教材后，请填好以下表格并经系主任签字盖章后返回我们（或联系我们索要电子版），我们将免费向您提供相应的教学辅助资源。如果您需要订购或参阅本书的英文原版，我们也将竭诚为您服务。

★ 基本信息					
姓		名		性别	
学校			院系		
职称			职务		
办公电话			家庭电话		
手机			电子邮箱		
通信地址及邮编					
★ 课程信息					
主讲课程一1		课程性质		学生年级	
学生人数		授课语言		学时数	
开课日期		学期数		教材决策者	
教材名称、作者、出版社					
★ 教师需求及建议					
提供配套教学课件（请注明作者/书名/版次）					
推荐教材（请注明感兴趣领域或相关信息）					
其他需求					
意见和建议（图书和服务）					
是否需要最新图书信息	是、否	系主任签字/盖章			
是否有翻译意愿	是、否				

McGraw Hill | Higher Education

教师服务热线：800-810-1936
教师服务信箱：instructorchina@mheducation.com
网址：www.mheducation.com

麦格劳-希尔教育教师服务中心
地址：北京市东城区北三环东路36号环球贸易中心A座702室教师服务中心　100013
电话：010-57997618/57997600
传真：010 59575582

教师教学服务说明

中国人民大学出版社管理分社以出版经典、高品质的工商管理、统计、市场营销、人力资源管理、运营管理、物流管理、旅游管理等领域的各层次教材为宗旨。

为了更好地为一线教师服务，近年来管理分社着力建设了一批数字化、立体化的网络教学资源。教师可以通过以下方式获得免费下载教学资源的权限：

在中国人民大学出版社网站 www.crup.com.cn 进行注册，注册后进入“会员中心”，在左侧点击“我的教师认证”，填写相关信息，提交后等待审核。我们将在一个工作日内为您开通相关资源的下载权限。

如您急需教学资源或需要其他帮助，请在工作时间与我们联络：

中国人民大学出版社　管理分社

联系电话：010-82501048，62515782，62515735

电子邮箱：glcbfs@crup.com.cn

通讯地址：北京市海淀区中关村大街甲 59 号文化大厦 1501 室（100872）